성경개관해설서

바이블 뷰

성경개관해설서 **바이블 뷰**

초판 1쇄 2021년 3월 13일
지은이 유동근
펴낸곳 벧엘서원.IMC
펴낸이 유병헌
등록번호 제 386-2020-000027 호
주소 (14739) 경기도 부천시 경인로 160번길 73 1층 (송내동 600-6)
전화 032.322.3095
팩스 0303.3440.3452
출판사 블로그 blog.naver.com/bethelbook
Email btbook.imc@gmail.com

값 39,000 원

ISBN | 978-89-92014-73-1

※ 본 도서 p315, p507, p512, p517, p527, p743 의 도표는 이상근 박사 성경주해를 참고하였음.

성경개관해설서

바이블·뷰
BIBLE VIEW

유동근

벧엘서원

서문

참으로 부족한 사람이 이런 책을 쓸 수 있음은 순전히 하나님의 은혜라고 생각한다. 하나님께서 시간과 건강주심에 감사드린다. 오래 전 성경 한 절 한 절을 연구한 바이블코어(전 성경 주석 강해 34권)를 썼다(2012년 완간). 몇 년 전에는 성경 한 장 한 장을 설명한 바이블텔링 6권을 썼다(신약 1권, 구약 5권, 2018년 12월 완간). 2019년부터 성경 전체를 더욱 간단히 설명하는 바이블뷰(Bible View)를 쓰기 시작해서 마쳤다. 이는 성경 전체를 한권으로 압축하여 단 시간에 읽게 하기 위한 것이다. 많이 부족하나 힘을 다했음을 간증한다.

구약은 비교적 짧게 요약하였고 신약은 좀 길다. 처음 시작할 때는 더욱 짤막짤막하게 쓰려고 계획한 것이 다소 길게 되었다. 그러나 이렇게 두꺼운 책으로 쓰게 된 것은 이 한권의 요약서만 읽어도 성경을 어느 정도 한 번 다 읽은 것 같은 효과를 얻게 하기 위함이다. 구약의 역사서 등은 내용을 생략하거나 줄이기 어려웠음을 고백한다. 다소 이해하기 어려운 성경 특히 예언서 중 다니엘, 스가랴, 신약의 요한계시록 등은 좀 자세히 썼다. 그리고 요한복음, 사도행전 등 좀 설명을 더 하고 싶은 책들은 장수가 늘어나는 것을 개의치 않고 썼다.

쉽게 쓴다고 썼지만 내용을 읽으면 아직도 어려운 부분들이 있다. 성경이 근본적으로 그리 쉬운 책이 아니다. 무작정 쉽게 표현할 수도 없었다. 성경마다 배열이나 정리한 방식이 좀 다른 것도 있다. 암튼 저자의 그 때 그 때의 생각에 따라 성경을 잘 이해하는데 도움되는 방식을 취한 것이다. 성경을 지금까지 많이 읽으신 분들도 성경 전체 내용을 단 시간 내에 정리하는데 조금이라도 유용한 자료가 될 수 있기를 바란다. 하루 1-2시간 시간을 내서 읽는다면 한 달 안에는 다 읽을 수 있으리라고 생각한다. 매일 좀 더 시간을 투자한다면 2-3 주 안에는 한 번 다 읽을 수 있을 것이다. 나의 하나님께서 이 부족한 종을 불쌍히 여기사 어린 아이의 보리떡 다섯 개와 물고기 두 마리를 주의 손에 드리는 심정으로 이 작품을 드리니 받아주시고 축사하시어 많은 이들을 먹이고 남도록 도와주시기를 무릎을 꿇으며 두 손을 모아 기도드린다.

2021년 1월 송내에서

저자 유동근 드림

목 차

구 약

신 약

성경개관해설서

구약

BIBLE VIEW

✻ 구약과 신약의 연계성

성경은 구약과 신약이 합해져서 온전한 하나님의 말씀이 된다. 구약은 약속과 기대요, 신약은 성취이며 완성이다. 어떤 성경학자는 만일 누군가가 구약을 모르고 신약만 연구한다면, 그에게 그리스도의 사역은 수수께끼가 될 것이라고 하였다. 신약의 저자들은 글을 쓸 때 구약을 근본 삼아 인용하여 쓰곤 했다. 이는 신약이 구약을 바탕으로 한다는 뜻이다. 따라서 성경을 전체적으로 균형 있게 알려면 반드시 신약을 알아야 하되 더욱 구약을 공부해야 한다.

창세기

주요 내용	하나님의 창조와 인간의 타락, 노아의 홍수, 바벨탑 사건, 분열된 인류, 열조(아브라함 이삭 야곱 요셉)의 이야기

1. 창조 (창 1:1—2:25)

창세기 1장은 첫 구절부터 그 자체로 매우 비밀스럽다. "태초에 하나님이 천지를 창조하시니라". '태초에(In the beginning)'란 히브리어로 '베레쉬트'인데, 시작, 시초, 기원이라는 뜻이다. 創世記란 단어가 영어로 紀元이라는 뜻의 'Genesis'이다. 우주가 시작이 있음을 알려주는 것이다. 그것이 바로 창조의 시점(始點)이다. 우주 만물은 창조됨으로 존재하게 되었다는 선포이고, 아무 것도 없는 무(無)에서 유(有)가 되었다는 것이다.

이 세상에는 크게 분류하여 두 가지 종교가 있다. 하나는 사람들의 추측(conjecture)과 깊은 상상(contemplation)의 산물로서 불교가 그 대표이다. 다른 하나는 전능신 하나님(all mighty God)으로부터 나온 종교이다. 그것은 창조주(Creator), 즉 전능자 편에서 그의 피조물인 사람에게 그 존재를 알리는 방식의 종교인데, 기독교가 대표적이다. 즉 계시의 종교(revelational religion)이다. 기독교 경전인 성경은 맨 먼저 전능자 하나님이 천지 만물을 친히 창조(히, BARA, 무(無)에서 유(有)를 지음)하셨음을 말하고 있다.

성경의 저자(author)는 명백히 말하건대 하나님이시다. 성경은 약 1600년의 기간에 걸쳐 여러 시대, 다양한 배경의 사람들(40여 명)에 의해 기록되었는데, 그 신분도 다르고 성향도 다르다. 그러나 모든 책(신구약 66권)은 저자마다 각각 다른 문체이면서도 그 강조점과 성품과 내용이 동일하며, 시종일관 한 흐름, 한 줄기로 나아간다. 동일한 교수에게서 학문을 연수한 3-4명도 동일한 주제에 대해 각자의 시각과 관점을 써보라고 하면 그 결과에서 일관성을 발견하기가 쉽지 않을 것인데, 성경 66권은 다수의 기록자들이 한 전능자에게서 영감을 받아 쓴 글임을 입증하기가 어렵지 않다. 하나님은 영(Spirit)이시며(요 4:24) 사람 속에도 영(spirit)이 있으므로 하나님의 감동(원문, 호흡)하심을 받은 사람들이 하나님의 말씀을 기록할 수 있었던 것이다(딤후 3:16 참조). (성경에서 모세, 에스겔, 이사야, 다니엘, 바울, 요한 등이 하늘과 하나님의 보좌와 그 주위 광경을 보았다고 증언했으며, 그들은 하나님을 만나 그분의 말씀하심을 듣고 영광의 주님의 모습을 뵈온 것을 기록한다. 그리고 그들이 본 하늘 보좌와 그 주위 광경에 대한 묘사가 거의 유사하다. 이것은 매우 경이로운 일이다. 모세가 40일 동안 산 위에서 하나님과 대화한 것과 거기서 들은 말씀이 출애굽기에 기록되어 있다.) 우리는 그 기록에서 하나님의 성품과 마음을 절절히 느낄 수 있다.

과연 천지 만물은 하나님의 창조로 존재하게 되었는가? 성경은 이에 대하여 사람들의 이해를 구하지 않는다. 그저 간단하고 담백하게 천지 만물을 그분의 능력과 지혜로 지으셨다고 말한다. 물론 하나님의 창조는 무(無)에서(*ex nihilo*) 유(有)가 존재하게 하신 것이다. 성경은 사람이 하나님을 아는 것이 그리 어렵지 않다고 말한다. 하나님은 우리 각 사람에게서 멀리 떠나 계시지 않기에 더듬어 찾아 발견할 수 있다고 말한다(행 17:27, they might grope Him, find Him, through He is not far from each one of us). 오히려 어리석은 자만이 하나님이 없다고 말한다고 한다(시 14:1). 또한 하나님이 없다고 주장하는 사람은 그 행위가 가증하고 부패했기 때문이라고 한다. 창세기 1장은 하나님께서 말씀으로 천지만물을 지으신 것을 말하며, 로마서 1장 20절에서는 보이지 않는 하나님의 능력과 신성이 그 만드신 만물에 분명히 보여 우리로 알게 하니 아무도 핑계할 수 없다고 말한다. 히브리서 11장 3절은, "우리가 믿음으로 모든 세계가 하나님의 말씀으로 지어진 줄을 안다"고 하였다. 그리고 이어서 모든 보이는 것은 나타난 것으로 말미암아 된 것이 아니라고 한다. 로마서와 히브리서 모두 보이지 않는 세계가 존재함을 말해준다.

우리는 성경에서 두 세계, 즉 보이는 세계와 보이지 않는 세계가 있다는 것을 소개받는다. 하나는 시간과 물질의 세계요, 다른 하나는 영원 세계로서 비물질, 비시간적 세계이다. 비물질이라고 해서 아무 것도 없는 것이 아니며, 하늘에는 수천수만의 천사들과 네 생물과 보좌와 불과 단쇠, 바퀴 등이 있다(겔 1장 참조). 이러한 영원한 세계를 성경은 천국(하늘들의 나라, Kingdom of heavens)이라고 한다. 또한 보이는 모든 것, 곧 우주와 만물은 보이지 않는 것으로 말미암아 된 것이며, 만물은 주께로부터 나와서 주께로 돌아가고(롬 11:36), 우주는 시작이 있고 또 언젠가 종말이 있을 것을 말한다(계 21:1, 벧후 3:10). 성경의 하나님은 전능하신 창조주로서 만물을 지으셨고 그 이름이 여호와(Jehovah)시다(출 3:13-14 참조).

창세기 1장 1절은 위대한 선포로 시작한다. 그것은 전능하신 하나님(Elohim)이 천지를 창조하셨다는 것이다. 이 창조 이전에는 우주 자체가 존재하지 않았다. 그러므로 이 창조에 대하여 솔로몬은 '하나님의 조화의 시작'이라고 했다(잠 8:22). 우선 창세기

1장 1절과 2장 3, 4절의 창조는 무(無)에서의 창조를 의미한다는 것이 분명하다. 창조에 사용된 'bara'라는 히브리어는 전에 무존재(無存在)하던 것을 존재케 하는 행위에 사용되는 동사이다. 이 구절들의 말씀으로 그 이전은 완전한 무(無)의 상태였음을 표명한다.

그런데 창세기 1장 2절의 "땅이 혼돈하고 공허하며 흑암이 깊음 위에 있고"라는 구절이 땅의 원상태를 말하는 것이냐, 또는 어떤 대변동에 의해 생긴 상태를 묘사하는 것이냐의 문제가 있다. 이에 대해 학자들은 크게 두 가지로 답변하고 있다. 대부분의 과거 학자들은 그것을 원상태(元狀態)로 보았다. 그러나 2절의 상태(땅이 혼돈하고 공허하며)는 명백하게 불완전한 상태임이 사실이다(참고 도서. Henry C. Thiessen. 조직신학 pp 252-257. 1975. 생명의 말씀사). 그럴 때 다음의 질문에 대한 답이 필요하다. 전능하시고 완전하신 하나님이 애초에 불완전한 것을 창조하셨다는 말인가? 아니면 그런 불완전한 상태의 땅에서부터 하나님이 창조를 시작하셨다면 그것이 첫 창조가 아니지 않은가? 이에 대한 만족할 만한 답은 그 누구도 제공하지 못하고 있다.

창세기 1장 1절의 '천지(하늘들과 땅) 창조'와 그 뒤에 나오는 6일 간의 창조 사이에 긴 간격이 있었는가, 아니면 1장 1절의 천지창조에 대한 선언이 뒤의 3절부터 나오는 6일 간 창조의 제목으로 쓰였는가에 대해서는 이견(異見)이 많다. 휘튼 대학원장이었던 헨리 디이슨 박사는 '우리는 진정 긴 간격이 있었다고 믿는다.'고 했다(ibid. p 258.). 쉐드(Shedd. W. M.) 또한 '6일 간 창조에 앞서 장기간(長期間)이 있었다는 설은 교부들과 신학자들 사이에 일반적으로 인정되는 견해였다.'고 했다(ibid. p 258). 따라서 창세기 1장 1절의 하늘들과 땅의 창조는 아담의 창조 시점인 6천 년 전보다 훨씬 이전일 수 있다. 그래서 어떤 학자들은 1절의 천지 창조와 2절의 땅의 상태에 대한 서술("땅이 혼돈하고 공허하며 흑암이 깊음 위에 있고 하나님의 영은 수면 위에 운행하시니라") 사이에 매우 오랜 시간적 간격이 있을 수 있다는 간격설(間隔說)을 주장한다. 우리는 오늘날에 이르러 이러한 학설 또한 성경의 전체적인 말씀에 비추어 연구해 볼 만한 가치가 있다고 생각한다.

창세기 1장의 6일 간의 창조에 대해서도 그 하루를 오늘날과 같은 24시간의 하루로 볼 것인지 아니면 헤아릴 수 없는 시간으로 이루어진 하루로 볼 것인지에 대한 논란도 있다. 창세기 1장의 6일이 지금의 6일과 달리 매우 긴 기간이라고 보는 학자들 가운데에는 Hodge, Shedd, Miley, Strong이 있고, 과학자로서는 예일 대학의 Dana, 프린스톤 대학의 Guyot가 있음을 말해둔다(ibid. p 258). 그러나 이 6일을 문자적으로 주장하는 사람들도 상당히 많다. 즉 6일이라는 짧은 기간에 우주와 삼라만상이 만들어졌다는 견해이다(Keil, Delitzsch 등). 우리는 창세기 1장의 창조 6일이 오늘날과 같은 하루 24시간의 6일이라는 견해를 견지한다. 그 외에 유신론적 진화론자들은 하나님께서 창조의 방법으로 진화를 사용했다고도 말한다(James Orr, Augustus H. Strong, Henry Drummond 등). 스트롱은 창세기 1장에 세 가지 창조 행위가 있었다고 주장하는데, 곧 천지 창조와(1:1) 바다의 생물의 창조와(1:21) 사람의 창조이다(1:27). 이 창조들 사이에 하나님의 감독 아래서 2차적 원인들에 의한 발전과 진화, 그리고 사물의 생산이 있게 되었다고 한다(ibid. p 260). 우리는 이러한 유신론적 진화론에는 찬동할 수 없다.

A. 첫째 날 - 셋째 날

창조는 하나님의 말씀으로 이루어졌다. 첫째 날에는 "빛이 있으라" 하시니 빛이 있었다. 그리고 빛과 어두움을 나누시니 밤이 있고 낮이 있게 되었다. 둘째 날은 아래 물과 위의 물을 나누어 그 사이에 궁창(expanse)을 지으셨다. 이 궁창을 하늘(heaven-단수)이라고 이름하였는데(8절), 이 하늘은 분명 1장 1절의 하늘과 다르다. 이 두 하늘이 다른 것이라면 6일간의 창조에서 1장 1절의 하늘들의 창조(In the beginning God created the heavens and the earth)는 없다. 둘째 날의 하늘은 지구를 둘러싼 대기층(expanse)을 말하는 것이며, 1장 1절의 하늘들(heavens-복수)은 땅을 제외한 전체적인 우주-하늘을 의미한다. 어거스틴은 1절의 하늘(heavens)을 영적인 하늘이라고 보았다. 둘째 날의 창조 후에는 유일하게 '하나님이 보시기에 좋았더라'는 말씀이 없다.

우리는 창세기 1장의 창조가 하나님의 창조의 모든 것을 다 말씀하신 것이 아님을 알아야 한다. 골로새서 1장에 의하면 "하늘과 땅에서 보이는 것들과 보이지 않는 것들과 혹은 보좌들이나 주관들이나 정사들이나 권세들이나 만물이 다 그로 말미암고 그를 위하여 창조되었다"고 한다(16절). 적어도 창세기 1장의 창조에서는 보이지 않는 것들(보좌들, 주관들, 정사들, 권세들)의 창조는 언급되지 않은 것을 알 수 있다. 에스겔서나 요한계시록에 의하면 하늘 보좌 주위에 네 생물과 수천수만의 천사들, 바퀴들 등 많은 것들이 있는데, 그것들의 창조에 관하여는 성경에 상세하게 기록되지 않았다. 창세기 1장의 창조는 엿새날 마지막에 창조하신 인간이 그 중심이다. 즉 하나님은 창세기 1장의 창조에 관한 말씀에서 그분의 갈망과 뜻이 가득 담긴 사람의 창조를 중심으로 그들을 위해 필요한 부분들을 말씀하신 것이다. 이것은 성경 전체의 말씀을 기록하신 방식과 노선으로도 보여진다.

셋째 날은 육지의 창조이다. 천하의 물을 한 곳으로 모이게 하시고 뭍이 드러나라고 명하셨다. 어쩌면 하나님은 셋째날 훨씬 이전에 땅의 기초를 세우신 것 같다. 그러기에 육지가 물에 오랫동안 잠겨 있었어도 물이 물러가고 땅이 드러날 때 땅의 기초(foundation of the earth)가 무너지지 않았던 것이다. 그리고 곧 바로 땅에 풀과 씨 맺는 채소와 열매 맺는 과목이 나게 하셨다. 이러한 것들은 물 속에 이미 잠재해 있던 육지가 드러난 것처럼, 이 때 비로소 창조되었다기보다는 이미 땅 속에 잠재했던 식물들을 나오게 한 것으로 이해할 수 있다(ibid. p 256). 이 창조설을 부인하고자 했던 영지주의자들은 어찌 넷째 날 태양이 창조되기 전에 셋째 날 열매 맺는 과목과 채소 등의 식물들이 창조될 수 있느냐고 공격했다. 하나님께서 마땅히 태양을 먼저 만드시고 채소나 과목 같은 식물을 지으셔야 하지 않았느냐는 말이다.

B. 넷째 날 - 여섯째 날

넷째 날에는 하늘의 궁창에 해와 달과 별들을 지으셨는데, 이 또한 넷째 날 처음 지으신 것이 아니라 이미 존재하던 것들의 기능을 회복한 것으로 읽을 수 있다. 왜냐하면 16절에서 두 큰 광명(해와 달)을 '만들었다'고 할 때 히브리어 동사는 무(無)에서 유(有)를 있게 하는 'create(창조하다)'가 아니라 유(有)에서 유(有)를 만드는 'made(만들다)'이기 때문이다. 첫째 날에 빛과 어두움이 나뉜 것과 넷째 날에 낮과 밤이 있게 된 것은 다른 것이다. 넷째 날에 비로소 주야가 나뉜 것이 아니라 이 두 큰 광명으로 하여금 빛과 어두움을 주관하게 하신 것이다. 그렇게 해서 더욱 뚜렷하게 빛과 어두움을 나눈 것이다. 성경에는 태양과 달이 기능을 발하기 전에 지상에 이미 낮과 밤이 있었다고 선포한다. 여기에 성경의 위엄과 비밀이 있으며, 첫째 날과 넷째 날의 창조에 대해서는 더 깊은 연구가 필요하다.

C. 사람의 창조와 그 의미

그리고서 26절부터는 하나님께서 뭔가 다른 차원의 일을 하시는 것처럼 기록한다. "하나님이 가라사대 우리의 형상을 따라 우리의 모양대로 우리가 사람을 만들고…" 여기서 우리는 하나님께서 사람은 인간 종류(人類)대로 지으신 것이 아니라는 것을 알 수 있다. 사람은 짐승으로부터 진화된 존재가 아니다. 완전 차원이 다른 존재이다. 하나님께서 사람을 지으실 때는 먼저 성삼위(성부, 성자, 성령) 간에 회의를 하셨다. "우리의 형상을 따라 우리의 모양대로 우리가 사람을 만들고…"(26절). 하나님께서 흙으로 사람을 만들고 생기를 그 코에 불어넣으시니 사람이 '산 혼(living soul)'이 되었다. [하나님께서 다른 동물들에게는 그분의 생기(호흡)를 불어넣지 않으셨다.] 이렇게 해서 사람에게는 하나님과 같은 내면의 본질인 영(spirit-히, 네샤마)이 있게 되었다. 하나님은 영이시고(요 4:24) 사람 또한 영이 있으니 사람은 동물들과 달리 아담, 에녹, 노아, 아브라함, 모세, 신약의 바울, 요한 등 하나님과 대화를 할 수 있었고, 영과 진리로 하나님을 경배할 수 있고, 영으로 찬미하며 영으로 기도할 수 있다(고전 14:15, 16). 따라서 사람은 하나님과 그 아들 예수 그리스도로 더불어 영적인 교제와 사귐을 가질 수 있다(요일 1:3, "우리의 사귐은 아버지와 그 아들 예수 그리스도와 함께 함이라"). 이것은 인간만이 누릴 수 있는 특권이다. 따라서 사람 속에 하나님과 교제할 수 있는 영이 있음을 아는 것은 매우 중요하다. 따라서 인간만이 하나님의 영계(靈界)를 접할 수 있다. 사람은 아무리 미개한 종족이라도 종교심이 있으니 이것은 인간은 근본적으로 하나님으로부터 나왔기 때문이다(행 17:22). 후에 인간의 타락에 대하여 말하겠지만 타락이란 다른 것이 아니라 사람의 가장 존귀한 기관인 영의 기능이 하나님을 향하여 죽게 되어 교통을 할 수 없으니 이것이 큰 비극이다. 그러나 주 예수를 믿어 거듭나면 하나님 나라(영계)를 접할 수 있다(요 3:3). 그리고 이것이 죄와 허물로 죽었던 영혼이 살아나는 것이다(엡 2:1-6).

또 사람을 지으신 후에 하나님께서는 그들에게 온 땅을 다스리고 정복하며 번성하고 온 땅에 충만하라고 하셨다. 창세기 1장의 사람의 창조와 이 땅을 정복하고 다스림은 매우 중요한 문제이며, 성경 처음부터 끝까지 주목해야 할 문제이다. 이것은 왕국과 관계가 된다. 왕국은 다스림이다. 사람, 땅, 다스림, 왕국은 매우 중요한 단어들이다. 사람이 정복해야 할 존재 중에는 땅에 기는 것도 있었으니 이는 틀림없이 하나님께 거역하다가 심판을 받고 땅에 기어다니게 된 뱀(사탄-계시록에서 사탄을 옛 뱀이라고 함)을 포함할 것이다(계 12:9). 온 땅을 정복하고 다스리는 것이 하나님께서 사람을 창조하신 주된 목적이다. 그분이 지으신 사람이 이 땅을 정복하고 다스림으로 하나님의 왕국을 이루는 것이다(마 6:10, "왕국이 임하옵시며 뜻이 하늘에서 이룬 것같이 땅에서도 이루어지이다"). 사람은 하나님과 함께 이 땅을 정복하고 다스려야 할 존재이다. 이처럼 그리스도의 왕국의 사상은 창세기 1장부터 언급되고 있으며 마지막 책인 계시록에서 완결된다. 다윗은 시편 8편에서 이미 지상에 왕국이 이루어진 것처럼 "주의 이름이 온 땅에 어찌 그리 아름다운지요! 주의 손으로 만드신 것들을 다스리게 하시고 만물을 그 발 아래 두셨으니"라고 노래하였다. 창세기 1장 2절부터 땅이라는 단어가 반복해서 나오는 것은 유의할 필요가 있다(창세기 1장 2절부터 하나님이 창조하신 하늘은 문제가 없는데 땅은 혼돈하고 공허하게 된 것이다).

D. 사람의 창조에 대한 상세한 기술

2장은 사람의 창조를 좀 더 상세하게 기술한다. 1장에서는 다만 하나님께서 사람을 창조하실 때 남자와 여자를 지으셨다고 했는데, 2장은 그 과정을 설명한다. 2장 7절은 "여호와 하나님이 흙으로 사람을 지으시고 생기를 그 코에 불어넣으시니 사람이 생령이 된지라"고 한다. 사람은 하나님의 생기를 받아들인 존재이다. 어떤 짐승도 이런 존재는 없다. 이 생기는 사람의 영(히, 네샤마)이다. 그리고 이 '네샤마'가 불어넣어질 때 사람 속에는 영만이 아니라 육신과 영의 중간에 혼이 생겨났다. 2장 7절의 생령(한글 번역)이란 원문으로 산 혼(living soul)이다. 이처럼 사람 속에 짐승에게는 없는 하나님의 생기(영)가 들어왔으니, 따라서 사람은 영이 존재함으로 하나님과 교통할 수 있는 존재가 되었고(욥 32:8, 슥 12:1, 롬 8:16, 고전 14:14-16, 살전 5:23, 히 4:12, 사람의 영은 성령과 구분된다), 아담은 하나님의 음성을 들을 수 있었던 것이다(창 2:16-17 등). 따라서 사람은 창조 시부터 피조물 가운데 하나님과 통할 수 있는 특별한 존재였다.

하나님은 먼저 남자를 지으시고 남자에게서 옆구리의 한 부분을 취하여 여자를 만드셨다. 즉 하나님은 아담 한 사람을 창조하셨고, 또 아브라함 한 사람을 부르셨다. 창세기 2장의 아담과 하와의 관계는 신약 에베소서에서 그리스도와 교회의 예표임을 보여준다(엡 5:22-32). 에베소서 5장은 그리스도와 교회가 큰 비밀이라고 하면서 머리와 몸의 하나 됨으로 설명한다. 그리스도는 머리로서 몸인 그분의 교회를 보호하시고 양육하신다. 오늘날 부부는 무엇인가? 그리스도와 교회가 머리와 몸으로 하나 되었듯이, 아내는 남편을 머리 삼아 복종하고 남편은 아내를 자기의 몸으로 여겨 사랑해야 한다. 교회의 머리이신 그리스도와 그의 몸인 교회가 하나라는 사실은 큰 비밀이라고 했다(엡 5:31-32). 정상적인 부부는 둘이 아니요 하나가 된 한 단위이다(마 19:6, "이러한즉 이제 둘이 아니요 한 몸이니 하나님이 짝지어주신 것을 사람이 나눌 수 없느니라").

2. 인간의 타락(3:1-4:26)

A. 타락의 원인과 과정

창세기 3장에는 하나님께서 지으신 피조물 중에 가장 간교한 뱀이 나온다. 하나님께서 뱀을 지으실 때 마귀의 부하로 지으신 것은 아닐 것이다. 그러나 뱀은 피조물 중에 매우 간교했다. 뱀이 사람과 대화할 수 있었다는 것은 상상하기 어려우나 다만 일반적인 뱀이 아닌 사탄과 연합하여 특수한 능력을 지닌 존재라고 볼 수 있겠다. 창세기 3장에서 이 뱀은 사탄과 하나 되어 피조된 인간을 미혹하여 자기의 도구로 만들기 위해 연역한 여자를 접촉하였다. 그자는 원래부터 하나님의 대적자였다. 하나님은 사람을 창조하실 때 하나님을 순종하는 기계처럼 만든 것이 아니라 자유의지를 주셔서 하나님께 순종하거나 거역하는 것을 스스로 선택하도록 하셨다. 뱀은 먼저 하와를 접촉하여 그녀의 생각을 자극하였고, 하나님의 사랑을 의심하게 만들었다. 뱀은 그 선악을 아는 나무를 먹으면 하나님과 같이 되어 선악을 분별할 수 있다고 유혹했는데, 하와는 뱀과 몇 마디 나누는 과정에서 뱀의 말을 듣고 미혹되어 하나님의 사랑을 의심한 것이다. 하나님은 왜 그 좋은 것을 못 먹게 하셨을까? 그 나무를 보니 먹음직도 하고(육신적 욕구 자극), 보암직도 하고(시각적인 자극), 지혜롭게 할 만큼 탐스럽기도(지적 욕구 자극) 했다. 하와는 자기의 의지의 결정으로 하나님을 거역하고 선악과를 따먹었다. 그리고서 자기와 함께한 남편에게도 주어 먹게 한 것이다. 어쨌든 결과적으로 피조된 사람은 뱀의 유혹을 받아 하나님께서 먹지 말라 명한 과일인 선악과를 먹고 하나님과 단절되어(교통이 끊어짐) 죄인의 위치로 전락했다(롬 5:12). 타락하기 전에는 부부가 완전한 하나이기에 서로 벗었어도 부끄러워하지 않았으나 선악과를 먹고 그 죄로 말미암아 연합이 깨어지니 벗은 것을 부끄러워했다. 죄를 지은 후 아담은 자연히 두려움이 생기고 하나님의 얼굴을 피하여 나무 사이에 숨게 되었다.

B. 뱀과 인간에 대한 심판

그 후 에덴동산에서 하나님의 낯을 피하여 숨어 있는 아담을 찾으신 하나님께서는 먼저 뱀을 심판하시고, 여자와 남자에 대해서도 각각 상당한 심판을 하심으로 타락한 인간에게 합당한 제약을 두셨다. 하나님은 사탄에게 속아 타락한 인간에 대해서는 구원할 계획을 가지고 계셨지만, 뱀에 대한 심판에서는 장래 그를 궤멸시킬 여자의 후손(seed, 씨)을 예언하시면서 뱀의 후손과 여자의 후손이 원수가 될 것이라고 하셨다. (여기서 사탄은 사람을 타락시켜서 자기의 뜻을 이루었다고 좋아했겠지만, 하나님께서는 결정적으로 사람과 연합하게 된 사탄을 처리할 길을 얻으셨다.) 여기서 여자의 후손(씨)은 바로 그리스도이시다. 뱀(사탄)은 그리스도로 말미암아 완전히 처리될 것이다. 그리스도께서는 아담을 포함하는 한 사람으로 오실 것이며, 십자가에서 못박혀 죽으심으로 옛뱀 사탄의 세력을 심판하실 것이다(요 3:14, 16:11, 골 2:15). 이 심판을 통해 하나님께서는 아담과 하와를 에덴동산에서 쫓아내셨다(창 3:24).

C. 타락의 본질

하나님은 흙으로 사람을 지으시고 그 코에 생기를 불어넣으셨다. 생기(히, 네샤마)는 사람을 영이 있는 존재가 되게 했다. 하나님은 사람을 영이 있는 존재로 지으셨다고 말한다(민 16:22, 슥 12:1). 그리고 사람의 혼(soul)은 영이 몸과 결합하는 과정에서 생겨난 것이다. 그러므로 혼은 몸과 영의 중간에서 서로를 연결하는 매개의 기능을 하며 피조물로서 땅에 속한 것을 접촉하게 한다. 원래 사람의 영은 하나님과 접촉하고 교통하도록 지어진 가장 고상한 기관이다. 따라서 사람은 영을 주격(主格)으로 하여 하나님과 교제하며, 그 음성을 들으며, 그분의 뜻과 인도에 따라 살 수 있도록 지어진 존재이다. 그러나 하와는 뱀의 꾐에 넘어가 자신의 혼을 발전시켜 원래 주격인 영의 위치를 잃게 하고 인간 스스로의 지혜와 생각과 감정으로 살게 되었으며, 그 결과 하나님과의 교통이 끊어졌다.

결국 타락한 사람은 혼이 계발(啓發)되어 스스로 주인이 되어 살게 되었는데, 혼이 활발하게 주격이 되어 살 때 영의 기능은 죽게 된다. 이것이 하나님께서 말씀하신바 "네가 그것을 먹는 날에는 정녕 죽으리라"의 의미이다(창 2:17). 선악과를 먹은 후로도 인간은 오래 살았는데, 이는 그것이 육체의 죽음을 의미한 것이 아니라 영의 죽음을 말한 것으로서 점차적으로 생명의 근원이신 하나님에게서 단절됨으로 혼과 몸도 죽어가고 결국 흙으로 돌아가게 되는 것이다. 이것이 사람이 타락한 후에 하나님께서 하신 말씀이다(창 2:19, "너는 흙에서 왔으니 흙으로 돌아가리라"). 그러나 만일 우리 인간의 혼(생각, 감정, 의지)이 영을 주격으로 삼아 우리의 영에 하나님의 생명(생명나무로 대표된)을 받아들여 사시도록 결정하였다면, 하나님과 영적인 관계를 가질 수 있고 영생할 수 있었다(창 3:22). 그럴 때 사람은 하나님과 연합한 영으로 하여금 주부(主部)가 되게 하여, 혼을 다스리고 혼은 몸을 다스리어 하나님의 뜻을 행하며 살 수 있었던 것이다. 그러나 유감스럽게도 뱀의 꾐에 넘어간 아담과 하와는 선악과를 먹음으로 혼이 주격이 될 뿐 아니라 몸 속에 사탄의 성분인 죄를 받아들임으로 우리의 몸속에 죄가 거하게 되었으며, 따라서 인간은 공중의 권세를 잡은 마귀를 따르며, 육신의 죄의 정욕을 따라 사는 존재가 되었다(롬 7:17-23, 8:10, 엡 2:1-3). 에베소서 2장 1-3절은 우리가 믿지 않을 때 죄와 허물로 죽었었다고 말한다. 그러나 우리가 예수를 믿으면 살아나게 된다("너희의 허물과 죄로 죽었던 너희를 살리셨도다"-엡 2:1). 이것은 얼마나 놀라운 일인지!

타락의 본질은 다른 것이 아니라 자유의지를 부여받은 피조된 사람이 하나님을 의존하여 살지 않고 하나님을 떠나 독립하여 스스로 살겠다고 선포한 행위이다. 그 결과는 사망의 길로 들어선 것이다. 사람이 어떻게 고장이 난 것을 안다면 어떻게 고칠 수 있는가도 알 수 있다. 왜 예수께서는 십자가에서 육체의 고난을 당하셔야 했을까? 그분은 우리의 구원자시다. 그분의 육신이 참혹한 십자가 형벌을 받으신 것은 우리의 육체가 죄를 범하였기 때문이다. 왜 그분은 또한 그곳에서 그분의 혼이 버림당하셔야 했는가? 그것은 우리의 죄를 범한 주체가 혼(자아 의지)이기 때문이다. 그러므로 이사야 53장 10절은, "여호와께서 그로 상함을 받게 하시기를 원하사…그 혼을 속건제물로 드리기에 이르면"이라고 하며, 11절은 "그가 자기 혼의 수고한 것을 보고 만족히 여길 것이라"고 한다. 민수기 31장 50절은 "우리의 생명(혼)을 위하여 여호와께 속죄하려고"라고 한다. 그것은 우리의 생명(목숨, 혹은 혼)은 피에 있고 그분의 피로써 우리의 생명(혼)을 속해야 하기 때문이다(레 17:11).

곧 타락이란 다른 것이 아니라 사람의 생명과 중심과 근원이 되시는 하나님을 버리고 스스로의 힘과 지혜와 능력으로 살겠다는 선언인 셈이다(렘 2:13, 누가복음 15장의 아버지 집을 떠난 탕자의 이야기와 같다). 사람은 하나님의 보호와 공급과 인도하심에 따라 살도록 지음을 받았다. 그러나 타락한 인간들은 하나님을 떠나서 독립하여 하나님이 주시지 않은 것을 원하였는데 특히 지식을 추구하였다. 그것이 바로 지식나무의 원칙이다(선악과는 결국 지식나무이다). 그런 지식나무(the tree of knowledge)의 원칙으로 사람들이 성경을 가르치고 복음을 전파하고 설교할 수 있으나 하나님께는 여전히 죽은 자이다. 즉 오늘날 하나님과 연합하고 그분을 의지하는 것이 아니라 스스로 주체가 되어 인간의 혼을 발전시켜서 사역을 한다고 하는 사람들이 많다. 그런 이들은 근본적으로 사람을 살리는 사역을 할 수 없다(고후 3장). 오늘날 우리 신자들에게는 그리스도가 우리의 모든 것(지혜, 능력, 생명 등)이셔야 한다. 그러나 많은 사람들은 자신의 지혜와 능력을 의지하여 살지 그리스도를 생명과 능력으로 삼지 않는다. 사람은 예수 그리스도를 먹고 살도록 운명지어졌으므로 예수 그리스도를 영접하여 자신의 생명과 능력과 지혜와 모든 것으로 삼아야 한다(요 6:57, 고전 1:30).

D. 하나님의 구원의 계획

그럼에도 인간이 타락한 후 즉시 하나님은 인간에 대한 구원의 계획을 보이셨다. 아담과 그 아내를 위해 가죽옷을 지어 입히신 것은 그리스도의 구속 사역을 은은히 보여주시는 예표이다. 5장에는 아담으로부터 노아까지의 족보가 기록되어 있는데, 당시 인류는 오래 사는 사람은 900세가 넘게 살았다. 하나님께서는 사람을 지으실 때 오늘날 같은 짧은 수명을 정하지 않으셨다는 것을 생각해볼 수 있다. 기본적으로 하나님은 영생을 두고 사람을 지으신 것이다. 에덴동산에서 아담과 하와가 먹어야 했던 생명나무 실과는 실상 먹으면 영생하는 나무였다(창 3:22).

E. 타락한 후 인간의 삶

4장에서 아담의 아내 하와는 아들을 낳았는데 그의 이름이 가인이고, 또 그 동생 아벨을 낳았다. 가인은 결국 시기로 동생을 들에서 쳐 죽였고, 이는 인류 최초의 살인이다. 가인은 에덴 동편 놋 땅에 거하였고 그 아들이 에녹이다. 인류의 첫 번째 도시인 에녹 성은 한 살인자에 의하여 형성된 것이다. 당시 가인과 아벨 말고도 사람들이 존재하였다는 기록이 발견된다(4:15). 그것은 성경이 아담의 후손들을 다 기록한 것이 아니라는 것을 암시한다. 창세기 1장의 창조가 모든 창조를 다 기록한 것이 아닐 수 있듯이, 4장의 가인과 아벨의 이야기는 아담의 후손 중에서 선택적으로 기록한 것일 수 있다.

F. 아담의 주요 자손들의 계보

4장 25절부터 5장까지 아담의 주요 자손들의 족보가 나온다. 그 가운데 가장 눈에 띄는 사람은 에녹인데, 그는 65세에 므두셀라를 낳고 300년을 하나님과 동행하며 자녀들을 낳았으며 하나님이 그를 데려가시므로 세상에 있지 않았다. 에녹의 아들은 므두셀라로서 가장 장수한 사람인데 969세를 살았다. 다음은 라멕이고 그는 777세를 향수하다가 죽었으며, 그 아들이 노아이다. 그가 6장부터 기록된 하나님의 대홍수 심판 때에 사용하신 인물이다.

3. 홍수 (6:1-9:29)

창세기 6장에서는 사람의 죄악이 온 세상에 차고 넘쳤다고 말한다. 이 때 사람은 육체가 되어 하나님의 영이 더 이상 사람들과 함께하시지 않게 되었다. 사람이 처음 피조되었을 때는 하나님의 호흡(생기)을 받아 산 혼이 되었으며, 하나님의 영과 함께 할 수 있었다. 그러나 이제 타락한 후 인간은 영이 있으나 죽었고 다만 육체가 되었다(유 19절, "육에 속한 자며 영은 없는 자니라"). 이것은 하나님과 끊어진 사람의 영의 사망이 점점 심화되어 혼과 몸이 육체의 정욕에 떨어진 상태가 된 것이다(엡 2:1-3). 즉 타락한 사람은 더 이상 하나님의 영이 사람의 영과 접할 수 없는 상태가 되어버렸다는 뜻이다. 특히 당시에는 어디서 떨어진 존재인지 알 수 없는 '네피림(fall, 떨어지다)'이 사람의 딸들을 취하여 자식들을 낳았는데, 그들은 기골이 장대한 용사들이었다. 여호와께서는 사람의 죄악이 세상에 관영함과 그 마음의 생각의 모든 계획이 항상 악할 뿐임을 보시고 땅 위에 사람 지으셨음을 한탄하고 근심하셨다. 그리하여 하나님은 홍수를 일으켜 노아의 가족 외에 모든 인류를 멸하기로 작정하셨다. 노아 때의 홍수로 말미암은 하나님의 심판은 사람의 죄악에 대한 하나님의 태도, 즉 하나님이 죄악을 결코 간과하지 않으시는 분임을 보여준다. 그러나 하나님은 노아로 하여금 방주를 짓게 하시어 심판 중에도 믿고 순종하는 자들(노아와 그 가족)에게 긍휼을 베푸시는 하나님의 구속 사역을 예표로 보여주셨다.

7장에서는 노아와 그 가족과 짐승들이 방주로 들어간 다음 40일 간 쉬지 않고 비가 쏟아짐으로 대홍수가 이 땅에 임하였다. 그 엄청난 물이 150일 간을 육지에 머물렀으므로 지상의 코로 숨 쉬는 모든 생물이 다 멸절했다. 그러나 노아와 그 가족은 구원을 받고 인류의 새로운 조상이 되었다. 9장에서 하나님께서는 무지개를 구름 사이에 두심으로 다시는 홍수로 인류를 멸망시키지 않겠다는 언약을 세우셨다. 이것이 하나님께서 인류와 세우신 첫 번째 언약인데, 그 후로도 하나님은 아브라함, 이삭, 야곱, 다윗 등과 언약을 세우신 언약의 하나님이시다.

4. 여러 민족과 나라로 흩어짐(10-11장)

10장은 노아의 세 아들(셈과 함과 야벳)의 자손이 번성해서 흩어져 살게 된 상황을 기록했다. 예수 그리스도는 셈의 자손에게서 나오셨다. 11장에는 당시 인류가 연합하여 하나님을 대적한 일이 기록되어 있는데, 그것이 바로 바벨탑 사건이다. 그들은 성(城)과 대(臺)를 높이 쌓아 자신들의 이름을 내고 온 지면에 흩어짐을 면하자고 하였다. 거기서 하나님은 그들의 언어를 혼잡케 하셔서 그 바벨탑 쌓는 역사를 중단시키셨다. 그때부터 세상에 다양한 언어가 존재하게 되었다. 11장은 중점적으로 셈의 자손의 족보를 기록하는데, 셈의 17번째 자손으로 믿음의 조상 아브라함이 출생하게 되었으며, 그 계보를 통해 예수 그리스도께서 출생하신 것이다.

5. 열조의 전기(12-50장)

A. 아브라함

아브라함은 아람 사람 데라의 아들로 태어났다(신 26:5). 근본적으로 특별한 족속이 아니었다는 말이다. 그런데 어느 날 영광의 하나님께서 아브람(아브라함의 원래 이름)에게 나타나 본토와 친척과 아비 집을 떠나 그분이 지시할 땅으로 가라고 하셨고, 아브라함은 하나님의 말씀에 순종했다(행 7:1).

하나님은 아브람 때까지 기다리시다가 한 사람을 갈대아 우르에서 불러내어 새로운 민족을 이루게 하셨는데, 그것이 아브라함을 조상으로 하는 부르심 받은 족속(chosen people)이다. 하나님은 아담을 창조된 사람의 머리로 삼으셨지만, 이제는 아브람을 시작으로 하여 택하시고 부르신 새로운 족속을 갖고자 하신 것이다. 하나님은 아브라함을 불러내셔서 사람이 어떻게 하나님을 믿어 의롭다 함을 받고 그분의 자녀가 될 수 있는지, 심지어 그분의 친구가 될 수 있는지의 본을 삼으셨다. 하나님은 아브라함에게 믿음을 가르치고자 하셨지만 아브라함이 처음부터 대단한 믿음을 가지고 순종하여 따른 것은 아니었다. 그는 갈대아 우르를 떠날 때 아버지 데라와 함께 떠났고 조카 롯도 동행하였다. 그러나 아버지 데라는 하란에서 죽었고, 창세기 12장 1절의 부르심은 하란에서 있었던 일이다. 아브라함이 하나님의 떠나라는 말씀을 들은 것은 메소포타미아에서 처음이고, 하란에서 두 번째이다. 하나님은 그분의 선택하신 사람들에 대하여 다소 늦더라도 그분의 계획을 포기하지 않으신다. 하란에서 아브람은 조카 롯과 함께 떠나 하나님께서 가라 명하신 가나안에 도착하였다.

12장에서 가나안 땅에 들어가 세겜에 유하던 아브람은 그 땅에 흉년이 들자 애굽으로 내려갔고, 그곳에서 목숨의 위협을 느끼자 아내를 누이라 거짓말하는 등 철저한 실패를 맛보았다. 하나님이 아브람에게 언약하고 주시고자 한 것은 첫째로 그 땅(지시하신 곳)이었으며, 그 땅에 대한 말씀이 12-15장까지 기록되어 있다. 그리고 15-22장까지는 그 자손(아들)에 대한 말씀이다. 그가 22장에서 독자 이삭을 모리아 산에서 제물로 드리는 위대한 믿음의 수준에까지 이른 것은 하루아침의 일이 아니었다. 여러 실패와 약함이 드러나면서 아브람은 한 단계씩 진보했다. 그러한 과정을 거치면서 아브람은 하나님이 아버지이심을 믿을 수 있었다. 땅을 중히 여기는 이유는 창세기 1장부터 계시록 마지막 새 하늘과 새 땅까지 그분의 뜻을 이루심과 관계있다. 그분은 15장에서 가나안 땅 일경을 아브라함과 그 자손에게 주시겠다는 말씀을 하시면서 언약을 세우셨다. 이것은 매우 중요한 일이기 때문이다. 주 예수님은 이 땅에 그분의 왕국이 임하기를, 그분의 뜻이 하늘에서 이룬 것 같이 땅에서도 이루어지기를 기도하라고 하셨다(마 6:10). 하나님은 원대한 뜻을 품으시고 아브람을 갈대아 우르에서 불러내셔서 그 땅을 기업으로 주실 것을 약속하셨으며, 아브람은 갈 바를 알지 못했지만 한 걸음씩 순종하며 나아갔다(히 11:8).

둘째는 아들 문제이다. 15장과 17장, 18장, 22장은 모두 아브라함의 자손의 이야기이다. 하나님은 그의 자손을 통하여 천하만민을 복 주겠다고 약속하셨다. 사실 그 자손은 그리스도시다(갈 3:16). 약속의 자손에 대한 말씀을 믿었을 때 하나님은 그의 믿음을 의로 여기셨다고 기록한다. 그러나 16장에서 그는 자신의 육체의 힘으로 이스마엘을 낳았는데, 17장에서 이스마엘을 낳은 후 13년 만에 나타나신 하나님은 아브라함의 나이가 99세가 되었음에도 명년에 사라에게서 아들을 낳을 것이라는 말씀을 주셨고, 아브라함은 그 말씀을 믿었으며, 그 믿음으로 말미암아 의롭다 하심을 얻게 되었다(롬 4:17-22). 아브라함은 자신의 몸이 거의 죽은 상태인 것을 보고도 하나님의 약속을 의심하지 않고 믿음으로 결국 이삭을 낳았으며, 그 독자 이삭을 제물로 드리는 데까지 나아감으로 위대한 믿음의 조상이 되었다(창 22장). 오늘날 우리가 아브라함과 같은 믿음을 갖는다면 아브라함과 같은 복을 받는다(갈 3:9). 하나님은 아브라함을 기점으로 새로운 믿음의 족속을 얻으셔서 아담으로 인한 타락의 국면에서 벗어날 길을 열어주셨다.

B. 이삭

아브라함이 하나님을 아버지로 믿는 믿음을 보여준다면, 이삭은 아들 하나님의 믿음을 보여준다. 아브라함의 독자 이삭의 삶은 단순했으며 아버지 아브라함의 기업을 다만 물려받고 누렸다(창 24:35, 25:5). 이삭의 모든 것은 아버지의 것이었으며 다만 아들이기에 복을 받았다. 이것은 우리 성도들이 하나님의 약속의 자녀인 고로 은혜를 얻는 위치에 있음을 말해준다(갈 4:28). 또한 이삭은 아버지 아브라함이 자기를 제물로 드리려고 할 때 묵묵히 순종함으로써 골고다로, 십자가로, 죽음으로 나아가 인류의 속죄를 위해 순종하신 그리스도의 예표가 되었다. 또한 동족 중에서 아내(리브가)를 취함으로써 교회를 신부로 취하시는 그리스도를 예표하였으며(창 24장), 하나님은 그분의 모든 축복을 약속의 아들로 말미암아, 아들을 통하여, 아들(그리스도) 안에서 주신다.

C. 야곱

창세기에 기록된 열조의 전기에서 가장 긴 부분이 아브라함의 손자 야곱의 이야기이다. 야곱의 이야기는 25장부터 마지막 50장까지를 망라하는데, 창세기 전체의 절반을 차지하는 셈이다. 후반부 37장부터 50장까지는 요셉이 주인공처럼 되어 있으나 요셉의 이야기 역시 야곱의 이야기의 연속임을 알 수 있다(창 37:2). 창세기 49장에는 야곱의 열두 아들에 대한 예언과 축복이 기록되어 있다.

야곱의 일생을 통해 우리는 그 이름의 뜻대로 형의 발뒤꿈치를 잡는 자로서 절대 지기 싫어하는 기질을 가진 자임을 알 수 있는데, 그러한 그가 숱한 어려운 환경을 거쳐 이스라엘(하나님의 왕자)로 변화된 것을 읽을 수 있다. 이것은 성령의 역사이다. 아브라함을 통해 우리는 아버지 하나님이 우리의 모든 필요를 채우시는 분임을 배우며, 이삭에게서는 아버지의 것이 다 아들에게 주어지듯이 단지 우리가 그분의 자녀이기 때문에 그리스도 안에서 아버지의 모든 부요함을 은혜로 누리는 것을 배운다. 또한 야곱의 일생은 많은 어려운 환경을 통해 변화시키시는 성령의 이야기이다. 우리 모두는 야곱처럼 주님을 닮지 않은 타고난 기질들을 갖고 있는데, 성령께서는 많은 환경들을 통해서 우리를 주의 형상으로 변화시켜 가신다. 이는 성령의 역사이다(고후 3:18). 하나님께서는 사람을 다루기 위해 많은 환경을 사용하신다. 야곱이 속임수로 형 에서의 장자권을 취하여 아버지 이삭의 축복을 받은 후, 밧단 아람으로 도망하여 20년을 외삼촌 라반의 집에서 지내면서 네 아내와 열두 아들과 딸 하나를 얻게 된다. (막내 베냐민은 가나안으로 돌아오는 길에 태어난 아들이다. 그를 낳을 때 야곱의 가장 사랑하는 아내 라헬이 난산으로 인해 죽었다.) 32장에서 야곱은 얍복강 나루터에서 인생 최대의 위기를 맞아 한 천사와 씨름을 하게 되는데, 여기서 그의 환도뼈가 위골되고 결과적으로 다리를 절게 된다.

D. 말년의 야곱

많은 시련의 과정을 통과하면서 이스라엘(하나님과 함께 다스림을 뜻함)로 변화된 야곱은 말년에 애굽에 들어가서 요셉을 축복하였다. 야곱의 이야기는 택하신 자들을 하나님의 아들의 형상으로 변화시키시는 성령의 역사를 말해준다. 말년의 야곱은 생명의 성숙함을 보여준다. 그러나 생명이 성숙한 자의 왕 노릇 함은 요셉에게서 볼 수 있다. 우리는 아브라함에게서 성부 하나님을, 이삭에게서 성자 하나님을, 야곱에게서 성령 하나님의 역사를 본다. 그러한 역사를 이루신 하나님은 그분의 이름을 아브라함의 하나님, 이삭의 하나님, 야곱의 하나님으로 칭하기를 기뻐하신다(출 3장).

창세기의 마지막 인물 전기는 요셉에 대한 것인데, 그의 이야기는 매우 흥미롭다. 그는 야곱의 가장 사랑하는 아내 라헬이 낳은 아들로서 매우 총명하고 꿈을 잘 꾸는 자였다. 그는 아버지 야곱의 총애를 입은 고로 형들의 시기를 받았고, 형들은 마침내 그를 미디안 상고들에게 팔고서 짐승에게 찢겨 죽은 것처럼 하여 야곱에게 거짓말을 했다.

그로부터 많은 세월이 흘러 요셉은 감옥에서 애굽 바로의 궁의 신하들에게 꿈을 해몽해준 것이 계기가 되어 바로의 꿈도 해석해주고 애굽의 총리대신에 오르게 된다. 요셉의 꿈대로 10명의 형들은 애굽에 와서 그의 앞에 절하였다. 그는 아버지 야곱이 죽은 후에도 형들이 자기에게 행한 악을 생각지 아니하고, 형제들과 화합하고 그들을 사랑으로 돌보아주었다. 창세기는 애굽에서 요셉이 110세에 죽어 입관된 것으로 끝난다.

출애굽기

주요 내용 이스라엘의 노예됨의 상태에서 홍해를 건너 출애굽(exodus)한 사건을 다루는데 이는 그리스도의 구속을 예표하며, 모세의 영도 하에 시내 산에 도착한 이스라엘 백성에게 율법을 주시고 하나님께 나올 수 있는 길(성막을 건축하여)을 마련해주심

A. 야곱 가족이 애굽으로 내려감과 이스라엘이 학대받음

출애굽기(Exodus)는 구속의 책이다. 요셉이 애굽에서 총리가 됨으로 가나안에서 온 야곱 가족 70명은 애굽 땅 고센에 자리잡았다. 시간이 지남에 따라 이스라엘 자손은 생육이 중다하고 번식하고 창성하고 심히 강대하여 온 땅에 가득하게 되었다. 요셉을 알지 못하는 새 왕이 일어나 애굽을 다스리면서 그는 이스라엘을 경계하고 핍박하기 시작했는데, 이스라엘은 학대를 받을수록 더욱 번식하고 창성하니 애굽 사람이 이스라엘을 인해 근심하게 되었다. 그러자 애굽 왕은 이스라엘 자손의 역사를 엄하게 하여 그들의 생활을 괴롭게 했으며, 히브리 산파들에게 히브리 여인들이 아기를 낳을 때 남자면 다 죽이라고 명했다. 그러나 산파들이 하나님을 두려워하여 왕의 명을 어기고 남자아이들을 살려주었다. 그러자 바로는 모든 애굽 신민에게 명하기를 유대인에게 남자아이가 태어나거든 다 하수에 던지라고 했다.

B. 모세의 출생과 성장

그 때 레위 족속 중 한 사람이 레위 여자에게 장가를 들어 아들을 낳았는데, 매우 준수함을 보고 그 어미가 아들을 3개월가량 숨겨오다가 더이상 숨길 수 없게 되자 바로 왕의 공주가 목욕하러 나올 때쯤에 갈 상자에 역청을 바르고 아기를 거기에 넣어 물에 띄웠다. 마침 바로의 공주가 갈상자를 보고 시녀를 보내어 가져오게 했는데, 상자를 열어 아이가 있는 것을 보고서 데려다가 그녀 아들로 키우게 되었다. 그의 이름 '모세'는 '물에서 건져내었다'는 뜻이다.

C. 모세가 40세 때 미디안 광야로 도망하여 거기서 40년을 지내며 양을 치다

그는 40세가 되었을 때 자기 형제들에게 나가서 그 고역함을 보는데 한 애굽 사람이 자기 동족을 치는 것을 보고 그를 쳐죽여 모래 속에 감추었다. 결국 그 일이 탄로가 나서 바로 왕의 낯을 피하여 미디안 땅으로 가서 머물렀으며, 거기서 르우엘(혹은

'이드로'라고도 불리움)이라는 미디안 제사장과 함께 거하며 그 딸들 중 십보라와 결혼하여 아들(게르솜)을 낳았다. 그는 궁중에서 자라면서 애굽의 학술을 배워 매우 출중하고 역량 있는 자였지만, 40년이라는 세월을 그저 광야에서 양떼를 치며 지냈다. 이제 80세가 되었는데 그가 쓴 시편 90편의 기도를 읽어보면 80세면 인생을 다 산 나이이다.

D. 모세가 80세가 되었을 때 호렙 산에서 하나님께 부르심을 받다

그러나 모세가 80세가 되었을 때 하나님께서는 호렙 산에서 그를 부르시어 그의 동족 이스라엘 백성을 바로의 손에서 구출하여 광야로 인도하게 하셨다. 그의 처음 40년은 스스로 할 수 있다는 자신감으로 충만한 시기였고, 미디안에서 양을 치던 40년은 자신의 무능함을 경험하는 시기였으며, 마지막 40년에는 하나님의 부르심을 받고 그분의 능력과 인도하심으로 큰 역사를 이루어내는 귀한 사역을 감당하게 되었다. 하나님은 사람이 다 끝났다 할 때 부르시어 사용하신다. 사람은 늦었다 할 때 하나님이 시작하시는 것을 보면 참 기묘하다. 한 사람이 주님의 손에서 완성되는 것은 오래 걸린다. 하나님은 창세기에서 아브라함과 이삭과 야곱에게 언약하신 약속을 기억하시고 또 이스라엘 백성이 고역으로 인하여 부르짖는 소리가 상달하여 그들을 구출하기로 작정하신 것이다(출 3:5-12).

하나님은 호렙 산 가시떨기 불꽃 가운데서 나타나 모세를 부르셨고 그를 바로에게 보내어 그분의 백성 이스라엘을 애굽에서 인도하여내게 할 것이라 하셨다. 그러자 모세가 매우 주저하면서 자기는 그런 일을 할 만한 사람이 아니라고 말씀드렸다. 하나님은 모세에게 그분의 이름을 알려주시고("나는 스스로 있는 자니라…") 그에게 두 가지 이적을 보여주심으로 격려하셨다. 하나는 그가 가지고 있던 지팡이가 뱀이 되게 하는 것이고, 또 하나는 손에 문둥병이 발하게 하는 것이었다. 그러나 다시 뱀을 잡을 때 지팡이가 되고 손을 다시 한 번 품에 넣었다가 꺼내니 깨끗하게 되었다. 이 두 이적을 바로 앞에서 행하라고 하신 것이다.

그 두 이적을 보고도 바로가 듣지 않으면 하수를 취하여다가 육지에 부으라고 하셨다. 그러면 그것이 피가 되리라는 것이다. 그럼에도 모세가 여전히 자신은 입이 뻣뻣하고 혀가 둔한 자라서 말에 능치 못하여 바로에게 가서 이스라엘 백성을 보내달라고 말할 자신이 없다고 하자 결국 하나님은 모세의 형 아론을 그의 동역자로 붙여주시고 함께 바로에게 가서 말하라고 분부하셨다.

모세는 장인 이드로(르우엘)에게 인사하고 애굽으로 향하였는데, 모세의 아내와 아들들을 나귀에 태우고 갈 때 그 손에 하나님의 지팡이를 지녔다. 4장에서 하나님은 모세에게 바로 앞에서 할 말을 일러주셨다. "이스라엘은 내 아들 내 장자이니 네가 놓기를 거절하면 내가 너의 장자를 죽이겠다" 하라시는 것이다. 이것은 애굽에 내린 열 가지 재앙 중 마지막 재앙으로서 결국 애굽의 모든 처음 난 것(애굽의 모든 짐승부터 왕의 아들까지)은 다 죽었다. 그 일로 바로 왕은 완전히 손을 들고 이스라엘 백성들이 애굽을 떠나 광야로 가는 것을 허락하게 된다.

E. 모세와 아론이 바로 왕 앞에 서다

그리고 이제 5장에서 모세와 아론은 바로에게 가서 "여호와의 말씀에 내 백성을 보내라 그들이 광야에서 내 앞에 절기를 지킬 것이니라 하셨나이다"(5:2)라고 했다. 이때 바로는 완강하게 거절하면서 오히려 이스라엘 백성들의 벽돌 만드는 일을 더 고되게 만들었다. 그러자 이스라엘 백성은 모세와 아론 때문에 자신들이 더 힘들어진 것을 알고 그들의 말을 듣지 않았으나 하나님은 모세에게 다시 바로에게 가서 말하라고 하셨다. 모세는 하나님께 이스라엘 백성도 듣지 않는데 바로가 듣겠느냐고 했다.

◊ 7-11장: 애굽에 내린 열 가지 재앙

7장에서는 하나님께서 바로의 마음을 강퍅케 하실 것이라고 하며, 애굽에 더 큰 재앙을 내려서 심판하신 후에 백성을 인도해낼 것이라고 하신다. 그때서야 애굽 사람들이 비로소 그 모든 일을 행하신 분이 여호와이신 줄 알게 될 것이라는 말씀이다. 여기서 우리는 하나님께서 모세와 매우 친근하게 대화하고 계시는 것을 본다. 하나님은 그분의 사람들과 격의 없이 소통하신다. 이것이 영(spirit)을 가진 사람이 누릴 수 있는 가장 큰 특권이다. 물론 이전 시대의 노아나 아브라함도 그러했다. 하나님은 사람을 그분의 친구로 대하기를 원하신다. 또한 하나님은 이방 민족인 애굽 사람들에게도 자신을 알리기 원하신다. 하나님은 유대인의 하나님만 되시는가? 이방인의 하나님도 되신다(롬 3:29). 7장에서 모세와 아론은 바로에게 가서 지팡이가 뱀이 되는 이적을 행하고 하수의 물을 치면 그것이 피가 되는 이적을 시연하였는데, 애굽의 술사들도 그들의 술법으로 같은 일을 하여 모세를 대적하였다. 그때 모세를 대적한 애굽 술사들 가운데 얀네와 얌브레가 있었을 것이다(딤후 3:8).

7-11장에서는 애굽을 친 열 가지 재앙을 말한다. 1) 애굽 하수가 피가 되다. 2) 개

구리가 나일 강에서 무수히 생기고 올라오다. 3) 티끌이 이가 되다. 4) 파리 떼가 가득하다. 5) 애굽의 가축에게 심한 악질이 생겨 죽다. 6) 애굽 온 땅의 사람들과 짐승들에게 악성종기가 나다. 7) 우박이 애굽 온 땅의 사람과 짐승과 농작물과 삼림에 내리다. 8) 메뚜기가 애굽 온 지면을 덮다. 9) 캄캄한 흑암이 삼 일 동안 애굽 온 땅에 임하다. 10) 애굽 땅의 처음 난 모든 것들을 치다.

지팡이를 던져 뱀이 되게 하는 것과 아홉 가지 재앙을 내릴 때, 처음 두 가지는 애굽의 술사들도 따라 했다. 즉 애굽 하수를 피가 되게 하고 하수에서 개구리가 올라오게 하는 일을 했다. 이것도 애굽의 술사들이 제법 따라했다. 바로는 애굽 전역에 강들과 운하와 못으로부터 개구리 떼가 올라오니 모세를 불러서 제발 개구리를 떠나가게 해달라고 하면서 그러면 이스라엘을 보내겠다고 했다. 모세가 바로의 말대로 여호와께 간구하니 개구리가 집에서, 마당에서, 밭에서 죽어 사람들이 모아 무더기로 쌓았는데, 그 무더기에서 썩은 냄새가 진동하였으나 숨이 통할 때쯤 바로는 다시 마음을 강퍅케 하여 이스라엘을 보내지 않았다. 그러나 세 번째 이적, 티끌을 이(lice or 어떤 사본에는 gnat로 되어 있다)가 되게 하는 것은 술사들이 따라 하지 못했다. 이(혹은 모기)가 극히 작은 생물일지라도 생명체이기 때문이다. 생명체를 창조하는 일은 이 세상의 어떤 마술사들도 해낼 수 없다.

바로는 아홉째 재앙이 임한 중에 모세에게 세 가지 제안을 한다. 첫째는 "너무 멀리 가지 말라"(8:28), 둘째는 "여자와 짐승은 놔두고 남자만 가서 여호와를 섬기라"(10:9-11), 셋째는 "너희가 가서 섬기되 양과 소는 머물러두고 너희 어린 것은 함께 갈지니라"(10:24)였다. 모세는 중간에서 타협하지 않았다. 9장 27절을 보면 바로가 회개를 하는 듯했다. "이번은 내가 범죄하였노라 여호와는 의로우시고 나와 나의 백성은 악하도다". 그러나 악인들의 이러한 회개는 순간적으로 어려울 때 내뱉는 것이지 진심으로 돌이킨 것이 아니다. 거짓 회개도 있으니 조심해야 한다(사무엘 상의 사울 또한 다윗에게 회개를 하는 듯했으나 곧바로 원래 자신으로 돌아갔다). 회개는 입의 말이 아닌 열매로 나타나야 한다. 또한 사람에게 임기응변적으로 하는 것은 소용이 없고 하나님을 향한 진실한 돌이킴과 자백이 있어야 한다(다윗의 시편 51편의 회개를 보라! 이는 하나님 앞에서 진실되게 애통하는 마음으로 하는 자백이요 회개였다). 계시록 16장에서는 일곱 번째 대접의 우박의 재앙에서 무게가 한 달란트나 되는 엄청난 크기의 우박이 쏟아지게 된다. 여덟 번째인 메뚜기 재앙은 요엘서와 계시록에서도 마지막 때에 다시 한 번 심판으로 임하게 된다. 아홉 번째의 흑암의 재앙도 계시록의 일곱 대접 중 다섯 번째에 다시 임하게 된다(계 16:10).

◇ 12-13장: 유월절과 무교절, 구름 기둥과 불 기둥으로 인도하시다

12-15장은 애굽의 짐승으로부터 왕궁에 이르기까지 모든 처음 난 것과 장자들을 치는 마지막 재앙과 그 재앙을 피하는 유일한 길인 유월절 행사를 말한다. 하나님께서는 유월절에 양을 잡아 그 피를 이스라엘 백성들이 거하는 집마다 문 좌우 설주와 인방에 바르라고 하셨다. 하나님께서 천사를 통해 모든 처음 난 것들을 살육하는 날 밤, 문설주와 인방에 피가 발라져 있는 집은 재앙을 면하고 넘어간다 해서 유월절(Pass-over)이라고 한다. 이것은 신약의 믿는이들이 어떻게 심판과 영원한 멸망에서 구원받는가의 예표이다. 어린양의 피를 믿는 자들이 아니면 심판과 영원한 멸망을 면하지 못한다. 정월 14일에 잡아야 할 어린양은 흠 없고 일 년 된 수컷으로 해야 한다고 했는데, 이는 바로 우리의 유월절 양이 되신 그리스도의 예표이다(고전 5장 참조). 흠 없는 사람은 인류 역사상 하나님의 아들 예수뿐이시다. 그분은 처녀에게서 성령으로 잉태되신 분이기에 죄의 영향을 받지 않으신 유일한 분이시다. 우리는 오식 예수의 피로 우리의 죄를 완전히 용서받게 된다. 일 년 된 어린 양이란 순결함을 의미한다. 오직 거룩하고 의로우신 어린 양 예수의 피만이 장래 무서운 심판과 멸망에서 우리를 구원할 수 있다는 것을 알아야 한다.

14일 유월절부터 21일까지 칠 일 간 무교병을 먹게 되어 있는데, 이는 죄 없는 삶을 살아야 함을 의미한다. 7은 완전 숫자로서 예수의 피로 구속받은 우리의 일생이 죄가 없어야 함을 말해준다. 신약 성경에서는 유월절과 무교절이 함께 쓰이는 것을 본다(눅 22:1).

하나님께서는 애굽에서 나온 이스라엘 백성을 인도하실 때 그들의 심리를 생각하시면서 매우 자상하게 인도하셨다. 그들은 요셉에게 한 맹세를 따라 그의 유골을 취하여 애굽에서 나왔으며, 하나님께서는 그들 앞에서 행하시되 낮에는 구름 기둥으로 인도하시고 밤에는 불 기둥으로 그들에게 비취사 밤낮으로 진행하게 하셨다.

◇ 14-15장: 홍해를 건넘과 이스라엘 백성의 찬양, 마라에 이름

14장은 이스라엘이 애굽에서 탈출하여 홍해를 건넌 이야기이다. 그들은 이 홍해를 어떻게 건넜는가? 하나님께서 밤새 바람을 일으켜 바다 가운데 마른 길을 내셨기 때문이다. 하나님께서는 이스라엘 백성이 다 건너가기까지 기다리셨다가 애굽 군대가 이스라엘 백성을 잡으러 뒤따라 들어가자 다시 그 물을 합하게 하심으로 사람이며 병거며 모두 다 수몰되게 하셨다. 이것은 신약에서 세례 또는 침례(baptism)의 예표이다(고전 10:1-2).

15장에는 하나님의 능력으로 홍해를 건넌 모세와 이스라엘 백성의 노래가 있다. 모세의 노래 곧 어린 양의 노래라고 한다. 또 아론의 누이 미리암이 소고를 치며 화답하는 노래가 있다. "미리암이 그들에게 화답하여 가로되 너희는 여호와를 찬송하라 그는 높고 영화로우심이요 말과 그 탄 자를 바다에 던지셨음이로다 하였더라"(21절).

그들은 '마라'라는 곳에 이르렀고, 거기서 물을 구하였으나 물이 써서 마시지 못하므로 모세를 원망했는데 모세가 그 물에 한 나무를 던지니 물이 달아졌다. 거기서 여호와께서는 율례를 정하시고 여호와의 명령에 귀를 기울이고 모든 규례를 지키면 애굽에게 내린 재앙을 하나도 내리지 않겠다고 언약하셨다(출 15:26). 그들은 엘림에 이르렀는데, 거기에 물 샘 열둘과 종려 칠십 주가 있었다. 마라와 엘림은 고난과 시험 후의 풍성한 공급으로 인한 안식과 평안이다. 그들이 애굽에 있었던 기간은 총 430년이었다(창 15:13 참조).

◊ 16-18장: 하늘에서 내린 만나, 반석에서 나온 생수, 모세 장인의 조언

16장에서는 엘림과 시내 산 사이의 신 광야에 이르렀는데, 거기서 이스라엘 백성은 먹을 것이 없다고 모세를 원망했다. 그때 하나님은 하늘을 열어 아침마다 만나를 내리게 하셨다. 이스라엘 백성은 40년 동안 광야에서 만나를 먹었는데, 이는 결국 예수 그리스도께서 사람의 참 양식이 되기 위해 하늘로부터 내려오신 것을 예표한다(요 6장 참조). 이스라엘을 애굽에서 이끌어내신 것은 특히 그들의 음식을 바꾸시기 위함이었다.

17장에서 그들이 르비딤에 이르렀는데 물이 없다고 모세를 원망했다. 그 때 하나님은 모세에게 지팡이로 반석을 치라 명하셨고 모세가 그대로 하니 반석에서 생수가 나왔다. 이는 신약의 성도들에게 참 음료가 되시는 그리스도를 예표한다. 그분은 우리의 참된 양식이요 음료이시다. 고린도 전서 10장에서 바울 사도도 이에 대해 말한 바 있다. "형제들아 너희가 알지 못하기를 내가 원치 아니하노니 우리 조상들이 다 구름 아래 있고 바다 가운데로 지나며 모세에게 속하여 다 구름과 바다에서 세례를 받고 다 같은 신령한 식물을 먹으며 다 같은 신령한 음료를 마셨으니 이는 저희를 따르는 신령한 반석으로부터 마셨으매 그 반석은 곧 그리스도시라"(1-4절). 이 구절을 보면 신령한 음료는 깨어진 반석이신 그리스도로부터 나온다. 이것은 의심할 여지없이 십자가에 못 박히신 그리스도와 그분에게서 흘러나온 물과 피를 의미한다. 그분의 피는 참된 음료이다(요 6:55). 그곳 이름을 므리바 혹은 맛사라 하였는데, 이는 이스라엘 자손이 모세와 다투면서 '여호와께서 과연 우리 가운데 계시냐' 하고 시험했기 때문이다. 오늘날도 성도들은 너무 쉽게 먹는 것과 마시는 것으로 시험을 받게 된다. 하나님을 의지한다면 성도들은 하늘에서 내려온 만나와 반석에서 나오는 생수의 공급으로 충족함을 얻게 될 것이다.

이렇게 음식과 음료의 문제를 해결한 이스라엘은 아말렉과의 전쟁에 직면하게 된다. 이때 여호수아가 등장하는데, 산 위에서는 모세가 아론과 훌의 부축을 받아 기도하고 산 아래에서는 여호수아가 칼날로 아말렉을 진멸하는 일을 하였다. 그리스도를 음식으로 먹고 마시는 자들이 아니면 아말렉이 예표하는 육체를 살육할 수 없다. 아말렉은 에서의 자손이며 하나님의 백성에게 철천지원수이다. 그들의 자손 가운데 하나가 바로 예수께서 오셨을 때 아기들을 학살한 당시 유대 왕 헤롯이다. 소선지서를 볼 때 마지막 아마겟돈 전쟁에서 에돔의 멸망과 세상 끝은 직결되어 있다(오바다서 참고).

또 한면으로, 에돔은 우리의 육체를 대표한다. 이스라엘이 애굽에서 나올 때는 바로의 군대를 이겼지만 이는 순전히 하나님께서 하신 일이다. 우리는 오직 그리스도의 은혜로 구원을 받는다. 거기에는 우리의 공로나 노력이 들어가지 않는다. 그러나 그리스도인의 노정을 시작해서 길을 갈 때는 그리스도를 음식으로 먹으며 음료로 마셔야만 우리의 육체를 처리할 수 있다. 이는 산 위에서 기도하는 모세처럼 형제들과 동역하는 간절한 기도가 필요하며, 아말렉을 쳐부수는 여호수아처럼 십자가의 칼날로 우리의 육체를 도륙하는 역사가 필요하다. 이는 우리 안에서 역사하시는 하나님과 동역함으로 이루어질 수 있다(빌 2:12-13).

18장에는 모세가 장인 이드로의 제안으로 천부장, 백부장, 오십부장, 십부장을 세워 이스라엘 백성을 재판하는 일이 나온다. 이드로는 모세가 하는 일이 너무 힘들어 보였기에 조언을 했고, 모세는 그 조언을 따랐다. 그러나 민수기 11장에는 하나님께서 모세의 짐을 가볍게 해주기 위해 안배하신 것이 나오는데, 이드로의 제안과 다르다. 민수기 11장의 안배는 하나님의 방법인 반면, 이곳 출애굽기의 안배는 사람의 머리에서 나온 것이다. 민수기에서는 모세가 백성의 유사와 장로들 가운데 70인을 구별하였는데, 하나님께서는 그들로 다 성령을 받아 예언을 하게 하셨다. 즉 하나님은 한 무리의 사람들에게 성령을 부어주셔서 백성들을 돌보게 하신 것이다. 하나님은 그렇게 하심으로 모세가 짐을 혼자 지지 않도록 하셨다(민 11:17). 우리는 너무 쉽게 사람의 조언과 방법을 따름으로 하나님의 영의 인도를 놓치는 때가 많으니 조심해야 한다.

◊ 19-24장: 율법을 받기 위해 산에 오른 모세, 십계명과 관련 규례들

19장에서 24장의 내용은 하나님께서 이스라엘과 세우신 첫 번째 언약의 내용이다. 이때 하나님은 이스라엘 백성에게 율법을 주시기로 하셨다. 모세는 그때 첫 번째로 산에 올라갔는데, 하나님께서는 그들을 어떻게 애굽에서 이끌어내셨는가를 말씀해주시면서 그들이 만일 하나님의 언약을 지키면 열국 중에서 그분의 소유가 되리라고 하셨다. 이스라엘 백성은 모세의 말을 듣고서 "여호와의 명하신 대로 우리가 다 행하리이다"라고 응답했고, 모세는 백성의 말로 여호와께 회보했다. 그렇게 응답함으로써 그들은 사실상 은혜를 선택한 것이 아니라 율법을 선택한 것이다. 그들은 자신들이 어떤 상태인지 몰랐기 때문에 이렇게 응답했을 것이다.

하나님은 빽빽한 구름과 나팔소리와 지진과 연기와 함께 큰 두려움 가운데서 율법을 반포하셨다. 하나님은 시내산 꼭대기에 강림하시어 모세를 그리로 부르셨고, 모세는 올라가서 율법을 받아가지고 내려왔다(19:20). 율법을 주신 분위기는 그렇게 평온하거나 은혜롭지 않았다. 그것은 하나님께서 원래 그분의 백성에게 주려고 하신 것이 아니었기 때문이다. 원래 하나님은 그분의 백성을 은혜의 원칙으로 대하기 원하셨다. 그것이 주 예수님이 이 땅을 떠나시기 전날 밤에 제자들로 더불어 떡과 포도주로 세우신 새 언약이다. 그리고 하나님은 모세에게 백성들이 산에 올라오지 못하게 하라 하시면서 올라오면 그분이 그들을 돌격할 것이라고 경고하셨다.

20장의 내용은 그야말로 십계명이다. 1) 나 외에 다른 신들을 네게 있게 말라. 2) 우상을 만들지 말라. 3) 여호와의 이름을 망령되이 일컫지 말라. 4) 안식일을 기억하여 거룩히 지키라. 5) 네 부모를 공경하라. 6) 살인하지 말라. 7) 간음하지 말라. 8) 도적질하지 말라. 9) 거짓말하지 말라. 10) 탐내지 말라.

십계명 중 앞의 넷은 하나님께 대한 것이고, 뒤의 여섯은 사람에게 대한 것이다. 하나님은 사람이 율법을 지킬 것이라는 기대를 가지고 십계명을 주신 것이 아니다. 율법은 사람의 죄를 심히 죄 되게 하고 인간의 무능함을 드러내어 사람은 도무지 하나님의 법을 지킬 수 없음을 보여줄 뿐이다(롬 7:7-14). 사람은 반드시 은혜의 길로 들어서서 오직 예수 그리스도를 믿음으로써만 구원받을 수 있다(엡 2:8). 율법은 장차 올 좋은 것의 그림자요 참 형상이 아니니다(히 10:1).

그럼에도 그 십계명 속에는 하나님의 속성과 그분의 어떠하심이 나타나 있다. 그분의 사람에 대한 사랑과 그분 자신의 거룩하심과 의를 나타내신다. 특히 우상을 숭배하지 말라는 제 2계명을 생각해보라! 하나님은 사람의 죄악 중에도 특히 우상숭배의 죄를 철저히 미워하신다. 이는 성경 전체에서 나타난다(구약의 열왕기서와 선지서들, 신약 바울 서신 여러 곳에서). 십계명 중에 제 2계명이 가장 길고 자세한데, "너를 위하여 우상을 만들지 말라"는 말씀에 더하여 "나 여호와 너의 하나님은 질투하는 하나님인즉 나를 미워하는 자의 죄를 갚되 아비로부터 삼사대까지 이르게 하거니와 나를 사랑하고 내 계명을 지키는 자에게는 천대까지 은혜를 베푸느니라"는 말씀이 있다(출 20:5). 하나님 외에 다른 것을 사랑하고 탐하는 것은 매우 심각한 죄이다. 지식 욕구도 마찬가지이다. 하나님 외에 다른 것을 사랑하는 것, 세상 명예, 부귀, 물질 모두가 우상이다. 신약에서는 탐심이 곧 우상숭배라고 하셨다(골 3:5). 사도 요한도 요한 일서에서 가장 귀하고 엄중한 말씀을 기록한 다음 맨 마지막에 "내 자녀들아 너희 자신을 지켜 우상에서 멀리하라"(요일 5:20) 하였으며, 사도 바울도 그의 서신에서 고린도 교회에게 우상숭배의 일을 피하라고 거듭 경고하였다(고전 10:14-21).

20장의 십계명이 나라의 헌법과 같다면, 21장부터 23장까지는 부칙이나 세칙에 관한 것이다. 21장 2절부터 11절까지는 히브리 남종과 여종에 관한 규례이며, 12-14절은 제 6계명의 세칙으로서 살인자에 대한 것이다. 여기서 의도적 살인과 의도 없이 살인하게 된 경우를 다르게 취급하는데, 이를 위해 도피성 제도가 있다. 이는 신약의 복음을 상징하고 있으며, 믿은 성도들의 범죄는 의도 없이 죄를 지은 것에 해당한다. 다음은 부모를 치는 자, 폭행한 자에 대한 문제를 다룬다. 22장은 제 8계명 도적질하지 말라는 것의 세칙이다. 23장은 허망한 풍설을 전하지 말고 다수를 따라 악행을 하지 말라고 한다. 그리고 14-19절은 히브리인들이 지켜야 할 주요 세 절기를 다룬다. 유월절(무교절), 맥추절(오순절), 수장절(초막절)이다. 유월절은 우리의 구원과 관계되며, 맥추절은 성령 강림, 초막절은 그리스도의 재림과 왕국을 예표한다.

◊ 25-27장: 모세가 하늘로부터 받은 성막의 청사진

25-27장은 여호와께서 모세를 시내산 위로 부르심과 성막의 청사진에 대해 말한다. 하나님께서 이스라엘과 피로 첫 언약을 세우시고 모세를 산으로 부르셔서 율법판을 주겠다고 하셨는데, 모세가 산에 올라갔을 때 즉시 십계명이 새겨진 돌판을 주신

것이 아니다. 하나님께서는 먼저 이스라엘 자손에게 성소를 지을 예물을 가져오게 하라 하시고 그 품목을 상세하게 말씀하셨다. 금과 은과 놋과 청색, 자색, 홍색실과 가는 베실, 염소털, 붉은 물 들인 수양의 가죽, 해달의 가죽, 조각목, 등유와 향품 등이다. 이 모든 것은 이스라엘 백성이 자원하여 드리는 예물이어야 했다(25:1-9).

성막은 세 부분으로 되어 있는데, 뜰과 성소와 지성소이다. 뜰에는 놋 제단과 그 부속물, 그리고 놋 물두멍이 있다. 성소에는 정금으로 싼 진설병 상과 그 부속물, 그리고 정금 등대와 금향단이 있다. 지성소 안에는 언약궤와 그 궤 덮개인 속죄소가 있다. 놋제단은 죄인이 하나님께 나아가기 위해 먼저 예수의 십자가의 희생을 받아들여야 함을 의미한다. 물두멍은 모든 허물과 죄악이 씻어져야 함을 말하며, 이것은 뜰에서 행해질 일이다. 그런 다음 성소에 들어와서 진설병 상을 마주하게 되는데, 이는 주님의 말씀 곧 양식이다. 성도들은 주님을 영접한 후에 그리스도를 양식으로 먹어야 한다(요 6장 참조). 그리고 정금 등대는 성도들이 어두운 세상에 빛을 비추는 간증을 지녀야 함을 말하며, 금향단은 하늘로 향이 올라가는 곳, 즉 성도의 기도를 의미한다. 지성소의 언약궤는 가로, 세로, 높이가 같은 정방형으로 되어 있고 모든 것이 금으로 싸여 있으며, 하나님께서 임재하시는 곳이요 하나님과 사람이 만나는 곳이다(25:10-22). 언약궤 덮개인 속죄소는 피가 뿌려지는 곳인데, 오직 그리스도의 피를 근거로 하여 우리가 하나님과 교통할 수 있음을 의미한다.

◊ 28-33장: 제사장 의복과 관유 제조법, 모세가 증거판 둘을 받아서 산에서 내려옴, 이스라엘의 우상숭배, 하나님의 진노

28, 29장에는 제사장의 의복을 만드는 법이 나오는데, 당시 대제사장 아론은 멜기세덱의 반차를 따른 대제사장이신 예수 그리스도를 예표한다. 대제사장의 성의는 관, 속옷, 겉옷, 에봇, 흉패, 에봇에 띤 공교히 짠 띠 등으로 구성되어 있다. 관은 베실로 짜고 전면에 '여호와께 성결'이라고 쓰도록 했다. 에봇 받침 겉옷은 가는 베실로 짠 긴 옷인데 청색이다. 청색은 하늘에 속한 성질을 의미한다. 그 옷의 가장자리에는 청색, 자색, 홍색실로 석류를 수놓고 금방울을 간격을 두고 달되 한 금방울, 한 석류, 한 금방울, 한 석류가 있게 하라고 하셨다. 자색은 왕권을 의미하고, 홍색은 그리스도께서 우리의 죄를 대속하기 위해 피 흘려 죽으심을 의미하며, 석류는 열매 맺는 생명의 풍성함을, 금방울은 증거하는 소리를 의미한다. 에봇은 겉옷 위에 덧입는 짧은 적삼인

데, 거기에 견대 둘을 달아 그 두 끝을 연하게 하고, 호마노 둘을 취하여 거기에 이스라엘 열 두 아들들의 이름을 새겨 금테에 물리고 그 두 보석을 에봇 두 견대에 붙이도록 했다. 이는 우리의 대제사장 그리스도께서 우리를 그 어깨에 짊어지고 계심을 의미한다. 판결흉패는 에봇을 짜는 방식으로 네모반듯하게 짜고 거기에 네 줄로 보석들을 물리되 각 줄에 세 개씩 금테에 물리게 했으며, 보석마다 한 지파씩 이름을 새기도록 했다. 이 판결흉패 안에는 우림(빛)과 둠밈(완전함)을 넣어서 대제사장의 가슴 위에 있게 하며, 여호와 앞에서 이스라엘의 판결을 항상 그 가슴에 두라고 하셨다.

하나님께서 모세를 산으로 부르시고서 율법 주시는 일에 앞서 성막 만드는 식양을 주신 것에는 뜻이 있다. 하나님께서는 이스라엘 백성이 율법을 받고서 그것을 지키지 못할 것을 아셨고, 율법을 어기고 죄를 범한 경우에 어떻게 다시 하나님 앞에 나올 수 있는가를 알려 주시기 위해 성막의 식양을 주신 것이다. 그럼에도 구약은 어디까지나 그림자이지 실제가 아니었고 아직은 하나님께 나아갈 길이 활짝 열리지 않은 것을 알 수 있다. 이런 것들은 다 그리스도의 예표로서 그분 안에서 비로소 성취되었나(히 9:1-10).

30장에서는 회막의 모든 기구에 바를 관유에 대해 말씀하시는데, 이 관유는 성령의 예표이다. 상등 향품으로 액체 몰약 500세겔, 향기로운 육계 250세겔, 향기로운 창포 250세겔, 계피 500세겔, 그리고 감람기름 한 힌을 취하여 관유를 만들라고 하셨다. 그 관유는 회막과 증거궤와 성막의 모든 기구에 바르도록 했으며, 그것에 접촉하는 자는 다 거룩하게 된다(30:29). 교회의 모든 섬김은 성령으로 되어져야 한다. 그래야 각 부분이 다 거룩케 된다.

25장부터 31장까지 계속 성막 건축의 식양을 말씀하신 후에, 31장 마지막 절에 증거판 둘을 모세의 손에 들려주신 것이 나온다. 이는 하나님께서 친히 쓰신 것이다.

32장에서는 모세가 증거판을 가지고 내려오는데, 이미 산 아래서 이스라엘 백성과 아론은 금송아지를 만들어서 우상숭배를 하고 있었다. 옛 언약은 돌판이 백성들에게 주어지기도 전에 제 2계명을 범하는 일이 일어남으로 그 계약의 최종 체결이 실패하고 말았다. 33장에는 하나님의 진노하심이 기록되어 있는데, 하나님은 모세에게 목이 곧은 이스라엘 백성들과 함께 가지 않겠다고 하시면서 중도에서 이들을 진멸할까 함이라고 하셨다. 여호와께서는 사람이 친구와 이야기하듯이 모세와 말씀하셨다(33:11). 그러자 모세는 이 백성을 주의 백성으로 여겨달라고 기도했으며, 여호와께서는 들으시고 친히 함께 가겠다고 말씀하셨다. 이처럼 첫 언약에서 하나님은 이스라엘에게 하나님의 나타나심, 말씀하심, 그분의 위엄을 다 보게 하셨다. 그러나 그 첫 언약을 주시는 분위기는 매우 무겁고 두려운 분위기였다.

◊ 34장: 다시 산에 오른 모세-두 번째로 40주야를 산에 있으면서 계명이 새겨진 두 돌판을 받음

34장에서 하나님께서는 돌판 두 개를 처음 것과 같이 깎아 만들어 가지고 산으로 올라오라고 하셨다. 모세가 여호와의 명하신 대로 돌판 둘을 가지고 시내산에 올라가니 여호와께서 구름 가운데 강림하여 여호와의 이름을 반포하셨다. 모세는 여호와와 함께 40주야를 산에 있으면서 떡도 먹지 않고 물도 마시지 않았으며, 여호와께서는 돌판에 십계명을 새겨주셨다. 모세가 증거의 두 판을 들고 산에서 내려왔는데, 그가 여호와와 말씀하였음을 인하여 얼굴 꺼풀에 광채가 나나 스스로는 깨닫지 못했다. 아론과 온 이스라엘 자손이 모세의 얼굴에 광채가 남을 보고 그에게 가까이하기를 두려워했는데 모세가 그들을 부르니 아론과 회중의 모든 어른이 모세에게 왔고 그 후에야 이스라엘 온 자손이 가까이 왔다. 모세는 여호와께서 시내산에서 자기에게 이르신 말씀을 다 그들에게 명하고, 백성에게 말하기를 마치고서는 수건으로 자기 얼굴을 가리웠다. 사도 바울은 이 일에 대하여 이스라엘 백성이 율법의 수건으로 얼굴을 덮고 있다고 말했으며, 언제든지 주께로 돌아가면 수건이 벗어질 것이라고 했다(고후 3장 참조).

◊ 35-40장: 성막의 건립

35장부터는 성막의 건립을 위하여 드려져야 할 품목들을 말하고, 이스라엘 백성들은 자원함으로 기꺼이 드렸다(35:21). 그리고 건축을 위해 여러 가지 공교한 일을 할 사람으로 훌의 손자 브살렐과 오홀리압, 및 마음이 지혜롭고 그 일을 하려고 자원하는 사람을 불렀다. 36장부터는 본격적으로 성막의 여러 부분들과 제사장 옷 등을 만드는 일이 나온다. 성막의 건축과 그 부속된 모든 도구들, 제사장 의복 등 모두 하나님께서 모세에게 명하신 대로 하였다. 이 말씀은 창세기 1장의 창조시처럼 그분의 말씀대로 되었다고 반복하여 말한다. 이는 하나님의 역사의 특징이니, 성도들은 하나님의 일이나 역사에 있어서 사람 임의로 하는 습관을 버려야 한다(마 7:21-24). 출애굽기 마지막 40장에 올 때 성막 건축이 하나님께서 말씀하신 그대로 완성되었는데, 그때 성막에 여호와의 영광이 충만하게 되었다.

레위기

주요 내용 하나님께서 이스라엘 백성을 구속하실 뿐 아니라 성막에서 그분을 예배하도록 가르쳐주심

레위기(Leviticus)의 원 제목은 히브리어로 '와이-크라(Vayich-rha)'인데, '그가 또 부르시다'이다. '레위기'는 70인 역(Septuagint)에서 붙인 이름인데, 본문을 보면 레위기는 다만 레위 지파에 관한 일을 말하는 책이 아니다. 레위 지파의 봉사에 관하여는 25장 한 군데에 기록되었을 뿐이다. 창세기는 인류의 창조와 타락과 범죄를 말하고, 출애굽기는 죄악과 세상에서 타락한 인류를 불러내는 일을 예표한다. 창세기에서 하나님은 하늘로부터 아브라함을 부르셨으니(창 22:11), 출애굽기에서는 산에서 모세에게 말씀하시고(출 19:20), 성막을 건립한 후에 하나님께서는 사람과 더 가까이 회막에서 말씀하신다. "여호와께서 회막에서 모세를 부르시고 그에게 일러 가라사대"(레 1:1).

이 책이 기록된 곳은 모세가 율법을 수여받은 시내산으로서 회막이 건축된 곳이다. 레위기의 기간은 정월 초하루 곧 회막이 세워진 때로부터 시내산에서 출발할 때까지이며, 민수기에서 백성들을 계수한 기간을 고려한다면 1월 한 달 정도가 될 것이다(계수기간, 2월1일-2월20일, 레 1:1, 10:11). 하나님은 모세에게 성막을 건축하게 하신 후, 이제는 산이 아니라 회막(성막)으로 부르셨는데, 이는 이스라엘 백성이 회막에서 어떻게 하나님께 제사를 드리며 어떻게 거룩한 삶을 살 것인가를 말씀하시기 위한 것이다.

레위기에 가장 많이 쓰인 단어는 거룩함(성결)으로서 87회 사용되었고, 속죄라는 단어도 최소한 45회 사용되었다. 이 두 단어를 보면 이 책이 무엇을 강조하는지를 알 수 있다. 단연 거룩함이다. "내가 거룩하니 너희도 거룩하라"(레 11:45, 20:27). 이 책은 모두 다섯 단락으로 나눌 수 있는데, 1) 제사와 제물을 드리는 규례 2) 섬기는 규례 3) 거룩한 생활 4) 여호와의 절기 5) 기타 조례와 경고 등이다.

◊ 1-10장: 다섯 가지 기본 제사 및 회막이 세워진 후 제사장 위임식과 직무 수행

1장부터 6장 7절까지는 제물을 드리는 기본적인 제사의 규례인데, 제사의 종류는

번제, 소제, 화목제, 속죄제, 속건제 등이다. 번제는 제물 전체를 불태워 드리는 제사로서 온전한 헌신으로 하나님만이 영광을 얻으시도록 하는 것이다. 이는 히브리서 10장 4-7절의 말씀처럼 온전히 하나님의 뜻에 순종하여 자신을 순종의 제물로 드림으로 하나님의 영광과 기쁨이 되게 하는 제사이다. 그리스도께서 십자가에서 죽으심은 우리의 죄를 위한 대속물이 되심 이전에 하나님께 기쁨과 영광을 드리려고 자원하신 면이 있다(3절, KJV 참조). 소의 제물은 그리스도께서 하나님 앞에 충성되심과 인내하며 고난을 받으신 것을 예표하며, 양의 제물은 그분의 선하심과 유순하심, 염소의 제물은 그리스도께서 우리를 위해 죄를 담당하사 죄가 되심을 의미한다(고후 5:21). 또한 산비둘기와 집비둘기 제물은 그리스도께서 온유하시고 순전하시며 우리를 위해 비천하고 가난하게 되셨음을 의미한다. 비둘기 제물은 당시 가난한 자들이 드리는 제물이었기 때문이다.

2장의 소제의 고운 가루는 그리스도의 치우치지 않는 온전한 인격과 순수하고 깨끗하심과 우리의 음식이 되심을 예표한다. 유향은 그리스도의 고난의 향기를 의미하며, 누룩을 넣지 말라는 것은 그분의 죄 없으심을 나타낸다. 기름을 붓는다는 것은 그분의 성령 충만하심을, 소금을 넣는다는 것은 그리스도의 맛을 내는 인성과 부패를 방지하는 능력을 의미한다.

3장의 화목제는 그리스도의 십자가의 피의 화목케 하신 역사를 의미한다(엡 2:13-14, 골 1:20). 그리스도는 하나님과 사람 사이, 사람과 사람 사이의 화평을 이루신 분이다(엡 2:14).

4장부터의 속죄제는 화제(번제, 소제, 화목제)와 달리 그분은 죄인이 아니셨지만 죄인으로 여겨지셨고 우리 모두를 위해 죄의 형벌을 받으사 우리로 하여금 그분의 보혈을 힘입어 죄 사함을 받을 수 있게 하신 것을 예표한다. 화제는 그분의 온전하심과 순종하심이 하나님께 향기롭게 열납되신 것을 의미한다.

속건제는 속죄제와 완전 구분하기가 어렵다. 죄와 허물의 뜻이 비슷하기 때문이다. 죄는 우리의 전체적인 죄를 말하고, 속건제의 '건'은 우리가 범한 하나하나의 죄를 말한다. 그리스도가 우리의 속죄제가 되심은 우리의 본성적인 죄를 위함이고, 속건제가 되심은 우리가 범하는 낱낱의 죄를 위한 것이다.

1-7장은 이스라엘 백성들이 하나님께 드릴 제사 전반을 다루었으며, 8-9장은 모세와 아론을 이끌어 섬기는 규례를 집행하는 실제 실습을 하게 한다. 출애굽기 28, 29장에서는 제사장들이 착용할 성의 제작(28장)과 그 섬기는 예법(29장)을 말하나, 레위기 8, 9장은 하나님께서 모세에게 명하여 아론과 그 자손들이 어떻게 그 만들어진 제

사장 의복을 착용하고 실제로 어떻게 섬기는지를 시행하게 하신 것을 말한다. 거기에는 1) 제사장들을 선택하여 부르셔서 깨끗이 씻으심(1-7절), 2) 관유를 장막과 그 안에 있는 모든 것에 바르고 거룩한 옷을 착용함(8-13절), 3) 모세가 아론과 그 아들들이 수송아지로 속죄제의 규례를 행하도록 인도하고, 수양으로 번제를 드리게 하며, 또 다른 수양을 위임식(ordination)의 제물로 드리게 함(8:14-29), 4) 모세가 그 관유와 단 위의 피를 뿌려 그들을 거룩하게 함(8:30), 5) 제사장들이 먹을 수 있는 식물(8:31-36, 10:12-20)을 말해주는 것이 있다. 그리고 9장에서는 8장에서 지도받은 대로 제물을 드리고 직무를 행하니 불이 여호와 앞에서 나와 번제물과 기름을 불살랐다.

그러나 유감스럽게도 10장에는 아론의 아들 나답과 아비후가 다른 불로 여호와께 제사를 드리다가 징벌을 받아 죽은 것이 나온다. 성경에는 하나님의 법도가 세워지자마자 인간이 실패한 사례들이 다수 기록되어 있다. 사람이 창조되자마자 아담이 타락한 것, 노아 홍수 후에 그 아들 함이 실패한 것, 홍해를 건넌 후에 곧바로 이스라엘 백성들이 원망한 것, 모세가 율법판을 가지고 산에서 내려오기도 전에 이스라엘 백성이 금송아지를 만들어 제 2계명을 범한 것 등이다. 여기서도 성막이 세워져서 제사장들의 섬김이 막 시작되었는데 아론의 아들들은 하나님이 명하시지 않은 다른 불로 여호와 앞에 분향하다가 여호와 앞에서 나온 불에 삼켜져 죽는 사건이 발생하였다. 인간의 역사는 실패의 역사이다. 신약의 교회가 시작된 지 얼마 안 되어 일어난 아나니아와 삽비라의 사건도 마찬가지이다.

◊ 11-27장: 거룩한 삶을 위한 각종 규례들

레위기는 1-10장이 한 단락이요, 11-27장이 또 하나의 단락이다. 1-10장에서는 각종 제사와 제물 드리는 법과 제사장들의 헌신과 위임식 등을 다루었다. 11장부터 마지막 장까지는 이스라엘 백성의 삶이 한 가지 한 가지 일에서 어떻게 거룩하게 되는지를 말하고 있다. 전반부의 중요 단어는 "속죄한즉 사함을 얻으리라"(4:26, 35, 5:5:10, 16, 6:7 등)에서 언급하는 '속죄'요, 후반부의 중요 단어는 11장 45절의 "나는 너희의 하나님이 되려고 너희를 애굽 땅에서 인도하여낸 여호와라 내가 거룩하니 너희도 거룩할지니라"에서 언급하는바 '거룩함'이다.

레위기 11장은 음식을 먹는 것에서 거룩해야 함을 가르친다. 하나님의 백성은 부정한 짐승을 먹어서는 안 된다. 부정한 짐승은 굽이 갈라지지 않았거나 새김질을 하지 않는 종류이다. 물에 사는 것들은 지느러미나 비늘이 있는 종류여야 하고, 새들 중 사체를 쪼아 먹는 종류는 부정하다. 이런 모든 것들에는 영적인 의미가 있다. 곤충들 중에도 날개가 있는데 날지 않고 네발로 기어다니는 것들은 부정하니 먹지 말라고 했다. 하나님의 자녀들은 부정한 것을 먹지 말고 정결한 것을 먹으라고 했는데, 이는 신약에 사는 우리가 어떤 특정한 음식을 먹어서는 안 된다기보다 부정한 사람들을 접하지 말 것을 가르치는 것으로 보아야 한다. 어떤 유의 사람들을 접촉하면 부정하게 될 수 있기 때문이다(고후 6:14-7:1).

12장은 여자가 아이를 낳았을 때 산혈이 깨끗케 되는 기간에 대하여, 13-14장은 문둥병 환자에 대하여 말한다. 모두가 하나님의 백성의 거룩함을 위하여 필요한 가르침들이다. 단순한 종기나 피부에 생긴 딱지 등이 아니라 문둥병은 시간이 지나면서 퍼지는 특징이 있다고 말한다. 교회 안에서 단순히 성도들 간의 다툼이 아니라 거기에 거역에 연루된 어떤 것들이 있으면 그 문제는 점점 확산된다. 퍼지는 환처를 조심해야 한다. 성도들은 이런 유의 일을 사전에 알고 경계해야 하는데, 일단 어떤 사람이 문둥병으로 확진이 되면 격리해야 한다. 다행히 치료되었다면 반드시 피로써 씻음과 용서를 받아야 한다. 15장은 유출병이 있는 남녀에 대한 정결케 하는 규례를 말한다.

16장에는 아론의 두 아들이 여호와 앞에 나아가다가 죽은 후에 여호와께서 모세에게 하신 말씀으로서, 아론이 경계해야 할 바를 일러주신다. 아론이 성소에 들어오려면 수송아지로 제물을 삼고 수양으로 번제물을 삼으라고 하신다. 여기에 속죄제물을 위한 수염소 둘이 나오는데, 여호와 앞에서 제비뽑아 한 제비는 여호와를 위하고 한 제비는 아사셀을 위하여 하라고 하셨다. 여호와를 위한 염소는 우리의 죄가 그리스도의 피로 용서받았음을 예표하고, 아사셀을 위한 염소는, 죽이지 않고 산 대로 여호와 앞에 두었다가 그것으로 속죄하고 광야로 내보내졌는데, 우리의 죄가 하나님 앞에 남아 있지 않고 영원히 기억되지 않음을 예표한다. 아사셀이란 '그 내어놓은 염소'라는 뜻이다.

17장은 제물을 잡는 곳을 한정한다. 이는 아무데서나 제물을 잡아서는 안 된다는 말씀이다. 출애굽기 12장에서는 이스라엘 회중 앞이고, 레위기 17장에서는 회막문 앞이다. 이는 신약에서 교회와 관련이 있다. 성도들은 교회에 올 때 늘 그리스도의 보혈을 대할 수 있어야 한다. 또한 17장 후반에서는 어떤 피든지 마시지 말라고 한다. 그것은 우리가 유일한 피인 예수의 피 외에는 마셔서는 안 됨을 가르친다.

18-20장은 각 방면에서 거룩함을 이루는 문제를 다룬다. 특히 음행의 죄를 심각하게 다루는데, 골육지친 간의 행음, 짐승과의 교합, 동성애 등을 금한다. 거룩함은 비

단 이런 것들을 금하는 것만이 아니라 부모를 공경함, 안식일을 지킴, 화목을 이룸, 자비로움, 도적질하지 않음, 거짓을 삼감, 이웃을 사랑함 등을 다 포함하며, 또한 우상숭배를 금하는 것이 있다.

21-22장은 제사장들에게 더 높은 수준의 거룩함을 요구한다.

23장은 이스라엘 백성이 지켜야 할 일곱 절기를 다룬다. 유대인이 지켜야 할 날은 안식일 외에 일곱 절기가 있다. 유월절은 그리스도가 우리의 유월절 어린양으로서 죽임을 당하여 우리로 구원을 얻게 하심을 예표하며, 무교절은 성도가 구원을 받은 후 거룩한 생활을 해야 함을 의미한다. 초실절은 그리스도가 부활하여 처음 익은 열매가 되심을 예표하며, 오순절은 고운 가루가 기름과 섞여서 다시는 나뉘지 않는 한 떡이 됨을 의미하는데, 이는 교회의 생성이며 오순절 날 성령 강림으로 성취되었다. 나팔절은 그리스도가 재림하셔서 사방의 이스라엘을 불러 돌아오게 하시는 것을 예표한다(마 24:31). 속죄일은 이스라엘 백성이 그들이 거절한 그리스도를 만나서 통회하며 이스라엘 온 집이 구원을 얻게 됨을 예표한다. 초막절은 그리스도의 천년왕국의 안식과 기쁨을 의미한다. 앞의 네 절기는 이미 성취되었으나 뒤의 셋은 아직 이루어지지 않았다. 곧 성취될 것이라 믿는다.

24-25장은 여러 가지 규례들을 말한다. 등불을 켜는 것과 진설병과 거룩한 이름을 훼방하는 자에 대한 규례와 금령이다. 24장은 금등대와 진설병을 정리하는 문제를 다루고 또 여호와의 이름을 훼방하는 자에 대한 징벌을 말한다. 25장은 매 칠 년의 안식년과 제 오십년의 희년에 대하여 말하고, 기업을 되찾는 문제, 이자를 취하는 문제, 노예에 대한 문제를 다룬다, 26장은 하나님의 명령을 청종하는 자가 얻을 복과 거역하는 자가 받을 재앙을 말한다. 27장은 온전한 헌신에 대한 규례들이다.

민수기

주요 내용 하나님의 백성들이 하나님께 제사드리고 예배드리는 것을 알아야 할 뿐 아니라 전쟁을 위한 군대로 편성되어야 함을 가르침

민수기는 모세 오경의 네 번째 책으로서 이스라엘 백성을 계수하는 책이기 때문에 붙여진 이름인데, 원래 히브리어 제목은 '베미드바르(Bemidbar, 광야 중에서)'이다. 그것은 이 책이 이스라엘 백성의 광야 사십 년 방황의 노정을 이야기한 것이기 때문이다. 이 책은 레위기와 같이 시내 광야에서부터 이야기가 시작된다. 이 책이 포함하는 기간은 시내산을 출발하여 모압평지에 이르기까지 39년 정도이다. 즉 율법을 수여받은 시내산에서 출발하여 39년간을 광야에서 방황하고 하나님의 종 모세가 느보산에 올라가 죽기까지 그 과정에서 있었던 일을 기록하고 있다.

대략을 말하자면, 창세기는 창조와 타락을, 출애굽기는 구속을, 레위기는 경배와 교통을, 민수기는 전투를 말한다. 하나님의 백성은 다만 하나님을 경배하고 섬기는 일만을 하는 자들이 아니라 대적을 대항하여 싸우는 전사들이다. 이를 위하여 가장 중요한 것이 질서이다. 그러므로 1장에서부터 각 지파별로 두령들을 세우는 것이 나온다. 하나님의 일은 반드시 질서가 있어야 한다. 질서가 없는 일은 하나님의 일이 될 수 없다. 하나님은 창조 시부터 어떤 일이든 질서대로 하셨다. 하나님께서 남자를 지으시고서 그 옆구리에서 뭔가를 취해 여자를 지으신 것에도 다 뜻이 있다. 하나님의 왕국의 헌법에서 첫 번째가 질서라고 할 수 있다. 십계명도, 모세오경의 배열도, 민수기의 지파 배열도 아무렇게나 된 것이 아니라 질서대로 되어 있다. 질서를 모르는 사람은 하나님의 일을 할 수 없다. 이 책에서 하나님의 백성들이 진을 치는 것, 발행하는 것, 회막 봉사 등 모두 질서대로 하도록 그 순서를 명료하게 제시하고 있다. 각 지파는 영솔하는 지도자가 누구인지를 알고 몇 번째로 출발할 것인지를 알아 순서대로 진행해야 한다. 이것은 신약의 교회에도 동일하게 적용되어야 한다.

1장에는 각 지파의 두령, 2장에는 각 지파의 진의 위치와 배열이 있다. 동편에 세 개 지파가 있는데 유다 지파가 앞장서고, 남편의 세 지파 가운데는 르우벤 지파가 앞

장서며, 서편의 세 지파 가운데는 에브라임 지파가 앞장선다. 그리고 북편의 세 지파 가운데는 단 지파가 앞장서며, 중앙에 레위 지파가 있다. 3, 4장은 회막에서 섬길 때 지켜야 할 규례, 곧 레위 지파와 아론의 자손들이 어떻게 성막의 기구들을 다루어야 하는지를 자세히 설명하고 있다. 말하자면, 레위인들의 직무와 직무 분담에 대한 것이다. 레위 자손들은 고핫 자손과 게르손 자손과 므라리 자손을 계수해야 하며 이들은 성막의 지성물과 기구들을 다루는 직무가 각각 다르게 위임되어 있다. 고핫 자손이 성소의 가장 주요 부분들을 담당하도록 되어 있다.

5장은 진이 깨끗케 되도록 문둥병 환자, 유출병 환자, 주검으로 부정케 된 자를 진 밖으로 끌어내라고 한다. 그것은 거룩하신 하나님이 그 회중 가운데 거하시기 위함이다. 대적에 대해 승리하기 위해서는 질서가 세워질 뿐 아니라 그 회중이 거룩해야 하나님께서 그들과 함께하실 수 있다. 5장 후반에는 이해하기가 쉽지 않은 의심의 소제가 있다. 이는 어떤 사람의 아내가 불륜을 저지른 것이 드러나지 않았어도 남편이 의심스러워 할 때 드리는 소제인데, 이는 그 백성이 하나님께 대한 사랑이 순전하고 절대적이어야 함을 시사한다.

6장은 나실인의 서원에 대한 것인데, 이는 하나님의 백성이 완전히 구별된 삶을 살아야 한다는 뜻이다. 이렇게 온전히 헌신하는 삶을 살 때 하나님께서 복을 주시고 지키시며 은혜와 평강으로 함께하신다(24-26절).

7장은 성막이 세워진 후 성막과 기구들에 기름을 발라 거룩하게 구별하여 하나님께 예물로 드리는 것이 자세하게 기록되어 있다. 그런 다음 이스라엘 족장들 곧 종족의 두령들이 예물을 드렸다. 드린 예물은 덮개가 있는 수레 여섯과 소 열두 마리이다. 족장 둘에 수레 하나를 드렸는데, 이는 곧 동역을 의미한다. 게르손, 므라리, 고핫 자손에게 각각 나누어준 수레와 소의 수는 차이가 있다. 그들이 하는 일에 따라 분량이 다름을 의미한다(롬 12장).

8장은 레위인들의 헌신에 관한 말씀이 있는데, 그 사이에 일곱 등잔을 앞으로 비추게 하라는 말씀이 삽입되어 있다(1-4절). 이는 7장에서 족장들이 예물을 드리는 것도 좋고, 8장에서 레위인들이 헌신하는 것도 중요하지만, 그것이 모두 빛 가운데서 행해져야 한다는 뜻이다. 8장에서 레위인의 헌신에서 중요한 것은 분별이다. 결국 하나님의 백성들의 전투는 온전한 거룩과 분별을 기초로 하는 것임을 알 수 있다.

9장은 유월절을 지키는 것과(민수기 1장보다 시점이 먼저임) 이스라엘 백성이 구름의 인도를 따라 움직이는 것을 다루었다. 하나님의 백성은 구름의 인도를 따라 행해야 한다. 즉 성령께서 운행하시지 않을 때 함부로 움직여서는 안 된다는 것이다. 10장은 나팔 부는 규례를 말하며, 이스라엘 백성은 이제 비로소 시내산을 떠나 바란 광야로 진행한다. 군대는 각자가 맘대로 전진하는 것이 아니라 나팔소리에 따라 움직여야 한다(고전 14:8). 이때가 이스라엘이 시내산에 머문 지 일 년 쯤 지난 제 2년 2월 20일이다(10:11-16). 모세는 르우엘의 아들 호밥에게 길을 안내해주길 간곡히 부탁했으나 정작 그들을 인도한 것은 언약궤(그리스도)였다(10:33).

◊ 11-20장: 이스라엘 백성의 군대편성 이후 출발, 광야 40년의 마무리 시점에 미리암과 아론이 죽고, 모세도 므리바 물가에서 실수함으로 가나안에 들어가는 것이 허락되지 않음

11장에서는 이스라엘 백성이 진행을 시작하자마자 어려움을 인하여 백성들 중에서 원망이 생겨났다. 그리고 매일 먹는 만나가 지겹다면서 애굽에 있을 때가 오히려 좋았다는 등 불평이 생겨났다. 모세는 이 백성을 인도하기가 너무 힘들다고 하나님께 말씀드렸고, 하나님은 메추라기를 내려서 실컷 고기를 먹게 해주셨으나 크게 진노하사 고기가 아직 그들 잇사이에 있을 때에 그들을 치셨고, 그곳 이름을 기브롯 핫다와라고 했다.

12장에서는 미리암과 아론이 모세가 구스 여인을 취한 것에 대하여 비방하는 말을 했다. 미리암은 문둥병에 걸렸고 이로 인해 이스라엘은 칠 일 동안 진행하지 못했다. 미리암과 아론이 가족의 일에서는 동생에게 말할 수 있겠으나, 사역에 있어서는 하나님께서 모세를 하나님의 종으로 세우셨음을 알았어야 했다.

13장은 그들이 바란 광야 가데스에 있었을 때의 일을 기록한다. 그들은 거기서 열두 정탐을 보내어 가나안을 탐지하게 했다. 이 때 그 정탐꾼들 중 두 명만 적극적인 보고를 하고 나머지 열 명은 그 탐지한 땅을 악평하면서 거기 사는 자들은 신장이 장대하여 네피림 후손 장부들 같고 우리는 스스로 보기에도 메뚜기 같으니 그 땅을 정복하지 못할 것이라고 했다.

14장에서 이스라엘 백성은 여호수아와 갈렙의 적극적인 말을 믿지 않고 열 정탐꾼의 부정적인 말을 받아들여 매우 슬피 울면서 모세와 아론을 원망하기를, 애굽 땅으로 돌아가는 것이 나으니 한 장관을 세우고 돌아가자고 했다. 그 때 하나님은 진노하시어 그들을 멸하려 하셨으나 모세의 중재로 뜻을 돌이키셨고, 그 대신 그들이 광야에서 사십 년을 방황할 것이며 여호수아와 갈렙 두 사람 외에는 가나안 땅에 들어가지 못하고 광야에서 쓰러져 죽을 것이라고 하셨다. 그리고 그 땅에 대하여 악평하여 온 회중으로 모세를 원망케 한 열 명의 정탐꾼들은 여호와 앞에서 재앙으로 죽었다. 그들은 가데스에서 요단을 건너면 곧 가나안에 들어갈 수 있었으나 다시 광야로 돌려 보내어져서 사십 년을 방황하게 되었다(14:25).

15장에서는 하나님께서 그들에게 가나안 땅에 들어가서 드릴 제사를 말씀하신다. 하나님은 여전히 이스라엘의 경배를 받기 원하신다. 그들의 불신과 원망과 거역에도 불구하고 하나님은 그들을 목적지로 인도하신다.

그때 이스라엘은 가데스에서 돌이켜 광야로 들어가야 했는데, 그 시점으로부터 다시 가데스에 이르기까지(21장) 38년의 세월이 걸렸다. 그 기간에 일어난 사건들이 대략 일고여덟 건 된다. 그것은 다베라에서 원망의 말을 한 것을 시작으로 해서(11장) 식물을 인한 원망, 하나님이 세우신 인도자를 비방함(12장), 하나님이 언약하신 가나안 땅 정복에 대한 불신, 하나님께서 그들의 불신에 대해 판결하신 것을 불복함(14장 후반부), 목마름으로 인해 원망함, 길이 험하고 양식이 부족하다고 다시 원망함(21장) 등인데, 민수기에서 가장 두드러지게 기록한 한 가지 사건이 바로 16장의 고라 당의 거역이다.

우리는 민수기를 읽으면서 하나님께 대한 불신과 거역이 얼마나 큰 죄인가에 대한 깊은 인상을 받는다. 먼저 14장에서 이스라엘 백성이 하나님의 가나안 정복을 불신하여 하나님의 인도를 거역한 결과가 얼마나 심각하였는지를 보고, 다음 그들이 출발해서 38년 동안 여러 사건이 있었겠지만 오직 한 가지 사건을 대표적으로 기록한 것이 바로 고라 당의 거역이다. 예닐곱 개의 나머지 사건들은 광야 생활 출발 전과 두 번째 가데스 도착 후의 일이다. 그러나 그 38년의 세월 가운데 한 가지 사건만은 자세히 기록하였는데, 그것이 바로 고라와 다단과 아비람과 온 등 250명의 이스라엘 족장들이 다 일어나 모세와 아론을 거스른 일이다. 이것은 하나님의 대리 권위를 거스른 죄악이며, 그 사건으로 인하여 땅이 갈라져 고라 당을 삼켜버렸고, 따라서 원망하던 백성 14,700명도 죽었다. 이 일은 실로 엄청난 사건이다. 그만큼 하나님의 백성들 가운데 불신과 거역은 큰 죄악이다. 그들은 거역으로 시작해서 거역으로 끝났다. 민수기는 백성을 군대로 편성하는 책이다. 전쟁을 위해서이다. 그런데 그 군대의 편성에서 가장 중요한 것은 질서요, 그 질서를 무너뜨리는 거역이다. 거역은 하나님의 역사를 가장 심하게 무너뜨리는 죄이다(사 14장 참조).

17장에서 거역의 사건을 해결하신 후에 하나님께서는 열두 지파의 열두 지팡이를 밤새 언약궤 앞에 두어 어느 지팡이에서 싹이 나고 꽃이 피며 열매가 맺히는가를 보게 하심으로 누가 과연 권위이며 하나님이 세우신 자인가를 모두에게 알게 하셨다. 그때 오직 아론의 지팡이에만 움이 돋고 순이 나고 꽃이 피어서 살구 열매가 열렸다. 이렇게 아론의 싹난 지팡이를 보여주시면서까지 하나님은 그분의 권위가 무엇인지를 알게 하신 것을 볼 수 있으며 하나님의 백성 가운데 권위와 질서의 문제가 얼마나 중요한지를 말해준다.

18, 19장은 거역의 사건 후에 성소의 죄악을 어떻게 담당할 것인가를 보여준다. 여기서 우리는 하나님께서 그 사건 후에 심히 진노하신 것을 읽을 수 있으며, 제사장들과 레위 인들은 마땅히 제물을 드려 하나님의 진노가 이스라엘 백성들에게 미치지 않게 해야 함을 본다. 특히 19장은 붉은 암송아지의 재로 부정을 깨끗케 하는 물을 만들어 부정에 오염된 자들이 어떻게 깨끗케 될 수 있는가를 말해준다. 민수기의 대표적인 죄악이 고라당의 배역 사건임을 알 수 있으며, 이 문제를 처리하기 위해서 18, 19장을 할애한 것을 보아도 그 중요성을 파악할 수 있다.

20장에서 이들은 38년이 지나 다시 가데스에 이르렀다(20:1). 그 때 맨 먼저 미리암이 죽는다. 그리고 므리바에서 모세가 하나님의 거룩함을 나타내지 못하고 과도하게 분을 내며 반석을 두 번 침으로 가나안에 들어가는 것이 허락되지 못하는 사건이 발생한다. 이것은 그의 광야 생활 마지막 부분에 와서 일어난 일이니 얼마나 애석한가! 다음은 미리암만이 아니라 아론이 죽어서 열조에게 돌아간다. 21장에는 불신과 거역이 가득하며 다시 길을 인하여 원망하고 박한 식물을 인하여 원망하는 이스라엘을 위하여(불뱀이 나타나 많은 사람이 물려죽음) 장대에 놋뱀을 달아 바라보는 자들은 구원을 받게 했다(요 3:14-15 참고).

◊ 21-36장: 가나안 땅에 들어가기 전 모압 왕과 몇몇 왕들과의 전투, 르우벤, 갓, 므낫세 반 지파가 요단 동편 땅을 거업으로 얻음

21-36장까지는 민수기의 마지막 부분으로서, 이들이 가나안에 들어가기 전 모압에 이르러 몇 가지 승리한 일들을 기록하고 마친다. 거역이 처리되고 부정한 것들을 씻음받으며 불뱀에 물린 것을 치료받는 등의 역사가 있은 후, 이스라엘은 21장에만도 아랏 왕과 아모리 왕 시혼과 바산 왕 옥을 이긴 역사가 기록되어 있다.

22-25장은 이방 선지자 발람의 이야기인데, 모압 왕 발락은 이스라엘을 두려워하여 이 선지자를 금품으로 고용하여 이스라엘을 저주하게 하려 했다. 결과적으로, 이

스라엘은 이로 인해 큰 타격을 입었다. 발람은 겉으로는 하나님께 순종하는 것처럼 행동했으나 실상은 모압 왕의 금은보화에 매수되어 이스라엘에게 올무를 놓아 죄를 범하고 타락하게 함으로써 많은 사람을 하나님의 징계의 손에 떨어지게 했다. 민수기에서 가장 강조하여 기록한 것은 하나님의 백성 가운데 거역의 일(고라당)과 삯군의 일(발람)이 얼마나 하나님의 백성에게 해를 주는가이다. 두 가지 일로 가장 많은 사람이 죽었다. 그 일로 26장에서는 1장에서 계수한 603,550명보다 1,820명이 감소했다(601,730명-26:51). 40년 전 쯤에 비하여 인수는 비슷하나 이들은 완전히 새로운 세대이다. 애굽에서 나온 옛 세대는 여호수아와 갈렙 두 사람 외에는 다 광야에서 죽었다. 이는 매우 무서운 경고이다. 27장은 가나안 땅을 정복한 후 이스라엘 백성이 기업을 나눌 때 참고해야 할 규례를 제정해주었다(슬로브핫의 딸들이 기업을 분배받을 길을 열어줌). 26장에서 가나안 전투를 앞두고 군대로 나아갈 인수를 계수한 후, 27장 후반부에서는 모세가 여호와의 명을 받아 자기의 후계자로 여호수아를 세우게 된다. 군대를 편성하고 영도자를 세운 것이다.

28-30장에서 하나님께서는 모세로 하여금 광야에서 자라난 새로운 세대에게 제물을 드리고 서원하는 것에 대하여 가르치도록 하신다. 그들은 부모 세대를 보면서 많은 것을 배우고 경험했다. 그들은 정한 시기와 절기에 하나님께 향기로운 제물을 드려야 했다.

31장에는 발람 때에 당한 일로 미디안에게 원수를 갚는 것이 나온다. 이 때 이스라엘 군 일만 이천이 미디안을 정벌하고 미디안 왕 다섯을 죽였으며 발람도 이 때 죽임을 당한다. 모세는 사내를 알지 못하는 여자들만 남기고 남녀 모두 철저히 진멸했다.

32장은 르우벤 자손과 갓 자손과 므낫세 절반 지파가 요단 동편 땅을 기업으로 달라고 요청한 일이 기록되어 있다. 33장은 애굽에서 현재 거하는 모압까지 이스라엘 백성의 40년 노정을 기록했다. 34장은 이스라엘이 장차 기업으로 얻게 될 가나안 땅의 사방 경계를 말해준다. 35장은 레위인의 성읍과 도피성에 관하여, 36장은 여성의 상속에 대하여 27장에서 언급한 바 있으나 다시 한 번 강조하며 마친다.

신명기

주요 내용 신명기(Deuteronomy)라는 이름은 70인 역에서 온 것으로서 두 번째 율법이라는 뜻인데, 내용을 보면 두 번째 율법이 아니고, 이스라엘 백성이 가데스 바네아(줄여서 가데스라고 말함)에서 실패한 후 광야로 내몰리어 40년 동안 방황한 후 다시 모압 평지에 왔을 때 이전 세대 사람들은 다 죽고 이제 새로운 세대를 앞에 놓고 하나님의 종 모세가 원래 시내산에서 받은 율법을 다시 설명하며 반복하는 가운데 다소 보충하고 강조하며 새로운 계시도 포함한 귀한 내용임

이스라엘 백성은 40년 전에 이곳 가나안 국경에 도착한 적이 있지만, 불신과 불순종으로 세월을 낭비하고 여호수아와 갈렙 외에 다 죽었으며, 이제 새로운 세대가 다시 그 자리에 서서 모세로부터 하나님께서 과거에 그분의 백성들을 얼마나 은혜로 대하셨는가, 약속된 땅에 들어가 어떻게 생활해야 하는가를 청종하고 있다.

이 책이 포함하는 연대는 B.C. 1491년부터 1451년까지 40년이다. 기록 장소는 모압 평원이며 기록자는 모세이다. 34장은 모세의 죽음에 대하여 여호수아가 기록하였을 것이다. 1장은 지난 날 이스라엘 백성의 실패에 대한 회고이다. 그들이 율법을 받은 시내산에서 가데스 바네아까지는 열하루 걸리는 길이었는데, 그들은 거역과 불신으로 인하여 40년이 걸렸다. 모세는 1장 19-21절에서 바로 가나안 땅을 정복하라고 했지만, 백성들이 정탐을 먼저 보내어 그 땅을 탐지하자고 제안하여 그들의 말대로 하였는데, 결국 그들은 열두 정탐꾼 가운데 열 명의 소극적인 보고를 듣고 가나안 정복을 두려워하며 뒤로 물러섰다. 그 결과 그들은 다 광야에서 멸망하게 되었고, 모세도 들어가지 못하게 되었다(1:37).

◊ 1-4장: 모압 평원에서 광야 사십 년의 여정을 회고하다

우선 신명기 1장부터 3장까지는 호렙산에서부터 모압 평원에 이르기까지 이스라엘의 광야 여정을 회고한 것이다(1:6-3:29). 1장은 시내산에서 가데스까지의 여정이고(열하루 길), 가데스에서 백성들의 요청으로 가나안 땅에 정탐꾼들을 보냈는데 그들이 다녀와서 소극적인 보고를 하는 것을 듣고 백성들이 원망하다가 다시 광야로 내어 쫓긴 일에 대한 회상이다.

2장 1절은 그들이 다시 홍해 길로 광야에 들어가서 여러 날 동안 세일산을 두루 행했다고 한다. 그 여러 날이 바로 40년이다. 2장은 가데스에서 세렛 시내를 건너 모압에 이르는 노정을 말한다. 그들이 가데스에서 모압에 이르기 위해서는 세렛 시내를 건너야 했다(2:13). 그리고 모압에서 요단을 건너 가나안에 들어가게 되는 것이다. 옛 세대는 광야에 다 흩뿌려져 죽고 새로운 세대가 40년 만에 세렛을 건너게 되었다(2:14). 이스라엘이 불순종함으로 가데스에서 광야로 내몰려 방황하다 다시 가데스까지 오는 데 40년이 걸린 셈이다. 호렙에서 가데스까지는 약 257km로서 걸어서 열하루 정도의 거리이다(신 1:2).

하나님께서는 모압 변경을 지나가다 암몬 족속을 만나면 다투지 말라고 하셨다. 이어서 헤스본 왕 시혼을 치게 된 경위가 나온다(2:26-37). 어떤 족속과는 다투지 말라 하시고 어떤 족속은 멸하라고 하신다. 3장은 바산 왕 옥을 치게 된 경위에 대하여 말한다(3:1-11). 모세가 정복한 헤스본 땅과 바산 땅(요단 동편)을 르우벤, 갓, 므낫세 반 지파에게 기업으로 분배해주었으며(3:12-22), 모세 자신이 가나안 땅에 들어가지 못하게 된 경위를 설명했다(3:23-29). 그는 여호와의 명대로 여호수아를 후계자로 세운다. 모세는 비스가 산에 올라가서 눈을 들어 유업의 땅 가나안을 보는 것까지는 허락받았다. 이는 다 민수기에서 있었던 일을 회고한 것이다.

신명기 4장부터는 율법과 관련된 규례와 법도를 재강론하기 시작한다. 신명기의 단락을 구분해보자면 이러하다. 모세가 과거를 회상하면서 백성에게 들려준 첫 번째 강론(1:1-4:43), 주로 십계명에 대한 두 번째 강론(4:44-11장), 그곳에 들어가서 어떻게 예배할 것인가에 관련된 명령(12-26장), 계명을 지키는 자에 대한 축복과 불순종하는 자에 대한 저주(27-30장), 모세의 고별인사(31-34장). 신명기 전체의 주제는 4장 1절이라고 할 수 있다. 어떤 이들이 그 약속한 땅을 기업으로 얻게 되는가? 말씀을 준행하는 자들이다. 2절은 말씀을 가감하지 말고 그대로 순종하라고 한다. 3-4절의 바알브올의 이야기는 이스라엘이 싯딤에 있을 때 음행을 함으로 바알브올에 귀속되었고 여호와의 진노가 임하여 24,000명이 죽었다는 것이다. 4장의 중심은 우상숭배 금지이다(15-29절, 32-40절). 십계명이 다 중요하지만 이 장을 볼 때 하나님을 대치하는 우상숭배야말로 하나님께서 가장 가증하게 여기시는 죄악임을 알 수 있다.

◊ 5-7장: 십계명의 재강론-쉐마

5장은 십계명의 재강론이다. 모세는 새로운 세대에게 율법을 재강론하면서 그것이 바로 오늘날 너희에게 주신 것이라고 말한다(3절). 모세는 여호와께서 이 모든 말씀을 산 위 불 가운데, 구름 가운데, 흑암 가운데서 큰 음성으로 이르신 후에 두 돌판에 써서 모세에게 주셨다고 회고한다(22절). 그리고 하나님은 그 명령을 지키면 복을 받을 것이라고 하셨다.

6장은 율법의 대강령을 말하는데, 유대인들은 이를 쉐마('들으라'는 뜻, 특히 4-9절)라고 한다. 이는 하나님의 율법에 대해 이스라엘 백성이 가져야 할 태도를 강조하여 가르치는 부분이다. 유대인들은 지금도 기본적 신앙고백으로 하루에 두 번씩 암송하고 있다.

5절은 그 유명한 율법의 대강령으로서, 주 예수님도 이것을 크고 첫째 되는 계명이라고 하셨다(마 22:36-40)-"너는 마음을 다하고 뜻을 다하고 힘을 다하여 네 하나님 여호와를 사랑하라".

7장은 가나안 땅에 들어가 이족(헷, 기르가스, 아모리, 가나안 족속 등 가나안 일곱 부족)들과 언약을 맺지 말며 긍휼히 여기지도 말고 온전히 다 멸하라고 하셨다("크고 두려운 하나님이 함께 하시리니"). 또한 혼인 등으로 그들에게 융화되지 말고 두려워하지도 말며 그들의 우상에 입힌 금과 은을 취하지 말라고 하셨다.

◊ 8-11장: 사십 년 광야 생활의 진정한 의미

이 부분에서 모세는 광야 40년을 회상하면서 그에 대한 더 깊은 하나님의 뜻을 교훈한다. 그들로 40년 동안 광야 길을 걷게 하신 것은 그들을 낮추고 시험하여 그분의 명령을 지키고 순종케 하려는 것이라고 하신다. 그리고 놀랍게도 그 시험을 거쳐서 그들이 떡으로만 사는 것이 아니요 하나님의 입으로 나오는 말씀으로 사는 것임을 알려주려 하셨다는 것이다(마 4:4, 요 6장 참조). 하나님은 이스라엘에게 그들이 장차 얻게 될 가나안 땅이 얼마나 물이 풍부하고 소산물과 광물이 풍부한지를 말씀해주시면서 삼가 부요함을 인하여 교만해지지 말고 하나님을 경외하며 순종할 것을 경고한다(7-15절). 이 땅은 오늘 우리가 누릴 풍성한 그리스도를 예표하며 장래의 천년왕국의 풍성을 예표한다.

9장은 이어서 그들이 가나안 땅에 들어가서 자만하게 될 위험성을 경고하며, 6-21절은 모세가 언약의 돌판을 받으려고 사십 주야를 산에 있었던 것과 가지고 내려올 때 이미 산 아래서 금송아지를 만들어 우상을 숭배한 사실을 말해주고, 22-24절은 다베라, 맛사, 기브롯 핫다와 등에서도 항상 여호와를 격노케 한 사실을 말해준다. 결과적으로 모세는 돌판을 던져 깨뜨렸고, 10장은 다시 율법을 받으러 두 돌판을 가지고 산에 오른 일을 말한다. 두 번째 산에 올랐을 때에도 40주야를 산에 머무르며 십계명을 받아가지고 내려왔다. 모세는 이스라엘에게 여호와를 경외하고 마음에 할례를 행하며 목을 곧게 하지 말고 그 모든 도를 행하고 마음과 성품을 다하여 그분을 사랑하라고 권한다. 10장은 여호와를 경외할 것을, 11장은 여호와를 사랑할 것을 강조하며 내내 율법을 지켜 행할 것을 가르친다. 그것이 그 땅에 들어가서 강성하고 그 땅의 대적들을 쫓아내며 하늘의 복을 받을 수 있는 길이라고 한다.

◊ 12-16장: 종교적인 규례-중앙 성소를 택하여 이스라엘 민족의 종교의 통일성을 기함

12장부터는 종교적인 규례에 대하여 말하는데, 먼저는 그 땅에 살던 거주민들의 우상을 다 파멸해야 함을 말하고, 그 땅에 가서 예배를 드릴 때 종교의 통일성을 위해 경배 장소가 중앙화되어야 함(centralization)을 강조하여 말한다. 번제, 희생, 십일조, 거제, 서원제, 낙헌 예물, 우양의 처음 낳은 것을 드릴 때, 이방인들처럼 아무데서나 드리지 말고 하나님께서 자신의 이름을 두시려고 택한 곳으로 가서 드리라고 명하신다. 이것은 오늘날 영과 진리로 예배하는 자들과 함께해야 함을 의미한다(요 4:21-24).

13장은 우상숭배를 금지한다. 특히 거짓 선지자나 꿈꾸는 자를 조심하라고 한다. 친한 사이라도 그들이 우상숭배를 하면 돌로 쳐 죽이라고 한다. 우상숭배를 하는 어떤 잡류나 성읍이 있다면 물건을 다 거리에 모아놓고 성읍과 탈취물을 다 불살라 여호와께 드리라고 한다. 오늘날 하나님의 백성들을 미혹하는 사교나 이단적 사상을 멀리해야 함을 말한다.

14장은 이방 종교의 자해행위(몸을 베거나 눈썹 사이 이마 위의 털을 미는 것 등)를 금한다. 또한 레위기 11장의 부정한 음식을 먹지 말라는 규례를 다시 한 번 말한다. 15장은 매 칠년마다 채무를 면제해주라고 하며, 노예들은 칠 년이 되면 해방하라고 말한다(출 21장 참조). 16장은 레위기 23장과 병렬된 장으로서 유월절, 칠칠절(오순절), 초막절, 3대 절기에 대한 말씀이다.

◊ 17-26장: 이스라엘의 정치와 사회적인 규범

12-16장의 말씀이 종교에 관련된 규례들이라면, 17-26장은 정치와 사회 규범과 규율에 대한 것이다. 물론 간간이 종교적인 규례들이 들어있긴 하나 주로 이스라엘 국가와 사회가 마땅히 지켜야 할 도덕적인 규범들을 설정해놓은 것이다.

17장은 이스라엘 국가에서 가장 금기시하는 것이 있는데, 바로 우상 숭배하는 것이다. 다른 신을 섬기며 일월성신을 숭배하는 것이 보이면 남자든 여자든 돌로 쳐 죽이라고 명했다. 또한 살인이나 폭행 등이 발생했을 때 지방 재판소에서 결정하기 어려울 경우 중앙 성소로 가서 상고하라고 한다(8-11절). 왕으로 세워지는 자는(사사 시대 이후 사무엘 때 시행됨) 반드시 하나님의 택하신 자라야 하고 이스라엘 동족이어야 한다. 주 예수님이 태어나셨을 당시 로마 황제의 분봉왕이던 헤롯은 에돔 족속이었다. 왕 된 자는 아내와 말을 많이 두지 말 것이며, 율법서를 곁에 두고 항상 읽어야 한다고 하셨다.

17장에서 제사장, 왕, 통치자에 대하여 말씀하신 후, 18장은 레위인과 제사장이 받을 정당한 분깃을 말한다. 복술자, 요술을 행하는 자, 무당, 신접자, 박수 등은 가나안 땅에서 용납해서는 안 된다. 18장 15절은 "너의 중 네 형제 중에서 나와 같은 선지자 하나를 너를 위하여 일으키시리니"라고 하는데, 이는 바로 그리스도에 대한 예언이다(행 7:37). 반면 거짓 선지자를 조심하라고 하신다. 이는 그의 말에 증험이 없는 것으로 증명된다(20-22절).

19장은 도피성에 대한 규례이며, 도피성을 요단강 동편과 서편에 각각 세 개씩 여섯 개를 두고 혐원이 없이 사람을 죽인 살인자를 보호해줄 것을 명했다. 다음은 하나님께서 주신 땅에서 선인(先人)이 정한 이웃의 경계표를 이동하지 말라고 한다, 또 죄인을 재판할 때에는 두세 증인의 입으로 그 사건을 확정할 것을 말한다.

20장은 전쟁에 대한 규례이다. 어떤 강한 군대라도 두려워하지 말 것은 하나님께서 친히 싸워주실 것이기 때문이다. 전쟁할 때에는 먼저 평화를 선언하고 그들이 성문을 열면 조공을 바치게 하고 너희를 섬기게 하라고 하시며, 너희를 대적하면 남자들은 다 죽이고 여자나 가축 등은 전리품으로 취하라고 하신다(14절). 또 적의 성을 공격할 때 그곳의 과목은 작벌하지 말라고 하신다.

21장은 피살한 시체가 들에 있는데 살인자가 누구인지 모를 경우, 그 피살한 시체가 발견된 지점에서 가장 가까운 성읍의 장로들이 함께 암송아지를 취하여 무죄한 피를 제하는 의식을 행해야 한다(1-9절). 전쟁에서 포로 된 여자를 아내로 삼는 경우는 머리를 밀고 손톱을 베고 그 부모를 위하여 일 개월 애곡을 하는 등 일련의 과정을 거쳐야 한다(10-14절). 일부다처의 경우, 미움 받는 아내의 소생이라도 장자라면 그에게 장자 상속권이 있다고 한다(15-17절). 18-21절은 완악하고 패역한 자식에 대해 부모가 성읍 장로들에게 말하거든 성읍의 모든 사람들이 그를 돌로 쳐 죽이라고 한다(18-21절). 사형당한 자의 시체에 대하여, 그를 죽여 나무에 달거든 밤새 거기 두지 말고 당일에 장사하라고 하며, 나무에 달린 자마다 저주를 받았다고 한다. 이 말씀은 그리스도께서 십자가에 달려 죽으신 것에 인용되었고, 그의 죽으심이 율법의 저주에서 우리를 속량하신 것으로 해석되었다(갈 3:13).

22장은 잃어버린 우양 등 육축에 대한 규례이다. 형제의 우양이 길을 잃은 것을 보면 못 본 체 하지 말고 임자에게 돌려주라고 한다. 나귀나 소가 넘어진 것을 보아도 못 본 체 하지 말고 반드시 주인을 도와 일으켜주라고 한다. 여자가 남자 의복을 입거나 남자가 여자 의복을 입는 자는 하나님 앞에 가증한 자라고 한다. 새의 보금자리에 어미 새가 새 새끼와 알을 품은 것을 만나거든 어미 새와 새끼를 아울러 취하지 말고 어미는 반드시 놓아주라고 한다. 또 포도원에 두 종자를 섞어 뿌리지 말며, 소와 나귀를 겨리하여 갈지 말며, 양털과 베실을 섞어 짠 것을 입지 말라고 하신다. 하나님은 혼돈과 혼잡을 미워하신다.

다음은 신부의 처녀성 문제와 통간의 경우를 말한다. 어떤 사람이 아내를 취하여 동침한 후에 그를 미워하여 내치려고 하는 경우, 또는 그 여자가 실제로 부정한 경우 등 사례 별로 다양한 규례를 제시한다.

23장은 여호와의 총회에 들어올 수 없는 자가 누구인가를 말한다. 신낭이 상한 자, 신을 베인 자, 즉 성적 불구자는 들어오지 못한다. 사생자는 영원히 들어오지 못하고, 암몬 인과 모압 인도 들어오지 못한다. 에돔 인과 애굽 인은 삼 대가 지나고서는 여호와의 총회에 들어올 수 있다.

9-10절은 전쟁에 나아갈 때 몽설과 배설물을 처리하는 규례에 대해 말한다. 그 외에 주인을 피해 도망간 종에 대하여 그를 주인에게 돌려보내지 말고 너의 성읍 중 그가 원하는 곳에 너와 함께 거하게 하고 압제하지 말라고 한다, 이스라엘 여자 중에 창기가 있지 못하고 이스라엘 남자 중에 미동이 있지 못할 것이며, 그들의 번 돈은 결코 여호와의 전에 가져올 수 없다고 한다. 형제에게 꿔주고서 결코 이자를 받지 말 것이며, 또 하나님께 서원한 것에 대하여는 갚기를 더디하지 말라고 한다. 네 이웃의 포도원이나 곡식밭에 들어갈 때에 배불리 따먹는 것은 가하나 그릇에 담아 가거나 낫을 곡식밭에 대어서는 안 된다고 한다.

24장은 이혼과 재혼에 대한 규례로서, 마태복음 19장에서 예수님 당시 유대인들이 예수께 와서 질문한 내용이기도 하다. 아내에게 수치스러운 일이 있으면 이혼증서를 주어 내보낼 수 있다고 했는데, 이 규례가 시간이 가면서 다만 이혼증서를 주면 아내를 내보낼 수 있다는 것으로 바뀌었다. 그러나 주님은 "본래는 그렇지 아니하니"라고 하셨다. 사람이 새로이 아내를 취한 경우, 일 년은 군대에 내보내지 말고 무슨 직무든지 맡기지 말며 일 년 동안은 집에 한가히 거하여 아내를 즐겁게 하라고 한다. 맷돌 전부나 위짝만을 전집하지(저당잡지) 말라고 한다. 이는 그 생명을 저당잡는 것이기 때문이다. 유괴범은 엄벌하라고 한다(죽임),

문둥병자에 대하여는 레위 사람 제사장들이 가르치는 대로 행하라고 하면서 애굽에 나올 때 하나님께서 미리암에게 행하신 일을 기억하라고 한다. 이웃에게 꾸어줄 때 네가 그 집에 들어가서 담보물을 가지고 나오지 말며 너는 밖에 섰고 네게 꾸는 자가 담보물을 가지고 나와서 줄 것이라고 했다. 곤궁하고 빈한한 품꾼은 너의 형제든지 우거하는 객이든지 당일에 품삯을 주고 학대하지 말라고 한다. 아비는 그 자식들을 인하여 죽임을 당하지 않고 자식들은 그 아비를 인하여 죽임을 당치 않을 것이다. 객이나 고아의 송사를 억울하게 하지 말고 과부의 옷을 전당잡지 말며, 추수 때 곡식 한 뭇을 밭에 두고 잊어버렸다면 객과 고아를 위해 버려두라고 한다. 감람나무를 떨거나 포도를 딴 후에 그 남은 것을 다시 거두지 말고 객과 고아와 과부를 위하여 버려두라고 하며, 애굽 땅에서 종 되었던 것을 기억하고 이 일을 행하라고 한다.

25장은 형벌의 집행에 대하여 말하는데, 태장의 한도는 40대이며 그 이상은 넘기지 말라고 한다. 과다히 때리면 형제로 천히 여김을 받게 할 수 있기 때문이다. 또한 맏형이 자식이 없이 죽은 경우 동생이 그 형수와 결혼해서 낳은 첫 아들로 먼저 죽은 형의 가문을 잇게 하라고 한다. 계대 상속법을 말하는 것이다. 동생이 거부하면 형의 아내가 장로들 앞에서 거부한 그 동생의 발에서 신을 벗기고 그 얼굴에 침을 뱉으라고 했다. 어떤 여자가 남편을 위기에서 구하기 위해 상대편 남자의 음낭을 잡으면 그 여인의 손을 찍어버리라고 하였다(11-12절). 또 공정한 저울추를 가지고 상거래를 하라는 말씀과 아말렉을 진멸하라는 말씀이 있다(17-19절).

26장은 사회적 규례에 대한 마지막 장이다. 가나안에 들어간 후에 첫 소산의 맏물을 거두어 광주리에 담아 중앙 성소(여호와께서 그 이름을 두시려고 택하신 곳-후의 예루살렘 성전)에 드리고 출애굽의 은혜에 감사하며(5-9절) 레위인과 우거하는 객과 함께 즐거워해야 한다(10-11절). 또한 제 삼년의 십일조를 내는 것이 다 마쳐지면 그것을 레위인과 객과 과부에게 주어서 성문 안에서 배부르게 먹게 하라고 했다(12-15절).

◊ 27-30장: 율법의 재강론의 결론-축복과 저주

이 부분은 실제적으로 신명기에서 모세의 세 번째 강론이다. 첫 번째는 1장부터 4장 43절까지, 두 번째는 4장 44절부터 26장 19절까지, 세 번째는 여기 27장부터이다. 이 부분에는 이미 하신 말씀을 잘 지키라는 당부와 축복과 저주가 있다. 모세는 여기서 이스라엘 백성들에게 돌들을 세우고 석회를 바르고 율법의 말씀을 기록하라고 한다. 이 돌들을 축복의 산인 그리심 산이 아닌 저주의 산 에발 산에 세우라고 한 것은 어차피 구약의 율법이 저주로 끝난다는 것을 암시하며, 메시아의 구원을 대망케 하는 것으로 해석할 수 있다.

27장 11-26절은 율법의 공포(公布)이다. 이스라엘 열두 지파를 여섯 지파씩 각각 그리심 산과 에발 산에 세우고 그 가운데서 레위인이 열두 가지의 저주를 선포하면 백성들은 아멘으로 화답해야 했다. 열두 가지 저주는 십계명 중 네 개(15, 16, 24, 25절), 지계표를 옮기는 문제, 소경으로 길을 잃게 하는 문제, 객과 고아와 과부를 억울케 하는 문제 등의 사회적 규례와 계모와 구합하는 것, 짐승과 교합하는 것, 그 자매 곧 아비의 딸과 구합하는 것 등 악한 성적인 범죄 네 가지, 그리고 율법 전체를 지키지 않는 자에 대한 저주 한 가지(26절)로 끝맺는다.

28장은 모세의 축복과 저주의 설교인데, 저주에 대해 보다 길고 강하게 말하고 있다. 3-6절은 생활에서 율법을 준수하면, 성읍에서도, 광주리와 떡 반죽에도, 들어와도 나가도 복을 받으며, 머리가 되고 꼬리가 되지 않는다는 등의 여섯 가지 축복을 말한다(1-14절). 그 대신 여호와의 말씀을 순종치 않고 명령과 규례를 행치 않으면, 성읍에서도, 나가도 들어와도 저주를 받는다는 말씀인데, 곧 질병, 한재, 풍재, 전화(戰禍), 종기, 흉년, 낮아짐 등의 저주로서 15-68절까지 쉰세(53) 절이 할애된 매우 길고 자세한 설교이다.

29장은 요약된 신명기라고 부르는데, 첫 번째 강론(1:6-4:43)의 내용을 요약하였고(다시 한 번 모압 평지에 이르기까지 하나님의 돌보심과 은혜에 대한 역사를 회고하며 하나님의 언약을 지킬 것을 강조한다), 두 번째 강론의 내용도 한 마디로 압축하여 요약한다. 즉 이 모든 말씀을 지켜 행하면 너희의 하는 모든 일이 형통하리라는 것이다(9절). 그러나 이 모든 언약을 배반하고 우상을 숭배하면 결국 여호와의 분노와 질투의 불로 멸절되고 도말될 것이라고 한다. 29장의 마지막 구절은 오묘한 일은 하나님께 속하고 나타난 일은 영구히 우리와 자손에게 속한다고 결론을 내린다. 감추인 일이야 사람이 알 수 없으나 나타난 일 곧 이미 분명하게 나타내신 율법의 말씀을 지켜 행하지 않으면 저주를 받게 됨을 강조하는 말씀이다.

29장에서 불순종에 대한 저주를 강력하게 말한 모세는 30장에서 이스라엘에 대한 위로와 회복 시에 얻을 긍휼을 말한다. 즉 회개에 따른 회복의 축복을 말한다. 29장의 불순종에 따른 저주만으로 끝난다면 그들은 절망이다. 그러나 하나님은 회복과 구원의 문을 열어놓으셨다. 하나님은 그분의 말씀이 그렇게 지키기 어려운 것이 아니라고 말씀하신다(11-14절).

30장에서 우리는 은은한 복음의 빛을 보게 된다. 11-14절, "네게 어려운 것도 아니고 먼 것도 아니라 하늘에 있는 것이 아니니…그 말씀이 네게 심히 가까워서 네 입에 있으며 네 마음에 있은즉 네가 이를 행할 수 있느니라". 로마서 10장 5-8절에서 바울이 인용한 이 말씀은 율법으로 인한 저주가 가득한 암울한 상황에서 한 줄기 위로와 소망의 빛이 된다. 15-20절은 모세의 세 번째 설교의 결론으로서 생명과 사망, 복과 화를 이스라엘 앞에 둔다고 하면서 여호와를 사랑하고 율법을 준행하면 생명을 얻고 복을 받으나, 우상을 숭배하면 사망과 화를 당하게 될 것이라고 결론짓는다. "내가 오늘날 천지를 불러서 너희에게 증거를 삼노라 내가 생명과 사망과 복과 저주를 네 앞에 두었은즉 생명을 택하고 네 하나님 여호와를 사랑하고 그 말씀을 순종하여 그에게 부종하라"(19-20절上).

◊ 31-34장: 모세의 사역의 마무리(고별사, 노래, 축복, 죽음)

일백이십 세가 된 모세는 더 이상 사역을 하지 못할 것을 알기에 조용히 그의 사역을 마무리하고 있다. "내가 더는 출입하기가 능치 못하고…여호수아가 너를 거느리고 건널 것이요…모세가 여호수아를 불러 온 이스라엘 목전에서 그에게 이르되…너는 두려워 말라 놀라지 말라"(31:1-8). 9-13절에서 모세는 율법서를 레위 자손 제사장들과 이스라엘 모든 장로들에게 전수하여 주면서 매 칠년 끝 해 곧 정기 면제년의 초막절에 이 율법서를 낭독하여 모든 백성으로 듣게 하라고 하였다. 하나님은 모세와 여호수아에게 그 후손이 가나안 땅에 들어가서 이방신들을 섬기며 언약을 어길 것을 예견하시면서 그러면 하나님께서 그분의 얼굴을 그들에게서 숨길 것이라고 말씀하셨다. 그리고 노래를 지어서 백성들에게 계속 부르게 하여 재난과 재앙을 만날 때에 증거가 되게 하라고 하셨다. 32장이 바로 당일에 모세가 써서 가르친 노래이다(31:22). 그의 노래의 주제는 장래 이스라엘의 배역과 하나님의 심판에 대한 것이다. 32장 마지막 부분에서는 하나님께서 모세의 죽음을 알려주시며 그가 므리바 물가에서 여호와의 거룩함을 나타내지 못한 연고로 이스라엘 자손에게 기업으로 주시는 가나안 땅에는 들어가지 못하리라고 하신다.

33장은 열두 지파에 대한 모세의 예언적 축복이다. 르우벤, 유다, 레위 순이다. "르우벤은 살고 죽지 아니하고 인수가 적지 않기를 원하노라", "여호와여 유다의 음성을 들으시고 그 백성에게로 인도하시오며", "레위에 대하여 일렀으되 주의 우림과 둠밈이 주의 경건한 자에게 있도다", "베냐민에 대하여는 여호와의 사랑을 입은 자는 그 곁에 안전히 거하리로다" 등이다.

34장에서 모세는 느보산에 올라가서 하나님께서 보여주신 약속의 땅을 바라보고 일백이십 세를 일기로 임종한다. 이스라엘은 모세를 위해 애곡하는 기한이 마치기까지 삼십 일을 애곡했다(34:8). 이 34장 부분은 모세가 죽은 후의 일이니 그 후계자 여호수아가 기록하였을 것이다. 9-12절은 모세가 후임 지도자 여호수아에게 안수하였고 그에게 지혜의 신이 충만하였다고 말한다. 여호와께서 모세에게 명하신 대로 이스라엘이 여호수아에게 순종하였다는 것과 모세에 대한 칭송의 말로 끝맺는다. "그 후에는 이스라엘에 모세와 같은 선지자가 일어나지 못하였나니 모세는 여호와께서 대면하여 아시던 자요 여호와께서 그를 애굽 땅에 보내사 바로와 그 모든 신하와 그 온 땅에 모든 이적과 기사와 모든 큰 권능과 위엄을 행하게 하시매 온 이스라엘 목전에서 그것을 행한 자더라"(10-12절).

여호수아

주요 내용	모세가 죽은 후 이스라엘 백성이 새로운 영도자 여호수아의 인솔 하에 요단을 건너 하나님께서 기업으로 주시기로 언약하신 가나안 땅을 정복하고 지파대로 제비를 뽑아 분배하는 역사가 기록됨

여호수아서를 신약의 사도행전과 에베소서에 비하는 학자들이 있다. 사도행전에 비함은 모세 오경과 역사서를 이어주는 책이기 때문이고, 에베소서에 비함은 여호수아서에서 정복한 가나안 땅이 하늘의 예표이기 때문이다. 본서는 가나안 정복 전쟁(1-2장), 가나안 땅의 분배(13-22장), 여호수아의 훈계와 죽음(23-24장)으로 되어 있다.

◊ 1-12장: 가나안 정복

1장에서 하나님은 여호수아에게 가나안 진군을 명령한다. 하나님의 백성은 모든 일의 시작이 하나님의 명령과 인도에 의한 것이어야 한다. 또한 주님은 여호수아에게 강하고 담대하라고 하시며 "나의 종 모세가 네게 명한 율법을 다 지켜 행하고 좌로나 우로나 치우치지 말라 그리하면 어디로 가든지 형통하리니 이 율법책을 네 입에서 떠나지 말게 하며 주야로 그것을 묵상하여 그 가운데 기록한 대로 다 지켜 행하라 그리하면 네 길이 평탄하게 될 것이라 네가 형통하리라"(7-8절)고 하신다. 모세 이전에는 하나님께서 그분의 사람들에게 천사를 통하여 꿈과 이상으로 말씀하셨으나, 이제 여호수아는 모세의 글(모세 오경)을 잘 읽고 묵상하고 지키라는 명을 받는다. 지금 우리는 여호수아 시대보다 훨씬 더 완전한 말씀(성경)을 가지고 있으니 매우 축복된 시대에 살고 있다.

하나님은 여호수아를 강화시키신 다음 삼 일 안에 이 요단을 건너라고 명하신다(1:11). 또한 여호수아는 요단 동편에서 기업을 얻은 르우벤, 갓, 므낫세 반 지파에게 가나안 전쟁에 참여할 것을 명하고, 그들은 다 행할 것이라고 답한다. 2장은 여호수아가 가나안 진군에 앞서 두 정탐을 먼저 보낸 사실을 기록한다. 그 때 여리고의 기생이었던 라합을 만나게 되는데, 라합이 그들을 숨겨주었다. 라합은 그 정탐들에게 이스라엘이 여리고를 칠 때에 자신의 가족을 구원해줄 것을 부탁했고, 정탐들은 그녀의 집이 성벽 위에 있으므로 그들을 달아내리운 창에 붉은 줄을 매어놓고 온 가족을 다 그 집에 모아놓으라고 했다. 붉은 줄은 예수 그리스도의 보혈의 상징이었다. 정탐들은 진으로 돌아와 여호수아에게 보고했고, 그들의 보고로 확신을 갖게 된 이스라엘 군은 싯딤에서 출발하여 요단강을 건넜다.

홍해를 건널 때는 하나님께서 모세에게 지팡이를 들어 바다를 치라 하셨으나, 요단을 건널 때에는 언약궤를 멘 제사장들의 발바닥이 요단 물을 밟고 멈추면 물 벽이 형성되어 길이 생겨날 것이라고 하셨다. 여기서 언약궤를 '온 땅의 주'라고 표현한 것은 매우 의미가 깊다(3:13). 그들은 제사장들의 발이 바다 가운데 서 있던 곳에서 돌 열둘을 취하고 가져다가 길갈에 기념비를 세웠다. 제사장들은 모든 백성이 강을 건너기까지 바다 가운데 남아 있었으며, 다 건넌 후 여호와의 명으로 여호수아가 제사장들에게 요단에서 올라오라 할 때 육지에 올라오니 요단 물이 도로 흘러 합쳐졌다. 정월 십일에 이스라엘은 요단을 도하하여 요단 서편 길갈에 진을 쳤다(3-4장).

요단을 건넌 이스라엘은 가나안 정복 전쟁을 시작하기에 앞서 몇 가지 준비를 하게 되는데, 첫 번째가 할례를 행하는 것이었다. 그리스도인들이 영적 전쟁을 하기에 앞서 가장 중요한 것은 사람의 혈기와 육체를 제거하는 것이다(골 2:11). 길갈이란 지명은 그곳에서 할례를 행함으로 애굽의 수치가 굴러갔다는 뜻이다(수 5:9). 애굽의 수치란 당시 이스라엘이 애굽에서 종노릇했던 삶을 벗어버림을 말하는데, 오늘날로 말하면, 성도가 옛 사람의 삶의 수치를 벗어버림을 말한다(골 3:7-10). 할례는 하나님의 백성의 표시이다(빌 3:1-3). 이스라엘 백성은 가나안 정복 전쟁의 준비로서 할례를 행한 후에 유월절을 지켰다. 유월절은 그리스도의 피로 그분의 택한 백성을 구속한 것을 예표한다. 거기(길갈)서 만나는 그치고 그 때부터 그 땅의 소산을 먹게 되었다. 거기서 여호수아는 여호와의 군대장관을 만난다. 그는 여호수아의 편도 아니고 대적의 편도 아니며 여호와의 군대장관으로 왔다고 하면서 여호수아에게 너의 선 곳은 거룩하니 그가 서 있는 곳에서 신을 벗으라고 하였다. 이는 호렙산에서 모세가 여호와의 부르심을 받을 때 있었던 일과 동일하다.

6-9장은 가나안 중부의 성들을 정복하기 위한 전쟁을 말하는데, 그 첫 번째가 관문이 되는 여리고를 정복하는 것이었다. 그 전쟁 방식은 육 일 동안 성 주위를 매일 한 번씩 돌고 제 칠일에는 일곱 번 돈 후에 나팔 소리가 울리면 큰 소리로 외치는 것이었다. 그러면 그 성벽이 무너져 내릴 것이니 진군하라고 하였다. 제사장들은 양각 나팔을 불고 무장한 자들은 나팔 부는 제사장들 앞에서 행하고 후군은 뒤를 따랐다. 그 때 정탐들이 언약한 대로 붉은 천을 창문에 달아내린 기생 라합과 그 집 식구들은 살렸

고 다른 것들(남녀 노유, 우양과 나귀 등)은 다 칼날로 멸했다. 그 후 라합은 유다 지파의 살몬과 결혼하여 보아스를 낳고, 다윗과 예수 그리스도의 조상이 되었다.

7-8장은 아이 성의 정복 전쟁인데, 아이 성은 작은 성임에도 아간의 범죄(시날 산의 외투 한 벌과 은 200세겔, 50세겔의 금덩이를 탐내어 취함)로 인하여 패전하였다. 결국 아간은 돌로 쳐 죽임을 당하고 그의 모든 소유물은 불사르고 그 위에 돌무더기를 쌓았는데, 그곳을 아골 골짜기(고통의 골짜기를 뜻함)라 칭하며 여호수아의 만년 여호수아서가 쓰여질 때까지 존재하였다(수 7:26).

8장은 아이 성의 정복전쟁사이다. 아이 성의 전투는 여리고와 달랐다. 오천 명 가량을 벧엘과 아이 성 사이에 매복시키고 여호수아와 한 부대가 아이 성에 진입하여 거짓 패한 듯 도망하니 아이 성의 모든 백성이 다 성을 빠져나와 이스라엘을 치려 할 때 이스라엘 군이 아이 성에 불을 지르고 돌이켜 공격하니 아이 성 사람들이 앞뒤로 포위되어 다 죽임을 당하였다(남녀노소 12,000명). 아이 성을 정복한 후 에발산에 단을 만들고 신명기 28-29장에 기록된 대로 에발산과 그리심산에 이스라엘인이 절반씩 나누어 서서 율법책에 기록된 모든 말씀을 낭독하며 축복과 저주를 선포하였다. 이스라엘이 여리고 성과 아이 성을 정복하자 가나안의 일곱 부족(기르가스는 빠짐)은 모여서 이스라엘과 대적하기 위해 동맹을 맺는다. 그러나 그 가운데 히위 족속 중 일부인 기브온 족속은 가장을 하고 여호수아 군에게 와서 화친을 청함으로 이스라엘의 종이 되었다. 그들과 언약을 맺은 뒤 삼 일 후에 여호수아는 그들이 바로 이웃에 사는 가나안 족속이며 반드시 멸절해야 하는 자들이었음을 알게 되나 이미 언약한 고로 그들을 치지 못했다. 여호수아는 그들이 소지한 곰팡이난 양식과 낡은 가죽부대 등을 보고 너무 성급하게 그들의 말을 믿었으며 여호와께 묻지 않고 섣불리 화친의 언약을 한 것이다. 여호수아는 속은 상태에서 언약을 했어도 그 약속을 지키고 그들을 절대 죽이지 못하게 조치하였다.

10장은 가나안 땅 남부의 다섯 왕이 기브온을 공격했으나 여호수아가 그들을 진멸한 이야기이다. 예루살렘 왕, 헤브론 왕, 아르못 왕, 라기스 왕, 에글론 왕 다섯이다. 여호수아는 그들을 대파하였는데, 사실은 하나님께서 우박으로 치신 것이 그들의 칼날로 친 것보다 더 많았다(수 10:11). 여호수아는 그 혁혁하게 승전하던 날 태양과 달을 머물도록 명하였는데, 하나님은 그때 여호수아의 말을 들으셨다. 해리 림머(Harry Rimmer) 박사나 트롯터(C.A. Trotter, 1890년) 교수는 정밀한 천문학 계산으로 지구의 규칙적인 운동에 비추어 24시간의 차이가 난다고 증명해냈다(수 10:13). 다른 성경에도 하나님께서 그분의 큰 능력으로 천체의 움직임을 멈추게 하였다고 말한다(합

3:11, “해와 달이 그 처소에서 멈추었나이다”). 하나님은 만물의 창조자시니 능히 그런 일을 하실 수 있다. 10장에서 남부 가나안 다섯 왕을 정복한 여호수아는 먼저 평지를 정복하고 다음 고지(高地)를 정복하였는데, 막게다(28절), 립나(29-30절), 라기스(31-32절), 게셀 왕(33절), 에글론(34-35절), 헤브론(36-37절), 드빌(38-39절) 등 성읍 남부 전체의 정복사(征服史)를 기록한다.

11장은 모든 나라의 머리였던 하솔 왕 야빈이 가나안 북부의 왕들을 모아 군사 동맹을 맺고, 매롬 물가에 진을 쳤고 그 수가 바다의 모래같이 많았으나 여호수아가 기습하여 격파한다(6-9절). 16-23절은 가나안 전체의 정복을 간단하게 기술한다. 하솔 왕만은 완전히 불살라 죽였다고 기록한다(10-15절). 12장은 11장 16-23절의 자세한 설명으로 가나안 온 땅을 정복한 내용을 말한다. 그 내용은 먼저 요단 동편에서 정복한 헤스본 왕 시혼, 바산 왕 옥에 대한 것이고, 다음은 요단 서편에서 정복한 헷, 아모리, 가나안, 브리스 사람 등 31 왕들을 정복한 것이다(12:24). 그 중 기브온 사람들과는 화친하였고(11:19), 정탐들이 두려워했던 거인인 아낙 자손들을 여호수아가 거의 다 진멸하고 가사와 가드와 아스돗에 조금 남았다고 말한다(11:22). 그리고 그 전쟁으로 획득한 온 땅을 이스라엘 지파의 구별을 따라 기업으로 분배하여 주었다(11:23).

◊ 13-22장: 가나안 땅의 분배

이미 나이가 많이 든 여호수아는 여호와의 명에 따라 이스라엘에게 가나안 땅을 분배하여 주었다. 13장에서는 우선 르우벤, 갓, 므낫세 반 지파에게 요단 동편 땅을 분배한다. 그러나 13장 1-6절은 이스라엘이 아직도 취하지 못한 땅이 많다고 말한다(13:1). 블레셋, 가나안, 그발 사람의 땅(2-6절), 그술, 마아갓(13절) 등인데, 하나님께서는 아직 얻지 못한 상기의 땅을 두 지파 반 외에 아홉 지파 반에게 기업으로 분배해주라고 하셨다. 그 땅들을 아직 얻지 못하였으나 일단 믿음으로 분배하라고 하신 것이다.

다음 8-33절은 요단 동편에서 모세가 분배한 기업에 대하여 말한다(민 32:1-42 참조). 동편의 전 지역(8-14절)을 기술한 다음, 15-23절은 르우벤에게 할당된 기업을 말하는데, 주로 시혼 왕 헤스본의 땅이며, 여기서 시혼 왕과 다섯 방백과 술사 발람이 죽임을 당한 사실을 기록한다(13:22). 24-28절은 갓이 얻은 기업을 말한다. 아셀과 길르앗 등의 성읍이다. 29-33절은 므낫세 반 지파의 기업을 말하는데, 주로 길르앗의 절반과 바산 왕 옥의 나라의 성읍들이다. 14-15장은 유다 자손 갈렙의 기업(14장)과 유다 자손의 기업(15장), 16-17장은 요셉의 자손 에브라임의 기업(16장) 및 므낫세 반 지파의 기업을 말한다(17장).

14장에서 갈렙의 나이가 85세라고 하였는데, 광야 여정 38년 전 40세라 하였으므로 가나안 정복 전쟁이 7년 정도 걸렸을 것이다. 갈렙은 기업으로 헤브론을 구하였고 여호수아는 충성되게 주님을 믿고 따랐던 그에게 기꺼이 그 땅을 주었다. 15장에서 유다 지파가 할당받은 지역은 가나안 땅 남쪽인데, 남단에 가장 강력한 대적인 에돔이 자리잡고 있었다(21절부터). 유다의 사방의 경계를 표시할 때 '나아가', '올라가서', '내려가서', '돌이켜서' 등의 표현을 쓴 것은 그것이 고착된 지형이라기보다 적극적으로 침노하여 얻을 수 있는 유기적인 생명의 역사였음을 가리킨다. 유다에게 할당된 땅들에 저명하고 이름 있는 도시들이 많은 것은 싸움에 용맹한 자들이 좋은 땅을 유업으로 받게 됨을 의미한다. 갈렙이 헤브론을 따로 기업으로 받은 것도 동일하다. 충성되고 용맹하게 전쟁을 치른 장군에게는 개인적으로 특별한 분깃이 할당됨을 볼 수 있다.

16-17장은 요셉 지파가 땅을 분배받는 이야기인데, 그들은 유다 지파 다음으로 기업을 분배받았다. 그들은 두 지파인데(에브라임과 므낫세 반 지파) 왜 한 제비, 한 분깃만을 분배하여주느냐고 불평을 하였으나 여호수아는 브리스 사람과 르바임 사람의 땅 삼림에 올라가서 스스로 개척하라고 말했다. 요셉 지파는 거기는 삼림이고 철병거가 있다고 불만스러워했으나 여호수아는 너희가 능히 물리칠 수 있다고 말했다. 이를 통해 우리는 장래 이 생명의 분깃을 할당받음에 있어서 기대에 미치지 못한 결과를 얻는 자들도 있음을 알게 된다. 유다 지파의 경우 갈렙 개인도 얻고 유다 지파도 넉넉히 얻은 것과 대비된다. 이것도 저것도 아닌 중간에 머물러 버린 르우벤, 갓, 므낫세 반 지파의 경우도 요단 서편의 좋은 땅을 기업으로 받은 것과 비교된다.

요단 동편에서 르우벤, 갓, 므낫세 반 지파에게 땅이 할당되고(13:8-33), 길갈에서 두 지파 반(유다, 요셉, 므낫세 반)에게 땅이 할당되었다(14-17장). 그리고 18-19장에서 이스라엘 백성은 실로에 와서 성막을 세우고, 여호수아는 그곳에서 남은 일곱 지파에게 땅을 분배하게 된다. 분배하는 방법은 일곱 지파가 각각 세 명씩 남은 땅을 돌아다니며 성읍 별로 일곱 구역으로 나누어 지도(by cities in seven divisions in a book)를 그려 가지고 와서 제비를 뽑는 것이다. 그 순서는 베냐민(18:11-28), 시므온(19:1-9), 스불론(19:10-16), 잇사갈(19:17-23), 아셀(19:24-31), 납달리(19:32-39), 단(19:40-51)이다. 마지막으로 땅을 할당받은 단 지파는 자신들이 얻은 분깃(유다와 에브라임 사이의 땅) 외에 북으로 진격하여 레셈을 얻었다. 이 지파의 영토에 사사 삼손이 활동한 소라와 에스다올과 딤나가 있다.

마지막으로, 여호수아가 땅을 분배받았는데, 이스라엘 모든 지파가 다 분배받은 후에 그들의 것 중에서 여호수아에게 기업을 주었다. 그것은 원래 여호수아가 구한 에브라임 산지 '딤낫 세라'인데(19:49-51), 원래 험한 불모지였으나 여호수아가 그 성읍을 중건하고 거기 거했다.

20장은 과실에 의해 사람을 죽인 경우, 고의가 아닌 과실로 사람을 죽인 자(부지 중 오살한 살인자)를 보호하기 위해 여섯 도피성을 만들게 한 것을 말한다. 이는 민수기 35장 9-15절의 모세의 규례를 실천한 것이다. 1-6절은 도피성에 대한 이야기이고, 7-9절은 도피성 선정 지역에 대한 것이다.

21장에서는 레위인들이 제사장 엘르아살과 눈의 아들 여호수아와 족장들에게 나아와 자신들이 모세의 규례에 의거하여 그 땅의 기업은 얻을 수 없으나 그들이 거할 성읍과 그들의 가축을 먹일 들은 달라고 했다. 그들이 얻은 성읍은 요단강 동서에 산재해 있고 여섯 개의 도피성을 포함했다. 레위 지파이 세 종족, 그핫 스물세(23) 성읍, 게르손 열세(13) 성읍, 므라리 열두(12) 성읍으로 도합 마흔여덟(48) 성읍이 레위인에게 할당되었다.

22장에서 가나안 땅의 정복과 분배가 완성되었으므로 여호수아는 함께 싸운 르우벤, 갓, 므낫세 반 지파에게 요단 동편의 그들의 소유지인 길르앗으로 가도록 축복하고 돌려보냈다. 그 때 두 지파 반이 돌아가다가 요단을 건너기 전에 요단 가에 볼 만한 큰 단을 쌓았는데, 이 일로 이스라엘 회중이 싸우러 가려고 했다. 그러자 그들은 그 단이 또 다른 제사를 드리려는 것이 아니라 그들이 하나님을 섬기는 백성이라는 증거의 표로 세운 것이라고 설명을 했고, 제사장 비느하스와 회중의 방백들은 그 말을 듣고 좋게 여겼다. 그리고 그 단을 '엣'이라(우리 사이에 이 단은 여호와께서 하나님이 되시는 증거라) 칭하였다.

◊ 23-24장: 여호수아의 훈계와 죽음

23장과 24장은 여호수아의 마지막 고별 설교이다. 23장은 먼저 장로들과 족장들과 유사들에게 한 최후의 말이고, 24장은 모든 백성에게 한 말이다. 이 말씀에서 '안식을 준다'는 표현은 이스라엘의 가나안 입주가 성도들이 영원한 내세의 기업과 축복을 얻음에 대한 예표임을 알려준다(히 4:8-9). 이때는 이스라엘이 그 땅을 점령하고 오랜 시간이 지난 시점이었다. 여호수아는 거의 110살 쯤 되었다. 그는 모세의 율법을 지키라(6절), 오직 하나님 여호와를 친근히 하고 스스로 조심하여 여호와 하나님을 사랑하라(8, 11절), 가나안 이족과 혼인하지 말라(12절), 만일 그 땅의 가나안 신을 섬기면 아름다운 가나안 땅에 오래 살지 못하고 멸절케 될 것이라고 했다(15절). 24장은 이스라엘 모든 지파와 장로들과 두령들을 세겜에 모으고 역사를 회고하며(1-13절) 신앙의 결단을 촉구한다(14-28절). 24장 15절의 "나와 내 집은 여호와를 섬기겠노라"는 여호수아의 말은 그의 신앙의 확고한 결단을 보여준다. "나의 마음은 아브라함, 이삭, 야곱의 하나님께 충실하다. 나의 판단은 이미 정해졌으며 나의 자녀들도 동일하다. 그분은 우리를 애굽으로부터 이끌어내셨고 이 땅을 우리에게 주어 유업을 삼게 하신 분이다."라고 하였다. 백성들은 "우리는 여호와를 버리고 다른 신들 섬기는 일을 하지 아니하오리니…"라고 언약하였다. 여호수아는 이 모든 말씀을 하나님의 율법책에 기록하고 큰 돌을 취하여 여호와의 성소 곁에 있는 상수리나무 아래 세우고 그 돌을 증거로 삼는다고 하였다.

그 후 눈의 아들 여호수아가 일백십 세에 죽어 그의 기업의 경내 딤낫 세라에 장사되었다(24:30). 또한 애굽에서부터 메고 나온 요셉의 뼈를 세겜에 장사지내었으니 이 땅은 야곱이 하란에서 돌아오는 도중 세겜의 아비 하몰에게서 금 일백 개를 주고 산 땅이다(창 33:19). 아론의 아들 엘르아살도 여호수아를 따라 죽으니 그 아들이 에브라임 산지에서 받은 기업의 땅에 장사지냈다. 여호수아와 엘르아살은 모세와 아론처럼 함께 섬기다가 거의 같은 때 잠들었다(24:33).

사사기

주요 내용 여호수아가 죽은 후 사울이 왕이 될 때까지를 사사시대라고 하는데, 13명 사사들 때의 이스라엘의 역사를 기록함

사사기에 나오는 사사의 수는 열세 명으로 옷니엘부터 삼손까지이다. 이 사사시대는 이스라엘의 역사 가운데 가장 암울하고 슬픈 패배의 시대라고 말할 수 있다. 이 시대에 이스라엘 백성들은 율법을 버리고 이방인과 혼인하는 등 심히 부패하고 타락한 상태에 있었다. 그러므로 하나님이 그들을 이방인들에게 고난당하도록 내어주시고 그들이 회개하고 돌이키면 사사들을 일으켜 구원하시곤 하는 반복적인 이야기가 일곱 차례 기록되어 있다.

내용은 3부로 나눌 수 있는데, 첫째는 서론으로서 가나안 정복사의 계속이고(1:1-2:5), 둘째는 본론으로서 13명의 사사들의 이야기가 있으며(2:6-16:31), 나머지 다섯 장에는 사사들이 치리하던 시대에 있었던 끔찍한 종교적 타락과 도덕적 타락, 그로 인한 지파들 간의 큰 싸움을 기술하고 있다(17-21장). 이 책의 기자는 대부분의 학자들이 왕정 시대를 가져온 사무엘로 추정하고 있으나 정확한 것은 아니다. 그것은 사사기에 "이스라엘에 왕이 없으므로"라는 말이 자주 나오기 때문이다.

◊ 1:1-2:5 가나안 정복 전쟁의 연속

이스라엘은 여호수아가 죽은 후에도 여전히 제비뽑아 얻은 땅을 차지하기 위해 전투를 벌여야 했다. 첫째는 아도니 베섹을 물리친 유다와 시므온 지파의 전투 내용이다. 이스라엘은 그 때 베섹에서 일만 명의 적군을 죽이고 아도니 베섹(왕)을 잡아 수족의 엄지가락을 끊었다. 8절은 유다 지파가 예루살렘을 취하였다고 하는데 완전히 정복한 것은 아니었다. 그들은 또 헤브론에 거하는 가나안 용사들 세새와 아히만과 달매를 죽였다. 그들은 더 나아가 기럇세벨도 쳤는데, 그 때 갈렙의 아우이자 그나스의 아들인 옷니엘이 기럇세벨을 취하였고 약속대로 갈렙은 딸 악사를 그에게 주어 사위를 삼았으며 그가 첫 번째 사사가 되었다. 22-26절은 요셉 지파가 벧엘을 공격하

여 취한 것을 기록한다. 유다, 시므온, 요셉 지파 외의 다른 지파들은 대적을 공격하여 기업을 차지할 의사가 적었고 그들과 공존하는 길을 택하였다. 1장 16-36절은 이스라엘의 일부는 가나안을 쳐서 정복했으나 많은 부분이 그냥 이방과 공존하게 된 상황을 기록한다. 2장 1-5절에서 이스라엘은 보김에서 사사기의 서론 같은 여호와의 사자의 경고의 말씀을 듣고 소리를 높여 운다. '보김'이란 '운다'는 뜻이다. 그 경고의 말씀은 그들이 하나님의 언약을 배반하였기에 그 쫓아내지 않은 그 땅 거민들이 너희의 올무가 될 것이라고 말한다.

◊ 2:6-16:3 옷니엘부터 삼손까지 사사들의 역사

사사기에 나오는 사사들은 옷니엘, 에훗, 삼갈, 드보라, 바락, 기드온, 돌라, 야일, 입다, 입산, 엘론, 압돈, 삼손으로 도합 13명이다. 2장 11절부터 3장 11절까지의 이야기는 사사기의 첫 번째 '4S싸이클(Cycle)'의 시작으로 볼 수 있는데, 이는 이스라엘이 첫번째는 범죄하고(Sin), 두번째는 이방 민족의 노예가 되고(Slavery), 세번째는 간구하고(Supplication), 네번째는 구원하시는 것이다(Salvation). 이 '4S싸이클'이 일곱 번 되풀이되는 동안 이스라엘은 점점 타락해가며 마지막 사사 삼손 때에 이르러는 극점에 달한다.

2장 6-10절은 여호수아가 사는 날 동안은 그런 대로 이스라엘이 여호와를 떠나지 않고 섬기다가 그가 110세에 죽으매 그의 기업의 경내 딤낫 헤레스(딤낫 세라와 같음)에 장사지냈다는 내용이다. 시간이 지나면서 그 세대 사람들은 다 죽고 후에 일어난 다른 세대는 여호와의 하신 일이나 여호와를 알지 못했다.

2장 11절부터 3장 11절까지는 그들이 여호와를 버리고 바알과 아스다롯을 섬긴 일과 이방인들과 연혼하고 여호와 목전에 악을 행하므로 여호와께서 그들에게 진노하셔서 사방 대적에게 파셨다는 이야기이다. 여호와께서는 이스라엘에게 진노하사 메소포타미아 왕 구산 리샤다임의 손에 파셨고, 그들은 구산 리샤다임을 8년을 섬겼다. 이스라엘인들은 괴로움이 커지자 여호와께 부르짖었고, 여호와께서는 갈렙의 아우 그나스의 아들 옷니엘을 일으키셔서 구원하게 하셨으며, 그 땅이 태평한 지 40년에 옷니엘 사사가 죽었다.

이스라엘이 다시 여호와의 목전에 악을 행하니 여호와께서 모압 왕 에글론을 강성케 하셔서 이스라엘을 치게 하셨으며, 이스라엘은 8년 동안 에글론을 섬겼는데 그들이 괴로워 부르짖으니 여호와께서 에글론에게 공물을 바치는 자 에훗을 일으키셔서 구원하셨다. 에훗은 베냐민 사람 게라의 아들로서 왼손잡이였는데, 어느 날 에글론에게 공물을 바친 후 은밀하게 다락방에서 독대하면서 칼을 우편 다리에 숨겼다가 그를 찔러 죽였다. 그 길로 에훗은 이스라엘을 모아 모압을 쳐서 모압 용사 일만 명 가량을 죽이고 항복을 받아내었으며, 80년 동안 이스라엘이 태평하였다. 에훗의 후에 삼갈이라는 사사가 일어나서 당시 이스라엘을 괴롭히는 블레셋 사람 육백 명을 소 모는 막대기로 죽이고 이스라엘을 구원했다.

4장에서는 다시 이스라엘이 죄를 짓는 고로 여호와께서 하솔에 도읍한 가나안 왕 야빈의 손에 그들을 파셨는데, 야빈에게는 시스라라는 용감한 장군이 있고 철병거가 9백 승이 있어서 군력이 막강했다. 야빈 왕은 20년 간 이스라엘을 학대하고 괴롭혔다. 이스라엘은 다시 여호와께 부르짖었고, 그 때 이스라엘을 구원하기 위해 일으켜진 사사가 여사사 드보라요 동역자인 바락이다. 당시 동원된 이스라엘 전력은 납달리와 스불론 군사가 일만 명이었고 다볼 산에서 전투가 붙었으며, 적장 시스라는 패하여 도주하다가 야엘이라는 여인의 집에 들어갔는데 야엘이 그 몸에 말뚝을 박아 죽였다.

5장에는 드보라와 바락의 승리의 노래가 있다. 그들의 노래에서 인상적인 것은 자신들을 높인 것이 아니라 전임 사사였던 삼갈과 시스라를 말뚝으로 박아 죽인 야엘의 이름을 먼저 말하였다는 것이다(6절). 그 때 이스라엘 사람들은 감히 대로로 다니지 못하고 소로로 숨어 다녔다고 하니 대적의 압박으로 인한 두려움이 얼마나 심했는지를 알 수 있다. 드보라는 이스라엘 군을 하늘에서 내려온 군대로 표현하였으며(13절), 생명을 아끼지 않고 전쟁에 참여한 납달리와 스불론을 칭송하였으나(18절), 마음으로 결심하고 말만 할 뿐 전쟁에 참여하지 않은 르우벤과 생업에만 몰두한 단과 아셀에 대해서도 말한다. 23절에는 메로스에 대한 저주가 나오고(마땅히 대적을 쳐야 할 때에 치지 않았으므로), 시스라를 죽인 야엘을 칭송한다. 26절부터는 야빈 왕의 장군 시스라의 어머니의 상상적인 기다림을 묘사하며, 31절은 기도로 마친다. 그로부터 40년 동안 그 땅이 태평하였다.

6장에서 이스라엘 자손이 또 여호와의 목전에 악을 행함으로 여호와께서 7년을 미디안의 손에 붙이셨다. 이스라엘이 파종한 때면 미디안, 아말렉, 동방 사람 등이 치러 올라와서 토지소산을 멸하고 양이나 소나 나귀도 남기지 않았으며 또 메뚜기 떼같이 들어와 그 땅을 초토화시켰다. 그 때 이스라엘을 미디안 손에서 건지기 위해 일으켜진 사사가 바로 그 유명한 요아스의 아들 기드온이다. 기드온이 포도주 틀에서 밀 타작을 한 것은 미디안의 착취를 피하기 위해서였다. 그는 근본적으로 속에서 미디안의 압제를 받아들이지 않았다(6:13 참조). 그는 현실의 비정상적인 상황에 순응하지 않고 미디안으로부터 벗어나고자 하는 영으로 충만했다. 하나님은 그러한 자들 가운데서 사람을 불러 사용할 수 있으시다. 그는 크게 내세울 것이 없는 므낫세 지파의 사람이요, 므낫세 지파 중 극히 약한 아비 집에서도 가장 작은 자였다. 하나님은 이렇게 작은 자인 기드온을 큰 용사라고 부르셨다(12절). 기드온이 나팔을 부니 아비에셀 족속이 그에게로 모이고 또 사자를 보내니 므낫세, 아셀, 스불론, 납달리 등의 지파에서 삼만이천이 모여 전쟁에 임하고자 하였으나 하나님은 인수가 너무 많다고 하셨다. 당시 미디안 군이 십삼만 오천(135,000) 명이었으니(8:10) 이스라엘 삼만 이천(32,000)은 매우 적은 수였지만, 하나님께서는 이스라엘이 이기면 자신들의 군력으로 이겼다고 할 것이니 두려워하는 자들을 돌려보내라 하여 22,000명을 돌아가게 했고, 일만명이 남았으나 하나님은 이도 역시 많다고 하셨다. 하나님께서는 백성을 물가로 내려가게 하여 물을 손으로 움켜서 핥아 마시는 자 300명 외에 무릎을 꿇고 엎드려 마신 자는 다 돌려보내라고 하셨다.

그리고 기드온은 이들 300명의 용사로 미디안 135,000명을 물리쳤다. 전쟁의 방법은 나팔을 불며 손에 가졌던 항아리를 부수고 항아리 속의 횃불을 쳐들면서 "여호와와 기드온의 칼이여!"라고 외친 것뿐이다. 그 때 미디안 군기가 무너지고 오합지졸이 되어 제각기 도망치면서 혼란 중에 서로 죽이게 되어 완전히 패배한 것이다(19-22절). 미디안의 두 방백 오렙과 스엡은 각각 오렙 바위와 스엡 포도주 틀에서 죽임을 당했다(25절). 이 때 많은 활약을 한 지파는 납달리와 아셀과 므낫세였다. 기드온은 전쟁 마지막 즈음에 에브라임을 참여시켰는데, 그들은 다 차려놓은 밥상에 수저만 놓은 격이었다. 8장에서 에브라임은 기드온에게 왜 처음 싸우러 갈 때에 자기들을 부르지 않았느냐고 크게 항의를 했다. 기드온이 그들에게 "에브라임의 끝물 포도가 아비에셀의 맏물 포도보다 낫지 않느냐?"고 말하니 그들의 노가 풀렸다(8:3). 에브라임이 막판 전투에서 미디안의 두 방백 오렙과 스엡을 죽인 것을 언급하며 그들의 전공을 추켜 세운 것이다.

기드온이 아직 미디안의 두 왕 세바와 셀문나를 죽이지 못하여 300명의 용사들을 데리고 그들을 좇았는데, 이들은 피곤하였으나 끝까지 기드온을 따랐다. 이들이 신약으로 말하면 이기는 자들의 전형이다. 기드온은 숙곳 사람들에게 자기와 함께한 용사들이 피곤하니 떡덩이를 좀 달라고 하였으나 숙곳 방백들은 기드온을 비웃으며 거절했다. 브누엘 사람들도 마찬가지였다. 결국 기드온은 동방군대 12만 명과 싸워 이기고 또 남은 1만 5천 명과도 싸워 이겼다. 그리고 도망하는 두 왕 세바와 셀문나도 따라가서 잡았고, 도움을 요청할 때 비아냥거렸던 숙곳 사람들을 그가 말한 대로 가시로 징벌했으며, 브누엘 망대를 헐고 그 성읍 사람들을 죽였다. 그리고 많은 이스라엘 사람을 죽인 세바와 셀문나 왕을 기드온의 손으로 처형하였다.

이렇게 훌륭하게 쓰임받은 기드온도 첩을 많이 두고 또 우상(많은 이들에게서 금을 거두어 에봇을 만듦)을 만들어 온 이스라엘로 우상숭배에 빠지게 했다. 큰 승리 후에 위험이 도사리고 있다는 것을 알아야 한다. 그의 사는 날 동안 40년은 그 땅이 태평하였다. 기드온이 아내가 많아서 낳은 아들이 70인이었는데, 세겜에 있는 첩도 아들을 낳아 이름을 아비멜렉이라고 했다. 그가 아비 기드온이 죽은 후에 그 어미 형제들을 통해 세겜 사람들을 꼬드겨 자신을 왕으로 추종하게 한 후에 기드온(여룹바알)의 아들 70명을 한 반석 위에다 놓고 죽였는데, 그 때 요담이라는 말째 아들만 숨어서 살아남게 되었다.

9장은 아비멜렉의 이야기이다. 그는 스스로 왕이 되려 하다가 가알이라는 대적자를 만나 한동안 전쟁을 치렀고, 결국 가알을 물리치고 나름 그의 쿠데타 계획이 성공하는 것 같았다. 그는 그들을 대적한 세겜만이 아니라 데베스까지 진격하여 그 성의 견고한 망대에 올라가서 성을 불사르려고 했는데, 한 여인이 위에서 아비멜렉에게 맷돌짝을 내려던지니 그의 두개골이 깨졌다. 하나님께서는 그가 기드온의 70 아들을 죽인 죄를 이렇게 갚으신 것이다. 그는 스스로 왕이 되려고 전쟁을 벌였으므로 이스라엘의 사사에 들지 못한다.

10장은 돌라와 야일의 이야기인데, 그 활약이 미미하게 기록되어 있다. 돌라가 사사로 있었던 연수는 23년이고 그 기록이 매우 간단하다. 다음은 야일인데 그도 22년 동안 이스라엘의 사사가 되었다. 10장 6절부터는 다시 이스라엘의 범죄와 암몬의 압제를 다룬다. 암몬은 길르앗에 진 치고 이스라엘은 미스바에 진을 쳤으나 전쟁을 치를 만한 알맞은 장군이 없었다. 그 때 사사로 기용된 사람이 길르앗이 기생에게서 낳은 아들 입다이다. 그는 큰 용사였으나 형제들에게 쫓겨나 그들을 피하여 돕 땅에 가서 잡류들과 어울려 지냈다. 그때 길르앗 장로들은 그를 찾아가 이번에 암몬 자손과 싸우려 하는데 그들의 장관이 되어 달라고 했다.

12절에서 입다는 전쟁에 앞서 대적 암몬 자손의 왕과 긴 대화를 나누었고 결국은 그들을 쳐서 정복하였는데, 그때 다소 조급한 헌신을 하여 어려움에 봉착했다. 그것은 암몬 자손을 파하고 평안히 돌아올 때 누구든지 내 집 문에서 나와 나를 영접하는 그는 여호와께 번제로 드리겠다는 것이었다. 그런데 입다가 승전하고 집에 돌아오니 무남독녀 딸이 그를 영접했다. 그래서 딸을 번제로 드리게 된 것이다. 이에 대하여는 해석이 분분한데, 딸을 불태워 번제로 드린 것은 아니고 일생 수절하여 하나님께 드린 것으로 해석하는 학자들이 많다. 어쨌든 입다는 서원을 수행했다.

12장에서는 에브라임이 기드온에게 한 것처럼 입다에게 또 다시 시비를 거는 것이 나온다. 실상 입다는 암몬과 싸우러 갈 때 에브라임에게 초기부터 함께 하자고 말하지 않은 것이 아니다(12:2). 그 때는 건성으로 듣다가 막상 입다의 무리가 목숨을 걸고 나아가서 대승을 거두고 영웅으로 솟아나려 하자 에브라임이 시기가 발동한 것이다. 8장에서는 에브라임이 미디안을 이긴 기드온에게 그런 식으로 해서 명분을 챙겼지만, 이번에 입다와 길르앗 사람들에게는 철저히 징벌을 당했다. 더욱이 에브라임 사람들은 길르앗 사람들이 에브라임에서 도망한 자들이라고 비하하는 말을 하여 분기충천하게 했고, 입다와 길르앗 사람들은 요단 나루턱에서 건너가려는 사람마다 붙잡고 '십볼렛'이라고 발음하게 해서 에브라임 사람 42,000명을 색출하여 죽였다. 입다는 6년 동안 사사 노릇을 했고, 입다 다음은 베들레헴의 입산, 그 뒤에는 스불론 사람 엘론, 그 뒤에는 비라돈 사람 압돈이 이스라엘 사사가 되어 이스라엘을 다스렸다.

13장부터는 삼손의 이야기가 나온다. 삼손의 아버지는 마노아이며 단 지파 사람이다. 열왕시대에 대표적인 왕은 유다 지파의 다윗이듯이 사사시대의 대표적 인물은 단 지파의 삼손이다. 삼손에 대하여는 다른 사사들과 달리 잉태에서부터 기록한다. 여호와의 사자는 남편 마노아에게 나타난 것이 아니라 아내에게 나타났다. 그리고 아들을 낳을 것이니 그 머리에 삭도를 대지 말고 포도주나 독주를 마시지 않게 하라고 했다. 그는 태에서 나옴으로부터 죽을 날까지 하나님께 바쳐진 나실인이 될 것이라고 했다. 마노아 부부는 결국 여호와의 사자를 만났고 그분이 하나님이시라는 것을 알았다(13:21-22).

14장은 삼손의 결혼에 관한 이야기이다. 삼손은 나실인이면서도 블레셋 여자를 사랑했고 결혼하겠다고 부모를 졸랐다. 부모는 그 일을 이해하지 못했으나 말씀에 의하면 그것이 여호와께로부터 나온 일이라고 했다. 14장 후반부는 삼손이 블레셋의 신부 집에서 잔치를 베풀 때 베옷 삼십 벌과 겉옷 삼십 벌을 걸고 수수께끼를 냈고, 친구들은 삼손의 아내를 압박하여 답을 알아내게 하였다. 그 결과로 삼손은 아스글론에 내려가서 블레셋 사람 30명을 쳐죽여 그들의 옷을 빼앗아 수수께끼의 대가를 치렀다(12절). 그리고 딤나를 떠나 아비 집으로 돌아갔는데, 그 사이 신부의 아버지는 삼손을 들러리섰던 한 친구에게 그 딸을 주어버렸다.

15장에서 얼마 후 삼손은 아내를 찾아왔는데 그 아내가 친구에게 주어진 것을 알고 그 복수로 여우 300마리를 붙들어서 둘씩 그 꼬리와 꼬리를 매고 그 두 꼬리 사이에 한 홰를 달아 불을 켜서 곡식밭으로 몰아넣어 블레셋의 곡식밭을 살랐고, 블레셋 사람들은 그 복수로 삼손의 아내와 그 아비를 불살랐다. 이로 인해 삼손은 블레셋 인들을 크게 도륙했다.

15장 9-20절에서는 블레셋 인이 유다를 공격하였고 유다 인은 삼손을 새 줄 둘로 결박하여 블레셋에게 인도했는데, 그 때 여호와의 신의 권능이 삼손에게 임하니 그 팔 위의 줄이 불탄 삼같이 삼손의 팔에서 떨어져나갔다. 삼손은 나귀의 새 턱뼈를 보고 손을 내밀어 취하고 그것으로 블레셋인 천 명을 죽였다. 이 때 이스라엘 백성은 이방 나라에 종노릇하며 사는 것이 몸에 배어 더 이상 그 괴로움을 탄원(supplication)하지도 않았다. 따라서 삼손 시대에는 여호와께서 이스라엘을 구원하기 위해 대적을 쳐부술 핑계까지도 만드셔야 했다. 사사 시대 중 이스라엘이 가장 타락한 때가 삼손 시대이다. 그 때에는 아무도 구원의 필요를 느끼지 못했고 오히려 그들을 위해 대적과 싸우는 삼손을 잡아서 블레셋에게 넘겨주는 일을 하였다.

16장은 삼손이 블레셋의 가장 큰 성 가사에서 활약한 내용이다. 삼손은 소렉 골짜기의 들릴라라는 여자를 사랑하게 되었고, 블레셋 인들은 들릴라라는 여인을 통해 삼손의 괴력의 비밀을 알아내었다. 그녀는 삼손을 자기 무릎에 누어 자게 하고 그 머리털을 밀었다. 블레셋 인들은 힘이 없어진 삼손의 눈을 빼고 놋줄로 매고 그로 옥중에서 맷돌을 돌리게 했다. 그 머리털이 다시 자라기 시작했는데, 블레셋 인들이 다곤의 신전에 다 모여 큰 제사를 드리고 즐거워하면서 삼손을 옥에서 불러내어 재주를 부리게 했다. 그때 삼손은 두 기둥 사이에 섰는데, 자기 손을 붙든 소년에게 이 집을 버틴 기둥을 찾아서 그로 하여금 그것을 의지하게 하라고 했다. 그 집에 남녀가 가득하니 블레셋 고위층과 남녀 3천 명 가량이 있었다. 그때 삼손은 여호와께 부르짖으며 간구했고, 집을 버티고 있는 두 기둥을 양손으로 껴 의지하고 힘을 다하여 몸을 굽혔다. 그 집이 곧 무너져 거기 있는 모든 사람들에게 덮이니 삼손이 죽을 때에 죽인 자가 살았을 때 죽인 자보다 많았다. 삼손의 사사 활동은 다른 사사들과 매우 다른 면이 있고 독특하다(당시 이스라엘 백성이 블레셋과 분별이 없을 정도로 타락에 익숙했고 하나님의 언약을 망각했기 때문이다). 나실인 삼손은 한 사람도 함께 해주지 않는 그런 상황에서 블레셋 여인과 결혼하는 등등의 이유를 만들어서 스스로 분기를 일으켜 대적 블레셋을 물리쳤다. 신약의 히브리서 기자는 믿음으로 행한 선진들을 언급할 때 삼손을 언급했다(히 11:32).

◊ 17-21장: 사사 시대의 종교적 타락과 단의 북방 이주, 도덕적 타락

단 지파는 원래 유다, 베냐민, 에브라임, 므낫세 사이에서 기업을 얻었으나 그 중 600명이 이스라엘 북방 라이스를 정복하여 북방으로 이주하게 되는데, 그 과정에서 에브라임 산지에 있는 미가의 집 제사장의 일이 부각된다.

미가의 어머니는 은이 일천일백 정도 있었는데, 잃어버렸다가 찾아서(아들이 취하였다가 어머니가 도둑질한 자를 저주하는 소리를 듣고 어미에게 다시 줌) 은 이백으로 아들 미가를 위하여 한 신상을 만들고 에봇과 드라빔을 만들고 한 아들을 세워 제사장을 삼았다. 레위인이 아닌데 제사장이 된 것이다. 그때 베들레헴 유다 가족에 속한 한 레위 소년이 거할 곳을 찾으려고 나서서 에브라임 산지 미가의 집에 이르게 되었는데, 미가는 그 레위 소년에게 얼마의 사례금을 약속하고 자기집의 제사장이 되게 하였다.

18장은 단 지파가 기업의 땅을 차지하기 위해 북진한 이야기이다. 그 과정에서 용맹 있는 다섯 사람을 뽑아 정탐하러 보냈고 그들은 도중에 에브라임 산지에 있는 미가의 집에서 하루를 유숙하게 되었다. 그리고 레위 소년의 그 간의 이야기를 듣고 떠나서 라이스의 상황을 탐지한 다음('염려 없고 한가하며 평안한 것이 그 땅에는 권세 잡은 자가 없어서 무슨 일에든지 괴롭게 함이 없고') 돌아와서 보고한 후에, 단 지파 600명이 병기를 띠고 출발하여 가다가 에브라임 산지에 있는 미가의 집에 이르러 레위 소년 제사장을 만나 한 집의 제사장이 아닌 단 지파의 제사장이 될 것을 권했으며, 결국 그 레위 소년은 미가의 집에 있던 새긴 신상과 드라빔과 부어 만든 신상을 가지고 단 지파를 따르게 된다. 레위 소년의 이러한 종교적인 행동은 매우 혼란스러운 상황인 것이다. 단 지파는 라이스 성을 쳐서 기업으로 삼았으며, 따라서 이스라엘의 영토를 언급할 때 '단에서 브엘세바까지'라고 하게 되었다. 또한 미가 어머니의 자식 사랑의 씨앗은 결국 벧엘과 단에 우상이 세워지는 근거가 되었다. 사사기 18장 31절은 하나님의 집이 실로에 있는 동안 미가의 만든 신상이 단 자손에게 있었다고 말한다.

19장 1절은 "이스라엘에 왕이 없을 그 때에"라는 말로 시작하는데, 이 표현은 사사기에 자주 등장한다. 이 장은 이스라엘이 걷잡을 수 없는 타락으로 치닫는 과정을 이야기하고 있다. 19장은, 베들레헴의 어떤 레위 사람이 첩을 얻었는데 그 첩이 행음하고 남편을 떠나 유다 베들레헴 아비 집에 가서 넉 달을 머물렀고, 그 후에 남편이 가서 그녀를 데려오는 중에 벌어진 일을 이야기한다. 이 모든 이야기가 어둡고 부정하다. 그 레위인은 유다 베들레헴에 있는 첩장인의 집에서 며칠을 머물다가(장인의 청에 못이겨 이틀을 더 머묾) 다섯째 날 떠났는데, 노중에 해가 저물어 베냐민에 속한 기브온의 어떤 노인의 집에서 하루를 묵게 되었다. 그런데 그 밤에 성읍의 비류들이 그 집을 에워싸고 문을 두들기며 들어온 사람을 끌어내라고 하니 결국 그 레위 인은 그의 첩을 내어주었다. 그자들은 밤새도록 그녀를 욕보이고 새벽 미명에 놓아주었는데, 다음 날 아침 레위 인이 집을 떠나려고 문을 여니 그 첩이 집 문지방에 엎드러져 죽어 있었다. 그 레위인은 나귀에 자기 첩의 시체를 싣고 집으로 돌아와 열두 덩이를 내서 열두 지파에게 보냈다. 그것을 보는 자들이 다 이런 일은 이스라엘 유사 이래 처음이라면서 어떻게 할지 상의한 후에 논하자고 했다.

결국 이스라엘 40만이 일어나 베냐민 지파를 공격하게 되었는데, 먼저 이스라엘 지파들은 베냐민에게 사람을 보내어 그 일 행한 비류들을 내놓으라고 했으나 베냐민이 그 형제 이스라엘의 말을 듣지 않고 싸우고자 했다. 그 때 일로 이스라엘 전체 군이나 베냐민이나 인력이 크게 손실을 당하였는데(20:21, 25, 31, 35, 39, 44), 베냐민은 25,000명이 죽임을 당하고 600명만 광야로 도망하여 림몬 바위에 이르러 4개월을 지냈다.

21장에서 이스라엘은 열두 지파 중 베냐민 한 지파가 이즈러진 것에 대하여 애통하며 슬퍼하였다(21:2-3). 그들은 이미 미스바에서 베냐민 징벌 전투에 나가려고 할 때 누구든지 그 딸들을 베냐민 사람들에게 주지 않기로 맹세하였기 때문이다. 이스라엘은 베냐민 전투에 참여하지 않은 길르앗 야베스 사람들을 응징하고 많이 죽였으며 그들 가운데 처녀 400명을 구하여 베냐민에게 주었다. 베냐민 여인들이 그 징벌 전쟁에서 다 죽었기 때문이다(21:16). 그렇게 해도 200명 정도가 부족하자 이스라엘은 베냐민 자손들에게 실로의 들에서 열리는 무도회에 나오는 여자들 200명을 붙잡아다가 아내를 삼아 지파를 번성하게 하라고 했다. 그 부모들은 자신들이 직접 베냐민에게 딸들을 준 것이 아니니 맹세를 어긴 죄가 없을 것이라고 하였다. 사사시대는 이렇게 종교적, 도덕적 타락이 극심한 상태로 끝을 맺는다. 하나님의 백성들이 하나님을 순종치 않은 결과가 얼마나 비참한지를 생생히 보여준다.

룻기

주요 내용 사사기의 어두운 시대에 별처럼 빛나는 신실하고 아름다운 사람들의 이야기가 기록되어 있다. 그 주인공은 나오미와 그의 며느리 룻, 그리고 룻의 기업을 무를 자 보아스의 이야기다. 경건한 보아스는 죄로 타락한 인류를 구속해줄 그리스도를 예표한다.

사사들이 치리하던 때에 그 땅에 흉년이 들자 유다 베들레헴에 사는 엘리멜렉이라는 사람이 그 아내와 두 아들을 데리고 모압 지방에 가서 거했다. 거기서 엘리멜렉과 두 아들은 죽고 그 아내 나오미와 두 자부만 남았다. (하나님의 백성이 흉년이 들었다고 해서 할당해주신 땅을 떠나는 것은 사실 합당치 않은 일이다.) 그 후 나오미는 여호와께서 자기 백성을 돌아보사 양식을 주셨다는 소문을 듣고 모압 땅에서 유다 땅으로 돌아오게 된다. 그 때 두 모압 며느리들도 함께 출발했는데 도중에 시어미(나오미)가 두 며느리에게 각각 어미 집으로 돌아가 재혼하여 잘 살라고 했다. 그 중 오르바는 시어머니에게 입을 맞추고 울면서 돌아섰으나 룻은 한사코 시어미를 따르겠다고 했다. 룻은 "나로 어머니를 떠나며 어머니를 따르지 말고 돌아가라 강권하지 마소서 어머니 가는 곳에 나도 가고 어머니께서 유숙하는 곳에서 나도 유숙하겠나이다 어머니 백성이 나의 백성이 되고 어머니의 하나님이 나의 하나님이 되시리니 어머니 죽으시는 곳에서 나도 죽어 거기 장사될 것이라 내가 죽는 일 외에 어머니와 떠나면 여호와께서 내게 벌을 내리시고 더 내리시기를 원하나이다"(룻 1:16-17).

사사기는 이스라엘이 전체적으로 혼란과 부패의 역사로 어둡고 침침하며 안식(가나안 땅의 정복으로 말미암은)에 이르지 못함을 말하나, 룻기는 소수 사람들의 귀한 선택과 믿음으로 안식을 얻는 귀한 모본을 대하게 된다. 어떤 이는 룻기는 사사시대의 어두움 속에 샛별과 같고 사막 가운데 푸른 풀과 같다고 평했다. 아무리 하나님의 백성들이 타락하고 어두워도 룻기의 몇몇 사람들은 하나님의 보호하심을 입은 향기나는 사람들이 될 수 있다는 소망을 준다(계 1:20).

베들레헴에 돌아온 나오미와 룻은 온 성읍 사람들에게 영접을 받았다. 마치 작은 교회에 오랫동안 떠나 있던 성도 한 가정이 돌아온 듯하다. 그녀는 돌아와서 동네 사람들에게 자신이 어떻게 하나님의 징벌을 받았는가를 말하며(풍족하게 나갔다가 비어 돌아오게 되었다), 자기를 '나오미'(즐거움, 감미로움의 뜻)라고 하지 말고 '마라'(쓰고 괴로움)라고 부르라 했다(1:19-22).

베들레헴에 돌아온 룻은 시어미 나오미를 공양하기 위해 보리 이삭을 줍는다(2:1-7). 당시 가난한 자가 이삭을 줍는 것은 율법이 허용한 바이다(레 19:9-10). 룻은 시어미에게 이를 먼저 제의했고 나오미는 허락했다. 거기서 룻은 우연히 엘리멜렉의 친족이며 유력한 자 보아스의 밭에 이른다. 사람 편에서는 우연이지만 하나님 편에서는 필연이다(Lange). 하나님의 자녀들에게 발생하는 우연 같은 일들은 모두 하나님 편에서는 계획된 일이며 그분의 손에 있는 일이니 안심해야 한다. 거기서 룻은 자기를 받아줄 남편이 될 보아스를 만나게 된다.

2장에서 보아스의 자상함과 경건함이 그의 인사말과 대화에서 드러난다. "내 딸아 들으라 이삭을 주우러 다른 밭에 가지 말고 여기서 떠나지 말고 나의 소녀들과 함께 있으라…목이 마르거든 소년들이 길어온 물을 마시라…여호와께서 네 행한 일을 보응하시기를 원하며 이스라엘의 하나님께서 그 날개 아래 보호를 받으러 온 네게 온전한 상 주시기를 원하노라"(2:8-12). 또한 보아스는 자기의 종들에게 "단에서 줍게 하고…줌에서 조금씩 뽑아 버려서 그로 줍게 하고…"(2:15-16)라고 했다. 룻의 말도 매우 인상적이다. "룻이 땅에 엎드려 절하며 그에게 이르되 나는 이방 여인이어늘…내가 당신께 은혜 입기를 원하나이다…이 시녀를 위로하시고 마음을 기쁘게 하는 말씀을 하셨나이다"(10, 13절).

3장에서 시어미 나오미는 룻에게 보아스에 대하여 말해주면서 "그가 오늘 밤에 타작마당에서 보리를 까불리라 그런즉 너는 목욕하고 기름을 바르고 의복을 입고 타작마당에 내려가서…그의 눕는 곳을 알았다가 들어가서 그 발치 이불을 들고 거기 누우라"고 했다. 나오미는 보아스가 룻에게 청혼할 수 있도록 상황을 지시했고 룻은 그대로 순종했다. 밤중에 보아스는 뭔가 인기척을 느끼고 놀라 몸을 돌이켜 보니 한 여인이 자기 발치에 누워 있는 것이었다. 룻이 "나는 당신의 시녀 룻이오니 당신의 옷자락으로 시녀를 덮으소서 당신은 우리의 기업을 무를 자 됨이니이다"라고 말하자, "내가 네 말대로 다 행하리라…그러나 무를 자가 더 가까운 친족이 있으니…" 보아스는 순서로 보아 기업을 무를 첫 번째 사람이 아니었다. "그가 만일 기업 무를 책임을 행하지 아니하면 내가 행하리라"(3:13).

보아스는 그리스도를 예표하는 사람으로서, 기업을 무르는 자이며(우리의 속량자), 추수하는 자이며(마 13장), 유력한 자이며(부유하고 힘 있는 자), 아무 것도 없는 가난한 이방 여인 룻을 이미 잘 알고 대단히 관심하며 자상한 은혜로 대하는 자이다. 이런 사람은 우리 구주이신 예수 그리스도를 예표하기에 충분하다. 우리가 만일 그분의 십자가 발밑에 나아가 그분의 옷자락으로 우리를 가려주시기를 구한다면, 그분은 합법적이고 공의롭게 대가를 지불하여 우리를 구속하시고 우리를 영접해주실 것이다.

4장에서 보아스는 결국 장로들이 모인 성문 회의에서 룻의 기업을 무를 속량자로 결정되었고(4:1-12), 보아스와 룻은 정당하게 결혼한다(4:13-17). 그리고 이방 여인 룻을 통해 보아스는 오벳을 낳고, 오벳은 이새를 낳고, 이새는 다윗 왕을 낳음으로 다윗 왕가의 조상이 되었으며, 결국에는 그 직계 자손을 통해서 그리스도가 출생하셨다(4:18-22). 그리스도는 이방 죄인인 우리와 연합하셔서 우리로 하여금 많은 사람들에게 은혜와 축복이 되게 하셨다(룻 4:15-22).

사무엘 상

주요 내용

사무엘은 사사시대와 왕국 시대를 잇는 중요한 인물이며, 그 때 이스라엘은 왕국이 이루어지며 하나님은 사무엘을 통해 초대 왕으로 사울을 세우시게 된다. 그러나 사울의 불순종으로 인하여 그는 하나님에 의해 폐위되고 다윗이 기름부음을 받는다. 다윗은 기름부음 받았으나 사울의 시기로 말미암아 수많은 핍박을 당하며 도망다니게 되는데, 결국 사울은 길보아 산에서 아들 요나단과 함께 전사한다.

사무엘서는 사무엘(삼상1-8장), 사울(9-31장), 다윗(삼하 1-24장), 이 세 사람에 걸친 115년 간의 역사이다. 세 사람 가운데서도 사무엘서의 중심 인물은 다윗이라고 할 수 있다.

◊ 1-8장: 사무엘의 출생과 엘리 제사장 가문의 쇠락, 언약궤의 역사

사무엘은 엘가나의 두 아내 중 한나로부터 출생하였다. 엘가나는 원래 레위 지파였으며 그핫 자손이었다(대상 6:34-38). 그에게는 두 아내가 있었는데, 자식들을 둔 브닌나에게 핍박과 무시를 당하며 괴로워하던 한나가 하나님께 애절한 서원의 기도를 드림으로 마침내 하나님께서 응답하셔서 아들을 얻게 되었으며, 그가 바로 사무엘이다. 이 시기는 사사 시대의 끝 무렵으로 하나님께는 시대를 바꾸기 위한 경륜적인 그릇(dispensational instrument)이 필요했고, 한나의 기도는 하나님의 필요에 부합되었다. 하나님의 필요와 사람이 갈망이 일치된 때 하나님은 그의 기도를 들어주신다.

1장에는 한나의 기도가 있다. 그녀는 만일 여호와께서 자기의 고통을 돌아보시고 아들을 주시면 평생에 그 머리에 삭도를 대지 않겠다고 서원한다(1:11). 여호와께서 돌아보심으로 한나는 아들(사무엘)을 낳았으며, 그녀는 서원대로 아들이 젖을 떼자 여호와의 집에 데리고 올라가서 당시 제사장이었던 엘리에게 맡겼다.

2장에는 한나의 찬미와 기도가 있다. 그 내용은 주로 하나님께서 높은 자를 낮추시고 낮고 비천한 자를 높이신다는 것이다. 2장 후반부는 엘리의 두 아들이 불량자인데 백성들이 하나님께 드리는 제물을 멸시하여 함부로 탈취하곤 했다고 말한다. 엘리는 두 아들이 이스라엘에게 이런 악을 행하고 회막에서 수종 드는 여인과 동침하였음을 듣고 책망을 하긴 했으나 너무나 미온적이었다(2:25). 하나님께서는 엘리에게 "내가 나의 처소에서 명한 나의 제물과 예물을 밟으며 네 아들들을 나보다 더 중히 여겨…" 라고 하시며 "네 두 아들 홉니와 비느하스가 한 날에 죽으리니"라고 하셨다. 결국 그 두 아들 홉니와 비느하스는 한 날에 죽임을 당하였다(4:11).

3장 1절에서는 아이 사무엘이 엘리 앞에서 섬길 때에는 하나님의 말씀이 희귀하고 이상이 흔히 보이지 않았다고 기록한다(3:1). 사무엘이 자라면서 하나님께서 말씀하실 좋은 그릇이 예비된 것이다. 먼저 하나님은 사무엘에게 엘리 집의 심판부터 알리셨다. 엘리 집의 죄악은 제물이나 예물로도 영영히 사함받지 못한다고 하셨다(12-14절).

4장은 이스라엘과 블레셋 간에 벌어진 전투에 대해 말한다. 이 때 이스라엘은 땅이 울릴 정도로 사기충천하여 언약궤를 가지고 전투에 나아갔는데, 결국 언약궤를 블레셋 군에 빼앗겼다. 하나님은 사람들에게 이용당하는 분이 아니시다. 엘리의 두 아들이 그 전투에서 죽고 언약궤를 빼앗겼다는 말을 듣고 엘리는 의자에서 자빠져 목이 부러져 죽었다. 엘리의 며느리이며 비느하스의 아내는 잉태하여 산기가 가까웠는데, 하나님의 궤를 빼앗겼다는 말과 시부와 남편이 죽었다는 말을 듣고 갑자기 아파서 해산하고 죽어가면서 그 아이 이름을 '이가봇(영광이 이스라엘에서 떠났다)'이라 했다.

5장부터는 블레셋 인의 손에 들어간 언약궤의 역사를 기록한다. 블레셋 인들은 법궤(언약궤)를 가져다가 그들의 우상인 다곤(상반신은 사람 모양, 하반신은 고기 모양)의 신당에 두었는데, 이튿날 아스돗 사람이 일찍이 일어나 보니 다곤이 여호와의 궤 앞에서 엎드러져 그 얼굴이 땅에 닿아 있었다. 그들은 다곤을 일으켜 다시 그 자리에 세웠는데, 그 이튿날 아침 일어나 보니 다곤이 여호와의 궤 앞에서 얼굴이 땅에 닿았고 그 머리와 두 손목은 끊어져 문지방에 있고 몸둥이만 남아 있었다.

여호와의 손이 아스돗에 엄중히 더하여 독종의 재앙으로 아스돗과 그 지경을 치니 아스돗 사람들이 이스라엘 신의 궤를 두려워하여 본처로 보낼 것을 상의했다. 그들은 나름 고안을 하여 멍에 메어 보지 않은 젖 나는 소 둘을 끌어다가 수레를 소에 메우고 그 송아지들은 떼어 집으로 보내고 언약궤를 거기 싣고 속건제 드릴 금 보물도 궤 곁에 두고 하여 벧세메스(이스라엘 경내 도시)를 향하여 가게 했다. 암소가 벧세메스 길로 바로 행하여 갔는데, 벧세메스 사람들이 호기심으로 부주의하게 언약궤를 대하다가 70여 명이 죽었다. 그리고 언약궤를 기랏여아림으로 옮겨가게 했다. 기랏여아림 사람들은 궤를 산에 사는 아비나답의 집에 들여놓고 그 아들 엘리아살을 거룩히 구별하여 여호와의 궤를 지키게 했다. 그로부터 여호와의 궤가 20년을 그곳에 있었는데(삼상 7:1-2), 그 후로도 다윗이 왕이 되어 여호와의 궤를 다윗 성에 모시기까지는 50

년이 더 걸렸을 것이므로(사무엘과 사울 왕 시대를 거쳐 다윗이 온 이스라엘의 왕이 되기까지) 기랏여아림 아비나답의 집에 여호와의 궤가 있은 날수는 도합 70년은 될 것이다. 후에 다윗이 왕이 되어 여호와의 궤를 다윗 성으로 모셔오려고 할 때, 아비나답의 아들(손자 또는 증손자) 아효와 웃사가 새 수레에 궤를 싣고 옮기는데 나곤의 타작마당에 이르러 소가 뛰는 바람에 궤가 넘어지려 하자 웃사가 붙잡다가 그 자리에게 즉사하게 되었다(삼하 6장 참조).

사무엘 상 7장에는 사무엘이 기도로 블레셋을 크게 이긴 것이 기록되어 있으며, 미스바와 센 사이에 돌을 세워서 '여호와께서 여기까지 도우셨다' 하고 에벤에셀이라고 했다. 사무엘은 엘리 후에 이스라엘을 훌륭하게 다스린 사사로 기록되어 있다. 8장에서 이스라엘 백성은 그들도 전쟁을 할 때 이방 열국처럼 왕이 있어야겠다면서 왕을 세워달라고 사무엘에게 청원을 하게 된다. 이에 대하여 사무엘도, 하나님께서도 기뻐하지 않으셨지만 결국 백성의 말대로 왕을 세우라고 하셨다.

◊ 9-12장: 사울이 왕이 되는 과정

9장은 사무엘이 초대 이스라엘 왕 사울을 만나는 장면이 나온다. 사울은 베냐민 사람이었고, 사울의 아버지는 기스이다. 그 때 마침 기스가 암나귀들을 잃어버려서 아들 사울에게 그 암나귀를 찾아오라고 하니 그가 에브라임 산지로, 살리사 땅으로, 사알림 땅으로 두루 다닌 것이 나온다. 10장에서는 사무엘이 기름병을 가지고 사울의 머리에 붓고 입 맞추며 여호와께서 그를 그분의 기업의 지도자를 삼으셨다고 말한다. 그 때 하나님의 신이 임하여 사울에게 새 영을 주시고 예언도 하게 하셨다. 이 일은 개별적으로 은밀하게 이루어졌기에 사무엘은 모든 백성을 미스바에 모으고 공개적으로 제비를 뽑아 사울이 뽑히게 되었다. 사무엘은 사울이 왕 된 것을 온 이스라엘에게 알렸는데, 이 때 사울은 부끄러워 행구 사이에 숨었다.

11장에서는 마침 암몬이 길르앗 야베스를 치려고 전투를 벌인다. 그 때 길르앗 야베스는 전투할 힘도 없고 용기도 없어서 무조건 암몬 왕 나하스에게 항복하려고 했다. 그 소식이 사울에게 전해지자 사울이 밭에서 소를 몰고 오다가 하나님의 신에 크게 감동되어 이스라엘 군대 30만을 모아 암몬에 대하여 큰 승리를 거두었다. 사울은 기브아에서 사무엘에게 기름부음을 받았고(10:24), 미스바에서 왕으로 뽑혔고, 암몬과의 전쟁에서 승리함으로 전기를 맞아 길갈에 와서 즉위식을 거행했다.

12장은 사무엘의 마지막 말이다. 그는 매우 청렴한 사사였고 선지자였다. '내가 누구를 속였느냐? 누구를 압제하였느냐? 뉘 소나 나귀를 취하였느냐? 누구에게서 뇌물을 받았느냐?' 사무엘은 그들이 왕을 구한 죄를 지적한다. 그들은 바로 전에 암몬 왕 나하스가 공격해올 때 왕을 구한 것이다. 그 일로 하나님께서 얼마나 노하셨는가를 알게 하려고 우레와 비를 내리게 했다. 백성들은 두려워하며 사무엘에게 죽지 않도록 기도해달라고 했고, 사무엘은 그들을 위해 기도하기를 쉬는 죄를 여호와 앞에 범치 않고 의로운 도로 그들을 가르치겠다고 약속하며, 이스라엘에게 오직 하나님을 경외하고 마음을 다하여 진실하게 그분을 섬기라고 가르친다. 그렇지 않고 여전히 악을 행하면 너희와 왕이 다 멸망할 것이라고 한다.

◊ 13-16장: 사울의 승전과 범죄

사울의 재임시에는 블레셋과의 전쟁으로 그의 전적이 좌우된다. 13장은 사울의 아들 요나단이 블레셋 수비대를 침으로 전쟁이 개시되는데(삼손 때부터 줄곧 블레셋의 압박을 받고 있었으므로 일종의 이스라엘의 독립전쟁으로 간주된다), 온 이스라엘이 길갈에 모여 사울을 따른다(4절). 그러나 병거가 3만이요 마병이 6천이나 되는 블레셋의 어마어마한 군력 앞에 이스라엘은 두렵고 절박한 나머지 굴과 수풀과 바위틈에 숨었고 어떤 자들은 요단을 건너 길르앗 땅으로 피난을 갔으며 사울은 여전히 길갈에 있었다. 사울은 사무엘과의 약조 때문에 칠 일을 기다려야 했는데 그가 더디 오자 백성이 흩어질까 조바심이 나서 스스로 번제를 드렸다. 이로 인해 사울 왕은 하나님 앞에서 사실상 폐위된다.

14장에서 사울의 아들 요나단은 담대하게 적진에 진격하여 블레셋에 대해 승리를 거두었다(16-23절). 그때 사울은 백성에게 저녁 곧 원수에게 보수하는 때까지 식물을 먹지 않겠다고 맹세하라고 하면서 아무 식물이라도 먹는 자는 저주를 받으리라고 했다. 그러나 요나단은 그 아비가 백성에게 맹세를 시킬 때 듣지 못한 고로 수풀에 들어갈 때 꿀이 흐르는 것을 보고 찍어 먹었다. 이 일로 요나단이 죽게 되었으나 백성들의 진언으로 죽음을 면하게 된다.

15장에는 아말렉 전쟁과 사울의 결정적 실수가 기록되어 있다. 하나님은 사무엘을 통하여 사울에게 아멜렉의 남녀, 소아, 젖먹는 아이, 우양, 약대, 나귀를 모두 죽이라고 명하셨다. 사울은 아말렉을 치고 왕 아각을 사로잡고 그 모든 백성을 진멸하였으나, 왕 아각과 그 양과 소의 가장 좋은 것들은 남겼다. 그 때 여호와의 말씀이 사무엘에게 임하여 사울을 왕 삼은 것을 후회한다고 하셨다(15:11). 하나님께서는 사울이 아말렉에 대하여 행한 것을 불순종으로 여기셨으며, 사무엘은 사울에게 하나님께서 이스라엘 나라를 떼어 왕보다 나은 이웃에게 주셨다고 했다.

16장에는 하나님께서 사무엘을 베들레헴에 보내셔서 이새의 아들 중 말째인 다윗에게 기름을 붓는 것이 나온다. 16장 7절에서 하나님은 이렇게 말씀하신다. "사람은 외모를 보거니와 나 여호와는 중심을 보느니라". 사무엘은 이새의 집에 가서 말째 아들 다윗에게 기름을 붓는데, 이 모두가 하나님의 지시하심에 의한 것이다. 다윗은 수금을 탈 줄 아는 재능이 있었으며, 사울이 악신으로 괴로움을 당할 때 수금을 켜서 악신을 떠나게 하곤 했다.

◊ 17-18장: 다윗의 전승(戰勝)

13-14장에서 블레셋은 믹마스에서 사울과 요나단의 군대에게 대패했고, 복수하려고 에베스담밈에 진을 치고 이스라엘과 전투를 벌였다. 이 때의 블레셋 장수가 바로 골리앗이다. 오늘날로 말하면 3m 정도의 거구였고, 대단하게 무장하고 이스라엘을 모욕하며 일대 일로 싸우자고 위협했다. 소년 다윗이 골리앗에게 말한다. "너는 칼과 단창으로 내게 오거니와 나는 만군의 여호와의 이름 곧 네가 모욕하는 이스라엘 군대의 하나님의 이름으로 네게 가노라"(17:45). 이어 말하기를, "또 여호와의 구원하심이 칼과 창에 있지 아니함을 이 무리로 알게 하리라 전쟁은 여호와께 속한 것인즉 그가 너희를 우리 손에 붙이시리라"(47절)고 했다. 다윗은 주머니의 돌을 하나 꺼내어 물매로 던져 블레셋 사람 골리앗의 이마를 치니 골리앗의 이마에 돌이 박혀 땅에 엎드러졌다. 다윗은 달려가서 그의 칼을 그 집에서 꺼내어 머리를 베고 예루살렘으로 가져왔다.

18장에는 다윗과 요나단(사울 왕의 아들)의 우정이 나온다. 요나단은 다윗을 생명같이 사랑했으며 그와 언약을 맺었고 자기의 군복이나 무기도 다 다윗에게 주었다. 다윗이 모든 일을 지혜롭게 행하므로 사울 왕은 다윗을 자기의 군장으로 삼았으며 온 백성과 사울의 신하들도 합당하게 여겼다. 다윗이 골리앗을 죽이고 블레셋 전투를 승리로 이끌고 돌아오자 여인들이 모든 성에서 나와 노래하고 춤을 추며 왕 사울을 환영하면서 "사울의 죽인 자는 천천이요 다윗은 만만이로다!"라고 했다. 사울은 그 노래를 듣고 심히 불쾌했으며 그 날 후로 위기의식을 느끼고 다윗을 주목하게 되었다. 그 이튿날 사울이 악신에 사로잡혀 야료(까닭없이 트집잡고 소리지름)하므로 다윗이 평일과 같이 수금을 타는데 사울 손에 창이 있어서 다윗을 죽이려고 창을 두 번이나 던졌으나 다윗이 그 앞에서 피하였다. 더욱이 여호와께서 사울을 떠나 다윗과 함께하시니 사울은 한면으로 다윗을 두려워하게 되었다. 그래서 사울은 다윗을 측근 군장에서 강등시켜서 천부장을 삼아 전보시켰다. 그러나 온 이스라엘은 다윗을 사랑하였다. 원래 사울 왕이 블레셋을 물리치는 자를 사위 삼겠다고 언약한 대로 다윗에게 딸 미갈을 준다. 사울의 속셈은 다윗에게 딸을 주어 올무를 삼아 블레셋 인의 손에 죽게 하려는 것이었다.

◊ 19-27장: 사울의 다윗을 죽이려는 시도와 다윗의 도피

▸ 요나단이 다윗을 돕다

사울은 여전히 다윗을 죽이려 하였고 그의 아들 요나단은 다윗을 보호했다. "내 부친이 너를 죽이려고 하니…은밀한 곳에 숨어 있으라"(19:20). 그리고서 요나단은 아버지 사울에게 다윗을 죽이지 말 것을 탄원한다(19:4-5). 사울은 일단 아들의 말을 듣고 죽이지 않겠다고 약속을 했으나 다윗이 악신이 접한 사울을 위해 그 앞에서 수금을 탈 때 사울은 또 다윗에게 단창을 던졌다. 이때도 다윗이 피하여 단창은 벽에 꽂혔다. (사울은 이미 서너 번 다윗을 죽이려 했다.)

▸ 미갈이 다윗을 도피시키다

사울이 부하들을 다윗의 집에 보냈으나 그 아내 미갈(사울의 딸)이 다윗을 창에서 달아내려 피신을 시켰다. 미갈이 사울의 부하들에게 다윗이 병들어 누워 있다고 말하자 사울은 다윗을 침상채 데려오라고 하면서 그를 죽이겠다고 했다. 미갈은 우상을 가져다 침상에 뉘고 그 머리에 염소털로 엮은 것을 씌웠는데, 그것을 사울에게로 가져가니 사울이 미갈에게 왜 자기를 속이고 대적을 놓아 피하게 했느냐고 추궁했다. 다윗은 라마로 가서 사무엘에게로 나아가 사울이 자기에게 한 일을 다 고했다. 사울은 부하들을 세 번째 라마로 보내고 자신도 다윗을 잡으러 갔는데, 그곳에 가는 사람마다 예언을 하고 사울도 예언을 했다(옷을 벗고 사무엘 앞에서 종일 종야 예언함). 그러므로 속담에 '사울도 선지자 중에 있느냐'고 하였다.

▸ 다윗이 요나단과 헤어지게 되다

다윗은 요나단의 아버지 사울이 자기를 죽이려 한다는 것을 확실히 알고 있었다. 그런데 요나단은 '너는 죽지 않을 것이다. 우리 아버지가 너를 죽이지 않을 것이다.'라고 말하고 있다. 3절에서 다윗은 '나와 사망 사이는 한 걸음뿐이다'라고 하면서 그가 언제든지 죽임당할 처지에 있음을 말하고 있다. 다윗은 요나단에게 "네 부친이 혹 엄하게 네게 대답하면 누가 그것을 내게 고하겠느냐"고 한다(10절).

결국 요나단은 아버지가 정말로 다윗을 죽이려 한다는 것을 알게 되었고 다윗을 위해 매우 슬퍼했다(35절). 그는 들에 가서 화살을 쏘아 다윗에게 신호를 주면서 '네 갈 길을 가라. 내 아버지가 분명히 너를 죽이려고 한다.'고 했다. 이때 이후로 23장에서 잠시 한 번 만났을 뿐, 후에 다윗은 길보아 전투에서 같은 날 사울과 요나단이 죽었다는 소식을 듣게 된다.

▸ 다윗이 놉으로 피신하다

우리는 20장에서 다윗이 이미 사울을 피해 도망 다니는 신세가 되었다는 것을 보았다. 21장에서 다윗은 요나단과 작별하고서 놉이라는 곳으로 갔는데, 놉은 당시에 언약궤와 에봇 등이 있는 곳이었고 제사장 아히멜렉이 거기 있었다. 아히멜렉은 다윗을 보자 떨면서 영접했다. "다윗이 제사장 아히멜렉에게 이르되 왕이 내게 일을 명하고 이르시기를 내가 너를 보내는 바와 네게 명한바 일의 아무 것이라도 사람에게 알게 하지 말라 하시기로 내가 나의 소년들을 여차여차한 곳으로 약정하였나이다"(2절). 이 말은 다윗이 지어낸 말이다. "이제 당신의 수중에 무엇이 있나이까 떡 다섯 덩이나 무엇이든지 있는 대로 내 손에 주소서"(3절). "그 날에 사울의 신하 한 사람이 여호와 앞에 머물러 있었는데 그는 도엑이라 이름하는 에돔 사람이요 사울의 목자장이었더라"(7절). 도엑이라는 자는 다윗과 아히멜렉 제사장의 대화를 엿듣고 또 아히멜렉이 다윗에게 떡을 주고 칼을 주는 것을 보았다.

▸ 다윗이 가드로 피신하다

"그 날에 다윗이 사울을 두려워하여 일어나 도망하여 가드 왕 아기스에게로 가니"(21:10). 도엑이란 자도 수상하고 제사장조차도 의심스러운 눈으로 다윗을 바라보고 있기 때문에 그런 곳에서 더 어물어물하다가는 사울에게 잡혀죽기가 십상이라고 생각했을 것이다. "아기스의 신하들이 아기스에게 고하되 이는 그 땅의 왕 다윗이 아니니이까 무리가 춤추며 이 사람의 일을 창화하여 가로되 사울의 죽인 자는 천천이요 다윗은 만만이로다 하지 아니하였나이까 한지라 다윗이 이 말을 그 마음에 두고 가드 왕 아기스를 심히 두려워하여 그들의 앞에서 그 행동을 변하여 미친 체 하고 대문짝에 그적거리며 침을 수염에 흘리매"(11-13절). 여기서 아기스는 다윗을 미친 자로 여겨 그의 집에서 쫓아냈다.

▸ 다윗이 아둘람 굴로 도망하다

21장에서 다윗은 가드에서 미친 체 하다가 쫓겨나서 블레셋 지경을 떠나 아둘람 굴로 도망했다(22:1). 그 소식을 듣고 그 형제들과 아버지의 온 가속(家屬)이 그에게로 왔다. "환난당한 모든 자와 빚진 자와 마음이 원통한 자가 다 그에게로 모였고 그는 그 장관이 되었는데 그와 함께한 자가 사백 명 가량이었더라"(2절). 다윗이 굴 속으로 피신해서 근근이 지내는 신세가 되다 보니 거기 모여든 사람들은 대개 빚진 자들, 환난당한 자들, 마음이 원통한 자들이었다. 그런데 역대 상 11장 15절을 보면 결국 이들 가운데서 다윗 왕국의 장군들이 나왔다. 이 아둘람 굴에 찾아왔던 사람들 중에서 세 사람의 위대한 장군이 나온 것이다. 그러므로 우리도 주님과 함께 고난받는다면 주님과 함께 왕 노릇 할 것이다(딤후 2:11-12).

"다윗이 거기서 모압 미스베로 가서 모압 왕에게 이르되…나의 부모로 나와서 당신들과 함께 있게 하기를 청하나이다 하고 부모를 인도하여 모압 왕 앞에 나아갔더니 그들이 다윗의 요새에 있을 동안에 모압 왕과 함께 있었더라"(3-4절). 당시 다윗은 자기 부모를 이스라엘 중에는 위탁할 만한 데가 없고 블레셋은 불안하기에 모압 왕을 찾아간 것이다.

"선지자 갓이 다윗에게 이르되 이 요새에 있지 말고 떠나 유다 땅으로 들어가라 다윗이 떠나 헤렛 수풀에 이르니라"(5절). 이제 선지자 갓이 나오는데 아마 사무엘에게 배운 생도 중에 하나일 것이다. 다윗이 유다로 들어와 헤렛 수풀에 머물렀다. "사울이 다윗과 그와 함께 있는 사람들이 나타났다 함을 들으니라 때에 사울이 기브아 높은 곳에서 손에 단창을 들고 에셀나무 아래 앉았고 모든 신하들은 그 곁에 섰더니"(6절).

▸ 사울이 도엑의 고발하는 말을 듣고 85명의 제사장들을 죽이다

사울은 옆에 있는 신하들에게 '너희 베냐민 사람들아 들으라'고 하였다. 사울의 심복들은 거의 다 베냐민 사람들이었다. 반면 이새의 아들 다윗은 유다 지파이다. "이새의 아들이 너희에게 각기 밭과 포도원을 주며 너희로 천부장, 백부장을 삼겠느냐"(7절). 즉 '다윗이 왕이 되면 너희들을 먹여 살리겠느냐? 너희들에게 지위를 주겠느냐?

먹을 것을 주겠느냐?'고 하는 것이다. "너희가 다 공모하여 나를 대적하며 내 아들이 이새의 아들과 맹약하였으되 내게 고발하는 자가 하나도 없고 나를 위하여 슬퍼하거나 내 아들이 내 신하를 선동하여 오늘이라도 매복하였다가 나를 치려 하는 것을 내게 고발하는 자가 하나도 없도다"(8절).

그 때 에돔 사람 도엑이 거기 있었는데 사울에게 "아히멜렉이 그를 위하여 여호와께 묻고 그에게 식물도 주고 블레셋 사람 골리앗의 칼도 주더이다"(10절)라고 했다. 다윗이 아히멜렉에게 가서 도움을 요청할 때 그 제사장이 다윗 편에 서서 하나님께 묻고 먹을 것도 주고 칼도 주는 것을 보았다는 것이다. 사울은 도엑을 시켜 아히멜렉과 제사장 85명을 다 죽이게 했다. 그때 아히멜렉의 아들 아비아달만 피하여 다윗에게로 갔다. 다윗은 아비아달에게, "그 날에 에돔 사람 도엑이 거기 있기로 그가 반드시 사울에게 고할 줄 내가 알았노라 네 아비 집의 모든 사람 죽은 것이 나의 연고로다 두려워 말고 내게 있으라 내 생명을 찾는 자가 네 생명도 찾는 자니 네가 나와 함께 있으면 보전하리라 하니라"(21-23절)고 했다.

▸ 다윗이 사울의 계속되는 추격을 피하는 중에 그일라 땅을 회복하다

23장도 다윗이 사울의 추격을 피하는 내용이다. 도피하는 중에도 다윗은 여호와께 묻고 블레셋을 공격하였으며 유다의 그일라 땅을 회복했다. "다윗의 사람들이 그에게 이르되 보소서 우리가 유다에 있기도 두렵거든 하물며 그일라에 가서 블레셋 사람의 군대를 치는 일이리이까"(3절). "다윗과 그의 사람들이 그일라로 가서 블레셋 사람과 싸워 그들을 크게 도륙하고 그들의 가축을 끌어오니라 다윗이 이와 같이 그일라 거민을 구원하니라"(5절). 다윗은 사울을 피해 도망 다니며 파리 목숨같이 위급한 상황인데도 이스라엘을 위해 가장 중요한 일을 하였다.

▸ 다윗은 블레셋을 치고 회복한 유다 땅 그일라에 머무는 것이 안전하지가 않아 피신하다

"아히멜렉의 아들 아비아달이 그일라 다윗에게로 도망할 때에 손에 에봇을 가지고 내려왔었더라 다윗이 그일라에 온 것을 혹이 사울에게 고하매 사울이 가로되 하나님이 그를 내 손에 붙이셨도다 그가 문과 문빗장이 있는 성에 들어갔으니 갇혔도다"(6-7절). 다윗은 사울이 자기를 잡으러 그일라에 온다는 소식을 듣고 하나님께 고하며 묻는다(10절). 하나님께서는 사울이 그를 잡으러 내려올 것이고 그일라 사람들이 다윗을 사울 손에 붙일 것이라고 하셨다. 그일라 거민은 다윗이 블레셋의 착취에서 그들을 구해주었음에도 불구하고 그를 사울 손에 넘기려 하고 있다.

"다윗과 그의 사람 육백 명 가량이 일어나 그일라를 떠나서 갈 수 있는 곳으로 갔더니 다윗이 그일라에서 피한 것을 혹이 사울에게 고하매 사울이 가기를 그치니라"(13절). 이 때에 다윗을 따르는 자는 육백 명으로 늘어났다(23:13). 이 시점에서 요나단은 잠시 다윗에게 와서 그가 하나님을 힘있게 의지하도록 용기를 주며 네가 반드시 왕이 될 것이라고 말하고서 헤어졌는데 이것이 둘의 마지막 만남이다.

▸ 십으로, 마온 황무지로 가다

19절에서는 십 사람들이 기브아에 가서 사울에게 다윗이 그들과 함께 하길라 산 수풀에 있다고 말해준다. 다윗은 십으로, 마온으로 피하였는데, 이때 사울의 사람들과 매우 근접한 곳에 있어서 가장 위험했던 때이다.

▸ 셀라하마느곳: 사울과 다윗이 갈라진 곳

이때 다윗을 살리려는 하나님의 주권적인 개입이 있다. 블레셋 사람들이 이스라엘을 침노하니 사울 왕에게 급히 오라는 전갈이 온 것이다. 이런 일이 일어나지 않았다면 다윗에게 매우 위험한 상황이 닥칠 뻔했다. "이에 사울이 다윗 쫓기를 그치고 돌아와서 블레셋 사람을 치러 갔으므로 그곳을 셀라하마느곳이라 칭하니라"(28절). '셀라하마느곳'의 뜻은 '갈라놓는 바위', '도망하는 바위(the rock of escape)'이다.

▸ 엔게디 굴에서 다윗이 사울을 살려주다

사울이 블레셋 사람들을 따르다가 돌아오니 어떤 사람이 다윗이 엔게디 황무지에 있다고 알려주었다. "사울이 온 이스라엘에서 택한 사람 삼천을 거느리고 다윗과 그의 사람들을 찾으러 들염소 바위로 갈새"(2절). "길 가 양의 우리에 이른즉 굴이 있는지라 사울이 그 발을 가리우러 들어가니라 다윗과 그의 사람들이 그 굴 깊은 곳에 있더니 다윗의 사람들이 가로되 보소서 여호와께서 당신에게 이르시기를 내가 원수를 네 손에 붙이리니 네 소견에 선한 대로 그에게 행하라 하시더니 이것이 그 날이니이다 다윗이 일어나서 사울의 겉옷자락을 가만히 베니라"(3-4절). 다윗은 자기를 죽이려 하는 사울을 죽일 수 있는 절호의 기회에 죽이지 않고 그의 겉옷 자락만 가만히 베었다. "나의 아버지여 보소서 내 손에 있는 왕의 옷자락을 보소서 내가 왕을 죽이지 아니하고 겉옷자락만 베었은즉 나의 손에 악이나 죄과가 없는 줄을 아실지니이다 왕은 내 생명을 찾아 해하려 하시나 나는 왕에게 범죄한 일이 없나이다"(9-11절) "나의 아버지여 보소서…여호와께서는 나와 왕 사이를 판단하사 나를 위하여 왕에게 보복하시려니와 내 손으로는 왕을 해하지 않겠나이다"(12절).

"다윗이 사울에게 이같이 말하기를 마치매 사울이 가로되 내 아들 다윗아 이것이 네 목소리냐 하고 소리를 높여 울며 다윗에게 이르되 나는 너를 학대하되 너는 나를 선대하니 너는 나보다 의롭도다…보라 나는 네가 반드시 왕이 될 것을 알고 이스라엘 나라가 네 손에 견고히 설 것을 아노니"(16-20절).

▸ 사무엘의 죽음

사무엘 상 25장에 와서 사무엘이 죽는다. "사무엘이 죽으매 온 이스라엘 무리가 모여 그를 애곡하며 라마 그의 집에서 그를 장사한지라 다윗이 일어나 바란 광야로 내려가니라"(1절). 사무엘상은 사무엘이 죽기 전까지는 그가 기록한 것이다. 아직도 위협을 느끼는 다윗은 바란 광야로 간다. 칠십 인 역에서는 바란 광야를 마온 황무지라고 번역했다.

▸ 아비가일 이야기

"마온에 한 사람이 있는데 그 업이 갈멜에 있고 심히 부하여 양이 삼천이요 염소가 일천이므로 그가 갈멜에서 그 양털을 깎고 있었으니 그 사람의 이름은 나발이요 그 아내의 이름은 아비가일이라 그 여자는 총명하고 용모가 아름다우나 남자는 완고하고 행사가 악하며 그는 갈멜 족속이었더라"(2-3절). 여기의 갈멜은 갈멜산을 가리키는 것이 아니고 마온에 있는 작은 마을로서 헤브론에서 가깝다. 이 구절들은 나발이라는 사람의 이야기를 하고 있는데, 나발이란 히브리어로 '어리석은 자, 미련한 자'라는 뜻이다. 그리고 그 아내 이름은 아비가일이며 아주 총명하고 아름다운 여자였다.

다윗은 사람을 보내 나발에게 약간의 식물을 요청했다. 그러나 나발은 다윗의 사환들에게 다윗을 아주 무시하는 말을 하면서 먹을 것과 마실 것 주기를 거절했다. 다윗은 사백 명 가량을 데리고 칼을 차고서 나발을 치러 올라가고 나머지 이백 명은 소유물 곁에 남겨두었다. 나발의 아내 아비가일은 이 소식을 듣고 떡과 포도주, 양 다섯 마리, 건포도, 무화과 등을 나귀에 싣고 가서 다윗 앞에 엎드렸다. "내 주는 이 불량한 사람 나발을 개의치 마옵소서 그 이름이 그에게 적당하니 그 이름이 나발이라 그는 미련한 자니이다…내 주의 생명은 내 주의 하나님 여호와와 함께 생명 싸개 속에 싸였을 것이요…다만 여호와께서 내 주를 후대하신 때에 원컨대 내 주의 여종을 생각하소서"(24-31절). 아비가일은 나중에 다윗이 이스라엘의 지도자로 세워질 때에 이런 나발의 일로 마음에 걸릴 것이 뭐가 있느냐고 하면서 칼을 거두라는 말을 하고 있다.

"다윗이 아비가일에게 이르되 오늘날 너를 보내어 나를 영접케 하신 이스라엘의 하나님 여호와를 찬송할지로다"(32절). 다윗은 즉시 그의 분노를 거두었다. "또 네 지혜를 칭찬할지며 또 네게 복이 있을지로다 오늘날 내가 피를 흘릴 것과 친히 보수하는 것을 네가 막았느니라…네 말을 듣고 네 청을 허락하노라"(33-35절).

"아비가일이 나발에게로 돌아오니 그가 왕의 잔치 같은 잔치를 그 집에 배설하고 대취하여 마음에 기뻐하므로 아비가일이 밝는 아침까지는 다소간 말하지 아니하다가 아침에 나발이 포도주가 깬 후에 그 아내가 그에게 이 일을 고하매 그가 낙담하여 몸이 돌과 같이 되었더니"(36-37절).

"다윗이 아비가일로 자기 아내를 삼으려고 보내어 그에게 말하게 하매…그가 일어나 몸을 굽혀 얼굴을 땅에 대고…주의 여종은 사환들의 발 씻길 종이니다 급히 일어나 나귀를 타고…다윗의 아내가 되니라"(39下-42절). "다윗이 또 이스르엘 아히노암을 취하였더니 그들 두 사람이 자기 아내가 되니라 사울이 그 딸 다윗의 아내 미갈을 갈림에 사는 라이스의 아들 발디에게 주었더라"(43-44절).

▸ 십 광야에서 다윗이 사울을 또 살려주다

"십 사람이 기브아에 와서 사울에게 이르러 가로되 다윗이 광야 앞 하길라 산에 숨지 아니하였나이까"(26:1). 이 십 사람은 지난 번에도 사울에게 다윗의 거처를 알려주었던 사람인데 또 다시 다윗을 배신한다. "사울이 일어나 십 황무지에서 다윗을 찾으려고 이스라엘에서 택한 사람 삼천과 함께 십 황무지로 내려가서 광야 앞 하길라 산길 가에 진 치니라"(2-3절). 다윗은 탐정을 보내어 사울이 과연 온 줄을 알고 부하 아비새를 데리고 사울의 진영을 뚫고 들어가 직접 사울에게 나아갔다. "다윗과 아비새가 밤에 그 백성에게 나아가 본즉 사울이 진 가운데 누워 자고 창은 머리 곁 땅에 꽂혔고 아브넬과 백성들은 그를 둘러 누웠는지라 아비새가 다윗에게 이르되 하나님이 오늘날 당신의 원수를 당신의 손에 붙이셨나이다 그러므로 청하오니 나로 창으로 그를 찔러서 단번에 땅에 꽂게 하소서 내가 그를 두 번 찌를 것이 없으리이다"(7-8절).

"다윗이 아비새에게 이르되 죽이지 말라 누구든지 손을 들어 여호와의 기름 부음을 받은 자를 치면 죄가 없겠느냐…다윗이 사울의 머리 곁에서 창과 물병을 가지고 떠나가되 깨든지 이를 보든지 알든지 하는 사람이 없었으니 이는 여호와께서 그들로 깊이 잠들게 하셨으므로 그들이 다 잠이었더라"(9-12절). 이것이 사울을 죽일 수 있는 두 번째 기회였다. "다윗이 아브넬에게 이르되 네가 용사가 아니냐 이스라엘 중에 너 같은 자가 누구냐 그러한데 네가 어찌하여 네 주 왕을 보호하지 아니하느냐 백성 중 한 사람이 네 주 왕을 죽이려고 들어갔었느니라…왕의 창과 물병이 어디 있나 보라"(13-16절).

사울이 다윗의 음성을 알아듣고 "내 아들 다윗아 이것이 네 음성이냐?"고 했다. 다윗은 이어 사울에게 말하기를, "청컨대 여호와 앞에서 먼 이곳에서 이제 나의 피로 땅에 흐르지 말게 하옵소서 이는 산에서 메추라기를 사냥하는 자와 같이 이스라엘 왕이 한 벼룩을 수색하러 나오셨음이니이다"(20절)라고 했다. 다윗은 자기를 죽이려 하는 원수를 향해 이렇게 애정어린 호소를 하고 있다. "사울이 가로되 내가 범죄하였도다 내 아들 다윗아 돌아오라 네가 오늘 내 생명을 귀중히 여겼은즉 내가 다시는 너를 해하려 하지 아니하리라 내가 어리석은 일을 하였으니 대단히 잘못되었도다"(21절).

"오늘날 왕의 생명을 내가 중히 여긴 것같이 내 생명을 여호와께서 중히 여기셔서 모든 환난에서 나를 구하여 내시기를 바라나이다 사울이 다윗에게 이르되 내 아들 다윗아 네게 복이 있을지로다 네가 큰 일을 행하겠고 반드시 승리를 얻으리라 하니라 다윗은 자기 길로 가고 사울은 자기 곳으로 돌아가니라"(24-25절).

▸ 다윗이 블레셋 가드 왕 아기스에게 피하다

여기서 다윗은 다시 사울의 손을 피해 도망한다. 사울은 다윗의 행동을 보고 한 순간 감동해서 좋은 말을 했지만 그가 진실로 회개한 것은 아니라는 것을 다윗은 이미 알고 있다. 다윗은 그가 후에 사울의 손에 죽게 될 것이라고 생각했으며 사울이 자기를 잡으려고 이스라엘 방방곡곡을 이 잡듯 뒤질 것을 알고 있었다. 그래서 이스라엘 지경을 벗어나고자 한 것이다. 흠정역에는 '빨리(quickly)'라는 말이 들어 있다. "블레셋 사람의 땅으로 빨리 피하여 들어가는 것이 상책이로다".

"일어나 함께 있는 육백 인으로 더불어 가드 왕 마옥의 아들 아기스에게로 건너가니라 다윗과 그의 사람들이 각기 가족을 거느리고 가드에서 아기스와 동거하였는데 다윗이 그 두 아내 이스르엘 여자 아히노암과 나발의 아내 되었던 갈멜 여자 아비가일과 함께하였더니 다윗이 가드에 도망한 것을 혹이 사울에게 고하매 사울이 다시는 그를 수색하지 아니하니라"(2-4절). 이 시점에서 사울은 다윗 쫓기를 그친다. 그 후로 사울과 다윗은 더 이상 마주치는 일이 없고 사울은 결국 길보아 전투에서 죽는다.

블레셋 가드 왕 아기스는 다윗에게 시글락이라는 성읍을 주어 거하게 했고, 다윗은 거기서 일 년 사 개월을 있었다. 다윗은 아기스에게 적당하게 거짓말하고 처신을 잘 함으로써 자신을 보호하고 있었다.

◊ 28-31장: 사울과 요나단이 길보아 전투에서 전사하다

▸ 블레셋이 이스라엘을 치려 하는 고로 다윗이 곤란한 처지에 놓이다

당시 이스라엘 나라에는 분란이 있었고 이 때문에 이스라엘의 위대한 장군 다윗이 사울을 피해 이스라엘의 대적인 블레셋 땅에 머물고 있었는데, 그 기회를 틈타 블레셋 사람들은 이스라엘을 치려고 군대를 모집했다(28:1). 그리고 다윗에게도 이스라엘 공격에 함께 출정할 것을 제의했다. 이때 다윗의 대답은 어정쩡하고 모호했다.

사울은 온 이스라엘을 모아 길보아에 진을 쳤다. 길보아는 이스라엘이 때때로 외적들과 싸움을 벌였던 전투 지역이다. 이 길보아 전투에서 사울과 요나단이 죽게 된다. "사울이 블레셋 사람의 군대를 보고 두려워서 그 마음이 크게 떨린지라"(5절). 사람은 자신이 최대 위기에 처했을 때 그 속에서 아는 어떤 두려움이 있는 법이다.

▸ 사울이 신접한 여인을 찾아 사무엘의 혼령을 불러올리다

"사울이 여호와께 묻자오되 여호와께서 꿈으로도, 우림으로도, 선지자로도 그에게 대답지 아니하시므로"(5절). 이때는 이미 사울에게서 기름 부음이 떠났다. 그리고 이 구절에서는 사울이 여호와께 물었다고 했지만 역대 상 10장 13-14절을 보면 그가 여호와께 묻지 않았다고 말한다. 이때 사울이 물은 것은 묻지 않은 것이나 다름없는 식의 물음이었던 것이다.

사무엘이 죽었는데 블레셋이 쳐들어오고 다급한 상황이 되자 사울은 죽은 사무엘이라도 불러올려서 물어보아야겠다는 생각이 들어 신접한 여인을 찾아갔다. 불려올린 사무엘이 말한다. "여호와께서 나라를 네 손에서 떼어 네 이웃 다윗에게 주셨느니라 여호와께서 이스라엘을 너와 함께 블레셋 사람의 손에 붙이시리니 내일 너와 네 아들들이 나와 함께 있으리라"(17-18절). 이 말대로 사울은 다음 날 죽었다. "사울이 갑자기 땅에 온전히 엎드러지니 이는 사무엘의 말을 인하여 심히 두려워함이요 또 그 기력이 진하였으니 이는 그가 종일 종야에 식물을 먹지 못하였음이라"(20절). 그러자 신접한 여인이 도리어 심히 고통하는 사울을 동정하여 집에 있던 살진 송아지를 급히 잡고 떡을 구워 먹게 했으며, 사울과 그 신하들은 그것을 먹고 일어나서 그 밤에 돌아갔다.

▸ 블레셋과 이스라엘의 전투 및 아말렉의 시글락 침탈

29장에서 블레셋 사람들은 그 모든 군대를 아벡에 모으고 이스라엘을 치려 하였고 다윗도 전장에 함께 나가겠다고 하였으나 블레셋 장관들이 다윗을 위험 인물로 간주하여 전쟁에 나가지 못한다. 아기스는 다윗에게 돌이켜 평안히 가라고 했다. 다윗은 아기스에게 속에 없는 말을 하면서(8절) 시글락으로 돌아갔다.

30장에서는 "다윗과 그의 사람들이 제 삼일에 시글락에 이를 때에 아말렉 사람들이 이미 남방과 시글락을 침노하였는데 그들이 시글락을 쳐서 불사르고 거기 있는 대소 여인들을 하나도 죽이지 아니하고 다 사로잡아 끌고 자기 길을 갔더라"(1-2절)고 한다.

다윗과 그의 사람들이 성에 돌아오니 성이 불탔고 자기들의 아내와 자녀들이 사로잡혀간 것이었다. 그들은 울 기력이 없도록 소리를 높여 울었다(3-4절). "(다윗의 두 아내 이스르엘 여인 아히노암과 갈멜 사람 나발의 아내 되었던 아비가일도 사로잡혔더라) 백성이 각기 자녀들을 위하여 마음이 슬퍼서 다윗을 돌로 치자 하니 다윗이 크게 군급하였으나 그 하나님 여호와를 힘입고 용기를 얻었더라"(5-6절).

"이에 다윗과 그와 함께한 육백 명이 가서 브솔 시내에 이르러는 뒤떨어진 자를 거기 머물렀으되 곧 피곤하여 브솔 시내를 건너지 못하는 이백 인을 머물렀고 다윗은 사백 인을 거느리고 쫓아가니라"(9-10절). 무리가 며칠간 먹지 못하여 정신을 차리지 못하는 애굽 사람을 다윗에게 데려와서 떡을 주고 물을 주고 무화과와 건포도를 주었는데, 결국 이 애굽 소년 때문에 다윗은 아말렉을 쳐부술 길을 얻었다. "다윗이 아말렉 사람의 취하였던 모든 것을 도로 찾고 그 두 아내를 구원하였고 그들의 탈취하였던 것 곧 무리의 자녀들이나 빼앗겼던 것의 대소를 물론하고 아무 것도 잃은 것이 없이 다윗이 도로 찾아왔고 또 양떼와 소떼를 다 탈취하였더니 무리가 그 가축 앞에 몰고 가며 가로되 이는 다윗의 탈취한 것이라 하였더라"(18-20절).

피곤해서 싸우러 가지 못한 이백 명에게도 탈취물을 공평하게 배분해주었다. 다윗과 함께 갔던 어떤 비류들이 함께 가지 않은 사람들에게는 도로 찾은 물건을 주지 말라고 하자 다윗은, "전장에 내려갔던 자의 분깃이나 소유물 곁에 머물렀던 자의 분깃이 일반일지니 같이 분배할 것이니라 하고 그 날부터 다윗이 이것으로 이스라엘의 율례와 규례를 삼았더니…또한 탈취물을 그 친구 유다 장로들에게 보내어 가로되 보라 여호와의 원수에게서 탈취한 것을 너희에게 선사하노라 하고"(24-26절).

▸ 사울과 요나단의 죽음

사무엘 상 마지막 장(31장)에는 사울과 요나단의 죽음이 기록되어 있다. "블레셋 사람이 이스라엘을 치매 이스라엘 사람들이 블레셋 사람 앞에서 도망하여 길보아 산에서 엎드러져 죽으니라 블레셋 사람들이 사울과 그 아들들을 쫓아 미쳐서 사울의 아들 요나단과 아비나답과 말기수아를 죽이니라"(1-2절).

"사울이 패전하매 활 쏘는 자가 따라 미치니 사울이 그 활 쏘는 자를 인하여 중상한 지라"(3절). 사울이 패전해서 도망할 때 블레셋 군의 활 쏘는 자가 따라가서 활을 당긴 것이다. "그가 병기 든 자에게 이르되 네 칼을 빼어 나를 찌르라 할례 없는 자들이 와서 나를 찌르고 모욕할까 두려워하노라 하나 병기 든 자가 심히 두려워하여 즐겨 행치 아니하는지라 이에 사울이 자기 칼을 취하고 그 위에 엎드러지매"(4절).

"사울과 그 세 아들과 병기 든 자와 그의 모든 사람이 다 그 날에 함께 죽었더라"(31:6). 이스라엘은 완전히 패했고 블레셋 사람들이 이스라엘의 많은 지경을 정복하고 거기 거했다. "그 이튿날 블레셋 사람들이 죽은 자를 벗기러 왔다가 사울과 그 세 아들이 길보아 산에서 죽은 것을 보고 사울의 머리를 베고 그 갑옷을 벗기고 자기들의 신당과 백성에게 전파하기 위하여 그것을 블레셋 사람의 땅 사방에 보내고"(8-9절). 블레셋 사람들이 사울의 머리를 베어 이 도시 저 도시에 전시하고 다녔다.

"사울의 머리를 베고 갑옷은 아스다롯의 집에 두고 그 시체는 벧산 성벽에 못 박으매". 블레셋 사람들은 머리가 없는 사울의 시체를 성벽에 못 박은 것이다. "길르앗 야베스 거민들이 블레셋 사람들의 사울에게 행한 일을 듣고 모든 장사가 일어나 밤새도록 가서 사울과 그 아들들의 시체를 벧산 성벽에서 취하여 가지고 야베스에 돌아와서 거기서 불사르고 그 뼈를 가져다가 야베스 에셀 나무 아래 장사하고 칠 일을 금식하였더라"(11-13절).

사무엘 하

주요 내용 다윗이 결국 왕위에 오르고 그의 치세를 기록한다. 성공도 있고 실패도 있다. 예루살렘으로 천도하고 여러 전쟁에서 승리한 일, 언약궤를 왕궁 가까이 장막으로 모셔온 일, 성전을 건축할 뜻을 세움, 후반은 다윗의 끔찍한 죄를 범한 이야기와 하나님의 징계를 받은 이야기가 기록되었다. 다윗의 이스라엘 왕국 건립(1-7장)과 다윗 왕국의 번성(8-10장), 다윗 시대의 몇 가지 사건과 노래와 축복(21-24장)이 기록되어 있다

◊ 1-7장: 다윗 왕국이 세워지다

▸ 사울과 요나단의 죽음에 대한 다윗의 애가

1장에서는 아말렉을 도륙하고 시글락에 이틀 정도 머물고 있던 다윗에게 한 아말렉 젊은이가 찾아와서 자기가 사울을 죽였다고 보고하였는데(1–10절), 다윗은 자신의 옷을 찢으며 사울과 요나단의 죽음을 인하여 애통해하였다. 그리고 그 아말렉 청년의 신분을 물은 뒤 아말렉 사람이라는 것을 확인하고 여호와의 기름부음 받은 자를 죽인 죄를 물어 처형해 버렸다. "다윗이 이 슬픈 노래로 사울과 그 아들 요나단을 조상하고 명하여 그것을 유다 족속에게 가르치라 하였으니 곧 활 노래라 야살의 책에 기록되었으되 이스라엘아 너의 영광이 산 위에서 죽임을 당하였도다 오호라 두 용사가 엎드러졌도다"(18–19절). "사울과 요나단이 생전에 사랑스럽고 아름다운 자러니 죽을 때에도 서로 떠나지 아니하였도다…"(23절). 다윗의 눈에는 생전에 그들이 아름답게 보였다.

▸ 다윗이 헤브론에서 왕이 되다

2장에서 다윗은 이제 어떻게 해야 할지를 주님께 묻는다. "그 후에 다윗이 여호와께 물어 가로되 내가 유다 한 성으로 올라가리이까 여호와께서 가라사대 올라가라 다윗이 가로되 어디로 가리이까 가라사대 헤브론으로 갈지니라"(1절). "다윗이 그 두 아내 이스르엘 여인 아히노암과 갈멜 사람 나발의 아내 되었던 아비가일을 데리고 그리로 올라갈 때에 또 자기와 함께한 종자들과 그들의 권속들을 다 데리고 올라가서 헤브론 각 성에 거하게 하니라"(2–3절). 헤브론에 오자 유다 사람들이 다윗을 왕으로 삼았다. 다윗은 사울을 잘 장사 지내준 길르앗 야베스 사람들을 칭찬하였다.

▸ **사울의 군장 아브넬이 마하나임으로 건너가 사울의 아들 이스보셋을 왕으로 삼다**

"사울의 군장 넬의 아들 아브넬이 이미 사울의 아들 이스보셋을 데리고 마하나임으로 건너가서 길르앗과 아술과 이스르엘과 에브라임과 베냐민과 온 이스라엘의 왕을 삼았더라"(8-9절). 이렇게 해서 다윗은 헤브론에서 7년 6개월 간 유다 족속만의 왕이 되었다(10-11절).

▸ **아브넬의 신복들과 다윗의 군장들 각 열두 명이 기브온에서 결전을 벌이다**

"넬의 아들 아브넬과 사울의 아들 이스보셋의 신복들은 마하나임에서 나와서 기브온에 이르고 스루야의 아들 요압과 다윗의 신복들도 나와서 기브온 못가에서 저희를 만나 앉으니 이는 못 이편이요 저는 못 저편이라"(12-13절). 사울의 군장은 아브넬이고, 다윗의 군장은 스루야의 아들 요압이다. 스루야는 다윗의 여동생이며 스루야의 아들들은 아비새와 요압과 아사헬, 삼형제이다. "각기 적수의 머리를 잡고 칼로 적수의 옆구리를 찌르매 일제히 쓰러진지라 그러므로 그곳을 헬갓핫수림이라 일컬었으며 기브온에 있더라"(16절). 그곳에서 양편에서 열두 명씩나와 붙었는데 스물네 명이 다 죽었다.

▸ **아사헬이 죽다**

그날에 싸움이 심히 맹렬하였는데, 아사헬은 발이 빠른 고로 무리하게 아브넬을 쫓아가 죽이려고 하였다. 결국 아사헬은 아브넬에게 죽임을 당하는데, 이 일이 또 다른 비극을 가져와 아사헬의 형 요압이 아브넬을 죽이게 된다. 이 일로 아사헬을 포함하여 다윗의 신복들 이십 명이 죽었고, 베냐민과 아브넬에게 속한 자들 삼백육십 명이 죽었다.

▸ **사울의 집이 점점 약화되다**

3장에서는 앞에 기술한 기브온 결전을 계기로 사울의 집과 다윗의 집 사이의 전쟁이 계속되었음을 암시하는데, 시간이 가면서 사울의 집의 세력이 점점 약화되었다고 말한다. "사울의 집과 다윗의 집 사이에 전쟁이 오래매 다윗은 점점 강하여가고 사울의 집은 점점 약하여가니라"(1절).

▸ **다윗의 아내와 자녀들**

다윗이 헤브론에 와서 안착하자 아들들이 태어나기 시작했다. 다윗에게는 아내가 여럿 있는데, 아히노암, 아비가엘, 마아가, 학깃, 아비달, 에글라 등이다. 그 아내들에게서 각각 아들이 하나씩 태어났는데 그 아들들 중에 별로 좋은 사람이 없다. 암논은 패륜아이고 압살롬은 반역자이다. 아도니야라는 아들도 솔로몬 때 결국 반역을 하게 된다.

▸ 아브넬이 이스보셋을 배신하고 다윗에게 나라를 돌리다

이 때 쯤 아브넬과 이스보셋의 사이가 벌어지는 사건이 발생한다. 아브넬 장군이 사울의 첩 리스바와 통간한 사건을 이스보셋 왕이 지적하자 아브넬이 분을 낸 것이다. 아브넬은 자기가 왕으로 세운 이스보셋을 배신하고 다윗에게 나라를 돌리기로 하고 헤브론에 있는 다윗에게로 가서 융숭한 대접을 받고 돌아갔다.

▸ 아브넬의 죽음

요압은 그 사이에 전쟁을 치르고 돌아와서 아브넬이 다윗과 독대를 하고 잔치를 벌이고 성대한 접대를 받았다는 소식을 듣고 다윗에게 '그 사람은 당신을 정탐하러 온 것인데 왜 그냥 보냈느냐?'면서 다윗에게 따진 후, 다윗 모르게 사자들을 보내어 아브넬을 유인해 성문에서 죽여 버렸다. 다윗은 아브넬을 위해 애가를 지어 조상했으며, 백성들은 아브넬을 죽인 것이 다윗이 아님을 알고 다윗이 무슨 일을 하든지 기뻐했다. 다윗은 스루야의 아들들(요압 포함)을 제어하기가 너무 어렵다고 탄식한다.

▸ 이스보셋의 죽음

이스보셋은 그의 군장 아브넬이 죽자 아무런 힘도 없게 되었다. 이스보셋의 장군들 중에 두어 명(베냐민 사람, 바아나와 레갑)이 기회를 보아 이스보셋을 살해하고 그 머리를 다윗에게 가지고 가서 항복했으나 도리어 다윗에게 죽임을 당했다. 다윗은 그들을 죽여 수족을 베고 헤브론 못가에 매어달라 명하고, 이스보셋의 머리를 가져다가 헤브론에서 아브넬의 무덤에 장사지내게 했다.

▸ 다윗이 요나단의 아들 므비보셋을 돌보다

사울의 아들 요나단에게 므비보셋이라는 아들이 하나 있었다. 그의 유모가 안고서 급히 도망하다가 다섯 살 된 아이를 떨어뜨리는 바람에 절름발이가 된 것이다. 다윗은 왕이 된 후에 요나단과의 우정을 생각해서 요나단의 아들 므비보셋을 잘 대해 주었다. 므비보셋의 이야기는 16장에 자세히 기록되어 있다.

▸ **다윗이 비로소 온 이스라엘의 왕이 되다**

5장에는 온 이스라엘이 헤브론에 이르러 다윗을 왕으로 삼는 장면이 나온다(5:1-3). 다윗은 이미 왕이지만 사울이 죽은 지 칠 년이 지나서야 비로소 이스라엘 전체의 왕이 되었다. 골리앗을 죽인 때로부터 십여 년이 지나서야 왕이 된 것이다. 그 동안 그는 계속 도망 다니면서 환난을 당했다. 원래 다윗은 사무엘에게 기름 부음을 받았는데 이 시점에서야 온 이스라엘에게 기름 부음을 받았다.

▸ **다윗이 예루살렘을 여부스 사람들의 손에서 탈취하고 헤브론에서 천도하다**

"다윗이 삼십 세에 위에 나아가서 사십 년을 다스렸으되 헤브론에서 칠 년 육 개월 동안 유다를 다스렸고 예루살렘에서 삼십삼 년 동안 온 이스라엘과 유다를 다스렸더라"(5:4-5).

5장 6-10절은 다윗이 예루살렘을 탈취한 이야기를 다루고 있다. 예루살렘 성은 요새이다. 다윗은 원래 헤브론에서 다스렸는데 이제 수도를 예루살렘으로 옮겨서 예루살렘 시온 산성을 다윗 성으로 만들려고 전쟁을 한다.

"두로 왕 히람이 다윗에게 사자들과 백향목과 목수와 석수를 보내매 저희가 다윗을 위하여 집을 지으니 다윗이 여호와께서 자기를 세우사 이스라엘 왕을 삼으신 것과 그 백성 이스라엘을 위하여 그 나라를 높이신 것을 아니라"(11-12절). 이때서야 다윗이 여호와께서 자기를 이스라엘 왕으로 세우신 것과 그 나라를 높이신 것을 알았다는 것이다. 13절부터 16절까지는 다윗이 예루살렘에서 처첩들을 더 취하여 아들과 딸들을 많이 낳았다고 말한다. 여기에 나단과 솔로몬도 포함된다.

▸ **블레셋이 다윗이 왕이 되었다 함을 듣고 쳐들어오다**

"이스라엘이 다윗에게 기름을 부어 이스라엘 왕을 삼았다 함을 블레셋 사람이 듣고 다윗을 찾으러 다 올라오매 다윗이 듣고 요해처로 나가니라"(17절). 요해처란 요새이다. 블레셋은 다윗이 어려울 때 피신했던 나라인데, 이때 다윗은 여호와께 묻고 주님의 지시를 받아 싸웠고, 하나님께서 물을 흩음같이 그의 대적을 그 앞에서 흩으셨다 해서 그곳 이름을 바알브라심이라고 했다. 그들은 패한 후 다시 쳐들어왔으나 다윗은 하나님께 기도하여 뽕나무 수풀 맞은편에서 엄습하라는 지시를 받고 블레셋 군대를 쳐서 큰 승리를 거두었다(24-25절).

▸ 다윗이 언약궤를 기랏여아림에서 모셔오다

6장에서는 다윗이 언약궤를 다윗 성으로 모셔오는 것을 본다. 엘리 제사장 아래서 언약궤를 빼앗긴 이래로 언약궤는 이곳저곳으로 옮겨다니다가 기랏여아림의 아비나답의 집으로 들어갔는데, 사무엘 시대와 사울 시대를 거쳐서 다윗이 왕이 되어 다윗 성으로 모셔오기까지 거의 칠십 년을 거기 머물렀다.

▸ 다윗이 이스라엘에서 뺀 무리 삼만을 다시 모으다

"저희가 산에 있는 아비나답의 집에서 하나님의 궤를 싣고 나올 때에 아효는 궤 앞에서 행하고 다윗과 이스라엘 온 족속이 잣나무로 만든 여러 가지 악기와 수금과 비파와 소고와 양금과 제금으로 여호와 앞에서 주악하더라"(4-5절). 그들은 여러 가지 악기로 여호와 앞에서 주악하며 언약궤를 모셔오는데 저희가 나곤의 타작마당에 이르러서 소들이 뛰므로 웃사가 손을 들어 하나님의 궤를 붙들었는데 여호와 하나님이 웃사의 잘못함을 인하여 진노하사 저를 그곳에서 치시니 지가 거기 하나님의 궤 곁에서 죽었다(6-7절). 그 때 다윗은 삼만이라는 수를 동원해서 예를 다하여 궤를 모셔오려 했지만 율법의 규례대로 메지 않고 수레에 모신 것이다. "여호와께서 웃사를 충돌하시므로 다윗이 분하여 그곳을 베레스웃사라 칭하니 그 이름이 오늘까지 이르니라"(8절).

▸ 언약궤가 오벳에돔의 집으로 가다

"다윗이 그 날에 여호와를 두려워하여 가로되 여호와의 궤가 어찌 내게로 오리요 하고 여호와의 궤를 옮겨 다윗 성 자기에게로 메어 가기를 즐겨하지 아니하고 치우쳐 가드 사람 오벧에돔의 집으로 메어 간지라 여호와의 궤가 가드 사람 오벧에돔의 집에 석 달을 있었는데 여호와께서 오벧에돔과 그 온 집에 복을 주시니라"(9-11절). 이 오벧에돔은 언약궤를 모심으로써 복을 받은 사람이다.

▸ 하나님의 궤를 메어 다윗 성으로 모시다

"혹이 다윗 왕에게 고하여 가로되 여호와께서 하나님의 궤를 인하여 오벧에돔의 집과 그 모든 소유에 복을 주셨다 한지라 다윗이 가서 하나님의 궤를 기쁨으로 메고 오벧에돔의 집에서 다윗 성으로 올라갈새 여호와의 궤를 멘 사람들이 여섯 걸음을 행하매 다윗이 소와 살진 것으로 제사를 드리고 여호와 앞에서 힘을 다하여 춤을 추는데 때에 베 에봇을 입었더라 다윗과 온 이스라엘 족속이 즐거이 부르며 나팔을 불고 여호와의 궤를 메어 오니라"(12-14절).

▸ **여호와의 궤가 다윗 성으로 들어올 때에 다윗이 기뻐 뛰놀며 춤추다**

"여호와의 궤가 다윗 성으로 들어올 때에 사울의 딸 미갈이 창으로 내다보다가 다윗 왕이 여호와 앞에서 뛰놀며 춤추는 것을 보고 심중에 저를 업신여기니라"(16절). 다윗의 첫 번째 처이자 사울의 딸인 미갈은 춤을 추며 기뻐하는 다윗을 심중에 멸시했고 다윗을 맞으면서 그의 행동에 대해 비아냥거리며 말했다. 다윗은 이 모두가 여호와 앞에서 한 것이라고 하면서 '내가 이보다 더 낮아져서 스스로 천하게 보일지라도 너에게는 내가 높임을 받을 것이라' 하였고, 미갈은 죽는 날까지 자식이 없었다(20-21절).

▸ **다윗이 여호와의 궤를 위하여 성전을 건축할 소원을 품다**

7장 1절에 와서 다윗은 사방의 모든 대적을 파하고 왕궁에 평안히 거하게 되었다. 이 왕궁은 두로 사람들이 와서 지어준 것이다(5:11). 이때 다윗이 "나는 백향목 궁에 거하거늘 하나님의 궤는 휘장 가운데 있도다" 하면서 하나님의 집을 짓고자 하는 갈망을 피력하자 선지자 나단도 좋은 뜻이라고 했는데, 하나님께서 밤에 나단에게 나타나 말씀하셨다. 역대 상 17장 4절을 보면 "가서 내 종 다윗에게 말하기를 여호와의 말씀이 너는 나의 거할 집을 건축하지 말라"는 말씀이 있다. 하나님께서는 그에게서 날 자(솔로몬)를 통해서 전을 건축할 것이라고 하시면서 예수 그리스도에 대한 예언의 말씀을 하셨다. 13절의 "그 나라 위를 영원히 견고케 하리라"는 말씀과 16절의 "네 집과 네 나라가 내 앞에서 영원히 보전되고"라는 말씀 등은 다 그리스도에게서 이루어지는 예언이다.

◊ 8-10장: 다윗 왕국이 번영하다

▸ **블레셋의 주요 도시 정복**

"이 후에 다윗이 블레셋 사람을 쳐서 항복받고 블레셋 사람의 손에서 메덱암마를 빼앗으니라"(1절). 사무엘 하 8장, 9장, 10장에서 우리는 주로 다윗이 블레셋과 이웃 나라들을 쳐서 항복시키는 것을 보게 된다. 즉 8장에서부터 다윗의 전쟁사가 나온다. 당시 블레셋은 수도가 없고 다섯 개의 큰 도시로 이루어진 도시 국가였는데, 그 중 수도 역할을 했던 곳이 가드였다. 대적에게 전략적이던 도시가 이제 이스라엘에게 돌아왔는데, 이러한 도시는 이스라엘에게도 전략적인 곳이 된다.

▸ **모압을 쳐서 복종시키다**

"다윗이 또 모압을 쳐서 저희로 땅에 엎드리게 하고 줄로 재어 그 두 줄 길이의 사람은 죽이고 한 줄 길이의 사람은 살리니 모압 사람이 다윗의 종이 되어 조공을 바치니라"(2절). 다윗은 모압에게도 신세를 진 적이 있다. 도망 다니던 때에 자기 부모를 모압 왕에게 부탁했던 것이다. 다윗은 사울에게 쫓겨다닐 때 블레셋한테도 신세를 지고 모압한테도 신세를 졌지만 일단 왕이 되자 다 쳐서 굴복시켰다.

▸ **소바 왕 하닷에셀을 쳐서 정복하다**

"르홉의 아들 소바 왕 하닷에셀이 자기 권세를 회복하려고 유브라데 강으로 갈 때에 다윗이 저를 쳐서 그 마병 일천 칠백과 보병 이만을 사로잡고 병거 일백 승의 말만 남기고 그 외의 병거의 말은 다 발의 힘줄을 끊었더니 다메섹 아람 사람들이 소바 왕 하닷에셀을 도우러 온지라 다윗이 아람 사람 이만 이천을 죽이고"(3-5절). 이웃 나라 다메섹에 있는 아람 사람들이 소바 왕 하닷에셀을 도우러 왔을 때 다윗이 아람 사람 이만 이천을 죽였다.

▸ **다윗이 아람에 수비대를 두고 아람 사람으로 조공을 바치게 하다**

"다메섹 아람에 수비대를 두매 아람 사람이 다윗의 종이 되어 조공을 바치니라 다윗이 어디를 가든지 여호와께서 이기게 하시니라"(6절). 이 지점에 이르렀을 때에 다윗은 누구와 싸우든지 항상 이겼다. "다윗이 하닷에셀의 신복들의 가진 금방패를 빼앗아 예루살렘으로 가져오고 또 하닷에셀의 고을 베다와 베로대에서 매우 많은 놋을 빼앗으니라"(7-8절). 다윗이 이렇게 한 것은 결국 예루살렘 성전을 건축하기 위한 재료들을 모으는 것이었다.

▸ **하맛 왕 도이가 다윗에게 아들 요람을 보내서 문안하고 축복하다**

하맛 왕 도이는 하닷에셀과 전쟁을 하고 있는 터에 다윗이 하닷에셀의 온 군대를 쳐서 파하자 아들 요람을 보내어 다윗을 문안하고 축복하게 하고 그와 함께 금, 은, 놋 그릇들을 보냈다. 열왕기 상 7장 48절부터 보면 이 모든 은, 금, 놋그릇들은 솔로몬이 성전을 건축할 때 그 재료들이 되었다(8:11-12). 다윗은 전쟁에서 싸워 이길 뿐 아니라 노획물로 얻은 모든 금, 은, 놋을 다 여호와께 드렸다.

▸ 에돔을 쳐서 승리하고 그곳에 수비대를 두다

이때 다윗은 또 에돔을 쳐서 승리하고 명예를 얻었다. 에돔을 이겼을 때에 비로소 다른 나라에서도 다윗의 명성이 높아진 것이다. "다윗이 에돔에 수비대를 두되 온 에돔에 수비대를 두니 에돔 사람이 다 다윗의 종이 되니라 다윗이 어디를 가든지 여호와께서 이기게 하셨더라"(14절).

▸ 다윗의 통치와 권력 구조

"다윗이 온 이스라엘을 다스려 모든 백성에게 공과 의를 행할새"(15절). 이것이 사울과 많이 다른 점이다. 사울은 이스라엘을 공(公)과 의(義)로 다스리지 못했다. 그렇지만 다윗은 합당한 왕으로서 이스라엘 백성들에게 있는 갖가지 어려움을 그들의 상황에 따라 공정하게 재판해 주고 율법에 입각하여, 즉 의로 다스렸다. "스루야의 아들 요압은 군대장관이 되고…여호야다의 아들 브나야는 그렛 사람과 블렛 사람을 관할하고 다윗의 아들들은 대신이 되니라"(16-18절). 다윗은 많은 사람들을 적재적소에 임용하여 나라를 다스렸다. 그것도 많은 고난과 어려움을 겪는 과정에서 충분히 시험을 거친 인재들이 있었기 때문에 가능했다.

▸ 다윗이 요나단의 아들 므비보셋을 배려하다

요나단과 사울이 죽은 후로 십칠팔 년 정도가 흐른 후, 다윗은 왕이 되어 좀 안정되자 사랑하는 친구 요나단을 생각하면서 사울의 집에 남은 사람이 있느냐고 물었다. 시바라는 사울의 종이 불려와서 요나단의 아들 하나가 있는데 절뚝발이로서 요단 강 동편 길르앗 땅, 로드발이라는 곳에 있는 암미엘의 아들 마길의 집에 있다고 했다. 그곳은 르우벤 지파와 갓 지파와 므낫세 반 지파가 얻은 땅이었고, '로드발'은 '풀이 나지 않는 황무지'를 뜻한다.

9장 7절을 보면 다윗은 요나단의 아들 므비모셋을 왕자처럼 늘 다윗의 상에서 먹게 했다. 시바는 사울의 사환이면서 얼마나 부정축재를 많이 했는지 아들이 열다섯이고 종이 스물이나 되었다. 그런데 그 시바더러 므비보셋을 공궤하라고 한 것이다. 이 시바는 후에 다윗 앞에서 므비보셋을 모함하여 다윗이 므비보셋에게 준 소유를 다 빼앗았다.

▸ 암몬에 대한 이야기

우리는 사무엘 상 11장에서 사울이 암몬을 친 것을 보게 되는데 나하스가 암몬 왕이었을 때이다. 우리는 기록에서 나하스가 언제 다윗에게 은총을 베풀었는지는 발견할 수 없지만 이 말씀을 볼 때 다윗이 어려움에 처했을 때 그가 도와주었던 것이 분명하다. 나하스가 죽고 그의 아들 하눈이 왕이 되자 나하스의 부고를 받은 다윗은 그의 아들 하눈에게 은총을 베풀고자 하여 신복들을 보내서 그 아비의 죽은 것을 조상하게 했다. 그런데 암몬 왕 하눈은 다윗의 조문 사절을 스파이로 여겨 수염 절반을 깎고 의복도 중동볼기까지 잘라 돌려보냈다. 다윗은 진노하여 요압과 아비새를 장군으로 하여 암몬을 정복하게 한다. 암몬과 용병 아람은 대패하였고 다윗에게 복종하여 조공을 바쳤다.

◊ 11-20장: 다윗의 범죄와 그 결과

▸ 다윗의 범죄

사무엘 하 11장은 10장에 있는 암몬과의 전쟁의 연속이다. 11장에서 해가 바뀌자 암몬은 남은 군대를 데리고 다시 쳐들어온다. 그때에 다윗은 요압과 그 신복들과 이스라엘 군대를 보내었고 이들은 암몬 자손의 수도였던 랍바라는 성을 에워싸고 전쟁을 벌였다. 이때 다윗은 전쟁에 나가지 않고 예루살렘에 머물러 있었는데, 그의 나이가 아마도 오십은 넘었을 것으로 추산된다.

아마도 다윗은 낮에 쉬고 있다가 저녁 무렵에 침상에서 일어나 지붕 위를 거닐었는데, 거기서 한 아름다운 여인이 목욕하는 것을 보게 된다. "다윗이 보내어 그 여인을 알아보게 하였더니 고하되 그는 엘리암의 딸이요 헷 사람 우리아의 아내 밧세바가 아니니이까"(3절). 우리아는 다윗의 충성스런 장군 스물아홉 중 하나였다. 그러나 다윗은 자기의 욕정을 채우기 위해 끝내 그 여자를 데려오게 했다. "다윗이 사자를 보내어 저를 자기에게로 데려오게 하고 저가 그 부정함을 깨끗케 하였으므로 더불어 동침하매 저가 자기 집으로 돌아가니라 여인이 잉태하매 보내어 다윗에게 고하여 가로되 내가 잉태하였나이다 하니라"(5절).

▸ 다윗이 간음을 은폐하려 하다가 통하지 않자 우리아를 맹렬한 전장에 내보내어 죽게 하다

다윗은 우리아 장군을 전장에서 불러 전황을 묻는 척하고 환대를 하여 집으로 보냈으나 그는 충성된 마음으로 결코 집으로 들어가지 않았다. "다윗이 우리아에게 이르되 오늘도 여기 있으라 내일은 내가 너를 보내리라 우리아가 그 날에 예루살렘에 유하니라 이튿날 다윗이 저를 불러서 저로 그 앞에서 먹고 마시고 취하게 하니 저녁 때에 저가 나가서 그 주의 신복으로 더불어 침상에 눕고 그 집으로 내려가지 아니하니라"(12-13절). 결국 다윗은 요압을 시켜 우리아를 맹렬한 전장에 내보내 전사하게 한다. 다윗은 끔찍하게도 간음과 살인을 저지른 것이다. 우리아의 처 밧세바는 남편의 죽음을 듣고 호곡하였다고 기록한다. "그 장사를 마치매 다윗이 보내어 저를 궁으로 데려오니 저가 그 처가 되어 아들을 낳으니라 다윗의 소위가 여호와 보시기에 악하였더라"(27절).

▸ 여호와께서 나단 선지자를 보내어 다윗을 책망하시다

12장에서는 여호와께서 다윗에게 나단 선지자를 보내어 죄를 책망하신다. 선지자 나단은 직접적으로 다윗의 죄를 지적하기 전에 먼저 한 가지 비유를 들려준다. 한 성에 두 사람이 있는데 하나는 부하고 하나는 가난하니 그 부한 자는 양과 소가 심히 많으나 가난한 자는 아무 것도 없고 자기가 사서 기르는 작은 암양 새끼뿐이었다. 그는 그 암양 새끼를 애지중지하며 딸처럼 여겼다. 그런데 이 부자한테 어떤 행인이 오자 그는 자기의 많은 양과 소 중에 하나를 잡지 않고 가난한 자의 하나밖에 없는 암양을 빼앗아다가 자기에게 온 사람을 위해 잡았다. 나단이 여기까지 이야기하자, "다윗이 그 사람을 크게 노하여 나단에게 이르되 여호와의 사심을 가리켜 맹세하노니 이 일을 행한 사람은 마땅히 죽을 자라"(5절). 그때 하나님이 보내신 선지자 나단은 직선적으로 다윗에게 말했다. "당신이 그 사람이라".

▸ 다윗에 대한 하나님의 징계

"이제 네가 나를 업신여기고 헷 사람 우리아의 처를 빼앗아 네 처를 삼았은즉 칼이 네 집에 영영히 떠나지 아니하리라 하셨고"(10절). 9절에서는 '말씀'을 업신여긴 것이라 하셨고 10절에서는 '나'를 업신여긴 것이라 하셨다. 하나님의 말씀을 업신여긴 것이 하나님을 업신여긴 것이다. "여호와께서 또 이처럼 이르시기를 내가 네 집에 재화를 일으키고 내가 네 처들을 가져 네 눈앞에서 다른 사람에게 주리니 그 사람이 네 처들로 더불어 백주에 동침하리라 너는 은밀히 행하였으나 나는 이스라엘 무리 앞 백주에 이 일을 행하리라 하셨나이다"(11-12절). 또 선지자 나단은 비록 다윗이 엄한 징계 아래 떨어질 것이지만 주님이 다윗의 죄를 사하셨고 그가 죽지 않을 것이라고 말했다(13절). 그러나 밧세바가 잉태한 그 아이는 여호와의 대적으로 큰 훼방거리를 얻게 하였으므로 죽을 것이라고 말해주었다(14절). 그 아이는 선지자의 예언대로 앓다가 죽었고, 다윗이 아내가 된 밧세바를 위로하고 동침하여 아들을 낳으니 그가 성전을 건축한 지혜의 왕 솔로몬이다. 솔로몬은 다윗의 범죄와 회개 후에 하나님이 주신 선물이었으며, 하나님은 그 아들 솔로몬을 사랑하셨다(24절).

▸ 암몬을 정복하다

다윗이 그 끔찍한 죄를 범한 것은 암몬과의 전쟁 때였는데, 그래도 하나님은 그 전쟁을 이기게 하셨다. 요압 장군은 랍바를 거의 정복했을 시점에 다윗에게 이제 군사를 모아가지고 왕께서 직접 나오셔서 이 성을 취하라고 했다. 요압의 진두지휘로 이 성을 완전히 정복할 경우에 이 성이 자기의 이름으로 일컬음을 받을까 두려워했기 때문이다.

▸ 다윗 가의 가장 수치스러운 죄악: 암논의 근친상간

사무엘 하 13장에는 매우 수치스러운 다윗 가(家)의 죄악이 기록되어 있다. 하나님께서 나단 선지자를 통해 말씀하신 대로, 다윗의 그 범죄로 인해 그 집안에 수많은 어려움이 발생하게 된다. 딸 다말이 강간당하고(근친상간), 그녀를 강간한 아들 암논은 또 다른 아들 압살롬에게 살해되고, 또 압살롬은 반역을 일으켜 다윗은 아들에게 쫓겨 도망다니게 된다. 그러다가 아들 군대와 아버지의 군대가 싸우는 중에 아들(압살롬)이 죽게 된다. 이런 일들이 계속 벌어지다가 다윗의 왕정은 끝난다. 원래 다윗은 목동이었다가 왕이 되었다. 이 과정이야말로 눈물겨운 과정이다. 그런데 왕이 되어서 집권을 한 후 얼마 안 되어 엄청난 죄를 범하고 아래로 내려가게 된다. 다윗과 사울이 다 죄를 지었지만 다윗이 사울과 다른 점은 선지자가 죄를 지적할 때 사울처럼 변명하지 않고 즉시 시인하고 회개하였다는 것이다(시 51편).

기록을 볼 때 암논은 다윗의 맏아들이다. 그런데 이 아들이 다말이라는 이복누이에게 연애하는 마음을 품은 것이다. 다말은 압살롬과 한 배에서 태어난 그의 동생인데, 암논이 배다른 동생 다말을 강간함으로 압살롬이 암논을 칼로 살해하게 된다. 이야기의 진행을 보면 결국 암논의 강간 사건이나 압살롬의 암논 살해 사건이나 의도치 않게 다윗이 개입되어 다윗은 더욱 괴로웠을 것이다.

암논의 죽음을 인해 아비 다윗은 옷을 찢으며 슬퍼했다. “압살롬은 도망하여 그술 왕 암미훌의 아들 달매에게로 갔고 다윗은 날마다 그 아들을 인하여 슬퍼하니라 압살롬이 도망하여 그술로 가서 거한 지 삼 년이라 다윗 왕의 마음이 압살롬에게 향하여 간절하니 암논은 이미 죽었으므로 왕이 위로를 받았음이더라"(37-39절). 그술이라는 곳은 압살롬의 어머니의 고향이다. 여기서 '다윗 왕의 마음이 압살롬에게 향하여 간절했다'는 것은 다윗의 약해진 상태를 보여준다. 다윗은 암논도 강하게 처리하지 못하고 압살롬도 감당하지 못하는 그러한 상태가 되고 말았다.

▸ 요압이 계책을 써서 압살롬을 다윗 앞에 돌아오게 하다

우리는 사무엘 하 13장에서 다윗의 아들들 간에 소위 '왕자의 난'이 벌어진 것을 보았다. 압살롬이 그의 누이동생 다말을 더럽힌 것 때문에 암논을 살해하고서 자기 어머니의 고향 그술로 도피했다. 그런데 한동안 시간이 지나서 스루야의 아들 요압이 다윗의 심기를 살펴보니 그 아들을 간절히 보고 싶어하는 것이었다. 그래서 요압은 한 슬기로운 드고아 여인을 데려다가 다윗 왕께 보내어 여차여차히 말하게 했다. 그 이야기인즉, 아들 둘이 있었는데 둘이 싸우다가 한 아들이 다른 아들을 죽이니 동네 사람들이 동생을 죽인 그 아들을 내놓으라고 한다는 것이다. 다윗은 그 말을 요압이 하라고 한 것이냐고 확인하고 아들 압살롬을 돌아오도록 조치했다(14:21).

그렇게 해서 압살롬은 돌아왔으나 2년 동안 다윗 왕을 보지 못하게 된다. 압살롬은 그 외모가 온 이스라엘 가운데 가장 잘 생겼다고 하는데 성격은 거칠고 좋지 못하다. 그는 왕의 얼굴을 피해 그술로 도망가서 삼 년, 예루살렘에 돌아와서도 이 년, 도합 오 년 동안 아비 얼굴을 보지 못하자 초조하고 화가 난 나머지 종들을 시켜 요압의 밭에 불을 지르게 했다. 사람에게 자기의 마음을 알리는 방식이 매우 포악한 것이다. "요압이 왕께 나아가서 그 말을 고하매 왕이 압살롬을 부르니 저가 왕께 나아가 그 앞에서 얼굴을 땅에 대어 절하매 왕이 압살롬과 입을 맞추니라"(14:33).

▸ 압살롬이 난을 일으키다

압살롬은 예루살렘에 돌아와 병거와 말을 준비하고 부하 50명을 세웠다. 그리고서 일찍이 일어나 성문 길 곁에 서서 왕에게 재판을 청하러 오는 사람들을 불러 친근히 하면서 붙들고 입을 맞추며 그들의 송사를 돌봐주겠다고 하여 이스라엘 사람들의 마음을 도적질했다(1-6절). 그가 난을 준비한 기간은 4년 정도이다. 4년 만에 압살롬은 왕 다윗에게 헤브론에 가서 하나님께 제사를 드리겠으니 허락해달라고 요청한다. 다윗은 그의 의도를 모른 채 허락하는데, 압살롬은 헤브론에 가서 정탐꾼을 이스라엘 모든 지파 가운데 두루 보냈다. 그리고 나팔을 불게 하고 압살롬이 헤브론에서 왕이 되었다고 선포하라고 했다. 그 때 압살롬의 뜻을 알지 못하는 2백 명도 함께하게 되었다.

"제사 드릴 때에 압살롬이 사람을 보내어 다윗의 모사 길로 사람 아히도벨을 그 성읍 길로에서 청하여 온지라 반역하는 일이 커가매 압살롬에게로 돌아오는 백성이 많아지니라"(12절). 그제야 다윗은 이스라엘의 민심이 거의 압살롬에게 넘어간 것을 알고 피신을 결심한다. 그는 후궁들 열 명을 궁에 남겨놓고 6백여 용사들과 함께 궁을 빠져나가 대피하게 된다. 떠나면서 다윗은 사독과 몇몇 제사장들을 언약궤와 함께 성에 남게 한다. 그리고 책사 아히도벨이 압살롬과 함께한다는 말을 듣고 두려워하며(다윗이 그 때 지은 시편 55편에는 그의 두려움이 나타나 있다), 그의 모략을 어리석게 해달라고 기도한다. 다윗은 예루살렘을 떠나 기드론 시내를 건너 감람산에 오를 때 머리를 가리고 맨발로 울며 행하였고 백성들 중 많은 수가 애통하였다고 기록한다(23, 30절). 그 때 또 하나의 책사 후새가 머리에 흙을 뒤집어쓰고 슬퍼하면서 왕에게 나타나니 왕은 그가 아히도벨의 모략을 패퇴시키기를 기대하며 두세 명의 제사장과 함께 연락책으로 궁에 남겨둔다. 다윗의 타고난 전술전략이다.

▸ 기회주의자 시바

사무엘 하 16장부터 18장까지는 압살롬의 반역 때문에 다윗 왕이 피신하는 장면을 기술한다. 다윗이 마루턱을 조금 지나니 요나단의 아들 므비보셋의 사환 시바가 안장 지운 두 나귀에 떡, 건포도, 여름 실과, 포도주 부대 등을 싣고 다윗을 맞이했다. 다윗은 과거에 요나단의 아들을 찾아서 그를 후대해 주고 과거에 소유하던 그의 재산을 돌려주면서 원래 사울의 종이었던 시바를 붙여 그의 재산을 관리하게 했다. 그런데 바로 다윗이 압살롬에게 쫓겨 도망다니고 있는 시점에 시바는 많은 식료품들을 두 나귀에 싣고 와서 다윗을 맞았다.

이때 다윗에게는 나귀와 이러한 식료품들이 절실하게 필요했을 것이다. 다윗은 시바에게 무슨 뜻으로 이런 것을 가져왔느냐고 물었다. 시바는 나귀는 왕의 권속들로 타게 하고 떡과 실과는 소년들로 먹게 하고 포도주는 곤비한 자들로 마시게 하려고 가져왔다고 했다. 왕이 요나단의 아들 므비보셋은 왜 오지 않았느냐고 묻자, 시바는 므비보셋이 이 기회에 하나님께서 나라를 다윗에게서 빼앗아 자기에게 돌리실 것이라 한다면서 그를 모함했다. 다윗은 그 말을 그대로 믿고 그 자리에서 므비보셋에게 주었던 모든 재산을 시바에게 돌렸다. 시바는 기회주의자이다.

▸ 시므이의 저주

다윗 왕이 바후림에 이르렀을 때 사울의 집 족속 시므이라는 자가 계속 다윗을 저주했다. "…피를 흘린 자여 비루한 자여 가거라 가거라"(16:7). 지금 시므이는 다윗이 사울 집의 사람들을 죽인 대가로 저주를 받는 것이라고 생각한다. 다윗의 장군 아비새가 시므이의 목을 베겠다고 하였으나 다윗은 "저가 저주하는 것은 여호와께서 다윗을 저주하라 하심이니…혹시 여호와께서 나의 원통하심을 감찰하시리니 그 저주 까닭에 선으로 내게 갚아주시리라" 하면서 말렸다. 시므이는 산비탈로 따라가면서 저를 향하여 돌을 던지며 티끌을 날리며 저주하였다(13절). 압살롬은 아히도벨과 다윗의 궁에 거의 무혈입성 하였고 다윗이 남겨둔 책사 후새도 압살롬을 맞이했다.

▸ 아히도벨의 악한 모략

아히도벨은 원래 다윗의 모략가였다. 그런데 정면으로 다윗을 배신하고 그 아들 압살롬에게 붙은 것이다. 다윗에게는 아히도벨과 후새가 있었는데, 아히도벨은 압살롬에게 넘어갔고 후새는 다윗이 도망할 때 함께 가려 했으나 다윗이 의도적으로 압살롬 곁에 남겨두었다. 후새는 예루살렘에 남아 있다가 압살롬이 예루살렘에 이르자 "왕이여, 만세, 만세" 하면서 그에게 충성하는 것처럼 하였다. 압살롬은 궁에 들어서자 아히도벨에게 모략을 가르치라 하였고, 아히도벨은 우선 아비와의 적대관계를 모든 백성이 알도록 다윗의 후궁들과 백성들이 보는 데서 동침하라고 했다.

▸ 아히도벨의 모략이 폐하여지다

아히도벨은 압살롬에게 군사 일만이천을 주면 오늘밤에 다윗을 따라가서 그가 곤하고 약할 때 여러 사람 죽일 것 없이 다윗만 쳐 죽이겠다고 한다. 압살롬은 아히도벨의 전략을 듣고서 후새도 불러 물어보자고 한다. 압살롬은 후새가 간첩이라는 것을 모른다. 후새는 압살롬에게 아히도벨의 베푼 모략이 좋지 않다고 하면서 다윗과 함께 하는 사람들은 병법에 능한 장군들이고 다윗 왕은 백성과 함께 자지 않고 어느 굴에나 어느 곳에 숨어있을 텐데, 혹 압살롬의 무리 몇 명이라도 다윗의 군에게 패하여 죽으면 압살롬의 군대들이 좇다가 패하였다는 소문이 퍼질 것이고 그리하면 잘못될 것이니 온 이스라엘을 다 모아서 다윗과 그와 함께한 사람들을 한번에 쓸어버리자고 했다. 압살롬과 온 이스라엘 사람들은 후새의 모략이 아히도벨의 모략보다 낫다고 판단했고, 후새는 아히도벨의 모략을 무효화시키고서 사독과 아비아달 두 제사장에게 다윗 편에 속히 이 상황을 알려주라고 하면서 다윗이 요단강 건너편으로 속히 도망가도록 했다(15-16절). 아히도벨은 자기의 모략이 성공하지 못한 것을 알고 고향에 돌아가 스스로 목매어 죽었다(23절). 몇몇 충성된 자들(소비, 마길, 바실래)이 마하나임에

피한 다윗을 위해 침상과 대야와 질그릇과 밀과 보리와 밀가루와 볶은 곡식과 콩과 팥과 녹두와 꿀과 버터와 치즈 등을 가져와 섬겼다. 그리고 다윗 군과 압살롬 군은 길르앗 땅에서 맞붙게 되었다.

▸ 다윗과 압살롬의 전투

"이에 다윗이 그 함께한 백성을 계수하고 천부장과 백부장을 그 위에 세우고"(18:1). 다윗은 세 개의 부대로 나누었다. 다윗은 자기도 전쟁에 나가려고 했으나 백성들이 간곡히 만류하자 그들의 말을 듣고 전쟁에 나가지 않기로 했다. 그 대신 전쟁에 나가는 세 부대장과 모든 백성들에게 가서 싸워서 이기되 아들 압살롬만큼은 죽이지 말아 달라고 부탁한다. "이에 백성이 이스라엘을 치러 들로 나가서 에브라임 수풀에서 싸우더니"(6절). 다윗의 부대들은 역시 전쟁에 관한 한 지략가들이다. 그들은 에브라임 수풀이라는 곳으로 압살롬 군대를 유인하였고, 압살롬의 군대는 그 유인 작전에 말려들었다. 압살롬 부대는 칼보다 수풀에 걸려 죽은 자가 더 많았다.

▸ 압살롬의 죽음

압살롬의 군대 이만여 명이 죽자(18:7) 압살롬도 위기를 느꼈다. 다윗의 신복과 마주친 압살롬이 당황하여 노새를 타고 도망을 가는데 압살롬의 머리털이 큰 상수리나무 가지에 걸리자 노새는 그 아래로 빠져나가고 압살롬은 나무에 대롱대롱 매달린 꼴이 되었다. 요압이 작은 창을 던져 아직 살아 있는 압살롬의 심장을 찌르니 요압의 병기를 맡은 소년 열 명이 압살롬을 에워싸고 쳐 죽였다. 압살롬이 죽었으니 전쟁은 끝난 것이다.

▸ 다윗에게 압살롬의 죽음과 더불어 전황보고를 하다

아히마아스가 빨리 가서 왕에게 이 좋은 소식을 전하겠다고 하자 요압이 막았다. 요압은 아히마아스를 사랑했기 때문에 '오늘 네가 이 소식을 전하면 다윗 왕한테 좋은 소리를 못 듣는다'고 말린 것이다. 부하들은 다윗의 심정을 모르고 대적 압살롬이 죽었음을 알리려고 열심히 달렸다. 그러나 다윗은 소식을 알리려고 온 부하들에게 전쟁의 이기고 진 것보다 아들 압살롬이 어떻게 되었는가를 물었다.

▸ 압살롬의 죽음으로 애통해하는 다윗

다윗 왕은 아들 압살롬이 죽었다는 말을 듣고 울며 슬퍼했다. 그 전쟁에서 가장 큰

공을 세운 사람이 요압 장군인데, 19장에서 그는 다윗이 아들 압살롬의 죽음으로 매우 슬퍼한다는 보고를 받았다. "혹이 요압에게 고하되 왕이 압살롬을 위하여 울며 슬퍼하시나이다 하니 왕이 그 아들을 위하여 슬퍼한다 함이 그 날에 백성들에게 들리매 그 날의 이김이 모든 백성에게 슬픔이 된지라 그 날에 백성들이 싸움에 쫓겨 부끄러워 도망함같이 가만히 성으로 들어가니라 왕이 얼굴을 가리우고 큰 소리로 부르되 내 아들 압살롬아 압살롬아 내 아들아 내 아들아 하니"(19:1-4). 다윗은 자기의 목숨을 빼앗고 스스로 나라를 세우려고 반역했던 아들이 죽었다고 했을 때 매우 슬퍼했다.

▸ 요압의 협박성 발언

요압은 다윗 왕에게 위협조로 말한다. '자식을 위해 그만 애통해하시고 그 전쟁에 나가서 싸우고 공을 세운 왕의 부하들을 격려해 주십시오.' 이는 다윗에게 자극을 주고 요청하는 말이다. 여기서 요압이 '부하들을 위로해야 해야 하지 않는가? 싸움에 나갔던 사람들은 당신과 이 나라를 위해서 목숨을 걸고 싸웠는데 우리의 목숨과 왕의 목숨과 왕의 아들들의 목숨과 모든 처첩의 목숨을 노렸던 사람들이 죽었을 때 슬퍼하면 어찌하는가? 압살롬이 살고 같이 싸우러 나갔던 우리가 죽었더라면 당신은 기뻐할 뻔했는가?' 다윗은 요압이 그렇게 말할 때에 거칠게 육체로 대응하지 않고 받아들이는 것을 볼 수 있다. 그리고 성문에 앉았다. 모든 백성들이 왕 앞에 나와서 앉았다.

▸ 다윗의 연이은 실수: 그의 형제요 골육인 유다를 챙기다

지금 다윗은 압살롬을 피해서 요단강 동편 마하나임으로 갔다가 이제 요단강을 건너서 예루살렘으로 돌아오려고 한다. 이 때 유다를 제외한 이스라엘 모든 지파가 먼저 다윗을 모셔오는 일을 논의하기 시작했다(9절). 다윗은 이스라엘의 말을 들으면서 자신의 혈족인 유다가 가만히 있는 것에 대해 뭔가를 했다. 사독과 아비아달 제사장을 보내어 유다 장로들에게 '이스라엘 사람들은 나를 궁으로 모셔가자는 말을 하고 있는데, 너희는 왜 가만히 있느냐' 하고 전하라 했다. 물론 유다 인들은 다윗을 왕으로 모셔오는 일에 기꺼이 앞장섰다(19:14-15).

▸ 아마사를 요압 대신 군장으로 세우고자 하다

"너희는 또 아마사에게 이르기를 너는 내 골육이 아니냐 네가 요압을 대신하여 항상 내 앞에서 군장이 되지 아니하면 하나님이 내게 벌 위에 벌을 내리시기를 바라노라 하셨다 하라 하여"(19:13). 아마사는 압살롬 반역 무리의 군장이었다. (이 사람도 물론 유다 사람이다.) 다윗은 방금 전까지만 해도 요압과 대치하여 자신을 반대한 압살롬 무리의 수장이었던 아마사를 불러서 군장으로 세우고자 했다. 이것이 더욱 요압의 시기와 분노를 유발하게 된다.

▸ 다윗을 저주했던 시므이

"바후림에 있는 베냐민 사람 게라의 아들 시므이가 급히 유다 사람과 함께 다윗 왕을 맞으려 내려올 때에". 바후림 사람 시므이는 다윗이 압살롬의 난을 피해서 요단강을 건너려고 나아갈 때에 계속 다윗에게 저주하는 말을 한 자이다. 그러나 다윗이 다시 등극하게 되니 목숨을 부지하기 위해 급히 다윗을 맞으려고 온 것이다.

▸ 사울의 종 시바가 다윗에게 오다

시바는 다윗에게 므비보셋을 모함해서 므비보셋에게 할당된 땅을 다 빼앗았던 자인데, 다윗의 재등극에 시기를 맞추어 급히 요단을 건너서 다윗 앞에 나아왔다.

▸ 므비보셋

므비보셋은 시바가 다윗에게 압살롬이 반역한 기회를 틈타서 할아버지 사울의 왕권을 자기가 이어받을 것을 기대하고 있다고 모함을 하는 바람에 자기의 모든 재산을 가로채인 억울한 상황에 있었다.

'왜 나와 함께 가지 않았었느냐'는 다윗의 질문에 므비보셋은 진실하고 겸손하게 대답했다. 다윗 왕에게 '당신의 처분대로 하십시오. 그러나 사실은 내가 절뚝발이이므로 내 나귀에 안장을 지워 타고 왕과 함께 가려 했는데, 나의 종이 나를 속이고 왕께 나를 참소한 것입니다.'라고 했다. 다윗은 시바에게 다 넘겼던 재산을 므비보셋과 반씩 나누라고 했다. 그러자 "므비보셋이 왕께 고하되 내 주 왕께서 평안히 궁에 돌아오시게 되었으니 저로 그 전부를 차지하게 하옵소서 하니라"(30절).

▸ 바르실래

다윗은 마하나임에 피신해 있을 때 거부였던 바르실래에게 도움받은 것을 갚고 싶어했다. 그래서 '내가 다시 왕이 되었으니 이제 함께 건너가자. 예루살렘에서 내가 너를 공궤하리라.' 했다. 그러나 바르실래는 그의 나이가 많으니 얼마나 더 살겠느냐면서 "청컨대 종을 돌려 보내옵소서 내가 내 본성 부모의 묘 곁에서 죽으려 하나이다 그러나 왕의 종 김함이 여기 있사오니 청컨대 저로 내 주 왕과 함께 건너가게 하옵시고 왕의 처분대로 저에게 베푸소서"(37절)라고 했다.

▸ 유다와 이스라엘의 분열의 씨앗

유다 지파는 매우 강한 지파이다. 작은 일이 후의 큰 일의 씨앗이 된다. 이스라엘 사람들은 왕을 모셔오는 일을 먼저 상의하고 시작했는데 유다가 앞장서서 다윗 왕을 모셔오자 불만을 가졌다(19:9-10 참조). 이스라엘(10지파)의 불만에 대해 유다 사람들의 대답은 겸손하지 않고 강경하고 단호했다. '다윗 왕은 우리 유다 지파이고 우리의 골육지친이니 그것은 당연한 것이다. 이 일에 우리가 너희에게 덕 본 것도 없고 왕이 우리에게 선물을 한 적도 없다.'

▸ 세바의 난

압살롬의 난 후에 예루살렘으로 돌아오는 도중에 베냐민 사람 세바가 난을 일으키니 다시 이스라엘이 세바를 따랐다. 이것은 앞에서 이스라엘 10지파의 불만에 대해 유다 지파가 포용력이 부족하고 지나치게 다윗을 왕으로 옹립한 결과라고 볼 수도 있다. 반란의 수괴 세바는 유다와 이스라엘의 틈새를 노린 것이다. 그러나 유다는 요단에서 예루살렘까지 다윗을 따랐다. 예루살렘에 돌아온 다윗은 민중이 보는 데서 압살롬과 동침한 10명의 후궁들을 별실에 가두고 다시는 가까이 하지 않았다.

다윗은 세바의 난 평정을 위해 요압이 아닌 아마사를 군장으로 임명하였으나 아마사가 정한 기한 3일 내에 모병을 하지 못하자 요압의 동생 아비새를 세바 토벌대장에 임명한다. 다윗은 상황이 급박하다고 판단한 것이다. 요압은 모병을 해서 뒤늦게 오는 아마사를 기브온에서 만나 칼로 배를 찔러 죽였다. 또 요압은 아벨 성에 피해 있는 세바를 그 성의 한 지혜로운 여인과 결탁하여 죽이고 세바의 난을 평정한다. 압살롬의 난과 세바의 난을 평정한 후 다윗은 다시 요압을 전군(全軍)의 장으로 삼고 브나야는 시위대장, 사독과 아비아달은 제사장으로 국정의 책임자들을 재정립하였다.

◊ 21-24장: 다윗 왕국의 이야기들 모음(노래와 축복, 회개)

21장은 어느 시기인지 잘 모르겠으나 압살롬의 반란 이전일 수 있다. 연달아 삼 년간 기근이 온 나라에 임했는데, 다윗은 그 원인이 사울 왕이 기브온 사람들을 죽였기 때문임을 알고 기브온 사람들에게 어떻게 해야 원한이 풀리겠는지를 물었다. 기브온 사람들은 아모리 사람 중에 남은 자들로서, 이스라엘 족속들이 전에 여호수아 때 그들을 죽이지 않기로 맹세했는데 사울이 죽인 것이다. 다윗은 요나단의 아들 므비보셋을 아꼈으므로 그를 제외한 사울 가의 일곱 명을 기브온 사람들에게 내어주었고, 그들은 기브아 산정에서 공개적으로 그 일곱 명을 목매달아 죽였다. 17-22절은 다윗의 용맹스런 장군들이 대적 블레셋을 어떻게 물리쳤는지를 기록한다.

22장은 다윗의 노래이다. 이는 사무엘 하 7-8장의 시점으로 보인다. 이 장은 시편 18편과 내용이 비슷하다. 내용은 환난 중에서의 구원, 공의로우신 하나님의 보상, 오직 여호와로 인한 구원, 결론적인 찬미로 끝맺는다. 23장은 다윗의 유언적 노래이다. 다윗은 자신을 여호와의 기름부음 받은 자, 이스라엘의 노래 잘 하는 자라고 표현한다(23:1). 8-17절은 다윗의 용사들을 소개한다. 가장 용맹스럽고 충성된 자 삼 인은 요셉 밧세벳, 엘르아살, 삼마이다. 또한 삼십 인의 두목으로서 르바임 골짜기에 진치고 있을 때 목숨을 걸고 적진을 돌파하여 베들레헴 성채에 가서 다윗을 위해 물을 떠온 세 용사인데, 이들은 아비새와 브나야와 '무명의 용사'이다. 24-39절은 다윗의 삼십 용사의 명단이다.

24장은 다윗의 인구조사를 기록한다. 다윗은 요압의 반대에도 불구하고 인구조사를 강행했다. 이때의 인구조사는 세금 징수를 위한 것도 아니고 순전히 군사력을 파악하려는 목적이었다고 본다. 9개월 간의 조사 끝에 집계된 것은 이스라엘의 칼을 빼는 자 80만, 유다 50만, 도합 130만의 장정이었다. 이 일로 하나님은 다윗에게 세 가지 징벌 중 하나를 택하라 하셨고, 다윗은 그래도 자비로운 하나님의 손에 떨어지는 것이 낫다 하여 온역을 택하였고, 그로 인해 이스라엘 백성 7만 명이 죽게 된다. "나는 범죄하였고 악을 행하였삽거니와 이 양 무리는 무엇을 행하였나이까?"(24:17). 다윗은 여부스 사람 아라우나의 타작마당을 사서 그곳에서 엎드려 회개했고(그곳은 이전 아브라함이 이삭을 제물로 드린 곳이요, 후의 성전 건축의 부지가 되었다), 여호와께 단을 쌓아 화목제를 드리니 재앙이 그쳤다. 인구조사에 대한 그의 죄는 하나님을 의뢰하지 않고 군력을 의지하려 한 것이다.

열왕기 상

주요 내용

열왕기는 이스라엘 왕들의 역사를 기록한 책으로, 영어로는 'Kings'이며 히브리어로는 '멜라킴'이다. 지금은 열왕기 상·하로 나눠져 있지만 원래 히브리어로 씌여질 때에는 한 권이었다. 그것이 70인 역으로 번역될 때 열왕기 상과 열왕기 하, 두 권으로 나뉜 것이다. 이 책의 저자에 대해서는 열왕기 하 후반부를 주의해서 볼 때 예레미야로 보는 견해가 타당하다. 다윗의 노년과 솔로몬의 취임, 성전의 건축, 솔로몬의 노년의 타락, 이스라엘 왕국의 분열(남 유다 북 이스라엘), 유다국의 왕 이야기(르호보암에서 요람), 이스라엘 왕 이야기(여로보암에서 아하시야)가 기록되어 있다. 그 가운데 중요한 단어는 여호와의 말씀이며, 선지자 엘리야의 전기가 중심적으로 기록되었다.

◊ 1-11장: 다윗 왕의 만년과 솔로몬의 치세 및 성전 건축과 타락사

A. 다윗 생애의 마지막 일들(1:1-2:12)

▸ 나이가 든 다윗

다윗은 서른 살에 왕이 되어 40년 간 왕위에 있었다. 다윗이 나이가 많아 늙으니 몸에 온기가 없어져 이불을 덮어도 따뜻하지 않았다. 신복들은 수넴 여자 아비삭이라는 젊은 처녀를 구하여다가 그 품에 두어 따뜻하게 해주려고 했지만 다윗은 그 동녀와 동침하지 않았다.

▸ 아도니야가 스스로 왕이 되려 하다

다윗을 이어 누가 왕이 될 것인지는 하나님께서 이미 다윗에게 지시하셨다. 따라서 다윗 임의로 왕위를 계승해줄 수 없었다. 학깃의 아들 아도니야는 스스로 호위자 오십 인과 병거와 마병을 준비하고 "내가 왕이 되리라"고 했다.

아도니야는 체용이 준수한 자이며, 아비 다윗이 한 번도 그를 책망하여 섭섭하게 한 일이 없었다. 아도니야의 반역의 일에 동참한 자들이 있는가 하면 여전히 다윗과 솔로몬의 노선에 서 있는 사람들도 있었다. "아도니야가 에느로겔 근방 소헬렛 돌 곁에서 양과 소와 살진 송아지를 잡고 왕자 곧 자기의 모든 동생과 왕의 신복 유다 모든 사람을 다 청하였으나 선지자 나단과 브나야와 용사들과 자기 동생 솔로몬은 청하지 아니하였더라"(1:9-10).

▸ 솔로몬의 어머니 밧세바와 나단 선지자가 다윗에게 이 사실을 보고하다

솔로몬이 왕으로 세워지는 데 주동적인 역할을 한 사람은 선지자 나단으로서, 나단은 아도니야가 왕이 되기 위해 거사를 꾸미고 있는 것을 알고 솔로몬의 어머니인 밧세바에게 그 사실을 전달해준다. 나단 선지자는 밧세바에게 다윗에게 들어가서 말하면 자신도 곧이어 들어가서 돕겠다고 했다. 그들은 다윗 왕에게 아도니야의 반역에 대해 말했고 왕은 드디어 선포했다.

"내가 이전에 이스라엘 하나님 여호와를 가리켜 네게 맹세하여 이르기를 네 아들 솔로몬이 정녕 나를 이어 왕이 되고 나를 대신하여 내 위에 앉으리라 하였으니 내가 오늘날 그대로 행하리라"(1:30-32).

▸ 솔로몬의 즉위

왕의 명령을 따라 대제사장 사독과 선지자 나단과 브나야 등은 시위대원을 거느리고 솔로몬을 왕의 노새에 태우고 기혼에 내려가서 솔로몬 왕 즉위식을 거행했다. 이제 솔로몬이 정식으로 기름부음을 받고 왕이 된 것이다. 솔로몬은 제단 뿔을 잡은 아도니야를 죽이지 않고 집으로 보낸다.

▸ 다윗의 유언과 죽음

다윗은 죽기 전에 솔로몬에게 유언을 한다. 너는 힘써 대장부가 되며, 여호와의 명을 지켜 행하고 그분의 계명과 율례를 지켜 행하면 어디로 가든지 형통하리라고 한다. 다음은 자신을 은근히 어렵게 하던 스루야의 아들 요압 장군에 대해 그 백발로 평안히 음부에 내려가지 못하게 하라는 말과 압살롬의 난으로 인하여 요단 동편으로 피신해갔을 때 신세를 진 바실래의 아들들에게 은총을 베풀라는 말과 다윗을 독하게 저주했던 시므이를 무죄한 자로 여기지 말라는 유언을 한다. "다윗이 그 열조와 함께 누워 자서 다윗 성에 장사되니 다윗이 이스라엘 왕이 된 지 사십 년이라 헤브론에서 칠 년을 치리하였고 예루살렘에서 삼십삼 년을 치리하였더라"(2:10-11).

B. 솔로몬이 대적을 처리하다(2:13-46)

▸ 지혜의 왕 솔로몬의 치리

솔로몬이 자비를 베풀어 살려준 반역자 아도니야가 다윗 왕을 노년에 섬겼던 아리따운 소녀 아비삭을 달라고 밧세바를 통해 부탁하는데, 솔로몬은 반역적인 아도니야의 생각을 꿰뚫고 있다. 솔로몬은 브나야를 보내 아도니야를 죽이라 했으며, 아도니야의 거역의 일에 참여했던 아비아달 제사장은 죽이지 않고 고향으로 보냈다. 그리고 요압은 처형하고 브나야로 하여금 요압 대신 군장이 되게 했다.

▸ 다윗을 저주했던 시므이를 처리하다

솔로몬은 시므이에 대해 그의 주거를 예루살렘으로 제한하고 기드론 시내를 건너지 말라고 했다. 그런데 3년 쯤 후에 그의 종이 가드로 도망하자 그를 잡아올 욕심에 그만 기드론 시내를 건너고 말았다. 솔로몬은 이에 대한 죄과를 묻고 시므이를 처단했다(2:46).

C. 솔로몬의 영화(3-4장)

▸ 솔로몬 왕국과 지혜로운 치세

솔로몬은 남방의 국방을 위해 애굽과 정략결혼을 했다고 볼 수 있다. 애굽 왕 바로가 딸을 솔로몬에게 준 것은 이스라엘의 강함이 인정되었다는 증거이다. 당시 기브온에 큰 산당이 있었는데, 솔로몬은 기브온 산당에 가서 일천 번제를 드렸다. 거기서 꿈에 나타난 하나님께 솔로몬은 지혜를 구했고, 하나님께서는 부나 수(壽)를 구하지 않고 지혜를 구하는 솔로몬에게 지혜에 더하여 부와 영광도 주겠다고 하셨다.

▸ 솔로몬의 재판

창기인 두 여자가 삼 일 간격으로 아이를 낳았다. 밤에 한 여인이 부주의하여 자다가 아이를 깔아 죽이고서 같이 사는 한 여인의 산 아기와 자기의 죽은 아기를 바꿔치기한 사건이 일어나 재판을 하게 되는데, 솔로몬은 칼을 가져오라고 했다. 누가 생모인지를 가려내려는 솔로몬의 계책(지혜)이었다. 누가 친모인가? 더 사랑하는 자이다.

▸ 솔로몬 왕의 각료들

"솔로몬 왕이 온 이스라엘의 왕이 되었고 그의 신하들은 이러하니라 사독의 아들 아사리아는 제사장이요…브나야는 군대장관이요 사독과 아비아달은 제사장이요…압다의 아들 아도니람은 감역관이더라"(4:1-6). 물론 왕이 첫 번째이고 두 번째는 제사장이다. 그러나 사사 시대와 엘리 제사장과 사무엘 시대를 거쳐 왕정시대에는 제사장보다 선지자의 사역이 우세했다.

▸ **솔로몬 왕국의 풍성과 번영**

"솔로몬이 또 온 이스라엘 위에 열 두 관장을 두매 그 사람들이 왕과 왕실을 위하여 식물을 예비하되 각기 일 년에 한 달씩 식물을 예비하였으니"(4:7). 4장에서는 주로 솔로몬 왕국의 풍성과 번영, 영광스러움을 말해준다. 이스라엘 나라는 솔로몬 때에 가장 강성대국이 되었다. 이 때에는 감히 다른 나라에서 이스라엘을 공격한 적이 없었다.

"솔로몬의 사는 동안에 유다와 이스라엘이 단에서부터 브엘세바에 이르기까지 각기 포도나무 아래와 무화과나무 아래서 안연히 살았더라"(4:25). 이는 매우 의미 깊은 표현인데 곧 메시아 왕국의 상황을 묘사하기 때문이다. 솔로몬 왕 시대에는 병거와 마병이 많았다.

▸ **지혜의 풍부함**

하나님은 솔로몬에게 지혜와 넓은 마음을 주셨다. "저가 잠언 삼천을 말하였고 그 노래는 일천 다섯이며"(4:32). 솔로몬은 풀 한 포기를 보고도 시를 짓고 노래했으며, 짐승이나 새나 기어다니는 것이나 물고기를 보고도 시와 노래를 지었다.

"모든 민족 중에서 솔로몬의 지혜의 소문을 들은 천하 모든 왕 중에서 그 지혜를 들으러 왔더라"(4:34). 마태복음에서는 남방 여왕(스바)도 솔로몬의 지혜를 들으러 왔다고 했다. 그런데 솔로몬보다 더 큰 이가 여기 있으니 바로 예수시다(마 12:42).

D. 솔로몬의 성전 건축(5:1-9:9)

▸ **건축의 준비**

"솔로몬이 기름 부음을 받고 그 부친을 이어 왕이 되었다 함을 두로 왕 히람이 듣고 그 신복을 솔로몬에게 보내었으니 이는 히람이 평일에 다윗을 사랑하였음이라"(1절). 히람이라는 사람은 두로 왕으로서 아버지 다윗의 가까운 친구였다. 솔로몬은 히람에게 성전 건축을 도와달라고 요청하면서 레바논에서 백향목을 베어 보내달라고 부탁했다.

▸ **히람의 깊은 숙고와 기쁨의 화답**

히람은 이방 두로의 왕인데 솔로몬의 말을 듣고 "여호와를 찬양할지로다" 하면서 매우 기뻐했다. 온 세계에 솔로몬의 소문이 퍼졌기 때문이다. 그렇지만 히람 왕은 솔로몬 왕의 말을 듣고 즉각 반응한 것이 아니라 깊이 숙고를 한 뒤에 도와주겠다고 대답했다. 히람은 주문한 목재를 수운하여 보낼 것이라고 하면서 대신 두로의 궁정에 식물을 달라고 했다.

▸ 솔로몬의 보답

솔로몬은 백향목, 잣나무 등 성전을 짓는 데 필요한 재목들을 받고 아주 풍성하게 갚아주었다. 밀 이만 석과 맑은 기름 이십 석을 해마다 주었다고 했는데, 솔로몬은 성전과 그의 궁전의 건축 역사가 필역하기까지 20년 간 히람에게 보급하였다(6:38-7:1). "히람과 솔로몬이 친목하여 두 사람이 함께 약조를 맺었더라"(12절).

▸ 성전 건축에 동원된 역군

솔로몬은 경영을 잘하여 삼만 명의 역군을 뽑아서 일만 명씩 번갈아 보냈다. 일만 명이 레바논에 가서 한 달 간 일하는 동안 남은 이만 명은 두 달 간 집에서 쉬었다. 솔로몬은 일꾼들을 산(레바논)에서 일하게 할 뿐 아니라 집에 머물며 가사를 돌보도록 한 것이다. 그리고 감독으로는 아도니람을 세웠다. 운송하는 자들 칠 만, 돌을 뜨는 자 팔만, 성전 건축 역사를 관리하는 자들은 삼천 명이었다. 도합 153,000명이다.

▸ 기초석을 놓다

솔로몬은 영을 내려 귀한 돌을 떠다가 다듬어 전의 기초석을 놓게 하였는데, 이 일에 두로 왕 히람이 동역했다. 이스라엘 사람과 이방인이 함께 돌을 다듬는 일을 한 것이다. 히람의 건축자와 그발 사람이 돌을 다듬었는데, 그발은 베이루트 북쪽에 있는 도시이다(수 13:5).

▸ 성전 건축을 시작한 해

"이스라엘 자손이 애굽 땅에서 나온 지 사백팔십 년이요"(6:1). 여기서 특별히 연대를 말하고 있는데, 이것은 그 일이 얼마나 중요하며 하나님께서 갈망하고 기뻐하시는 일이었는가를 나타낸다. 사백팔십 년이라 함은 모세의 광야에서의 40년, 여호수아의 17년, 사사 시대의 299년, 그리고 마지막 사사라고 볼 수 있는 엘리 시대 40년, 사무엘과 사울의 40년, 다윗의 40년, 그리고 솔로몬이 왕이 된 지 4년, 이 모든 햇수를 합하면 480년이 된다.

▸ **성전을 건축한 장소**

성전을 건축하는 데 있어서 먼저 장소가 중요하다. 하나님이 지정하신, 아브라함이 아들 이삭을 제물로 드렸던 모리아 산이 성전을 건축할 장소이다. 그 중에서도 오르난의 타작마당은 다윗이 인구조사를 하여 하나님께 죄를 짓고 회개할 때 제단을 쌓고 제물을 드렸던 곳이다.

▸ **성전의 사이즈: 장과 광과 고**

장이 육십 규빗이라 함은 오늘날 미터법으로 하면 27m(1 규빗은 약 45cm)이다. 그리고 광이 이십 규빗으로 9m이며, 고는 삼십 규빗으로 13.5m이다. 건물 사이즈가 그렇게 큰 것은 아니다. 하나님이 이 땅에서 거처 삼고자 하시는 성전은 사람의 눈으로 볼 때 결코 거대한 것이 아니라는 말이다. 고가 13-14m 정도니까 4층 정도 된다. 이 치수를 볼 때 광야의 성막은 이 성전의 절반 규모였다. 성전이 성막보다 정확히 배가 크다. 그런데 이 솔로몬 성전은 후에 바벨론에 의해 무너졌고, 무너진 뒤에 제 2성전인 스룹바벨 성전(에스라, 느헤미야, 학개, 스가랴에 의해 새롭게 세워진 성전)을 재건했는데, 그 크기가 이 솔로몬 성전보다 작았다. 솔로몬 성전의 규모가 비교적 웅장했던 것이다. 그리고 그 다음에 재건된 제 3성전도 솔로몬 성전만 못하게 지어졌다. 그것은 두 번째 성전을 약간 보완하는 식으로 지어진 것이다. 요한복음에서 유대인들이 예수님께 "이 성전은 사십육 년 동안에 지었거늘"(요 2:19)이라고 했던 성전이 바로 제 3성전, 헤롯 성전이다. 주 예수께서 가리키신 그 성전은 솔로몬 성전이 아니었지만 그것도 매우 잘 지어졌기에 제자들은 그것을 보고 감탄했었다(마 24:1).

▸ **성막과 성전과 에스겔이 이상 가운데 본 성전의 비교**

성막보다 성전은 배가 크다. 이제 솔로몬 성전이 바벨론에 의해 무너지고 하나님이 에스겔 선지자를 통해 이상으로 보여주신 성전은 모양은 솔로몬 성전과 비슷한데 사이즈는 대단히 큰 것이었다. 에스겔 이상 중의 성전은 사실 신약 교회의 예표이다. 또한 천년왕국의 성전이다. 에스겔의 성전은 섬김과 봉사가 그 중심이며, 이러한 섬김과 교통을 통해 하나님의 집은 확장된다.

▸ **올라가면서 일 규빗씩 넓어짐: 건축 시 철 연장 소리가 들리지 않음**

성소와 지성소 주위의 다락은 3층으로 되어 있었고, 다락의 크기가 위로 갈수록 일 규빗씩 커졌다. 이는 성소와 지성소의 벽의 두께가 하층은 두껍고 올라가면서 조금씩

얇아졌기 때문이다. 에스겔서에 의하면 한 층에 골방이 30개인데 3층으로 되어 있으니 90개이다. 대단히 많은 골방들이 있는 셈이다.

"이 전은 건축할 때에 돌을 뜨는 곳에서 치석하고 가져다가 건축하였으므로 건축하는 동안에 전 속에서는 방망이나 도끼나 모든 철 연장 소리가 들리지 아니하였으며"(7절). 하나님의 집이 건축되는 분위기는 고요하다. 주 안에서 모든 섬기는 일을 조용히 해나가는 것은 의미가 깊다. 평화의 사람만이 주의 전을 건축할 수 있다. 반면에 싸우는 사람은 주의 집을 건축할 수 없다.

▸ 나사모양으로 하층에서 상층으로 오름

나사모양으로 하층에서 상층으로 오르게 하였다. 그러면 왜 나사모양 사닥다리를 만들었을까? 이 나사모양의 사닥다리는 새 예루살렘에도 적용되어야 한다. 계시록 21-22장을 보면 새 예루살렘의 중앙에 보좌가 있고 보좌로부터 생수가 흘러내리는데, 이것은 나사모양으로 흘러야 사면에 흐를 수 있다.

▸ 하나님을 기다리는 낭실

낭실은 하나님을 접견하기 위해 기다리는 사람들이 있는 곳이다. 하나님은 사람들에게 둘러싸여 있고 싶으신 것이다. 성전의 모형을 보고 우리는 그것을 알 수 있다. 성전은 왜 또 3층으로 지어졌겠는가? 올라갈수록 면적이 넓어지는 것은 무엇을 의미하는가? 이것은 우리가 이 땅에서 성도들과 나누는 교제는 교제할수록 더 높아지고 넓어지고 깊어지며 하늘과 가깝게 된다는 것이다.

▸ 나지막한 안뜰

"또 다듬은 돌 세 켜와 백향목 두꺼운 판자 한 켜로 둘러 안뜰을 만들었더라"(36절). 안뜰을 만들었는데, 다듬은 돌 세 켜의 낮은 높이와 두꺼운 판자 한 켜를 둘러 만들었다. 두꺼운 판자이니 구별은 있어야 하지만 안에서 무엇을 하는지 밖에서 다 볼 수 있는 돌 세 켜의 높이였다. 하나님의 일을 하는 사람들은 비밀스럽게 해서는 안 된다. 공적이고 투명할수록 좋다. 또한 교회의 문턱은 높지 않기에 누구든지 와서 하나님의 말씀을 들을 수 있다.

▸ 성전 완공: 7년 걸림

"제 사년 시브월에 여호와의 전 기초를 쌓았고 제 십일년 불월 곧 팔월에 그 설계와 식양대로 전이 다 필역되었으니 솔로몬이 전을 건축한 동안이 칠 년이었더라"(37-38절). 솔로몬은 7년에 걸쳐 전 건축을 완공했다.

▸ 건축 재료: 신성과 인성

성전의 건축 재료는 주로 금과 백향목 등의 목재이다. 성전을 건축하려면 금(神性)이 많아야 하지만 목재(人性)는 더욱더 필요하다. 백향목같이 향기롭고 감람목같이 달콤하고 잣나무같이 죽음을 통과해서도 여전히 존재할 수 있는, 부활 안에 있는 인성이어야 한다.

▸ 언약궤의 사이즈는 언제나 같다

구약의 성막에 비해 솔로몬 성전은 모든 것이 배로 커졌다. 그런데 변함없는 것이 하나 있다. 곧 언약궤이다. 언약궤는 원래 것을 그대로 가져다 두어야 한다. 교회가 확장되고 발전해도 그리스도는 변함이 없으시다. 교회의 외형이 확상되어도 진리의 본실은 변해서는 안 된다.

▸ 솔로몬의 왕궁 건축

열왕기 상 5-6장은 성전을 건축하는 내용이며, 7장에서는 솔로몬이 자기의 궁실을 짓는다. 성전은 7년에 걸쳐 지었고 자기의 궁은 13년 걸려서 건축했다. 7장 1-12절까지는 솔로몬 왕이 자기의 궁전을 건축한 내용을 기록하고 있는데, 13절부터는 성전에 있는 기둥 둘과 놋 바다, 성전의 각종 기구들, 기명들을 만든 이야기를 기록하고 있다. 궁과 전을 엄격하게 구별하지 않고 기술한 것이다.

성전은 광이 20규빗인데 궁전은 50규빗이다. 고는 성전과 궁전이 다 30규빗으로 같다. 그러므로 규모로 보면 성전보다 궁전이 배가 크다고 할 수 있다. 거기에 백향목 기둥이 네 줄이 있고 백향목 들보가 있다. 아가서 1장 17절에는 "우리 집은 백향목 들보, 잣나무 석가래로구나"라고 했다. 궁전의 식양들을 살펴보면 아가서를 이해하는데 도움이 된다. 창과 창이 세 층으로 서로 대하게 지어졌다. 창의 틀이 네모지게 되어있어 규격 있고 질서 있고 균형과 조화를 이루도록 만들었다. 이단적 사람들은 획일적이고 교만하다. 창의 틀이 네모반듯하므로 창 한 개만 봐도 너무나 완전한 것 같다. 이단적 사고는 균형과 조화가 약하다.

7장 6절에는 교제하는 낭실이 있고 7절에는 심판하는 낭실이 있다. 13-51절은 성전의 비품들을 만든 이야기인데, 구리 제품과 금 기구들이다. 놋 일에 지혜와 총명이 구비된 자인 두로 사람 히람을 데려다가 놋 기둥과 놋 바다, 물두멍과 소 등의 기구들을 만들었다. 두 기둥은 각각 이름이 있는데, 하나는 보아스(그에게 능력이 있다)요 다른 하나는 야긴(저가 세우시다)이다. 두 놋 기둥을 만들어 성전 앞에 세웠다. 48절부터는 여호와의 전의 기구들 중 금단과 진설병의 금상, 정금 등대, 정금 대접 등을 만드는 것이 있는데, 이는 히람이 만든 것이 아니라 이스라엘 인들이 만든 것이다.

▸ 법궤를 성전으로 옮기다

8장 1-11절에서는 성전 건축을 끝내고 법궤를 성전으로 옮긴다. 다 지어진 성전에 언약궤를 안치한다. 언약궤는 임마누엘, 곧 하나님께서 사람들과 함께 거하시는, 육신을 입고 이 땅에 오신 예수 그리스도를 예표한다. 이 언약궤를 다윗 성 시온에서 메어 올리고자 하여 이스라엘 인도자들을 자기에게 소집했다고 했다. 성막과 언약궤는 모세가 광야에서 만들어 사십 년 간 이스라엘 백성과 함께 광야에서 옮겨다니다가 여호수아 때 실로에 안치되었는데, 엘리 제사장 때 언약궤를 블레셋에 빼앗겨 실로를 떠난 후로 다시 이곳저곳으로 옮겨다니게 되었다. 다윗이 왕이 되어서야 오벳에돔 집에서 다윗 성으로 옮겨 놓았는데, 이제 성전이 건축되니 이 언약궤를 성전 안의 지성소에 들여놓으려는 것이다.

▸ 셀 수 없는 제물로 제사를 드림

"솔로몬 왕과 그 앞에 모인 이스라엘 회중이 저와 함께 궤 앞에 있어 양과 소로 제사를 드렸으니 그 수가 많아 기록할 수도 없고 셀 수도 없었더라"(5절). 이 행사는 매우 큰 행사였는데, 성전을 건립한 것이나 언약궤를 500년 만에 원래 처소에 들여놓는 것이나 매우 의미 깊은 일이었기 때문이다. 이때 이스라엘 백성 전체가 제물을 드렸다. "제사장들이 여호와의 언약궤를 그 처소로 메어 들였으니 곧 내전 지성소 그룹들의 날개 아래라"(6절). 성전의 중심부는 지성소이며 지성소의 중심은 언약궤였다.

▸ 구름이 여호와의 전에 가득함

성전에 언약궤가 안치되자 여호와의 영광이 전에 가득했다(10-11절). 언약궤는 하나님의 임재, 하나님의 체현이며 예수 그리스도를 나타낸다. "그 때에 솔로몬이 가로되 여호와께서 캄캄한 데 계시겠다 말씀하셨사오나 내가 참으로 주를 위하여 계실 전을 건축하였사오니 주께서 영원히 거하실 처소로소이다 하고"(12-13절). 15-16절에서는 솔로몬이 하나님을 송축한다. 여기서 솔로몬은 누가 성전을 건축했다고 했는가? 여호와께서 자기를 통해 건축하셨다고 했다.

22절부터는 솔로몬의 감동적인 기도 내용이다. 솔로몬은 왕이었지만 참으로 겸손하고 온전한 마음으로 하나님께 기도하고 있다. "하늘과 하늘들의 하늘이라도 주님을 감당하지 못하겠거늘 하물며 내가 건축한 이 전이오리이까"(27절). 그런 다음 솔로몬은 백성을 축복한다. 기도할 때에는 지성소를 향했을 것이고, 기도를 마치고서는 돌아서서 이스라엘 온 회중을 향해 큰 소리로 축복한 것이다.

▸ 건축의 완성과 하나님의 언약

솔로몬이 원했던 바가 다 이루어졌다. 주의 전을 건축하고 자기의 왕궁을 건축하는 일이 다 마쳐졌다. 솔로몬이 왕궁을 건축한 것도 하나님의 나라가 이 땅에 견고하게 세워지는 것과 관계가 있다. 8장에서 솔로몬의 긴 기도를 보았다. 하나님께서는 "내가 너의 건축한 이 전을 거룩하게 구별하여 나의 이름을 영영히 그곳에 두며 나의 눈과 나의 마음이 항상 거기 있으리니"라고 하신다. 이것은 기도의 응답으로서 성전을 건축한 목적을 하나님께서 열납하시고 그곳에 거하시겠다고 하신 것이다.

▸ 다윗이 받은 식양대로

솔로몬이 건축한 성전은 아버지 다윗이 하나님께로부터 받은 식양대로 지은 것이다(대상 28:11-19). 하나님이 그 성전에 거하시게 된 이유는 그 성전이 솔로몬 임의로 지어진 것이 아니라 하나님이 알려주신 식양대로 지어졌기 때문이다. 그러므로 하나님께서는 그 전을 거룩하게 구별하셨고 하나님의 눈과 마음이 항상 거기 있으리라는 약속을 주신 것이다.

▸ 다윗을 표준 삼으시다

"네가 만일 네 아비 다윗의 행함같이 마음을 온전히 하고 바르게 하여 내 앞에서 행하며 내가 네게 명한 대로 온갖 것을 순종하여 나의 법도와 율례를 지키면…너의 이스라엘의 왕위를 영원히 견고하게 하려니와"(4-5절). 하나님은 다윗을 이스라엘 백성들 가운데 경건한 성도의 표준으로 삼으셨다. 그 정도로 행하면 다윗에게 언약한 약속을 이루어주겠다고 하신다. 반대로 다른 신을 섬겨 숭배하면 이스라엘을 그 얻은 땅에서 끊어버릴 것이요 그분이 거룩하게 구별한 이 전이라도 그 앞에서 던져버리겠다고 하신다.

E. 솔로몬의 외치와 내치(9:10-10:29)

▸ 히람에 대한 보상

솔로몬은 히람에게 여러 가지 선물을 주고 갈릴리 땅의 성읍 이십(20)을 보답으로 주었는데 "히람이 두로에서 와서 솔로몬이 자기에게 준 성읍들을 보고 눈에 들지 아니하여…가불 땅이라 하였더니"(9:12-13). 가불이란 별로 마음에 들지 않는다는 뜻이 있고 또 하나는 국경, 변경이라는 뜻도 있다. 솔로몬은 그 성읍들을 다시 돌려받았고 아마도 다른 것으로 히람에게 주었을 것이다.

▸ 건축의 왕 솔로몬

솔로몬은 건축의 왕으로서 먼저는 성전을 건축하는 일을 했다. 다음 자기 궁을 건축했고, 그 다음 밀로를 건축했다. 밀로는 백성들과의 회합장소이다. 그리고 예루살렘 성벽과 변방들을 건축했다.

성전을 건축하고 왕궁과 밀로, 예루살렘 성 등을 차례로 건축하고서 애굽 왕 바로가 탈취했던 게셀까지 얻어서 새로이 건축했다. 바로의 딸이 솔로몬의 아내였기 때문에 바로가 자기 딸에게 그 게셀을 주었는데 그 게셀이 결국 솔로몬의 것이 된 것이다. 이렇게 자기가 직접 정복하지 않은 도시도 얻게 되어 솔로몬 시대에는 주로 건축을 통해서 나라를 강화시키는 일을 했다.

▸ 절기를 지키고 배를 만들다

9장 25절에서는 성전의 단 위에서 일 년 3차 번제와 감사제를 드렸으며 단에서 분향하였다고 한다. 26절에서는 솔로몬 왕이 에돔 땅 홍해 물 가 엘롯 근처 에시온게벨에서 배들을 지었으며, 히람은 바다에 익숙한 사공들을 보내주었고 또 금 420달란트를 솔로몬에게 바쳤다. 이방의 왕이 솔로몬의 성전 건축과 왕궁 건축에 협력한 것은 장차 메시아 왕국(가까이는 교회)에서 이방인들이 함께할 것을 예표한다고 볼 수 있다.

▸ 스바 여왕이 솔로몬을 찾아오다

10장에는 스바 여왕이 소문을 듣고 솔로몬을 방문한 것이 나온다. 스바 여왕은 솔로몬의 지혜를 듣고 놀라며 왕궁과 그의 신하들이 시립한 것을 보고 정신이 현황했다고 한다. 그녀는 엄청난 수행원을 대동하고 금과 보석을 약대에 싣고 왔다. 그 때 가져온 금이 120달란트였다. 그녀는 오빌의 금만이 아니라 백단목 같은 귀한 목재와 치장하는 보석 등을 가져왔다. 이것은 다 후에 이방 사람들이 하나님 나라에 들어올 때의 풍성을 예표하는 것이라 할 수 있다(엡 1:18). 18절부터는 솔로몬의 상아 보좌에 대한 이야기가 나오고, 21-22절에는 왕의 금 그릇들에 대한 것과 바다에 다시스 배들을 두어 히람의 배와 함께하게 했다는 내용이 있다. 23-24절은 솔로몬의 재산과 부를 말해준다. 27-29절은 솔로몬의 병거와 마병의 규모를 말해주는데, 이는 솔로몬 왕국의 영화와 부귀를 말해주는 동시에 이미 그 속에 부패의 싹이 있음을 시사한다.

F. 솔로몬의 범죄와 죽음(11:1-43)

▸ 이방 여인을 포함하여 많은 왕비를 두다

솔로몬은 하나님을 위해서 성전을 건축하는 가장 귀한 일을 하고도 유감스럽게 변질되고 부패하고 말았다. 영광은 잠간이고 부패는 순식간에 찾아왔다. "솔로몬 왕이 바로의 딸 외에 이방의 많은 여인을 사랑하였으니 곧 모압과 암몬과 에돔과 시돈과 헷 여인이라"(1절). 솔로몬이 나이 들어 부귀영화를 누리다 보니 결국 빠져들어간 곳이 많은 여인들을 후궁으로 거느리는 것이었다. 그것도 이스라엘 여인들이 아닌 이방 여인들이었다. 원래 정비는 바로의 딸이었지만(3:1), 그 외에도 그는 많은 이방 여인들을 아내와 첩으로 두었다. 그렇게 경건하고 하나님을 경외함으로 성전을 지었던 솔로몬, 영성이 깊은 기도를 올렸던 왕이 이제 모든 일을 마친 뒤에 나이가 들어서 결국 이런 많은 이방 여인들과 사랑에 빠져 변질되었다는 것은 참 믿기가 어렵다. 하나님은 여로보암 등 솔로몬의 대적들을 일으키셨으며, 하닷 에셀, 르손 등의 대적들이 일어나게 된 것을 기록한다. 그리고 선지자 아히야를 통해 나라를 빼앗아 여로보암에게 열 지파를 줄 것을 예언하셨다. 대신 다윗을 인하여 솔로몬 생전에는 그렇게 하지 않겠다고 말씀하셨다. 그 때문에 솔로몬은 여로보암을 죽이려 하였으나 이루지 못하고 40년 재위 후에 죽어서 다윗 성에 장사되었다(42절). 성경학자들은 솔로몬이 60세 정도에 죽었을 것이라고 한다.

◊ 12-22장: 남 유다와 북 이스라엘의 왕국사

▸ 솔로몬의 아들 르호보암의 즉위, 이스라엘 왕국의 분열

르호보암은 솔로몬의 아들이다. 예루살렘에서 아버지가 왕 노릇을 했었는데 왜 새

삼스럽게 그를 왕으로 삼고자 하여 온 이스라엘이 세겜에 모였는지 모르겠다. 르호보암이 그곳에서 추대를 받음으로 북쪽 이스라엘이 분리되는 것을 막으려는 심산이었는지도 모른다. 여로보암은 솔로몬 때 애굽으로 피했는데, 이제 솔로몬이 죽으니 이스라엘 백성들이 여로보암을 왕으로 삼고자 하여 애굽에서 불렀다. 백성들은 솔로몬 때 건축의 일을 하느라고 지친 면이 있어서 멍에를 가볍게 해주면 왕을 섬기겠다고 르호보암에게 청원했는데, 르호보암은 연장한 분들의 고견을 경청하지 않고 혈기왕성하고 방자한 젊은 친구들의 말에 귀를 기울인 나머지 포악하고 강압적으로 대답하여 분열이 일어났다.

이에 르호보암은 분열을 막아보려고 감독관 아도니람을 보냈지만 이스라엘 인들이 그를 쳐 죽였으며, 온 이스라엘은 애굽에서 돌아온 여로보암을 이스라엘 왕으로 삼았다. 이렇게 해서 솔로몬 사후에 북 왕국 이스라엘과 남 왕국 유다로 분국이 되고 말았다. 사실상 분열의 씨는 이미 다윗 때에 뿌려졌다고 보아야 한다. 이스라엘이 남과 북으로 분열된 상황은 이 책의 저자 예레미야 때까지 그대로 존재하게 되었다. 르호보암은 무력으로 북방 열 지파를 자기에게 돌리려고 예루살렘에서 유다와 베냐민 용사 십팔만을 모았으나 하나님께서 스마야라는 선지자를 통해 전쟁을 금하셨다.

▸ 여로보암이 벧엘과 단, 두 곳에 우상의 산당을 세움

북 이스라엘의 왕이 된 여로보암은 이스라엘 백성이 하나님께 예배하러 일 년에 세 번씩 예루살렘에 가다보면 그들의 마음이 다윗 집으로 향할까 하여 두 금송아지를 만들어서 각각 벧엘과 단에 두고 이것이 너희를 애굽에서 인도해낸 신이라고 하면서 임의로 절기를 정하고 그곳에서 제사하게 했다. 이 일은 하나님께 큰 죄가 되었고 백성들은 자연히 우상숭배에 떨어지게 되었다. 이것이 바로 하나님께서 계속 언급하신 느밧의 아들 여로보암의 죄이다. "저가 또 산당들을 짓고 레위 자손 아닌 보통 백성으로 제사장을 삼고…저가 자기 마음대로 정한 달 곧 팔월 십오일로 이스라엘 자손을 위하여 절기로 정하고 벧엘에 쌓은 단에 올라가서 분향하였다"(31-33절).

▸ 하나님의 사람과 여로보암

열왕기 상 13장에는 세 사람이 나온다. 첫째는 여로보암이고, 둘째는 하나님의 사람이고, 셋째는 늙은 선지자이다. 이 세 사람을 주의하면서 이 장의 말씀을 읽기 바란다. 또 중요한 것은 이 장에서 많이 나오는 '여호와의 말씀'이다.

▸ 여로보암이 벧엘에서 분향하다

어느 날 여로보암이 벧엘의 금송아지 단 곁에서 분향할 때 하나님의 사람이 유다로부터 와서 단을 향하여 예언하기를, 장래 유다에서 요시야라는 왕이 일어나 산당 제사장들을 죽이고 뼈를 그 단에서 불사를 것이라고 하였다(왕하 23:15-19 참조). 그리고 장래 이 일이 반드시 이루어질 것이라는 징조로 단이 갈라지고 그 위의 재가 쏟아지는 것을 보여주었다.

▸ 여로보암의 손이 마르다

이 예언을 들을 때에 여로보암 왕이 손을 뻗치면서 하나님의 사람을 잡으라고 했다. 그런데 바로 그때에 손이 말라 손을 다시 거두지 못하게 되었고 예조대로 단이 갈라지고 재가 단에서 쏟아졌다. 그러자 여로보암은 하나님의 사람에게 기도를 부탁했고 그의 기도로 여로보암의 손이 다시 성하게 되었다. 여로보암 왕은 자기의 손이 즉시 성하게 된 것을 보고 그가 정말 하나님이 쓰시는 사람이라는 것을 알고 후하게 접대하고 싶었으나 선지자는 단호히 거절하고 자기의 길을 갔다.

▸ 벧엘의 늙은 선지자

"벧엘에 한 늙은 선지자가 살더니 그 아들들이 와서 이 날에 하나님의 사람이 벧엘에서 행한 모든 일을 저에게 고하고 또 그가 왕에게 고한 말씀도 저희가 그 아비에게 고한지라"(13:11). 늙은 선지자는 아들들의 도움을 받아 상수리나무 아래서 쉬고 있는 하나님의 사람을 찾아갔다(13-14절). 그리고 간곡히 함께 집으로 가서 접대를 하고 싶다고 했다.

▸ 늙은 선지자의 미혹하는 말

"저가 그 사람에게 이르되 나도 그대와 같은 선지자라 천사가 여호와의 말씀으로 내게 이르기를 그를 네 집으로 데리고 돌아가서 그에게 떡을 먹이고 물을 마시우라 하였느니라 하니 이는 그 사람을 속임이라"(18절). 늙은 선지자의 알 수 없는 거짓과 간교함을 볼 수 있다.

"이에 그 사람이 저와 함께 돌아가서 그 집에서 떡을 먹으며 물을 마시니라"(19절). 젊은 선지자는 이 늙은 선지자가 '나도 선지자다'라고 하는 바람에 그 유혹에 넘어갔다. 이 때 하나님은 늙은 선지자를 통해 말씀하신다. "네가 여호와의 말씀을 어기며 …떡을 먹고 물을 마셨으니 네 시체가 네 열조의 묘실에 들어가지 못하리라". 놀라운 것은 이 젊은 선지자가 영적인 세계와 은혜에 대해 닫혀졌을 때 하나님께서 늙은 선지자를 통해 그에게 말씀하셨다는 것이다. 이것이 늙은 선지자가 바랐던바 불순한 술책이었을 것이다.

▸ 젊은 선지자의 죽음

젊은 하나님의 사람은 여로보암 왕 앞에 가서 죽음을 무릅쓰고 용감하게 예언을 했는데, 이제 늙은 선지자에게 미혹되어서 하나님의 명령을 어기고 결국 사자에게 찢겨 죽었다. 사자가 선지자를 찢어 죽이기는 했는데 그 시체를 먹지 않고 그냥 곁에 서 있었다. 늙은 선지자는 이 일을 동네에서 자기의 선지자적 평판을 유지하는 계기로 삼았다. 젊은 선지자가 사자에게 찢겨죽은 것을 목격한 자들이 동네에 와서 그에게 말하자, 그는 그 젊은 자가 하나님의 사람이 맞고 그가 하나님의 말씀을 어김으로 자기에게 하나님이 말씀하신 그대로 된 것이라고 평가했다. 그는 젊은 선지자의 시체를 실어다가 자기의 묘실에 장사지내고 '오호라 나의 형제여' 하며 슬피 울고는 자기 아들들에게 자기가 죽으면 그 뼈를 젊은 선지자의 뼈 곁에 두라고 유언했다. 이 일에서 우리는 영적인 세계처럼 복잡하고 교묘한 것이 없다는 사실을 깨닫는다.

▸ 계속되는 여로보암의 죄악

"여로보암이 이 일 후에도 그 악한 길에서 떠나 돌이키지 아니하고 다시 보통 백성으로 산당의 제사장을 삼되 누구든지 자원하면 그 사람으로 산당의 제사장을 삼았으므로"(33절). 유다에서 하나님의 사람을 보내서 이 벧엘 단을 향해 예언하게 하신 것이 누구를 위한 것이었는가? 여로보암과 이스라엘을 위한 것이었다. 그런데 그 예언의 말이 효과가 있었는가? 없었다. 여로보암은 그 선지자의 말(여호와의 말씀)을 듣고 하나도 변한 것이 없었다.

▸ 여로보암의 이스라엘 왕국: 여로보암의 아들 아비야가 병들어 죽다

14장은 여로보암의 아들 아비야가 병들어 죽게 되었을 때의 이야기이다. 여로보암은 그의 처더러 실로에 있는 나이 많아 눈이 어두운 선지자 아히야에게 떡과 과자와 꿀들을 가져가서 아들에 대하여 물으라고 했다. 하나님은 선지자에게 여로보암의 처가 변장하고 올 것이니 이리이리 대답하라고 알려 주셨다.

선지자는 찾아온 여로보암의 처에게 "네 발이 성에 들어갈 때 그 아이가 죽을 것이라" 하면서 그렇다 해도 여로보암에 속한 자는 이 아이만 묘실에 들어갈 것이라고 예언해주었다(14:12-13). 그리고 장래 이스라엘에 한 왕(바아사)을 일으켜 여로보암의 집을 완전히 끊어버릴 것이라고 하셨다. 여호와의 말씀을 어긴 우상숭배의 결과가 얼마나 처참한지를 보여준다. 여로보암은 22년 간 왕 노릇 하고 죽었으며 그 아들 나답이 왕이 되었다.

▸ 르호보암의 유다 국: 르호보암 5년에 애굽의 침공을 당하다

솔로몬 다음 왕은 41세에 즉위한 르호보암이다. 르호보암은 17년 간 재위했다. 이 르호보암의 모친은 나아마인데 암몬 사람이었다. 솔로몬의 아내 중에 암몬 여자가 있었다는 말이다. 르호보암 때 유다는 산 위에나 푸른 나무 아래 산당과 우상과 아세라 목상을 세우고 우상숭배를 하였으며, 남색하는 자도 있었고 가나안 원주민들의 가증한 일을 본받아 행하는 자들이 있었다. 르호보암 5년에 애굽 왕 시삭이 예루살렘을 공격하여 솔로몬 때 만들어놓은 금 방패를 다 빼앗아갔으며, 르호보암은 그 대신 놋 방패를 만들어 두었다. 르호보암은 41세에 왕위에 올라 17년 간 재위하고 58세에 죽었다.

▸ 유다 왕 아비얌과 아사, 이스라엘 왕 나답

15장은 유다 왕 아비얌, 아사, 그리고 이스라엘 왕 나답의 전기이다. 이스라엘에서 여로보암이 18년째 다스릴 때 유다에서는 르호보암의 아들 아비얌이 왕이 되었다. 아비얌의 부친의 죄는 우상숭배였는데(14:8), 아비얌도 그 부친처럼 우상숭배의 악을 행하였다. 아비얌이라는 사람은 형편없었지만 하나님께서는 그래도 다윗에게 하신 약속을 지키시기 위해 예루살렘에서 그에게 등불을 주시되 그 아들을 세워 후사가 되게 하여 예루살렘을 견고케 하셨다.

"르호보암과 여로보암 사이에 사는 날 동안 전쟁이 있었더니 아비얌과 여로보암 사이에도 전쟁이 있으니라"(6-7절). 아비얌과 여로보암 사이에 있었던 전쟁의 내용은 역대 하 13장에 기록되어 있다.

▸ 아사 왕의 선정

여로보암은 22년 동안 왕 노릇을 했는데, 여로보암 재위 기간에 유다의 왕이 세 번 바뀌었다. 아비얌 다음 아사가 유다 왕이 되었다(15:8). 아사의 재위 기간은 41년이다. 유다의 웃시야는 52년, 므낫세는 55년 등이다. 아사는 기도하는 왕이었고, 기도로 구스 국의 백만 대군을 물리쳤다(대하 14:11). 또한 선지자(오뎃)의 말을 듣고 가증한 물건을 유다와 베냐민 온 땅에서 제하고 성전의 여호와의 낭실 앞 단을 중수했으며, 모친 마아가가 아세라 목상을 만들었기에 태후의 위를 폐하고 우상을 제하는 일에 힘썼다. 그러나 이스라엘 바아사 왕이 쳐들어왔을 때 하나님을 의지하지 않고 아람 왕 벤하닷에게 여호와의 전과 왕궁 곳간의 은금을 뇌물로 주어 바아사의 공격을 막았고, 재위 39년에는 발에 병이 있었는데 하나님을 의지하지 않고 의원을 의지하였다. 그러나 하나님은 그의 마음이 일평생 온전하였다고 평가하셨다(대하 15:17). 아사 다음은 여호사밧인데 여호사밧도 매우 좋은 왕이다.

▸ 이스라엘 여로보암의 아들 나답

25절부터 북왕국 이스라엘의 이야기를 한다. 이스라엘은 여로보암 다음에 나답이 왕이 되어 2년 간을 다스렸다. 여로보암(1세)이 22년 간 왕위에 있었고 나답은 겨우 2년 간 다스렸다. 나답, 바아사, 엘라, 시므리, 오므리 등으로 이어진다.

▸ 바아사의 모반: 나답을 죽이고 대신 왕이 되다

나답 다음에 바아사라는 사람이 나타난다. 이 바아사는 잇사갈 지파 사람이다. 여로보암의 아들 나답이 깁브돈이라는 곳을 에워싸고 전쟁을 하고 있던 때인데, 그 때 이 바아사가 나답을 죽이고 대신하여 왕이 되어 디르사에서 24년 치리하였다. 여기까지 이스라엘 왕의 계보는 여로보암, 나답, 바아사로 이어졌는데, 좋은 왕이 하나도 없다. 그 악의 표준은 여로보암이다.

▸ 예후 선지자가 바아사 집에 대해 예언하다

바아사는 예후라는 선지자에게 책망을 받았다. 하나님께서는 여로보암 집을 심판하기 위해서 바아사를 일으키셨는데, 그도 역시 이스라엘로 범죄케 하고 하나님의 노를 격동케 했기 때문에 그 집을 여로보암의 집처럼 쓸어버리겠다고 하셨다. 이제 바아사는 죽고 그 아들 엘라가 왕이 된다. 엘라가 재위한 지 2년 만에 시므리가 모반을 일으킨다.

▸ 엘라가 시므리에게 모반을 당하여 죽음

엘라가 디르사에 있을 때 아르사라는 대신의 집에서 마시고 취하여 있는데 병거 절반을 통솔하는 시므리가 왕을 모반하여 엘라를 죽이고 왕이 된다. 유다 아사 왕 27년 때이다. 그는 이스라엘 3대 왕조로서 바아사 집안 사람을 다 죽였다. 그러나 시므리는 7일 간 왕 노릇하고 끝난다. 이스라엘 백성들은 시므리가 모반하여 왕을 죽였다는 말을 듣고 군대장관 오므리를 왕으로 삼았으며 그는 무리를 거느리고 와서 디르사 성을 에워쌌다. (시므리는 성이 함락되자 왕궁에 불을 놓고 그 가운데서 죽는다.) 그 때 이스라엘 백성이 둘로 나뉘어 디브니를 좇는 자들과 오므리를 좇는 자들이 있었는데, 오므리가 디브니를 이기고 왕이 된다. 오므리는 디르사에서 즉위를 했는데, 세멜이라는 자에게서 아주 싼 값, 은 2달란트로 사마리아 산을 사서 사마리아로 천도를 하였다. 그 오므리가 악행으로 유명한 아합의 아버지이다.

▸ 오므리의 아들 아합

오므리에 이어 그 아들 아합이 왕이 되었다. 유다 왕 아사 38년 때이다. 아합은 북왕국 이스라엘, 제 4왕조의 둘째 왕이며, 통산으로는 7대 왕이다. 그는 시돈의 왕녀 이세벨을 왕비로 맞고 바알 신을 숭배하며 나봇을 죽이는 등 많은 악행을 저지른 왕이다. 이 때 하나님께서 일으키신 선지자가 엘리야이다. 가장 악한 왕이 일어난 때에 하나님은 가장 훌륭한 선지자를 일으키셨다. 벧엘 사람 히엘이 여리고를 건축하였는데, 터를 세울 때 맏아들을 잃고 문을 만들 때 말째 아들을 잃었다. 아무리 악하고 타락한 시대일지라도 하나님의 말씀은 그대로 이루어진다. 유다는 예루살렘을 수도로 계속 유지하고 있었고, 유다에서는 선한 왕들이 비교적 많이 나왔다. 이스라엘은 수도를 세겜으로, 디르사로, 사마리아로 옮겼으며, 배반하고 죽이고 하면서 계속 왕조가 바뀌었다.

▸ 선지자 엘리야: 가장 악한 왕 아합 때에 별같이 등장하다

우리는 성경 전체에서 엘리야가 어느 지파 사람인지, 조상이 누구인지에 대한 기록을 볼 수 없다. 그는 열왕기 상 17장에서 갑자기 나타난 인물이다. 다만 그가 디셉 사람이라고 되어 있는데, 디셉이라는 지방은 정확히 어디인지 알기가 어렵다. 이스라엘 온 나라가 하나님의 말씀을 듣지 않을 때이지만, 하나님께서는 엘리야라는 충성된 선지자에게 말씀하고 계셨다. 하나님은 엘리야에게 수년 간 비가 내리지 않을 것이니 가뭄이 시작되면 요단 앞 그릿 시냇가에 가서 숨으라고 하셨다(17:3).

▸ 이스라엘 땅의 가뭄과 하나님께서 엘리야를 먹이심

“그 시냇물을 마시라 내가 까마귀들을 명하여 거기서 너를 먹이게 하리라 저가 여호와의 말씀과 같이 하여 곧 가서 요단 앞 그릿 시냇가에 머물매 까마귀들이 아침에도 떡과 고기를, 저녁에도 떡과 고기를 가져왔고 저가 시내를 마셨더니 땅에 비가 내리지 아니하므로 얼마 후에 그 시내가 마르니라"(17:4-7). 말씀을 믿고 순종하는 것이 중요하다. 하나님은 까마귀 같은 작은 피조물을 사용해서라도 그분의 말씀을 믿는 자들을 공급하고 양육하실 수 있다는 것을 보여준다.

▸ 사르밧 과부로 하여금 엘리야를 공궤하게 하시다

그릿 시내가 마르자 하나님은 그를 시돈에 속한 사르밧 땅의 과부에게로 보내셨다. 모두가 말씀에 대한 순종이다. 시돈은 이스라엘 북쪽의 이방 나라이며 아합의 처 이세벨의 고향이다. 이세벨이 바로 시돈 여자이다. 그곳에 한 과부가 살고 있었는데 하나님은 엘리야에게 그 과부에게 가라고 하셨다. 엘리야는 사르밧으로 가서 그녀를 만나 마실 것과 떡을 가져오라고 하였고, 그녀는 남은 기름과 통 속의 가루 한 움큼 가지고 마지막으로 아들과 음식을 만들어 먹고 죽을 것이라고 하였다. 엘리야는 그녀의 사정을 듣고도 남은 것을 가지고 먼저 그를 위해 작은 떡을 하나 만들어 가져오고 그 후에 그녀와 그 아들을 위해서 떡을 만들라고 했다. 13장의 젊은 하나님의 사람과 늙은 선지자의 이야기, 16장의 벧엘 사람 히엘이 여리고를 건축하다가 두 아들을 잃은 이야기, 17장의 엘리야 선지자의 이야기는 모두 여호와의 말씀의 신실하심과 그대로 이루어짐을 보여준다. "저가 가서 엘리야의 말대로 하였더니 저와 엘리야와 식구가 여러 날 먹었으나 여호와께서 엘리야로 하신 말씀같이 통의 가루가 다하지 아니하고 병의 기름이 없어지지 아니하니라"(15-16절). 여호와의 말씀대로 된 것이다.

▸ 과부의 아들을 살리다

이 일 후에 사르밧 과부의 아들이 죽었다. 그녀는 아들이 죽자 자신의 죄가 생각났다. 엘리야는 그 상황을 보고 과부의 말에 대답하지 않고 아들을 달라고 해서 아들을 데리고 자기가 거처하는 다락에 올라갔다. 그 아이 위에 세 번 몸을 펴서 엎드렸다는 것은 그만큼 엘리야가 그 아이를 사랑했고 살리려는 간절한 뜻을 표한 것이다. 여호와께서는 엘리야의 이 기도를 들으셨고 그 아이의 혼은 몸으로 돌아왔다. 이것이 엘리야의 사역이다. 누구에게 사역했는가? 수천수만 명을 향해 사역했는가? 아니다. 이 위대한 하나님의 선지자는 오직 이방의 한 과부의 가정에 가서 하나님의 말씀이 살아있음을 증거한 것이다. "여인이 엘리야에게 이르되 내가 이제야 당신은 하나님의 사람이시요 당신의 입에 있는 여호와의 말씀이 진실한 줄 아노라 하니라"(24절).

▸ 바알의 선지자들과 대결한 이야기

18장에는 갈멜 산에서 엘리야가 바알의 선지자 450명과 대결한 이야기가 있으며, 엘리야의 행적에서 가장 빛나는 부분이다. 엘리야 선지자는 사르밧 과부의 집에서 삼 년 가까이 머물렀을 것이다. 삼 년이 되었을 때 하나님은 비를 주시기로 했다. 그 때 아합 왕은 궁내 대신 오바댜와 물을 찾으러 다니다가 서로 나누어져 각각 물을 찾기로 했는데, 오바댜가 홀로 길에 있을 때에 엘리야를 만나게 되었다. 엘리야가 오바댜에게 아합을 만나겠다고 하자 오바댜는 두려워했고, 엘리야는 반드시 만날 것이니 두려워 말라고 하였다. 아합은 엘리야를 보자 "이스라엘을 괴롭게 하는 자여"라고 했고, 엘리야는 "내가 이스라엘을 괴롭게 한 것이 아니라 당신과 당신의 아비의 집이 괴롭게 하였으니 이는 여호와의 명령을 버렸고 당신이 바알들을 좇았음이라"고 했다.

엘리야는 바알과 여호와 하나님 중 어떤 신이 참 신인지 시험하자고 제의하면서 1대 850으로 대결을 벌이자고 하였으나 아세라 선지자 400명은 오지 않은 것 같고 바알 제사장 450명이 엘리야 선지자와 결전을 벌였다. 그들은 아침부터 낮끼지 바일의 이름을 부르며 부르짖었으나 아무 응답이 없이 제물이 그대로 있었고, 엘리야가 드린 제물은 곧 응답을 받아 '여호와의 불'이 내려서 번제물과 나무와 돌과 흙을 태우고 또 도랑의 물을 핥았다. 실로 엘리야 사역의 전성기였다. 엘리야는 갈멜 산에서 승리한 직후에 사백오십 명의 바알 선지자들을 기손 시내로 내려다가 다 죽였다.

▸ 비가 내리다

아합과 백성들은 그 광경을 다 보았을 것이다. 엘리야는 왕에게 먹고 마시라고 권하면서 큰 비가 올 것이라고 했다. 삼 년 육 개월 만의 일이다. 갈멜 산에서 승리하고 난 뒤 엘리야의 사역을 통해 이스라엘 백성은 신앙이 회복되었다. 이들은 엎드려 과연 여호와가 하나님이시라고 했다. 아합은 자기의 장막이 있는 곳으로 먹으러 올라갔고 엘리야는 땅에 꿇어 엎드려서 얼굴을 무릎 사이에 넣고 기도했다. 지극히 겸손하고 간곡한 자세로 기도한 것이다. 결국 3년 6개월 만에 비가 흡족하게 내렸다.

▸ 엘리야가 이세벨에게 쫓겨 피신하다

아합이라는 이스라엘 왕은 이방 여인 하나를 데려다 아내로 앉혀놓고 쩔쩔매는 형국이다. 이세벨은 왕궁에 앉아 있고 아합은 갈멜산에서 되어진 모든 일, 곧 엘리야가 어떻게 바알의 선지자들을 칼로 죽였는가를 그녀에게 보고했다. 화가 잔뜩 난 이세벨은 엘리야에게 사자를 보내어 그를 죽이겠다고 했다. 엘리야는 이세벨을 두려워했다.

위대한 선지자가 한 교만하고 악독한 여인의 죽이겠다는 협박을 받고 심히 떨고 있는 모습이다. 광야에서 하룻길 쯤 행하여 로뎀나무 아래 앉은 하나님의 위대한 선지자는 얼마 전의 엘리야와 전혀 다른 사람처럼 말하고 있다. "지금 내 생명을 취하옵소서". 엘리야는 죽기를 기다리며 로뎀나무 아래서 탄식하며 기도하다가 누워 잠이 들었다. 그때 천사가 어루만지며 '일어나서 먹으라'고 했다.

▸ 엘리야가 호렙산에 이르러 굴에 들어가다

광야 로뎀나무 아래에서 엘리야는 천사가 마련한 구운 떡과 물을 먹고 마신 후 힘을 차리고서 천사의 부축을 받아 사십 주야를 걸어서 호렙산으로 갔다. 그곳 굴에 유하고 있을 때 여호와의 말씀이 그에게 임했다. "엘리야야 네가 어찌하여 여기 있느냐?" 엘리야가 대답하기를, "내가 만군의 하나님 여호와를 위하여 열심이 특심하오니 이는 이스라엘 자손이 주의 언약을 버리고 주의 단을 헐며 칼로 주의 선지자들을 죽였음이오며 오직 나만 남았거늘 저희가 내 생명을 찾아 취하려 하나이다"라고 했다. 그 때 여호와께서 엘리야더러 굴에서 나가 산에 섰으라 하시더니 여호와께서 지나가시는데 강한 바람 가운데도, 지진 가운데도, 불 가운데도 계시지 않고 세미한 소리가 있었다. 세미한 소리는 신약적이다. 엘리야는 주님께 같은 대답을 반복했다(19:10, 14).

▸ 하사엘(아람 왕)과 예후(이스라엘)에게 기름을 붓고 엘리사에게 선지 직분을 위임하라

그럼에도 하나님은 여전히 엘리야의 선지자 직분을 제쳐놓지 않으시고 오히려 엘리야를 재기시켜 다시 일하게 하신다. 하나님은 엘리야에게 다메섹에 가서 하사엘이라는 사람에게 기름을 부어 아람 왕이 되게 하고, 님시의 아들 예후에게 기름을 부어 이스라엘 왕이 되게 하라고 하셨으며, 또한 엘리사에게 기름을 부어 네 대신 선지자가 되게 하라고 하셨다.

그리고 하나님은 엘리야를 통해 예언의 말씀을 주시는데, 이는 우상숭배로 범죄한 이스라엘을 치시는 일에 대한 것이다. "하사엘의 칼을 피하는 자를 예후가 죽일 것이요 예후의 칼을 피하는 자를 엘리사가 죽이리라". 그리고 바알에게 무릎 꿇지 않은 칠천 인을 남길 것이라고 하셨다.

▸ 엘리야와 엘리사의 만남

엘리야가 엘리사를 만나는 역사적인 장면이다. 엘리사는 농사를 짓는 사람으로 열

두 겨리 소를 앞세우고 밭을 갈고 있었다. 그런데 엘리야는 엘리사를 보자마자 그의 겉옷을 던져 주었다. 그러자 엘리사는 바로 소를 버리고 엘리야에게 달려갔다. 한두 마리도 아닌 소들을 뒤로 하고 엘리야를 따르고자 한 것이다. 엘리사는 소 한 마리를 잡고 소의 기구를 불살라 그 고기를 삶아서 동네 사람들과 같이 먹은 다음 엘리야를 좇으며 수종들었다.

17장부터 19장까지에서 아합과 엘리야에 대해 보았다. 하나님은 이스라엘의 여로보암처럼 악한 왕에게도 하나님의 사람을 보내서 말씀하시고, 여로보암의 아들 아비야가 병이 들었을 때도 아히야라는 선지자를 통해 말씀하셨다. 또 바아사라는 왕에게도 예후라는 사람을 보내어 그 일을 꾸짖게 하시고, 아합이라는 그 악한 왕에게도 엘리야라는 선지자를 일으켜 말씀하시며 경계하셨다. 하나님은 결코 그분의 백성을 버리지 않으심을 볼 수 있다.

▸ 아합과 벤하닷의 전투: 아람이 이스라엘을 침공함

열왕기 상 19장에서는 엘리야가 이세벨을 피해 광야로 가서 로뎀나무 아래 있다가 또 다른 곳으로 가서 여호와의 말씀을 듣는 것을 보았다. 엘리야 선지자가 이세벨을 피해 도망다니던 상황이었다. 20장은 아합과 아람 왕 벤하닷 사이의 전투 역사를 기록한다. 아람은 다윗 시대에 다윗에게 조공을 바치고 다윗은 아람의 말들의 힘줄을 끊는 등 다윗에게 꼼짝도 못하던 나라였는데, 이제 이스라엘이 하나님의 말씀을 순종치 않고 하나님을 멀리 떠나며 우상을 섬기다 보니 아람이 강성하게 되어 이스라엘을 치려 한다. 아람 왕 벤하닷은 주변국들과 연합하여 이스라엘 수도 사마리아를 에워싸고 이스라엘을 공격하려 하고 있다.

벤하닷은 두 번이나 사자를 보내서 점점 더 강하게 말하고 있다. 그는 이스라엘을 약탈하겠다는 위협을 점입가경으로 '네 집뿐 아니라 네 신복의 집들도 다 수색하겠고, 그래서 너희 눈이 좋아하고 기뻐하는 모든 것들을 다 가져가겠다'고 했다. 아합은 처음에는 굴복하는 듯이 하다가 장로들의 말을 듣고 용기를 내어 벤하닷의 위협을 완곡하게 거절한다. 그러자 벤하닷이 '너희 나라를 완전히 재로 만들겠다' 하고 아합은 '싸워보지도 않고 자랑하며 큰 소리치지 말라'고 응수하자, 벤하닷은 화가 머리끝까지 치밀어 전열을 베풀라 하고 전투명령을 내린다. 이긴 것이나 다름없다고 생각한 아람 왕 벤하닷은 아주 여유로이 장막에서 왕들과 술을 마시고 있었다.

한 선지자(미가야로 추측한다)가 아합에게 와서 "여호와의 말씀이 오늘 저희를 네 손에 붙이리니 너는 내가 여호와인 줄 알리라 하셨나이다"라고 고했다. 벤하닷은 술을 마시고서 전투에 나서며 화친하러 나오더라도 사로잡고 싸우러 나오더라도 사로잡으라고 했다. 벤하닷은 자신을 너무 과신하고 있었다.

▸ 벤하닷의 2차에 걸친 패배

"이스라엘 왕이 나가서 말과 병거를 치고 또 아람 사람을 쳐서 크게 도륙하였더라"(21절). 이것이 이스라엘의 첫 번째 승리이다. "그 선지자가 이스라엘 왕에게 나아와 가로되 왕은 가서 힘을 기르고 왕의 행할 일을 알고 준비하소서 해가 돌아오면 아람 왕이 왕을 치러 오리이다 하니라"(22절). 1차 전쟁이 끝나고 선지자가 와서 다시 아람 왕이 올 것을 알려주고 있다. 아람 왕의 부하들이 벤하닷 왕에게 이스라엘의 신은 산의 신이라고 말하자 벤하닷은 이번에는 평지에서 싸우기로 한다. 선지자의 예언대로 벤하닷은 이듬해 봄에 군력을 재정비하여 다시 이스라엘을 침공하였다. 숫자 면에서 이스라엘은 대군인 아람과 비할 수가 없었다.

7일 간 양쪽 군대(이스라엘과 아람)가 대치하고 있다가 7일 만에 전투가 붙었다. 아람 군은 지난번에 패하였으므로 이번에는 매우 신중하게 공격했다. 그러나 이스라엘 군이 하루에 아람 대군 십만 명을 죽였고, 아람 군 이만 칠천 명은 아벡으로 도망했는데 성읍이 무너져서 이만 칠천 명이 또 죽었다. 벤하닷 왕만 가까스로 살고 12만 7천의 대군이 다 죽었다.

▸ 벤하닷의 위선적 항복과 아합의 우둔함

벤하닷이 신복들의 아합의 약점을 파고드는 모략을 듣고, 굵은 베로 허리를 묶고 테두리를 머리에 쓰고 아합 왕에게 부복하고 목숨만 살려달라고 한다니까 아합이 "저가 오히려 살았느냐 저는 나의 형제니라" 하면서 용서의 뜻을 표했다. 아합은 아람 왕 벤하닷이 '부친이 빼앗은 성을 도로 돌려주겠다'는 것과 '당신의 거리를 다메섹에 만들라'는 등의 별것 아닌 조건을 제시하자 그것을 약조로 하여 적장을 놓아주었다.

35-40절에는 선지자 무리 중 한 사람이 아합 왕의 신중치 못한 행동을 비유로 말하는 것이 나온다. 하나님의 말씀에 따라 세게 때려야 하는데 슬쩍 때려서 사자에게 찢겨죽은 선지자의 비유는 곧 하나님께서 멸하기로 작정하신 사람을 아합 왕이 임의로 살려준 것에 대한 비유다. 따라서 하나님은 아합의 생명으로 벤하닷의 생명을 대신하겠다고 하신다. 세게 때려야 할 자를 적당히 처리하면 그 모든 수욕을 그가 받게 된다.

▸ 나봇의 포도원

21장은 아합에게 일어났던 또 하나의 사건을 말해 주고 있다. 이스르엘은 갈멜산 동편, 나사렛까지 이르는 비옥한 평원 도시 이름이다. 그런데 이스르엘에 나봇의 포도원이 있어서 사마리아 왕 아합의 궁에서 가까웠다. 이 나봇은 뒤에 보겠지만 좋은 사람이다. 아합은 나봇의 포도원이 별궁 가까이에 있으니 그곳을 자신의 야채밭으로 만들면 좋겠다고 생각해서 그것을 팔라고 했다. 그러나 나봇은 거절하면서 하나님께서 여호수아 때 토지를 분배하게 하시면서 이쪽 지파 것이 저쪽 지파로 넘어가지 못하도록 정하셨다고 하였다. "아합은 근심하고 답답하여 궁으로 돌아와서 침상에 누워 얼굴을 돌이키고 식사를 아니하니"(4절).

아합의 아내 이세벨은 아주 사악한 여자이다. 그녀는 식사도 하지 않고 근심하는 남편에게 물었다. "왕의 마음에 무엇을 근심하여 식사를 아니하나이까". "왕이 이르되 내가 이스르엘 사람 나봇에게 말하여 이르기를 네 포도원을 내게 주되 돈으로 바꾸거나 만일 네가 좋아하면 내가 그 대신에 포도원을 네게 주리라 한즉 저가 대답하기를 내가 내 포도원을 네게 주지 않겠노라 함을 인함이로라"(6절). 아합은 자기 아내에게 나봇이 팔지 않겠다고 한 이유, 즉 하나님의 정하심 때문이라는 말은 빼고 말했다. 나봇은 "내 열조의 유업을 왕에게 주기를 여호와께서 금하실지로다"라고 했는데, 아합은 자기 아내에게 나봇이라는 자가 그의 포도원을 자기에게 주지 않겠다 함을 인함이라고 했다.

▸ 이세벨의 계교

악한 이세벨이 남편을 위해서 하는 일을 보라! 이세벨은 밥도 먹지 않고 답답해하는 아합에게 '당신이 이스라엘 왕이 아니냐 일어나 식사하시고 마음을 즐겁게 하라'면서 자기가 나봇의 포도원을 빼앗아 주겠다고 한다.

그리고서는 나봇이 사는 성에 금식을 선포한 후에 나봇을 백성 가운데 높이 앉히고 그가 "하나님과 왕을 저주하였다 하게 하고 곧 저를 끌고 나가서 돌로 쳐 죽이라 하였더라"(10절). '나봇이 돌에 맞아 죽었나이다'라는 통보를 들은 이세벨이 아합에게 가서 말했다. "포도원을 취하소서 그 이스르엘 사람 나봇이 살아 있지 아니하고 죽었나이다". 아합은 나봇의 죽었다 함을 듣고 곧 일어나 이스르엘 사람 나봇의 포도원을 취하러 내려갔다(11-16절).

▸ **엘리야 선지자의 출현**

"여호와의 말씀이 디셉 사람 엘리야에게 임하여 가라사대 너는 일어나 내려가서 사마리아에 거하는 이스라엘 왕 아합을 만나라 저가 나봇의 포도원을 취하러 그리로 내려갔나니 너는 저에게 말하여 이르기를 여호와의 말씀이 네가 죽이고 또 빼앗았느냐 하셨다 하고 또 저에게 이르기를 여호와의 말씀이 개들이 나봇의 피를 핥은 곳에서 개들이 네 피 곧 네 몸의 피도 핥으리라 하셨다 하라"(17-19절).

나봇의 포도원을 취하러 내려가는 아합에게 하나님은 그분의 선지자 엘리야를 보내셨다. 하나님은 아합의 죄목을 그대로 말씀하신다. '너는 죽이고 또 빼앗았다!' 20장에서는 전투에서 승리를 거두게 하신 하나님께서 무엇 때문에 아합을 죽게 하셨는가? 여호와의 말씀을 소홀히했기 때문이다. 이 열왕기 상의 가장 주된 강조점은 '여호와의 말씀'이다. 그러나 당시 하나님의 말씀은 땅에 떨어질 대로 떨어지고 이세벨의 간교한 술수와 농간(이세벨의 교훈)만이 세력을 떨치고 있었다.

하나님의 심판이 예고되고 있다. 먼저는 아합에 대한 것이다. 하나님은 아합의 집을 여로보암 집이나 바아사처럼 쓸어버리겠다고 하셨고, 이세벨에 대하여는 개나 공중의 새가 이세벨을 먹을 것이라고 예언하셨다. 아합은 어쩔 수 없이 악을 행한 것이 아니라 자기가 스스로를 악에게 헐값으로 판 것이다. "예로부터 아합과 같이 스스로 팔려 악을 행한 자가 없음은". 자고이래로 아합과 같은 자는 처음 보았다는 말씀이다. 그는 매사에 그 아내 이세벨에게 충동되어 행했다. 그래서 거짓과 사악한 의도에 자기를 넘겨버린 것이다(21-25절).

▸ **하나님의 크신 긍휼**

"아합이 이 모든 말씀을 들을 때에 그 옷을 찢고 굵은 베로 몸을 동이고 금식하고 굵은 베에 누우며 행보도 천천히 한지라"(27절). 아합은 엘리야의 말을 들을 때 옷을 찢고 몸을 동이고 금식했다. "여호와의 말씀이 디셉 사람 엘리야에게 임하여 가라사대 아합이 내 앞에서 겸비함을 네가 보느냐 저가 내 앞에서 겸비함을 인하여 내가 재앙을 저의 시대에 내리지 아니하고 그 아들의 시대에야 그 집에 재앙을 내리리라 하셨더라"(28-29절). 아합이 하나님의 말씀을 듣고 겨우 이 정도 회개했는데도 하나님은 그것을 보시고 용서해주신다. 하나님은 얼마나 긍휼과 자비가 무한하신지!

▸ **이스라엘 아합과 유다의 여호사밧**

"아람과 이스라엘 사이에 전쟁이 없이 삼 년을 지내었더라"(22:1). 3년이 별 탈이 없이 지나갔다. 아합 왕의 회개의 결과인지는 모르지만 하나님께서는 이스라엘에게 3년 간의 평화를 주셨다. 그런데 이제 아합 왕이 길르앗 라못을 빼앗으려고 전투를 벌이려 한다. 아합이 앞 전투에서 이겼을 때 철저히 처리했더라면 이런 일이 없었을 것이다. 벤하닷이 불쌍하게 보이기에 동정하여 살려 보내 주었더니 약속을 지키지 않은 것이다. 그러니 다시 전쟁을 해서 빼앗아야 하는 번거로움이 생긴 것이다. 그런데 이때 유다 왕 여호사밧이 아합에게 왔다. 여호사밧이 얼마나 좋은 왕인지는 역대 하에 자세히 기록되어 있다(17장). 이 여호사밧이 왜 그렇게 악한 아합 왕에게 왔는가? 사돈 간이기 때문이다. 여호사밧의 아들 여호람이 아합의 딸과 결혼한 것이다. 그 바람에 여호사밧이 걸려드는 내용이 22장에 나온다.

▸ 아합이 길르앗 라못 전투에 여호사밧을 끌어들임

여기서 여호사밧과 아합의 이야기가 나온다. 여호사밧은 좋은 왕이지만 문제는 어두움과 연합한 데 있었다. 아합이 "당신은 나와 함께 길르앗 라못으로 가서 싸우시겠느뇨" 하자, 여호사밧이 "나는 당신과 일반이요 내 백성은 당신의 백성과 일반이요 내 말들도 당신의 말들과 일반이니이다"라고 대답했다.

"또 이스라엘 왕에게 이르되 청컨대 먼저 여호와의 말씀이 어떠하신지 물어 보소서". 이 여호사밧은 경건하고 좋은 왕이었다. 아합이 거짓 선지자들에게 묻자 그들은 일치하여 가서 싸워 차지하라고 격려한다. "여호사밧이 가로되 이 외에 우리가 물을 만한 여호와의 선지자가 여기 있지 아니하니이까". 아합은 미가야라는 선지자가 있긴 한데 흉한 일만 예언하니 그를 미워한다고 했다. 여호사밧이 그런 말 하지 말라고 하자 아합은 한 내시를 보내어 미가야를 속히 오게 하라고 했다.

이스라엘 왕과 유다 왕이 다 왕복을 갖춰 입고 사마리아 문어귀 광장에서 각기 보좌에 앉았는데, 그 앞에서 모든 선지자들이 예언을 했다. 그 중에 시드기야라는 사람은 사백 명의 대표격으로 말하면서 그럴듯하게 철로 뿔을 만들어 시연하며 왕이 이것들로 아람 사람들을 진멸할 것이라고 했다. '여호와께서 그렇게 말씀하셨다'는 것이다. 그리고 모든 선지자들이 시드기야의 거짓 예언에 찬동하면서 길르앗 라못으로 가서 승리를 얻으라고 간언하고 있다.

▸ 미가야의 예언

미가야는 그가 본 보좌의 광경을 자세히 이야기했다. "누가 아합을 꾀어 저로 길르앗 라못에 올라가서 죽게 할꼬". 그러자 한 영이 나아와 말하기를, "내가 저를 꾀이겠나이다" 하면서 거짓말하는 영이 되어 모든 선지자의 입에 있겠다고 했다는 것이다.

시드기야는 사백 명의 대표격으로서 분을 내며 참 예언을 하고 있는 미가야의 뺨을 치면서 말했다. "여호와의 영이 나를 떠나 어디로 말미암아 가서 네게 말씀하더냐". 미가야는 시드기야가 어느 날 골방에 들어가서 숨을 것이라고 했다. "네가 골방에 들어가서 숨는 그 날에 보리라". 아합은 미가야를 잡아 부윤 아몬과 왕자 요아스에게로 끌고 갔다. 부윤이란 한 도시의 시장 정도 될 것이다. 아합은 미가야에 대하여 "이놈을 옥에 가두고 내가 평안히 돌아올 때까지 고생의 떡과 고생의 물로 먹이라 하라"(27절).

미가야 선지자는 할 수 있는 대로 참된 여호와의 말씀을 많은 사람들에게 들려주려고 노력했다. 왜냐하면 하나님의 말씀은 그 말씀하신 대로 될 것이기 때문이다. "가로되 너희 백성들아 다 들을지어다 하니라". 미가야는 이 기회를 잡아 백성이 여호와께 돌아설까 하여 선지자적 사역을 하고 있다.

▸ 미가야의 예언을 무시하고 전쟁에 나선 두 왕

미가야의 예언을 무시한 이스라엘 왕 아합과 유다 왕 여호사밧은 길르앗 전투에 나선다. 아합은 미가야의 말을 듣고 마음이 좀 찜찜한 나머지 일반 복장으로 변장하고 군중 속으로 들어가면서 도리어 여호사밧에게는 왕복을 입으라고 했다. 아주 비열한 행위이다. 아람 왕은 자신의 32명의 지휘관에게 여러 사람과 싸울 것 없이 아합만 죽이라고 명령했다. 32명의 아람 장관들은 왕복을 입은 여호사밧을 죽일 뻔했다. 여호사밧은 집중공격을 받자 기겁을 하며 소리를 질렀는데, 그 소리 지르는 것을 듣고 아람 군은 그가 이스라엘 왕이 아님을 알고 쫓기를 그쳤다.

▸ 아합의 죽음

아람 병사 한 사람이 아합 왕을 죽이려고 쏜 것이 아니라 우연히 활을 당겼는데 아합의 갑옷 솔기를 쏘게 되어 이 화살이 갑옷 사이를 뚫고 복부에 그대로 박혔다. 아합 왕은 병거를 타고 있었는데 그 날 전쟁이 맹렬하여 군중에서 빠져나가지 못하고 계속 피를 흘리다가 해가 질 즈음에 죽었다. 그래서 이스라엘이 목자 없는 양같이 흩어진 것이다. 미가야의 예언대로 되었다.

▸ 엘리야 선지자의 예언대로 되다

"왕이 이미 죽으매 그 시체를 메어 사마리아에 이르러 거기 장사하니라 그 병거를 사마리아 못에 씻으매 개들이 그 피를 핥았으니 여호와의 하신 말씀과 같이 되었더라 거기는 창기들의 목욕하는 곳이었더라"(37-38절). 아합은 이렇게 해서 죽었고 그 시체는 사마리아 성에 장사되었다. 그가 타고 온 피 묻은 병거를 사마리아 못에 씻었더니 개들이 그 피를 핥았다. 이로써 엘리야의 예언이 성취되었다(21:19 참조). 아합은 죽고 그 아들 아하시야가 왕이 되었다.

▸ 유다 왕 여호사밧의 선정

여호사밧은 유다의 제 4대 왕이며 41년 간 재위했다. 그는 아사의 아들이고 좋은 왕으로 간주된다. 그럼에도 그의 잘못은 악한 왕과 결탁된 것이었다. "여호사밧이 이스라엘 왕으로 더불어 평화하니라". 여호사밧 시대에 유다를 권세 있게 다스렸고 그 통치 세력이 막강하였다. 그는 엔게디에서 모압과 암몬 연합군을 격파하였고(대하 20장), 아라비아와 무역하여 나라를 부하게 만들었다. 또 여호사밧은 부왕 아사 시대에 남아 있던 남색자들을 쫓아내었다. 많은 좋은 일들을 했지만 한 가지 '산당은 제하지 않았다'. 이스라엘은 부득이한 시대를 제외하고는 산당 제사를 금히었다(삼상 9:12-14, 왕상 3:2). 그는 또 다시스에서 배를 만들어 오빌의 금을 취하려 하였으나 배가 파선하여 실패하였다. 아합의 아들 아하시야가 배를 만들어 금 장사를 하려는 여호사밧에게 자기의 종과 함께 하자고 제의하였으나 거절하였다. 마침내 여호사밧은 죽고 그 아들 여호람이 이어서 왕이 되었다.

아합이 죽은 후 이스라엘은 제 8대 왕 아하시야가 등극하였는데, 그의 재위 기간은 2년으로 매우 짧았다. 그는 난간에서 떨어져 그 병으로 죽었다. 열왕기 하는 이 아하시야의 이야기로 시작된다(왕하 1:1-4). 아하시야의 아비는 아합이고 어미는 이세벨이다. 부모의 영향으로 아들 아하시야도 악한 왕이 되었고 여로보암의 길을 갔다고 기록되어 있다(52절). 그는 아비와 어미를 이어 바알 숭배 사상을 답습함으로 하나님의 노를 격발하였다.

열왕기하

주요 내용	역사서인 사무엘 상·하, 열왕기 상·하, 역대 상·하가 히브리어 원문에서는 각각 상권과 하권으로 나눠져 있지 않다. 사무엘기, 열왕기, 역대기 세 권으로 되어 있는데, 70인 역과 라틴어 벌게이트 역에서 헬라어가 히브리어보다 길어 내용이 길어지자 종이(두루마리)가 너무 두꺼우면 한 권으로 만들기가 어려워서 불가피하게 상·하로 나눈 것이다. 유다국의 아하시야부터 시드기야까지, 이스라엘의 여로람부터 호세아까지의 역사가 교차되며 기록되었으며 주된 선지자 엘리사의 활약이 기록되었다. 열왕기서에는 '여호와의 말씀'이란 단어와 '하나님의 사람'이라는 단어가 수십 번 사용되었다.

◊ 1-17장: 남북 왕국의 역사

1-17장에는 남북 왕조가 겹쳐서 기록되는데, 열왕기 하에서 이스라엘의 역사는 아합 왕 아들 아하시야부터 호세아 왕까지이다(앗수르에게 멸망함). 특히 이 시대에 엘리야의 후계자인 엘리사의 사역이 2장부터 8장 15절까지에 펼쳐진다. 그럼에도 엘리야의 사역이 여전히 1장에서 전개되는 것은 열왕기를 지배하는 사상이 단순한 역사가 아니라 하나님의 말씀과 이스라엘의 관계가 어떠했는가를 보여주는 것이기 때문이다.

▸ 아합 후의 이스라엘: 아합의 아들 아하시야(1:1-4)

바알 우상을 숭배하며 악한 이세벨을 아내로 두었던 아합 왕이 죽고 그 아들 아하시야가 왕이 되었다. 이스라엘은 유다 왕의 적통에서 벗어난 나라로서 다수 지파들로 이루어졌는데, 기묘하게도 이스라엘 역대 왕조 중 아합 때가 가장 전성기였다. 그렇지만 그가 죽은 후에는 이스라엘의 국력이 매우 약화되었고 이스라엘의 속국으로서 조공을 바치던 모압은 이스라엘을 배반했다.

아합의 아들 아하시야의 문제점은 두 가지이다. 첫째는 아버지가 죽고 나서 모압에게 배신을 당한 것이고, 둘째는 난간에서 왔다갔다하다가 떨어져 병이 든 것이다. 아하시야는 사자들을 보내어 자신의 병이 나을 것인지 낫지 않을 것인지를 바알세붑에게 물어 보라고 했다. 주님께서는 디셉 사람 엘리야에게 왕의 사자를 만나서 '이스라엘에 하나님이 없어서 에그론의 신 바알세붑에게 물으러 가느냐' 고 말하라 하셨다. 엘리야는 아합 시대와 그 아들 아하시야 초기까지 활약했다. 엘리야는 아하시야에 대하여 '네가 올라간 침상에서 내려오지 못하고 죽을 것이라'고 하였다(1:4).

◊ 1:5-8:15: 엘리사의 선지자 사역

▸ 아하시야에 대한 엘리야의 예언

아하시야 왕은 사자들에게 그 사람의 모양을 물었고, 그들이 말하기를 털이 많은 사람인데 허리에 가죽 띠를 띠었다고 했더니 왕은 대번 그가 엘리야인 것을 알았다. 그러나 아하시야는 엘리야를 무시하고 내내 우상을 숭배했다. 오히려 왕은 병사 오십 인을 보내서 엘리야를 체포하려 했고, 엘리야는 잡으러 온 오십부장에게 하늘에서 불이 내려와 오십 인이 다 죽을 것이라고 했다. 왕은 다시 오십 인을 보내서 속히 왕명을 받고 내려오라고 했으나 이번에도 오십 인 전체가 다 불살라졌다. 왕이 세 번째로 오십 인을 보내니 세번째 오십부장이 엘리야 앞에 꿇어 엎드렸다. "하나님의 사람이여 원컨대 나의 생명과 당신의 종인 이 오십 인의 생명을 당신은 귀히 보소서". 세 번째 오십부장의 말을 듣고 엘리야는 함께 아하시야에게 갔으며, 그에게 침상에서 내려오지 못하고 죽을 것이라는 말씀 그대로 예언했다. 세 번째 오십부장은 겸손하게 선지자에게 엎드림으로써 부하 오십 명의 생명을 건졌다.

▸ 아하시야가 아들이 없이 죽고 형제인 여호람이 왕이 되다

아하시야는 엘리야의 예언대로 침상에서 내려오지 못하고 죽었다. 그리고 아하시야에게 아들이 없으므로 형제인 여호람이 왕이 되었다.

▸ 엘리야와 엘리사: 엘리야의 승천의 과정-길갈, 벧엘, 여리고, 요단(2장)

하나님은 엘리야 선지자를 죽음을 맛보지 않은 채 하늘로 올리고자 하신다(2:1). 이를 휴거라고 하는데, 에녹이 그 예이고 여기 또 한 사람 엘리야가 있다. 길갈, 벧엘, 여리고 등의 선지자 생도들도 이 사실을 알고 있었는데, 엘리사는 생도들에게 잠잠하라고 하면서 엘리야에게서 절대 떨어지지 않으려 한다. 엘리사가 선배 선지자에게서 떠나지 않으려 하는 것은 선배로부터 온전히 배우고 그의 능력을 물려받고자 하는 영이 간절했기 때문이다. 엘리사는 길갈에서 벧엘로, 여리고로, 요단으로 계속 엘리야를 따라붙었다, "두 사람이 행하며 말하더니"(11절上). 이것은 엘리야와 엘리사가 '걸어가고 또 걸어가며 말하고 또 말하더니'라는 뜻이다. '길갈'은 이스라엘 백성들이 요단을 건너서 첫 번째로 도착한 곳이다. 여기서 이스라엘 백성들은 할례를 받았다. 영적으로 말하면 십자가의 죽음의 자리이다. 또한 할례를 받은 곳이다. 그러한 분리의 역사를 통해 애굽의 수치(옛 구습들)가 떨어져 나가는 것이다.

두 번째는 벧엘인데, 벧엘은 '하나님의 집' 곧 교회이다. 개인적인 사람, 단독적인 사람은 아직 벧엘에 이르지 못한 사람이다. 반드시 십자가를 거치고 애굽의 수치인 옛 사람을 벗은 후에야 하나님의 집인 교회에 이르게 된다. 여리고는 사탄을 패배시킨 곳이다. 여리고에 이른다는 것은 마귀를 대적할 정도가 되었다는 것이다. 마지막은 요단인데 요단은 자아의 완전한 죽음을 의미한다. 진정한 죽음은 요단을 건너야 얻을 수 있다.

요단강을 건넌 후에 엘리야가 엘리사에게, 하나님이 나를 취하시기 전에 내가 너에게 어떻게 해 줄 것을 구하라고 했다. 그때 엘리사는 엘리야의 영감이 갑절이나 자기에게 있기를 구했다. 그랬더니 엘리야는 그것은 참으로 어려운 일이라고 했다. 어려운 일이란 그가 해줄 수 있는 일이 아니라는 뜻이다. "두 사람이 행하며 말하더니 홀연히 불수레와 불말들이 두 사람을 격하고 엘리야가 회리바람을 타고 승천하더라"(11절).

▸ 엘리사가 엘리야의 겉옷을 사용하여 요단을 건너다: 끝까지 따름으로 그 겉옷을 얻은 것이다

엘리사는 엘리야를 '내 아버지여, 이스라엘의 병거와 마병이여' 라고 불렀다. 그리고 엘리야의 몸에서 떨어진 겉옷을 주워가지고 돌아와서 요단 언덕에서서 물을 치며 엘리야의 하나님 여호와는 어디 계시나이까 했더니 물이 갈라져 요단을 건널 수 있게 되었다. 엘리야의 겉옷은 능력의 성령을 상징한다(눅 24:49). 요단을 건너왔을 때 여리고의 생도들은 엘리사가 엘리야와 동일한 방법으로 요단을 건너오는 것을 보고 그에게 엘리야의 능력이 임한 것을 알았다. 그러므로 그들은 가서 그를 영접하고 그 앞에서 땅에 엎드렸다. 당시 선지자의 생도들이 하늘로 올리운 엘리야를 찾으려는 헛된 노력들이 있었다고 기록한다.

▸ 엘리사가 첫 이적을 행하다

19-25절은 엘리사가 두 가지 이적을 행한 것이 기록되어 있다. 첫째는 여리고의 물이 좋지 않아 토산이 익지 못하고 떨어지곤 하자 엘리사가 소금을 가지고 물 근원으로 가서 물을 고쳐준 일이다. 그래서 물의 근본적인 문제를 해결함으로 그 땅을 생산력 있는 땅으로 바꾸었다.

두 번째는 엘리사가 벧엘로 올라갈 때 젊은 아이들이 그를 대머리라고 놀리자 엘리사가 여호와의 이름으로 그들을 저주하여 수풀에서 암콤이 나와 40명의 아이들을 찢어 죽인 사건이다. 나는 이것이 단순히 어린 아이들의 조롱이라기보다는 하나님의 집을 위한 엘리사의 사역의 시작을 좌절시키려는 마귀의 궤계였다고 본다.

▸ 이스라엘의 왕 여호람: 아하시야 왕의 형제 여호람 즉위(3장)

아하시야는 아합의 아들로서 왕이 되었지만 그에게는 왕위를 물려줄 아들이 없어서 그의 동생 여호람이 왕이 되어 사마리아에서 12년을 다스렸다(3:1). 말하자면 아하시야와 여호람은 형제지간이다. 여호람도 선한 왕은 아니지만, 한 가지 잘한 일은 바알의 주상을 제한 것이다. 그의 형은 직전 왕 아하시야였다. 여호람은 부모와 달리 바알의 주상을 제하는 일을 했으나 여전히 여로보암이 열어놓은 죄(벧엘과 단에 금송아지를 만들어 놓고 섬겼던)의 길에서 행했다(3:3). 이스라엘의 전성기였던 아합 왕이 죽은 후에 모압 왕(메사)이 이스라엘 왕을 배반하였다(3:5). 여호람 왕은 모압과 전쟁할 마음이 생겨서 유다의 여호사밧에게 가서 모압 왕의 배반 사실을 알리고 함께 모압을 정벌하자고 한다. 여호사밧이 찬성함으로 유다 여호사밧, 이스라엘 여호람, 에돔, 이 세 나라 군대가 모압 정벌에 나선다.

▸ 엘리사의 등장

그 때 여호사밧은 아합 때처럼 이스라엘에 물어볼만한 선지자가 없는지 찾는다. 여기서 엘리사가 등장하는데, 엘리사는 거문고 타는 자를 불러오게 하여 그가 거문고를 탈 때 감동을 받아 여호와의 말씀을 전한다. 엘리사도 엘리야를 이어 여호와의 말씀에 집중하는 사역을 한다. "이 골짜기에 개천을 많이 파라". 하나님께서는 바람도, 비도 없이 그 골짜기에 물이 가득하게 하여 그들과 그들의 육축으로 마시게 하셨다. 과연 무에서 유를 창조하시는 하나님이시다. 그런데 아침이 되어 바로 그 물에 해가 비취자 물이 붉어 모압 사람들에게는 피처럼 보였다. 모압 사람들은 이스라엘 편의 왕들이 서로 싸워 피가 물에 흐르는 것이라고 생각하고 그 틈을 타서 노략하러 왔는데, 결국 함정에 걸려든 모압은 이스라엘에게 패전하게 되었다. 모압 왕은 에돔 왕에게로 나아가려는 최후의 시도가 실패로 돌아가자 자기의 맏아들, 세자를 취하여 성 위에서 번제로 불살라 드렸다. 이로 인해 이스라엘은 크게 통분히 여기면서 각기 고국으로 돌아갔다.

▸ 엘리사의 본격적인 사역: 선지자 생도의 아내를 돌보다(4장)

선지자 생도의 아내 중에 한 여인이 엘리사에게 부르짖으며 말하기를, 남편은 이미 죽었는데 채주가 빚 대신에 그녀의 두 아이를 종으로 삼고자 한다고 했다. 엘리사는 그녀에게 "내가 너를 위하여 어떻게 하랴 네 집에 무엇이 있는지 고하라"고 했다. 그녀가 기름 한 병밖에는 아무 것도 없다고 대답하자 엘리사는 나가서 모든 이웃에게 빈 그릇을 있는 대로 빌려다가 두 아들과 문을 닫고 그 모든 그릇에 기름을 부어 차는 대로 옮겨놓으라고 하였다. 여인이 두 아들로 빈 그릇을 가져오게 하여 기름을 부었더니 그릇마다 가득 찼는데, 더 이상 빈 그릇이 없자 기름이 곧 그쳤다. 엘리사는 과부에게 기름을 팔아 빚을 갚고 남은 것으로 너와 네 두 아들이 생활하라고 했다(7절).

▸ 수넴 여인을 돌보다

6장 8-37절은 엘리사가 갈멜산에 다닐 때 거쳐 가는 수넴에 사는 한 귀한 여인의 이야기이다. 그 여인은 엘리사가 그곳을 지날 때마다 음식을 접대하고, 또 남편과 상의하여 엘리사를 위해 작은 방을 만들고 거기에 침상과 책상과 의자와 촛대를 갖추어 주었다. 엘리사는 게하시를 통해 자기를 위해서 식사를 준비해주고 방을 만들어 주고 모든 가재도구를 마련해준 여인을 주밀하다고 칭찬하면서 그녀가 원하는 것이 무엇이냐고 물었다. 그러나 이 여인은 무엇을 바라고 그렇게 한 것이 아니라면서 다른 무엇을 구하지 않았다. 사환 게하시에게 이 일을 상의하자 게하시는 그 여인에게 아들이 없고 그 남편은 늙었다고 했다. 엘리사는 그녀를 불러 문에 세우고 돐이 되면 네가 아들을 안으리라고 했다. 여인은 처음에는 믿지 못했는데 과연 잉태하여 돐이 돌아오자 아들을 낳았다.

▸ 죽은 아이를 살리다

세월이 흘러서 그 아이가 어느 정도 자랐다. 하루는 이 아이가 들에서 곡식을 베던 아비에게 갔는데, 머리가 아프다고 하여 사환이 집에 데리고 들어와 어머니 무릎에 두니 얼마 있다가 죽었다. 그 어미는 죽은 아이를 엘리사의 침상에 두고 문을 닫고 나와서 나귀를 타고 엘리사에게 나아갔다. 엘리사는 먼저 게하시를 보내 곧장 그 집으로 가서 그의 지팡이를 아이 얼굴에 놓으라 했는데 통하지 않았다. 그 여인은 엘리사가 가지 않으면 자신도 가지 않겠다고 하여 엘리사는 결국 그 여인을 따라 나섰다. 엘리사가 집에 들어가 그 아이 위에 올라가서 입을 그 입에 대고, 눈을 아이의 눈에, 손을 아이의 손에 대고서 기도하니 그 아이에게 생기가 돌아왔다. 이 수넴 여인은 엘리사를 간절한 마음으로 받아들였고 귀한 선지자로 존중했다. 그녀는 아들이 죽었어도 다시 살려 줄 것을 믿었다. 이러한 믿음을 가진 여인이므로 그녀의 행적이 이렇게 기록된 것이다. 불신의 시대에 별 같은 여인이었다.

▸ **야등 덩굴 들외의 독소를 없애다**

엘리사가 길갈에서 선지자 생도들과 함께 지낼 때 있었던 일인데, 그 땅에 흉년이 들어 먹을 게 부족했던 것 같다. 엘리사가 자기 사환에게 큰 솥을 걸고 선지자의 생도들을 위해 국을 끓이라고 했다. 한 사람이 채소를 캐러 들에 나가 야등덩굴을 만나 들외를 따다가 썰어서 국 끓이는 솥에 넣었는데, 퍼다가 사람들에게 나눠주니 사람들이 독이 있는 것을 알고 놀라서 엘리사에게 말했다. 엘리사가 가루를 가져오게 하여 솥에 던진 후 먹으라고 하니 독이 없어져 사람들이 먹을 수 있게 되었다.

▸ **보리떡 이십과 자루에 담은 채소를 무리에게 주어 먹게 하다**

42절부터의 이야기는 주 예수님이 베푸신 오병이어 기적과 비슷하다. "한 사람이 바알 살리사에서부터 와서 처음 익은 식물 곧 보리떡 이십과 또 자루에 담은 채소를 하나님의 사람에게 드린지라 저가 가로되 무리에게 주어 먹게 하라". 바알 살리사는 길갈에서 멀지 않은 지역이다. 그곳에서 한 사람이 엘리사에게 음식을 가져다준 것이나. 엘리사는 그것을 무리에게 주어 먹게 하라고 했다. 사환은 100명도 넘는 사람들이 어떻게 이것으로 먹느냐 걱정하였고, 엘리사는 여호와의 말씀에 먹고 남으리라 하셨다고 했다. 말씀대로 먹고 남았다.

▸ **아람의 나아만 장군의 문둥병을 치료해주다(5장)**

5장은 아람의 나아만 장군에 관한 이야기이다. 하나님께서는 비록 이방 나라이긴 하지만 나아만 장군을 통해 그 나라를 위험에서 건져주신 적이 있다. "여호와께서 저로 아람을 구원하게 하였음이라"(5:1).

문둥병에 걸린 나아만 장군은 아람 왕에게 아주 소중한 존재였다. 아람 왕은 자기의 신복으로 요직에 있는 장군이 문둥병에 걸린 것을 아주 안타까워하고 있었을 것이다. 그는 나아만 장군을 은 열 달란트(400-500kg)와 금 육천 개, 의복 열 벌 등의 상당한 선물과 함께 이스라엘 왕에게 보내면서 친서로 장군의 문둥병을 좀 고쳐달라고 했다. 이스라엘 왕은 이 글을 읽고 심히 당황스러워 옷을 찢으면서 아람 왕이 자기에게 시비를 거는 것이라고 여겼다. 엘리사는 왕이 옷을 찢었다는 말을 듣고 나아만 장군 일행을 자기에게 보내라고 했다. 나아만이 말들과 병거들을 거느리고 엘리사가 있는 곳으로 가서 그의 집 문 앞에 섰는데, 엘리사는 집에서 나오지 않고 사자를 보내어서 "요단강에 몸을 일곱 번 씻으라 네 살이 여전하여 깨끗하리라"고만 말했다. 나아만은 처음에 매우 노하여 그냥 돌아가려 했으나 종들의 권면을 듣고 결국 순종하였다.

"나아만이 이에 내려가서 하나님의 사람의 말씀대로 요단강에 일곱 번 몸을 잠그니 그 살이 여전하여 어린아이의 살 같아서 깨끗하게 되었더라". 나아만은 치료를 받고 하나님을 믿으며 답례를 드리고자 하였으나 엘리사는 받지 않았다.

▸ 게하시의 욕심과 거짓말: 문둥병이 걸리다

욕심이 발동한 엘리사의 사환 게하시는 나아만의 일행에게 달려가서 장군을 만나 거짓말로 상황을 꾸며 얘기했다. 나아만이 엘리사에게 드리려고 갖고 왔던 은 십 달란트 중에서 한 달란트와 옷 열 벌 중에 두 벌을 달라고 한 것이다. 게하시는 은 한 달란트를 달라고 했지만 나아만은 억지로 두 달란트를 주었고 더불어 옷 두 벌을 두 사환에게 지워주며 갖다 주라고 했다. 엘리사는 게하시가 무슨 짓을 했는지를 이미 알았고, 나아만의 문둥병이 게하시에게로 옮길 것이라고 하자 그대로 되었다.

▸ 엘리사의 사역의 확장(6장)

6장에는 엘리사의 사역 장소가 좁아 확장공사를 하는 과정에서 한 사람이 빌려온 도끼를 물 속에 떨어뜨렸는데, 엘리사가 나무 가지를 베어 물어 던져서 도끼를 수면 위로 떠오르게 한 이야기가 있다.

▸ 엘리사의 예민한 직감

6장 8-13절은 아람 왕이 이스라엘을 정복하려고 전쟁을 일으킬 때마다 엘리사가 모든 것을 알고 이스라엘로 대비하게 하는 것을 알고 엘리사를 잡으려 한 이야기이다. 그 때 쳐들어온 아람 왕은 나아만 때의 왕이 아닌 그 후의 벤하닷(2세)일 것이다. 그 때 아람 왕이 병거와 많은 군사를 보내 엘리사를 잡으려 했는데, 엘리사는 주님께 기도하여 두려워하는 사환으로 천군(불말과 불병거가 산에 가득함)이 엘리사를 지키고 있는 것을 보게 했다.

▸ 엘리사가 기적을 행하다

아람 군대들이 엘리사에게 가까이 왔지만 엘리사는 두려워하지 않고 그 군대 앞으로 나아갔다. 엘리사는 그들을 만나서 하나님께 기도하기를, "저 무리의 눈을 어둡게 하옵소서."라고 했다. 엘리사는 지금 도단에 있는데 엘리사를 잡으려 온 사람들의 눈을 어둡게 해서 사마리아로 데리고 간 것이다. 도단에서 사마리아까지는 약 30리 정도 될 것이다.

엘리사가 그 무리를 사마리아까지 데리고 간 다음 하나님께 그 눈을 열어 보게 해 달라고 기도했더니 그들의 눈이 열렸다. 그들이 보니 자기들이 사마리아 가운데 있는 것이다. 이스라엘 왕은 엘리사에게 그 잡혀온 아람 군을 어떻게 할까를 물었고, 그의 말대로 잘 먹여 보냈다. 그 후 다시는 그들이 이스라엘에 쳐들어오지 못했다.

▸ 아람 군이 사마리아를 포위함으로 성 안의 백성이 극심하게 굶주리다

이 후 아람 왕 벤하닷이 군대를 모아 올라와서 사마리아를 포위했다. 이 말씀은 그로부터 오랜 후의 일로 23절의 때와는 다를 것으로 보인다. 아람 군대가 사마리아 성을 포위하니 성 안 백성들이 출입을 못하여 크게 주리게 되었다. 나귀 머리 하나에 은 팔십 세겔이라고 했다. 여기서 이스라엘 왕은 여호람일 것이다. 여호람은 여인 하나가 왕에게 도와 달라 하며 먹을 것이 없어 서로 아들을 잡아먹어야 한다는 충격적인 말을 듣게 된다. 그 때 여호람은 그 모든 나라의 궁핍한 상황의 원인이 엘리사에게 있다고 여론을 돌리며 선지자를 잡아 죽이려 한다. 그리고 왕은 백성의 굶주리는 상황을 애통해하는 표시로 속살이 보이게 굵은 베옷을 입었다. 그 때 온 이스라엘은 하나님의 참된 선지자 엘리사의 말을 귀히 여기지 않고, 여호람 같은 이들의 외식하는 행동과 말에 찬동하며 따랐다. 그들은 이 재앙이 참 선지자로부터, 곧 여호와께로 나왔다고 했다(33절). 그 때 하나님의 말씀의 혜택을 받은 사람은 나아만 장군 하나뿐이었다(눅 4:27).

▸ 엘리사 사역의 절정: 아람 군대가 환청을 듣고 도망했으며, 문둥이들이 그 상황을 성 안에 들어가 보고하다(7장)

6장 33절에 이어지는 말씀이다. "엘리사가 가로되 여호와의 말씀을 들을지어다…"(7:1). 이때 왕이 엘리사의 말을 듣고 있다고 보아야 한다. 이 곡식 가격은 정상적인 가격이다. 이때까지 '나귀 머리 하나에 은 팔십 세겔이요 합분태 사분 일 갑에 은 다섯 세겔'인 비정상적인 물가가 계속되었는데, 지금 엘리사가 "내일 이맘때에 사마리아 성문에서 고운 가루 한 스아에 한 세겔을 하고 보리 두 스아에 한 세겔을 하리라"고 한다. 다시 경기가 좋아져서 물가가 잡히고 식물이 정상적인 가격으로 유통될 것이라는 말이다.

이스라엘 왕이 의지하는 유력한 장관 하나가 "여호와께서 하늘에 창을 내신들 어찌 이런 일이 있으리요" 하면서 '과연 그렇게 되겠느냐'는 의구심을 나타냈다. 그러자 엘리사가 "네가 네 눈으로 보리라 그러나 그것을 먹지는 못하리라"고 했다.

그리고서 3절부터 이스라엘의 문둥이 네 사람의 이야기가 나온다. 이들이 성문 어귀에 앉아 서로 이야기를 하면서 '여기 앉아 있어도 죽고 성중에 들어가도 죽을 바에야 차라리 아람 군대에 가서 항복하자'고 했다. 아람 군대가 사마리아 성을 포위하고 있어서 먹을 것이 동이 나니 굶주리다 못해 자식까지 삶아먹고 있는 상황에서 이스라엘 왕은 이 모든 일이 엘리사 때문이라고 하면서 그를 죽이려고 갔다. 그때 엘리사의 말이 내일이면 다 해결된다는 것이었다. 왕의 장관 중 하나가 그 말을 불신하다가 죽을 것이라는 경고를 받았다.

그날 저녁 무렵 문둥이 네 명이 살든지 죽든지 아람 군대에게 항복하자고 갔다. 그런데 아람 진에 가보니 아람 군사가 하나도 없는 것이다. 이것은 우연히 된 것이 아니다. 엘리사는 하나님께서 아람 병사들로 환청(수많은 병사들이 쳐들어오는 소리)을 듣게 하여 다 도망가게 하실 것임을 알았다. 네 문둥이는 아람 군대 진에 들어가서 실컷 먹고 물건들을 챙긴 후에 서로 말하기를 이 아름다운 소식을 전하지 않고 잠잠히 있는 것은 선한 것이 아니라고 했다. 그래서 왕궁으로 가서 성 문지기에게 모든 사실들을 알렸는데, 신복 중에 하나가 왕에게 그렇다면 일단 정탐을 해보자고 했다.

▸ 곡물가가 정상으로 돌아옴

7장 2절에서 엘리사가 한 말에 의문을 제기하며 조롱했던 장관은 성문 앞에서 지키고 있다가 갑자기 몰려드는 백성에게 밟혀서 죽게 되었다. 선지자의 말대로 된 것이다. 일단 하나님이 말씀하시면 그대로 이루어진다는 것을 강조하고 있다. 그와 동시에 우리가 주님의 일을 할 때 일사각오의 태도로 임하지 않으면 결코 많은 사람을 구원하고 많은 사람을 유익하게 하는 하나님의 크신 역사에 동참할 수는 없다는 것을 알려 준다.

▸ 수넴 여인이 블레셋에서 7년 만에 돌아와 재산을 돌려받다(8장)

이 수넴 여인은 엘리사를 위해서 작은 방과 가재도구를 마련해주고 또 항상 먹을 것을 대접해준 여인이다(4장). 엘리사는 그 여인에게 아들이 없음을 알고 아들을 낳을 수 있게 해주었고 또 그 아들이 죽었을 때 간절하게 기도함으로 그를 다시 살아나게 하여 어미 품에 돌려주었다. 엘리사의 말에 따라 그녀는 권속들과 함께 고향인 수넴에서 멀지 않은 블레셋 땅으로 가서 7년을 거기 머물렀다. 그녀는 기근을 피해 블레셋 땅에 가서 7년을 거하다가 7년이 다 되니 고향으로 돌아온 것이다. 그런데 돌아와 보니 자기의 집과 전토를 다른 사람이 차지하고 있었다. 그래서 이 여인은 왕에게 호소하러 갔고, 게하시의 증언과 왕의 결정으로 모든 재산을 돌려받을 수 있었다.

▸ **엘리사가 하사엘에 대해 예언하다**

하사엘은 예물을 가지고 가서 엘리사에게, "당신의 아들 아람 왕 벤하닷이 나를 당신에게 보내어 가로되 나의 이 병이 낫겠나이까 하더이다"라고 했다. 엘리사는 낫겠지만 또 죽을 것이라고 했다(10절). 엘리사는 이중적인 답변을 주면서 하사엘을 부끄러울 정도로 쏘아보다가 울었다(11절). 이 하사엘이 장래 엄청나게 악한 일을 저지를 인물인 것을 하나님의 종은 미리 알고 있었다. 그가 아람 왕이 되어 많은 사람을 죽이고 온갖 악행을 저지를 인물이라는 것을 알고 마음이 너무 아파 운 것이다. 하사엘은 선지자의 말을 듣고 자기가 왕이 될 것을 알고 이불을 물에 적셔서 벤하닷 왕의 얼굴에 덮어 그를 죽였다. 벤하닷은 병으로 죽은 것이 아니라 부하 하사엘에게 암살당한 것이다(8:15).

◊ **8:16-17장: 유다 왕국과 이스라엘 왕국의 이야기가 교차됨**

▸ **여호사밧의 아들 여호람의 아내 아달랴**

유다 왕 여호사밧은 상당히 선한 왕으로서 여러 가지 좋은 일을 했는데, 문제는 분별력이 좀 없고 자기 아들(여호람)에게 너무 일찍 왕위를 물려준 것이다. 그는 자기가 아직 살아있을 때 아들에게 왕위를 물려주었다. 그리고 아합의 딸, 아달랴라는 악녀를 며느리로 들여서 아합의 길로 행하게 했다. 여호람은 40세까지 8년 간 재위하였으며, 에돔이 배반했을 때 다시 에돔을 정복하려고 갔다가 포위당했는데 간신히 도망하여 왔다. 하나님을 떠난 자들에 대하여는 하나님도 그들을 버리신다(롬 1:21-27).

▸ **유다 왕 여호람의 아들 아하시야의 짧은 재위 기간(1년)**

유다 왕 여호람이 죽고 그 아들 아하시야가 왕이 되었는데, 그는 일 년 왕 노릇하다가 23세에 죽었다. 아하시야의 모친은 아달랴로서 오므리의 손녀이자 아합의 딸이며, 아하시야와 이스라엘 왕 요람 왕은 함께 아람 왕 하사엘과 싸운 적이 있고, 아합의 아들 요람이 병이 나서 유다 왕 아하시야가 문병을 간 사실이 있다.

▸ **이스라엘 예후 왕조의 시작(9장)**

9장에서 예후가 등장한다. 예후는 이스라엘의 장군이었는데 엘리사가 그의 선지자 생도 하나를 불러서 전쟁터인 길르앗 라못에 가서 예후를 찾아 기름을 부으면서 '아합의 집을 치고 여호와의 종들을 죽인 피를 이세벨에게 갚아주라'고 예언하라 했다. 그 길로 예후는 아람의 하사엘 군과 길르앗 라못에서 전투하다가 부상당하여 이스르엘에 내려와 치료를 받고 있는 요람 왕을 나봇 사람의 토지에서 만나 이세벨의 음행과 술수를 지적하자 도망치는 것을 활로 쏘아 심장을 꿰뚫어 죽였다. 예후는 자기 장관 빗갈에게 요람의 시체를 그 아비 아합이 빼앗은 나봇의 밭에 던지라 하였는데, 이는 이전에 예후가 선지자의 말을 들은 대로이다. 요람을 문병 왔던 유다 왕 아하시야는 이 상황을 보고 도망가다가 므깃도에서 예후에게 죽임을 당했다. 30-37절은 이세벨이 요염하게 눈을 그리고 머리를 꾸미고 창에서 바라보다가 내시들에 의해 높은 건물에서 내려던져져 죽은 이야기이다. 이는 엘리야 선지자로 말씀하신바 이스르엘 토지에서 개들이 이세벨의 고기를 먹을 것이라는 예언을 이룬 것이다(9:36).

▸ 예후가 아합의 아들 칠십 인을 죽이다(10장)

10장에는 아합과 이세벨은 이미 죽었기 때문에 이제 아합의 아들들에 대한 이야기가 나온다. 아합은 아들들을 칠십 명이나 두었다. 예후는 목숨만 살려달라는 대신들에게 글을 써서 살려줄 테니 그 대신 왕자 칠십 인의 머리를 취해서 내일 이맘 때까지 가지고 오라고 했다. 그들은 예후의 말대로 행하여 하루에 칠십 인을 다 죽여서 그 머리를 예후에게로 보냈다. 예후는 혈통으로나 지위로나 아합가와 연결된 사람들은 모조리 죽였으며(11절), 엘리야를 통해 하신 여호와의 말씀은 다 이루어졌다.

▸ 유다도 이스라엘과 통혼하고 가깝게 연합하다가 심판을 당하다

예후가 이스라엘의 수도 사마리아로 가고 있던 노중에 아하시야의 형제들을 만났다. 이들은 사실 유다 왕 아하시야 형제의 아들들인데, 왕자들과 태후 이세벨이 다 살해되었다는 것을 모르고 문안을 오다가 양털 깎는 집 웅덩이에서 사십이 명이 모두 예후에게 죽임당하게 된 것이다. 지금 예후는 이스라엘 전 정권을 장악하여 혁명을 일으키고 있다. 그 때 레갑의 아들 여호나답이라는 자를 만나자 당시 평판이 좋은 그를 자기의 세력으로 끌어들였다. 이들(예후와 여호나답)이 사마리아에 이르러 아합에게 속한 남아 있는 자들을 다 진멸하니 여호와께서 엘리야에게 주신 말씀같이 되었다.

▸ 예후가 궤계로 바알 숭배자들을 모아 다 죽이다

예후는 자기가 아합보다 바알을 더 잘 섬길 것이라고 하면서 바알의 모든 제사장들을 다 불러 모아 바알을 위하는 대회를 열고 바알 제사장 복을 다 입게 한 후에 레갑의 아들 여호나답과 더불어 그들을 다 죽여 버리고 바알의 목상들도 불살라버렸다. 예후가 좋은 일을 많이 했지만 여호와의 율법을 전심으로 지키거나 하나님의 뜻을 준행하는 일은 하지 않았고 여로보암의 죄에서 떠나지도 않았다. 그래도 여호와의 말씀에 예후의 왕조는 4대를 이을 것이라고 하셨다.

이 때에 여호와께서 아람 왕 하사엘을 통하여 이스라엘을 찢기 시작하시는데, 그가 갓 사람과 르우벤 사람과 므낫세 사람들의 땅 길르앗과 바산을 쳤다. 예후가 사마리아에서 28년을 다스렸으며, 그가 죽고서 아들 여호아하스가 왕이 되었다. 예후는 이스라엘 10대 왕이며 제 5왕조의 첫 번째 왕이다.

▸ 유다 왕조의 이야기(11-12장): 아달랴(이스라엘 왕 아합의 딸, 유다 왕 여호람의 아내, 아하시야의 모친)

9장과 10장에서는 예후에 관하여 살펴보았다. 예후는 이스라엘의 요람 왕을 죽이고 유다의 아하시야 왕도 죽였다. 예후는 요람을 죽이고 이스라엘의 왕이 되었으며, 아하시야는 유다 왕인데 앞에서 읽은 것처럼 요람에게 문병을 갔다가 예후에게 죽임을 당했다(9:27).

이제 유다 국은 아하시야 왕이 죽었기 때문에 새로운 왕이 필요했다. 여기 11장에 나오는 아하시야의 모친 아달랴는 이스라엘 왕 아합과 이세벨이 낳은 딸이다. 아합과 이세벨(이방 시돈 왕의 딸)은 악한 짓을 많이 했고 하나님의 선지자들을 많이 죽였다. 그런데 유다의 여호사밧 왕이 이스라엘 왕 아합의 딸 아달랴를 자기 아들 여호람의 아내, 즉 며느리로 삼은 것이다. 아하시야 왕이 죽자 그 모친인 아달랴는 정권을 잡기 위해 자기 손자들을 다 죽인다. 유다 국은 여인이 통치하던 시대가 한 번 있었는데 곧 아달랴 때이다. 남편 여호람이 죽고 그 아들 아하시야까지 죽자 손자들마저 다 죽였다. '왕의 씨를 진멸했다'는 말은 의미심장하다.

▸ 아하시야의 누이 여호세바가 왕자들이 죽임당하는 중에 요아스를 구출해 침실에 숨기다

여호세바는 여호람의 딸(공주)이고 제사장 여호야다의 아내이다. 이 여호세바가 아하시야의 아들 하나(요아스)를 지켜내어 죽이지 못하게 감춘 것이다. 어린 요아스는 6년 정도 여호와의 전에 숨어 있었고 그 동안 아달랴가 나라를 다스렸다.

▸ 여호야다의 개혁

6년 동안 왕자를 숨겨 놓은 것을 유다 국의 누구도 몰랐다. 유다는 여인의 통치에 취해 있었던 것이다. 여호세바의 남편인 제사장 여호야다가 백부장들을 데리고 성전으로 들어가서 맹세케 한 후에 그 왕자를 보여주었다. 여호야다의 아내인 여호세바는 여호람 왕의 딸로서 그 어미 아달랴에게서 자기 조카 요아스를 지켜내어 6년 간 보호하고 양육하다가 칠 년째 되었을 때 그 존재를 드러내고 즉위식을 거행한 것이다. 여호야다는 아달랴나 그 수하들의 공격을 대비하여 왕을 호위하는 군대를 편성했으며, 왕자를 인도하여 내어 유다 국 군부에게 보여주고 그런 다음 요아스에게 기름을 부으니 무리가 박수하며 왕 만세를 불렀다.

▸ 요아스의 즉위

결국 성전 밖에서 아달랴는 죽임을 당했다. 그리고 여호야다는 요아스 왕과 백성들로 하여금 여호와와 언약을 세우게 했다. 아달랴는 국민들에게도 민심을 잃어서 요아스가 정상적으로 왕의 자리에 앉게 되니 무리가 그 여자를 칼로 죽여 버렸다. 요아스는 7 세 때 유다 국의 왕이 되었다.

▸ 요아스 왕의 성전 보수(12장)

요아스는 하나밖에 남지 않은 아하시야의 아들로서 칠 세 때 왕위에 올랐는데, 늘 여호야다에게 가르침을 받았다. 제사장 여호야다는 훌륭한 사람이다. 요아스가 여호야다에게 교훈을 받을 때에는 여호와 보시기에 정직히 행하였다고 했다. 그러나 아직 산당은 제하지 않았다.

요아스 왕이 첫 번째로 힘쓴 것은 성전을 수리하는 것이다. 수리하려면 돈이 들기 때문에 제사장들은 아는 자들에게서 돈을 받아들일 수 있었다. 그런데 그가 즉위한 지 이십삼 년이 지나도록 제사장들은 돈을 받으면서도 퇴락한 데를 수리하지 않았다. 그 돈으로 자기들 생활비를 했을 가능성이 있다.

요아스는 30세가 다 되어 스승 여호야다와 제사장들을 책망하고 연보 방식을 바꾸어 궤에 구멍을 뚫어서 성전문 어귀 단 옆에 놓고 '아는 사람들'만이 아니라 누구든지 거기다 은을 넣도록 하고 그 돈을 일하는 사람들에게 직접 주어서 성전 보수 공사를 하게 했다.

▸ 요아스의 죽음: 신복들에게 시해당하다

이때 요아스의 나이가 47세쯤 되었을 것이다. 그는 7세 때 왕이 되어 40년 간 왕위에 있었는데 결국 신복들, 요사갈과 여호사바드 등에게 모반을 당하여 죽었다. 요아스는 여호야다가 죽은 후에 변질되었다. 여호야다가 죽기 전에는 여호야다의 말을 잘 들었는데 죽은 후에는 유다 방백들의 말을 듣게 되었다. 역대 하에는 요아스가 망하게 된 이유(간신들의 말을 듣고 여호와의 전을 버리고 아세라 목상과 우상을 섬김)를 밝힌다. 요아스는 여호야다의 아들 스가랴(선지자)의 경고를 듣지 않고 오히려 그를 성전 뜰에서 돌로 쳐 죽이게 했다.

요아스가 아람 군대하고 싸우다가 다쳤을 때 그 신복들이 침상에서 그를 죽였다. 제사장 여호야다는 왕이 아니었어도 열왕의 묘실에 들어갔는데, 요아스는 왕으로 재위하였으나 열왕의 묘실에 들어가지 못했다. 또한 그리스도의 족보에서도 누락되었다. 마태복음 1장 8절, "아사는 여호사밧을 낳고 여호사밧은 요람을 낳고 요람은 웃시야를 낳고". 요람 다음이 요아스인데 바로 웃시야가 나온다. 이렇게 우상숭배를 하고 하나님을 배반한 사람은 그리스도의 족보에서 누락된다.

◦ 이스라엘 왕들의 이야기(13장)

▸ 여로보암의 죄악을 따른 악한 왕 여호아하스

열왕기 상 · 하의 내용은 북 이스라엘과 남 유다의 왕조가 번갈아 기술되고 있어 복잡한데다가 이름도 비슷한 것이 많아서 좀 혼돈이 되고 이해하기 어려운 면이 있다. 유다 왕 아하시야의 아들 요아스 23년에 이스라엘 왕 예후의 아들 여호아하스가 이스라엘 왕이 되어 17년을 치리했다. 여호아하스는 예후의 아들이다. 이 예후의 아들 여호아하스는 여로보암의 죄를 좇고 그 죄에서 떠나지 않았다. 그로 인해 하나님께서 진노하여 아람 왕 하사엘과 아들 벤하닷의 손에 이스라엘을 붙이셨는데, 그들이 학대하자 여호아하스가 간구하니 하나님이 들으시고 응답해 주셨다. 그 후에 이스라엘이 여전히 여로보암의 죄를 떠나지 아니하자 하나님은 아람을 통하여 다시 징계하셨다(마당의 티끌같이 백성을 진멸하다-7절).

여호아하스의 아들은 요아스이다. 유다 왕 요아스와 이름이 같다. 예후가 5왕조의 첫 번째 왕이라면 다음이 여호아하스이고 그 다음이 요아스이다. 선지자가 예후에게 그의 왕조가 4대까지 미치리라고 했었다. 그 예언대로 15장에 가면 예후의 왕조가 끝난다. 여호아하스의 아들 요아스가 이스라엘에서 16년을 치리했는데, 이때는 유다 왕 요아스 37년 때이다. 이스라엘 왕 여호아하스의 아들 요아스와 같은 시대에 다스리던 유다 왕의 이름이 같다. 요아스는 여로보암의 죄에서 떠나지 않았다. 그는 죽고 사마리아에 장사되었으며 그 아들 여로보암(2세)이 왕이 되었다.

▸ 엘리사의 죽음과 마지막 사역

엘리야의 후계자인 엘리사는 마지막에 죽을 병이 들어 죽게 된다. 그는 엘리야처럼 회리바람으로 병거를 타고 승천하지 않았다. 그때 이스라엘 왕은 예후의 손자 요아스였는데, 요아스 왕은 엘리사가 이스라엘에게 얼마나 든든한 존재였는가를 잘 알고 있었기에 많이 슬퍼했다.

엘리사는 이제 이스라엘을 위하여 마지막 봉사(사역)를 하고 있다. 엘리사는 요아스 왕에게 활과 살들을 취하라고 했다. 그러자 요아스가 활과 살들을 취하였다. 요아스 왕은 죽을 병에 걸린 엘리사를 찾아가서 문병을 했는데, 엘리사는 마지막으로 왕을 격려하며 활과 살을 잡고서 동편을 향해(아람 군대를 뜻함) 쏘라고 했다. 그리고 다시 엘리사는 요아스에게 쏜 화살들을 취하여 이제는 땅을 치라고 했다. 그러자 요아스가 땅을 세 번 치고 그쳤는데, 엘리사는 노하여 대여섯 번을 쳤더라면 아람을 진멸하도록 쳤을 것인데 이제는 세 번만 아람을 칠 것이라고 했다. 당시 이스라엘의 가장 강력한 대적은 아람이었다.

엘리사가 죽어서 장사를 지냈는데, 해가 바뀌니 모압 적당이 지경을 범하여 마침 사람을 장사하는 자들이 그 적당의 시체를 엘리사 묘실에 들이던졌다. 그의 뼈만 남아 있었지만 그 뼈에 시체가 닿으니 그 시체가 회생하였다. 하나님을 충심으로 사랑하고 절대적으로 섬긴 종에 대해 하나님은 그 뼈라도 귀히 여기신다는 것을 알 수 있다. 이 점에서 엘리사는 그리스도를 예표하는 부분이 있다. 그리스도께서 십자가에서 운명하실 때 사람들이 무덤에서 나오는 기적이 일어났다(마 27:52, 53).

▸ 요아스 왕이 아람 왕을 세 번만 이기고 두어 성읍을 회복하다

여호아하스 시대에 아람 왕 하사엘이 항상 이스라엘을 학대하였다. 이 하사엘은 엘리야가 기름을 부은 자이다. 이방 나라 아람의 하사엘이 왕이 되는 것조차도 당시 선지자의 사역 아래 있었던 것이다. 아람 왕 하사엘이 이스라엘을 학대했으나 하나님은 이스라엘을 멸하기를 즐겨하지 않으시고 아직은 자기 앞에서 쫓아내지 않으셨다. 이는 아브라함과 이삭과 야곱으로 더불어 세우신 언약 때문이라고 하신다(23절).

"여호아하스의 아들 요아스가 하사엘의 아들 벤하닷의 손에서 두어 성읍을 회복하였으니 이 성읍들은 자기 부친 여호아하스가 전쟁 중에 빼앗겼던 것이라 요아스가 벤하닷을 세 번 쳐서 파하고 이스라엘 성읍들을 회복하였더라"(13:25). 이것은 엘리사의 예언이 성취되었음을 말해준다. 요아스 왕이 화살로 땅을 세 번 쳤기 때문에 아람 군을 세 번만 무찌를 것이라고 예언한 것이 그대로 이루어진 것이다. 만일 전에 요아스가 화살을 가지고 땅을 대여섯 번 쳤더라면 지금 두어 성읍뿐 아니라 아람 군을 완전히 파하고 섬멸할 수 있었을 텐데 그렇게 하지 못한 것이 유감스럽다.

◦ 유다 왕들의 이야기(14장)

▸ 요아스의 아들 아마샤

유다의 요아스 왕은 아하시야의 아들인데, 아하시야 왕이 죽자 그의 모친 아달랴가 아하시야의 아들들 곧 그녀의 손자들을 다 죽이고 한 동안 통치를 했었다. 그때 성전에 숨겨져 양육되었던 요아스가 왕이 되었고 아들을 낳았는데 그가 아마샤이다. 아마샤는 25세 때 왕이 되어 29년을 치리했다.

아마샤가 전쟁을 한 이야기가 기록되어 있다(7절). 아마샤가 전쟁에서 세일 자손 이만 명을 죽였는데, 일만 명은 쳐 죽이고 일만 명은 바위 꼭대기에서 밀쳐 내려뜨려서 그 몸이 부숴지게 했다.

▸ 아마샤의 혼돈

"아마샤가 에돔 사람을 도륙하고 돌아올 때에 세일 자손의 우상들을 가져다가 자기의 신으로 세우고 그 앞에 경배하며 분향한지라"(14절). 유다 왕 아마샤는 완전히 혼돈의 왕이다. 아마샤는 에돔 사람을 도륙하고 돌아올 때 세일 자손의 우상들을 가져왔다. 그 전쟁에서 에돔이 패하여 이만 명이나 죽었는데 그 에돔 사람이 섬기는 우상을 가져다가 자기의 신으로 세우고 경배했다는 것은 도저히 상식적으로 이해가 되지 않는다.

▸ 아마샤의 교만

아마샤는 이스라엘 왕 예후의 손자 요아스에게 싸움을 걸었다. 이스라엘 왕 요아스는 유다 왕 아마샤에게 네가 에돔을 이겼다고 교만하였느냐면서 점잖게 타일렀다. 그러나 아마샤는 요아스의 말을 듣지 않고 싸우러 나갔다. 그리고서 이스라엘에게 대패했다. 먼저 싸우자고 한 사람이 진 것이다. 역대 하에서는 이것이 하나님으로부터 말미암았다고 했다(대하 25:20). 유다 왕 아마샤는 전투에서 패하였고 이스라엘 왕 요아스에게 사로잡혔다.

그런데 이스라엘 왕 요아스가 사로잡혔던 유다 왕 아마샤보다 먼저 죽었다. 이로 보건대 요아스는 아마샤를 풀어준 것 같다. 요아스가 죽고 대신에 아들 여로보암(2세)이 이스라엘 왕이 되었다. 유다 왕 아마샤는 이스라엘 왕 요아스가 죽은 후에도 15년을 더 살았다.

▸ 아마샤의 죽음

아마샤는 결국 자기 백성에게 죽임당했다. 역대 하에 그 이유가 나온다. "아마샤가 돌이켜 여호와를 버린 후로부터". 그가 죽임당한 이유를 간단하게 설명했다. 그가 여호와를 버렸기 때문이다.

▸ 유다 왕 아사랴(웃시야)의 즉위와 이스라엘 왕 여로보암 2세의 영토 확장(25-27절)

아사랴가 부친 아마샤를 이어 유다 왕이 되었다. 아사랴는 웃시야라고도 한다. 이 사람은 나중에 문둥이가 되었는데, 그 이유는 역대 하에 나온다(26:16-19). 이 아사랴 왕 때에 이사야 선지자가 일어난다. 이스라엘 왕 여로보암 2세는 41년 동안 왕위에 있었다. 그는 여호와 보시기에 악을 행하였고 여로보암의 죄에서 떠나지 않았다. '가드헤벨(갈릴리 지방) 아밋대의 아들 선지자 요나'가 바로 이때 사람이다. "선지자 요나로 하신 말씀과 같이", "하맛 어귀에서부터 아라바 바다까지". 여로보암 2세 때에 이스라엘 영토가 가장 넓었다. 여로보암이 그렇게 좋은 왕이 아니었을지라도 하나님은 이스라엘의 고난이 심하고 그들을 도울 자도 없는 것을 보시고 여로보암을 통해 큰 영토(하맛에서 아라바 바다까지)를 회복해주셨다.

▸ 유다 왕 아사랴(웃시야)

15장에서는 이스라엘 왕의 이야기를 하기 전에 먼저 유다의 상황을 말하는데, 아사랴(웃시야)에 대한 것이다. 아사랴(웃시야) 왕은 52년이라는 아주 오랜 기간을 왕 위에 있었다. 그러나 후반에 문둥병에 걸려 별궁에 거하였다. 아사랴(웃시야) 왕은 여호와 보시기에 정직히는 행했지만 산당은 제하지 않았다고 했다. 그리고 그가 문둥병에 걸려서 별궁에 거하고 아들 요담이 치리하였는데, 그가 문둥병에 걸린 것은 교만하여 여호와의 전에 들어가 분향하려 하다가 제사장의 제지에 순응하지 않았기 때문이다.

▸ 이스라엘 왕 여로보암과 그 아들 스가랴

여로보암과 그 아들 스가랴는 다 예후 왕조에 속한 왕들이다. 이 스가랴는 이스라엘 예후 왕조의 다섯 번째 왕이다. 예후 왕조는 예후, 여호아하스, 요아스, 여로보암 2세, 스가랴이다. 그런데 살룸이 스가랴를 모반하여 백성 앞에서 죽였다. 스가랴는 예후 가문의 마지막 왕이다. 그리고 살룸이 제 6왕조이다. 그런데 이 야베스의 아들 살룸 때부터 이스라엘에서 모반이 계속 일어나 왕이 거듭 바뀌게 된다. 살룸이 스가랴를 죽이고 왕이 되었는데 살룸은 또 다른 사람에게 살해된다. 그렇게 해서 왕조가 계속 바뀌게 된 것이다. 여호와의 말씀대로 예후 왕조는 여호아하스, 요아스, 여로보암 2세, 스가랴까지 4대 만에 끝났다(왕하 10:30).

▸ 므나헴이 살룸을 죽이고 왕이 되다

예후 왕조의 마지막 왕 스가랴를 죽이고서 왕이 된 살룸은 한 달 간 왕위에 있었다. 살룸은 므나헴에 의해 죽임을 당했고 이제 므나헴이 왕이 되었는데, 므나헴은 매우 잔인하여 딥사를 칠 때 성문을 열지 않았다고 아이 밴 부녀를 갈랐다고 한다. 이 잔인하고 악한 므나헴이 십 년 동안이나 이스라엘을 다스렸다. 므나헴에 대해서는 '평생'이라는 단어가 하나 더 붙었다. "여로보암의 죄에서 평생 떠나지 아니하였더라". 이에 더하여 이스라엘 왕 므나헴은 아주 못난 행동을 했다. 앗수르가 쳐들어오려고 하니까 자기 백성들 중 큰 부자에게서 은을 토색하여 앗수르에게 갖다 바친 것이다.

▸ 므나헴의 아들 브가히야

므나헴 다음이 그의 아들 브가히야이다. 므나헴만 아들로 이어졌지 그 다음은 다 다른 사람이 왕이 되었다. 므나헴의 아들 브가히야는 2년 동안 왕 노릇을 했다. 그 역시 여로보암의 죄에서 떠나지 않았다.

▸ 르말랴의 아들 베가가 브가히야를 죽이고 왕이 되다

르말랴의 아들 베가는 이사야서에 많이 나오는 이름이다. 당시에 장관 르말랴의 아들 베가라는 사람이 사마리아 왕궁 호위소(지금으로 말하면 경호실)에서 왕과 그와 함께한 사람들을 다 죽이고 길르앗 사람 오십 명도 함께 죽였다. 그리고 그 베가가 이스라엘의 왕이 되었다. 르말랴의 아들 베가는 이십 년 동안 왕위에 있으면서 역시 여로보암의 죄에서 떠나지 않았다. 앗수르의 왕 디글랏 빌레셀이 베가 왕 때에 많은 이스라엘 땅을 취하고 그 백성을 사로잡아 앗수르로 데려갔다. 이것이 이스라엘의 멸망의 시작이다. 다음으로 호세아가 베가를 죽이고 왕이 되나 그 때 이스라엘은 멸망한다.

◦ 남 왕국 유다(15:32-16장)

▸ 웃시야의 아들 요담이 왕위에 오르다

웃시야의 아들 요담은 여호와의 전의 윗문을 건축했다. 그가 좋은 일을 하기는 했으나 산당을 제하지 않으므로 백성이 오히려 그 산당에서 제사를 드리며 분향했다고 한다. 이 동시대에 호세아 선지자는 이스라엘을 위해서, 이사야 선지자는 유다를 위해서 사역했다. 요담은 41세에 죽었다. 대개 왕들은 오래 살지 못했는데, 그래도 웃시야가 68세, 므낫세가 67세, 여호사밧이 60세에 죽었다.

▸ 요담의 아들 아하스가 왕위에 오르다(16장)

이스라엘 왕 베가 17년에 유다는 요담의 아들 아하스가 왕이 되었다. 요담 왕은 비교적 괜찮은 왕이다. 그러나 산당을 없애지 않은 것이 흠이다. 요담의 아들 아하스는 매우 좋지 않은 왕이었다. 유다에서 가장 악한 왕이 므낫세이고, 그 다음으로 좋지 않은 왕을 친다면 아하스이다. 이스라엘의 왕들이 악할 뿐 아니라 이제 유다 왕까지 이스라엘 왕들의 길로 행하게 되었다.

이 때에 아람 왕과 이스라엘 왕 베가가 예루살렘에 올라와서 싸우려고 아하스를 에워쌌으나 이기지 못했다. 바로 그때에 이사야 선지자가 예언했다(사 7:1-14). "그러므로 주께서 친히 징조로 너희에게 주실 것이라 보라 처녀가 잉태하여 아들을 낳을 것이요 그 이름을 임마누엘이라 하리라"(사 7:14). 아하스가 징조를 구하라는 주님의 말씀을 받아들이지 않았지만 그분은 친히 징조를 주셨다. 참으로 위대한 예언, 그리스도의 출생에 대한 예언을 바로 이때 주신 것이다. 하나님은 이스라엘을 위해 엘리야와 엘리사 선지자를 세우셨고, 또한 유다 국이 가장 악화되는 상황에서 이사야 선지자를 일으키셨다.

당시에 아람 왕은 유다를 공격하여 자기들의 땅을 회복하고 유다 사람을 엘랏에서 쫓아내기도 했다. 아하스 왕은 완강한 사람이다. 그런 사람이기 때문에 하나님은 이스라엘과 아람을 통해서 치신 것이다. 그런데 또 공격하려 하자 그 대적의 말을 듣고 아하스 왕은 굉장히 불안해하고 흔들리고 두려워했다. 그때 하나님이 이사야를 통해서 '두려워하지 말라, 저들의 도모가 서지 못할 것이다'라고 일러 주셨지만 아하스는 여전히 불안해했다.

그러므로 오히려 그는 앗수르를 의지했다. "아하스가 앗수르 왕 디글랏 빌레셀에게 사자를 보내어 이르되 나는 왕의 신복이요 왕의 아들이라 이제 아람 왕과 이스라엘 왕이 나를 치니 청컨대 올라와서 나를 그 손에서 구원하소서"(16:7). 그리고 왕궁에 있는 금은을 앗수르 왕에게 보내 도움을 요청하였다. 앗수르 왕은 다메섹을 쳐서 취하고 아람 왕 르신을 죽였다.

▸ 아하스의 어리석은 행동

아하스는 앗수르 왕 디글랏 빌레셀을 만나러 다메섹에 갔다. 앗수르 왕이 다메섹을 정복하고 그곳에 머무는 동안 유다 왕 아하스는 아부도 하고 인사도 할 겸 그곳에 간 것이다. 그런데 거기서 우상의 제단을 보고 감탄하면서 그 구조와 식양을 그려 제사장 우리야에게 보냈고, 다메섹의 우상 신전의 모형을 따라 하나님의 성전 모양을 함부로 변조하여 성전 기구들을 옮기고 떼어 내버리고 치우게 했다. 이 아하스 왕은 형편없었지만 그 아들 히스기야는 선군이다. 아하스는 다윗 성에는 장시되었으나 열왕의 묘실에는 들어가지 못하였다.

◦ 이스라엘의 멸망(17장)

▸ 이스라엘의 마지막 왕 호세아: 호세아 선지서는 바로 이 때 쓰여졌다

호세아는 이스라엘의 마지막 왕이다. 이스라엘 19대 왕으로서 9년 간 치리했다. 호세아의 아버지는 엘라이며 그는 왕이 아니었다. 엘라의 아들 호세아는 반역해서 왕이 된 마지막 왕이다. 호세아가 9년을 통치하고서 이스라엘은 앗수르에게 완전히 패망한다. 호세아는 이스라엘 왕 중 가장 악한 왕은 아니었다. 그런데 왜 호세아 왕 때 이스라엘이 망했는가? 그것이 바로 하나님의 행정이다.

호세아 왕 때 이스라엘은 앗수르에게 조공을 바치는 국가가 되었는데, 어느 시점에 가서 그가 앗수르를 배반하고 애굽과 손을 잡고 애굽을 의지했다. "호세아 구년에 앗수르 왕이 사마리아를 취하고 이스라엘 사람을 사로잡아 앗수르로 끌어다가 할라와 고산 하볼 하숫가와 메대 사람의 여러 고을에 두었더라". 이렇게 해서 이스라엘은 완전히 멸망했다. B.C. 722년의 일이다.

▸ 이스라엘 패망의 원인

7절부터 이스라엘 패망의 원인을 기록하고 있다. 그들이 이방 사람의 규례를 좇았고 이스라엘 왕들이 세운 율례를 행했기 때문이다. "이스라엘 자손이 가만히 불의를 행하여 그 하나님 여호와를 배역하여 모든 성읍에 망대로부터 견고한 성에 이르도록 산당을 세우고". '이스라엘 자손이 가만히 불의를 행했다'는 것은 그들이 비밀리에 불의를 행했다는 것이다. 이스라엘이 타락한 것은 처음부터 드러내놓고 거역하거나 배반해서가 아니라 모르는 사이에 감추인 방식으로 조금씩조금씩 불의를 행하다 보니 그렇게 된 것이다.

▸ 선지자들과 선견자들의 말을 듣지 않고 율법을 지키지 않으며 우상을 숭배함

하나님은 유다와 이스라엘에게 모세를 통해서 율법을 주셨을 뿐 아니라 선지자와 선견자들을 보내서 그들을 경계하여 이르시기를 악한 길에서 떠나 그분의 명령과 율례를 지키라고 하셨다. 이스라엘에게는 엘리야, 엘리사 외에도 호세아, 예후, 미가야, 아모스, 요나 등의 선지자들을 보내셨고, 유다에도 스마야, 하나니, 이사야, 잇도, 아사랴 등을 보내셨다.

▸ 사마리아가 이 때 혼합된 족속이 되다

"앗수르 왕이 바벨론과 구다와 아와와 하맛과 스발와임에서 사람을 옮겨다가 이스라엘 자손을 대신하여 사마리아 여러 성읍에 두매 저희가 사마리아를 차지하여 그 여러 성읍에 거하니라"(24절). 이 때 사마리아가 민족 간에 서로 섞이게 되었다. 유대인과 이방인이 섞여 살게 된 것이다. 저희가 처음 사마리아에 거할 때 여호와를 경외치 아니하므로 몇 사람이 죽임을 당했다. 앗수르 왕은 제사장을 데려다 그 땅의 신의 법으로 무리에게 가르치라고 명했다.

▸ 혼합종교가 되다

그래서 사마리아는 혼합 종교를 갖게 되었다. "그 여러 민족이 여호와를 경외하고 또 그 아로새긴 우상을 섬기더니 그 자자손손이 그 열조의 행한 것을 좇아 오늘까지 그대로 하니라"(41절). 여호와를 경외하면서 또 아로새긴 우상을 섬기는 행습이 300여 년이나 지속되었다는 말이다. 이스라엘의 문제가 무엇이었는가? 오늘날같이 종교다원주의, 즉 혼합된 신앙이었다.

◊ 18-25장: 남 유다 왕국의 역사

▸ 아하스의 아들 성군 히스기야

18-20장은 유다와 이스라엘 전체를 통틀어서 다윗에 버금가는 성군 히스기야 왕의 이야기이다. 모든 왕들이 다윗 왕과 같지 않았다고 했는데, 18장 3절에 보면 히스기야가 조상 다윗과 같이 여호와 보시기에 정직히 행하였다고 했다. 그 아버지 아하스는 좋은 왕이 아니었으나 그 아들 히스기야는 상당히 좋은 왕이었다. 히스기야 다음은 므낫세이다. 이 므낫세는 유다의 왕 중에 가장 악한 왕이었다.

여러 유다 왕들 중에 좋은 왕들이 있었지만 산당은 제하지 않았다고 했는데 히스기야는 산당을 제했다. 산당이란 당시 예루살렘에 있는 하나님의 성전(하나님이 정하신 경배 장소)에 대해 경쟁적으로 만들어진 또 다른 예배 장소이다. 히스기야는 하나님의 성전을 지극히 사랑했던 왕이다.

히스기야 왕은 살아 계신 하나님을 위해서 개혁을 했다. 지금까지 다른 왕들이 하지 않은 산당을 제하는 일을 했고 놋뱀을 없애는 일을 했다. 모세 시대에 만들어 세웠던 그 놋뱀이 히스기야 왕 때까지 보존되어 백성들이 그 놋뱀을 향하여 경배하고 있었던 것이다.

▸ 이스라엘의 멸망은 유다 히스기야 재위 6년, 이스라엘 호세아 9년 때이다

히스기야 6년, 호세아 9년에 앗수르 왕 살만에셀이 사마리아로 올라와서 에워쌌다. 즉 이스라엘의 멸망은 유다의 히스기야 재위 때였다. 성경은 이스라엘 멸망의 원인을 거듭거듭 기록하고 있다. "이는 저희가 그 하나님 여호와의 말씀을 준행치 아니하고 그 언약을 배반하고 여호와의 종 모세의 모든 명한 것을 거스려 듣지도 아니하며 행치도 아니하였음이더라"(18:11-12).

▸ 히스기야 14년에 앗수르 산헤립이 유다를 공격하다

이스라엘이 패망하고서 8년 후, 히스기야 왕 14년 때에 앗수르 왕 산헤립이 유다를 공격해왔다. 히스기야는 은과 금을 많이 주었으나 소용이 없었고 기어이 쳐들어왔다. 그들이 쳐들어와서 왕을 부르니 히스기야 왕은 엘리야김, 셉나, 요아 세 사람을 대신 보냈다. 그러자 앗수르 왕 산헤립의 장군 랍사게가 '너의 의뢰하는 것이 무엇이냐'고 묻는다.

▸ 랍사게의 호언장담

랍사게의 말은 사단 마귀의 말투와 비슷하다. 하나님이 히스기야를 통해서 하신 모든 역사를 무시하며 비웃고 있다. 히스기야가 행한 선한 일들, 곧 산당과 제단을 없애고 예루살렘 성전에서만 예배하라고 한 것 때문에 지금 네가 잘못되어가고 있다고 말하는 것이다. 그러면서 자기가 여호와의 뜻으로 말미암아 그 땅을 멸망시키러 왔다고 주장한다. 항복하지 않으면 자기의 대소변을 먹게 될 것이고 항복하면 좋은 실과들을 많이 먹게 해줄 것이라고 한다. 지금까지 모든 신이 앗수르에 굴복했다는 것이다.

▸ 히스기야의 기도(19장)

이 때에 선지자 이사야가 있었다. 히스기야 왕은 엘리아김과 셉나와 제사장 중 장로들에게 굵은 베를 입혀서 이사야 선지자에게 보냈다. 히스기야 왕은 절실히 주님의 도우심을 필요로 했다. 그리고 간절히 기도를 드렸다.

▸ 이사야 선지자의 예언

이사야는 히스기야가 보낸 엘리아김, 셉나 등에게 랍사게의 능욕하는 말을 두려워하지 말라고 하면서 하나님께서 한 영을 저희 속에 두어 풍문을 듣고 본국으로 돌아가게 하리라 하셨으며, 본국으로 돌아가서는 칼에 맞아 죽을 것이라고 했다(5-7절). 히스기야는 산헤립의 그 공갈 협박성 편지를 받고 여호와께 간절히 기도했고, 하나님은 기도를 응답하시어 앗수르 군대 18만 5천명을 전멸하게 하고 앗수르 왕 산헤립은 자기의 아들들에게 죽임을 당했다.

▸ 히스기야의 질병

히스기야는 죽을 병에 걸렸을 때 낯을 벽으로 향하여 아주 절박한 심정으로 기도했다. 하나님은 히스기야의 간절한 기도로 인해 그의 생명을 15년 더 연장해 주셨다. 하나님께서는 매우 초자연적인 기적으로 히스기야의 병의 치유를 위한 징조를 보여 주셨다. 히스기야는 해 그림자가 10도 더 나아가는 것보다 해 그림자가 10도 뒤로 물러가는 것이 더 어려우니 그렇게 해달라고 요청했고, 주님은 그렇게 해주셨다.

▸ 바벨론 왕이 편지와 예물을 보내어 병문안하다

이때에 바벨론은 신흥국가로 일어나고 있었다. 부로닥발라단이라는 바벨론 왕이 이사야 39장 1절에는 '므로닥발라단'으로 되어 있다. 히스기야는 이때 징조도 보고 병도 낫자 너무 흥분하여 자기를 병문안 온 바벨론 왕의 사신에게 자신의 보물고를 다 열어 보여주었다.

▸ 이사야가 히스기야 왕을 책망하다

이사야는 히스기야 왕이 바벨론 사자에게 보물고를 다 보여준 일에 대하여 책망했다. 그리고 장래 모든 것을 바벨론에게 빼앗기게 될 것을 예언하였다. 또 왕의 몸에서 날 아들 중에서 사로잡혀 바벨론 왕궁의 환관이 될 것이라고 말했다. 히스기야는 자기가 사는 날 동안에는 이런 일이 일어나지 않는다는 말을 듣고 그것으로 족하다고 했다.

▸ 히스기야의 죽음과 아들 므낫세의 즉위

히스기야는 그래도 29년이라는 재위 기간을 무사히 마치고 죽었다. 그리고서 그 아들 므낫세가 왕위를 계승했다. 히스기야의 업적 중 하나는 못과 수도를 만들어서 물을 성중으로 끌어들인 일이다. 히스기야 왕은 앗수르의 침입을 대비하여 지하 수도를 만들고 기혼 샘물을 예루살렘 성 안으로 끌어들이는 일을 했다(대하 32:2-8).

◦ 유다의 하락과 멸망(21-25장)

▸ 가장 악한 왕 므낫세와 아몬(21장)

므낫세는 이스라엘 왕 중에서 가장 극악무도한 왕이다. 이 사람은 12세 때 왕이 되어 55년 간을 치리했다. 그 모친의 이름은 헵시바인데, 그 뜻은 '나의 기쁨이 그녀에게 있다'이다. 유다에서 뛰어난 성군인 히스기야와 이름도 사랑스러운 어머니 헵시바에게서 그토록 악한 아들이 태어났다는 것은 참 이해하기 어렵다. 므낫세는 부친 히스기야가 헐어버린 산당을 다시 세우며 이스라엘의 아합의 소위를 본받아 바알을 위해 단을 쌓았고 아세라 목상을 만들어 일월성신을 숭배하였다. 그 외로도 아들을 불 가운데 지나가게 하고 점치고 사술을 행하고 박수를 신임하였으며 심지어 가나안 땅에서 쫓아낸 아모리 족속보다 더 악을 행했다.

따라서 하나님은 유다 국을 멸망시키기로 작정하셨다(21:13-15). 므낫세는 55년이라는 긴 기간 동안 치리하면서 죄만 지었다. 그는 바벨론에 끌려간 적도 있으며 그 환난 중에 여호와께 간구하고 크게 겸비하게 되어 하나님께서 왕위를 회복시켜주기도 하셨다. 므낫세는 열왕의 묘실에 들어가지 못하고 웃사의 동산에 장사되었으며, 아들 아몬이 왕이 되어 2년을 다스렸다.

▸ 아몬의 아들 요시야가 왕이 됨: 요시야는 유다의 최후의 좋은 왕이요 개혁자이다(22장)

아몬의 아들 요시야는 8세 때 왕이 되어 31년을 치리하였고, 39세 젊은 나이로 므깃도에서 전사하였다. 유다의 왕이 20명 정도 되는데, 그 중에서 좋은 왕은 8명이다. 또 그 중에서도 다윗의 모든 길로 행했다고 기록된 왕은 세 명밖에 안 된다. 여호사밧과 히스기야와 요시야이다. 요시야는 이처럼 손에 꼽히는 개혁의 선한 왕이었다. 요시야가 진정으로 주님을 믿고 섬겨야겠다고 할 때가 16세였다. 그때 비로소 하나님을 구했다. 그리고 재위 12년(20세)에 유다와 예루살렘을 비로소 정결케 했다고 말한다. 성전을 정결케 하는 일을 하다가 대제사장 힐기야를 통해 율법책을 발견하고 그 책을 사반에게 주어 읽게 하였는데, 요시야 왕은 그 말씀을 들으면서 옷을 찢으며 통분히 여겼다. 요시야는 율법의 말씀을 들었을 때 말씀과 자신들의 상태를 대조하였고, 자신과 하나님의 백성들이 하나님의 말씀을 준행치 않고 하나님의 말씀에서 많이 벗어났다는 것을 알게 되었다. 요시야는 여선지자 훌다로부터 하나님의 진노가 크며 예루살렘과 유다 거민들이 빈터가 되고 저주가 되리라는 말씀을 듣고 겸비하여 옷을 찢고 통곡하였다.

요시야는 유다와 예루살렘의 장로들을 다 모으고 대 위에 서서 언약 책을 읽었으며 여호와와 언약을 세우고 백성은 다 그 언약을 순종하기로 한다(23:1-3). 또한 왕은 바알과 아세라와 일월성신을 섬긴 모든 기명들을 성전에서 내어다가 예루살렘 바깥 기드론 밭에서 불살랐다. 그리고 우상의 제사장들을 폐하고 산당들을 헐어버렸다(23:4-7). 산당 제사장들은 여호와의 단에 올라가지 못하게 폐직시켰으며, 도벳에서 몰록에게 드리기 위해 자녀를 불로 지나가지 못하게 하고 태양신을 섬기는 것들(말, 수레 등)을 폐하여 버리고(9-11절), 솔로몬이 세운 시돈의 아스다롯이나 전왕들 때 세운 우상의 단들이나 므낫세가 세운 단들을 다 헐고 산당을 불사르고 빻아서 가루를 만들어 기드론 시내에 쏟아버렸다.

또한 요시야가 산에 있는 묘실들을 보고 해골을 취하여다가 단 위에 불살랐다. 이는 하나님의 사람이 350년 전에 예언했던 바인데(왕상 13:1-2), 이 때 그대로 이루어졌다. 열왕기서는 여호와의 말씀이 그대로 이루어진 것을 중점적으로 기록한다. 요시야가 하나의 비석을 보았는데, 그 비석이 무슨 비석이냐고 물으니 성읍 사람들이 고하기를, "왕께서 벧엘의 단에 향하여 행하신 이 일을 전하러 유다에서 왔던 하나님의 선지자의 묘실이니이다"라고 했다(23:17). 요시야는 그 '하나님의 사람'의 뼈는 옮기지 않고 그대로 두었다. 요시야는 유다 국만이 아니라 이스라엘 국의 사마리아 우상들을 치우고 산당의 제사장들을 다 죽이고 사람의 해골은 다 단 위에서 불사르고 예루살렘으로 돌아왔다.

▸ 요시야 18년에 유월절을 지킴

또한 율법책을 읽고 거기 기록된 대로 유월절을 지켰으며 또 기록된 말씀에 비추어 예루살렘 상태를 보고 고칠 것은 고치고 치료할 것은 치료했다. 말씀에 의거해서 예루살렘 안에 있던 신접한 자와 박수와 드라빔과 우상과 모든 가증한 것들을 처리했다. 요시야처럼 마음을 다하고 성품을 다하고 힘을 다하여 여호와를 향하여 모세의 율법을 지킨 왕은 요시야 전에도 후에도 없었다. 그러나 하나님은 유다를 향하여 크게 진노하신 고로 유다를 멸망시키고자 하신 뜻은 돌이키지 않으셨다(23:25-26).

▸ 요시야의 죽음

요시야는 성군이었으나 애굽과의 전투에서 주님께 기도하여 주님의 인도를 받지 않고 나갔다가 죽었다. 그의 죽음을 모든 백성이 슬퍼했으며 예레미야는 그를 위해 애가를 지었다. 오늘날까지 이스라엘 가운데에는 그를 애도하는 노래가 남아 있다고 한다. "신복들이 그 시체를 병거에 싣고 므깃도에서 예루살렘으로 돌아와서 그 묘실에 장사하니 국민이 요시야의 아들 여호아하스를 데려다가 저에게 기름을 붓고 그 부친을 대신하여 왕을 삼았더라"(30절). 여호아하스는 요시야의 아들이다.

▸ 요시야의 아들 여호아하스

요시야라는 좋은 왕 다음에 다시 악한 왕이 나온다. 여호아하스는 17대 왕으로 즉위하였고 삼 개월 간 왕위에 있었는데 악한 왕으로 분류된다. 여호와를 떠나 우상을 숭배했기 때문이다. 애굽 왕 바로느고는 요시야를 죽이고 일단 여호아하스로 왕이 되게 했다. 그런데 바로느고가 여호아하스의 악행을 보고 그를 하맛 땅 립나에 가두고 여호아하스를 예루살렘에서 왕이 되지 못하게 했으며 그 나라로 은 일백 달란트와 금 한 달란트를 벌금으로 내게 했다.

▸ 애굽 왕 바로느고가 여호아하스를 무시하고 요시야의 아들 엘리아김으로 왕을 삼다

엘리아김과 여호아하스는 배다른 형제이다(23:31, 36). 바로느고는 여호아하스를 폐위시키고 요시야를 대신해서 엘리야김을 왕으로 삼고 그 이름을 고쳐 '여호야김'이라 했다. '요시야를 대신하여'란 여호아하스를 왕으로 치지 않았다는 말이다. 여호아하스는 애굽으로 잡혀가 거기서 죽었다. 여호야김은 바로한테 돈을 주기 위해 백성을 쥐어짜가면서 왕 노릇을 했는데, 이런 왕은 족보에 들어가지도 않는다.

▸ 악한 왕 여호야김

여호야김 왕은 여호와를 떠나고 우상을 섬기는 악을 행하였는데, 특히 그가 예언자 우리야를 죽이고(렘 26:20-23) 예레미야의 예언서를 칼로 찢고 태운 사건(렘 36:23-24)이 예레미야서에 기록되어 있다. 즉 이 때의 선지자가 예레미야이다. 그 또한 열조의 모든 행한 일을 본받아 여호와 보시기에 악을 행했다.

▸ 여호야김이 바벨론 왕을 배반함(24장): 바벨론의 1차 침공

24장 1절의 말씀은 짧지만 이 안에 많은 역사가 담겨 있다. 여호야김이 왕이 된 나이가 25세인데, 여호야김을 왕으로 세운 것은 애굽 왕 바로느고이다. 유다의 왕들은 사울로부터 시작해서 여호야김과 그 앞에 있었던 여호아하스, 그리고 유다가 멸망할 때의 마지막 왕 시드기야까지 도합 20명이다. 마지막 20대 왕이 시드기야이다. 17대 왕이 여호아하스이며, 유다는 요시야라는 성군이 죽은 지 22년 만에 망했다. 그 22년 동안 네 명의 왕이 있었는데, 그 중에 세 명이 요시야의 아들들로서 여호아하스, 여호야김, 시드기야이고, 여호야김의 아들 여호야긴(혹은 고니야, 렘 22:24)이 거기 포함된다. 24장 1절은 여호야김 시대에 있었던 바벨론의 1차 침공을 말하는데, 이때 다니엘과 세 친구가 사로잡혀갔다. 여호야긴은 석 달밖에 왕 노릇을 하지 못했다.

▸ 여호야김 3년에 느부갓네살이 예루살렘을 에워싸다

요시야 이후 네 명의 왕이 이어지다가 시드기야 왕 때 유다가 망했다. 그 멸망의 전조는 여호야김 왕 3년에 있었다. 느부갓네살 왕은 당시 갈그미스라는 곳에서 애굽 왕 바로느고를 쳐부수고 나자 강성하게 되었다. 그런 후에 이 느부갓네살이 유다를 치려고 올라온 것이다. 여호야김은 전혀 힘이 없는 상태여서 느부갓네살을 삼 년 동안 섬겼다. 조공도 바치고 모든 통제를 받아가면서 지낸 것이다. 그런데 삼 년 만에 어떤 일이 생긴 것 같다. 아마도 바벨론의 느부갓네살 왕에게 어려움이 닥쳤을 것이다. 그러자 여호야김이 기회를 엿보아 바벨론 왕을 배반했다.

▸ 많은 선지자들이 나옴

나라가 극도로 혼란되고 왕들은 극심하게 악을 행하여 나라가 일촉즉발의 운명에 처해 있던 이삼십 년 사이에 많은 선지자들이 일어났다. 예레미야, 다니엘, 에스겔, 스바냐, 하박국, 나훔, 미가가 다 이 시기의 사람들이다. 하나님은 회개하지 않고 악으로 치닫는 백성을 어떻게 하든지 돌이켜 보려고 선지자들을 보내서 계속 말하게 하셨다.

▸ 멸망의 원인은 므낫세의 죄악이다

"이 일이 유다에 임함은 곧 여호와의 명하신 바로 저희를 자기 앞에서 물리치고자 하심이니 이는 므낫세의 지은 모든 죄로 인함이며"(24:3). 므낫세는 무죄한 사람을 많이 죽였다. 하나님께서 가장 싫어하시는 죄는 생명을 살해하는 죄이다.

▸ 바벨론의 2차 침공

바벨론 왕은 B.C. 597년에 직접 신복들을 데리고 와서 예루살렘을 에워쌌다(24:11). 이것이 바벨론의 2차 침공이다. 여기에는 여호야긴에 대한 짧은 기록이 있을 뿐이다. "그 부친의 모든 행위를 본받아 여호와 보시기에 악을 행하였더라"(9절). 예레미야는 그에 대해 '천한 파기(깨어진 그릇)' 또는 '좋아하지 아니하는 그릇'(렘 22:28)이라고 표현했다. 이는 그가 하나님께 무용한 사람이었음을 가리키는 말일 것이다. 이 때 여호야긴과 에스겔 선지자, 모르드개 등이 사로잡혀 갔으며, 여호와의 전의 모든 보물과 왕궁 보물들을 바벨론으로 옮겨갔다.

▸ 마지막 유다 왕 시드기야 즉위

그리고 여호야긴 대신 그의 아자비 맛다니야로 왕을 삼고 이름을 시드기야라고 했다. 이 시드기야가 마지막 왕으로 21세에 재위하여 11년을 치리하였다. 시드기야는 바벨론을 배신하여 다시 한 번 바벨론 침공의 빌미를 주었다.

▸ 바벨론의 3차 침공

여호야김과 시드기야는 형제인데, 시드기야도 여호야김처럼 바벨론을 배반을 했다. 그때 바벨론 왕은 토성을 쌓고 예루살렘을 포위했다. 이것이 느부갓네살의 3차 공격이다. "성이 시드기야 왕 십일년까지 에워싸였더니"(25:2). 바벨론은 예루살렘 성을 일 년 반 동안 에워싸고 있었다. 이 때가 B.C. 586년으로 이스라엘 역사에서 결코 잊을 수 없는 해이다. 2년 가까이 포위된 채 지내다 보니 예루살렘 성내의 양식이 다 떨어져 백성들이 굶주리게 되었다. 시드기야 왕은 부하들과 성벽 구멍을 뚫고 도망가다가 바벨론 군에게 붙잡혀 립나에 가서 바벨론 왕에게 심문을 당했다. 그들은 시드기야 아들들을 그의 목전에서 죽이고 두 눈을 뺀 다음 사슬로 결박하여 바벨론으로 끌고 갔다. 또한 성에 남아 있던 왕의 시종들과 장관의 서기관 등 66명을 잡아 립나의 바벨론 왕에게 데려가니 다 쳐 죽였다. 그리고 바벨론 왕은 유다 땅에 남아 있는 유대인들을 통치하도록 아히감의 아들 그달랴로 방백을 삼았다. 그러나 왕족 이스마엘이란 자가 그달랴를 죽이고 애굽으로 갔으며, 한편 일찍 사로잡혀간 여호야긴은 끌려간 지 37년, 바벨론 왕 에윌므로닥의 즉위 원년에 옥에서 풀려나 죄수의 의복을 벗고 일평생 왕의 상에서 먹는 대우를 받게 되었다.

◊ 결론

열왕기 하를 읽으면서 우리는 하나님의 백성이 하나님을 배반하고 떠나서 이방의 가증한 우상을 섬길 때 하나님은 그분의 선지자를 보내시어 그들을 경고하고 책망하심으로 그들이 회개하고 돌이키기 원하신 것을 본다. 그러므로 하나님의 선지자들은 언제나 '여호와께서 말씀하시기를' 하면서 예언했다. 그래도 듣지 않으면 하나님께서 그분의 공의에 따라 그들을 원수의 손에 넘겨주시어 심지어 나라가 멸망하고 백성이 포로가 됨으로 비참한 최후를 맞게 되는 것을 본다. 이스라엘에서는 여덟 차례나 모반이 일어났다. 자기가 왕이 되려고 현재 왕을 죽이는 비참한 역사가 되풀이되었던 것이다. 유다는 어땠는가? 결국 여호야긴은 잡혀가고 시드기야는 도망가다가 립나에서 잡혀 그 아들들이 목전에서 죽임당하고 두 눈이 뽑혀 쇠사슬에 묶인 채 바벨론으로 끌려갔다. 이 어떠한 비참한 광경인가!

유다 왕국 말기에 드물게 선한 통치를 했던 요시야 왕의 수고도 아무 소용없게 되었다. 그것이 전체적으로 흘러가는 악의 흐름을 뒤집지 못한 것이다. 열왕기 하의 주제는 열왕기 상과 같이 율법 준수에 따른 축복과 율법 거역에 따른 저주이다. 열왕기 상·하 전체에 걸쳐 선지자의 사역은 매우 중요하다. 엘리야와 엘리사의 사역이 이 책의 주체를 이룬다고 해도 과언이 아니다. 이 책은 단순히 왕들의 역사를 기록한 것이 아니다. 남과 북의 멸망이 선지자들의 경고를 무시한 데서 비롯되었다는 사실을 생생히 일깨워주고 있다. 따라서 열왕의 업적과 선악을 판단하는 기준은 하나님의 말씀과 그 언약을 준수했는가에 달려 있었다. 그 선과 악의 기준으로 '다윗'과 '여로보암'이 계속 언급되었다. 물론 다윗은 선의 기준이고, 여로보암은 악의 기준이다.

역대 상

주요 내용

이 책의 원래 이름은 '일기', 또는 '기사'로서 역대 군왕들의 일지(dairy)와 같은 것이다. 우리나라로 말하면 삼국사기, 왕조실록, 승정원일기 등에 해당한다. 열왕기를 예레미야가 썼다면, 이 책은 에스라가 썼을 가능성이 있다. 포로 후 귀환 시의 이야기를 썼기 때문이며(대상 9:1-2), 문체가 에스라서와 유사한 것이 있다(스 2:1).역대상은 아담으로부터 노아, 아브라함을 거친 이스라엘의 계보와 사울과 다윗의 역사(사무엘기에 해당)를 다루며, 주로 다윗이 성전의 건축을 위해 대지와 재료를 준비한 이야기, 성전이 건축된 후 섬길 제사장과 레위인, 관리들의 조직과 아들 솔로몬에게 성전 건축을 유언한 이야기가 기록되어 있다. 또한 역대기는 열왕기(여호와의 말씀의 중요성을 강조함)와 달리 다윗의 성전 건축과 하나님께 대한 제사와 경배에 대하여 자세히 기록되어 있다

◊ 1-9장: 이스라엘의 개괄적 족보

▸ 아담부터 아브라함까지(1장)

1장부터 9장까지는 이스라엘의 족보를 서술한다. 성경은 족보를 중시한다. 성경은 인류의 시작이 있음이 분명히 말하는데, 시작은 아담이요 그 이상은 하나님이시라고 한다(눅 3:38). 이렇게 인류의 기원과 족보를 분명하게 기록한 책은 성경 이외에 없다.

아담, 셋, 에노스, 게난, 마할랄렐, 야렛, 에녹, 므두셀라, 라멕, 노아가 있고(이상 10조상), 다음 홍수 후에는 노아의 세 아들인 셈, 함, 야벳에게서 나온 후손들이 기록되어 있다(5-23절). 1장 17-23절은 창세기 10장 21-29절과 병행한다. 24절부터는 셈의 자손이 나오는데 "셈, 아르박삿, 셀라, 에벨, 벨렉, 르우, 스룩, 나홀, 데라, 아브람 곧 아브라함, 아브라함의 아들은 이삭과 이스마엘이라(24-28절). 아브라함의 출생은 주전 2165년으로 추정된다. 29-34절은 이스마엘의 자손과 아브라함의 후처 그두라의 소생들을 말한다. 35-54절은 에서의 자손이다.

▸ 야곱(이스라엘)의 열두 아들의 계보(2장)

2장부터는 본격적으로 이스라엘의 계보에 대하여 말한다. 야곱(이스라엘)의 열두 아들의 순서는 르우벤, 시므온, 레위, 유다, 잇사갈, 스불론, 요셉, 베냐민, 단, 납달리, 갓, 아셀이다. 2절에서는 단이 요셉 앞에 기록되어 있다.

▸ **유다 지파의 족보(2:1-4:23)**

열두 지파 중 유다의 족보가 중요하다. 유다 지파의 족보가 가장 길고 자세하게 기록되어 있음은 매우 의미가 있다. 3절부터 8절까지는 유다에서 헤스론까지, 9절부터 17절까지는 헤스론에서 다윗까지의 족보이다. 3장은 다윗과 솔로몬, 그리고 이어지는 유다의 왕들과 사로잡혀간 여호야긴(여고냐)의 후손들에 대하여 말한다. 역대기의 중심인물은 다윗이다. 다윗은 열아홉 명의 아들들을 두었고, 그 중에서 솔로몬이 왕권을 이어받았다. 4장은 그 외의 유다 자손들을 말한다.

▸ **그 외의 유다 자손들과 시므온의 자손들(4장)**

역대 상 4장에는 기타 유다 자손들과 시므온 자손들의 족보가 기록되어 있다. 이스라엘 열두 지파 가운데 가장 수가 많고 뛰어난 유다 족속에 대하여 좀 더 상세하게 설명하고 있다. 주 예수께서 이 지파로부터 나오셨다. 2장 3-17절까지와 3장에는 뼈대가 되는 베레스와 헤스론을 중심으로 한 유다 자손이 기록되었다면, 4장은 그 외의 유다 자손을 언급하고 있다. 즉 소발 자손(1-2절), 훌 자손(3-4절), 아스훌 자손(5-10절), 레가 자손(11-12절), 그나스 자손(13-15절), 십 족속(16-20절) 및 셀라 자손들이다(21-23절). 역대기의 기자 에스라가 여기서 유다 족속의 명부를 특별히 자세하게 기록한 것은 이스라엘에서 유다 지파가 차지하는 중요성 때문일 것이다. 9-10절의 야베스의 기도는 유다 지파를 더욱 축복되고 생기 있게 만들었다. 이처럼 하나님을 향한 적극적인 간구와 기도는 매우 중요하다. 4장 24-43절은 시므온 지파의 족보이다.

▸ **요단 동편의 지파들(5장)**

5장은 요단 동편에 자리잡은 르우벤의 자손(1-10절)과 갓의 자손(11-17절)과 므낫세 반 지파의 자손(18-24절) 및 이들의 멸망에 대하여 말한다. 1절은 르우벤을 이스라엘의 장자로 칭한다. 요셉은 므낫세와 에브라임, 이 두 아들을 통해 가나안 땅에서 장자의 특권인 두 몫의 기업을 차지했다. 또한 장자권 중 다른 하나는 지배권인데, 이는 유다에게 넘어갔다. 따라서 유다에게서 다윗이 나왔고 만군의 왕 여호와 구원자이신 예수 그리스도가 나오셨다.

▸ **레위의 가계(6장)**

6장은 레위의 아들들인 게르손과 그핫과 므라리로 말미암아 나온 자손들을 말하며, 그핫의 아들들 중 아므람에게서 아론과 모세와 미리암이 나왔다. 그리고 아론이 대제사장이 되고 그로부터 대제사장의 족보가 이어진다. 또 레위의 아들들 중 게르손과 므라리로부터 나온 자손들 중에 여호와의 집에서 찬송하는 자들이 있다. 또 그핫의 아들 중 이스할의 자손 중에 고라가 있고 죽 이어져서 사무엘의 아버지인 엘가나가 있고 사무엘의 아들인 요엘에게서 찬송하는 자 헤만이 나왔다. 또 그 우편에서 찬송하는 자인 아삽은 게르손의 자손이다. 이들의 이름은 시편에서 언급되었다.

▸ 잇사갈, 베냐민, 납달리, 므낫세, 에브라임, 아셀 자손의 계보(7장)

7장은 앞의 남부 지파와 요단 동편 지파들 외의 기타 여섯 지파에 대하여 말한다. 이들은 요단 서편 중북부에서 기업을 차지한 지파들로서 이들 다수가 북 왕국의 우상숭배에 반대하여 유다 왕국으로 귀환한 자들이었다(대하 11:16-17, 30:1). 1-5절은 잇사갈 자손에 대하여 말하고 그 특징은 다 큰 용사라는 것이다. 6-12절은 베냐민 자손을 말하며 역시 큰 용사가 많았다. 13절은 납달리 자손, 14-19절은 므낫세 자손에 대해 말하며, 딸들만 있는 슬로브핫이 므낫세 지파 사람이다. 20-29절은 에브라임 자손을 말하며 눈의 아들 여호수아가 이 지파 사람이다. 30-40절은 아셀 자손을 말하고 있다.

▸ 사울의 족보(8장)

8장은 베냐민 지파에 대하여 좀더 자세하게 말한다. 베냐민의 자손 중 이스라엘을 모압의 압제에서 건져낸 사사 에훗 이야기(당시 모압 왕 에글론, 삿 3:15-30)와 이스라엘 초대 왕인 사울을 좀 더 드러내려는 목적에서 쓰여진 것 같다.

▸ 예루살렘에 귀환한 베냐민, 레위 인, 사울의 자손들(9장)

9장은 바벨론 포로에서 귀환하여 예루살렘에 거하는 백성들로 유다와 베냐민 거주민들(1-9절), 제사장과 레위인들(10-34절), 그리고 사울의 자손들을 언급한다(35-44절). 그들이 왜 바벨론에 사로잡혀 갔는가에 대한 설명이 나오는데, 간략하게 말하자면 그들이 범죄함으로 인한 것이라고 한다(1절, B.C. 586년 멸망). 바벨론에 사로잡혔던 사람들이 돌아와서 그분의 성전을 새로 건축하는 것을 하나님은 중히 여기신다. 하나님의 집을 섬기는 자들은 마땅히 충성과 지혜가 있어야 한다(대상 9:23-32).

◊ 10-29장: 다윗의 역사

▸ 이스라엘 왕국의 시작(10장)

역대기를 기록한 사람은 에스라이다(9장의 족보가 느헤미야서 11장의 것과 중첩되며, 대하 36장 22-23절이 에스라 1장과 중첩됨을 참고). 그는 다윗 집안의 내력을 기록하는 데 중점을 두었다. 그는 여기서 이스라엘의 초대 왕 사울의 이야기는 반복하지 않고 다윗이 보좌에 오르는 것에서부터 시작했다. 사울에 대해서는 다만 길보아 전투에서 그가 어떻게 전사했는가만 말하고 있다. 이 전투에서 사울이 죽었을 뿐 아니라 다윗을 사랑했던 요나단도 최후를 맞이했다.

에스라는 사무엘 상에서는 말하지 않은, 사울이 죽은 이유를 밝히고 있다. "사울의 죽은 것은 여호와께 범죄하였음이라 저가 여호와의 말씀을 지키지 아니하고 또 신접한 자에게 가르치기를 청하고 여호와께 묻지 아니하였으므로 여호와께서 저를 죽이시고 그 나라를 이새의 아들 다윗에게 돌리셨더라"(대상 10:13-14).

▸ 다윗의 즉위(11장)

11장에는 다윗의 즉위가 있고 예루살렘 천도가 있다. 사무엘 하에는 다윗이 헤브론에서 7년 동안 유다 지파만의 왕 노릇을 했으며, 사울의 군장 아브넬이 사울의 아들 이스보셋을 왕으로 옹립하여 마하나임에서 이스라엘 왕으로 삼아 다윗의 집과 사울의 집 간의 전쟁이 있었다는 기록이 있다(삼하 1-4장). 본서는 이러한 이야기들은 다 생략하고 다윗이 헤브론에서 온 이스라엘 왕으로 즉위한 것에서부터 시작된다. 이는 사무엘 하로 말하면 5장부터의 이야기이다.

다윗은 사무엘에 의해 기름부음을 받았으나(삼상 16:13) 온 이스라엘의 왕이 되기 위해서는 이스라엘의 모든 장로들이 다윗에게 기름을 부어 왕을 삼는 것이 필요했다. 이 때 다윗의 나이가 30세였다. 이는 다윗이 세 번째로 기름부음을 받은 것이다. 중간에 유다 지파에게 유다 왕으로 기름부음을 받은 일이 있다(삼하 2:4). 그는 유다 왕이 된 때부터는 40년 간, 온 이스라엘의 왕으로는 33년 간 왕위에 있었다. 다윗이 예루살렘(원 이름 살렘, 혹은 여부스)을 점령하고 거기 거한 고로 사람들이 그 성을 '다윗성'이라고 불렀다(7절).

▸ 다윗에게 모여든 각 지파의 용사들(12장)

11장은 다윗의 삼십 용사들에 대해 말했는데, 12장은 다윗의 역사와 관련하여 다시 그들을 논하고 있다. 즉 다윗이 도망 다니던 때에 그를 따랐던 자들과 헤브론에 모인 용사들을 언급한다. 첫째는 다윗이 사울의 박해를 피하여 블레셋 땅 가드로 가서 아기스 왕의 도움을 받고 시글락에 거하게 되었을 때 다윗에게 모여든 용사들이 있었다. 아히에셀, 요아스, 아마세 등 10여 명이 있고, 므낫세 지파의 몇몇 천부장 등이 있다. 23절부터는 헤브론에서 다윗을 왕으로 옹립하기 위해 모여든 군사들을 말한다.

▸ 언약궤를 옮겨오다(13장)

다윗은 왕권을 갖게 되자 먼저 하나님의 언약궤를 옮겨오고자 했으며, 뭇 백성이 다윗 왕의 제의를 선하게 여겼다. 당시 언약궤를 모셔온다는 것은 곧 하나님을 모셔오는 것이었다. 역대기에서는 기돈의 타작마당이라고 하였는데, 사무엘 하 6장 6절에는 '나곤의 타작마당'이라고 되어 있다. '기돈'은 '재앙'을 뜻하며 '나곤'은 '예비된'이라는 말이다. 나곤이 후에 기돈으로 바뀌었을 수도 있다. 기돈의 타작마당에서 소들이 뛰므로 웃사가 손을 펴서 궤를 붙들려 하다가 그로 인해 여호와께서 진노하시어 웃사가 거기 하나님 앞에서 죽게 된다. 다윗이 분하여 그곳을 베레스 웃사라고 불렀고, 궤를 다윗성으로 들이기를 두려워하여 가드 사람 오벧에돔의 집으로 메어가게 했다. 궤가 오벧에돔 집에 석 달 있는 동안 여호와께서 그 모든 소유에 복을 내리셨다.

▸ 왕국이 안정됨과 대적 블레셋을 쳐서 이김(14장)

다윗이 이 때 비로소 하나님께서 자기를 이스라엘 왕으로 삼으신 것을 깨달았다고 한다. 또한 그는 예루살렘에서 아내들을 취하여 솔로몬을 포함하여 13명의 아들들을 두었다. 다윗이 기름부음을 받아 이스라엘의 왕이 되자 블레셋이 쳐들어왔다. 다윗은 하나님께 묻고 바알부라심으로 올라가서 르바임 골짜기에 쳐들어온 대적을 치고 하나님께서 '물을 흩음같이 다 흩어버렸다'고 하여 그곳 이름을 '바알브라심'이라 했다. 블레셋은 패한 후 재침략을 시도했는데 다윗은 다시 기도하고 응답을 받아 이번에는 뒤쪽 뽕나무 수풀 맞은 편에서 엄습하여 게셀이라는 곳까지 점령했다.

▸ 법도에 따라 언약궤를 옮겨오다(15장)

다윗은 언약궤를 메어오는 일에 한 번 실패했지만 두 번 실패하지는 않았다. 이번에는 주님이 말씀에서 명하신 대로 하나님의 궤를 채에 꿰어 어깨에 메었다. 하나님께서는 규례대로 레위인들이 언약궤를 메고 올라올 때에 축복하셨다. 하나님은 언약궤를 멘 레위 사람을 도우셨고, 백성들은 수송아지 일곱과 수양 일곱으로 제사를 드렸다(26절). 언약궤를 메어 오는 일에 참여한 모든 사람들이 다 세마포 겉옷을 입었으며 다윗은 거기에다 또 베 에봇을 입었다. 각종 악기로 찬미하는 중에 궤를 운반했다(시 47:5).

▸ 제사 드림과 다윗의 축복, 찬미(16장)

다윗은 언약궤를 오벧에돔 집에서 모셔와 어디에 두었는가? 이스라엘은 광야에서 메고 다녔던 회막을 기브온에 두었는데(모세가 지었던 성막이 기브온 산당에 있었다), 다윗은 자기의 왕궁 가까운 곳에 언약궤를 둘 장막을 따로 만들었다. 이처럼 다윗 시대에는 언약궤와 회막이 분리되어 있었다. 그것이 솔로몬 때에 성전이 건축되자 일치된 것이다. 다윗은 언약궤가 들어올 때 심히 기뻐하며 번제와 화목제물을 드렸고, 제물 드리기를 마친 후에 백성을 축복했다. 다윗은 번제와 화목제를 드린 후에 이스라엘의 모든 남녀에게 떡 한 덩이와 고기 한 조각, 건포도병을 하나씩 나누어주었다. 또한 레위 사람들을 세워 궤 앞에서 섬기며 여호와를 칭송하며 감사하며 비파와 수금, 제금, 나팔을 불며 찬양하게 했다. 16장에 다윗의 감사 찬양시의 내용이 기록되어 있는데, 아브라함과 이삭에게 하신 언약(15-18절)과 구원(23절), 그리고 놀랍게도 그리스도의 재림과 통치와 심판에 대한 찬미이다(15:30-33).

▸ 다윗이 하나님의 전 건축을 갈망하다(17장)

역대 상 17장은 사무엘 하 7장과 병렬적이다. 다윗은 나단 선지자에게 하나님의 전을 건축하고자 하는 갈망을 표명했다. 그러나 하나님은 나단을 통해 다윗에게 그의 아들이 하나님의 전을 건축할 것이라고 하시면서 다윗의 집을 영원히 견고케 하실 것이라고 하셨다. 이 말씀을 들은 다윗은 여호와 앞에 들어가 앉아서 "여호와 하나님이여 나는 누구오며 내 집은 무엇이관대 나로 이에 이르게 하셨나이까" 하면서 자기와 자기 집에 허락하신 복을 인해 한없는 감사의 기도를 올린다(16-27절).

▸ 블레셋 등 주변 국가 정복(18장)

블레셋 전투, 모압 전투, 소바 전투, 아람 전투, 하맛 왕의 선물과 에돔 전투 및 다윗의 고관들의 이야기는 사무엘 하 8장과 병행한다. 다윗은 이스라엘의 최대 숙적인 블레셋을 쳐서 정식으로 항복을 받았고, 그 수도 가드를 탈취하였다. 하나님은 다윗이 어디를 가든지 이기게 하셨다고 말한다(13절).

▸ **다윗이 암몬과 아람 연합군을 물리침(19장)**

역대 상 19장도 사무엘 하 10장과 병행한다. 암몬 왕 나하스가 죽어서 다윗이 조문 사절단을 보냈는데, 그 아들 하눈이 다윗의 뜻을 곡해하여 다윗의 신하들을 모욕하고 돌려보냄으로 전쟁을 하게 된 사건이다. 이때 암몬은 아람과 동맹하여 이스라엘을 대적했다. 다윗은 요압과 그의 동생 아비새를 보냈는데, 요압은 아람 대군을 맡고 아비새는 암몬을 맡았다. 아람과 암몬이 다 퇴각하였으나 아람은 이후 더 군대를 증원하여 이스라엘을 공격하였다. 다윗은 아람 병거 7천승과 보병 4만 명과 장군 소박을 죽이고 대승하였다. 아람은 다윗과 화친하여 섬기고 이후로는 암몬 돕기를 싫어했다.

▸ **암몬의 수도 랍바를 함락하다(20장)**

아람을 정복한 다윗은 이제 요압을 보내어 암몬을 치게 한다. 사무엘 하 11장과 병행되는 장인데, 여기서는 "해가 돌아와서 왕들의 출전할 때가 되매…다윗은 예루살렘에 그대로 있더니"라고만 기록했다. 다윗이 우리아의 아내 밧세바를 취한 사건과 우리야 장군을 죽게 한 사건이 이 역대기에는 기록되지 않았다. 암몬의 랍바 성을 정복한 다윗은 그들 가운데서 백성들을 끌어내어 톱질이나 써레질이나 도끼질 등 막일을 하게 했다. 다윗은 일단 전쟁을 하면 철저히 하고 끝장을 내었다.

▸ **블레셋의 거인들을 죽이다**

4-8절은 다윗의 용사들이 블레셋의 거인들(십배, 골리앗의 아우 라흐미 등)을 죽인 역사로 사무엘 하 21장 18-22절과 병행한다.

▸ **다윗의 인구조사를 하나님께서 괘씸히 여기심으로 이스라엘을 치시다(21장)**

역대 상 21장은 사무엘 하 24장과 병행되는 장이다. 다윗이 인구조사를 함으로 하나님의 심판을 초래했는데, 그것은 그가 마음에 교만을 품었기 때문이다. 역대기에는 다윗이 사단의 시험을 받아 인구조사를 했다고 말한다. 그 일이 죄가 되어 이스라엘 백성 7만 명이 온역으로 죽는 재앙을 당했고, 다윗이 오르난의 타작마당에서 번제와 화목제를 드려 회개와 헌신을 함으로 재앙이 그쳤다.

▸ **다윗의 성전 건축 준비: 성전 터(22장)**

하나님은 다윗에게 성전을 지을 터를 지시해 주셨다. 다윗은 손수 성전을 건축할 재료들을 준비했고 아들 솔로몬에게 해야 할 일들을 가르쳐 주었다. 또 방백들에게는 솔로몬을 도우라고 명했다. 우리는 솔로몬이 성전을 지은 것으로 알지만 그 배후의 다윗의 수고는 이루 말할 수 없다. 다윗은 오르난의 타작마당에서 주님을 만났는데, 거기서 그의 제사가 하나님께 열납되어 하늘에서 불이 내려왔다. 그리고 다윗은 용서를 받았으며 재앙이 거두어졌다. 그렇게 되자 다윗은 "이는 여호와의 전이요 이는 이스라엘의 번제단이라" 하였다. 이때부터 다윗은 제물을 드릴 곳이 바로 이곳 오르난의 타작마당이라고 여겼다. 그리고 그 아들 솔로몬이 그곳에 성전을 건축하게 된 것이다.

이 때 다윗은 나이가 많이 들었고 솔로몬은 18세에 즉위했다. 다윗은 자기의 지위와 경험을 의지하여 솔로몬이 성전을 건축하도록 많이 도와주고 준비해주었다. 첫째는 이스라엘 땅에 우거하는 이방 사람들을 모으고 석수를 시켜 성전 건축에 쓰일 돌을 다듬게 했다. 그리고는 문짝 못과 거멀못에 쓸 철을 준비했다. 거멀못은 돌과 돌을 연결시키는 못이다. "또 백향목을 무수히 준비하였으니". 다윗은 셀 수 없이 많은 놋을 준비하고 목재로 백향목을 무수히 준비했다. 당시 최상품의 목재가 바로 백향목이었다.

▸ 성전을 건축하는 사람: 지혜와 평강의 사람 솔로몬

하나님께서는 성전을 건축할 사람이 다윗이 아니라 그 아들 솔로몬이라고 하신다. 그는 평강의 사람이며 또한 그의 생전에 평안과 안정을 이스라엘에게 줄 것이라고 하셨다. "저가 내 이름을 위하여 전을 건축할지라…영원까지 이르게 하리라"(10절). 하나님은 솔로몬이 성전을 건축할 것이라고 하셨는데, 그 성전 건축에 관한 말씀을 하시면서 예수 그리스도의 왕국과 연결시키셨다. 영원토록 파괴되지 않을 하나님의 전을 건축할 분은 오직 예수 그리스도시다. 당시의 솔로몬 성전과 그 나라는 영원하지 않았다.

▸ 마음을 진정하고 일어나야 한다

하나님의 전을 건축하는 사람들은 마음과 정신이 하나님께 고정되어야 한다. 그리고 우리 하나님 여호와를 구하고 일어나야 한다(arise). 그 후 70년 만에 바벨론에서 귀환된 사람들이 성전을 다시 지을 때 하던 말이 ""일어나라, 일어나서 건축하라"(스 1장 참조)였다. 주의 일을 하는 사람들은 주를 위해 마음이 고정된 사람들이며 주의 일을 위해 분연히 일어난 사람들이다.

▸ 레위인과 제사장의 직무(23-24장)

23장은 레위 인의 직무이다. 다윗은 레위 인을 계수하여 각자의 직무를 지시해주었다. 다윗은 20세 이상 된 레위 인들은 성전에서 섬기도록 새로운 제도를 만들었다. 다윗은 성전의 이상과 터와 건축할 재료만 준비한 것이 아니라 섬기는 제도까지 다 확립해 놓은 것이다. 22-26장을 보면 다윗은 시편만 쓴 사람이 아니다. 금과 은이며 목재며 많은 성전을 건축하기 위한 재료들을 모았다. 그리고 그 성전이 지어지면 거기서 어떻게 예배를 드리고 어떻게 찬송하고 어떻게 제사를 드릴 것인가도 다 기획해 놓았다. 다윗은 제사장들과 레위인의 직무를 보다 세밀하게 각 계층으로 분류했다. 제사장 24 반열(24:1-19)과 레위 인 24반열(24:20-31)을 각각 거명하며 직무를 구분해주었다. 하나님의 전의 역사에 있어서 모세 시대가 한 획이요, 다윗의 시대가 또 하나의 중대한 사역의 변환이 있는 시기이다. 다윗 시대에 와서는 제사장들의 섬김이 더욱 질서 있고 섬세해졌다. 다윗은 제사장의 구분과 직무의 순번을 정해주었다. 누가 먼저 제사 드리고 그 다음은 누구인지 질서를 정했지만 계급상 차별이 없게 하였다. "장자의 종가와 아우의 종가가 다름이 없더라"(31절). 하나님을 섬기는 일에 순서는 있지만 손아래나 손위(계급) 가 없다는 것이다.

▸ 성가대 조직과 직무(25장)

다윗은 레위 인들과 제사장들의 섬기는 순서를 정한 다음, 이 장에서는 성전에서 노래 부를 자들과 연주하는 자들을 안배했다. 즉 성가대 조직과 직무(1-7절) 및 제비 뽑아 정한 성가대의 24반차를 말한다(8-31절). 25장은 오늘날로 말하면 성가대를 조직한 것이다. 후반부부터는 계속 많은 이름들이 나온다(9-31절). 노래를 하는 것도 주님을 섬기는 것이다. 여기서 그것도 하나의 중요한 직분으로 여기고 있다(1절). 하나님을 찬미하는 것을 작은 일이라고 생각하면 안 된다. 아삽, 헤만, 느다냐, 삭굴 등은 다윗 시대에 찬양으로 유명한 사람들이었다.

6절의 '수하에 속한다'는 말을 주의해볼 필요가 있다. 이것은 어떤 사람의 지도 아래 있다는 말이다. 찬양도 마음대로 하는 것이 아니라 지도를 받아가면서 하는 것이다.

▸ 앞 세대로부터 전수받으며 배움

이렇게 찬양하는 일을 누가 시작했는가? 사무엘이다. 이전에 사무엘이 창설한 선지자 학교가 있었는데, 아마 그 손자인 헤만과 아삽도 사무엘에게서 배웠을 것이라는 학자들이 많다. 그런데 이제 이들이 스승이 되어 그들 수하에 배우는 자들이 있게 되었다. 다윗은 사무엘이 양성한 사람들로 하여금 그 은사를 발휘해 섬기게 하였고, 솔로몬은 그것을 근거로 해서 섬기게 된다. 이렇게 전 시대 사람들은 다음 시대를 위해 일한다.

익숙한 자들이 288명이나 되었다(7절). '익숙한 자들(trained)'이란 많은 연습을 통해 노련해진 것을 의미하며, 이들은 찬송하는 것을 가르치는 자들을 말한다. 음악은 하루 아침에 잘 할 수 없고 많은 연습이 필요하다. 섬기는 데 높고 낮음의 계급은 없지만 이처럼 전문성의 구분은 존재하였다.

▸ 성전 문을 주야간 통제하는 문지기들과 2700명의 용사들(26장)

문지기는 성전의 문들을 주야간에 지키며 통제하는 자들이다. 유자격자를 안내하고 무자격자를 통제하는 것인데, 그 수가 4천 명이었다(23:5). 이것이 레위 인의 직무였다. 레위 지파는 사사 시대를 거쳐 엘리 시대까지 매우 보잘것없는 위치에 있었다. 그러나 하나님을 사랑하는 성군 다윗이 왕위에 오르자 모든 사람들 중에 가장 명성을 얻고 유용한 지위를 갖게 되었다. 성전이 지어지기 때문이다. 26장에서는 레위 인 가운데 문지기 직무를 맡을 자들을 정하고 또 제물과 곡간을 지키는 자들을 정한다. 지방의 유사와 사사들을 택하여 백성을 다스리는 일을 맡도록 안배했다.

이제 다윗 왕 재위 40년이면 그의 말년이다. 다윗은 40년 간 왕위에 있었다. 그 40년 동안에 큰 용사들을 얻었다고 했다(31-32절). 다윗은 말년에도 길르앗 야셀에서 그 족속 중에서 큰 용사를 얻었는데, 그 형제 중 이천칠백 명이 다 용사요 족장이었다. 큰 힘이 되는 사람들을 얻어서 아들 솔로몬이 이스라엘을 다스리는 데 큰 도움이 되도록 한 것이다. 이 이야기가 26장의 마지막이다.

▸ 다윗의 행정 조직(27장)

다윗을 보좌했던 군대 12반열의 장관들과 각 지파의 족장들과 재무를 관리하는 관리들과 다윗의 모사들이 정해졌다. 23-26장에서 성전 예배를 위한 조직을 편성한 다음 이제 국가의 행정 조직으로 나아간다. 다윗은 모든 군대를 항상 다 유지하지 않고 일 년에 한 달씩 교대로 복무하게 하는 방침을 세웠다. 전체 군사가 288,000명이었는데, 24,000명씩 항상 대기하고 있었던 것이다.

정월 반장 야소브암은 다윗의 첫 번째 세 용사 가운데 하나로서 다윗 군의 대표적인 인물이다. 3월 군대 장관 브나야라는 인물은 다윗 군의 둘째 세 용사 중 하나였는데, 다윗의 시위대 장군이었고 나중 솔로몬의 군대 장관이 되었다. 4월의 장관은 아사헬인데 그는 아브넬에게 죽임을 당하였다. 그의 아들 스바댜가 실질적으로 4월 군대의 장관이었을 가능성이 있다. 8월의 장관 십브개는 삼십 용사 중 하나로서 삽이라는 블레셋 거인을 죽인 자이다(삼하 21:18). 16-24절은 각 지파의 관장으로 임명된 명단이다. 25-31절은 왕의 곳간(왕의 사유물을 간직한 곳)과 밭과 포도원을 맡은 자와 소떼, 양떼, 약대, 나귀 등을 맡은 자들을 언급한다. 32-34절은 왕의 근위조직이다. 다윗의 자문관들이나 시중꾼들이 소개되고 있는데, 다윗의 삼촌 요나단은 지혜가 있어서 왕의 모사가 되었고, 아히도벨도 왕의 모사가 되었으나 압살롬의 난 때 그의 편에 서서 다윗을 어렵게 했다. 아렉 사람 후새는 왕의 벗이 되었다. 그리고 요압은 왕의 군대 장관이 되었다.

▸ 다윗의 마지막 남긴 말(28장)

28장은 다윗의 마지막 사역이다. 그는 이스라엘의 모든 방백들을 다 모이게 했다. 각 지파의 어른들이라 함은 각 지파의 관장들이며, 체번하여 왕을 섬기는 족장들이란 12 반열로 교대하면서 섬겼던 상비군의 군장들이었다. 천부장과 백부장은 각 군장 휘하의 지휘관들이고 왕자이 산업과 생축의 감독과 한관은 왕실의 재산을 맡은 관리들이다. 훈계의 내용은 솔로몬을 도와 성전을 건축할 것과 여호와의 율법을 성실히 지키라는 것이다. 20-21절은 아들 솔로몬에게 강하고 담대하게 이 일을 행하라고 하며 하나님께서 함께하시리라고 용기를 준다. 제사장들과 레위 인이 기쁜 마음으로 도울 것이며 모든 장관과 백성이 네 명령 하에 있게 될 것이라고 한다.

▸ 다윗의 헌신과 감사, 솔로몬의 즉위, 다윗의 죽음(29장)

다윗은 이 성전 건축을 위해 마음을 다하고 힘을 다한 사람이다. 임종 직전까지 아들 솔로몬에게 성전 건축에 관한 모든 것들을 완전하게 가르쳐 주고 힘을 북돋아 주고 또 모아둔 모든 건축 재료를 아들에게 넘겨주었다. 다윗이 준비한 금이 십만 달란트이고 은은 백만 달란트였다. 그리고 놋과 철과 목재와 석재와 보석들은 셀 수 없이 많았다. 다윗은 전쟁에서 노획한 것만이 아니라 사유 재산인 금과 은을 성전 건축을 위해 내놓았다.

다윗의 간곡한 권면에 백성의 지도자들인 족장들과 천부장과 백부장과 감독들이 다 즐거이 드렸다. 여기서 백성이 바친 것과 다윗이 바친 것을 비교해 보면(22:14, 29:4) 다윗 개인이 드린 금이 백성들이 드린 금을 합한 것보다 훨씬 많다. 다윗은 비록 늙었지만 성도들이 성전을 위해 즐거이 드리는 것을 보고 기쁨을 이기지 못하였다고 기록한다.

10-19절은 감격에 넘친 다윗이 감사 기도를 드린 것이다. 16절은 "미리 저축한 이

모든 물건이 다 주의 손에서 왔사오니 다 주의 것이니이다"라고 고백한다. 20-25절은 솔로몬의 즉위를 말하는데, 이스라엘 백성은 다윗 왕의 권면과 기도를 듣고 기뻐하며 여호와를 송축하며 제사를 드리고 솔로몬에게 기름을 부어 왕위에 오르게 한다. 26-30절은 다윗의 죽음을 말한다. "이새의 아들 다윗이 온 이스라엘의 왕이 되어 40년을 치리하니…저가 나이 많아 늙도록 부하고 존귀하다가 죽으매".

역대 하

주요 내용 이 책은 역대상의 연속으로서 솔로몬 왕이 취임하여 성전을 건축한 이야기부터 시작하여 찬란했던 유다 국의 번영이 어떻게 몰락하고 멸망하게 되었는가를 보여주며 성전의 파괴로 마쳐진다. 열왕기와 많은 내용이 중첩되면서 부연설명을 하고 있다.

◊ 1-9장: 솔로몬의 즉위와 치세

▸ 솔로몬이 즉위한 후 기브온에서 일천 번제를 드리다(1장)

역대 상에서는 다윗이 죽은 것까지 말하고, 역대 하에서는 왕위가 솔로몬에게 이양된 것을 말한다. 솔로몬에게 왕위가 이양된 것은 하나님께서 정하시고 명하신 것으로서 적법한 것이다. 솔로몬은 즉위한 후 기브온에서 일천 번제를 드린다(1-6절). 그 밤에 하나님께서 솔로몬에게 나타나셔서 무엇을 줄 것인지 구하라 하셨고, 솔로몬은 지혜와 지식을 구했다(7-13절). 지혜가 사물을 바로 판단하는 분별력이라면 지식은 그것을 구체적으로 이해하는 것이라 할 수 있다. 즉 지혜는 원인적인 것이고 지식은 결과적인 것이다. 14-17절은 솔로몬 왕국의 부요와 군력을 말한다.

▸ 솔로몬의 성전 건축(2장)

솔로몬의 건축은 첫째 성전이고, 둘째 궁궐이다. "여호와의 이름을 위하여…건축하기를 결심하니라"란 매우 중요한 말씀이다. '결심했다(determined)'는 말은 흠정역에 따른 것이다. 솔로몬의 귀한 점은 자기의 왕궁을 먼저 건축하려 하지 않고 하나님의 전을 먼저 건축하고자 한 것이다. 솔로몬은 자신같이 작은 인간이 하늘들의 하늘이라도 용납할 수 없는 크신 하나님의 전을 건축하는 일을 어찌 감당할 수 있겠느냐고 고백하였다(2:6).

솔로몬은 두로 왕에게 공교한 일을 할 숙련공을 보내달라고 요청했다. 또 레바논의 백향목과 잣나무와 백단목을 보내달라고 하면서 두로 사람들은 벌목을 잘 하니 그들이 앞장서면 유다의 일꾼들이 도울 것이라고 했다. 그러면 그들에게 일에 대한 품값은 후히 주겠다고 했다(10절).

▸ **성전 건축의 터(3장)**

솔로몬은 예루살렘 모리아 산에 여호와의 전 건축하기를 시작하였는데, 이는 여호와께서 다윗에게 나타나신 곳이요 여부스 사람 오르난의 타작마당이요 다윗이 정한 곳이다. 때는 이스라엘 자손이 애굽에서 나온 지 480년이고, 솔로몬이 재위한 지 4년 만이다. 지성소 안을 입히는 데에 금 600달란트가 들었다. 600달란트는 오늘날로 하면 20톤 663kg이다. 3-17절에는 성전의 규모가 나오는데(왕상 6장에 병행구가 있다), 천지를 창조하신 하나님의 크고 광대하심을 생각하면 너무 작은 규모이다. 이를 통해 하나님은 외적으로 큰 것을 좋아하는 분이 아니심을 알 수 있다. 재료는 지성소 전체가 금으로 입혀져 있어서 귀하지만 사이즈(규모)는 작다. 15-17절에는 전 앞 좌우편에 보아스(그에게 능력이 있다)와 야긴(저가 세우리라)이라는 두 기둥을 만들어 세운 이야기가 있다.

▸ **성전의 기구들(4장)**

4장은 성전의 기구들을 만든 것이 있다. 1-10절에는 놋제단(1절), 놋바다(2-5절), 물두멍(6절), 금등대(7절), 진설병 상과 대접(8절), 및 두 뜰(9-10절)이 있다. 놋제단은 그리스도의 십자가를 상징하며, 놋바다, 물두멍은 제사장들의 씻음을 위한 것이니 신약의 성도들도 늘 말씀의 물과 성령으로 씻어져야 함을 가리킨다. 11-18절은 후람(히람과 같은 이름)이 만든 주로 놋으로 된 기구들을 말한다. 솥과 부삽, 대접, 특히 두 기둥(보아스와 야긴)과 그 기둥머리, 10개의 물두멍 등이다. 히람이 성전 건축에 동참한 사실은 신약 시대에 이방인들이 천국 사역에 참여함을 예표한다. 19-22절은 금단과 진설병 상, 등대와 화저, 불집게와 주발 등 금으로 된 제품을 만든 것을 말한다. 역대 하 4장은 열왕기 상 7장과 대부분 병행한다.

▸ **성전 완공과 봉헌(5-7장)**

성전이 건축된 후 법궤(언약궤)를 레위 사람이 메고 성전에 모시는 일을 했다. 이 때 많은 악기와 더불어 찬양이 가득하였고 그 구름으로 인하여 영광이 가득하였다. 이 때 초자연적인 구름은 신약의 복음의 밝은 빛과 대조된다. 신약의 성도들은 구약의 레위 인이나 제사장들처럼 지성소 밖에 있는 것이 아니라 지성소 안으로 들어갈 수 있는 특권이 있다(히 8:13, 10:19-20).

6장에서 솔로몬은 백성들을 축복하고 기도하였다. 어떤 사람이 죄를 짓고서 자기 마음에 재앙과 고통을 깨닫고 이 전을 향해 손을 펴고 기도하면 용서해달라, 주께 범죄하여 적국에게 패하게 되므로 주께로 돌아와서 주의 이름을 인정하고 이 전에서 주께 빌며 간구하거든 주는 하늘에서 들으시고 주의 백성 이스라엘의 죄를 사하시고 그와 그 열조에게 주신 땅으로 돌아오게 해달라 등등이다. 성전이 있고 지성소 안의 언약궤 위(시은좌)에 속죄의 피가 뿌려짐으로 죄의 용서와 기도의 응답과 하나님과의 교제가 가능하게 된 것이다. 7장에서 솔로몬의 기도에 대하여 하나님은 불로 응답하셨고 하나님의 영광이 성전에 가득하게 되었다. 7일 간 초막절의 절기를 지킨 후에 왕이 백성을 각기 장막으로 돌려보내니 백성이 여호와께서 베푸신 은혜를 인하여 기뻐하며 즐거워했다. 7장 11-22절은 열왕기 상 9장 1-9절과 병행한다. 그 내용은 축복과 저주로서, 하나님의 율법을 지키고 바르게 살면 그 성전의 영광이 지켜지고 율법을 버리면 그 성전과 함께 멸망한다고 경고하셨다.

▸ 성전과 궁의 건축을 완성한 후 솔로몬이 성읍들을 재건하다(8장)

솔로몬은 성전을 7년 반에 걸쳐 짓고 자신의 궁궐을 13년 걸려서 지었다. 그의 재위기간이 40년이었는데 절반의 세월을 들여 성전과 궁을 건축한 것이다. 한 사람이 일생에 많은 일을 할 수 없다. 솔로몬은 성전과 궁을 완성한 뒤에 여러 도시들을 재건했다. 후람에게 주었던 성읍들도 그가 마음에 들지 않는다고 받지 않으므로 솔로몬이 다시 건축하고, 쳐서 취한 하맛소바도 건축하고 벧호론을 건축하되 문과 문빗장을 건축하였다. 솔로몬은 성읍들을 건축할 때 가나안 일곱 부족들을 역군으로 부렸다. 그러나 이스라엘 백성은 노예로 부리지 않았으며, 그들은 군사와 장관의 두목이 되었다.

솔로몬은 그 아내인 바로의 딸을 다윗의 궁에 거하지 못하게 했는데, 이는 여호와의 궤가 있는 곳은 거룩하기 때문이었다. 역대기는 다윗과 솔로몬의 경건성을 부각한다. 그리고 솔로몬이 번제를 드린 일과 매년 세 번의 절기를 지킨 것을 기록한다. 후람은 오빌의 금 450달란트를 솔로몬에게 가져왔다. 이는 장차 그리스도의 왕국에서 이방인들이 수종들 것을 예언하고 있다.

▸ 스바 여왕이 솔로몬을 찾아오다(9장)

많은 학자들은 이 스바 여왕이 에디오피아 사람일 것이라고 말한다. 스바는 당시에 이름난 부국으로서 수많은 수행원과 더불어 대단한 보물을 가지고 솔로몬에게 왔다. 스바 여왕은 자기 마음에 있는 것을 다 질문했고 솔로몬은 지혜로 그 묻는 말에 다 답해주었다. 13-28절은 솔로몬이 막대한 수입으로 부해지고 막강한 군대를 갖추었음을 말한다. 28절을 보면 그는 애굽에서 말들을 많이 들여왔는데, 이는 신명기 17장

16-17절의 규례를 어긴 처사이다. 이상의 구절들은 열왕기 상 10장 1-28절과 병행한다. 29-30절은 솔로몬의 죽음을 말한다.

◊ 10-36장: 유다 열왕의 역사

▸ 르호보암의 역사와 왕국의 분열(10-12장)

솔로몬의 아들 르호보암은 왕이 되기 위해서 세겜으로 갔다. 세겜은 에벨 산과 그리심 산 사이에 위치하는데, 여호수아 시대에 종교와 정치의 중심지였고 또 여로보암 시대에는 수도이기도 하였다. 온 이스라엘, 곧 이스라엘 모든 지파가 르호보암을 왕으로 세우려고 세겜에 모였다. 그런데 르호보암이 노인들의 조언을 버리고 젊은 소년들의 과격한 조언을 받아들임으로써 분국이 된다. "나의 새끼손가락이 내 부친의 허리보다 굵으니 내 부친이 너희로 무거운 멍에를 메게 하였으나 이제 나는 너희의 멍에를 더욱 무겁게 할지라 내 부친은 채찍으로 너희를 징치하였으나 나는 전갈로 하리라"(8-11절). 르호보암이 이처럼 거칠게 대답하니 유다와 베냐민 지파를 제외한 나머지 열 지파가 다 르호보암에게서 돌아섰다. 이처럼 이스라엘 나라는 사울, 다윗, 솔로몬으로 이어져 오다가 르호보암 때에 분국이 된다. "그러나 유다 성읍들에 사는 이스라엘 자손에게는 르호보암이 그 왕이 되었더라"(17절). "이에 이스라엘이 다윗의 집을 배반하여 오늘날까지 이르니라"(19절). 르호보암은 십팔만의 군사를 모아 이스라엘을 쳐서 그에게 돌리려 하였으나 스마야 선지자를 통하여 하시는 하나님의 말씀으로 인하여 그 뜻을 돌이켰다. 그러나 많은 제사장들과 경건한 자들은 성전에 예배하기 위하여 르호보암에게로 왔다. 르호보암은 아내 열일곱과 첩 육십을 두고 아들 이십팔명과 딸 육십을 낳았으며, 아들들을 유다 베냐민 땅에 흩어 살게 하고 아내들을 많이 구해주었다. 그러나 르호보암은 나라가 견고하고 세력이 강해지니 율법을 버렸으며, 그 결과 많은 병거와 마병을 거느린 애굽과 구스가 쳐들어왔다. 선지자 스마야의 말을 듣고 르호보암은 겸비하게 회개를 했고 하나님은 긍휼을 베푸셨지만, 그렇다고 해서 완전히 징계의 손을 거두신 것은 아니다. 그는 애굽 왕 시삭에게 성전과 왕궁의 금이며 귀한 많은 보물을 빼앗겼다. 르호보암에 대한 역사적 평가는 그리 좋지 않다. 하나님을 아주 저버리지는 않았지만 마음을 오로지하여 여호와를 구하지 않았기에 악을 행한 것으로 평가되었다. 르호보암과 여로보암 사이에 항상 전쟁이 있었고, 르호보암이 그 열조와 함께 자니 그 아들 아비야가 왕이 되었다.

▸ 아비야 왕(13장)

이 아비야라는 왕은 르호보암의 아들인데 예루살렘에서 삼 년을 치리했다. 그 어머니는 미가야이고 이스라엘 사람인 것 같다. 그런데 이때에 전쟁이 일어났다. 유다가 용맹하다 하더라도 군사 수가 적을 수밖에 없으므로, 유다는 사십만, 이스라엘은 팔십만으로 싸움이 붙었다. 분국된 후 두 나라 간에 본격적인 전쟁이 일어난 것이다. 유다와 이스라엘 간에 전쟁이 있었지만, 아비야 왕 때의 전쟁만큼 희생자가 많은 전투는 없었다. 한 전투에서 이스라엘 오십만 명이 죽었다. 승리는 여호와 하나님을 전적으로 의지한 유다에게 돌아갔다. 아비야 때에 여로보암이 다시 강성하지 못했고 하나님이 여로보암을 치심으로 죽었다. 여로보암이 왕이 된 지 22년째이다. 그의 죽음은 하나님의 심판이었고(여호와의 치심) 그의 왕조는 4대 만에 막을 내리게 된다(왕상 16:9-12).

대조적으로 아비야는 점점 강성해져 갔다. 아내 열넷을 취하여 아들 22명, 딸 16명을 두었다. 아비야에 대하여 열왕기 상에서는 그가 그 조상 다윗의 마음과 같지 않았고 모든 죄의 길로 행했다고 부정적으로 말한다. 그러나 역대 하에는 긍정적인 것만 기록되어 있다.

▸ 아사 왕의 역사(14-16장)

아비야가 죽고 아사가 왕이 된다. '여호사밧, 히스기야, 요시야'를 유다 국의 3대 선왕(善王)이라고 하는데, 여기에 '아사'를 포함하여 4대 선왕이라고도 한다. 아사 왕은 신앙적으로만 개혁적인 일을 한 것이 아니다. 주님이 주신 안정되고 평안한 상황에서도 성읍들을 건축하고 국방을 튼튼히 하여 대비했다(6-7절). 9-15절은 구스의 세라가 백만 군사와 병거 삼백 승으로 침공하나 아사 왕이 하나님을 의지함으로 승리한 것을 말한다. 11절의 기도는 감동적이다. "강한 자와 약한 자 사이에는 주밖에 도와줄 자가 없사오니 우리 하나님 여호와여 우리를 도우소서!" 열왕기 상 15장 9-24절과 병행하나 본 역대기 내용이 더 자세하다.

15장에서 오뎃의 아들 선지자 아사랴가 아사 왕에게 하나님의 책망을 전한다. "너희가 여호와와 함께하면 여호와께서 너희와 함께하실지라…너희가 만일 저를 버리면 저도 너희를 버리시리라". 아사 왕은 선지자의 말을 받아들이고 가증한 물건들을 성읍들에서 제거하고 마음을 다하여 여호와 하나님을 찾기로 하였다. 그들이 하나님을 찾으니 하나님도 그들을 만나주시고 사방에 평안을 주셨다. 따라서 많은 이스라엘 사람들이 아사의 하나님께로 돌아오는 역사가 있었다(15:9).

16장은 아사의 두 가지 실수를 기록한다. 첫째는 이스라엘 바아사 왕이 쳐들어왔을 때 아람 왕에게 성전 곳간과 왕궁의 은 금을 보내 이스라엘을 쳐달라고 요청한 것과 발에 병이 있을 때 여호와께 구하지 않고 의원들에게 구한 것이다. 이 때 선견자 하나니가 아사를 책망했다. 과거에 구스 군대가 더 많아도 왕이 여호와를 의지하여 물리쳤거늘(14장) 이번에 이스라엘을 공격하는 데 왜 아람 왕을 의지하였느냐는 것이다. 이 말을 듣고 아사는 노하여 선견자를 옥에 가두었는데, 여기서 하나니의 말은 매우 감동적이다. "여호와의 눈은 온 땅을 두루 감찰하사 전심으로 자기에게 향하는 자에게 능력을 행하시나니"(16:9). 결국 아사는 죽고 그의 아들 여호사밧이 왕이 되었다.

▸ 여호사밧의 역사(17-20장)

남 왕국의 4대 왕인 여호사밧은 히스기야, 아사, 요시야와 더불어 4대 선왕에 속한다. 여호사밧은 35세에 즉위하여 25년을 통치하였다. 여호사밧은 전심으로 여호와의 도를 행하고 산당과 목상들을 제하는 일을 했다(4-6절). 그럴 뿐 아니라 많은 우상들을 다 제거하고, 7절부터 9절에 의하면 유다의 백성들을 가르치기 위해서 그 방백 5명과 레위인 9명, 제사장 2명을 파송하여 율법책을 가지고 유다 모든 성읍을 순행하면서 말씀을 가르치는 일을 하게 했다. 여호사밧은 유다 백성들의 마음이 여호와 신앙으로 돌아오도록 철저하게 조치하였다(7-9절). 여호사밧이 독실한 신앙으로 여호와 신앙을 지켜 나라를 이끌므로 하나님께서 유다 국을 축복하셔서 강하게 하셨다. 따라서 열국이 두려워하고 이방 민족들은 여호사밧에게 예물을 드리고 조공을 바치는 상황이 되었다. 여호사밧의 군사의 수는 유다와 베냐민을 합하여 116만이나 되었다.

유다 여호사밧 역시 부친 아사처럼 선한 왕이고 많은 좋은 일을 했는데, 한두 가지 잘못한 것이 있다. 그것은 그의 아들 여호람을 이스라엘 왕 아합의 딸 아달랴와 결혼시킴으로써 그들이 사돈 관계가 된 것이다. 그럼으로써 여호사밧은 이스라엘 아합 왕에게서 길르앗 라못을 정복하자는 제의를 받고 그 전투에 참여하게 된다. 그 때 두 왕은 미가야 선지자의 말을 듣지 않고 전쟁에 나갔다가 아합은 죽고 여호사밧은 도망했다. 그는 길르앗 라못에서 죽을 뻔한 위험을 겪고 돌아와서 선견자(seer) 예후의 견책을 받았으며(19:2), 여호사밧은 나름 예후의 견책을 순종하여 이스라엘을 순행하면서 여호와를 경외하도록 많은 사람들에게 진리를 가르쳤다(19:4-9).

20장은 모압과 암몬 사람들이 마온 사람과 뭉쳐 여호사밧을 공격한 전쟁의 내용이다. 아사와 여호사밧 왕의 역사에서 선지자들이 강조한 점은 온전히 여호와를 찾고 그분만 의지하라는 것이다(14-20장 참조). 여호사밧은 기도했고("우리를 치러오는 이 무리를 우리가 대적할 수도 없고 어떻게 할 줄도 모르고 오직 다만 주를 바라보나이다") 다만 여호와만 바라보았다(20:12-13). 그들은 선지자의 말을 듣고("이 전쟁은 너희에게 속한 것이 아니요 하나님께 속한 것이니라…두려워하며 놀라지 말고 여호와를 신뢰하라…여호와가 너희와 함께하시리라") 다만 찬양하였는데, 찬송이 시작될 때에 여호와께서 암몬과 모압과 세일산 자손을 치시니 그들이 전멸하였다(20:22-24). 여호사밧은 35세에 재위하여 25년을 치리하였다. 여호사밧은 여러모로 좋았지만 후반부에 악행을 많이 저지른 이스라엘 아합의 아들 아하시야 왕과 교류하고 협력하여 배를 만드는 일 등을 함으로써 선지자의 책망을 받았다(35-37절).

▸ 여호람이 왕이 되다(21장)

"여호사밧이 그 열조와 함께 자매 그 열조와 함께 다윗 성에 장사되고 그 아들 여호람이 대신하여 왕이 되니라"(21:1). 그 시대에는 남북 왕들의 이름이 동일하게 여호람(요람)이었다. 왕으로 즉위한 여호람은 착한 동생들을 다 죽였다. 아달랴의 악한 바알 신앙의 영향이었을 것이다. 여호람은 심히 악했지만 언약의 하나님은 다윗과 그 자손에게 항상 등불을 주시겠다고 약속하신 고로 여호람의 집을 쓸어 멸하지는 않으셨다. 유다 왕 여호람이 하나님을 버리고 우상숭배를 함으로 타락하자 하나님께서도 그의 왕권을 약화시키셨다. 먼저 에돔과 립나가 그 수하에서 벗어나 자신들의 왕을 세워 독립했으며, 더 나아가 북 왕국 이스라엘의 유명한 선지자 엘리야가 여호람에게 글을 보내서 예루살렘 거민으로 우상숭배를 하게 하고 너보다 선한 아우들을 죽였으니 창자에 병이 들고 결국 창자가 빠져나와 죽을 것이라고 하였다. 그는 32세에 왕이 되어 8년 치리하고 선지자의 예언대로 창자에 병이 들어 죽었다. 아끼는 자 없이 세상을 떠났으며, 무리가 그를 다윗 성에 장사하였으나 열왕의 묘실에는 두지 않았다(21:11-20).

▸ 아하시야의 즉위 및 아달랴의 통치(22장)

유다 국 아하시야는 여호람의 말째 아들이다. 아하시야와 그 모친 아달랴의 역사는 유다 역사에서 가장 암흑기라고 할 수 있다. 아하시야가 아합의 길(바알 숭배)로 행한 것은 그 모친 아달랴의 영향이며, 그 때 아하시야는 조부 여호사밧과 마찬가지로 아합의 아들 요람과 함께 아람 왕 하사엘과 싸웠는데, 그 때 아람 사람들이 이스라엘 왕 요람을 상하게 하였고, 아하시야는 부상당한 요람을 병문안하기 위해 이스르엘에 왔다가 예후에게 해를 당한 것이다. 아하시야는 일 년 간 왕 노릇 하고 죽었다.

아달랴(아하시야의 모친, 아합과 이세벨의 딸)는 아들 아하시야가 죽자 유다 집의 왕의 씨를 진멸했다. 손자들을 다 죽인 것이다. 그리고서 왕위를 찬탈하여 6 년 간 유다를 통치했다. 그때 왕자들이 죽임을 당하는 중에 여호사브앗이라는 아하시야의 누이가 어린 조카 요아스를 구하여 성전에 숨기고 양육했다. 이 육 년 간 유다는 사실상 이스라엘 왕 아합과 이세벨의 딸의 통치 아래 있었던 것이다.

▸ 여호야다의 혁명: 요아스의 즉위와 치세 및 배교(23-24장)

아달랴가 유다를 통치하던 7년째에 요아스의 고모부인 여호야다가 요아스를 백성에게 보이고 반정을 일으켜(백부장들, 호위병들, 레위 사람, 이스라엘 족장들 참여) 성전에서 요아스를 왕으로 즉위시킨다. 아달랴는 왕궁 어귀에서 죽임을 당하였다. 요아스는 여호야다의 지도 아래 있는 동안 성전을 수축하며 선정을 베풀었으나, 그가 죽은 후 배교하고 그 배교된 상황을 꾸짖는 자기의 은인인 여호야다의 아들, 선지자 스가랴를 성전 뜰에서 돌로 쳐죽였다. 요아스는 배교와 악함의 결과로 아람 군의 공격을 받아 크게 상하였으며, 그로 인해 침상에 누워 있을 때 몇몇 신하들(모압과 암몬 여인의 아들들, 사밧과 여호사밧)이 암살하였다. 요아스의 통치 기간은 40년이었다. 반정의 주역인 여호야다는 왕이 아니었어도 열왕의 묘실에 장사되었으나 요아스는 그곳에 장사되지 못하였다(24:25).

▸ 아마샤의 즉위(25장)

아마샤는 요아스의 아들로 나라가 굳게 설 때까지 기다렸다가 자신의 정권과 권력이 견고해지자 부왕을 시해한 사람들을 처단했으나 율법 책에 기록된 대로 그들의 자녀는 죽이지 않았다(4절). 에돔이 쳐들어오자 아마샤는 이십 세 이상으로 전장에 나갈만한 군사를 삼십만 모았다. 여호사밧 때에는 군사의 수가 백십육만이나 되었는데 많이 감소되었다. 아마샤는 유다 국의 군대가 좀 부족하다 싶어 이스라엘에게 은 일백 달란트를 주고 십만의 군사를 삯 내었는데, 어떤 하나님의 사람이 아마샤 왕에게 와서 이스라엘과 함께 싸우지 말라고 했다.

아마샤는 선지자의 말을 순종하여 이스라엘 용병을 돌려보내고 유다 군만 30만을 이끌고 에돔을 정복하기 위해 갔다. 아마샤 왕은 세일 자손 일만을 사로잡아 바위 꼭대기에 올라가서 밀쳐 몸이 부서지게 하여 죽이는 등 크게 승전하였다. 그러나 유다 왕이 돌려보낸 이스라엘 용병들은 속상한 나머지 사마리아에서부터 벧호론까지 유다 성읍들을 엄습하고 사람 삼천을 죽이고 물건을 많이 노략하였다.

아마샤는 에돔과의 전쟁에서 큰 승리를 거두고 돌아올 때 에돔의 우상을 가져다가 그 앞에 경배하고 분향하며 섬겼다. 승리를 하고서 패전국의 우상을 가져다 그에 경배한다는 것은 넌센스이다. 그러므로 하나님께서 진노하시어 한 선지자를 그에게 보내어 꾸짖으셨다. 그러나 아마샤는 그 책망을 듣지 않았으며, 그 결과 하나님께서 멸하실 것이라는 경고를 듣게 되었다. 선지자의 말을 듣지 않는 것은 하나님의 음성을 거역하는 것이다(15-16절).

에돔 전에서 승리한 아마샤는 이스라엘 왕 요아스에게 싸움을 걸었다. 돌려보낸 이스라엘 용병이 돌아가면서 유다에 해를 끼친 것을 기억한 것이다. 이스라엘 왕 요아스는 백향목과 가시나무에 비유하여 충고적으로 답변을 하였는데, 아마샤는 이를 무시하고 듣지 않았다. "레바논 짐승이 지나가다가 그 가시나무를 짓밟았느니라". 이스라엘이 결국 유다를 짓밟게 되어 유다는 엄청난 해를 입었다. 요아스는 유다 왕 아마샤를 사로잡고 유다 국 수도 예루살렘에 도착하여 예루살렘 성벽을 에브라임 문에서 성 모퉁이 문까지 사백 규빗을 헐었다. 그리고 성전의 금과 은과 왕궁의 재물을 취하고 또 사람을 볼모로 잡아가지고 이스라엘 수도인 사마리아로 돌아갔다(21-24절).

당시 이스라엘 왕은 요아스였는데, 그가 유다 왕 아마샤를 사로잡았지만 자신이 먼저 죽게 된다. 아마샤는 요아스가 죽은 후에도 15 년 정도 더 살면서 유다 국을 통치했다(아마 이스라엘 왕 요아스는 사로잡았던 아마샤를 풀어준 것 같다). 아마샤는 예루살렘에서 모반이 일어나 라기스로 도망했는데, 모반한 무리가 라기스까지 따라가 아마샤를 죽였다. 그가 여호와를 버렸기에 무리가 그를 모반한 것이다. 모반한 자들은 아마샤를 죽였지만 법대로 장례를 치러주었고 열조와 함께 유다 성읍에 장사했다(25-28절).

▸ 웃시야 왕의 역사(26장)

유다 온 백성이 웃시야로 그 부친 아마샤를 대신하여 왕을 삼았는데, 그때 그의 나이 16세였다. 웃시야는 하나님의 묵시를 밝히 아는 스가랴의 생존 시에는 하나님을 구하였고 하나님께서는 그를 형통케 하셨다. 그의 치리 기간은 매우 길어서 52년이나 된다.

이 웃시야 왕은 이스라엘 최대의 숙적인 블레셋을 공격해서 여러 성을 회수하였고, 암몬 사람이 조공을 바치기도 하니 명성이 애굽 변방에까지 퍼졌다. 웃시야는 유다 국의 시골까지도 잘 관리하여 농사를 짓게 할 뿐 아니라 군대도 강화시켜서 나라를 강성하게 했다. 웃시야 군대의 지휘관은 이천육백 명이나 되었고 군사는 삼십만 칠천오백 명이었다. 이와 같이 유다 국은 웃시야 왕 때 하나님의 기이한 도우심으로 상당히 강성해졌다. 그렇게 되자 그는 마음이 교만해져서 하나님께 범죄했는데, 곧 여호와의 전에 들어가서 향단에 분향하려 한 것이다. 제사장 아사랴가 용맹한 제사장들을 데리고 따라 들어가서 그의 행동을 제지했으나 그가 도리어 노를 발하다가 웃시야의 이마에 문둥병이 발했다. 대제사장 아사랴와 모든 제사장이 그것을 보고 웃시야를 성전에서 급히 쫓아내었다. 그래서 "웃시야 왕이 죽는 날까지 문둥이가 되었고 문둥이가 되매 여호와의 전에서 끊어졌고 별궁에 홀로 거하였으므로 그 아들 요담이 왕궁을 관리하며 국민을 치리하였더라"(16–17절). 이때 활약하기 시작한 선지자가 이사야이다(사 6:1 참조).

▸ 요담의 역사(27장)

남 왕국 제 11대 왕인 요담은 대체로 그 아비 웃시야의 길을 답습한 선한 왕이었고 25세 때 즉위하여 16년을 통치하였다. 요담은 솔로몬처럼 건축의 왕이었다. 전 윗문과 오벨 성을 많이 증축하고 유다 산중에 성읍을 건축하며 수풀 가운데 견고한 영채와 망대를 건축했다. 또 암몬과 전쟁하여 승리하고 조공을 받았다. 요담은 여호와 앞에 정도를 행함으로 점점 강성하여졌다. 그는 비록 짧은 생애를 살고 길지 않은 기간 통치했으나 부패했다는 기록은 없다. 마지막 구절에 그 아들 아하스가 소개된다. 열왕기 하 15장 후반부와 병행한다.

▸ 아하스의 역사(28장)

웃시야 다음이 요담이고, 요담의 아들이 여기에 나오는 아하스이다. 아하스는 이십 세 때 유다 국의 왕이 되어 십육 년을 치리하였는데, 그 조상 다윗과 같지 아니하여 여호와 보시기에 정직히 행치 않았다고 말한다. 그는 36세를 살았으며, 오히려 이스라엘의 부패한 열왕의 길로 행하였다. 즉 북 왕국 여로보암의 길을 좇아 힌놈의 골짜기에서 분향하는 등 하나님을 버리고 우상을 숭배하며 이교의 풍습을 좇아 악행을 저지르자 하나님께서는 그를 버리셨고 아람 왕 르신과 이스라엘 왕 르말랴의 아들 베가로 하여금 예루살렘을 침략하게 하셨다(왕하 16:5–6). 이스라엘 왕 베가는 십이만이라는 엄청나게 많은 유다의 용사들을 죽이고, 에브라임의 장군 시그리는 왕의 아들과 궁내 대신 아스리감과 총리였던 엘가나를 죽였다. 르말리야의 아들 베가는 그들의 아내와 자녀들을 많이 포로로 사로잡아 갔다. 이스라엘 군은 유다의 군인과 처자식을 합하여 이십만 명을 사로잡고 많은 재산을 사마리아로 가져갔는데, 그곳에 오뎃이라는 이스라엘의 선지자가 그들을 영접하며 말하기를, "너희 열조의 하나님 여호와께서 유다를 진노하신 고로 너희 손에 붙이셨거늘 너희 노기가 충천하여 살육하고 이제 너희가 또 유다와 예루살렘 백성들을 압제하여 노예를 삼고자 생각하는도다 너희는 너희 하나님 여호와께 범죄함이 없느냐…" 하면서 사로잡아온 형제들을 돌아가게 하라고 했다. 이 말을 들은 이스라엘 자손은 그들에게 따뜻한 온정을 베풀어 입히고 신기고 먹이고 나귀에 태우고 하여 동족들을 돌려보냈다(12-15절).

아하스 왕은 시련이 많았다. 바로 전에 아람과 이스라엘에게 당했는데 이제 에돔이 와서 유다를 공격한다. 에돔이 공격하자 아하스 왕은 하나님을 의뢰하지 않고 앗수르 왕 디글랏 빌레셀을 의뢰했는데, 그는 와서 돕기는커녕 도리어 아하스를 군박했다. 아하스는 그의 마음을 돌려보려고 성전과 왕궁과 방백들의 집에서 금, 은, 보화를 취하여 앗수르 왕에게 주었지만 유익이 없었다. 또한 아하스는 성전의 기구들을 다 훼파하고 성전의 문들을 닫고 예루살렘 구석마다 우상의 단을 쌓았으며 각 성읍에다 산당을 지어 다른 신에게 분향하게 했다.

열왕기 하 16장에는 아하스가 아람과 이스라엘의 공격을 받을 때 앗수르를 의지한 이야기가 자세히 기록되어 있다. 앗수르 왕은 아하스의 선물을 받고서(성전과 왕궁 곳간의 은 금) 다메섹을 정복하고 아람 왕 르신을 죽였다. 당시 아하스는 앗수르 왕 디글랏 벨레셀을 만나러 다메섹에 갔다가 그들의 우상의 단을 보고 그것을 본 따서 여호와의 단의 식양을 바꾸는 악한 일을 하였다. 그렇게 악한 왕 때에 이사야 선지자를 통해 임마누엘에 대한 예언을 주신 것은 매우 큰 복음적 의미가 있다(사 7:14). 결국 아하스는 36세라는 젊은 나이에 죽었고 열왕의 묘실에 들어가지 못했다(26-27절). 그런데 이렇게 악한 왕 아하스에게서 다윗 이후 최고의 성군 히스기야가 나온다.

▸ 히스기야의 역사(29-32장)

히스기야는 유다의 13대 왕으로서 북 왕국 이스라엘의 마지막 왕 호세아 3년 때 즉위했다. 그는 이십오 세에 즉위해서 예루살렘에서 29년을 통치하였다. 그는 제 2의 다윗이라고 불릴 만큼 유다의 성군 중 하나이다. 그는 산당을 없애고 당시 신흥 대제국 앗수르를 신앙의 힘으로 물리쳤다. 히스기야는 그의 통치를 시작할 때 닫혔던 성전 문부터 열고 성결케 하는 작업을 시작하였다. 히스기야 왕은 성전 안의 가증하고 더러운 많은 것들을 내어버리게 하고 제단과 진설병 상과 많은 기구들을 정결케 했으며(1-19절), 왕과 백성들이 하나님께 제사를 드리고 다윗과 아삽의 시로 찬양을 회복하게 하였다(20-36절). 그가 다윗에 버금가는 성군인 것은 열왕기 하 18-19장과 이사야 36-39장에서 다소 볼 수 있으나 역대 하 29-30장만큼 자세하지 않다.

히스기야 왕은 이미 성전을 정결케 하고 제사를 드렸다. 그리고서 유다만이 아니라 다윗 집을 배반한 열 지파에게도 초대장을 보내어 예루살렘에 와서 유월절을 지키자고 했다(30장). 정치적으로는 분리되었다 하더라도 신앙적으로는 하나를 지켜야 한다는 취지에서 내린 히스기야 왕의 조치는 매우 합당한 것이다. 남북의 모든 이스라엘 백성들이 나라가 나눠진 후로 이백 년 동안 유월절을 지키지 못해 왔다. 보발꾼들이 전국에 유월절을 전하였으나 대다수의 이스라엘 백성은 비웃었으며, 아셀과 므낫세와 스불론 지파 중 얼마는 스스로 겸비하여 예루살렘에 이르러서 함께 유월절을 지키었다. 심히 큰 무리들이 유월절을 지키며 기뻐하고 찬송하고 감사하는 분위기 속에서 제사장들과 레위 사람들은 일어나 백성들을 축복하였다.

31장에서 히스기야는 제사장들과 레위 인들의 반차를 정하고 직임을 행하게 하되 번제와 화목제를 드리고 여호와의 영문에서 섬기며 찬송하게 하였으며, 히스기야 왕은 자기 재산의 일부를 바쳐서 제사장들과 레위 인들로 하여금 조석의 번제와 안식일과 초하루의 절기의 번제를 드리게 했다. 히스기야 왕은 백성들이 드린 헌물을 잘 보관할 수 있도록 성전 안에 방을 준비하여 그것들을 그 안에 들여놓고 정 책임자와 부책임자를 두어 지키게 했다(11-13절).

32장에 기록된 앗수르 왕 산헤립의 유다 침공의 이야기는 열왕기 하 18장과 19장에 자세히 기록되어 있는데, 이곳 역대 하에는 한 장에 요약되어 있다. 이 때 하나님께서는 히스기야와 이사야 선지자의 기도를 들으시고 한 천사를 보내서 앗수르 군 18만 5천의 군사를 멸하신다(32:20). 그러자 산헤립은 얼굴이 뜨뜻하여 고국으로 돌아갔는데, 그가 니느웨에 거하던 중 그 신 니스록의 묘에 경배하고 있을 때에 그 아들들인 아드람멜렉과 사레셀이 칼로 아비를 죽이고 아라랏 땅으로 도망갔다. 하나님은 기적을 일으키시어 유다 백성을 악한 자에게서 건져내고 앗수르 대군을 격파하신 것이다. 이러므로 여러 사람이 예물을 가지고 예루살렘으로 와서 여호와께 드리고 또 히스기야 왕에게도 드렸다. 이후부터 열국이 히스기야를 존대하게 보았다(20-23절). 열왕기 하 20장과 이사야 38장에도 기록된 히스기야 질병 치유 이야기가 역대 하 32장에도 기록되어 있다. 히스기야는 기도로 병도 낫고 이적도 체험하였으나 그 후 교만하여져서 하나님의 진노를 격발하였는데, 그가 회개하고 교만함을 뉘우친 고로 하나님께서 그의 생전에는 심판을 내리지 않으셨다. 그가 병이 낫고 그에게 나타난 기적을 묻는 바벨론 방백들에게 보물고의 금 은 향품 등 많은 것을 보여주었는데, 역대 하 32장에서는 "하나님이 히스기야를 떠나시고 그 심중에 있는 것을 시험하셨다"고 기록한다(31절). 이 때 히스기야는 이사야 선지자의 엄중한 경고를 듣게 된다(사 39장).

▸ 므낫세의 폭정과 아몬(33장)

므낫세는 남 왕국 유다의 14대 왕이고, 역대 최장 기간인 55년 동안을 치리했다. 그는 55년이라는 긴 기간 통치하면서 온갖 악행을 저질렀고 유다의 망국의 원인을 제공했다. 그의 모친의 이름 헵시바는 '나의 기쁨이 그녀에게 있다'는 뜻인데, 이사야 선지자는 회복된 이스라엘을 그렇게 불렀다(사 62:4). 그러나 므낫세는 훌륭한 부친이 이룩한 믿음을 이어나가지 못하고 하나님의 성전을 우상숭배로 더럽혔다. 그는 도리어 그의 부친 히스기야가 모처럼 헐어버린 산당들을 다시 세웠으며, 바알의 단을 쌓고 아세라 목상을 세웠으며 일월성신, 즉 천체를 숭배했다. 그는 힌놈의 골짜기에서 몰록 신에게 아들을 불태워 바치기도 하고, 점치고 사술과 요술을 행하며 신접한 자와 박수를 신임하여 여호와 보시기에 악을 많이 행하여 하나님의 진노를 격발하였다(1-6절). 하나님께서는 므낫세와 유다 백성에게 선지자들을 보내 권면하고 경계하셨으나 므낫세는 듣지 않았다(왕하 21:10-15). 학자들은 그 때 경계한 선지자 중 하나가 이사야였을 것이라고 말한다.

므낫세처럼 악한 왕도 바벨론에 끌려가서 심한 환난을 당하니 하나님께 간구하고 자신을 낮추어 기도했다. 하나님께서는 그런 자라도 자신을 낮추어 눈물 흘리며 회개하고 기도할 때 그 기도를 들으시고 다시 그를 복위시켜주셨다. 그 때서야 므낫세는 여호와께서 하나님이신 줄을 알았다고 말한다. 14절부터는 므낫세가 회개한 다음에 많은 좋은 일을 한 것을 기록한다. 첫째로는 내치에 힘을 써서 국방을 튼튼히 했다. 외성을 쌓고 유다 견고한 성읍에 군대 장관들을 두고 이방 신들과 여호와의 전 안의 우상을 제하였으며 성전에 쌓은 모든 단을 성 밖에 던졌다. 또한 여호와의 단을 중수하고 화목제와 감사제를 그 단 위에 드렸으며, 유다 백성들에게 하나님을 섬기도록 명했다. 므낫세는 후에 회개하고 잘해나갔어도 유다가 망하게 되는 원인을 제공한 것을 근본적으로 돌이키지는 못했다.

이 부분에서 우리는 짧게 왕 노릇한 므낫세의 아들 아몬을 본다. 므낫세 자신은 회개했고 회개의 열매도 어느 정도 있었지만, 그가 만든 아로새긴 우상은 결국 그 아들에게 걸림돌이 되어 아몬은 거기에다 제사하고 섬겼다. 아몬은 범죄가 갈수록 심해지다가 신하들에게 모반을 당하여 살해되었는데, 국민들이 그 반역자들을 다 죽이고 아몬의 아들 요시야로 왕을 삼았다(33:23-25).

▸ 요시야의 통치(34-35장)

요시야는 유다 국 16대 왕으로 31년 간 통치했으며, 유다 왕국에서 여호사밧, 히스기야와 더불어 3대 성군으로 손꼽힌다. 요시야 왕은 개혁의 왕이다. 그저 외면적으로 종교개혁을 한 것이 아니라 태양상이나 아세라 목상, 아로새긴 우상들, 부어 만든 우상들을 아예 빻아서 가루를 만들어 그것들 앞에 제사하던 자들의 무덤에 뿌렸다(4절). 요시야 왕은 하나님의 사람의 예언대로 제사장들의 뼈를 불살랐는데, 이 일은 이스라엘 초대 왕 여로보암 때 이미 젊은 하나님의 선지자에 의해 예언된 것이다(왕상 13:1-2). 요시야는 백성들에게서 거둔 돈을 잘 관리 분배하여 성전 수리를 완성했다. 성전 보수 공사 과정에서 제사장 힐기야가 율법책을 발견하여 사반이 읽으매 요시야는 옷을 찢으며 율법을 준행치 않음으로 하나님의 진노가 크다는 것을 알았다. 그리고 훌다란 여선지자에게 사람들을 보내니 훌다는 왕의 회개를 보고 하나님께서 그의 생전에는 재앙을 내리지 않기로 하셨다고 전한다. 요시야는 솔로몬이 만든 놋대 위에 서서 마음과 성품을 다하여 여호와께 순종하겠다는 언약을 준수하기로 다짐한다(34:29-33).

또한 요시야 왕은 율법책에 기록된 대로 유월절을 지킬 것을 명하고, 제물을 드리며, 전무후무한 유월절을 지킨다. 그러나 안타깝게도 애굽 왕 바로느고가 바벨론을 치고자 갈그미스로 진격하였을 때 요시야가 하나님의 명을 주의하지 않고 나가서 방비하다가 므깃도에서 화살에 맞아 전사했다. 예레미야는 요시야의 죽음에 대해 애통한 심정으로 애가를 지었다. 요시야 왕의 역사는 열왕기 하 22-23장과 병행한다.

▸ 여호아하스, 여호야김, 여호야긴, 시드기야(36장)

역대 하 마지막 장에서 요시야 이후 여호아하스, 여호야김, 여호야긴, 시드기야, 이 네 왕들의 역사를 간략하게 소개하고, 에스라 1장의 예루살렘 성전 재건에 대한 고레스 왕의 조서를 추가한다. 요시야의 아들 여호아하스는 즉위한 지 3개월 만에 애굽으로 사로잡혀가고, 애굽 왕 바로느고는 그의 형 엘리야김을 여호야김으로 이름을 바꿔 유다 왕으로 세웠다. 여호야김은 11년을 치리하며 가증한 일을 행하고 심술(드러난 일)을 행하였다고 기록한다. 그가 삼 년을 바벨론에 순종하다가 돌아서 그를 배반했는데, 바벨론의 침공을 받고 쇠사슬로 결박당하여 바벨론에 사로잡혀 갔다(왕하 24:1, 6). 이 때가 B.C. 606년이며 유다가 1차로 바벨론에 사로잡혀 간 해이다. 이 때부터 스룹바벨이 예루살렘으로 귀환한 B.C. 536년까지는 정확히 칠십 년이다(렘 25:12). 여호야김은 잠시 포로 되어 있다가 예루살렘에 돌아와서 죽은 것 같다.

여호야김의 아들 여호야긴의 이야기는 간단히 기록한다. 여기는 여호야긴이 팔 세에 즉위했다고 되어 있으나, 열왕기 하 24장 8절은 십팔 세라고 기록한다. 느부갓네살은 여호야긴을 바벨론으로 사로잡아가고 여호와의 전의 기물들도 가져갔다.

11-16절은 유다 국 마지막 왕 시드기야에 관한 이야기다. 당시 그와 백성들은 예레미야와 여러 사자들을 보내어 타일러도 겸비하게 듣지 않고 비웃었으며, 모든 악행과 가증한 일을 저지르고 전을 더럽히는 일을 하였다. 17-21절은, 따라서 그들을 바벨론에게 붙이시므로 바벨론은 성전을 불사르고 성을 헐며 많은 사람을 죽이고 칼에서 벗어난 자들을 포로로 사로잡아 가서 바사 국이 주재할 때까지 머물게 되었다. 바벨론에 포로로 끌려간 것은 여호야김 때 1차, 여호야긴 때 2차, 시드기야 망국 때에 3차로 본다. 유다 왕국은 마지막 왕인 시드기야 11년에 바벨론에게 완전히 멸망한다. B.C. 586년이다. 역대 하 마지막 구절들인 22-23절은 다음 책인 에스라 1장 1-2절의 내용과 동일하다.

에스라

주요 내용 이스라엘이 멸망한 후 70년 만에 예루살렘에 귀환한 이스라엘 백성이 에스라를 중심으로 성전을 재건한 이야기이다. 이 책을 통해 우리는 하나님의 백성의 회복과 부흥은 인위적인 것이 아니라 하나님으로부터 나온다는 것을 배운다.

구약 성경은 창세기로부터 시작되는 모세오경이 있고, 다음은 여호수아, 사사기, 룻기, 사무엘 상·하, 열왕기 상·하, 역대 상·하, 에스라, 느헤미야, 에스더로 이어지는 역사서가 있다. 에스라, 느헤미야, 에스더는 포로 이후의 역사서이다. 역사서의 마지막 부분은 이스라엘 백성들이 율법을 버리고 하나님을 따르지 않음으로 바벨론에 포로 되었다가 70년 만에 예루살렘으로 돌아와서 새롭게 성전을 건축하고 성벽을 건축하는 것으로 끝난다. 이 성경을 쓴 에스라는 주로 성전 재건을 기록했고, 당시 총독이었던 느헤미야는 주로 성벽의 재건을 기록했다. 포로 이후의 역사서는 에스라, 느헤미야, 에스더–세 권이고, 포로 이후의 선지서는 에스겔, 다니엘, 학개, 스가랴, 말라기–다섯 권이다.

◊ 1:1-2:27: 제1차 포로 귀환

1장 1–4절은 하나님께서 이방 왕인 바사 왕 고레스의 마음을 감동시키심으로 그가 온 나라에 공포도 하고 조서도 내려 유다 백성들은 예루살렘에 돌아가서 성전을 건축하라고 했다는 내용이다. 이는 예레미야 선지자의 70년 포로 귀환의 예언을 응하게 한 사건이다. 여기서 우리는 하나님의 백성의 부흥은 하나님께로부터 시작된다는 사실을 알게 된다(행 1장 참조). 5–10절은 고레스 왕의 칙령에 대한 유다 백성의 반응이다. 그들 또한 영이 감동되어 예루살렘에 올라가서 전을 건축하기 위해 일어났다. 고레스 왕은 귀환 명령만 한 것이 아니라 과거 예루살렘 성전에서 가져온 여러 기구들과 기명들을 돌려주고 많은 사람들로 하여금 금과 은과 보물들을 드리게 하여 그들의 귀환과 성전 재건을 돕게 하였다. 2장에는 1차적으로 포로에서 귀환한 명단이 기록되어 있다. 1차로 예루살렘에 귀환한 인수는 42,360명이며 그 지도자는 스룹바벨과 예수아이이다. 부흥을 위해서는 첫째로 하나님의 주권적인 역사하심, 반응하는 자들의 감동, 순종하여 올라가는 행동, 기쁨과 자원함으로 드리는 헌신이 필요하다.

◊ 3:1-6:22: 여호와 하나님께 대한 예배의 회복

"이스라엘 자손이 그 본성에 거하였더니 칠월에 이르러 일제히 예루살렘에 모인지라"(3:1). 여기서 '일제히'라는 말은 '한 사람같이(as one man)'라는 말이다. 부흥을 위해서 가장 중요한 것은 모든 성도가 한 사람같이 되는 것, 즉 성도들이 한 마음과 한 뜻이 되는 것이다(행1-2장 오순절 부흥 참조). 그들이 돌아와서는 먼저 단을 쌓고 말씀대로 번제를 드리고 또 초막절을 지켰다. 바벨론에 사로잡혔다가 돌아온 사람들이 아니면 이러한 성전 재건의 역사를 시작하지 못한다. 6절에는 번제를 드렸으나 아직 전 지대는 놓지 못했다고 말한다. 전 지대란 성전의 기초인데, 교회는 기초가 있어야 한다(고전 3:11). 그들은 돌아온 지 2년 2개월 만에 건축 역사를 시작했다고 말한다.

건축에 있어서는 또한 감독자의 역할이 중요하다. 일하는 자들이 필요할 뿐 아니라 감독자들이 필요하고 찬송하는 것이 필요하다. 성전을 건축하는 분위기는 감사하며 찬양하는 분위기이다. 70년 전에 첫 성전을 보았던 노인들은 성전 기초가 놓이는 것을 보고 대성통곡을 했다. 젊은이들은 그저 기뻐했지만 늙은이들은 여러 감정이 교차하면서 크게 울었다.

4장에는 성전 건축을 방해하는 대적이 나타난다. 대적은 전혀 상관없는 사람들이 아니라 같은 이스라엘 인으로서 성전 재건을 위하여 대가를 지불하고 돌아온 자들이 아닌, 유다 국 멸망 이전 B.C. 722년에 앗수르에게 사로잡혔던 자들이라고 본다. 스룹바벨과 예수아 등 이스라엘 족장들은 성전 재건에 함께하겠다는 이들의 제의를 반대하였다. 같은 영과 마음으로 감동된 자들이 아니면 건축 역사에 동참한다는 것이 불가능하다. 그러자 그들은 동족의 성전 건축을 각양 방법을 동원하여 방해하였다. 그들은 귀환한 유대인들이 성전을 재건하면 바사 정권을 배신할 것이라는 편지를 바사 왕에게 보내기도 하였는데, 아닥사스다 왕은 그들의 글을 읽고 권력으로 억제하여 성전 재건 역사를 그치게 하였다.

이렇게 성전 건축의 역사가 지연되자 선지자들이 일어났다(5:1-5). 하나님의 전 건축 역사가 진행되기 위해서는 선지자의 역할이 가장 중요하다. 우리는 학개와 스가랴 선지자가 어떻게 이 일을 도왔는지 볼 수 있다. 학개는 "너희는 자기의 소위를 살펴볼

지니라…너희는 산에 올라가서 나무를 가져다가 전을 건축하라"(학 1장 참조)고 촉구했고, 스가랴는 많은 이상을 통해서 그들을 강화시켜 주는 일을 했다. 오늘날도 하나님의 성전을 건축하려면 선지자의 예언이 필요하다. 그럴 때 성도들이 힘을 얻어 다시 건축의 일을 하게 된다. 선지자들이 일어나서 전 역사를 도와 건축이 재개되니 강서편 총독 닷드내와 스달보스내와 그 동료가 와서 이의를 제기하며 다리오 왕에게 다시 상소의 글을 올렸다. 그들이 왕에게 올린 상소의 내용은 그래도 차분하고 객관적인 질문으로 되어 있다(스 5:7-17). 그들의 상소 내용대로 다리오 왕은 고레스 원년에 내려졌던 조서를 찾아내어 확인하였고 내용을 제대로 알게 된 왕은 전을 건축하라고 분명하게 다시 영을 내렸다. 다리오 왕은 건축을 막은 것이 아니라 오히려 여러 가지 도와주는 말을 하고 "저희로 지체치 않게 하라"고 했다.

전 건축은 유다 장로들과 에스라 같은 학사와 좋은 인도자들이 있기에 가능했다. 그리고 학개와 스가랴 같은 훌륭한 선지자들의 예언이 격려가 되었다. 그런데 그 중에서도 가장 중요한 것은 이스라엘 하나님의 명령과 고레스와 다리오와 아닥사스다 등 이방 왕의 마음을 하나님께서 움직이신 것이다. 내적인 공급과 격려와 말씀은 선지자 학개와 스가랴를 통해 왔으며, 외적인 도움은 고레스(1:1)와 다리오(6:6-12)와 아닥사스다(7:12-17, 느 2:1-8) 왕에 의해 왔다. 이렇게 해서 다리오 왕 육년 아달월 삼일에 성전 재건 역사가 마쳐졌다(6:13-15). 이 중 아닥사스다의 명은 성곽을 건축하기 위한 것이었는데, 에스라서는 성전과 성곽의 건축을 모두 다루는 책이므로 여기에 함께 기록한 것이다. 하나님 나라의 회복과 부흥을 위해서 외부 정세까지도 하나님의 주권으로 협력한다는 것을 볼 수 있다. 그들은 재건된 성전에서 유월절과 무교절을 지켰다(6:19-20).

◊ 7:1-10:44: 제 2차 귀환자들과 함께 예루살렘에 도착한 에스라

에스라는 아론의 가문에서 태어난 제사장 집안 사람이다. 우리는 7장에서 이스라엘 백성이 바벨론에 사로잡혔다가 70년 만에 돌아와서 예루살렘 성전을 건축하는 데 인도자 한 사람의 역할이 얼마나 중요한지를 읽을 수 있다. 에스라는 이 일 후에(6장까지의 모든 일이 있은 후에) 바벨론에서 올라왔다고 기록되어 있다. "저는 이스라엘 하나님 여호와께서 주신바 모세의 율법에 익숙한 학사로서". 그는 두 가지 신분을 갖추고 있었는데, 하나는 하나님의 말씀, 율법을 잘 알고 있는 사람이었고, 둘째는 왕에게 구하는 것을 다 받을 수 있는 사람이었다.

에스라 1장과 2장에 이스라엘 백성의 예루살렘 1차 귀환이 있고, 2차 때 올라온 몇몇 사람들 중에 에스라라는 학사가 있었다. 그가 올라온 때가 '아닥사스다 왕 칠년 오월'이라고 기록하고 있다.

에스라는 정월 초에 출발하여 5월초에 도착했으니 4개월이 걸린 셈이다. 여기에 70년 간 바벨론에 사로잡혀 있다가 예루살렘으로 돌아온 하나님의 백성들이 있으며 그들을 가르칠 학사가 필요했다. 아닥사스다 왕은 제사장이나 레위 인이나 뜻이 있는 자들은 에스라와 함께 예루살렘에 가라고 하면서 바벨론으로부터 많은 은금을 가져가도록 했다. 하나님께서 하시는 일이라면 거기에 반드시 돕는 역사가 있다. "은은 일백 달란트까지, 밀은 일백 고르까지, 포도주는 일백 밧까지, 기름도 일백 밧까지 하고". 거기에 일정한 제한이 있었다. 그러나 특별히 소금은 제한 없이 필요한 대로 하라고 했다. 주님의 역사에서 가장 필요한 것이 소금이다. 소금은 부패를 억제하는 것이다. 깨끗하고 거룩할수록 좋은 것이 이 회복의 역사이다. 7장 27 28절은 찬양이다. 에스라는 이 모든 일을 행하신 분이 하나님이시라는 것을 알므로 하나님을 찬양했다. 8장은 2차로 에스라와 함께 올라온 제사장, 레위인, 노래하는 자, 문지기, 성전 봉사자 및 각 족장들의 명단이다.

1차로 귀환할 때 제사장은 4,289명이고 레위인은 74명이었는데, 2차 귀환시에는 레위 사람이 아예 없었다. 에스라는 족장들을 불러 가시뱌 지방으로 보내어 그곳 족장에게 가서 레위 사람들을 데려오게 하라고 했다. 레위 지파만이 성전에서 하나님을 섬기는 일에 수종들도록 되어 있었기 때문에 지금 하나님의 성전이 건축된 시점에서 에스라에게는 그들이 필요했던 것이다. 그러므로 그들을 강권해서라도 데려와야 했다. 어쨌든 족장들이 가시뱌라는 곳에 가서 레위 사람들 삼십팔 명과 느디님 사람들 이백이십 명을 데려왔다. 그리고 그 이름들도 다 기록하였다. 2차 귀환자 수가 남자만 일천칠백여 명이 되는데, 주님의 성전 재건의 역사, 주님의 회복의 역사를 위해서 발걸음을 내딛는 사람들의 이름은 너무나 소중하다. 그러므로 하나하나 다 헤아리지 않을 수 없다.

▸ 에스라가 금식하며 간구하다

이때에 에스라는 아하와 강 가에 머물러서 금식을 선포하고 하나님 앞에 자신을 낮추며 그들 무리를 위해 평탄한 길을 주시기를 간구했다. 지금 바벨론에서 예루살렘으로 올라가는 노정에 있는데 이것이 쉽지 않다고 생각한 것이다. 그러므로 이 큰일을 앞두고 에스라는 금식을 선포하고 하나님 앞에서 자신을 낮추었다. 하나님의 새로운 역사를 위해 발걸음을 내딛는 것은 결코 쉽지 않다. 이렇게 중요한 일을 수행하는 사람들이 첫 번째로 할 일은 금식하며 간구하는 것이다. 하나님 앞에서 마음을 스스로 겸비하게 하여 기도할 때 하나님께서는 들으신다. 그들은 4개월 만에 예루살렘에 도착하였으며(8:31-36), 돌아와서 하나님께 즐거이 드린 예물들을 신중하고 정확하게 전달하였고(8:32-34), 첫 번째로 돌아온 자들처럼 번제를 드렸다(8:35). 또한 왕의 조서를 관원들에게 전달하였다(8:36).

9장에서는 이스라엘 백성들이 이방인들과 잡혼을 하였다는 말을 듣고 에스라가 옷을 찢고 머리털과 수염을 뜯었다고 한다. 즉 이스라엘 백성들과 제사장들과 레위 사람들이 이 땅 백성(가나안 사람이나 헷 사람 등) 곧 이방인들과 연혼하며 섞여져서 이방인들의 가증한 일을 행하게 되었다는 것이다. 그리고 그들의 딸들을 취하여 아내와 며느리로 삼아 거룩한 백성이 이방 족속과 섞이게 하는 이 일에 방백들과 두목들이 더 앞장섰다는 것이다(9:1-2). 9장 5-15절은 에스라의 회개 기도의 내용이며, 10장은 에스라가 울며 자백하며 기도할 때에 백성들이 따라서 감화를 받아 심히 통곡했음을 기록한다. 한 사람의 인도자가 이렇게 중요하다. 그가 하나님 앞에서 울며 자복하고 통회하니 많은 사람이 함께 통곡한 것이다. 그리고 이스라엘 백성의 남녀와 어린 아이들까지 큰 무리가 그 앞에 모였다. 그 때 사도행전 9장에서 바울을 도왔던 아나니아 같은 사람 스가냐가 에스라를 도우려고 일어났다. 스가냐는 경건한 사람이었다. 그는 에스라 말에 순종하여 이방인 처들과 그 소생들까지 내어보내겠다고 하였다. 에스라는 스가냐의 말대로 온 백성에게 맹세케 하여 이방인 처들을 다 내어보내기로 하였는데, 유다와 베냐민 모든 사람이 삼 일 내에 예루살렘에 모이니 때는 구월 이십일이었다. 무리가 하나님의 전 앞 광장에 앉아서 이 일과 큰 비를 인하여 떨었다. 온 회중은 에스라의 말에 순종하여 그들 가운데 이방 여자들에게 장가든 자들은 다 이방인 처들을 내보내겠다고 하였으나 그 중에 요나단과 야스야 등 네 명 정도는 이 일을 반대하였다.

그들이 방법을 구상해서 에스라에게 제시했는데, 즉 방백들을 세우고 모든 성읍에서 이방 여자에게 장가든 자는 기한에 그 성 장로들과 재판장과 함께 오게 해서 이 일을 처리함으로 그 일로 인한 하나님의 진노가 그들에게서 떠나게 하자고 했다. 현황을 조사하니 제사장의 무리 가운데에도, 레위인 가운데에도, 노래하는 자들 가운데에도, 문지기 중에도 이방 여인을 취한 사람들이 있었다. 하나님을 섬기는 제사장들까지 이런 형편없는 일에 연루되었다는 것이 참으로 유감스럽다. 에스라서는 귀환한 이스라엘 백성이 어떻게 하나님의 성전을 재건했는지를 말하며 또 그들이 하나님의 말씀을 소홀히 하여 범죄한 것을 에스라가 어떻게 처리했는지를 말해준다.

느헤미야

주요 내용 느헤미야서는 하나님의 선민 이스라엘의 마지막 역사서이다. 비록 말라기서가 있으나 이는 선지서이지 역사서가 아니다. 이 책은 이스라엘의 마지막 상황을 그리고 있다. 느헤미야는 아닥사스다 왕의 술 관원이었는데, 예루살렘 성이 훼파되고 성문들이 불에 탔다는 소식을 듣고 슬퍼하였다. 그는 왕의 호의로 예루살렘에 돌아가서 여러 가지 장애를 극복하고 성벽을 건축하는 일을 인도했다. 느헤미야는 에스라와 함께하는 무리가 2차로 귀환한 지 14년 만에 한 무리의 사람들을 인도하여 새로이 예루살렘 성벽을 재건하고 잃어버렸던 봉사와 예배를 회복하였다.

◊ 1-7장: 느헤미야의 귀국과 성의 재건

▸ 느헤미야가 예루살렘의 형편을 듣고 슬퍼하며 귀국을 결심하다(1-2장)

느헤미야는 당시 바사 국 아닥사스다 왕 때 수산 궁에 있던 사람으로서 왕궁의 술 관원이라는 상당한 고위직에 있었다. 그는 바벨론 시대에 사로잡혀갔는데 바벨론이 멸망하고 바사 제국이 들어서면서 궁에서 좋은 직책을 받아 어느 정도 유족한 삶을 살고 있었던 것 같다. 그러나 그는 그런 삶에 사로잡히지 않고 그 마음이 여전히 예루살렘에 있었다. 그러던 어느 날 유다에서 형제 두어 명(하나니 등)이 그에게 왔고 느헤미야는 그들에게 예루살렘 상황을 물었다. 그것이 그의 관심사였기 때문이다.

어떤 학자는 느헤미야서에 대해 "느헤미야서는 마지막 시대에 열려져야 하고 마지막 시대에 실행되어져야 하는 회복의 서신이다."라고 말했다. 과연 이 마지막 시대에 주님을 맞이하기 위해서는 어떠한 영을 가져야 하는가? 바로 느헤미야와 같은 영이다. 유다에서 온 형제들은 동족이 큰 환난을 당하고 능욕을 받으며 예루살렘 성은 훼파되고 성문들은 불에 탔다고 했다. 느헤미야는 그 말을 듣고 앉아서 며칠 동안 울고 슬퍼하면서 하나님 앞에 금식하며 기도했다. 그는 자신의 죄와 이스라엘 자손의 죄를 자복했다. "나와 나의 아비 집이 범죄하여". "주를 향하여 심히 악을 행하였나이다"(7절).

1장에는 기도가 있고, 2장에는 기도의 응답이 있다. 왕은 얼굴에 수색이 있는 느헤미야에게 그 이유를 묻고 그로 예루살렘으로 돌아가서 자신의 소원대로 훼파된 성벽을 중건하도록 했다. 그 때 왕후도 옆에 있었는데 왕은 몇 날이 걸릴 것인지, 어느 때 돌아올 것인지를 물으며 그를 기꺼이 보내주고자 했다. 느헤미야는 왕에게 강 서편 총독들에게 조서를 써서 무사히 통과하여 유다까지 가도록 조처해달라고 했고 왕은 이를 허락했다. 느헤미야는 이왕 성문과 성곽과 그가 거할 집의 들보 재목까지 세세하게 왕에게 요청했고, 그에 더하여 왕은 군대 장관과 마병까지 느헤미야와 동행하도록 배려했으며, 느헤미야는 강 서편 총독들에게 왕의 조서를 전하였다(9절). 그러나 다른 면으로 하나님의 일의 대적자들이었던 산발랏과 도비야는 느헤미야가 예루살렘에 도착하자 '이스라엘을 흥왕케 하는 자가 왔다'는 말을 듣고 심히 근심했다. 삼 일 정도 휴식을 취한 느헤미야는 밤에 일어나 두어 사람과 함께 성을 돌아보았는데, 전해들은 대로 예루살렘 성벽은 무너지고 성문은 불타버린 것을 보았다. 상황을 자세히 살펴보아야 어떻게 재건할지를 알게 되는 것이다.

▸ **성전 재건의 일을 시작하다(3-6장)**

"때에 대제사장 엘리아십이 그 형제 제사장들과 함께 일어나 양문을 건축하여 성별하고 문짝을 달고 또 성벽을 건축하여 함메아 망대에서부터 하나넬 망대까지 성별하였고"(3:1). 성벽을 건축하는 것은 곧 성별하는 것이다. 하나님의 백성이 죄악과 세상으로부터 분별되는 것은 매우 중요한 일이다. 그런데 이 일을 대제사장이 나서서 먼저 시작하였다. 다음은 여리고 사람, 다음은 삭굴이 건축하였다. 스가냐는 에스라를 도왔던 귀한 형제인데, 그의 아들 스마야가 동문을 중수했다. 이 일에 전혀 참여하지 않은 자들도 있었으며 가장 미약한 자들이라도 참여한 자들이 있었다. 느헤미야는 예루살렘에 가서 성벽이 훼파된 것을 자세히 살펴보고서 이스라엘 백성들과 함께 양문으로부터 시작해서 양문까지 완성했다.

성벽을 건축하러 온 느헤미야의 일을 근심스럽게 보던 산발랏은 건축하는 자들을 무시하는 투로 미약한 자들이 스스로 견고케 하려는가 하며 비웃었다. 암몬 사람 도비야는 산발랏의 말에 맞장구를 치며 그들이 건축하는 성벽은 여우가 올라가도 무너질 것이라고 했다. 여기서 느헤미야는 기도한다. 시작부터 끝까지 느헤미야는 기도하는 사람이었는데, 이 책에는 적어도 열한 번의 그의 기도가 기록되어 있다. 백성들은 모두 마음을 들여 역사하였으며 짧은 시간에 벽 전체를 연결시키고 고는 절반을 쌓아 올렸다. 대적들의 공격도 그치지 않고 내부에도 잡음이 있었다. 대적들과 가까이 사는 유다 사람들은 적들의 계획을 듣고 불안하여 공사에 참여한 사람들을 설득하여 데리고 가려고 열 번이나 찾아왔다. 대적들의 습격 계획도 있었으나 사전에 느헤미야 등에게 알려지므로 무산되었고 유다 인들은 다시 건축 역사를 계속했다.

따라서 한 손으로는 대적을 방어하는 일을 하고 또 한 손으로는 건축하는 일을 했다. 성전을 건축하는 자들은 대적을 방어하는 동시에 건축 역사를 진행해야 했으므로 늘 칼을 차고 있었다. 또 느헤미야 곁에는 유사시에 전체에게 알릴 수 있는 나팔수가 세워져 있었다. 백성 전체가 한 번의 나팔소리에 속히 함께 다 모여야 전쟁을 할 수 있기 때문이다. 그들은 또 동틀 때부터 부지런히 일을 했다. 이 때 또 다른 어려움이 있게 되었는데, 이는 귀인들이나 돈 있는 사람들은 이자를 받아먹고 못사는 사람들은 먹을 것이 없어 그들의 종이 되어 버린 것이다. 이스라엘 사람들끼리 주인도 되고 종도 된 것이다. 그러자 자녀를 종으로 팔고서 속량할 힘이 없는 부모들이 호소하였다. 이에 느헤미야는 귀인과 민장들을 강하게 책망하고 대회를 열었다. 느헤미야는 부자들을 크게 꾸짖으면서, 우리는 우리의 힘을 다하여 이방인에게 팔린 유다 사람들을 속량하는 일을 하였는데 너희는 너희 형제를 팔고자 하느냐고 했다. 그러면서 그들에게서 취한 것 중 백분지 일을 돌려줄 것을 명하고 맹세하게 했다.

느헤미야는 자기의 생활이 아주 깨끗하였다는 것을 간증하였다. 그와 그 형제들은 총독의 녹을 받지 않았을 뿐 아니라 많은 사람들을 거두고 데려다 먹였다. 그의 상에서는 항상 150명 정도가 먹었으며, 그의 식구들(나의 종자들)도 다 데려다 일을 시켰다. 느헤미야는 이렇게 행한 자신을 기억해달라고 하나님께 기도하였다.

6장에서는 대적들이 느헤미야를 해치려고 평지 한 촌에서 만나자고 한다. 아직은 성문의 문짝을 달지 못한 때인데 대적들은 마지막으로 느헤미야를 해치려 한 것이다. 물론 느헤미야는 가지 않았다. 대적들은 네 번이나 편지를 보내어 만나자 했으나 가지 않았더니 다섯 번째는 종자의 손에 봉하지 않은 편지로 '네가 유다 인들로 더불어 모반하여 왕이 되려 한다는 소문이 났으니 함께 의논하기 위해 만나자'고 했다. 그러나 느헤미야는 '그것은 너희가 지어낸 말이며 우리를 두렵게 하여 역사를 이루지 못하게 하려는 것이라' 하면서 만남을 거절했다.

이후에 거짓 선지자의 모략이 있는데, 므헤다벨의 아들 스마야가 한동안 두문불출해서 느헤미야가 그 집에 가보니 그가 말하기를 '대적이 너를 죽이려고 하니 빨리 전으로 가서 외소 안에 숨으라'고 했다. 스마야는 거짓 선지자이다. 그는 상징적 예언으로 두문불출함으로써 자기처럼 그도 성전에 가서 숨으라고 한 것이다. 그러나 느헤미야는 '나 같은 자가 어찌 도망하며 나 같은 몸이면 누가 외소에 들어가 생명을 보존하겠느냐 거기 들어간다고 살겠느냐 죽으려면 그냥 여기서 죽겠다'고 했다(6:10-11). 그(스마야)는 대적자들인 도비야와 산발랏에게 뇌물을 받고 이런 일을 꾸민 것이다.

이런 많은 시련과 대적의 방해 가운데 성 역사는 52일 만에 끝났고, 지금까지 대적했던 사마리아 인, 암몬 인, 아라비아 인 및 블레셋 인 등은 성 건축 역사가 완공되었다는 말을 듣고 낙담했다. 이는 이 역사를 이스라엘의 하나님께서 이루신 것을 알았기 때문이다. 도비야와 내통하는 유다의 귀인들은 느헤미야에게 와서 도비야의 선행을 말해 주곤 했다. 도비야는 느헤미야의 대적인데 그 앞에서 도비야의 선행을 말하기도 하고 그쪽에 가서는 또 느헤미야의 말을 전해주었다. 이런 무익한 왕래 가운데서 대적자는 틈을 엿보아 항상 편지로 느헤미야를 위축시켜 성 건축을 하지 못하게 하려 했다. 그러나 그러한 와중에서도 성 건축은 필역하였다.

주님의 교회에는 반드시 인도자가 있고(히 13:7), 또 제사장들과 노래하는 자들과 문지기들이 있다(39-45절). 그리고 느디님 사람들과 솔로몬의 신복들의 자손이 있으며(45-60절), 마지막으로 보계가 불확실한 자들이 있다(61-65절). 이렇게 명단을 자세하게 기록한 것은 무엇을 의미하는가? 주님의 성과 성전을 재건하러 올라온 자들은 하나하나가 다 귀하다는 것이다. 하나님의 말씀인 성경책에 두 번씩(에스라서와 느헤미야서)이나 기록될 만큼 귀하고 또 귀하다. 주님은 이 시대에도 그분의 퇴락한 성전을 지으며 성벽을 보수하며 재건할 사람들을 필요로 하신다. 귀환자들과 예물의 총계의 기록으로서 에스라 2장 64-70절과 병행한다. 회중이 42,360명이고 노비가 7,337명인 것도 에스라서와 일치한다. 그러나 노래하는 자는 245명으로 45명이 더 많다. 말, 노새, 약대, 나귀의 수는 일치한다. 예물은 에스라 2장의 기록과 약간 차이가 있다. 어쨌든 예루살렘에 돌아와서 드려진 것들은 모두가 다 귀하다. 그래서 하나하나 기록된 것이다(66-73절).

◊ 8-11장: 신앙적인 개혁을 위한 엄숙한 회의

느헤미야서 8장에 올 때 에스라가 나온다. 느헤미야는 성벽을 중수한 사람이고 에스라는 학사로서 성전 재건을 위한 사람이다. 둘 다 유다 백성의 귀환시에 하나님께서 그분의 성전과 성의 재건을 위해 사용하신 종들이다. 느헤미야는 에스라보다 14년 뒤에 예루살렘에 도착했다. 느헤미야는 총독이고 에스라는 학사이자 제사장이고 서기관이었다. 에스라는 성경을 잘 아는 사람이었고 느헤미야는 뛰어난 통치력을 가진 사람이었다. 우리는 7장까지에서 느헤미야가 어떻게 성벽을 건축했는지를 보았다.

이 모든 것들을 다 이룩한 다음, 느헤미야는 에스라로 하여금 백성들을 가르치도록 기회를 주었다. 이스라엘 자손이 예루살렘 본성에 거했는데 7월에 이르러 수문 앞 광장에 다 모여서 학사인 에스라에게 모세의 율법을 듣는 모임을 가졌다. 그 모임은 에스라의 주관 하에 이루어졌을 가능성이 크다. 우리는 여기에서 느헤미야 같은 지도자와 에스라 같은 학사, 그리고 당시 백성의 지도자들이 함께 동역한 것을 볼 수 있다. 에스라는 율법책을 가지고 남자, 여자, 무릇 알아들을만한 모든 자들 앞에서 읽었다.

에스라는 이스라엘 백성들 앞에 혼자 서지 않고 몇몇 제자들과 함께 섰다. 이것은 에스라의 말씀 사역을 강화시키고 에스라를 부축하는 일이 되었을 것이다. 이는 오순절 날에 베드로가 열 한 사도와 함께 서서 복음을 전하는 것과 같은 모습이다. 에스라가 강단에 서서 하나님의 말씀을 펼 때에 백성들은 전체가 일어났다. 에스라는 말씀을 가르치기 전에 먼저 여호와를 송축했다. 그럴 때 모든 백성이 하나님을 공경하고 순복하는 태도로 몸을 굽혀 얼굴을 땅에 대고 여호와께 경배했다.

예수아와 바니 등 에스라를 돕는 사람들의 이름이 기록되어 있다. 이들은 레위 사람들로서 그 처소에 섰는 사람들에게 율법을 깨닫도록 도와주었다. 에스라와 한 무리는 서서 가르치고 한 무리는 그 처소에 있는 사람들을 곁에서 깨닫도록 도와주었다. 이스라엘 백성들은 오랜 만에 하나님의 율법의 말씀을 듣자 자신들의 상태가 하나님 앞에 너무도 합당치 않음을 깨닫고 다 눈물을 흘렸다. 느헤미야는 백성들에게 이 거룩한 하나님의 성일에는 근심해서는 안 되고 도리어 기뻐해야 한다고 했다. 레위 사람들도 그 뜻을 따랐다. 느헤미야, 에스라, 레위 사람들처럼 말씀을 가르치고 인도하는 사람들이 하나로 그 백성들을 가르치며 권면할 때 모두가 아무 의견 없이 따랐으며 깨달은 말씀으로 인하여 매우 기뻐하였다.

그 다음날 뭇 백성의 족장들과 제사장들과 레위 사람들이 율법의 말씀을 밝히 알고자 하여 학사 에스라가 있는 곳에 모였다. 그들은 에스라의 강론을 듣자 백성의 지도자들로서 말씀을 더 배워야 할 필요를 느꼈을 것이다. 그들에게 말씀이 열리는 것과 함께 그들은 말씀대로 초막절을 지켜 다 초막을 짓고 그 안에 거하였으며, 여호수아 시대부터 지금까지 이스라엘 자손이 이렇게 행한 적이 없었으므로 크게 즐거워했다.

여호와의 거룩한 성일에는 눈물이 나와도 즐거워해야 했다. 그러나 하나님의 말씀을 듣고 그들의 상태가 그대로 드러났을 때 이스라엘 자손들은 다 모여 금식했다. 실상 성벽의 건축은 성별의 외적인 표시인 셈이며 내적으로는 본질적인 분별이 필요하였다. 이방 사람과 잡혼한 관계들을 절교하고, 서서 자기의 죄와 열조의 허물을 자복했다. 그들은 하루 세 시간은 말씀을 듣고 또 세 시간은 죄를 자복했다. 레위 사람 몇몇은 큰 소리로 여호와께 부르짖었다. 또 한 무리의 레위 사람들은 여호와의 이름을 송축했다. 하늘과 하늘들의 하늘과 일월성신과 땅과 만물과 바다와 모든 것을 지으신 조물주이신 하나님께 경배했다. 또한 자신들을 친히 택하시고 갈대아 우르에서 인도해 내신 하나님을 찬양했다. 또한 애굽에서 홍해를 통과하여 불러내신 일과 광야 40

년 인도하시며 돌보신 일, 사사시대에 율법을 범할 때마다 대적에게 붙이셨다가 주께 부르짖을 때 구원자들을 일으키셔서 구원하신 일, 모든 역사를 회상하며 죄를 고백하고 긍휼을 구하는 마음으로 이 모든 일을 기록하고 언약을 세우고 백성들의 지도자들과 레위 사람들과 제사장들이 다 인을 쳤다. 10장에는 인친 자의 명단이 나온다. 언약서에 백성의 대표가 인치고(1-27절), 세 가지 언약을 세우고(28-33절), 헌물의 규정을 세웠다(34-39절). 그들은 성전세를 부활하여 새로 건축한 성전을 돌보기로 하였다. 성전세로 바쳐진 돈은 진설병과 소제와 번제와 안식일과 초하루와 정한 절기에 쓸 성물과 백성을 위한 속죄제와 하나님의 전을 위해 쓰게 했다(33절).

11장에서는 누가 예루살렘 성 안에 살 것인가를 결정하였다. 이제 예루살렘 성벽이 다 건축되었고 규모는 작지만 성전도 다 지어졌다. 이 예루살렘 성 안에 머무는 자는 첫째로 백성의 두목들이고 둘째로는 백성의 십분의 일이다. 나머지 십분의 구의 백성은 다른 성읍에 거하게 하였다. 당시에 예루살렘에 거하는 것은 대가가 지불되는 일이었다. 하나님의 간증을 대표하는 예루살렘 성은 늘 대적의 공격의 목표물이었기 때문이다. 그래서 예루살렘 성에는 백성의 두목들과 제비 뽑힌 십분의 일의 백성과 자원하는 사람들이 머물렀다. 그리고 이 자원하는 사람들을 위해서는 온 백성이 복을 빌어주었다. 그들은 주로 유다 자손으로서 합이 468명이었다. 베냐민 자손은 928명이 예루살렘에 거했다. 베냐민 자손이 유다 자손보다 수효가 많은데도 각별히 유다에게만 용사라는 표현을 쓴 것은 유다 지파가 용맹스런 지파였기 때문이다.

예루살렘에 거하는 제사장들의 총수는 1,192명이었고 삽디엘은 제사장 중의 감독이었으며, 또 그 중에는 용사도 있었다. 어쨌든 예루살렘에는 강한 자가 아니면 거할 수 없다. 하나님의 백성이라고 해서 다 똑같은 것이 아니다. 어떤 사람은 중요한 위치 곧 하나님의 성전이 위치한 예루살렘 안에 있다. 에스라서와 느헤미야서의 중심은 하나님의 성 예루살렘에 있으며, 그 중에서도 에스라서는 성전 재건을 말하고 느헤미야서는 성벽 재건을 말한다. 25-36절은 예루살렘 이외에 흩어져 사는 거주민들을 언급한다.

◊ 12-13장: 예루살렘에 거하는 제사장들의 명단과 성곽의 봉헌식 및 신앙의 회복

12장에는 돌아온 사람들 중 하나님을 섬기는 제사장들의 명단을 기록했다. 이러한 회복의 때에 훌륭한 제사장들과 레위 인들, 그리고 하나님의 말씀의 사역자들이 예루살렘에 돌아온 것은 너무 중요하다. 12장 1절에서 21절까지는 귀환 시에 돌아온 제사장들(1-6절)과 레위 인들(8-11절)과 제사장의 족장들(12-21절)의 명단이다. 10절과 11절은 대제사장의 계보인데, 예수아는 제 1차 귀환 때 스룹바벨과 함께 돌아온 대제사장이고, 요아김은 예수아 다음 대제사장이다. 엘리아십은 제 2차 귀환 시 에스라가 돌아올 때의 대제사장이었는데(스 10:6) 성벽 건축의 대적자인 도비야와 내통하기도 하였다(13:4). 요야다는 느헤미야 시대의 대제사장이었으며 산발랏과 사돈 간이었다(13:28). 이렇게 주님의 역사에서 중심적인 일을 맡은 사람들의 친인척이 하나님의 성벽 재건의 대적자들이었다는 것은 매우 기이한 일이다. 이로 보건대 당시 대제사장들은 하나님의 역사에 도움이 되지 않았고 도덕 수준도 높지 않았다. 결국 그 후손들인 안나스나 가야바 대제사장은 주 예수님이 오셨을 때 완전히 교권주의에 사로잡혀 주 예수님을 심문하고 죽이는 데 앞장섰다. 이때부터 이미 대제사장의 주변이 부패하기 시작했다고 볼 수 있다. 12절 이하는 요아김 대제사장 시대의 제사장들이다. 12장 22-26절에는 엘리아십과 요야다와 요하난과 얏두아 시대의 레위 사람들이 기록되었다. 즉 레위 인의 족장의 명단이다.

앞서 언급한 대제사장과 제사장 족속들이 쇠퇴하기 시작하자 하나님께서는 다음에 자라나온 레위 사람들을 일으켜 대제사장이나 제사장들의 부족함을 채우셨다. 대제사장 엘리아십이 도비야와 동맹을 맺었을 때 다른 제사장들도 그와 연루되었다. 그러나 레위 인들은 더욱 열심을 내서 성경 해설이나 기도하는 일을 맡았고, 그 중 몇은 다윗의 명한 대로 주를 찬양하며 감사하는 일을 맡았다(24절). 그리고 다른 사람들은 문 안의 곳간을 파수하였다.

성곽이 다 낙성되자 그들은 각처에서 레위 사람들을 찾아 예루살렘으로 데려다가 감사하며 노래하며 제금 치며 비파와 수금을 타면서 즐거이 봉헌식을 행하고자 했다. 이에 노래하는 자들이 예루살렘 사방 들과 느도바 사람의 동네에서 모여들었다. 여기서 에스라와 느헤미야가 주도적인 역할을 했다. 그들은 각각 두 떼로 나누어 행진하면서 찬송했다. 이것은 예루살렘 성곽이 낙성된 후 봉헌식을 하는 광경이다. 백성들은 성벽 봉헌식을 통해 은혜를 받아 신앙심을 회복하였으며 제사장과 레위 사람들의 소중함을 깨닫고 즐거이 헌물을 가져왔다.

"그 날에 모세의 책을 낭독하여 백성에게 들렸는데 그 책에 기록하기를 암몬 사람과 모압 사람은 영영히 하나님의 회에 들어오지 못하리니"(13:1). 이것은 신명기에 있는 말씀이다(23:3-5). 하나님의 백성은 늘 율법책을 읽어야 한다. 그래야 하나님의 규례와 법도를 알아 무엇을 하고 무엇을 해서는 안 되는지를 알 수 있다. 하나님의 말씀에서 암몬 사람과 모압 사람은 영영히 이스라엘을 미워하고 저주하는 자들이다.

느헤미야가 예루살렘에 부재하는 동안 대적자 도비야가 성전의 큰 방을 차지하고 있었다. 당시 제사장들은 눈이 멀어서 도비야를 선한 사람으로 보고 성전 안에 도비야를 위한 방을 마련해준 것이다. 느헤미야는 와서 도비야를 내쫓고 그의 세간을 다 방 밖으로 내어던졌다. 그리고 명하여 그 방을 정결케 하고 다시 여호와의 성물을 그 방에 들여 놓았다. 당시 또 한 가지 일이 있었는데, 레위 인들이 시골 농경지로 도망을 간 것이다. '레위 사람들의 받을 것'이란 십일조를 가리키는데, 당시 백성들이 그것을 이행하지 않으므로 레위 인들이 생계가 어려워지자 시골로 떠난 것이다. 이런 상황에서 느헤미야는 백성의 민장들을 꾸짖어서 십일조 드리는 것을 충실하게 이행하도록 했다. 그리고서 레위 인들을 다시 불러왔다. 그러자 온 유다가 다시 곡식과 새 포도주와 기름의 십일조를 가져다가 곳간을 가득 채웠고, 느헤미야는 충직한 자들로 고지기들을 삼아 레위 인들에게 분배하게 했다. 그렇게 하고서 느헤미야는 기도했다. "내 하나님이여 이 일을 인하여 나를 기억하옵소서 내 하나님의 전과 그 모든 직무를 위하여 나의 행한 선한 일을 도말하지 마옵소서"(13:14).

또 어떤 유다에서 온 사람들이 안식일에 술틀을 밟고 곡식단을 나귀에 실어 운반하며 포도주와 포도와 무화과와 여러 가지 짐을 지고 안식일에 예루살렘에 들어와서 팔았다. 말하자면 별 생각 없이 안식일을 범하고 있었던 것이다. 느헤미야는 그것을 그냥 지나치지 않고 그들을 훈계했다(13:15). 유다 사람들이 안식일에 예루살렘에서 장사를 하니 이방인들인 두로 사람들도 와서 장사를 하고 있었다. 두로 사람들은 원래가 장사꾼들이다. 이렇게 안식일에 예루살렘에서 버젓이 장사가 이루어지고 있었던 것이다(16절). 그 때 느헤미야는 안식일을 범하는 유다 모든 귀인을 꾸짖었다. 장사꾼들은 성문 밖에서 잠을 자면서 어떻게 하든지 안식일에 성에 들어오려고 했는데, 느헤미야는 안식일 전 어두워 갈 때부터 안식일이 지나기까지 성문을 굳게 닫고 열어주지 말라 명했다. 그리고 그의 종자 두어 사람을 성문마다 세워서 지키게 했다. 그러자 장사꾼들과 각양 물건 파는 자들은 한두 번 예루살렘 성 밖에서 자면서 들어올 기회를 엿보다가 느헤미야가 그들이 성 밑에서 자는 것까지도 강하게 꾸짖으면서 다시 그렇게 하면 잡겠다고 하니 그 후부터는 다시 오지 않았다. 이러한 혼란의 때에 느헤미야 같은 강직하고 단호한 인도자가 없으면 하나님의 성과 나라가 제대로 지켜지거나 세워질 수 없다. 느헤미야는 주님을 위해 최선을 다한 다음에 주님께서 그가 한 일을 기억해주시고 긍휼히 여겨달라고(have compassion on me) 기도했다. 그의 사역과 일은 모두 주님을 위한 것이요 주님께 대한 충성에서 나온 것이었다.

이방 여인을 취하는 것에 대해 에스라 때에 이미 이 일을 회개하고 크게 청산한 적이 있다(스 9-10장). 에스라는 이 일로 인해 심히 애통해했고 그 문제를 처리하기 위해 많이 수고했다. 그럼에도 불구하고 조금만 경계를 소홀히 하면 악과 부패는 다시 기어들어왔다. 아스돗, 암몬, 모압 사람의 자녀들은 아스돗 말은 해도 유다 방언을 하지 못했다. 유대인 자녀들의 일부가 이방인들과 혼인한 것에 대하여 느헤미야는 심히 노하여 그들을 책망하고 저주하며 때리고 머리털을 뽑았다. 동일한 상황에서 에스라는 자기의 옷을 찢고 수염을 뜯었는데 느헤미야는 그들을 때리며 그들의 머리털을 뽑았다.

느헤미야는 어떤 유다 사람들이 이방 여인을 취한 것에 대하여 솔로몬을 예로 들어 말했다. 솔로몬이 지혜의 왕이며 하나님의 은혜를 입은 자라도 이방 여인을 취하였을 때 범죄하게 되었다고 했다. 솔로몬은 당시 왕이었지만 느헤미야 때 교훈을 받아야 할 자들은 일반 백성이었다. 대제사장은 이스라엘의 최고 지도자인데, 대제사장 엘리아십의 손자 요야다의 아들 하나가 대적 산발랏의 사위가 되었다. 그러므로 느헤미야는 대제사장의 손자라도 쫓아내어 자기에게서 떠나게 했다. 그런 중책에 있는 자들의 부패는 책망하고 머리털을 뽑는 정도로는 안 되고 아예 추방해서 제사장직에 있지 못하게 해야 한다고 본 것이다.

에스더

주요 내용 에스라서와 느헤미야서는 포로에서 돌아온 이스라엘 백성의 역사이나 에스더서는 그분의 백성의 이방 땅에서의 역사를 기록한다. 즉 하나님은 예루살렘에 돌아온 백성들을 돌보실 뿐 아니라 열방 각지에 흩어진 백성들을 어떻게 보호하셨는지를 보여주신다. 에스더라는 유대인 여인이 바사국 아하수에로의 왕후가 되어 유대인들의 멸망 직전 어떻게 그들을 구조하기 위해 애를 썼는지 감동적인 실화가 기록되었다.

에스더서는 전체가 10장인데 길지 않기 때문에 그리 어렵지 않게 읽을 수 있을 것이다. 역사서의 마지막 부분이 에스라, 느헤미야, 에스더이다. 에스더서의 저자가 에스더인지 모르드개인지 정확하게 알 수 없으나 대체적으로 모르드개로 본다(9:20). 아무튼 에스더서는 여러 가지 면에서 특이하다. 이 책에 '하나님'이라는 단어가 한 번도 언급되지 않는다는 점에서도 에스더서는 매우 특이하다. '하나님'이라는 단어가 한 번도 나오지 않은 성경은 에스더서 외에 아가서가 있다. 그래도 아가서는 상징과 비유로 왕이신 주님을 나타내기 때문에 그런 식으로 이해할 수 있는데, 기이하게도 에스더서는 여호와 하나님이 한 번도 언급되지 않았는데 유대인들은 이 에스더서가 하나님의 말씀이라는 것을 조금도 의심하지 않는다. 그리고 이들은 부림절 때면 이 성경을 함께 읽는다. 이 성경 내용은 매우 깊이가 있고 감동적이며 그분의 택한 백성을 보호하시는 하나님의 주권적인 손길을 볼 수 있다.

◊ 1-2장: 아하수에로의 잔치

아하수에로는 히브리 명이고, 바사 어로는 크샤아르샤이며, 헬라어로는 크세르크세스이다. 이 왕은 당시 인도에서 구스까지 일백이십칠 도나 되는 광대한 땅을 다스리고 있었는데, 다리오 1세의 아들로 알려져 있다. 왕은 일백팔십 일 동안 그의 모든 방백과 신복들을 위하여 잔치를 베풀면서 그들의 부귀와 위엄과 혁혁함 등을 자랑하였다. 당시 왕후였던 와스디라는 여인이 매우 아름다웠던 모양이다. 아하수에로 왕은 술을 마시다 흥이 일어나니 그 왕후를 귀족들과 방백들과 신하들과 많은 백성들 앞에 자랑하고 싶어졌다. 그래서 와스디에게 의관을 정제하고 나오라고 하는데 그녀가 그 말을 거부했다. 그러자 왕이 극도로 화가 나서 대신들에게 이 일을 어떻게 처리하면 좋겠느냐고 묻자 므무간이라는 자가 와스디의 행위는 왕명만 어긴 것이 아니라 바사국의 전 국민 앞에서 남편들의 권위를 실추시키는 잘못된 전례를 남겼으니 왕후를 폐위시키고 새로운 왕후를 간택하라고 조언했다. 므무간의 말을 듣던 왕과 방백들은 그의 말을 옳게 여겼고, 왕은 각도의 방언으로 조서를 보내게 된다.

▸ 새 왕후를 간택함

와스디의 폐위와 에스더의 책봉 사이에는 4년이라는 간격이 있다. 다소 후회가 되었겠지만 일단 법이 시행되었기 때문에 다시 돌이킬 수는 없었다. 그런 시점에 왕의 측근 대신이 새 왕후를 구하도록 방법을 제시하고 있다. 수산 성에 한 유다 인이 있는데 이름이 모르드개였다. 이 모르드개가 에스라 2장 2절에 나온 1차 귀환자 명단에 들어 있는 모르드개인지에 관하여는 논란이 있다.

예루살렘이 바벨론에게 멸망당할 때 유다 왕 여고냐와 함께 모르드개도 바벨론으로 사로잡혀 갔나(에 2:6). 에스더는 용모가 곱고 아리따운 처녀였는데 모르드개의 사촌누이로서 부모가 없는 그녀를 모르드개가 양녀같이 키운 것이다. 모르드개는 에스더가 혹 왕후가 될까 하여 에스더를 헤개라는 사람의 손에 붙였다. 에스더는 간택의 과정에서 모르드개의 말을 듣고 자기의 종족을 고하지 않았다. 이 간택에 나가는 처녀들은 왕에게 보이기 전에 몸을 정결케 하는 준비 기간이 일 년이나 걸렸다. 처음 6개월은 몰약으로 몸을 정결케 하고, 다음 6개월은 여러 향품으로 몸을 향기롭게 했다.

에스더는 다른 물품을 더 구하지 않았는데, 이는 그녀가 달리 치장할 필요가 없을 정도로 아리따웠기 때문이다. 그뿐 아니라 그녀는 다른 모든 보는 자들에게 굄을 얻었다. 왕은 에스더를 한 번 보고서 에스더를 사랑하여 왕후로 선택했다. 그리고 에스더를 위해 잔치를 베풀었으며 모든 방백과 신복들에게 향응을 제공하고 각도의 세금을 면제해주었으며 많은 상을 베풀었다.

◊ 3-7장: 에스더를 위한 잔치

▸ 하만의 유다 인 전멸 계획

모르드개는 하나님의 주권으로 내시 빅단과 데레스라는 두 사람이 왕을 암살하려는 모반의 일을 알게 되었고, 그것을 에스더를 통해 왕에게 고했다. 그 때 에스더는 자기 이름으로 고하지 않고 모르드개의 이름으로 고했는데, 결국 그 두 사람은 나무에 달려 사형을 당했고 그 사실은 궁중 일기에 기록되었다(21-23절).

여기에 아각 사람 하만이 나온다. 이 아각은 아말렉 사람이며, 아말렉은 또한 에서의 자손이다. 모세가 아말렉과 싸운 적이 있고 하나님께서는 대대로 아말렉과 싸울 것이라고 하셨다. 모든 신복이 다 하만에게 절하는데 모르드개는 하만에게 꿇어 절하지 않았다. 그 상대가 하나님 나라의 대적인 아말렉 사람이었기 때문이다.

하만은 우리나라로 말하면 국무총리쯤 되는 높은 지위의 사람이었다. 그는 모르드개만 죽이는 것은 경하다고 여겨 그의 동족 유다 인들을 전멸할 계획을 세웠다. 그들은 제비를 뽑아 유다 인 대학살의 날을 정하기로 했는데, 아달월 곧 십이월이 뽑혔다. 그들의 미신적인 전통으로 인해 당장 한 달 후에 다 죽이자고 하지 않고 그 날을 제비 뽑았는데 십이월이 뽑힌 것이다. 그래서 하나님께서 역사하실 수 있는 일 년이라는 기간이 확보되었다.

하만은 왕에게 유다 인들을 참소하여 말하기를, 유다 인들은 특이한 율법을 가지고 있어서 왕명이라 할지라도 거역하는 자들이니 그대로 두어서는 안 된다고 했다. 그는 은 일만 달란트를 왕의 일을 맡은 자를 통해 왕의 부고에 드리겠다고 제의하면서 유다 인들을 진멸함으로 파생되는 손해는 자신이 감당하겠다고 했다. 은 일만 달란트는 342,720kg으로서 막대한 금액이다. 왕은 자세히 알아보지도 않고 이 엄청난 결정(유다 인 전멸 계획)을 그에게 맡겼고, 유다 인들은 다 죽을 수밖에 없게 되었다. 이제 아달월 곧 십이월 십삼일이면 유다 인들은 다 죽을 수밖에 없게 되었다. 정월 초하루에 부르(제비)를 뽑았고(7절), 정월 13일에 하만이 왕의 이름으로 조서를 써서 왕의 반지로 인치고 각 도로 보냈다. 이 소식이 도성 수산에 전해지자 수산 성이 뒤숭숭하게 되었다. 왕은 하만과 함께 앉아 태평하게 술을 마시고 있었지만 성내는 아주 어지럽게 된 것이다.

▸ 모르드개가 자신의 행위로 인하여 동족이 몰살될 것을 알고 베옷을 입음

모르드개가 이 모든 일을 알고 그 옷을 찢고 굵은 베를 입으며 재를 무릅쓰고 성중에 나가서 대성통곡하였다. 모르드개가 이렇게 행함은 대궐 문 앞에서 에스더에게 상황을 알리려는 뜻이 있었을 것이다. 에스더는 모르드개가 베옷을 입고 슬피 울고 있다는 소식을 듣고 입을 옷을 보내어 굵은 베옷을 벗기고자 했으나 모르드개가 받지 않았다(4:2-4). 에스더는 그가 무엇 때문에 그렇게 하는지 알아보도록 내시 하닥을 모르드개에게 보냈다. 모르드개는 이 모든 일의 자초지종을 말해주었고 이 일을 위해 하만이 왕의 부고에 바치기로 한 은의 정확한 수효까지 말해 주었다.

▸ 모르드개가 에스더에게 이 민족을 위해 왕에게 간절히 구하라고 하다

모르드개는 에스더에게 이 민족을 위하여 왕에게 나아가서 간절히 구하라고 부탁했다. 그러자 에스더가 말하기를, 왕에게는 반드시 부름을 받아야 나아갈 수 있으며, 혹 그에게 나아갔다 하더라도 왕이 금홀을 내어밀지 않으면 왕후일지라도 죽게 되어 있다고 말했다. 그러면서 자기가 왕의 부름을 입어 그에게 나아가지 못한 지가 이미 30일이나 되었다고 전했다(4:8-12). 이에 모르드개가 말하기를, "너는 왕궁에 있으니 모든 유다 인 중에 홀로 면하리라 생각지 말라"고 했다. 유다 인 대살륙이 일어나면 에스더도 그것을 피할 수 없을 것이라는 말이다(13절). "네가 만일 잠잠하여 말이 없으면 유다 인은 다른 데로 말미암아 놓임과 구원을 얻으려니와 너와 네 아비 집은 멸망하리라 네가 왕후의 지위를 얻은 것이 이때를 위함이 아닌지 누가 아느냐"(4:14).

▸ 에스더의 충심: 금식한 후에 죽음을 무릅쓰고 왕 앞에 나아가다

에스라서와 느헤미야서가 예루살렘에 돌아온 사람들의 이야기라면, 에스더서는 아직 돌아오지 않고 메대-바사 국에 남아 있던 유다 사람들의 이야기이다. 에스더는 수산의 모든 유다 인에게 삼 일 간 금식하자고 제의하고 금령을 어기고 왕에게 나아가겠다고 말한다. 그러면서 "죽으면 죽으리이다"라고 했다(4:16). 에스더서의 핵심이 되는 말이다. 여기서 우리는 모르드개와 에스더의 신앙을 보게 된다. 하나는 이방 땅에서 대궐의 문지기이고, 하나는 왕후이다.

이러한 일의 배후에서 역사하시는 분은 하나님이시다. 에스더가 삼 일 간 금식과 기도를 하고 왕 앞에 나타나니 왕의 눈에 너무 사랑스러워 보였다. 하나님은 왕의 마음이라도 주장할 수 있는 분이시다. 왕은 에스더가 너무도 사랑스러운 나머지 나라의 절반이라도 그녀에게 주겠다고 했다. 그러자 에스더는 "오늘 내가 왕을 위하여 잔치를 베풀었사오니 왕이 선히 여기시거든 하만과 함께 임하소서"라고 했다(1-4절). 왕은 하만과 함께 에스더가 베푼 잔치에 나아갔다.

에스더는 왕의 두 번째 물음에도 금방 소청을 말하지 않고 다만 그녀가 베푸는 잔치에 내일 다시 한 번 하만과 함께 와달라고 말한다. 하만은 왕후 에스더의 연회에 특별히 자기만 초청되었으니 마음이 기쁘고 즐거웠다. 다만 대궐 문에 앉아있는 모르드개 때문에 기분이 나빴지만 참았다. 친구들은 하만에게 오십 규빗 되는 높은 나무를 세워서 모르드개를 거기에 달기를 왕에게 구하라고 했다. 하만은 그 말이 좋게 들려서 곧 명하여 나무를 세웠다.

▸ **왕이 궁중 일기를 읽고 모르드개의 충성된 일을 알게 되다**

왕이 밤에 잠이 오지 않아서 역대일기를 읽었는데 마침 모르드개가 왕을 모살하려는 자들을 고발했다는 내용을 읽게 되었다. 그렇게 충성된 일을 한 모르드개에게 아무 것도 베풀지 않았다는 것을 알고 왕은 뭔가 모르드개에게 보답하고 싶은 맘이 생겼다. 결국 하만은 모르드개를 나무에 매달아서 죽이려고 왕에게 허락을 받으러 갔다가 도리어 자기 손으로 그에게 왕복을 입히고 말에 태워 성중 거리로 다니면서 자기 입으로 그를 칭찬하는 말을 외치게 되었다. 모르드개는 다시 대궐 문으로 돌아오고 하만은 번뇌하여 머리를 싸고 급히 집으로 돌아와서 자기의 당한 일을 그 아내 세레스와 모든 친구에게 말했다. 그랬더니 그들은 모르드개가 유다 사람인 것을 알고 그가 그 앞에 굴욕을 당했다는 것을 알았다. 그러므로 이제 저를 이기지 못할 것이라고 했다. 그들은 이 사건을 우연한 것으로 보지 않고 하만의 패배의 전주곡으로 본 것이다. 그는 측근에게서 불길한 예고를 듣고 대책을 상의할 겨를도 없이 또 다시 에스더의 베푼 잔치에 나아갔다(6:12-14).

왕은 에스더에게 나라의 절반이라도 주겠다면서 다시 소청을 말하라고 했다(7:2). 왕이 세 번째 이렇게 말하자 에스더는 이제 말할 때가 되었다고 여겨 입을 열었다. "내 소청대로 내 생명을 내게 주시고 내 요구대로 내 민족을 내게 주소서". 이로써 왕은 에스더가 유다 사람이라는 것을 알게 되었고 유다 사람을 진멸하려는 자가 있다는 것도 알게 되었다. 또 왕후를 죽이고 유다 백성을 죽이려고 하는 것이 계략이라는 것도 알게 되었다. 그래서 왕은 '도대체 어떤 놈이 그런 계략을 꾸몄느냐?'고 물었다. "에스더가 가로되 대적과 원수는 이 악한 하만이니이다 하니 하만이 왕과 왕후 앞에서 두려워하거늘"(7:6). 이것은 아주 진실하고 용감하고 담대한 대답이다. 많은 사람들이 이렇게 결정적일 때 우물쭈물하고 솔직하게 말하지 않는다. 그 말을 들은 왕은 대노하여 왕궁 후원으로 들어갔다. 하만이 상황을 살피니 왕이 자기에게 화를 내릴 것이 분명했다. 하만이 왕후 앞에 엎드려 생명을 구걸하고 있는데, 그것마저도 왕의 눈에는 좋지 않게 보였다. 왕이 '이 놈이 내 앞에서 왕후를 강간까지 하려고 하는가?' 하자 주위에 있던 신하들이 하만의 얼굴을 쌌다. 그것은 사형장으로 끌려가는 것을 뜻한다. 그렇게 해서 하만은 자기가 세운 나무에 달려 죽게 되었다. 그러자 왕의 노가 비로소 그쳤다.

◊ 8-10장: 부림절의 잔치

"당일에 아하수에로 왕이 유다 인의 대적 하만의 집을 왕후 에스더에게 주니라". 하만이 얼마나 재산을 축적했겠는가! 왕은 그것을 모두 에스더에게 주었다. 그리고 에스더는 왕에게 모르드개를 소개하며 자기에게 부모와 같은 자라고 말했다. "왕이 하만에게 거둔 반지를 빼어 모르드개에게 준지라 에스더가 모르드개로 하만의 집을 주관하게 하니라". 이제 모르드개는 상당한 지위를 갖게 되었다(8:1-2).

▸ 조서를 취소하다

왕이 하만을 죽였지만 하만이 유다 인을 죽이려고 내보낸 조서는 아직 남아 있었다. 그러므로 에스더가 그 조서를 취소해달라고 왕께 눈물로 구했다. 에스더는 왕이 지금까지 자기의 말을 들어주어 큰 것을 이루었지만, 자기의 동족이 완전히 구원될 때까지는 마음을 풀어놓지 않고 끝까지 울면서 왕에게 구하고 있다. 에스디의 밀을 들은 왕은 모르드개의 뜻대로 조서를 쓰고 왕의 반지로 인을 치라고 했다. 그 조서에는 '유다 인들은 그들을 치려고 하는 사람들과 그 처자를 죽이고 진멸하고 재산을 탈취하라.'고 되어 있었다. 아달월 곧 십이월 십삼일, 원래 이 날은 유다 인들이 다 진멸당하게 되어 있었는데, 그 조서가 바뀌어서 죽이려고 했던 사람들을 그날 다 죽이라고 한 것이다(8:11). 이제 유다 인의 세력이 강해졌다. 유다 인이 세력을 얻자 이제 유다 인이 되는 자가 많아졌다. 에스더 한 사람의 충성이 수많은 유다 인을 구원하고 많은 사람들을 개종시키게 된 것이다.

▸ 부림절

"유다 인이 칼로 그 모든 대적을 쳐서 도륙하고 진멸하고 자기를 미워하는 자에게 마음대로 행하고"(9:5). 이렇게 조서가 나가고 모든 것이 회복되었는데도 여전히 그들을 미워하는 사람들이 있었다. 유다 인들은 수산성에서만 5백 명을 죽이고 하만의 열 아들도 죽였으나 재산은 손을 대지 않았다. 부림절을 지키는 이유를 말하는데, 12월 14일과 15일이 바로 그날이다. 이 날은 원래 하만이 유다 인을 진멸하기 위해 부르(제비)를 뽑아 정한 날이었으므로 그 이름으로 절기를 삼아 영원히 이 날을 지키자고 한 것이다. 에스더가 글을 써서 온 나라 127도에 사는 유다 인들에게 보내어 이 부림절을 지키게 함으로 이 날을 더욱 견고히했다. 편지 내용은 화평하고 진실한 것이었다. 모든 유다 인들은 왕후의 편지를 받고 매우 큰 위로를 받았다. 모르드개는 결국

왕의 다음이 되고, 모르드개의 치적이 메대-바사 열왕의 일기에 기록되었다

이 에스더서에는 '유다 인'이라는 말이 많이 나온다. 3절에 '유다 인 모르드개', '그 백성의 이익'이라는 표현이 있다. 우리는 에스더서를 통해서 어느 나라에 있든 어떤 신분에 있든 무엇을 하든 유다 인은 유다 인이라는 것을 보게 된다. 하나님의 자녀는 어디에 있든지 하나님의 자녀라는 것이다. 그리고 하나님의 자녀는 그 있는 자리에서 하나님의 백성의 유익을 위해 할 수 있는 일을 다 해야 하며, 그것 때문에 하나님이 당신을 그 자리에 있게 하셨다는 것을 알아야 한다. 에스더는 가장 위태한 때 하나님의 백성을 위했고 끝까지 자기 민족과 운명을 함께 했다.

욥기

주요 내용 엄청난 시련을 만난 욥이라는 성도를 둘러싼 친구들과의 대화, 욥의 항변, 엘리후의 설교, 하나님의 나타나심과 욥의 회개 등으로 구성되어 있으며 고난을 당하는 성도들에게 인내를 배우게 하는 유익한 시가서이다.

◊ 1-2장: 서론

1) 욥기는 성경 중에서 가장 오래 전에 씌여진 것으로 판단된다. 저자로 여겨지는 욥이나 엘리후는 모세보다 500여 년 전 사람이다. 지금으로부터 4천 년 전에 씌여졌다는 이야기가 성립된다.

많은 성경학자들이 욥을 아브라함, 이삭, 야곱이 살았던 족장시대의 인물이라고 본다. 왜냐하면 욥기를 보면 출애굽기의 기적이라든지 율법이 전혀 나와 있지 않고 또 죄에 대한 변론이 많은데 그에 대한 기준인 율법을 가지고 논하는 것이 없기 때문이다. 그가 고난을 받고 시험을 당한 후에도 백사십 세 정도를 더 살았다고 했는데(42:16), 그렇다면 그의 나이는 최소한 이백 세가 넘는다.

2) 욥기에는 창세기보다도 하나님의 창조에 대하여 비밀스러운 부분들이 있으며 현대과학으로나 증명할 수 있는 말씀들이 많다. 창세기는 사실적인 창조의 기록이나 욥기에는 그 창조의 비밀과 지혜를 나타낸다(욥26:6-8, 38:4-11 등 참조). ① 땅을 공간에 다심(26:7). ② 바람의 경중을 정하심(28:25). ③ 바닷물이 사방으로 넘쳐흐르게 되어 있으나 지구의 중심의 흡입력(만유인력)이 그것을 막음(38:8). ④ 땅이 변화하여 진흙에 인친 것 같고-땅이 자전함이 진흙에 인친 것 같고(의역, 38:14). 고대의 앗수르나 갈대아 사람들의 인(印)은 하나의 원형 로울러(등사기의 로울러와 흡사)인데 윗면에 사람의 무늬가 새겨져 있고 중심축에 따라 진흙에 굴리면 로울러 상의 무늬가 찍혀 나온다. 이것이 바로 '땅이 자전함이 진흙에 인친 것 같고'라는 뜻이다. 이는 지구가 지축에 의해 자전하고 있음을 증명한다.

3) 욥기에서 우리는 신실한 성도가 하나 일어날 때 하나님께 영광이 됨을 볼 수 있다.

욥기에는 구약의 신실한 모범적 성도가 나온다. 하나님의 자녀들의 신실하고 경건한 삶은 하나님의 영광과 관계가 있다. 하나님께서 지상에서 욥처럼 순전하고 정직하고 하나님을 경외하며 죄에서 떠난 삶을 사는 사람을 하나라도 얻으시면 하나님은 사탄에게 커다란 자랑이 되며 하나님께 큰 영광이 된다(욥 1:6-8).

4) 욥기는 성도의 고난을 통해 얻는 유익을 말한다.

욥기 전체를 살펴보면 놀랍게도 하나님의 자녀들은 고난을 통과해서 복을 받는다는 사실을 알 수 있다. 성경에서는 성도들이 고난을 통해서 인내와 연단을 쌓고 소망을 이룬다는 말씀을 하고 있다. 따라서 고난은 성도에게 복이 되고(약 5:10), 모든 것이 합력하여 선을 이루며 유익하게 한다(롬 8:28, 히 12:10-11). "다만 이뿐 아니라 우리가 환난 중에도 즐거워하나니 이는 환난은 인내를, 인내는 연단을, 연단은 소망을 이루는 줄 앎이로다"(롬 5:3-4). "형제들아 주의 이름으로 말한 선지자들로 고난과 오래 참음의 본을 삼으라 보라 인내하는 자를 우리가 복되다 하나니 너희가 욥의 인내를 들었고 주께서 주신 결말을 보았거니와 주는 가장 자비하시고 긍휼히 여기는 자시니라"(약 5:10, 11).

5) 성도에게 임하는 고난은 연달아 오며 모두가 하나님의 허락하심 아래 있다.

욥기에서 우리는 성도에게 고난이 연달아 오는 것을 본다(1:13-19). 종들이 스바인들에게 죽임당함, 하늘에서 불이 내려와 양과 종을 불사름, 갈대아 사람이 약대를 다 빼앗아감, 욥의 모든 자녀들이 맏형의 집에서 음식을 먹다가 대풍이 집 모퉁이를 쳐서 다 죽음, 욥의 몸에 발바닥에서 정수리까지 악창이 남(2:7) 등이다. 이 모든 시련과 고난의 배후에 사탄의 시기와 모략이 있으나, 거기에는 어디까지나 하나님의 허락하심과 일정한 제한이 있다(1:12, 2:6).

◊ 3-31장: 욥과 친구들의 대화에서 배울 점들

1) 엘리바스

욥의 세 친구들은 욥이 고난을 당했다는 말을 듣고 나름 위로를 한다고 와서 그 처참한 상황을 보고 일제히 소리질러 울며 7일 동안 그와 함께 땅에 앉았다. 그리고는 욥의 한탄하는 말을 듣고 위로랍시고 한마디씩 권면하고 가르친다.

첫째로, 엘리바스의 고향인 데만은 예로부터 지혜의 고장으로 소문 난 곳이었다(4:1). 엘리바스의 말은 초자연적인 특별한 체험에 근거한 것이다(4:12-16). 그는 다른 사람, 즉 욥이 소위 성령 체험(털의 쭈뼛함이나 묵시 등)을 얻지 못했으므로 오로지 체험 있는 사람의 단안과 지시를 받고 고개를 숙여야 한다고 생각했다. 소위 성령 체험이나 직통 계시적 음성을 들어서 예언하는 식으로 사람들을 권고하고 가르치며 인도하는 것을 말한다. "무슨 말씀이 내게 가만히 임하고 그 가는 소리가 내 귀에 들렸었나니 곧 사람이 깊이 잠들 때쯤 하여서니라 내가 그 밤의 이상으로 하여 생각이 번거로울 때에 두려움과 떨림이 내게 이르러서 모든 골절이 흔들렸었느니라 그 때에 영이 내 앞으로 지나매 내 몸에 털이 주뼛하였었느니라 그 영이 서는데 그 형상을 분변치는 못하여도 오직 한 형상이 내 눈 앞에 있었느니라 그 때 내가 종용한 중에 목소리를 들으니 이르기를 인생이 어찌 하나님보다 의롭겠느냐 사람이 어찌 그 창조하신 이보다 성결하겠느냐"(4:12-17). 이러한 사람들은 대체적으로 강하고 주관적이며 강퍅하여 다른 사람의 견해를 무시하고 자기의 경험만을 확신하여 고집한다. 엘리바스의 말 속에는 욥이 죄가 있으므로 벌을 받는 것이라고 확신시키려 하는 것이 있다. 즉 욥이 죄인임을 확신시키려고 자신이 들었다는 초자연적인 음성을 강조하였다. 인과응보(因果應報) 사상이 엘리바스와 세 친구들의 조언의 기본 논조이다. 사람은 성경을 모르고 율법이 없고 말씀을 몰라도 누구나 재앙이 닥치면 죄의 결과로 연결시켜 생각하게 된다. "생각하여 보라 죄 없이 망한 자가 누구인가 정직한 자의 끊어짐이 어디 있는가"(4:7). "악을 밭 갈고 독을 뿌리는 자는 그대로 거두나니"(8절). 엘리바스는 욥에게 죄가 있다는 것을 확신시키기 위해 '인생이 어찌 하나님보다 의롭겠는가, 성결하겠는가' 등의 말을 많이 했다(4:17-19). 엘리바스의 말 자체는 그럴듯한 것이 많다. 그러나 그의 말 속에는 욥의 고난이 죄로 인한 징벌이라는 개념이 기본적으로 깔려 있어서 회개하고 하나님께 의탁해야 회복될 수 있다고 주장한다(욥기 5장 참조).

2) 빌닷

빌닷의 말은 통상적인 유전과 격언에 근거한 것이다(8:10). 빌닷의 권면을 들어보면 깊은 지식을 깨달으면 인생의 어려움들과 문제가 해결된다는 영지주의적 사상이 깔려 있다. 믿음이나 생명이 아니라 지식(knowledge)이다. 이런 사람은 하나님을 만남이 없이 성경 지식과 영적 지식을 가지고 사람들을 가르치려 하는 부류에 속한다. 비록 빌닷이 말한 바는 옳고 성경적인 것일지라도 다른 사람은 모르고 자기만 아는 줄로 여겨 사람들을 가르치고 있다는 것이다. 현란한 지식에 스스로 도취된 부류로서 현대판 바리새인들이라고 할 수 있다. 그러한 자들은 자신들이 심취하여 추종하는 탁월한 영적 인물과 조상들을 자랑하며 그들의 지식으로부터 도움을 받도록 요청한다. 그러나 그러한 지식은 너무 오래된 양식(식어서 굳어버린 밥처럼)과 같아서 현재의 필요를 채울 수 없다. "청컨대 너는 옛 시대 사람에게 물으며 열조의 터득한 일을 배울지어다 (우리는 어제부터 있었을 뿐이라 지식이 망매하니 세상에 있는 날이 그림자와 같으니라) 그들이 네게 가르쳐 이르지 아니하겠느냐 그 마음에서 나는 말을 발하지 아니하겠느냐"(8:8-10).

그래도 엘리바스는 체험을 근거로 한 것이 좀 있으나 빌닷은 체험도 없이 자신의 머리로 아는 지식으로 사람들을 권면하고 조언한다. 내내 빌닷의 지식에 근거한 권면도 '하나님은 순전한 사람을 버리지 아니하신다는' 인과응보적인 개념이 기본을 이룬다(8:20). 그것이 성경적이고 매우 지혜로운 말일지라도 그런 말은 사람들을 돕지 못하며 어떤 위안이나 빛 비춤이나 치료해주는 성분과 능력이 결여되어 있다.

3) 소발

소발은 강압적인 사람을 대표하는데, 그의 말은 상당히 거칠고(11:2-3) 저주를 포함하며(11:5-6) 고압적이다(11:7-12). "너는 알라 하나님의 벌하심이 네 죄보다 경하니라"(11:6下). "하나님은 허망한 사람을 아시나니 악한 일은 상관치 아니하시는 듯하나 다 보시느니라 허망한 사람은 지각이 없나니 그 출생함이 들나귀 새끼 같으니라"(11:11-12). 이러한 말을 하는 사람들은 무지하고 약한 사람들을 굴복시켜 대답할 말이 없게 하려는 것이다. 오늘날 이곳저곳에서 신자들의 연약한 양심과 마음에 두려움을 심어주어 굴복시키려는 시도들이 많다. 그런 자들은 연약한 성도들의 약점과 감추인 죄와 우상 등을 집어내어 그들의 말에 복종시키려 위압적인 말을 사용한다. 이런 식으로 자신의 그럴듯한 말과 지위를 사용하여 무례한 태도로 사람들을 책망하고 압박하고 억지로 그의 도움을 받게 하려는 사역자가 바로 소발이다(33:7). 결론적으로 친구들의 말은 욥에게 전혀 도움이 되지 않는다는 것을 알 수 있다. 그러나 욥의 귀한 점은 그럴듯하지만 하나님의 뜻과 맞지 않은 교묘한 지식이나(골 2:4) 위압적인 권고나(갈 2:3-6) 설득력 있는 조언들에(고전 2:1, 고후 11:12-20) 함부로 굴복하지 않고 거부했다는 것이다. 신앙에는 자신의 믿음을 견고하게 지키는 것이 있어야 한다(롬 14:22, 고전 8:10-11, 골 2:6-8, 계 14:4, "정절이 있는 자라"). 욥은 자신의 신앙을 끝까지 파수했다. "너희 아는 것을 나도 아노니 너희만 못한 내가 아니니라 참으로 나는 전능자에게 말씀하려 하며 하나님과 변론하려 하노라"(13:2-3). 그것은 친구들의 권고를 받아들이지 않는, 교만하고 강퍅한 것과 거리가 멀다(욥 42:7, "데만 사람 엘리바스에게 이르시되 내가 너와 두 친구에게 노하나니 너희가 나를 가리켜 말한 것이 욥의 말같이 정당하지 못함이라").

4) 욥의 대답과 독백(3장, 6-7장, 9-10장, 12-14장, 16-17장, 19장, 23-24장, 26-28장, 29-31장)

고난을 당한 욥의 첫 번째 반응은 자신이 이 세상에 태어난 것을 한탄한 것이다. 고난이 욥을 삼킬 정도로 견디기 힘들었던 것이다. "어찌하여 내가 태에서 죽어 나오지 아니하였던가, 어찌하여 내 어미가 낳을 때에 내가 숨지지 아니하였던가!"(3:11). 그는 너무 고통스런 나머지 죽기를 사모하였다. "죽기를 바라도 오지 아니하니 그것을 구하기를 땅을 파고 숨긴 보배를 찾음보다 더하다가 무덤을 만나면 심히 기뻐하고 즐거워하나니"(3:21-22).

친구들이 고난받는 욥을 보며 방성대곡하며 슬퍼함이 욥으로 하여금 자신을 과도하게 불쌍히 여기고 억울한 마음이 들게 만든 면이 있다. 그는 자기가 받는 재앙이 바다 모래보다도 무겁다고 하였다. 그리고 욥에게는 친구들의 권면과 위로가 하나도 도움이 되지 않고 오히려 매정하게만 느껴졌다. "너희가 나의 말을 책망하려느냐 소망이 끊어진 자의 말은 바람 같으니라 너희는 고아를 제비뽑으며 너희 벗을 매매할 자로구나"(6:26-27). 그리고 욥은 친구들을 무익한 의사 같다고 평가했다. "너희는 거짓말을 지어내는 자요 다 쓸데없는 의원이니라"(13:4).

친구들이 욥을 위선자로 보고 숨겨진 죄가 있을 것이니 회개하라고 종용했을 때, 욥은 도리어 자기는 죄가 없고 정당한데 하나님께서 무고히 자신을 학대하신다고 말했다. "내가 내 의를 굳게 잡고 놓지 아니하리니 일평생 내 마음이 나를 책망치 아니하리라"(27:6). "내가 내 눈과 언약을 세웠나니 어찌 처녀에게 주목하랴…불의한 자에게는 환난이 아니겠느냐 행악자에게는 재앙이 아니겠느냐 언제 내 마음이 여인에게 유혹되어 이웃의 문을 엿보아 기다렸던가 그리하였으면 내 처가 타인의 매를 돌리며 타인이 동침하는 것이 마땅하니라 이는 중죄라…내가 언제 가난한 자의 소원을 막았던가 과부의 눈으로 실망케 하였던가 내가 언제 금으로 소망을 삼고 정금더러 너는 내 의뢰하는 바라 하였던가 내가 언제 나를 미워하는 자의 멸망을 기뻐하며 그의 재앙 만남을 인하여 기운을 뽐내었던가"(31장 참조).

욥은 친구들의 상선벌악적 개념을 반대하였다. 오히려 이 세상에서는 악인들이 재앙을 만나지 않고 잘되는 수가 많다고 했다. "어찌하여 악인이 살고 수를 누리고 세력이 강하냐 그 집이 평안하여 두려움이 없고 하나님의 매가 그 위에 임하지 아니하며 그 날을 형통하게 지내다가 경각간에 음부에 내려가느니라"(21:7-13). 욥은 친구들의 말을 다 자기를 괴롭게 하고 조롱하는 것으로 여겼다. 욥에겐 아직 충분한 빛이 부족하였으나 그의 중심에서 친구들의 말이 자신에게 적합하지 않다는 것은 확실히 알았다. "이런 말은 내가 많이 들었나니 너희는 번뇌케 하는 위안자로구나 허망한 말이 어찌 끝이 있으랴…나의 친구는 나를 향하여 조롱하나 내 눈은 하나님을 향하여 눈물을 흘리고"(16:2-3, 20).

◊ 32-37장: 엘리후의 교훈

엘리후는 앞의 세 친구보다는 낫다. 그의 말은 비교적 객관적이고 공정하다. 그것은 엘리후가 그들보다 하나님을 조금 더 잘 알고 있기 때문이다(32:8, 33:12-30, 34:10-30, 35:5-8, 36:1-16). 그는 욥에게 직접 공박하는 말을 하기보다 자기가 아는 하나님을 많이 말했다. 그도 세 친구들처럼 욥이 만난 시련이 죄와 관계가 있다고 말했지만(34:11, 37, 36:9), 그럼에도 그는 하나님의 은혜(33:29,30, 36:16)와 하나님이 욥을 징계하신 목적(교육을 위함, 귀를 여심, 교훈을 얻게 하심)을 잘 말했다(36:10, 15, 22). 그러므로 하나님은 그를 세 친구의 대열에 포함시키지 않으셨다(42:7,9). 비록 그의 말에는 젊은 사람의 조급함과 자만한 태도가 있었고(32:5-9,12, 14) 완전함이 결여되어 있으며, 욥이 그의 말을 주의 깊게 경청하지 않는 것 같자 말이 과격해지기도 했지만, 하나님의 말씀하심에 앞서 욥의 마음을 준비시키는 데 일조했다고 보여진다. 그래서 어떤 학자는 그를 하나님께서 직접 말씀하시기 전에 욥을 예비시킨 세례 요한 같은 사역자라고 평했다. 하나님은 엘리후에 대하여 잘했다고 하지도 않으시고 못했다고 책망하지도 않으셨다. 그는 근본적으로 욥을 도울 수 없었고 하나님이 친히 나타나셔서 말씀하셔야 했다. 엘리후는 엘리바스처럼 체험에 근거하여 말하지도 않고 빌닷처럼 선견자들의 지식에 근거하여 말하지도 않았다. 또 소발처럼 과격하게 사람을 자신의 말에 굴복시키려는 것도 없었다. 그는 분명 객관적이고 열린 태도를 갖고 말했다. 그리고 그는 자신의 심령의 지혜와 총명을 사용했다. "사람의 속에는 심령이 있고 전능자의 기운이 사람에게 총명을 주시나니 대인이라고 지혜로운 것이 아니요 노인이라고 공의를 깨닫는 것이 아니라"(32:8-9). 나이가 많은 사람이 젊은이들보다 어쨌든 더 지혜가 있다. 그렇지만 엘리후는 엘리바스나 빌닷이나 소발처럼 신비한 체험이나 조상들의 말을 근거로 말하는 것이 아니라(즉 남의 것을 가지고 자기의 것을 삼는 것이 아니라) 나름 자신의 심령 속에서 스스로 깨달아지는 것을 말했다. 사람의 이해력은 속의 심령에서 발원되는 것이 가장 깊은 것이다. 더욱이 사람의 심령만이 아니라 전능자의 기운(성령)이 사람에게 총명을 주신다.

그럼 도대체 우리는 어떻게 해야 하나님의 도움을 얻을 수 있는가? 도움이 사람이 아닌 하나님께로서 온다는 것을 알아야 하겠다. 바울의 말이라고 해서 곧바로 사람을 자라게 하고 돕는 것이 아니다. 고린도 전서 3:5-7, "그런즉 아볼로는 무엇이며 바울은 무엇이냐 그들은 주께서 각각 주신 대로 너희로 하여금 믿게 한 사역자들이니라 나는 심었고 아볼로는 물을 주었으되 오직 하나님께서 자라나게 하셨나니 그런즉 심는 이나 물 주는 이는 아무 것도 아니로되 오직 자라게 하시는 이는 하나님뿐이니라".

결국 욥은 하나님을 만난 후로 모든 것이 해결되었다. 문제는 사람이 하나님을 만나는가, 만나지 못하는가에 있다. 하나님을 한번 만나면 모든 어려움이 사라지고 모든 문제가 해결된다.

◊ 38-42장: 하나님의 말씀과 욥의 회개

하나님은 친구들과 욥이 그렇게 논란한 고난의 이유를 말씀하지 않으셨다. 심판의 공의성도 설명하지 않으셨다. 다만 욥에게 그분의 주권과 그분이 절대적 권능자이심을 선포하셨다. 그분은 자신이 자연계와 동물계의 대주재이심을 말씀하셨다. 욥은 무엇 때문에 이런 재앙을 당했는지 하나님으로부터 한 말씀도 듣지 못했으나 그분의 나타나심과 말씀하심에 의해 모든 문제가 자연히 해결되었다. 욥은 말할 수 없는 시련을 당했고 그 이유를 몰라서 하나님께 호소하고 탄식하며 원망한 것도 있으나 하나님은 그에게 한 마디도 설명하지 않으셨다. 이것은 우리가 어떤 일을 당하여도 답은 그럴듯하고 설득력 있는 여러 좋은 말이 아니라 우리의 근원이시며 창조주이신 하나님 자신임을 말해준다.

다만 하나님은 욥에게 그분의 창조를 말씀하셨다. "내가 땅의 기초를 놓을 때에 네가 어디 있었느냐…네 가슴 속의 지혜는 누가 준 것이냐 마음속의 총명은 누가 준 것이냐". 39장은 산염소, 들나귀, 들소, 타조 등 짐승들을 말씀한다. 그것들의 사는 방식, 특징들을 누가 만들었느냐고 묻는다. 다음은 말과 매와 독수리를 말한다. 40장에서 욥은 하나님께서 그에게 나타나시니 더 이상 아무 할 말이 없다고 고백한다. 또 하나님께서는 하마와 악어를 말씀하시는데, 여기서 욥은 전능자를 대한다. 하나님은 욥에게 교만을 언급하시고(40:11-12) 구원자에 대하여 언급하신다. 여기서 하나님은 욥에게 그분의 전능성과 창조를 말씀하신다. 하나님은 사람을 연약한 그릇으로 지으셨다. 그러나 인간은 타락했고 자신을 모르는 존재가 되어버렸다. 사람이 자신을 모르는 이유는 하나님이 어떤 분인지를 모르기 때문이다. 하나님께서는 말이 많은 욥에게 그분이 어떤 분인지를 말씀해주셨다. 무신론자만 하나님을 모르는 것이 아니다(시 14:1). 입으로만 하나님을 시인하는 자들, 행위로는 부정하는 자들, 부패하고 가증한 자들만 하나님을 믿지 않는 것이 아니다(딛 1:16). 우리는 욥기를 읽으면서 이렇게 신실하고 경건하며 죄에서 떠난 귀한 성도라도 하나님을 귀로만 들었는데 이런 고난을 거쳐서야 비로소 "이제 내 눈으로 당신을 보나이다!"라고 고백한 사실에 놀라게 된다.

▸ 욥은 하나님을 보자 모든 것이 해결되었다

욥은 스스로도 잘 알지 못하는 것을 아는 척 말하였다. 그래도 자신이 친구들보다는 하나님을 더 아는 것으로 여겨 많은 말을 쏟아내었다. 그가 충분히 하나님을 아는 것 같았지만 사실은 잘 몰랐다. 과거에는 하나님에 관하여(about God) 들었지만 이제는 하나님 자신(God Himself)을 본다고 하였다. 욥은 이전에 티끌과 재에 앉아 울며 슬퍼하였으나 이제는 티끌과 재 가운데서 회개한다(42:3-6). 욥은 굴복했다. 굴복한 자는 말이 없다. 하나님은 사람(욥)을 하마나 악어같이 만들지 않으셨다. 약한 피조물로 만드셨다. 왜 그렇게 만드셨는가? 사람이 전능하신 하나님을 알고 자신의 연약함을 알 수 있게 하시려는 것이다(시 39:4-5). 욥은 하나님을 보자 모든 문제가 해결되었다. 약하고 약한 피조물인데 사람의 문제는 스스로의 약함을 잘 모른다는 데 있다. 즉 하마나 악어처럼 강하지도 않고 자연의 모든 조화를 잘 알지 못하는 어리석고 미약한 존재임에도 기이하게 속에 짜여져 있는 교만이 인간의 근본 문제인 것이다. 그 극심한 시련 가운데 욥은 결국 자신이 어떤 사람인지를 알게 되었다. 우리가 욥기를 읽으면서 느끼는 것은 그렇게 혹독한 시련을 견디고서야 인간의 무지와 교만을 깨닫게 된다는 것이다. 철저히 낮아지고 무너지고 할 말도 다 해본 연후에야 욥이 하나님을 계신 그대로 알 수 있게 되었다는 말이다!

▸ 그래도 욥이 친구들보다 나았다

하나님은 마지막으로 욥에게 말씀하신 후에 데만 사람 엘리바스에게, "너희가 나를 가리켜 말한 것이 내 종 욥의 말같이 정당하지 못함이니라"고 하셨다(42:7). 친구들의 말은 스스로의 체험이나 사람의 머리에서 나온 것이 많지만 욥은 그의 극심한 고난 속에서 진정으로 하나님을 찾고 부르짖으며 간구했다.

여기서 우리는 하나님께서 사람의 입의 말보다 그 사람이 어떤 사람인가를 더 중시하신다는 것을 볼 수 있다. 겉의 말 속에는 세 친구들의 말이 꽤 옳아 보이는 것이 많다. 오히려 욥의 말에서 잘못된 점들을 찾아내기가 더 쉬울 것이다. 그러나 하나님은 욥의 말을 인정하셨다. 우리는 욥기를 읽으면서 하나님께서 중시하시는 것은 누가 하나님과 더 가까운가에 있음을 본다.

욥은 그러한 고난 속에서 하나님을 향한 탄식과 독백이 많다. 직접 하나님을 향하는 것이다. 이것이 친구들과 다른 점이다. 친구들은 곧바로 욥을 향했고 어찌하든 그를 돕는다는 명목으로 여러 가지 논리로 굴복시키려 했다. 그러나 욥은 하나님을 향하였고 사람은 자기에게 아무 것도 해줄 수 없다는 것을 인식했다. 그러한 고난 가운데 욥은 중보자이신 그리스도를 찾게 되었고(16:19, "지금 나의 증인이 하늘에 계시고 나의 보인-advocate, 대언자-이 높은 데 계시니라"), 구속자를 찾게 되었다(19:25, "내가 알기에는 나의 구속자가 살아계시니 후일에 그가 땅 위에 서실 것이라"). 그리고 욥은 현재의 삶이 끝이 아니고 부활의 소망이 있음을 믿었다(19:26, "나의 이 가죽 이것이 썩은 후에 내가 육체 밖에서 하나님을 보리라"). 또한 욥은 그리스도가 자신의 대속물 되심을 믿었다(33:24, "내가 대속물을 얻었다 하시리라"). 이런 결과는 욥이 극한 슬픔과 고난 속에 끊임없이 하나님께 토로하고 사정을 아뢰며 기도했기 때문이다. 하나님을 향한 그런 찾음과 갈구와 신음 속에서 욥은 구속자와 중보자, 죽음 너머에 있는 부활을 말해낼 수 있었다. 이는 오로지 욥을 대상으로 권면하고 확신 내지는 굴복시키려 했던 세 친구들과 다른 점이다.

야고보서의 가르침으로 욥기의 결론을 맺겠다. 야고보는 주의 이름으로 말한 선지자들로 고난과 오래 참음의 본을 삼으라고 하였으며, 욥의 인내를 예로 들었다. 주께서 욥에게 주신 결말(end of the Lord)을 보았다고 하였는데(약 5:11), 그의 결말은 과연 무엇인가? 야고보는 그 앞 구절에서 "주의 강림하시기까지 오래 참으라"고 말하며, "길이 참고 마음을 굳게 하라 주의 강림이 가까우시니라"고 한다(약 5:8). 사도 야고보의 견해로 욥의 고난과 인내의 결말은 다시 오신 주님을 만난 것이다. 즉 욥기에서 우리에게 가르치는 것은 단순히 고난 후에 축복으로 갚아주신다는 것이 아니라 그 혹독한 고난과 오래 참음을 통해서 긍휼과 자비로우신 주님의 강림하심을 얻었다는 것이다(약 5:7-11). 즉 욥기 마지막의 38장부터 욥에게 나타나신 주님은 전능하신 주 예수 그리스도의 나타나심(appearing)이라는 말씀이다. 욥은 주님을 만난 후 모든 문제가 해결되었다(욥 40-42장). 자비로우신 주님은 이 땅의 성도들이 그분 자신의 현현만이 모든 문제의 답이라는 것을 아신다. 그분이 이 세상에 다시 오실 때에서야 성도들의 모든 문제가 해결된다(마 13:36-43, 계 21:4-6). 그러니 야고보 사도는 그분의 다시 오심을 생각할 때 못견딜 고난이 없다고 말한 것이다. 모세오경보다 먼저 쓰여졌다는 욥기에서 우리가 그리스도의 재림을 기다리는 사상을 발견한다는 것은 매우 비밀한 일이 아닐 수 없다. 욥은 욥기 38장부터 주님의 나타나심을 보았다. 그는 이전에는 그분에 대하여 귀로만 듣기만 하였다고 고백했다. 그러나 그 많은 고난을 통과한 후 욥은 눈으로 주님을 대면하였다고 고백한다(욥 42:5). 이것을 우리는 주님의 재림으로 해석하지 못할 이유가 없다.

실상 인류의 모든 문제의 해결은 주님의 재림이다. 그분의 나타나심으로 모든 인생의 문제가 해결된다. 웃시야 왕의 죽던 해에 이사야는 보좌에 앉으신 영광의 주를 보았다. 비로소 그는 그 때 새로운 위임을 받고 순교하기까지 주님을 위해 충성스럽게 예언한 선지자가 되었다(사 6:6-10). (전승에 그는 톱으로 켜서 죽임을 당한 선지자이다, 히 11:37). 만군의 여호와이신 왕(사 6:5)은 심판주로서 다시 오실 영광의 그리스도와 같은 분이다(요 12:41). 그분은 하늘의 참된 왕이시다. 신약의 사도들인 베드로와 야고보와 요한은 변화산상에서 빛나는 옷을 입으신 영광 가운데 계신 그리스도를 보았다. 그것은 많은 학자들이 공인하듯이 장래 나타날 왕국의 모형이다(마 17:1-3). 이처럼 구주께서는 꼭 재림하실 때만 그분을 나타내신 것이 아니다. 필요할 때 한 번씩 그분은 자신의 재림하실 그분의 영광을 그의 종들에게 보여주셨다. 이것은 밧모섬에서 요한에게 나타나신 주 예수님도 동일하다(계 1:13-18, 10:1, 18:1 등). 물론 그날에는 육체가 구름을 타고 오시는 주의 영광과 나타남을 보겠지만(다시 오시는 주를 보고 땅의 모든 족속이 통곡한다고 하였다), 그러나 지금은 죄사함을 받고 거듭난 사람들이 육신의 눈이 아닌 영의 눈으로 볼 수 있으며(요 3:3), 특히 마음이 청결(순수)한 자들이 볼 수 있고, 더듬으며 부지런히 찾고 찾는 자들이 만날 수 있다(마 5:8, 행 17:27, 렘 29:13).

실상 욥기 38장부터 42장 전반부까지 욥에게는 주님으로부터 자신에게 왜 그런 일이 임하였는가 하는 고난의 원인이나 친구들과 그렇게 많이 논란했던 문제들에 대한 어떤 해답도, 해결책도 받지 못하였다. 그는 다만 영광의 하나님을 만났을 뿐이다. 주님의 나타나남만이 모든 인생의 문제의 해결임을 누가 알았겠는가? 그러나 그 해답이 고난과 역경의 그 너머에 있다는 것, 그 오랜 인내와 기다림의 산물이라는 것을 욥기와 야고보서는 우리에게 훌륭하게 가르쳐 준다.

시편

주요 내용 모세 시대로부터 바벨론 포로 이후까지의 하나님의 백성들의 각종 기도와 시가들, 고백과 묵상, 찬미 등을 편집한 것이다. 다윗의 것이 주류를 이룬다.

◊ 서론

1) 오늘날 교회가 찬송가를 갖고 있듯이 시편은 구약의 성도들로부터 신약 초기에 이르기까지 하나님의 백성들에게 불리던 찬송시들이다. 70인 역은 사모이스(Pslmois)라고 명명했는데, 노래로 부를 수 있는 곡조가 있는 시라는 뜻이며, 히브리어 원명은 테힐름(Tehillim)으로서 찬미의 시(詩)라는 뜻이다. 전체가 150편으로 되어 있는데 주로 다윗이 썼나. 그래서 신약에서 시편을 다윗의 시라고 일컫는다. 정확하게 다윗의 시로 표명된 것은 73 편이다. 그리고 아삽(12 편), 헤만(1 편), 고라의 아들들(10 편), 솔로몬(2 편), 모세(1 편), 이름 없는 것들(50 편-다윗의 시라고 명명되지 않았으나 사실은 다윗의 시에 포함되는 것들, 2편, 95편, 96편, 105편 등)이 있다. 아삽, 헤만, 에단 등은 제사장인데, 다윗이 그들을 궁중의 찬미를 맡도록 정하였으므로 그들의 시가 다윗의 것을 정리한 것인지 그들의 작품인지는 알기 어렵다.

2) 시편이 기록된 기간은 천 년으로 추정할 수 있다. 모세가 광야에서 지은 것(90편)으로부터 바벨론 포로 시에 지은 137편까지 하면 천 년이 된다. 예루살렘 성전 파괴 후에 지어진 시도 여러 편이 있다(74, 79, 80, 102편 등).

3) 시편 150편 중에는 제목 같은 해설이 달려 있는 것이 있는데, 이는 시를 이해하는 데 매우 도움이 된다. 작자(作者)를 밝힌 다윗의 시, 솔로몬의 시, 모세의 기도 등이 있고, 어디에서 지었는가에 따라 '다윗이 굴에 있을 때', '압살롬을 피해 도망 다닐 때' 등이 있고, 어떤 법칙으로 지어졌는가에 따라 '여두둔의 법칙으로' 등이 있다. 또는 어떤 악기로 반주했는가에 따라 '현악에 맞춘 노래' 등이 있으며, 어떤 곡조를 사용했는가에 따라 '저음 스미닛', '백합화 곡조' 등이 있고, 누구에게 건네주었나에 따라 '영장에게' 등이 있다. 이는 시를 사용하고 이해하는 데 도움이 된다.

4) 시편이 음악이다 보니 전문용어들이 많다. 셀라는 '잠깐 쉬다'라는 뜻으로 오늘날의 쉼표와 비슷하다. 영장이란 노래 부르는 무리를 인도하는 사람, 오늘날로 말하면 악장으로서 아삽, 헤만, 여두둔 등이 있다. '깃딧'이란 블레셋 사람들이 주로 사용하던 악기였으며, 스미닛은 저음의 노래, 알라못은 높은 음, 마할랏은 병들어서 슬픈 곡조, 수산에돗은 간증 혹은 보증이라는 뜻으로 하나님이 우리의 간증이라는 말이다. 마할랏르안놋은 고통스러운 질병이라는 뜻이다.

◇ 시편의 중심은 메시아(그리스도)이다

주님은 일찍이 말씀하셨다. 요한복음 5장 39절, "너희가 성경에서 영생을 얻는 줄 생각하고 성경을 상고하거니와 이 성경이 곧 내게 대하여 증거하는 것이로다". 누가복음 24장 44절, "내가 너희와 함께 있을 때 너희에게 말한바 곧 모세의 율법과 선지자의 글과 시편에 나를 가리켜 기록된 모든 것이 이루어져야 하리라". 시편에는 이처럼 그리스도의 신격, 기름부음 받으심, 사역, 고난받으심, 부활, 재림, 왕국 등에 관한 내용을 중심으로 하는 것들이 있는데, 이것을 메시아 시편이라고 부른다. 메시아 및 그 왕국을 중심 삼은 시편들이다. 이것이 다윗의 시편의 특징이다.

1) 메시아 시편

▸ 메시아(예수 그리스도)의 생애와 사역

시편은 신약의 복음서와 사도행전, 로마서, 히브리서에서 많이 인용되었는데, 사도행전에는 9번 이상, 로마서에는 13번 이상, 히브리서에는 19번 이상 인용되었다. 따라서 성경에서 시편의 지위는 매우 중요하다고 말할 수 있다. 22, 23, 24편은 연결된 시편으로서 그리스도의 구속과 목양에 관한 내용이다. 22편은 그리스도의 출생과 고난의 인생, 그리고 십자가 수난에 대한 예언적 시이다. 22편 1절, "내 하나님이여 내 하나님이여 어찌 나를 버리셨나이까". 이는 주 예수께서 십자가 상에서 하신 말씀이다(마 27:46). 6절, "나는 벌레요 사람이 아니라 사람의 훼방거리요 백성의 조롱거리니이다". 여기의 '벌레'는 히브리어에서 '홍색 벌레'이며, 당시 그 벌레의 진액을 홍색 염료로 사용했다고 한다. 주님은 벌레처럼 죽임을 당하여 흘리신 보혈로 사람의 죄와 더러움을 씻어주신 것이다. 7-8절, "나를 보는 자는 다 비웃으며 입술을 비쭉이고 머리를 흔들며 말하되 저가 여호와께 의탁하니 구원하실 걸, 저를 기뻐하시니 건지실 걸 하나이다". 이 말씀들은 주님이 십자가에 달리셨을 때 그대로 이루어졌다.

12-18절, "많은 황소가 나를 에워싸며 바산의 힘센 소들이 나를 둘렀으며 내게 그 입을 벌림이 찢고 부르짖는 사자 같으니이다 나는 물같이 쏟아졌으며 내 모든 뼈는 어그러졌으며 내 마음은 촛밀 같아서 내 속에서 녹았으며 내 힘이 말라 질그릇 조각 같고 내 혀가 잇틀에 붙었나이다 주께서 또 나를 사망의 진토에 두셨나이다 개들이 나를 에워쌌으며 악한 무리가 나를 둘러 내 수족을 찔렀나이다 내가 내 모든 뼈를 셀 수 있나이다 저희가 나를 주목하여 보고 내 겉옷을 나누며 속옷을 제비뽑나이다". 이 모든 말씀들이 십자가에 달려 고난받으시는 주 예수님의 모습을 그대로 예언한 것이다. 19-21절은 예수께서 그분의 영혼을 아버지께 부탁하시며 하신 말씀과 일치한다. 22-31절은 그리스도께서 고난받으신 이후 부활하심으로 교회가 산출되고 장래 왕국을 이루실 것까지 예언하고 있다. 22-26절은 교회를 말하고 있으며, 특히 27- 28절, "땅의 모든 끝이 여호와를 기억하고 돌아오며 열방의 모든 족속이 주의 앞에 경배하리니 나라는 여호와의 것이요 여호와는 열방의 주재심이로다", 31절, "와서 그 공의를 장차 날 백성에게 전함이여 주께서 이를 행하셨다 할 것이로다"라는 말씀들은 주님의 왕국의 다스림을 말한다.

23편은 부활하신 그리스도께서 그분의 양무리인 교회를 목양하심을 말한다. "여호와는 나의 목자시니 내가 부족함이 없으리로다". 24편은 그리스도의 승천과 다시 오셔서 이루실 왕국을 노래한다. 이 구절들의 문은 그리스도께서 승천하실 때 통과하신 하늘문을 말한다. "문들아 너희 머리를 들지어다 영원한 문들아 들릴지어다 영광의 왕이 들어가시리로다 영광의 왕이 뉘시뇨 강하고 능한 여호와시요 전쟁에 능한 여호와시로다"(7-10절). 영광의 왕은 만국을 다스리실 왕을 가리킨다(10절).

40편은 그리스도께서 아버지의 뜻에 순종하시어 자신을 제물로 드리신 일을 말한다(히 10장 참조). "주께서 나의 귀를 통하여 들리시기를 제사와 예물을 기뻐 아니하시며 번제와 속죄제를 요구치 아니하신다 하신지라 그 때에 내가 말하기를 내가 왔나이다 나를 가리켜 기록한 것이 두루마리 책에 있나이다 나의 하나님이여 내가 주의 뜻 행하기를 즐기오니 주의 법이 나의 심중에 있나이다 하였나이다"(6-8절). 41편은 유다의 배반을 예언한다(요 13:18 참조). "나의 신뢰하는바 내 떡을 먹던 나의 가까운 친구도 나를 대적하여 그 발꿈치를 들었나이다"(9절).

68편은 그리스도의 승천과 교회에게 은사를 주심을 말한다(엡 4:8 참조). "주께서 높은 곳으로 오르시며 사로잡은 자를 끌고 선물을 인간에게서, 또는 패역자 중에서 받으시니 여호와 하나님이 저희와 함께 거하려 하심이로다"(18절). 21, 29절은 왕국의 다스림을 예언한다. 이처럼 교회와 왕국은 연결되어 있다. 교회를 통해 왕국을 가져오는 것이다. "그 원수의 머리 곧 그 죄과에 항상 행하는 자의 정수리는 하나님이 쳐서 깨뜨리시리로다", "예루살렘에 있는 주의 전을 위하여 왕들이 주께 예물을 드리리이다".

69편은 그리스도의 십자가의 고난과 이스라엘 백성들이 은혜 시대에 혼미하고 어리석게 될 것을 예언한다. "저희가 쓸개를 나의 식물로 주며 갈할 때에 초로 마시웠사오니 저희 앞에 밥상이 올무가 되게 하시며 저희 평안이 덫이 되게 하소서 저희 눈이 어두워 보지 못하게 하시며 그 허리가 항상 떨리게 하소서"(21-23절). 110편은 멜기세덱의 제사장 반차를 따른 그리스도의 제사장 직분을 말한다. "여호와는 맹세하고 변치 아니하시리라 이르시기를 너는 멜기세덱의 반차를 좇아 영원한 제사장이라 하셨도다"(4절).

118편은 마태복음 21장 42절에서 인용되었듯이 예수께서 유대인 지도자(건축자)들에게 버림받으실 것과 부활을 거쳐 주의 집의 모퉁이 돌이 되실 것을 예언한다(엡 2:20 참조) "건축자의 버린 돌이 집 모퉁이의 머릿돌이 되었나니 이는 여호와의 행하신 것이요 우리 눈에 기이한 바로다 이 날은 여호와의 정하신 것이라 이 날에 우리가 즐거워하고 기뻐하리로다"(22-24절). 이 여호와의 정하신 날은 부활의 날이요 오늘 우리가 주님을 예배하는 주일을 말한다.

2) 메시아 왕국

▸ 다윗의 시는 그리스도의 통치와 왕국에 중점이 있음을 본다

시편은 그리스도의 왕국에 초점이 맞추어져 있다. 시편의 주요 저자인 다윗은 그리스도의 왕국의 예표적 사역을 했다. 따라서 그의 시(詩)에는 그리스도의 왕국의 사역을 말하는 시가 많다. 온 세상에 대한 그리스도의 실제적인 통치는 그분의 재림과 함께 이루어진다(눅 19:11-27). 예수의 제자들은 메시아 왕국이 그때 바로 임할 줄로 기대하였으나 주님은 왕위를 받아가지고 오려고 먼 나라로 간 귀인에 자신을 비유하셨다. 이는 분명 그리스도의 재림과 장차 올 왕국을 가리키는 것이다(히 2:5).

사도행전 13장 22절에 의하면, 하나님은 다윗을 왕으로 세우시고 "이는 내 마음에 합한 자라" 하셨다. 구약을 읽을 때에 다윗처럼 대적이 많았던 사람이 없으며, 그처럼 대적을 증오하여 싸운 사람도 없다. 이것은 단순히 그를 대적하는 사람들에 대한 것이 아니라 하나님의 대적 마귀에 대한 것이다. 은혜의 복음이 죄인을 향한 것이라면 왕국복음은 대적을 향한 것이다. 대적이 궤멸되지 않고서는 세상의 끝이 올 수 없으며 왕국이 임할 수 없다(마 24:14). 이 점이 바로 하나님께서 다윗을 하나님의 마음에 합한 자로 인정하신 이유일 것이다. 따라서 우리는 시편을 읽을 때 반드시 이 중점을 유의하며 읽어야 한다.

시편 2편은 메시아 왕국에 대한 대표적인 시이다. 하나님께서는 열방이 분노하며 그분을 거역하러 일어남을 보고 진노하셨다고 했다. 우리는 그분이 진노하시면 당장 채찍을 들고 거역자들을 심판하러 나서실 것이라고 기대하겠지만, 하나님은 분을 발하시고 진노하시면서 그들을 놀라게 하신다고 했다. 무엇이 열국을 놀라게 하는 일인가? "내가 나의 왕을 내 거룩한 산 시온에 세웠다 하시리로다". 이것은 너무나 비밀스러운 하나님의 경륜이다. 하나님께서는 열방이 대적하는 상황에서 그분의 왕을 거룩한 산 시온에 세우셨다. 이것이 6절의 말씀이다. "내가 나의 왕을 내 거룩한 산 시온에 세웠다 하시리로다". 더 나아가 이어지는 8, 9절은 왕국에서의 다스림을 설명한다. "내가 열방을 유업으로 주리니 네 소유가 땅끝까지 이르리로다 네가 철장으로 저희를 깨뜨림이여 질그릇같이 부수리로다". 이미 그 시대에 다윗의 눈은 그리스도의 초림을 넘어 그분의 재림과 왕국을 바라보고 있다.

시편 8편도 메시아 시편으로 분류할 수 있지만, 사실 온 땅을 다스리시는 메시아 왕국에 관한 시이다. 히브리서 2장을 통하여 우리는 이 시편의 말씀이 장래 오는 왕국을 가리켜 말한 것임을 확증할 수 있다. "저를 천사보다 조금 못하게 하시고 영화와 존귀로 관을 씌우셨나이다 주의 손으로 만드신 것을 다스리게 하시고 만물을 그 발 아래 두셨으니 곧 모든 우양과 들짐승이며 공중의 새와 바다의 어족과 해로에 다니는 것이니이다 여호와 우리 주여 주의 이름이 온 땅에 어찌 그리 아름다운지요"(시 8:5-9). 이 시편 8편은 히브리서 2장에서 인용되었고, 이는 창세기 1장의 사람의 창조 목적과도 부합한다(창 1:26-28). 지금은 만물이 복종하는 것을 보지 못하나 그분이 다시 오실 때 비로소 만물이 그분의 발 아래 완전히 복종할 것이다(히 2:8-10, 롬 8:21). 시편 18편에도 왕국에 대한 깊은 사상이 예언되어 있다. 43-50절, "주께서 나를 백성의 다툼에서 건지시고 열방의 으뜸을 삼으셨으니 내가 알지 못하는 백성이 나를 섬기리이다 저희가 내 풍성을 들은 즉시로 내게 순복함이여 이방인들이 내게 복종하리로다…하나님이 나를 위하여 보수하시고 민족들로 내게 복종케 하시도다…여호와께서 그 왕에게 큰 구원을 주시며 기름부음 받은 자에게 인자를 베푸심이여 영영토록 다윗과 그 후손에게로다".

45편은 그리스도의 왕국의 영원성과 공평성, 그리고 그분이 기름부음 받으신 왕임을 나타낸다(히 1:8, 9). "하나님이여 주의 보좌가 영영하며 주의 나라의 홀은 공평한 홀이니이다 왕이 정의를 사랑하고 악을 미워하시니 그러므로 하나님 곧 왕의 하나님이 즐거움의 기름으로 왕에게 부어 왕의 동류보다 승하게 하셨나이다"(6-7절). 72편은 그리스도의 재림(6절의 '벤 풀에 내리는 비'는 재림을 의미한다)과 더불어 오는 그리스도의 왕국을 노래한다. 즉 천 년의 메시아 통치를 그린다. 5절에 달과 별이 있는 것으로 보아 여기서 말한 나라는 새 하늘과 새 땅의 영세가 아니다. 7절의 '달이 다할 때까지(till the moon is no more)'라는 표현은 일정한 시간적 기한이 있음을 암시한다. 역시 영세로 볼 수 없다. 바다에서 바다까지, 강에서부터 땅 끝까지 다스리며 만왕이 그 앞에 부복하고 그를 섬기는 시대는 주님의 재림 시 외에 적용될 수 없다. 왜냐하면 새 하늘과 새 땅에는 바다가 없기 때문이다(계 21:1). "저가 바다에서부터 바다까지와 강에서부터 땅 끝까지 다스리리니 광야에 거하는 자는 저의 앞에 굽히며 그 원수들은 티끌을 핥을 것이며 다시스와 섬의 왕들이 공세를 바치며 스바와 시바 왕들이 예물을 드리리로다 만왕이 그 앞에 부복하며 열방이 다 그를 섬기리로다"(2-11절). 왕국에는 이처럼 바다도 있고 섬들도 있다. 이는 분명 그리스도의 천 년 통치에 해당한다.

86편은 왕국을 위한 다윗의 기도이며, 89편은 52절이나 되는 긴 시인데 역시 왕국을 노래하는 시이다. 89편은 하나님이 다윗에게 세우신 언약(의와 공의로 판단하고 다스리사 세계 열왕의 으뜸이 되게 하실 것임)을 그리스도에게서 이루셨음을 말한다. "하나님이여 주의 판단력을 왕에게 주시고 주의 의를 왕의 아들에게 주소서 저가 주의 백성을 의로 심판하며 주의 가난한 자를 공의로 심판하리니 의로 인하여 산들이 백성에게 평강을 주며 작은 산들도 그리하리로다"(1-3절). "내가 또 저로 장자를 삼고 세계 열왕의 으뜸이 되게 하며"(27절). 97편은 그리스도께서 왕국을 얻으시고 왕이 되심을 말한다. "여호와께서 통치하시나니 땅은 즐거워하며 허다한 섬은 기뻐할지어다 구름과 흑암이 그에게 둘렸고 의와 공평이 그 보좌의 기초로다"(1-2절). 이 구절 역시 그리스도의 천년통치를 말한다.

시편 제 4권에는 그리스도의 왕국의 통치에 관한 시가 많다. "여호와께서 통치하시니 스스로 권위를 입으셨도다 여호와께서 능력을 입으시며 띠셨으므로 세계도 견고히 서서 요동치 아니하도다 주의 보좌는 예로부터 견고히 섰으며 주는 영원부터 계셨나이다"(93:1-2). "여호와께서 통치하시나니 땅은 즐거워하며 허다한 섬은 기뻐할지어다 구름과 흑암이 그에게 둘렸고 의와 공평이 그 보좌의 기초로다 불이 그 앞에서 발하여 사면의 대적을 사르는도다"(97:1-3).

94, 96, 98-99편도 왕국에 대한 시편이다. 시편 96편 13절, "저가 임하시되 땅을 판단하러 임하실 것이라 저가 의로 세계를 판단(심판)하시며 그의 진실함으로 백성을 심판하시리로다".

3) 시편의 중심 사상인 메시아 왕국

메시아 왕국에 관한 빛이 없이는 시편을 읽을 때 그 중점을 알기가 어렵다. 시편의 1편부터 그 배열 자체가 이해되지 않는다. 왕국은 하나님의 말씀으로 이루어진다(마 13장의 씨 뿌리는 비유 참조). 시편이 왕국을 위한 책이라면 마땅히 말씀을 찬미함으로 시작해야 맞다. 말씀이 없이는 왕국이 세워질 수 없기 때문이다. 하나님의 말씀의 중요성과 그 귀함을 무엇에 비하리요! 이 세상의 어떤 책도 하나님의 말씀과 견줄 수 없다! 이 말씀은 단순한 말이 아니라 하나님 자신이다(요 1:1). 따라서 시편은 말씀(여호와의 율법)으로 시작되며, 말씀을 거듭거듭 강조하는 119편은 성경을 통틀어 가장 긴 장이다(176절). 시편 1편은 복 있는 자는 말씀을 사랑하는 자라고 말하면서 시작한다("복 있는 자는…여호와의 율법을 즐거워하여…주야로 묵상하는 자로다" 1-2절). 그리고서 2편은 하나님께서 시온에 왕을 세우셨다고 하면서 하나님의 왕국의 왕을 소개하고 그분이 열국을 통치하실 것이라고 말한다. 그 때 열국이 분노하며 하나님을 대적하여 일어날 것이나(시 2:1-3), 하나님은 그 아들에게 열국을 유업으로 주시며 그는 철장으로 열국을 다스릴 것이라고 하신다. 하나님은 그 아들에게 입 맞추라고 하시며 그리하지 아니하면 길에서 망하리라고 경고하신다. 그리스도의 왕국이 세워질 때 마귀는 분기하여 일어나지만 결국은 끝나게 되고 하나님의 뜻은 이루어진다. 이것이 시편의 시작이요 마침이며 그 중심이다.

그러니 왕국을 선포한 직후에 3장부터 바로 대적이 나타난다. 하나님이 창조하신 사람은 대적을 궤멸시키기 위한 존재이다. 따라서 대적이 가장 강하게 반발하여 일어나는 때는 이 땅에 그리스도의 왕국을 위하여 이러한 사람들이 일어나는 때이다. 이들이 마귀를 대적하여 이 땅에서 그리스도의 권세를 회복할 것이기 때문이다. 그러므로 2편에서 왕국을 선포하고 곧이어 3편 1절에서 "여호와여 나의 대적이 어찌 그리 많은지요"라고 하는데, 수많은 대적이 일어난다는 말이다. 이와 같이 우리는 시편의 시작부터 하나님께서 사람을 창조하신 목적인 그분의 왕국을 보게 된다(창 1:26-28, 시 8편 참조).

우리에게 왜 시와 찬미가 중요한가? 하나님은 다윗을 다만 싸우는 전사로 부르신 것이 아니다. 그는 노래하는 자이다(삼하 23:1). 그보다 찬미를 중시한 사람이 없다. 그는 하루에 세 번 기도하고 일곱 번 찬송한 사람이다(시 119:164). 기도도 중요하고 찬미도 중요하다. 우리는 다윗에게서 무엇을 배울 것인가? 무엇으로 대적을 싸워 이길 것인가? 찬미이다. 이것이 시편 8편이다. "주의 대적을 인하여 어린아이와 젖먹이의 입으로 말미암아 권능을 세우심이여"(2절). 역대 하 20장을 읽을 때, 여호사밧 왕이 모압과 암몬의 엄청난 대적을 이긴 것은 다른 것이 아니라 여호와를 찬미하는 것이었다(12-23절). 누가 찬미를 부르는가? 누구의 입의 찬미로 그리스도의 권세가 세워지며 대적을 이기는가? 놀랍게도 어린아이와 젖먹이들이다(시 8:2).

하나님의 말씀의 귀함과 중함을 알지 못하면 왕국은 세워질 수 없다(시 1편). 그 아들이 높여지지 않는 한 왕국은 세워질 수 없다(시 2편). 다윗처럼 수많은 대적을 두려워하지 않고 대항할 담대한 마음을 가진 자들을 통해서만 왕국은 세워진다(시 3편). 그러므로 어린아이와 젖먹이들처럼 그 입술로 주님을 찬미하는 무리가 일어나야 한다(시 8편). 시편에서 우리는 무엇을 볼 수 있는가? 왕국이다. 신약 성경에는 하늘에서 '할렐루야' 찬미하는 소리가 바벨론의 멸망후인 계시록 19장에 비로소 나온다. 성경 전체에서 가장 많은 '할렐루야'는 시편에 있다(111-113, 146-150편). 가장 많은 대적에 관한 이야기도 시편에 있다. 가장 크게 대적을 증오하며 싸우는 영(spirit)도 시편에서 발견된다.

그러므로 왕국을 위한 사역자인 다윗에게는 다양하고 강한 대적들이 많았다. 시편 3-6편은 대적들로 인한 다윗의 고난을 말하는데, 이 시들은 다윗이 압살롬의 난(難) 때에 지은 것들로 알려져 있으며, 3편은 아침의 노래, 4편은 저녁의 노래, 5편은 아침의 기도, 6편은 밤중의 기도로 불리운다. 압살롬이 왕관만이 아니라 왕권을 탈취하기 위해 아비 다윗의 생명까지 빼앗으려고 하던 때에 지은 것이다. 그 외에도 시편에는 다윗이 블레셋, 사울 등(56, 57, 59, 42-44, 70-71편 등)을 피하면서 지은 시가 많다. 모두가 다 다윗의 대적들로서 그들은 다윗을 없애려고 애썼다.

다윗은 시편에서 대적들에 대하여 많은 심판과 저주의 말들을 쏟아냈다. 신약의 성도들은 원수를 저주하지 말고 도리어 사랑하고 축복하라는 가르침을 받는다. 그럼 다윗의 이러한 저주와 보복의 말들은 어떻게 해석할 것인가? 몇 구절만 읽어보자. "나의 해를 기뻐하는 자들로 부끄러워 낭패하게 하시며 나를 향하여 자긍하는 자들로 수치와 욕을 당하게 하소서"(시 35:26). "나의 영혼을 멸하려 하는 자로 낭패를 당하게 하시며 나의 해를 기뻐하는 자들로 다 물러가 욕을 당하게 하소서"(시 40:14). "하나님이여 저희 입에서 이를 꺾으소서 여호와여 젊은 사자의 어금니를 꺾어 내시며 저희로 급히 흐르는 물같이 사라지게 하시며 겨누는 살이 꺾임 같게 하시며"(시 58:6-7). "의인은 악인의 보복당함을 기뻐함이여 그 발을 악인의 피에 씻으리로다"(시 58:10). "그 연수를 단축케 하시며 그 직분을 타인이 취하게 하소서…나의 대적으로 욕을 옷 입듯 하게 하시며 자기 수치를 겉옷같이 입게 하소서"(시 109:8, 29). "여자 같은 멸망할 바벨론아…네 어린 것들을 반석에 메어치는 자는 유복하리로다"(시 137:8-9).

우리는 이러한 구절들을 읽으며 다윗의 대적을 증오하는 영을 만져야 한다. 이것은 단순히 사람을 향한 것이 아니다. 하나님의 대적을 향한 것이요 왕국을 위한 영이다. 이러한 다윗의 말들은 바로 이 시대 말 왕국이 임하기에 앞서 일어날 대환난 때 있을 일을 예언한 것이라고 볼 수도 있다. 교회에 이어서 오는 왕국 시대를 위해서는 첫째로 간절히 기다리는 자들이 필요하고, 또한 그리스도께 절대 복종하는 자들이 필요하며 내적을 대항하여 싸우는 자들이 필요하다(엡 6장). 다윗은 때때로 그의 원수를 갚아 달라고 기도했는데, 이는 주님이 다시 오시기 전 큰 환난이 일어날 즈음에 죽은 자들이 제단 아래서 원수를 갚아달라고 부르짖는 것과 상통한다. 다윗이 대적들에 대하여 주님께 신원해달라고 기도한 것은 성도들의 마귀와 싸우는 영을 북돋우는 것이요, 장래 왕국을 위한 예언이라고 읽어야 한다.

◊ 시편의 구성과 편집

누가 시편을 다섯 권으로 나누었는지는 알 수 없는데, 편집자에 따라 나누었다고 보는 학자들이 있다. 제 1권은 다윗이 편집한 것이고, 제 2권은 히스기야가 성전 경배용으로, 제 3권은 요시야가, 제 4 권은 에스라와 느헤미야가 편집한 것이라고 말하는데, 분명한 근거는 없다. 성령께서 그렇게 배열하신 것으로 보는 것이 합당할 것이다. 또한 이 다섯 권이 모세 5경에 맞추어 편집되었다고 보기도 하는데, 이는 상당히 흥미로운 견해이다. 즉 제 1권은 창세기(1장 사람의 축복받음, 2-15장 타락, 16-41장 회복), 제 2권은 출애굽기(42-49장 이스라엘의 핍박당함, 50-60장 구속주, 61-72장 구속), 제 3권은 레위기(거룩한 성소와 거룩한 백성이 중점임), 제 4권은 민수기(광야 노정의 책임), 제 5권은 신명기(하나님의 말씀의 중요성 강조, 특히 119편)에 맞추어 배열한 것으로 보는 것이다.

◊ **시편의 제목별 분류**

시편의 제목들을 모두 분류해본다면 성경의 주요 주제들을 다 노래하고 있다고 볼 수 있다. 시의 성질로 보면 훈화(1, 19, 39, 127, 131편), 하나님을 의지함(3, 27, 31, 46, 56, 62, 86, 91, 121편 등)이 있고, 하나님을 찬양함(8, 29, 93, 81, 93-100, 106, 111-113, 135, 146-150편 등), 회개(6, 32, 38, 51, 143편 등), 감사(30, 65, 103, 107, 116, 136편) 등으로 나눌 수 있으며, 좀 더 세부적으로 나눈다면 다음과 같다.

1) 말씀(율법, 증거, 법도, 율례, 판단, 진리의 말씀)

시편(특히 119편)에는 주님의 율법, 주님의 말씀에 대한 찬미가 많다. 주의 율례를 사랑함으로 마음이 상하고 피곤하다고 하였고(20, 81절), 주의 계명을 사모함으로 입을 열고 헐떡였다고 하였다. 또한 주의 말씀의 맛이 꿀보다 더 달다고 하였다(103절). "내가 주의 법을 어찌 그리 사랑하는지요 내가 그것을 종일 묵상하나이다"(97절). "그러므로 내가 주의 계명을 금 곧 정금보다 더 사랑하나이다"(127절). 130편 5-6절은 파수꾼이 아침을 기다림보다 주님 곧 주의 말씀을 더 바라고 기다린다고 하였다.

2) 창조와 자연계의 감상

시편은 하나님의 창조의 권능을 찬미하였다. 8편은 밤하늘을 바라보며 달과 별들을 노래하였고, 19편은 하늘의 궁창을 바라보며 낮과 밤을 지내는 동안 낮과 낮의, 밤과 밤의 대화를 들었다. 태양을 그 방에서 나온 신랑에 비유하고 그 길을 달리기를 기뻐하는 장사와 같다고 하였다(19:1-6). 33편도 창조를 찬양한다. 104편은 광대하시고 존귀하신 창조주의 영광을 노래하였으며, 150편은 하나님의 전능하신 행동과 광대하심을 찬미하였다.

3) 환난과 역경 가운데

특히 다윗은 고난과 역경 가운데서 많은 시를 썼다. 어려운 환경에 있는 성도들은 이러한 시를 읽으며 위로를 받고 힘을 얻고 강해질 수 있다. 7, 13, 27, 31, 34, 35, 52, 54, 56, 57, 59, 64, 69, 71, 77-78, 86, 142, 143편 등이다. "군대가 나를 대적하여 진 칠지라도 내 마음이 두렵지 아니하며 전쟁이 일어나 나를 치려 할지라도 내가 오히려 안연하리로다…여호와께서 환난 날에 나를 그 초막 속에 비밀히 지키시고 그 장막 은밀한 곳에 나를 숨기시며 바위 위에 높이 두시리로다…내 부모는 나를 버렸으나 여호와는 나를 영접하시리이다”(27편). 140편은 대적의 공격으로부터 간절한 보호를 구하는 다윗의 기도이다. 145편은 넘어지는 자를 붙들어주시고 보호해주시는 하나님을 찬미한다.

4) 교회 생활을 노래함

신약의 계시에 의하면 교회는 또한 왕국이다(마 16:16-18, 롬 14:17). 시편에는 교회를 노래하는 시가 많다. 15, 45, 48, 65, 68, 84, 87, 92, 101, 122, 125, 126, 132, 133, 134, 135, 144편 등은 교회와 교회 생활을 노래하는 시이다. 시편 15편은, “주의 장막에 거할 자 누구며 주의 성산에 거할 자 누구냐”고 묻는다. 주의 장막과 성산에 거하는 자란 오늘날 교회 생활 안에 있는 자이다. 그들은 정직하게 행하며 공의를 일삼으며 그 마음에 진실을 말한다. 시편 45편의 열왕의 딸이나 왕후는 곧 교회이다. 이들은 오빌의 금으로 꾸미고 왕의 우편에 설 자이다.

48편의 ‘시온을 편답하고 망대를 계수하라’는 말씀이나 ‘그 성벽을 자세히 보고 그 궁전을 자세히 살펴서 후대에 전하라’는 말씀은 다 오늘날 교회의 아름다움을 노래하는 것이다. 68편은 승천하신 그리스도께서 교회에게 주신 은사들을 말하며(엡 4:8-11), 연약한 성도들(여자)이 하나님의 능력을 의지하여 복음을 널리 전파하는 광경을 묘사한다. “주께서 말씀을 주시니 소식을 공포하는 여자가 큰 무리라”(68:11). 84편은 시편 기자가 여호와의 궁정을 사모하는 노래이다. 성전의 제단에서는 참새도 제 집을 얻으며 제비도 새끼 둘 보금자리를 얻는다(84:3). 그러므로 주의 집에 거하는 자가 복이 있다고 한다(4절). 133편은 교회와 성도들의 연합과 사랑을 말한다. 성도들이 연합하여 하나 된 곳에 머리로부터의 기름부음과 영생의 복이 있다.

5) 하나님의 속성인 자비와 은혜와 거룩을 찬미하다

시편은 하나님의 기적을 행하심, 전능하심, 광대하심만이 아니라 하나님의 속성인 거룩하심, 의로우심, 공평하심, 정직하심, 인자하심, 선하심 등을 찬미한다. 25, 36, 52, 99-101, 103, 106, 108, 117, 118, 136편 등은 하나님의 속성을 찬미하였다. 하나님은 영원히 선하시고 인자하심이 무궁하시다.

6) 인간의 연약함과 세월의 빠름을 노래하다

39편에서는 시인이 “여호와여 나의 종말과 연한의 어떠함을 알게 하사 나로 나의 연약함을 알게 하소서 주께서 나의 날을 손 넓이만큼 되게 하시매…”라고 노래한다.

모세의 기도인 90편은 "인생이 잠깐 자는 것 같고 아침에 돋는 풀과 같다"고 하였으며 "신속히 날아가는 것과 같다"고 하였다. 103편에도 역시 인생은 풀과 같다고 하였으며, 하나님께서 우리의 연약한 체질을 아시며 진토임을 기억하사 아비가 자식을 불쌍히 여김과 같이 하신다고 말한다.

7) 복을 주시는 하나님

41편은 가난하고 어려움에 처한 자를 돌보는 자는 복이 있다고 말한다. "빈약한 자를 권고하는 자가 복이 있음이여 재앙의 날에 여호와께서 저를 건지시리로다… 여호와께서 쇠약한 병상에서 저를 붙드시고 저의 병중 그 자리를 다 고쳐 펴시나이다"(1-3절). 81편에는 입을 크게 열면 채워주신다는 축복의 말씀이 있다.

112편은 여호와를 경외하며 그 계명을 크게 즐거워하는 자가 복이 있으며, 어질고 자비롭고 의로운 자, 정직자가 복이 있다고 하신다. 그 후손이 땅에서 강성하며 부요와 재물이 있다고 하였으며 흑암 중에 빛이 일어난다고 하였다. 115편은 여호와를 의지하는 자들은 하나님께서 친히 도움이 되시고 방패가 되심을 말하며, 여호와를 경외하는 자들에게는 자손이 번창케 하신다고 말한다.

8) 여호와만 바라보라

27편은 "내가 주의 얼굴을 찾으리라"(8절), "나의 구원의 하나님이여 나를 버리지 마시고 떠나지 마소서"(9절), "너는 여호와를 바랄지어다 강하고 담대하여 여호와를 바랄지어다"(14절)라고 한다. 34편은 "저희가 주를 앙망하고 광채를 입었으니 그 얼굴이 영영히 부끄럽지 아니하리로다"(5절), 여호와를 경외하라 저를 경외하는 자에게는 부족함이 없도다"(9절), "젊은 사자는 궁핍하여 주릴지라도 여호와를 찾는 자는 모든 좋은 것에 부족함이 없으리로다"(10절)라고 한다. 62편은 "나의 영혼이 잠잠히 하나님만 바람이여 나의 구원이 그에게서 나는도다"(1절), "나의 영혼아 잠잠히 하나님만 바라라 대저 나의 소망이 저로 좇아 나는도다"(5절)라고 한다. 73편은 "대저 주를 멀리하는 자는 망하리니", "하나님께 가까이함이 내게 복이라"(27-28절)고 한다. 121편은 "내가 산을 향하여 눈을 들리라 나의 도움이 어디서 올꼬 나의 도움이 천지를 지으신 여호외에게서로다…이스라엘을 지키시는 자는 졸지도 아니하고 주무시지도 아니하시리로다 여호와께서 너를 지켜 모든 환난을 면케 하시며 네 영혼을 지키시리라"(1-7절)고 한다.

9) 시험당함 가운데

73편은 악인의 형통을 보고 실족할 뻔했던 시인의 경험을 노래한다. 그는 성소에 들어올 때에서야 모든 것이 분명해졌다고 고백한다. 성소는 오늘날의 교회 생활이다. 교회 집회에서 성도들은 혼자서 미처 깨닫지 못했던 많은 혼란들을 해결받을 수 있다. 시편 기자는 하나님의 상선벌악이 현세에 완결되는 것이 아니라는 것을 깨닫고 오직 하나님만이 자신의 분깃이라는 것을 고백한다. "하늘에서는 주밖에 누가 내게 있으리요 땅에서는 주밖에 나의 사모할 자 없나이다"(22-25절).

37편은 73편에 대한 해답 같은 시이다. "행악자를 인하여 불평하여하지 말며 불의를 행하는 자를 투기하지 말지어다 저희는 풀과 같이 속히 베임을 볼 것이며 푸른 채소같이 쇠잔할 것임이로다 여호와를 의뢰하여 선을 행하라 땅에 거하여 그의 성실로 식물을 삼을지어다 또 여호와를 기뻐하라 저가 네 마음의 소원을 이루어 주시리로다…분을 그치고 노를 버리라 불평하여 말라 행악에 치우칠 뿐이라 대저 행악하는 자는 끊어질 것이나 여호와를 기대하는 자는 땅을 차지하리로다 잠시 후에 악인이 없어지리니 네가 그곳을 자세히 살필지라도 없으리로다"(1-10절). 73편과 더불어 49, 77편도 함께 읽으면 도움이 된다.

10) 여호와의 가르쳐 주심과 온전케 하여 주심을 바람

25편은 주의 도를 보이고 주의 길을 가르치며 주의 진리로 지도하며 교훈해주시기를 바라는 시이다. "여호와여 주의 도를 내게 보이시고 주의 길을 내게 가르치소서 주의 진리로 나를 지도하시고 교훈하소서 주는 내 구원의 하나님이시니 내가 종일 주를 바라나이다…여호와는 선하시고 정직하시니 그러므로 그 도로 죄인을 교훈하시리로다 온유한 자를 공의로 지도하심이여 온유한 자에게 그 도를 가르치시리로다…여호와의 친밀함이 경외하는 자에게 있음이여 그 언약을 저희에게 보이시리로다"(4-14절). 26편과 60편도 신자의 완전함과 믿음을 가르치는 귀한 시이다.

11) 우리의 피난처와 도움과 힘과 능력 되시는 하나님

46편은 개혁자 루터가 매우 어려운 상황에서 애송한 시로 알려져 있다(통일찬송가 79장). "하나님은 우리의 피난처시요 힘이시니 환난 중에 만날 큰 도움이시라 그러므로 땅이 변하든지 산이 흔들려 바다 가운데 빠지든지 바닷물이 흉용하고 뛰놀든지 그것이 넘침으로 산이 요동할지라도 우리는 두려워 아니하리로다(셀라)…만군의 여호와께서 우리와 함께하시니 야곱의 하나님은 우리의 피난처시로다(셀라)"(1-10절). 57

편과 59편도 다윗이 가장 어려울 때 지은 시이다. 91편도 같은 내용의 시이다. "지존자의 은밀한 곳에 거하는 자는 전능하신 자의 그늘 아래 거하리로다"(1절). 121편은 하나님께서 우리를 지키시는 분이라고 하며, 142편도 주님만이 피난처시라는 내용이다.

12) 베푸신 은혜에 대한 감사와 기도, 간구와 회개

시편에는 환난과 어려움 가운데 하나님께서 베푸신 구원의 은혜와 능력에 감사하면서 노래하는 것이 많다. 대표적으로 18편은 다윗이 모든 원수와 사울의 손에서 구원받은 후에 여호와께 감사 찬미를 드린 내용이다. "내가 찬송받으실 여호와께 아뢰리니 내 원수들에게서 구원을 얻으리로다 사망의 줄이 나를 얽고 불의의 창수가 나를 두렵게 하였으며 음부의 줄이 나를 두르고 사망의 올무가 내게 이르렀도다 내가 환난에서 여호와께 아뢰며 나의 하나님께 부르짖었더니…저가 위에서 보내사 나를 취하심이여 많은 물에서 나를 건져내셨도다…나를 강한 원수와 미워하는 자에게서 건지셨음이여 저희는 나보다 힘센 연고로다 저희가 나의 재앙의 날에 내게 이르렀으나 여호와께서 나의 의지가 되셨도다"(3-18절). 그 외에도 100, 107편 등은 감사의 시이다.

시편에는 기도에 대한 시도 많다. 또 질병의 치유에 대한 감사의 시도 있다. 30편에서는 자신이 무덤으로 내려가지 않도록 부르짖었을 때 고쳐주신 주님을 찬양한다. "여호와여 주께서 내 영혼을 음부에서 끌어내어 나를 살리사 무덤으로 내려가지 않게 하셨나이다…그 노염은 잠깐이요 그 은총은 평생이로다 저녁에는 울음이 기숙할지라도 아침에는 기쁨이 오리로다"(3-11절). 왕국을 위한 사람들은 기도 또한 매우 중요하다. 기도와 금식 외에는 강한 자를 물리치기 어렵다.

다윗은 아침마다 기도했으며, 구체적으로 자세하게 기도했다(3-10절). 12, 17, 25, 31, 35, 43, 61, 83, 86, 141편은 기도의 시(詩)이다. 시편 중에 6, 32, 38, 51, 102, 130, 143편은 참회의 시이다. 6편은 스미닛에 맞춘 노래라고 했는데, 이는 한 음계를 낮춘 저음으로 노래한 것이라는 뜻이며, 슬픔과 통분, 근신과 반성을 담은 가락이기에 그러하다. 그 중에도 다윗의 가장 철저하고 절절한 회개의 시는 우리아의 아내 밧세바와 동침한 후 나단 선지자의 책망을 받고 지은 시편 51편이다.

13) 하나님 자신에 대한 갈급함

시편 42편, 62편, 63편은 하나님 자신을 갈망하는 시이다. 시편 42:1-2, "하나님이여 사슴이 시냇물을 찾기에 갈급함같이 내 영혼이 주를 찾기에 갈급하니이다 내 영혼이 하나님 곧 생존하시는 하나님을 갈망하나니 내가 어느 때에 나아가서 하나님 앞에 뵈올꼬".

14) 심판자이신 하나님을 찬미함

75-76편은 심판자이신 하나님에 대한 찬미이다. 7, 50, 82, 96, 98편도 동일하게 심판자이신 하나님을 노래한다.

15) 이스라엘을 인도하시며 돌보신 하나님

77-78편은 모세로부터 다윗 시대까지 이스라엘을 인도하시며 돌보신 하나님을 찬미한다. 95편도 같은 맥락이다. 105-106편은 출애굽 시로부터 모세 시대의 마지막 때까지 이스라엘의 거역과 부패에도 불구하고 하나님의 언약으로 인해 그들에게 긍휼을 베푸셨다는 말씀이다.

16) 하나님의 언약에 대한 찬미

시편에는 하나님께서 이스라엘과 다윗에게 맺으신 언약을 놓고 호소하며 기도하며 찬미하는 것이 많이 있다. 특히 89편은 이스라엘 백성이 바벨론에 포로 된 후에 다윗에게 맹세하신 언약의 말씀에 근거하여 호소하는 시이다. 그들은 "주께서 이르시되 내가 나의 택한 자와 언약을 맺으며 내 종 다윗에게 맹세하기를 내가 네 자손을 영원히 견고케 하며 네 위를 대대에 세우리라"는 주님의 언약을 기억해달라고 말씀드리기 시작하여 "주께서 주의 종의 언약을 미워하사 그 관을 땅에 던져 욕되게 하셨으며 저의 모든 울타리를 파괴하시며 그 보장을 훼파하셨으므로…여호와여 언제까지니이까…주는 주의 종들의 받은 훼방을 기억하소서"라며 그들이 당한 시련을 호소한다. 그러나 마지막은 찬미로 마친다.

또한 105편은 애굽으로부터 가나안에 이르기까지 이스라엘을 인도하신 여호와의 역사를 노래한다. 그들은 그 가나안 땅을 기업으로 얻기까지 하나님께서 아브라함과 이삭과 야곱에게 하신 언약, 맹세를 기억하신 것이라고 노래한다(8-10절). 이어지는 시편 106편은 이스라엘 백성이 광야 40년 동안 얼마나 하나님을 잊어버리고 소홀히 하며 거역하였는가, 우상을 숭배하며 하나님을 격노케 하였는가를 기억하고 사사시대까지의 모든 죄악을 회상하면서, 그럼에도 불구하고 여호와께서 그들을 여러 번 긍휼히 여기시고 구원하여 주심은 그들에게 주신 언약을 기억하신 것이라고 한다(45절). 하나님께서는 자기를 경외하는 자에게 양식을 주시며 그 언약을 영원히 기억하신다. 그리고 그분의 언약에는 열방을 기업으로 주신다는 말씀이 들어 있다(111:5-6, 9).

17) 시인의 개인적인 탄식 및 호소

가령 6편은 다윗이 어떤 질병과 고통 중에 지은 탄식 형태의 시이다. 핍박, 사망, 질병 등으로 심각한 고통을 당할 때 자신의 처지를 호소하며 구원해주실 것을 탄원하는 내용이다. 국가적으로 전쟁에서 패배하거나 포로 되었을 때의 괴로움에서 단체적인 구원과 회복을 위해 탄원하고 기도를 드린 경우도 있다(60, 74, 78-80, 85, 94, 137편 등). "여호와여 내가 수척하였사오니…나의 뼈가 떨리오니", "나의 영혼도 심히 떨리나이다"(1-3절). 7편도 동일한 유의 시이다. "건져낼 자 없으면 저희가 사자같이 나를 찢고 뜯을까 하나이다"(2절), "하나님은 의로우신 재판장이심이여 매일 분노하시는 하나님이시로다"(11절). 10편은 "여호와여 어찌 멀리 서시며 어찌하여 환난 때에 숨으시나이까"(1절)라고 한다. 11편도 개인적인 탄식의 시이다. "내가 여호와께 피하였거늘 너희가 내 영혼더러 새같이 네 산으로 도망하라 함은 어찜인고"(1절). 불신앙의 사람들은 다윗에게 위기를 피하라고 조언하였다. 이미 언급한 22편도 개인의 탄원으로 시작하여 메시아 예언으로 승화된 시이다.

◊ 찬미의 중요성

1) 다윗은 아침, 점심, 저녁으로 하루에 세 번씩 기도와 탄원을 한다고 했고(55:17), 찬송은 하루에 일곱 번 한다고 했다(119:164). 하나님은 우주 가운데 가장 높은 분이시며 자신의 보좌를 이스라엘의 찬송 중에 세우신다(22:3, "이스라엘의 찬송 중에 보좌를 정하시는 주여"-원문 참조). 하나님은 택하신 자들의 찬미를 통하여 피조물 가운데 자신을 높이시고 존귀케 되신다. 결국 하나님은 사람을 창조하시되 그분을 찬미하고 그분께 영광을 돌리게 하려 하신 것이다(사 43:7, "내 영광을 위하여 지었나니", 사 43:21, "내가 나를 위하여 지었나니 나의 찬송을 부르게 하려 함이라"). 115:17-18, "죽은 자가 여호와를 찬양하지 못하나니…우리는 이제부터 영원까지 여호와를 송축하리로다 할렐루야".

시편 150편 가운데는 전적으로 하나님을 찬양하는 할렐루야 시편이 있으며(106, 111-113, 135, 146-150편), 이스라엘 백성들이 일 년에 3차씩 성전에 올라가면서 부른 15편의 노래가 있다(120-134편). 시편의 중심은 하나님을 찬양하는 것이며, 성도의 신앙에서 찬양이 얼마나 중요한지를 강조한다. 특히 다윗은 찬양을 매우 중시한 사역자이다.

2) 하나님의 백성들은 또한 찬미의 제사를 드릴 줄 알아야 한다(히 13:5). 제사란 희생을 드리는 것이다. 즉 우리 편에서 손실이 있을 때라도 하나님을 찬미하는 것이다. 우리가 인생을 사는 동안 고난과 어려움과 비방이 있을지라도 여전히 하나님을 찬미해야 한다. 다윗은 기름부음을 받은 후 왕이 되기까지 사울에게 쫓김을 당했으며 끊임없는 징계와 고통 가운데 있었는데, 그런 상황에서도 그는 수많은 찬미의 시를 썼다. 이와 같이 성도는 고통과 시련 속에서도 여전히 하나님을 향해 노래할 수 있어야 한다. 이것이 바로 찬미의 제사를 드리는 것이다.

3) 믿음의 찬미를 배우라. 이 시대에는 거울(고대의 구리로 만든 거울은 사물이 흐릿하게 보임)로 보는 것처럼 모든 것이 흐릿하게 보일 뿐이다(고전 13:12上). 그러니 우리는 어떤 일을 만나도 광야의 이스라엘 백성처럼 불평하거나 원망하지 말고 다만 하나님을 믿고 찬미해야 한다. "이에 저희가 그 말씀을 믿고 찬송을 불렀도다"(시 106:12). 또한 시편 25, 100, 118, 136편 등에서 하나님은 영원히 인자하시고 선하시다고 말한다. 따라서 우리는 어떤 일에서든지 원망하거나 낙심하지 말고, 말씀에 따라 하나님이 선하시고 인자하심을 믿고 찬미하기를 배워야 한다. 우리는 우리에게 일어나는 여러 일들 가운데서 하나님께서 하시는 일이 결코 틀리지 않음을 믿어야 한다. 그리고 오늘 이해가 잘 가지 않더라도 하나님을 믿고 감사함으로 찬미해야 한다. 그 날 우리가 하늘에서 주님과 함께 있을 때에서야 우리는 완전한 지식을 갖게 될 것이며, 왜 우리의 인생 가운데서 그 때 그런 일들이 일어났는가를 알고 하나님을 찬미하며 경배할 것이다(고전 13:12下).

잠언

주요 내용 잠언은 하나님의 백성들 가운데 유행하던 속담, 격언들을 정리하고 편집한 것인데 주로 솔로몬의 것이 다수이다. 잠언의 역사는 오래되었고 옛 선조들은 이 지혜롭고 무게 있는 말씀으로 젊은이들을 가르쳐서 일생의 좌우명이 되게 하고 일상생활에 영향을 미치도록 했다.

잠언은 지혜서에 속한다. 솔로몬의 잠언 397개가 수록되어 있다. 잠언이란 히브리어로 '미쉘레'이다. '마샬'의 복수형으로서 '속담들', '격언들'이라고 할 수 있다. '마샬'이라는 히브리어의 본 뜻은 '예를 들면', '…과 같다', '비유하다' 등의 의미를 내포하고 있으며, 많은 사물들을 예로 들어서 규범과 훈계를 말하고 있다. 따라서 본서에는 '같이'라는 말이 많이 나온다(1:27, 3:12, 4:18, 5:19, 6:11, 18:11).

◊ 1-9장: 지혜를 찾으라

▸ 인생의 참 지혜(1:1-7)

잠언은 우리에게 인생을 사는 참 지혜를 알려준다. 의(義)란 우리의 행실을 말한다. 그 사람이 얼마나 경우에 맞게, 도리에 맞게 행동하는가를 말하는 것이다. 정직이란 정당하고 바르고 원칙이 있는 것이다. 영어의 'principle(원칙)', 'uprightness(똑바름)', 'equity(형평)' 등을 포함한다. 이런 사람이 되고자 한다면 잠언의 말씀을 끝까지 잘 배워야 한다(1:1). 잠언의 목적은 어리석은 자로 슬기롭게 하며, 젊은 자에게 지식과 '근신함'을 주며, 지혜 있는 자는 듣고 학식이 더하며 명철한 자는 모략을 얻을 수 있다고 말한다. 여기서 지혜란 세상 지혜가 아니라 하나님에 대한 인식과 경험, 적어도 하나님을 앎으로 얻은 지혜를 말한다. 어떻게 하면 지혜를 얻을 수 있는가? 신약의 믿는 이들은 구약의 성도들보다 훨씬 축복되다. 예수를 믿기만 하면 그리스도는 우리의 지혜가 되어주신다(고전 1:30).

▸ 악한 친구를 사귀지 말라(1:8-33)

잠언에는 '내 아들아'가 많이 나오는데, 이는 꼭 아버지가 자식에게 하는 말이 아니라 연장자가 젊은이에게, 교사가 학생에게 하는 말이다. 아비가 자녀에게 첫 번째로 한 말은 친구를 함부로 사귀지 말라는 것이다. 인생을 사는 데 있어서 처음부터 배워야 할 가장 중요한 지혜는 어떤 친구를 사귀냐는 것이다. 사람이 인생을 살면서 가장 영향을 많이 받는 존재가 친구이다. 이것은 시편을 시작하는 1편부터 권고하시는 말씀이다(1절, "복 있는 사람은 악인의 꾀를 좇지 아니하며").

첫번째로 사귀지 말아야 할 친구는 어떤 종류의 사람인가? 이를 탐하는 친구이다(19절). 세상을 살다 보면 뭔가를 거저 얻으려 하며, 유달리 자신을 중심삼고 자신의 유익과 이익을 위해 사는 사람을 만난다. 그러한 사람을 사귀지 말라는 뜻이다. 그런 사람을 사귀게 되면 둘 중 하나이다. 같은 종류의 사람이 되거나 이용당하게 된다. 그런 자들의 일이란 그저 여기저기 그물을 쳐놓고 가만히 엎드려 숨어서 기다리며 사람들이 돈과 함께 걸려들기를 바라는 것이다(1:11-19). 이단적 교회에 가입하는 것도 원칙상 같은 원리이다. 이단 교주들은 하나같이 자기의 이를 탐하는 자들이다(벧후 2:3). 여기저기 희한한 교리와 조직의 그물을 쳐놓고 사람들이 걸려들게 만든다.

지혜는 오늘도 여러 길거리에서 부르며 많은 곳에서 전파되고 있다, 그러나 사람들이 듣기를 싫어하고 멸시한다. 지혜를 멸시한 결과는 두려움과 재앙과 근심과 슬픔이 임하는 것인데, 그 때서야 지혜를 찾으면 대답지 아니하겠고 만나지 못하리라고 한다. 미리 지혜를 찾았어야 한다는 말씀이다(1:20-33).

▸ 이 세상에서 가장 보배로운 지혜와 지식을 찾으라(2:1-22)

지혜를 얻는 비결은 아비(좋은 교사)의 교훈을 잘 받아 간직하는 것이다. 또한 감추인 보배를 찾듯이 지혜를 찾는 것이다. 하나님은 정직한 자에게 지혜를 주신다고 하였다. 인간은 스스로의 지혜로 하나님을 알 수 없다(고전 1:21). 지혜를 원한다면 하나님께 구해야 한다. 그리하면 하나님께서 꾸짖지 아니하시고 후히 주신다(약 1:5). 지혜를 얻으면 영혼이 즐겁게 된다(2:10-12). 2장에서는 주로 지혜를 말하는데, 지혜가 있어야 음녀에게 빠지지 않고 선한 자의 길, 의인의 길, 생명의 길을 지킬 수 있다. 결국 음녀나 이단이나 악한 무리에게 빠지는 자들은 지혜가 없는 자들이라는 뜻이다.

▸ 주님의 말씀을 지킴으로써 장수하며 넘치는 평강을 얻음(3:1-35)

마음속에 하나님의 말씀, 하나님의 법 곧 지혜를 얻으면 건강 장수와 평강을 얻게 된다. 말씀으로 지혜를 얻은 사람들은 사람들을 인자와 자비로 대하게 되며 하나님과 사람 앞에 은총을 받게 된다. 우리는 온 마음으로 여호와를 의지하고, 우리의 명철,

우리의 지혜를 의지하지 말아야 한다. "내 아들아 여호와의 징계를 경히 여기지 말라 그 꾸지람을 싫어하지 말라 대저 여호와께서 그 사랑하시는 자를 징계하시기를 마치 아비가 그 기뻐하는 아들을 징계함같이 하시느니라"(3:12). 바울은 이 구절을 히브리서 12장에서 인용하였다. 성도들에게는 어떤 징계가 있어도 저주나 해가 없고 결국은 다 유익을 가져다준다. 하나님은 아비가 그 기뻐하는 아들을 징계하시듯이 우리를 징계하신다. 지혜를 얻는 것은 금이나 은을 얻는 것보다 귀하다고 한다(3:13-18). 이 지혜는 어디서 오는가? 하나님으로부터다. 창조 시부터 하나님의 지혜가 나타났다(3:19-20, 그분의 지혜로 땅을, 명철로 하늘을, 지식으로 해양의 분리와 공중의 이슬이 있게 하셨다). 그리스도를 따라 지혜롭게 살면 영혼의 생명이 되고, 어떤 환경에도 두려움이 없이 안연히 행하게 된다(3:21-26).

▸ 훈계를 잘 받음(4:1-27)

지혜와 명철을 얻으려면 훈계를 잘 받아야 한다. '선한 도리'란 70인 역을 보면 '선물'을 뜻한다. 즉 이것을 쓴 솔로몬도 아비인 다윗으로부터 선한 도리, 즉 선물을 받았다는 말이다. 잘 배운 사람이 잘 가르친다. 솔로몬이 아비 다윗으로부터 배운 내용은 주로 지혜의 중요성이었다("지혜가 제일이니 지혜를 얻으라", "그를 품으면 그가 너를 영화롭게 하리라", "생명의 해가 길리라", 4:7-10). 훈계는 한 번 잘 들었다고 되는 것이 아니라 굳게 잡는 것이 중요하다. 사특한 자들이 빨리 가는 길이 있다고 해도 그런 길로 들어서지 말라고 한다. 대부분의 이단이 그러하다. 진리의 말씀을 빨리 얻는 것을 좋아한다는 점에서이다. 그런 자들은 많은 어려운 환경을 통과하면서 배우거나 오랜 시간의 말씀 연구, 묵상, 기도 등을 통해 얻으려 하지 않으며, 단숨에 뭔가를 깨달았다 해서 자기는 옳고 타인은 틀리다는 확신을 갖게 되며, 심지어 타인이나 보편 단체들의 약점과 문제들을 비판하고 무너뜨려서 다른 사람이 이룩한 것 위에 자신을 놓는다(4:11-17). 정직한 길은 성취가 어렵고 오래 걸린다. "의인의 길은 돋는 햇볕 같아서 점점 빛나서 원만한 광명에 이르거니와"(4:18).

자식에게 주는 교훈의 중점은 부모의 훈계의 말씀을 지키며 마음에 간직하라는 것이며 무엇보다 사람은 마음을 지켜야 한다는 말씀이다, 그리고 인생의 길을 든든하게 쌓아가는 방식으로, 또는 정면으로 가라는 권면이다. 대부분의 이단이 그러하듯이 간첩같이 자신의 신분을 숨기고 은밀하게 행하는 것은 의인의 길이 아니다. "무릇 지킬 만한 것보다 더욱 네 마음을 지키라 생명의 근원이 이에서 남이니라"(4:24). 또한 우리 눈은 직선으로 바로 보고 우리 앞을 곧게 살펴 우리의 발이 행할 길을 평탄하게 하고 우리의 모든 길을 든든히 해야 한다. 허황되게 인생의 공적을 쌓아가서는 안 된다. 균형을 주의해야 하며 우로든 좌로든 한쪽으로 치우치는 것을 조심해야 한다.

▸ 근신을 지키라(5:1-23)

5장 2절의 '근신을 지키라'는 말은 이해하기가 좀 어려운데, 생각을 어거하여 바른 생각을 지향하는 것을 의미한다. 우리는 생각을 함부로 풀어놓아서는 안 된다. 5장 2절에서 우리가 가장 주의해야 할 것은 우리의 생각이다. 바른 생각을 할 뿐 아니라 그것을 말로 바르게 표현해야 한다.

5장 3-6절은 음녀를 조심하라고 하는데, 음녀를 글자대로 창기로 생각하는 사람도 있고, 제롬이라는 교부는 이단을 상징한다고 했다. 바울의 말은 늘 같은 말이고 단순하고 깨끗하였다. 음녀나 이단적인 사람들의 말은 처음에 들을 때에는 그 말이 꿀을 떨어뜨리는 것 같고 기름보다 매끄럽지만 나중에는 그것이 쑥같이 쓰고 칼같이 날카롭다. 그런 말을 들은 결과 세월이 지나면 그 맛이 쓰고, 칼이 되어 자신을 찌르며, 점점 죽어가고 마침내 음부에 떨어지게 된다. 솔로몬은 자기 아들에게 음녀를 경계하라고 간곡하게 말한다. 예전부터 학자들은 이단에 잘 빠지는 사람의 특징은 스스로 지혜롭고 교만하며 호기심과 욕심이 많은 것이라고 했다.

훈계를 받지 않는 사람, 즉 악인은 결국 악의 줄에 매이게 된다. 악인이란 훈계를 받아들이지 않는 사람이며, 의인이란 참된 훈계를 잘 알아듣고 받아들이는 사람이다.

▸ 보증을 함부로 서주지 말라(6:1-35)

보증을 함부로 서주지 말되 어쩌다가 이웃에게 담보 제공을 약속했다면, 그 날이 지나기 전에 빨리 가서 겸손하게 일이 잘못되었음을 인정하고 간청하여 노루가 사냥꾼의 손에서 벗어나는 것같이, 새가 그물 치는 자의 손에서 벗어나는 것같이 필사적으로 거기서 벗어나라는 것이다. 12절에서 19절까지는 사람이 선량해야 한다는 것을 말한다. 하나님께서는 은근한 눈짓을 하는 자나 마음에 패역을 품는 자나 악을 꾀하며 다툼을 일으키는 자, 즉 불량한 사람들을 싫어하신다. 아비의 명령과 어미의 법을 떠나지 않으면 인생을 사는 동안 보호가 될 것이며, 아비의 명령은 등불이고 어미의 법은 빛이며 훈계의 책망은 생명의 길이라고 했다. 이것이 그 사람을 지켜서 악한 여자에게, 이방 계집의 호리는 말에 빠지지 않게 할 것이다(20-35절). 우리 마음은 외면적인 일들에 끌려서는 안 된다, 가치를 내면에 두고 행해야 한다, 가장 내면적인 것은 주의 말씀이다, 밖의 아름다운 것에 끌리는 자는 망하게 된다는 경고이다. 어느 시대든지 아름다운 음녀가 있게 마련인데 색을 탐하면 망하게 된다고 말한다. 사람이 불을 품에 품고 어찌 그 옷이 타지 않겠느냐고 한다. 부녀와 간음하는 자는 무지한 자이며 자기의 영혼을 망하게 한다. 만지기만 해도 문제가 된다.

▸ 음녀를 피하고 말씀 지키기를 조심하여 하라(7:1-27)

성도들은 지혜(말씀)를 누이나 친척처럼 가까이 하여야 한다. 말씀을 가까이 하는 사람은 자기를 호리는 말이나 음녀로부터 자신을 지키게 된다. 7장에서는 어리석은 자의 행동을 사례로 들어 묘사한다. 어떤 어리석은 소년을 보니 생각 없이 본능을 따라 행하되 음녀가 사는 골목으로 끌리듯 들어서서 그 집으로 들어가더라는 것이다. 기생은 때로는 거리에서, 때로는 광장 모퉁이에서, 때로는 구석진 곳에 서서 남자들을 유혹하기 위해 기다린다. 기생이 이렇게 하는 것은 그를 유혹해서 돈을 벌려는 것이지만 그녀의 말에는 뭔가 종교적인 명분이 있는 것처럼 보인다. 그러니 이 어리석은 소년은 경험이 없으므로 속임을 당하는데 마치 소가 푸줏간으로 끌려가고 미련한 자가 벌을 받으려고 쇠사슬에 매이는 것과 같다. 그러므로 음녀의 길에 미혹되지 말라고 하면서 그러한 음녀에 빠져 죽은 자가 허다하다고 한다.

▸ 지혜의 탁월성(8-9장)

지혜의 말씀은 원하기만 하면 들을 수 있도록 널리 전파되고 있다, 그러나 밝은 마음이어야 들을 수 있다. 하나님의 지혜의 말씀은 지금도 계속 길가와 높은 곳과 사거리에서 소리를 높여 우리를 부르면서 울려 퍼지고 있다. 참 지혜를 얻으려면 신중한 이해력을 갖기를 힘써야 하고 대충 돌아다니며 줍는 식으로는 얻어지지 않는다. 이 구절에서는 지혜가 의인화되어 말하는데, 이를 얻으려면 그곳에 아예 주소지를 두고 살아야 한다고 말한다. 악한 것들 중에 으뜸이 교만이요 자만이며, 또 악하게 행하는 것과 비뚤어진 말을 하는 것이다. 지혜를 통하여 왕들이 치리하며 방백들이 공의를 세우며 재판관들이 다스린다, 참 지혜를 가질 때 부귀와 장구한 재물과 의도 있게 된다.

사실 지혜는 모든 만물보다 먼저 있었다. 천지 만물은 하나님의 지혜로 지어진 것이다. 여호와께서 창조하실 때 지혜이신 그 아들이 곁에 있어 창조자가 되어 날마다 그 기뻐하시는 바가 되었으며 항상 그 앞에서 즐거워하였다. 즉 성부가 우주를 창조하실 때 아들(지혜)도 함께했다. 그분의 신분은 아들이나 그분의 특징은 지혜이다. 지혜는 특히 사람을 기뻐했다, 이 귀한 지혜를 얻기 위해 문설주 옆에서 기다리는 자같이 되라. 주님과 말씀을 사랑하는 사람의 태도는 이러해야 한다. 지혜를 미워하는 자는 자기를 망하게 하는 자이다.

지혜는 과연 누구인가? 주님 자신이다(9:1-18). 8장 30절의 "내가 그 곁에 있어서 창조자가 되어 날마다 그 앞에서 즐거워하였으며"라는 말씀에서도 지혜가 의인화되었다. 따라서 지혜는 곧 그리스도이다. 그리스도 외에 누가 하나님이 창조하실 때 그 곁에서 창조자가 되어 그 앞에서 즐거워할 수 있었겠는가! "지혜가 그 집을 짓고". 이것은 그리스도의 성육신을 가리킨다. 지혜는 그리스도의 살과 피로 이뤄진 복음의 음식이니 먹어야 한다. 지혜는 먹는 방식으로 얻을 수 있다는 말씀이 참으로 기이하다. 지혜로운 사람에게 교훈을 주면 더욱 지혜로워진다. "여호와를 경외하는 것이 지혜의 근본이요 거룩하신 자를 아는 것이 명철이다"(10절). 어떤 일을 하든 항상 고심하며 두려워하는 태도가 하나님을 경외하는 것이다. 지혜는 재물뿐 아니라 장수를 얻을 수 있다. 성도는 아무에게나 듣지 말고 분별하여 들어야 하는데, 아무 것도 알지 못하고 떠드는 자들이 많기 때문이다. 도적질이란 자신의 노력으로 말씀과 지혜를 얻는 것이 아니라 남이 수고해 놓은 것을 다만 얄팍한 두뇌로 훔치는 것이다. 이것이 지식주의 교회들의 특징이다.

◊ 10:1-22:16: 솔로몬의 잠언집

◦ 10-15장은 의인의 길과 악인의 길을 말한다

▸ 지혜로운 마음(10:1-32)

1장 1절에서 "솔로몬의 잠언이라"고 한다. 그리고 10장 1절에서 또 한 번 "솔로몬의 잠언이라"고 한다. 그것은 어쩌면 이 부분이 잠언서에서 중요한 부분임을 가리키는 것이라고 할 수 있다. 불의의 재물이란 불의한 방법으로 축적한 재물이다. 불의하게 돈 벌려 하지 말고 의롭고 정직하게 돈을 벌라는 것이다. 그러한 사람은 위기가 닥쳐도 하나님이 구해주신다.

게으르게 살지 말라. 잠언의 후반부로 갈수록 게으른 것과 부지런한 것의 대비가 많이 나오는데, 무조건 시간을 많이 들이는 것을 말하는 것이 아니라 부지런한 사람은 때를 맞추어 일한다는 것이다. 잠언에서 거듭 말하는바 지혜로운 자란 사람들의 경계와 권면과 책망을 잘 받아들이는 사람이다. 사람이 패망하는 것은 합당한 명령을 듣지 않으려는 고집과 혀 때문이다. 바른 길로 행한다는 것은 정도(正道)를 걸어가는 것이다. 그런 자의 마음은 항상 평안하다. 의인의 말에는 생명이 있다. 그러나 그 속에 하나님의 말씀이 없는 자들, 자기 의도와 주장, 자기 고집과 의도와 뜻대로 하는 자들의 말을 계속 듣다 보면 독을 받아들이게 된다.

▸ 의로운 재물 관리, 정직하고 성실하라(11:1-31)

하나님은 속이는 저울을 미워하신다. 재물 관리에 있어서 우리는 의롭고 공정해야 한다. 금전을 다루는 데서 깨끗할 때 하나님은 그 사람을 축복하신다. 정직한 사람이 의롭게 행하는 것은 자기를 좋게 인도한다. 그러나 사특한 자, 불의한 자는 자신을 망치게 된다. 재물이 우리에게 필요하긴 하지만 진노하시는 날에는 재물이 그 진노를 막을 수 없다. 죽게 되면 재물이 그 사람을 구원할 수 없다. 그러나 그리스도의 보혈로 말미암은 의(righteousness), 믿음으로 말미암은 의는 죽음에서 그를 건진다. 의인은 죽음과 환난 앞에서도 소망이 있고 행복이 있다. 정직한 자의 축복으로 성읍은 진흥하고, 악한 자의 말 때문에 나라와 교회는 무너지게 된다. 지도(통치)를 잘못하면 나라가 망하고 모사(counselor)가 많으면 평안을 누린다. "유덕한(은혜로운) 여자는 존영을 얻고 근면한 남자는 재물을 얻는다"(16절). 잔인한 자는 자기의 몸을 해롭게 하고 인자한 자는 영혼과 육체가 건강하다. 악인은 악을 정당화하고 싶기에 찬동자를 모으나 피차 손을 잡아도 심판을 받게 된다. 민수기의 고라당이 대표적이다(21절). "흩어 구제하여도 부하게 되고, 과도히 아껴도 가난하게 된다"(24절), "구제를 좋아하는 자는 풍족하여지고 남을 윤택하게 하는 자는 윤택하여진다"(25절), "지혜로운 자가 사람을 얻는다"(30절).

▸ 훈계를 좋아하는 자는 지식을 얻는다(12:1-28)

참된 지식은 다른 사람의 충고와 권면을 받아들일 때 훨씬 더 많이 얻게 된다. 남의 권면이나 훈계를 받아들임으로써 다른 세계를 보는 눈이 열리며 그릇이 더 커진다. 아내를 잘 얻으면 면류관을 하나 얻는 것 같고 남편에게 욕을 끼치는 여인의 특징은 남편과 말다툼을 잘 하는 것이다. '다투는 부녀'란 천성적으로 다투기를 잘 하는 여자를 말하는데, 그런 부녀를 제어하는 것은 '바람을 제어하는 것'과 '기름을 움키는 것'처럼 불가능하다고 한다.

의인은 생각 자체가 공의롭고 선하며 다른 사람의 유익을 구하고 자기의 유익을 구치 않는다. 생각이 공직하다는 것은 공평하고 객관적이며 모두의 평화와 유익을 위하는 생각을 갖는 것이다. 지혜로워야 칭찬을 받고 명성을 얻는다. 여기의 지혜는 단순한 지혜가 아니라 통찰력(insight)이다. 좋은 명성은 하루아침에 얻어지는 것이 아니다. 또한 패려한 자(왜곡된 생각을 가진 자)는 멸시를 당하게 된다. 사람은 조심 없이 하는 말로 어려움에 걸려든다. 자기 행위가 늘 옳은 줄로 여기는 사람은 미련한 사람이다. 다른 사람의 권고를 기꺼이 듣는 사람이 지혜로운 사람이다. 분노를 당장에 나타내는 자는 미련한 자다, 슬기로운 자는 수욕을 참는다. 악을 꾀하면 불화가 오고, 화평을 논하면 희락이 온다. 하나님의 기뻐하시는 입술은 진실이다. 지식을 감추어 두어야 지혜로운 자다. "부지런한 자의 손은 사람을 다스리게 되어도 게으른 자는 부림을 받는다"(24절).

▸ 입술의 열매(13:1-25)

입을 지키는 자는 생명을 보존하나 크게 벌리는 자는 멸망한다. "게으른 자는 마음으로 원하여도 얻지 못하나 부지런한 자의 마음은 풍족함을 얻는다"(4절). 의인은 거짓말을 미워한다. 다윗은 "내가 거짓을 미워하며 싫어하고 주의 법을 사랑한다"(시 119:163)고 하였다. 의인의 인생은 빛나고 악인의 등불은 꺼진다. 교만에서는 다툼만 일어난다, 소망하는 바가 너무 늦게 이루어지면 맘이 상하나 이루어지면 생명나무이다(12절). 말씀을 멸시하면 패망을 이루나 귀히 여기면 상을 얻는다. 지혜로운 자와 동행하면 지혜를 얻고 미련한 자와 사귀면 해를 당한다. 수고는 이익을 내지만 입으로 말만 하는 사람은 궁핍을 이룬다.

▸ 지혜로운 여인은 그 집을 세우나 미련한 여인은 헌다(14:1-35)

현숙한 여인은 집을 세우나 미련한 여인은 자기 손으로 그것을 헌다. 가정이 세워지는 것과 무너지는 것이 부인의 손에 달려 있다. 잠언은 여기저기서 현숙한 아내를 강조한다(잠 31장 참조). 또한 잠언에서는 정직이 강조되고 입의 말이 강조되는 것이 특징이다(2-3절). 소가 있으면 구유가 더럽고 할 일이 많으나 소가 있어서 얻는 유익이 많다(4절). 슬기로운 자의 지혜는 자기의 갈 길을 아는 것이고, 미련한 자는 갈 길을 모르고 속임을 당한다(8절). 미련한 자는 죄를 가볍게 여기고, 정직한 자는 자기의 죄를 심각히 여기어 회개하고 주님의 은혜를 얻을 수 있다(9절). 자신의 마음의 고통과 즐거움은 타인이 잘 알지 못한다(10절). 어떤 길은 사람의 보기에 바르나 필경은 사망의 길이다(12절). 다른 사람들의 말을 함부로 믿는 것은 어리석은 일이다(15절). 또한 노하기를 속히 하는 것도 어리석은 것이다(17절). 마음의 화평은 육신의 생명이라고 했다. 즉 마음이 잔잔하고 고요하면 육신도 건강하다. 그러기 위해 가장 좋은 길이 기도와 말씀이다. 시기, 원망, 분노, 긴장, 미움 같은 것들을 속에 두면 뼈가 썩는다. 가난한 사람을 학대하는 자는 그를 지으신 자를 멸시하는 것이다.

▸ 의인과 악인(15:1-33)

유순한 대답이 분노를 가라앉게 하는 반면 과격한 말은 노를 격동시킨다. 여호와의 눈은 어디서든지 악인과 선인을 감찰하신다(3절). '온량한 혀'는 원문에서 '치료하는 혀'라는 뜻이 있는데 곧 생명나무라고 한다. 온당하고 유순하며 좋은 말은 사람의 상한 영혼을 치료한다. 마음에 정함이 없다는 것은 미련하다는 뜻이다. 악인의 제사는 여호와께서 미워하시나 정직자의 기도는 그분이 기뻐하신다(8절). "음부와 유명도 여호와의 앞에 드러나거든 하물며 인생의 마음이리요"(11절). 재산이 적어도 여호와를 경외하는 것이 부하고 번뇌하는 것보다 낫다. 채소를 먹어도 서로 사랑하며 사는 것이 고기를 먹으며 서로 미워하는 것보다 낫다 "분을 쉽게 내는 자는 다툼을 일으켜도 노하기를 더디 하는 자는 시비를 그치게 한다"(18절). 지혜자들과 의논하려 하지 않기 때문에 경영이 파하고 목적이 이루어지지 못한다(22절). "의인의 마음은 대답할 말을 깊이 생각하여도 악인의 입은 악을 쏟느니라"(28절). "여호와는 악인을 멀리 하시고 의인의 기도를 들으신다"(29절). 훈계를 받기 싫어하는 사람은 자기의 영혼을 경히 여기는 자이다(32절).

◦ 16-22장은 성도의 경건한 삶에 관한 것이다

▸ 어떻게 인생을 살아나갈 것인가(16:1-33)

사람이 계획을 세우지만 일의 성사는 하나님께 달려 있다(1절). 사람의 행위가 사람 보기에 깨끗해도 여호와는 심령을 감찰하신다(2절). "너의 행사를 여호와께 맡기라 그리하면 너의 경영하는 것이 이루리라"(3절). "여호와께서 온갖 것을 그 씌움에 적당하게 지으셨나니 악인도 악한 날에 적당하게 하셨느니라"(4절). 6절에서 인자와 진리로 인하여 죄악이 속하게 된다는 것은 하나님께서 우리의 죄를 속하실 때 한편에는 사랑과 인자가 있고 또 한편에는 공의와 진리가 있었다는 뜻이다(6절). 이 양편이 만족된 곳이 십자가이다. 사람이 하나님을 기쁘시게 하는 행위를 하면 원수와도 화목케 될 수 있다(7절). "사람이 마음으로 자기의 길을 계획할지라도 그 걸음을 인도하는 자는 여호와이시다"(9절), "지혜를 얻는 것이 금을 얻는 것보다 낫고 명철을 얻는 것이 은을 얻는 것보다 낫다"(16절), "겸손한 자와 함께하여 마음을 낮추는 것이 교만한 자와 함께하여 탈취물을 나누는 것보다 낫다"(19절), "삼가 말씀에 주의하는 자는 좋은 것을 얻는다"(20절), "선한 말은 꿀송이 같아서 마음에 달고 뼈에 양약이 된다"(24절), 말이 많은 자는 친한 벗을 이간시킨다(28절). "노하기를 더디 하는 자는 용사보다 낫고 자기의 마음을 다스리는 자는 성을 빼앗는 자보다 낫다"(32절).

▸ 지혜로운 인생을 살라(17:1-28)

슬기로운 종은 아들에 버금간다(1-2절). 하나님은 많은 환경을 통해서 은이나 금을 연단하듯이 우리의 마음을 연단하신다. 악을 행하는 자들은 악한 말들을 귀 기울여 듣고 거짓말하는 자들은 파멸하는 말들에 귀 기울인다(4절). "가난한 자를 조롱하는 자는 이를 지으신 주를 멸시하는 자다"(5절)

8절은 뇌물의 위험성을 말한다. 진정한 사랑은 남의 허물을 덮어준다(9절). 악으로 선을 갚는 사람이 있는데, 그러면 그 집에서 악이 떠나지 않는다(13절). 우리는 결코 자신에게 은혜를 끼친 은인 같은 사람, 부모 같은 사람을 배신해서는 안 된다. 그렇게 하는 것은 그의 인생에 재앙을 초래하게 된다. 사소하게 터져 나오는 문제가 있을 때 시비를 그치는 것이 현명하다. 그것을 미연에 방지하지 않으면 나중에는 방축이 터지듯이 걷잡을 수 없는 상황으로 치닫게 된다. 늘 사랑하는 친구도 귀하지만 정작 위급할 때는 가족이 나선다. 평소 가족을 소홀히하지 말라는 말씀이다(17절). 자신의 우월성을 너무 과시하면 파멸을 자초한다(19절). "마음의 즐거움은 양약이라도 심령의 근심은 뼈로 마르게 하느니라"(22절). 지혜자는 현실을 직시하나 미련한 자는 현실을 도피하고 항상 눈을 멀리 추상적인 데 둔다(24절).

▸ 무리에게서 스스로 나뉘는 자는 자기의 소욕을 따르는 자다(18:1-24)

"무리에게서 스스로 나뉘는 자는 자기 소욕을 따르는 자요 참 지혜를 배척하느니라". 말하자면, '독선적 분리주의' 성격을 갖고 있는 사람이다. 그는 이런저런 이유를 들어 무리에게서 자신을 분리시키지만 세월이 오래 지나고 보면 자기의 소욕이 있어서 그렇게 했다는 것을 알게 된다.

"미련한 자는 명철을 기뻐하지 아니하고 자기의 의사를 드러내기만 기뻐하느니라"(2절). 명철이란 하나님을 경외함으로 함부로 행동하지 않고 다른 사람의 권면과 권고를 잘 듣는 것을 말한다. 좋지 않은 부류의 사람들과 함께하게 되면 멸시와 능욕이 있게 된다(3절). "명철한 사람의 입의 말은 깊은 물과 같고 지혜의 샘은 솟쳐 흐르는 내와 같으니라"(4절). "남의 말 하기를 좋아하는 자의 말은 별식과 같아서 뱃속 깊은 데로 내려가느니라"(8절). "사연을 듣기 전에 대답하는 자는 미련하여 욕을 당하느니라"(13절).

양편의 말을 들어보고 판단하라. "송사에 원고의 말이 바른 것 같으나 그 피고가 와서 밝히느니라"(17절). 좋은 아내를 얻은 것은 여호와의 은총을 얻은 것이다(22절). "가난한 자는 간절한 말로 구하여도 부자는 엄한 말로 대답한다"(23절). 많은 친구가 있으면 해를 받기도 하는데, 친구들 중에는 좋은 친구, 즉 형제보다 가까운 친구도 있다(24절).

▸ 가난하더라도 성실하라(19:1-29)

사람의 가치는 그가 얼마나 정직하고 양심에 따라 사는가에 있지 그 사람의 재산의 많고 적음에 있지 않다. 사람이 소원이 있어야 하되 지식 있는 소원이 가치가 있다. 2절의 발이 급한 사람은 그릇 된다고 하는데, 분별력이 없이 속히 어떤 일을 행동에 옮기는 사람은 결국 잘못된다는 뜻이다. "어리석게 자기가 잘못해놓고 여호와를 원망한다"(3절). 2-3절은 연결된 말씀이다. 돈으로 사귀게 된 친구들은 돈이 없어지면 사라진다(4절). 주기를 좋아하는 사람에게는 친구가 많다. 지혜를 얻고자 하는 자가 영혼을 사랑하는 자다(8절). 종의 근성, 노예의 근성을 가진 사람들에게는 다스릴 수 있는 역량이 없다. 만일 그러한 사람이 다스린다면 그 국가나 단체의 사람들은 많은 괴로움을 당하게 된다(10절). 가난한 자를 불쌍히 여기는 것은 여호와께 꾸이는 것이라고 한다. 과도하게 노하지 말라, 인자하라, 게으르지 말라, 지식의 말씀에서 떠나게 하는 교훈을 삼가라고 권면한다.

▸ 포도주는 거만하게 하고, 독주는 떠들게 한다(20:1-30)

술에 취하여 사람의 이성과 감정과 말이 잘못되면 망하게 된다(1절). 어리석은 자가 다투는데 다툼을 멀리해야 사람에게 영광이다(3절). 춥다고 밭 갈지 않으면 추수가 없다. 누구나 인간의 속은 깊다. 따라서 남의 깊은 속의 모략을 모른 채 함께하다가 오랜 세월을 낭비하는 경우가 있다(5절). 스스로 인자하다고 자랑하는 사람은 많은데 모름지기 진실하고 충성된 자는 적다(6절). 진정 의인은 순결한 사람들이며 의로운 삶을 사는 자들인데 그 복이 후손들에게 미친다(7절). 아이에게도 도덕적 바탕이 있기 때문에 어릴 때부터 잘 가르치면 합당한 인격으로 자라날 수 있다(11절).

게으르면 빈궁하게 된다. "세상에 금도 있고 진주도 많지만 지혜로운 입술이 더욱 귀한 보배이다"(15절). "스스로 악을 갚겠다 하지 말고 여호와를 기다리라 그가 너를 구원하시리라"(22절). 사람의 인생길은 여호와께로 말미암는지라 미래는 알지 못한다(24절). 30절은 자녀들을 책망을 할 때는 엄하게 해야 효력이 있다는 말씀이다.

▸ 잠언 교육의 숨은 뜻(21:1-31)

잠언은 지혜서이고 솔로몬 왕이 쓴 것인데, 이런 지혜의 말씀들이 하나님의 자녀들에게 필요한 이유는 하나님의 자녀들이 잘 가르침을 받고 자라서 교회를 잘 섬겨야 하며, 장래 그리스도의 왕권에 참여하여 열국을 다스려야 하기 때문이다.

왕의 마음이 여호와의 손에 있다는 것은 일국의 왕이라도 하나님께서 그분의 뜻대로 그 마음을 주관하신다는 뜻이다(1절). 사람이 자신을 아는 것보다 하나님께서 더 그를 아신다. 의와 공평, 겸손, 성실, 곧고 공명정대할 것을 가르친다(2-8절). 남의 재앙을 좋아하지 말라. 하나님은 악인을 오랫동안 보시다가 환난에 던지신다. 기난한 자를 도와주지 않으면 자신이 어려울 때 들을 자가 없다(13절). 18절에 '악인은 의인의 대속이 된다'는 것은 정의가 수행되려면 악인은 처벌되어야 한다는 말씀이다. 의와 인자를 구하라. 입과 혀를 지키면 환난을 피한다. 하나님의 말씀 위에 자기를 올려놓지 말라. 자신들의 조직 유지와 발전을 위해 하나님의 말씀을 유린하는 자들이 있다. 그것은 망령된 것이다. 움켜쥐지 말고 주어라(21-26절). 진실하고 확실한 증인의 말은 힘이 있다, 인간의 수완과 지혜로 하나님을 당하지 못한다, 이김은 여호와께 있다(26-27절).

▸ 재물보다 명예와 은총이 귀하다(22:1-29)

많은 재물보다 더 고귀하고 명예롭고 유익한 것이 명예와 은총이다(1절). 고대로부터 빈부가 섞여 있음은 하나님의 섭리이다(2절). 슬기로운 자는 재앙을 피할 수 있는 순발력이 있다(3절). 재물과 영광과 생명(건강과 영생), 이것은 우리의 인생에서 다 함께 있으면 참 좋은 것들인데 이를 얻을 수 있는 요건은 첫째가 겸손이요 여호와를 경외함이다(4절). 패역한 길에는 가시와 올무가 있다(5절). 아이 때 교육은 늙어서까지 간다(6절). 가난한 자에게 주는 선한 눈을 가진 자는 복을 받는다(9절). "거만한 자를 쫓아내면 다툼이 쉬고 싸움과 수욕이 그친다"(10절). 하나님은 겸비하고 지혜로운 자를 기뻐하신다. 주님은 그러한 자를 그 눈으로 지키시나 배역적인 사람의 말은 패하게 하신다(12절). 게으른 자는 그 핑계가 있는데, 사자가 밖에 있으니 나가면 거리에서 찢긴다고 한다(13절). "음녀의 입은 깊은 함정이라 여호와의 노를 당한 자는 거기 빠지리라"(14절).

◊ 22:17-24:22: 지혜 있는 자의 말씀

▸ **서론(22:17-27)**

22장 17절부터는 솔로몬이 말하는 방식을 좀 바꾸었다. 담화식으로 말을 이어가고 있다. 첫째는 지혜 있는 자의 말씀을 듣고 그 지식에 마음을 두라고 했다. '준행하고 입으로 말해보고 서로 화답하라!' 그래야 그 진리가 우리에게 습득이 된다. 22-23절은 약한 자를 잘 대하라고 권한다. "노를 품는 자와 사귀지 말며 울분한 자와 동행하지 말지니 그 행위를 본받아서 네 영혼을 올무에 빠칠까 두려움이니라"(24-25). 그 격노함과 울분은 전염된다. "빚보증 서지 말라", "타인의 권리를 침해하지 말라"(26-27절).

▸ **관원의 음식상 앞에서 조심하라(23:1-35)**

1절은 관원과 함께 수저를 들었을 때 조심하라고 한다. 밥상에서 그 사람의 진면목이 잘 나타난다는 말씀이다. 고관들의 아랫사람에 대한 눈은 날카롭다. 부자 되려고 너무 애쓰지 말고 재산을 불리기 위해 도모하지 말라고 한다. 사사로운 지혜로 큰돈을 벌려 하다가 패가망신하는 경우는 허다하다(4-5절). 아무에게나 혜택을 받지 말라고 한다. 선심을 쓰거나 후한 접대를 해놓고 악한 눈으로 바라볼 수 있다(6-7절). "미련한 자에게 지혜의 말을 주지 말라"(9절). "여호와를 경외하면 네 소망이 끊어지지 않으리라"(17-18절). "지혜를 얻어 정로로 걸어라", "부모에게 청종하라", "음녀와 술을 조심하라"(26-35절).

▸ **악인의 형통을 부러워 말고 그를 가까이 하지 말라(24:1-22)**

악인의 형통을 부러워 말고 자신의 인생을 아름다운 집처럼 잘 짓고 잘 가꾸라(1-2절). 인생을 지혜와 지식으로 귀한 집처럼 잘 건축하라(3-4절). 승리하려면 모략이 있어야 한다. 지혜 없는 자는 공적(公的)으로 담대하게 말을 하지 못한다. 무슨 일을 선하고 정당하게 정면으로 하는 것이 아니라 늘 뒤에 숨어서 악을 도모하는 자들이 있다(5-7절). 환난 때에 낙담하지 말고, 사람이 위기에 처한 경우 최선을 다해 돕고 구하라(10-12절). 마음으로 깊이 말씀을 받아들이는 것은 꿀을 먹는 것과 같다. 이렇게 말씀을 영혼 깊숙이 받아들인 사람들은 장래가 있고 소망이 끊어지지 않는다(13-14절). 의인은 일곱 번 넘어질지라도 일어날 것이지만 악인은 재앙으로 인하여 엎드러진다(16절). 원수가 넘어질 때 즐거워하지 말고 엎드러질 때 기뻐하지 말라. 그 진노를 너에게 옮기실 수 있다(17-18절). 행악자의 성공에 분을 품지 말고 악인의 형통을 부러워하지 말라, 그런 자들은 장래가 없다(19-20절). 왕을 경외하고 반역자로 더불어 사귀지 말라(21-22절). 재판은 공정해야 한다(23-25절). 적당한 대답은 입맞춤과 같다(26절). 지혜자는 범사를 그냥 지나치지 않고 사람들의 행동의 결과를 보면서 거기서 깊은 마음으로 훈계를 받는다(30-34절).

◊ 25-26장: 히스기야 시대에 편집된 잠언

▸ 일을 숨기는 것(25장)

사람은 하나님께서 하시는 일을 다 알지 못한다. 하나님의 하시는 일은 많은 부분이 숨겨져 있으나, 그 자체가 하나님의 영광이다. 대조적으로 왕의 임무는 문제의 진상을 밝혀 민생의 어려움을 해소시켜주는 것이며, 이것이 왕의 영화이다. 급히 나가서 다투지 말고, 회가 나더라도 이웃의 은밀한 일을 누설하지 말라(8절). "경우에 합당한 말은 아로새긴 은쟁반에 금 사과니라"(11절). "슬기로운 자의 책망은 청종하는 귀에 금고리와 정금 장식이니라"(12절). "충성된 사자는 그를 보낸 이에게 마치 추수하는 날에 얼음냉수 같아서 능히 그 주인의 마음을 시원케 하느니라"(13절). 부드러운 요청과 오랜 인내는 관원도 용납한다(14절). 과하게 욕심 부리지 말라, 토하게 된다(16절). 이웃집에 너무 자주 다니지 말라. 귀함이 떨어진다(17절). 환난 날에 자기에게 잘해주는 사람, 달콤한 말을 해주는 사람을 너무 의뢰하지 말라. 부러진 이와 같을 수 있다(19절). 마음이 상한 자에게 노래하지 말라. 네 원수가 배고파하거든 먹이라(20-22절). 먼 땅에서의 좋은 기별은 목마른 사람에게 얼음냉수와 같다(25절). 우리는 신약에서 사도들이 잠언의 말씀을 귀하게 여겨 인용한 것을 볼 수 있다.

▸ 미련한 자에게는 영예가 적당하지 아니하다(26:1-28)

미련한 자는 히브리어 원문에서 '죄로 강퍅해져서 회개하지 않는 자'를 말한다. 그런 자에게 영예를 부여하는 것은 마치 여름에 눈 오는 것과 같고 추수 때에 비 오는 것과 같다. 이 세상에는 지혜자도 있지만 미련한 자도 있다. 미련한 자에게는 기대할 것이 없다. 상대가 미련한 것을 빨리 알아채는 것이 필요하다. 개가 토한 것을 먹는 것처럼 미련한 자는 그 미련한 짓을 거듭 행한다(1-12절). 13-16절은 게으른 자에 대한 말씀인데, 게으른 자는 문짝이 돌쩌귀를 따라 늘 제 자리서 도는 것처럼 침상에서 뒹군다(14절). 17-28절은 다툼의 무익함을 말하며, 악감을 감춘 부드러운 말도 있음을 경고한다.

◊ 27-29장: 자기를 지키라

▸ 내일 일을 자랑하지 말라(27:1-27)

"너는 내일 일을 자랑하지 말라 하루 동안에 무슨 일이 일어날는지 네가 알 수 없음이니라"(1절). "타인으로 너를 칭찬하게 하고 네 입으로는 말며 외인으로 너를 칭찬하게 하고 네 입술로는 말지니라"(2절). 미련한 자의 분노를 자극하면 심각한 결과가 온다. 사람의 분노는 잔인하고 창수와 같다(3-4절). 면책은 숨은 사랑보다 낫다. 어렵더라도 참되게 충고해 주는 것이 숨은 사랑보다 낫다는 것이다(5-6절). 보금자리를 떠나 방황하는 새같이 되지 말라(8절). 오랜 친구를 버리지 말라(10절). 슬기로운 자는 재앙을 보면 숨어 피하나 어리석은 자는 나아가다 해를 당한다(12절). 지나친 축복은 저주같이 들린다(14절). 철이 철을 날카롭게 하는 것같이 사람이 그 친구의 얼굴을 빛나게 한다(17절). 사소한 일도 충실히 해라(18절). 물에 비취이면 얼굴이 서로 같은 것같이 사람의 마음도 서로 비췬다(19절). 상대가 나의 거울이라는 가르침이다. 사람의 눈은 만족이 없다(20절). 사람은 칭찬해볼 때 어떤 사람인지 드러난다(21절). 미련한 자는 미련을 벗기 어렵다(22절). 자신의 소임에 최선을 다하라. 우리가 사는 동안 근면하게 삶을 영위해야 하지만(25-27절), 재물과 지위는 결코 오래가지 않는다(24절).

▸ 악인과 의인의 비교(28:1-28)

악인은 쫓아오는 자가 없어도 도망하나 의인은 사자같이 담대하다(1절). 명철과 지혜가 있는 좋은 지도자는 나라를 장구하게 한다(2절). 가난한 자를 함부로 요직에 등용하지 말라(3절). "율법을 버린 자는 악인을 칭찬하나 율법을 지키는 자는 악인을 대적한다"(4절).

9절은 말씀은 지키지 아니하고 그저 입술로 기도하는 것의 문제점을 지적한다. 그런 기도는 응답을 받지 못한다. 돈이 많으면 아첨꾼들이 모여드는데, 부자는 그들이 정말 자기를 존경하고 좋아해서 모여드는 줄로 착각하나 가난한 자들은 안다(11절). "자기의 죄를 숨기는 자는 형통치 못하나 죄를 자복하고 버리는 자는 불쌍히 여김을 받는다"(13절). 세상에는 무지한 치리자와 악한 관원이 많다.

▸ 자주 책망을 받아도 교정이 안 되는 사람은 패망을 당한다(29:1-27)

주변 사람들에게 자주 책망을 받으면서도 말을 귀담아 듣지 않고 제멋대로 하는 고집이 센 사람은 패망을 피하지 못한다. 의인들은 아내와 자녀들을 사랑하고 가난한 자의 사정을 알아주며 주위 사람들을 사랑한다. 악인은 주위 사람들의 가난과 궁핍을 몰라주고 상습적으로 죄를 범한다. 모만한 자란 '경멸하는 자'라는 뜻인데, 그런 사람이 나라를 다스리는 일에 관여할 때 요란스러움이 일어난다(8절). 슬기로운 자는 노를 그치게 한다. 그런 사람은 사려 깊은 대책을 만들어내서 분쟁을 잠재우고 파당 간에 화해시켜 분열이라는 해로운 결과를 미연에 알고 방지한다. 어리석은 자는 분이 나면 자기 속에 있는 말을 즉시 다 쏟아내지만 지혜로운 사람은 마음에 있는 것을 즉시 드러내지 않고 마음에 담아두고서 다시 생각해볼 시간을 갖는다(11절). 거짓을 경청하는 관원에게는 악한 부하들이 모여든다(12절). "묵시가 없으면 백성이 방자히 행한다"(18절). 일정한 감시나 규제가 없이 말로만 하면 종은 고쳐지지 않는다, 조급한 종은 일을 그르친다, 종을 너무 곱게 양육하면 자식인 체 한다(19-21절). "불의한 자는 의인에게 미움을 받고 정직한 자는 악인에게 미움을 받는다"(27절).

◊ 30-31장: 부록

▸ 아굴의 잠언(30:1-33)

2절에서 4절까지의 말씀을 보면, 이 아굴이라는 사람은 자신을 낮춰서 보통 사람들 수준에도 미치지 못하는 자로 자기를 표현했다. 사실 솔로몬은 지혜의 왕인데, 마지막으로 지혜서를 완성하는 시점에서 (아굴이 만일 솔로몬 자신이라면) 자신을 낮출 필요가 있었다. 그는 자신이 하나님을 모르는 자라고 했다. 저자는 많은 지혜의 말을 말하고 나서 겸손하게 하나님에 관한 일로 가르침받기를 원한다면 하나님의 말씀에 직접 나아가라고 권한다. 그는 또한 허탄한 거짓말을 하지 않게 해달라는 것과 너무 가난하게도 부하게도 말게 해달라는 두 가지 일을 구했다.

종은 상전을 훼방하지 말라고 한다(10절). 11-14절은 악한 것 네 가지-부모를 저주하는 무리, 종교적 위선자들, 눈꺼풀이 높이 들린 자들, 약자를 구박하는 잔인한 자들(11-14절)을 말한다. 만족이 없는 네 가지는 거머리, 음부, 아이 배지 못하는 태, 물로 채울 수 없는 땅, 불이 그것이다. 자취가 없는 것들 서너 가지는 공중에 날아다니는 독수리의 자취, 반석 위로 기어다니는 뱀의 자취, 바다로 지나다니는 배의 자취, 남자가 여자와 함께한 자취이다(18-19절). 인류를 고통스럽게 하는 서너 가지는 종이 임금된 것, 미련한 자가 배부른 것, 꺼림을 받는 여자가 시집을 간 것, 계집종이 주모를 이은 것이다(21-23절). 작지만 지혜로운 것 네 가지는 개미, 사반(아라비아 들쥐),

메뚜기, 도마뱀이다. 위풍 있게 사는 것 서너 가지는 사자, 사냥개, 수염소, 왕이다(29-31절). 우리가 저지른 실수는 얼른 만회해야 한다. 말하다가 혹 미련한 말로 높은 체 하였다면 손으로 입을 막듯이 얼른 취소해야 한다. 혹 악한 생각이 있었다면 말로 발설하지 않도록 입을 지켜야 한다. 젖을 저으면 뻐터가 되고 코를 비틀면 피가 나는 것처럼 노를 격동하면 다툼이 일어난다.

▸ 르무엘 왕의 잠언(31:1-31)

'르무엘'은 '하나님께 바친 자'라는 뜻이다. 르무엘이 또 다른 사람을 말하는지 아니면 솔로몬을 가리키는지는 확실하지 않다. 이 장은 어머니가 아들에게 한 말이다. 첫째 여자를 많이 두고 기력을 뺏기다 보면 정사를 소홀히하여 나라가 어지럽게 된다고 하였다. 르무엘이 만일 솔로몬이라면, 그는 어머니의 이 교훈을 저버린 셈이다. 둘째는 술을 조심하라고 하였다. 왕이 술에 잠겨 있으면 냉철한 판단력을 잃어 나라가 어지럽게 되며 지력이 떨어져 통치에 표준이 되는 법을 잊어버리게 된다. 셋째는 적극적으로 가난하고 압제받는 사람들을 위해 일을 하라는 것이다. 10절부터는 현숙한 아내에 대한 시이다. 잠언에는 악처에 대한 언급이 많다. 21장, 25장, 27장에 있다. 그런데 마지막은 현숙하고 이상적인 아내로 끝맺는다. 아내란 얼마나 중요한 존재인지! 잠언에서 여러 번 반복해서 아내의 중요성을 강조한 것은 매우 흥미롭다. 현숙한 여자는 심적으로나 가정적으로나 남편을 유익하게 하고 해롭게 하지 않는다. 근면하고 부지런하며 자비롭고 가정을 잘 돌본다.

▸ 잠언의 정경성

신약 성경의 기자들은 잠언의 말씀을 성경으로 인정하여 많이 인용하였다. 잠언을 단순히 도덕적 교훈서로 여기고 가볍게 읽어서는 안 된다. 예를 들면, 1) 3장 7절의 "스스로 지혜롭게 여기지 말라"는 말씀은 사도 바울이 로마서 12장 16절에서 인용하였으며, 2) 3장 11-12절의 "여호와께서 그 사랑하시는 자를 징계하시기를 마치 아비가 그 기뻐하시는 아들을 징계함같이 하느니라"는 말씀은 히브리서 12장에서 인용되었고, 3) 10장 12절의 "사랑은 모든 허물을 덮느니라"는 말씀은 베드로 전서 4장 8절에서 인용되었다. 4) 11장 31절의 "의인이라도 이 세상에서 보응을 받겠거든 하물며 악인과 죄인이리요"라는 말씀은 베드로 전서 4장 18절에서 인용되었다. 5) 20장 22절의 "악으로 악을 갚지 말고"라는 말씀은 로마서 12장 17절에서 인용되었다. 6) 26장 11절의 "개가 그 토한 것을 도로 먹는 것같이 미련한 자는 그 미련한 것을 거듭 행한다"는 말씀은 베드로 후서 2장 22절에서 인용되었다.

▸ 잠언에는 복음 전할 때 사용할 수 있는 구절들이 많다

1) "내가 내 마음을 정하게 하였다 내 죄를 깨끗케 하였다 할 자가 누구뇨"(20:9). 2) "먼 땅에서 오는 기별(복음)은 목마른 사람에게 냉수 같으니라"(25:25). 복음을 받은 자의 기쁨을 말해준다. 3) "내 아들아 네 마음을 내게 주며"(23:26). 사람이 주님을 믿으려 하면 그 마음이 필요함을 말해준다. 4) "내가 부를지라도 너희가 듣기를 싫어하였고 내가 손을 펼지라도 돌아보는 자가 없었고"(1:24). 5) "사람이 불을 품고야 어찌 그 옷이 타지 아니하겠으며 숯불을 밟고야 발이 데지 아니하겠느냐"(6:27-28). 로마서 6장 23절("죄의 삯은 사망이요")과 히브리서 9장 27절("죽은 후에는 심판이 있나니") 등은 범죄의 필연적 결과를 말해준다.

▸ 하나님의 기뻐하시는 것과 미워하시는 것

하나님이 기뻐하시는 것은, 공평한 추(11:1), 행위가 온전한 자(11:20), 진실히 행하는 자(12:22), 정직한 자의 기도(15:8). 미워하시는 것은, 패역한 자(3:32), 교만한 눈, 거짓된 혀, 무죄한 피를 흘리는 손, 악한 계교를 꾀하는 마음, 악으로 달려가는 발, 거짓을 말하는 증인, 형제를 이간하는 자(6:16-19) 등이다.

▸ 미련한 자가 누구인가

자기의 마음을 믿는 자(28:26), 자기의 행위를 바른 줄로 여기는 자(12:15), 악에서 떠나기를 싫어하는 자(13:19), 미련한 것을 거듭 행하는 자(26:11), 범죄 행하는 것을 가볍게 여기는 자(14:9), 어머니를 업신여기는 자(15:20), 아비의 근심이 되고 어미의 고통이 되는 자(17:25), 여기저기서 다툼을 일으키는 자(20:3) 등이다.

전도서

주요 내용 부귀와 영화를 최고도로 누린 왕 솔로몬이 후세를 위해 남긴 시가이다. 그것의 주된 내용은 인생의 해 아래 모든 것이 헛되다는 것이다.

전도서의 헬라어 명칭은 "에클레시아스테스"인데, 이는 70인 역에서부터 붙여졌다. 전도서의 히브리 명칭은 '코헬레트'이다. 이는 집회를 소집하는 사람, 소집자라는 뜻이다. 전도서를 피상적으로 읽으면 그저 젊은이들에게 인생의 헛됨을 알려주는 책 정도로만 이해하게 된다. 물론 전도서의 주제는 인생의 헛됨이다. 그러나 이 책도 성경의 일부이고 하나님께서 사람에게 알려주시고자 하는 귀한 비밀들이 들어 있다. 늙은 후에 이 책을 읽는 것은 너무 아쉽다. 인생은 그 삶 자체가 모두 허무하다는 것을 알고 사는 것과, 인생의 허무함을 모르고 거기에 무언가 의미가 있을 줄로 알고 이리저리 뛰며 세월을 낭비하는 것과는 현저한 차이가 있다.

이 책에서 하나님(엘로힘)은 40번 사용되었는데, '주님(아도나이)' 또는 '여호와'라는 명칭은 한 차례도 사용되지 않았다. '헛되다'의 히브리어는 '불다'인데, 어떤 학자는 그 뜻이 마치 어린 아이들이 불어서 만든 비눗방울처럼, 세상의 많은 것들이 아름답고 사랑스러워 보이지만 눈 깜짝할 사이에 사라지고 아무 것도 남지 않은 것과 같다고 하였다. 전도서는 이러한 헛된 인생을 사는 사람들이 하나님 없는 삶이 얼마나 허무한가를 깨닫고 영원하신 하나님을 의지하며 살도록 전도하는 책이다.

◊ 1-6장: 인생의 허무함

▸ 지혜의 허무(1:1-18)

1-6장은 해 아래서의 인생이 전체적으로 허무하다고 말한다. 전도서의 주제가 '인생의 허무'인데, 제 1장 초반은 모든 것이 헛됨을 말하며(2절) 첫째로 인간 지혜의 헛됨을 강조하는데, 그 이유로서 인간 수명의 짧음(4절), 피조물들의 변화무쌍하지만 여전히 변함없이 돌아가는 현상들(6-7절), 그 가운데 만족 없는 인간의 삶, 새로울 것 없이 그저 반복되는 무의미하고 불완전한 인생(9-10절), 인생사 가운데 크게 보이

던 많은 일들이 세월이 지나면 까맣게 묻혀지고 잊혀지더라는 것(11절) 등이다. 이러한 인간사 가운데 솔로몬 자신이 지식을 획득하는 데 수고와 시간을 많이 들였고, 막상 지혜를 얻어 보니 번뇌만 늘고 아무 유익이 없고 만족이 없어 마치 바람을 잡는 것 같더라(13-18절)고 했다. 그는 지혜의 사람이요 최고의 지혜의 왕이며 또 인생에서 지혜보다 뛰어난 것이 없다고 하였는데, 지혜가 헛되다니 더 이상 할 말이 무엇이랴!

▸ 쾌락의 허무(2:1-26)

2장은 쾌락의 허무성이다. 1장에서 지적인 추구로 인생의 성취감을 얻지 못한 솔로몬은 이제 2장에서 쾌락으로 나아간다. 사업을 크게 해보고 주택을 크고 멋지게 지어보며 정원과 과원을 만들어보았는데 이 역시 공허하다고 말한다. 종을 많이 두고 처와 첩들도 많이 두고 눈이 원하는 것은 무엇이든지 다 해보았는데 모든 것이 허무할 뿐이라고 하였다. 그래서 그는 그저 인생을 충실하게 살자, 열심히 수고해보자 하고 열심히 살아보았는데, 그 수고의 결론은 슬픔뿐이요 헛되다는 것이었다(2:18-23).

▸ 하나님의 예정하심 아래(3:1-22)

3장은 자신의 인생이 하나님께서 예정하신 것임을 말한다. 만사에 때가 있고 그 때는 하나님이 정하신 것이지만, 사람은 하나님께서 하시는 일을 알지 못하고 그저 사는 동안 기뻐하며 선을 행하는 것이 가장 좋은 것이라고 하였다(3:11-12). 인생의 결국은 죽음이니 먹고 마시며 수고하며 자기 일에 즐거워하는 것이 그의 분복이 아니냐고 말한다.

"하나님이 모든 것을 지으시되 때를 따라 아름답게 하셨고 또 사람에게 영원을 사모하는 마음을 주셨느니라 그러나 하나님의 하시는 일의 시종을 사람으로 측량할 수 없게 하셨도다"(11절). 하나님은 모든 만물을 다 아름답게 지으셨다고 한다. 창세기 1장에 보면 하나님께서는 모든 만물을 지으실 때마다 좋다고 하셨다. "또 사람에게 영원을 사모하는 마음을 주셨느니라".

"사람이 사는 동안에 기뻐하며 선을 행하는 것보다 나은 것이 없는 줄을 내가 알았고"(12절). 따라서 사람은 살 동안 기뻐하며 선을 행하는 것이 유익하다. 또한 먹고 마시고 수고하며 낙을 누리는 것이 하나님의 선물이라고 하였다. 따라서 3장의 결론은 매일의 일상생활 가운데에서 하나님께서 우리에게 맡기신 작은 일들을 수행하면서 즐거워하는 것이 최고라는 것이다.

▸ **인생의 또 다른 여러 허무함 가운데서(4:1-16)**

인생 가운데는 어차피 학대받는 자들이 있고 그들의 눈물과 괴로움이 있다(1절). 이 세상에서 열심히 수고하여 성공한 사람들은 사람들의 시기를 받는다. 따라서 힘쓰며 고생하며 사는 것도 헛되다는 말이며, 전도자는 산 자보다 죽은 자가 복되다고 하였다. 또한 독신주의, 즉 결혼도 안 하고 자식도 없이 사는 자들이 수고하여 부를 이룰 수 있으나 그것도 헛되다 하였으며, 전도자는 그래도 한 사람보다는 둘이 낫다고 하였다(4:10-12).

인생 자체가 불행한데 더욱이 개인주의적 인생은 더욱 비참하다. 혼자 사는 것이 편한 점이 있겠으나 둘이 협력하면 한 사람보다는 낫다고 말한다. 한 사람이면 패하겠지만 두 사람이면 능히 당한다. 삼겹줄은 쉽게 끊어지지 않는다(4:12). 여기서 그리스도인의 단체적 특징이 드러난다. 단독주의보다는 연합이 낫다. 성도들은 성도들과 함께하며 단체적인 성질을 가져야 한다(고전 12:12-27, 엡 3:18).

▸ **하나님을 예배하는 일에서 조심해야 할 점들과 사회의 부조리에 대한 탄식(5:1-20)**

1-4장까지에서 세상적 지혜와 학문, 사업과 부와 쾌락과 명예와 권세 속에 있는 허무를 말한 뒤에, 5장부터는 하나님 없는 종교적 예배 가운데 존재하는 허무를 말하기 시작한다. 예배의 많은 활동, 기도, 맹세, 소위 이상(vision)들의 헛됨을 말해준다. 무지한 채로 제사를 드리는 것보다 오히려 주의 말씀을 들으려 하는 것이 지혜라고 가르친다. 또한 예배에서 함부로 입을 열지 말고, 급히 서원하지 말라고 한다.

또한 이 세상은 부조리로 가득하여 빈민이 학대당하고 공의가 박멸되는 상황이 발생하는데, 이 또한 이상히 여길 것이 없다고 말한다. 재산을 더하게 하려고 너무 수고하지 말라고 권한다. 소유주가 자기 재산을 눈으로 보는 것 외에는 무엇이 좋으냐고 한다. 오히려 일하는 노동자는 잘 먹고 잘 자는데 부자는 재산을 지키느라 해를 당하고 배가 불러 잠을 잘 자지 못한다고 한다. 재물이 많아도 빈손으로 돌아가니 헛될 뿐이며 부를 얻기 위한 고통이 너무 심하다고 가르친다(5:13-17).

▸ **재물과 자녀와 장수의 복이 헛됨(6:1-12)**

6장은 재물을 많이 얻어 누리는 것도 결국은 허무한 것이라고 한다. 많이 수고하여 축적했어도 결국 다른 사람이 누리게 되며, 천 년의 갑절을 산다 한들 장수도 헛되며, 많은 자녀를 둔 것도 헛되다고 말한다. 솔로몬은 오래 사는 것도, 자녀를 많이 두는 것도 헛되다고 말한다. 미래에 대한 대단한 꿈이나 심령의 공상도 헛되며 차라리 현재 눈으로 보이는 현실을 즐기는 것이 멋진 공상보다 낫다고 한다. 혹 의미 있는 일을 이룩해놓아도 그저 헛된 일이 하나 늘어날 뿐이라고 한다.

◊ 7-12장: 참 지혜자의 길

▸ 참 지혜자의 길(7:1-29)

7장은 지혜자가 기본적으로 가지고 있는 태도와 인식을 말하고 있다. 인생을 조심하면서 가치 있게 산다면 죽을 때 오히려 귀한 이름으로 남는다(1절), 희희낙락하며 가볍게 살지 말고 엄숙하고 진지하게 살라(2-6절), 탐욕이 생기면 미련하게 되니 욕심부리지 말고 살라. 어떤 일이든지 끝까지 마무리하고 인내로 성취하는 사람들은 다 겸손한 사람들이다. 교만한 사람은 자기의 교만한 마음이 상처를 받을 때 분노의 마음으로 일을 끝내버리기 때문에 사람들의 심중과 일의 진상을 참되게 읽지 못하는 가운데 급히 끝내므로 크게 실패한다. 그러므로 쉽게 분노하지 말라(7-9절), 오늘보다 옛날이 좋았다고 하지 말라(10절), "하나님의 행하시는 일을 보라 하나님이 굽게 하신 것을 누가 능히 곧게 하겠느냐"(13절). 사람에게 곤고한 날도, 기쁜 형통한 날도 있으나 하나님은 사람에게 장래 일을 알지 못하게 하셨다(14절). 지나친 의인이 되지 말고 지나친 지혜자도 되지 말며, 무엇이든 지나치지 말고 사람의 말에 너무 귀 기울이지 말라고 한다(21절). 만만치 않은 매혹적인 여인이 있는데, 하나님을 기뻐하는 자는 그런 여인의 유혹을 피할 수 있다(26절).

▸ 왕명을 거스르지 말라(8:1-17)

8장에서는 권세자 앞에서 급거히 물러가지 말라고 권고한다. 이것도 역시 지혜이다. 화와 분이 난 상태로 급하게 권세자 앞에서 물러나는 것은 미래를 악화시키며 재앙과 화를 불러온다. 왕의 말은 권능이 있다. 9-17절은 악인이 장수하고 잘되는 것을 보고 시험에 들지 말고 역리 속에서 하나님을 여전히 경외할 것을 가르친다. 우리는 하나님께서 이 세상에서 하시는 일을 온전히 깨달을 수 없다(17절).

▸ 역리로 보이는 세상에서(9:1-18)

9장의 처음 부분에서 세상은 모두 역리로 보인다고 말한다. 의인이라고 해서 반드시 잘 되거나 악인이라고 해서 잘 안 되는 것은 아니다. 전도자는 이러한 세상의 역리 속에서 여전히 하나님을 경외할 것을 가르친다. 살아 있는 동안 감사함으로 하나님의 공급하심과 안배를 받아들이며 순종하며 사는 것이 지혜로운 것이라고 말한다. 이 세상에서는 모순된 일을 피할 수 없다. 가난한 작은 지혜자가 큰 일을 했어도 사람들은 그를 기억하지도 않는다. 오히려 큰 사람의 공적으로 둔갑하여 기억되는 것이 이 세상의 모순이다. 세상은 모순투성이요 역리투성이임을 이미 솔로몬이 말했다. 이 모든 헛된 날에 사랑하는 아내와 즐겁게 살라(9절). 잘 살면서 우리에게 주어진 일을 힘을 다하여 하라(10절). 빠른 경주자가 선착하는 것도 아니고, 유력자가 반드시 승리하는 것도 아니며, 지혜자라고 재물을 얻는 것도 아니다(11절). 인간은 자기의 시기를 모른다(12절). 지혜가 병기보다 낫다. 한 죄인이 많은 선을 무너뜨린다(18절).

▸ 우매한 일을 삼가라(10:1-20)

10장 1-2절은 지혜자들의 인생을 대하는 기본태도이다. 죽은 파리 한 마리가 전체의 향유를 악취나게 할 수 있다. 옛말에 미꾸라지 한 마리가 온 강물을 더럽힌다고 했다. 지혜자는 한 단체에서 작은 한 사람의 더럽히는 행위를 작게 보지 않는다(고전 5장 참조). 지혜자의 마음은 오른편에 있고 우매자의 마음은 왼편에 있다. 우편이란 일을 하는 데에 정로, 순리를 말하고, 좌편은 그 반대이다(2절). 무딘 철 연장을 갈아라. 무조건 일을 열심히 한다고 되는 것이 아니다(10절). 방술을 베풀기 전에 뱀에게 물렸으면 술객은 무용하다(11절). 우매자들은 말을 많이 하는데 자기를 곤하게 할 뿐이다(15절).

▸ 현재에 충실하라(11:1-10)

11장은 현재 하는 일에 충실하라고 권면한다. 또 구제하는 문제, 잘 심는 문제를 말한다. "네 식물을 물 위에 던지라 여러 날 후에 도로 찾으리라"(1절). 너그럽게 주는 사람에게 하나님은 후히 갚아줄 것이니 가급적 많이('일곱이나 여덟이나', 2절) 주라. 너무 완벽한 기회를 기다리지 말고, 너무 효과를 기대하지 말고, 때를 얻든지 못 얻든지 씨를 뿌리라(4-6절). 캄캄한 때도 있겠지만 아름다운 태양 아래서 젊을 때부터 인생을 즐겁게 살아라. 그러나 반드시 하나님의 심판이 있음을 염두에 두고 살라. 근심하면서 젊은 세월을 보내지 말라, 인생은 짧고 헛되다(7-10절).

▸ 청년의 때에 하나님을 경외하라(12:1-14)

12장은 인생이 이렇게 모든 면에서 허무하고 소망이 없으니 창조자를 알고 경외하라고 가르친다. 그리고 늙고 쇠약해지며 무덤에 내려가서 썩고 없어지는 인생의 종말의 광경을 묘사해준다(3-6절). 점점 늙어가는 인생, 더 무엇을 바랄 것이 있는가! 청년의 때부터 하나님을 경외하는 것이 진정한 지혜이다.

아가서

주요 내용	솔로몬의 사랑의 노래로서 믿는 이가 주님을 점점 더 사랑하므로 그분의 가장 아름답고 완전한 신부가 되어가는 이야기를 다룬다.

아가서의 원명은 '노래 중의 노래(Song of songs)'이다. 솔로몬이 지은 일천 다섯 개의 노래 중(왕상 4:32) 가장 아름답고 뛰어난 노래라는 뜻이다. 유대인들은 유월절에 이 아가서를 시가(詩歌)로 부른다고 하는데, 이는 유월절 날에 어린양이신 그리스도께서 죄인인 우리를 위해 몸을 버리신 사랑을 은연중에 노래하는 것이다.

성경은 하나님과 사람의 사랑 이야기이다. 아가서는 솔로몬 왕이 쓴 것으로 왕과 한 여인, 솔로몬 왕과 술람미 여인의 사랑 이야기를 다룬 것이다. 솔로몬의 여성형이 술람미이고 술람미의 남성형이 솔로몬이다. 솔로몬 왕은 예수 그리스도의 예표이고 술람미 여인은 우리 믿는이들의 예표이다. 이 아가서에서 우리는 믿는이와 그리스도의 관계가 어떠한지를 보게 된다.

아가서 앞에 있는 전도서도 솔로몬이 썼다. 그 주된 내용은 모든 것이 공허하고 헛되다는 것이다. 그는 부귀영화를 누렸고 지혜가 뛰어났지만 모든 것이 바람을 잡는 것 같고 해 아래 모든 것이 헛되다고 하였다. 그러나 아가서에서 그는 '만족하다, 기쁘다'라고 한다. 전도서는 사람이 부나 영예, 지혜와 지식으로 만족을 얻지 못함을 말하고, 아가서는 사람이 살면서 주 예수 한 분을 사랑함으로 만족을 얻을 수 있음을 말한다.

◊ 아가서의 중점들

1) 주님에 대한 사랑과 추구

"처녀들이 너를 사랑하는구나 우리가 너를 따라 달려가리라"(1:3-4). 이 구절들에서 '너'는 그리스도이다. 아가서는 우리에게 참 그리스도인이 가야 할 길을 말해준다. 전도서에서는 인생의 헛됨을 말해주지만, 어떻게 해야 만족하고 기쁜 인생을 살 수 있는가를 말해주지 않는다. 그 답은 전도서의 동일한 저자 솔로몬이 쓴 아가서에 있다. 그 길은 무엇인가? 그리스도에 대한 사랑이다. 즉 아가서는 사랑의 노래이다. 인생에서 그 어떤 것도 우리에게 진정한 기쁨과 만족을 주지 못하나 예수 그리스도에 대한 사랑은 우리에게 참 만족과 기쁨을 가져다준다. 많은 그리스도인들이 주님을 위한다고 하지만, 주님 자신이 아닌 소위 사역이나 일을 위한다. 주님을 사랑한다 하지만 주님 자신이 아닌 주님의 종들이나 신봉하는 어떤 교리 또는 자신이 속한 단체를 더 사랑한다. 그것을 확인하는 방법이 있는데, 그것은 주 예수님을 비방하는 소리를 들으면 별 반응이 없으나 자신이 추앙하는 지도자나 자신이 속한 단체나 혹 그 일을 비평하면 매우 예민하게 반응하고 화를 낸다는 것이다. 이는 실상 주님의 이름을 배반하는 것이며 우상숭배이며 주 예수님을 모독하는 것이다. 신자들은 주 예수를 믿는 초기부터 다른 모든 것보다 주님 자신을 사랑하는 것을 배워야 한다(요 21:15).

이러한 주님에 대한 깊은 사랑은 우리를 주님과의 깊은 교통 안으로 인도한다(요 14:23). "왕이 침궁으로 이끌어들이시니". 누구든지 가장 사랑하는 사람이 아니라면 자기의 침실로 이끌어들이지 않을 것이다. 여기서 왕이 그 여인을 침궁으로 이끌어들였다는 것은 신자가 비로소 주님과 깊고도 개인적이며 주관적인 관계를 갖기 시작했다는 것을 뜻한다.

2) 더욱 깊은 사랑을 추구함

"내게 입 맞추기를 원하니 네 사랑이 포도주보다 나음이로구나"(1:2). 개인의 신앙의 회복과 교회의 부흥의 열쇠는 예수에 대한 사랑이다. 어느 누구도 성령의 역사가 없이는 이러한 사랑을 갈구하는 기도를 드릴 수 없다. 부흥은 사람을 감동시키는 집회를 하고 뛰어난 은사집회를 하고 영적 지식을 얻는 데 있지 않고 주님을 사랑하는 마음이 우리 속에서 불타오르는 데 있다. 주님을 사랑하면 그분의 뜻을 아는 게 어렵지 않고 그분께 순종하거나 헌신하는 것이 어렵지 않으며, 심지어 주님을 위해 고난받는 것도 어렵지 않다.

3) 아가서는 주님께서 우리를 얼마나 사랑하시는가를 알려주는 책이다

이 노래에는 '내 사랑아', '내 사랑하는 자야', '여인 중의 어여쁜 자야', '그가 왼손으로 베개하고 오른 손으로 안아주신다', '나의 누이 나의 신부야', '여자 중 극히 어여쁜 자야', '나의 비둘기 나의 완전한 자야' 등의 표현이 있다. 주님께서 이렇게 우리를 부르시는 것만 보아도 그분이 얼마나 우리를 사랑하시는가를 알 수 있다. 그리스도께서 우리를 사랑하시는 사랑을 무엇에 비할 수 있을까! 성령께서는 그 사랑을 혼인하는 신랑 신부의 사랑으로 표현하셨다. 인간에게서 혼인의 사랑보다 더 순결하고 아름다우며 깊은 사랑은 없기 때문이다. 그분은 우리 죄인을 위해 죽으신 사랑, 끝까지 돌보시며 우리의 일생을 인도하시는 사랑을 남편과 아내의 사랑으로 비유하셨다. 그 사랑 안에는 홍수로도, 많은 물로도 끌 수 없고 온 가산을 주고도 바꿀 수 없는 불 같은 질투와 시기도 있다(8:6-7). 그 사랑이 우리를 그분을 뵈올 그 날까지 인도하신다(요 13:1).

4) 그리스도께서 신자를 진일보 인도하심

그리스도께서는 그분을 사랑하고 추구하는 신자를 한 걸음 한 걸음 인도하신다. "나의 사랑하는 자가 내게 말하여 이르기를 나의 사랑, 나의 어여쁜 자야 일어나서 함께 가자…무화과나무에는 푸른 열매가 익었고 포도나무는 꽃이 피어 향기를 토하는구나 나의 사랑, 나의 어여쁜 자야 일어나서 함께 가자"(2:10, 13). 이 구절들은 그리스도의 부활의 풍성과 능력을 체험하도록 하는 부르심이다. "나의 신부야 너는 레바논에서부터 나와 함께 하고 레바논에서부터 나와 함께 가자 아마나와 스닐과 헤르몬 꼭대기에서 사자 굴과 표범 산에서 내려다보아라"(4:8). 이는 승천의 위치로의 부르심이다. "내가 잘지라도 마음은 깨었는데 나의 사랑하는 자의 소리가 들리는구나 문을 두드려 이르기를 나의 누이, 나의 사랑, 나의 비둘기, 나의 완전한 자야 문 열어다고 내 머리에는 이슬이, 내 머리털에는 밤이슬이 가득하였다 하는구나". 이는 승천하신 그리스도께서 그분의 고난의 교통 안으로 신자를 부르시는 것이다(빌 3:10).

"나의 사랑하는 자야 우리가 함께 들로 가서 동네에서 유숙하자 우리가 일찌기 일어나서 포도원으로 가서 포도 움이 돋았는지, 꽃술이 퍼졌는지, 석류꽃이 피었는지 보자 거기서 내가 나의 사랑을 네게 주리라"(7:10-11). 이는 온 세상의 복음화를 위해 주님과 동역하는 그분의 동역자로 부르시는 것이다. "너 동산에 거한 자야 동무들이 네 소리에 귀를 기울이니 나로 듣게 하려무나 나의 사랑하는 자야 너는 빨리 달리라 향기로운 산들에서 노루와도 같고 어린 사슴과도 같아여라"(8:13-14). 이는 성도들의 마지막 소망인 휴거와 그리스도의 재림과 만남, 왕국에 대한 사모이다.

5) 신자의 점진적인 변화

아가서는 시골뜨기 검은 소녀가 왕을 사랑하는 이야기로 시작한다. 그러나 결국에는 이 여인이 왕의 가장 사랑하는 어엿한 왕후가 된다. 그것은 하루아침에 이루어지는 것이 아니라 한 걸음씩 나아가며 이루어진다. 그리고 그 모든 과정을 이끌어가는 동기는 사랑이다. 그 여인이 왕을 사랑하기에 그리스도(왕)께서는 그녀를 조금씩 이끌어 변화시키심으로 그리스도의 완전한 배필이 되게 하신다.

첫 번째는 그녀가 검둥이(원래의 옛사람)였다는 것이다. "내가 비록 검으나 아름다우니"(1:5). 은혜로 주님과의 교통 안으로 들어간 여인은 비로소 자신이 머리부터 발끝까지 오염된 죄인(검둥이)이라는 것을 깨닫는다. 그러나 죄 사함을 받고 의롭다 함을 받으니 그리스도 안에서 온전히 아름답게 되었다. 그러나 아직도 그녀는 자신이 지켜야 할 포도원을 모르고 엉뚱한 곳에서 수고하다가 지쳐 주님의 교정을 받아 주님이 직접 먹이시는 양떼들을 발견하여 그 목자들의 장막 곁에서 염소새끼들을 먹이기 시작한다. 그녀는 주님을 위한 수고에 커다란 변화를 갖는다. 이전에는 사람과 조직의 노예였으나 이제는 주님이 자신에게 직접 맡기신 일에 자신을 투신한다(1:6-7). 여기서부터 그녀의 변화의 역사가 시작된다.

이처럼 양떼의 발자취를 따르면서 그녀는 조금씩 주님의 눈에 띄게 된다. "여인 중에 어여쁜 자야 네가 알지 못하겠거든 양 떼의 발자취를 따라 목자들의 장막 곁에서 너의 염소 새끼를 먹일지니라 내 사랑아 내가 너를 바로의 병거의 준마에 비하였구나"(1:8-9). 주님은 그분을 따르기 시작한 신자(여인)에게 양떼의 발자취를 따르라고 훈계하며, 처음에는 그녀를 바로의 병거의 준마(빠르고 힘이 있지만 아직은 애굽의 속성이 많이 남아 있는)에 비하였다.

"바위 틈 낭떠러지 은밀한 곳에 있는 나의 비둘기야 나로 네 얼굴을 보게 하라 네 소리를 듣게 하라 네 소리는 부드럽고 네 얼굴은 아름답구나"(2:14). 이 단계에서 주님은 그녀를 십자가를 깊이 체험하는 가운데(바위 틈 낭떠러지 은밀한 곳) 주님을 사랑하며 찬미하는 비둘기에 비한다.

"연기 기둥과도 같고 몰약과 유향과 장사의 여러 가지 향품으로 향기롭게도 하고 거친 들에서 오는 자가 누구인고"(이는 그녀가 인생의 거친 들을 거치면서 향기로운 연기기둥 같은 존재로 변화된 것을 말한다), "이는 솔로몬의 연이라 이스라엘 용사 중 육십 인이 옹위하였는데…시온의 여자들아 나와서 솔로몬 왕을 보라 혼인날 마음이 기쁠 때에 그 모친의 씌운 면류관이 그 머리에 있구나"(3:6-11). 이제 이 여인은 솔로몬의 개인용 가마와 혼인날에 그의 머리에 씌워진 면류관과 같은 존재로 변한다. "너는 동산의 샘이요 생수의 우물이요 레바논에서부터 흐르는 시내로구나"(4:15). 이 지점에서 그녀는 왕만이 누릴 수 있는 샘과 우물과 레바논의 시내같이 되었다. "아침빛같이 뚜렷하고 달같이 아름답고 해같이 맑고 기치를 벌인 군대같이 엄위한 여자가 누구인가"(6:10). 더욱 성숙한 여인은 달같이 아름답고 해같이 맑고 기치를 벌인 군대같이 엄위하다.

아가서에서 우리에게 가르쳐주는 것이 있다. 그것은 신자들의 결국 그리스도와 똑같이 된다는 것이다(요일 3:2). 그리스도는 솔로몬(Solomon)이시고 신자는 술람미(Shulamite)이다. 다만 차이는 솔로몬은 남성형이고 술람미는 여성형이라는 것뿐이다. 따라서 신자들은 그리스도를 온전히 닮도록 예정되었다(롬 8:29). 그리스도를 닮기 위해서는 그분의 인격과 역사를 따르며 본받아야 한다. 아가서에서는 우리에게 그리스도의 십자가의 역사, 부활의 권능, 승천의 위치와 전투에 참여함을 차례차례 말해준다(엡 2, 6장). 심지어 그리스도께서는 그분의 사람들에게 자신이 수치당하신 자리까지 따라오라고 하시며, 또한 그분과 함께 들로 가서 동역하는 것을 가르쳐준다(아 5-7장). 이는 바울 사도의 가르침과 그의 걸어간 길을 생각나게 한다(행 20-28장). 그는 빌립보서에서 그리스도 자신과 그리스도의 고난에 참여함과 그분의 부활의 능력을 알기 원한다고 했으며, 그분의 죽으심을 본받아 어찌하든지 뛰어난 부활(첫째 부활)에 이르기를 원한다고 하였다(빌 3:10-11). 그럴 뿐 아니라 마지막 아가서 8장에는 장성한 신자가 탄식하면서 그분의 부활의 영광의 몸으로 덧입기를 원하는 휴거의 갈망과 의의 재판장이신 그분에게서 상급 받기를 원하는 심정이 그대로 그려져 있는 듯하다(고후 5:1-10, 딤후 4:7-8).

6) 변화와 성숙을 저해하는 요소들

아가서는 신자가 성숙하는 데 있어서 빠질 수 있는 함정과 방해 요인들이 있음을 말하고 있다.

첫째는, "내 어미의 아들들이 나를 노하여 포도원지기를 삼았음이라"(6절上)이다. 이는 처음 주님을 사랑하여 따르려는 신자들 대부분이 거치게 되는 과정이다. 그것은 "나의 포도원은 내가 지키지 못하였구나"(6절下)와 대비된다. 이는 신자가 정작 주님께서 자신에게 하라고 위임하신 일('나의 포도원'을 지키는 일)을 하지 못하고, 소위 주님을 섬긴다는 생계형 사역자들에게 고용되어 있음을 말한다("내 어미의 아들들이 노하여 나를 포도원지기를 삼았음이라"). 그것은 영적 생명이 어린 상태에서 아직 분별력이 약하여 사람과 조직에 의존되어 있으므로 쉽게 발생할 수 있는 상황이다. 이런 상황에서 주님을 사랑하는 성도는 내적으로 매우 피곤함을 느끼게 되며, 그곳이 자신이 있어야 할 데가 아님을 알게 되면서 주님께서 직접 그분의 양떼를 돌보시는 곳, 오정에 쉴 수 있는 안식처를 찾아 나서게 된다(7절). 주님은 그런 신자에게 양떼의 발자취를 따라 목자들의 장막 곁에서 네 염소새끼를 먹이라고 하신다. 그 이전에는 다른 소유주에게 속한 자들을 돌보았을 뿐 주님께서 맡기신 그의 염소새끼들을 돌보지 못했다.

둘째는, 2장 15절의 "우리를 위하여 여우 곧 포도원을 허는 작은 여우를 잡으라"이다. 우리가 영적으로 진보하려 할 때, 우리에게 남아 있는 옛 기질이나 구습이 우리의 믿음과 생명을 해치는 경우가 발생하게 된다. 이는 작은 것일지라도 영적인 길에서 진보하는 데 매우 해롭다. 여우는 매우 간교한 동물로서 모르는 사이에 가만히 들어와 포도원을 망친다. 어떤 이에게는 감추인 어떤 죄나 은밀하게 세상을 사랑하는 것, 사욕과 부정함, 악한 정욕, 음란, 색욕, 탐심, 분노, 악의, 말 많음, 남을 비평하는 입술 등이 있을 수 있다. 주님을 사랑하고 예수의 십자가와 부활을 체험하는 삶이 있으나 이런 옛 습관들이 우리의 말과 행실에 나타나 실패하게 하여 변화와 성숙을 좌절시킨다. 이런 작은 여우를 잡아야만 이 길을 온전히 잘 걸어갈 수 있다.

셋째는, 3장 3절의 성 중의 순행하는 자들, 5장 7절의 성중에 행순하는 자들, 성벽을 파수하는 자들에게 입는 상해이다. 신자는 영적 진로에서 어려움을 당할 때 이미 알려진 영적 인물들을 찾아가 상담을 하여 문제를 해결하고자 하는데, 실제로는 도움이 된 것이 별로 없다. 3장 4절은 오히려 "그들을 떠나자 사랑하는 자를 만났다"고 하였으며, 5장 7절은 그러한 자들이 도움을 준 것이 아니라 도리어 "쳐서 상하게 하고 나의 웃옷을 벗겨 취하였다"고 하였다.

◊ 아가서의 결론

아가서 7장과 8장은 성숙한 성도의 모습을 보여준다. 그녀는 이미 그리스도의 동역자로서 이곳저곳 복음을 전파하는 예수의 증인이 되었다. 여기서 술람미 여인은 주님과 함께 들로 나가서 함께 유숙하며 그들의 공동의 소유인 포도원을 경작한다(7:11-12). 8장에서는 여인이 성숙한 믿는이로서 몸의 구속 곧 휴거를 기다리며(8:1-2), 여전히 어린 그리스도인들을 돕고(8:8-9), 주님 나타나실 때 받을 상급을 계산하며(8:11-12) 그리스도의 왕국을 기다린다(8:14).

이사야

주요 내용 이사야는 예수 그리스도 오시기 7백 여년 전의 선지자로서 복음의 선지자로 불리운다.

이사야서는 구약의 복음서라고 해도 좋을 만큼 복음으로 충만한 책이다. 58회 이상 복음서에 인용된 것만 보아도 그러하다. 실상 구약의 모든 책이 복음이지만 특별히 이사야의 책은 복음으로 가득하다.

하나님께서는 이스라엘에 대하여 유다 국의 악한 왕 아하스 때까지 기다리셨다가 메시아의 출생을 예언하게 하셨으며, 가장 사악한 왕 므낫세 때까지 기다리셨다가 그들을 심판하실 것(바벨론에 포로로 잡혀감)과 복음의 소망을 모두 예언하게 하신 것으로 보인다. 이것은 하나님의 크고도 불가항력적인 은혜를 주시기 위함이다. 그는 주전 739년부터 680년까지 60여 년 선지자 사역을 했으며 주로 유다를 위해 예언을 한 선지자이다. 그 기간에 유다는 두 번 침략을 당했는데, 아람 왕 르신의 침략을 받았던 때가 열왕기 하 16장 5절에 기록되어 있고(아하스 재위), 앗수르 산헤립의 공격을 받은 것이 열왕기 하 18장에 있다(히스기야 재위). 이사야는 아사랴라고 하는 웃시야, 요담, 아하스, 히스기야, 므낫세, 이 다섯 왕들의 시대에 예언한 것으로 알려져 있으며, 이사야서에는 주로 아하스와 히스기야 시대의 예언이 기록되어 있다. 그는 전승에 의하면 므낫세 왕에 의해 톱으로 켜서 죽임을 당한 것으로 알려져 있다(히 11:37).

예언의 주된 배경은 앗수르의 산헤립이 침략하는 것과 오랜 후에 일어날 일(그의 예언 뒤 150년 쯤 후)인 유다가 바벨론에 포로로 사로잡혀 가는 것이다. 이 두 가지는 이사야의 예언의 큰 배경이 되고 있다. 신약 성경 중 사복음서에서 이사야서만큼 많이 인용된 예언서는 없을 것이다. 그리스도의 출생에 대하여(7장), 그의 수난에 대하여(53장), 메시아 왕국의 영광에 대하여(35장 등) 이사야서보다 풍부하게 말한 책이 없다.

책의 앞부분은 주로 죄에 대한 책망과 심판을 말하고, 후반부에 오면서 위로와 구원의 소망을 주는 말이 가득하다. 하나님은 언제나 먼저 죄를 깨닫게 하시고 회개케 하시며 그런 다음 위로와 소망과 회복의 약속을 주신다. 어디까지나 이 책의 중점은 그 아들 예수 그리스도께 집중되어 있다. 이사야는 '여호와의 구원'이라는 뜻이다.

1. 이사야서의 구조

1) 죄에 대한 책망과 심판(1-35장)

1-12장은 유다와 예루살렘에 대한 책망이다. "슬프다 범죄한 나라요 허물진 백성이요 행악의 종자요 행위가 부패한 자식이로다 그들이 여호와를 버리며 이스라엘의 거룩한 자를 만홀히 여겨 멀리하고 물러갔도다"(1:1-4). "그들이 만군의 여호와의 율법을 버리며 이스라엘의 거룩하신 자의 말씀을 멸시하였음이라"(5:24下).

13-23장은 이방 열국인 바벨론, 블레셋, 모압, 다메섹, 구스, 애굽, 두로 등에 대한 책망과 심판이다. 14장의 바벨론에 대한 심판에서는 사탄 마귀의 유래가 드러난다. "너 아침의 아들 계명성이여 어찌 그리 하늘에서 떨어졌으며 너 열국을 엎은 자여 어찌 그리 땅에 찍혔는고 네가 네 마음에 이르기를 내가 하늘에 올라 하나님의 뭇별 위에 나의 보좌를 높이리라 가장 높은 구름에 올라 지극히 높은 자와 비기리라 그러나 이제 네가 음부 곧 구덩이의 맨 밑에 빠치우리라"(14:12-15).

24-35장은 다니엘서와 요한계시록에 예언된, 장래 있을 세상에 대한 대심판(일곱 인, 일곱 나팔, 일곱 대접)을 예언한다. 특히 24장은 인류에 대한 대심판을 말한다. "땅이 온전히 공허하게 되고 온전히 황무하게 되리라 여호와께서 이 말씀을 하셨느니라 땅이 슬퍼하고 쇠잔하며 세계가 쇠약하고 쇠잔하며 세상 백성 중에 높은 자가 쇠약하며 땅이 또한 그 거민 아래서 더럽게 되었으니 이는 그들이 율법을 범하며 율례를 어기며 영원한 언약을 파하였음이라"(24:3-5). "그 날에 여호와께서 높은 데서 높은 군대를 벌하시며 땅에서 땅의 왕들을 벌하시리니…그 때에 달이 무색하고 해가 부끄러워하리니 이는 만군의 여호와께서 시온 산과 예루살렘에서 왕이 되시고 그 장로들 앞에서 영광을 나타내실 것임이니라"(24:21-23).

2) 역사(36-39장)

이사야 선지자는 구약의 가장 큰 선지자로 알려져 있으며 또한 그는 역사학자이기도 하다. 35-39장까지는 역대 하 29-32장까지의 히스기야 왕의 역사를 기술한다. 36장은 히스기야 왕 당시 앗수르 왕 산헤립이 쳐들어와서 매우 곤란하게 된 상황을 말한다. 37장에서는 그 일로 히스기야 왕이 옷을 찢으며 이사야에게 사람을 보내어 오늘은 '환난과 책벌의 날'이라고 하였다. 37장 14-27절에는 히스기야 왕이 간절한 구원을 기원하는 내용이 나온다. 하나님은 이사야를 통해 앗수르 왕이 곧 칼에 살해

될 것이며 유다를 구원해주실 것을 말씀하신다. 38장에는 히스기야가 죽을 병에 걸린 일이 나오고, 9-20절은 나은 후의 간증과 고백이 기록되어 있다. 39장은 아쉽게도 히스기야 왕의 어리석음과 실패가 기록되어 있다.

3) 위로와 구원, 택한 백성의 최종 목표(40-66장)

40-48장의 주제는 위로이다. 49-57장의 내용은 구원자로 보내심을 받을 고난의 종 메시아를 예언하는 것이다. 58-66장은 택한 백성이 장래에 누릴 영광을 예언한다.

2. 이사야 선지자에 대하여

1) 이사야의 신분과 사역의 특징

이사야 선지자는 아모스의 아들이며 그의 아내도 여선지자였다. 그 두 아들의 이름이 기록되었는데 예언적인 이름으로서, 스알야숩은 '잃어버린 백성이 반드시 돌아온다'는 뜻이며, 마헬살랄하스바스는 '노략이 속히 임한다'는 뜻이다. 그는 웃시야 왕 때부터 예언을 하여 요담, 아하스, 히스기야-네 왕에 걸쳐 예언했다. 학자들 중에는 그를 구속과 복음의 선지자, 또는 제 5복음서 저자라고도 한다. 구약 시대에 이사야처럼 하나님의 은혜의 복음에 대하여 이렇게 분명하고 정확하게 말한 선지자가 없기 때문이다. 그는 특히 메시아(그리스도 예수)에 대하여 매우 상세하게 예언하였다. 1) 그분의 출생(7:14, 9:6), 2) 그분의 출신(11:1), 3) 성령으로 충만하심(11:2), 4) 그분의 사역(11:3, "그 눈에 보이는 대로 심판치 아니하며 귀에 들리는 대로 판단치 아니하며"-61:1, "주 여호와의 신이 내게 임하셨으니 이는 여호와께서 내게 기름을 부으사 가난한 자에게 아름다운 소식을 전하게 하려 하심이라 나를 보내사 마음이 상한 자를 고치며 포로 된 자에게 자유를, 갇힌 자에게 놓임을 전파하며") 등이다.

2) 이사야에 대한 더 깊은 부르심

이사야는 웃시야 왕이 살아 있을 때부터 선지자 노릇을 했다. 그러나 이사야 6장에서 웃시야 왕이 죽던 해에 그에게 커다란 전환점이 왔다. 그 이전에도 이사야는 좋은 사역자였으나 6장에서 영광의 주님을 만난 시점부터 크게 변했다.

"웃시야 왕의 죽던 해에 내가 본즉 주께서 높이 들린 보좌에 앉으셨는데 그 옷자락은 성전에 가득하였고…내가 또 주의 목소리를 들은즉 이르시되 내가 누구를 보내며 누가 우리를 위하여 갈꼬 그 때에 내가 가로되 내가 여기 있나이다 나를 보내소서…이 백성의 마음으로 둔하게 하며 그 귀가 막히고 눈이 감기게 하라 염려컨대 그들이 눈으로 보고 귀로 듣고 마음으로 깨닫고 다시 돌아와서 고침을 받을까 하노라”(6:1-10).

이 때 선지자 이사야는 어질고 훌륭한 웃시야 왕을 잃고 매우 낙심해 있었을 것이다. 그는 문둥병이 걸려 오래 고생하다가 죽었다. 그러나 그 해 하나님은 그에게 그분 자신의 영광을 보여주심으로 다시 그에게 사명을 주셨다. 그 때 이사야는 우주를 다스리는 거룩하시고 영원히 살아계신 한 분을 보고 또 자신의 부정함을 보았으며 새로운 음성을 들었다. “누가 우리를 위하여 갈꼬”. 그 때 이사야는 기꺼이 답하였다. “내가 여기 있사오니 나를 보내소서”. 그러나 하나님은 그가 가서 예언할 때 백성들이 듣지 않을 것이라고 말씀하셨다. “듣기는 들어도 깨닫지 못할 것이요”. 그러나 이사야는 여전히 백성들에게 예언을 하고 또 했다.

3. 이사야서의 복음의 특징

우리가 이사야서를 읽으면서 가장 두드러지게 느끼는 것은 하나님께서 그분의 사랑과 은혜를 나타내시는 복음의 음성을 발하실 때마다 거기에 어떤 좋은 상황이 없다는 것이다. 하나님의 마음을 기쁘시게 할 만한 조건이 없다. 이를테면 신명기, 사사기, 역대기 등의 말씀을 읽어보면, 하나님께서 각 사람이나 나라를 축복하시거나 구원을 베푸실 때에는 그들이 율법을 잘 지킨다거나 최소한 통절하게 회개했다는 특징이 있다. 그러나 이사야서는 첫 장부터 그런 개념을 철저히 깬다.

우리는 이사야 1장에서 유다가 얼마나 하나님을 멀리 떠나 있는가를 볼 수 있다. 2절부터 하나님은 그들이 하나님을 떠난 상태를 말씀해주신다. “내가 자식을 양육하였거늘 그들이 나를 거역하였다”, “소는 그 임자를 알고 나귀는 주인의 구유를 알건만 그들은 깨닫지 못한다”, “슬프다 범죄한 나라요 허물진 백성이요 행악의 종자요”, “너희 소돔의 관원들아…고모라의 백성들아…내 마당만 밟을 뿐이라”(2-12절). 15절은 “너희 손에 피가 가득함이라”고 한다. 그들 가운데 피 흘린 죄만 가득하다는 말씀이다. 16-17절까지에서 그들은 어떤 회개나 반성도 없이 하나님의 책망을 들을 뿐이다. 그러나 곧 이어서 18절에는 “너희 죄가 주홍 같을지라도 눈과 같이 희어질 것이요 진홍같이 붉을지라도 양털같이 되리라”고 한다.

이사야서의 가장 큰 예언인 7장 14절의 임마누엘 예언은 어떤 상황에서 주어졌는가? 유다 왕 아하스 때 아람 왕 르신과 이스라엘 왕 베가가 유다를 공격하는 상황이었고, 그 때 아하스는 전혀 믿음이 없이 삼림이 바람에 흔들리듯 흔들렸다고 말한다(7:2). 아하스는 웃시야 왕의 손자로서 역대 하 28장을 읽으면 열심히 우상숭배를 한 매우 악한 왕이었음을 알 수 있다(1-4절). 또한 아람과 이스라엘이 쳐들어왔을 때 하나님을 의지한 것이 아니라 당시 강국인 앗수르 왕에게 성전과 왕궁의 금과 방백들에게서 취한 재물을 바치고서 도움을 요청하였다. 역대 하 28장 22-27절은 아하스가 성전 문을 닫고 성전 기구들을 훼파하였고 유다와 예루살렘 각 곳에 산당을 세워 다른 신에게 분향함으로 여호와의 노를 격발하였다고 기록한다. 그 때 선지자 이사야는 아람과 이스라엘의 침략을 두려워하지 말라고 하면서 주님이 친히 유다를 구원하시겠으니 아하스 왕에게 징조를 구하라고 하였다. 그러나 아하스는 하나님을 시험치 않겠다면서 굳이 징조를 구하지 않았다. 이러한 악한 왕의 엉뚱한 불순종의 상황에서 "주께서 친히 너희에게 징조를 주실 것이라 보라 처녀가 잉태하여 아들을 낳을 것이요 그 이름을 임마누엘이라 하리라"는 위대한 메시아 출생의 예언을 주신 것이다.

40장의 하나님의 위로하는 큰 복음의 선포도 히스기야 왕이 바벨론 사신에게 성전과 국고를 열어 모든 보물을 보여줌으로 선지자 이사야에게 책망을 들은 바로 뒤의 일이다. 이 모든 것들을 살펴볼 때 하나님의 복음 선포는 인간의 상태와 무관한 것 같다. 하나님께서 그 아들을 이 세상에 보내실 때 이 땅의 사람들이 죄과에서 떠나며 회개하고 개선된 모습을 보셨기 때문인가? 그렇지 않다. 세상은 죄와 어둠으로 가득했고 사람들은 모두 사망에 앉아 있었다(사 9:1-2, 마 4:14-16). 그러나 하나님은 이 세상이 아무리 어둡고 죄로 가득하며 하나님을 대적하는 상황에 있었어도 그것을 개의치 않으시고 그 아들을 구원자로 보내신 것이다. 주 예수께서 세상에 오셔서 만난 사람들도 다 마찬가지이다. 그들이 먼저 하나님을 찾지 않았다. 당시 주님은 먼저 죄인들을 찾아 방문하셨고 병을 고쳐주셨고 구원을 베풀어주셨다. 이것이 무엇인가? 우리는 이사야서를 읽으면서 무엇을 느끼는가? 하나님의 '불가항력적인 은혜(irresistible grace)'이다. 하나님의 한없는 은혜는 우리의 범죄나 원수 된 상태나 그 어떤 것으로도 막을 수 없다. 주 예수님은 우리 인생의 죄악과 상태에 관계없이 잃어버린 사람을 찾아 구원하러 오신 하나님의 독생자이시다.

61장 3절은 어떠한가? 거기에는 조건 없이 대신하고 바꿔주시는 복음의 위대한 특징이 드러난다. "모든 슬픈 자를 위로하되 무릇 시온에서 슬퍼하는 자에게 화관을 주어 그 재를 대신하며 희락의 기름으로 그 슬픔을 대신하며 찬송의 옷으로 그 근심을 대신하시고 그들로 의의 나무 곧 여호와의 심으신바 그 영광을 나타낼 자라 일컬음을 얻게 하려 하심이니라". 이 구절들에서는 복음의 위로의 내용이 선포된다. 재를 쓰고 있는 자들에게 화관을 주시며 슬퍼하는 자들에게 희락의 기름을 부으신다고 하였다. 성경의 복음은 아무 조건 없이 거저 받는 자들을 축복해주신다. 그들의 상태와 정반대가 되는 역전을 주시는 것이다. 화관으로 그 재를 대신하며, 희락의 기름으로 그 슬픔을 대신해주신다. "우리는 다 양 같아서 각기 제 길로 갔거늘 여호와께서는 우리 무리의 죄악을 그에게 담당시키셨도다"(53:6). 복음은 무엇인가? 이처럼 아무 공로 없는 우리 죄인의 상태를 완전히 바꿔주시는 것이다. 무조건적인 대신하심이요 담당하심이다.

우리에게 뭐가 좋은 점이 있어서가 아니다. 우리 죄인에 대한 구원은 하나님의 무조건적이고 항거할 수 없는 은혜로 말미암는다. "우리가 연약하였을 때, 원수 되었을 때, 죄인 되었을 때 그 아들의 죽으심으로 하나님은 그분의 사랑을 우리에게 확증해 주셨다"(롬 5:6-10). "너희가 그 은혜를 인하여 믿음으로 말미암아 구원을 얻었나니 이것이 너희에게서 난 것이 아니요 하나님의 선물이라"(엡 2:8). 다음 구절들을 통해서 이사야 선지자의 은혜로운 복음 선포를 들어보자!

4. 이사야서의 복음 선포

1) 구속(1:18-19)

이사야 선지자는 1장부터 복음을 선포한다. "여호와께서 말씀하시되 오라 우리가 서로 변론하자 너희 죄가 주홍 같을지라도 눈과 같이 희어질 것이요 진홍같이 붉을지라도 양털같이 되리라"(18절). 복음을 순종하면 축복이 있을 것이라고 말씀하신다("너희가 즐겨 순종하면 땅의 아름다운 소산을 먹을 것이요"-19절).

2) 말일에 세워질 메시아 왕국(2:2-4)

"말일에 여호와의 전의 산이 모든 산꼭대기에 굳게 설 것이요 모든 작은 산 위에 뛰어나리니 만방이 그리로 모여들 것이라 많은 백성이 가며 이르기를 오라 우리가 여호와의 산에 오르며 야곱의 하나님의 전에 이르자…그가 열방 사이에 판단하시며 많은 백성을 판결하시리니 무리가 그 칼을 쳐서 보습을 만들고 그 창을 쳐서 낫을 만들 것이며 이 나라와 저 나라가 다시는 칼을 들고 서로 치지 아니하며 다시는 전쟁을 연습지 아니하리라".

3) 주님께서 그분의 택한 백성들에게 구름, 빛, 천막, 그늘, 숨는 곳이 되어주신다(4:5-6)

"여호와께서 그 거하시는 온 시온 산과 모든 집회 위에 낮이면 구름과 연기, 밤이면 화염의 빛을 만드시고 그 모든 영광 위에 천막을 덮으실 것이며 또 천막이 있어서 낮에는 더위를 피하는 그늘을 지으며 또 풍우를 피하여 숨는 곳이 되리라".

4) 메시아 출생의 예언(7:14)

"그러므로 주께서 친히 징조로 너희에게 주실 것이라 보라 처녀가 잉태하여 아들을 낳을 것이요 그 이름을 임마누엘이라 하리라".

5) 기묘자이신 아들을 주실 것이다(9:6-7)

"이는 한 아기가 우리에게 났고 한 아들을 우리에게 주신 바 되었는데 그 어깨에는 정사를 메었고 그 이름은 기묘자라, 모사라, 전능하신 하나님이라, 영존하시는 아버지라, 평강의 왕이라 할 것임이라 그 정사와 평강의 더함이 무궁하며 또 다윗의 위에 앉아서 그 나라를 굳게 세우고 자금 이후 영원토록 공평과 정의로 그것을 보존하실 것이라 만군의 여호와의 열심이 이를 이루시리라".

6) 이새의 줄기에서 한 싹이 나올 것인데(11:1-10), 그가 심판자요 통치자요 왕국을 이룰 자이다

"이새의 줄기에서 한 싹이 나며 그 뿌리에서 한 가지가 나서 결실할 것이요 여호와의 신 곧 지혜와 총명의 신이요 모략과 재능의 신이요 지식과 여호와를 경외하는 신이 그 위에 강림하시리니 그가 여호와를 경외함으로 즐거움을 삼을 것이며 그 눈에 보이는 대로 심판치 아니하며 귀에 들리는 대로 판단치 아니하며 공의로 빈핍한 자를 심판하며 정직으로 세상의 겸손한 자를 판단할 것이며 그 입의 막대기로 세상을 치며 입술의 기운으로 악인을 죽일 것이며 공의로 그 허리띠를 삼으며 성실로 몸의 띠를 삼으리라". 이는 그리스도의 초림에 적용할 수 있다. 그러나 재림시에 왕국을 포함하는 개념이다. 이 모든 말씀들이 복음시대에 영적으로 성취될 것이나 주님의 재림시에는 문자적으로 구현될 것이다.

"그 때에 이리가 어린 양과 함께 거하며 표범이 어린 염소와 함께 누우며 송아지와 어린 사자와 살진 짐승이 함께 있어 어린아이에게 끌리며 암소와 곰이 함께 먹으며 그것들의 새끼가 함께 엎드리며 사자가 소처럼 풀을 먹을 것이며 젖 먹는 아이가 독사의 구멍에서 장난하며 젖 뗀 어린아이가 독사의 굴에 손을 넣을 것이라 나의 거룩 한 산 모든 곳에서 해됨도 없고 상함도 없을 것이니 이는 물이 바다를 덮음같이 여호와를 아는 지식이 세상에 충만할 것임이니라 그 날에 이새의 뿌리에서 한 싹이 나서 만민의 기호로 설 것이요 열방이 그에게로 돌아오리니 그 거한 곳이 영화로우리라".

7) 복음은 목마른 자들이 구원의 우물에서 기쁨으로 물을 긷는 것이다(12:3-6)

"그러므로 너희가 기쁨으로 구원의 우물들에서 물을 길으리로다 그 날에 너희가 또 말하기를 여호와께 감사하라 그 이름을 부르며 그 행하심을 만국 중에 선포하며 그 이름이 높다 하라 여호와를 찬송할 것은 극히 아름다운 일을 하셨음이니 온 세계에 알게 할지어다 시온의 거민아 소리를 높여 부르라 이스라엘의 거룩하신 자가 너희 중에서 크심이니라 할 것이니라". 우물에서 물을 긷는 것은 복음의 음조로서 매우 쉽고 즐거운 일이다.

8) 사막에 백합화가 피며 여호와의 속량함을 얻은 자들이 노래하며 돌아온다(35:1-10)

"광야와 메마른 땅이 기뻐하며 사막이 백합화같이 피어 즐거워하며 무성하게 피어 기쁜 노래로 즐거워하며…그 때에 소경의 눈이 밝을 것이며 귀머거리의 귀가 열릴 것이며 그 때에 저는 자는 사슴같이 뛸 것이며 벙어리의 혀는 노래하리니 이는 광야에서 물이 솟겠고 사막에서 시내가 흐를 것임이라 뜨거운 사막이 변하여 못이 될 것이며 메마른 땅이 변하여 원천이 될 것이며…거기는 사자가 없고 사나운 짐승이 그리로 올라가지 아니하므로 그것을 만나지 못하겠고 오직 구속함을 얻은 자만 그리로 행할 것이며 여호와의 속량함을 얻은 자들이 돌아오되 노래하며 시온에 이르러 그 머리 위에 영영한 희락을 띠고 기쁨과 즐거움을 얻으리니 슬픔과 탄식이 달아나리로다". 이 모든 축복들이 교회 시대에 영적으로 적용될 수 있다(새찬송가 242 참고).

9) 내 백성을 위로하라…복역의 때가 끝났고 그 죄악의 사함을 입었다…외치는 자의 소리여 너희는 광야에서 여호와의 길을 예비하라(40:1-5)

"너희 하나님이 가라사대 너희는 위로하라 내 백성을 위로하라 너희는 정다이 예루살렘에 말하며 그것에게 외쳐 고하라 그 복역의 때가 끝났고 그 죄악의 사함을 입었느니라 그 모든 죄를 인하여 여호와의 손에서 배나 받았느니라 할지니라 외치는 자의 소리여 가로되 너희는 광야에서 여호와의 길을 예비하라 사막에서 우리 하나님의 대로를 평탄케 하라 골짜기마다 돋우어지며 산마다, 작은 산마다 낮아지며 고르지 않은 곳이 평탄케 되며 험한 곳이 평지가 될 것이요 여호와의 영광이 나타나고 모든 육체가 그것을 함께 보리라 대저 여호와의 입이 말씀하셨느니라". 복음은 죄로 고생하는 그분의 백성들을 위로함이다. 세례 요한의 음성을 듣는 듯하다. 신약의 사역은 세례 요한부터이다(행 1:21).

10) 나의 붙드는 종을 보라(42:1-4)

"내가 붙드는 나의 종, 내 마음에 기뻐하는 나의 택한 사람을 보라 내가 나의 신을 그에게 주었은즉 그가 이방에 공의를 베풀리라 그는 외치지 아니하며 목소리를 높이지 아니하며 그 소리로 거리에 들리게 아니하며 상한 갈대를 꺾지 아니하며 꺼져가는 등불을 끄지 아니하고 진리로 공의를 베풀 것이며 그는 쇠하지 아니하며 낙담하지 아니하고 세상에 공의를 세우기에 이르리니 섬들이 그 교훈을 앙망하리라". 구약의 예언에서 그리스도의 초림과 재림은 명확히 구분하지 않는다(마 12:17-21).

11) 갈한 자에게 물을 주며 마른 땅에 시내가 흐르게 하며(44:2-4)

"너를 지으며 너를 모태에서 조성하고 너를 도와줄 여호와가 말하노라 나의 종 야곱, 나의 택한 여수룬아 두려워 말라 대저 내가 갈한 자에게 물을 주며 마른 땅에 시내가 흐르게 하며 나의 신을 네 자손에게, 나의 복을 네 후손에게 내리리니 그들이 풀 가운데서 솟아나기를 시냇가의 버들같이 할 것이라"(요 4:10, 7:38 참조).

12) 기름부음을 받은 고레스(45:1, 22)

"나 여호와는 나의 기름받은 고레스의 오른손을 잡고 열국으로 그 앞에 항복하게 하며 열왕의 허리를 풀며 성문을 그 앞에 열어서 닫지 못하게 하리라 내가 고레스에게 이르기를…땅 끝의 모든 백성아 나를 앙망하라 그리하면 구원을 얻으리라 나는 하나님이라 다른 이가 없음이니라".

13) 나를 때리는 자들에게 내 등을 맡기고(50:4-6)

"주 여호와께서 학자의 혀를 내게 주사 나로 곤핍한 자를 말로 어떻게 도와줄 줄을 알게 하시고 아침마다 깨우치시되 나의 귀를 깨우치사 학자같이 알아듣게 하시도다 주 여호와께서 나의 귀를 열으셨으므로 내가 거역지도 아니하며 뒤로 물러가지도 아니하며 나를 때리는 자들에게 내 등을 맡기며 나의 수염을 뽑는 자들에게 나의 뺨을 맡기며 수욕과 침 뱉음을 피하려고 내 얼굴을 가리우지 아니하였느니라". 주님의 십자가의 고난의 광경을 생각나게 한다.

14) 우리의 전한 것을 누가 믿었느뇨(53:1-6)

"우리의 전한 것을 누가 믿었느뇨 여호와의 팔이 뉘게 나타났느뇨 그는 주 앞에서 자라나기를 연한 순 같고 마른 땅에서 나온 줄기 같아서 고운 모양도 없고 풍채도 없은즉 우리의 보기에 흠모할 만한 아름다운 것이 없도다 그는 멸시를 받아서 사람에게 싫어 버린 바 되었으며 간고를 많이 겪었으며 질고를 아는 자라 마치 사람들에게 얼굴을 가리우고 보지 않음을 받는 자 같아서 멸시를 당하였고 우리도 그를 귀히 여기지 아니하였도다 그는 실로 우리의 질고를 지고 우리의 슬픔을 당하였거늘 우리는 생각하기를 그는 징벌을 받아서 하나님에게 맞으며 고난을 당한다 하였노라 그가 찔림은 우리의 허물을 인함이요 그가 상함은 우리의 죄악을 인함이라 그가 징계를 받음으로 우리가 평화를 누리고 그가 채찍에 맞음으로 우리가 나음을 입었도다 우리는 다 양 같아서 그릇 행하며 각기 제 길로 갔거늘 여호와께서는 우리 무리의 죄악을 그에게 담당시키셨도다". 이 구절은 이사야 선지자의 예언 가운데 가장 독보적이고 아름다운 복음의 내용이다.

15) 잉태치 못한 자여 외쳐 노래하라(54:1-5)

"잉태치 못하며 생산치 못한 너는 노래할지어다 구로치 못한 너는 외쳐 노래할지어다 홀로 된 여인의 자식이 남편 있는 자의 자식보다 많음이니라 여호와의 말이니라… 이는 너를 지으신 자는 네 남편이시라 그 이름은 만군의 여호와시며 네 구속자는 이스라엘의 거룩한 자시라 온 세상의 하나님이라 칭함을 받으실 것이며". 신약의 사도들은 이 모든 말씀을 교회 시대에 적용했다(갈 4:27).

16) 목마른 자들아 물로 나아오라 값없이 포도주와 젖을 사라(55:1-6)

"너희 목마른 자들아 물로 나아오라 돈 없는 자도 오라 너희는 와서 사 먹되 돈 없이 값없이 와서 포도주와 젖을 사라 너희가 어찌하여 양식 아닌 것을 위하여 은을 달아주며 배부르게 못할 것을 위하여 수고하느냐 나를 청종하라 그리하면 너희가 좋은 것을 먹을 것이며 너희 마음이 기름진 것으로 즐거움을 얻으리라 너희는 귀를 기울이고 내게 나아와 들으라 그리하면 너희 영혼이 살리라 내가 너희에게 영원한 언약을 세우리니 곧 다윗에게 허락한 확실한 은혜니라 내가 그를 만민에게 증거로 세웠고 만민의 인도자와 명령자를 삼았었나니…너희는 여호와를 만날 만한 때에 찾으라 가까이 계실 때에 그를 부르라". 이 역시 사도 바울의 신약의 복음 선포에 그대로 인용한 구절들이다(행 13:34). 다만 들으면 산다고 하였고 영원한 언약, 확실한 은혜 등 모두가 복음의 언어들로 충만하다.

17) 주 여호와의 신이 내게 임하셨으니…가난한 자에게 아름다운 소식을 전하게 하려 하심이라(61:1-4)

"주 여호와의 신이 내게 임하셨으니 이는 여호와께서 내게 기름을 부으사 가난한 자에게 아름다운 소식을 전하게 하려 하심이라 나를 보내사 마음이 상한 자를 고치며 포로 된 자에게 자유를, 갇힌 자에게 놓임을 전파하며 여호와의 은혜의 해와 우리 하나님의 신원의 날을 전파하여 모든 슬픈 자를 위로하되 무릇 시온에서 슬퍼하는 자에게 화관을 주어 그 재를 대신하며, 희락의 기름으로 그 슬픔을 대신하며, 찬송의 옷으로 그 근심을 대신하시고, 그들로 의의 나무 곧 여호와의 심으신바 그 영광을 나타낼 자라 일컬음을 얻게 하려 하심이니라 그들은 오래 황폐하였던 곳을 다시 쌓을 것이며 예로부터 무너진 곳을 다시 일으킬 것이며 황폐한 성읍 곧 대대로 무너져 있던 것들을 중수할 것이며". 이 구절은 주님이 자라나신 곳 나사렛 회당에서 '오늘날 이 예언이 응하였다'고 말씀하시며 친히 읽으신 부분이다(눅 4:16-19).

5. 이사야가 예언한 성도들의 영광된 장래

"보라 내가 새 하늘과 새 땅을 창조하나니 이전 것은 기억되거나 마음에 생각나지 아니할 것이라"(65:17). "나 여호와가 말하노라 나의 지을 새 하늘과 새 땅이 내 앞에 항상 있을 것같이 너희 자손과 너희 이름이 항상 있으리라"(66:22). 우리는 요한계시록 21-22장에서 새 하늘과 새 땅, 새 예루살렘을 본다. 이는 하나님께서 택하신 백성의 영원한 거처이다. 구약에서 이에 대하여 분명한 말로 예언한 선지자는 오직 이사야뿐이다.

예레미야

주요 내용 이사야 이후 유다국은 점점 타락해갔고 하나님은 예레미야 선지자를 일으키셔서 유다국의 멸망을 예언하게 하셨다. 그리고 70년 동안 바벨론에 포로되었다가 다시 귀환하게 될 것을 예언하게 하셨다.

1) 예레미야서는 이사야서를 이어서 예언한 한 권의 대선지서이다. 이 책은 바벨론 포로 이전의 선지서에 포함되지만 그 내용은 이스라엘 백성이 바벨론 포로로 사로잡혀가기까지의 모든 시기를 망라한다. 이 책의 내용에는 예언만 있는 것이 아니라 당시의 역사도 포함해서 기록되어 있는데, 특별히 열왕기 하 22-25장, 역대 하 34-36장 말씀과 함께한다. 당시 유다는 쇠퇴 일로에 있었다. 인접한 앗수르, 애굽, 바벨론 등은 호시탐탐 유다를 침략할 기회를 노리고 있었다. 그럼에도 유다는 내부적으로 왕이나 지도자들로부터 백성에 이르기까지 모두 타락했고 우상을 숭배하고 있었다.

2) 예레미야 선지자는 요시야 왕 재위 13년부터 예언을 시작했다. 요시야는 매우 좋은 왕이었는데, 유다에서 가장 악한 왕이었던 므낫세의 손자였다. 므낫세의 아들은 아몬이고 그의 아들이 요시야였다. 그리고는 여호아하스, 여호야김, 여호야긴, 시드기야로 이어지는데, 요시야 외에는 모든 왕들이 다 악했다. 유다는 시드기야 왕 때에 바벨론에 의해 완전히 패망했다.

3) 예레미야는 유다가 바벨론에게 완전히 패망해서 사로잡혀갈 때까지 함께 있으면서 예언했던 선지자이다. 역대 하 36장 5절에는 시드기야 왕 때에 여호와 보시기에 그들이 악을 행했다고 했다. 하나님께로부터 매우 멀리 떨어져 있던 상황이었다. 그때 예레미야가 하나님의 말씀을 말했다. 예레미야서는 성경에서 매우 귀중한 책 중 하나이며, 성경을 읽는 수많은 사람들이 이 예언서의 귀함을 알고 있다. 특별히 31, 32장의 하나님의 사랑과 위로를 말한 구절들은 매우 감동적이다. 그 중 31장 33-34절은 히브리서 8장에 인용된 새 언약의 내용이다. 이는 너무도 중요한 예언이다.

4) '예레미야'의 뜻은 '여호와께서 높이 올리심', '여호와께서 넘어지게 하심'이다. 예레미야는 이 두 가지의 뜻을 다 포함한 일생을 살았다. 당시 사람들은 예레미야 선지

자의 말을 듣지 않았다. 그는 좋은 시대인 요시야 왕 때에 사역을 시작했다. 당시 나이가 스무 살 정도 되었을 것이다. 그리고 그가 예언한 기간을 추산하면 50년 가까이 된다. 매우 오랜 기간에 걸쳐 예언한 선지자이다. 바벨론의 느고가 앗수르를 치겠다고 했을 때 요시야는 그 일이 하나님으로부터 나온 것이라는 말을 듣지 않고 나가서 느고 왕을 방비하다가 활에 맞아 죽었다. 역대 하에는 요시야가 죽은 후에 예레미야가 심히 슬퍼하며 애가를 지었다는 기록이 있다.

5) 그 이후로는 좋은 시절이 없었고, 예레미야는 심히 어려운 상황에서 예언을 하고 또 했다. 예레미야는 제사장 가족이었음에도 사람들은 그를 멸시하고 거절했으며, 선지자로 보지도 않고 오히려 범죄자처럼 보았다. 그는 '유다 나라가 바벨론에 멸망할 것'이라고 예언했는데, 사람들은 그를 바벨론과 내통한 사람으로 여겨 심히 핍박했고 감옥에 가두었다. 하지만 하나님께서는 그의 이름의 뜻대로 그를 높이 올리셨다. 당시 왕과 백성들은 범죄하고 악을 행하고 우상을 섬기고 하나님의 말씀을 거절하고 교만하고 방자해서 그 악함이 세상에서 비할 것이 없을 정도였으므로 하나님께서는 그들을 넘어지게 하셨다. 따라서 예레미야는 '하나님이 그를 높이신다', '하나님이 그를 넘어지게 하신다'는 이름의 두 가지 의미대로 인생을 살았다.

6) 예레미야서에는 예레미야의 말씀 사역 외에도 선지자 개인의 전기가 많이 들어 있다. 연대를 추산해보면, 그는 하박국, 스바냐, 다니엘, 에스겔 등과 동시대 사람이다. 그는 사역과 그의 간증의 연고로 결혼을 하지 않았다(하나님께서 그에게 이 땅에 임할 극심한 환난을 인해 아내를 취하지 말고 자녀를 두지 말라고 하셨다). 예레미야는 천성이 소심하고 심약하고 겁이 많은 사람이었다. 그렇지만 하나님께서 그를 격려하시고 재촉하셔서 뜨거운 애정과 변함없는 결심으로 예언했으며, 후에는 칼이나 도끼도 피하지 않고 생사도 돌보지 않은 채 용감하게 증거를 했다. 그는 선지자 중에서 가장 어려움을 많이 당한 '눈물의 선지자'이다. 그는 때때로 도망도 다니고 목에 칼과 쇠사슬이 채워지기도 하고 모욕도 당하고 감옥에도 갇히고 여러 번 죽음에서 도망을 쳐서 생명을 구하기도 했다. 그는 당시 왕과 유다 백성들로 인해서 심히 분개하기도 하고 슬퍼하기도 했으며, 또 수년 동안 아무리 고심하고 일을 해도 수확을 거둘 수 없어서 눈물을 많이 흘린 선지자였다.

예레미야는 몇 가지로 예수 그리스도를 예표했다. 그래서 예수님이 이 땅에 오셨을 때 사람들은 이사야 같다고 하지는 않았어도 '예레미야 같다'고는 했다. 닮은 점을 몇 가지 들자면 그가 태중에 있을 때부터 부르심을 받았다는 것이다. 둘째는 충성스럽게 말씀을 전했다는 것이다. 셋째는 수고를 했어도 성과가 없었다는 것이다. 예레미야서를 읽어보면 그가 기도를 많이 했고 부르짖기도 많이 했고 슬퍼하기도 많이 했음을 알 수 있다. 그는 충성스러웠고 순종했고 용감하며 인내와 성실을 지닌 선지자였다. 그의 사역은 사람 앞에서는 별 성과가 없는 것 같지만 하나님 눈에는 너무나 귀한 것이었다.

7) 예레미야서의 주제는 '유다의 심판과 회복'이다. 이사야서와 비교해본다면, 이사야는 능력 있고 전능하시고 초월적인 하나님에 대해서 말했다. 또한 하나님의 아들이신 그리스도의 어떠하심에 대한 예언을 많이 했다. 그러나 예레미야서에는 신약의 성도들처럼 그가 하나님과 교제하는 모습이 많이 나온다. 그는 하나님께 기도로 묻고 하나님은 예레미야에게 그분의 느낌을 말씀하시는 것이다. 예레미야서는 이스라엘 백성들이 우상을 숭배하는 데 있어서도 내면적으로 하나님을 떠나는 것과 그들의 본성이 사악하다는 점을 말했다. 구스 인이 그 피부색을 바꿀 수 없으며 표범이 그 반점을 없앨 수 없듯이 인간이란 나면서부터 고칠 수 없는 죄인이라고 했다. 이처럼 예레미야서는 사람의 보다 내재적인 죄, 근본적인 타락을 다루면서 그들을 내적으로 생명으로 구원하는 것에 대해 다룬다(렘 13:23).

이사야서가 천년왕국에서 이루어질 복음의 궁극적인 축복의 상황으로 우리를 격려했다면, 예레미야서는 새 언약으로, 성령께서 우리 속에서 생명의 역량으로 우리의 성품을 바꾸시어 내적으로 하나님을 닮아가도록 하신다는 것을 말해주고 있다(렘 31장 참조).

8) 이사야서가 하나님과 이스라엘 백성의 전체적인 관계성 속에서 하나님과의 관계를 조명했다면, 예레미야서는 주로 성도들과 하나님의 개인적인 관계에 중점을 두고 있다. 이때는 솔로몬 성전이 파괴되고 이스라엘 국토가 상실되었기에 이스라엘 백성들은 전체적으로 하나님과의 관계를 갖기가 어렵게 되었다. 이제 바벨론으로 흩어진 그들은 어디에 있든지 개인적으로 하나님께 나아가야 하는 상황이 된 것이다. 그렇다 하더라도 그들이 하나님께 나아가고 개별적으로 하나님과 관계를 맺을 수 있도록 도움을 주는 사역이 필요했다. 그에 적합한 사역자가 예레미야였다. 예레미야는 하나님께서 각 사람의 심중에 말씀하시는 개인적인 신앙에 많은 관심을 가졌으며, 따라서 그의 사역의 중점은 '마음'이었다.

예레미야서의 문체는 간결하면서도 웅대하며 매우 직선적이다. 그러기에 핍박도 많이 받았다. 사람들에게 상황을 돌려서 말하지 않고 미사여구를 사용해서 완곡하게 표현하지도 않았기에 반발이 컸던 것이다. 그만큼 그는 단순하고 순수한 선지자였다.

그의 문체의 독특한 점은 '애가(슬픈 음조)'로 되어 있다는 것이다. 음악으로 말하면 '단조'를 띠고 있다. "내가 땅을 본즉 형태도 없고 공허하였도다 하늘을 본즉 빛이 없었도다 산들을 본즉 진동하고 있었고 언덕들을 본즉 떨고 있었도다 나는 보고 또 보았으나 사람이라고는 없었고 공중의 새들도 모두 도망갔도다"(렘 4:23-25). "추수할 때가 지나고 여름이 다 하였으나 우리는 구원을 얻지 못한다 하는도다 딸 내 백성이 상하였으므로 나도 상하여 슬퍼하며 놀라움에 잡혔도다"(렘 8:20-21). 이것이 예레미야의 애가조의 문체이다.

1. 예레미야 선지자

1) 출신과 사역 기간

예레미야는 베냐민 출신이다. 바울도 베냐민 지파 사람이었고 이스라엘의 초대 왕이었던 사울도 베냐민 지파 사람이었다. 아나돗은 예루살렘에서 북쪽으로 한 시간쯤 떨어진 곳에 위치했다. 그는 제사장 가족이었고 부친의 이름은 힐기야였다. 아몬의 재위 기간은 2년 정도였으며, 그가 피살된 후에 그의 아들 요시야가 8세에 왕위에 올랐다. "요시야의 다스린 지 십삼 년". 이때 요시야 왕은 스무 살쯤 되었을 것이다. 예레미야는 요시야 13년부터 사역을 시작했다. 요시야의 뒤를 이은 4-5명의 왕은 다 악한 왕이었다. 그러다가 시드기야 때에 완전히 패망했다. 그때에 예레미야는 선지자로서 활약을 했는데, 나라가 완전히 기울어져서 백성들이나 왕이나 다 좋지 않은 상황에서 예언을 한다는 것은 아주 어려운 일이었다. "요시야의 아들 유다 왕 여호야김 시대부터 요시야의 아들 유다 왕 시드기야의 제십일년 말까지 임하니라". 예레미야의 사역 기간을 말해주고 있다(렘 1:1-3). "이 해 오월에 예루살렘이 사로잡히니라". 유다가 패망할 때까지 사역했는데 그 햇수가 50년 가까이 된다.

2) 선지자로 부르심

"내가 너를 복중에 짓기 전에 너를 알았고". 예레미야가 이 말씀을 들은 것은 요시야 13년쯤이었을 것이다. 그가 사역을 시작할 당시는 20세쯤인데, 그때에 그가 하나님께 들은 말씀이 '내가 너를 복중에 짓기 전에 알았다'는 것이었다. 사도 바울도 '내 어머니의 태로부터 나를 택정하셨다'고 했다.

"너를 열방의 선지자로 세웠노라". '열방'이란 많은 나라들을 뜻한다. 모든 나라들, 온 세상의 나라들이다. 예레미야는 주로 유다 나라를 위해서 말했지만, 그의 말은 유다 사람만이 아니라 모든 열방을 위한 것이었다.

하나님은 작은 사람을 사용하기를 좋아하신다. 예레미야는 아직 자신이 하나님의 선지자로서 사역하기에는 어리다고 고백하였다. 어리고 미숙하여 할 수 없다고 한 것이다. 이러한 태도는 좋은 것이지만 끝까지 고집하지는 말아야 한다. 하나님이 보내시고 맡기실 때 이러한 격려와 위임을 받고 할 수 있어야 한다. 이 두 가지가 다 필요하다. 주님이 그의 입에 말씀을 주셨다. 이사야도 비슷하다. 제단의 숯불을 이사야의 입술에 대었듯이 주님은 예레미야에게도 손을 내밀어 그 입에 대셨다.

"너를 뽑으며 파괴하며 파멸하며 넘어뜨리며 건설하며 심게 하였느니라". '뽑으며 파괴하며 파멸하며 넘어뜨리며'-이 네 가지는 다 소극적인 것들이다. 없애버리고 멸망시키는 것이나. 반면에 '건설하며 심는 것'은 다 적극적인 것들이다. 그러므로 예레미야의 예언을 통해서 어떤 것들은 무너지고 파괴된다. 반면에 어떤 것들은 건축되고 세워진다.

2. 예레미야서 내용의 특징

1) 죄인은 어떤 것으로도 깨끗케 되지 않는다

우리는 이사야서를 통해 한량없는 하나님의 은혜와 긍휼, 불가항력적인 은혜를 보며, 예레미야서에서는 인간의 전적인 타락(utter depravity)을 본다. 흑인의 얼굴을 희게 할 수 없음같이 죄인은 그들의 죄를 없앨 방법이 없다. 인간은 전적으로 타락했다.

"구스 인이 그 피부를, 표범이 그 반점을 변할 수 있느뇨 할 수 있을진대 악에 익숙한 너희도 선을 행할 수 있으리라"("Can the Ethiopian change his skin, or the leopard his spots? then may ye also do good, that are accustomed to do evil.") -렘 13:23.

"유다의 죄는 금강석 끝 철필로 기록되되 그들의 마음 판과 그들의 단 뿔에 새겨졌거늘…만물보다 거짓되고 심히 부패한 것은 마음이라"(17:1, 9). 사람의 죄악이 간단히 지울 수 있는 상태가 아니라 금강석 끝 철필로 기록이 되고 그들의 마음 판에 새겨졌다고 한다. 물론 이사야서에도 이미 말씀한 바가 있다(사 64:6).

2) 하나님의 구원은 원래의 그릇을 깨뜨리고 새 그릇을 만드시는 것이다

하나님은 사람의 원래 상태를 고쳐서 새롭게 하시는 것이 아니라 옛 사람을 완전히 십자가에 못 박아 끝내시고 그리스도 안에서 새 사람을 지으시는 것이다(엡 2:14-16). 하나님은 예레미야에게 토기장이가 진흙으로 그릇을 만드는 것을 보게 하시고, 또 그릇이 맘에 안 들자 파상시켜버리고 자기 맘에 맞는 새로운 그릇을 만드는 것을 보게 하셨다. 예레미야의 이름 자체가 한 면으로는 파괴하는 것이고 다른 한 면으로는 새롭게 세우는 것이다. 다음의 말씀은 예레미야의 사역을 대표하는 구절로 볼 수 있다. "여호와께로부터 예레미야에게 임한 말씀에 가라사대 너는 일어나 토기장이의 집으로 내려가라 내가 거기서 내 말을 네게 들리리라 하시기로 내가 토기장이의 집으로 내려가서 본즉 그가 녹로로 일을 하는데 진흙으로 만든 그릇이 토기장이의 손에서 파상하매 그가 그것으로 자기 의견에 선한 대로 다른 그릇을 만들더라"(18:1-4).

3) 하나님께서 예레미야에게 토기장이의 오지병을 사서 깨뜨리라고 하시다

예레미야 선지자의 예언은 이사야와 동일하게 복음을 말한다. 부패한 사람은 고칠 수 없다는 말이다. 예레미야라는 이름의 뜻은 파괴한다, 하나님께서 세우신다는 뜻이다. 그 이름대로 예레미야는 그분의 백성을 파괴하고 다시 세우는 일을 한다. 토기장이가 그릇을 파상하고 다시 자기 마음에 맞는 그릇을 만드는 것처럼 그렇게 하신다는 뜻이다. 사람은 바뀌지 않는다. 그러므로 그리스도께서는 우리 옛 사람을 십자가에 못 박으시고(롬 6:6) 그분의 부활로 새 사람을 만드신다. 그리스도의 역사는 옛 사람을 고치는 것이 아니라 완전히 끝내고 새로운 피조물을 만드시는 것이다. "누구든지 그리스도 안에 있으면 새로운 피조물이라 이전 것은 지나갔으니 보라 새 것이 되었도다"(고후 5:17).

주 예수님은 '새 옷에서 한 조각을 찢어 낡은 옷에 붙이는 일'을 하신 것이 아니다. 묵은 포도주나 낡은 가죽부대를 고치는 것이 아니라 완전히 새 포도주와 새 부대를 만드는 것이 복음이다. 이것은 예수 그리스도의 죽으심과 부활로 말미암는다(롬 6:1-11). 예레미야 18장에 이어 19장도 동일한 사상을 전한다. 이번에는 하나님께서 직접 예레미야에게 토기장이에게서 오지병을 사라고 하시고(오지병은 병의 입구가 좁아서 들어간 내용물을 쏟을 때 '박크북크'하면서 나온다고 해서 붙여진 이름이다), 그 오지병을 가지고 힌놈의 골짜기(당시 예루살렘 사람들이 시체나 더러운 쓰레기를 버리는 곳으로서 항상 불이 타고 있었으므로 지옥불을 예표할 때 사용되는 지명이다)에 가되 유력한 유다 인들을 데려가서 그들 보는 앞에서 깨뜨리라고 하셨다. 그것은 한 면으로 그들을 멸망시키겠다는 말씀이며, 복음으로 말하면 타락한 인간을 끝내고 새 창조를 지으시겠다는 말씀이다.

"여호와께서 이같이 말씀하시되 가서 토기장이의 오지병을 사고 백성의 어른들과 제사장의 어른 몇 사람을 데리고 하시드 문 어귀 곁에 있는 힌놈의 아들의 골짜기로 가서 거기서 내가 네게 이른 말을 선포하여…보라 내가 이곳에 재앙을 내릴 것이라 무릇 그것을 듣는 자의 귀가 진동하리니 이는 그들이 나를 버리고 이곳을 불결케 하며 이곳에서 자기와 자기 열조와 유다 왕들의 알지 못하던 다른 신들에게 분향하며 무죄한 자의 피로 이곳에 채웠음이며…그러므로 나 여호와가 말하노라 보라 다시는 이곳을 도벳이나 힌놈의 아들의 골짜기라 칭하지 아니하고 살륙의 골짜기라 칭하는 날이 이를 것이라…너는 함께 가는 자의 목전에서 그 오지병을 깨뜨리고 그들에게 이르기를 만군의 여호와께서 이같이 말씀하시되 사람이 토기장이의 그릇을 한번 깨뜨리면 다시 완전하게 할 수 없나니…내가 이곳과 그 중 거민에게 이같이 행하여 이 성으로 도벳 같게 할 것이라"(19:1-12). 하나님은 예레미야의 입을 통하여 그분의 진수를 예언케 하셨다. 이는 예루살렘을 멸망시키는 것과 70년 후 회복하는 것인데, 이것이 곧 그리스도의 죽음과 부활로 말미암은 새 창조를 말함이다.

3. 예레미야서 내용의 대강

1) 소명과 이상을 보여주심과 격려

"내가 너를 복중에 짓기 전에 너를 알았고 네가 태에서 나오기 전에 너를 구별하였고 너를 열방의 선지자로 세웠노라"(1:5). 살구나무와 면이 북에서부터 기울어진 끓는 가마를 보여주셨는데(1:11-13), 이는 재앙이 북에서부터 일어난다는 뜻이다. 한편으로 하나님은 원래 기질적으로 심약한 예레미야 선지자를 격려하셔서 유다 왕들, 족장들, 제사장들과 그 땅의 백성들에게 견고한 성읍과 쇠기둥과 놋성벽이 되게 하시겠다고 말씀하신다.

2) 예루살렘이 함락되기 전 유다에서의 선지자(2-38장)

배역한 유다에 대한 첫 번째 메시지(2:1-3:5)는 과거에 대한 회상이다. "네 소년 때의 우의와 네 결혼 때의 사랑…광야에서 어떻게 나를 좇았음을 내가 너를 위하여 기억하노라"(2:1). 그러나 유다는 예레미야 선지자 때에 와서 매우 타락하여 하나님을 떠났다. 예레미야는 유다의 근본적인 죄악을 한 마디로 말한다. "너 하늘아 이 일을 위하여 놀랄지어다…두려워할지어다…내 백성이 두 가지 악을 행하였나니 곧 생수의 근원 되는 나를 버린 것과 스스로 웅덩이를 판 것인데 이는 물을 저축지 못할 터진 웅덩이니라"(2:13). 3장은 유다를 행음한 아내에 비한다(3:1). "배역한 이스라엘아 돌아오라…나는 긍휼이 있는 자라 노를 한없이 품지 아니하리라"(3:12). 4장부터 바벨론의 공격을 예고한다. 혹독한 심판이다. "사자가 그 수풀에서 올라왔으며…패망에 패망이 연속하여 온 땅이 탈취를 당하니…내가 땅을 본즉 혼돈하고 공허하며 하늘들을 우러러 본즉 빛이 없으며"(4:7, 20, 23). "예루살렘 거리를 다니며 공의를 행하는 자 한 사람이라도 찾아보라"(5:1). "재앙과 큰 파멸이 북방에서 옴이니라"(6:1).

하나님은 이미 예루살렘과 유다를 멸망시키는 재앙을 내리기로 작정하셨다. "너는 이 백성을 위하여 기도하지 말라"(11:14). "내가 유브라데로 가서 그 감추었던 곳을 파고 띠를 취하니 띠가 썩어서 쓸데없이 되었더라"(13:7). "모세와 사무엘이 내 앞에 섰다 할지라도 내 마음은 이 백성을 향할 수 없나니 그들을 내 앞에서 좇아내치리라"(15:1). 이 시점에서 하나님께서는 유다 백성을 완전히 부패하여 새롭게 할 수 없는 토기 그릇이나 오지병에 비하신다(17-19장). 하나님은 유다를 완전히 멸망시키기로 작정하신 것이다.

20장부터 예레미야는 하나님께서 유다를 바벨론으로 포로 되어 가게 하실 것을 예언하는데, 사람들은 그렇게 예언하는 예레미야를 때리고 핍박했다(20:3, 4-6). 21장에는 시드기야 왕이 바벨론의 침략을 알고 신하들을 예레미야에게 보내어 기도를 부탁하나 선지자는 이미 하나님께서 이 성을 치기를 작정하셨으니 바벨론에게 항복하는 자는 살리라고 한다. 24장에서는 여고냐 왕 등이 이미 바벨론으로 포로 되어 간 후에 하나님께서는 예레미야에게 좋은 무화과와 악한 무화과를 상징으로 보여주셨다. 갈대아 인에게 항복하고 사로잡혀 간 자들이 좋은 무화과처럼 된다는 뜻이다. 악한 무화과는 그 반대의 경우를 말한다.

25장에는 바벨론 포로 기간을 밝힌다. 그 기간은 70년이 될 것이며(25:11-12), 70년이 차면 다시 돌아오게 하실 것이다(29:10-14). 31장부터 예레미야는 비로소 본격적인 복음을 예언한다. 성경에서 복음은 무조건적이며 하나님의 무한한 사랑의 발로이다. "너를 내가 무궁한 사랑으로 대하리라"(31:3). "내가 다시 너를 세우리라"(31:4). "여호와께서 야곱을 속량하시되…그들이 와서 시온의 높은 곳에서 찬송하며…그 심령은 물댄 동산 같겠고 다시는 근심이 없으리라"(31:11-13). "그 날 후에 내가 이스라엘 집에 세울 언약이 이러하니 곧 내가 나의 법을 그들의 속에 두며 그 마음에 기록하여 나는 그들의 하나님이 되고 그들은 내 백성이 되리라"(31:33), "그들에게 한 마음과 한 도를 주어…항상 나를 경외하게 하고…영원한 언약을 세우리라"(32:39-40), "그 때에 내가 다윗에게 한 의로운 가지가 나게 하리니 그가 이 땅에 공평과 정의를 실행할 것이라 그 날에 유다가 구원을 얻겠고…그 성은 여호와 우리의 의라 일컬음을 입으리라…이스라엘 집 위에 앉을 사람이 다윗에게 영영히 끊어지지 아니할 것이며"(33:15-17). 복음은 왕국을 포함한다(마 5-7장, 13장, 25장 참조). 이는 이사야서와 동일한 사상이며, 영광스러운 그리스도의 왕국에 대한 예언이다.

35장은 조상의 말을 지키는 레갑 족속의 신실한 실행을 본으로 제시하면서, 선지자들을 보내어 간절히 권해도 듣지 않는 유다 국에게 재앙을 내릴 것을 다시금 말씀하신다(35:15-17). 36장에는 여호야김 왕이 예레미야의 두루마리 글을 칼로 베어 화로에 불사르는 사악한 죄를 범한 기록이 있다. 37장에는 예레미야가 투옥된 일이 기록되어 있으며, 38장에는 예레미야가 깊은 구덩이에 빠진 일과 구스 인 에벳멜렉에 의해 간신히 구조된 일이 기록되어 있다.

3) 예루살렘이 함락됨(39장)

유다 왕 시드기야 11년 4월은 유다 국이 멸망한 때이다. 시드기야는 바벨론 왕을 배신했고, 바벨론 왕은 예루살렘을 1년 6개월 간 포위하고 있었는데, 시드기야 11년에 왕의 일행이 성벽을 뚫고 도망하다가 립나에서 바벨론 왕에게 붙잡혔다. 바벨론 왕은 립나에서 시드기야 목전에 그 아들들을 죽이고 유다의 귀인들을 죽였으며 시드기야의 눈을 빼고 사슬로 결박하여 바벨론으로 사로잡아갔다. 그리고서 왕궁과 성벽과 집들을 많이 헐어버렸다. 바벨론 왕 느부갓네살은 시위대장 느부사라단에게 예레미야를 특별히 선대하라고 명한다.

4) 포로 된 이후에 유다에서의 선지자(40:1-43:7)

바벨론 왕은 그다랴를 총독으로 세우고 예레미야로 하여금 그와 함께 미스바에 머물도록 허락했다. 요하난이 그다랴에게 이스마엘의 암살 음모를 알려주면서 경계하라고 하지만 그다랴는듣지 않았다. 41장에서 요하난의 말대로 그다랴가 느다냐의 아들 이스마엘이란 자에게 죽임을 당한다. 이스마엘 일당은 그다랴뿐 아니라 미스바에서 그다랴와 함께한 유다 인과 갈대아 인들까지 죽이고 요하난을 피해 모압으로 가버렸다. 가나안 땅에 머무는 것을 불안하게 느낀 요하난은 결국 예레미야까지 데리고 애굽으로 들어간다(43장).

5) 애굽에서의 선지자(43:8-51장)

요하난의 무리는 애굽으로 가기를 희망하였으나 일단 예레미야에게 하나님의 뜻을 물어보라고 했다. 예레미야는 열흘 후에 답을 주었는데(42:7), 바벨론 왕을 두려워 말고 애굽으로 가지 말고 가나안 땅에 머무르라는 것이었다. 요하난과 그 무리는 선지자의 말을 다 듣고는 그 말을 순종하지 않고 오히려 예레미야와 바룩과 남은 백성을 데리고 애굽으로 들어갔다(43:1-7). 애굽에 간 예레미야는 바벨론 왕이 애굽을 침략할 것을 예언하였다. 44장은 애굽 땅 다바네스에서 한 예레미야의 마지막 예언이다. 그 중심은 우상숭배에 대한 경고이다. 그 때 백성들은 강력히 반발하면서 우상숭배를 계속할 것을 주장한다(44:15-19). 44장 20-30절에서는 두 번째로 우상숭배에 대하여 강하게 경고한다. 46-51장은 열방에 대한 심판을 예언한다. 애굽(46장), 블레셋(47장), 모압(48장), 암몬(49:1-6), 에돔(49:7-22), 다메섹(49:23-27), 게달과 하솔(49:28-33), 엘람(49:34-39) 및 바벨론(50-51장)이다. 열국에 대한 심판은 바벨론에 의해 이루어지고, 바벨론은 메대와 바사 군에 의해 하나님의 심판을 받게 된다. 바벨론에 대한 심판의 이야기는 요한계시록의 상황과 맥을 같이하는 구절들이 많다(51:6-7, 37, 45, 48, 64).

6) 총결(52장)

유다의 망국 과정을 다시 한 번 논하고 있다. 유다의 가장 큰 죄악은 우상숭배이다. 우리는 하나님 앞에서 우상숭배가 얼마나 큰 죄악인지를 다시 생각해 보아야 한다. 그런 다음 솔로몬 왕 때 건축한 하나님의 성전이 약탈된 것을 설명한다(52:17-23). 24-30절에는 립나에서 피살된 유다의 귀인(지도자)들과 3차에 걸쳐 바벨론에 포로되어 간 백성의 수를 기록해놓았다(28-30절). 마지막으로 여호야긴(고니야)의 석방에 대하여 기록한다(31-34절). 그가 포로 된 지 37년째요, 주전 561년이요, 여호야긴 54세 때였다. 그때 비로소 바벨론 왕은 여호야긴을 옥에서 놓아 그 위를 높이고 죄수의 의복을 바꾸게 하고 항상 왕의 상에서 먹게 하였다. 예레미야서 마지막을 여호야긴의 석방으로 매듭짓는 것은 장래 이스라엘의 회복에 대한 은은한 신호로 보인다.

예레미야 애가

주요 내용 이스라엘이 멸망하고 성전이 파괴되었으며 왕으로부터 귀인들과 많은 백성들이 포로로 잡혀간 뒤 예레미야는 슬픔으로 이 애가를 지어서 예루살렘을 위로하고자 했다.

예레미야 애가의 원 제목은 '에카'이다. 히브리어로 '에카'는 '어찌하여'라는 뜻이며 슬픔의 감탄사이다. 예레미야 선지자는 예루살렘 성전이 훼파되고, 보물들은 다 바벨론에 빼앗기고, 도시는 황폐하게 되고, 성벽은 무너지고, 어린아이 청년 할 것 없이 무참히 살해당하고 사로잡혀가는 비참한 광경을 산에서 바라보며 이 애가를 지은 것이다.

이스라엘이 포로 되고 예루살렘이 황폐하게 된 이후에 예레미야는 앉아서 울었으며 이 애가를 지어서 예루살렘을 위하여 애도하였다. 예레미야 애가는 이스라엘의 패망, 예루살렘의 멸망과 황폐함을 목도한 선지자의 비가(悲歌)이다. 이스라엘은 본래 강대하고 번성한 나라였고 또 열국도 그들로 말미암아 복을 받을 수 있었는데 어찌하여 지금은 이 땅에서 저주받고 열국의 웃음거리가 되고 멸시받는 상태에 떨어졌는가! 그러므로 우리는 예레미야 애가를 배우면서 경각심을 갖고 어찌하여 이렇게 되었는지 자세히 살펴보아야 한다.

◊ 1:1-5:22 애가 전체의 내용

1. 선지자의 애통함(1:1-22)

"슬프다 이 성이여 본래는 거민이 많더니 이제는 어찌 그리 적막히 앉았는고 본래는 열국 중에 크던 자가 이제는 과부 같고 본래는 열방 중에 공주 되었던 자가 이제는 조공 드리는 자가 되었도다"(1:1). '슬프다'는 원문에서 '어찌하여'이다. 그는 그렇게 슬프면서도 필체가 조금도 감정에 치우치지 않고 냉철하게 써내려간 것을 볼 수 있다. "본래는 거민이 많더니". 본래 예루살렘에는 거민이 많았고 오고가는 사람도 많았다. 또 모든 열국 중에 큰 도시였다. 그런데 이제는 과부같이 되었다. 또 모든 열방 중에 공주같이 귀한 나라였는데 이제는 남의 나라에 조공을 드리는 시녀같이 되어 버렸다. "밤새도록 애곡하니 눈물이 뺨에 흐름이여 사랑하던 자 중에 위로하는 자가 없고 친구도 다 배반하여 원수가 되었도다"(2절).

선지자는 심지어 지나가는 자들에게 동정을 구한다. 지나가는 자는 이스라엘의 환난을 멀리서 바라보는 이방 열국을 가리킨다. 지나가는 사람들이 예루살렘의 비참한 상황을 볼 것인데, 이것을 구경하는 사람들에게 우리의 비참한 상황을 동정하지 않겠느냐는 것이다(1:12-13).

"여호와여 돌아보옵소서 내가 환난 중에서 마음이 괴롭고 마음이 번뇌하오니 나의 패역이 심히 큼이니이다 밖으로는 칼의 살륙이 있고 집에는 사망 같은 것이 있나이다"(20절). 18절과 20절에는 진정한 죄의 고백이 있다. 18절에서는 "내가 여호와의 명령을 거역하였도다"라고 했고, 20절에서는 "나의 패역이 심히 큼이니이다"라고 했다. 역시 이스라엘 전체를 대표하여 자복하는 말이다. 여호와의 명령을 거역하였으므로 하나님의 심판이 있다는 것이다.

2. 예루살렘의 황폐한 상황(2:1-22)

궁이 삼키워졌고 성들이 훼파되었다. 또 안식일을 없애고 절기를 없애고 성소를 없애고 공회의 장소를 없애버리심으로 성민의 표시를 제하셨다. 여호와께서 자기 제단을 버리시고 자기 성소를 미워하시며 궁장(궁궐벽)을 원수의 손에 붙이셨다(2:5-7).

3. 선지자 자신을 백성과 일치시키면서 간절하게 구하다(3:1-66)

"여호와의 자비와 긍휼이 무궁하시므로 우리가 진멸되지 아니함이니이다 이것이 아침마다 새로우니 주의 성실이 크도소이다 내 심령에 이르기를 여호와는 나의 기업이시니 그러므로 내가 저를 바라리라 하도다"(3:22-24).

선지자는 모든 소망이 끊어진 것 같은 마음으로 낙심하고 비통해한다. 그럼에도 중심에 회상할 때 오히려 소망이 있더라고 한다. 무엇이 소망인가? 여호와의 긍휼과 자비와 인자가 무궁하시다는 것이다! 그러므로 지금은 비록 내가 이렇지만 하나님은 반드시 나를 구원하실 것이라는 소망을 갖는 것이다. 하나님께서 지으신 태양이 하루도 거르지 않고 매일 아침 떠오르는 것을 보니 하나님은 성실하시다는 말이다. "무릇 기다리는 자에게나 구하는 영혼에게 여호와께서 선을 베푸시는도다"(25절). 따라서 선지자는 하나님을 기다리며 소망을 가져본다. "사람이 여호와의 구원을 바라고 잠잠히 기다림이 좋도다"(26절). 하나님은 그를 의지하는 자, 기다리는 자에게 구원을 베푸시는 분임을 기억한다. 예레미야는 고통 속에 하나님을 기억하면서 스스로를 위로하며 사람들을 가르친다.

4. 예루살렘이 빛을 잃었고 퇴색한 금과 같이 되었다(4:1-22)

"슬프다 어찌 그리 금이 빛을 잃고 정금이 변하였으며 성소의 돌이 각 거리 머리에 쏟아졌는고 시온의 아들들이 보배로워 정금에 비할러니 어찌 그리 토기장이의 만든 질항아리같이 여김이 되었는고"(1-2절). 예루살렘의 멸망 후에 성전은 형편없이 되어 버렸고 정금같이 보배롭던 시온의 아들들은 질항아리같이 천하게 되었다는 말이다.

5. 선지자가 죄악을 인정하며 은혜 주시기를 간구하다(5:1-22)

"여호와여 우리의 당한 것을 기억하시고 우리의 수욕을 감찰하옵소서 우리 기업이 외인에게, 우리 집들도 외인에게 돌아갔나이다"(5:1-2). 예레미야는 이렇게 비참하게 된 상황을 감찰해달라고 하나님께 간구한다. "우리 머리에서 면류관이 떨어졌사오니 오호라 우리의 범죄함을 인함이니이다"(16절). 시온은 하나님의 성전이 있는 곳인데, 그 성전이 황무하여 거기서 여우가 논다는 슬픈 고백을 한다. 선지자는 간절한 기도로 자신들을 버리지 마시고 주님께 돌이키도록 도와주시라고 한다. 부디 옛적같이 성전에서 예배하며 하나님을 섬기며 기뻐하도록 새롭게 해주시기를 간구한다.

에스겔

주요 내용 에스겔은 포로 시기 중의 선지자(여호야긴 왕과 함께 2차 포로 되어감)로서 왜 하나님이 예루살렘 성전을 떠나지 않으면 안 되었는가를 말하며, 이어서 열국에 대한 하나님의 심판과 이스라엘의 장래 회복을 예언한 선지자이다.

1) 이사야는 예레미야의 대선배이고, 예레미야는 에스겔보다 조금 앞선 선배이다. 에스겔이 부르심을 받았을 때(시드기야 왕 5년, 주전 593년) 예레미야는 이미 30년 이상 선지자 사역을 하고 있던 터였다. 에스겔은 예레미야의 활동을 들었고 그의 글을 읽기도 했을 것이다. 다니엘서도 친숙하게 알고 있었던 것이 분명하다(겔 14:14, 20, 28:3). 이사야는 위엄을 갖춘 궁중 예언자였고, 예레미야는 눈물이 많은 시민 예언자였으며, 에스겔은 이사야의 권위와 예레미야의 섬세함을 동시에 지닌 예언자였다.

예레미야는 유다 나라가 포로 되기 전, 즉 유다의 망국 이전의 선지자이다. 물론 그도 잡혀갔지만 그의 주된 역할은 유다 나라가 망국할 때까지로서 70년 후에 그들이 귀환될 것까지를 예언한 것이다. 그러나 에스겔은 분국된 유다나 이스라엘 중 한 나라만을 대상으로 예언하지 않고 이스라엘 전체를 대상으로 했으며 또 포로로 사로잡혀간 바벨론 땅에서 이상을 보고 예언했다.

2) 에스겔 선지자는 1장에서부터 뭔가 본 것이 많다. 이사야서를 읽어보면 그도 어떤 이상을 본 것이 있지만(6장 등) 주로 선지자적인 말을 많이 했다. 반면에 에스겔은 그가 '본 것'을 많이 기록했다. 이것은 신약의 요한 계시록과 흡사한 부분이다. 에스겔 1장에서는 주로 하늘 보좌 앞의 네 생물을 보여주는데, 이와 유사한 이상이 신약의 요한계시록에도 있다. 그리고 이 책은 다니엘서와도 연관이 있는데, 다니엘이나 계시록을 쓴 요한이나 에스겔은 주로 환상 가운데서 본 이상을 많이 기록한 선지자들이다. 스가랴 선지자도 이 면에서는 동일하다. 에스겔 선지자가 계시로 본 예언서 전체의 중점은 '여호와의 영광'이다.

◊ 1-3장: 여호와의 영광의 나타나심

1) 폭풍과 구름, 불과 단쇠, 네 생물(1:1-21)

"제 삼십년 사월 오일에 내가 그발 강 가 사로잡힌 자 중에 있더니 하늘이 열리며 하나님의 이상을 내게 보이시니 여호야긴 왕의 사로잡힌 지 오 년 그 달 오일이라"(1:1-2). 여호야긴 왕은 왕위에 오른 지 몇 개월 만에 바벨론에 사로잡혀갔다. 그가 사로잡혀가고 바로 시드기야가 재위했다. 그는 바벨론에서 삼십여 년 동안을 옥에 갇혀 있다가 나중에 풀려났는데, 여호야긴 왕이 바벨론에 포로로 잡혀간 지 5년 되던 해, 여호야긴과 에스겔 등은 유다의 많은 왕족들을 포함한 일만여 명과 함께 바베론에 이차 포로로 잡혀갔다. 에스겔의 나이가 30세 되었을 때 그발 강가에서 하늘이 열리고 하나님의 영광의 이상이 그에게 보인 것이다.

2) 음성과 보좌, 그리스도의 형상(1:22-28)

먼저는 에스겔에게 여호와의 권능이 임하였고, 북방에서 폭풍과 큰 구름이 왔으며, 그 불 속에서 단쇠(금과 은의 합성물) 같은 것이 보였다. 이는 유다를 심판하신 하늘의 역사를 가리킬 것이다. 에스겔은 그 속에서 네 생물의 형상을 보았는데, 여기의 네 생물은 계시록 4장의 네 생물과 같은 모습이며 심판 등 여러 가지 일에서 하나님을 수종드는 존재들이다. 비록 하나님의 백성은 바벨론에 사로잡혀 있으나 하늘의 보좌는 여전히 모든 우주의 행정의 중심이며 하나님은 여전히 역사하시는 분이라는 것을 보여준다.

"날개는 다 서로 연하였으며 행할 때에는 돌이키지 아니하고 일제히 앞으로 곧게 행하며 그 얼굴들의 모양은 넷의 앞은 사람의 얼굴이요 넷의 우편은 사자의 얼굴이요 넷의 좌편은 소의 얼굴이요 넷의 뒤는 독수리의 얼굴이니"(1:9-10). 에스겔은 천상의 보좌 주위에 있는 네 생물의 모습을 본 것이다. 네 생물은 각각 다른 네 종류의 생물의 조합이다. 그러면서도 네 생물은 일치하여 조화롭게 움직이고 속도가 빠르며 곧게 행하고, 황옥 모양의 높고 큰 바퀴도 있고 눈이 가득하였다. 이는 크고 완전하고 두려운 보좌의 역사를 가리킨다. 그러면서도 눈이 가득하며 사람의 손 같은 손이 있다는 것은 지상의 모든 상황을 하나님께서 정확히 보신다는 뜻이며 그분의 심판과 행정이 상당히 섬세한 역사임을 암시한다. 계시록 6장에 의하면 네 생물은 인을 떼시는 하나님의 심판의 일을 담당한다(계 6장). 왜 하나님께서는 에스겔에게 이스라엘 백성들을 위한 이런 보좌의 이상을 보여주시는가? 그것은 하나님께서 그분의 택하신 백성을 변함없이 사랑하시므로 하늘을 열어 모든 것을 주관하시는 곳이 하늘임을 보여주시는 것이다.

"그 머리 위에 있는 궁창 위에 보좌의 형상이 있는데…보좌 위에 한 형상이 있는데 사람의 모양 같더라…이는 여호와의 영광의 형상의 모양이라 내가 보고 곧 엎드리어 그 말씀하시는 자의 음성을 들으니라"(1:26-28). 네 생물 머리 위에는 보좌가 있다. 남보석은 영어로 'sapphire(사파이어)'이다. "그 사면 광채의 모양은 비 오는 날 구름에 있는 무지개 같으니". 에스겔은 사면 광채의 모양이 무지개 같다고 말한다. 요한도 보좌에 무지개가 둘려 있는 것을 보았다(계 4:3). 보좌에 앉으신 분은 분명 하나님의 아들 그리스도이시다. 삼위일체 하나님에서 형상이 있으신 분은 제 2격이시다(골 1:15, 히 1:3).

3) 에스겔에게 소명을 주심(2-3장)

2장에서 주님은 에스겔을 선지자로 부르시면서 패역한 족속 가운데 그들이 듣든지 아니 듣든지 말하라고 하신다. 선지자의 세워짐은 사람들이 듣는 것과 듣지 않는 것에 크게 관계가 없다. 하나님은 에스겔에게 애곡과 재앙이 가득하게 기록된 두루마리 책을 주시고 입을 벌려 먹으라고 하셨다. 이처럼 선지자가 되려면 본 것이 있어야 하고 먹은 것이 있어야 한다(계 10:9-11). 그리고 주님의 보내심을 받고 가야 한다. 어디로 보내시는가? 하나님께서 명하시는 곳, 에스겔에게는 이스라엘 족속이다. 그러나 이스라엘은 강퍅하여 듣지 않을 것이다.

선지자의 사명은 그들이 듣든지 아니 듣든지 다만 본 것과 먹은 것을 증거하고 선포하는 것이다(사 6:8-10, 행 23:11 참조). 이 때 주의 신이 선지자를 들어올리시니 네 생물들이 서로 날개를 부딪히는 소리와 바퀴 소리를 내었다(겔 2:7-13). 그리고 에스겔은 근심하고 분한 마음으로 행하며 하나님의 권능을 힘입어 델아빕에 이르러 그발 강가에 거했다. 심판에 관한 보좌의 이상을 보았기 때문이다. 예레미야나 에스겔 같은 선지자, 파수꾼은 사람들이 회개하도록 최선을 다해야 한다.

3장 16-21절의 말씀은 선지자 역할의 중요성을 언급한다. 하나님의 말씀을 받고도 전하지 않음은 죄를 범하는 것과 같다. 그들이 선지자의 말을 못 들어 멸망하면 그 피값을 선지자에게서 찾게 된다. 신약 시대에는 모든 신자가 복음의 전령이 되고 영혼의 파수꾼이 되어 영혼을 구원하는 일을 해야 한다. 그야말로 주위의 영혼에 대한 책임이 무겁다. 먼저 복음 전함을 받은 우리는 멸망해 가는 영혼들에 대해 무책임할 수 없다.

◊ 4-24장: 여호와의 영광이 떠나가심

▸ **예루살렘에 대한 절박하고 참혹한 심판을 예언함(4-7장)**

에스겔은 좌편으로 누워 390일 간 이스라엘의 죄를 담당하는 시연을 해야 했고, 우편으로 누워 40일 간 유다의 죄악을 담당하는 시연을 해야만 했다. 그렇게 하는 동안 하나님께서는 선지자를 줄로 동여매어 몸을 이리저리 돌리지 못하게 하시고 음식도 일일이 달아서 쇠똥에 구워먹으라고 하셨다. 이는 이스라엘이 심판받고 포로 되어 고생하는 연수와 광경을 보여주시는 것이다. 6장은 에스겔의 심판에 대한 경고가 얼마나 절박한지를 보여준다. 예레미야의 기울어진 끓는 가마의 이상보다 에스겔 시대에는 더욱 심판이 임박했음을 알려주신다. 하나님은 에스겔에게 손뼉을 치고 발을 구르며 절박한 심령으로 이스라엘 족속의 가증한 악을 인하여 그들이 칼과 기근과 온역에 망할 것을 말하라고 하셨다(6:10-14). "볼지어다 그 날이로다 볼지어다 임박하도다 정한 재앙이 이르렀으니…무리도, 그 재물도 하나도 남지 아니하고…없어지리로다 때가 이르렀고 날이 가까웠으니…진노가 그 모든 무리에게 임함이로다"(7:10-12).

▸ **예루살렘 성전에서 하나님의 영광이 떠나는 과정(8-11장)**

8-11장은 예루살렘 성전에서 하나님의 영광이 떠나는 것을 보여준다. 왜 하나님은 그분의 임재를 두셨던 예루살렘 성전을 떠나셔야 했는가? 이스라엘 백성들의 마음속에 하나님이 없었고, 그 대신 그들 마음이 우상들로 채워져 있었기 때문이다. 하나님께서는 에스겔 선지자를 들어 성전으로 데리고 가서 예루살렘 성전에서 자행되는 우상 숭배의 광경을 일일이 보여주셨다. 하나님께서 에스겔에게 보여주신 예루살렘 성전 안의 실상은 특히 탐욕과 투기의 우상이었다. 그분이 성전을 떠나실 수밖에 없는 이유를 보이신 것이다. 또 에스겔을 이끌어 뜰 문에 이르게 하셔서 보니 담에 구멍이 있는데 그 담을 헐라 하셨고 거기 문이 있어 들어가 보니 음침한 곳에서 각양 곤충과 가증한 짐승과 이스라엘 족속의 모든 우상이 그 사면 벽에 그려져 있었다. 거기서 이스라엘 장로 중 칠십 인이 향로를 들고 분향하고 있었던 것이다. 또한 북문에서는 여인들이 담무스를 위해 애곡하고 있었고, 여호와의 전 안뜰에서는 현관과 제단 사이에서 약 이십오 인이 동방 태양에게 경배하고 있었다.

9장 3절부터는 그룹에 머물던 하나님의 영광이 지성소를 떠나 성전 문지방에 이르신다. 이것이 하나님께서 그분의 영광의 임재를 그분의 백성들 가운데서 거두시면서 혹독한 심판을 집행하기 시작하시는 시점이다. 하나님께서는 9장 4절부터 하늘의 심판하는 종들을 불러 예루살렘에서 이러한 우상숭배의 가증한 일로 슬퍼하며 애통하는 자들의 이마에 표를 하라고 하시며 표가 없는 남은 자들은 긍휼히 여기지 말고 성소에서부터 다 죽이라고 명하신다(계 7장 참조). 겉으로 볼 때는 유다를 침략한 것이 바벨론 군대이지만, 그 영적 실제는 9장의 가는 베옷을 입고 먹 그릇을 가진 서기관과 성읍을 관할하는 살육하는 기계를 가진 6인(천사들)이다.

10장은 여호와의 영광이 그룹을 타고 여호와의 전 문지방을 떠나(9:3, 10:18) 동문에 머문 과정을 묘사한다. 그리고 11장은 여호와의 영광이 온전히 성전을 떠나가시는 광경을 말한다(11:22-25). 여호와의 영광은 먼저 동문에 머물고, 다음은 성읍 동편 산에 머물다가 하늘로 올라가셨다. 유대인의 전설에는 여호와의 영광이 감람산에 3개월을 머물면서 백성이 회개하기를 기다리셨다고 한다. 이 영광은 후에 떠나가신 그대로 다시 동문으로 돌아오신다(43:1-5). 이는 그리스도께서 감람산 베다니에서 하늘로 떠나가시면서 가신 그대로 다시 오시겠다고 하신 말씀과 맥을 같이한다(행 1:11). 11장은 여호와의 영광이 떠나시는 이유를 먼저 말씀하시는데, 그런 급박한 상황에서도 예루살렘 지도자들은 선지자의 말을 순종치 않고 바벨론을 배반할 계략을 꾸미고 있었다(11:1-13). 그러한 심판의 상황에도 하나님은 그분의 백성들에게 새 영을 주시고 일치된 마음을 주시며 굳은 마음을 제하고 부드러운 마음을 주실 것을 언약하신다. 이는 곧 새 언약의 약속이다(11:19-20, 36:25-27). 하나님의 은혜의 복음은 그들의 상태와 무관하게 주어진다. 또한 그들이 열방에 포로가 될지라도 하나님께서는 그들이 포로 된 그곳에서 잠간 성소가 되어주실 것을 말씀하셨다(11:16). 이러한 언약의 말씀을 주신 후 그분은 임재를 거두셨다(11:22-25).

▸ 예루살렘의 포위됨과 멸망(12-19장)

12장에서 하나님은 에스겔에게 행구를 가지고 성벽을 뚫고 나가는 것을 시연하라고 하신다(12:3-16). 이 일은 시드기야가 그렇게 도망하다가 죽기 얼마 전에 일어난 일로 보인다. 하나님은 미리 그러한 일을 시연하여 보여주라고 하신 것이다. 13장은 거짓 선지자에 대한 예언이다(1-16절). 그들은 평강이 없으나 평강을 외쳤고 백성들에게 아무 일이 없는 것처럼 속였다. 하나님은 그들을 황무지의 여우같다고 하셨다. 13장 17-23절은 여자들 중에도 거짓 선지자들이 있었음을 말한다. 그들은 두어 움큼 보리와 몇 조각 떡을 위하여 그런 짓을 하였다(19절).

14장은 유다의 결정적인 멸망 이유인 우상숭배에 대하여 말씀하시는데, 12-23절은 그들에 대한 심판이 이미 불가피한 것이어서 거기에 노아, 다니엘, 욥이 있다 하여도 그들 자신만 구원하지 그 성은 구원을 받지 못한다고 말씀하신다. 그런 상황에서는 그렇게 진실한 의인들이라 할지라도 자신의 생명만 건질 뿐이라는 것이다(14:14-20).

15장부터는 유다 사람들이 택함받은 자들로서 열매 맺는 일 외에는 용도가 없음을 말해준다. 그들은 포도나무인데 포도나무가 열매를 맺지 못하면 어떤 기구를 만들 수도 없고 화목에 쓸 뿐이라고 했다. 이는 요한복음 15장과 같은 내용이다. 16장은 유대인들의 근본을 말해주며, 받은 은혜를 망각하고 더욱 음행을 하는 여자처럼 되었다고 말한다. 유다가 오히려 그들이 판단한 소돔이나 사마리아(이스라엘)보다 훨씬 더 악한 죄를 지었다고 하면서 그들을 심판하여 수치를 담당하게 하실 것이라고 말한다(16:54). 그러나 53-63절은 여전히 그들과 맺은 언약을 기억하고 회복해주실 것을 말씀하신다. 구원은 이처럼 순전히 긍휼히 여기시는 하나님의 단독적인 역사이다. 그것은 그분이 택한 백성에게 세우신 영원한 언약에 근거한다. 17장에는 두 독수리의 비유(수수께끼)가 있고(1-10절, 여호야긴과 시드기야로 본다), 그 해석이 있으며(11-21절), 다시금 메시아 왕국이 예언되고 있다(22-24절).

18장에서는 죄와 심판을 조상 탓으로 돌리지 말라고 한다. 각 사람은 부자간이라도 죄가 전가되지 않으며, 의인의 아들이라도 악하면 죽고(10-13절), 악인의 아들이라도 의로우면 산다고 말한다(14-20절). 각 영혼은 자신의 죄악에 대하여 직접 책임을 지며 선악 간에 직접 보응을 받는다. 하나님은 악인이 죽는 것을 기뻐하지 않으시고 누구든지 그 악에서 돌이키는 것을 기뻐하신다(18:23). 19장은 어미 사자와 젊은 사자와 새끼 사자의 비유로 여호아하스, 여호야김, 여호야긴, 시드기야에 대한 심판을 예언한다.

▸ 유다가 심판받고 형벌을 받음(20-24장)

이 부분은 예루살렘과 유다에 대한 심판과 형벌을 말하는데, 하나님께서 신실하게 이스라엘을 인도하시고 역사하심, 이스라엘의 신실치 않음(20장), 예루살렘이 심판받음과 선지자의 탄식, 여호와의 칼(칼의 노래), 예루살렘이 심판받는 이유(예루살렘의 죄악상, 선지자들의 배역, 악행을 포장함(22장), 오홀라(사마리아)와 오홀리바(예루살렘) 두 자매가 애굽, 앗수르, 바벨론과 음행함, 사람이 무엇을 의지하면 그에 의해 멸망하게 됨(23장), 끓는 가마), 예루살렘의 최후를 말한다. 심판은 철저해야 하며, 솥의 녹은 쉽게 없어지지 않는다(24장).

◊ 25-32장: 여호와의 영광이 열국을 심판하심

▸ 암몬, 모압, 에돔, 블레셋에 대한 심판(25장)

암몬은 유다 국이 멸망할 때에 매우 좋아하였다.

▸ 두로에 대한 심판(26-28장)

두로는 당시 매우 큰 도시였으나 그물 말리는 곳이 되리라는 예언대로 지금 그렇게 된 것을 본다. 두로는 오늘날의 상해나 홍콩이나 뉴욕처럼 매우 상업적이고 부요하며 사치스러운 도시였다. 두로의 멸망 원인은 상업과 재물을 더함과 교만이다. 에스겔 28장은 이사야 14장과 동일하게 사탄의 기원을 말하고 있다. 이사야는 바벨론에 대한 심판을 사탄의 종말에 비하고, 에스겔은 두로를 사탄에 비했다. 바벨론은 높아지려는 교만과 열국을 멸망시키는 힘이 강한 것이 특징이며, 두로는 상업과 무역과 부와 사치스러움이 특징이다. 성경적으로 순상업적인 것은 바벨론적 세상(계 18:11-19, 계시록 17-18장은 두로의 상업과 바벨론이 합해진 듯하다)에 속한다. 또한 28장은 시돈에 대한 심판도 말하고 있으며(두로와 시돈은 늘 함께 명명되는 당시의 상업적인 도시이다), 25-26절은 유다를 회복시킬 것을 예언한다. 이것 또한 복음이다.

▸ 애굽에 대한 심판(29-32장)

29장은 교만하고 자기의 주제를 모르는 애굽에 대한 심판을 말하고(애굽을 강들 중에 누운 악어로 비유했는데, 그는 '이 강은 나의 강'이라고 자부했다), 교만한 애굽은 완전 멸망하는 것은 아니지만 미약한 나라가 될 것을 예언했다(29:14-15). 오늘날 그 예언대로 된 것을 본다. 30장에는 심판의 칼과 불이 일어날 것이라는 애굽에 대한 경고가 나오고, 31장에는 앗수르와 애굽의 교만과 그에 대한 심판이 교차하여 나오는데, 앗수르에 대한 심판은 애굽에게 본보기가 되었다. 31장의 큰 나무는 당시 강대국인 앗수르를 상징한다. 32장은 심판받는 애굽에 대한 애가를 기록한다. 과거에 애굽은 젊은 사자였으나 지금은 혼자 강에 누워 자신의 강물을 흐리게 하며 왕 노릇하는 악어가 되었다고 한다. 결국 하나님의 심판은 강물을 맑게 하실 것이고 그들의 교만을 폐하실 것이다(32:11-14).

◊ 33-46장: 여호와의 영광이 돌아오심

▸ 환난과 왕국에 대한 예언(33-35장)

33장은 3장에 이어 에스겔 선지자에게 다시 한 번 파수꾼의 사명을 강조한다(3:17-21, 33:2-9). 파수꾼이 나팔 불어 경고하는 책임을 다하지 않아서 백성이 화를 당하는 경우에, 비록 그들이 악인이라 하더라도 나팔소리를 못 들어서 멸망하면 그 책임을 파수꾼에게 물으신다고 했다(6절). 33장 21절에서 에스겔 선지자는 예루살렘 성이 함락되었다는 소식을 듣는다(33:21). 그러나 당시 사람들은 '아브라함 한 사람에게 이 땅을 주셨는데 이 많은 사람들에게 하나님이 주시지 않으시랴'고 하면서 스스로 위안했다. 그들은 에스겔의 예언을 들을 때 겉으로는 잘 듣는 척하고 좋은 음악 듣듯이 하였으나 실제로는 이욕을 좇았다. 하나님께서는 선지자의 예언이 응할 때에야 백성이 선지자를 인정하게 되리라고 하신다(33:31-33).

34장은 이스라엘 목자들에 대한 심판이다. 주님께서는 친히 이스라엘의 목자가 되어 잃어버린 자를 찾아주고 쫓긴 자를 돌아오게 하며 상한 자를 싸매주시겠다고 하신다(34:10-24). 그리고 그들과 화평의 언약을 세우고 푸른 초장 가운데 평안히 거하게 하겠다고 하신다. 35장은 이스라엘에게 철천지 한을 품은 에돔에 대한 심판이다. 성경 전체의 계시에서 마지막 아마겟돈 전쟁과 최후의 대적에 대한 심판을 열거하는데, 에돔이 단연 앞에 언급되는 것은 특이한 일이다. 이것은 다음 36장에 대환난(36, 38, 39장이 모두 대환난을 언급한다)을 언급하는 데서 이스라엘을 시기하는 나라들을 이방인과 에돔 온 땅(36:5)이라고 언급한 데서도 알 수 있다. 마지막 환난 때 아마겟돈 전쟁이 일어나 수많은 사람이 죽는 곳이 보스라에서부터 므깃도까지인데(약 296km), 보스라는 에돔의 수도이다(계 14:20 참조). 에스겔서의 매우 중요한 장인 다음 36장에는 반짝반짝 빛나는 보물과 같은 새 언약의 말씀이 있다.

▸ 새 언약을 예언하심(36장)

"내가 너희를 열국 중에서 취하여 내고 열국 중에서 모아 데리고 고토에 들어가서"(36:24). 하나님은 이제 그들을 회복하겠다고 말씀하신다. 이것은 언제 이루어지는가? 에스라, 느헤미야 때에 1차적인 회복으로 이루어졌다. 이는 신약의 교회시대에 비밀의 경륜으로 성령 안에서 성취되고, 왕국 시대에 구체적으로 이루어진다. 그리스도의 실제적인 왕국은 그분의 재림과 더불어 지상에서 이루어지는데, 그 이전에 큰 환난이 있다는 것이 신구약의 공통적인 예언이다. "맑은 물로 너희에게 뿌려서 너희로 정결케 하되 곧 너희 모든 더러운 것에서와 모든 우상을 섬김에서 너희를 정결케 할 것이며"(36:25). 첫째로 하나님은 그들의 모든 죄악들과 우상들, 모든 더러운 것들을 다 씻어서 정결케 하시겠다고 말씀하신다.

"또 새 영을 너희 속에 두고 새 마음을 너희에게 주되 너희 육신에서 굳은 마음을 제하고 부드러운 마음을 줄 것이며 또 내 신을 너희 속에 두어 너희로 내 율례를 행하게 하리니 너희가 내 규례를 지켜 행할지라". 이는 예레미야 31장(히 8장에서 인용)과 맥을 같이한다. 새 언약은 율법처럼 사람에게 요구하고 명령하는 것이 아니라 순전히 하나님께서 친히 행하신다. 율법은 사람에게 준행할 것을 요구하지만 복음은 하나님께서 그분의 영을 우리 속에 두시어 자기의 율법을 지켜 행하게 하시는 것이다. 하나님께서 '친히 그렇게 하시겠다(cause to walk)'는 히브리어는 매우 강한 의지를 나타내는 단어이다. 따라서 하나님은 그분의 영을 우리 속에 두시어 반드시 그분의 율례를 지켜 행하게 하시겠다고 언약하신 것이다. 그분이 우리 안에서 능력으로 역사하시면 우리도 능히 할 수 있다(빌 2:13). "내가 너희 열조에게 준 땅에 너희가 거하여 내 백성이 되고 나는 너희 하나님이 되리라"(36:28).

▸ 마른 뼈들이 소생되는 이상(37:1-14)

에스겔 선지자는 골짜기에 많은 마른 뼈들이 있는 것을 보았다. 죽은 영혼이 소생되려면 하나님의 말씀이 필요하다. 하나님의 아들의 음성을 들으면 살아나는 것이 신약의 복음의 역사이다(요 5:25). "주 여호와께서 이 뼈들에게 말씀하시기를 내가 생기로 너희에게 들어가게 하리니 너희가 살리라 너희 위에 힘줄을 두고 살을 입히고 가죽으로 덮고 너희 속에 생기를 두리니 너희가 살리라 또 나를 여호와인 줄 알리라 하셨다 하라 이에 내가 명을 좇아 대언하니 대언할 때에 소리가 나고 움직이더니 이 뼈, 저 뼈가 들어맞아서 뼈들이 서로 연락하더라"(5-7절). 하나님의 말씀은 능력이 있고 역사가 있다. 따라서 마른 뼈 같은 사람들이 살아나서 서로 연락하게 된다. "내가 또 보니 그 뼈에 힘줄이 생기고 살이 오르며 그 위에 가죽이 덮이나 그 속에 생기는 없더라 또 내게 이르시되 인자야 너는 생기를 향하여 대언하라 생기에게 대언하여 이르기를 주 여호와의 말씀에 생기야 사방에서부터 와서 이 사망을 당한 자에게 불어서 살게 하라 하셨다 하라". 새 언약에서 하나님의 살리는 역사는 한 단계 한 단계 점진적이다. "내 백성들아 내가 너희 무덤을 열고 너희로 거기서 나오게 한즉 너희가 나를 여호와인 줄 알리라 내가 또 내 신을 너희 속에 두어 너희로 살게 하고 내가 또 너희를 너희 고토에 거하게 하리니 나 여호와가 이 일을 말하고 이룬 줄을 너희가 알리라 나 여호와의 말이니라 하셨다 하라"(13-14절). 9절의 생기가 따로 있고, 14절의 '내 신'이 따로 있다. 여기 37장의 이 말씀은 36장의 말씀과 일맥상통한다. 36장 26절에 새 영과 새 마음이 있고 27절에 '내 신(Spirit)'이 있는 것과 같다. 사람의 영과 하나님의 성령이 구분되어 있다. 이는 로마서 8장 16절에서 성령과 우리의 영을 구분한 것과 같다. 36장은 무능한 택한 백성이 그 영을 내적으로 얻어 하나님의 율례를 지키는 것에 중점이 있는 반면, 37장은 마른 뼈처럼 죽은 자들이 생기를 얻고 살아나서 서로 그리스도의 몸으로 연결되는 데 중점이 있다.

▸ 유다와 이스라엘의 통일: 연락하고 상합하여 한 몸이 이루어짐(37:15-20)

"여호와의 말씀이 또 내게 임하여 가라사대 인자야 너는 막대기 하나를 취하여 그 위에 유다와 그 짝 이스라엘 자손이라 쓰고 또 다른 막대기 하나를 취하여 그 위에 에브라임의 막대기 곧 요셉과 그 짝 이스라엘 온 족속이라 쓰고 그 막대기들을 서로 연합하여 하나가 되게 하라 네 손에서 둘이 하나가 되리라"(37:15-17). 주님은 이스라엘과 유다가 분열되어 있는 것을 정상이라고 보지 않으신다. 그것은 여기 에스겔서에서 알 수 있다. 하나님의 뜻은 하나에 있다. 주님은 두 나라, 두 왕이 다스리는 것을 원치 않으신다. 하나님은 분열로 산산조각난 교회를 원치 아니하시고 하나를 원하시고 한 다스림 아래 순복하는 무리를 보기 원하신다. 이는 장차 그분의 왕국에서 완전히 이루어질 것이다.

▸ 하나의 다스림 아래: 그리스도는 교회의 유일한 머리시다(37:21-28)

"너는 그 글 쓴 막대기들을 무리의 목전에서 손에 잡고 그들에게 이르기를 주 여호와의 말씀에 내가 이스라엘 자손을 그 간 바 열국에서 취하며 그 사면에서 모아서 그 고토로 돌아가게 하고 그 땅 이스라엘 모든 산에서 그들로 한 나라를 이루어서 한 임금이 모두 다스리게 하리니 그들이 다시는 두 민족이 되지 아니하며 두 나라로 나누이지 아니할지라"(37:20-25). 한 임금은 몸의 머리이신 그리스도시며 오로지 그리스도만이 교회를 다스리신다. 그리스도는 천년왕국에서 통치하는 왕이시다.

▸ 인류 최후에 대한 예언(38-39장)

38-39장은 이스라엘의 마지막 원수에 대한 예언이다. 이 말씀을 계시록 20장의 곡과 마곡의 전쟁으로 이해할 것은 없다. 이는 그들이 바벨론에서 구출되는 역사이며, 그렇다면 대적은 바벨론이고 바벨론을 심판한 나라는 바사 국이기 때문이다. 계

시록 20장의 곡과 마곡의 전쟁은 천년왕국 후의 일로 기록되었는데, 이 부분은 왕국 이전의 전쟁들로 보이며, 계시록 7장과 9장에서 유브라데에 결박당했다가 여섯째 나팔 때 이스라엘을 치기 위해 놓인 네 천사에 해당되는 것 같기도 하고, 16장의 여섯째 대접과 관련이 있어 보이기도 한다. 분명한 것은 이들이 이스라엘 최후의 대적이라는 것이다. "나 주 여호와가 말하노라 볼지어다 그 일이 이르고 이루리니 내가 말한 그 날이 이 날이니라"(39:8). 이 날이 바로 아마겟돈 전쟁의 때요, 대환난의 날이요, 여호와의 날이요, 주의 날 곧 인류 최후의 날이다. 전쟁 후에 곡과 마곡은 패해서 멸망하고 죽은 사람들을 하몬곡이라는 골짜기에 장사하는 데 7개월이 걸리며(11절), 남은 무기는 이스라엘 족속이 7년 동안 소각하는 작업을 하게 된다. 그들이 너무 많은 무기를 남겨두고 죽었기 때문에 그것을 없애는 데 7년의 시간이 걸리는 것이다.

▸ 새 성전이 지어지며, 여호와의 영광이 돌아오고, 새 예배를 회복하며, 새 성지를 분배한다(40-48장: 40-43장은 새 성전을, 44-46장은 새 예배를, 47-48장은 새 성지를 말한다)

이 부분에서 에스겔은 메시아 왕국의 축복된 상황을 보여주며, 이는 요한 계시록의 결론 부분과 일치한다(38장부터, 특히 40장부터는 계시록 20-22장에 적용된다). 물론 36-39장의 내용 역시 계시록의 아마겟돈 전쟁에 대한 자세한 서술로 볼 수 있다. 그 순서에 있어서도 계시록과 일치한다(계 9-19장 참조).

▸ 새 성전 회복(40-43장)

"우리가 사로잡힌 지 이십오 년이요 성이 함락된 후 십사 년 정월 십일 곧 그 날에 여호와의 권능이 내게 임하여 나를 데리고 이스라엘 땅으로 가시되"(40:1). 바사 왕 당시는 사로잡힌 지 70년이다. 에스겔이 성전의 이상을 본 것은 사로잡힌 지 25년, 그리고 성이 훼파된 지 14년 되던 해였다. 하나님은 그 때 다시 환상 중에 그를 데리고 가서 높은 산에 내려놓으시고 성읍을 보여주셨다.

"하나님의 이상 중에 나를 데리고 그 땅에 이르러 나를 극히 높은 산 위에 내려놓으시는데 거기서 남으로 향하여 성읍 형상 같은 것이 있더라 나를 데리시고 거기 이르시니 모양이 놋같이 빛난 사람 하나가 손에 삼줄과 척량하는 장대를 가지고 문에 서서 있더니 그 사람이 내게 이르되 인자야 내가 네게 보이는 그것을 눈으로 보고 귀로 들으며 네 마음으로 생각할지어다 내가 이것을 네게 보이려고 이리로 데리고 왔나니 너는 본 것을 다 이스라엘 족속에게 고할지어다 하더라"(40:2-4).

▸ 에스겔서 40장부터 나오는 성전에 관하여

40장부터의 내용은 실제로 존재하는 성전의 모습을 보여주신 것이 아니라 포로로 바벨론 땅에 잡혀간 에스겔을 영으로 이끌어서 예루살렘 높은 산 어딘가에 내려놓으시고 이상 가운데서 그에게 한 성전의 모습을 보여주신 것이다. 그 이상 중에 한 천사가 장대를 가지고 그 성을 하나하나 척량했으며, 에스겔은 그가 척량하는 대로 하나하나 기록하고 있다. 이 천사는 보통의 규빗보다 한 뼘이 더 긴 6척 장대를 가지고 그 성전을 재고 있으며(5절), 에스겔은 그 천사를 따라다니면서 보고 기록했다.

이스라엘 백성들은 바벨론으로 사로잡혀가서 다 마른 뼈처럼 흩어졌다. 그런데 하나님께서는 마른 뼈 같은 이스라엘 백성에게 힘줄과 살을 붙이고 회복시키셔서 큰 군대로 만들겠다는 희망적인 이상(vision)을 에스겔에게 보여주신 것이다. 그럴 뿐 아니라 이제 40장에서는 이스라엘 백성들에게 가장 중요한 성전을 다시 세워서 하나님을 경배할 수 있도록 만들어 주시겠다는 비전을 보여주고 계신다. 이것이 40장, 41장, 43장의 내용이다. 이는 분명 계시록 20장의 왕국의 이야기이지 21, 22장의 새 하늘 새 땅의 새 예루살렘 이야기는 아니다. 왜냐하면 새 예루살렘에는 성전이 없다(계 21:22).

그런데 70년 후에 에스라, 느헤미야, 스룹바벨이 예루살렘에 올라와서 건축한 성전이 이러한 식양대로 되었는가? 그렇지 않다. 그러므로 에스겔서의 이 성전은 당시에 재건되었던 그 성전을 보여주는 것이 아니라고 해야 맞다. 이사야나 에스겔서를 해석하는 원칙은, 첫째 영적으로는 교회의 예표로 보는 것이다. 둘째로는 그리스도께서 이 땅에 다시 오실 때 이루어질 천년왕국(영세는 아니다)을 보여준다는 것이다. 그러므로 이 말씀들은 양면으로 해석되어야 한다. 한 면으로는 이 시대 교회에 영적인 실제로서 적용되어야 하며, 또 한 면으로는 천년왕국 때 지어질 성전을 예표로 보여준다는 것이다. 문제는 이 시점이 예루살렘 성전이 훼파된 지 14년 후라는 것이다. 그때 이미 하나님의 영광은 성전을 떠나셨다. 그런데 놀랍게도 43장 1-5절에서는 여호와의 영광이 에스겔이 본 새 성전으로 동문을 통하여 돌아오셨다. 그리고는 다시는 떠나지 않으신다(43:9, 44:1-5).

▸ 새 성전과 새 예배의 회복(44-46장)

메시아 왕국의 축복은 새 성전에서(40-43장) 새 예배를 드리는 데 초점이 있다. 하나님은 이미 예루살렘과 성전과 제사장의 제사와 모든 것을 다 제해버리셨지만, 새 성전과 새 예배를 바라보고 계셨다. 그분의 계획과 목적은 결코 포기되지 않았다. 사람은 실패해도 하나님은 실패가 없으시다. 그분의 뜻을 결국에는 이루신다. 주님은 알파와 오메가요 처음과 나중이시다(계 21:6).

▸ **다시는 떠나지 않으신다**

"그가 나를 데리고 성소 동향한 바깥문에 돌아오시니 그 문이 닫히었더라 여호와께서 내게 이르시되 이 문은 닫고 다시 열지 못할지니 아무 사람도 그리로 들어오지 못할 것은 이스라엘 하나님 나 여호와가 그리로 들어왔음이라 그러므로 닫아 둘지니라"(44:1-2). 여호와의 영광이 동문으로 성소에 들어가신 후에 그 문이 닫히고 다시는 열지 못하며 아무도 그리로 들어가지 못하게 되어 있다. 이것은 에스겔에게 보이신 성전의 이상이 신약 교회의 예표로서 한 번 하나님이 교회에 임재하신 후에는 영원히 그들에게서 떠나지 않으실 것을 나타낸다(마 28:20, 히 8:9-12, 요 10:28).

◊ 47-48장: 거룩한 땅의 경계와 열두 지파의 기업

▸ **생명수의 강(47장)**

"그가 나를 데리고 전 문에 이르시니 전의 전면이 동을 향하였는데 그 문지방 밑에서 물이 나와서 동으로 흐르다가 전 우편 제단 남편으로 흘러내리더라"(1절). 성전이 건립되고 제사장 체계가 세워져 정식 제사를 드리게 되면 생명수의 강물이 흐르게 된다. 에스겔 47장은 성전 문지방으로부터 흘러나오는 생명수의 강물을 보여준다. 생명수의 강물은 실지로 문지방 밑에서 솟아나는 것이 아니라 에스겔이 이상 가운데 본 것이다.

물이 성전의 문지방 밑에서 흘러나오는 것은 무엇을 뜻할까? 교회가 생명수의 강물을 흘러 보낸다는 뜻이다(요 7:37-39, 계 22:1-2). 40장부터는 성전의 이상에 대한 말씀들이 기록되어 있다. 에스겔 시대는 이미 성전이 다 파괴된 후이다. 예레미야 당시에 성전이 이미 파괴되었는데, 에스겔은 예레미야가 사역한 후로 약 30년이 지나서 활동한 선지자이다. 그러므로 이때는 성전이 파괴되고서 시간이 상당히 흐른 뒤였다. 유다는 바벨론에 의해서 4차에 걸쳐 포로로 사로잡혀갔는데, 에스겔은 2차 때 여호야긴과 함께 사로잡혀간 무리 가운데 있었고, 사로잡혀간 지 5년 되던 해 그발 강가에서 하나님의 말씀을 받았다.

▸ 척량하고 또 척량할 때 헤엄치지 못할 강이 되다

"그가 또 나를 데리고 북문으로 나가서 바깥 길로 말미암아 꺾여 동향한 바깥문에 이르시기로 본즉 물이 그 우편에서 스미어 나오더라 그 사람이 손에 줄을 잡고 동으로 나아가며 일천 척을 척량한 후에 나로 그 물을 건너게 하시니 물이 발목에 오르더니 다시 일천 척을 척량하고 나로 물을 건너게 하시니 물이 무릎에 오르고 다시 일천 척을 척량하고 나로 물을 건너게 하시니 물이 허리에 오르고 다시 일천 척을 척량하시니 물이 내가 건너지 못할 강이 된지라 그 물이 창일하여 헤엄할 물이요 사람이 능히 건너지 못할 강이더라"(47:2-5).

정상적인 교회라면 성도들의 배에서 생명수의 강이 흐른다(요 7:38). 생명수의 강은 척량하면서 점점 더 깊어졌다. 척량이란 재는 것이다. 성경에서 하나님은 어떤 것을 그분의 소유로 삼으실 때마다 척량을 하신다. 요한 계시록의 새 예루살렘 성(城)도 천사가 금 갈대로 척량했다. 여기서도 척량한다는 것은 무언가를 조사하고 시행해보고 심판하는 것을 뜻한다. 하나님은 어떤 것이든지 시험하고 심판하지 않으면 자신의 소유로 삼지 않으신다. 무엇이든지 그분의 것으로 만드시려면 언제나 점검하고 심판하신다.

"일천 척을 척량하고". '일천'이란 희귀한 숫자이고 완전한 숫자이다. 완전한 중에서도 완전한 숫자인 것이다. 이것은 완전하게 시험하고 완전하게 척량했다는 뜻도 된다. 그런 후에 물의 수위가 높아졌다. 정상적인 신약의 교회라면 주님께서 친히 물의 깊이를 살피시며 측량하신다는 뜻이다. 처음에는 발목까지 올라왔는데, 물이 발목까지 올라올 때에는 건너기가 어렵지 않다. 일천 척을 또 척량한 다음에 건너라고 하실 때는 물이 무릎까지 올라왔다. 그러자 물이 발목까지 찼을 때보다는 건너기가 어려웠다. 다시 일천 척을 척량하고서 건너보라고 하시니 이때는 허리까지 물이 올라왔다. 무릎까지 올라왔을 때보다는 건너기가 훨씬 어려웠다. 그런데 이제 네 번째로 일천 척을 척량하고 나니 건너지 못할 강이 되었다. 스스로는 건너갈 수가 없게 되었다는 뜻이다. 이것은 온전히 성숙한 교회의 모습, 모든 사람이 스스로 행하지 아니하고 생명수이신 그리스도의 흐름에 자신들을 맡기고 오직 성령께 복종하여 생활하는 모습을 그린다. 이러한 상태에 이르려면 상당한 주님의 다스림과 처리(척량)를 받아야 한다.

▸ 새 성지의 분배(48장)

여호수아 때 이스라엘 땅의 분배가 있었으나 에스겔은 그 때와 많이 다른 분배 양상을 보여준다. 요단 동편은 아예 없고 요단 서편만 유업이 되었다. 성전이 반드시 예루살렘에 있지도 않다. 예루살렘은 성전 남쪽에 있다. 이는 여호수아 시대의 분배를 많이 수정한 것이다. 여기서 땅을 분배하는 방식은 여호수아 시대에 했던 것과 다르고, 모세와 야곱이 축복했던 내용에 근거한 것도 아니다. 창세기 49장의 야곱의 기도를 보면 르우벤은 형편이 없다. 그런데 여기서 유다 다음에 르우벤이 있는 것을 보면 옛날의 죄과가 계산되지 않은 것이다. 이는 모든 허물과 죄가 영속된 복음 시대를 예표하는 것이라 본다(단 9:24). 기업의 분배가 은혜에 따른 분배이다. 여호수아 시대에 땅을 분배할 때에는 제사장들이나 레위 지파를 요단강 좌우편에 흩어져 살도록 했다. 이스라엘 중에서 48성읍을 그들의 기업으로 주게 했다. 그런데 에스겔서에서는 제사장들이 성전에서 가장 가까운 곳에 위치하게 된다. 제사장들이 성전을 끼고 사는 것이다. 레위 인들이 그 다음이다. 그러므로 우리가 한 가지 알게 되는 것은, 복음 시대의 교회에서는 주님과 가까운 사람들이 최상이라는 것이다. 그들은 하나님을 가까이에서 모시고 있는 사람들이다.

이 성은 분리되어 있는데, 중심은 어디까지나 하나님이시고 가장 가까이에 제사장이 있으며 그 다음에 레위 인이 있다. 왕의 속지인 그의 분깃은 서쪽에 하나, 동쪽에 하나로 나누어져 있다. 그러므로 에스겔 선지자의 이상 가운데서 보면 왕의 권한은 대단히 축소되어 있다. 그들의 분깃도 굉장히 적다. 게다가 양 편으로 나누어져 있다. 그 이유는 무엇일까? 지금은 바벨론 포로 시대로서 이스라엘이 포로로 잡혀가 있는 상태이다. 이스라엘이 완전히 패망한 원인은 바로 왕들 때문이다. 므낫세, 시드기야, 여로보암 등의 왕들이 하나님을 격노케 한 것이다. 따라서 주님이 새롭게 회복하실 이스라엘 왕국에서는 왕을 중심부가 아닌 변두리에 두어 왕의 권한을 최대한 제한시킨 것으로 보인다.

▸ 왕의 권한 축소, 제사장들과 레위 인이 얻을 특권

주 예수님은 오셔서 '너희는 큰 자가 되려고 하지 말고 오히려 작은 자가 되고 섬기는 자가 되어라'고 하셨다. 신약의 하나님의 교회에서는 구약의 왕국과 달리 다스리는 자들이 언제나 뒤에 있다. 고린도 전서 12장 28절에서도 "첫째는 사도요, 둘째는 선지자요, 셋째는 교사요, 그 다음은 능력이요, 그 다음은 병 고치는 은사와 서로 돕는 것과 다스리는 것과 각종 방언을 하는 것이라"고 했다. 다스리는 것은 마지막 부분에 언급되어 있다. 로마서 12장도 마찬가지이다. 다양한 은사들을 열거하는데 마지막 부분에 다스리는 은사가 나온다.

교회가 옛 이스라엘처럼 사람의 권력에 의해 다스려지면 그 결과는 패망이다. 주님이 기대하시는 교회는 그런 교회가 아니다. 복음 시대의 교회는 에스겔에게 보여주신 성전과 같고 새 영지 같아야 한다. 거기에서는 어떤 사람들이 총애를 얻는가? 주님과 가까운 사람들이다. 제사장들이 가장 가까이에 있다. 유다와 베냐민은 그래도 참작이 되는 것 같다. 유다와 베냐민은 한 번도 하나님께서 정해주신 위치를 떠나거나 분열된 적이 없다. 유다 나라로서 끝까지 예루살렘을 중심으로 하여 그 위치를 지켰다. 왕국에서 끝까지 충성스럽게 위치를 지킨 자들에게는 상급이 보장되고 있음을 보여준다.

〔 새 성전과 성지 분배 〕

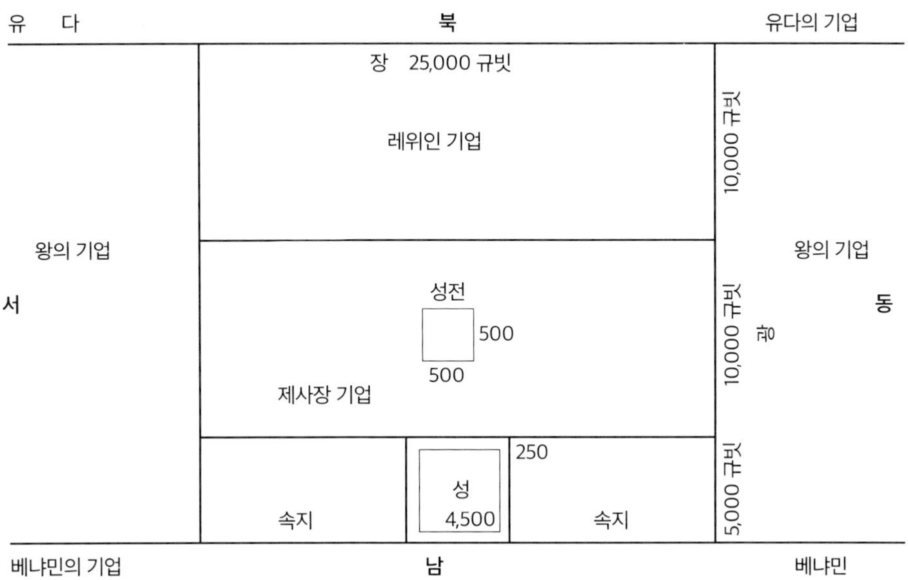

다니엘

주요 내용 바벨론에 끌려간 포로 중 한 사람이었던 다니엘은 매우 총명한 사람으로서 궁중에 있었다. 그의 예언은 매우 출중하였으며, 주로 세상 만국이 어떻게 멸망하는가, 그리스도와 그의 성도들의 왕국이 어떻게 도래하는가, 세상 끝에 임할 대환난, 그리스도의 재림, 부활에 대하여 광범위한 예언을 하였다.

다니엘서는 1-6장은 역사편이며, 7-12장은 계시편이다. 다니엘은 대선지서에 속한다. 그러나 이사야, 예레미야, 에스겔처럼 유다와 이스라엘을 위해 예언한 것이 아니라 이방 국가들의 장래와 더불어 세상의 마지막과 그리스도의 재림과 그 왕국을 예언하였다. 다른 대선지서는 열국에 대하여 다만 심판을 예언하였으나 다니엘은 그 직분이 좀 다르다. 단지 심판이 아니라 그들의 본질을 드러냈다. 금신상이 그 하나요, 네 가지 짐승이 다른 하나이다. 다니엘은 바벨론에 포로로 잡혀가서 바사 국 때까지 이 예언서를 기록했다. 그는 바벨론 시대와 바사 시대, 그리고 헬라 제국의 일어남과 수리아와 애굽의 전쟁 및 로마의 등장까지 자세히 기록했다. 그 누가 이런 예언서를 읽고 하나님의 존재를 부인하겠는가?

또한 이 책은 마지막 시대에 있게 될 적그리스도의 출현과 성도들의 핍박당함, 주님이 이 땅에 재림하심, 성도들의 부활, 심판, 장차 세워질 왕국(그리스도와 함께 성도들이 왕 노릇하는 나라)에 초점이 맞추어져 있다. 이것이 바로 주님이 말씀하신 이방인의 때(눅 21:24, 이방인이 하나님의 나라에 들어오는 시기)이다. 따라서 이 책은 특별히 교회와 관계가 있다.

이 예언이 너무나 정확하게 이루어졌기 때문에 어떤 불신자들은 이 책이 포로 시대에 다니엘이 쓴 것이 아니고 마카비 때나 그 이후에 유대인에 의해 씌여진 것이라고 주장하기도 한다. 그러나 이 책도 창세기나 계시록처럼 사탄을 드러내고 패배시키는 책이다. 사탄의 하수인인 적그리스도의 실패와 그리스도의 최종 승리와 왕국의 세우심을 자세히 말하고 있기 때문이다.

다니엘은 유다 자손이었고, 바벨론의 제 1차 예루살렘 공격 때인 유년시절에 바벨론으로 끌려갔다. 용모와 학문 등이 뛰어나서 궁중에서 교육을 받았고 왕 앞에 세워지게 되었다.

본서에는 천사의 출현이 빈번하고 가브리엘과 미가엘 등의 이름이 명시되고 있다.

메시아 관(觀)에 대하여는 7장 13-14절에 "내가 또 이상 중에 보았는데 인자 같은 이가 하늘 구름을 타고 와서 옛적부터 항상 계신 자에게 나아와 그 앞에 인도되며 그에게 권세와 나라를 주고 모든 백성과 나라들과 각 방언하는 자로 그를 섬기게 하였으니 그 권세는 영원한 권세라 옮기지 아니할 것이요 그 나라는 폐하지 아니할 것이니라"고 하였다. 이것은 그리스도의 초림이 아닌 재림인 것이 분명하다. 이 영광스런 재림의 모습은 신약으로 계승된다(마 24:30-31, 26:64, 살전 4:16, 계 1:7). 부활과 심판에 대하여도 선한 자나 악한 자나 다 부활할 것을 말하며, 하나는 영원한 영광에, 다른 하나는 영원한 수치에 들어갈 것을 말한다. 이 역시 신약에 그대로 계승된다(요 5:29, 계 20:4-6, 11-15).

◊ 1-6장: 역사 부분

▸ 다니엘의 궁중생활(1장)

1장은 다니엘의 궁중생활을 말한다. 사람이 크게 주님의 쓰임을 받으려면 많은 면에서 준비되어야 한다. 젊을 때 배우는 학문이나 언어도 매우 유용하다. 또한 강한 결단력이 있어야 한다. 사람이 뜻을 세우지 않으면 안 된다. 수동적인 사람은 주님께 쓰임받을 수 없다. 능동적으로 주님의 뜻을 행하려면 우리의 원함과 뜻이 있어야 한다(요 15:7, 빌 2:13, 행 15:36, 19:21, 롬 15:23).

▸ 느부갓네살 왕의 꿈을 해석함(2장)

2장의 내용은 느부갓네살의 꿈에 대한 다니엘의 해몽이다. 하나님께서 세우신 자에게는 지혜와 총명이 있다. 느부갓네살의 꿈에 대한 다니엘의 해몽은 인간 세상의 권력과 왕권이 결국 그리스도에 의해 다 부서진다는 것이다. 모든 세상 왕국이 산산이 부서질 때 그리스도의 왕국이 세워진다(다니엘서의 중심은 그리스도의 왕국이다).

느부갓네살 왕은 꿈을 꾸었는데, 그 꿈이 어떤 것인지, 그 해석은 무엇인지 알지 못하여 번민하다가 바벨론 박사들을 불러 그 꿈을 알아내고 또 해석하지 못하면 모든 박사들을 다 죽이겠다고 했다. 그 때 다니엘도 불려갔는데, 기한을 달라고 왕에게 구했고 주님께 기도하면서 그 꿈과 꿈의 뜻을 알게 되었다(2:18-23). 성도들에게 기도 생활은 주님의 뜻을 아는 데 매우 중요하다. 다니엘은 기도의 사람이었다(단 6:10, 9:3-21, 10:12 참조).

구약에 다니엘과 비슷한 한 소년이 있었는데 요셉이다. 그도 꿈 해몽을 잘 했다. 또한 아브라함도 하나님의 하시는 일을 잘 아는 사람이 되었다. 하나님께서는 그를 벗이라 하시면서(약 2:23) "나의 하려는 것을 아브라함에게 숨기겠느냐"고 하셨다(창 18:17). 성경에는 이처럼 하나님의 비밀을 알 수 있는 사람이 따로 있다. 그들은 진실로 하나님을 경외하는 사람이다(시 25:12-14). 요한복음 15장의 포도나무 비유에서 주님은 그분의 진정한 친구에게는 주인의 하시는 것을 알게 한다고 하셨다(15절). 포도나무와 가지처럼 사람이 얼마나 주님께 긴밀히 붙어 있는가가 문제이다. 에녹 또한 삼백 년 간 하나님과 동행함으로 예언할 수 있는 사람이 되었다(유 14절).

오늘날 어떤 그리스도인들은 예언에 대해 말하면 이단들이나 하는 일이라고 회피하는 경향이 있다. 또 예언에 대해 연구하는 것을 그저 신기한 예언 풀이에 흥미를 갖는 것처럼 여겨 장래 일의 예언에 대해서는 언급조차 하지 않는 사람들도 있다. 우리는 베드로 사도가 한 말을 기억해야 한다. "우리에게 확실한 예언이 있어 어두운 데 비취는 등불과 같으니 날이 새어 샛별이 너희 마음에 떠오르기까지 너희가 이것을 주의하는 것이 가하니라"(벧후 1:21). 이처럼 성경은 우리에게 예언의 말씀을 주의하라고 한다. 예언을 주의하지 않기 때문에 성도들이 깨어있지 못하고 세속에 빠지며, 주님의 다시 오심을 망각하고 해이하게 생활하게 된다. 사도 요한이 밧모섬에서 이상을 볼 수 있었던 것은 그가 주님의 친밀한 제자였기 때문이다.

▸ 풀무불에 던져진 다니엘의 세 친구(3장)

3장은 다니엘의 세 친구가 느부갓네살 왕이 세운 금신상에 절하지 않는다고 모함을 받아 풀무불에 던져지는 내용이다. 금 신상에 절하여 죽음을 면하라고 권하는 왕에게 세 친구가 말한 가장 인상적인 몇 구절들을 읽어보겠다. "사드락과 메삭과 아벳느고가 왕에게 대답하여 가로되 느부갓네살이여 우리가 이 일에 대하여 왕에게 대답할 필요가 없나이다 만일 그럴 것이면 왕이여 우리가 섬기는 우리 하나님이 우리를 극렬히 타는 풀무 가운데서 능히 건져내시겠고 왕의 손에서도 건져내시리이다 그리 아니하실지라도 왕이여 우리가 왕의 신들을 섬기지도 아니하고 왕의 세우신 금 신상에게 절하지도 아니할 줄을 아옵소서"(3:16-18). 하나님을 진실로 사랑하는 충성된 자들의 어조이다.

▸ 느부갓네살의 두 번째 꿈을 해몽하다(4장)

4장은 다니엘이 느부갓네살 왕의 두 번째 꿈을 해몽한 내용이다. 그 꿈은 느부갓네살 왕이 기억하고 있었다. 그 내용은 큰 나무를 본 것과 하늘에서 순찰자가 내려온 것과 그의 마음대로 누구에게든지 권력을 주기도 하고 지극히 천한 자를 그 위에 세우기도 한다는 것이었다. 다니엘은 느부갓네살 왕에게 임할 일을 다 해몽하여주었고, 그 해몽은 왕이 한동안 소처럼 풀을 먹으며 일곱 때를 지낼 것이라는 것이다. 그 목적은 누가 과연 인간 나라를 다스리는 권세를 주는지를 알게 하시고자 함이었다.

"이 모든 일이 다 나 느부갓네살 왕에게 임하였느니라 열두 달이 지난 후에 내가 바벨론 궁 지붕에서 거닐새 나 왕이 말하여 가로되 이 큰 바벨론은 내가 능력과 권세로 건설하여 나의 도성을 삼고 이것으로 내 위엄의 영광을 나타낸 것이 아니냐 하였더니"(4:28-30). 하나님께서 가장 미워하시는 것은 교만이며 사람이 자신을 신뢰하고 자신의 능력을 과신하는 것이다. "이 말이 오히려 나 왕의 입에 있을 때에 하늘에서 소리가 내려 가로되 느부갓네살 왕아 네게 말하노니 나라의 위가 네게서 떠났느니라 네가 사람에게서 쫓겨나서 들짐승과 함께 거하며 소처럼 풀을 먹을 것이요 이와 같이 일곱 때를 지내서 지극히 높으신 자가 인간 나라를 다스리시며 자기의 뜻대로 그것을 누구에게든지 주시는 줄을 알기까지 이르리라 하더니"(4:31-32). 느부갓네살에게 짐승의 마음을 주시기도 하고 다시 왕권을 회복시켜 원래로 돌아오게 하실 분은 하나님뿐이시다.

▸ 바벨론의 멸망(5장)

5장에서 벨사살 왕은 잔치를 베풀고 하나님의 거룩한 것(성전의 금 은 기명)들을 죄를 짓는 데 사용하였다. 따라서 바벨론은 멸망했다. "기록한 글자는 이것이니 곧 메네 메네 데겔 우바르신이라 그 뜻을 해석하건대 메네는 하나님이 이미 왕의 나라의 시대를 세어서 그것을 끝나게 하셨다 함이요 데겔은 왕이 저울에 달려서 부족함이 뵈었다 함이요 베레스는 왕의 나라가 나뉘어서 메대와 바사 사람에게 준 바 되었다 함이니이다"(5:25-28). 심판이란 그 사람을 저울에 다는 것이다. 그 무게나 가치가 얼마나 나가는지, 그 사람이 어떤 사람인지를 있는 그대로 드러내는 것이 심판이다.

▸ 다니엘이 사자굴에 던져지다(6장)

6장은 바사 국(다리오 왕은 초대 바사 국 왕으로 알려짐)의 총리 중 총리였던 다니엘이 다른 신하들의 시기와 모함으로 사자굴에 던져졌으나 하나님께서 보호하신 일에 대한 간증이다. "왕이 심히 기뻐서 명하여 다니엘을 굴에서 올리라 하매 그들이 다니엘을 굴에서 올린즉 그 몸이 조금도 상하지 아니하였으니 이는 그가 자기 하나님을 의뢰함이었더라"(6:23). 누구든지 하나님을 의뢰하는 자는 하나님이 보호하신다.

"다리오가 자기의 심원대로 방백 일백이십 명을 세워 전국을 통치하게 하고 또 그들 위에 총리 셋을 두었으니 다니엘이 그 중에 하나이라 이는 방백들로 총리에게 자기의 직무를 보고하게 하여 왕에게 손해가 없게 하려 함이었더라 다니엘은 마음이 민첩하여 총리들과 방백들 위에 뛰어나므로 왕이 그를 세워 전국을 다스리게 하고자 한지라…그들이 왕 앞에서 대답하여 가로되 왕이여 사로잡혀 온 유다 자손 중에 그 다니엘이 왕과 왕의 어인이 찍힌 금령을 돌아보지 아니하고 하루 세 번씩 기도하나이다 왕이 이 말을 듣고 그로 인하여 심히 근심하여 다니엘을 구원하려고 마음을 쓰며 그를 건져내려고 힘을 다하여 해가 질 때까지 이르매… "(6:1-14).

"다니엘이 왕에게 고하되 왕이여 원컨대 왕은 만세수를 하옵소서 나의 하나님이 이미 그 천사를 보내어 사자들의 입을 봉하셨으므로 사자들이 나를 상해치 아니하였사오니 이는 나의 무죄함이 그 앞에 명백함이오며 또 왕이여 나는 왕의 앞에도 해를 끼치지 아니하였나이다 왕이 심히 기뻐서 명하여 다니엘을 굴에서 올리라 하매 그들이 다니엘을 굴에서 올린즉 그 몸이 조금도 상하지 아니하였으니 이는 그가 자기 하나님을 의뢰함이었더라 왕이 명을 내려 다니엘을 참소한 사람들을 끌어오게 하고 그들을 그 처자들과 함께 사자굴에 던져넣게 하였더니 그들이 굴 밑에 닿기 전에 사자가 곧 그들을 움켜서 그 뼈까지도 부숴뜨렸더라…이에 다리오 왕이…조서를 내려 가로되…그는 구원도 하시며 건져내기도 하시며 하늘에서든지 땅에서든지 이적과 기사를 행하시는 자로서 다니엘을 구원하여 사자의 입에서 벗어나게 하셨음이니라 하였더라 이 다니엘이 다리오 왕의 시대와 바사 사람 고레스 왕의 시대에 형통하였더라"(6:21-28). 다니엘은 사자굴에서도 주님의 보호를 받는 놀라운 기적을 보임으로 이방의 왕에게 두려우신 하나님을 알고 믿도록 한 선지자이다.

◊ 7-14장: 이상(異狀) 부분

▸ 네 짐승의 이상(7장)

7장은 네 짐승의 이상이다. 때는 벨사살 원년 주전 553년이다. 첫째 사자는 바벨론, 둘째 곰은 메데-바사, 셋째 표범은 헬라, 넷째 짐승은 로마를 가리킨다. 넷째는 가장 무섭고 강하며 놀라운 나라인데, 이는 장차 나타날 적그리스도의 왕국을 포함한다. 맨 마지막으로 나타날 나라는 그리스도와 그 성도들의 왕국이다. 네 번째 짐승은 보통 짐승과 달리 철 이가 있었다. 지옥에서 나온 것 같은 가장 잔인하고 사악한 짐승으로서 '먹고 부숴뜨리고 그 나머지는 발로 밟는다'. 이 넷째 짐승은 앞의 세 짐승의 잔인함을 다 가진데다가 심히 사납다. 이것은 두말할 나위 없이 로마 황제들을 가리킨다. 숱한 사람들을 죽이고 많은 나라들을 잔인하게 짓밟은 나라는 바로 로마이다. 이 로마는 앞의 다른 모든 짐승들보다 무섭고 사납다. 그리고 그에게는 열 뿔이 있다고 했다.

이 넷째 짐승에게는 열 뿔이 있는데, 열 뿔은 열 나라이다. 이 나라는 아직 나타나지 않았다. 뿔 사이로 난 작은 뿔은 적그리스도를 가리킨다(어떤 학자들은 이 작은 뿔이 먼저는 수리아 왕인 안티오커스 에피파네스에게 적용된다고 말한다). 다니엘서 예언의 중심은 세상 나라가 바벨론, 메데-바사, 헬라, 로마로 끝나는 것을 보여주는 것이다. 이 세상은 끝이 있다. 시작은 바벨론이고 마지막은 로마이다.

▸ 시작은 바벨이요 마지막은 로마이다

성경에서 모든 국가의 시작은 바벨이고 마지막은 로마이다. 이 계시에 의하면 이 세상은 로마로 끝난다. 지금 우리가 쓰고 있는 숫자는 로마숫자이며, 지금 우리가 사용하는 영어는 사실 로마 문자로부터 왔다고 해도 과언이 아니다. 영국 사람들이 쓰던 언어인 영어가 로마인들이 쓰던 라틴어와 관계가 깊기 때문이다. 헬라의 알렉산더가 온 세계를 헬라화하려고 애썼지만 통하지 않고 결국 로마화되고 말았다. 옛날부터 로마화된 영국(romanized Britain)이라는 말이 있었는데, 이는 B.C. 55년부터 A.D. 410년까지 오랫동안 영국이 로마의 지배하에 있었기 때문이다. 오늘날 세계를 지배한다고 말할 수 있는 미국은 영국에서 분리되어 나온 사람들로부터 시작된 나라이다. 오늘날의 민주국가의 모든 법체계도 로마의 성문법이 그 기초가 되고 있으며, 그들의 원로원 중심의 공화정 정치체계 또한 그러하다. 오늘날의 의회제도는 그들의 원로원 정치를 본뜬 것이다. 실상 오늘날 세계 정치 문화의 중심이 된 미국을 포함하여 모든 나라가 로마의 문화권을 벗어나지 못하는데, 그것은 주님이 오실 때까지 지속될 것이다.

이 로마를 넷째 짐승이라고만 했지 딱히 짐승의 이름은 말하지 않았다. 다만 '무섭고 놀랍고 극히 강하며 큰 철 이가 있다'고 했을 뿐이다. 로마는 그냥 짐승이다. 요한계시록에서도 적그리스도를 '짐승'이라고 했다. 그러므로 다니엘이 본 이상이나 요한이 본 것이나 같은 것이다. 성경은 일관성 있는 책이다. 성경은 수백 년 전에 본 것이나 수백 년 후에 본 것이나 같은 것을 이야기하고 있기 때문에 하나님의 말씀이며 정확무오하다.

마지막 로마에 대해서는 이 짐승이 무섭고 놀라우며 강하고 큰 철 이가 있으며 또 열 뿔이 있다고 했다. 2장의 금 신상에서는 종아리 다음이 발이다. 발은 열 개의 발가락으로 되어 있는데 이것은 10개국을 가리키며, 그 절반은 철이고 절반은 흙이다. 그러므로 서로 합하지 못한다. 그런데 손으로 뜨이지 않은 돌이 나타나 이 금 신상의 발을 내리치니 다 무너져내리고 이 돌이 태산이 되었다. 여기 7장에서는 열국을 금 신상이 아닌 네 짐승으로 예언하고 있다. 2장이 이방 열국을 사람의 신상으로 표현했다면, 7장에서는 짐승으로 표현한 것이다. 이방 정권은 그 본질이 다 맹수요 짐승이다. 여기서 마지막 짐승이 로마인 것을 알 수 있다.

그럼 여기서 "다른 작은 뿔이 그 사이에서 나더니 그 세 뿔이 뿌리까지 뽑히더라"는 것은 무엇을 의미하는가? 계시록에서는 열 뿔이 있고 열 왕이 한 사람에게 일시에 권세를 다 주었다고 했는데, 그 한 사람이 곧 적그리스도이다. 다니엘서에는 그 얘기가 좀 더 자세하게 나온다. 일시에 열 왕이 한 사람에게 권세를 양도했다는 것은 계시록에 나오는 것과 일치하며, 그 중에 셋이 완전히 뿌리까지 뽑혔다는 것은 어떤 사고가 생겼다는 것을 암시한다. 또 작은 뿔에 사람의 눈 같은 눈이 있다. 눈이란 사람의 총명을 뜻하는데, 이 적그리스도가 궤휼에 능하고 아주 지혜롭고 명철하다는 말이다.

또 입이 있어 큰 말을 한다는 것은 계시록의 기록과 일치하는 것으로서 하나님을 대적하는 말을 하는 것이다(계 13:5-7). 그러한 적그리스도가 이 로마라는 나라에서 나온다는 말이다. 오늘날 로마제국은 이미 망해서 없어진 지 오래다. 그런데 성경의 예언을 보면 마지막 짐승인 적그리스도가 나오는 나라가 로마라고 했기 때문에, 성경학자들은 마지막 때에 반드시 재건된 로마가 일어날 것이라고 보고 있다.

이 세상 나라는 바벨에서 시작된다. 바벨론과 바벨은 같은 말이다. 바벨론은 헬라어이고 바벨은 히브리어이다. 바벨이라는 최초의 인간 제국이 세워져서 로마로 끝났지만, 오늘날 이 땅의 모든 나라들은 로마 제국의 연속이다. 이 땅에 미국, 러시아, 중국 등 많은 나라들이 있지만 성경상으로는 로마 제국의 연속이다. 이 열(10)은 반드시 숫자적인 것이 아닐 수 있다. 왜냐하면 성경에서 열(10)이라는 숫자는 종종 완전을 상징하는 수로 사용되기 때문이다(열 처녀, 열 고을, 열 드라크마 등등). 그러므로 어떤 식으로 고대 로마 제국 같은 강력한 나라가 재건되어 거기서 막강한 권력을 가진 한 사람이 나타날지는 아무도 모를 일이다. 그러나 그 제국이 완전히 하나는 될 수 없다. 흙과 철이 합할 수 없기 때문이다. 마지막 시대에는 나라들이 일시 합해지는 역사가 있다는 예언이다. 완전한 연합은 아니라도 지구상에 가장 강력한 대국, 대형 통일제국이 생겨난다. 그런 조짐을 지금 우리는 서서히 보고 있다. 이제 곧 세상은 끝이 올 것이다.

▸ **옛적부터 항상 계신 이의 보좌**

"내가 보았는데 왕좌가 놓이고 옛적부터 항상 계신 이가 좌정하셨는데 그 옷은 희기가 눈 같고 그 머리털은 깨끗한 양의 털 같고 그 보좌는 불꽃이요 그 바퀴는 붙는 불이며"(7:9). 옛적부터 계신 이가 보좌에 앉으셨는데 그 머리털은 희기가 깨끗한 양의 털 같고 그 보좌는 불꽃같다고 한 것은 계시록 1장의 묘사와 같다. 이분은 말할 나위 없이 그리스도이시다. 하늘의 이상을 본 사람들은 다 주님의 영원성을 말한다("이제도 계시고 전에도 계시며…옛적부터 항상 계신 이" 등). 에스겔 선지자가 본 것과도 거의 비슷하다. 에스겔 선지자가 바퀴가 있다고 했는데 여기서도 바퀴가 있다고 한다. 또 거기에 스랍이 있고 네 생물 같은 것이 있다는 것은 요한, 이사야, 에스겔, 다니엘이 동일하게 말한 바이다.

▸ **불이 강처럼 흘러나오며 수종하는 자가 천천이요 만만이다**

"불이 강처럼 흘러 그 앞에서 나오며 그에게 수종하는 자는 천천이요 그 앞에 시위한 자는 만만이며 심판을 베푸는데 책들이 펴 놓였더라"(7:10). 이 수천수만의 천사들이 있다는 말씀도 계시록에 있는 것과 같은 말씀이다. 요한이나 다니엘이나 공히 하나님의 보좌 앞에 심판을 위한 책들이 펴 있다고 했다. "지극히 높으신 자의 성도들이 나라를 얻으리니 그 누림이 영원하고 영원하고 영원하리라"(7:18). 다니엘의 계시의 중점이 여기에 있다. 곧 열 뿔과 작은 뿔이 나타나게 될 이 세상 나라, 적그리스도의 왕국은 그리스도에 의해 멸망하고 영원한 나라가 임한다는 것이다. 그 나라는 성도들이 권세를 얻은 나라이다. "옛적부터 항상 계신 자가 와서 지극히 높으신 자의 성도를 위하여 신원하셨고 때가 이르매 성도가 나라를 얻었더라"(7:22). 성도들이 나라를 얻는 과정을 말한다. 그리스도께서 재림하실 때 그분의 권세로 적그리스도와 그 군대를 멸하신다.

▸ **마지막 시대에 나타날 적그리스도: 한 때와 두 때와 반 때에 걸쳐 성도들을 괴롭게 할 것이나 결국은 모든 나라가 그리스도께로 돌아간다**

"그가 장차 말로 지극히 높으신 자를 대적하며 또 지극히 높으신 자의 성도를 괴롭게 할 것이며 그가 또 때와 법을 변개코자 할 것이며 성도는 그의 손에 붙인 바 되어 한 때와 두 때와 반 때를 지내리라"(7:25). 이 구절은 시대 말에 나타날 적그리스도를 말하며 3년 반(한 때와 두 때와 반때)의 대환난은 그자에 의해 자행될 것이다. "나라와 권세와 온 천하 열국의 위세가 지극히 높으신 자의 성민에게 붙인 바 되리니 그의 나라는 영원한 나라이라 모든 권세 있는 자가 다 그를 섬겨 복종하리라 하여"(7:27). 적그리스도와 세상 나라, 모든 권력과 권세가 패하여 주님께로 돌아가고 결국 그리스도와 그분의 성도들의 영원한 나라가 이루어진다. 그 나라는 영원한 나라이다.

▸ 수양과 수염소, 큰 뿔, 현저한 뿔 넷과 작은 뿔의 이상(8장)

8장은 수양과 수염소와 작은 뿔에 대한 이상이다. 4절에는 수양이 있고, 5절에는 수염소가 있다. 수양은 두 뿔을 가진 메데-바사를 가리킨다(20절) 뿔은 둘이나 몸은 하나이다. 긴 뿔은 바사, 짧은 뿔은 메데이다. 뿔은 힘의 상징이다. 후에 바사국은 헬라의 알렉산더에게 멸망당했다(8:6-7). 수염소는 무엇을 상징하는가? 지중해 서쪽, 유럽에서 시작된 헬라이다. '땅에 닿지 아니하며'는 발이 땅에 닿지 않을 정도로 신속하게 공격하는 장면을 묘사한 것이다. 이것이 수염소로 상징된 알렉산더의 헬라였다. 당시 전쟁할 때 헬라의 깃발에는 수염소가 그려져 있었다고 한다. 알렉산더의 군대는 그렇게 신속하게 움직였다.

"그 염소 두 눈 사이에는 현저한 뿔이 있더라". 현저한 뿔은 헬라의 첫 번째 왕인 알렉산더 대왕이다(8:5). 알렉산더는 20세에 마케도냐의 왕위를 계승하였으나 순식간에 마케도냐와 헬라를 합병하고, 주전 334년에 소아시아에 진입하여 이듬해인 333년에 앗수스에서 바사의 다리오 대군을 격파함으로 바사를 멸망시키고, 332년에는 두로를 공략하여 그대로 애굽에 진군했으며, 323년에 바벨론의 원정지에서 열병으로 사망하기까지 불과 13년 만에 대제국을 이루었다.

▸ 작은 뿔

"그 중 한 뿔에서 또 작은 뿔 하나가 나서 남편과 동편과 또 영화로운 땅을 향하여 심히 커지더니"(8:9). 여기 작은 뿔 하나가 누구인가? 이 나라가 남방 애굽, 북방 수리아로 분국이 되는데, 그때 수리아 쪽에서 작은 뿔 하나가 나온다. 이 사람이 셀루커스 왕조의 여덟 번째 왕인 안티오커스 에피파네스이다. 이는 대다수의 학자들이 공인하는 바이다. 그를 작은 뿔이라고 한 것은 그가 매우 천박하고 왕자적 자질을 갖추지 못했기 때문이다. 이 사람이 남편과 동편과 영화로운 땅을 향하여 심히 커졌다고 했다. 영화로운 땅이란 유다 땅을 가리킨다.

안티오커스 에피파네스의 일은 이미 지나갔지만 장래에 이런 자가 한 번 더 일어날 것이다. 헬라 다음에 로마가 오는데, 재건된 로마가 나타나면 세상은 끝이 오게 되어 있다. 그런데 이상하게도 적그리스도는 헬라 계통의 인물이라는 것이 넌지시 암시되어 있다. 그가 결국 신성 로마제국의 실권자가 되고, 과거 안티오커스 에피파네스가 자행했던 온갖 악행들을 예루살렘에 대하여 행하게 될 것이며, 그때가 환난의 때요 곧 세상 끝이라는 것이다.

마태복음 24장에서 제자들이 주 예수님께 세상 끝이 언제냐고 묻자 주님은 앞으로 있을 이런저런 일들이 세상 끝의 징조가 될 것이라고 하셨다. 그 말씀은 주 예수님 당시에도 아직 세상 끝이 오지 않았다는 것이다. 따라서 헬라 시대는 예표적인 예언의 시대였다. 즉 세상 끝에 일어날 일을 미리 예표적으로 예언한 것이다. 그러므로 이 예언은 오늘날 우리에게 매우 중요하다. 만일 그렇지 않다면 이 역사는 이미 지나간 것이며 다니엘 8장의 예언은 우리와 아무 상관없는 것이 되어버린다.

▸ 안티오커스 에피파네스

"그것이 하늘 군대에 미칠 만큼 커져서 그 군대와 별 중에 몇을 땅에 떨어뜨리고 그것을 짓밟고"(8:10). 이 헬라 쪽에서 나오는 네 뿔은 무엇을 이야기하는가? 헬라는 알렉산더가 죽은 후에 네 나라로 분국이 된다(8:8). 그러다 네 나라가 다시 두 나라가 되는데, 하나는 수리아이고 하나는 애굽이다. 수리아에서 안티오커스 에피파네스라는 왕이 나오는데, 이 자가 이스라엘을 엄청 괴롭힌 인물이다. "별 중에 몇을 떨어뜨리고". 여기의 별은 성도들을 말한다. 안티오커스 에피파네스는 마카비 시대에 제사장과 그 자녀들을 죽였다. 또 그는 성도들만 해친 것이 아니라 그들의 주재가 되시는 하나님을 대적했다. 그리고 제사를 금지하였으며 돼지 피 등 더러운 것으로 성전을 더럽혔다. 또 제우스 신상을 성전에 세워 백성들로 하여금 강제로 그것에 경배하게 했다(8:13-14). 안티오커스 에피파네스라는 왕에게 이스라엘이 핍박을 당하고 제사를 드리지 못하고 처참하게 짓밟히는 일이 얼마나 지속되겠느냐고 묻자 '이천삼백 주야'라고 대답했다. 그 일 후에 유대인들에게 영웅으로 일컬어지는 마카비라는 사람이 안티오커스 에피파네스를 패배시키고 성소를 정결케 할 일에 대해 예언하고 있다. 이 날은 3월 10일로 유대인들은 이 날을 '수전절'이라는 명절로 지키고 있다. B.C. 171년(안티오커스 에피파네스의 통치 4년)부터 B.C. 165년 12월 25일(마카비 유다가 성전을 깨끗케 한 날)까지 2300일 동안 에피파네스에 의해서 유대인들은 짓밟힘을 당하게 된다. 어쨌든 에피파네스는 적그리스도의 예표의 사람으로서 종말에 그와 같은 인물인 적그리스도가 유대인들과 그리스도인들을 핍박하는 것과 관계가 있다고 보아야 할 것이다. 따라서 우리는 그가 세상 말에 나타날 적그리스도의 예표라고 보는 것이다.

▸ 70이레의 이상(9장)

9장은 70이레에 관한 것이다. 우리가 한 가지 기억할 것은 그리스도인은 반드시 책을 읽을 줄 알아야 한다는 것이다. 다니엘도 이러한 예언을 혼자 기도하면서 받은 것이 아니라 자기보다 먼저 된 선지자의 글을 읽음으로써 깨달은 것이다. 성경을 읽지 않는 사람은 빛을 얻을 수 없다. 다니엘은 예레미야의 글을 통해서 이스라엘이 포로 된 기간이 70년이면 마쳐진다는 것을 알았다. 그러므로 읽는 것은 매우 중요하다. 다른 사도들을 통해서 주신 말씀을 겸손하게 읽을 줄 알아야 한다.

"내가 금식하며 베옷을 입고 재를 무릅쓰고 주 하나님께 기도하며 간구하기를 결심하고"(3절). 아마 이렇게 생각하는 사람도 있을 것이다. '하나님께서 그렇게 하기로 하셨으면 기도하지 않아도 70년이면 포로 기간이 마쳐질 텐데 왜 또 기도를 해야 하는가?' 예레미야는 유다가 포로 된 지 70년 만에 회복된다는 것을 알았다. 다니엘은 그의 글을 읽고 70년이라는 기한을 알았지만 더욱 기도했다. 이때 하나님은 다니엘에게 70이라는 숫자가 또 다른 의미를 가지고 있다는 것을 계시해주셨다. 그것은 70이레(週)의 기한인데, 그 후에야 이스라엘의 허물과 죄악이 영속되며, 영원한 의가 드러나며, 이상과 예언이 응하며, 지극히 거룩한 자가 기름부음을 받고 그의 왕국이 임한다고 하셨다.

다니엘은 바사 왕 고레스 3년에 전쟁에 관한 이상을 깨달았다. 바사 국 다음은 헬라이고, 그 다음은 로마로 이어지는데, 10장과 11장은 같은 내용으로 헬라국의 전쟁에 관한 것이다. 헬라는 후에 남방과 북방 두 나라로 나뉘어지게 되며, 남쪽은 애굽, 북쪽은 수리아이다. 바사 국은 헬라에 의해 망하는데, 다니엘이 이 이상을 깨달은 것은 헬라가 나타나기 이전, 바사(페르시아) 왕 고레스 3년의 일이다. 앞으로 바사가 망하고 헬라가 일어나며, 이 헬라는 후에 나라가 넷으로 갈라지고, 그 다음 다시 두 나라가 되며, 그때 전쟁이 있게 되고 안티오커스 에피파네스라는 아주 사악한 수리아 왕이 예루살렘을 심하게 짓밟는다는 것이다. 이자는 적그리스도의 예표이다. 이런 일이 발생할 것에 대해 다니엘이 이상을 받은 것이다. 이때 다니엘의 나이는 86세 정도이고 주전 516년경이다.

▸ 70이레의 예언

"그러므로 너는 깨달아 알지니라 예루살렘을 중건하라는 영이 날 때부터 기름부음을 받은 자 곧 왕이 일어나기까지 일곱 이레와 육십이 이레가 지날 것이요 그 때 곤란한 동안에 성이 중건되어 거리와 해자가 이룰 것이며"(9:25). 하나님께서는 예레미야를 통해 이스라엘이 70년 후에 예루살렘으로 귀환하게 될 것을 예언하셨는데 다니엘에게는 조금 더 말씀하신 것이다. 하나님은 한 종을 통해 모든 일을 다 말씀하시지 않는다. 예레미야에게 조금 알리시고, 다니엘에게 조금 더 알리셨으며, 요한을 통해서 완결의 말씀을 주셨다.

하나님은 9장 24절부터 다니엘에게 70주(이레)에 대한 예언을 주신다. 70주에 대한 말씀으로 다니엘을 통하여 이스라엘의 종말적 회복을 예언하시는 것이다(70주는 1주(7일)를 7년으로 계산할 때 490년이다). 즉 70주는 하나님의 이스라엘을 위한 경륜이고 시계추이다. 언제 이스라엘이 완전히 회복되는가? 70주 이후이다. 이 70주는 다시 7주(49년)와 62주(434년)와 1주(7년)로 나뉜다.

"네 백성과 네 거룩한 성을 위하여 칠십 이레로 기한을 정하였나니 허물이 마치며 죄가 끝나며 죄악이 영속되며 영원한 의가 드러나며 이상과 예언이 응하며 또 지극히 거룩한 자가 기름 부음을 받으리라 그러므로 너는 깨달아 알지니라 예루살렘을 중건하라는 영이 날 때부터 기름 부음을 받은 자 곧 왕이 일어나기까지 일곱이레와 육십이 이레가 지날 것이요 그 때 곤란한 동안에 성이 중건되어 거리와 해자가 이룰 것이며 육십이 이레 후에 기름 부음을 받은 자가 끊어져 없어질 것이며 장차 한 왕의 백성이 와서 그 성읍과 성소를 훼파하려니와 그의 종말은 홍수에 엄몰됨 같을 것이며 또 끝까지 전쟁이 있으리니 황폐할 것이 작정되었느니라"(24-26절). 이는 그리스도의 초림과 재림을 함께 논한 것이다. 모든 이상과 예언이 응함은 문자적으로 그리스도의 재림과 함께 성취된다. 기름부음 받은 자가 끊어짐은 초림의 예수 그리스도께서 십자가에 돌아가심을 의미한다. 26절의 장차 한 왕의 백성이 "성읍과 성소를 훼파하려니와"는 A.D. 70년 로마 타이터스 장군이 예루살렘을 훼파한 것을 의미한다. 그 다음 구절의 "끝까지 전쟁이 있으리니 황폐될 것이 작정되었느니라"는 그리스도의 재림 전에 나타날 적그리스도를 가리킨다.

▸ 적그리스도의 예표

"그가 장차 많은 사람으로 더불어 한 이레 동안의 언약을 굳게 정하겠고 그가 그 이레의 절반에 제사와 예물을 금지할 것이며 또 잔포하여 미운 물건이 날개를 의지하여 설 것이며 또 이미 정한 종말까지 진노가 황폐케 하는 자에게 쏟아지리라 하였느니라"(9:27). 처음에 7주가 있고 다음에 62주가 있어서 합하면 69주인데, 70이레는 70주이므로 한 이레가 더해져야 70주가 된다. 일곱 이레(칠 주-49년)째에 성전이 중건되고, 육십이 이레(육십이 주-434년) 째에 기름부음받은 자가 끊어진다고 했다. 그리고 마지막 한 주가 남았는데 곧 'completion of the age(정한 때 끝)'이다. 이는 주님이 친히 하신 말씀으로도 확증이 된다. "그러므로 너희가 선지자 다니엘의 말한바 멸망의 가증한 것이 거룩한 곳에 선 것을 보거든(읽는 자는 깨달을진저)"(마 24:15). 이 말씀이 다만 안티오커스 에피파네스 때에 다 응했다고 여겨서는 안 된다. 그 때 일차로 응했고, 이제 세상 마지막 때에 최종적으로 이루어질 것이다.

▸ 마지막 한 이레

이것이 이 세상에 임할 마지막 진노의 때이다. 유대인들이 왜 주님의 마지막 진노를 받게 되는가? 죄 때문이다. 인류의 모든 죄악에 대해 하나님께서 진노를 쏟아부으실 때가 있으니(요한 계시록 16장의 일곱 대접 참고) 그때가 바로 인류의 마지막 때이다. 이것을 지금 다니엘에게 예언으로 알려 주고 계시다. 일곱 이레에 더하여 육십이 이레가 지난 후에 마지막 한 이레가 오게 되는데, 그 한 이레(7년)가 시작되기 전까지는 '이방인의 때'이다(눅 21:24, "이방인의 때가 차기까지 예루살렘은 이방인들에게 짓밟히리라"). 즉 이방인의 때는 육십구 이레로 끝이 나고 마지막 한 이레가 시작된다.

그 마지막 한 이레가 시작되는 시점은 적그리스도가 로마를 재건하기 위해 일어나는 때이다. 그때 열 나라의 대표인 한 사람이 나타나서 10여국을 통합하고 이스라엘과 7년 평화조약을 맺어서 중동의 평화를 이루는데, 이 자가 마지막에 이스라엘을 핍박할 적그리스도이다. 이스라엘의 70이레 중 69이레는 끝나고 아직 한 이레는 오지 않은 그 시기에 이방인에게 복음이 전파된다. 그리고 구원받은 이방인의 수가 다 찼을 때(이방인의 때가 찼을 때) 시계는 다시 이스라엘로 돌아가게 된다. 한 주를 다 채워서 70이레가 맞추어지면 죄가 영속되고 허물이 마치고 영원한 의가 드러나고 영원한 왕국이 시작될 것이다. 이것이 바로 다니엘의 예언의 중심이다.

"그가 장차 많은 사람으로 더불어 한 이레 동안의 언약을 굳게 정하겠고". 이것은 적그리스도가 중동의 문제를 해결하기 위해 맺은 7년의 평화협정을 가리킨다. '그 이레의 절반에'란 7년의 중간, 즉 삼 년 반이 되는 시점이다. 이 사람이 7년 협정을 세우고서 삼 년 반 만에 마음이 변한다. "제사와 예물을 금지할 것이며 또 잔포하여 미운 물건이 날개를 의지하여 설 것이며". 이것도 예수님이 마태복음 24장 15-16절에서 예언하신 내용이다. "그러므로 너희가 선지자 다니엘이 말한바 멸망의 가증한 것이 거룩한 곳에 선 것을 보거든(읽는 자는 깨달을진저) 그때에 유대에 있는 자들은 산으로 도망할지어다".

▸ 육십이 이레와 마지막 한 이레와 삼 년 반(1260일)

계시록에도 이 말씀이 많이 나오는데, 다니엘 8장에서는 이천삼백 일 동안 그 작은 뿔이 성전을 짓밟는다고 했고, 계시록에서는 적그리스도가 하나님의 백성을 괴롭히는 기간이 일천이백육십 일이라고 했다. 따라서 안티오커스 에피파네스는 적그리스도의 예표이다. 이것이 8장과 9장에 나온 이야기이다. 하나님께서는 온 인류에 대해 행정하시고 경영하시는 일에 있어서 이스라엘을 하나님의 도구로 사용하시기 위해 선택하셨다. 그것은 온 인류에 해당하는 일이지만 그 나라를 뽑아서 인류 전체의 역사의 중심과 증인으로 사용하신 것이다. 말하자면 이스라엘의 죄악만이 아니라 온 인류의 죄악에 대한 심판을 이스라엘을 본보기삼아 하시는 것이다.

보수주의 학파의 해석을 참고로 제시하겠다. 보수주의 학파(Keil, Leupold 등)도 마지막 한 이레에 적그리스도가 나타나 온갖 불법을 자행한 후에 세계의 종말이 온다는 데는 이견이 없다. 그러나 그들은 24절에 있는 칠십 이레를 문자적으로 계산하지 않고 상징으로 생각한다. 그들은 일곱 이레를 고레스(B.C. 558년)로부터 시작하여 그리스도께서 오시기까지로 보고, 육십이 이레를 교회 시대로서 적그리스도가 나타날 때까지로 본다. 그러나 그렇게 해석하면 육십이 이레 후에 기름부음 받은 자가 끊어진다고 말하는 것이 의미가 없게 된다. 오늘 우리가 말하는 것과 같이 육십구 이레 후에 공백기, 곧 괄호시대가 있다는 해석은(한 이레를 7년으로 보는) 미국 달라스 신학교, 무디 성경학교, R. A. 토레이 박사 등이 지지하는 학설이다.

▸ 참혹한 큰 전쟁에 대한 이상과 그리스도의 나타나심(10장)

다니엘은 큰 전쟁에 관한 이상을 깨닫고 삼 주 동안을 먹지도 마시지도 않고 슬퍼했다(10:1-3). 큰 전쟁이란 어떤 사람들에게든 엄청난 고통의 시간이기 때문이다. 이 이상은 장차 유대 민족이 겪게 될 큰 환난을 말하고 있다. 바사 다음은 헬라인데, 헬라 왕 알렉산더는 십 년이라는 짧은 기간에 아주 많은 나라를 정복하고 33세에 갑자기 요절했다. 그러자 헬라에서 네 왕이 일어나 나라가 넷으로 나뉘어졌는데, 다시 두 나라씩 합해져서 남방에 한 나라, 북방에 한 나라가 있게 되었다. 그리고 북방 수리아에서 작은 뿔로 예언된 안티오커스 에피파네스라는 사람이 나와 남방 애굽을 치는데, 이 사람이 적그리스도의 예표이다. 이자가 예루살렘을 극심하게 핍박하게 된다. 다니엘은 그 전쟁에 관한 이상을 이미 바사 왕 고레스 때에 깨닫고서 삼 주 동안을 좋은 떡도, 고기도, 포도주도 먹지 않고 슬퍼했다. 그것은 바사국의 멸망과 동족이 당할 장래의 극심한 고통을 인한 것이다.

▸ **세마포 옷에 우바스 정금 띠를 띤 분**

"그 때에 내가 눈을 들어 바라본즉 한 사람이 세마포 옷을 입었고 허리에는 우바스 정금 띠를 띠었고 그 몸은 황옥 같고 그 얼굴은 번갯빛 같고 그 눈은 횃불 같고 그 팔과 발은 빛난 놋과 같고 그 말소리는 무리의 소리와 같더라"(10:5-6). 이 모습을 보고 어떤 사람은 천사라고 하지만 천사가 이렇게 영광스럽게 차려입은 모습으로 묘사된 적은 없다. 이분은 그리스도시다. 정금 띠는 권세와 정의의 표시이며 제사장이나 왕의 차림새이다. 얼굴과 눈, 팔과 발, 말소리 등을 볼 때 계시록 1장에서 묘사된 주 예수님을 연상케 한다.

▸ **죽은 자같이 되다**

이렇게 전능하신 하나님을 뵈었을 때 다니엘같이 경건하고 충성된 종이라 하더라도 죽은 자같이 되었다("이 이상은 나 다니엘이 홀로 보았고 나와 함께한 사람들은 이 이상은 보지 못하였어도 그들이 크게 떨며 도망하여 숨었었느니라 그러므로 나만 홀로 있어서 이 큰 이상을 볼 때에 내 몸에 힘이 빠졌고 나의 아름다운 빛이 변하여 썩은듯하였고 나의 힘이 다 없어졌으나", 7-8절). 그의 아름다운 빛이 변하여 썩은듯하다고 했다. 그리고서 다니엘이 얼굴을 땅에 대고 깊이 잠들었는데 주님께서 다니엘을 어루만지셨고 "은총을 크게 받은 사람 다니엘아" 하고 부르셨다. 이 얼마나 감동스러운 부르심인가!

▸ **두려워하지 말라**

"그가 이르되 다니엘아 두려워하지 말라 네가 깨달으려 하여 네 하나님 앞에 스스로 겸비케 하기로 결심하던 첫날부터 네 말이 들으신 바 되었으므로 내가 네 말로 인하여 왔느니라"(10:12). 다니엘은 그 이상의 비밀을 깨달으려고 하나님 앞에 스스로 겸비케 되기로 결심했는데, 그 첫날부터 주님은 다니엘의 기도를 들으셨다. 하나님은 사람이 하나님 앞에 겸비하게 기도하며 아뢰는 것을 기뻐 들으신다.

▸ **바사 국 군이 이십일 일 동안 나를 막았다**

"그런데 바사 국 군이 이십일 일 동안 나를 막았으므로 내가 거기 바사 국 왕들과 함께 머물러 있더니 군장 중 하나 미가엘이 와서 나를 도와주므로 이제 내가 말일에 네 백성의 당할 일을 네게 깨닫게 하러 왔노라 대저 이 이상은 오래 후의 일이니라"(10:13). 다니엘이 21일(3주) 전에 기도를 할 때 주님은 첫날부터 그의 말을 듣고 오려고 하셨는데 바사 국 군이 막아서 늦어졌다고 하신다. 성격학자들은 주님을 막은 이들이 악한 천사들이라고 한다. 이방 나라들에게는 그들을 주관하는 악한 천사들이 있다. 즉 한 무리 악한 천사군이 이방 나라 하나하나를 다스린다는 것을 알 수 있다. 바로 그들이 다니엘의 기도에 대한 응답을 삼 주 동안 지연시킨 것이다. 그러나 그리스도께서는 미가엘의 도움을 받아 다니엘을 찾아오셨다(21절). 사단의 세력이 성도들의 기도가 응답되는 것을 지연시킬 수는 있지만 끝까지 기도를 듣지 못하시게 할 수는 없다. 성도들의 강한 기도만이 악한 자들의 방해를 물리칠 수 있다.

▸ 인자 같은 이가 내 입술을 만진지라

16절에서 인자 같은 이가 다니엘의 입술을 만졌는데 바로 그리스도시다. 이분은 다니엘을 어루만지시면서 "은총을 크게 받은 사람이여 두려워하지 말라 평안하라 강건하라 강건하라" 하셨다. 그러자 다니엘은 곧 힘이 났다(18-19절). 우리는 10장에서 무엇을 볼 수 있는가? 밖으로 볼 때는 민족과 민족 간의 싸움이요 나라와 나라 간의 전쟁이다. 헬라가 바사 국을 쳐서 무너뜨리고 그 후에 헬라도 나뉘고 망하는데, 그 모든 것이 보이지 않는 영적 세력들의 싸움이라는 것이다. 겉으로 볼 때는 왕과 왕, 나라와 나라의 싸움이지만, 그 배후에는 열국을 다스리는 악한 영들이 있어서 주님의 역사를 방해하기도 하고 지연시키기도 하고 이런저런 일들을 일으키는 것이다. 주님은 이런 모든 일들을 보시면서 하늘에서 간섭하고 통치하신다. 이 땅의 모든 전쟁이나 역사는 영적 세계의 표현에 불과한 것이다. 그러므로 나라의 상황과 정세를 위해서는 하나님께 기도해야 한다.

▸ 바벨론과 바사 국의 멸망을 예언하다(11장)

11장은 열방에 대한 예언인데, 먼저는 바벨론이 다리오에 의해 멸망한다는 것이다(1절). 다음은 바사 국이 헬라의 알렉산더에게 멸망한다는 것인데(2절), 바사 국은 살라미스 전투에서 헬라에 의해 멸망한다. "이제 내가 참된 것을 네게 보이리라 보라 바사에서 또 세 왕이 일어날 것이요 그 후의 넷째는 그들보다 심히 부요할 것이며 그가 그 부요함으로 강하여진 후에는 모든 사람을 격동시켜 헬라 국을 칠 것이며"(11:2). '참된 것'은 앞장 마지막 절의 '진리의 글'을 말할 것이다. 즉 하나님의 정하신 일이 일어나리라는 말씀이며, 그것이 바로 진리의 글이라는 것이다. 먼저는 세 왕이 일어난다. 첫째는 고레스, 둘째는 캄비세스, 셋째는 히스타스피스이다. 그리고 넷째인 크세르크세스는 에스더서에 나오는 아하수에로 왕과 동일 인물이다. 이 넷째 왕은 앞의 세 왕보다 심히 부요할 것인데, 그가 부요해지고 강성해지니 모든 사람을 격동시켜 헬라를 칠 것이라고 했다. 이 바사 왕 크세르크세스는 헬라를 침공했지만 살라미스 전투에서 헬라에게 패했다. 그것이 헬라에게 바사를 칠 근거를 제공했으며, 결국 바사는 헬라에 의해서 멸망하게 된다.

▸ 헬라의 알렉산더 대제

"장차 한 능력 있는 왕이 일어나서 큰 권세로 다스리며 임의로 행하리라"(11:3). 장차 일어날 한 왕은 알렉산더 대제를 두고 한 말이다. 이것은 다 예언이다. 다니엘이 예언할 당시는 바사 시대이고 헬라는 아직 일어나지도 않았기 때문이다. 그런데 다니엘은 예언을 통해 장차 한 능력 있는 왕이 헬라 국에서 일어나서 큰 권세로 다스리며 임의로 행할 것이라고 한다.

"그러나 그가 강성할 때에 그 나라가 갈라져 천하 사방에 나누일 것이나 그 자손에게로 돌아가지도 아니할 것이요 또 자기가 주장하던 권세대로도 되지 아니하리니 이는 그 나라가 뽑혀서 이 외의 사람들에게로 돌아갈 것임이니라"(11:4). '그가 강성할 때에'. 알렉산더는 33세 때에 죽었고 그 나라가 갈라졌다. 알렉산더에게 아들들이 몇 있었는데 다 어렸고 피살되어 나라가 그 자손들에게로 돌아가지 않았다. 또 알렉산더가 주장하던 권세대로 되지도 않았으며 그 나라는 결국 다른 사람들에게 넘어갔다.

▸ 남방의 프톨레미 왕가의 장군들 중 한 사람인 셀류커스가 이탈하여 북에 수리아를 세우다

"남방의 왕은 강할 것이나 그 군들 중에 하나는 그보다 강하여 권세를 떨치리니 그 권세가 심히 클 것이요"(11:5). 남방의 왕은 애굽 왕 프톨레미를 말한다. 그 군들 중의 한 사람이 그보다 더 강해서 권세를 떨친다는데, 이 프톨레미의 장군들 중에서 셀류커스라는 사람이 프톨레미 왕조를 이탈해서 안디옥에 도읍지를 정하고 B.C. 300년에 북쪽에 수리아라는 나라를 형성해서 왕이 되었다. 그리고 나서 남(애굽)과 북(수리아) 간에 계속 전쟁이 일어날 것이 예언되어 있다(6-17절). 그런 후에 18절에서 드디어 로마가 일어나는 것이 예언된다.

▸ 로마의 생성: 스코피오 장군

"그 후에 그가 얼굴을 섬들로 돌이켜 많이 취할 것이나 한 대장이 있어서 그의 보이는 수욕을 씻고 그 수욕을 그에게로 돌릴 것이므로"(11:18). 안티오커스 왕은 애굽과 화친했다고 보고 방향을 서쪽으로 돌려 소아시아로 진격했으며, 주전 196년에 소아시아 전체와 연안 섬들까지 지배하게 되었다. 이것이 "그 후에 그가 얼굴을 섬들로 돌이켜 많이 취할 것이나"의 뜻이다. 이 '한 대장'은 로마의 장군이다. 이제 로마가 시작되려는 것이다. 이 사람은 '스키피오(Lucius Scipio)'로서 아주 유명한 사람이다. 이 사람이 마그네시아(Magnesia)라는 곳에서 안티오커스 3세를 패배시켰다. 결국 그 사람에게 북방 왕(안티오커스)이 패하게 된다. 이와 같이 다니엘 11장에서는 헬라의 멸망과 로마의 생성까지 예언되고 있다. 그리고 이 지점에서 적그리스도의 예표가 되는 사람, 안티오커스 에피파네스가 다시 한 번 언급되고 있다.

▸ 토색하는 자: 필로파테르

"그 위를 이을 자가 토색하는 자로 그 나라의 아름다운 곳으로 두루 다니게 할 것이나 그는 분노함이나 싸움이 없이 몇 날이 못 되어 망할 것이요"(11:20). 안티오커스 3세가 죽은 후에 그 위를 계승한 아들 셀류커스 4세 필로파테르는 헬리오도투스라는 사람으로 하여금 전국을 순회하며 돈을 징수하게 했다. 그래서 그를 토색하는 자라고 한 것이다. 유다 예루살렘까지 가서 성전의 보물들을 빼앗아오게 했다는 기록이 있다. 그런데 필로파테르는 결국 이 헬리오도투스라는 돈 거두러 다니는 사람한테 피살되었다고 한다.

▸ 필로파테르의 동생인 비천한 사람 안티오커스 에피파네스

"또 그 위를 이을 자는 한 비천한 사람이라 나라 영광을 그에게 주지 아니할 것이나 그가 평안한 때를 타서 궤휼로 그 나라를 얻을 것이며"(11:21). 그 위를 이을 자는 비천한 사람이라고 했는데, 그가 바로 '안티오커스 에피파네스'이다. 이 안티오커스 에피파네스는 필로파테르의 동생인데, 형이 죽자 동생이 왕이 된 것이다. 그는 궤휼로 그 나라를 얻었다고 했다. 이 자는 다니엘의 예언에 여러 번 나오며(8:9-14, 23-25), 여기서 마지막으로 다시 한 번 나타난다.

그는 예루살렘 성전을 더럽히고 예배를 금지시키고 제우스 우상을 세워 강제로 경배시키는 등 계시록에 나타나는 적그리스도와 너무 유사하다. 그의 형 필로파테르가 헬리오도투스에게 독살되었을 때 에피파네스는 로마에 인질이 되었다가 풀려나 돌아오는 중이었다. 당시 필로파테르에게는 아들이 있었고 그 아들(데메토리우스)이 후계자였다. 그런데 필로파테르는 그의 아들 데메토리우스를 동생 대신 로마에 인질로 보내고 동생을 귀국시켰다. 그는 귀국 도중 형(필로파테르)이 죽고 헬리오도투스가 왕이 되었다는 말을 듣고 버가모 왕의 도움을 받아 헬리오도투스를 토벌하고 스스로 왕위에 올랐다. 그는 어쩌면 계략을 써서 그의 형 필로파테르로 하여금 자기 대신 그의 아들을 로마로 보내도록 했을 것이며, 이로 인해 비천한 자라는 이름을 얻었을 것이다. 모든 것이 술수요 모략이었다는 말이다.

▸ 종말의 예언(12장)

"그 때에 네 민족을 호위하는 대군 미가엘이 일어날 것이요 또 환난이 있으리니 이는 개국 이래로 그 때까지 없던 환난일 것이며 그 때에 네 백성 중 무릇 책에 기록된 모든 자가 구원을 얻을 것이라"(1절). '그 때'란 11장 후반부에 나오는 안티오커스 에피파네스가 유대인을 핍박하는 때를 가리킨다. 이 미가엘이라는 천사는 이스라엘 백성, 하나님의 백성을 호위하는 천사이다. 이 때에 그 백성 중 책에 기록된 자가 다 구원을 받는다. 실상 12장의 환난은 마지막에 있게 될 대환난을 가리킨다. "무릇 책에 기록된 모든 자가 구원을 얻을 것이라"에서 이 책은 생명책을 말한다.

▸ 야곱의 환난

이스라엘은 여러 번 환난을 당했는데, 그 중 큰 환난은 첫째로 바벨론 포로 때이고, 둘째로는 안티오커스 에피파네스 때이며, 셋째로는 A.D. 70년 로마 타이터스 장군 때이다. 그러나 이 환난들조차도 마지막 대환난에 비하면 아무 것도 아니다. 마지막 대환난은 가장 혹독한 시련의 때일 것이다. 이는 7년 대환난인데, 나중 3년 반은 더욱 참혹하다. 이것을 야곱의 환난(렘 30:7)이라고도 하는데, 요한계시록은 이것을 중점적으로 예언하고 있다. 마지막 시대의 성도들에게 주는 귀한 말씀이다.

▸ 두 종류의 부활

"땅의 티끌 가운데서 자는 자 중에 많이 깨어 영생을 얻는 자도 있겠고 수욕을 받아서 무궁히 부끄러움을 입을 자도 있을 것이며"(2절). 이 말씀은 종말에 있을 성도들의 개인적인 부활을 명백하게 예언한다. 죽은 자의 부활에 대하여, 선한 자나 악한 자나 다 부활할 것을 이렇게 명백하게 예언한 것으로는 다니엘서가 가장 뛰어나다. 이 사상은 신약과 매우 일치한다(요 5:29, 계 20:12). 여기서는 구원을 영생이라고 하며 멸망은 영원한 수욕이라고 표현한다. 영생은 단순히 오래 사는 것이 아니라 하나님과 그리스도와 영원히 복락을 누리며 사는 것이고(계 21-22장), 멸망도 역시 영구한 것으로 끝없이 수욕과 고통을 당하는 것이다.

▸ 빨리 왕래하며 지식이 더한다

"많은 사람이 빨리 왕래하며 지식이 더하리라". 이것이 마지막 시대에 있을 일이다. 다니엘 시대에는 비행기도 없고 기차도 없고 자동차도 없었을 텐데, 마지막 때가 되면 사람들이 빨리 왕래하고 지식이 엄청나게 더해진다고 했다. 지금은 인터넷이 발달하여 어떤 사물이나 일에 대해서 간단히 클릭만 하면 다 알 수 있고 볼 수 있어서 더 이상 비밀이 없는 시대가 되었다. 그 때 벌써 이런 상황을 예언했다는 것이 신기할 따름이다.

▸ 별과 같이 영원토록 비추리라

다니엘의 예언을 보면, 이스라엘 백성들은 수리아 왕 안티오커스 에피파네스에 의해 극심한 환난을 당한다. 그 당시에 이 예언이 성취되었다. 그러나 그것은 마지막 때 온 세상에 임할 삼 년 반의 대환난의 전조일 뿐이다. 마지막 대환난 후에야 그리스도께서 다시 오시고 그리스도의 왕국이 이루어질 것이다. 그런 환난을 통해 연단을 받아서 정결케 되는 사람이 있고 또 그러한 때 충성을 다해서 이기는 자들도 있다. 반면에 극심한 환난으로 인해 약해지고 쓰러지는 사람도 많을 것이다. 그러나 "지혜 있는 자는 궁창의 빛과 같이 빛날 것이요 많은 사람을 옳은 데로 돌아오게 하는 자는 별과 같이 영원토록 비취리라"(3절).

▸ 세상의 종말을 예언한 선지자 다니엘

다니엘은 이 세상의 종말에 대해 예언을 한 선지자이다. 이런 선지자들의 예언과 주 예수님의 예언, 사도 바울의 예언, 요한의 예언 등이 모두 마지막 시대에 큰 환난이 있을 것임을 알려주며, 또한 주님의 다시 오심에 대해서도 이곳저곳에서 동일하게 말씀하고 있다. 마태복음 24장에서 "창세 이후 이런 환난이 없겠고"라고 했고 계시록에서도 이렇게 말했다. 성경 이곳저곳에서 이 대환난의 기간도 거의 비슷하게 못 박아 말하고 있으며, 주님이 그 날수를 어느 정도 감한다 하셨으니 약간의 차이가 나는 것은 원래 계산한 날수에서 주님이 좀 감해주시기 때문이 아닐까 한다. 예언의 말씀이 이렇게 분명히 이루어졌고 이루어지고 있으니 깨어 주님 만날 날을 기다리는 자가 지혜로운 자일 것이다.

호세아

주요 내용 | 이스라엘 백성은 호세아의 아내 고멜처럼 음란하고 부정한 아내였으나 하나님이 그녀를 선택하시고 구속하신 것은 어떤 장점이 있어서가 아니라 완전히 하나님의 사랑과 긍휼에서 나온 것임을 알게 하시는 말씀이다.

◊ 서론

호세아서부터 시작된 12권을 소선지서라고 부른다. 유대인들은 구약 성서를 분류할 때 12권의 소선지서를 한 권의 책으로 보았다. 그들이 이 책들을 소선지서로 분류한 것은 그 내용이 대선지서보다 부족해서가 아니라 그 책들의 분량이 비교적 적기 때문이었다.

호세아 선지서는 언뜻 읽을 때 이사야서의 축약 같은 느낌이 든다(2:18 등). 그러나 그는 이사야 선지자 후에 예언한 것이 아니라 오히려 이사야보다 조금 먼저 예언을 했다. 즉 예언자들 중에서 호세아가 가장 앞서 예언을 한 선지자이다. 따라서 그는 선지자들의 기수 역할을 했다고 말할 수 있다. 그는 많은 예언자들의 선배 위치에서 체험적이고 단도직입적인 어투로 귀한 예언을 했다. 활동 시기는 북 왕조의 여로보암 2세 때이고, 남 왕조로는 웃시야, 요담, 아하스, 히스기야 왕의 시대에 해당한다.

호세아는 주로 이스라엘에 대하여 예언하였으며, 유다는 잠깐 잠깐 언급하고 넘어갔다. 호세아 선지자는 특히 이스라엘 백성들의 우상숭배와 하나님을 아는 지식의 결여를 매우 강하게 지적하면서, "우리가 여호와를 알자! 힘써 여호와를 알자!" 하고 외쳤다. 호세아서의 주제는 '오라, 우리가 여호와를 참되게 알고 그분께로 돌아가자!'이다. 타락한 백성이 해야 할 일은 회개하고 참되게 하나님께로 돌아가는 것이다. 호세아서를 통해 우리는 하나님이 얼마나 그분의 백성을 사랑하시는지, 그분만을 사랑하고 의지하기를 원하시는지 알 수 있다. 학자들은 의(義)의 선지자 아모스와 대비하여 호세아를 사랑의 선지자라고 한다. 호세아서의 구절들을 마태복음이나 로마서에 인용한 것으로 보아 이스라엘 백성에게나 초대 교회 당시에 호세아서가 중요하게 읽혀진 것을 알 수 있다(1:10, 11:1).

▸ 음란한 아내를 취하여 아내를 삼으라(1장)

호세아 선지자는 하나님의 말씀을 예언하기 위해 자신의 뜻과 관계없이 주님의 명을 따라 음란한 여자인 고멜을 아내로 취해야 했다. 하나님께서는 그 결혼을 통해서 이스라엘 백성과 하나님의 관계가 어떤 상태에 있는지 실연해 보이도록 하신 것이다.

"이에 저가 가서 디블라임의 딸 고멜을 취하였더니 저가 잉태하여 아들을 낳으매"(3절). 고멜은 음탕한 여자로서 첫째 아들(이스르엘)을 낳고, 둘째 딸(로루하마)을 낳고, 셋째 아들(로암미)을 낳는다. "여호와께서 호세아에게 이르시되 그 이름을 이스르엘이라 하라 조금 후에 내가 이스르엘의 피를 예후의 집에 갚으며 이스라엘 족속의 나라를 폐할 것임이니라"(4절). 호세아의 첫 아들을 '이스르엘'이라고 한 것은 이스라엘이 하나님의 큰 징벌을 받을 것의 표적이었다. "그 날에 내가 이스르엘 골짜기에서 이스라엘의 활을 꺾으리라 하시니라"(5절). 장래 앗수르 군대가 이스라엘을 침략할 것을 예언하고 있는 것이다(1:4-5). "고멜이 또 잉태하여 딸을 낳으매 여호와께서 호세아에게 이르시되 그 이름을 로루하마라 하라 내가 다시는 이스라엘 족속을 긍휼히 여겨서 사하지 않을 것임이니라"(6절). 이때에 하나님은 극심한 범죄를 행하는 이스라엘에 대하여 긍휼히 여기지 않고 용서치 않겠다고 하시면서 그 이름을 '로루하마'라 하라고 하셨다. '루하마'는 긍휼히 여긴다는 뜻인데, 앞에 '로'를 붙이면 반대의 뜻이 되어서 긍휼히 여기지 않는다는 말이 된다. 세 번째로 아들을 낳으면 로암미라고 이름을 지으라 하셨는데, 이는 내 백성이 아니라는 뜻이다.

"그러나 이스라엘 자손의 수가 바닷가의 모래같이 되어서 측량할 수도 없고 셀 수도 없을 것이며 전에 저희에게 이르기를 너희는 내 백성이 아니라 한 그곳에서 저희에게 이르기를 너희는 사신 하나님의 자녀라 할 것이라"(10절). 로마서 9장 25-26절에 인용된 말씀이다. 호세아 선지자 때에 이미 이방인들이 하나님의 나라에 들어오게 될 것을 예언한 것이다.

▸ 암미라 하고 루하마라 하라(2장)

2장에 와서는 1장과 반대되는 말씀을 하고 계신다. 1장에서는 '로암미(내 백성이 아니라)'라 하고 '로루하마(긍휼히 여기지 않는다)'라 하셨는데, 2장에서는 돌변하셔서 '내가 내 백성을 만들 것이고 긍휼히 여길 것이고 용서해 줄 것이라'고 하신다. 이사야서와 마찬가지로 복음이란 이처럼 반전이다.

앞 구절들에서는 그냥 두지 않고 다 징벌하겠다, 심판하겠다, 아무도 구원하지 않겠다고 하셨다(2:9-13). 그런데 14절부터는 또 반전이 일어난다. "그러므로 내가 저를 개유하여 거친 들로 데리고 가서 말로 위로하고”(2:14). ‘개유’란 ‘꾀다(allure)’라는 뜻이다. 하나님은 아무 소망 없이 광야에 머물게 만들어 놓고 거기서 위로하심으로 어떻게든 그분께로 돌이키도록 하시겠다는 것이다.

“내가 네게 장가들어 영원히 살되 의와 공변됨과 은총과 긍휼히 여김으로 네게 장가들며 진실함으로 네게 장가들리니 네가 여호와를 알리라”(2:19-20). 이스라엘 백성은 부정했다. 그러나 하나님은 이 부정한 백성을 징계하시고(거친 들로 나가게 하셨다-14절) 우상을 빼앗아 벌거벗게 하시고는 다시 설득해서 회개하게 하시고 당신의 아내로 삼으시면서 ‘나는 반드시 너에게 장가들겠다!’라고 하신다.

▸ 타인의 음부가 된 여인을 사랑하라(3장)

1장과 3장 사이에는 좀 간격이 있는 것으로 봐야 한다. 고멜은 두 아들과 한 딸을 낳고도 다시 나가서 음부가 되었다. 고멜은 원래도 음부였지만 자식을 셋이나 낳았는데도 또 나가서 다른 사람과 간음을 행한 것이다. 그런데 하나님께서는 호세아 선지자에게 ‘그럴지라도 타인에게 가서 음부 된 그 여인을 사랑하라’고 하시며 그 여인을 속전(대속물)을 주고 다시 데려오라고 하신다. 그리고 “저에게 이르기를 너는 많은 날 동안 나와 함께 지내고 행음하지 말며 다른 남자를 좇지 말라 나도 네게 그리하리라 하였노라”(3:3). 이는 그리스도께서 우리를 위해 속전을 치르시고 우리를 사실 뿐 아니라 언약을 세우신 것을 가리킨다(3:1-3). 호세아 선지서의 특징은 사랑과 자비로움과 온유함이 가득하다는 것이다. 즉 죄인들에게 하시는 ‘구애(求愛)’의 말씀이다(2:14-15). 하나님께서 그녀(이스라엘)를 선택하신 것은 그녀에게 어떤 선한 행위나 장점이 있어서가 아니라 순전히 하나님의 긍휼임을 말해주며, ‘내 백성이 아니다, 긍휼히 여기지 않겠다’고 분노하셨으나 그것은 잠시이고 그분의 은혜와 사랑은 영원한 것임을 나타낸다(호 2:1, 14-15, 시 30:5, 호 3:1-3).

▸ 백성들과 제사장들과 왕족들의 죄악상: 회개하라(4-6장)

호세아서 4장은 백성들의 죄악상에 대해, 5장은 제사장과 왕족들의 죄악상에 대해 낱낱이 말씀하시며, 6장은 참되게 회개하기를 권면하면서 종교적인 교만을 꾸짖는 내용이다. 하나님께서 원하시는 것은 외적인 종교적 행습이 아니라 서로를 불쌍히 여기는 진실함과 인애함이다. 그러나 그들 가운데는 저주와 살인과 간음이 가득하고, 서로 다투기만 하였다(4:2-4).

“내 백성이 지식이 없으므로 망하는도다 네가 지식을 버렸으니 나도 너를 버려 내

제사장이 되지 못하게 할 것이요 네가 네 하나님의 율법을 잊었으니 나도 네 자녀들을 잊어버리리라"(4:6). 하나님을 섬기려면 하나님을 아는 지식이 있어야 한다. 하나님의 자녀에게 무지(無知)는 좋은 것이 아니다. 동시에 그들 가운데는 우상숭배가 가득하였다. 5장에서는 제사장들도 매우 타락한 것을 볼 수 있다. "에브라임은 사람의 명령 좇기를 좋아하므로 학대를 받고 재판의 압제를 당하는도다"(5:11). 에브라임이란 이스라엘을 말한다. 여로보암이 벧엘과 단에 금송아지를 만들어 놓고 예루살렘까지 갈 것 없이 그곳에서 제사를 드리라고 했는데, 그것이 바로 사람의 명령이다. 성도들은 무조건 사람의 명령을 따를 것이 아니라 진리와 말씀과 성경과 대조하면서 순종해야 한다. 우리는 다니엘과 그 세 친구들이나 모르드개 등이 무조건 권세의 명에 복종치 않은 것을 기억해야 한다. 그들은 우상숭배에 관련된 일들에 대하여는 죽임을 당할지언정 복종치 않았다.

6장에서 선지자는 외친다. "오라 우리가 여호와께로 돌아가자 여호와께서 우리를 찢으셨으나 도로 낫게 하실 것이요 우리를 치셨으나 싸매어 주실 것임이라"(1절). "오라 우리가 여호와께로 돌아가자!" 이 말씀은 호세아서의 주제일 뿐 아니라 선지서들의 공통적인 주제이다. 이스라엘은 앗수르나 애굽을 의지하려 했으나 선지자는 하나님만을 의지하기 위해 하나님께로 돌아가야 한다고 말한다. "그러므로 우리가 여호와를 알자 힘써 여호와를 알자 그의 나오심은 새벽빛같이 일정하니 비와 같이, 땅을 적시는 늦은 비와 같이 우리에게 임하시리라 하리라"(6:3). 여호와를 알아야 한다는 것은 호세아서의 중심이다. 여호와를 아는 것은 비에 젖듯이 조금씩 조금씩 알아가는 것이다. 그럴 때 그들의 인애는 아침 구름이나 이슬같이 잠간 있다가 사라지지 않는다(6:4). "나는 인애를 원하고 제사를 원치 아니하며 번제보다 하나님을 아는 것을 원하노라"(6:6). 이 말씀은 주 예수께서 중풍병자를 고치시며 여러 사람들 앞에서 말씀하신 구절이다(마 9:13).

▸ 여호와께서 이스라엘을 치료하시기 위해 상세하게 진찰하심(7-13장)

7장에서는 이스라엘이 궤사(거짓)를 행하고 몰려다니면서 도적질하고 노략질한다고 말씀하신다. 거짓된 종교적 열심도 꽤 뜨겁기만 하나 빵 만드는 화덕과 같이 잠시 뜨겁다가 식는다고 하셨다. 그러면서도 그들은 열방에 혼잡되어 뒤집지 않은 전병처럼 균형이 없는 신자들이 되고, 순전함이 없이 이것저것 섞여져서 얼룩얼룩하였다(7:8). 따라서 타락에서 벗어나려면 하나님을 알아야 한다. 하나님은 우리를 지으신 분이다. 자기를 지으신 분을 잊어버리고 우상의 전각들을 세우는 것은 매우 심각한 죄이다. 이스라엘은 스스로를 보호하기 위해 성을 견고하게 쌓았지만 하나님은 그들을 심판하실 것이라고 말씀하신다. 7장과 8장은 주로 종교적인 죄를 말한다. 간음의 죄라고 했는데, 이것은 영적으로 하나님 외에 다른 신을 섬긴 죄를 말한다.

9장은 하나님께서 이스라엘이 이방 사람처럼 행음하면서 기뻐 뛰놀지 말고 오직 하나님을 인하여 기뻐하라고 하신다. 결국 하나님께서 심판하시는데, 하나님의 심판이 임하는 것은 하나님의 말씀을 듣지 않고 순종치 않기 때문이다. 그러므로 하나님께서 이스라엘 백성들을 버리시는 것이다. 10장의 "저희가 두 마음을 품었으니"라는 말씀은 하나님을 섬긴다 하면서 마음으로는 우상을 섬기고 물질을 숭배한 것을 가리킨다. 하나님은 두 마음 품는 것을 싫어하신다. 결국은 그들은 이방 세력에게 노예로 부림을 당하게 되는데, 이는 그들이 하나님 아닌 다른 것들 곧 우상을 숭배했기 때문이다(10:10-11). "너희가 자기를 위하여 의를 심고 긍휼을 거두라 지금이 곧 여호와를 찾을 때니 너희 묵은 땅을 기경하라 마침내 여호와께서 임하사 의를 비처럼 너희에게 내리시리라"(10:12).

11장에서는 "이스라엘의 어렸을 때에 내가 사랑하여 내 아들을 애굽에서 불러내었거늘"(1절)이라고 하신다. '이스라엘이 어렸을 때에'란 애굽에 있을 때를 말한다. 호세아서에서는 하나님과 이스라엘의 관계를 주로 부부 관계로 표현하고 또는 '내 아들'이라고 하신다. 교회는 그리스도의 신부도 되고 하나님의 아들도 된다. '애굽에서 내 아들을 불러내었다'는 이 말씀은 마태복음 2장 15절에서 인용되었다. 이를 통해 우리는 하나님께서 아들 예수 그리스도를 사랑하시듯이 이스라엘을 그렇게 대하신다는 것을 알 수 있다. 이스라엘은 하나님께서 부르실수록, 잘해주실수록 멀리갔다. "그러나 내가 에브라임에게 걸음을 가르치고 내 팔로 안을지라도 내가 저희를 고치는 줄을 저희가 알지 못하였도다"(11:2-3).

"에브라임이여 내가 어찌 너를 놓겠느냐 이스라엘이여 내가 어찌 너를 버리겠느냐 내가 어찌 너를 아드마같이 놓겠느냐 어찌 너를 스보임같이 두겠느냐 내 마음이 내 속에서 돌아서 나의 긍휼이 온전히 불붙듯하도다"(11:8). 아드마와 스보임은 소돔과 고모라가 멸망할 때 더불어서 멸망한 도시이다. 주님의 이스라엘에 대한 긍휼은 불붙듯 하다. "내가 나의 맹렬한 진노를 발하지 아니하며 내가 다시는 에브라임을 멸하지 아니하리니 이는 내가 사람이 아니요 하나님임이라 나는 네 가운데 거하는 거룩한 자니 진노함으로 네게 임하지 아니하리라"(11:9). 하나님의 사랑은 한이 없으시다.

믿는 도끼에 발등 찍힌다. "에브라임은 바람을 먹으며 동풍을 따라가서 날마다 거짓과 포학을 더하며 앗수르와 계약을 맺고 기름을 애굽에 보내도다"(12:1). 에브라임은 곤경에 처하였을 때 애굽과 앗수르를 의지하였고, 결국 앗수르에게 멸망당했다. 하나님은 사람의 행위대로 보응하시는 분임을 기억하라. 하나님은 이스라엘이 조상 야곱과 같지 않다고 하신다. 야곱은 간절했고 울면서 기도했으며 하나님은 그 응답으로 벧엘에서 그를 만나 주셨다. 야곱은 이렇게 했는데 너희들은 어찌 외식하며 거짓된 사상에 빠져서 거짓을 먹고 있느냐고 하시는 것이다.

"저희가 먹이운 대로 배부르며 배부름으로 마음이 교만하며 이로 인하여 나를 잊었느니라 그러므로 내가 저희에게 사자 같고 길 가에서 기다리는 표범 같으니라"(13:6-7). 사람이 교만해져서 하나님을 잊어버리면 하나님은 심판자로 변하신다. "이스라엘아 네가 패망하였나니 이는 너를 도와주는 나를 대적함이니라"(13:9).

▸ 네 하나님 여호와께로 돌아오라(14장)

시종 호세아 선지자의 예언은 돌아오라는 것이다. 하나님 외에 다른 것을 의지하지 말고 하나님께 돌아오라는 것이다. 호세아서의 주제가 '네 하나님 여호와께로 돌아오라'이다. 구약의 선지자이지만 신약의 복음을 전하고 있다. 말씀을 가지고 돌아오라고 한다(2절). 저들은 과거 하나님보다 앗수르를 더 의지하였으나 이제 그들을 의지하지 않고 전적으로 하나님만을 의지한다. 호세아 선지자의 사역의 중점은 우상을 멀리하고 하나님만을 의지하라는 것이다. "내가 저희의 패역을 고치고 즐거이 저희를 사랑하리니 나의 진노가 저에게서 떠났음이니라 내가 이스라엘에게 이슬과 같으리니 저가 백합화같이 피겠고 레바논 백향목같이 뿌리가 박힐 것이라"(14:4-5). 복음은 전적으로 하나님께서 시작하시며 이루시는 역사인데 그분의 지극한 사랑으로 말미암는다. 하나님께 회복된 무리들은 다같이 이렇게 말한다. "내가 우상과 무슨 상관이 있느냐". "나는 푸른 잣나무 같으니 네가 나로 말미암아 열매를 얻으리라". "누가 지혜가 있어 이런 일을 깨달으며 누가 총명이 있어 이런 일을 알겠느냐 여호와의 도는 정직하니 의인이라야 그 도에 행하리라 그러나 죄인은 그 도에 거쳐 넘어지리라"(9절).

요엘

주요 내용 | 요엘은 한면으로 하나님의 심판을 예언하며 다른 면으로는 이스라엘이 철저히 회개하고 죄를 자백할 때 하나님이 그분의 백성들에게 복을 주실 것을 예언한다.

요엘서는 호세아서 뒤에 있고 소선지서 중 제 2권이다. 요엘에 대해서는 브두엘의 아들이라고만 언급되어 있다. 본서의 주제는 '여호와의 날'이다. '주의 날'이라고 할 수 있다. 이는 먼저는 교회 시대의 시작을 예언하는 것이며(행 2장 참조), 종말적인 것으로는 대 심판, 세상의 종말, 그리스도의 재림, 그리스도의 영원한 왕국을 포함한다.

요엘은 유다 요아스 왕 때의 선지자이고, 엘리사 선지자와 동시대 사람이었으며, 주로 유다를 위해 예언했다(B.C. 835-796년). 요엘이라는 이름은 '여호와가 하나님이시다'라는 뜻이다. 그리고 요엘 선지자의 예언의 시대적 범위는 요아스 왕 초기부터 말기까지로, 오랜 기간에 걸쳐 예언했다. 비록 3장으로 된 짧은 예언서이지만 그 예언의 범위는 광범위하며 모든 것을 포함하고 있다.

신약 로마서 10장 13절에는 요엘서에서 인용한 구절이 있다. "누구든지 주의 이름을 부르는 자는 구원을 얻으리라"(2:32). 또 사도행전 2장 17절에서는 베드로가 설교할 때 성령의 부어지심에 대한 예언을 했으며, 요엘 3장 12절에는 아마겟돈 전쟁과 그리스도께서 적그리스도를 심판하기 위해 재림하시는 상황이 기록되어 있다(계 14:17-20, 19:11-16). 이렇게 요엘서에는 신약 성경과 밀접한 관계가 있는 세 가지 중요 항목이 기록되어 있다.

▸ 네 종류 메뚜기의 공격(1:1-13)

"팟종이가 남긴 것을 메뚜기가 먹고 메뚜기가 남긴 것을 늣이 먹고 늣이 남긴 것을 황충이 먹었도다"(4절). 황충이, 팟종이, 늣, 메뚜기는 다 메뚜기 종류이다. 영어로는 'gnawing locust', 'swarming locust', 'creeping locust', 'stripping locust'이다. 첫 번째 팟종이는 갉아먹는 메뚜기이고, 두 번째 메뚜기는 삼켜버리는 메뚜기이고, 세 번째 늣은 기어다니는 메뚜기이고, 네 번째 황충은 벗기는 이를 가진 메뚜기이다. 이것은 장차 유다 국에 임할 군대를 상징한다. 다니엘서에는 네 종류의 짐승으로 상징되었지만, 여기서는 네 종류의 메뚜기 떼로 상징되었다. 이처럼 요엘 선지자는 다니엘보다 2백여 년 전에 이스라엘을 심판하는 데 사용될 네 종류의 제국을 메뚜기 떼에 빗대어 예언했다.

처음 메뚜기 떼는 물어 끊고 갉아먹는 팟종이 떼로서 바벨론을 가리키며, 남은 부분을 삼켜버리는 메뚜기 'swarming locust'는 메데-바사이다. 그 다음 기어다니며(creeping) 남은 것을 핥아먹는 '늣'은 헬라이며, 마지막으로 아무 것도 남기지 않고 벗겨버리는 '황충'은 바로 로마이다. 이러한 메뚜기 떼들이 이스라엘을 완전히 덮친다는 이야기이다. "한 이족이 내 땅에 올라왔음이로다 그들은 강하고 무수하며 그 이는 사자의 이 같고 그 어금니는 암사자의 어금니 같도다"(6절). 이것은 메뚜기 떼의 어떠함을 설명한 것이다. 이는 분명히 단순한 메뚜기가 아니라 강하고 무수한 군대이다.

▸ 여호와의 날이 가까웠나니(1:14-15)

"너희는 금식일을 정하고 성회를 선포하여 장로들과 이 땅 모든 거민을 너희 하나님 여호와의 전으로 몰수히 모으고 여호와께 부르짖을지어다 오호라 그 날이여 여호와의 날이 가까웠나니 곧 멸망같이 전능자에게로서 이르리로다"(14-15절). 요엘 선지자의 역할은 인류의 마지막 때, 곧 주의 날을 경고하는 것이다. 여호와의 날은 곧 심판의 날이다. 결국 이스라엘은 앗수르에게 멸망하고 유다는 바벨론에게 멸망하는데, 이것이 이 예언의 일차적인 성취이다. 그리고 이것은 말세에 완전히 성취될 것이다. 신약에서도 '주의 날'이 여러 번 나오는데 곧 여기서 말한 '여호와의 날'이다.

▸ 온 세상의 결국은 멸망이다(2:1-11)

"시온에서 나팔을 불며 나의 성산에서 호각을 불어 이 땅 거민으로 다 떨게 할지니 이는 여호와의 날이 이르게 됨이니라 이제 임박하였으니"(2:1). 이것은 먼저 유다와 이스라엘이 바벨론과 앗수르에 의해 멸망하게 될 것을 말하며, 결국은 마지막 날에 이르게 될 인류 전체에 대한 심판을 말한다. "그 모양은 말 같고 그 달리는 것은 기병 같으며"(4절). 계시록에도 동일한 모양의 황충이가 나온다(계 9:3). "여호와께서 그 군대 앞에서 소리를 발하시고 그 진은 심히 크고 그 명령을 행하는 자는 강하니 여호와의 날이 크고 심히 두렵도다 당할 자가 누구이랴"(2:11). 여기서 요엘 선지자는 마지막 때 있게 될 대환난, 큰 심판의 날, 여호와의 날을 미리 경고해 주고 있다.

▸ 두 번의 큰 나팔(2:1, 11-12)

요엘서에는 두 번의 나팔이 있다. 첫째는 여호와의 날이 이르렀다고 선포하는 것이며("시온에서 나팔을 불며…여호와의 날이…임박하였음이라", 2:1), 두 번째는 하나님의 백성에게 속히 회개하라고 외치는 소리이다("여호와의 날이 크고 두렵도다 당할 자 누구이랴…마음을 찢고 여호와께 돌아오라", 2:11-12). 하나님의 심판의 목적은 회개케 하려는 것이다. "여호와의 말씀에 너희는 이제라도 금식하며 울며 애통하고 마음을 다하여 내게로 돌아오라 하셨나니"(2:12). 현재도 교회의 가장 좋은 상태는 상하고 통회하는 심령, 애통하는 마음으로 주님께 돌아가는 것이다.

"너희는 옷을 찢지 말고 마음을 찢고 너희 하나님 여호와께로 돌아올지어다 그는 은혜로우시며 자비로우시며 노하기를 더디하시며 인애가 크시사 뜻을 돌이켜 재앙을 내리지 아니하시나니 주께서 혹시 마음과 뜻을 돌이키시고 그 뒤에 복을 끼치사 너희 하나님 여호와께 소제와 전제를 드리게 하지 아니하실는지 누가 알겠느냐"(13-14절). 선지자는 이렇게 큰 심판이 있을 것을 경고하면서 이스라엘 백성에게 진실된 마음으로 회개하라고 간청한다. 요엘 선지자 때만해도 이스라엘의 멸망과 심판에 대하여 하나님께서 확정한 것이 아닌 듯하다.

▸ 여호와께서 백성을 긍휼히 여길 것이다(2:18-20)

"그 때에 여호와께서 자기 땅을 위하여 중심이 뜨거우시며 그 백성을 긍휼히 여기실 것이라"(18절). 그들이 회개할 때 하나님은 반드시 구원하실 것이다. "내가 북편 군대를 너희에게서 멀리 떠나게 하여 메마르고 적막한 땅으로 쫓아내리니 그 전군은 동해로, 그 후군은 서해로 들어갈 것이라 상한 냄새가 일어나고 악취가 오르리니 이는 큰 일을 행하였음이니라 하시리라"(20절). 이 구절을 보면 1장 4절의 메뚜기 떼가 군대라는 것이 분명해졌다. 이는 그리스도의 재림시에 적그리스도를 멸하시는 심판주이신 그리스도를 보여준다.

▸ 너희가 해를 당한 만큼 보상해주리라(25절)

"내가 전에 너희에게 보낸 큰 군대 곧 메뚜기와 늦과 황충과 팟종이의 먹은 햇수대로 너희에게 갚아주리니"(25절). 하나님께서 전에 해를 입은 햇수만큼 보상하겠다고 하신다. 하나님은 보상하시는 하나님이시다. 돌이키고 참되게 회개하면 하나님께서는 그 네 종류의 메뚜기 떼들에게 당한 것들을 다 보상해 주겠다고 하신다.

▸ 그 후에 내가 내 영을 만민에게 부어주리니(28-30절)

"그 후에 내가 내 신을 만민에게 부어 주리니 너희 자녀들이 장래 일을 말할 것이며 너희 늙은이는 꿈을 꾸며 너희 젊은이는 이상을 볼 것이며 그 때에 내가 또 내 신으로 남종과 여종에게 부어줄 것이며 내가 이적을 하늘과 땅에 베풀리니 곧 피와 불과 연기 기둥이라"(28-30절). 이는 왕국의 시작이다. 왕국은 그분의 택하신 자들에게 하나의 보상이다. 요엘서에는 그리스도를 보내주시겠다는 것보다는 성령을 부어주시겠다는 예언이 강조되어 있다. 이것이 요엘서에 들어 있는 매우 중요한 예언이다. 에스겔서에서는 이 성령이 내주하시는 성령이시다. "내 영을 너희 속에 두고"(겔 36:26). 요엘서에는 '이 영을 부어주겠다'는 말씀이 있다. 이 영은 엘리야의 능력의 겉옷처럼 외적인 것이요 우리가 입을 수 있는 옷과 같은 것이다. 오순절 날 성령께서 부어지심은 요엘의 예언의 부분적인 성취이다. 완전한 성취는 환난 후에 이스라엘이 회개하고 주 예수께서 그들에게 은혜와 구원을 베푸시는 시점, 곧 주 예수님의 재림시에 이루어진다.

"여호와의 크고 두려운 날이 이르기 전에 해가 어두워지고 달이 핏빛같이 변하려니와"(31절).

'여호와의 크고 두려운 날'은 마지막 대 심판의 날이다. 이 천체의 변화와 이상 현상은 당시 오순절 날 일어나지 않았으며, 마지막 재앙 때에 그리스도께서 재림과 더불어 이루어질 일인데, 그 일이 있을 즈음에 해가 어두워지고 달이 핏빛같이 변한다고 했다. "누구든지 여호와의 이름을 부르는 자는 구원을 얻으리니 이는 나 여호와의 말대로 시온 산과 예루살렘에서 피할 자가 있을 것임이요 남은 자 중에 나 여호와의 부름을 받을 자가 있을 것임이니라"(32절).

▸ 여호사밧 골짜기에서 있을 열국에 대한 심판(3:1-16)

"그 날 곧 내가 유다와 예루살렘의 사로잡힌 자를 돌아오게 할 그 때에 내가 만국을 모아 데리고 여호사밧 골짜기에 내려가서 내 백성 곧 내 기업 된 이스라엘을 위하여 거기서 그들을 국문하리니 이는 그들이 이스라엘을 열국 중에 흩고 나의 땅을 나누었음이며"(3:1-2). 이것은 다 마지막 때를 이야기하는 것이다. 만국을 왜 여호사밧 골짜기로 데리고 가는가? 거기에서 이들을 다 멸절하려는 것이다. 이것은 아마겟돈에서 열국이 이스라엘을 치려고 모이는 마지막 세계대전을 말한다. 열국이 이스라엘을 치려고 모이는 바로 그때 하나님께서는 이스라엘을 구원하신다. 열국이 하나님을 진노케 한 것은 그들이 제비를 뽑아 이스라엘의 어린 소년을 기생과 바꾸고 어린 소녀를 팔아 술을 샀으며 이스라엘 백성을 제멋대로 유린하고 짓밟았기 때문이다.

"곧 너희가 내 은과 금을 취하고 나의 진기한 보물을 너희 신궁으로 가져갔으며"(3:5). 열국이 하나님의 심판을 받을 수밖에 없는 이유를 계속 열거하고 계신다.

하나님의 은과 금, 즉 성전에 붙어 있었던 금과 은과 여러 가지 보물들을 열국이 다 가져갔기 때문이다.

"열국은 동하여 여호사밧 골짜기로 올라올지어다 내가 거기 앉아서 사면의 열국을 다 심판하리로다"(12절). 하나님께서 이런 식으로 열국을 여호사밧 골짜기에 모아서 포도즙 틀을 밟듯이 그들을 심판하시겠다는 것이다. 우리는 요엘이나 계시록을 쓴 요한이 동일한 것을 말하고 있다는 것에 놀라움을 금할 수 없다. "너희는 낫을 쓰라 곡식이 익었도다 와서 밟을지어다 포도주 틀이 가득히 차고 포도주 독이 넘치니 그들의 악이 큼이로다"(13절). 이것은 요한 계시록과 동일한 말씀이다. "네 이한 낫을 휘둘러 땅의 포도송이를 거두라 그 포도가 익었느니라"(계 14:18). 요엘 선지자와 사도 요한이 동일하게 예언하고 있다. "사람이 많음이여 판결 골짜기에 사람이 많음이여 판결 골짜기에 여호와의 날이 가까움이로다"(14절). 선지자는 마지막 시대의 전쟁의 상황을 두 눈으로 보듯이 말한다. 그 날 심판의 날, 판결 골짜기, 결단의 골짜기에 사면 열국에서 수많은 사람이 모여들게 될 것이다.

▸ 마지막 날과 새 예루살렘(3:17-18)

"그런즉 너희가 나는 내 성산 시온에 거하는 너희 하나님 여호와인 줄 알 것이라 예루살렘이 거룩하리니 다시는 이방 사람이 그 가운데로 통행하지 못하리로다"(17절). 갑자기 모든 과정을 건너뛰어서 새 예루살렘에 이른 것 같다. 계시록으로 말하면 14장의 상황에서 갑자기 21장의 상황으로 넘어간 것 같다. "예루살렘이 거룩하리니". 이것이 새 예루살렘이라고 말하지 못할 이유가 없다. 왜냐하면 그곳(예루살렘)은 거룩한 곳이며, 다시는 이방 사람이 그 가운데로 통행하지 못한다고 했기 때문이다.

"그 날에 산들이 단 포도주를 떨어뜨릴 것이며 작은 산들이 젖을 흘릴 것이며 유다 모든 시내가 물을 흘릴 것이며 여호와의 전에서 샘이 흘러 나와서 싯딤 골짜기에 대리라"(18절). 이것은 회복된 이스라엘의 아주 풍요로운 광경을 묘사하는 것이다. 산에서 단 포도주가 떨어지고 작은 산에서 젖이 흐른다. 새 예루살렘에서 보좌로부터 생명수의 강물이 흘러 온 땅을 적시는 것에 비할 수 있다. 최종적으로 열국(애굽, 에돔)은 모두 황무하게 되고 유다와 예루살렘은 대대로 존재하리라고 예언한다(3:19-20). 그들의 피 흘림을 보수해주실 하나님은 시온에 계신다(21절). 요엘서 2장 12절부터 3장 마지막 절까지 하나님은 죄를 뉘우친 사람들에 대하여 무한한 긍휼과 인자로 축복해주실 것임을 말한다. 이 모든 회복과 축복을 먼저 누리는 자들이 신약의 교회이다.

아모스

주요 내용 이스라엘의 주의를 환기시키기 위해 열방의 죄와 심판을 먼저 언급한다. 열방의 죄는 주로 양심을 범한 죄이며 그분의 선민의 죄는 하나님의 법도를 떠나서 우상을 숭배한 죄이다. 마지막에는 이스라엘에게 찬란한 미래가 있다는 것, 왕국의 회복, 흥왕함과 번성, 영원에 이름을 예언하였다.

아모스(Amos)는 '짐', '짐진 자', '부담'이라는 뜻이다. 이사야가 궁중의 공적인 선지자라면, 아모스는 농부요 목자로서 오늘날로 말하면 평신도 위치에서 체험적인 예언을 한 선지자이다. 따라서 혹자는 아모스를 무식한 선지자라고 하는데, 사실은 고대로부터 많은 이들이 그의 책을 모든 예언서 중 가장 중한 책으로 평한다. 그가 받은 계시의 확실함과 전하는 방식의 철저함에서 후배 선지자들에게 좋은 모본이 되므로 그를 모든 예언자들의 대표, 혹은 예언자들의 아버지라고 하는 것은 우연이 아니다.

▸ 평범한 신분의 선지자 아모스

아모스는 유다의 드고아 사람인데, 드고아는 예루살렘에서 30여 리 정도 떨어져 있다. 아모스는 유다 사람이지만 북방의 이스라엘을 대상으로 예언을 했다. 그의 신분은 솔로몬 같은 왕도 아니고 이사야처럼 궁내에 있는 신하도 아니고 예레미야 같은 제사장도 아니었는데, 하나님은 그와 같이 뽕나무를 배양하는 낮은 계층의 사람을 통해서 예언을 하게 하신 것이다. 그의 예언의 핵심은 주로 이스라엘에 대한 심판이다.

◊ 1:3-2:3: 열국에 대한 심판

학자들은 그를 재앙의 선지자라고 일컫는다. 그는 이스라엘과 주변 열국의 멸망을 집중적으로 예언했다. 1장 3-5절은 아람(다메섹)에 대한 심판이다. 그의 죄는 서너 가지인데, 첫째는 하나님의 백성 길르앗을 압박한 것이다(왕하 10:32-33). 다음 1장 6-8절은 블레셋에 대한 심판이다. 그들도 서너 가지 죄로 인하여 심판받게 되는데, 택한 백성을 사로잡아 에돔에 붙인 죄이다. 9-10절은 두로에 대한 심판인데, 역시 이스라엘과 계약을 하고 위반하였으며 사로잡은 자(이스라엘)를 에돔에 붙였다. 11-12

절은 에돔에 대한 심판인데, 칼로 형제를 쫓아가며 끝없이 분을 품었기 때문이다. 너무 잔인하면 하나님께 심판을 받는다. 13–15절은 암몬에 대한 심판이며, 그들이 아이 밴 여인의 배를 갈랐다고 했다. 이 역시 너무 잔인한 것이다. 2장 1–3절은 모압에 대한 심판인데, 에돔 왕의 뼈를 불살라 회를 만들었다고 했다. 이 역시 잔인한 것이다. 하나님은 인자와 자비가 풍성하신 분인데, 아무리 이방 국가라 해도 잔인한 것은 이 시대에 반드시 심판을 받게 된다.

◊ 2:4-5: 유다에 대한 심판

하나님의 백성에 대한 심판은 이방 열국을 심판하는 것과 다르다. 열방의 죄는 다 도덕성과 양심을 거스르는 것이었다. 하지만 유다는 율법을 멸시하며 그 율례를 지키지 않은 것에 대해 심판을 받는다("율법 없이 범죄한 자는 율법 없이 망하고 율법이 있고 범죄한 자는 율법으로 말미암아 심판을 받으리라", 롬2:12).

◊ 2:6-16: 이스라엘에 대한 심판

이스라엘의 죄악에 대한 심판은 그 수준이 유다보다 높지 않다. 하나님은 많이 준 자에게 많이 달라고 하신다. 그들이 범한 죄는 주로 가난한 자들을 학대한 죄이다. 가난한 자를 학대하는 것은 그를 지으신 하나님을 멸시하는 것이요, 궁핍한 자를 불쌍히 여기는 자는 주를 존경하는 자이다(잠 14:31). 가난한 자를 불쌍히 여기는 것은 여호와께 꾸이는 것이니 그 선행을 갚아주신다(잠 19:17). 2장 9절부터 12절까지에는 이스라엘에 대한 심판의 내용이 길게 기록되어 있다. 열국에 대해서는 도덕적인 죄, 양심을 어긴 죄, 너무 잔인하게 행한 죄들을 말씀하시는데, 이스라엘 백성에 대해서는 주로 하나님의 은혜를 모르고, 헌신한 자들의 헌신을 무효로 돌아가게 하며(나실인에게 포도주를 마시게 함), 선지자들의 활동을 금하게 한 죄악들을 말씀하신다. 하나님의 심판은 곡식단을 가득히 실은 수레가 흙을 누름같이 지긋이 누른다고 하신다(2:13). 하나님이 심판하시게 되면 빨리 달리는 자도, 말 타는 자도 피하지 못한다(14–16절).

◊ 3:1-9: 세 번의 책망과 다섯 가지의 경고적 이상

○ 세 가지 책망(3:1-2, 4:1,12, 5:1-3)

1) 특별히 사랑하신 자들에게 대한 징벌

"이스라엘 자손들아 여호와께서 너희를 쳐서 이르시는 이 말씀을 들으라 애굽 땅에서 인도하여 올리신 온 족속을 쳐서 이르시기를 내가 땅의 모든 족속 중에 너희만 알았나니 그러므로 내가 너희 모든 죄악을 너희에게 보응하리라 하셨나니". 이스라엘은 열국 백성 가운데서 하나님이 유일하게 선택하고 사랑하신 백성이었다. 그러나 하나님께서는 사랑하는 자가 죄악을 범할 때 가만 두지 않으시고 더욱 징계하신다. 그들을 너무 사랑하시기 때문이다(벧전 4:17). 그러나 그들은 하나님과 뜻을 의합하여 동행하려 하지 않았다(3:3).

2) 이들이 가난한 자들을 학대하고 술 마시기를 좋아함

"사마리아 산에 거하는 바산 암소들아 이 말을 들으라 너희는 가난한 자를 학대하며 궁핍한 자를 압제하며 가장에게 이르기를 술을 가져다가 우리로 마시게 하라 하는도다"(4:1). 바산은 목초지가 많은 요단 동쪽의 산지이다. 바산 암소들이란 이스라엘 여자들을 가리킨다. 이 구절은 게으르고 거만하고 사치하는 이스라엘 여자들의 부패상을 말하고 있다.

"그러므로 이스라엘아 내가 이와 같이 네게 행하리라 내가 이것을 네게 행하리니 이스라엘아 네 하나님 만나기를 예비하라"(4:12). 하나님 만날 것을 예비하라고 권고하시는 말씀이다. 스스로 자신을 점검하고 자신의 죄를 시인하며 하나님께 돌이키는 사람이 지혜로운 사람이다.

3) 이스라엘에 대한 심판이 엄중할 것이다

"이스라엘 족속아 내가 너희에게 대하여 애가로 지은 이 말을 들으라"(5:1) 아모스는 이스라엘의 회개를 촉구하기 위해 애가의 형태로 예언한다. 하나님은 이스라엘을 심판하실 것이고 그 심판 때에 90퍼센트의 인구가 없어질 것이라고 하신다.

▸ **나를 찾으라 그리하면 살리라**

"여호와께서 이스라엘 족속에게 이르시기를 너희는 나를 찾으라 그리하면 살리라".

하나님은 진노하시는 중에도 그들이 살 길을 말씀하신다. 그것은 바로 하나님을 찾는 것이다.

▸ 정의를 땅에 던지는 자들아

이스라엘의 죄악의 본질을 말씀하신다. "공법을 인진으로 변하며 정의를 땅에 던지는 자들아"(7절). 공의(justice)를 쑥(wormwood)으로 바꾼다는 것은 공의를 불의나 불법으로 바꾼다는 것이다. 하나님을 찾는 사람들은 의를 추구하며 정의와 공의를 찾는다. "무리가 성문에서 책망하는 자를 미워하며 정직히 말하는 자를 싫어하는도다"(10절). 시대가 악하고 타락하면 공의가 없어지며 참된 말을 하는 자를 미워하게 된다.

▸ 그들이 받는 심판이 참혹할 것이다

"그러므로 주 만군의 하나님 여호와께서 말씀하시기를 사람이 모든 광장에서 울겠고 모든 거리에서 오호라 오호라 하겠으며 농부를 불러다가 애곡하게 하며 울음꾼을 불러다가 울게 할 것이며". 그러면서도 그들은 외식하면서 여호와의 날을 사모한다고 했다(5:18). 하나님은 그들의 제물을 받지 않겠다고 하셨다.

▸ 너희는 조상 때(광야에서)부터도 그러했다

"이스라엘 족속아 너희가 사십 년 동안 광야에서 희생과 소제물을 내게 드렸느냐 너희가 너희 왕 식굿과 너희 우상 기윤 곧 너희가 너희를 위하여 만들어서 신으로 삼은 별 형상을 지고 가리라 내가 너희를 다메섹 밖으로 사로잡혀 가게 하리라 이는 만군의 하나님이라 일컫는 여호와의 말씀이니라"(5:25-27). 이것은 사도행전에서 스데반이 설교 중에 인용한 말씀이다(행 7:43). 이들은 사십 년 동안 희생도 드리고 소제도 드렸지만 결국 그들이 한 일은 우상을 숭배한 것이라고 하신다. '식굿'은 '몰록의 장막'이라는 뜻으로 이방신의 사당을 말하며, '기윤'이란 별을 섬기기 위한 신상을 말한다. 그들은 광야에서 성막을 가지고 이동하면서도 몰록의 사당을 만들어 함께 가지고 다녔으며, 또한 레판의 별들도 가지고 다녔다. 이는 개인의 미신용으로 호주머니에 휴대할 수 있는 우상이었다고 한다(스데반은 70인 역을 따라 그렇게 불렀다-행 7:43). 이스라엘의 타락은 언제나 지도자들부터라고 하신다(6장). 주님은 그들의 사치스럽고 타락한 삶을 낱낱이 지적하신다. 아모스는 말이 바위 위에서 달리며 소가 바위 위에서 밭을 갈겠느냐고 물으면서 너희는 어째서 그렇게 말도 안 되는 일을 하느냐고 한다. 오늘날 대가를 지불하지 않고 머리로만 신앙생활을 하는 허무한 지식주의적인 자들은 바위 위에서 밭을 가는 것과 비슷한 일을 하고 있다(6:12-13).

◊ 7:1-9:10 다섯 가지 엄중한 경고가 포함된 이상

1) 황충(7:1-3)의 이상과 선지자의 중보

"주 여호와께서 내게 보이신 것이 이러하니라 왕이 풀을 벤 후 풀이 다시 움돋기 시작할 때에 주께서 황충을 지으시매 황충이 땅의 풀을 다 먹은지라 내가 가로되 주 여호와여 청컨대 사하소서 야곱이 미약하오니 어떻게 서리이까 하매". 이스라엘을 황충으로 심판하신 것을 말한다. 선지자는 그 심판의 상황을 보고 야곱이 이렇게 미약한데 그렇게 심판하시면 어떻게 서겠느냐며 용서해 달라고 하나님께 구하고 있다. "여호와께서 이에 대하여 뜻을 돌이켜 가라사대 이것이 이루지 아니하리라 하시니라"(3절). 아모스가 기도할 때에 하나님께서 그 기도를 들어주셨다.

2) 불의 징벌(7:4-5)

"주 여호와께서 또 내게 보이신 것이 이러하니라 주 여호와께서 명하여 불로 징벌하게 하시니 불이 큰 바다를 삼키고 육지까지 먹으려 하는지라 이에 내가 가로되 주 여호와여 청컨대 그치소서 야곱이 미약하오니 어떻게 서리이까 하매"(4-5절). 또 아모스에게 환상을 보여주시는데, 하나님께서 이스라엘을 이렇게 징벌하신다는 것이다. 그러자 아모스는 다시 야곱을 위해 중보 기도를 한다. "야곱이 미약하오니 어떻게 서리이까". 하나님은 아모스의 기도를 또 들어주셨다.

3) 다림줄을 띄우고 심판하실 주님(7:7-9)

"또 내게 보이신 것이 이러하니라 다림줄을 띄우고 쌓은 담 곁에 주께서 손에 다림줄을 잡고 서셨더니 내게 이르시되 아모스야 네가 무엇을 보느냐 내가 대답하되 다림줄이니이다 주께서 가라사대 내가 다림줄을 내 백성 이스라엘 가운데 베풀고 다시는 용서치 아니하리니 이삭의 산당들이 황폐되며 이스라엘의 성소들이 훼파될 것이라 내가 일어나 칼로 여로보암의 집을 치리라 하시니라"(7:7-9). 다림줄이란 주로 건축에서 반듯하게 수직을 맞추기 위해 사용하는 도구인데, 이것으로 이스라엘을 점검하고 시험하여 하나님과 맞지 않은 것들을 심판하시겠다는 뜻이다.

▸ **세 번째 이상과 네 번째 이상 사이에 벧엘의 제사장 아마샤가 아모스를 왕에게 고발함**

"때에 벧엘의 제사장 아마샤가 이스라엘 왕 여로보암에게 기별하여 가로되 이스라엘 족속 중에 아모스가 왕을 모반하나니 그 모든 말을 이 땅이 견딜 수 없나이다"(7:10). 아모스 선지자는 계속해서 이스라엘 백성들의 죄악을 지적하고 심판을 경고했는데, 벧엘 제사장 아마샤는 아모스가 왕을 모반했다고 여로보암에게 고발했다. 아마샤의 말에 아모스는 '나는 아무것도 아니며(정식 선지자가 아니라는 뜻 같다) 다만 하나님이 말씀을 주셔서 예언하는 것뿐이다'라고 했다. 당시 아마샤는 직업적인 선지자이고 선지자 학교에서 훈련받은 사람임을 암시한다(왕상 20:35, 왕하 2:3, 5).

▸ **선지자가 예언하는 것을 방해한 아마샤는 상당한 형벌을 받게 된다**

"이제 너는 여호와의 말씀을 들을지니라 네가 이르기를 이스라엘에 대하여 예언하지 말며 이삭의 집을 향하여 경계하지 말라 하므로 여호와께서 말씀하시기를 네 아내는 성읍 중에서 창기가 될 것이요 네 자녀들은 칼에 엎드러지며 네 땅은 줄 띄워 나누일 것이며 너는 더러운 땅에서 죽을 것이요 이스라엘은 정녕 사로잡혀 그 본토에서 떠나리라 하셨느니라"(7:16-17). 그(아마샤)가 아모스의 예언하는 것을 반대했기 때문에 하나님께서는 그와 그의 가족들에게 파멸을 내리신다. "네 아내는 성읍 중에서 창기가 될 것이요", "네 자녀들은 칼에 엎드러지며", "너는 더러운 땅에서 죽을 것이다". 하나님의 말씀으로 예언하는 선지자를 훼방하며 핍박한 죄는 크며 하나님께서 엄하게 심판하신다.

4) 여름 실과(8장)

"주 여호와께서 또 내게 여름 실과 한 광주리를 보이시며 가라사대 아모스야 네가 무엇을 보느냐 내가 가로되 여름 실과 한 광주리니이다 하매 여호와께서 내게 이르시되 내 백성 이스라엘의 끝이 이르렀은즉 내가 다시는 저를 용서치 아니하리니 그 날에 궁전의 노래가 애곡으로 변할 것이며 시체가 많아서 사람이 잠잠히 처처에 내어버리리라 이는 주 여호와의 말씀이니라"(8:1-3). 하나님께서 아모스에게 여름 실과 한 광주리를 보여주신 것은 그들의 죄악이 익을 대로 익어서 이제는 썩을 지경이라는 것이다. 그러시면서 내 백성 이스라엘이 이렇게 되었으니 다시는 용서치 않겠다는 의지를 보이신다. 개역 성경에서는 '궁전의 노래'라고 하지만 흠정역은 '성전의 노래'라고 한다. 시체가 너무 많아서 울 수도 없고 잠잠히 처처에 내어버린다고 하였다.

또한 이스라엘은 당시 세상에서 오직 부자 되려는 욕심으로 가난한 자들을 망하게 하는 등 모든 악한 일들을 감행했다(8:4). 그들은 돈 버는 데 정신이 팔려서 월삭이나 안식일에 하나님을 경배하는 일이 얼른 지나가기를 바랐다. 또한 값싼 노동력으로 가난한 자들을 부려먹는 것을 예사로 여겼다. 하나님은 압제자의 죄악을 절대로 잊지 않는다고 하셨다. 애굽의 나일 강수가 솟아올라서 온 지면을 휩쓸어버리듯이 죄인들을 완전히 쓸어버리실 것을 예언한다(8:8). 또한 여호와의 말씀의 기근을 줄 것이라고 하신다(8:11). 진정한 기근은 말씀의 기근이다. "사람이 이 바다에서 저 바다까지 북에서 동까지 비틀거리며 여호와의 말씀을 구하려고 달려 왕래하되 얻지 못하리니"(8:12). 하나님의 말씀이 희귀한 것은 심판의 한 종류이다.

5) 단 곁에 서신 주님(9:1-10)

"내가 보니 주께서 단 곁에 서서 이르시되 기둥머리를 쳐서 문지방이 움직이게 하며 그것으로 부숴져서 무리의 머리에 떨어지게 하라 내가 그 남은 자를 칼로 살륙하리니 그 중에서 하나도 도망하지 못하며 그 중에서 하나도 피하지 못하리라"(9:1). 9장의 여호와는 단 곁에 서신 분으로 나온다. 그분은 원래 언약궤가 있는 지성소에 계신 분이며 그곳에서 우리를 만나시기로 되어 있다. 그런데 이제 그분이 지성소에서 나오셔서 제단 위에 서 계시다. 심판하시겠다는 의지의 표현이다. 성전은 원래 하나님이 기뻐하시고 거하시는 집인데, 이스라엘의 백성들의 죄악 때문에 하나님은 그 성전 기둥머리를 쳐서 문지방을 움직이게 하며 그것으로 부숴져서 무리의 머리에 떨어지게 하라 하시고 나머지는 칼로 살륙하겠다고 하신다. 하나도 남김없이 다 멸절시키겠다는 말씀이다. 하나님의 분노가 매우 엄중하고 크시다. 그들이 파고 음부로 들어가든 하늘로 올라가든 다 찾아내서 심판하겠다고 하신다(9:2).

▸ 그러나 야곱의 집은 온전히 멸하지 아니하리라

"보라 주 여호와 내가 범죄한 나라에 주목하여 지면에서 멸하리라 그러나 야곱의 집은 온전히 멸하지는 아니하리라 이는 여호와의 말씀이니라"(8절). 하나님의 말씀을 읽을 때 특이한 것이 있다. 구약에서부터 '은혜'라는 말이 생각나게 하신다. 이 시점부터 하나님께서 스스로 조금씩 마음을 여시는 것을 볼 수 있다. 야곱의 집을 온전히 멸하지는 않겠다고 하신다. 알갱이는 하나도 땅에 떨어지지 않게 하겠다고 하신다(9절).

▸ **교회는 무너진 천막을 다시 일으켜 세운 참 성전이며, 그리로 이방인들이 들어오리라고 예언하심**

"그 날에 내가 다윗의 무너진 천막을 일으키고 그 틈을 막으며 그 퇴락한 것을 일으키고 옛적과 같이 세우고 저희로 에돔의 남은 자와 내 이름으로 일컫는 만국을 기업으로 얻게 하리라 이는 이를 행하시는 여호와의 말씀이니라"(9:11). 구약에서도 이 놀라운 은혜가 비치고 있다. 하나님은 멸망할 죄인들을 왜 이처럼 사랑하시는가? 이유가 없는 불가항력적인 사랑이다. 그래서 사도행전 15장에서 예루살렘 교회에서 사도와 장로들과 교회가 모여 회의를 할 때 아모스의 이 구절을 인용했던 것이다.

◊ 9:11-15: 다윗 왕국의 번영

▸ **본토에 심으리니 다시 뽑히지 아니하리라(9:11-15)**

"내가 내 백성 이스라엘의 사로잡힌 것을 돌이키리니 저희가 황무한 성읍을 건축하고 거하며 포도원들을 심고 그 포도주를 마시며 과원들을 만들고 그 과실을 먹으리라 내가 저희를 그 본토에 심으리니 저희가 나의 준 땅에서 다시 뽑히지 아니하리라 이는 네 하나님 여호와의 말씀이니라"(9:11-15). 복음은 구약에서부터 은은히 계시되고 있다. 이제 그들은 본토에 심겨진 나무처럼 뽑히지 않을 것이다. 이것이 신약의 교회이다. 복음 시대 교회의 성도들은 깊이 심겨져서 누가 뽑으려고 해도 뽑히지 않는다(골 2:6-7).

오바댜

주요 내용 이스라엘에게 가장 잔인했던 대적 에돔에 대한 심판과 예언

오바댜는 구약에서 한 장으로 된 가장 짧은 책이지만, 그 내용은 매우 중요하다. 에돔은 이스라엘의 형제이지만 호시탐탐 하나님의 선민을 멸하려고 하는 이스라엘의 철천지 원수인데, 오바댜서는 이 에돔의 장래와 결말을 선포하는 책이다. 소선지서 중에 나훔, 하박국, 오바댜는 하나님의 백성 이스라엘의 세 대적-앗수르, 갈대아, 에돔-의 심판에 대하여 예언하는 책이다. 나훔은 앗수르(니느웨는 그 수도이다)에 대하여, 하박국은 갈대아에 대하여, 오바댜는 에돔에 대하여 말한다. 에돔의 심판을 주제로 말하면서도 예언자들의 공통 주제인 만국의 심판과 이스라엘의 구원을 다룬다.

학자들은 오바댜 선지자가 단순한 언어로 말하지만 그 내용이 심오하여 신약의 요한복음 같은 인상을 주는 책이라고 말한다. 오바댜는 요엘 선지자와 마찬가지로 여호와의 날(주의 날)의 심판에 대하여 강렬하게 예언한다. 오바댜는 선지자들 중 가장 먼저 예언한 것으로 알려져 있는데, 요엘보다 좀 일찍 사역을 시작했다면 여호와의 날에 대하여 맨 먼저 예언한 것이 된다. 또한 에돔에 대한 심판과 여호와의 날, 곧 시대 말의 대 심판의 날은 밀접한 관계가 있다.

◊ 심판의 원인

1) 형제(이스라엘)를 악하게 대하였다(11-14절)

하나님께서 열국을 벌하고 심판하실 때 거의 매번 에돔이 맨 앞에 언급되는 것은 매우 기이하다(시 83:6, 사 34:8-15. 63:1-6, 렘 49:7-22, 애 4:21-22, 겔 25:12-14, 32:29-30, 35장 전체, 욜 3:19, 암 1:11-12). 상기 괄호 안의 구절들을 본다면 하나님께서 얼마나 철저하게 에돔을 심판하시는가를 볼 수 있다. 그만큼 에돔은 하나님의 백성에게 가장 큰 원수이다. 에돔(에서)과 이스라엘(야곱)은 원래 한 어머니에게서 태어난 쌍둥이 형제였다. 하나님께서는 일찍이 그들에게 세일 땅을 기업으로 주셨고,

이스라엘을 침략하는 것을 금하셨으며, 여호와의 회중에 들어올 기회도 주셨다. 따라서 그들은 마땅히 하나님께 감사하고 경배하며 그들의 형제를 선대해야 했다. 그러나 도리어 그들은 이스라엘을 대적하며, 이스라엘이 타국인에게 유린을 당할 때 도움이나 동정을 베풀기는커녕 한 몫 끼어 예루살렘을 얻으려 했다. 형제의 불행과 재난을 기뻐하고 이스라엘이 지상에서 소멸되기를 바랐던 것이다(12절). 또한 에돔은 이스라엘이 환난을 당하는 날에 그 재물에 손을 댔으며(13절) 고난을 피해 도망하는 자를 막아 대적에게 붙였다(14절). 에돔의 이런 포학한 행위는 하나님의 마음을 가장 아프게 하였다. 오바댜는 에돔에 대한 판결에서 그들의 이름이 세상에서 완전히 없어질 것이라고 했다(10절).

2) 교만했다(3, 7, 8, 9절)

누구든지 교만하면 심판을 불러온다. 에돔은 자만하고 교만하였는데, 그 이유는 총명하였고, 동맹한 이웃 나라들이 있었으며(7절), 성채가 든든하고(3절), 큰 능력 있는 용사들이 있었기 때문이다(8절). 그러나 하나님은 그들 가운데 총명 있는 자들을 다 멸하셨고(8절), 에돔과 동맹한 열국으로 그를 속이고 공격하여 멸망시키게 하셨다(7절). 또 높은 곳에 위치한 성채에서 끌어내리고 무장을 해제시키며(3, 4절) 그의 용사들로 놀라게 하셨다(9절).

3) 누구든지 행한 대로 하나님의 심판을 받는다

에돔은 그가 행한 대로 심판을 받는다. "너의 행한 대로 너도 받을 것인즉"(15절). 이는 심판의 대원칙이다. 하나님은 공의의 하나님이시기 때문이다. 특히 하나님이 없고 믿지 않는 이방에 대하여 하나님은 그들의 행한 대로 보응하신다.

수많은 나라를 노략한 바벨론은 열국에게 노략을 당하도록 하셨다(합 2:8). 에돔은 이스라엘의 황무함을 인하여 즐거워하였는데, 하나님은 그들의 행한 대로 "이스라엘 족속의 기업이 황무함을 인하여 네가 즐거워한 것같이 내가 너로 황무하게 하리라"(겔 35:15) 하셨다. 하나님은 이방이나 불신자에게 그렇게 하실 뿐 아니라 신자에게도 동일하게 하신다. "너희가 사람의 과실을 용서하면 너희 천부께서도 너희 과실을 용서하시려니와 너희가 사람의 과실을 용서하지 아니하면 너희 아버지께서도 너희 과실을 용서하지 아니하시리라"(마 6:14-15). "너희의 비판하는 그 비판으로 너희가 비판을 받을 것이요 너희의 헤아리는 그 헤아림으로 너희가 헤아림을 받으리라"(마 7:2). "긍휼을 행하지 아니하는 자에게는 긍휼 없는 심판이 있으리라"(약 2:13).

4) 심판 날에는 모든 것이 드러난다(6절)

사람의 감추인 죄악은 그 날에 다 드러나게 된다. "에서가 어찌 그리 수탐되었으며 그 감춘 보물이 어찌 그리 수탐되었는고"(옵 6절). 여호와의 날에 모든 감추인 것이 다 드러나게 된다. "그가 어두움에 감추인 것들을 드러내시고 마음의 뜻을 나타내시리니"(고전 4:5). 하나님을 믿는다 하지만 결국 사람을 따르고 조직을 따르며 보이지 않는 하나님을 의지하지 않는 믿음, 버리지 못하는 죄, 비밀한 간계, 사람에게 드러내어 말할 수 없는 부정한 관계들, 허황된 추구들, 형제를 시기하여 비평하고 훼방하는 말들 모두 오늘은 혹 은밀히 감출 수 있을지 몰라도 그 날에는 낱낱이 드러나며 가릴 수 없게 된다. "드러내려 하지 않고는 숨긴 것이 없고 나타내려 하지 않고는 감추인 것이 없느니라 들을 귀 있는 자는 들으라"(막 4:22-23).

◊ 이스라엘의 회복과 영광-복음의 말씀

이 책 역시 에돔의 심판을 예언한 책이지만 결론은 다른 성경과 마찬가지로 복음에 맞추어져 있다. 그것은 천년왕국에서 이루어질 이스라엘의 회복과 영광된 장래를 말하는데, 이 또한 교회 시대에 영적으로 실제가 된다(17-21절). "그의 행한 대로 그도 받을 것이며 그가 행한 것이 그의 머리로 돌아갈 것이라". 그들은 모두 하나님의 왕국을 기업으로 얻을 것이며, 그리스도와 더불어 만민을 심판하며 만국을 다스리는 축복을 얻을 것이다.

"오직 시온산에서 피할 자가 있으리니 그 산이 거룩할 것이요 야곱 족속은 자기 기업을 누릴 것이며…그들이 네겝과 에서의 산과 평지와 블레셋을 얻을 것이요 또 그들이 에브라임의 들과 사마리아의 들을 얻을 것이며 베냐민은 길르앗을 얻을 것이며 사로잡혔던 이스라엘의 많은 자손은 가나안 사람에게 속한 이 땅을 사르밧까지 얻을 것이며 예루살렘에서 사로잡혔던 자들 곧 스바랏에 있는 자들은 네겝의 성읍들을 얻을 것이니라 구원 받은 자들이 시온 산에 올라와서 에서의 산을 심판하리니 나라가 여호와께 속하리라"(17-21절). 복음은 성도들이 기업을 얻는 일과 관계가 있다(골 1:12-13). 결국 이기는 자들은 기업을 얻을 뿐 아니라 만국을 심판하는 권세를 얻게 된다.

요나

주요 내용 앗수르(니느웨)에 가서 회개하도록 한 예언

요나서는 기원 전 862년경에 기록되었다고 보는 것이 정설이다. 요나는 아모스와 같이 북 이스라엘 여로보암 2세 때 활약한 선지자이다. 그는 열왕기 하 14장 25절에 나오는 선지자와 일치한다. "이스라엘 하나님 여호와께서 그 종 가드헤벨 아밋대의 아들 선지자 요나로 하신 말씀과 같이 여로보암이 이스라엘 지경을 회복하되 하맛 어귀에서부터 아라바 바다까지 하였으니". 역사서에도 보면 여기 요나는 이스라엘의 선지자였고 그 아버지는 아밋대이고 그가 사는 지방은 가드헤벨이었다. 당시에 그는 여로보암 왕이 하맛 어귀에서 아라바까지 회복할 것이라고 예언했고, 선지자의 예언대로 이루어졌다. 요나는 이렇게 열왕기 하에 기록된 선지자이다. '요나'의 뜻은 '비둘기'이다. 신약에서 주님이 베드로를 부르실 때 '바요나 시몬아' 하셨는데, '바'는 아들이라는 뜻으로서 '바요나'란 '요나의 아들'이라는 말이다. 요나는 선지자들 중 선배격인 오바댜, 요엘 등과 동시대에 사역한 사람이다. 이 요나서는 4장으로 되어 있는데, 짧고 이야기가 재미있고 어려운 구절들이 없다.

▸ 니느웨로 가라는 하나님의 명령을 순종하지 않고 다시스로 향한 요나(1장)

니느웨는 앗수르의 수도이다. 하나님은 요나 선지자를 이방 나라에 복음 전하라고 보내신 것이다. 하나님께서는 요나에게 니느웨로 가라고 하셨다. 니느웨는 동쪽에 있고 다시스는 서쪽에 있는데, 요나는 동쪽으로 가라는 하나님의 명령을 순종하지 않고 여호와의 얼굴을 피해서 서쪽인 다시스로 가려 한 것이다. 배에 탄 요나는 깊은 잠이 들었고, 그 때 바다에 대풍이 불어 배가 거의 깨어지게 되었다. 선장은 배 맨 밑층에 내려가서 깊이 잠든 요나를 깨웠다. "자는 자여 어찜이뇨 일어나서 네 하나님께 구하라 혹시 하나님이 우리를 생각하사 망하지 않게 하시리라 하니라 그들이 서로 이르되 자 우리가 제비를 뽑아 이 재앙이 누구로 인하여 우리에게 임하였나 알자 하고 곧 제비를 뽑으니 제비가 요나에게 당한지라 무리가 그에게 이르되 청컨대 이 재앙이 무슨 연고로 우리에게 임하였는가 고하라 네 생업이 무엇이며 어디서 왔으며 고국이 어디

며 어느 민족에 속하였느냐"(6-8절).

배에 탄 사람들이 요나의 신상을 자세히 물었다. 요나는 자기의 죄를 알고 이 모든 어려움이 자기 때문에 온 것이라고 고백했다. 그래도 배의 사람들은 얼른 요나를 바다에 던지려고 하지 않았다. 배도 구하고 요나도 살리려고 한 것이다. 요나는 이 일이 자기로 말미암은 것이니 어서 자기를 바다에 던지라고 하였다. 그들이 요나를 바다에 던지니 즉시 파도가 잠잠해졌다. 배에 있던 사람들이 놀랐다. 요나의 말대로 바다의 뛰노는 것이 즉시 멈추었기 때문이다. "여호와께서 이미 큰 물고기를 예비하사 요나를 삼키게 하셨으므로 요나가 삼 일 삼 야를 물고기 배에 있으니라"(17절).

▸ 물고기 뱃속에서 요나가 기도하다(2장)

"주께서 나를 깊음 속 바다 가운데 던지셨으므로 큰 물이 나를 둘렀고 주의 파도와 큰 물결이 다 내 위에 넘쳤나이다 내가 말하기를 내가 주의 목전에서 쫓겨났을지라도 다시 주의 성전을 바라보겠다 하였나이다 물이 나를 둘렀으되 영혼까지 하였사오며 깊음이 나를 에워싸고 바다 풀이 내 머리를 쌌나이다 내가 산의 뿌리까지 내려갔사오며 땅이 그 빗장으로 나를 오래도록 막았사오나 나의 하나님 여호와여 주께서 내 생명을 구덩이에서 건지셨나이다 내 영혼이 내 속에서 피곤할 때에 내가 여호와를 생각하였삽더니 내 기도가 주께 이르렀사오며 주의 성전에 미쳤나이다 무릇 거짓되고 헛된 것을 숭상하는 자는 자기에게 베푸신 은혜를 버렸사오나 나는 감사하는 목소리로 주께 제사를 드리며 나의 서원을 주께 갚겠나이다 구원은 여호와께로서 말미암나이다 하니라 여호와께서 물고기에게 명하시매 요나를 육지에 토하니라"(2:3-10).

요나가 물고기 뱃속에서 겪은 상황들과 그때의 심정을 시로 표현한 것이다. 큰 곤란과 시련 속에서 위대한 시를 지었다. 결국 주님은 물고기를 명하여 요나를 육지에 토해내게 하셨다.

▸ 요나의 전도와 니느웨 백성의 회개(3장)

니느웨는 매우 큰 성읍이어서 다 통과하려면 삼 일이 걸리는데, 요나가 하룻길을 걸으며 외치자 요나의 전도를 듣고 니느웨 사람들이 회개했다. 그들은 하나님을 믿고 금식을 선포하고 다 굵은 베를 입었다. 자신들의 죄악을 스스로 심판하는 태도를 보인 것이다. 그리고 왕도 조서를 내려 온 백성으로 하여금 아무 것도 입에 대지 말라 하였고 심지어 그 짐승들까지도 그리 하라고 하였다. 그리고 굵은 베를 입고 힘써 여호와께 부르짖으며 각각 악한 길과 손으로 행한 강포에서 떠나라고 하였다. 그러면 하나님께서 혹시 뜻을 돌이키시고 그 진노를 그치사 그들을 멸망치 않게 하실지도 모른다는 것이다. 그들은 이방 사람들이지만 요나의 전도를 듣자마자 엎드렸다. 주님이 오셨을 때 하나님의 선택된 백성이라 자부하면서도 실상은 목이 곧은 이스라엘 백성에게 이 이야기를 하신 것은 의미가 있다. 어쨌든 하나님께서는 그들의 행한 것을 감찰하시고 재앙을 내리지 않으셨다.

▸ 화가 난 요나와 하나님의 자비(4장)

"요나가 심히 싫어하고 노하여 여호와께 기도하여 가로되 여호와여 내가 고국에 있을 때에 이러하겠다고 말씀하지 아니하였나이까 그러므로 내가 빨리 다시스로 도망하였사오니 주께서는 은혜로우시며 자비로우시며 노하기를 더디하시며 인애가 크시사 뜻을 돌이켜 재앙을 내리지 아니하시는 하나님이신 줄을 내가 알았음이니이다 여호와여 원컨대 이제 내 생명을 취하소서 사는 것보다 죽는 것이 내게 나음이니이다 여호와께서 이르시되 너의 성냄이 어찌 합당하냐 하시니라"(1-4절). 왜 요나는 하나님이 가라고 하신 곳인 니느웨(앗수르 수도)로 가지 않고 반대쪽인 다시스로 갔겠는가? 그것은 이방 나라에 복음을 전하는 것 자체가 싫어서가 아니다. 1장에서 그가 배에서 이방인에게 복음을 전하는 것을 본다. 또 그곳에 가서 죽을까봐 두려워해서도 아니다. 그러면 왜 요나는 하나님이 가라시는 곳으로 가지 않았는가? 그것은 그가 이스라엘의 선지자였기 때문이다. 그는 장래 이스라엘이 앗수르에게 패망할 것을 알았다. 게다가 그는 앗수르의 죄악이 하늘에 사무쳐서 하나님의 진노가 그곳에 임박한 것을 알았다. 그러자 하나님의 종 요나는 하나님의 택한 백성을 사랑한 나머지, 앗수르에게 회개하라고 전파하면 그들이 돌이킬 것이고 하나님은 인자하셔서 그들을 용서하실 것이며, 그러면 앗수르가 계속 존재하게 될 것을 알았기에 그것이 싫었던 것이다.

요나는 하나님의 백성을 위하는 좋은 뜻을 가졌지만 그 좋은 뜻이 하나님의 뜻과는 맞지 않았다. 그러다 보니 하나님께서 동(東)으로 가라고 하시는데 서(西)로 간 것이다. 그래서 풍랑의 환경을 만난 것이다. 요나의 행동이 하나님을 위한 것이었지만 하나님의 뜻과 거꾸로 된 것이었다. 그는 2장 6절에서 '내가 산의 뿌리까지 내려갔으며 또 땅의 빗장으로 나를 막았다'고 했다. 깊은 바다, 음부에 빠져서 올 데 갈 데 없이 막히고 한없이 낮아진 것이다.

요나는 바다 속에 들어갔다가 나오자 새로워져서 하나님의 뜻에 순종하게 되었다. 3장에서 요나는 새 사람이 되어 순종하고 니느웨로 갔다. 이제 자기의 뜻을 비우고 자신을 낮춰서 하나님의 뜻을 받아들일 상태가 된 것이다. 니느웨로 가서 삼 일 길 되는 성읍을 하룻길을 행하면서 외쳤더니 니느웨 백성들이 회개를 했다. 왕도 조서를 내려다 금식하고 굵은 베를 입으며 힘써 여호와께 부르짖고 악한 길과 행위를 회개하라 했다. 하나님은 그들이 회개하는 것을 보시고 뜻을 돌이켜 진노를 거두셨다. 애초에 요나가 예상했던 대로이다. 그러자 요나는 화가 났다.

이 이야기에서 보면 순종하지 않는 것들이 없다. 바다도 순종하고 대풍도 순종하고 물고기도 순종했다. 그런데 이 사람 선지자 요나는 순종하지 않았다. 일반 사람이 아니라 하나님의 종인데 순종하지 않은 것이다. 왕국은 온전히 순종하는 무리를 통해서 온다. 오늘날 교회가 하나님께 온전히 순종하는 위치에 있다면 왕국이 바로 거기에 있다. 하나님의 뜻이 하늘에서 이루어졌다는 것은 바로 이런 순종의 상태를 말하며, 교회를 통해 이 땅에서도 순종의 상태가 이루어져야 한다.

요나는 참 강한 성격을 가진 선지자였던 것 같다. 그는 뜨거운 햇볕 아래서 니느웨가 멸망하기를 바라며 앉아 있었다. 그런 요나를 교육시키기 위해 하나님께서는 참 바쁘셨다. 박 넝쿨을 준비하여 요나 위에 그늘을 만드셨고, 또 벌레를 준비하여 박 넝쿨을 씹게 하심으로 요나 머리 위의 그늘을 치우셨다. 게다가 해가 뜰 때에 뜨거운 동풍까지 준비하여 불게 하시니 이래저래 요나는 너무 힘들고 지쳐서 죽는 게 낫다고 말했다.

"하나님이 요나에게 이르시되 네가 이 박 넝쿨로 인하여 성냄이 어찌 합당하냐 그가 대답하되 내가 성내어 죽기까지 할지라도 합당하니이다"(9절). 요나는 엄청 화가 많이 났다. 감히 하나님의 말씀에 반박할 정도가 되었다. "여호와께서 가라사대 네가 수고도 아니하였고 배양도 아니하였고 하룻밤에 났다가 하룻밤에 망한 이 박 넝쿨을 네가 아꼈거든 하물며 이 큰 성읍 니느웨에는 좌우를 분변치 못하는 자가 십이만여 명이요 육축도 많이 있나니 내가 아끼는 것이 어찌 합당치 아니하냐"(10-11절).

하나님께서는 니느웨에 좌우를 분변치 못하는 자가 십이만여 명이고 육축도 많이 있다고 하셨다. 하나님은 짐승까지도 긍휼히 여기신다. 하나님은 이방 민족인 니느웨 사람들도 회개하기를 바라셨는데, 이 부분에 있어서 요나 선지자가 하나님의 마음과 일치되지 못한 것이다. 자기 나름대로 하나님을 위했고 자기 나름대로 하나님의 뜻을 정했다. 그래서 하나님 앞에서까지 심사가 꼬인 것이다.

▸ 하나님의 사랑

요나서를 통해 우리는 하나님께서 모든 사람이 구원받기를 바라시며 어떤 죄인이라도 회개하면 용서하시고 구원하심을 볼 수 있다. 그분은 하나님을 모르고 은혜를 모르는 자들에게도 은혜 베풀기를 원하신다. 심지어 그분은 미물도, 작은 식물까지도 사랑하신다. 니느웨에는 좌우를 분변치 못하는 자가 십이만여 명이 있었다. 하나님은 이방인일지라도, 하나님을 잘 모르고 대적할지라도 용서하며 사랑하기를 기뻐하시는 신이시다. 하나님은 하나님을 모르는 이방인들에게도 회개할 기회를 주신다. 하나님은 모든 사람이 구원을 받으며 진리를 아는 데 이르기를 원하신다(딤전 2:4). 하나님은 작은 식물 하나도 아끼시며 육축들까지도 사랑하신다(4:10, 11). 하나님은 아무도 멸망치 않고 다 회개하고 그 아들을 믿고 구원받기를 원하신다(요 3:16, 벧후 3:9). 참으로 하나님은 사랑이시다(요일 4:8).

▸ **요나서는 훌륭한 예언서이다.**

어떤 사람들은 요나서를 하나의 이야기 또는 역사라고 생각한다. 그러나 요나서는 그리스도의 죽음과 부활에 대한 훌륭한 예언서이다. 주 예수께서 친히 요나의 표적 외에는 보일 표적이 없다고 하셨다. 요나 선지자가 큰 물고기 뱃속에 들어갔다가 삼일 후에 나온 사건은 바로 주 예수님의 죽음과 부활을 예표한다. 또한 요나서는 이스라엘 전체에 대한 예언이기도 하다. 요나가 하나님을 거스렸던 것처럼 이스라엘도 하나님의 뜻을 이루지 못하고 그분을 거스렸다. 요나가 하나님의 징계를 받아서 바다에 던져진 것처럼 이스라엘도 열국(바다)에 던져졌다. 하나님께서 요나의 생명을 큰 물고기 뱃속에서 보호하신 것처럼, 이스라엘도 열국 가운데서 보호를 받게 된다. 요나가 회개한 것처럼 장차 이스라엘도 회개할 것이다. 요나가 큰 물고기 뱃속에서 나온 것처럼 장래 이스라엘도 열국으로부터 돌아올 것이다. 구약의 선지서의 공통적인 본질을 요나서도 갖추고 있다.

요나서는 이스라엘의 운명에 대해서 열국 가운데 흩어졌다가 나중에 회복된다는 내용을 갖추고 있기 때문에 선지서에 들어가는 것이다. 요나가 하나님께 순종해서 이방 가운데 하나님의 사명을 완수한 것처럼, 장래 왕국 시대가 도래하면 이스라엘 백성도 회개하여 열국에게 하나님의 도를 가르치는 제사장 민족이 될 것이다.

미가

주요 내용 | 미가는 이사야와 동시대의 선지자로서 부담도 비슷하여 메시아의 출생, 사역, 승리, 왕국에 대한 예언을 하였다.

'미가' 또는 '미가야'의 뜻은 '하나님과 같은 이(누가 하나님 여호와와 같으리요)'라는 뜻이다. 열왕기 상 22장 8절에 아합에게 예언한 이믈라의 아들 미가가 있는데 동명이인일 뿐이다. 이 미가는 이사야 선지자와 동시대 사람이다. 이사야는 대 예언서를 썼고 미가는 소 예언서를 썼는데, 이 둘은 같은 시대에 예언을 했고 예언한 범위도 거의 같다. 이사야는 유다와 예루살렘에 대하여 예언을 했고 궁중에 있던 사람이었으며, 반면에 미가는 광야에서 예언했다.

미가서는 이사야서와 비슷한 데가 많다. 한 부분만 찾아보겠다. 미가 4장 1-3절, "말일에 이르러는 여호와의 전의 산이 산들의 꼭대기에 굳게 서며 작은 산들 위에 뛰어나고 민족들이 그리로 몰려갈 것이라…이 나라와 저 나라가 다시는 칼을 들고 서로 치지 아니하며 다시는 전쟁을 연습하지 아니하고".

◊ 내용 구분

미가서 내용을 구분해보면, 1장은 심판의 선언, 2장은 그들이 심판을 받게 된 원인, 3장은 특별히 지도층의 죄를 고발하는 내용으로 되어 있다. 즉 1-3장에는 이스라엘과 유다의 죄에 대한 책망이 있고, 4-5장은 영광스러운 이스라엘의 장래를 알려주며 소망과 안위를 준다. 6장은 안위하신 후에 간절하고 인내하시는 하나님의 쟁변, 7장은 하나님의 쟁변을 들은 후 선지자의 탄식과 오로지 하나님만 우러러보며 앙망할 것을 고백한다. 하나님은 완전히 그분의 백성을 사하시며 인자를 베푸실 것을 말씀하신다.

◊ 1-3장: 죄에 대한 책망

▸ 이스라엘과 유다의 멸망(심판)을 예언함(1:1-16)

미가라는 선지자는 1절에 있듯이 유다 왕 요담, 아하스, 히스기야 시대에 예언한 사람이다. '미가'는 '미가야'의 준말이다. 그의 사역의 전성기는 히스기야 시대로 본다. 미가는 이스라엘 백성을 상대로 사역을 하면서 그의 시야는 온 세상을 향하고 있다. 이사야 1장에도 하나님께서 이스라엘 백성에 대해 하늘과 땅을 불러 호소하시는 것이 있다.

여호와께서 그 처소에서 나오셔서 땅의 높은 곳을 밟으실 것이다. 여호와의 처소란 그분의 성전을 말하는데, 밟는다는 것은 심판을 뜻한다. 주님이 심판하시면 산들이 녹고 골짜기들이 갈라지되 마치 초가 불에 녹듯 물이 비탈에서 쏟아져 내리듯 할 것이다(4절). 이스라엘과 유다의 죄악의 본질은 우상숭배이다. "이러므로 내가 사마리아로 들의 무더기 같게 하고…그 목상을 다 훼파하리니"(6-7절). 이것은 다 심판의 광경을 묘사하는 것이다. 이스라엘과 유다의 심판을 예언하며 선지자는 들개와 타조같이 애곡하고 애통하였다(8-9절).

▸ 심판받는 이유(2:1-13)

이스라엘 백성들은 침상에서 악을 꾀하고 간사를 경영했으며 날이 밝으면 그 손에 힘이 있으므로 그것을 행하였다. 그들의 죄악 중에서 심판을 초래한 으뜸가는 이유가 탐심이라는 것이다. 그들은 밭들을 탐하고 집들을 탐하여 취했다. 이들은 탐욕 때문에 밤에 침상에 누워서 어떻게 다른 사람의 밭이나 집들을 빼앗을 것인가, 어떻게 다른 사람의 것을 내 것으로 만들 것인가를 궁리했다. 그들은 또한 교만했으며 선지자들에게 '이것을 발설(예언)하지 말라'고 했다. 이스라엘 지도자들이 불쌍한 백성들의 산업을 착취하였으므로 결국 하나님께서는 기업으로 주신 가나안 땅을 그들에게서 빼앗겠다고 하신다.

그러면서도 이사야서에서 그랬듯이 아무 연고와 이유 없이 하나님은 그들에게 복음을 말씀하신다. 하나님의 복음은 그들의 상태와 아무 상관이 없는 것 같다. "야곱아 내가 정녕히 너희 무리를 다 모으며 내가 정녕히 이스라엘의 남은 자를 모으고 그들을 한 처소에 두기를 보스라 양떼 같게 하며"(12절).

▸ **이스라엘의 두령들에 대한 책망(3:1-12)**

2장에 이어서 여기서도 지도자들의 죄상을 이야기한다. 두령들(head)과 치리자들(ruler)과 집권자들이야말로 마땅히 공의를 행해야 할 사람들이다. 그런데 이들이 백성을 목양해서 잘 세우는 것이 아니라 백성의 가죽을 벗기고 그 뼈에서 살을 뜯어 먹으며 그 뼈를 꺾어 고기처럼 다진다고 했다. 백성을 극도로 착취하는 것을 묘사한 것이다. 그리고 당시의 선지자라는 자들은 삯군이어서 입에 뭔가를 채워주어야 평강을 외쳤다(5절).

◊ 4-5장: 이스라엘의 영광스러운 장래-소망과 안위

말일에 여호와의 전의 산이 산들의 꼭대기에 설 것이며 민족들이 그리로 몰려갈 것이다(4:1). 지상의 많은 나라들이 여호와의 말씀을 사모하여 예루살렘을 둘러쌀 것이다(4:2). 흉악한 무기가 없어지고 전쟁을 연습지 않으며(4:3) 완전한 번영과 평화를 누릴 것이다(4:4). 이스라엘이 흩어질 것이나 다시 모아서 강한 나라가 되게 하시며, 모든 슬픔은 사라지고 그들의 질병은 고쳐질 것이다(4:7). 결국 하나님의 나라는 열국을 깨뜨려 이길 것이고 그 산물로 여호와께 드릴 것이다(4:13).

미가 선지자는 그리스도의 출생지를 예언했다. 그분은 베들레헴에서 출생하실 것이며 그의 근본은 상고요 태초이다(5:1-2). "그러므로 임산한 여인이 해산하기까지 그들을 붙여두시겠고 그 후에 그 형제 남은 자가 이스라엘 자손에게 돌아오리니"(5:3). 이 예언은 매우 중요하다. 왕국에 대한 예언이며 이중적으로 성취된다. 하나는 그리스도의 초림으로 성취되나 이스라엘이 그분을 배척함으로 그들은 왕국을 빼앗기고(마 21:43) 열국으로 흩어지게 된다. 두 번째로는 계시록 12장 5절의 사내아이의 출생이다. 이는 단체적인 그리스도이며(고전 12:12) 이기는 자들을 말한다. 이때 마귀가 하늘로부터 떨어지면서 이 땅에는 대환난이 있고, 그 후에 그리스도께서 성도들과 함께 강림하시면서 온전한 구원과 왕국이 이루어지게 된다.

5장 8절 역시 왕국에 대한 예언이다. "여호와에게로서 내리는 이슬 같고 풀 위에 내리는 단비 같아서…그들은 수풀의 짐승 중의 사자 같고". 왕국이 세워질 때 이기는 성도들은 두 종류의 사역을 하게 된다. 첫째로 회개한 자들에게는 이슬과 단비같이 은혜로운 존재가 된다. 그러나 복종치 않고 회개치 않는 자들에게는 사자같이 될 것이다. 철장으로 질그릇 부수듯 할 것이다(시 2:9, 계 2:27).

◊ 6-7장: 하나님의 쟁변하심과 사하심

▸ 하나님의 쟁변하심(6:1-13)

"너희는 여호와의 말씀을 들을지어다 내게 이르시기를 너는 일어나서 산 앞에서 쟁변하여 작은 산으로 네 목소리를 듣게 하라 하셨나니…여호와께서 자기 백성과 쟁변하시며 이스라엘과 변론하실 것이라"(6:1-2). 주님은 '내가 모세와 아론을 보내어 너를 속량했고 너희를 괴롭게 한 일도 없는데 왜 나를 떠났느냐'고 하신다(3-4절). 모압 왕 발락이 꾀한 것과 그때 발람이 발락에게 대답한 것을 회상해보고 기적으로 요단을 건너게 한 여호수아 때의 일도 생각해보라고 하신다(5절). 그러면서도 너희는 여전히 제물을 드리곤 하는데 하나님께서 구하시는 것은 하나님을 경외함과 겸손함과 인자함, 공의를 행함이지 그런 외적인 제사가 아니라고 하신다(6-8절). 게다가 그 부자들은 혀에 강포가 가득하고 그 거민들은 거짓을 말했다. 그러므로 하나님께서도 그들을 쳐서 중히 상하게 하시고 적막하게 하셨다(12-13절).

▸ 선지자의 탄식(7:1-6)

그러므로 선지자는 탄식하기를, 그들에게 재앙이 임하고 정직자도 없고 선인도 없으며 물고 먹는 상황이 되어버렸고 가까운 이웃도 믿을 수 없게 되었으며, 아들이 아비를, 며느리가 시어미를 대적한다고 하였다(7:1-6).

▸ 복음의 선포(7:7-15)

그러나 선지자는 소망의 복음을 선포한다. 복음은 우리를 구원하여 여호와를 바라보게 한다. "오직 나는 여호와를 우러러 보며 나를 구원하시는 하나님을 바라보나니 나의 하나님이 나를 들으시리로다"(7절). 신약의 복음이란 전능하신 하나님을 바라보며 의지하는 것이다. "나의 대적이여 나로 인하여 기뻐하지 말지어다 나는 엎드러질지라도 일어날 것이요 어두운 데 앉을지라도 여호와께서 나의 빛이 되실 것임이로다"(8절). 주의 성도들은 혹시 주님의 징계를 받는다 하더라도, 곤경에 빠지고 주님의 징계 아래 있을지라도 낙심할 필요가 없다. 왜냐면 엎드러지더라도 일어날 것이고 어두운 데 앉을지라도 여호와께서 빛이 되실 것이기 때문이다.

"네 성벽을 건축하는 날 곧 그 날에는 지경이 넓혀질 것이라"(7:11). 복음으로 말미암아 하나님의 나라가 확장될 것을 예언한다. 성벽이 건축되고 지경이 넓혀지고 많은 사람이 돌아오게 된다(12절).

선지자는 기도한다. "원컨대 주는 주의 지팡이로 주의 백성 곧 갈멜 속 삼림에 홀로 거하는 주의 기업의 떼를 먹이시되 그들을 옛날같이 바산과 길르앗에서 먹이옵소서"(14절). 하나님은 즉각 응답하신다. "가라사대 네가 애굽 땅에서 나오던 날과 같이 내가 그들에게 기사를 보이리라"(15절).

▸ **사유(용서)하심(16-20절)**

"주와 같은 신이 어디 있으리이까 주께서는 죄악을 사유하시며 그 기업의 남은 자의 허물을 넘기시며 인애를 기뻐하심으로 노를 항상 품지 아니하시나이다 다시 우리를 긍휼히 여기셔서 우리의 죄악을 발로 밟으시고 우리의 모든 죄를 깊은 바다에 던지시리이다 주께서 옛적에 우리 열조에게 맹세하신 대로 야곱에게 성실을 베푸시며 아브라함에게 인애를 더하시리이다"(18-20절). 마지막에 미가 선지자는 하나님이 결국 이스라엘을 용서하시고 영화롭게 하실 것을 예언한다. 하나님은 그 모든 죄를 예수 그리스도께 담당시켜 예수 그리스도를 십자가에 못 박혀 죽게 하심으로 이스라엘 백성을 용서할 계획을 갖고 계셨다. 그렇기 때문에 구약 성경은 한 면으로는 죄에 대한 심판을 말하고 또 한 면으로는 용서를 말한다. 19절의 긍휼이라는 말은 용서받을 자격이 없는 사람을 용서해주신다는 것이다. 하나님의 사하심은 죄인을 긍휼히 여기심이다. "우리의 죄악을 발로 밟으시고 우리의 모든 죄를 깊은 바다에 던지시리이다". 미가 선지자는 그리스도의 출생(5장)으로부터 그분의 십자가의 보혈을 인한 용서에 이르기까지 광범위하게 예언하였다.

나훔

주요 내용 앗수르의 멸망에 대한 예언

'나훔'은 히브리어로 '위로'라는 뜻이고, 그는 앗수르로 사로잡혀간 이스라엘 백성을 위로한 선지자이다. 그는 앗수르의 멸망을 내다보고 예언했다. 학자들은 본서가 소예언서 중 가장 높은 위치를 차지한다고도 한다. 문장이 생기와 박력이 넘치고 사실적 미(美)가 넘치는 글로 되어 있다. 니느웨에 대한 예언에 관한 한 요나와 같으나, 요나보다 100년 후의 선지자이다. 요나서는 하나님의 사랑을 강조하나 이 나훔서는 하나님의 공의에 집중한다. 엘고스라는 나훔의 고향은 일설에 갈릴리라고 한다.

이전에 앗수르(니느웨)가 좌우를 분변하지 못하여 하나님을 잘 모르고 죄를 범할 때에는 회개하도록 요나를 보내어 구원해주셨으나, 그 후로 100여 년이 지나서 다 잊어버리고 고의로 하나님을 대적하며(산헤립과 랍사게가 히스기야 왕과 대신들에게 한 말들을 생각해보라) 하나님의 택한 백성을 괴롭히고 공격하여 이스라엘을 멸망시키고 포로로 사로잡아갔으므로 하나님께서는 그들에게 진노하여 크게 보복하신다. 하나님은 이처럼 알면서도 고의적으로 죄악을 범하는 자들을 결단코 용서하지 않으신다(딤전 1:13 참조).

▸ 여호와는 투기하며 보복하는 하나님이시다(1장)

"여호와는 투기하시며 보복하시는 하나님이시니라 여호와는 보복하시며 자기를 대적하는 자에게 진노를 품으시며, 여호와는 노하기를 더디 하시며 권능이 크시며 죄인을 결코 사하지 아니하시느니라 여호와의 길은 회리바람과 광풍에 있고 구름은 그 발의 티끌이로다"(2-3절). 우리는 하나님의 두 가지 속성을 알아야 한다. 하나는 고의적으로 죄에서 떠나지 않고 악을 행하는 죄인에 대하여는 반드시 보복하고 투기하시는 분이라는 것이고(2절), 그분을 바라고 회개하며 의지하는 자들에게는 노하기를 더디 하시며 긍휼과 인자가 많으신 분이라는 것이다(3절).

"여호와께서 말씀하시기를 그들이 비록 강장하고 중다할지라도 반드시 멸절을 당하리니 그가 없어지리라 내가 전에는 너를 괴롭게 하였으나 다시는 너를 괴롭게 하지 아니할 것이라 이제 네게 지운 그의 멍에를 내가 깨뜨리고 너의 결박을 끊으리라". 앗수르가 아무리 크다 해도 그들을 없애서 이스라엘 백성들을 다시는 괴롭히지 못하게 하겠다는 말씀이다. 앗수르의 멸망이 곧 이스라엘의 해방이다. "볼지어다 아름다운 소식을 보하고 화평을 전하는 자의 발이 산 위에 있도다"(15절). 이 구절에 로마서 10장에서 사도 바울이 말한 복음의 발이 있다. 이스라엘 백성은 바벨론, 앗수르, 애굽 등 여러 나라로부터 공격을 당하고 압제를 당하고 그들의 포로로 사로잡히기도 했다. 그런 상황에서 하나님께서 친히 대적을 멸하고 그들에게서 해방시켜주실 것이라는 선지자의 예언은 '복음'이다.

▸ 앗수르의 패망을 예언하다(2장)

"파괴하는 자가 너를 치러 올라왔나니 너는 산성을 지키며 길을 파수하며 네 허리를 견고히 묶고 네 힘을 크게 굳게 할지어다"(1절). 이것은 바벨론에 의해서 앗수르가 패망하는 것을 말한다. 학자들은 '파괴하는 자'에 대해 느부갓네살의 부친 나보폴라살(B.C. 625-605년 재위)을 가리킨다고 보았다. 그러나 그는 니느웨를 공격하여 승리한 후에 바로 죽었기 때문에 아들인 느부갓네살이 니느웨 멸망 후의 모든 일을 처리했다. 앗수르의 멸망은 야곱의 영광의 회복이다(2절). 진정한 복음을 받은 사람의 특징은 원래 그 사람이 가지고 있던 역량과 영광이 그대로 다 회복된다는 것이다. 나훔 선지자는 바벨론 용사들이 붉은 옷을 입고 붉은 방패를 들고 앗수르를 멸망시키는 장면을 보고 있다(3절). "그 병거는 거리에 미치게 달리며 대로에서 이리저리 빨리 가니 그 모양이 횃불 같고 빠르기 번개 같도다"(4절). 나훔 선지자는 백 년 후에 일어날 일을 지금 먼저 환상으로 보고 있다. 바벨론 군대가 미친 듯이 빠르게 공격하고 달리는 모습이다. 5-7절은 앗수르의 수비하는 모습이다. 결국 니느웨는 바벨론에 패배하여 공허하고 황무하게 되었다(10절).

이 모든 것이 보복하시는 하나님이 하신 일이다. "만군의 여호와의 말씀에 내가 네 대적이 되어 너의 병거들을 살라 연기가 되게 하고 너의 젊은 사자들을 칼로 멸할 것이며 내가 또 너의 노략한 것을 땅에서 끊으리니 너의 파견자의 목소리가 다시는 들리지 아니하리라 하셨느니라". '너희 파견자의 목소리'란 앗수르의 랍사게 장군이 과거 전쟁을 일으키겠다고 호언장담하면서 이웃 국가나 이스라엘을 섬뜩하게 했던 소리를 의미하며, 다시는 그런 소리가 들리지 않게 될 것이라는 말씀이다.

▸ **피의 성 니느웨의 멸망하는 모습(3장)**

"화 있을진저 피 성이여 그 속에서는 궤휼과 강포가 가득하며…"(1절). 피는 궤휼과 강포 등과 관계가 있다. 니느웨는 다른 나라를 공격하고 사람들을 죽이고 빼앗은 재물로 세운 성읍이므로 '피 성'이라고 불렀다. 나훔은 병거를 모는 병사가 채찍을 휘두르는 소리, 병거들의 바퀴소리, 기병들이 달려들어 적들과 충돌하며 칼을 번쩍이는 모습, 번개같이 날아가는 창, 무더기처럼 죽어 너부러진 시체, 그 시체에 걸려 넘어지는 모습을 단 24단어로 의성어까지 써가면서 완벽하게 묘사했다(2-3절). 앗수르와 공모했던 나라들도 니느웨의 멸망을 보며 구경만 할 뿐 아무런 도움이 되지 못한다(6-7절). 니느웨의 산성은 노아몬(애굽의 수도) 같은 도시보다 못해서 무화과나무의 익은 열매가 흔들기만 하면 먹는 자의 입에 떨어지는 것처럼 쉽게 적에게 함락된다는 말이다(12절).

"네가 네 상고를 하늘의 별보다 많게 하였으나 황충이 날개를 펴서 날아감과 같고"(16절). 니느웨는 오늘날의 뉴욕이나 상해처럼 상업의 중심지로서 사방의 상인들이 집결하는 번화한 곳이었다. 그 수많은 상인들이 흩어지고 그들의 지도자들은 숨어 있어서 그 있는 곳을 알 길이 없다. 앗수르 왕부터 귀족들까지 철저하게 멸망해서 지난 날 그들에게 당했던 많은 사람들이 손뼉을 친다고 말한다(18-19절).

하박국

주요 내용 갈대아(바벨론)의 멸망에 대한 예언

앞에 있는 나훔은 이스라엘을 멸망시킨 앗수르에 대한 하나님의 심판을 다루는 책이다. 하박국도 같은 종류의 책인데, 유다를 멸망시킨 바벨론의 최후, 즉 바벨론을 심판하시는 것에 대해 예언한 책이다. 하박국이 어떤 사람인지는 자세하게 기록되어 있지 않다. 그냥 '선지자 하박국'이라고 말할 뿐이다. 하박국은 히브리어로, '포옹한다', '품에 안는다', '달라붙는다'라는 뜻이다. '하나님을 품에 안고, 하나님께 달라붙어서' 1차, 2차에 걸쳐 질문하고 답을 얻었으며 찬미를 드렸다.

▸ 선지자의 첫 번째 질문(1장)

하박국은 그가 사람들의 강포를 보고 부르짖어도 어찌하여 하나님께서 듣지 않으시는지를 질문했다. "여호와여 내가 부르짖어도 주께서 듣지 아니하시니 어느 때까지리이까 내가 강포를 인하여 외쳐도 주께서 구원치 아니하시나이다"(2절). 하나님은 죄에 대하여 반드시 심판하시는 분이다. 선지자의 눈에 보인 유다의 죄악상은 간악과 패역, 겁탈과 강포, 변론과 분쟁이었으며, 따라서 율법이 해이하고 악인이 의인을 억누르며 공의가 시행되지 못하였다(3-4절). 그때 여호와께서는 그들이 쉽게 믿을 수 없는 놀라운 일을 장래 행할 것이라고 응답하셨다(5절). 그것은 사납고 성급한 백성 곧 갈대아 사람(바벨론)을 일으켜 유다를 심판하실 것이라는 말씀이다(6-7절).

하박국은 그 말씀을 듣고 기도를 시작한다. 심판은 하셔야겠지만 어찌 더 악한 사람들(바벨론)을 들어서 그들보다 의로운 사람을 삼키게 하실 수 있느냐고 묻는다. "주께서는 눈이 정결하시므로…악인이 자기보다 의로운 사람을 삼키되 잠잠하시나이까"(13절). 선지자는 마치 미래의 상황을 보는 것처럼 말하고 있다. "그가 그물을 떨고는 연하여 늘 열국을 살육함이 옳으니이까"(17절). 바벨론 군대가 그물에 걸린 고기를 떨고 또 그물을 쳐서 고기를 잡듯이 이 나라 저 나라를 공격하여 살육하고 포로로 잡아가는 모습을 그린 것이다.

▸ 중보기도 한 하박국이 응답을 기다림(2장)

"내가 내 파수하는 곳에 서며 성루에 서리라 그가 내게 무엇이라 말씀하실는지 기다리고 바라보며 나의 질문에 대하여 어떻게 대답하실는지 보리라 그리하였더니"(1장). 1장에서 하박국은 질문을 했는데 그 질문에 대해서 어떻게 대답하실는지 파수하는 성루에 서서 기다리겠다는 것이다. 그는 바벨론에 대해, '그들은 악인인데 자기보다 의로운 사람을 삼키는 것이 옳습니까? 그래도 우리는 하나님의 백성이고, 선택된 자들이고, 하나님은 거룩하시며, 우리가 아무리 타락했어도 그들보다는 의로운데 그들이 언제까지나 이렇게 우리를 살육하고 고기처럼 낚는 것이 합당합니까?'라고 물었다.

2-3절은 여호와께서 응답하신 내용으로서, 오래지 않아 바벨론이 멸망할 테니 이 묵시를 기록하여 판에 새기되 달려가면서도 읽을 수 있게 하라고 하시며 비록 더딜지라도 기다리라고 하신다. 바벨론에 대한 심판이 혹독하겠으나 구원받을 길을 제시하신다. 죄인은 반드시 죽고 심판받고 멸망하지만 살 길이 있는데, 곧 "의인은 믿음으로 말미암아 살리라"(2:4)는 것이다. 죄인의 상태를 인정하고 회개하고 믿으면 된다.

바벨론 사람들은 술을 즐기며 궤휼을 행하고 교만하여 가만히 있지 않으며 욕심을 음부처럼 넓히고 사망처럼 족한 줄을 모르고 자기에게로 만국을 모으고 만민을 모은다. 그래서 바벨론이 거대해지는 것이다. 그러나 그렇게 많은 나라를 노략한 바벨론이 결국 노략을 당하게 된다. 바벨론은 결국 멸망하나 왕국은 도래한다. "대저 물이 바다를 덮음같이 여호와의 영광을 인정하는 것이 세상에 가득하리라"(2:14). 바벨론의 멸망과 메시아 왕국은 관계가 있다. 이는 계시록의 말씀과 상통한다(계 14:8, 18-19장 참조). 바벨론이 심판받게 되는 죄악은 주로 두 가지인데, 하나는 유다에게 강포를 행한 것이며, 또 하나는 우상숭배를 한 것이다(2:15-20).

▸ 선지자의 기도 노래(3장)

3장 초반을 보고 학자들은 하박국 선지자가 어쩌면 음악을 하는 제사장이었을 것이라고 생각한다. 왜냐면 '시기오놋'(고상한 감성의 시)이라든가 19절의 "이 노래는 영장을 위하여 내 수금에 맞춘 것이니라" 등을 보면 뭔가 음악에 전문가 같은 느낌이 들기 때문이다. 하박국은 1-2장의 자신의 질문에 대한 하나님의 응답을 받고 마음에 기쁨이 임하여 감사함으로 기도를 드린 것이다. 그는 어쩌면 므낫세 이후 요시야 왕 시대에 예언을 했을 수 있으며, 그 때 하나님은 요시야 왕의 간절한 기도와 회개를 들으시고 그분의 심판을 연기하신 바 있다(왕하 22:18-20).

"여호와여 내가 주께 대한 소문을 듣고 놀랐나이다 여호와여 주는 주의 일을 이 수

년 내에 부흥케 하옵소서 이 수년 내에 나타내시옵소서 진노 중에라도 긍휼을 잊지 마옵소서"(2절). 하박국은 유대 민족을 구원하기 위해서 바벨론을 심판하신다는 소문을 듣고 놀랐다. 하박국 선지자의 기도대로 하나님은 진노 중에라도 긍휼을 베푸셨으며(심판의 시기를 연기해주셨다), 요시야 시대에 한 차례의 부흥을 주셨다. 하나님은 진노 중에라도 긍휼을 베푸시는 분이다(3:2). 이는 또한 장차 온 세상에 임할 일에 대한 참된 예언이다. 바벨론에 대한 심판과 동시에 그리스도의 나라가 이 땅에 임하는 것에 대한 예언이다.

3절부터는 그리스도의 재림의 광경을 예언한다. "하나님이 데만에서부터 오시며 거룩한 자가 바란 산에서부터 오시도다(셀라) 그 영광이 하늘을 덮었고 그 찬송이 세계에 가득하도다 그 광명이 햇빛 같고…불덩이가 그 발밑에서 나오도다"(3-5절). 이는 다름 아닌 그리스도의 재림의 광경이다(3-15절). 이어서 16절은 대환난의 때를 예언한다. 물론 가깝게는 바사 군에 의한 바벨론의 멸망을 말한다. "내가 들었으므로 내 창자가 흔들렸고 그 목소리로 인하여 내 입술이 떨렸도다 무리가 우리를 치러 올라오는 환난 날을 내가 기다리므로 내 뼈에 썩이는 것이 들어왔으며 내 몸은 내 처소에서 떨리는도다". '무리가 우리를 치러 올라오는 환난 날'은 대환난을 가리킨다. 주님의 재림 직전에 이 땅에 대환난이 있다는 것이 성경의 예언이다(마 24:29).

"비록 무화과나무가 무성치 못하며 포도나무에 열매가 없으며 감람나무에 소출이 없으며 밭에 식물이 없으며 우리에 양이 없으며 외양간에 소가 없을지라도 나는 여호와를 인하여 즐거워하며 나의 구원의 하나님을 인하여 기뻐하리로다"(17절). 마지막 때에 환난을 인해서 아무 것도 없을지라도, 무화과나무가 무성하지 못하고 포도나무에 열매가 없고 감람나무에 소출이 없고 외양간에 소가 없을지라도 선지자는 하나님 한 분으로 인하여 기뻐할 수 있다고 한다. 하나님이 우리의 구원이시기 때문이다. 우리는 어떤 곤경에 처할지라도 우리의 구원이신 주 하나님으로 인하여 즐거워하며 기뻐할 수 있다. "여호와는 나의 힘이시라 나의 발을 사슴과 같게 하사 나로 나의 높은 곳에 다니게 하시리로다"(19절). 하나님은 우리로 용기와 위로와 충만한 은혜를 얻어 그분의 명령을 충실하게 이행하게 하실 것이다. 또한 주님은 우리로 언제나 유리한 고지를 얻게 하실 것인데, 이것은 우리로 그분의 사역을 성공적으로 수행하게 하시려는 것이다.

스바냐

주요 내용 여호와의 날에 관하여, 심판의 두려움에 대하여, 회개의 부르심, 당시 예루살렘의 타락상, 하나님의 심판, 이방의 구원, 이스라엘의 구원에 대한 예언

스바냐는 소선지자들 중 유일하게 왕족이다. 그는 유다의 요시야 왕 시대(B.C. 642-611년 재위)에 활동하였으며, 요시야 왕의 종교개혁 이전 유다의 타락한 영적 상태를 통렬하게 질책한 선지자이다. 그 역시 요엘, 오바댜와 마찬가지로 주의 날(7회 나타난다)을 예언한다. 이 역시 당시 바벨론의 침입으로 인한 유다의 멸망을 말하며 동시에 장래 대환난을 가리킨다.

스바냐는 하박국과 동시대 사람이고 또 하박국과 예레미야가 같은 시대 사람인데, 포로 이후의 선지자는 학개와 스가랴이고, 포로 이전의 마지막 선지자는 스바냐이다. '스바냐'의 뜻은 '여호와께서 숨겨 주시는 자'이다. 그는 히스기야 왕의 현손이며 따라서 왕족이다. 이에 대해 반론을 제기하는 학자들도 있지만, 보편적으로 학자들은 스바냐를 히스기야 왕의 4대손으로 본다.

▸ 심판하실 여호와의 날이 임박하였다(1장)

"여호와께서 가라사대 내가 지면에서 모든 것을 진멸하리라"(2절). 스바냐서에서 중요한 단어는 심판이다. 2절에서 그는 입을 열자마자 심판을 말한다. 요엘서에는 '주의 날'이 많이 나오는데, 스바냐서에는 '심판의 날'에 대한 언급이 일곱 번 정도 나온다. 사람과 짐승을 심판하고 공중의 새와 바다의 고기와 악인들을 아울러 진멸할 것이라고 한다. 스바냐는 요시야 시대에 예언하였는데(요시야 왕의 첫번째 개혁 때), 우상과 산당을 많이 파했음에도 아직 바알과 그마림 등의 우상들이 존재하여 혼합된 종교를 형성하고 있었다(3-4절). 여호와께 맹세하면서도 여전히 말감이라는 우상에게 맹세하는 자들이 있었다(5-6절). 그러나 주님은 한 사람이 두 주인을 섬길 수 없다고 하신다(마 6:24).

그러므로 하나님은 이들에게 심판을 행하려 하신다. "주 여호와 앞에서 잠잠할지어다 이는 여호와의 날이 가까웠으므로 여호와가 희생을 준비하고 그 청할 자를 구별하였음이니라"(7절). 스바냐서 7절에서 여호와의 날이 처음으로 언급된다. 희생을 준비

한다는 것은 이스라엘 백성을 희생물로 준비한다는 뜻이고, 청할 자(guest)란 바벨론을 의미한다. "여호와의 희생의 날에 내가 방백들과 왕자들과 이방의 의복을 입은 자들을 벌할 것이며 그날에 문턱을 뛰어넘어서…내가 벌하리라"(8-9절). 그날 방백들이나 왕자들이나 이방 의복을 입은 자들을 벌할 것이라고 했는데, 그것은 유대인의 검소한 옷차림이 아닌 뭔가 사치스럽고 세상 풍조를 따르는 옷을 입는 자들을 벌할 것이라는 말씀이다. "나 여호와가 말하노라 그 날에 어문에서는 곡성이, 제 이 구역에서는 부르짖는 소리가, 작은 산들에서는 무너지는 소리가 일어나리라"(10절). 스바냐는 왕족이기 때문에 예루살렘 궁의 구조와 명칭에 대해 보다 상세하게 알고 기록한 것 같다.

"여호와의 큰 날이 가깝도다 가깝고 심히 빠르도다…그 날은 분노의 날이요 환난과 고통의 날이요 황무와 패괴의 날이요 캄캄하고 어두운 날이요 구름과 흑암의 날이요…이 온 땅이 여호와의 질투의 불에 삼키우리니 이는 여호와가 이 땅 모든 거민을 멸절하되 놀라게 멸절할 것임이니라"(14-18절). 출애굽기 20장의 십계명을 보라! 제 2계명, 곧 우상을 숭배하지 말라는 계명에서 하나님은 질투하시는 하나님이라고 한다(18절, "여호와의 질투의 불에 삼키우리니"). 우상을 숭배하는 것은 결코 작은 일이 아니다. 하나님의 진노와 심판을 불러온다.

▸ 열방에 대한 회개의 부르심과 심판(2장)

당시 열방들은 죄를 짓고도 수치를 몰랐다(1절). 선지자는 여호와의 진노가 임하기 전에 회개하라고 한다(2절). "여호와의 규례를 지키는 세상의 모든 겸손한 자들아 너희는 여호와를 찾으며 공의와 겸손을 구하라 너희가 혹시 여호와의 분노의 날에 숨김을 얻으리라"(3절). 하나님은 결국 심판을 하실 것인데, 만일 여호와의 분노의 날에 숨겨지기 원한다면 겸손하게 여호와를 찾고 공의와 겸손을 구하라고 한다. '스바냐'라는 이름 자체가 '여호와께서 숨겨주시는 자'라는 뜻이다.

2장 4-15절에는 블레셋(4-7절), 모압과 암몬(8-11절), 구스(12절), 앗수르(13-15절)에 대한 심판이 있다. 모압과 암몬이 심판받는 이유는 교만하여 여호와의 백성을 훼방했기 때문이며(2:10), 앗수르가 심판받는 이유는 '다른 이는 없고 자신들만 있다'는 교만에 빠졌기 때문이다(2:15). 열방에 대한 이 모든 심판은 이미 역사적으로 다 이루어졌다.

▸ 예루살렘에 대한 심판과 구원(3장)

1) 심판(1-8절)

선지자는 놀랍게도 예루살렘을 패역하고 더러운 성이라고 부르며, 그들이 명령과 교훈을 받지 않고 여호와를 의뢰하지 않고 하나님께 가까이 가지 않는다고 했다(1-2절). 이방 열국에 대한 심판의 이유와 다르다. 예루살렘의 지도자들은 자기 힘을 믿고 거칠고 사납게 굴었다. 또한 재판장들은 탐욕을 채우기에 급급한 주린 이리와 같았고, 선지자들은 마땅히 신중하게 하나님의 말씀으로 백성을 일깨워야 하는데 함부로 가볍게 말하고 이익을 취하기 위해 백성의 비위를 맞추는 간사한 자들이었다. 더군다나 그 제사장들은 거룩한 성소를 섬기는 대신 그것을 더럽히고 율법을 어겼다. 그들 가운데 거하시는 여호와 하나님은 의로우셔서 아침마다 공의를 나타내시는데 불의한 이스라엘 백성은 자기의 수치를 알지 못한다고 하신다. 하나님께서는 이스라엘에게 형벌을 내리기로 정하셨을지라도 보호받을 길이 있다고 하신다. 그 길은 '오직 나를 경외하고 교훈을 받는 것'이다(7절).

대환난의 날에 여호와는 분한과 진노를 쏟으려고 열국을 모으실 것이다. "나 여호와가 말하노라 그러므로 내가 일어나 벌할 날까지 너희는 나를 기다리라 내가 뜻을 정하고 나의 분한과 모든 진노를 쏟으려고 나라들을 소집하며 열국을 모으리라 온 땅이 나의 질투의 불에 소멸되리라"(8절). 이는 대환난에 대한 예언과 연결된다.

2) 구원(9-20절)

"그 때에 내가 열방의 입술을 깨끗케 하여 그들로 다 나 여호와의 이름을 부르며 일심으로 섬기게 하리니 내게 구하는 백성들 곧 내가 흩은 자의 딸이 구스 하수 건너편에서부터 예물을 가지고 와서 내게 드릴지라"(9-10절). '그 때'는 심판 때를 말하는데 열방을 구원하시겠다는 말씀이다. 이것이 바로 복음이다. 이 복음은 모든 열방, 즉 이방을 위한 것이다. 이 일이 일차적으로 이루어지는 것은 교회시대에서이고, 완전히 이루어지는 것은 왕국시대에서이다.

"내가 곤고하고 가난한 백성을 너의 중에 남겨 두리니 그들이 여호와의 이름을 의탁하여 보호를 받을지라"(12절). 여기서 곤고하고 가난한 백성은 유대인을 말한다. 이것이 비밀이요 스바냐서의 핵심이다. 이스라엘 백성의 남은 자는 보호를 받는데, 그 남은 자의 특징이 곤고하고 가난하다는 것이다. 복음은 가난한 자들을 위한 것이다. "이스라엘의 남은 자는 악을 행치 아니하며 거짓을 말하지 아니하며 입에 궤휼한 혀가 없으며 누우나 놀라게 할 자가 없으리라"(13절). 이 복음을 듣는 사람들은 기쁘게 노래하고 전심으로 기뻐하며 즐거워하라고 하신다. 너희 형벌을 제하였고(그리스도의 십자가) 내가 너희 중에 있으니(그리스도의 임재하심) 두려워하지 말고 놀라고 위축되지 말라고 하신다(15-16절).

"너의 하나님 여호와가 너의 가운데 계시니 그는 구원을 베푸실 전능자시라 그가 너로 인하여 기쁨을 이기지 못하여 하시며 너를 잠잠히 사랑하시며 너로 인하여 즐거이 부르며 기뻐하시리라 하리라"(17절). 복음을 받은 참된 믿는이들, 참되게 그리스도의 도를 받고 그 명령에 순종하며 겸손히 따르는 자들, 유다의 남은 자들로서 곤고하고 가난한 백성, 악을 행하지 않고 거짓을 말하지 않는 사람들-이들은 형벌이 제해진 사람들이고 원수를 쫓아낸 사람들이고 그들 가운데 여호와께서 계시는 사람들이다. 그들은 화를 당할까 두려워할 필요가 없다. 바로 예수 그리스도께서 그들 가운데 계시기 때문이다. 이들이 오늘날 교회요 장래의 왕국 백성들이다. 하나님은 그들로 인하여 기쁨을 이기지 못하시며 그들을 잠잠히 사랑하시며 그들을 인하여 즐기이 부르며 기뻐하신다.

대신에 '너희를 괴롭게 한 자들은 다 벌할 것이며 너희로 천하 만민 가운데서 명성과 칭찬을 얻게 하리라'고 하신다(18-19절).

학개

주요 내용 포로에서 귀환하여 성전 건축을 하다가 방해를 받아 건축을 지연하고 있는 이스라엘 백성들을 격려하는 선지자의 예언이다.

◊ 선지자 학개와 스가랴

선지자 학개와 스가랴는 이스라엘 백성이 바벨론 포로에서 귀환한 후, 예루살렘 성전의 재건을 촉구하기 위해 하나님께서 사용하신 선지자들이다. 이들은 성전 건축이 중단되었을 때 건축 역사를 다시 힘 있게 재개하도록 예언했다. 이들의 예언은 다른 예언자들과 달리 이스라엘 백성의 도덕적 해이나 부패에 대한 책망은 없고 오직 성전 재건을 촉구하는 데 집중되어 있다. 학개는 스가랴, 말라기와 동시대 사람으로 상통되는 점들이 많다.

학개서를 보기 전에 우리는 잠시 에스라서를 볼 필요가 있다. 에스라서에서 우리는 학개와 스가랴의 이름을 발견할 수 있다. 에스라 4장 마지막 절을 보겠다. "이에 예루살렘에서 하나님의 전 역사가 그쳐서 바사 왕 다리오 제 이년까지 이르니라"(24절). 이어서 5장 1절에서는 "선지자들 곧 선지자 학개와 잇도의 손자 스가랴가 이스라엘 하나님의 이름을 받들어 유다와 예루살렘에 거하는 유다 사람들에게 예언하였더니"라고 한다. 여기에 학개와 스가랴의 이름이 기록되어 있다. 그 시점은 4장 24절에 언급되어 있듯이 다리오 왕 제 이년으로 하나님의 전 역사가 중단되었을 때이다.

▸ 일어나 전을 건축하라(1장)

학개 선지자가 예언할 당시 성전 건축의 역사가 중단된 주된 원인은 유다와 베냐민의 대적들의 방해 때문이었다. 이스라엘의 성전 건축을 대적하는 사람들이 아닥사스다 왕에게 성전 건축을 방해하는 조서(調書)를 올려 전 역사를 중단시킨 것이다. 지금 학개가 예언하는 시점은 이스라엘 백성들이 예루살렘에 귀환한 지 18년 되었을 때이다. 18년 전에 예루살렘에 돌아온 이스라엘 백성들은 성전 지대를 놓고 일 년 남짓 재건하는 일을 하다가 대적들의 방해를 받고는 14-15년 동안 건축 역사를 중단하고 있었다. 다리오 왕 이년 유월 곧 그달 초하루에 여호와의 말씀이 선지자 학개로 말미암아 스알디엘의 아들 유다 총독 스룹바벨과 대제사장 여호수아에게 임했다. 학개는 스룹바벨과 여호수아, 주로 이 두 사람에게 예언했다. 이 사실은 성전 건축 역사를 위해서는 인도자가 매우 중요함을 보여준다.

오랫동안 중단되었던 성전 건축의 역사를 재개하려 하자 백성들은 '지금은 건축할 때가 아니다'라고 말했다. "여호와의 말씀이 선지자 학개에게 임하여 가라사대 이 전이 황무하였거늘 너희가 이 때에 판벽한 집에 거하는 것이 가하냐"(4절). 이것이 여호와의 말씀이다. '이 전'은 당시에는 하나님의 전이요 이 시대에는 교회이다. 하나님은 그분의 성전이 황무하다고 말씀하신다. '판벽한 집'은 판자(Board Wall)로 벽을 만들어서 제대로 지은 집을 말한다. 당시 하나님의 전은 황무하였는데 이스라엘 백성은 그런 좋은 집에 살면서 '아직 성전 건축의 때가 안 되었다.'고 했다.

하나님은 이스라엘 백성에게 자신들의 상태와 태도(소위)를 살펴보라고 하신다. 그들은 먹고 사는 일에 치중했으나 하나님은 그들의 소득을 다 없어지게 하셨다. "그러므로 너희로 인하여 하늘은 이슬을 그쳤고 땅은 산물을 그쳤느니라"(10절). 학개가 여기까지 예언하자 당시 대제사장과 총독과 백성이 다 그 말에 굴복했다. 학개 선지자는 원래 그리 유명하거나 뛰어난 사람은 아니었을 것이다. 그러나 스룹바벨은 당시 예루살렘에 돌아온 이스라엘 백성의 총독이었고 여호수아는 대제사장이었다. 그들이 학개의 말을 여호와 하나님의 음성으로 듣고 청종하자 하나님께서는 그들과 함께하시겠다고 말씀하셨다(13절). 성전 건축을 다시 시작한 때는 다리오 왕 2년 6월 24일이었다.

▸ 나중 영광이 이전보다 크리라(2장)

이스라엘 백성 중에 이전 영광을 본 자들은 재건하는 성전이 보잘 것 없다고 하였다. 그러나 하나님께서는 나중 영광이 이전보다 더욱 크리라고 하셨다. 그리고 이 전을 건축할 때 그분의 영광으로 충만케 하리라고 하셨다. "나 만군의 여호와가 말하노라 조금 있으면 내가 하늘과 땅과 바다와 육지를 진동시킬 것이요 또한 만국을 진동시킬 것이며 만국의 보배가 이르리니 내가 영광으로 이 전에 충만케 하리라 만군의 여호와의 말이니라"(6-7절). 7절의 만국의 보배가 이르는 것은 그리스도의 재림을 가리킨다. 주님은 그렇게 보잘것없게 지어지는 그 전을 그분 자신의 영광으로 채우겠다고 하시면서 이전 영광보다 나중 영광이 더 클 것이라고 하신다. 이는 이 시대의 교회요 왕국 시대의 성전이다(겔 40-47장). 오늘날은 영광스러운 그리스도의 왕국의 도래를 예비하는 시대이다. 그 수가 비록 적을지라도 정결하고 깨끗하며 순수한 주님의 백성 가운데 주님의 영광이 거하시고 참 평강이 있게 된다(2:9).

하나님께서 성전 건축을 격려하기 위해 이스라엘에게 하신 말씀 중에는 여호와의 전에 돌이 돌 위에 첩 놓이지 않았던 때를 추억하라는 말씀이 있다. 바벨론에 의해 성전이 훼파되었을 때를 회상해보라는 것이다. 성전이 훼파되었던 그 때는 공허하고 메마르고 소출이 없었다. 그 때 하나님의 백성들은 많은 징계를 당했지만 왜 그러한 일을 당하는지를 몰랐다. 하나님께서 이스라엘을 폭풍과 곰팡이와 우박으로 치셨으나 왜 그러한 일을 당하는지를 몰랐으므로 하나님께 돌이키지 않았던 것이다. 복을 받으려면 하나님의 전의 건축을 위한 사람이 되라고 하신다(2:19).

"가라사대 너는 유다 총독 스룹바벨에게 고하여 이르라 내가 하늘과 땅을 진동시킬 것이요 열국의 보좌를 엎을 것이요 열방의 세력을 멸할 것이요 그 병거들과 그 탄 자를 엎드러뜨리리니 말과 그 탄 자가 각각 그 동무의 칼에 엎드러지리라"(2:21-22). 이 말씀에서 말하는 바와 같이 전의 건축 역사와 세상 끝의 전쟁은 연결된다. 그러므로 전의 역사를 보잘것없는 역사라고 업신여기지 말라. 전의 건축 역사가 시작되면 주님은 열국의 보좌를 엎으시고 열방의 세력을 멸하실 것이다. 인류 마지막 전쟁과 성전의 건축은 연관이 있다. 재건된 그 성전의 규모는 보잘것없지만 그 영광은 이전보다 클 것이다.

"나 만군의 여호와가 말하노라 스알디엘의 아들 내 종 스룹바벨아 나 여호와가 말하노라 그 날에 내가 너를 취하고 너로 인을 삼으리니 이는 내가 너를 택하였음이니라 만군의 여호와의 말이니라"(23절). 여기서 스룹바벨은 메시아를 뜻한다. '내 종'이라는 단어는 메시아에게 붙이는 존엄한 칭호이다. 21절과 22절과 23절에서 보는 바와 같이 성전의 재건과 이 땅의 환난과 그리스도의 재림은 연결되어 있다. 하늘과 땅을 진동시키고 열국의 보좌를 엎으시는 때는 그리스도의 재림 시이기 때문이다. 하나님께서 이렇게 말씀하시는 것은 전을 건축하는 이들을 강화시키고 격려하시려는 것이다. 여기서 스룹바벨이 왜 갑자기 메시아가 되는가? 실제의 총독은 여호와이시고 그리스도시라는 것이다. 마지막 교회 건축의 역사는 그리스도께서 친히 주도하신다. 그리고 이 땅 열국의 권세는 없어질 것이고 그리스도의 권세가 세워지며 이 세상 끝이 올 것이다. 오늘날 주의 교회를 관심하며 교회를 위해 수고하는 자들을 멸시하지 말라! 그들이 바로 이 세상을 끝내는 주역들이며 온 열국을 주와 그리스도의 나라가 되도록 이끄는 일을 하는 자들이다.

스가랴

주요 내용	학개와 같이 성전 재건 역사를 지연하고 있는 이스라엘 백성들을 격려하되 여러 가지 이상들을 보여주며 주님의 재림 때의 상황과 그 모습을 매우 인상적으로 예언함.

스가랴 선지자는 포로 귀환 시에 성전을 재건하기 위해서 학개와 함께 예언한 선지자이다. 스가랴의 뜻은 '여호와께서 기억하신다'이다. 마태복음에서 주 예수님이 스가랴에 대해 성전과 제단 사이에서 죽임을 당했다고 말씀하신 것을 볼 수 있다(마 23:35). 즉 선지자 스가랴는 순교했다. 그는 훌륭한 예언서를 기록하고 결국 죽임을 당한 것이다. 이와 같이 이스라엘 백성은 많은 선지자들을 죽였다.

그는 학개보다 2개월 늦게 예언하기 시작했다. 학개가 다리오 왕 2년 6월 초하루날 예언하기 시작하였고, 스가랴는 그 해 8월에 일어났다. 순서를 보면 스가랴가 나중이지만 스가랴서의 중후함과 예언의 풍성함은 학개 못지않다. 주님은 한 시대에 한 사람만을 사용하시는 것이 아니라 거의 같은 시기에 두 사람 이상을 사용하실 수 있다. 내용에서는 성전 완공 이전인 1부(1-8장)와 완공 이후인 2부(9-14장)로 구분할 수 있다. 전반부는 학개 선지자와 더불어 성전 건축을 격려하는 예언으로 여덟 개의 환상을 통한 것이다. 스가랴는 40-50년의 장구한 기간에 걸쳐 선지자 활동을 한 것으로 알려져 있다.

스가랴서는 에스겔서처럼 상징적 환상이 많고, 이사야서와 같이 메시아에 대한 예언이 많으며, 따라서 이사야처럼 복음적 선지자라 불리운다. 또한 문체의 다양성도 그 특징이다. 환상이 있고 시가 있고 산문도 있으며, 감성적 표현이 있는가 하면 잔잔하고 평범한 표현들도 있다. 열두 소선지서 중 이해하기가 가장 어려운 책이라고 할 수 있다. 성전 건축의 격려로 시작하여 후반부는 주님의 초림 및 재림과 더불어 종말적 예언으로 발전해 나간다.

◊ 1-8장: 성전 건축을 격려하는 여덟 가지 이상

▸ 서론적 권면(1:1-6)

스가랴는 학개와 마찬가지로 성전 재건을 독려하기 위한 선지자이다. 이스라엘 백성은 포로에서 귀환하여 성전 재건을 하다가 중단하였는데, 그들은 다시 무사안일주의에 떨어졌다. 그 때 주님은 스가랴를 통해 "너희 열조를 본받지 말라"고 하시면서 "너희는 내게 돌아오라 그리하면 나도 너희에게로 돌아가겠다"고 하셨다(1:3). 이는 당시 그들이 하나님과의 관계에서 간격이 생겼음을 보여주는 말씀이다. 우리가 주님을 멀리하고 마땅히 해야 할 주의 일을 손 놓고 있을 때 조심해야 한다. 주님도 우리를 멀리하실 수 있기 때문이다.

▸ 여덟 가지 이상(1:7-6:15)

1) 화석류나무 사이에 서 있는 홍마를 탄 인자(1:7-17)

스가랴는 여덟 개의 이상을 보았는데, 그 중 첫 번째 이상이 골짜기 속 화석류나무 사이에 선 홍마를 탄 사람이다. 이것은 이스라엘 백성을 격려하여 성전 재건의 역사를 강화하기 위한 이상이다. 여기서 골짜기는 낮은 곳을 말하는데, 이스라엘 백성은 지금 전반적으로 낮은 골짜기 같은 상태에 있다는 것을 의미한다. 돌아온 무리도 성전 건축을 중단한 상태에 있고, 에스라서와 느헤미야서를 보면 그들은 이방 여인을 취한다거나 동족에게 돈을 빌려주고 변리를 받는 등 합당치 않은 상태에 있었다.

화석류나무란 열대 지방 식물로서 키가 1.5cm 정도인데 다 자라도 겨우 6-7cm 정도이다. 이렇게 낮은 식물인데도 향기는 있다. 이것은 아주 낮고 보잘것없는 모습을 지니고 있는 이스라엘 백성을 가리킨다. 그런데 이렇게 자디잔 식물들 사이에 한 사람이 홍마를 타고 있다는 것은 아주 인상적이다. 이 홍마를 탄 사람은 물론 그리스도를 가리킨다. 이 이상은 그들에게 큰 격려가 되었을 것이다. 홍마, 즉 붉은 말은 전쟁을 의미하는데, 홍마를 탄 사람은 싸워서 이길 준비가 되어 있는 그리스도를 가리킨다. 이스라엘 백성이 아주 형편없는 상태에 있었을지라도 승리자이신 예수 그리스도께서 낮은 데 임하셔서 그들과 함께하고 계신다는 것을 보여준다. 스가랴는 또 홍마, 백마, 자마를 보았는데, 이것은 인자를 따르는 천사들을 가리킨다.

1장 8-9절에는 홍마를 탄 인자와 그 뒤를 따르는 홍마와 자마와 백마가 있는데, 이들은 대적하는 나라들의 실정을 살펴보도록 보내심을 받은 천사들이었다. 그 천사들은 여호와의 사자(그리스도)에게 열국의 안일한 상황을 보고한다. 그리고 여호와의 사자는 하나님께 중재한다. "이제 예루살렘과 유다를 긍휼히 여겨주십시오. 노하신 지 70년이 되었습니다!" 하나님은 이제 예루살렘에 돌아오실 것이고, 그분의 집이 건축되리라고 하시며, 이제 예루살렘을 다시 선택하는 것처럼 하겠다고 하신다(1:17, 2:12).

2) 네 뿔과 네 공장의 이상(1:18-21)

두 번째 이상은 네 뿔이다. 유다와 이스라엘과 예루살렘을 헤친(scatter) 뿔은 무엇인가? 바벨론, 메데-바사, 헬라, 로마 등의 열국을 가리키는 것으로 이들은 이스라엘의 대적자들이다. 이들은 짐승의 뿔로 이스라엘을 흩어지게 하였다. 20절은 네 명의 공장이 나오는데, 여기서 공장(craftsman)은 기술자, 건축기사, 재주가 있는 일꾼을 의미한다. 하나님은 네 공장들이 열국의 뿔을 떨어치려 한다고 하신다. 이 공장들에 대하여 어떤 성경학자들은 에스라, 느헤미야, 학개, 스가랴를 말한다고 한다. 어쨌든 이 공장들은 하나님의 역사를 방해하고 대적하는 뿔을 떨어치는 역할을 하는 사람들이다. 뿔을 자르려면 군인이나 용사가 나서서 검이나 도끼로 뿔을 쳐야 할 것 같은데, 여기서 뿔을 떨어치는 사람은 공장, 즉 기술자나 건축기사이다. 아마도 그들은 말씀을 가르치는 은사가 있고 하나님의 전을 건축하는 데 모든 기술이 갖추어진 사람들일 것이라고 본다(출 31:1-6, 고전 3:10). 이들의 사역에 의해 전이 건축될 때 하나님께서는 대적을 처리하실 길을 얻으신다.

3) 척량하는 한 사람의 이상(2장)

세 번째 이상은 예루살렘을 척량하기 위하여 손에 척량줄을 잡은 한 사람이다. 예루살렘을 척량한다는 것은 예루살렘을 다시 건축하기 위한 것이다. 성전을 건축하고 예루살렘 성곽을 건축하기 위해 장광을 척량하는 것이 필요하다. 흩어진 이스라엘 백성들을 모아야 하기 때문에 척량해야 하고 넘치도록 데려와야 하기 때문에('나의 성읍들이 넘치도록 다시 풍부할 것이라') 그 성의 장광을 척량해보아야 한다. 골짜기에서 시작하여 척량 줄을 잡으시고 예루살렘의 장광을 다시 측량하시는 분은 의심할 여지없이 그리스도이시다. 그분은 건축된 예루살렘에 임하여 거하고자 하시니 모두 노래하고 기뻐하라고 하신다(2:10-12). 물론 예루살렘의 회복은 교회와 왕국의 예표이다.

4) 여호수아의 이상(3장)

스가랴 선지자가 본 네번째 이상이다. 여호수아 대제사장이 더러운 옷을 입고 여호와의 사자 앞에 서 있었다. 여호수아는 당시의 대제사장이며, 여호와의 사자는 그리스도, 메시아이시다. 그리고 사단은 그의 우편에 서서 그(여호수아)를 대적하고 있었다. 당시 이상 가운데 본 대제사장 여호수아는 불에서 꺼낸 그슬린 나무 같았는데, 이는 이스라엘이 바벨론에서 70년 간 불 속에 있었기 때문이다. 여기서 여호수아는 이스라엘을 대표한다. 여호와께서는 그에게 아름다운 옷을 입히고 정한 관을 씌우셨다.

이는 장래 이스라엘이 열국 중에서 제사장 나라가 될 것을 예표로 보여주시는 것이다. 그러기 위해 그들은 먼저 죄 사함을 받아야 했다(3:4, 9). 이는 이 땅의 죄악을 하루에 제할 수 있는 어린양 예수의 피로 말미암은 것이다(3:9). 포도나무와 무화과나무 아래로 서로 초대한다는 말은 주로 왕국 시대의 부요함을 묘사할 때 쓰는 말이다(3:10). 그러나 신약의 사도들은 그리스도의 재림과 왕국 시대의 모든 것을 오순절 날 성령 강림으로 이루어진 교회에 적용하기를 주저하지 않았다. 교회는 오늘날 왕국의 실제이다(행 2:16-21, 15:15-18, 롬 14:17 참조). 교회는 오늘날 하나님의 제사장 나라이다(벧전 2:9). 이는 그리스도의 재림 시에 유대인들에게는 문자적으로 이루어질 것이다(사 2, 11, 35장 등 참조).

5) 순금 등대와 감람나무의 이상(4장)

다섯 번째로 스가랴는 순금 등대의 이상을 보았다. 순금 등대와 주발과 관과 두 감람나무가 연결되어 있는 기묘한 이상을 본 것이다. 순금 등대 역시 이스라엘이 3장에서 제사장이 되는 것처럼 장차 왕국 시대에 정결케 되어 열국 중에 빛을 발하는 등대가 될 것임을 예표한다. 그러나 그 등대는 스스로 빛을 발할 수 없고 금 기름을 흘려내는 두 감람나무가 있어야 한다. 그것은 당대에 여호수아와 스룹바벨을 가리키고, 장래 대환난 때에 나타날 두 증인을 예표한다(계 11장 참조). 그러나 이는 또한 오늘날 교회 시대에 실제가 되어야 한다. 교회는 계시록 2, 3장에서 금등대들이며, 주 예수님이 친히 말씀하신 것처럼 세상의 빛이다(마 5:14, "산 위에 있는 동네가 숨기지 못할 것이요"). 일곱 금등대를 위해서 주 예수님은 오른손에 일곱 별을 붙들고 계시다. 하나님은 교회가 세상에 빛을 발하는 등대가 되는 일이 사람의 노력에 있지 않고("사람의 힘으로 되지 아니하고 능으로 되지 아니하며"), "오직 나의 영으로 되느니라"고 하신다(4:6).

6) 날아가는 두루마리의 이상(5:1-4)

스가랴 선지자는 학개와 더불어서 성전 재건축을 촉구하기 위해 하나님의 백성을 일깨우고 격려한 사람이다. 여섯 번째로 하나님은 스가랴에게 날아가는 두루마리의 이상을 보여주셨는데, 그것은 저주로 가득한 내용이 기록되어 있었다. 왜 하나님은 그에게 이러한 이상을 보여주셨는가? 그것은 하나님의 백성들이 어떤 상태에 떨어지면 저주를 받고 심판을 받는가를 말해 주기 위해서이다. 즉 하나님을 섬겨야 할 백성들이 성전에서 도둑질을 하고 강도질을 하면서 사람들을 탈취하는 짓을 일삼으면 저주와 심판을 자초하게 된다는 것이다.

성전 재건(교회 건축)에 있어서 가장 저해 요소가 되는 것은 삯군 사역자(도둑질)와 거짓 맹세(건전하지 않은 가르침, 헛된 속임수)를 가르치는 교사들이다. 주님은 성전에서 장사하는 자들, 곧 양이나 비둘기 파는 자들을 강도들이라고 하셨다. 주님을 섬기는 일을 자신의 이익을 위한 재료로 사용하는 것이 교회 건축에 가장 큰 문제이다.

7) 에바의 이상(5:5-11)

일곱 번째는 '에바'의 이상이다. '에바'는 구약에서 백성들이 곡식을 되는 도량 용기인데, 우리나라의 '말'과 같은 것이다. 36.44리터를 담는 도량형 기구이다. "이 에바 가운데에는 한 여인이 앉았느니라 하는 동시에 둥근 납 한 조각이 들리더라"(7절). 둥근 납 한 조각은 뚜껑을 가리킨다. 에바 속에 한 여인이 앉아 있었는데, 이 둥근 납 한 조각을 에바 아구리에 던져 악을 상징하는 여인이 활동하지 못하게 가두는 것이다. 마태복음 13장에서 여인이 고운가루에 누룩을 넣었다고 했다. 계시록 17장에 나오는 음녀도 마찬가지이다. 에바는 곡식을 되는 것으로 생계 수단을 나타낸다. 당시 이스라엘 백성의 악은 첫째로 도적질하는 것이고, 둘째로 거짓 맹세한 것이고, 셋째로 장사에 빠진 것이다. 하나님을 섬겨야 할 사람들이 겉으로는 하나님을 섬기는 것처럼 하지만 실상은 생계를 위해 장사를 하고 있었다. 경건을 이익의 재료로 삼는 것이다(딤전 6:5). 이것이 악이다. 그러한 악이 에바 속에 감춰어 있어서 잘 알지 못한다. 이 에바를 든 두 여인에 대해서 여러 해석이 있으나 내 견해로는 물질 우상에 사로잡힌 이스라엘을 바벨론 군이 시날 땅으로 데려간 것이다. 즉 이스라엘이 바벨론에 사로잡혀 가게 된 이유를 비유로 예언한 것이다.

이와 같이 하나님은 그분의 백성이 하나님을 섬기는 것과 관계된 종교적인 일을 하면서 범하는 죄를 가장 심각하게 보신다. 에바 안에 여인이 앉아 있듯이, 교회가 하나님을 섬기는 것처럼 하지만 실상은 세속화되고 조직화되었음을 보여주는 것이다. 이것이 곧 계시록 17, 18장의 바벨론이다. 아간이 감추었던 외투가 시날 산이었다(수 7:21). 분별된 교회의 모습을 잃어버리고 생계를 위한 기관으로 전락하게 되면 하나님께서는 그 자체를 바벨론으로 여기신다. 두려운 일이다. 여기서 '그들이 시날 땅으로 가서 그를 위하여 집을 지으려 한다'는 말은 그대로 들어서 시날(바벨) 땅에 갖다 놓는다는 말이다.

8) 병거의 이상(6:1-8)

여덟 번째로, 놋산의 네 병거들, 곧 홍마, 백마, 흑마, 어룽지고 건장한 말들이 각각

멘 병거들을 보여주신다. 놋산의 '놋(bronze)'은 예표론(typology)적으로 심판의 능력을 상징한다. 두 놋산이 있는데, 두 놋산 사이에서 네 병거가 나왔고 각각의 병거를 멘 말들은 홍마, 흑마, 백마, 어룽지고 건장한 말이었다. 이 네 말은 인간 역사에서 하나님의 심판의 총체적인 예표이다.

"내가 내게 말하는 천사에게 물어 가로되 내 주여 이것들이 무엇이니이까 천사가 대답하여 가로되 이는 하늘의 네 바람인데 온 세상의 주 앞에 모셨다가 나가는 것이라 하더라"(4-5절). 네 바람을 네 천사로 해석할 수 없는 것이 아니다(계 7:1 참조). 히브리서 1장에는 '천사들을 바람으로'라는 표현이 있다(7절). 네 병거와 네 바람은 관계가 있다. 네 병거의 뜻을 묻는 예언자에게 해석하는 천사가 네 병거는 하늘의 네 바람이라고 했다. 이처럼 이 땅의 군대의 세력과 하늘의 바람은 연결되어 있음을 알 수 있다. 네 병거는 각각 바벨론, 메데-바사, 헬라, 로마를 가리킨다. 그런데 네 병거를 왜 다양한 색깔의 말들이 메었는가? 그것은 말들이 다 각각의 심판을 집행하는 다양한 도구이기 때문이다. 북방으로 나간 말은 흑마일 것이고 메데-바사일 것이다. 메데-바사에 의해서 바벨론이 멸망했기 때문에 주님의 마음이 시원케 되었다고 하신다("북방으로 나간 자들이…내 마음을 시원케 하였느니라", 8절).

▸ **여덟 가지 이상 후에 여호수아의 대관식이 있음(6:9-15)**

"여호와의 말씀이 내게 임하여 이르시되 사로잡힌 자 중 바벨론에서부터 돌아온 헬대와 도비야와 여다야가 스바냐의 아들 요시아의 집에 들었나니 너는 이 날에 그 집에 들어가서 그들에게서 취하되 은과 금을 취하여 면류관을 만들어 여호사닥의 아들 대제사장 여호수아의 머리에 씌우고". 5장까지는 이스라엘 백성들이 어떻게 해서 바벨론에 사로잡혀갔는가를 말하고, 6장 전반부는 네 병거의 말들에 의해서 하나님의 백성을 압제했던 바벨론을 심판하고 그분의 선택한 백성을 해방시켜 주신 것을 말한다.

그리고 6장 9절부터는 또 다른 이야기이다. 여기에 여호수아의 대관식 장면이 있는데, 이것은 이상 가운데 본 것이 아닌 상징적 행동일 것이다. "여호와의 말씀이 내게 임하여 이르시되…여호수아의 머리에 씌우고"가 이를 증명한다. 이제 이스라엘 나라가 회복되었으니 대제사장 여호수아에게 면류관을 만들어 씌우라고 명하신다. 이 모든 것은 다 이스라엘 백성이 포로 되었다가 돌아와서 성전을 재건하는 것과 관계가 있다. 하나님께서는 스가랴에게 바벨론에 사로잡혀 갔다가 돌아온 몇몇 사람에게서 금과 은을 취하여 면류관을 만들어 여호사닥의 아들 대제사장 여호수아의 머리에 씌우라고 하신다. 주님의 나라가 회복되기 위해서는 첫째 바벨론에서 돌아와야 하고,

둘째는 바벨론에서 돌아올 때 가지고 온 금 은을 드려야 한다. 즉 헌신이 있어야 한다. 셋째는 그리스도께 왕관을 씌워드려야 한다. 여기서 여호수아는 그리스도를 예표한다. 이는 교회 중 그리스도의 권위가 높여져야 한다는 뜻이다. 그리스도의 권위가 높여지는 곳에 하나님의 나라, 교회가 있다.

또한 순(branch)이라 이름하는 자가 자기 곳에서 돋아나서 여호와의 전을 건축할 것이라고 한다(12절). 이 내용에서 여호수아가 '순'같이 보이는데, 사실 여호수아는 예표의 사람이다. 참된 '순'은 메시아시다. 순(가지, branch)이란 이새의 가지(사 11:1) 곧 예수 그리스도이시다. 그분만이 여호와의 전을 건축하실 자이다. 여기서 왕이 쓰는 면류관을 여호수아에게 씌운다는 것은 여호수아가 장차 오실 그리스도를 예표하기 때문이다. 이 모든 예언은 성전을 재건하는 일에 스가랴 선지자를 통해 여호수아를 강화시키고 이스라엘 백성을 격려하기 위한 것이다. "그가 여호와의 전을 건축하고 영광도 얻고 그 위에 앉아서 다스릴 것이요 또 제사장이 자기 위에 있으리니 이 두 사이에 평화의 의논이 있으리라 하셨다 하고"(13절). 이 말씀은 여호수아에게 응한 것이 아니다. 실제로는 예수 그리스도를 예표하는 말씀이다. 성전을 건축하고 백성을 다스리는 데 불일치가 없는 분은(13절, 평화의 왕) 오직 예수 그리스도뿐이시다. 이 '순'은 보기에 작은 것이다. 예수님이 이 땅에 오셨을 때 사람들은 그분을 작은 존재로 여겼다. 그런데 성전은 사람들이 보기에 하찮은 그러한 분에 의해 지어진다. "작은 일의 날이라고 멸시하는 자가 누구냐"(슥 4:10). 15절은 먼데 사람이 와서 전을 건축한다고 했는데, 이는 이방인이 이 건축에 참여한다는 말씀이다. 유대인과 이방인이 함께 건축하는 것이 신약의 교회이다("이 두 사이에 평화의 의논이 있으리라", 엡 2:15-16 참조).

▸ 5월 재계를 계속할 필요가 있느냐는 질문에 대한 여호와의 답변(7:1-14)

이 때는 성전 재건 공사가 한창이었고 이로부터 2년 후에 완공되었다(스 6:15). 그러자 비교적 번영해가는 분위기에서 금식을 계속할 필요가 있느냐는 문제가 제기된 것이다. 이것은 돌아온 사람들의 이야기인데, 그들 가운데 있던 벧엘 사람이 사람들을 보내어 제사장들과 선지자들에게, "우리가 여러 해 동안에 행한 대로 오월 간에 울며 재계를 합니까?"라고 물은 것이다. 오월에 울며 재계한 것은 B.C. 586년 5월 7일 바벨론의 공격으로 예루살렘 성전이 파괴된 것을 인해 금식하며 슬퍼한 것이다. 그들은 매해 5월이면 성전이 훼파되었던 것을 기억하며 통곡하고 금식했었다. 그런데 이제 70년이 지나서 예루살렘에 돌아와 부족하나마 성전을 재건하고 있는데, 예전에 성전이 없을 때에는 울고 통곡했지만 계속 울 필요가 있느냐고 하는 것이다. 하나님은 '그 금식과 애통이 나를 위하여 한 것이냐, 자기를 위해 한 것이 아니냐'고 하시며, 정말로 하나님을 위한다면, 금식하고 울고 통회하는 것이 진실되다면, 그들은 반드시 고아와 과부를 돌보았을 것이고 나그네를 압제하지 않고 올바른 삶을 살았을 것이고 남을 미워하지 않았을 것이라고 하신다(사 58:3-7 참조).

당시 이스라엘 백성의 죄는 결국 선지자의 말에 등을 돌리고 귀를 막고 듣지 않은 것이다. 따라서 하나님도 그들이 부르짖을 때 듣지 않겠다고 하신다(사 65:12-13). 이것은 그들이 왜 70년 동안 바벨론에 포로 되었는지를 설명해준다. 하나님께서는 그들이 하나님의 말씀을 듣지 않으므로 70년 동안 그들의 기도를 듣지 않으신 것이다. 행한 대로 보응하는 하나님이시다. 두려운 일이다. 그들이 패망하여 바벨론에 사로잡혀가고 그들의 원래 땅이 황무하게 된 것은 그들이 우상숭배, 즉 탐욕을 위해 장사하고 외식으로 금식하고 예배하는 등 선지자의 말을 청종하지 않았기 때문이다.

▸ 이스라엘에 대한 위로와 축복(8:1-23)

하나님은 7장에서 엄중하게 5월 재계에 대한 답변을 주셨으면서도 8장에서는 돌아온 이스라엘에게 위로와 축복의 메시지를 주신다. 주 하나님의 마음은 여전히 시온에 있으시다. 그들을 사랑으로 관심하시기에 대적에 대하여는 시기하며 분노하시고 이스라엘에 대하여는 보호하시려는 마음이 뜨거우신 것을 말한다. 주님은 시온에 돌아오셔서 다시 예루살렘 가운데 거하신다고 했다.

주님은 성전을 재건하려고 그 지대를 쌓던 날에 일어난 선지자들의 말을 들을 때 너희 손을 견고케 하라고 하신다(9절). 학개는 성전 재건에 대하여 직선적으로 격려하고, 스가랴는 환상을 통해 신비로운 방식으로 예언하였다. 성전을 재건하는 무리를 주님은 축복하신다. 이는 학개서와도 일치되는 개념이다(12절, 학 1:6, 9-11). 하나님은 성전의 재건과 더불어 저주를 축복으로 바꿔주신다(14-16절). "만군의 여호와가 말하노라 그 날에는 방언이 다른 열국 백성 열 명이 유다 사람 하나의 옷자락을 잡을 것이라 곧 잡고 말하기를 하나님이 너희와 함께 하심을 들었나니 우리가 너희와 함께 가려 하노라 하리라 하시니라"(23절). 이것은 천년 왕국에서 실지로 이루어질 상황이다. 그때 유다 사람들은 제사장이 될 것이고, 열국 백성은 그들에게서 주님 섬기는 도를 배울 것이다. 5-8장에서 우리가 볼 수 있는 것은 하나님께서 성전의 재건축을 아주 중요하게 생각하신다는 것이다. 그것으로 하나님의 저주와 축복이 엇갈리게 된다. 성전 건축은 외면적인 것이 아니다. 주님은 각기 이웃으로 더불어 진실을 말하며, 진실하고 화평한 재판을 베풀며, 심중에 서로 해하기를 도모하지 말고, 거짓 맹세를 좋아하지 말라고 하신다. 만일 그렇지 않다면 그것은 성전이 파괴된 상황이며 그 결과는 저주이다(8:16-17 참조).

◊ 9-14장: 스가랴의 특별한 예언들

1) 이방 나라들에 대한 경고(9-11장): 주로 하드락과 다메섹에 관한 하나님의 경고의 말씀인데, 이 부분에서 중요한 예언은 그리스도의 초림과 그분의 버림받으심이다.

스가랴서 9장의 말씀은 하나님께서 이방 나라를 심판하시겠다는 경고이다. "경고가 하드락 땅에 임하며 다메섹에 머물리니"(1절). '하드락'은 수리아의 한 도시의 이름이고 '다메섹'은 수리아의 수도이다. 심판은 하맛이라는 도시에도 임할 것이고 두로와 시돈에도 임할 것이다(2절). "두로는 자기를 위하여 보장을 건축하며 은을 티끌같이, 정금을 거리의 진흙같이 쌓았은즉"(3절). 두로는 엄청난 부를 축적했지만 하나님께서 치시자 완전히 소멸되었다. 알렉산더 군이 두로를 함락시켰을 때, 육천 명 이상이 학살을 당하고, 이천 명이 십자가에 못 박히고, 삼만 명은 노예로 끌려갔다고 한다. 주위 블레셋의 도시들(아스글론, 가사, 에그론 등)이 보고 무서워할 것이라고 하였다(5절). 그리고 블레셋 사람들 중에 남은 어떤 사람들은 하나님께로 돌아와서 유다의 한 두목같이 될 것이고 에그론은 여부스 사람같이 된다고 하셨다(7절). 이것은 하나님의 경륜 가운데서 열국을 들어 이스라엘을 징계하시고, 그런 다음 하나님은 열국을 심판하시는데, 그 심판하시는 과정에서 이스라엘은 하나님께 회개하고 열국 가운데서 남은 사람들이 하나님께 돌이킨다는 것이다.

그럼에도 하나님은 이스라엘 백성들을 친히 보호하겠다고 하신다(9:8). "시온의 딸아 크게 기뻐할지어다 예루살렘의 딸아 즐거이 부를지어다 보라 네 왕이 네게 임하나니 그는 공의로우며 구원을 베풀며 겸손하여서 나귀를 타나니 나귀의 작은 것 곧 나귀 새끼니라"(9:9). 이 부분에서 선지자는 메시아의 예루살렘 입성을 예언하게 된다. "이 날에 그들의 하나님 여호와께서 그들을 자기 백성의 양떼같이 구원하시리니 그들이 면류관의 보석같이 여호와의 땅에 빛나리로다"(16절). 최종적으로 하나님의 자녀들이 받을 축복을 그린 것이다. 면류관도 귀한 것인데 거기에 박힌 보석은 더욱 귀한 것이다. 오늘날 참된 교회는 그분의 양떼요, 그분이 쓰시는 면류관의 보석 같은 존재이다.

▸ 이스라엘의 회복(10:1-12)

봄비 때에 번개를 내는 여호와께 비를 구하라고 한다(1절). 이 봄비는 히브리어 원문에서 봄에 오는 비를 말하는 것이 아니고 늦은 비를 말한다. 팔레스타인 땅에서 추수 전 마지막으로 내리는 비, 즉 추수를 온전케 하는 비를 의미한다. 당시 하나님의 백성의 지도자들은 타락해 있었다(2-3절). 이스라엘 백성이 그렇게 형편없는 상태에 있을지라도 진실로 하나님께 비를 구하면 하나님은 유다 족속을 다시 권고하실 것이고, 그들로 전쟁의 준마같이 강한 군사력을 가진, 대적과 싸울 수 있는 용감한 무리로 만들어주겠다고 하신다. 그리고 그들에게서 말뚝이 나올 것이고, 싸우는 활이 나올 것이고, 권세 잡은 자들이 나올 것이라고 했다(10:3-5).

그들은 바벨론에 포로로 잡혀가 거기서 비참하게 되었는데, 하나님께서 그들을 다시 불러 모아 이전에 번성했던 때같이 해주시겠다는 것이다. '휘파람'은 양을 불러 모으는 신호이다. 하나님께서 그들을 불러 모으시되 휘파람을 불어 즐겁게 모으시는 광경을 보여준다(7-8절). "내가 그들을 열방에 뿌리려니와"(9절). 하나님께서는 그분의 백성이 포로 되었다가 돌아오는 과정이 또 한 면으로는 씨를 뿌리는 일이라고 하신다. "내가 그들을 애굽 땅에서 이끌어 돌아오며…그 거할 곳이 부족하리라"(10절). 이것은 부흥의 광경으로 마지막 시대에 이루어질 상황이기도 하고, 성전을 재건하기 위해서 돌아온 이스라엘 백성들이 번성할 것을 예언함으로 그들을 격려하는 것이기도 하다. "내가 그들로 고해를 지나게 하며"(11절). 돌아오는 사람들이 고통의 바다(the sea of distress)를 지나온다고 했다. 고통의 바다를 지나 어렵게 오지만 하나님께서는 백성들이 돌아올 수 있도록 나일 강의 깊은 곳을 다 마르게 해주실 것이다. 지난날에 고생을 많이 했는데 이제 돌아와서는 여호와와 함께 있으며 여호와의 이름을 받들어 왕래한다.

▸ 로마 통치 하의 유대 나라에서 태어나신 그리스도와 그분의 버림받으심(11:1-17)

11장은 9장과 10장에 이어지는 말씀이 아니다. 이는 로마 통치 하의 유대 나라에서 태어나신 그리스도의 첫 번째 오심을 말한다. 11장 초반은 로마의 잔혹한 침략의 불이 유대를 불사르는 광경을 예언한다("레바논아 네 문을 열고 불이 네 백향목을 사르게 하라…요단의 자랑이 황무하였음이로다", 1-3절). "여호와 나의 하나님이 가라사대 너는 잡힐 양떼를 먹이라"(4절). 첫째로 이것은 스가랴 자신을 가리키는 말일 것이다. 스가랴는 예언함으로 이스라엘 백성을 양육하고 있었는데, 그들이 결국에는 잡힐 것이라고 말한다.

“내가 이 잡힐 양떼를 먹이니 참으로 가련한 양이라 내가 이에 막대기 둘을 취하여 하나는 은총이라 하며 하나는 연락이라 하고 양떼를 먹일새”. ‘내가’는 여기서 스가랴를 말하지만 사실은 주 예수님이시다. 당시 로마에 의해 유다 나라가 멸망하여 그들의 상태는 아주 가련하고 비참하게 되었다. 그러한 상태에서 주님이 두 개의 막대기를 가지고 목자로 나타나셨다. 그 하나는 은총(Favor)이고 하나는 연락(Union)이다.

“한 달 동안에 내가 그 세 목자를 끊었으니 이는 내 마음에 그들을 싫어하였고 그들의 마음에도 나를 미워하였음이라”(11:8). ‘세 목자’에 대해서는 여러 견해가 있는데, 11장 5절의 사는 자, 파는 자, 무자비한 목자라고 해석하면 자연스럽다. 어떤 사람들은 바리새인, 사두개인, 헤롯당이라고 한다. 이 세 목자를 하나님이 끊으셨다는 것이다. 하나님은 마음에 그들을 싫어하셨고 그들도 마음에 하나님을 미워했기 때문이다. 주님은 초림하셨을 때 그분을 받아들이지 않는 유대인들, 주님의 목양을 받아들이지 않는 이스라엘 백성의 태도를 보시고 그들이 죽든 망하든 피차 살을 먹든 그대로 두신다고 했다(11:9). 주님이 이 땅에 오셨을 때 이스라엘 백성들은 그분이 목양을 거부했다. 그럴 때 첫째로 주님은 은총이라는 막대기를 잘라버리셨다(10절). 더 이상 은총으로 그들을 먹이시지 않겠다는 것이다. 그러나 당시 가련한 몇몇 양들은 이것이 여호와의 말씀인줄 알았다고 했다.

스가랴의 예언은 예수 그리스도의 초림과 그들의 불순종, 그리고 로마의 멸망까지 포함한다. 목자 되신 그분이 양들에게 “너희가 좋게 여기거든 내 고가(wage)를 내게 주고 그렇지 아니하거든 말라” 하시자 그들이 곧 은 삼십을 달아서 그분의 고가(雇價)를 삼았다. 그들은 당시 노예의 몸값인 은 삼십을 주님의 고가(雇價)로 삼은 것이다. 유다가 대제사장을 찾아가 예수님을 판 값으로 은 삼십을 받은 것은 스가랴서에서 볼 때 이스라엘 백성을 목양하고 받은 고가였다. 그때 주님께서 또 연락이라는 둘째 막대기를 자르셨는데, 이는 유다와 이스라엘 형제의 의를 끊으려 하심이었다(14절). 두 막대기 중 하나는 은총의 막대기이고, 또 하나는 유다와 이스라엘의 연합, 하나님의 백성들의 연합을 지키기 위한 것이었다.

15-17절은 참 목자가 없어진 자리에 거짓 목자가 일어난 상황을 말한다. 그들은 흩어진 양들을 찾지 않고 상한 양들을 고치지 않으며 자기 배만 불리는 자들이었다. 그들은 나름 기구(器具)들을 가지고 양들을 다루었으며 굽(hoofs)을 찢어놓아 도망갈 길을 차단했다. 양떼를 버린 그런 못된 목자들에 대하여 하나님의 말씀은 그들의 팔과 눈에 칼이 임하리라는 것이었다.

2) 버림당하신 왕이 보좌에 오르심(12-14장)

▸ 예루살렘을 포위한 적군의 멸망(12:1-9)

하나님은 하늘을 펴시고 땅의 터를 세우시고 사람 안에 영을 지으신 분으로서 경고의 말씀을 하신다(12:1). "보라 내가 예루살렘으로 그 사면 국민에게 혼취케 하는 잔이 되게 할 것이라…"(2절). 이는 마지막 때에 적그리스도의 군대가 예루살렘을 둘러싸고 대적하는 광경을 예언하신 것이다(눅 21:20 참조). 그 시점에 그리스도께서 강림하심으로 적그리스도의 군대는 궤멸될 것이고(4, 6, 9절) 예루살렘은 건재하게 될 것이다(12:6). 유다와 예루살렘이 모두 영광스럽게 회복될 것이다(12:5-8).

▸ 영광 가운데 그리스도께서 강림하심과 예루살렘 거민의 회개(12:10-14)

"내가 다윗의 집과 예루살렘 거민에게 은총과 간구하는 심령을 부어 주리니 그들이 그 찌른바 그를 바라보고 그를 위하여 애통하기를 독자를 위하여 애통하듯 하며 그를 위하여 통곡하기를 장자를 위하여 통곡하듯 하리로다"(10절). 이스라엘 온 집은 그리스도께서 다시 오실 때 초림하신 그리스도를 버린 죄를 회개하며 애통할 것이다. "그 날에 예루살렘에 큰 애통이 있으리니 므깃도 골짜기 하다드림몬에 있던 애통과 같을 것이라"(11절).

▸ 그 날에 죄와 더러움을 씻는 샘이 열리리라(13:1-6)

"그 날에 죄와 더러움을 씻는 샘이 다윗의 족속과 예루살렘 거민을 위하여 열리리라"(1절). 그들이 다시 오시는 주님을 바라보며 애통할 때 하나님은 그들을 위해 '죄와 더러움을 씻는 보혈의 샘'을 열어주실 것이다. 그리스도는 다시 오실 때 흰옷을 입고 백마를 탄 장군으로 오셔서 예루살렘을 둘러싼 대적을 친히 물리치시고 왕이 되실 것이다(14;9-11, 계 19:11-16).

그 때 이루어질 일은 대강 이러하다. 아마겟돈 전쟁이 발발하여 열국이 예루살렘을 둘러쌀 것인데, 그 절박한 순간에 그리스도께서 감람산에 임하시게 된다. 그 때 감람산은 지진으로 인하여 산이 절반은 북으로, 절반은 남으로 갈라지게 되는데, 곤경에 처한 유대인들은 그 골짜기로 피하며 그제서야 그분이 그들이 일찍이 거절하여 십자가에 못 박아 죽인 예수시라는 것을 알게 된다. 그때 그들은 민족적(열두 지파 모두)으로 대 통곡을 하게 되는데(12:10-14, 계 1:7), 유대인들 중 어떤 이가 그분께, "네 두 팔 사이에 상처는 어찜이냐"고 물으면, 그분이 대답하시기를, "이는 나의 친구의 집에서 받은 상처라" 하신다는 것이다.

"여호와가 말하노라 이 온 땅에서 삼분지 이는 멸절하고 삼분지 일은 거기 남으리니"(8절). 이 말씀 또한 이 시대 말에 성취될 것인데, 하나님의 백성들은 주님이 재림하실 때를 즈음하여 상당한 시험과 연단을 거칠 것이다. 삼분의 일만 남는다는 것은 적은 수만 구원받는다는 것이다.

▸ 여호와의 날과 메시아 왕국의 영광과 부요(14:1-21)

스가랴 선지자도 요엘, 오바댜, 스바냐 등과 함께 여호와의 날을 예언한다. "내가 열국을 모아 예루살렘과 싸우게 하리니 성읍이 함락되며 가옥이 약탈되며 부녀가 욕을 보며 성읍 백성이 절반이나 사로잡혀 가려니와 남은 백성은 성읍에서 끊쳐지지 아니하리라"(2절). 마지막 때 열국이 모여 이스라엘을 칠 것이며, 거기서 남은 자를 구원하신다는 것이다. 이것은 주님이 오시기 직전의 일이다.

▸ 그리스도의 재림 광경

"그 날에 그의 발이 예루살렘 앞 곧 동편 감람산에 서실 것이요 감람산은 그 한가운데가 동서로 갈라져 매우 큰 골짜기가 되어서 산 절반은 북으로, 절반은 남으로 옮기고"(4절). 이것은 주님의 재림시의 광경이다. "그 산 골짜기는 아셀까지 미칠지라 너희가 그의 산 골짜기로 도망하되 유다 왕 웃시야 때에 지진을 피하여 도망하던 것같이 하리라 나의 하나님 여호와께서 임하실 것이요 모든 거룩한 자가 주와 함께 하리라". 아셀은 먼 지방이다. 산이 나뉘어질 때 그 사이에 생긴 골짜기 길이가 아셀까지 미쳤다는 것이다. 거기 골짜기에 평원이 생겨서 도망한 많은 사람들의 도피처가 된다. "그 날에 생수가 예루살렘에서 솟아나서 절반은 동해로, 절반은 서해로 흐를 것이라 여름에도 겨울에도 그러하리라"(8절). 이것은 새 예루살렘의 상황이 아니라 천년왕국의 상황이다. 그 날에 여호와께서 천하의 왕이 되신다(9절).

▸ 회복된 예루살렘의 광경-왕국의 중심

"사람이 그 가운데 거하며 다시는 저주가 있지 아니하리니 예루살렘이 안연히 서리로다"(11절). 많은 사람이 돌아와 거기 거할 것이며 열국 중에 남은 자들이 해마다 예루살렘에 와서 여호와를 경배하며 초막절을 지킬 것이다(16-21절). 그러나 그 때에 여호와를 경배하러 예루살렘에 오지 않는 자들에게는 재앙과 심판이 있을 것이다(14:17-18). 이 회복된 무리는 특정한 몇몇 행위에서만 거룩한 것이 아니고 그들의 말방울까지 모든 것이 다 거룩하며(14:20), 그들의 일상생활에서 쓰이는 모든 솥까지도 여호와의 성물이 될 것이다. 그 날에는 여호와의 전에 부정한 자, 장사하는 자들(가나안 사람)이 다시 있지 않게 될 것이다. 이는 천년왕국시대의 예루살렘이 전 세계의 중심지와 수도가 될 것을 말한다.

말라기

주요 내용 구약의 마지막 예언서이다. 말라기 선지자는 주님이 얼마나 그들을 사랑하셨는가를 말하며, 그들의 영적인 상태가 하나님에게서 매우 멀어져 있는 것을 지적하였다(하나님을 멸시함, 완악한 죄, 서로 궤사를 행함, 혼인과 헌물에 있어서 득죄함). 여호와의 날을 예언하고, 그분의 강림이 경외하는 자들에게는 두려움이 되지 않을 것임과 주 여호와께서 오시기 전에 엘리야가 먼저 올 것을 예언했다..

말라기는 히브리어로 '나의 사자'라는 뜻이다. 교부시대의 제롬이나 개혁시대의 칼빈은 말라기가 에스라일 것이라고 생각했다. 그러나 우리가 믿기에 말라기라는 선지자가 분명 있었다.

이때는 예수님이 오시기 414년 전 쯤, 느헤미야, 스룹바벨 때였을 것이다. 이미도 느헤미야가 이스라엘의 총독이었을 때 말라기라는 선지자가 이 예언서를 썼을 것이다. 말라기는 최후의 선지자이다. 그 후로는 선지가가 없다. 그리고서 400여 년 간, 세례 요한이 나타날 때까지 침묵기였다. 이 말라기는 구약과 신약을 이어주는 마지막 예언서이기 때문에 매우 중요하다.

◊ 1-2장: 이스라엘에 대한 말라기 선지자의 경고

▸ 어떻게 우리를 사랑하셨나이까

"여호와께서 말라기로 이스라엘에게 말씀하신 경고라"(1절). "여호와께서 가라사대 내가 너희를 사랑하였노라 하나 너희는 이르기를 주께서 어떻게 우리를 사랑하셨나이까 하는도다 나 여호와가 말하노라 에서는 야곱의 형이 아니냐 그러나 내가 야곱을 사랑하였고 에서는 미워하였으며". 말라기에는 이스라엘 백성이 '어떻게'라고 하면서 하나님께 따지는 말투가 많다. 히브리어로 '마우'인데 여덟 번이나 나온다. 이스라엘 백성들이 '주께서 우리를 어떻게 사랑하셨느냐'고 물으니 하나님께서는 야곱을 사랑하신 이유는 야곱을 택하셨기 때문이라고 하신다. 하나님의 택하심과 사랑은 연결되어 있으며 따라서 택하심이란 이렇게 중요한 것이다(롬 9:11-16). 그러나 오늘날도 하나님의 자녀들은 힘들고 고난이 임하면 자주 '하나님이 진정 나를 사랑하신다면 왜 이런 일이 나에게 임하는가'라고 묻는다. 성도들은 이런 말을 조심해야 한다. 하나님의 사랑을 의심하는 것이 타락의 시작이다.

▸ 제사장들의 타락

말라기가 책망하는 것은 첫째로 제사장들이었다. 그들은 하나님께 성의 없는 제물을 드렸다. 눈 먼 것, 저는 것, 병든 것들을 드린 것이다(1:8). 하나님께서는 '너희 총독(당시 총독은 느헤미야였다)에게 그런 것을 드려보라'고 하신다(1:8). 그들은 더럽고 저열한 것들을 제단에 바치면서 그 일조차도 번폐스럽게 생각했고(1:13), 하나님께서는 그들이 흠 있는 것을 사기하여 드렸다고 하셨다(1:14). 하나님은 차라리 성전 문을 닫았으면 좋겠다고 하신다(1:10). 이것이 구약의 마지막 선지자인 말라기 때의 이스라엘 백성의 상태였다.

▸ 일반 백성들의 타락

"우리는 한 아버지를 가지지 아니하였느냐 한 하나님의 지으신 바가 아니냐 어찌하여 우리 각 사람이 자기 형제에게 궤사를 행하여 우리 열조의 언약을 욕되게 하느냐"(10절). 한 아버지에게서 나온 형제들 간에 서로 궤사를 행하여 열조의 언약을 욕되게 한다고 했는데, 한 아버지란 하나님을 가리킨다. 당시에 유대인들이 궤사를 행한다 함은 특히 자신들의 아내에게 옳지 않게 행함을 가리킨다. 이스라엘 백성이 이방 여인을 아내로 취하는 것은 열조의 언약 곧 이스라엘 자손들을 성민으로 세운 언약을 욕되게 하는 행동이다. 저들은 아내를 내어버리는 일을 하고도 크게 죄책을 느끼지 않았다. "여호와는 영이 유여하실지라도 오직 하나를 짓지 아니하셨느냐 어찌하여 하나만 지으셨느냐"고 하면서 그것은 경건한 자손을 얻고자 하심이라고 했다. 아담과 하와의 창조, 즉 한 남자에 한 아내만을 만드신 것은 경건한 자손을 얻기 위함이시라는 것이다(2:10-15). 이렇게 이방과 연혼한 일은 하나님을 매우 괴로우시게 하였다(2:17).

◊ 3-4장: 내 길을 예비할 사자를 보내리니

▸ 주의 길을 예비하는 선주자(3:1-6)

"만군의 여호와가 이르노라 보라 내가 내 사자를 보내리니 그가 내 앞에서 길을 예비할 것이요 또 너희의 구하는바 주가 홀연히 그 전(殿)에 임하리니 곧 너희의 사모하는바 언약의 사자가 임할 것이라"(3:1). 이때부터 하나님은 선지자 말라기를 통해서 새로운 시대를 열고자 함을 알리신다. "내가 내 사자를 보내리니"-이 사자가 곧 세례 요한이다.

▸ 헌물을 도적질하지 말라(3:7-10)

"사람이 어찌 하나님의 것을 도적질하겠느냐 그러나 너희는 나의 것을 도적질하고도 말하기를 우리가 어떻게 주의 것을 도적질하였나이까 하도다 이는 곧 십일조와 헌물이라 너희 곧 온 나라가 나의 것을 도적질하였으므로 너희가 저주를 받았느니라"(8-9절). 소득의 십분의 일은 주님의 것이니 드리지 않는 것은 도적질하는 것으로 간주된다.

"만군의 여호와가 이르노라 너희의 온전한 십일조를 창고에 들여 나의 집에 양식이 있게 하고 그것으로 나를 시험하여 내가 하늘 문을 열고 너희에게 복을 쌓을 곳이 없도록 붓지 아니하나 보라"(3:10). 신약의 성도들이 구약의 십일조에도 미치지 못한다면 드리는 데 있어서 표준에 이르지 못한 것이다. 은혜는 율법의 표준보다 훨씬 더 풍성하고 높아야 마땅하다. 하나님은 이 구절에서 십일조를 드림으로 하나님을 시험해 보라고 하신다. 구약의 십일조는 신약에 와서 다만 물질만을 가리키는 것이 아니라 온전한 헌신이다(롬 12:1). 하나님은 언제나 누구에게나 그분의 축복의 창고를 여실 준비가 되어 있으시다. 만일 어떤 사람이 주님을 위해 자신의 일생을 드리며 온전히 헌신한다면 그분은 하늘 문을 여실 것이며 복을 쌓을 곳이 없을 정도로 부어주실 것이다.

▸ 불 같은 날, 풀무불 같은 날이 이를 것이다(4:1-6)

원래 히브리어로 된 구약 성경은 말라기가 3장까지인데, 70인 역에서 4장을 더했다. 극렬한 풀무불 같은 날, 여호와의 날이 이른다는 것은 모든 선지서의 공통적인 예언이다. "내 이름을 경외하는 너희에게는 의로운 해가 떠올라서 치료하는 광선을 발하리니 너희가 나가서 외양간에서 나온 송아지같이 뛰리라"(2절). 이 말씀 또한 일차적으로는 주님이 첫 번째로 오신 복음 시대, 오늘 이 시대에 이루어지고, 주님이 다시 오실 때에 완전히 이루어진다. 그리스도는 우리에게 치료하는 광선을 발하시는 태양이시다. "보라 여호와의 크고 두려운 날이 이르기 전에 내가 선지 엘리야를 너희에게 보내리니"(5절). 이 엘리야의 영으로 온 자가 바로 세례 요한이다. 세례 요한을 보내시겠다는 말씀이 구약 성경 마지막에 있다. '크고 두려운 날'은 주님이 임하시는 날인데, 이것이 일차적으로 적용된 때는 사도행전 2장에서 오순절 날 성령을 부어주셨을 때이다. 주님의 오심을 예비하는 이 선지자는 주님의 재림 전에 한 번 더 나타날 것이다. 그 때 다시 엘리야의 영을 가진 증인(두 증인 중 한 명은 분명 엘리야의 영을 가진 선지자일 것이다)이 주님의 강림하심을 예비할 것이다("예언하는 날 동안 하늘을 닫아 비 오지 못하게 하고", 계 11:6 참조).

"그가 아비의 마음을 자녀에게로 돌이키게 하고 자녀들의 마음을 그들의 아비에게로 돌이키게 하리라 돌이키지 아니하면 두렵건대 내가 와서 저주로 그 땅을 칠까 하노라 하시니라"(6절). 이 말씀은 복음서에서 세례 요한에 대해 말하는 부분에 기록되어 있다(눅 1:17). 그는 엘리야의 영으로 주 예수께서 오실 길을 평탄케 하러 온 것이다. 여기 구약에서 마지막으로 하신 말씀은 인간의 타락의 정도가 어디까지인지를 보여준다. 이것이 구약에서 마지막 택한 백성 이스라엘의 상태였다. 아비의 마음이 자식을 관심하지 않고 자식의 마음이 그들의 아비를 돌아보지 않는 것이다. 가장 기본적이고도 자연스러운 인간의 성정까지 저버린 것이다. 이에 대해 주님은 강하게 말씀하신다. "돌이키지 아니하면 두렵건대 내가 와서 저주로 그 땅을 칠까 하노라". 저주라는 말이 끝까지 나온다. 결국 구약 성경은 율법으로 시작해서 저주로 마친다. 구약 율법시대에는 저주밖에 없다. 결국 주 예수 그리스도와 함께 복음이 와야 인류의 구원과 축복이 오며 모든 문제가 해결된다.

성경개관해설서

신약

BIBLE VIEW

신약 성경 개관서를 작성하는 데 있어서 마태복음, 마가복음, 누가복음을 함께 다룰 것이다. 그럴 때 독자들이 더 짧은 시간에 복음서를 종합적으로 이해할 것이기 때문이다. 예수 그리스도의 생애와 사역과 말씀을 기록한 것을 복음서라고 하는데, 그 중 마태, 마가, 누가가 기록한 세 권을 공관(公觀) 복음(synoptic gospel)이라고 한다. 이는 이 세 복음서가 그 구조와 내용면에서 볼 때 같은 시각에서 본 것이라는 뜻이며, 요한복음과 뚜렷이 구별되기 때문이다. 그러나 세 복음서 중 가장 먼저 쓰여진 것은 마태복음으로서 A.D. 37-40년경이며 저자는 레위라고 부르는 세리 마태이고, 마가복음은 사도 베드로가 순교한 후 바나바의 조카이며 베드로의 믿음의 아들인 마가가 기록한 것으로 보인다(벧전 5:13). 마가복음은 마가가 A.D. 67년경 로마에서 기록하였을 것인데(딤후 4:11), 베드로의 자료에 의거하여 쓰여졌다고 보는 것이 정설이다. 학자에 따라서는 마가복음이 맨 먼저 기록되었다고 보는 사람도 꽤 있었다. 오늘날에 이르러서는 세 복음서 중 마태복음이 맨 먼저라는 학자들이 더 유력하게 지지를 받고 있다. 누가복음은 사도행전이 기록되기 전 바울과 함께 가이사랴에 수감되어 있었던 A.D. 60년경에 바울의 동역자이며 의사였던 누가에 의해 기록되었다(행 24:27). 따라서 우리가 보는 기록 순서는 마태- 누가- 마가 순이다.

공관복음

주요 내용 마태복음은 예수가 구약에서 약속한 메시아로서 천국을 이룰 왕이심을 증명하는데 중점이 있고, 마가복음은 예수께서 하나님의 충성된 종임을 증명했다(사42:1). 누가복음은 예수께서 성령의 권능으로 충만하신 인자로서, 완전하고 대표적인 인간으로의 삶을 사신 것을 말했다.

◊ 제1부 **예수의 탄생과 유년기**

▸ 예수님의 족보(마 1:1-17, 눅 3:23-38)

예수님의 족보에 대해 마태와 누가는 기록했고 마가와 요한은 기록하지 않았다. 마태가 기록한 족보는 아브라함부터 42대에 걸쳐 내려가면서 예수의 출생까지 이르렀고, 누가는 예수로부터 거슬러 올라가서 아담에게 이르며, 결국 하나님께 이른다. 아담은 하나님께서 창조하셨다는 말씀이다. 이 족보를 기록함은 예수께서 추상적이거나 가공한 인물이 아니라 분명 우리와 같은 혈육을 가진 사람으로 출생하셔서 이 땅에 사셨음을 증명하기 위한 것이다.

마태복음이 예수의 족보를 아브라함으로부터 시작한 것은 마태가 주로 유대인들에게 중점을 두고 이 복음서를 썼기 때문일 것이라 생각한다. 그 대신 누가는 사도 바울의 동역자로서 온 인류를 대상으로 복음서를 썼기 때문에 아담까지 거슬러 올라가는 족보를 기록한 것이다. 어떤 학자들은 마태복음이 유대인을 대상으로 썼기에 오직 유대인들에게만 해당되고 이방인들에게는 해당되지 않는다고 하는데, 이는 옳지 않다. 우선 족보에서부터 마태는 의도적으로 죄인, 이방 여인 등(다말과 라합과 룻)을 포함시켰기 때문이다. "유다는 다말에게서 베레스와 세라를 낳고". 창세기 38장을 읽어보면 다말이란 여인은 유다의 며느리였다. 따라서 유다는 다말과의 합당한 혼인관계를 통해서 베레스와 세라를 낳은 것이 아니다. 말하자면 죄인의 족보라고 말할 수 있다. 이것은 솔로몬의 출생도 마찬가지이다. "다윗은 우리아의 아내에게서 솔로몬을 낳고". 이것은 실상 엄청난 죄악의 결과로 태어난 아들이라는 이야기이다. 그런데 이런 족보가 성경에 기록된 것이다. 라합은 여리고의 기생이었으며, 룻은 이방 모압의 여인이었다.

이러한 죄인이고 이방인이었던 조상들이 유대인 족보에 들어간 것은 하나님의 복음이 어느 족속이든, 어떤 신분이든, 어떤 죄인이든 은혜로 주어질 수 있음을 강조한 것이다. 이 복음서의 마지막 28장 19절에서 마태는 이 복음을 유대인들에게만 전할 것이 아니라 "모든 족속으로 제자를 삼으라" 하였다. 마태복음이 유대인들을 위하여 기록되었다 해도 오직 유대인에게만 해당하는 말씀으로 볼 수는 없다. 마태복음 8장의 백부장은 이방인이었음에도 주님은 이스라엘 모든 사람 중에 이런 믿음을 본 적이 없다고 칭찬하셨으며, 15장의 혈루증 걸린 가나안 여자는 분명 이방인이었음에도 주 예수님은 병을 고쳐주시며 믿음이 크다고 칭찬하셨고, 마태복음 21장에서는 유대인들에게 '하나님의 나라를 너희는 빼앗기고 그 나라의 열매 맺는 백성이 받으리라'고 하셨다. 그 나라의 열매 맺는 백성은 주로 이방인들로 이루어진 교회이다. 하나님의 말씀을 어떤 특정인들만을 수신자로 하는 책으로 여겨서는 안 된다. 신약의 교회는 유대인과 이방인의 구별이 없이 그리스도 안에서 하나 된 무리이다.

누가복음 3장 23절에서는 "사람들의 아는 대로는 요셉의 아들이니 요셉의 이상은 헬리요"라고 하는데, 여기서 '사람들의 아는 대로는'이란 헬라어에서 '법률상으로는'이다. 누가복음의 족보에는 마리아가 나오지 않고 요셉만 기록되었는데, 주 예수님은 남자와 여자의 결합으로 잉태되신 분이 아니라 처녀에게 잉태되신 분이다(사 7:14). 마태복음은 "야곱은 마리아의 남편 요셉을 낳았으니 마리아에게서 그리스도라 칭하는 예수가 나시니라"고 한다(1:16). 이 기록만 보더라도 예수는 요셉과 육신의 관계가 없음을 알 수 있다. 그러므로 그분은 여자의 씨이시다(창 3:15). 마태복음 1장의 예수 그리스도의 족보에서 강조되는 두 조상은 아브라함과 다윗이며(1:1), 따라서 그분은 여자의 씨요, 아브라함의 씨이며, 다윗의 씨이시다.

▸ 선주자의 출생(눅 1:1-38)

구약의 예언에 의하면, 메시아가 오시려면 먼저 엘리야가 와야 한다(말 3:1, 4:5, 마 11:14). 따라서 누가복음 1장에는 마지막 선지자이며 주 예수님의 선주자(forerunner)인 요한의 기적적인 출생이 기록되어 있다. 요한의 부친 사가랴는 제사장으로서 매우 경건한 사람이었는데, 그가 분향하고 있을 때 한 천사가 향단 옆에 나타나서 그가 아들을 낳을 것이며 그 이름을 요한이라 하라고 했다. 또 그 아이는 날 때부터 나실인이 될 것이라고 했다. 그 천사는 가브리엘로서(단 9:21), 그로부터 6개월 후에 갈릴리 나사렛이란 동네에 사는 요셉과 정혼한 마리아를 찾아 사내를 알지 못하는 그녀에게서 아들이 태어나리라는 놀라운 소식을 전했다(눅 1:26-38). 이 때 사가랴의 아내 엘리사벳은 이미 아기를 잉태한 지 6개월이 되어 있었다(1:36). 이처럼 구주의 출생은 성경에 이미 언약된 대로 이루어졌으며, 순전히 하늘에서 시작한 역사였다. 이 세상의 그 누구도 먼저 그분이 오시도록 요청하지 않았다.

▸ 구주의 출생(마 1:18-25, 눅 2:1-20)

예수는 로마의 아구스도 황제 치하에서 분봉왕 헤롯이 유대를 다스리는 시기에 베들레헴이란 동네에서 출생하셨다(미 5:2). 마태는 이사야 7장 14절을 인용하여 "처녀가 잉태하여 아들을 낳을 것이요"라 한 예언이 응한 것이라 하였으며 그 이름을 임마누엘('하나님이 우리와 함께 계시다')이라 하리라고 했다(마 1:23). 누가복음은 마리아와 요셉이 호적하러 다윗의 동네(그들의 본적이 있는 곳)에 올라갔는데, 거기 있을 그 때에 해산할 날이 차서 아들을 낳아 구유에 뉘었으며, 이는 여관에 있을 곳이 없었기 때문이라고 말한다(눅 2:7). 하늘의 왕, 메시아는 이 땅에 오실 때 초라한 짐승의 우리에 누이셨다. 하늘의 천사들은 가장 먼저 들에서 양을 치던 목자들에게 구주가 태어나셨다는 놀라운 소식을 전하였다. "오늘날 다윗의 동네에 너희를 위하여 구주가 나셨으니 곧 그리스도 주시니라"(눅 2:11).

▸ 표적

강보에 싸여 구유에 누이신 예수는 표적(sign)이었다(눅 2:12). 그분은 우리의 질고를 지신 분이요 우리의 슬픔을 당하신 분이다(사 53:4-6). 그분이 짐승들의 먹이가 있는 구유에 누이신 것은 그분이 사람들의 양식이 되기 위해 오신 것을 표징한다('태의 열매'-눅 1:42, 원문참조, 요 6장 참조).

▸ 그리스도의 출생은 오래 전 예언의 성취이다

예수 그리스도의 출생은 창세기 첫 부분인 에덴동산에서 인간이 피조된 후 타락하자마자 주어진 예언의 성취이다. 이 때 이미 하나님께서는 여자의 씨가 원수(뱀)의 머리를 상하게 할 것이라고 하셨다(창 3:15). 이것은 구주께서 오시기 사천 년 전의 일이며, 하나님께서 아브라함에게 약속하신바 "천하 만민이 네 자손으로 말미암아 복을 얻으리라"에서 이 자손(씨)은 바로 그리스도를 가리킨다(창 12:3, 갈 3:16). 아브라함에게 하신 언약의 말씀, 아브라함의 자손으로 오실 구주 출생의 예언은 그분이 출생하시기 이천 년 전에 주신 것이다. 또한 구주께서 오시기 칠백여 년 전에 이사야 선지자와 미가 선지자 등을 통해 그분이 처녀에게 잉태되실 것과 베들레헴에 태어나실 것을 예언했고 그대로 이루어졌다(사 7:14, 미 5:2).

그리스도의 출생에 대하여는 성경 외에도 당시 유대 역사학자 요세푸스의 저서에

"이 때에 예수라고 하는 지혜로운 사람이 있었다."고 하였으며, 로마의 역사가 타키투스는 "그리스도인이라고 하는 큰 무리가 있었는데, 이들은 베리오 황제 때 본디오 빌라도에게 처형된 그리스도라고 하는 이에게서 유래하였다."고 하였다. 그 외의 고대 로마의 슈토니우스 등의 역사학자들도 그리스도에 대하여 기록한 바 있다.

▸ 찬미

그리스도의 출생에 대하여 찬양을 드린 것은 사람들이 먼저가 아니라 하늘의 수많은 천사들이었다. 그 찬송의 내용은 "지극히 높은 곳에서는 하나님께 영광이요 땅에서는 기뻐하심을 입은 사람들 중의 평화로다"이다. 당시 목자들은 천사에게서 구주 출생의 기쁨의 소식을 듣고 하늘의 수많은 천사들의 찬양을 들었으며 천사들이 하늘로 올라가는 것을 보았다.

▸ 두 종류의 반응

첫 번째는, 출생하고서 팔일째에 예수의 부모가 아기 예수를 안고 할례를 하기 위해 예루살렘 성전에 갔을 때이다. 이 때 의롭고 경건하여 이스라엘의 위로를 기다리던 사람 시므온이 아기를 안고 찬미하였다. "내 눈이 주의 구원을 보았사오니 이는 만민 앞에 예비하신 것이요 이방을 비추는 빛이요 주의 백성 이스라엘의 영광이니이다"(눅 2:30-32). 과부 된 지 84년 된 안나라는 선지자도 주야로 성전에서 금식하며 기도함으로 섬기더니 마침 이 때에 나아와서 하나님께 감사하고 이 아기에 대하여 말했다.

두 번째는, 당시 유대의 분봉왕 헤롯의 반응이다(마 2장). 당시 동방박사들이 별을 보고 유대에 왕이 태어나신 것을 알고 찾아오다가 예루살렘의 헤롯에게 이르렀다. 그들에게서 유대인의 왕이 태어났다는 말을 듣고 긴장한 헤롯은 예수를 죽이려고 그 때를 기준으로 두 살 남자아이들을 다 죽이도록 명했으며, 예수께서는 태어난 지 얼마 안 되어 모친의 품에 안겨 애굽으로 피신하게 되었다. 이 역시 성경의 예언대로이다(호 11:1).

▸ 유년기의 예수

누가복음 2장 후반에는 예수께서 열두 살 되셨을 때의 일이 기록되어 있다. 이는 마태나 마가가 말하지 않은 부분이다. 아마도 누가는 예수의 모친 마리아나 다른 증인들과 인터뷰하여 자료를 모았을 것이다. 당시 예수의 부모가 소년 예수를 데리고 유월절을 지키러 예루살렘에 올라가 성전에 이르렀는데, 예수는 성전에서 나이든 선생들에게 듣기도 하고 묻기도 하셨으며 듣는 이들은 그 지혜와 대답을 기이히 여겼다. 아이 예수가 예루살렘에 이삼 일 더 머무시는 바람에 그 양친은 길에서 예수를 발견하지 못하고 삼 일 길을 되돌아가 성전에서 선생들과 대화하고 있는 예수를 발견했다. 그 모친이 우리에게 왜 이렇게 했느냐고 책하듯 말하자 “내가 내 아버지의 집에 거해야 할 줄을 알지 못하셨나이까” 하고 대답하셨는데, 그 부모는 그 말을 이해하지 못하였다. 예수는 지혜와 키가 자라가며 하나님과 사람에게 더욱 사랑스러워 가셨다고 말한다(눅 2:52). 그분은 아기로 태어나 유년시절을 거치신 분으로서 우리와 같은 혈육을 입으신 참 사람이셨다.

◊ 제 2 부 **선주자의 예비하는 사역 및 예수 그리스도의 사역의 시작**

▸ 세례 요한의 예비하는 사역

마가복음은 세례 요한의 사역부터 시작한다. 그러나 내용은 간단하다. 이는 신약의 사역이 분명 세례 요한부터라는 것을 입증한다(행 1:21, 막 1:1-11). 마태복음과 누가복음은 세례 요한의 사역에 대하여 비교적 자세히 기록한다. 요한의 예비하는 사역의 특징은 무엇인가? 첫째는 세례(침례, baptism)이다. 요한은 구약의 모든 선지자들의 마침이다. “모든 선지자와 율법이 예언한 것은 요한까지니”(마 11:13). 요한의 사역은 한 마디로 물로 세례(침례)를 주는 것이요, 주 예수님은 성령과 불로 세례를 주신다. 물로 세례를 주는 의미는 무엇인가? 그것이 바로 구약의 모든 선지자들의 사역을 결론짓는 것이다. 그 이전의 선지자들은 다 회개하라고 외쳤다. 세례 요한도 회개하라고 외쳤다. 그 이전의 선지자들은 심판과 끝 날이 올 것이니 회개하라고 했다. 그러나 요한은 이제 끝 날이 왔고 다 끝나야 한다고 했다. 새로운 시대와 왕국이 왔으니 지난 것은 다 끝내라, 새 시대를 받아들이라고 했다. “회개하라, 천국이 가까이 왔느니라!” 이제 새 세계를 이루실 천국의 왕이 오신 것이다. 그러므로 지난 모든 것을 끝내고 장사지내야 한다는 말이다. 세례는 장사지내는 것이다(롬 6:3-4).

하나님께서는 타락한 인간에게 더 이상 기대하시는 것이 없다. 그 이전 선지자들의 회개하라는 외침과 요한의 회개의 선포는 그 의미가 다르다. 그 이전 선지자들의 예언은 하나님께로 돌이키라는 것이지만, 이제 요한은 돌이키는 것이 더 이상 의미가 없고 죽음 외에는 달리 길이 없다고 한다. 그래서 요단강에서 침례를 행했던 것이다. 천여 년이 지나는 동안 돌이키고 또 돌이키며 몇 번이고 새로운 기대와 소망을 가졌을 것이다. 그러나 결과는 언제나 참담한 실패뿐이었다. 인간에게는 더 이상 기대할 것이 없다. 썩어도 너무 썩었다. 죽기에만 합당하다. 자, 이제 물 속으로 들어가자! 장사지내버리자! 너도 나도 다 죽어야 한다. 그리고 새로 태어나야 한다. 옛것으로는 더 이상 안 된다.

자기들은 그래도 괜찮은 사람이라고 고개를 들고 걸어오는 바리새인들에게 요한은, "독사의 자식들아, 누가 너희를 가르쳐 임박한 진노를 피하라 하더냐! 이미 도끼가 나무뿌리에 놓였다!"고 외쳤다. 썩은 나무 가지 몇 개 끊어내서는 소용이 없다. 뿌리부터 잘라버려야 한다. 그래서 "이미 도끼가 나무뿌리에 놓였다"고 한 것이다. 인간의 타락이 어느 정도인가? 하늘을 바라보지 않고 땅만 바라보며 그저 먹고 사는 데 빠져 있다. 세리는 세리대로, 군인은 군인대로 부패한 삶의 형태가 굳어졌고 생에 대한 애착이 뿌리가 깊어 더 이상 길이 없다. 타고난 성정인 아비의 마음이 자식에게서 멀어지고 자식의 마음은 부모에게서 멀어졌다. 이런 사람은 끝나야 한다. 그래서 세례 요한은 그에게 나아오는 사람마다 물속에 장사지낸 것이다. 그의 사역은 끝내는 사역(terminatory ministry)으로서, 새 사람으로 태어나게 하는 그리스도의 사역을 예비하는 것이었다.

▸ 예수께서 세례 요한을 칭찬하시다

마태복음과 누가복음에는 요한이 헤롯 왕을 책망하여 옥에 갇히게 된 사건이 있는데, 옥에서 요한은 제자들을 예수께 보내어 "오실 그이가 당신입니까?"라고 묻는다. 그분을 소개하고 천거하는 사역을 하던 선지자가 그분을 의심하는 듯한 말을 하는 것이다. 결국 세례 요한은 헤롯의 생일날 목베임을 당한다. 그러나 주 예수님은 요한에 대해 '모든 선지자보다 나은 자'라고 하셨으며, 여자가 낳은 자 중에 세례 요한보다 큰 자가 없다고 하셨다(마 11:11). 그러나 천국에서는 지극히 작은 자라도 저보다 크다고 하셨다. 또 세례 요한의 때로부터 천국은 침노를 당하며 침노하는 자는 빼앗는다고 하셨다. 세례 요한과 주 예수님의 사역의 첫 번째 외침이 "회개하라, 천국이 가까웠느니라!"였는데, 그 때 천국이 가까이 있었다는 뜻이다.

▸ 천국의 시작

과연 언제 천국이 시작되었는가? 누가 천국의 사람들인가? 사복음서 중에서 마태복음을 천국복음이라고 한다. 주 예수님은 이 세상에 오실 때 천국의 왕으로 오셨으며, 마태복음 5-7장은 천국의 법령이라고 할 수 있다. 주 예수님은 천국을 어떻게 이루시는가? 그분은 천국을 여러 가지 비유로 말씀하셨는데, 결국 천국은 주 예수님의 진리의 말씀(복음)을 받은 자들에 의해 이루어진다. 씨를 뿌림과 30배, 60배, 100배의 결실에 의한 것이다. 주 예수님은 비유로 네 종류의 밭을 말씀하셨는데, 밭은 사람의 마음이요, 씨는 하나님의 말씀이다. 그리고 주 예수님은 씨를 뿌리는 분이시다. 실상 씨는 말씀이요 성령이다. 그 씨로 말미암아 사람은 거듭날 수 있다(요 3:3, 5-6, 벧전 1:23). 좋은 땅만이 그 뿌려진 씨를 잘 자라게 하며 결실케 할 수 있다.

확실히 오늘 우리는 세례 요한 때보다, 다윗과 솔로몬의 때보다 더 복된 시대에 살고 있다. 우리는 천국을 침노하여 빼앗을 수 있는 시대에 살고 있다. 우리는 어떻게 그 천국을 우리의 것으로 만들 수 있는가? 말씀이 비결이다. 우리에게 심겨진 하나님의 말씀, 우리 안에서 자라나는 그리스도의 생명은 천국의 씨이며, 우리 마음속에서 잘 자라 결실을 맺을 때 우리는 천국을 얻게 된다.

▸ 신약 사역의 시작

신약 사역의 시작은 이미 말한 바와 같이 세례 요한부터이다(마 3:1-12, 막 1:1-8, 눅 3:1-20, 행 1:21). 요한은 마치 차가 통행하도록 길을 닦는 것처럼 주의 길을 예비하는 사역을 했다. 그 사역의 주된 일은 요단강에서 세례를 주는 것이었고, 주 예수님도 사역을 시작하기에 앞서 요단강에 나아가 요한에게 세례를 받으셨다. 그 때 하늘이 열리고 하나님의 성령이 비둘기처럼 임하였으며, 하늘에서 음성이 있기를, "이는 내 사랑하는 아들이요 내 기뻐하는 자라" 하셨다.

예수께서는 성령의 충만함을 입고 요단강에서 돌아오시어 광야에서 사십 일 간을 성령에게 이끌리시며 마귀에게 시험을 당하셨다. 그 모든 날 동안 아무 것도 잡수시지 않으시니 주리셨다. 그 때 마귀가 '네가 만일 하나님의 아들이어든 이 돌들에게 명하여 떡덩이(빵)가 되게 하라'고 했다. 물론 예수님은 돌을 떡덩이가 되게 할 수 있는 분이시다. 굶주린 그 순간 가장 요긴한 것이 빵이지만, 예수께서는 기록된 말씀으로 대답하셨다. "사람이 빵으로만 살 것이 아니요 오직 하나님의 입으로 나오는 모든 말씀으로 살 것이라"(마 4:4). 하나님을 섬기려면 아무리 배가 고프다 하더라도 빵을 만들어 먹는 것이 우선일 수 없다. 예수님은 굶주린 상황에서 마귀의 말을 듣고 빵을 만들어 드실 수는 없었다. 하나님의 인도와 말씀이 없다면 우리에게는 빵도, 사는 것도 모든 것이 헛되다. 두 번째로, 마귀는 그에게 절하면 천하만국의 권세와 영광을 다 주겠다고 했다. 예수께서는 "주 너의 하나님께 경배하고 다만 그를 섬기라 하였느니라"고 하셨다. 그리고 세 번째로, 마귀는 예수를 성전 꼭대기에 세우고 뛰어내리라고 하면서 천사들이 받들어서 발이 돌에 부딪히지 않게 할 것이라고 하였다. 마귀도 말씀을 인용하여 예수를 시험한 것이다. 예수께서는 기록된 말씀으로 답하셨다. "주 너희 하나님을 시험치 말라!" 주님은 세 번 다 기록된 말씀으로 마귀의 시험을 이기셨다.

여기서 우리는 두 가지를 보아야 한다. 첫째, 주 예수님은 절박한 필요가 있다고 해서 뭔가를 행하지 않으신다는 것이다. 하나님의 명령과 말씀이 먼저라는 말이다. 둘째, 우리가 믿고 따르는 것이 과연 기록된 하나님의 말씀에 입각한 것이냐는 것이다. 우리의 믿음만이 세상과 사탄을 이긴다(요일 5:4-5). 믿음이란 기록된 하나님의 말씀을 믿는 것이다. 여기에서 마귀도 하나님의 말씀을 사용했다는 것을 알아야 한다. 그러나 마귀가 말씀을 사용한 것은 주 예수님을 시험하기 위한 것이었지 하나님의 말씀을 믿고 순종하기 위한 것이 아니었다. 하나님의 자녀들은 이를 분별할 수 있다. 긴급한 나의 필요를 위한 것인가, 아니면 하나님의 말씀에 순종하는 것인가? 에덴동산에서 아담과 하와는 유감스럽게도 하나님의 명하신 말씀을 위배하고 거짓된 사탄의 말을 들음으로 하나님께서 먹지 말라 명하신 실과를 먹고 타락했다.

◊ 제 3 부 갈릴리에서부터 사역을 시작하심

▸ 시작부터 배척을 당하시다

요단강에서 성령으로 기름부음을 받으시고 마귀의 시험을 이기신 후에, 예수께서는 성령의 권능으로 갈릴리 여러 회당에서 가르치시고 나사렛에 이르셨는데 그곳은 그분이 자라나신 고향이었다(눅 4:14-30). 마태와 마가는 예수께서 요한이 잡힘을 들으시고 갈릴리로 물러가셨다가 나사렛을 떠나셨다고만 기록한다(마 4:12-13, 막 1:14). 그런데 누가는 예수께서 고향 나사렛에 가서 사역을 시작하자마자 배척당하신 일을 자세히 기록한다. 예수께서는 안식일에 그곳 회당에 들어가 책을 펴시고 이사야의 글 한 부분을 읽으셨다. "주의 성령이 내게 임하셨으니 이는 가난한 자에게 복음을 전하게 하시려고 내게 기름을 부으시고…주의 은혜의 해를 전파하게 하려 하심이라"(눅 4:18-19). 그리고서 이 말씀이 오늘날 응하였다고 하셨다. 그 때 동네 사람들은 예수를 배척하여 동네 밖으로 쫓아내고 산 낭떠러지로 끌고 가서 밀쳐 내리치려 하였으나 예수께서 저희 가운데로 지나서 가셨다(passing through their midst, 눅 4:30).

▸ **네 제자를 부르시다**

갈릴리 해변을 지나시다가 두 형제 베드로와 안드레에게 "나를 따라 오너라 내가 너희로 사람을 낚는 어부가 되게 하리라" 하시니 그들이 곧 그물을 버려두고 예수를 좇았다. 더 가시다가 부친과 함께 그물을 깁는 야고보와 요한을 보고 부르시니 그들이 곧 배와 부친을 버려두고 예수를 좇았다(마 4:18-22, 막 1:16-20, 눅 5:1-11). 누가복음 5장은 이들을 부르신 것에 대하여 좀 더 자세히 기록한다. 그곳은 게네사렛 호숫가인데, 예수께서 시몬 베드로의 배에 올라 조금 띄기를 청하시고 앉으셔서 무리를 가르치신 후에 배 임자인 시몬 베드로에게 "깊은 데로 가서 그물을 내려 고기를 잡으라" 하셨다. 시몬은 말씀대로 순종하여 두 배에 가득 차도록 고기를 잡은 후에 예수의 무릎 아래 엎드려 말했다. "주여, 나를 떠나소서. 나는 죄인이로소이다." 그와 함께 있던 모든 사람이 고기가 잡힌 것을 보고 놀랐고, 세배대의 아들 야고보와 요한도 놀랐다. 이에 예수께서는 "무서워 말라. 이제 후로는 네가 사람을 취하리라." 하셨고, 그들은 배들을 육지에 대고 모든 것을 버려두고 예수를 좇았다. 이렇게 누가는 마태나 마가보다 좀 더 상세하게 그들을 부르신 장면을 기록했다.

▸ **천국복음을 전파하시며 모든 병과 모든 약한 것을 고치시다**

마태는 그 후에 예수께서 온 갈릴리에 두루 다니시며 천국복음을 전하시고, 모든 앓는 자, 각색병과 고통에 걸린 자, 귀신들린 자, 간질하는 자, 중풍병자를 데려오니 저희를 다 고쳐주셨다고 말한다(마 4:23-25, 8:16-17). 누가는 4장 31-44절에서 귀신들린 사람을 고치신 것과 열병이 걸린 시몬의 장모를 고치신 것과 각색병자를 고치신 일을 자세히 기록했다(마 8:14-17). 마가복음 1장 21-39절에도 귀신을 쫓아내신 일과 문둥병자를 고치신 일 등이 상세히 기록되어 있다.

▸ **열두 제자를 부르시다**

누가복음 6장 12-16절은 예수께서 제자들을 부르시고 그 중에서 열둘을 택하여 사도라 칭하신 것을 말한다(마 10:1-4). 그들은 베드로라고 하는 시몬과 그 형제 안드레, 야고보와 요한, 빌립과 바돌로매, 마태와 도마, 알패오의 아들 야고보와 및 셀롯이라 하는 시몬과 야고보의 아들 유다와 및 예수를 판 가룟 유다이다(막 3:13-19). 그분은 제자들을 불러 사도로 세우시기에 앞서 밤이 맞도록 기도하셨다(눅 6:12).

▸ **산상수훈**

마태복음 5-7장은 예수께서 산에 올라가 제자들을 가르치신 내용이며, 이를 우리는 산상보훈(Sermon on the Mount)이라고도 한다. 누가복음 6장에도 기록되어 있으나 이에 대해서는 마태복음이 더 자세하다(마 5:1-7:29, 눅 6:12-49). 마태복음 5장은 여덟 가지 복으로 시작한다. 더 정확하게 말하면 아홉 가지 복이다. "심령이 가난한 자는 복이 있나니 천국이 저희 것임이요". 누가복음에서는 다만 "가난한 자는 복이 있나니 하나님의 나라가 저희 것임이라"고 한다. 천국과 하나님의 나라는 동의어로 쓸 수도 있고 구분할 수도 있다. 오순절로부터 시작된 하나님의 나라(천국)는 가난한 자들의 것이며, 애통하는 자, 온유한 자, 의에 주리고 목마른 자, 긍휼히 여기는 자, 마음이 순수한 자, 화평케 하는 자, 의를 위하여 핍박을 받는 자에게 복이 있다고 말한다. 이 여덟 가지에다 "나를 인하여 너희를 욕하고 핍박하고 거짓으로 너희를 거스려 모든 악한 말을 할 때에는 너희에게 복이 있나니 기뻐하고 즐거워하라 하늘에서 너희 상이 큼이라"는 복이 더해져 아홉 가지가 된다. 이런 사람들이 이 시대에 천국 사람들이다. 즉 천국 사람들은 마음이 순수하고 사람들을 화평케 하며 긍휼히 여기며 남을 핍박하는 자들이 아니라 핍박을 받는 자들이며 많은 악한 말을 듣는 자들이다.

이러한 자들은 세상의 빛이 되고 소금이 된다. 또한 천국의 특징은 의이다. 주 예수님은 "너희 의가 서기관과 바리새인보다 낫지 않으면 천국에 들어가지 못한다"고 하셨다. 이를 통해 우리는 이 구절의 천국이 다만 믿고 구원받아서 들어가는 것과는 좀 다른 것을 발견한다. 천국에는 큰 자와 작은 자가 있다고 말한다. 계명의 작은 것까지 소홀히 여기지 않고 지키는 자들은 천국에서 큰 자가 되고 작은 계명이라도 버리는 자는 작다고 일컬음을 얻게 되리라고 말씀하신다.

또한 마태복음 5장 21절부터는 천국에 들어가지 못하는 자들이 있음을 알려준다. 이는 믿지 않아서가 아니라 의를 행하지 않기 때문이다. 또 21-26절은 형제와 화목하는 문제를 다룬다. 이 부분은 이방인들에게 말하는 것이 아니다. 분명 구원받은 형제에게 말하는 것이다. 심지어 형제를 '라가'라 하는 자는 공회에 잡히게 되고, 미련한 자(모레)라 하는 자는 지옥불에 들어가게 되리라고 한다(마 5:22). '모레'라는 말은 배역자라는 뜻이다. 또한 오른손이 너를 실족케 하거든 찍어 내버리라고 한다. 백체 중 하나가 없어지고 온 몸이 지옥에 던지우지 않는 것이 유익하다고 말한다. 이는 어떤 믿는이들은 천국에 들어가지 못할 뿐 아니라 지옥에 던져질 수도 있다는 말이다. 26절에는 거기서 나오지 못하는 자가 있다. 어떤 자들인가? 호리라도 갚지 않고 남겨놓은 자들이다. 여기서 우리는 예수를 믿고 죄 용서함을 받았지만 다시 죄를 범하는 사람을 보게 된다. 형제들을 미워하여 분노하고, 쓸모없는 놈(라가)이라 하고, 바보 또는 배역자(모레)라는 모멸적인 언행을 하고, 음행을 하거나 음행한 연고 없이 아내를 내어버리는 등의 죄를 짓는 자는 공회에 잡히거나 지옥불에 들어가는 징계를 당하게 된다.

어떤 학자들은 한 번 구원을 받고 죄 용서를 받은 자들은 죄를 짓는다 해도 상은 받지 못할지라도 징계를 받지는 않는다고 말한다. 그러나 성경은 그렇게 말하지 않는다. 그 징계의 기간이 얼마인지 모르지만 지옥불의 고통을 당하게 된다. 5장 26절에서는 '호리라도 남김이 없이 다 갚기 전에는 거기서 나오지 못하리라'고 하는데, 이는 영원토록 나올 수 없는 형벌의 처소인 불못과는 다른 곳임을 암시한다. 마태복음 5장의 지옥불은 뭔가 다 청산하고 갚으면 거기서 나올 수 있는 것처럼 말하고 있기 때문이다. 따라서 마태복음 5장의 산상수훈은 천국법령에 합당하게 행하면 상이 있으며('천국이 저희 것임이라', '상이 클 것이요'), 반면에 형제 간의 혐의를 풀지 않거나, 형제를 미워하거나, 형제에게 노하거나, 함부로 무익한 놈, 배역자라고 욕하거나, 음행 등의 죄를 지으면 그 날에 벌을 받게 됨을 말하고 있다. 주님은 "오른 눈이 너를 실족게 하면 빼어 내버리라 네 백체 중 하나가 없어지고 온 몸이 지옥에 던지우지 않는 것이 유익하니라"고 하신다. 불신자의 경우는 두 눈을 다 빼내도 지옥에 간다. 따라서 이는 분명 믿는이들에 대한 징계를 말한다. 야고보 사도는 신약의 성도들에게 자유의 율법으로 심판을 받을 자처럼 말과 행동을 하라고 권고했다(약 2:12). 신약의 성도들에게 가장 큰 계명은 이웃에 대한 사랑이다.

5장 38절 후반은 의를 행하는 수준을 말해주는데, 이는 신약의 의의 표준이 구약의 율법('이에는 이로, 눈에는 눈으로')의 표준보다 훨씬 높다는 것을 보여준다, 그 대표적인 말씀이 원수를 사랑하라는 말씀이다. 구약에서는 이웃을 사랑하고 원수를 미워하면 되었다. 또한 구하는 자에게 주라고 하시며, 어떤 사람이 고소를 해서 너의 속옷을 가지고자 하면 겉옷까지도 내어주라고 하신다. 이 모든 말씀은 거듭남으로 그리스도의 생명을 얻고 그 생명으로 사는 사람들이 아니면 불가능한 일이다. 천국 백성이 마땅히 도달해야 할 의의 수준은 "하늘에 계신 너희 아버지의 온전하심과 같이 너희도 온전하라"이다(마 5:48). 마태복음 5장에서 강조되는 것은 의인데, 결국 그 의는 사랑과 하나이다(마 5:43-46).

6장은 기도든 구제든 금식이든 내면의 진실이 없는 외식적인 종교 활동에는 상이 없음을 말한다. 5-6장에는 천국과 관련하여 상(償)이란 단어가 많이 강조되고 있는데, 이 구절들을 읽어보면 하나님의 상급에는 두 가지가 있다. 하나는 이 시대에 받는 것이고("너희 상을 이미 받았느니라"), 또 하나는 "은밀한 중에 보시는 아버지께서 갚으시는" 것이다. 이는 분명 이 시대의 보상을 가리키는 것이 아니며 또 기도의 응답을 가리키는 것만도 아니다. 왜냐하면 마태복음 5-7장의 산상수훈은 천국복음으로서 그 상이 하늘의 것임을 강조하기 때문이다. 기도를 잘 하면 장래 아버지로부터 상이 있게 된다. 가장 탁월한 기도의 본은 주님이 친히 가르쳐주신 기도이다. 신자들은 마땅히 이 기도, 곧 왕국을 위한 기도를 해야 한다. 왕국이 임하기를, 하나님의 뜻이 이 땅에서 이루어지기를 원하는 기도이다.

마태복음 6장 후반은 천국 백성의 물질관에 대하여 말한다. 천국 백성은 하루하루 먹고 살 수 있으면 족하다. 그것이 "일용할 양식을 주옵시고"의 뜻이며 또한 6장 34절에서 말하는 "내일 일은 내일 염려할 것이요 한 날 괴로움은 그 날에 족하니라"의 뜻이다. 천국 백성의 합당한 재물관은 무엇을 먹을까 무엇을 마실까를 염려하지 않는 것이다. 주님은 우리의 보물이 있는 곳에 우리의 마음이 있다고 하신다. 사람은 하나님과 재물을 겸하여 섬기지 못한다. 천국 백성은 그 마음이 물질에 있지 않고 하늘에 있고 하나님께 있다. "너희는 먼저 그의 나라(왕국)와 의를 구하라 그리하면 이 모든 것을 너희에게 더하시리라". 먹고 사는 것을 염려하는 삶은 천국 백성의 표시가 아니다(마 6:34).

7장은 천국 백성의 사람에 대한 태도를 말한다. 예리하게 형제를 비판하고 헤아리는 것은 천국 백성의 표가 아니다. 귀한 것을 돼지나 개에게 주지 말라고 하신다. 성경에서 돼지는 부정한 짐승이고 개는 육체로 행하는 자들을 뜻한다. 천국 백성은 구하고 찾고 두드리어 하나님께 구하는 바를 얻는 자들이다. 무엇을 찾고 구하고 두드리는가? 의와 왕국이다. 좁은 길로 가는 것이다. 과연 십자가의 길, 좁고 협착한 길을 가기 위해 얼마나 간절히 구하고 찾고 두드리는가! 주님은 천국의 길에서 조심하고 경계해야 할 것이 있는데 곧 신자들을 가르치고 인도한다는 거짓 교사들과 거짓 선지자들이라고 하신다. 어떻게 그들을 분별하는가? 열매로 안다. 열매는 그들의 행위가 아니라 가르침이다.

또한 이 길에서 조심해야 할 것이 있다. 주님의 말씀을 듣고 행하는 것이다. 주여, 주여 한다고 해서 다 천국에 들어가는 것이 아니라 하나님 아버지의 뜻대로 행하는 자라야 들어간다. 천국에 들어가는 문제는 주님의 이름을 부를 뿐 아니라 하나님의 뜻대로 행해야 하는 것이다. 그 날 주님이 오셨을 때 많은 사람들이 주님께 거절될 것인데, 이는 그들이 입술로는 주여, 주여 하면서 하나님의 뜻이 아닌 자신들 임의로 행하였기 때문이다. 그들은 나름 귀신을 쫓아내고 능력을 행하며 선지자 노릇을 했다고 하는데, 주님은 그런 자들에게 "내가 너희를 도무지 알지 못하니 불법을 행하는 자들아 내게서 떠나가라" 하실 것이다(7:23). 어리석은 자들은 뭔가를 열심히 행하나 주님의 뜻보다는 자신의 임의이며, 이는 마치 모래 위에 집을 짓듯이 일생 헛된 일을 한다. 그것은 기초가 부실하여 그날 주님의 시험하시는 불을 감당하지 못한다.

▸ 시인되는 자들과 부인되는 자들

마태복음 10장에는 그날 주님 앞에 시인되는 자들이 있고 부인되는 자들이 있다. "몸은 죽여도 영혼은 능히 죽이지 못하는 자들을 두려워하지 말고 오직 몸과 영혼을 능히 지옥에 멸하시는 자를 두려워하라 참새 두 마리가 한 앗사리온에 팔리는 것이 아니냐 그러나 너희 아버지께서 허락지 아니하시면 그 하나라도 땅에 떨어지지 아니하리라 너희에게는 머리털까지 다 세신 바 되었나니 두려워하지 말라 너희는 많은 참새보다 귀하니라 누구든지 사람 앞에서 나를 시인하면 나도 하늘에 계신 내 아버지 앞에서 저를 시인할 것이요 누구든지 사람 앞에서 나를 부인하면 나도 하늘에 계신 내 아버지 앞에서 저를 부인하리라". 누가복음에 병행구절이 있다. "내가 또한 너희에게 말하노니 누구든지 사람 앞에서 나를 시인하면 인자도 하나님의 사자들 앞에서 저를 시인할 것이요 사람 앞에서 나를 부인하는 자는 하나님의 사자들 앞에서 부인함을 받으리라"(눅 12:8-9). 마태복음 5장과 누가복음 12장, 요한계시록 3장을 읽으면 결국 시인되고 부인되는 일이 주 예수님의 재림 시에 일어나는 일임을 알 수 있다.

그러나 바울 사도는 디도서에서 입으로만 하나님을 시인하는 것은 참되게 시인하는 것이 아니라고 말한다. "저희가 하나님을 시인하나 행위로는 부인하니 가증한 자요 복종치 아니하는 자요 모든 선한 일을 버리는 자니라"(딛 1:16). 마태복음 7장에서 많은 사람들이 그 날 주님 앞에서 부인되는 광경을 보게된다. 그것은 그들이 주의 일을 하지 않았거나 입술로 주님을 부인했기 때문이 아니다. 그들은 아버지의 뜻대로 섬긴 것이 아니라 임의로 주님의 이름으로 선지자 노릇을 하고 많은 권능을 행하고 귀신을 쫓아내는 등의 일을 했다. 주님은 그날에 그런 사람들의 수가 많을 것이라고 하셨다. "그 날에 많은 사람이 나더러 이르되 주여 주여…행치 아니하였나이까 하리니". 주님은 그 날에 저희에게 밝히 말씀하시기를 "내가 너희를 도무지 알지 못하니 불법을 행하는 자들아 내게서 떠나가라" 하실 것이다(마 7:22-23).

이 일은 틀림없이 그리스도의 재림 시에 심판대에서 일어나는 일이다. 그때 천사들은 생명책을 들고 그리스도 앞에서 읽을 것이다. 금세의 주님을 시인하며 사는 사람들은 그 이름을 하나하나 부를 때 주 예수님께 인정되고, 그 이름이 생명책에서 흐려지지 않으며 하나님 아버지 앞과 천사들 앞에서 시인될 것이고, 주님을 시인하지 않은 사람들은 그 이름이 생명책에서 흐려지고 어두워질 것이다. 이것이 계시록 3장 5

절의 그 이름이 생명책에서 흐려진다는 뜻이리라! 그리고 그들은 흰옷을 입지 못한다. 흰 색이란 인정됨을 의미한다. 사데의 이기는 자들은 흰옷을 입었는데 이처럼 그 날 주님 앞에 흰옷을 입은 자들은 왕국에서 주님과 왕노릇할 자들이다(계 19:14-15). "이기는 자는 이와 같이 흰 옷을 입을 것이요 내가 그 이름을 생명책에서 반드시 흐리지 아니하고 그 이름을 내 아버지 앞과 그 천사들 앞에서 시인하리라"(계 3:5). "하늘에 있는 군대들이 희고 깨끗한 세마포를 입고 백마를 타고 그를 따르더라…친히 저희를 철장으로 다스리며"(계 19:14-15)

▸ 예수께서 병자들을 고치시다

마태복음 8장에는 문둥병자를 고치신 일이 나온다. 문둥병자는 예수께 나아와 "원하시면 저를 깨끗케 하실 수 있나이다"라고 했고, 주 예수님은 손을 내밀어 환자에게 대시며 "내가 원하노니 깨끗함을 받으라" 하셨다. 주 예수님은 우리가 치료받기를 '원하신다'. 또 가버나움에 가셨을 때 주님은 백부장의 하인의 중풍병을 고쳐주셨다. 주님은 이방인인 백부장의 믿음을 칭찬하셨으며, 그 날 천국에서 나라의 본 자손들은 바깥 어두운 데 쫓겨나 거기서 울며 이를 갈 것이고 여기 백부장처럼 믿음이 좋은 많은 이방인들이 아브라함과 이삭과 야곱과 함께 천국에 앉을 것이라고 하셨다(마 8:10-11, 눅 7:1-10). 백부장은 주 예수님을 대면하여 보지 못하였으나 말씀으로 관계를 맺고 믿은 이방인들을 대표한다(벧전 1:8).

예수께서는 그의 믿음을 귀히 여기시면서 "이스라엘 중 아무에게서도 이만한 믿음을 만나보지 못했다"고 하셨다. 그리고 그날 동서로부터 많은 사람이 와서 아브라함과 이삭과 야곱과 함께 천국 잔치에 참여할 것이지만 정작 나라의 본 자손들은 바깥 어두운 데 쫓겨나 거기서 울며 이를 갊이 있으리라고 하셨다(8:11-12). 우리는 여기서 주 예수님이 논하시는 천국이 현 세대가 아닌 그리스도의 재림과 더불어 오는 내세임을 알게 된다. 아브라함 이삭 야곱과 함께 하는 천국 잔치라고 하지 않는가! 내세에 왕국에 참여하지 못하고 슬피 울며 이를 가는 자들이 있다는 것이 마태복음의 분명한 계시이다(마 24:51, 25:30).

▸ 중풍병자를 고치시다

마태복음 9장은 예수께서 침상에 누운 채로 데려온 중풍병자를 고치신 일을 말한다. 예수께서 그에게 "네 죄 사함을 받았느니라!"고 말씀하시자 곁에 있던 어떤 서기관들은 속으로 주님을 참람하다고 생각했다. 그러나 주님은 병자를 데려온 그들에게 믿음이 있는 것을 보시고 죄 사함을 선포하신 것이다. 예수께서는 그 서기관들의 생각을 아시고 어찌하여 마음에 악한 생각을 하느냐고 하시면서 "네 죄 사함을 받았느니라 하는 말과 일어나 걸어가라 하는 말이 어느 것이 쉽겠느냐"고 하셨다. 그러나 예수께서 이렇게 말씀하신 것은 인자에게 세상에서 죄를 사하는 권세가 있는 줄을 그들로 알게 하려 함이었다고 하신다(마 9:1-8, 막 2:1-12, 눅 5:17-26).

▸ 세리 마태(레위)를 부르시다

중풍병자를 고치신 후 거기를 떠나 지나가시다가 마태라는 사람이 세관에 앉은 것을 보시고 "나를 좇으라!" 하시니 그가 곧 일어나 예수를 좇았다. 예수께서 마태의 집에 앉아 음식을 잡수실 때에 많은 세리와 죄인들이 와서 예수와 그 제자들과 함께 앉았는데, 바리새인들이 이 광경을 보고 제자들에게 "어찌하여 너희 선생은 세리와 죄인들과 함께 잡수시느냐"고 하였다. 그 때 예수께서 들으시고 "건강한 자에게는 의원이 쓸데 없고 병든 자에게라야 쓸데 있느니라" 하시면서 "너희는 가서 내가 긍휼을 원하고 제사를 원치 아니하노라 하신 뜻이 무엇인지 배우라 내가 의인을 부르러 온 것이 아니요 죄인을 부르러 왔노라" 하셨다(마 9:9-13, 막 2:13-17, 눅 5:27-32).

▸ 금식에 대하여

요한의 제자들이 예수께 와서 자기들과 바리새인들은 금식하는데 어찌 예수님의 제자들은 금식을 하지 않느냐고 물었다. 그 때 예수께서 혼인집 손님들이 신랑과 함께 있을 때 어떻게 슬퍼할 수 있느냐고 하시면서 그러나 신랑을 빼앗길 날이 올 것인데 그 때는 금식하게 될 것이라고 하셨다. 예수님은 혼인집 신랑으로 오셨다. 이는 세례 요한도 말한 바이다(요 3:29). 혼인집 사람들은 혼인집 신랑으로 더불어 마땅히 즐거워해야 한다. 그러나 유대인들은 예수를 배척했고 따라서 그들은 신랑을 잃은 것이니 금식하며 애통하는 것이 마땅했다. 생베와 새 포도주는 신약의 믿는이들이 예수를 믿음으로 얻은 새 생명을 말한다. 그리스도께서는 사람에게 지키라고 주신 율법을 보완하러 오신 것이 아니라 아예 새 생명을 주셔서 새 생활을 할 수 있게 하셨다.

▸ 안식일에 대하여

금식에 대한 주님의 말씀에 이어 마가복음과 누가복음에는 바로 안식일에 대한 말씀이 나온다. 안식일 날 제자들이 밀밭 사이로 지나가다가 배가 고파서 이삭을 잘라 먹는 것을 본 바리새인들이 '저희가 안식일에 하지 못할 일을 한다'고 한 것이다. 그러자 예수께서 다윗이 아비아달 제사장 때에 제사장 외에는 먹지 못하는 진설병 먹은 것을 이야기하시며 "안식일은 사람을 위하여 있는 것이지 사람이 안식일을 위하여 있는 것이 아니다"고 하셨다. 그러면서 주 예수님은 "인자는 안식일에도 주인이니라"고 하셨다(마 12:1-8, 막 2:23-28, 6:1-5).

▸ 손 마른 사람을 고치시다

예수께서 안식일에 회당에 들어가셨는데 거기 한편 손 마른 사람이 있었다(마 12:9-14, 막 3:1-6, 눅 6:1-5). 사람들이 예수를 송사하려고 물었다. "안식일에 병 고치는 것이 옳습니까?" 그들은 손 마른 사람이 치료되는 것보다도 문자적으로, 종교적으로 안식일을 지키는 일을 더 관심하였다. 예수께서는, "너희 중에 어느 사람이 양 한 마리가 있는데 그 양이 구덩이에 빠졌으면 붙잡아내지 않겠느냐"고 하시면서 사람이 양보다 얼마나 더 귀하냐고 하셨다. 그러므로 안식일에 선을 행하는 것이 옳다고 하시면서 그 손 마른 사람을 고쳐주셨다.

▸ 사람들 가운데 명성이 높아지시다

예수께서 사람들의 병을 고쳐주시자 많은 사람들이 예수를 좇기 시작했다(마 12:15-21, 막3:7-12). 그러나 예수님은 많은 병자를 고쳐주시면서도 그분을 나타내지 말라고 경계하셨다(예수님은 들레지 아니하시고, 다투지 아니하시며, 아무도 길에서 그의 소리를 듣지 못하였다). 그분은 상한 갈대를 꺾지 아니하시고 꺼져가는 심지를 끄지 않으시는 분이다. 이는 이사야 선지자가 예언한 바대로다(사 42장).

▸ 나인 성 과부의 죽은 아들을 살리시다

나인 성은 가버나움에서 한 나절 거리에 있다. 예수께서 그 성으로 가실 때 제자들과 허다한 무리가 동행했는데, 그 성에서 사람들이 한 죽은 자를 메고 나오는 것이었다. 그는 어미의 독자요 그 어미는 과부였다. 주님은 과부를 보시고 불쌍히 여기시며 울지 말라 하시고 가까이 오셔서 그 관에 손을 대시고 "청년아, 네게 말하노니 일어나라!" 하셨다. 그 때 죽었던 자가 일어나 앉고 말도 하니 예수께서 아이를 어미에게 주셨다. 이를 보고 모든 사람이 두려워하며 큰 선지자가 우리 가운데 일어났다고 하였다. 이 기록은 누가복음에만 있다(눅 7:11-17).

▸ **한 여자가 예수의 발에 향유를 붓다**

누가복음 7장 36-50절의 내용이다. 여기에 나오는 여인은 마태복음 26장의 마리아와 다른 사람이다. 마태복음의 향유를 부은 사건은 베다니에서 있었던 일이고 여기는 갈릴리이다. 이 여자는 동네에서 알려진 죄인이었는데, 예수께서 한 바리새인의 집에 초청을 받아 식사하실 때 예수의 뒤로 와서 그 발 곁에 서서 울며 눈물로 그 발을 적시고 자기 머리털로 씻고 그 발에 입 맞추고 향유를 부은 것이다. 그 때 바리새인은 속으로 예수를 판단했다. '예수께서 진짜 선지자라면 그 여자가 어떤 죄인인지 알았을 텐데 자신의 발을 만지게 그냥 두다니!' 그 때 예수께서 바리새인 시몬에게 두 빚진 자의 비유를 하시면서 "빚을 주는 사람에게 두 빚진 자가 있어 하나는 오백 데나리온을 졌고 하나는 오십 데나리온을 졌는데 갚을 것이 없어서 둘 다 탕감하여 주었으니 둘 중에 누가 더 저를 사랑하겠느냐"고 하셨다. 바리새인은 예수님을 집으로 초대하여 접대는 하였지만 그 마음이 냉랭했다. 그러나 여인은 한없는 감사와 눈물로 예수님의 발을 적시고 자기 머리털로 씻고 그 발에 입 맞추고 향유를 부었다. 주 예수를 믿는 사람들 가운데에는 이렇게 두 종류가 존재한다. 예수께서는 "사함을 많이 받은 자는 많이 사랑하고 사함을 받은 일이 적은 자는 적게 사랑하느니라" 하시고, 그 여인에게 "네 죄 사함을 얻었느니라" 하셨다. 이처럼 믿음은 사랑의 문제이다.

▸ **부녀들이 자기 소유로 예수의 복음 활동을 돕다**

누가복음 8장에서부터 주 예수님의 복음 전파 사역은 각 성과 촌으로 확장되었다. 그 때 일곱 귀신이 나간 막달라 마리아와 헤롯의 청지기 구사의 아내 요안나와 또 수산나와 다른 여러 여자들이 함께하여 자기들의 소유로 저희를 섬겼다(눅 8:1-3). 이 사실은 누가복음에만 기록되어 있다. 성경에서 여인들이 주 예수를 대적하고 배반한 기록이 없는 것은 기이하다. 주님을 진실로 사랑한 사람들 중에는 여자가 많다. 구약의 에스더가 그러하고, 룻이 그러하다. 신약에도 주님을 많이 사랑한 자 중에 막달라 마리아가 있다. 어쨌든 주님을 물질로 섬긴 자들은 특별히 여자들이었다.

▸ **귀신을 쫓아내신 일로 바리새인들과 변론하시다**

예수께서 귀신들려 눈멀고 벙어리 된 자를 고쳐주시니 벙어리가 말하고 보게 되었다(마 12:22-45, 막 3:20-30, 눅 11:14-28). 이는 매우 놀라운 기적이다. 특별히 소경된 자의 눈을 뜨게 하는 일은 매우 놀랍고 신기한 기적이며 창조주가 아니시라면 불가능한 일이다. 그러나 바리새인들은 비웃으면서, "귀신의 왕 바알세불을 힘입지 않고는 귀신을 쫓아내지 못한다"고 했다. 주님은 그들의 생각을 아시고 만일 사단이 스스로 분쟁하면 그 나라가 어떻게 서겠느냐 하시면서 "내가 만일 하나님의 성령으로 귀신을 쫓아내는 것이면 하나님의 나라가 이미 너희에게 임하였다"고 하셨다. 하나님의 왕국은 귀신의 세력이 쫓겨나고 그리스도께서 권위를 가지시는 곳에 임한다. 주님은 강한 자를 결박하였기에 귀신을 쫓아내신 것이다.

▸ 누가 예수의 모친이요 형제들인가

예수께서 말씀하실 때 예수의 모친과 형제들이 예수를 찾으러 왔다(마 12:46-50, 막 3:31-35, 눅 8:19-21). 당시 예수의 형제들조차 예수를 믿지 않고 염려하는 것이 있었다(요 11:5). 그 때 예수께서 "누구든지 하늘에 계신 내 아버지의 뜻대로 하는 자가 내 형제요 자매요 모친이니라" 하셨다. 오늘 우리가 하늘에 계신 아버지의 뜻대로 행한다면 그분의 참 가족이다.

▸ 씨 뿌리는 비유

마태복음 13장, 마가복음 4장, 누가복음 8장에는 씨 뿌리는 비유가 나온다. 가장 자세한 기록은 마태복음에 있다. 이 말씀은 주 예수께서 바닷가에서 배에 올라 해변의 무리에게 하신 말씀이다. 먼저는 네 종류의 밭에 떨어진 씨에 대해 말씀하신다. 씨를 뿌리는 자가 나가서 씨를 뿌릴 때 더러는 길가에 떨어지니 새들이 와서 쪼아 먹어 버렸다. 이는 말씀을 들으나 깨닫지 못할 때 악한 자가 와서 마음에 뿌려진 씨를 빼앗는 것이다. 씨가 돌밭에 떨어졌다는 것은 말씀을 받을 때에는 즉시 기쁨으로 받지만 속에 뿌리가 없어서 잠시 견디다가 말씀을 인하여 환난이나 핍박이 일어나는 때는 곧 넘어지는 자를 말한다. 씨가 가시떨기에 뿌려졌다는 것은 말씀을 들으나 세상의 염려와 재리의 유혹에 기운이 막혀 결실치 못하는 자이다. 씨가 좋은 땅에 뿌리웠다는 것은 말씀을 듣고 깨닫는 자이니(understand), 혹 백 배, 혹 육십 배, 혹 삼십 배의 결실을 하게 된다. 누가복음에는 착하고 좋은 마음으로 말씀을 듣고 지키어 결실케 하는 자라고 했다(눅 8:15). 마가복음에서는 말씀을 듣고 받아(accept) 삼십 배, 육십 배, 백 배의 결실을 하게 된다고 하였다. 그리고 씨 뿌리는 비유에 더하여 좀 더 말씀한 것이 있는데, 하나님의 나라는 사람이 씨를 땅에 뿌림과 같아서 그가 밤낮 자고 깨고 하는 중에 씨가 나서 자라되 그 어떻게 된 것을 알지 못하며, 땅이 스스로 열매를 맺되 처음에는 싹이요, 다음에는 이삭이요, 그 다음에는 이삭에 충실한 곡식이며, 열매가 익으면 곧 낫을 대는데 이는 추수 때가 이르렀기 때문이라고 하신다(막 4:26-29).

이렇게 천국은 씨를 뿌려서 그 씨가 자라나 열매를 맺음으로 이루어지는데 그 결국은 추수이다. 계시록 14장에 추수의 상황이 기록되어 있으며, 이 추수 때는 그리스도의 재림시이다(계 14:14-16). 마가복음서에는 천국의 씨의 자람이 점진적이고 자동적이고 은밀하게 이루어짐으로 시간이 걸린다고 말하며, 또한 듣는 것이 중요함을 강조한다. "귀 있는 자는 들으라", "너희가 무엇을 듣는가 스스로 삼가라" 하시며(막 4:24), "있는 자는 더 받을 것이요 없는 자는 그 있는 것까지 빼앗기리라" 하신다. 마태복음에는 말씀에 대한 이해가 강조되어 있는 반면, 마가복음에는 말씀을 받아들이는 것의 중요성이 강조되어 있다.

마가복음에는 씨 뿌리는 비유 외에 겨자씨 비유가 있고, 마태복음에는 씨 뿌리는 비유에다 천국의 비유 세 가지를 더하여 총 일곱 개의 비유가 있다. 바닷가에서 네 가지 비유, 집에 들어오셔서 세 가지 비유를 말씀하신 것이다. 두 번째는 알곡과 가라지의 비유가 있는데, 교회 시대에 알곡이 있을 뿐 아니라 가라지들이 있다는 뜻이다. 결과는 언제 드러나는가? 주님의 재림시, 곧 추수 때이다. 그 때 두 결과가 나타나는데, 가라지는 풀무불에 던져져 거기서 슬피 울며 이를 갈게 되고, 알곡들(의인들)은 자기 아버지 나라에서 해와 같이 빛나게 된다(마 13:42-43).

그 외에도 마태복음에는 겨자씨 비유, 고운 가루와 누룩의 비유, 밭에 감춰인 보화 비유, 좋은 진주를 구하는 장사의 비유, 바다에 치고 각종 물고기를 모는 그물의 비유가 있다. 누가복음 8장에는 씨 뿌리는 비유만 기록되어 있다.

▸ 풍랑을 잠잠케 하시다

주님은 큰 무리가 그분을 에워싸자 바다 저편으로 건너가자고 하셨다(마 18:18-27). 그 때 어떤 서기관이 주 예수께서 어디로 가시든지 따르겠다고 하자 주님은 여우도 굴이 있고 공중의 새도 거처가 있으나 인자는 머리 둘 곳이 없다고 하셨다. 어쩌면 그 서기관은 예수께서 큰 능력을 행하시고 또 무리가 따르는 것을 보고서 그분을 따르고자 했던 것 같다. 예수께서는 큰 무리를 떠나실 뿐 아니라 그렇게 외적인 것을 보고 그분을 추종하려는 자들을 물리치신다. 그러나 한 제자가 부친을 장사하고 와서 따르겠다고 할 때는 '죽은 자들로 저희 죽은 자를 장사하게 하고 너는 나를 좇으라' 하셨다. 주 예수님은 누가 진심으로 자기를 따르고자 하는지를 아신다.

제자들과 함께 배에 오르셨을 때 큰 파도가 일어나 풍랑이 배에 덮이게 되자 제자들은 주무시는 주 예수님을 깨우며 '주여, 우리가 죽겠나이다.' 하였다. 그때 예수께서 일어나 바람과 바다를 꾸짖으시니 아주 잔잔하게 되었다. 주님이 이미 '저편으로 건너가자.' 말씀하셨기 때문에 제자들은 그 말씀을 믿고 안식해야 했다.

▸ 거라사(가다라) 지방의 귀신들린 사람을 고치시다

예수께서 제자들과 바다를 건너 이르신 곳은 가다라(마가와 누가는 '거라사'라고 함) 땅이다. 그곳에 군대 귀신들린 사람이 있었는데, 마태는 두 사람이라 하고 마가와 누가는 한 사람이라고 했다. 귀신들린 사람은 무덤 사이에 있으면서 아무도 그 길로 지나가지 못하게 사납게 굴었다. 이 구절을 통해서 알 수 있는 것은, 귀신 들린 사람은 괴력이 있다는 것과 보통 사람이 알 수 없는 것을 안다는 것이다. 귀신은 예수께서 하나님의 아들이신 것을 알았고, 자신을 사람 몸에서 쫓아내려고 오신다는 것을 알았다. 또 귀신들은 한 사람 안에도 수천 마리가 들어갈 수 있으며, 할 수 있는 대로 물속보다는 돼지라 하더라도 생물체의 몸 속에 들어가 존재하기 원하는 것을 볼 수 있다. 여기서 귀신들은 예수께 '만일 우리를 쫓아내시려거든 돼지 떼에 들여보내달라'고 하였다. 예수께서 귀신들의 말대로 허락하시니 이천 마리가 넘는 돼지 떼가 비탈로 내리달아 바다에 들어가서 몰살했다. 이를 통해 우리는 귀신들이 단순한 짐승들과는 호흡이 잘 맞지 않고 사람들을 기만하여 괴이하고 사악하게 만들고자 한다는 것을 알게 된다. 귀신들은 원래 인간 이상으로 영악한 존재였던 것이다.

귀신이 쫓겨나가자 군대 귀신 들렸던 자는 옷을 입고 정신이 온전하여 예수의 발아래 앉아 있었다. 한 가지 기이한 일은, 귀신 들린 자를 고쳐주고 돼지치기(유대인들에게는 부정한 직업임)를 처리해주신 주 예수님에게 거라사 인들은 그 지방에서 떠나시라고 했다는 것이다. 사람들이 빛과 진리보다 어두움과 비진리를 더 좋아하는 것은 예나 지금이나 동일하다. 아마도 귀신들은 예수께서 바다를 건너 거라사 땅으로 오고 계실 때 이미 자기들을 쫓아내어 무저갱으로 들어가게 하실 것을 알았을 것이고, 따라서 예수께서 오시는 것을 방해하기 위해 공중의 악한 세력과 합세하여 바다에 거센 풍랑을 일으켰을 것이다(마 8:28-34, 막 5:1-20, 눅 8:26-39).

▸ 혈루증 걸린 여인을 고치시고 야이로의 딸을 살리시다

예수께서 거사라 인의 땅에서 돌아오시니 무리가 환영했다. 이때 회당장인 야이로라는 하는 자가 와서 예수의 발아래 엎드려 자기 집에 오시기를 구했다. 자기 딸이 죽어가는데 살려달라는 것이었다. 예수께서는 제자들과 함께 그를 따라 가셨는데, 도중에 열두 해를 혈루증으로 앓던 여자가 예수의 뒤로 와서 그분의 겉옷 가를 만지고 나음을 얻었다. 마가는 이 일에 대하여 좀 더 자세하게 기록한다. 예수께서 그 능력이 자기에게서 나간 줄을 아시고 “누가 내 옷에 손을 대었느냐?” 하시니, 제자들은 무리가 에워싸 미는 것을 보시면서 ‘누가 내게 손을 대었느냐’ 물으시냐고 했다. 그 여자가 자신의 혈루 근원이 마른 것을 알고 두려워 떨며 예수 앞에 엎드려 모든 사실을 고하니 예수께서 “딸아, 네 믿음이 너를 구원하였으니 평안히 가라! 네 병에서 놓여 건강할지어다!”라고 하셨다. 이때에 회당장의 집에서 사람들이 와서 그의 딸이 죽었다고 고했는데, 주님은 회당장에게 두려워 말고 믿기만 하라고 하셨다. 그리고 아이 있는 곳에 들어가셔서 그 아이의 손을 잡고 “달리다굼!” 하시니 소녀가 일어났고, 사람들은 크게 놀랐다. 주님은 이 일을 아무도 알지 못하게 하라 하시고 소녀에게 먹을 것을 주라 하셨다(마 9:18-26, 막 5:21-43, 눅 8:40-56).

▸ 두 소경과 벙어리를 고치시다

예수께서 회당장의 죽은 딸을 살리시고 거기서 떠나가실 때 두 소경이 따라오며 “다윗의 자손이여! 우리를 불쌍히 여기소서!” 하고 소리 질렀다. 예수께서 그들에게 “내가 능히 이 일 할 줄을 믿느냐?” 물으시니 그들이 “그러합니다.” 하였고, 주님이 그들의 눈을 만지시며 “너희 믿음대로 되라!” 하시니 그들의 눈이 밝아졌다. 주님은 아무에게도 알리지 말라 하셨으나 그들이 나가서 그 온 땅에 전파하였다. 또한 예수께서 귀신 들려 벙어리 된 자를 고쳐주시니 무리가 말하기를, “이스라엘 역사 가운데 이런 일을 본 때가 없다.” 하되 바리새인들은 저가 귀신의 왕을 빙자하여 귀신을 쫓아낸다 하였다(마 9:27-34).

▸ 나사렛에서 다시 배척을 당하시다

마태복음 13장 53-58절은 예수께서 나사렛에서 다시금 멸시당하시고 배척당하신 일을 기록한다. 사람들은 예수님이 행하신 많은 기적을 보고 지혜로운 말씀을 들으면서 “그의 이런 일들이 어디서 났느냐 이는 목수의 아들이 아니냐 그의 형제들은 야고보, 요셉이고 그 누이들은 우리와 함께 있지 않느냐” 하고 예수를 배척하였다. 그러자 주 예수님은 선지자들이 자기 고향과 친척과 자기 집 외에서는 존경을 받지 않음이 없다 하시며 그들이 믿지 않으므로 그곳에서는 많은 능력을 행하실 수 없어 소수의 병자들만 안수하여 고치실 뿐이었고 저희의 믿지 않음을 이상히 여기셨다(막 6:1-6).

▸ 열두 제자를 세우시고 보내시다

이 시점에 예수께서는 제자들에게 권능을 주시며 천국복음을 전파하도록 보내셨다. 주님은 무리를 보시고 저희가 목자 없는 양과 같이 고생하며 유리하는 것을 민망히 여기시며 모든 병과 약한 것을 고쳐주셨다. 마태복음 10장은 예수께서 열두 사도들을 이스라엘 집의 잃어버린 양에게로 보내시며 주신 명령과 격려와 경계의 말씀이다. 주님이 보내신 제자들을 영접하는 것은 곧 그분을 영접하는 것이며 반드시 상을 얻게 된다. 제자들이 주님의 말씀을 듣고 각 마을에 두루 다니며 복음을 전하였고 병을 고쳤다(마 9:35-10:42, 막 3:13-19, 6:7-13, 눅 9:1-6).

◊ 제 4 부 갈릴리 사역을 마칠 때쯤 행하신 일

▸ 세례 요한의 죽음

지금까지 예수 그리스도와 제자들의 많은 역사(복음 전파, 귀신을 쫓아냄, 병자를 고침)를 통하여 예수의 이름이 크게 드러났다. 이때 유대의 분봉왕인 헤롯이 듣고 세례 요한이 살아나서 이런 능력이 예수 안에서 운동하는 것이 아닌가 하였다. 세례 요한이 헤롯의 손에 죽게 된 사실은 이러하다. 헤롯이 자기 동생의 아내 헤로디아를 아내로 취한 고로 요한은 그에게 동생의 아내를 취한 것이 옳지 않다 말하였고, 이로 인해 헤롯은 요한을 잡아 옥에 가두었으며, 어느 날 헤롯의 생일을 당하여 귀인들과 잔치할 때 헤로디아의 딸이 춤을 추어 사람들을 기쁘게 하자 헤롯은 '너의 원하는 것을 무엇이든지 구하라. 내 나라의 절반이라도 주리라.' 하였다. 그때 그녀의 어미 헤로디아는 요한의 머리를 달라 하라 했고, 헤롯은 근심하면서도 요한의 머리를 베어 오게 하여 그 어미에게 주었다. 요한의 제자들이 그의 시체를 가져다가 장사하였다. 누가복음 9장은 단 세 구절로 요한의 죽음을 기록하였다(7-9절).

▸ 오병 이어로 오천 명 이상 되는 무리를 배불리 먹이시다

주 예수님은 요한이 죽은 후에 그대로 그분의 사역을 지속해나가셨다. 예수께서는 음식 먹을 겨를도 없는 제자들이 잠간 쉬도록 배를 타고 따로 한적한 곳으로 가셨는데, 그 가는 것을 보고 무리가 도보로 달려서 따라왔다. 예수께서는 큰 무리를 보시고 목자 없는 양 같음을 인하여 불쌍히 여기시며 그들을 영접하시고 하나님 나라의 일을 이야기하시며 그 중에 있는 병자들을 고쳐주셨다. 날이 저물어가니 제자들이 예수께 나아와 "이곳은 빈들이요 때도 저물어가니 무리를 보내어 두루 마을과 촌으로 가서 유하며 먹을 것을 얻게 하소서." 하였다. 그때 주 예수님은 놀랍게도 "너희가 먹을 것을 주어라" 하셨다. 제자들은 "저희가 이백 데나리온의 떡을 살지라도 저들을 먹일 수 있겠습니까?" 하면서 그들에게 있는 것은 떡 다섯 개와 물고기 두 마리뿐이라고 했다. 예수께서는 무리를 오십 명씩 백 명씩 떼를 지어 앉게 하라 하시고 떡 다섯 개와 두 마리를 가지사 축사하시고 떼어 제자들에게 주어 무리 앞에 놓게 하시니 다 배불리 먹고 남은 떡 조각과 물고기를 열두 바구니에 차게 거두었다. 떡을 먹은 사람은 여자와 아이들 외에 오천 명이나 되었다(마 14:13-21, 막 6:30-44, 눅 9:10-17).

▸ 예수께서 바다 위를 걸으시다

이 일 후에 예수께서는 즉시 제자들을 재촉하여 배를 타고 앞서 건너 편 벳새다로 가게 하시고 그분은 기도하러 산으로 가셨는데, 저물어서 배는 바다 가운데 있고 예수는 홀로 뭍에 계시다가 바람이 거세져서 제자들이 괴로이 노 젓는 것을 보시고 밤 사경 즈음에 바다 위로 걸어서 저희에게 오셨는데, 제자들은 바다 위로 걸어오심을 보고 유령인가 하여 소리를 질렀다. 그때 예수께서 "안심하라, 내니 두려워 말라!" 하셨다. 특히 마태복음에는 주님이 배에 오르시기 전에 베드로가 주님께 구하여 바다 위를 걸어본 사건을 기록한다. 베드로는 바다 위를 몇 자국 걷다가 바람을 보고 무서워하여 물속으로 빠져들어가자 "주여, 나를 구원하소서!" 하고 소리 질렀다. 주 예수님은 즉시 손을 내밀어 저를 붙잡으시며 "믿음이 적은 자여, 왜 의심하느냐!" 하셨다. 베드로와 함께 주님이 배에 오르시매 바람은 그치고 배에 있는 사람들은 예수께 절하며 "당신은 진실로 하나님의 아들이십니다!" 하였다.

▸ 예수의 옷자락만 만져도 나음을 얻다

예수님과 그 일행은 바다를 건너가 게네사렛 땅에 이르렀는데, 그곳 사람들이 예수신 줄 알고 온 지방으로 두루 통지하여 모든 병자들을 예수께 데리고 와서 다만 예수의 옷가에라도 손을 대게 하시기를 간구했고 손을 대는 자는 다 나음을 얻었다(마 14:34-36, 막 6:53-56).

▸ 손 씻는 문제로 변론하다

그때 쯤 바리새인과 서기관들이 예루살렘으로부터 예수께 와서 "당신의 제자들은 어찌하여 장로들의 유전을 지키지 않고 떡 먹을 때에 손을 씻지 않습니까?"라고 했다. 그때에 예수께서 대답하시기를, "너희는 어찌하여 너희 유전으로 하나님의 계명을 범하느뇨 하나님이 이르셨으되 '네 부모를 공경하라 하시고 또 아비나 어미를 훼방하는 자는 반드시 죽으리라' 하셨거늘 너희는 가로되 누구든지 아비에게나 어미에게 말하기를 내가 드려 유익하게 할 것이 하나님께 드림이 되었다고 하기만 하면 그 부모를 공경할 것이 없다 하여 너희 유전으로 하나님의 말씀을 폐하는도다" 하셨다. 예수께서는 그들에게 매우 통렬한 두 가지 지적을 하셨다. 첫째는 이사야의 예언을 들어서 이것이 바로 "입술로는 나를 존경하되 마음은 내게서 멀도다 사람의 계명으로 교훈을 삼아 가르치니 나를 헛되이 경배하는도다"라는 말씀이다. 둘째는 입으로 들어가는 것이 사람을 더럽게 하는 것이 아니라 사람의 입에서 나오는 것이 사람을 더럽게 한다고 하셨다. 입으로 들어가는 것은 뒤로 내버려지지만, 입에서 나오는 것들은 마음에서 나오기 때문에 사람을 더럽게 한다고 하셨다. 사람의 마음에서 나오는 것은 악한 생각, 살인, 간음, 음란, 도적질, 거짓증거와 훼방이니 이런 것이 사람을 더럽게 하는 것이요, 씻지 않은 손으로 먹는 것은 사람을 더럽게 하지 못한다고 하셨다.

▸ 수로보니게 여자의 믿음

예수께서 두로와 시돈 지방에 가셨을 때 한 집에 들어가 아무도 모르게 하시려 하나 숨길 수 없었다. 그때에 이방인인 가나안 여자(헬라인이요 수로보니게 족속임)가 소리 지르며 "주 다윗의 자손이여, 나를 불쌍히 여기소서! 내 딸이 흉악히 귀신 들렸나이다. 귀신을 쫓아내어주소서!" 하였다. 주 예수님이 한 말씀도 대답지 않으시자 제자들이 주님께 청했다. "저 여자가 우리 뒤에서 소리를 지르오니 보내소서!" 그러나 주 예수님은, "나는 이스라엘의 잃어버린 양 외에는 다른 데로 보내심을 받지 아니하였노라…자녀의 떡을 취하여 개들에게 던짐이 마땅치 아니하니라" 하셨다. 그래도 그 여인은 물러서지 않고 더욱 간구하였다. "주여, 옳소이다마는 개들(이 여인은 자신이 이방인이고 유대인들에게 개로 취급받는다는 것을 인정하고 있다)도 주인의 상에서 떨어지는 부스러기를 먹나이다 이에 예수께서 대답하여 가라사대 여자야 네 믿음이 크도다 네 소원대로 되리라 하시니 그 시로부터 그의 딸이 나으니라". 흉악한 귀신이 그 딸에게서 나가고 치료된 것이다(마 15:21-28, 막 7:24-30). 주 예수님은 진실하게 구하는 이방인을 거절하지 않으신 것을 볼 수 있다.

▸ 여러 병자를 고치시다

예수께서 거기서 떠나 갈릴리 호숫가에 이르러 산에 올라가 앉으시니 큰 무리가 절뚝발이와 불구자와 소경과 벙어리와 기타 여럿을 데리고 와서 예수의 발 앞에 두매 고쳐주시니 벙어리가 말하고 소경이 눈을 뜨게 되니 많은 사람들이 보고 영광을 하나님께 돌렸다(마 15:29-31). 주님이 두로와 시돈을 지나 데가볼리 지경을 통과하여 갈릴리 호수에 이르시니 사람들이 귀먹고 말이 어눌한 자를 데리고 예수께 나아와 안수해주시기를 간구했다. 예수께서 그 사람을 따로 데리고 무리를 떠나사 손가락을 그의 양 귀에 넣고 침 뱉아 그의 혀에 손을 대시며 하늘을 우러러 탄식하시며 "에바다!" 하시니(이는 열리라는 뜻이다) 이에 그의 귀가 열리고 혀의 맺힌 것이 풀려 말이 분명하게 되었다. 예수께서 그들에게 아무에게라도 이르지 말라고 경계하셨으나 사람들은 더욱 널리 전파하였고, 많은 사람들이 심히 놀라 '그가 다 잘하였도다! 귀머거리도 듣게 하고 벙어리도 말하게 한다!' 하였다. 이 일은 마가복음 7장에 이와 같이 자세히 기록되어 있다(마 15:29-31, 막 7:31-37).

▸ 사천여 명의 무리를 먹이시다

주님은 사흘 동안 함께 있던 무리에게 먹을 것이 없자 제자들을 불러 말씀하시기를, "내가 무리를 불쌍히 여기노라 저희가 나와 함께 있은 지 이미 사흘이매 먹을 것이 없도다 만일 내가 저희를 굶겨 집으로 보내면 길에서 기진하리라 그 중에는 멀리서 온 사람도 있느니라" 하시면서 다시 한 번 큰 기적을 행하셨다. 제자들은 이번에도 '어디서 떡을 구해 이 많은 사람들을 먹일 수 있겠느냐'고 하였고, 주님은 그들에게 있는 떡 일곱 개와 작은 생선 두 마리를 가져오라 하시고 축사하신 다음 제자들에게 주시니 제자들이 무리에게 나눠주어 다 배불리 먹고 남은 것을 일곱 광주리에 차게 거두었다. 이때에 먹은 자들은 여자와 아이 외에 사천 명이었다(마 15:32-39, 막 8:1-10).

▸ 바리새인과 사두개인의 누룩을 삼가라는 교훈

예수께서 갈릴리로부터 배를 타고 마가단 지경에 이르셨는데, 바리새인과 사두개인들이 와서 예수를 시험하여 하늘로서 오는 표적 보여주시기를 청하였다. 예수께서 "저녁에 날이 붉으면 날이 좋을 것이다, 아침에 하늘이 붉고 흐리면 오늘은 날이 궂겠다 하는데, 너희가 천기는 분별할 줄 알면서 시대의 표적은 분별할 줄 모르느냐" 하시면서 "삼가 바리새인과 사두개인들의 누룩을 주의하라" 하셨다. 또한 "악하고 음란한 세대가 표적을 구하나 요나의 표적밖에는 보여줄 표적이 없다" 하시며 저희를 떠나가셨다. 주님의 말씀은 죄로 가득한 어둠의 시대에 유일한 표적, 곧 메시아의 오심과 그분의 죽고 부활하심 외에는 다른 표적이 없다는 것이다. 제자들은 예수께서 바리새인과 사두개인들(마가는 헤롯의 누룩이라고 함)의 누룩에 대하여 말씀하시니 떡을 챙겨오지 않은 것이 생각나 서로 의논했다. 예수께서 그 의논하는 것을 아시고 제자들에게 "믿음이 적은 자들아" 하시면서 두 번씩이나 수많은 무리를 먹이신 일을 상기시키시고 다시 한 번 바리새인과 사두개인들의 누룩을 주의하라고 하셨다. 그때서야 제자들은 주님의 말씀이 떡의 누룩을 가리키는 것이 아니라 바리새인과 사두개인들의 교훈을 조심하라고 하신 것임을 깨달았다. 바리새인의 누룩은 행함이 없는 외식과 교리주의적인 교훈이요, 사두개인의 누룩은 현세적이고 세속적인 신앙주의의 교훈이다(마 16:5-12, 막 8:14-21).

▸ 벳새다의 소경을 고치시다

마가복음 8장은 사복음서에서 유일하게 벳새다의 소경을 고쳐주신 일을 말한다. 주님은 사람들이 데려온 소경을 마을 밖으로 데리고 가셔서 눈에 침을 뱉고 그에게 안수하시며 무엇이 보이느냐고 물으셨다. 소경이 '사람들이 보입니다, 나무 같은 것들이 걸어가는 것이 보입니다.' 하니 예수께서 그 눈에 다시 안수하시므로 그가 나아서 만물을 밝히 보게 되었다. 주님은 그를 집으로 보내시며 집에 조용히 들어가고 마을에는 들어가지 말라 하셨다(막 8:22-26).

▸ 너희는 나를 누구라 하느냐

예수께서 가이사랴 빌립보 지방에 이르셨을 때 제자들에게 가장 본질적인 질문을 던지셨다. 그것은 '사람들이 인자를 누구라 하느냐'는 것이었다. 제자들은 '세례 요한, 엘리야, 혹은 예레미야나 선지자 중의 하나라 합니다.'라고 대답했다. 그러자 예수께서 "너희는 나를 누구라 하느냐?" 물으셨고, 시몬 베드로가 대답하기를, "주는 그리스도시요 살아 계신 하나님의 아들이십니다."라고 했다. 그때 예수께서 "바요나 시몬아, 네가 복이 있도다! 이를 네게 알게 한 이는 혈육이 아니요 하늘에 계신 내 아버지시니라" 하시며, 또 "내가 네게 이르노니 너는 베드로라 내가 이 반석 위에 내 교회를 세우리니 음부의 권세가 이기지 못하리라 내가 천국 열쇠를 네게 주리니 네가 땅에서 무엇이든지 매면 하늘에서도 매일 것이요 네가 땅에서 무엇이든지 풀면 하늘에서도 풀리리라" 하셨다. 그 말씀을 하시고서 제자들에게 경계하사 자기가 그리스도이신 것을 아무에게도 이르지 말라 하셨다.

이때부터 예수 그리스도께서는(마태는 이 지점에서 '예수 그리스도'라는 명칭을 썼다) 죽임을 당하고 삼 일 후에 살아나실 것을 제자들에게 가르치셨다. 그러자 베드로가 예수님을 붙들고 꾸짖으면서 "하나님께서 금하실 것입니다. 주여, 이 일이 결코 주님께 일어나지 않을 것입니다."라고 했다. 이에 예수께서 베드로에게 "사단아, 내 뒤로 물러가라! 네가 하나님의 일을 생각지 아니하고 도리어 사람의 일을 생각하는구나!" 하시고서 "아무든지 나를 따라오려거든 자기를 부인하고 자기 십자가를 지고 나를 좇을 것이니라 누구든지 제 목숨을 구원코자 하면 잃을 것이요 누구든지 나를 위하여 제 목숨을 잃으면 얻으리라" 하셨다. 또한 "인자가 아버지의 영광으로 천사들과 함께 오리니 그 때에 각 사람의 행한 대로 갚아주리라" 하셨다. 그리스도께서 재림하실 때에 주님은 각 사람의 충성된 행함에 따라 보상하실 것을 약속하셨다. 마가와 누가의 복음서에는 주님의 재림시에 부끄러움을 당할 사람들이 있다고 하셨고, 그것은 그들이 이 세상에 살 때에 주님과 주님의 말씀을 부끄러워한 것에 대한 마땅한 보응이다(마 16:13-28, 막 8:27-9:1, 눅 9:18-27).

▸ 변화산에서

마태복음 17장 1절의 엿새 후(눅 9:28은 '팔 일 쯤 되어'라고 함)란 가이사랴 빌립보에서 변화산에 이르는 시간이다. 예수께서는 가이사랴 빌립보에서 '여기 섰는 사람 중에 인자가 왕권을 가지고 오는 것을 볼 자들도 있으리라' 하셨는데, 마태복음 17장(막 9장, 눅 9장)에서 베드로와 야고보와 요한을 데리시고 따로 높은 곳에 올라가셔서 저희 앞에서 변형되사 그 옷이 해같이 빛나며 옷이 빛과 같이 희어졌다. 그때 모세와 엘리야가 예수로 더불어 말씀하는 것이 저희에게 보였다. 베드로는 곤하여 졸다가 깨어나서 두 사람이 떠날 즈음에 정신없이 "주여, 우리가 여기 있는 것이 좋사오니 우리가 초막 셋을 짓되 하나는 주를 위하여, 하나는 모세를 위하여, 하나는 엘리야를 위하여 하사이다"라고 했다. 이 말을 할 때에 구름이 저희를 덮었는데, 구름 속에서 소리가 나기를, "이는 나의 아들 곧 택함을 받은 자이니 너희는 저의 말을 들으라" 하였다. 소리가 그치매 오직 예수만 보였다(마 17:1-13, 막 9:2-13, 눅 9:28-36). 이때 제자들은 예수께서 메시아이신 것을 분명히 깨달으면서 주님께 묻기를, "그러면 서기관들이 말하는 것처럼 엘리야가 먼저 와야 할 것이 아닙니까?"라고 했다. 그때 예수께서, "엘리야가 이미 왔지만 사람들이 알지 못하고 임의로 대우하였도다 인자도 이와 같이 그들에게 고난을 받으리라" 하셨다. 그제야 제자들은 예수의 말씀하신 것이 세례 요한인 것을 알게 되었다.

▸ 간질병 걸린 아이를 고치시다

산에서 내려오셨을 때 주님은 제자들에게 "너희의 본 것을 인자가 죽은 자 가운데서 살아나기 전에는 아무에게도 이르지 말라" 하셨다. 그때에 무리에게 이르렀는데 한 사람이 예수 앞에 꿇어 엎드리어 "주여, 내 아들을 불쌍히 여기소서. 저가 간질로 심히 고생하며 불에도 물에도 넘어집니다. 주의 제자들에게 데리고 왔으나 능히 고치지 못합니다."라고 하였다. 그때에 예수께서 "믿음이 없는 세대여, 내가 얼마나 너희와 함께 있으며 얼마나 너희를 참으리요" 하시며 "아이를 내게 데려오라" 하시고 귀신을 꾸짖으시니 귀신이 나가고 아이가 그때부터 나았다. 제자들이 집에 들어와서 조용히 예수께 물었다. "어찌하여 우리는 쫓아내지 못했습니까?" 주님은 "너희 믿음이 적은 연고니라…너희가 만일 믿음이 한 겨자씨만큼만 있으면 이 산을 명하여 여기서 저기로 옮기라 하여도 옮길 것이요 또 너희가 못할 것이 없으리라" 하셨다(마 17:14-20, 막 9:14-29, 눅 9:37-43).

▸ 예수께서 죽음과 부활에 대해 두 번째로 말씀하시다

공관복음서 세 권에는 공히 상기의 귀신 들려 간질병을 앓고 있는 아이를 고치신 후에 예수께서 두 번째로 그분이 죽임당하고 사흘 만에 살아나실 것을 말씀하신 것이 있다. 이 말씀을 들은 제자들은 심히 근심하며 이 말씀을 묻기도 두려워하였다. 예수께서 제자들에게 이 말을 귀에 담아 두라 하셨으나 그들은 이 말씀을 깨닫지도 못하였다(마 17:22-23, 막 9:30-32, 눅 9:44-45).

▸ 성전세를 바치는 문제

가버나움에 이르렀을 때 베드로는 반 세겔(성전세) 받는 자들을 만났다. 그들은 베드로에게 "너희 선생은 반 세겔을 내지 않느냐?"고 물었다. 그때 베드로가 즉시 "내신다" 하고 집에 들어오니 예수께서 "네 생각은 어떠하냐 세상 임금들이 뉘게 관세와 정세를 받느냐 자기 아들에게냐 타인에게냐" 하셨다. 베드로가 "타인에게니이다" 하니 예수께서 "그러면 아들들은 세를 면하리라" 하셨다. 그리고 예수께서는 그분이 하나님의 아들이시기에 성전세를 낼 필요가 없지만 그들로 오해케 하지 않기 위하여 바다에 가서 낚시를 하여 첫 번째 오르는 고기의 입을 열어 한 세겔을 가져다가 나와 너를 위하여 주라고 하셨다. 이 말씀은 마태복음에만 있다(마 17:24-27).

▸ 천국에서는 누가 크니이까

예수께서 두 번씩이나 그분이 십자가에 죽고 부활하실 것을 말씀하셨는데, 제자들은 그 시점에 서로 누가 크냐고 변론하였다. 그 때 예수께서 한 어린 아이를 불러 그들 가운데 세우시고 "너희가 돌이켜 어린아이들과 같이 되지 아니하면 천국에 들어가지 못하리라 그러므로 누구든지 이 어린아이같이 자기를 낮추는 그이가 천국에서 큰 자니라" 하셨다. 이어서 주님은 소자를 실족케 하는 것의 위험성을 말씀하신다. 실족케 하는 일들이 있음을 인하여 세상에 화가 있으며, 실족케 하는 그 사람에게는 화가 있다고 하신다. 또 소자 중에 하나라도 업신여기지 말라고 하시면서 그들의 천사들이 하늘에 계신 내 아버지의 얼굴을 항상 뵈옵는다고 말씀하신다. 또한 양 일백 마리 중에 하나가 길을 잃으면 그 아흔아홉 마리를 두고 가서 길 잃은 양을 찾지 않겠느냐 하시며 이 소자 중에 하나라도 잃어지는 것은 하늘에 계신 내 아버지의 뜻이 아니라고 하신다.

예수 그리스도를 영접하는 마음은 곧 어린아이를 영접하는 마음이다. 또한 예수 그리스도를 영접하는 것은 보내신 아버지를 영접하는 것이다(막 9:37). 마가복음에서는 소자 중에 하나를 실족케 하는 것이 얼마나 엄중한 일인지를 말하면서 차라리 연자맷돌을 그 목에 달고 바다에 던져지는 것이 낫다고 하셨으며, 소자들을 실족케 하는 자들은 꺼지지 않는 지옥불에 들어갈 것이라고 하셨다. 이어서 주님은 심지어 죄를 범한 형제라도 최선을 다하여 돌이키도록 해야 하고, 어떤 형제가 하루에 일흔 번씩 일곱 번이라도 죄를 범하고 잘못을 고하면 중심에서 용서해주어야 한다고 하셨다(마 18:1-35, 막 9:33-50, 눅 9:46-48).

◊ 제 5 부 예수께서 예루살렘으로 올라가셔서 하신 일

▸ 예수께서 승천하실 기약이 다가오다

예수께서는 이때 쯤 예루살렘에 올라가기를 굳게 결심하시고 사마리아를 통과하시고자 하여 앞서 사자들을 보내어 예수를 위하여 예비하게 하셨다. 그들이 사마리아인들의 한 촌에 들어가니 예수께서 예루살렘을 향하여 가시는 것을 알고 영접하지 않았다. 그때에 야고보와 요한이 이를 보고 "주여, 우리가 불을 명하여 하늘로 좇아 내려서 저희를 멸하라 하기를 원하십니까?" 하였다. 주 예수님은 겸비하셔서 제자들보다 사람들의 반대와 거절을 기꺼이 받아들이신다. 그분은 야고보와 요한에게 "너희가 무슨 영으로 이런 말을 하는지 모르는구나" 하고 꾸짖으시며 함께 다른 촌으로 가셨다(눅 9:51-56).

▸ 칠십 인을 보내시다

칠십 인의 전도자를 보내신 일은 누가복음에만 기록되어 있다(눅 10장). 이 말씀은 마태복음 10장에서 열두 사도를 보내실 때 하신 말씀과 유사한 부분이 많다. 어떤 유력한 사본(B, D, M, R)들은 칠십이(72) 인이라고 했다. 여러 사본들을 참조하여 우리 한글역 본은 칠십 인을 택하였다. 누가복음 10장 12절부터 있는 심판에 대한 말씀은 마태복음 11장 21-24절의 말씀과 유사하다. 누가복음 10장 17절에서는 칠십 인이 전도를 하고 기뻐 돌아와 주님께 "귀신들도 우리에게 항복하더이다"라고 했다. 그때 예수께서 "나도 사단이 하늘로서 번개같이 떨어지는 것을 보았다"고 하시면서 제자들에게 "귀신들이 너희에게 항복하는 것으로 기뻐하지 말고 너희의 이름이 하늘에 기록된 것으로 기뻐하라"고 하셨다. 우리는 여기서 이 땅에서 우리가 귀신을 내어쫓을 때 하늘에 있는 사단의 권세가 하나씩 땅으로 쫓겨나는 것을 볼 수 있다.

이때에 예수께서 성령으로 기뻐하시며 "천지의 주재이신 아버지여, 이것을 지혜롭고 슬기 있는 자들에게는 숨기시고 어린아이들에게는 나타내심을 감사하나이다 옳소이다 이렇게 된 것이 아버지의 뜻이니이다 내 아버지께서 모든 것을 내게 주셨으니 아버지 외에는 아들이 누구인지 아는 자가 없고 아들과 아들의 소원대로 계시를 받는 자 외에는 아버지가 누구인지 아는 자가 없나이다"라고 하셨다. 이 말씀은 마태복음 11장에서 예수께서 열두 제자를 보내시고 권능을 가장 많이 베푸신 고을인 고라신과 벳새다가 회개치 않았을 때 심판날에 소돔 땅이 그들보다 견디기 쉬우리라고 하시면서 주신 말씀과 동일하다. 이 말씀을 하신 후에 주님은 '많은 선지자와 임금들이 너희 보는 바와 듣는 바를 알고자 하였으나 알지 못하였는데 이를 보는 너희 눈은 복이 있다'고 하셨다(눅 10:1-24, 마 10:1-11:27 참조). 우리가 마태복음 10장과 11장의 내용을 누가복음 10장의 이 부분과 함께 본다면, 칠십 제자들을 보내셨는데 특별히 회개치 않은 곳이 예수께서 권능을 많이 베푸신 고라신과 벳새다, 그리고 가버나움인 것을 알 수 있다(마 11:20-24). 주님의 권능을 보고도 회개치 않은 자들에 대한 심판이 얼마나 큰 것인지를 말씀해주신 것이다.

▸ 선한 사마리아 사람

이때에 어떤 율법사가 예수를 시험하려 하여, "선생님, 내가 무엇을 하여야 영생을 얻겠습니까?"라고 질문했다. 예수께서 율법에 무엇이라 기록되었느냐고 물으시자 그 젊은이는 "네 마음과 목숨과 힘을 다하여 하나님을 사랑하고 또한 네 이웃을 네 몸과 같이 사랑하라 하셨습니다."라고 대답했다. 주님은 그에게 "그렇게 하면 살리라" 하셨는데, 그 율법사가 다시 "내 이웃이 누구입니까?" 하고 물었다. 이때 주님은 그의 이웃이 누구인가에 대하여 즉답을 하시지 않고 비유로 말씀하셨다.

어떤 사람이 예루살렘에서 여리고로 내려가다가 강도를 만났는데, 강도들이 그의 옷을 벗기고 때려 거반 죽은 것을 버리고 가버렸다. 그 때 제사장과 레위인이 각각 그 길로 내려가다가 그를 보고 피하여 지나갔는데, 사마리아인 하나가 여행하는 중 그 죽어가는 사람을 보고 불쌍히 여겨 가까이 가서 기름과 포도주를 붓고 싸매고 자기 짐승에 태워 주막으로 데리고 가서 돌보아 주고 다음 날 떠나면서 주막 주인에게 두 데나리온을 주며 부비가 더 들면 다시 와서 갚아주리라고 하였다. 주님은 이 이야기를 하시면서 이들 중 누가 강도 만난 자의 이웃이 되겠느냐고 물으셨다. 그 율법사가 '자비를 베푼 자입니다.' 하자 주님은 '가서 너도 이와 같이 하라.' 하셨다. 여기서 선한 사마리아 인은 누구인가? 바로 주 예수님이시다. 그분은 사람들에게 사마리아 사람이라고 비하하는 말을 들으신 분이다. 여기서 강도 만나 거반 죽게 된 자는 누구인가? 모든 인류이고 여기 질문한 율법사도 포함된다. 강도는 누구인가? 율법일 것이다. 왜 율법에 맞아 쓰러졌는가? 지키지 못하니 죄에 빠지고 결국 죽게 된 것이다.

어느 누가 목숨을 다하고 뜻을 다하여 주 하나님을 사랑하며 이웃을 자기의 몸처럼 사랑할 수 있는가? 오직 예수만이 자기의 목숨을 버려 이웃(죽어가는 영혼)을 사랑하신 분이다. 주님은 율법사에게 필요한 이웃이 누구인가를 말씀해주셨다. 남을 고쳐주고 감싸주고 도와주기 위해서는 자신이 먼저 치유를 받아야 한다. 주님께서 율법사에게 하신 말씀–"너도 이와 같이 하라"–은 이해하기가 쉽지 않은 말씀이다(눅 10:25–37).

▸ 마르다와 마리아의 이야기

주 예수님은 베다니에 사는 마르다와 마리아의 집에 자주 가셨다(요 11:1). 그 때 적극적으로 주님을 초청하여 접대한 쪽은 마르다이다. 마르다는 주님의 식사를 준비하는 등 여러 가지 일로 분주하였다. 그러나 마리아는 한 쪽에서 조용히 주님의 말씀을 듣고 있었다. 마르다는 속에서 슬며시 분이 났다. 그래서 예수께 가서 "주여, 내 동생이 나 혼자 일하게 두는 것을 생각지 아니하십니까? 나를 도와주라 명하소서!" 하였다. 그러자 주님이 마르다에게 "네가 많은 일로 염려하고 근심하나 몇 가지만 하든지 혹 한 가지만이라도 족하니라"고 하시며 "마리아는 좋은 편을 택하였으니 결코 빼앗기지 아니하리라" 하셨다(눅 10:38–42). 우리 성도의 일생에 가장 좋은 선택은 주의 말씀을 읽고 묵상하는 데 많은 시간을 드리는 것이다(시 1편, 119편 참조).

▸ 기도에 대한 가르침

예수께서는 평소에 기도를 많이 하셨다. 제자들은 기도를 마치신 예수께 기도를 가르쳐 달라고 했다. 누가복음에는 특히 기도에 대한 가르침이 많다. 그 때 예수께서 마태복음 6장에서도 말씀하신 바 있는 기도를 가르쳐주셨다. 주님이 가르쳐주신 이 기도는 간단하지만 깊은 내용을 함축하고 있다. 먼저가 하나님의 이름을 위한 것이며, 또한 그분의 왕국과 뜻을 위한 것이다. 다음은 우리의 필요(일용할 양식)를 구하며, 우리에게 죄 지은 자를 용서하니 우리의 죄를 사해주시라고 구한다. 그리고 우리를 시험에 들게 하지 말아달라는 것으로 끝맺는다. 이는 매우 간단하지만 무엇을 기도할 것인가를 가르쳐주신 것이며 모든 것을 포함한 기도이다(마 11:1-4).

다음은 기도하는 방식이다. 기도를 한두 번 하고 응답이 안 되면 포기하지 말라는 뜻으로 한 비유를 주셨다. 어떤 사람이 밤중에 한 친구에게 찾아가서, "나에게 여행 중에 벗이 왔는데 내게 먹일 것이 없으니 좀 달라"고 하면 그 친구가 "나를 번거롭게 하지 말라. 문이 이미 닫혔고 아이들과 나는 침소에 들었으니 일어나 줄 수가 없다." 하겠느냐고 하신다. 주님은 비록 친구 됨을 인하여는 주지 않을지라도 그 강청함(persistence)을 인하여 줄 것이라고 하셨다. 구하고, 찾고, 두드리라고 하시면서 구하면 얻을 것이고 찾으면 찾을 것이고 두드리면 열리리라고 하셨으며, 또한 하나님은 구한 것보다 더 좋은 것을 주실 것이라고 하셨다("구하는 자에게 성령을 주시지 않겠느냐"-11:13). 구하지 않으면 아무 것도 받지 못한다(약 4:2, 마 11:5-13).

▸ 우리가 세상의 빛이 되기 위해 자기 영혼을 밝게 하는 길

누가복음 11장 33-36절은 자기 영혼을 밝게 해야 많은 사람들로 빛을 보게 할 수 있다고 하신다. 이는 마태복음 6장과 연결해서 읽어야 한다. 어떻게 하면 우리 속의 어두움을 없앨 수 있는가? 재물에 대한 사랑을 제거해야 한다. 우리는 하나님과 재물을 겸하여 섬길 수 없다. 하나를 사랑하면 다른 하나를 미워하게 된다. 우리의 보물을 땅에 쌓아두면 자연히 우리의 속은 어둡게 된다. 우리 온 몸이 밝아 어두운 데가 조금도 없으려면 생계를 위해 무엇을 먹을까, 무엇을 마실까, 무엇을 입을까를 염려하지 말고 오직 하나님의 왕국과 의를 구하며 보물을 하늘에 쌓아 두는 삶을 살아야 한다(마 6:19-34 참조).

▸ 바리새인들을 책망하시다

누가복음 11장 37-52절은 마태복음 15장 및 마가복음 7장과 함께 읽어야 한다. 마태복음 15장과 마가복음 7장은 예수의 제자들이 손을 씻지 않고 떡을 먹는다고 바리새인들이 문제를 제기하면서 시작된다. 이에 대하여 누가는 마태복음 23장의 내용과 연결하여 말씀을 구성하였다. 주님은 그들이 겉을 깨끗이 하려 하나 속은 탐욕과 악독이 가득하며, 또 박하와 운향과 모든 채소의 십일조를 드리되 공의와 하나님께 대한 사랑은 버렸다고 하신다. 그들은 회당의 높은 자리와 시장에서 문안받는 것을 기뻐하며, 평토장한 무덤 같아서 그 속에 죽은 뼈들이 가득하나 그 위를 밟는 사람이 그것을 알지 못한다고 하셨다. 그들은 자신들의 조상들처럼 선지자들을 죽이고 핍박하여 그 모든 죄가 그들에게 돌아갈 것이며, 율법사들은 지식의 열쇠를 가져가고서 그들도 들어가지 않고 들어가고자 하는 자도 막았다고 하신다(눅 11:37-54).

▸ 두려워하지 말라

누가복음 12장 1-12절은 두려워하지 말라는 가르침이다. 외식을 하는 것은 두려움과 관계가 있다는 뜻이다. 사람들의 평가를 두려워하므로 외식한다. 외식하는 것은 잠시 감춰어질 뿐 결국은 다 드러나게 된다. 작은 참새 한 마리도 하나님의 주권 하에서 팔리며(매우 작은 환경도 하나님의 주권 하에서 발생한다는 뜻), 우리 주의 자녀들은 머리털까지도 다 세신 바 되었으니 어떤 일도 두려워하지 말라고 하신다. 사람들은 우리 몸을 죽일 수 있으나 그 후에는 더 이상 어떻게 할 수 없으며, 오직 하나님만이 죽인 후에 영혼을 지옥에 던져 넣을 권세가 있는 분이니 마땅히 하나님을 두려워하라고 하신다. 어떤 상황에서도 예수 그리스도를 부인하지 말고 사람들이 우리를 끌고 가더라도 무슨 대답을 할 것인지 염려하지 말라고 하신다. 성령께서 그 때마다 할 말을 우리에게 가르쳐 주시기 때문이다.

▸ 탐심을 물리치라

누가복음 12장 13절부터는 탐심에 대한 가르침이다. 무리 가운데 어떤 사람이 주 예수께 와서 형이 유산을 다 가지려 하니 형을 명하여 동생과 재산을 나누게 하시기를 청했다. 예수께서는 그에게 "이 사람아, 누가 나를 너희의 재판장이나 물건 나누는 자로 세웠느냐"고 하시고"삼가 모든 탐심을 물리치라 사람의 생명이 그 소유의 넉넉한 데 있지 아니하니라" 하셨다. 그리고 한 비유를 말씀하시기를, "어느 한 부자가 소출이 풍성하여 곡식 쌓아둘 곳이 없으니 어찌할꼬 하고 또 가로되 내가 이렇게 하리라 내가 곡간을 헐고 더 크게 짓고 모든 곡식을 거기 쌓아 두리라 또 내가 내 영혼에게 이르되 영혼아 여러 해 쓸 물건을 많이 쌓아 두었으니 평안히 쉬고 먹고 마시고 즐거워하자 하리라 하되 하나님은 이르시되 어리석은 자여 오늘 밤에 네 영혼을 도로 찾으리니 그러면 네 예비한 것이 뉘 것이 되겠느냐 하셨으니 자기를 위하여 재물을 쌓아두고 하나님께 대하여 부요치 못한 자가 이와 같으니라" 하셨다. 우리가 돌아가야 할 근원이신 하나님을 생각지 아니하고 그분을 위해 예비치 아니하고 그저 이 세상에서 살 동안 배불리 먹고 잘 살면 그것으로 족하다고 생각하는 자들의 어리석음을 일깨우는 말씀이다. 영원하신 하나님을 만나고도 영혼의 문제를 구하지 아니하고 육신적인 재물만 관심하는 자는 더욱 어리석은 자이다(눅 12:13-21).

▸ 무엇을 위하여 살 것인가

어리석은 부자의 비유를 말씀하신 후에 주님은 제자들에게 이 세상에 사는 동안 먹고사는 문제를 인하여 염려하며 근심하지 말라고 가르치셨다. 주님을 믿지 않는 세상 사람들은 그저 생계를 위하여 염려하고 근심하며 사는 것이 당연하지만, 너희 믿는 자들은 먼저 그의 왕국과 의를 위하여 살 때 나머지 필요한 것들은 천부께서 더해주신다고 하셨다. 오히려 재물을 더 취하려 할 것이 아니라 소유를 팔아서 가난한 자들에게 나눠줄 때 하늘에 보물을 쌓게 된다고 하셨다. 그런데 이렇게 사는 사람들은 대단히 적은 무리이고 아버지께서는 그러한 자들에게 그의 왕국 주시기를 기뻐하신다고 하셨다(눅 12:22-34, 마 6:25-34).

▸ 깨어 있으라

계속해서 누가복음 12장의 내용이다. 그리스도의 왕국을 위하여 사는 사람들은 주인이 혼인집에서 돌아와 문을 두드리면 기다리는 사람과 같이 되라고 하신다. 주님이 다시 오실 때 등불을 켜고 서서 깨어 기다리는 종들을 보면 주께서 친히 허리에 띠를 띠고 시종하리라 하셨다. 그러므로 성도들은 깨어 예비하고 있어야 한다. 생각지 않은 때에 인자가 오실 것이기 때문이다.

특히 주님으로부터 부탁을 받은 청지기들은 주인에게 그 집 종들을 맡아 때를 따라 양식을 나눠주어야 한다. 그러면 주님이 오셔서 모든 소유를 그에게 맡기실 것이다. 그러나 만일 그 종이 생각하기를 주인이 더디 오리라 하여 노비를 때리고 먹고 마시고 취하게 되면 생각지 않은 날 알지 못하는 시간에 주인이 이르러 엄히 때리고 불신자들이 받는 벌을 받게 하실 것이다. 이는 모두 신자들에게 하신 말씀이지 불신자들에게 하신 말씀이 아니다. 하나님은 불신자를 청지기로 삼아 그 집 사람들을 맡기지 않으신다. 주님은 많이 부탁한 자에게는 많이 달라고 하실 것이다(눅 12:35-48).

▸ **내가 불을 땅에 던지러 왔노니**

누가복음 12장 후반부 말씀이다. 예수께서는 세상에 화평만을 주러 오신 것이 아니라 불을 주어서 분쟁케 하러 오셨다고 말씀한다. 주님은 과연 어떻게 이 땅에 불을 던지셨는가? 주님은 그분의 죽음을 상징하는 세례를 받으심으로써 그분의 생명을 해방하시고, 그 생명이 한 가정 안에서도 셋이 둘과, 둘이 셋과 분쟁하게 할 것이라고 말씀하셨다. 진리와 생명이 세상에 전파되면 불의하고 죄악으로 가득 찬 세상은 이를 감당치 못하고 대적하며 분쟁이 생겨나는 것이다. 54-59절은 주님께서 성도들로 하여금 깊은 사고와 판단력을 사용하도록 일깨우는 말씀이다. 천지의 기상을 예측할 수 있을진대 이 세상에서 우리가 어떻게 행하는가에 따라 그리스도의 심판대 앞에서 어떤 일이 발생할 것인지를 분별해야 한다는 것이다. "어찌하여 옳은 것을 스스로 판단치 아니하느냐?" 성도들이 이 세상에 살 동안 어떻게 생활했는가에 대한 보응이 왕국에서 발생한다는 엄숙한 교훈이 주어지고 있다. 불신자들의 받는 벌, 자기를 고소하는 자와 화해하지 않을 때 재판관에게 끌려감, 관속(천사로 사료됨)이 옥에 가둘까 염려함, 호리라도 남김이 없이 갚지 않고는 나오지 못함 등은 장래 그리스도의 심판대 앞에서 잘못 행한 자들이 받을 보응에 대한 표현들이다(눅 12:49-59, 마 5장 참조).

▸ **회개치 아니하면 망하리라**

누가복음 13장 전반부이다. 당시 빌라도가 어떤 갈릴리 사람들의 피를 그의 제물에 섞은 일이 있었고, 또 실로암 망대가 무너져서 열여덟 명이 치어 죽었다. 그 때 두어 사람이 예수께 와서 이들이 죽은 것이 그들의 죄 때문에 해를 받은 것이냐고 물었다. 주 예수님은 그들이 특별히 죄를 지어서 그렇게 된 것이 아니라고 하시면서 '너희도 만일 회개치 아니하면 이와 같이 망하리라'고 하셨다. 이어서 비유로 하신 말씀이 있다. 한 사람이 포도원에 무화과나무를 심어놓고서 삼 년을 기다리며 그 열매를 구하였으나 얻지 못한 고로 과원지기에게 찍어버리라고 하자 과원지기가 일 년만 더 참아달라고 하면서 밭을 두루 파고 거름을 주겠으니 그래도 열매를 맺지 않으면 찍어버리라고 했다는 것이다.

여기서 문제는 우리 모두에게 하나님이 역사하신 만큼 소출이 없다는 데 있다. 죽은 그들만 특별히 죄를 지은 것이 아니라 우리 모두가 하나님께서 기대하시는 만큼의 열매를 그분께 드리지 못하는 것이다. 그분은 우리를 위해 수고하시고 열매를 기대하셨는데 우리는 그에 상당하는 결과를 드리지 못했다. 따라서 회개해야 하며 그렇지 않으면 장래 모두에게 같은 재앙이 임할 것이다. "너희도 이와같이 망하리라". 두려운 말씀이다(눅 13:1-9).

▸ 귀신들린 여자를 고치시다

누가복음 13장 중반부의 말씀이다. 안식일에 주 예수께서 회당에서 가르치실 때 18년 동안 귀신 들려 앓으며 조금도 펴지 못하는 한 여자가 있었는데 예수께서 보시고 고쳐주시니 그녀가 곧 펴고 하나님께 영광을 돌렸다. 회당장이 예수께서 안식일에 병 고치시는 것을 보고 분내면서 안식일 말고 일할 날이 엿새가 있으니 그 동안에 와서 고침을 받을 것이요 안식일에는 말라고 했다. 주님이 대답하시기를, "외식하는 자들아 너희가 각각 안식일에 자신의 소나 나귀나 마구에서 풀어내어 물을 먹이지 아니하느냐 그러면 십팔 년 동안 마귀에게 매여 고생한 이 아브라함의 딸을 매임에서 푸는 것이 합당치 아니하냐"고 하셨다. 예수께서 이 말씀을 하시니 반대하는 자들은 부끄러워하고 온 무리는 이 모든 영광스러운 일을 기뻐하였다. 주 예수께서는 사람들이 왜 안식일을 그렇게 강조하면서 예수를 반대하는지를 아셨다. 그것은 그들의 재물 사랑과 이생의 삶을 위한 것이다. 겉으로는 안식일도 지키고 나머지 엿새 동안 치료도 받고 하면 말씀도 지키고 병도 고치니 좋은 게 아니냐 하지만 실상 그 회당장의 중심에는 재물 사랑이 있었던 것이다(눅 13:10-17). 이는 마태복음 12장 8절 말씀과도 상통한다.

▸ 구원 얻는 자들이 적으냐에 대한 질문

예수께서 각 촌 각 성에 다니시며 가르치시는데 어떤 사람이 물었다. "주여, 구원을 얻는 자가 적으니이까?" 주님은 "좁은 문으로 들어가기를 힘쓰라" 하시면서 좁은 문으로 들어가기를 구하여도 못하는 자가 많으리라고 하셨다. 이 말씀은 특히 예루살렘을 두고 하신 말씀이다. 구원받을 때가 있으니 지금 받으라고 하시면서 때가 지나면 열어달라고 해도 소용없을 때가 온다고 하신다. 그 때 그들은 이렇게 말할 것이다. "주여, 무슨 말씀이십니까? 우리가 주님 앞에서 먹고 마셨고 또한 주님께서 우리 길거리에서 가르치셨는데 저희를 모르시겠다니요?" 그러나 주님은, "나는 너희가 어디로서 왔는지 알지 못하노라 행악하는 모든 자들아 나를 떠나가라" 하실 것이다. 아브라함과 이삭과 야곱과 모든 선지자는 하나님 나라에 있고 오직 너희는 바깥에 쫓겨난 것을 보면서 거기서 슬피 울며 이를 갈 것이라고 하셨다. 동서남북으로부터 많은 사람이 와서 하나님 왕국의 잔치에 참석할 것인데, 나중 된 자로서 먼저 되고 먼저 된 자로서 나중 될 자들도 있다고 하셨다(눅 13:22-30). 이는 장래 천년왕국의 잔치에 참여하는 문제를 논하신 것이지 죄 사함의 구원을 말한 것이 아니다. 그 왕국의 잔치에 참여하는 자가 적다는 말씀이다(마 22:14, 눅 12:32 참조).

▸ 헤롯을 조심하라는 바리새인들에게

누가복음 13장 후반부이다. 바로 그 때 바리새인들이 예수께 헤롯이 당신을 죽이고자 하니 여기를 떠나라고 종용하였다. 그러자 주님은, "저 여우에게 오늘과 내일 내가 귀신을 쫓아내고 병을 고치고 제 삼일에는 완전하여 지리라 하라 그러나 오늘과 내일과 모레는 내가 갈 길을 가야 하리니 선지자가 예루살렘 밖에서는 죽는 법이 없느니라" 하셨다. 즉 그분은 아직 가실 때가 안 되었고 죽으실 때에는 예루살렘에 들어가실 것을 암시하신 것이다. 그분은 헤롯을 여우라고 하셨다. 여기서 주 예수님은 예루살렘의 황폐와 멸망을 예언하시면서 애석해하신다. "선지자들을 죽이고 네게 파송된 자들을 돌로 치는 자여 암탉이 제 새끼를 날개 아래 모음같이 내가 너희의 자녀를 모으려 한 일이 몇 번이냐 그러나 너희가 원치 아니하였도다 보라 너희 집이 황폐하여 버린 바 되리라…너희가 주의 이름으로 오시는 이를 찬송하리로다 할 때까지는 나를 보지 못하리라". 이 예언은 A.D. 70년 로마 타이터스 장군의 예루살렘 공격으로 완전히 성취되었고, 장래 주님이 다시 오실 때에야 예루살렘은 회개할 것이다(눅 13:31-35).

▸ 바리새인의 한 두령의 집에서

누가복음 14장이다. 안식일에 예수께서 바리새인의 한 두령의 집에 떡 잡수시러 들어가셨는데 그들이 엿보고 있었다. 주님 앞에 한 고창병 든 사람이 있었기 때문이다. 고창병은 손과 발에 물이 차서 붓고 복수가 차오르는 병이다. 따라서 이 병에 걸린 사람은 움직이기가 어렵고 숨 쉬기도 힘든 상태에 있게 된다. 예수께서 대답하여 율법사들과 바리새인들에게 말씀하시기를 안식일에 병 고쳐주는 것이 합당하냐 아니하냐고 하셨다. 그들이 잠잠하자 예수께서 그 사람을 데려다가 고쳐 보내셨다. 그리고서 또 말씀하셨다. "너희 중에 누가 그 아들이나 소가 우물에 빠졌으면 안식일에라도 곧 끌어내지 않겠느냐?" 외식하는 종교인들 속에는 사람에 대한 애정이 없고(자기 자식이나 소유에는 관심이 많고), 종교적 계율을 지키는 것만 가득하다. 신앙의 본질을 상실한 채 그들의 종교적 실행과 습관에 빠진 것이다.

청함을 받은 사람들이 상좌를 택하는 것을 보시고 한 비유를 말씀하시면서, 혼인잔치에 청함을 받았을 때 상좌에 앉지 말라고 하신다. 더 높은 사람이 거기에 청함을 받은 경우에 그가 오면 자리를 그에게 내어주어야 할 것이기 때문이다. 차라리 말석에 가서 앉으라고 하시면서, 그러면 청한 자가 와서 너더러 올라 앉으라 할 것이니 그러면 거기 함께 앉은 모든 사람 앞에 영광이 있을 것이라 하신다. 이 세상에 살 동안에 자신을 낮추라고 하시는 말씀이다. 주님이 오시는 날 완전히 뒤집혀 부끄러움을 당할 수가 있으니 이 시대에 그렇게 높은 데 처하지 말라는 말씀이다.

또 주님을 청한 자에게 말씀하시기를, 점심이나 저녁에 사람들을 접대할 때 벗이나 형제나 친척이나 부한 이웃을 초청하지 말고 차라리 가난한 자들과 병신들과 저는 자들과 소경들을 청하라고 하신다. 그러면 그들이 갚을 것이 없는 고로 네게 복이 될 것인데, 이는 의인들의 부활시에 갚음을 받을 것이기 때문이다. 분명히 그리스도의 재림과 부활시에는 보상이 있다는 것이 성경의 가르침이다. 그 말씀을 듣고 그 중 한 사람이 하나님의 나라에서 떡을 먹는 자는 복되다고 하였다. 주님은 그때 한 비유를 말씀하셨다. 어떤 사람이 큰 잔치를 배설하고 청한 사람들에게 종을 보내어 모든 것이 준비되었으니 오라고 하자 그들이 하나같이 다 사양하면서, 하나는 밭을 샀으니 나가 보아야 하겠다 하고, 하나는 소 다섯 겨리를 샀으니 시험하러 가야 한다 하고, 하나는 장가들었으니 못 가겠다고 했다. 종이 돌아와 주인에게 그대로 고하니 집주인이 노하여 그 종에게 빨리 시내의 거리와 골목으로 나가서 가난한 자들, 병신들, 소경들, 저는 자들을 데려오라고 했다. 종들이 와서 그래도 여전히 자리가 있다고 하자 주인이 종더러 길과 산울로 가서 사람들을 강권하여 데려다가 내 집을 채우라고 하면서 전에 청하였던 사람들은 하나도 내 잔치를 맛보지 못하리라 하였다. 주님이 베푸신 복음 잔치의 초청을 거절하는 것이 얼마나 큰 일인지를 보여주신다(14:1-24).

▸ 일사각오로 주를 따르라

누가복음 14장 25절부터는 허다한 무리가 함께 갈 때에 예수께서 돌이켜 그들에게 하신 말씀이 기록되어 있다. "무릇 내게 오는 자가 자기 부모와 처자와 형제와 자매와 및 자기 목숨까지 미워하지 아니하면 능히 나의 제자가 되지 못하고 누구든지 자기 십자가를 지고 나를 좇지 않는 자도 나의 제자가 되지 못하리라" 하시면서 두 가지 비유를 주셨다. 하나는 망대의 비유이고 다른 하나는 전쟁의 비유이다. 둘 다 우리의 절대적인 태도를 요구한다. 33절은 주 예수님의 제자가 되어 온전히 따르려면 자기의 모든 소유를 다 버리지 않으면 안 된다는 말씀이다. 어차피 우리의 소유를 다 드리지 않으면 망대를 완성할 수 없고, 우리의 가진 것과 힘을 다 쏟지 않으면 전쟁에서 이길 수 없다. 그러니 앉아서 자기의 가진 것이 망대를 완공하기에 족할는지, 우리의 군사력으로 적군을 능히 대적할 수 있을지를 먼저 계산하고 시작해야 한다는 말씀이다.

결론은 무엇인가? "너희 중에 누구든지 자기의 모든 소유를 버리지 아니하면 능히 내 제자가 되지 못하리라". 모든 재산을 다 투자하지 않으면 안 되고 모든 군사를 다 모집하지 않으면 전쟁을 이길 수 없다는 뜻이다. 소금이라면 짜야 한다. 소금이 그 맛을 잃으면 땅에도 거름에도 쓸데없어 내어버리게 된다(눅 14:25-35).

▸ 잃어버린 양, 잃어버린 은전, 잃어버린 아들

누가복음 15장은, 세리와 죄인들이 말씀을 들으려고 예수께 가까이 나아오는 것을 보고 바리새인들과 서기관들이 '이 사람은 세리와 죄인들을 영접하고 음식을 같이 먹는다'고 원망하는 말을 듣고 예수께서 주신 세 가지 비유의 말씀-잃어버린 양, 잃어버린 은전, 잃어버린 아들-이다.

첫째 비유는 잃어버린 양의 이야기이다. 한 사람이 양 일백 마리가 있는데 그 중 하나를 잃으면 아흔아홉 마리를 들에 두고 잃어버린 한 마리를 찾으러 나서지 않겠는가? 찾도록 찾는다는 것은 찾을 때까지 찾는다는 것이다. 찾은즉 즐거워 어깨에 메고 집에 와서 벗과 이웃을 불러 모으고 '나와 함께 즐기자 나의 잃은 양을 찾았다'고 기뻐할 것이라 하시면서 이와 같이 죄인 하나가 회개하면 하늘에서는 회개할 것 없는 의인 아흔 아홉을 인하여 기뻐하는 것보다 더 하리라고 하셨다.

두 번째 비유는, 한 여자가 열 드라크마(은전, 한 드라크마는 하루의 품삯에 해당함)가 있는데 그 중 하나를 잃으면 등불을 켜고 집을 쓸며 찾을 때까지 부지런히 찾으며, 찾으면 잃어버린 양을 찾은 때처럼 벗과 이웃을 불러 함께 즐기자고 한다는 것이다. 이와 같이 죄인 하나가 회개하면 하나님의 사자들 앞에 기쁨이 된다.

세 번째 비유는 돌아온 둘째 아들의 이야기이다. 어떤 아버지에게 두 아들이 있는데 그 중 둘째가 아버지한테 자신에게 돌아올 분깃을 달라고 하여 가지고 집을 나갔다. 그 먼 나라에 가 거기서 허랑방탕하여 그 재산을 다 허비해버렸다. 그 나라에 크게 흉년이 들어 먹을 것도 없게 되자 그 나라 백성 중 하나에게 붙여 사니 그가 저를 들로 보내어 돼지를 치게 했는데, 그나마 돼지를 먹이는 쥐엄 열매조차 주는 자가 없었다. 너무 굶주리다 보니 아버지 집 생각이 간절했다. 이 아들(탕자)은 돌이켜 아버지께 돌아왔고 기다리던 아버지는 아들을 맞이하고 입을 맞추었다. 또 아버지는 가장 좋은 옷을 내어다가 입히고 손에 가락지를 끼워주었으며 새 신을 신겨주었다. 그리고 살진 송아지를 잡으라고 하면서 아들이 건강하게 살아돌아온 것을 크게 기뻐했다.

그러자 맏아들이 노하여 아버지께 말하기를, "내가 여러 해 아버지를 섬겨 명을 어김이 없거늘 내게는 염소 새끼라도 주어 나와 내 벗으로 즐기게 하신 일이 없더니 아버지의 살림을 창기와 함께 먹어버린 이 아들이 돌아오매 이를 위하여 살진 송아지를 잡으셨나이다"라고 했다. 그러자 아버지가 맏아들에게 말하기를, "얘, 너는 항상 나와 함께 있으니 내 것이 다 네 것이로되 이 네 동생은 죽었다가 살았으며 내가 잃었다가 얻었기로 우리가 즐거워하고 기뻐하는 것이 마땅하다"고 했다. 우리는 여기서 하나님 아버지의 마음을 읽을 수 있다. 하나님은 죄인이 회개하고 돌아오기를 얼마나 원하시는지!(눅 15:1-32)

▸ 불의한 청지기와 부자와 나사로의 비유

15장은 하나님 아버지의 마음, 즉 죄인을 향한 주님의 마음을 나타내며, 16장에서는 복음을 전하는 종들이 하나님 앞에서 마땅히 가져야 할 태도에 대하여 말씀하신다. 즉 그들은 자신들이 은혜를 받을 뿐 아니라 다른 사람들에게 그 받은 은혜를 나누어주어야 한다.

이 말씀도 비유인데, 옳지 않은 청지기가 일을 지혜 있게 했다고 칭찬하시는 말씀이다. 여기의 주인은 큰 부자이며 물론 하나님을 가리킨다. 그 종은 요즘 그가 주인의 것을 허비한다는 말이 주인에게 들어갔다고 생각하고 고민에 빠졌다. '주인이 내 직분을 빼앗으니 내가 무엇을 할꼬 땅을 파자니 힘이 없고 빌어먹자니 부끄럽구나.' 그래서 묘안을 생각해냈다. 그 동안 주인에게 빚진 채무자들을 하나씩 불러다가 빚을 줄여서 증서를 쓰게 한 것이다. 기름 백 말이면 오십 말로, 밀 백 석이면 팔십 석으로 줄여주었다. 그러면 주인에게 해고당한 후라도 그들이 자기 집으로 영접해서 잘 대우해주겠지 하는 속셈에서다.

주님은 이 청지기가 옳지 않지만 지혜가 있다고 하셨다. 그것은 불의의 재물로 친구를 사귄 것이다. 재물은 그 자체가 불의하다고 하신다. 그 날 왕국에서는 돈이 필요 없으나 이 세상에 사는 동안 재물을 통해 복음을 받은 친구들이 영원한 처소로 우리를 영접할 것이라고 하신다. 어차피 우리의 재물은 우리 것이 아니고 주인의 것이다. 우리 손에 있을 때 그것을 복음을 위해 써야 한다. 재물을 사용해서 영혼을 주님께 인도해야 한다는 말씀이다. 이 말씀을 들은 바리새인들은 돈을 좋아하므로 비웃었다. 이로 보건대 주님이 말씀하신 불의한 청지기 비유는 분명 돈에 관계된 것이다. 바리새인들은 돈을 움켜쥐고 있으면서도, 돈을 사랑하면서도 겉으로는 하나님을 최고도로 위하는 것처럼 하며 스스로 옳다고 믿고 있었다.

이어서 주님은 부자와 나사로의 비유를 말씀하셨는데, 이 비유는 단순하게 믿는 자는 나사로처럼 천국에 가고 불신자는 부자처럼 지옥불에 떨어진다고 말하는 것이 아니다. 이는 앞에 나온 바리새인들을 두고 하시는 말씀이다. 즉 그들은 이 땅에서 부자처럼 호의호식을 하는 자들이다. 그러면 나사로는 누구인가? 복음을 위해 재물을 사용함으로 자원하여 가난하게 된 사람을 말한다. 부자는 누구인가? 바리새인처럼 이 생의 쾌락을 위해 재물을 다 사용하는 사람을 말한다. 언제 그들의 차이가 발생하는가? 죽은 다음이다. 22절은 거지가 죽어 천사들에게 받들려 아브라함의 품에 들어가고 부자도 장사되었는데, 부자는 음부의 불꽃 가운데서 목이 말라도 물 한 방울 마실 수 없는 고통을 당하고 있다. 그렇다면 어떻게 해야 고통받는 곳에 떨어지지 않을 수 있는가? 그것은 주님이 불의한 청지기 비유에서 말씀하시듯이 복음을 위해 재물을 사용하는 것이다. 고난을 받으며 섬긴 자들은 위로로, 살았을 때에 자기의 소유를 다 누리며 산 사람들은 고난으로 갚으신다(살후 1:6-7).

▸ **섬기는 자들의 자세**

누가복음 17장은 성도의 섬김의 자세를 말한다. 어떻게 다른 사람을 섬기는가이다. 섬김에 있어서 첫째로 중요한 것은 다른 사람을 실족케 하지 않는 것이다. 주님은 우리에게 사람들을 걸려 넘어지게 하지 말라고 가르치신다. "실족케 하는 것이 없을 수는 없으나". 성도들이 어린 신자들을 실족케 하지 않기가 어렵다는 것이다.

우리가 하나님을 섬기는 데 있어서, 첫째는 남을 실족케 하지 말아야 하고, 두 번째는 죄를 범한 사람들을 어떻게 대할지를 알아야 한다. 우리가 이 땅에서 생활하다 보면 원하지 않아도 때로 죄를 범하게 되며, 또 다른 사람도 우리에게 죄를 범하게 된다. "네 형제가 죄를 범하거든 경계하고". 여기서 '경계하라'는 말은 영어로 'rebuke'로서 책망하고 권면하라는 뜻이다. 형제가 명백하게 죄를 지었을 때는 그냥 지나치지 말라는 것이다.

"이 뽕나무더러 뿌리가 뽑혀 바다에 심기우라 하였을 것이요 그것이 너희에게 순종하였으리라". 어떻게 우리가 사람을 실족케 하지 않을 수 있는가? 어떻게 사람들을 용서할 수 있는가? 제자들은 심히 어렵다고 생각했는데 주님은 어렵지 않다고 하신다. 겨자씨만한 믿음이 있어도 이 뽕나무더러 뽑혀서 바다에 심기우라 해도 그대로 된다고 하셨다. 작은 믿음이라도 믿음이 있으면 된다. 우리 속에 깊은 미움과 용서치 못하는 마음이 있어도 믿음이 있다면 그 뿌리를 완전히 뽑을 수 있다.

여기서 주님은 그분을 섬기는 것을 밭을 가는 것과 양을 치는 것으로 비유하셨다. 밭을 가는 것은 보다 기본적인 일이고 양을 치는 것은 양육하는 일이다. "명한 대로 하였다고 종에게 사례하겠느냐 이와 같이 너희도 명령받은 것을 행한 후에 이르기를 우리는 무익한 종이라 우리의 하여야 할 일을 한 것뿐이라 할지니라"(17:9-10). 주님을 섬긴다고 이것저것을 하고서는 나름대로 뭔가를 많이 했다고 생각지 말라는 뜻이다.

예루살렘으로 가실 때에 사마리아와 갈릴리 사이로 지나가시다가 한 촌에 들어가시니 문둥병자 열 명이 예수를 만나 멀리 서서 소리 높여 말했다. "예수 선생님이여, 우리를 긍휼히 여기소서!" 예수께서 보시고 말씀하셨다. "가서 제사장들에게 너희 몸을 보이라!" 그들은 그 말씀에 순종해서 가다가 몸이 깨끗해졌다. 그런데 그 중 한 사람만이 큰 소리로 하나님께 영광을 돌리며 돌아와 예수의 발 아래 엎드려 감사를 드렸다. 이 사람은 사마리아인이었는데 이렇게 주님께 돌아와서 구원을 받게 되었다. 그러나 다른 아홉 사람은 문둥병은 나았지만 구원을 받지 못했다(17:16-19).

"바리새인들이 하나님의 나라가 어느 때에 임하나이까 묻거늘". 주님은 하나님의 나라에 대해서 여러 번 말씀하셨다. 구약 시대의 많은 선지자들이 이스라엘 나라가 바벨론 등 여러 나라에게 침략을 당하고 말할 수 없는 고통 가운데 있을 때 계속적으로 한 예언이 이스라엘 나라가 반드시 회복된다는 것이었다. 그들은 메시아가 와서 모든 것을 복구시키고 의와 공평과 평화와 사랑으로 다스리시는 아름다운 나라가 세워진다고 예언했다. 그래서 이스라엘 민족은 메시아가 오시기를 간절히 대망했다.

"예수께서 대답하여 가라사대 하나님의 나라는 볼 수 있게 임하는 것이 아니요". 하나님의 나라는 두 단계로 임하는데, 첫번째 단계는 보이지 않은 방식으로 임하며, 두번째 단계는 보이는 방식으로 임한다. 24절에서 주님은, "번개가 하늘 아래 이 편에서 번뜻하여 하늘 아래 저 편까지 비췸같이 인자도 자기 날에 그러하리라"고 하신다. 이때는 예수 그리스도께서 참 왕으로서, 다스리는 분으로서, 심판자로서 이 땅에 오시는 것이 명명백백하게 보인다는 것을 말하고 있다.

"또 여기 있다 저기 있다고도 못하리니 하나님의 나라는 너희 안에 있느니라". 바리새인들이 하나님의 나라가 언제 임하느냐고 묻자 '이미 너희 가운데 있다'고 대답하신 것이다. 누가복음 11장 20절에서는, "그러나 내가 만일 하나님의 손을 힘입어 귀신을 쫓아내는 것이면 하나님의 나라가 이미 너희에게 임하였느니라"고 하셨다. 예수 그리스도께서 성령의 능력으로 귀신을 쫓아내시는 영역이 하나님의 나라라는 의미이다. 주 예수님이 첫 번째 오셨을 때에 하나님의 나라를 갖고 오셨지만 사람들은 하나님의 나라가 임한 것을 알지 못했다. 왜냐하면 초림하셨을 때에 그분은 권능으로, 다스리는 왕으로 오시지 않았기 때문이다. 그러나 그분의 능력, 곧 성령의 능력이 임하셨기에 그 나라가 이미 존재한다는 뜻으로 이렇게 말씀하신 것이다. 하나님의 나라는 이처럼 두 단계로 임한다. 첫 번째 오실 때에는 씨를 뿌리는 방식으로 오셨으며, 따라서

이 시대에는 하나님의 나라가 감춰어져 있지만 여전히 존재한다. 그래서 하나님의 나라가 이미 너희 가운데 있다고 하신 것이다.

오늘 이 시대에는 하나님의 나라가 영적으로 이루어지고 있다. 즉, 계시를 통해서 눈이 열려 예수 그리스도가 참된 왕이신 것을 보고 그분을 주로 모시고 그분의 다스림 안에 사는 사람들 속에서 그 나라가 이루어져가는 것이다. 이 천국의 씨는 30배, 60배, 100배의 결실을 하는데, 사람들 마음속에 뿌려진 이 씨는 하나님의 말씀이며, 이 말씀은 생명이요 예수 그리스도 자신이시다. 따라서 하나님 나라의 확장은 말씀의 확장이며 또한 예수 그리스도 자신의 확장이다.

"또 제자들에게 이르시되 때가 이르리니 너희가 인자의 날 하루를 보고자 하되 보지 못하리라"(22절). 얼마 안 있으면 이제 이 땅에서 주 예수님을 만나볼 수 없게 된다. "번개가 하늘 아래 이 편에서 번뜻하여 하늘 아래 저 편까지 비췸같이 인자도 자기 날에 그러하리라"(24절). 이 구절부터는 주님의 재림에 대한 기록이다. "그러나 그가 먼저 많은 고난을 받으며 이 세대에게 버린 바 되어야 할지니라"(25절). 이는 주님이 돌아가시기 전 아직 이 땅에 계실 때에 하신 말씀이다. 그분은 많은 고난을 받고 이 세대에게 버림을 받으신다는 것이다. 그때는 이 땅에 기근이 많아지고, 지진이 많아지고, 전쟁의 소문이 나고, 또 전염병이 많이 생긴다고 했다. 온역도 마찬가지이다. 요즘에 유행하는 조류독감(사스)이나 돼지독감, 메르스, 코로나바이러스 같은 것들은 최근에 생겨나서 전 세계를 공포 속으로 집어넣고 있다. 이 모든 것들을 하나의 신호로 여겨야 한다.

노아의 때나 롯의 때의 심판은 대심판의 예표로 볼 수 있다. 노아의 때에는 홍수로 심판을 받았고 롯의 때에는 그가 살던 소돔이 불로 멸망했다. "인자의 나타나는 날에도 이러하리라"(30절). 이 부분의 주님의 말씀은 하나님의 나라가 언제 임하느냐는 질문에 대한 대답이다. 주님의 나라는 먼저 보이지 않는 방식으로 이루어져가고 있으며 주님의 재림과 함께 나타나게 될 것인데, 그때에 이 세상의 상태가 바로 이와 같을 것이다. 그래서 깨어있는 사람들은 때를 알고 예비할 수 있는 것이다.

"그 날에 만일 사람이 지붕 위에 있고 그 세간이 집 안에 있으면 그것을 가지러 내려오지 말 것이요 밭에 있는 자도 이와 같이 뒤로 돌이키지 말 것이니라"(31절). 시대의 마지막, 주님의 재림 시에 휴거가 발생한다. 창세기 19장에 롯과 롯의 처의 이야기가 나오는데, 여기서 주님이 말씀하시는 것은 무엇인가? 주님이 다시 오실 때에 어떤 사람들은 들림받고 어떤 사람들은 거절된다는 것이다. 34-35절에는 "그 밤에 두 남자가 한 자리에 누워 있으매 하나는 데려감을 당하고 하나는 버려둠을 당할 것이요 두 여자가 함께 매를 갈고 있으매 하나는 데려감을 당하고 하나는 버려둠을 당할 것이니라"고 했다. 데려감을 당한다는 것은 그리스도의 혼인잔치에 받아들여지는 것이고, 버려둠을 당한다는 것은 거기에 참여하지 못하고 거절되는 것이다. 자기 목숨을 잃는 자들, 절대적으로 주님을 섬긴 자들은 들림받아 혼인잔치의 누림 안으로 들어가게 되며, 그렇지 않고 자기 목숨을 보존하고자 하는 자들은 버려질 것이다.

▸ 주 예수님의 기도에 대한 가르침

누가복음 18장에는 기도에 대한 가르침이 있다. 이미 말한 바처럼 누가복음은 기도가 많은 책이다. 1장부터 기도로 시작된다. 11장에 주님이 가르쳐주신 기도가 있고, 친구에게 떡을 빌리는 강청하는 기도가 있다. 또 18장에는 재판관에게 원한을 풀어달라고 간청하는 한 과부의 비유가 나온다. 여기의 재판관은 그렇게 좋은 사람이 아니다. 하나님을 두려워하지 않고 사람도 무시하는 사람이다. 그런데 한 과부가 그에게 원한을 풀어 달라고 계속 졸라대자 재판장은 너무 자기를 번거롭게 하니 그녀의 원한을 풀어주리라고 한다. 주님은 이 비유를 들어 기도의 비결을 가르쳐주고 계신다. 불의한 재판관의 말하는 것을 들어보라! 하물며 하나님께서 그 밤낮 부르짖는 자들의 원한을 풀어주시지 않겠는가! 그러나 인자가 올 때에 세상에서 믿음을 보겠느냐고 하신다. 이렇게 들어주실 때까지 구하는 것도 믿음이다.

다음은 바리새인과 세리의 기도의 비유이다. 바리새인은 서서 따로 당당히 기도했다. "하나님이여 나는 다른 사람들 곧 토색, 불의, 간음하는 자들과 같지 아니하고 이 세리와도 같지 아니함을 감사하나이다 나는 이레에 두 번씩 금식하고 소득의 십일조를 드리나이다". 그러나 세리는 멀리 서서 감히 눈을 들어 하늘을 우러러 보지도 못하고 다만 가슴을 치며 "하나님이여 불쌍히 여기옵소서 나는 죄인이로소이다"라고 했다. 주님은 세리가 바리새인보다 의롭다 하심을 받고 집에 내려갔다고 하시면서 무릇 자기를 높이는 자는 낮아지고 자기를 낮추는 자는 높아지리라고 하셨다. 하나님 앞에 자신을 낮추는 자가 구원을 받게 된다.

그 때 예수의 안수해주심을 바라고 어린 아이들을 데리고 오니 제자들이 보고 꾸짖었다. 예수께서 어린 아이들을 불러 가까이 오게 하시고 "어린이들의 내게 오는 것을 금하지 말라 하나님의 나라가 이런 자의 것이니라" 하셨다. 그분은 천국의 주인이요 아들로서 그곳에서 오신 분이므로 천국이 어떠한 곳인지 잘 아신다. 천국은 천진난만하고 순진무구한 어린 아이들의 분위기이다. 하나님의 나라를 어린 아이들처럼 받들지 않는 자들은 결단코 그곳에 들어가지 못한다고 하셨다.

어떤 관원이 예수께 와서 물었다. "내가 무엇을 하여야 영생을 얻으리이까?" 10장의 율법사와 매우 유사한 질문이다. 주님은 이 청년 관원에게 "네게 있는 것을 다 팔아 가난한 자들을 나눠주라 그리하면 하늘에서 보화가 네게 있으리라 그리고 와서 나를 좇으라" 하셨다. 이 말씀을 듣고 그는 큰 부자인 고로 심히 근심하였다. 다른 복음서에서는 그가 근심하며 돌아갔다고 한다(마 19:22, 막 10:22). 예수께서 그를 보시고 재물이 있는 자는 하나님의 나라에 들어가기가 어떻게 어려운지 약대가 바늘귀로 들어가는 것이 부자가 하나님의 나라에 들어가는 것보다 쉬우니라고 하셨다. 듣는 자들이 '그런즉 누가 구원을 얻을 수 있나이까' 하자 주님은 무릇 사람의 할 수 없는 것을 하나님은 하실 수 있다고 하셨다. 그 젊은 관원은 하나님의 하실 수 있음을 믿어야 했다. 그러나 그 청년은 자신으로서는 도저히 재산을 팔아서 가난한 자들에게 나누어주기가 어렵다고 생각하고 고민하며 떠나갔다. 그러나 하나님께 의탁하고 기도하면 하나님은 능히 재산을 다 팔아서 가난한 자들에게 나눠주게 하신다. 사람이 할 수 없는 것을 하나님은 하실 수 있다. 그 청년 관원은 하나님의 말씀을 인간 스스로의 능력으로 할 수 있는 것처럼 생각했다.

베드로가 주님께 말씀드렸다. 그 청년이 근심하면서 가자 베드로는 자신의 처지를 생각하면서 여쭙듯이 말한 것 같다. "보옵소서 우리가 우리의 모든 것을 다 버리고 주를 좇았나이다." 이에 주님은, "하나님의 나라를 위해 집이나 아내나 형제나 부모나 자녀를 버린 자는 금세에 있어서 여러 배를 받고 내세에 영생을 받지 못할 자가 없느니라" 하셨다(마 19:27-30). 내세의 영생은 천년왕국의 누림을 말한다. 그리고 이제 예수께서는 예루살렘에 올라가려고 하신다. "인자가 이방인들에게 넘기워 희롱을 당하고 능욕을 받고 침뱉음을 당할 것이며 저희는 채찍질하고 죽일 것이니 저는 삼 일 만에 살아나리라" 하셨다. 그러나 제자들은 이 말씀을 하나도 깨닫지 못했으니 그 때는 이 말씀이 감춰어져 있었기 때문이다.

여리고에 이르니 한 소경이 길가에서 구걸하다가 나사렛 예수의 지나가시는 것을 듣고 소리를 지르기 시작했다. "다윗의 자손 예수여, 나를 불쌍히 여기소서!" 앞서 가는 자들이 잠잠하라고 해도 더욱 소리를 질렀다. 예수께서 그를 데려오라 하시고 무엇을 하여 주기를 원하느냐고 물으셨다. "주여, 보기를 원합니다." 주 예수께서 말씀하셨다. "네 믿음이 너를 구원하였느니라!" 소경이 곧 눈이 떠지고 보게 되어 영광을 돌리며 예수를 좇으니 백성이 다 이 광경을 보고 하나님을 찬양했다.

▸ 아내를 내어버리는 것이 옳으니이까

예수께서 갈릴리를 지나 유대 지경에 이르렀을 때 큰 무리가 좇았고 그들의 병을 고치셨다. 주 예수께서는 갈릴리 지방의 시골에서만 아니라 유대와 예루살렘에서도 병을 많이 고치신 것이다. 그 때 바리새인들이 예수를 시험하기 위해 와서 사람이 아무 연고든지 아내를 내어버리는 것이 옳으냐고 물었다. 그 때 주 예수님은 그들이 왜 그런 질문을 하는지 아시고(신명기 24장에서 이혼증서를 주어 내어버리라고 하신 적이 있다) '너희 마음의 완악함을 인하여 조건을 두어 허락하신 것이지만 본래는 그렇지 않다' 하시며 하나님께서 사람을 지으실 때 남자와 여자를 지으시고 둘이 한 몸이 되도록 하셨으니 이제 둘이 아니요 한 몸이며 하나님이 짝지어주신 것을 사람이 나눌 수 없다고 하셨다. 베드로가 그렇다면 장가들지 않는 게 더 낫겠다고 하자 주님은 사람마다 그렇게 할 수는 없고 다만 타고난 자라야 하며 그 중에는 천국을 위해 스스로 고자가 된 자(결혼을 하지 않는 사람)도 있다고 하셨다(마 19:1-12).

다음 구절들은(마 19:13-15), 그 때에 사람들이 예수께서 안수하고 기도해주심을 바라고 어린 아이들을 데리고 왔는데 제자들이 그들을 꾸짖었다고 기록한다. 주 예수님은 천국은 이런 자들의 것이라고 하시면서 어린 아이들이 내게 오는 것을 용납하고 금하지 말라고 하셨다. 마가복음과 누가복음에서는 어린아이같이 천국을 받들지 아니하는 자는 천국에 들어가지 못한다고 하셨다(막 10:13-16, 눅 18:15-17). 그리고서 어린아이들을 안수하시고 거기서 떠나셨다.

▸ 포도원의 품꾼들의 비유

마태복음 20장의 말씀은 19장의 내세의 보상에 대한 주님의 말씀의 연속으로서 천년왕국에서 일어날 일을 비유로 말씀하신 것이다. 주님은 품꾼들을 불러 사용하시는 포도원의 주인이시다. 주님은 장터에서 놀고 섰는 사람들에게 한 데나리온의 품삯을 정하고 포도원에 들여보내셨다. 제 삼시에, 제 육시에, 제 구시에 나가 그렇게 하고 제 십일시에도 나가 보니 여전히 사람들이 놀고 섰는 것이었다. 어찌하여 종일토록 놀고 여기 서 있느냐고 하자 그들은 자기들을 품꾼으로 쓰는 사람이 없어서 그렇다고 했다. 그래서 그들도 포도원에 들여보냈는데, 저물 때에 포도원 주인이 청지기에게 일한 품꾼들에게 약속한 삯을 주라 했다. 그런데 맨 나중에(제 십일시에, 오후 5시쯤) 포도원에 들어와서 오직 한 시간만 일한 자부터 한 데나리온씩 주는 것이었다. 그래서 맨 먼저 들어온 자들은 더 받을 거라고 생각했는데 동일하게 한 데나리온씩만 주자 '나중 온 사람들은 한 시간만 일했는데 종일 수고와 더위를 견딘 우리와 같게' 주었다고 원망했다. 주님은 "나중 온 이 사람에게 너와 같이 주는 것이 내 뜻이라"고 하셨다. 그리고 이어서 나중 된 자로서 먼저 되고 먼저 된 자로서 나중 된다고 하셨다. 이는 특히 천년왕국에서 일어날 일이다. 맨 먼저 사도 된 자들부터 보상을 받는 것이 아니라 이방인인 우리, 말씀과 멀리 있던 우리부터 보상하신다는 것이다. 베드로는 마태복음 19장 27절에서 물었는데, 주님은 다음 장인 20장에서 비유로 답을 주신 것이다.

▸ 예수께서 십자가에 죽으시고 부활하실 것을 세 번째로 예언하시다

주 예수님은 이 땅에 사람의 구속을 위한 제물로 자신을 드리기 위해 오셨다. 그러기에 그분은 제자들과 삼 년을 다니시며 세 번이나 그분의 죽으실 것과 부활하실 것을 가르치셨으나 제자들은 잘 깨닫지 못하였다(마 20:17-19, 막 10:32-34, 눅 18:31-34).

▸ 세배대의 아들들의 구함과 그들에 대한 주님의 예언

그 때쯤 세배대의 아들들의 어미가 주님께 나아와(마가복음 10장에서는 야고보와 요한이 직접 예수께 나아왔다고 함) 주의 영광 중에(주님의 나라가 임할 때) 하나는 주의 우편에, 하나는 주의 좌편에 앉게 해달라고 구하였다. 주 예수님은 나의 마시려는 잔을 너희가 마시겠느냐고 물으셨고 그들은 마시겠다고 대답하였다. 그러자 주님은 '과연 내 잔을 마시려니와' 내 좌우편에 앉는 것은 내 아버지께서 누구를 위하여 예비하셨든지 그대로 받을 것이라고 하셨다. 과연 그들은 주님의 예언대로 순교의 잔을 마시게 되었다. 야고보는 맨 먼저 순교를 하였고 요한은 맨 나중에 순교를 하였다(마 20:20-28, 막 10:35-45).

▸ 소경 바디매오를 고치시다

주 예수께서 많은 무리와 여리고에서 나가실 때 소경 거지 바디매오가 길 가에 앉았다가 나사렛 예수시란 말을 듣고 "다윗의 자손이여, 나를 불쌍히 여기소서!" 하였다. 그는 비록 소경이고 거지였으나 예수가 다윗의 자손 곧 메시아이신 것을 믿었다. 많은 사람이 그를 꾸짖으며 잠잠하라 하였으나 그는 더욱 소리를 높였다. 예수께서는 그를 부르셨고 그는 겉옷을 버리고 예수께 왔다. 예수께서 "네게 무엇을 하여주기를 원하느냐"고 하시니 그는 "주여, 보기를 원하나이다!" 하였다. 예수께서 그에게 "보아라! 네 믿음이 너를 구원하였느니라." 하시니 그가 곧 보게 되어 예수를 길에서 좇았다(마 20:29-34, 막 10:46-52, 눅 18:35-43).

▸ 삭개오가 구원받은 이야기

누가복음 19장은 그 유명한 삭개오 이야기인데, 그는 여리고의 세리장이었으며 돈이 인생의 전부인양 살던 사람이었다. 그런데도 늘 마음 한구석이 허전하던 차에 예수께서 여리고를 지나가신다는 말을 듣고 꼭 한 번 만나보아야겠다고 생각했다. 그런데 막상 나가서 예수를 보려 하니 사람이 많고 키가 작아서 볼 수가 없었다. 그래서 앞으로 달려가 예수께서 지나가시는 길에 있는 뽕나무 위에 올라가니 예수께서 그곳에 이르러 올려다보시며 삭개오를 부르셨다. "삭개오야, 속히 내려오라! 내가 오늘 네 집에 유하여야 하겠다." 삭개오는 놀랐다. 어떻게 이 많은 군중 가운데서 나를 알고 부르실까? 주 예수는 과연 누가 진실로 그분을 찾는 자인지를 아신다. 그는 뽕나무에서 급히 내려와 매우 즐거워하며 예수를 영접했다. '그분이 나 같은 죄인 세리를 찾으시다니!' 그러자 사람들은 수군거렸다. '저가 죄인의 집에 유하러 들어갔도다.' 그 때 삭개오가 서서 주님께 말씀드렸다. "주여, 보십시오. 내 소유의 절반을 가난한 자에게 주겠습니다. 그리고 뉘게 토색한 것이 있으면 사배나 갚겠습니다." 주님께서는 이 문제를 삭개오에게 한 마디도 언급하지 않으셨지만 그는 예수를 영접하자마자 자신이 어떻게 해야 할 바를 알았다. 이것이 주님이 택한 자의 표시이다. 주님은 구원이 이 집에 이르렀으며 그도 아브라함의 자손이라고 말씀하셨다. 그리고 인자의 온 것은 잃어버린 자를 찾아 구원하려 함이라고 하셨다(눅 19:1-10).

▸ 므나의 비유

당시 사람들은 예수의 말씀을 듣고 하나님의 나라가 금방 임할 줄로 생각하고 있었다. 그 때 주님은 므나의 비유를 말씀하셨다. 어떤 귀인이 왕위를 받아 가지고 오려고 먼 나라로 가면서 종 열 명을 불러 각각 한 므나씩 열 므나를 나눠주고 돌아올 때까지 장사하라고 하셨다. 주 예수님은 그 때 당장 왕국이 임하는 것이 아니라 먼저 그분이 먼 나라로 떠나셔야 하며 다시 돌아오실 때 왕위를 가지고 오신다고 하셨다. 그런데 그 백성이 그를 미워하여 사자를 뒤로 보내어 그가 왕이 되는 것을 원치 않는다고 하였다. 그 귀인(주 예수님)이 왕위를 받아가지고 돌아와서 그 종들이 각각 어떻게 장사했는지를 알고자 하여 그들을 불렀다. 한 사람은 한 므나로 열 므나를 남겼다고 했고, 또 한 사람은 한 므나로 다섯 므나를 만들었다고 했다. 그 주인이 열 므나 남긴 종에게 열 고을 권세를 차지하라 하고, 다섯 므나 남긴 자에게는 다섯 고을 차지하라 했다. 그런데 또 한 사람은 와서 그 주인에게 '나는 당신이 엄한 사람이어서 두지 않은 것을 취하고 심지 않은 것을 거두기 때문에 무서워하여 한 므나를 수건으로 싸두었나이다'라고 했다. 그러자 주인은, "악한 종아 내가 네 말로 너를 판단하노니 너는 내가 두지 않은 것을 취하고 심지 않은 것을 거두는 엄한 사람인줄 알았느냐 그러면 어찌하여 내 은을 은행에 두지 아니하였느냐 그리하였으면 내가 와서 그 변리까지 찾았으리라" 하고 곁에 섰는 자들에게 그 한 므나를 빼앗아 열 므나 있는 자게에 주라고 했다. 주님은 효율을 중시하고 부지런한 것을 좋아하시는 분이다. 그러니 주님의 재림시에 심판대에서 참으로 수고하고 뭔가 이득을 많이 남긴 종들은 자신들이 수고한 것 이상의 권세와 축복을 받게 될 것이다. 그리고서 주님은 나의 왕 됨을 원치 않는 저 원수들을 끌어다가 내 앞에서 죽이라고 명하셨다. 이 므나 비유의 말씀은 마태복음 25장의 달란트 비유와 누가복음 12장 32-48절의 말씀과 더불어 내세 왕국의 보상에 대한 가장 강력한 말씀이다. 왕국 시대에는 이 시대에 주님의 종들이 얼마만큼 충성스럽게 주님을 섬겼느냐에 따라 그 보상이 달라진다는 것을 분명히 보여준다.

▸ 한 여자가 예수의 머리에 향유를 붓다

마가복음 14장에서, 이제 주님은 지상 사역을 마치고 떠나려 하신다. 이틀 후인 유월절 날 주 예수님은 그분이 십자가에 못 박히도록 넘겨질 것이라고 하셨다. 그 때 대제사장들과 장로들은 가야바라고 하는 대제사장 집 아문에 모여 예수를 궤계로 잡아 죽이려고 의논하였다. 그러나 민요를 두려워하여 유월절에는 죽이지 말자고 하였으나 결국 그 날 죽임을 당하셨다. 그분이 바로 유월절 양이시다. 예수께서 베다니 문둥이 시몬의 집에 계실 때 한 여자가 매우 귀한 향유 한 옥합을 가지고 식사하시는 예수의 머리에 부었다. 제자들은 분을 내며 왜 이렇게 비싼 것을 허비하느냐, 삼백 데나리온 이상에 팔아 가난한 자들에게 나눠줄 수 있었겠다고 하였다. 예수께서 아시고 제자들에게 그 여인을 괴롭게 하지 말라고 하시면서 그 여자가 행한 일은 나의 장사를 위하여 한 것이라고 하셨다. 그리고 온 천하에 복음이 전파되는 곳에는 이 여자의 행한 일도 말하여 저를 기념하리라 하셨다(마 26:6-13, 막 14:1-9).

▸ 예수께서 예루살렘에 입성하시다

이 일 후에 예수께서는 예루살렘을 향하여 앞서 가셨다. 그리고 베다니에 가까이 오셨을 때 제자 둘을 보내시며 맞은 편 마을로 가서 사람들이 타보지 않은 나귀를 풀어 끌고 오라고 하셨다. 그리고 주인이 혹 물어보면 '주가 쓰시겠다' 하라고 했고 그대로 되었다. 그리고 나귀를 타고 예루살렘에 입성하시니 사람들이 겉옷을 벗어 나귀 위에 깔고 예수를 태우고 겉옷을 길에 펴면서 제자들의 온 무리가 예수를 찬송했다.

"하늘에는 평화요 가장 높은 곳에서는 영광이로다!" 어떤 바리새인들이 예수께 제자들을 책망하라고 하자 주님은 "이 사람들이 잠잠하면 돌들이 소리 지르리라" 하셨다. 예루살렘에 가까이 오셔서 성을 보시고 우시며 "날이 이르면 원수들이 토성을 쌓고 사면으로 포위하고 네 자녀들을 땅에 메어치며 돌 하나도 돌 위에 남기지 아니하리니 이는 권고받는 날을 네가 알지 못하기 때문이라" 하셨다. 성전에 들어가 장사하는 자들을 내어쫓으시면서 "내 집은 기도하는 집이 되리라 하였거늘 너희는 강도의 굴혈을 만들었도다" 하셨다. 예수께서 날마다 성전에서 가르치시니 대제사장들과 서기관들과 백성의 두목들이 그를 죽이려고 꾀했으나 백성이 다 그에게 귀를 기울여 들으므로 어찌할 방침을 찾지 못하였다. 주님은 낮에는 성전에서 일하시고 저녁에는 제자들을 데리고 베다니에 가서 쉬셨다(마 21:1-11, 막 11:1-11, 눅 19:28-44).

▸ 무화과나무를 저주하시고 성전을 깨끗케 하시다

베다니에서 나오셔서 예루살렘에 들어가실 때 시장하셔서 무화과나무에 무엇이 있을까 보시니 아무 것도 없었다. 예수께서 이제부터 영원토록 네게서 열매를 따먹지 못하리라 하시니 곧 나무가 말랐다. 제자들이 이상하게 여겨 어찌하여 무화과나무가 곧 말랐느냐고 물었다. 예수께서는 믿음이 있고 의심치 않으면 무화과나무에게 된 일만이 아니라 이 산이 들리어 바다에 던지우라 하여도 될 것이라고 하셨다. 너희가 기도할 때에 무엇이든지 믿고 구하는 것은 다 받으리라고 하셨다. 마가복음은 이 부분에서 믿음을 강조하였다. "하나님을 믿으라…무엇이든지 기도하고 구하는 것은 받은 줄로 여기라 그리하면 너희에게 그대로 되리라".

예루살렘에 가셔서 예수께서는 성전에 들어가 그 안에서 매매하는 자들을 내어쫓으시며 돈 바꾸는 자들의 상과 비둘기 파는 자들의 의자를 둘러엎으시며 아무나 기구를 가지고 성전으로 지나다님을 허락지 않으시고 기록된 말씀으로 그들을 가르치셨다. "내 집은 만민의 기도하는 집이라 칭함을 받으리라고 하지 않았느냐 너희는 강도의 굴혈을 만들었도다". 대제사장들과 서기관들이 듣고 예수를 어떻게 죽일꼬 꾀하니 이는 무리가 다 그의 가르침을 기이히 여기므로 두려워하기 때문이었다(마 21:12-22, 막 11:12-25, 눅 19:45-46).

▸ 예수의 권위가 어디로서 온 것인지를 묻다

예수께서는 고난의 주간에 예루살렘에 들어가셔서 시험을 당하셨다. 이는 마치 유월절을 앞두고 어린 양이 흠이 없는지를 점검하는 것과 같다(출 12장 참조). 성전에 들어가시니 대제사장과 백성의 장로들이 "네가 무슨 권세로 이런 일을 하느냐 누가 이런 일 할 권세를 주었느냐"고 물었다. 예수께서는 그분도 한 마디를 묻겠다고 하시며 너희가 대답하면 나도 무슨 권세로 이런 일 하는지를 말하겠다고 하셨다. 주님이 "요한의 세례가 하늘로서냐 사람에게로서냐 내게 대답하라"고 하시자 그들은 어떻게 대답할지를 서로 의논했다. "만일 하늘로서라 하면 어찌하여 저를 믿지 아니하였느냐 할 것이니 그러면 사람에게로서라 할까 하였으나 모든 사람이 요한을 참 선지자로 여기므로 저희가 백성을 무서워하는지라". 그래서 "알지 못하노라" 하니 주님도 "나도 무슨 권세로 이런 일을 하는지 너희에게 이르지 아니하리라" 하셨다. 마태복음에는 이 이야기 다음에 두 아들의 비유를 주신 것이 있다. 아비가 먼저 맏아들에게 포도원에 가서 일하라고 하니 가겠다고 하더니 가지 않고 둘째 아들에게도 동일하게 말하니 싫소이다 하더니 후에 뉘우치고 갔는데, 누가 아비의 뜻대로 한 것이냐 물으시자 둘째 아들이라고 대답하였다. 그 때 주님은 요한이 의의 도로 왔는데 너희는 저를 믿지 아니하였으나 세리와 창기들은 믿었으므로 그들이 너희보다 먼저 하나님의 나라에 들어가리라고 하셨다.

그리고서 주님은 또 하나의 비유를 들어 말씀하셨다. 한 집주인이 포도원을 만들고 산울로 두르고 거기 즙 짜는 구유를 파고 망대를 짓고 농부들에게 세로 주고 타국에 갔는데, 실과 때가 되어 실과를 받으러 자기 종들을 농부에게 보냈더니 농부들이 종들을 잡아 하나는 심히 때리고 하나는 죽이고 하나는 돌로 쳤다. 다시 다른 종들을 처음보다 많이 보내니 그들에게도 그렇게 했다. 그래서 후에 아들을 보내면서 '그들이 내 아들은 공경하겠지' 했는데, 농부들이 그 아들을 보고 서로 말하기를, '이는 상속자니 자 죽이고 그의 유업을 차지하자' 하고 잡아서 포도원 밖에 내어쫓아 죽였다. 그러면 포도원 주인이 돌아와서 그 농부들을 어떻게 하겠느냐고 물으시니 그들이 말하기를 '이 악한 자들은 진멸하고 포도원은 제 때에 실과를 바칠만한 다른 농부들에게 세를 주어야 한다'고 했다. 이에 주님은 "하나님의 나라를 너희는 빼앗기고 그 나라의 열매 맺는 백성이 받으리라" 하셨다. 대제사장들과 바리새인들은 이 비유가 자기들을 가리켜 말씀하심인 줄 알고 예수를 잡고자 하였으나 무리를 무서워했는데, 이는 그들이 예수를 선지자로 알기 때문이었다(마 21:23-46, 막 11:27-12:12, 눅 19:47-20:19). 여기에서 그들이 예수를 죽인 것은 탐욕과 시기로 말미암은 것임이 드러난다.

▸ 혼인잔치의 비유

주 예수님은 대제사장과 바리새인들과 장로들이 그분의 권위에 대해 질문한 것에 즉답을 하지 않으셨지만 최소한 세 가지 비유로 말씀하셨다. 마지막 비유(혼인잔치)는 마태복음 22장에 기록되어 있다. 주님의 비유는 천국에 대한 것이다. 아버지(임금)는 아들을 위해 혼인잔치를 베풀고 사람들을 초청하라고 종들을 보냈다. 그러나 초청을 받은 사람들이 하나같이 이런 핑계 저런 핑계를 대면서 거절하였고, 심지어 어떤 이들은 왕이 보낸 종들을 능욕하고 잡아 죽였다. 그러자 임금이 노하여 군대를 보내어 그 살인한 자들을 진멸하고 그 동네를 불사르게 하였으며(A.D. 70년의 예루살렘 파괴와 대환난), 다시 종들을 보내어(신약의 사도들) 사거리에 가서 만나는 대로 사람들을 초청하라 하시니 악한 자나 선한 자나 만나는 대로 모두 데려오니 혼인자리에 손이 가득하게 되었다. 임금이 거기 참여한 자들을 보러 오니 예복을 입지 않고 들어온 자가 있었다. 임금이 그에게 왜 예복을 입지 않고 들어와 앉아 있느냐고 하니 아무 대답도 하지 못하여 결국 수족을 결박당한 채 바깥 어두운 데 내어쫓겨 슬피 울며 이를 갈게 될 것이라고 하셨다. 여기의 예복은 혼인잔치에 참여할 자격을 주는 옷으로 계시록 19장의 빛나고 깨끗한 세마포와 같은 것이다. 계시록 19장 9절은 "혼인잔치에 청함을 받은 자들은 복이 있다"고 하였는데, 이들은 다 예복을 입었다. 예복을 입지 않았다는 것은 예수를 믿어 그리스도의 심판대까지는 왔으나 그분의 신부가 되어 그리스도 함께 다스리는 권세를 얻지 못한 것을 말한다. 청함을 받았지만 택함을 받지 못한 자들이 있다는 말씀이다. 14절은 "청함을 받은 자들은 많되 택함을 입은 자들은 적다"고 결론지었다. 복음에로 청함을 받았어도(많다), 택함을 입어 왕국에 들어가는 것은 또 다른 문제이다(적다). 바깥 어두운 데 내어쫓겨 슬피 울며 이를 간다는 말씀과 같은 맥락의 말씀이다(마 8:12, 24:51, 25:30).

▸ 가이사에게 세를 바치는 문제

바리새인들이 헤롯 당원들과 함께 와서 예수를 시험하기 위해, "가이사에게 세를 바치는 것이 가하니이까 불가하니이까" 하고 물었다. 그들은 예수께서 '가하다, 또는 불가하다'로 대답하실 것을 기대하면서, 만일 세금을 내야 한다고 하면 유대인들의 반발을 살 것이고 내지 않아야 한다고 하면 로마 정권에 도전하는 일이 되니 좌우간에 올무에 걸릴 것이라 생각했다. 이에 주 예수님은 그들에게 '셋돈을 내게 보이라' 하셨다. 그들이 데나리온 하나를 가져오자 이 동전의 형상과 글이 뉘 것이냐 물으셨다. 그들이 가이사의 것이라 하니 "그런즉 가이사의 것은 가이사에게, 하나님의 것은 하나님께 드리라" 하셨다. 그들은 이 말씀을 듣고 기이히 여기며 예수를 떠났다(마 22:15-22, 막 12:13-17, 눅 20:20-26).

▸ **부활에 대한 질문**

부활을 부정하는 사두개인들의 질문이다. 율법에 사람이 만일 자식이 없이 죽으면 그 동생이 그 아내에게 장가들어 형을 위하여 후사를 세우라고 했는데, 우리 중에 칠 형제가 있어서 계속 후사가 없이 죽으므로 일곱 번째까지 그렇게 했다면 부활 때에 누구의 아내가 되느냐고 물었다. 예수께서 하나님은 죽은 자의 하나님이 아니요 산 자의 하나님이시라고 대답하시면서 부활 때에는 시집도 아니 가고 장가도 아니 가며 천사들과 같다고 말씀하셨다(마 22:23-33, 막 12:18-27, 눅 20:27-40). 하나님은 죽은 자의 하나님이 아니요 산 자의 하나님이라는 답변은 보통 인간의 지혜로 답할 수 있는 말이 아니다.

▸ **어느 계명이 가장 큰가**

한 율법사가 주 예수께 질문했다. 어느 계명이 가장 큰가? 주님은 "네 마음을 다하고 목숨을 다하고 뜻을 다하여 주 너의 하나님을 사랑하라 하셨으니 이것이 크고 첫째 되는 계명이요, 둘째는 네 이웃을 네 몸과 같이 사랑하라 하신 것이라" 하셨다(마 22:34-40, 막 12:28-34).

▸ **그리스도의 유일한 마무리 질문**

바리새인들이 모였을 때 예수께서 물으시기를, "너희는 그리스도에 대하여 어떻게 생각하느냐 뉘 자손이냐" 하시자 그들은 "다윗의 자손이니이다"라고 대답했다. 그러면 어찌 다윗이 성령에 감동되어 그리스도를 주라 칭하였느냐고 물으시자 그들은 아무 대답도 하지 못했다(마 22:41-46, 막 12: 35-37, 눅 20:41-44).

▸ **외식하는 종교인들을 책망하시다**

마가복음과 누가복음은 외식하는 사람들에 대하여 매우 간단하게 기록하였으나 마태복음 23장에서는 이에 대해 매우 자세하게 경고하며 기록했다. 첫째, 외식하는 자들은 자신이 높아지고자 하는 것이 그 모든 행위의 동기이다(마 23:5-13). 둘째, 그들은 천국 문을 닫고 그들이 들어가지 않을 뿐 아니라 들어가려 하는 자들도 들어가지 못하게 한다. 이것은 크나큰 죄이다. 또 그들의 중심에는 재물을 사랑하는 것이 있으며(마 23:16-22), 겉으로는 계명을 지키는 것처럼 하나 율법의 더 중한바 의와 인과 신은 저버린다. 결국 선지자들을 죽이고 예수를 죽인 자들이 바로 외식하는 종교인들인데, 그들이 받을 형벌은 매우 중하다고 하신다(마 23:27-36).

▸ **과부의 연보**

마가복음과 누가복음에는 한 과부의 연보 이야기가 나온다. 주 예수님은 연보궤를 대하고 앉으셔서 사람들이 연보하는 것을 보시는데 여러 부자는 많이 넣으나 한 가난한 과부는 와서 두 렙돈(한 고드란트)을 넣었다. 예수께서는 제자들을 불러다가 말씀하시기를, 이 가난한 과부가 연보궤에 넣는 모든 사람보다 많이 넣었다고 칭찬하시면서 그녀는 구차한 생활 중에 생활비 전체를 드렸다고 하셨다(막 12:41-44, 눅 21:1-4).

▸ **십자가로 가시기 전의 마지막 가르침들**

1) 세상 끝의 징조들

많은 적그리스도들이 나타나 자신을 그리스도라고 할 것이나 미혹을 당하지 말라 하시고, 민족 간 전쟁이 일어나며 처처에 기근과 지진이 일어날 것인데 이것이 재난의 시작이라고 하셨다. 사람들이 성도들을 환난에 넘겨주고 성도들은 사람들에게 미움을 받는다. 많은 거짓 선지자들이 나타나 사람들을 속이고 미혹한다. 또 사람들은 시험에 빠져 서로 잡아주고 미워한다. 불법이 성하므로 사람들의 사랑이 식어진다. 끝까지 견디는 자는 구원을 얻는다. 천국복음이 모든 민족에게 증거되기 위해 온 세상에 전파되는데 그제야 끝이 온다.

2) 주님의 재림의 징조들

적그리스도의 형상이 거룩한 곳(성전)에 세워진다. 이 때 유대인들은 산으로 도망하게 되며 큰 환난이 있게 된다. 계시록의 대환난이다. 거짓 그리스도와 거짓 선지자들이 일어나 큰 표적과 기사를 보여 할 수만 있으면 택하신 자들이라도 미혹한다. 환난 후에 해가 어두워지며 별이 빛을 내지 아니하며 하늘의 권능들이 흔들린다. 그 때 하늘의 징조가 보이겠고, 땅의 모든 족속들이 통곡을 하게 되며, 인자가 구름을 타고 하늘로부터 큰 능력과 영광으로 오시게 된다. 주께서 큰 나팔 소리와 함께 천사들을 보내실 것인데 그들이 택하신 자들을 하늘 이 끝에서 저 끝까지 사방에서 모을 것이다. 이것은 휴거의 현상으로 설명할 수 있다(살전 4:14-17, 계 14:14-16, 19:6-9). 이런 일을 보면 인자가 가까이 곧 문 앞에 이른 줄을 알라고 하신다. 그러나 그 시는 아무도 모르고 아버지만 아신다.

그 때 세상은 노아의 때와 같으며 사람들이 먹고 마시고 시집가고 장가가는 일에 열중하는데, 이런 상황에 휴거가 발생한다. 어떤 사람들은 밭에 있다가, 어떤 사람들은 매를 돌리다가 들림받으며, 또 어떤 사람들은 동일한 일을 하던 중에 버려둠을 당한다. 주의 종들은 충성되고 지혜로워야 한다. 주인이 올 때 종들이 이렇게 충성된 것을 보면 복이 있다. 그러나 주인이 더디 오리라 하여 동무들을 때리며 술친구들과 더불어 먹고 마시게 되면 알지 못하는 시간에 주인이 이르러 엄히 때리고 외식하는 자와 함께 처하게 할 것이니 거기서 슬피 울며 이를 갈 것이다(마 24:29-51, 막 13:24-37, 눅 21:25-38).

3) 열 처녀 비유

천국은 마치 등을 들고 신랑을 맞으러 나가는 열 처녀와 같다. 이는 분명 주님의 재림시를 말한다. "보라, 신랑이로다!"라는 말씀이 이를 증명한다. 또한 열 처녀는 슬기롭든 미련하든 다 믿는이들이다. 이들은 다 등을 들었고 기름이 있었고 등불이 켜져 있었다. 기름은 성령을 뜻한다. 여기서 미련한 처녀와 슬기로운 처녀의 차이는 기름을 충분히 준비했는가 그렇지 않은가이지 불신자와 신자의 차이가 아니다. 불신자들은 신랑을 기다리지 않는다. 그 두 종류의 처녀들의 차이는 주님의 재림 시에 발생한다. 신랑이 더디 오므로 졸며 잔다는 말은 그들이 주 예수님의 다시 오심을 기다리다 죽었다는 말이고, 7절의 일어났다는 말은 부활했다는 것이다. 그 때 기름을 충분히 예비한 자들은 등을 들고 혼인잔치에 들어가고 예비하지 못한 자들은 거절당할 것이다. 그 때 슬피 울며 문을 열어달라는 자들에게 주님은 "내가 너희를 알지 못하노라" 하실 것이다(마태복음 7장에도 동일한 말씀이 있다). 주님이 재림하실 때 거절당할 자들이 있다는 말씀이다. 이 비유에서 주님이 가르치시는 것은 "그 날과 그 시를 알지 못하니 깨어 있으라"는 것이다(마 25:13). 구원받지 못한 자들은 회개하고 믿어야 하며, 믿는이들은 주님의 재림 곧 '신랑의 다시 오심을 기다리며 깨어있어야' 한다.

4) 달란트 비유

천국은 또한 어떤 사람이 타국에 가면서 종들을 불러 각각 재능대로 금 다섯 달란트, 두 달란트, 한 달란트를 맡긴 것과 같다. 다섯 달란트 받은 자는 장사를 잘 해서 다섯 달란트를 남기고, 두 달란트 받은 자 역시 두 달란트를 남겼는데, 한 달란트 받은 자는 가서 땅을 파고 그 주인의 돈을 감추어 두었다. 오랜 후에 주인이 돌아와(그리스도의 재림을 말한다) 그들과 회계를 하는데, 다섯 달란트와 두 달란트 받은 자들은 각각 주인에게 칭찬을 듣는다. "잘 하였도다 착하고 충성된 종아, 네가 작은 일에 충성하였으니 내가 네게 많은 것으로 맡기리니 네 주인의 즐거움에 참여할지어다".

그런데 한 달란트 받은 자는 주인에게 한 달란트를 그대로 드리며 주인의 것을 받으시라고 했다. 그러자 주인은 "악하고 게으른 종아 네가 마땅히 내 돈을 취리하는 자들에게나 두었다가 나로 돌아와서 내 본전과 변리를 받게 할 것이니라" 하였다. 또한 그에게서 그 한 달란트를 빼앗아 열 달란트 가진 자에게 주라고 하시며 "이 무익한 종을 바깥 어두운 데로 내어쫓으라 거기서 슬피 울며 이를 갊이 있으리라" 하셨다. 이들 모두가 주님으로부터 많든 적든 달란트를 받은 자들이다. 주님의 재림시에 구원받은 자들일지라도 달란트를 남기지 않은 게으르고 악한 종들은 주인의 즐거움에 참여하지 못하고 바깥 어두운 데 내어쫓겨 슬피 울며 이를 갈게 될 것이다(마 25:14-30).

5) 심판의 광경

마태복음 25장 31절부터는 심판의 광경을 말한다. 그리스도께서 다시 오실 때 그분은 영광의 보좌에 앉으셔서 모든 민족을 그 앞에 모으신다. 그리고 각각 양과 염소를 분별하기를 목자가 양과 염소를 분별하는 것같이 하여 양은 그 오른편에, 염소는 왼편에 두실 것이다. 그리고 양들에게는 창세로부터 그들을 위해 예비된 나라를 상속받게 하시며, 염소들에게는 "저주를 받은 자들아 나를 떠나 마귀와 그 사자들을 위해 예비한 영영한 불에 들어가라" 하신다. 여기서 양과 염소를 구분하는 조건은 무엇인가? 양들은 주의 자녀들이 주리고 병들고 옥에 갇혔을 때에 돌아본 자들이고, 염소는 그와 반대로 주님의 사람들이 곤경에 처한 것을 보고도 냉담하게 대한 자들이라는 것이다. 이것은 특별히 대환난시에 공중에 날아가면서 전하는 천사의 영원한 복음을 듣고(은혜의 복음과 다르며, 하나님을 경외하며 그에게 영광을 돌리라는 복음이다) 핍박과 환난을 당하는 믿는이들을 어떻게 대하는가에 달려 있다(계 14:6 참조). 이로써 양과 염소의 운명이 영원토록 달라지는데, 양(의인)들은 영생에, 염소(악인)들은 영벌에 처해질 것이다(마 25:31-46).

◊ 제 6 부 **주 예수의 고난과 십자가에 못 박혀 죽으심**

▸ 은 삼십에 팔리신 예수

예수께서는 그분이 유월절 날 십자가에 못 박히기 위해 팔리실 것을 예언하셨다. 그 때 대제사장들과 장로들은 예수를 궤계로 잡아 죽이려고 모의했는데, 제자 중 하나인 가룟 유다가 대제사장에게 가서 은 삼십을 받고 예수를 넘겨줄 기회를 찾았다

(마 26:1-5, 14-16).

▸ 제자들과 유월절 만찬을 잡수시다

무교절 첫날에 제자들이 예수께 와서 유월절 잡수실 것을 어디서 예비하기를 원하시느냐고 물었다. 주님은 제자들에게 성안 아무에게 가서 "선생님 말씀이 내 때가 가까웠으니 내 제자들과 함께 유월절을 네 집에서 지키겠다 하시더라"고 말하면 된다고 하시고, 제자들은 예수께서 시키신 대로 하여 유월절을 준비하였다. 저물 때에 예수께서 열두 제자와 함께 앉으셨는데, 그들이 먹을 때에 예수께서 "너희 중에 한 사람이 나를 팔리라"하셨다. 제자들이 심히 근심하면서 각각 "내니이까?" 하자 "나와 함께 그릇에 손을 넣는 그가 나를 팔리라" 하시면서 "그 사람은 차라리 나지 아니하였더면 제게 좋을 뻔하였느니라" 하셨다. 유다가 "랍비여, 내니이까?" 하고 묻자 예수께서는 "네가 말하였느니라" 하셨다.

그들이 먹을 때에 예수께서 떡을 가지사 축복하시고 떼어 제자들을 주시며 "받아 먹으라 이것이 내 몸이니라" 하시고 또 잔을 가지사 사례하시고 저희에게 주시며 "너희가 다 이것을 마시라 이것은 죄 사함을 얻게 하려고 많은 사람을 위하여 흘리는 바 나의 피 곧 언약의 피니라" 하셨다. 이렇게 주님의 만찬을 세우시고서 그분은 "나를 기념하라" 하셨다. 떡(빵)은 그분의 몸을 말하며 이는 우리에게 영생을 주시기 위한 것이다. 주 예수께서는 십자가에서 살을 찢으시어 우리에게 생명을 주기 원하셨다. 다음은 포도주를 마시라고 하시면서 "이것은 죄 사함을 얻게 하려고 많은 사람을 위하여 흘리는바 나의 피 곧 언약의 피니라" 하셨다. 예수의 피는 우리의 죄 사함만을 위한 것이 아니라 새 언약을 세우기 위한 것이다(히 13:20). 주님은 포도나무에서 난 것을 그 날 아버지의 나라에서 새 것으로 함께 마시는 날까지 마시지 않을 것이라고 하셨다. 그리스도를 기념하는 일은 영세에도 행하여질 것이다. 그들은 주의 만찬을 마친 후에 찬미하며 감람산으로 나아갔다(마 26:17-30, 막 14:12-25, 눅 22:7-23).

▸ 제자들이 서로 누가 크냐고 다투다

누가복음에는 이 시점에서 제자들이 서로 누가 크냐고 다투는 것이 기록되어 있다(눅 22:24). 주 예수님은 진실로 큰 자는 이방인 가운데서처럼 권세를 부리고 사람들에게 은인이라고 칭함을 받는 자가 아니라 젊은 자와 같고 섬기는 자와 같다고 하셨다. 주 예수께서는 그분이 섬기는 자로 그들 중에 계시다고 하셨다. 그리고 그들은 예수의 모든 시험 중에 함께하였은즉 "내 아버지께서 왕국을 내게 맡기신 것처럼 나도 너희에게 맡겨 이스라엘 열두 지파를 다스리게 하겠다"고 하셨다. 마태복음에도 이와 같은 사상이 있다(마 19:28).

▸ 네가 나를 세 번 부인하리라

예수께서 "오늘밤에 너희가 다 나를 버리리라" 하시자 베드로는 "다 주를 버릴지라도 나는 언제든지 버리지 않겠나이다" 했다. 이에 예수께서 "오늘밤 닭 울기 전에 네가 세 번 나를 부인하리라" 하시자 베드로는 다시 한 번 "내가 주와 함께 죽을지언정 주를 부인하지 않겠나이다" 하고 장담했다. 누가복음 22장에는 이에 대해 좀 더 자세한 기록이 있다. "시몬아, 시몬아, 보라 사단이 밀까부르듯 하려고 너희를 청구하였으나 그러나 내가 너를 위하여 네 믿음이 떨어지지 않기를 기도하였노니 너는 돌이킨 후에 네 형제를 굳게 하라". (마 26:30-35, 막 14:26-31, 눅 22:31-38)

▸ 겟세마네 동산에서 기도하시다

베드로에게 말씀하신 다음 겟세마네라는 곳에 이르러 제자들에게 "내가 저기 가서 기도할 동안에 너희는 여기 앉아 있으라" 하시고 베드로와 세배대의 두 아들(요한과 야고보)을 데리고 가실 때에 고민하고 슬퍼하시면서 "내 마음이 심히 고민하여 죽게 되었으니 너희는 여기 머물러 나와 함께 깨어 있으라" 하셨다. 조금 나아가사(돌 던질 만큼의 거리) 얼굴을 땅에 대시고 엎드려 기도하시기를, "내 아버지여 만일 할 만 하시거든 이 잔을 내게서 지나가게 하옵소서 그러나 나의 원대로 마옵시고 아버지의 원대로 하옵소서" 하셨다. 그 때 하늘로부터 예수께 한 천사가 나타나 힘을 도왔다. 더욱 힘써 기도하시니 땀이 땅에 떨어지는 핏방울같이 되었다(눅 22:43-44). 주님은 동일한 말씀으로 세 번 기도하셨다. 기도 후에 와보니 제자들은 슬픔을 인해 잠들어 있었다. 주님은 "어찌하여 자느냐 시험에 들지 않게 깨어 기도하라" 하시고 "일어나라 함께 가자 보라 나를 파는 자가 가까이 왔느니라" 하셨다.

▸ 예수께서 잡히시다

말씀하실 때에 열둘 중의 하나인 유다가 대제사장들과 장로들에게서 파송된 무리를 데리고 예수를 잡으러 왔다(마 26:47, 막 14:43, 눅 22:47). 유다는 그들에게 "내가 입 맞추는 자가 그이니 그를 잡으라" 하였다. 그가 예수께 와서 "랍비여 안녕하십니까" 하고 입을 맞추니 주님은 "유다야 네가 입맞춤으로 인자를 파느냐" 하셨다. 그들이 와서 예수께 손을 대어 잡자 베드로가 검을 꺼내서 대제사장의 종의 귀를 베어 떨어뜨리니 예수께서 "이것까지 참으라" 하시고 그 귀를 만져 낫게 하셨다. 주님은 또한 "네 검을 도로 집에 꽂으라 검을 가지는 자는 다 검으로 망하느니라" 하시고 "너는 내가 내 아버지께 구하여 지금 열 두 영이 더 되는 천사들을 보내시게 할 수 없는 줄로 아느냐 내가 만일 그렇게 하면 이런 일이 있으리라 한 성경이 어떻게 이루어지겠느냐" 하셨다. 무리가 예수를 잡자 제자들이 다 예수를 버리고 도망갔다. 마가복음에서는 한 청년이 베 홑이불을 두르고 있다가 벗은 몸으로 도망하였다고 하는데, 그가 바로 그 복음서를 쓴 마가라는 설은 믿을 만하다(막 14:51-52).

▸ 예수께서 심문을 당하시다

대제사장들과 온 공회가 체포된 예수를 죽이려고 그를 칠 거짓 증거를 찾으나 얻지 못하더니 두 사람이 와서 이 사람이 하나님의 성전을 헐고 사흘 만에 지을 수 있다 하더라고 고소했다. 대제사장이 일어서서 이들의 고소에 대하여 답하라고 했으나 예수께서는 잠잠하셨다. 대제사장이 "네가 하나님의 아들 그리스도인지 우리에게 말하라" 고 하자 그 밀에 대하여는 "네가 말하였느니라" 하시고서 "내가 너희에게 이르노니 이 후에 인자가 권능의 우편에 앉은 것과 하늘 구름을 타고 오는 것을 너희가 보리라"고 하셨다. 그러자 대제사장이 자기 옷을 찢으며 "저가 참람한 말을 하였으니 어찌 더 증인을 요구하리요" 하면서 사람들에게 어떻게 생각하느냐고 묻자 "저는 사형에 해당하니라" 하였다. 그리고서 예수의 얼굴에 침 뱉으며 주먹으로 치고 손바닥으로 때리며 "그리스도야 우리에게 선지자 노릇을 하라 너를 친 자가 누구냐" 하였다. (마 26:69-75, 막 14:53-15:20, 눅 22:54-23:25).

1) 베드로가 예수를 부인하다

예수를 잡아 대제사장의 집 안으로 끌고 들어갈 때에 베드로는 멀찍이 따라가고 있었다. 사람들이 뜰 가운데 불을 피우고 함께 앉았는데 베드로도 그 가운데 앉았더니 한 비자가 그를 보고 "너도 갈릴리 사람 예수와 함께 있었느니라" 했다. 베드로가 부인하면서 "이 여자여 내가 저를 알지 못하노라" 했다. 조금 후에 다른 사람이 보고 "너도 그 당이라" 하니 베드로가 말하기를, "이 사람아 나는 아니로라" 하였다. 한 시쯤 있다가 또 한 사람이 장담하여 말하기를, "이는 갈릴리 사람이니 참으로 그와 함께 있었느니라"("너는 진실로 그 당이라 네 말소리가 너를 표명한다") 하니 베드로가 저주하며 맹세하여 다시 예수를 부인했다. 그 때 닭이 우니 베드로가 예수의 말씀에 "닭 울기 전에 네가 세 번 나를 부인하리라" 하심이 생각나서 밖에 나가서 심히 통곡하였다

(마 26:69-75, 막 14:66:72, 눅 22:54-62).

2) 대제사장 앞에서 심문을 당하시다

요한복음에 의하면 사람들은 예수를 끌고 안나스라는 대제사장에게 갔다. 그는 예수의 교훈에 대하여 물었고 주 예수님은 "내가 드러내놓고 말하였고 회당과 성전에서 가르쳤고 은밀히 말하지 아니하였다 들은 자들에게 물어보라 저희가 나의 하던 말을 안다"고 하셨다. 그 때 하속 하나가 손으로 예수를 치면서 "네가 대제사장에게 이같이 말하느냐" 하니 예수께서 "내가 말을 잘못하였으면 그 잘못한 것을 증거하라 네가 어찌하여 나를 치느냐" 하셨다. 안나스가 예수를 결박한 그대로 대제사장 가야바에게 보냈다(요 18:19-24).

3) 공회 앞에서 심문을 당하시다

마태, 마가, 누가는 예수께서 대제사장 가야바 앞에서 심문을 당하신 것만 기록한다. 대제사장은 예수께서 자신이 그리스도이심을 시인하셨다는 것으로 사형에 해당한다고 말했다(마 26:57-68, 막 14:53-65, 눅 22:63-71).

4) 유다가 스스로 목매어 죽다

유다가 예수께서 정죄됨을 보고 스스로 뉘우쳐 은 삼십을 대제사장과 장로들에게 도로 갖다 주며 "내가 무죄한 피를 팔고 죄를 범하였다" 하니 그들은 "그것이 우리와 무슨 상관이 있느냐 네가 당하라" 하였다. 유다는 은전을 성소에 던져 넣고 물러가서 스스로 목매어 죽었다. 대제사장들이 그 은을 거두며 "이것은 피 값이니 성전고에 넣어둠이 합당치 않다" 하고 의논하여 그것으로 토기장이의 밭을 사서 나그네의 묘지를 삼았으니 이는 선지자 예레미야의 예언이 응한 것이다(마 27:3-10, 슥 11:13).

5) 빌라도가 예수께 묻다

새벽에 대제사장과 백성의 장로들이 예수를 죽이려고 모의하고 결박하여 끌고 가서 총독 빌라도에게 넘겨주었다. 예수께서 총독 앞에 서시니 그가 "네가 유대인의 왕이냐" 물었고 예수께서는 "네 말이 옳도다" 하셨다. 대제사장과 장로들이 예수를 고소하였으나 아무 대답도 아니하시니 빌라도가 "저희가 너를 얼마나 많이 쳐서 증거하는지 듣지 못하느냐" 하였으나 예수께서 다시 아무 말씀도 대답지 않으시니 빌라도가 기이히 여기었다. 명절을 당하면 총독이 무리의 소원대로 죄수 하나를 놓아주는 전례가 있었는데, 빌라도가 당시 유명한 죄수인 바라바와 예수 중 누구를 놓아주기를 원하느냐고 물으니 무리가 바라바를 놓아달라고 했다.

총독이 재판 자리에 앉았을 때 그 아내가 사람을 보내어 말하기를, "저 옳은 사람에게 아무 상관도 하지 마옵소서 오늘 꿈에 내가 그 사람을 인하여 애를 많이 썼나이다"라고 했다(마 27:19). 총독이 다시 무리에게 "둘 중에 누구를 너희에게 놓아주기를 원하느냐" 하니 무리가 여전히 "바라바로소이다!" 하였다. 그러면 예수를 어떻게 할 것인지를 물으니 "십자가에 못 박혀야 하겠나이다!" 하고 외쳤다. 예수가 무슨 악한 일을 하였기에 그러느냐고 물으니 무리가 더욱 소리 질러 "십자가에 못 박혀야 하겠나이다!"라고 외쳤다. 빌라도는 아무 효험도 없이 도리어 민란이 나려 하자 물을 가져다가 무리 앞에서 손을 씻으며 "이 사람의 피에 대하여 나는 무죄하니 너희가 당하라" 했다. 그러자 백성이 다 대답하기를, "그 피를 우리와 우리 자손에게 돌리라"고 외쳤다. 무리가 더욱 굳세게 말하기를, "저가 온 유대에서 가르치고 갈릴리에서부터 여기(예루살렘)까지 백성을 소동케 한다"고 했다. 빌라도가 듣고 예수가 갈릴리 사람인지를 묻고 그 관할 분봉왕 헤롯에게 보냈다. (마 27:1-2, 11-14, 막 15:1-5, 눅 23:1-7)

6) 헤롯 앞에 서시다

누가복음 23장에는 헤롯 앞에서 심문을 당하신 것이 기록되었다. 헤롯은 예수를 보고 기뻐하였는데, 이는 이미 예수의 소문을 들었으므로 뭔가 이적 행하시는 것을 보고자 함이었다. 그러나 예수는 헤롯의 여러 질문에 아무 대답도 하지 않으셨다. 대제사장들과 서기관들은 서서 힘써 고소하고 헤롯은 그 군병들과 함께 예수를 업신여기고 희롱하며 빛난 옷을 입혀 빌라도에게 도로 보내니 전에는 헤롯과 빌라도가 원수였으나 당일에 서로 친구가 되었다(눅 23:8-12).

7) 다시 빌라도 앞에 끌려오시다

도로 자기 앞에 끌려온 예수에 대하여 빌라도가 "너희가 이 사람을 백성을 미혹하는 자로 끌어 왔는데 내가 조사한 바에 의하면 이 사람에게서 너희의 고소한 죄를 찾지 못하였다. 헤롯 또한 그렇게 하여 나에게 도로 보냈으니 그가 행한 것은 죽일 일이 없다. 그러므로 때려서 놓겠다." 하니 백성이 소리 지르며(대제사장들이 무리를 충동하여 바라바를 놓아 달라 하게 하였다), "이 사람을 없이하고 바라바를 놓아주소서!" 했다. 다시 빌라도는 그에게서 죽일 죄를 찾지 못하였다고 하였으나(빌라도는 유대인들이 시기로 예수를 넘겨준 것을 알았다), 무리가 큰 소리로 재촉하여 십자가에 못 박기를 구하니 누가는 '저희의 소리가 이겼다'고 기록한다. 빌라도는 무리에게 만족을 주고자 하여 저희의 구하는 대로 하기를 언도(sentence)하고, 바라바를 풀어주고 예수를 넘겨주어 저희 뜻대로 하게 하였다(마 27:15-31, 막 15:6-20, 눅 23:13-25).

9) 예수께서 십자가에 못 박히시다

총독의 군병들은 예수를 데리고 관정 안으로 들어가서 온 군대를 모으고 그 앞에서 무릎을 꿇고 희롱하며 '유대인의 왕이여 평안할지어다' 하며 그에게 침 뱉고 갈대를 빼앗아 가시관을 쓴 그의 머리를 쳤다. 희롱을 다한 후 홍포(조롱하는 의미로 왕의 색깔의 옷을 입혔었다)를 벗기고 그의 옷을 입혀 십자가에 못 박으려고 끌고 나갔다. 밤새 한 잠도 주무시지 못하고 이리 저리 끌려다니며 심문과 채찍질을 당하신 후 십자가를 지고 골고다 언덕으로 오르시는 예수, 너무 지쳐서 더 이상 십자가를 지고 가실 수가 없었다. 그때 마침 알렉산더와 루포의 아버지인 구레네 사람 시몬이 시골로서 와서 지나가는데 그에게 억지로 십자가를 지우고 같이 가게 하였다. 예수를 끌고 골고다라는 곳에 이르러 몰약을 탄 포도주를 주었으나 예수께서 받지 않으셨다.

사람들은 예수를 십자가에 못 박고 그의 옷을 제비뽑아 나누었다. 십자가 상의 예수님 머리 위로는 '유대인의 왕 예수'라 쓴 패가 붙어 있었다. 그 때 예수님 십자가 좌우에 강도 둘이 함께 못 박혔고, 지나가는 사람들은 머리를 흔들며 예수를 모욕하여 말하기를, "성전을 헐고 사흘에 짓는 자여 네가 하나님의 아들이어든 자기를 구원하고 십자가에서 내려오라…저가 남은 구원하였으되 자기는 구원할 수 없도다 저가 이스라엘의 왕이로다 지금 십자가에서 내려올지어다 그러면 우리가 믿겠노라 저가 하나님을 신뢰하니 하나님이 저를 기뻐하시면 이제 구원하실지라 제 말이 나는 하나님의 아들이라 하였도다" 하며 희롱하였다. 예수와 함께 십자가에 못 박힌 강도들도 이와 같이 욕을 하다가 그 중 한 강도는 회개하고 십자가 상에서 예수를 믿고 구원을 받았다. "예수여 당신의 나라에 임하실 때에 나를 생각하소서…내가 진실로 네게 이르노니 오늘 네가 나와 함께 낙원에 있으리라"(눅 23:43).

제 육시(정오) 쯤 되어 해가 빛을 잃고 온 땅에 어두움이 임하여 제 구시(오후 3시경)까지 계속되었다. 예수께서 큰 소리로 "엘리 엘리 라마사박다니"(나의 하나님, 나의 하나님, 어찌하여 나를 버리셨나이까-마 28:46), "아버지여 내 영혼을 아버지 손에 부탁하나이다"(눅 23:46), "다 이루었다"(요 19:30) 하시고 운명하셨다. 이에 성소 휘장이 위로부터 아래까지 찢어져 둘이 되고 땅이 진동하며 바위가 터지고 무덤들이 열리며 자던 성도의 몸이 많이 일어났다. 백부장과 및 함께 예수를 지키던 자들이 지진과 그 모든 되는 일들을 보고 심히 두려워하며 말하기를, "이는 진실로 하나님의 아들이었도다"(마 27:54)라고 했다. 예수를 섬기며 갈릴리에서부터 좇아온 많은 여자가 거기 있어 멀리서 십자가에 달리신 예수를 바라보았는데, 그 중에 막달라 마리아와 야고보와 요셉의 어머니 마리아와 세배대의 아들들의 어머니도 있었다. 그 날 오후 군병들은 예수와 함께 못 박힌 양편 두 강도의 다리를 꺾고 예수께 이르러는 이미 죽은 것을 보고 창으로 옆구리를 찌르니 피와 물이 흘러나왔다(요 19:34).

10) 장사되시다

아리마대 요셉은 공회원이고 하나님의 왕국을 기다리는 자였는데 그도 예수의 제자였다. 그가 빌라도에게 가서 예수의 시체를 달라 하니 빌라도가 내어주라 분부하여 요셉은 예수의 시체를 가져다가 정한 세마포로 싸서 바위 속에 판 자기 새 무덤에 넣어두고 큰 돌을 굴려 무덤 문에 놓고 가니 막달라 마리아와 다른 마리아가 무덤을 향하여 앉아 있었다. 계명을 좇아 안식일에는 쉬었다.

◊ 제 7 부 **예수의 부활**

안식 후 첫날 새벽에 이 여자들이 그 예비한 향품을 가지고 무덤에 가서 돌이 무덤에서 굴려 옮기운 것을 보고 무덤에 들어가니 예수의 시체가 보이지 않았다. 이를 인해 근심할 때에 문득 찬란한 옷을 입은 두 사람이 곁에 서 있었다. 여자들이 두려워 얼굴을 땅에 대니 두 사람이 말하기를, "어찌하여 산 자를 죽은 자 가운데서 찾느냐 여기 계시지 않고 살아나셨느니라 갈릴리에 계실 때에 너희에게 어떻게 말씀하신 것을 기억하라 이르시기를 인자가 죄인의 손에 넘기워 못 박히고 제 삼일에 다시 살아나야 하리라 하셨느니라"고 했다. 마가복음은 이 부분에서 흰옷 입은 한 청년이, "놀라지 말라 너희가 십자가에 못 박힌 나사렛 예수를 찾는구나 그가 살아나셨고 여기 계시지 아니하니라 보라 그의 누우셨던 곳이니라 가서 그의 제자들과 베드로에게 예수께서 너희보다 먼저 갈릴리로 가시나니 말씀하신 대로 거기서 뵈오리라"고 한다. 이 여자들은 무덤에서 돌아가 이 모든 것을 열 한 사도와 모든 다른 이에게 고했는데, 이 여자들은 막달라 마리아와 요안나와 야고보의 모친 마리아이다. 사도들은 그 말이 허탄한 듯이 보여 믿지 않으나 베드로는 일어나 무덤에 달려가 구푸려 들여다보니 세마포만 보였다. 그는 그 된 일을 기이히 여기며 집에 돌아갔다.

이날 곧 안식 후 첫날 저녁 때에 제자들이 유대인들을 두려워하여 모인 곳에 문들을 닫았는데 예수께서 오사 가운데 서서 말씀하시기를, "너희에게 평강이 있을지어다" 하시고 손과 옆구리를 보여주셨다. 제자들은 주님을 보고 기뻐했으며 주님은 또 "너희에게 평강이 있을지어다 아버지께서 나를 보내신 것같이 나도 너희를 보내노라" 하시고 숨을 내쉬며 "성령을 받으라" 하셨다(요 20:22).

또 부활하신 예수님은 엠마오를 향해 가는 두 제자에게 나타나 대화하셨고(눅 24장 참조), 디베랴 바다에 물고기 잡으러 간 제자들에게 나타나 그분의 사심을 보이시고 그들과 함께 조반을 드셨으며, 베드로에게 세 번 "나를 사랑하느냐?" 물으시고 "내 양을 치라" 부탁하셨다(요 21장).

요한복음

주요 내용	요한은 예수의 신성을 강조하여 말했다. 그는 예수의 가르침보다 그분이 누구인가를 중점적으로 말한다. 예수는 태초부터 있는 말씀이며, 참 빛이시며, 하나님의 어린양이시고, 장대에 높이 달린 놋뱀으로서 뱀에 물려 죄의 독소로 인하여 죽어가는 인생들이 그분을 바라봄으로 치유를 받고 구원을 받을 수 있는 구원자시다(요3장). 또한 목마른 사람에게 생수를 주시는 분이요(요4장), 구약의 여호와 바로 그분 자신이라고 말한다(요8:24). 또한 그분은 양의 문이요, 선한 목자요, 하늘로부터 내려오신 생명의 떡이라고 하셨다. 요한은 그분을 참 양식과 음료로 먹고 마시면 영원히 목마르지 않고 배고프지 않다고 하였다(요6, 10장).

◊ 제 1 부 **서론과 증언들**

▸ 서론

미대, 마가, 누가복음은 공관복음으로서 예수 그리스도를 주로 사람으로(왕, 종, 사람) 서술했지만, 요한복음은 예수 그리스도가 사람이실 뿐 아니라 하나님이심을 증거하고 있다. 즉, 요한복음에는 그리스도의 신성(divine nature)이 강조되어 있다. 세 권의 공관복음은 요한복음이 기록되기 이전인 A.D. 40-70년에 씌어졌지만 요한복음은 그로부터 20-30년 후인 A.D. 90년경에 기록되었다. 기록 장소는 에베소일 가능성이 크다.

요한은 주 예수님의 열두 제자 중 하나이고 가장 사랑받는 제자였으며, 오랜 기간 살아남아서 요한복음과 서신서와 계시록을 기록했다. 그는 갈릴리 어부 출신임에도 그 글이 대단히 깊고 비밀한 계시를 담고 있다.

▸ 태초부터 있는 하나님의 말씀

"태초에 말씀이 계시니라"(1:1). 요한 사도는 주 예수에 대하여 그분을 태초부터 계신 말씀 곧 하나님이시라고 했다. 예수의 신성을 강조하는 요한은 그분의 족보나 출생을 기록하지 않는다. 다만 그분을 태초부터 계신 말씀이라고 했다(미 5:2 참조). 우리는 구약 성경을 통해서 거룩하고 능력 있는 하나님의 말씀을 대한다. 하나님은 그분의 말씀으로 천지를 창조하셨다(창세기 1장 참조). 요한은 그 말씀이 바로 그리스도라고 한다. 우리는 구약의 귀한 말씀들을 읽으며 거기서 하나님의 호흡과 성품과 인격을 느끼고 만진다. 요한은 3년 이상 그리스도를 대하면서 그분이 바로 하나님의 말씀임을 깨달았다. 그 말씀이 바로 하나님이시니 하나님과 말씀은 영원히 분리되지 않는다. "그 안에 생명이 있었으니". 요한 일서에서는 그분을 태초부터 있는 생명의 말씀, 영원한 생명이라고 했다(1:1, 2). 이 세상에 참으로 특별한 분이 계셨다. 수천억 인류 가운데 태초부터 계신 생명의 말씀이신 하나님이 사람이 되셔서 세상에 거하셨던 적이 있다(1:14).

오직 그분 안에만 생명(zoe)이 있다고 말한다. 그 생명은 바로 하나님의 생명이요 또한 그 생명은 사람들의 빛이다. 그런 분이 세상에 오셨고 세상은 그로 말미암아 지은 바 되었는데(1:3, 그분이 창조주라는 말이니 이 말씀은 정말 천지가 진동할 말이다) 세상이 그를 알지 못하였다고 말한다. 창조주께서 어느 날 자기 땅에 오셨는데(He came to His own possessions) 사람들은 그분을 영접하지 않았다. 그러나 예수를 영접하는 자(그분은 사람들의 마음에 영접할 수 있는 분이다), 곧 그 이름을 믿는 자들에게는 하나님의 자녀가 되는 권세를 주신다. 하나님의 자녀가 되는 것보다 큰 일이 없고, 이는 하나님 아버지의 우리에 대한 가장 큰 긍휼이요 사랑이다(요일 3:1).

우리는 그분에게서 은혜를 받을 수 있다. 신약에서 가장 보배로운 말이 은혜이다. 구약에서 하나님은 모세를 통해 율법을 주셨지만, 예수께서는 은혜와 진리를 가져오셨다(1:17). 본래 하나님을 본 사람이 없으되 아버지 품속에 있는 독생하신 아들이 그 분을 선포하셨다. 즉 예수는 보이지 아니하시는 하나님의 설명(explanation)이요 선포(declaration)이시다(1:18). 세례 요한은 그 참 빛을 소개하는 자로서 사역을 했다. 그가 그리스도인지 묻는 사람들에게 드러내어 말하기를, 자신은 그리스도가 아니요 다만 광야에서 외치는 자의 소리(a voice)라고 했다. 그는 예수 그리스도를 천거하는 자로서, "보라, 세상 죄를 지고 가는 하나님의 어린 양이로다"라고 선포했다(1:29).

주 예수께서 안드레와 요한, 시몬, 빌립 등을 처음 만나는 장면이 공관복음과는 다르게 기술되어 있다. 이때는 다른 복음서에서 그들을 만난 것과는 시기가 조금 다른 것 같다. 배에서 그물을 던지던 시점보다 먼저일 수도 있고 나중일 수도 있다.

본서의 저자 요한과 베드로의 형제 안드레는 세례 요한의 제자였다. 그러다 세례 요한의 천거로 주 예수(메시아)를 만나게 되었는데, 요한과 안드레는 먼저 주님이 계신 곳이 어딘지를 물었다. "랍비여, 어디 계시오니이까?" 예수께서 "와 보라!" 하시니 그들이 가서 예수의 계신 데를 보고 그날 함께 거했다. 본 복음서의 저자 요한은 처음부터 처소(거할 집)에 관심이 많았으며, 하나님께서는 그에게 하나님과 사람의 영원한 거처인 새 예루살렘을 보여주시고 그에 대하여 상세히 기록하게 하셨다(계 21-22장). 본 복음서 14장에서 주님은 제자들을 위해 처소를 예비하러 가신다고 하면서 "가서 너희를 위하여 처소를 예비하면 내가 다시 와서 너희를 내게로 영접하여 나 있는 곳에 너희도 있게 하리라" 하셨다. 요한을 통해 예수께서 아버지께 가심으로 예비하실 영원한 집, 아버지 집의 처소("내 아버지 집에 거할 곳이 많도다 그렇지 않으면 내가 너희에게 일렀으리라 내가 너희를 위하여 처소를 예비하러 가노니")를 말하게 하신 것이다(요 14:1-3).

예수께서 빌립을 만나신 것은 요한복음에만 기록되어 있다. 그리고 빌립은 벳세다 사람으로서 자기 동네 친구 나다나엘(바돌로매)을 주님께 인도했다. 그는 친구 나다나엘에게 다만 "와 보라!"고 했다(1:46). 여기서 주 예수님은 나다나엘을 처음 보았는데도 그가 어떤 사람인지(간사하지 않다), 어디에 있었는지(무화과 나무 아래)를 다 알고 계셨고, 그것을 주님이 말씀하셨을 때, 나다나엘은 "당신은 하나님의 아들이시요 이스라엘의 왕이십니다"라고 고백했다. 과연 그분은 모든 것을 다 아시는 전지전능의 신이시다.

◊ 제 2 부 **표적들을 행하심으로 하나님의 영광을 나타내시다(2-12장)**

▸ 하나님의 영광을 나타내시다

요한복음 2장은 가나의 혼인잔치 이야기이다. 당시 가나에 혼인이 있어서 예수의 어머니도 거기 계시고 예수와 그 제자들도 혼인에 초청을 받았다. 그런데 혼인잔치가 무르익을 무렵 포도주가 떨어졌다. 인생에서 가장 좋은 때는 혼인 때이고 혼인잔치의 하이라이트는 포도주인데, 바로 그 때 포도주가 떨어진 것이다. 우리 인생도 똑같다. 가장 좋다 싶은 시절은 순식간에 지나가버린다. 예수께서는 그러한 혼인잔치에서 물로 포도주를 만드는 표적을 행하심으로 하나님의 영광을 나타내셨다. 전능자만이 하실 수 있는 일이다.

유대인의 유월절이 다가오자 예수께서 예루살렘으로 올라가셨는데, 성전 안에서 소와 양과 비둘기 파는 사람들과 돈 바꾸는 사람들의 앉은 것을 보시고 노끈으로 채찍을 만들어 양이나 소를 다 성전에서 내어쫓으시고 돈 바꾸는 사람들의 돈을 쏟으시며 상을 엎으시고 비둘기 파는 사람들에게 이것을 여기서 가져가라고 하시며 "내 아버지의 집으로 장사하는 집을 만들지 말라" 하셨다. 유월절에 예루살렘에 계시면서 많은 표적을 행하시니 많은 사람이 믿었으나 예수는 그 몸을 저희에게 의탁지 않으셨으니 이는 친히 모든 사람을 아심이요 또 친히 사람의 속에 있는 것을 아시므로 사람에 대하여 아무의 증거도 받으실 필요가 없으셨기 때문이다.

▸ **거듭남에 대하여**

요한복음 3장에서 바리새인 중에 유대인의 관원으로서 명망 있는 니고데모가 밤에 예수께 찾아와 뭔가 가르침을 얻고자 했다. 그러나 예수께서는 그에게 사람이 거듭나지 않으면 하나님의 나라를 볼 수 없다고 하셨다. 니고데모는 당황하여 사람이 늙으면 어떻게 다시 날 수가 있느냐고 하면서 두 번째 모태에 들어갔다가 나는 것이냐고 물었다. 예수께서는 사람이 물과 성령으로 나지 않으면 하나님의 나라에 들어갈 수 없다고 하시면서 육으로 난 것은 육이요 성령으로 난 것은 영이라고 하셨다. 여기의 거듭남은 헬라어 원문에서 '위로부터 남'이라는 뜻이다. 또한 물은 침례의 물, 곧 장사 지냄을 의미한다(롬 6:3-4). 따라서 신약 성경에서 거듭남이란 옛 사람이 죽고 새 사람으로 다시 태어남을 말한다.

사람이 하나님 나라에 들어가려면 성령으로 거듭나야 하는데, 어떻게 거듭나는가? 모세가 광야에서 뱀을 든 것같이 인자도 들려야 하며, 우리 죄를 짊어지고 십자가에 달리신 그분을 믿을 때 거듭나게 된다고 하셨다. 민수기 21장에서 원망하는 이스라엘 백성이 불뱀에게 물려 죽게 되었을 때, 하나님은 모세에게 놋뱀을 만들어 장대에 높이 달라고 하시면서 불뱀에게 물린 자마다 그 뱀을 바라보면 살리라고 하셨다. 당시 뱀에 물려 독이 퍼져 죽어가던 사람들이 그 장대에 높이 달린 뱀을 바라볼 때 다 낫고 살았다.

우리 인생은 에덴 동산에서 뱀에 물려 죄의 독소가 퍼짐으로 죽음에 이르는 병이 들었다. 그런 인생을 구하기 위해 주 예수께서 장대(십자가)에 높이 달리셨다. 누구든지 죄의 독소로 인해 죽어가는 영혼들은 십자가에 달리신 예수를 바라볼 때 산다. 주님은 죄 있는 육신의 모양을 지니셨지만 죄가 없는 분이셨다. 마치 불뱀과 같은 모양이지만 독소가 없는 놋뱀과 같다. 따라서 그분을 바라봄이 바로 구원(거듭남)인 것이다. 누구든지 그분을 바라보기만 하면 산다(요 1:29). 이사야 45장 22절, "땅 끝의 모든 백성아 나를 앙망하라(바라보라) 그리하면 구원을 얻으리라 나는 하나님이라 다른 이가 없음이니라".

그리고서 주 예수님은 성경에서 가장 귀한 복음의 말씀을 한 구절 주셨다. "하나님이 세상을 이처럼 사랑하사 독생자를 주셨으니 이는 저를 믿는 자마다 멸망치 않고 영생을 얻게 하려 하심이라"(요 3:16).

▸ **목마른 인생이 만족을 얻는 길**

요한복음 3장은 거듭남에 대하여, 4장은 목마른 인생이 만족을 얻는 길에 대하여 기록한다. 주 예수께서는 목마른 사마리아 여인에게 생수를 주기 위해 사마리아로 통행하셔야 했다(He had to pass through). 행로에 곤하신 예수님은 수가의 우물곁에 그대로 앉으셨는데 때가 제 육시쯤(우리나라 시간으로는 낮 열두시쯤) 되었다. 그 때 사마리아 여자 하나가 물을 길러 오니 예수께서 그녀에게 물을 좀 달라 하셨는데, 이는 제자들이 먹을 것을 사러 동네에 들어갔기 때문이다.

그 여자는 남편을 다섯 번씩이나 바꿔가면서 인생의 만족을 찾아 헤맸다. 지금은 정식으로 혼인하지 않고 그냥 어떤 남자와 동거하는 중인데 그녀의 목마름은 여전하다. 그녀는 함께 물 길러 올 동무도 없이(그 동네에서 소문난 이 여인과는 아무도 어울리려 하지 않았을 것이다) 햇볕이 가장 뜨거운 정오에 혼자서 물동이를 이고 물을 길러 왔다. 그리고 거기서 구주를 만나게 되었다. 예수께서 먼저 물 좀 달라고 하시며 말을 거셨다. 이 여인은 주님에게 “당신은 유대인으로서 어찌 사마리아 여자 나에게 물을 달라 하느냐”고 했다. 주님이 대답하시기를, “네가 만일 하나님의 선물과 네게 물 좀 달라 하는 이가 누구인 줄 알았더면 네가 그에게 구하였을 것이요 그가 생수를 네게 주었으리라” 하셨다. 여자가 다시 “주여 물 길을 그릇도 없고 이 우물은 깊은데 어디서 이 생수를 얻겠습니까” 하고 묻자, 주님은 그녀에게 “이 물은 마셔도 다시 목마르지만 내가 주는 생수를 마시는 자는 영원히 목마르지 아니하리니 내가 주는 물은 그 속에서 영생하도록 솟아나는 샘물이 되리라”고 하셨다.

여자가 그 물을 주시면 다시는 여기에 물 길러 오지 않을 수 있겠다고 했다. 그것은 그녀가 목마를 뿐 아니라 삶에 지쳤음을 뜻한다. 이에 주님은 여자에게 다만 한 가지를 요구하셨는데, 그것은 그녀의 남편을 불러오라는 것이었다. 그러자 여자는 남편이 없다고 했다. 주님은 그녀의 남편이 없다는 말이 옳다고 하시면서 주님이 그녀의 상황을 다 알고 계시다는 것을 알게 하셨다.

그녀는 자신의 인생 이야기를 다 알고 계시는 분이 있다는 것을 알고 놀랐다. 그래서 주님을 선지자로 여겨 예배 문제를 가지고 질문했다. 여기서 주님은 아버지께 영(spirit)과 실제(truth)로 예배할 때가 이르렀다고 하시며 아버지께서는 이런 자들을 찾는다고 하셨다. 그렇게 부도덕한 여자일지라도 성경 지식이 조금은 있었던 것이다. 그것이 씨가 뿌려진 것이고 그런 일이 있기에 예수께서 추수하기가 쉬우셨다. 결국 주님은 그녀에게 ‘네게 말하는 내가 곧 메시아다’라고 하셨고(I am He), 여자는 그분이 메시아 곧 그리스도이심을 믿고 동네에 들어가서 사람들에게 전했다. 믿음만이 길이다. 요한복음 3장에서 사람이 거듭나기 위해 그분이 누구신지를 믿는 것처럼, 4장에서 목마른 인생이 만족을 얻는 길은 그리스도가 누구신지를 아는 것이다. 예수 그리스도께서 이 땅에 오신 것은 사람들에게 영생을 주려 하심이요 목마른 인생에게 생수를 주려 하심이다.

▸ 네가 낫고자 하느냐

5장에는 예수께서 38년 된 병자를 낫게 하신 이야기가 있다. 그 병자는 베데스다라는 연못 가에 누워 물이 동하기를 기다리고 있었는데, 이는 천사가 가끔 못에 내려와 물을 동하게 함으로 동한 후에 먼저 들어가는 자는 어떤 병에 걸렸든지 낫게 되기 때문이었다. 이 이야기는 율법의 특징을 나타낸다. 율법을 온전히 지키기만 하면 생명을 얻지만 문제는 사람이 그것을 지킬 수 없다는 데 있다. 그렇게 물이 동한 후에 먼저 신속하게 들어갈 수 있는 사람이라면 그는 이미 환자가 아니다. 소경, 절뚝발이, 혈기 마른 자들이 어떻게 물이 동하는 기회를 잡아서 빨리 들어갈 수 있겠는가!

주님은 거기에 38년 된 병자가 누워 있는 것을 보시고 그의 병이 이미 오랜 줄 아셨다. 그에게 '네가 낫고자 하느냐' 물으셨는데, 이는 그의 믿음을 일깨워주시기 위함이다. 너무나 오랜 세월 누워 있다 보면 병이 나으리라는 소망조차 거의 소진되는데, 주님은 그를 향하여 "일어나 네 자리를 들고 걸어가라" 하셨다. "빛이 있으라" 하시던 그 주님의 능력의 말씀이다. 한 말씀이면 만물이 창조되고 세움을 입는다.

예수께서 그 병자를 고치신 날이 안식일이므로 유대인들이 예수를 핍박하게 되었고, 예수께서 그들에게 "내 아버지께서 일하시니 나도 일한다" 하시므로 유대인들은 이를 인하여 더욱 예수를 죽이고자 했는데, 이는 예수께서 하나님을 자기의 친아버지라 하여 자기를 하나님과 동등으로 삼으시기 때문이었다. 이 반대자들의 말에서 우리는 예수께서 그분이 하나님 자신이라고 말씀하신 것을 알 수 있다. 예수께서 38년 된 병자를 고치신 것은 그분 임의로 하신 일이 아니며 아버지께서 일하시니 그분도 일하신 것이다.

19-23절에서 주 예수님은 다시 아버지와 그분의 관계를 말씀하신다. 아들은 아버지의 하시는 일을 다 보고 계시며 아버지의 행하시는 그 일을 아들도 그와 같이 행하신다. 아버지께서는 아들을 사랑하사 자신의 행하시는 것을 다 아들에게 보이시고 또 그보다 더 큰 일을 보이신다. 아버지께서 죽은 자들을 일으켜 살리심같이 아들도 자기의 원하는 자들을 살리신다. 또 아버지께서는 심판을 다 아들에게 맡기셨는데, 이는 모든 사람으로 아버지를 공경하는 것처럼 아들을 공경하게 하려 하심이다. 아들을

공경하지 않는 자는 그를 보내신 아버지를 공경하지 않는 것이라 하신다.

주 예수님은 "내 말을 듣고 나 보내신 이를 믿는 자는 영생을 얻었고 심판에 이르지 아니하나니 사망에서 생명으로 옮겼느니라"(요 5:24)고 하신다. 주 예수께서 오신 유일한 목적은 사람들로 하여금 자신을 믿어서 영생을 얻게 하려는 것이다. 믿은 자는 사망에서 생명으로 옮긴 바 되었으며 이미 영생을 얻었다. 모세의 글을 포함한 모든 성경의 기록은 예수 그리스도에 대해 증거하는 것이다(39-47절).

28-29절의 말씀은 그리스도의 재림과 심판을 언급하는 말씀인 듯하다. 28절의 무덤에 있는 자는 육신적으로 죽은 자들을 의미하며, 그들은 주님의 재림 시에 부활하여 혹은 생명의 부활로, 혹은 심판의 부활로 나아간다. 24-25절은 은혜의 복음을 말하나, 28-29절은 신자들이 몸으로 선악 간에 행한 것에 대하여 공의로 심판하실 주님의 재림을 언급한다(고후 5:10 참조).

▸ 내 살은 참된 양식이요

요한복음 6장에는 오병이어의 기적이 기록되어 있다. 오천 명이라면 적은 수가 아닌데 떡 다섯 개와 물고기 두 마리로 이삼 일 간이나 먹지 못한 이 무리를 어떻게 먹일 수 있겠는가! 그러나 주 예수께서 그들을 앉게 하신 후에 보리떡 다섯 개와 물고기 두 마리를 가져 축사하시고 나눠주어 먹게 하시니 다 배불리 먹고 남은 것이 열두 바구니에 가득했다. 그 기적을 보고서 유대인들은 예수를 억지로 잡아 왕으로 삼고자 했으나 예수께서는 다시 혼자 산으로 떠나셨다.

저물자 제자들은 배를 타고 바다 건너 가버나움으로 가는데 날은 이미 어두웠고 예수는 아직 그들에게 오시지 않았다. 그때 큰 바람이 불어 파도가 일고 제자들은 힘겹게 노를 저어서 가고 있는데 예수께서 바다 위로 걸어 배에 가까이 오시는 것이었다. 제자들이 보고 두려워할 때 주님이 "내니 두려워 말라" 하시고 배에 오르시니 배가 곧 그들이 가려던 땅에 이르렀다.

이튿날 오병이어의 기적으로 떡을 먹은 무리가 예수를 찾아 가버나움으로 왔다. 그때 예수께서 말씀하시기를, "너희가 나를 찾는 것은 표적을 본 까닭이 아니요 떡을 먹고 배부른 까닭이라" 하셨다. 그러면 주 예수께서 보이신 표적은 무엇인가? 그것은 조상들이 광야에서 하늘로부터 내려온 만나를 먹은 것은 사람이 하늘로서 내려온 영생의 떡을 먹어야 함을 가리킨다는 것이다.

주 예수께서 이 땅에 오신 것은 아버지의 뜻을 행하려 하심인데, 그것은 사람들이 영원히 주리지 않고 목마르지도 않도록 생명의 떡과 생수를 주시는 것이요, 아들을 보고 믿는 자마다 영생을 얻게 하는 것이다. "나를 믿는 자는 영생을 가졌나니 내가 곧 생명의 떡이니라". 조상들이 광야에서 하늘로서 내려온 만나를 먹은 것은 하나의 예표이며, 참된 영생의 양식은 주 예수님의 살이다. "내 살은 참된 양식이요 내 피는 참된 음료로다"(요 6:55). 당시 유대인들은 이 말씀을 이해하지 못하여 어떻게 사람이 제 살을 주어 먹게 하겠느냐고 하였다. "살리는 것은 영이니 육은 무익하니라 내가 너희에게 이른 말이 영이요 생명이라"(63절). 예수께서 내세적인 말씀, 영생의 말씀을 하시니 제자들이 많이 물러가고 다시는 예수와 함께 다니지 않았다(66절). 예수께서 열두 제자에게 "너희도 가려느냐" 물으시자 시몬 베드로가 대답하기를, "주여, 영생의 말씀이 계시매 우리가 뉘게로 가오리까 우리가 주는 하나님의 거룩하신 자신 줄 믿고 알았삽나이다" 하니 예수께서 "내가 너희 열둘을 택하지 아니하였느냐 그러나 너희 중에 한 사람은 마귀니라" 하셨다.

▸ 생수의 강이 흘러나리라

그 후로 예수께서 갈릴리에서 다니시고 유대에서 다니려 하지 않으셨는데, 이는 유대인들이 죽이려 하기 때문이었다. 유대인의 명절인 초막절이 가까우니 예수의 형제들이 예수께 큰 일을 하려면 이제 시골 갈릴리를 떠나 유대로 가서 자신을 세상에 나타내라고 했다. 이는 그 형제들이라도 예수를 믿지 않았기 때문이라고 했다. 예수께서는 "내 때가 아직 이르지 아니하였다" 하시면서 "세상이 너희를 미워하지 못하되 나를 미워하나니 이는 내가 세상의 행사를 악하다 증거함이라" 하셨다. 이 말씀을 하시고 갈릴리에 머물러 계시다가 형제들이 명절에 예루살렘에 먼저 올라간 후에 예수께서도 올라가셨다. 예수께 대하여 무리 중에 수군거림이 많았는데 혹은 좋은 사람이라 하며 혹은 무리를 미혹케 한다고 했다.

명절 중간 즈음에 예수께서 성전에 올라가 사람들을 가르치셨는데, 그 내용의 중점은 그분의 교훈이 그분 자신의 것이 아니요 그분을 보내신 이의 것이며, 사람이 하나님의 뜻을 행하려 하면 이 교훈이 하나님께로서 왔다는 것을 알게 된다는 것이다(17절).

당시 사람들 가운데에는 그리스도가 오시더라도 그러한 표적을 행할 수 있겠는가 하면서 어느 정도 예수께서 그리스도이심을 인정하는 분위기와 말과 수군거리는 것이 있었는데, 이런 말들이 바리새인에게 들리니 그들은 예수를 체포하고자 했다. 그러자 예수께서는 "내가 너희와 함께 조금 더 있다가 나를 보내신 이에게로 돌아가겠노라" 하셨다(33절).

명절 끝 날에 예수께서 서서 외치셨다. "누구든지 목마르거든 내게로 와서 마시라!"

이것은 4장의 말씀과 비슷한 것 같지만 이 구절의 중점은 믿는 자의 배에서 생수의 강이 흘러나오는 데 있다. 예수를 믿는 자들은 생수를 얻은 자들로서 그 배에서 생수의 강이 흘러나오며, 생수의 강은 믿을 때 받는 성령을 가리키는 것이다. 성령은 생수의 강으로서 흐르고 흘러서 땅 끝까지 흐르게 된다(겔 47장 참조). 이 말씀을 외치실 당시에는 예수께서 아직 영광을 받지 못하신 고로 성령이 아직 저희에게 계시지 않았다고 말한다(7:39).

7장 후반부에는 예수의 출신에 대한 오해와 그로 인한 심한 비하가 기록되어 있다(그리스도는 다윗의 씨로 베들레헴에서 나올 것이라 했는데 어찌 갈릴리에서 나오겠느냐, 이 율법을 알지 못하는 무리는 저주를 받은 자이다, 너도 갈릴리에서 왔느냐 등).

▸ 예수는 과연 누구인가

요한복음 8장에는 서기관들과 바리새인들이 간음하다가 현장에서 잡힌 여자를 끌고 예수께 온 이야기가 있다. 그들은 모세의 율법에는 이러한 여자를 돌로 치라 명했는데 당신은 어떻게 말하겠느냐고 했다. 이렇게 말하는 것은 어떻게든지 예수를 고소할 조건을 얻으려는 것이었다. 사랑을 가르치시는 예수께서 이런 여자를 돌로 치라 한다면 당신이 말하는 사랑이 어디 있느냐 할 것이고, 돌로 치지 말라 하면 모세의 율법을 배반하는 자라고 고소할 것이었다. 그 때 예수께서는 몸을 굽혀 손가락으로 땅에 쓰셨다. 그들이 계속 대답을 촉구하자 예수께서 일어나 "너희 중에 죄 없는 자가 먼저 돌로 치라" 하시고 다시 몸을 굽혀 손가락으로 땅에 쓰셨다. 그들이 이 말씀을 듣고 양심의 가책을 받아 어른으로 시작하여 젊은이까지 하나씩 하나씩 그 자리를 뜨고 오직 예수와 그 가운데 섰는 여자만 남았다.

예수는 확실히 죄인의 구주이시다. 여기서 가장 주님의 은혜를 얻은 자는 누구인가? 사람들의 눈에 가장 몹쓸 여자, 돌에 맞아 죽어 마땅한 여자였다. 그런데 주 예수님은 그런 여자에게 말을 거시고 은혜의 말씀을 주셨다. "너를 정죄한 자가 어디 있느냐?" "없나이다." "나도 너를 정죄하지 아니하노니…" 주 예수님은 죄인을 정죄하러 오신 분이 아니라 구원하러 오신 분이다. 예수께서 "나는 세상의 빛이니 나를 따르는 자는 어둠에 다니지 아니하고 생명의 빛을 얻으리라" 하셨다. 바리새인들은 끝까지 주님을 물고 늘어지면서 예수님이 자신을 위하여 증거하니 그 증거가 참되지 않다고 하였다. 그러나 예수님은 자신이 어디서 오고 어디로 가는 것을 알기에 자신의 증거가 참되다고 하셨다. 그들 눈에는 예수께서 혼자 자기를 위하여 말하는 것처럼 보였지만 예수께서는 '내가 혼자 있는 것이 아니요 나를 보내신 이가 나와 함께 계시기 때문에' 그분의 판단이 참되다고 하셨다.

예수께서는 그들에게 자신을 확실하게 선포하셨다. "너희는 아래서 났고 나는 위에서 났으며 너희는 이 세상에 속하였고 나는 이 세상에 속하지 아니하였느니라"(23절). 그분은 위에서 나신 분이요 구약에서 '여호와'라 칭하는 바로 그분이시다. "너희가 만일 내가 '그' 인줄 믿지 아니하면 너희 죄 가운데서 죽으리라". 여기서 '그'가 바로 여호와시다.

주 예수님은 바리새인들이 그렇게 공격하고 비판하고 대드는 것이 그들이 죄의 종이기 때문임을 지적하셨다. 그들 속에 진리가 없기 때문이라는 것이다. 인생이 죄에서 벗어나는 길은 그분이 누군지를 아는 것이다. 그것이 바로 진리다. 진리는 어떤 철학이나 과학이 아니라 예수님 자신이다. 그분을 아는 것이 진리를 아는 것이다. 진리를 알면 죄에서 해방된다. "진리를 알지니 진리가 너희를 자유케 하리라". 오늘날 사람들에게 필요한 것은 진리이다. 진리가 없으므로 사람들은 속에 죄가 있고 죄에게 종노릇을 한다. 진리만이 우리를 자유케 한다는 것을 알자.

사람들은 그분을 당시 유대인들에게 무시당하던 사마리아 사람이라 하고, 혹은 귀신들렸다고 했다. 주 예수님은 그들이 하나님께 속하지 않았기 때문에 그분을 무시하고 미워하는 것이라고 하시면서 놀라운 말씀을 하셨는데, "누가 나를 죄로 책잡겠느냐(who can convicts Me of sin)"는 것이다. 즉 그분은 죄가 없으신 분이라는 말이다. 예수께서는 또한 "사람이 내 말을 지키면 영원히 죽음을 보지 아니하리라"고 하셨다. 그러자 유대인들은 "너는 이미 죽은 우리 조상 아브라함보다 크냐 또 선지자들도 다 죽었거늘 너는 너를 누구라 하느냐"고 했다. 그분은 다만 "아브라함이 나기 전부터 내가 있느니라(I AM)" 하셨다. 예수는 'I was' 가 아니라 'I AM'(항상 존재하시는 분)이시다. 이와 같이 예수께서는 자신이 하나님의 아들이시요 곧 하나님이심을 끝까지 선포하셨고, 바리새인들과 유대인들은 끝까지 예수의 신성을 반대하였다. 결국 이 문제가 그분을 죽음(십자가)으로 이끌었다.

▸ 예수께서 소경의 눈을 뜨게 하시다

요한복음 9장에는 날 때부터 소경인 자가 있다. 제자들은 이 사람이 소경으로 난 것이 자신의 죄 때문이냐 부모의 죄 때문이냐를 물었다. 예수께서는 이 사람이나 그 부모가 죄를 범해서가 아니라 그에게서 하나님의 하시는 일을 나타내고자 하심이라고 하셨다. 예수께서 이 땅에 빛으로 계시던 삼 년 반 동안 덕을 본 사람들이 있을 수밖에 없다. "때가 아직 낮이매 나를 보내신 이의 일을 우리가 하여야 하리라 밤이 오리니 그때는 아무도 일할 수 없느니라 내가 세상에 있는 동안에는 세상의 빛이로라". 이 말씀을 하시고 땅에 침을 뱉아 진흙을 이겨 그의 눈에 바르시고 실로암 못에 가서 씻으라고 하셨다. 그는 말씀대로 가서 씻고 밝은 눈으로 왔다. 당시 사람들은 그가 눈 뜬 것을 믿기 어려워했다. 그 사람이다 혹은 아니다 하면서 논란이 일자 그 눈 뜬 사람은 '내가 그로라' 했다. 사람들은 그를 데리고 바리새인들에게 갔는데, 바리새인들도 이 일에 대하여는 둘로 나뉘어졌다. 소경의 눈을 뜨게 한 것은 작은 일이 아니기 때문이다. 유대인들이 그의 부모를 불러서 확인하자 그의 부모는 아들이 소경으로 난 사실만 확인해주었다. 당시 예수를 그리스도로 시인하면 출교시키기 때문에 두려웠던 것이다.

그들은 그 눈 뜬 사람을 다시 불러서 "우리는 그가 죄인인 줄 아는데 어떻게 생각하느냐"고 물었다. 그러자 그 눈 뜬 사람이, "나는 그가 죄인인지 모르지만 내가 소경이었다가 보는 것은 확실하다"고 했다. 그들이 재차 묻기를, "그 사람이 네게 무엇을 하였느냐 어떻게 네 눈을 뜨게 하였느냐" 하니 그가 대답하기를, "내가 이미 말했어도 듣지 않고 왜 다시 듣고자 합니까 당신들도 그 제자가 되려고 합니까" 하자 그들이 욕하면서 "너는 그의 제자나 우리는 모세의 제자라" 했다. 그 눈 뜬 사람이 말하기를, "이상하다 이 사람이 내 눈을 뜨게 했는데 당신들이 그가 어디서 왔는지 알지 못하는도다 하나님이 죄인의 말을 듣지 아니하시고 경건하여 그 뜻대로 행하는 자는 들으시는 줄 우리가 아나이다 창세 이후로 소경으로 난 자의 눈을 뜨게 한 적이 없는데 이 사람이 하나님께로부터 오지 않았으면 아무 일도 할 수 없으리이다" 했다. 그러자 바리새인들은 '네가 죄 가운데서 나서 우리를 가르치느냐' 하고 쫓아내버렸다.

예수께서 그들이 그 사람을 출교시켰다는 말을 듣고 그를 만나 물으셨다. "네가 인자를 믿느냐?" "그가 누구십니까? 내가 믿고자 합니다." "네가 그를 보았거니와 지금 너와 말하는 자가 그이니라." 그는 "주여, 내가 믿나이다." 하고 절했다. 예수께서 소경의 눈을 뜨게 하신 것이 그분의 신성을 증명하기에 충분하다. 그분이 과연 그리스도요 여호와시다. 예수께서는 육신의 눈을 뜨는 것보다 더 중요한 것이 그분을 보는 눈이 열리는 것임을 말씀하셨다(39절). 사람은 종교 조직의 울타리에서 나와야 비로소 주님을 밝히 보게 된다.

▸ 예수께서 사람에게 생명을 주러 오시다

10장에서 주님은 눈 먼 소경을 치료하신 후, 그분 자신이 목자이시며 양들을 우리에서 하나하나 불러내는 분임을 말씀하시고 또 주님의 일에는 절도와 강도가 있다고 하셨다. 우리는 복음서를 읽을 때, 특히 요한복음을 읽을 때 누가 절도요 강도인지를 알기가 어렵지 않다. 도적은 죽이고 멸망시키러 오는 자요 주님은 양으로 생명을 얻게 하고 더 풍성히 얻게 하려 하시는 분이다. 주님은 양 우리에서 양을 끌어내어 그분을 따르게 하신다.

삯군의 특징은 무엇인가? 위험이 닥칠 때 양들을 버리고 달아나는 것이다. 그러나 선한 목자는 양들을 위해 목숨을 버린다. 주님은 선한 목자로서 양들을 위해 자기 목숨을 버린다고 하셨다. 16절에서는 교회의 생성을 예언하신다. (유대인들 중 양 우리에서 나온 자들과 우리에 속하지 않은 이방인들이 한 무리가 되어 한 목자 아래 있을 것이다. 이것이 교회이다. 겔 37장 참조) 이 말씀을 인하여 유대인 중에 다시 분쟁이 일어났다. 한편은 그가 귀신 들려 미쳤으니 그의 말을 듣지 말라 하고 또 한편은 귀신 들린 자가 어떻게 소경의 눈을 뜨게 하느냐고 했다.

예루살렘에 수전절에 이르니 때는 겨울이었다. (수전절이란 유대 장군 마카비우스에 의해 안티오커스 에피파네스의 만행으로부터 예루살렘과 성전이 회복되고 구원된 날이다.) 예수께서 성전 안 솔로몬 행각에 다니시니 유대인들이 예수를 에워싸고 말하기를, "언제까지나 우리 마음을 의혹케 하려나이까 그리스도여든 밝히 말하시오"라고 했다. 예수께서 대답하시기를, "내가 너희에게 말하였으되 믿지 아니하는도다 내가 내 아버지의 이름으로 하는 일들이 나를 증거하는 것이어늘 너희가 내 양이 아니므로 믿지 아니하는도다 내 양은 내 음성을 들으며 나는 저희를 알며 저희는 나를 따르는도다 내가 저희에게 영생을 주노니 영원히 멸망치 아니할 터이요 또 저희를 내 손에서 빼앗을 자가 없느니라 저희를 주신 내 아버지는 만유보다 크시매 아무도 아버지 손에서 빼앗을 수 없느니라 나와 아버지는 하나이니라" 하시니 유대인들이 다시 돌을 들어 치려 하였다. 이에 예수께서 물으셨다. "내가 아버지께로 말미암아 여러 가지 선한 일을 너희에게 보였거늘 그 중에 어떤 일로 나를 돌로 치려 하느냐". 유대인들이 대답했다. "선한 일을 인하여 우리가 너를 돌로 치려는 것이 아니라 참람함을 인함이니 네가 사람이 되어 자칭 하나님이라 함이로다". 그분은 분명히 자신을 하나님이라고 하신 것이다.

▸ 예수께서 죽은 나사로를 살리시다

11장이다. 예수께서는 베다니의 마리아, 마르다, 나사로의 집을 사랑하셨다. 그런데 예수께서 사랑하시는 가정에도 어려운 일이 있을 수 있다. 마리아의 오라비 나사로가 죽을 병에 걸린 것이다. 예수께서는 그 소식을 듣고 또 그가 죽을 것을 알고도 크게 관심하지 않으시고 오히려 계시던 곳에 이틀을 더 유하시다가 제자들에게 '다시 유대로 가자' 하셨다. 제자들이 방금도 유대인들이 돌로 치려 했는데 그리로 가시겠느냐고 하자 예수께서 '낮이 열두 시간이 아니냐 사람이 빛이 있는 낮에 다니면 이 세상의 빛을 보므로 실족하지 않고 밤에 다니면 빛이 그 사람 안에 없는 고로 실족한다'고 하셨다. 이 말씀을 하신 후에 "나사로가 잠들었도다 그러나 내가 깨우러 가노라" 하셨다. 제자들은 "주여, 잠들었으면 낫겠나이다" 했는데, 예수는 그가 죽은 것을 가리켜 말씀하신 것이었다. 예수께서 다시 나사로가 죽었다고 분명하게 말씀하시며 그분이 거기 계시지 않은 것을 기뻐하는 것은 이 일을 통해 제자들로 믿게 하려 함이라고 하셨다.

이때 마르다와 마리아는 둘 다 주 예수님을 온전히 믿지 못했다. 마르다는 주 예수님을 좀 원망하면서 주님이 여기 계셨더라면 오라비가 죽지 않았겠다고 하였다. 그러나 이제라도 주께서 무엇이든지 하나님께 구하시는 것을 하나님이 주실 줄 믿는다고 했다. 예수께서는 "네 오라비가 다시 살리라" 하셨다. 그러자 마르다는 마지막 날 부활에는 다시 살 줄을 안다고 했다. 마리아도 예수께 와서 그 발 앞에 엎드려 "주께서 여기 계셨더면 내 오라비가 죽지 않았겠나이다" 했다. 예수께서 그의 우는 것과 또 함께 온 유대인들의 우는 것을 보시고 심령에 통분히 여기시고 민망히 여기사 그를 어디 두었느냐 하시니 나사로의 무덤을 보여드렸다. 예수께서 눈물을 흘리셨는데, 유대인들은 이를 보고 수군거렸다. 혹은 나사로를 어떻게 사랑하였는가 보라고 했고 혹은 소경의 눈을 뜨게 한 사람이 나사로는 죽지 않게 할 수 없었느냐고 했다. 예수께서는 다시 속으로 통분히 여기시며 돌을 옮겨놓으라 하시니 마르다가 "주여, 죽은 지 나흘이 되어서 벌써 냄새가 납니다." 하며 좀 만류하는 듯한 말을 했다. 예수께서 "네가 믿으면 하나님의 영광을 보리라 하지 않았느냐" 하신대 돌을 옮겨놓으니 예수께서 눈을 들어 우러러 보시고 "아버지여 내 말을 들으신 것을 감사하나이다 항상 내 말을 들으시는 줄을 내가 알았나이다 그러나 이 말씀 하옵는 것은 둘러선 무리를 위함이니 곧 아버지께서 나를 보내신 것을 저희로 믿게 하려 함이니이다" 하시고 큰 소리로 "나사로야, 나오라!" 부르셨다. 그러자 나사로가 수족을 베로 동인 채로 나오는데 그 얼굴은 수건에 싸여 있었다. 예수께서 그를 풀어놓아 다니게 하라 하셨다.

▸ 대제사장들과 바리새인들이 예수를 죽이려고 모의하다

당시 이 일을 본 많은 유대인이 예수를 믿었으나 그 중에 어떤 자는 바리새인들에게 가서 예수의 하신 일을 고했다. 대제사장인 가야바는 한 사람이 백성을 위하여 죽어서 온 민족이 망하지 않게 해야 한다고 했다. 이는 그 해의 대제사장으로서 그분의 죽으실 것을 미리 말한 것이었다.

예수께서 한 가지 기적을 행하시면 한 단계씩 핍박이 증가되었다. 죽은 나사로가 살아난 뒤에 유대인들은 본격적으로 예수를 죽이려고 모의했다. 그러므로 예수께서 다시는 유대인들 가운데 드러나게 다니지 아니하시고 떠나서 광야 가까운 에브라임이라는 곳에 제자들과 함께 거주하셨다. 여기서 우리는 사무엘서에 기록된 다윗의 도망 다니던 모습이 연상된다. 그분은 참 다윗이시다. 유월절이 가까우니 많은 사람이 자신을 성결케 하기 위해 예루살렘에 모였는데 그들 초미의 관심사는 예수에 대한 것이었고, 그들은 과연 예수께서 명절에 올 것인지에 대해 서로 말했다. 대제사장들과 바리새인들은 누구든지 예수 있는 곳을 알거든 고하여 잡게 하라고 명했다.

▸ 예수의 발에 향유를 붓다

12장이다. 예수께서는 하나님의 계획대로 움직이셨다. 그분은 대제사장들과 바리새인들이 그분을 잡으려고 혈안이 된 살벌한 상황 속에서 유월절에 하나님의 번제와 소제와 속죄제와 화목제가 되시려고 예루살렘 부근의 베다니에 도착하셨다. 그 집은 예수께서 죽은 자 가운데서 살리신 나사로가 있는 곳이었다. 거기서 예수를 위하여 잔치를 베푸니 누이 마르다는 일을 보고 나사로는 예수와 함께 앉은 자 중에 있었다. 마리아는 지극히 비싼 나드 향유 한 근을 가져다가 예수의 발에 붓고 자신의 머리털로 그의 발을 씻으니 향유 냄새가 집에 가득하였다. 제자 중 하나로서 예수를 잡아줄 가룟 유다가 말하기를, 이 향유를 어찌하여 삼백 데나리온에 팔아 가난한 자들에게 주지 않았느냐고 했는데, 그렇게 말한 것은 가난한 자들을 생각함이 아니요 그는 도적으로 돈궤를 맡고 거기 넣는 것을 훔쳐가는 자였다.

그러자 예수께서 말씀하셨다. "저를 가만두어라 너희가 어찌하여 저를 괴롭게 하느냐 저가 내게 좋은 일을 하였느니라…저가 힘을 다하여 내 몸에 향유를 부어 내 장사를 미리 준비하였느니라"(막 14:6-8). 오늘 우리 모두는 마리아에게 헌신의 빚을 졌다. 예수께서는 향유를 바른 그 발로 골고다 십자가의 길을 걸어가셨고 십자가에 오르셨다. 예수께서는 온 천하에 복음이 전파되는 곳에는 이 여자의 행한 일도 말하여 저를 기념할 것이라 하셨다. 당시 죽은 나사로가 살아난 사건은 파장이 컸다. 유대인의 큰 무리가 예수께서 베다니에 계신 줄을 알고 모여들었는데 예수만 보려는 것이 아니라 죽은 자 가운데서 살리신 나사로도 보려 함이었다. 그러므로 대제사장들은 나사로까지 죽이려고 모의했는데 이는 나사로 까닭에 많은 유대인이 예수를 믿었기 때문이다.

▸ **예수께서 어린 나귀를 타고 예루살렘에 들어가시다**

이제는 예수의 예루살렘 입성이다. 예수께서 예루살렘으로 오신다 함을 듣고 큰 무리가 손에 종려나무를 들고 "호산나 찬송하리로다! 주의 이름으로 오시는 이 곧 이스라엘의 왕이시여!" 하면서 환영했다. 예수는 한 어린 나귀를 만나서 타셨는데 이 일은 스가랴서에 이미 예언된 바 있다. "시온 딸아 두려워 말라 보라 너의 왕이 나귀 새끼를 타고 오신다". 그분은 이스라엘 왕이시지만 겸손하여 어린 나귀를 타셨다. 오늘날로 말하면 소형 자가용을 타신 셈이다. 제자들은 처음에 이 일이 무엇을 의미하는지 모르다가 예수께서 죽고 부활하신 후에야 그것이 구약에 기록된 메시아에 대한 예언이 이루어진 것임을 알았다. 당시 상황을 볼 때 한 면으로는 예수님의 인기가 대단했다. 예수께서 죽은 나사로를 살리신 것을 본 사람들은 그 일을 증거했고, 바리새인들조차도 그들이 하는 일이 쓸데없다는 것을 시인했다.

당시 예수님의 어조와 음성은 내내 분명했다. 명절에 예배하러 올라온 몇몇 헬라인들조차 예수를 뵙기를 청하니 예수께서 대답하시기를, "인자의 영광을 얻을 때가 왔도다 한 알의 밀이 땅에 떨어져 죽지 아니하면 한 알 그대로 있고 죽으면 많은 열매를 맺느니라 자기 생명을 사랑하는 자는 잃어버릴 것이요 미워하는 자는 보존하리라… 지금 내 마음이 민망하니 무슨 말을 하리요 아버지여 나를 구원하여 이 때를 면하게 하여 주옵소서 그러나 내가 이를 위하여 이 때에 왔나이다 아버지여 아버지의 이름을 영광스럽게 하옵소서" 하셨다. 사람들은 그 때 하늘로부터 우레가 우는 것 같은 소리를 들었다고 했다(이 부분의 내용은 다른 복음서의 겟세마네 기도와 일치한다).

예수께서는 이어서 십자가에서 이루어질 일을 말씀하신다. "이제 이 세상의 심판이 이르렀으니 이 세상 임금(마귀)이 쫓겨나리라 내가 땅에서 들리면 모든 사람을 내게로 이끌겠노라(그분이 죽고 부활하신 후에야 사람들을 그분께로 이끄신다는 뜻이다)". 이에 무리가 대답하기를, "우리는 율법에서 그리스도가 영원히 계신다 함을 들었거늘 너는 어찌하여 인자가 들려야 하리라 하느냐 이 인자는 누구냐"고 했다. 당신이 그리스도라면 영원한 존재인데 죽는다니 그게 무슨 말이냐는 것이다. 예수께서는 아직 잠시 동안 빛이 너희 중에 있으니 빛이 있을 동안에 다녀 어두움에 붙잡히지 않게 하라고 하시며 또한 너희에게 아직 빛이 있을 동안에 빛을 믿으면 빛의 아들이 되리라고 하신다.

많은 표적을 행하셨으나 사람들은 기이하게도 예수를 믿지 않았다. 이는 이사야의 말씀과 일치한다. "주여 우리의 전하는 바를 누가 믿었으며…저희 눈을 멀게 하시고 저희 마음을 완고하게 하셨으니…돌이켜 내게 고침을 받지 못하게 하려 함이라". 한편 바리새인 중에도 주님을 믿는 자가 많았으나 드러나게 말하지 못한 것은 출교당할 것이 두려워서였다.

예수께서는 일관되게 말씀하신다. 우리는 이에 대하여 깊은 인상을 받는다. "나를 믿는 자는 나를 믿는 것이 아니요 나를 보내신 이를 믿는 것이며 나를 보는 자는 나를 보내신 이를 보는 것이니라…내가 내 자의로 말하는 것이 아니요 나를 보내신 아버지께서 나의 말할 것과 이를 것을 친히 명령하여 주셨으니 나는 그의 명령이 영생인줄 아노라". 우리는 하늘 아버지께서 사람들에게 영생을 주시려고 예수를 보내신 것을 알고 감사해야 한다.

◊ 제 3 부 **고별 설교(13-16장)**

▸ 예수께서 제자들의 발을 씻겨주시다

13장부터는 예수께서 십자가에 못 박히시기 전 일 주일간의 일들을 기록한다(12장에서 이미 예루살렘에 입성하심). 유월절 전에 예수께서는 자기가 세상을 떠나 아버지께로 돌아가실 때가 이른 줄 아시고 세상에 있는 자기 사람들을 사랑하시되 끝까지 사랑하셨다.

마귀는 벌써 유다 속에 예수를 팔려는 생각을 넣었다. 저녁을 먹는 중에 예수께서는 아버지께서 모든 것을 자기 손에 맡기신 것과 또 자기가 하나님께로부터 오셨다가 하나님께로 돌아가실 것을 아시고 저녁 잡수시던 자리에서 일어나 겉옷을 벗고 수건을 가져다가 허리에 두르시고 대야에 물을 담아 제자들의 발을 씻기시고 그 두르신 수건으로 닦아주셨는데, 베드로에게 이르자 그는 어찌 주께서 자기 발을 씻기시냐고 하면서 주님을 만류했다. 그러자 예수께서 '나의 하는 것을 네가 이제는 알지 못하나 이후에는 알리라' 하시며 '내가 너를 씻기지 아니하면 네가 나와 상관이 없다'고 하셨다. 그러자 베드로는 그의 발뿐 아니라 손과 머리도 씻겨 달라고 했는데, 예수께서 이미 목욕한 자는 발밖에 씻을 필요가 없다고 하시면서 '너희가 깨끗하나 다는 아니라' 하셨다. 예수께서 자기를 팔 자가 누구인지 아셨기 때문이다.

예수께서는 제자들의 발을 씻기신 후에 옷을 입으시고 '내가 주와 선생이 되어 너희 발을 씻겼으니 너희도 서로 발을 씻기는 것이 옳다' 하시며 주님이 본을 보이셨으니 그렇게 행하면 복이 있으리라고 하셨다. 그러나 제자들 모두를 가리켜 하신 말씀은 아니며 주님은 그분이 택한 자들이 누구인지를 아신다고 하셨다. 그들 중 하나가 주님을 팔 것인데, 이는 '내 떡을 먹는 자가 내게 발꿈치를 들었다' 한 성경을 응하게 하려는 것이라 하셨다.

주님이 십자가에 못 박히시고 부활하시기 전에 미리 이 모든 일을 말씀하시는 것은 일이 이루어질 때에 주 예수님이 바로 '그(I AM)'인줄 그들로 믿게 하려 함이라 하시며, 예수께서 보내신 자를 영접하는 자는 예수를 영접하는 것이요, 예수를 영접하는 자는 그분을 보내신 이를 영접하는 것이라 하셨다.

이 말씀을 하시고서 '너희 중에 한 사람이 나를 팔 것이라' 하셨다. 그러자 제자들은 서로 보며 누구에 대해 말씀하시는지 의심했다. 예수의 제자 중 하나 곧 그 품에 의지하여 누웠던 제자(이 복음서를 기록한 요한)에게 베드로가 머릿짓을 하면서 말씀하신 자가 누구인지 말하라 하니 그가 예수의 가슴에 기대어 앉은 채로 "주여, 누구입니까" 하고 물었다. 예수께서 "내가 빵 한 조각을 찍어다가 주는 자가 그자라" 하시며 곧 한 조각을 찍어 가룟 시몬의 아들 유다에게 주시니 조각을 받은 후에 사단이 그 속에 들어갔다. 예수께서 유다에게 "네 일을 속히 하라" 하시니 그 중에 주님이 이 말씀을 무슨 뜻으로 하셨는지 아는 자가 없고 혹자는 아마도 명절이니 돈궤를 맡은 유다에게 쓸 물건을 사라 하시는지 혹 가난한 자들에게 무엇을 주라 하시는 줄로 생각했다. 유다가 그 빵 조각을 받고 곧 나가니 밤이었다.

그가 나간 후에 예수께서 말씀하시기를, "지금 인자가 영광을 얻었고 하나님도 인자를 인하여 영광을 얻으셨도다 만일 저로 인하여 영광을 얻으셨으면 하나님도 자기로 인하여 그에게 영광을 주시리니 곧 주시리라…새 계명을 주노니 서로 사랑하라 내가 너희를 사랑한 것같이 너희도 서로 사랑하라 너희가 서로 사랑하면 이로써 모든 사람이 너희가 내 제자인줄 알리라" 하셨다. 그리스도인들은 주님이 서로 사랑하라는 계명을 어느 자리에서 주셨는가를 생각해보아야 한다. 베드로가 "주여 어디로 가시나이까?" 하자 주 예수님은 "나의 가는 곳에 네가 지금은 따라올 수 없으나 후에는 따라오리라" 하셨다. 베드로는 왜 내가 지금은 따를 수 없느냐면서 주를 위하여 자기 목숨까지 버리겠다고 했다. 그 말에 예수께서 대답하시기를, "네가 나를 위하여 네 목숨을 버리겠느냐 내가 진실로 진실로 네게 이르노니 닭 울기 전에 네가 세 번 나를 부인하리라" 하셨다.

▸ 그가 또 다른 보혜사를 너희에게 주사 영원토록 너희와 함께 있게 하시리니

14장 말씀이다. 주 예수님은 사랑과 위로가 가득하신 분이다. 그분은 근심하는 제자들의 얼굴을 보시면서 말씀하신다. "너희는 마음에 근심하지 말라 하나님을 믿으니 또 나를 믿으라 내 아버지 집에 거할 곳이 많도다…내가 너희를 위하여 처소를 예비하러 가노니…내가 다시 와서 너희를 내게로 영접하여 나 있는 곳에 너희도 있게 하리라"(1-3절). 주 예수님은 근심이 가득한 제자들에게(16:6), 첫째 위로하시는 말씀은 '하나님과 나를 믿으라'이다. 이 구절의 '내 아버지 집에 거할 곳', '처소를 예비하여' 등은 분명 장래 성도들이 거하게 될 영원한 처소적인 개념이다. 그것은 또한 6절의 아버지께로 감과 같다. 즉, 아버지 집과 아버지는 나눌 수 없다(눅 15:20, 25). 도마가 주께서 어디로 가시는지 그 길을 알려달라고 하자 주님은 "내가 곧 길이요 진리요 생명이니 나로 말미암지 않고는 아버지께로 올 자가 없다"고 하시며, 또한 "너희가 나를 알았더면 내 아버지도 알았으리로다 이제부터는 너희가 그를 알았고 또 보았느니라"고 하신다.

또 "내가 아버지 안에 있고 아버지께서 내 안에 계심을 믿으라 그렇지 못하겠거든 행하는 그 일을 인하여 나를 믿으라" 하신다. 그리고서 놀라운 말씀을 주셨다. "나를 믿는 자는 나의 하는 일을 저도 하고 더 큰 일도 하리니 내가 아버지께로 가기 때문이라 너희가 내 이름으로 무엇을 구하든지 내가 시행하리니 이는 아버지로 하여금 아들을 인하여 영광을 얻으시게 하려 함이라". 즉 예수께서 아버지께 돌아가면 제자들로 더 큰 일들을 하도록 해주시겠다는 약속의 말씀이다.

16절부터는 구체적으로 예수께서 아버지께 구하여 또 다른 보혜사를 보내심으로 영원토록 너희와 함께 있게 하실 것이라 하신다. 주님은 가셔서 성령을 보내주시고 성령은 우리 안에 들어오셔서 우리를 고아와 같이 버려두지 아니하고 자녀처럼 돌보고 도와주실 것이라고 하신다. 또 조금 있으면 세상은 다시 주님을 보지 못할 것이지만 제자들은 주님을 볼 것인데 이는 주님이 사셨고 제자들도 살 것이기 때문이다. "그 날에는 내가 아버지 안에, 너희가 내 안에, 내가 너희 안에 있는 것을 너희가 알리라"(16-20절). 또 주님은 "나의 계명을 가지고 지키는 자라야 나를 사랑하는 자니…"라고 하신다. 주님을 사랑하지 않는 자들은 주님의 말씀을 지키지 않는다(24절).

보혜사가 오시면 주님이 하신 모든 말씀들을 생각나게 하실 것이다. 주님의 평안을 믿는이들에게 주실 것인데 이 평안은 세상이 주는 것 같지 않으니 마음에 근심도 말고 두려워하지도 말라 하신다. 또 "내가 갔다가 너희에게로 온다 하는 말을 너희가 들었나니 나를 사랑하였더면 내가 아버지께로 감을 기뻐하였으리라 아버지는 나보다 크심이니라"고 하신다. 아들이 아버지께로 감이 제자들에게 매우 유익하다고 하시며 미리 이런 말을 하시는 것은 말씀하신 일들이 이루어질 때 믿게 하려 함이라고 하신다. 이후로는 제자들과 말을 많이 하지 않으실 것인데 이 세상 임금이 오기 때문이며 그러나 저는 내게 관계할 것이 없다고 하신다. 죽음으로 나아가실 것을 예고하시는 것이다. 그분이 십자가로 나아가심은 아버지를 사랑하시는 것이요 아버지의 명대로 행하시는 것임을 세상으로 알게 하려 함이라고 하신다. 그리고서 제자들에게 "일어나라 여기를 떠나자" 하셨다.

▸ 나는 포도나무요 너희는 가지니

주님은 십자가로 가시기 전에 14장부터 긴 말씀을 남기셨다. 14장에서는 주님을 믿는 제자들이 그 날에 성령을 받을 것을 말씀하셨는데, 그럴 때 하나님 아버지와 주 예수님과 믿는 우리의 관계는 어떻게 되는가? 그것이 15장의 포도나무의 비유이다. 아버지는 포도원의 농부시고, 주 예수님은 포도나무이시며, 우리는 그 포도나무의 가지이다. 가지인 우리가 해야 할 가장 중요한 일은 포도나무에 늘 붙어 있어서 열매를 맺는 것이다. 즉 우리는 그리스도와 떨어져서는 아무 것도 할 수 없는 존재이다(5절). 가지가 포도나무를 떠나서는 결코 열매를 맺을 수 없다. 13장에서는 주님과의 교제 안에 있기 위해 발을 씻어야 함을 보며, 14장에서는 주님을 우리의 길과 진리와 생명으로 받아들이는 것을 보며 또한 우리 안에 보혜사 성령을 모시고 주님의 새 계명을 지키는 것을 본다. 그럴 때 우리는 실제적으로 주님께 늘 붙어 있게 된다.

"사람이 내 안에 거하지 아니하면 가지처럼 밖에 버리워 말라지나니 사람들이 이것을 모아다가 불에 던져 사르느니라"(6절). 이것은 열매 없는 믿는이들의 결국을 말한다(고전 3:15 참조). 결국 그리스도인의 사명은 열매를 많이 맺는 것이다. 그래야 아버지께서 영광을 받으시고 우리는 그분의 제자가 된다. 포도나무에 정상적으로 붙어 있는 가지들이란 주의 사랑 안에 거하는 자들이다. 주님이 아버지의 계명을 지켜 아버지의 사랑 안에 거하신 것처럼 너희도 내 계명을 지키면 내 사랑 안에 거할 것이라고 하신다. 즉 그리스도 안에 거하는 가지들은 주의 계명을 지키는 자들이며 주의 사랑 안에 거하는 자들이다. 주님의 말씀을 지키지 않는 자들은 주님을 사랑하는 자들이 아니다. 또 기쁨에 대해 말씀하셨는데(11절), 포도나무이신 그리스도의 진액이 흐르는 가지는 분명 기쁨으로 가득하다. 또 주님은 "이제부터는 너희를 종이라 하지 아니하리니…너희를 친구라 하였노니 내가 내 아버지께 들은 것을 다 너희에게 알게 하였음이라"고 하신다. 그러므로 주님은 포도나무에 정상적으로 붙어 있는 가지인 우리를 친구로 여겨 아버지께 들은 것을 다 우리에게 알려주실 것이다(14-15절).

▸ 내가 떠나는 것이 너희에게 유익하니

16장이다. 주님은 제자들에게 복음을 전하라고 부탁하시면서 실족하지 않도록 세세하게 말씀해주신다. 사람들이 그들을 쫓아낼(outcast) 뿐 아니라 죽이기도 하면서 이것이 하나님을 섬기는 예라 할 것인데, 그들이 이런 일을 하는 것은 아버지와 아들 예수를 모르기 때문이라고 하셨다. 주님은 일을 당하기 전에 이런 말씀을 미리 해주시는 것은 그 때를 당해 주님이 하신 말씀을 기억나게 하려 함이라고 하신다. 주님이 떠나가시는 것이 실상은 제자들에게 유익이며 이는 그분이 가셔야 제자들에게 보혜사를 보내주실 것이기 때문이다. 그가 오시면 죄에 대하여, 의에 대하여, 심판에 대하여 세상을 책망하실 것인데, 죄에 대하여란 사람들이 예수를 믿지 않음이며, 의에 대하여라 함은 예수께서 아버지께로 가시니 제자들이 다시 예수를 보지 못함이며, 심판에 대하여라 함은 이 세상 임금이 심판을 받았기 때문이다. 죄에 대한 책망은 '저희가 나를 믿지 않음'에 대한 책망이다. 오순절 이후 교회의 특징은 믿지 않는 사람들이 성령을 받은 그들을 보면서 양심에 찔림(책망)을 받는 것이다.

의에 대하여라 함은 '내가 아버지께로 가니 너희가 다시 나를 보지 못함이라'고 하셨다. 예수 그리스도께서 승천하실 때 비로소 성령을 받은 사람들이 이 땅에 나타나게 되므로 의의 사람들이 이 땅에 존재하게 되는 것이니 그럴 때 세상 사람들은 하늘에 오르신 예수 그리스도의 의를 보고, 또한 성령을 받은 성도의 의를 보고 책망을 받게 된다. 심판에 대한 책망은 우리 주 예수님이 십자가에 못 박히실 때 사단 곧 이 세상 임금이 심판받은 것이다. 성령이 임하시어 성령을 받은 무리가 일어날 때, 사탄 마귀의 모든 궤계, 거짓된 교리들, 거짓된 사상들, 거짓된 이단적 무리들이 심판을 받게 된다.

16장은 성령의 오심의 유익을 말한다. 성령께서는 성도들을 진리로 인도하시고, 또한 주님께 들은 것을 말씀하시며(아들의 것은 다 아버지의 것이며 성령의 것은 다 아들의 것이다-14, 15절) 장래 일도 말씀하신다. '조금 있으면'이란 주님의 죽으심과 성령의 오심에 관한 말씀이다. 성령을 보는 것이 곧 주님을 보는 것이다. 그리고 성령의 오시는 역사는 마치 여자가 아이를 해산하는 것 같다고 하신다. 그리스도께서 십자가로 가시기에 제자들은 곡하고 애통할 것이며 세상은 기뻐할 것이다. 제자들은 근심하겠으나 그들의 근심이 도리어 기쁨이 될 것이다. "지금은 너희가 근심하나 내가 다시 너희를 보리니 너희 마음이 기쁠 것이요 너희 기쁨을 빼앗을 자가 없느니라". 오늘날 성령에 대한 우리의 확신은 성경에서 말씀하신 바에 미치지 못한다.

성령이 오시면 주님의 마음 속의 모든 비밀을 다 알려주시며, 또한 우리가 성령으로 기도하게 되니 무엇이든지 아버지께 구하는 것을 주 예수의 이름으로 주실 것이라 하셨다. 그럴 때 우리는 주의 이름으로 구하는 것을 받고 기쁨이 충만하게 될 것이다.

◊ 제 4 부 **대제사장으로서 기도하시다**

예수 그리스도께서는 14장부터 긴 말씀을 하시고 마지막에 기도하셨는데, 그 기도 내용이 17장에 기록되어 있다. 그것은 하나님 아버지께서 하실 일에 대한 것이다. "때가 이르렀사오니 아들로 아버지를 영화롭게 하게 하옵소서". 아버지는 아들에게 주신 모든 자에게 영생을 주게 하시려고 만민을 다스리는 권세를 아들에게 주셨다. 여기서 주 예수님은 영생이 무엇인지를 말씀하신다. "영생은 곧 유일하신 참 하나님과 그의 보내신 자 예수 그리스도를 아는 것이니이다", 주 예수님의 기도는 모두 제자들을 위한 것이었다. "내가 저희를 위하여 비옵나니 내가 비옵는 것은 세상을 위함이 아니요 내게 주신 자들을 위함이니이다 저희는 아버지의 것이로소이다"(9절). 이제 세상을 떠나시려는 시점에서 아버지께 드리는 기도는 제자들에 대한 주님의 깊은 사랑을 느끼게 하며, 우리 또한 사역자로서 우리에게 주신 영혼들을 얼마나 소중히 여겨야 하는가를 배울 수 있다. 주 예수님은 아버지께서 그들을 보전해주시기를 원하셨으며, 그들 마음 속에 기쁨이 있도록, 그들이 세상에 빠지지 않도록, 악에 물들지 않도록, 그들이 아버지의 말씀 곧 진리로 거룩케 되도록 기도하셨으며, 또한 그들만이 아니라 그들의 말을 인하여 주님을 믿는 사람들을 위하여도 기도하셨다. 주 예수께서는 이 세상을 떠나시기 전에 세상에 남아 있게 될 그분의 사람들을 위해 상세하고도 간절하게 기도하신 것이다.

◊ 제 5 부 **그리스도의 죽으심과 부활(18-20장)**

▸ 겟세마네에서 체포되신 후 안나스에게로, 가야바에게로, 빌라도에게로 끌려가시다

요한복음의 기록에는 겟세마네의 기도가 빠져 있다. 겟세마네의 기도 내용은 12장 27-30절의 말씀과 일맥상통하고 그 시점은 18장 1-2절일 것이다. "예수께서 이 말씀을 하시고 제자들과 함께 기드론 시내 저편으로 나가시니 거기 동산이 있는데 제자들과 함께 들어가시다 거기는 예수께서 제자들과 가끔 모이시는 곳이므로 유다도 알더라". 요한은 복음서를 기록함에 있어서 그 사건의 중심과 순서보다는 그 내용과 본질을 중시한 것 같다. 다른 복음서에는 겟세마네에서 기도하신 후 나오시다가 잡히신 것으로 기록되었는데(마 26:43-47 참조), 요한복음에는 기드론 시내를 건너 동산으로 들어가시는 것이 나오고 곧이어 유다를 앞세운 군대와 대제사장들과 바리새인들의 보낸 하속들이 횃불과 병기를 가지고 주님을 잡으러 온 것이 있다. 예수께서는 그 당할 일을 다 아시고 나아가 “누구를 찾느냐” 물으셨고 그들이 “나사렛 예수라” 하자 “내로라(I am He)” 하셨다. 그들은 그 담대함과 위엄에 물러가서 땅에 엎드러졌다. 예수께서 그들에게 다시 누구를 찾느냐 물으시고 그들이 ‘나사렛 예수’라 말하자, 내가 바로 너희가 찾는 ‘나사렛 예수’이니 나를 찾거든 이 사람들이 가는 것을 용납하라고 하셨다. 이것은 “아버지께서 내게 주신 자 중에 하나도 잃지 아니하였삽나이다” 하신 말씀을 응하게 하려 함이었다.

이에 시몬 베드로가 검을 빼어 대제사장의 종인 말고의 귀를 쳐서 떨어뜨렸다. 예수께서 베드로에게 검을 집에 꽂으라 하시고 아버지께서 주신 잔을 내가 마시지 않겠느냐고 하셨다. 세베대의 아들들과 그 어미에게 말씀하신 “너희가 내 잔을 마실 수 있느냐”에서 ‘내 잔’은 십자가의 잔이요 고난의 잔이 분명하다. 이 때 군대와 천부장과 유대인의 부하들이 예수를 체포하게 된다. 그들은 예수를 결박하여 대제사장 가야바의 장인인 안나스에게 끌고 갔다. 대제사장이 예수께 그분의 가르침에 대하여 물으니 지금까지 회당과 성전에서 항상 가르쳤고 은밀히는 아무 것도 말하지 않았는데 어찌 내게 묻느냐 하시며 들은 자들에게 물어보라고 하셨다. 이 말씀을 하시니 부하 한 사람이 손으로 예수를 치면서 “네가 감히 대제사장에게 이렇게 대답하느냐” 하니 예수께서 “내가 말을 잘못하였으면 그 잘못한 것을 증거하라 잘하였으면 네가 어찌하여 나를 치느냐” 하셨다. 안나스가 예수를 결박한 그대로 대제사장 가야바에게 보냈다.

25절부터는 베드로의 실패한 이야기가 기록되어 있다. 요한은 베드로와 늘 함께한 사람인데, 이 일을 기록하는 데 있어서 다른 복음서에 비해 적은 분량을 할애했다. 새벽에 사람들은 예수를 가야바에게서 총독의 관정으로 끌고 가서 그를 고소했다. 그 때 유대인들은 유월절 잔치를 먹고자 하여 더럽혀지지 않으려고 관정 안으로는 들어가지 않았다. 그러므로 총독 빌라도가 그들과 대화하기 위해 밖으로 나와서 무슨 일로 이 사람을 고소하느냐 물으니 그들은 ‘이 사람이 행악자가 아니라면 우리가 당신에게 넘기지 않았을 것이라’ 했다. 그래서 빌라도가 ‘너희가 데려다가 너희 법대로 재판하라’ 하자 유대인들은 ‘우리에게는 사람을 죽일 권이 없다’고 했다. 이는 유대인들이 예수를 끌고 온 것이 죽이려고 했다는 뜻이다. 빌라도가 다시 관정에 들어가 예수께 물었다. “네가 유대인의 왕이냐?” 예수께서 대답하시기를, “네가 스스로 하는 말이냐 다른 사람이 나에 대하여 네게 한 말이냐?” 하셨다. 주님은 침착하고 위엄 있게 한 마디 한 마디 하셨다.

빌라도가 또 묻기를, “나는 유대인이 아닌데 네 나라 사람들과 대제사장이 너를 나에게 넘겼으니 네가 무엇을 하였느냐? 도대체 무슨 일을 한 것이냐?" 예수께서 대답하시기를, "내 나라는 이 세상에 속한 것이 아니라 내 나라가 이 세상에 속한 것이었더면 내 종들이 싸워 나로 유대인들에게 넘기우지 않게 하였으리라 이제 내 나라는 여기에 속한 것이 아니니라" 하셨다. 그러자 빌라도가 "그러면 네가 왕이 아니냐?" 물었다. 예수께서는 "네 말과 같이 내가 왕이니라 내가 이를 위해 났고 이를 위하여 세상에 왔으니 곧 진리에 대하여 증거함이라 진리에 속한 자는 내 소리를 듣느니라" 하셨으며, 빌라도는 별 감흥 없이 "진리가 무엇이냐" 했다.

이 말을 한 다음 빌라도는 다시 유대인들에게 나아가서 말했다. "나는 그에게서 아무 죄도 찾지 못하노라." 그 비열하고 무능한 총독은 관정과 뜰을 들어갔다 나왔다 하면서 예수를 재판하는 일을 한 것이다. 유월절이면 죄수 하나를 방면하는 특사 제도가 있었다. 그래서 빌라도는 당시 민란을 일으킨 유명한 죄수 바라바와 예수 중 누구를 풀어줄 것인지를 물었다. 유대인들은 "이 사람이 아니라! 바라바라!" 하고 소리를 질렀다.

▸ 예수께서 십자가에 못 박히시다

"이에 빌라도가 예수를 데려다가 채찍질하더라". 당시 십자가형을 받은 사람들은 먼저 채찍으로 때렸다. "그가 채찍에 맞음으로 우리가 나음을 입었도다"(사 53:5). 그분은 우리가 질병으로 고통당하지 않고 나음을 입도록 채찍에 맞으신 것이다. 군병들이 가시로 면류관을 엮어 그 머리에 씌우고 자색옷을 입히고 앞에 와서 '유대인의 왕이여 평안할지어다' 하며 손바닥으로 때렸다. 우리의 많은 부끄러운 죄악을 인하여 그분이 대신 수치를 당하신 것이다. 빌라도는 다시 예수를 관정에서 데리고 나와 "나는 그에게서 아무 죄도 찾지 못하였다"고 말했다.

유대인들이 대답하기를, '우리의 법대로 하면 그가 당연히 죽어야 하는데 이는 그가 자기를 하나님의 아들이라 함이라'고 했다. 빌라도가 이 말을 듣고 더욱 두려워하여 다시 관정에 들어가서 예수께 물었다. '당신은 어디로서 왔느냐?' 예수께서 대답하지 않으시자 빌라도는 '내가 너를 놓을 권세도 있고 십자가에 못 박을 권세도 있는 줄 알지 못하느냐?' 했다. 예수께서는 다만 "위에서 주지 않으셨다면 나를 해할 권세가 없었을 것이니 그러므로 나를 네게 넘겨준 자의 죄는 더 크다" 하셨다. 이러므로 빌라도는 예수를 놓으려고 힘을 썼지만 유대인들이 소리를 질러 말하기를, "이 사람을 놓으면 가이사(당시 로마 황제 시이저)의 충신이 아닙니다. 자기를 왕이라 하는 자는 가이사를 반역하는 것입니다."라고 했다. "빌라도가 이 말을 듣고 박석(히브리 말로 가 바다)이란 곳에서 재판석에 앉았더라 이 날은 예비일이요 때는 제 육시라". 오늘날로 말하면 금요일 아침 9시쯤일 것이다. 빌라도가 유대인들에게 "보라, 너희 왕이라!" 하자 유대인들은 없애라고 소리를 질렀다. 빌라도가 "내가 너희 왕을 십자가에 못 박으랴" 하니 대제사장들이 "우리에게는 가이사 외에는 왕이 없나이다"라고 대답했다. 이에 빌라도가 예수를 십자가에 못 박도록 넘겨주었다. 그들이 예수를 맡으니 예수께서 자기의 십자가를 지시고 해골(골고다)이라는 곳에 이르셨으며, 거기서 그들이 예수를 십자가에 못 박았고 다른 두 사람도 그 좌우편에 못 박았다. 빌라도가 '유대인의 왕'이라는 패를 써서 십자가 위에 붙였는데, 히브리와 로마와 헬라 말로 기록하였다. 대제사장들은 빌라도에게 '자칭 유대인의 왕'이라고 쓰라 했으나 빌라도는 '내가 쓸 것을 썼다'고 대답했다. 군병들이 예수를 십자가에 못 박고 그의 옷을 가져다가 제비뽑아 나눠가졌다. 십자가 곁에는 그 모친과 이모와 글로바의 아내 마리아와 막달라 마리아가 있었다. 십자가에 달리신 예수는 그 모친과 사랑하시는 제자가 곁에 섰는 것을 보시고 그 모친에게 "여자여, 보소서 아들이니이다" 하시고 그 제자에게는 "보라, 네 어머니라" 하셨으며, 그때부터 그 제자가 자기 집에 모셨다.

예수께서 '내가 목마르다' 하시니 사람들이 신포도주를 머금은 해융(스폰지 종류)을 우슬초에 메어 예수의 입에 대니 예수께서 신 포도주를 받으신 후 '다 이루었다!' 하시고 머리를 숙이고 영혼이 돌아가셨다. 이 가슴 아픈 지점에서 우리의 죄가 다 제해진 것이다. 우리의 죄악을 짊어지고 그분이 대신 죽으신 것이다(롬 5:8). 이 날은 예비일(금요일 오후 3시경)이고 그 안식일이 큰 날(유월절)이므로 유대인들은 시체를 십자가에 두지 않으려고 빌라도에게 시체를 치워달라 요청했다. 이에 군병들이 가서 예수 양편의 죄수들은 다리를 꺾고 예수께 이르러는 이미 죽은 것을 보고 다리를 꺾지 않고 그 중 한 군병이 창으로 옆구리를 찌르니 곧 피와 물이 흘러나왔다(요 19:34). 이 모든 일이 이룬 것은 성경의 예언을 응하게 하려는 것이었다.

아리마대 사람 요셉은 당시 공회원(유대인 가운데 상당한 지위) 중 하나로서 예수의 제자였다. 그가 유대인들을 두려워하여 피해 다니다가 빌라도에게 가서 예수의 시체를 가져가겠다고 하니 빌라도가 허락했다. 유대인의 관원이요 바리새인으로서 밤에 예수를 찾아왔던 니고데모도 몰약과 침향 섞은 것을 백 근쯤 가지고 왔다. 그들은 예수의 시체를 가져다가 유대인의 장례법대로 그 향품과 함께 세마포로 쌌다. 예수께서 십자가에 못 박히신 곳에 동산이 있는데, 거기에 새 무덤(아리마대 부자 요셉이 바위 속에 파둔 자기 새 무덤)이 있어 예수를 거기 두었다. 이사야 선지자는 그분이 부자의 묘실에 장사되실 것을 예언했고 이 일은 그대로 이루어졌다(사 53:9).

▸ **예수께서 부활하시다**

20장이다. 예수께서 일곱 귀신을 쫓아내어주신 막달라 마리아는 파탄난 자기 인생을 회복해주신 주 예수께 늘 감사하는 마음이 가득했다. 그래서 예수께서 전도하러 다니실 때 몇몇 자매들과 함께 물질로 섬겼으며, 십자가에 못 박히시기 전에 향유를 예수의 발에 바르고 그 머리털로 씻어드렸다. 또 그녀는 골고다에서 예수께서 십자가에 못 박히시는 광경도 목격했다. 그리고서 안식 후 첫날(부활의 날) 이른 아침 아직 어두울 때에 무덤에 와서 돌이 무덤에서 옮겨진 것을 보았다. 베드로와 요한도 무덤에 왔지만 세마포만 놓여 있는 것을 보고 집으로 돌아갔다. 그러나 마리아는 무덤 밖에 서서 울고 있다가 구푸려 무덤 속을 들여다보니 흰옷 입은 두 천사가 예수의 시체 뉘었던 곳에 하나는 머리 편에, 하나는 발편에 앉아 있었다. 천사들이 마리아에게 "여자여, 어찌하여 우느냐?" 하니 "사람이 내 주를 가져다가 어디 두었는지 내가 알지 못함이니이다." 이 말을 하고 뒤로 돌이켜 예수의 서신 것을 보나 예수신 줄 알지 못했다. 예수께서 "여자여, 어찌하여 울며 누구를 찾느냐?" 하시니 마리아는 그분이 동산지기인 줄 알고 "당신이 옮겨갔거든 내게 알려주시오 내가 가져가리다" 했다. 그 때 예수께서 "마리아야!" 부르시니 마리아가 돌이켜 "랍오니여"(선생님!) 하면서 예수신 줄 알게 되었다. 예수는 부활하셨고, 마리아는 첫 번째로 부활하신 주를 만난 자가 되었다.

예수께서 마리아에게 말씀하셨다. "나를 만지지 말라 내가 아직 아버지께로 올라가지 못하였노라 너는 내 형제들에게 가서 이르되 내가 내 아버지 곧 너희 아버지, 내 하나님 곧 너희 하나님께 올라간다 하라". '내 아버지 곧 너희 아버지'–부활하신 주 예수님과 제자들은 이제 친 형제간이 되었다.

이날 곧 안식 후 첫날 저녁 때에 제자들은 유대인들을 두려워해서 모인 곳의 문들을 닫았는데 예수께서 그들 가운데 오셔서 평강이 있을지어다 하시고 그분의 못 박혔던 손과 옆구리를 보여주시니 제자들이 부활하신 주를 보고 기뻐했다. 그분은 이제 시공을 초월하시며 닫은 문을 열지 않고도 들어오시는 분이 되셨다는 뜻이다. 예수께서는 "너희에게 평강이 있을지어다 아버지께서 나를 보내신 것같이 나도 너희를 보내노라" 하시고 그들을 향하여 숨을 내쉬며 "성령을 받으라!" 하셨다. 열두 제자 중 하나인 도마는 그 부활하신 날 저녁 예수께서 오셨을 때에 함께 있지 않아서 부활의 주를 만났다는 제자들의 말을 믿지 못했다.

팔 일이 지나서 제자들이 다시 집 안에 있을 때에 도마도 함께 있고 문들이 닫혔는데 예수께서 오셔서 가운데 서서 "너희에게 평강이 있을지어다!" 하시고 도마에게 말씀하셨다. "네 손가락을 내밀어 내 손을 보고 네 손을 내밀어 내 옆구리에 넣어보라 그리하고 믿음 없는 자가 되지 말고 믿는 자가 되라". 도마가 고백하였다. "나의 주시며 나의 하나님이시니이다!" 주 예수님은 도마에게 "너는 나를 본 고로 믿느냐 보지 못하고 믿는 자들은 더욱 복되도다" 하셨다. 이것을 기록한 요한은 "예수께서 이 책에 기록되지 않은 다른 표적도 많이 행하셨으나 오직 이것을 기록함은 너희로 예수께서 하나님의 아들 그리스도이심을 믿게 하려 함이요 또 너희로 믿고 그 이름을 힘입어 생명을 얻게 하려 함이니라"고 했다.

◊ 제 6 부 **부활하신 그리스도의 마지막 부탁(21장)**

▸ 디베랴 바닷가에서 일곱 제자에게 나타나시다

21장은 요한복음의 부록(appendix)과 같은 말씀이다. 부활하신 예수께서 디베랴 바닷가에서 제자들에게 자신을 나타내신 일을 기록한다. 베드로와 도마 등 일곱 명 정도의 제자들이 고기를 잡으러 나가서 배에 올랐으나 그 밤에 아무 것도 잡지 못했는데, 날이 새어갈 때에 예수께서 바닷가에 서 계셨으나 제자들은 예수신 줄 알지 못했다. 그들은 부활하신 주님에게서 땅 끝까지 나아가 복음을 전하라는 명을 받았지만(마 28장, 막 16장 참조) 원래 직업인 어부로 돌아간 것이다. 그 밤에 그들이 아무 것도 잡지 못하고 있는데 날이 새어갈 때에 예수께서 몇 마디 물으시고 배 오른편에 그물을 던지라고 하셨다. 주님은 그들을 꾸짖지 않으시고 처음 그들을 부르셨을 때를 회상하도록(눅 5:3-11) 그 때와 동일한 말씀을 하셨다. 요한이 곧 알아채고 베드로에게 "주님이시다!" 하니 베드로가 겉옷을 두르고 바다로 뛰어내렸다.

다른 제자들은 작은 배를 타고 고기가 든 그물을 끌고 왔는데, 육지에 올라보니 숯불이 있는데 그 위에 생선이 놓였고 떡도 있었다. 예수께서 지금 잡은 생선을 좀 가져오라 하시니 베드로가 올라가서 그물을 육지에 끌어올리니 가득히 찬 큰 고기가 일백쉰 세 마리였다. 이같이 많으나 그물이 찢어지지 않았다. 다들 그분이 부활하신 예수시라는 것을 알았으므로 '당신이 누구냐'고 감히 묻는 자가 없었다. 예수께서 가셔서 떡을 가져다가 그들에게 주시고 생선도 그와 같이 하셨다. 이것은 예수께서 죽은 자 가운데서 살아나신 후에 세 번째로 제자들에게 나타나신 것이다.

그들이 조반을 먹은 후에 예수께서 베드로에게 물으셨다. "요한의 아들 시몬아 네가 이것들보다 나를 더 사랑하느냐?" 베드로가 대답했다. "주여, 그렇습니다. 내가 주를 사랑하는 줄 주께서 아십니다." 예수께서는 그에게 "내 양을 먹이라" 하셨다. 주님은 먼저 제자들을 먹이시고서 제자들에게 그분의 양들을 먹이라고 하신다. 주님이 세 번을 동일하게 "네가 나를 사랑하느냐" 물으시니 베드로가 근심하면서 "주여, 모든 것을 아시오니 내가 주를 사랑하는 줄을 주께서 아십니다."라고 대답하자 주님은 다시 "내 양을 먹이라" 하셨다.

그리고서 베드로에게 "내가 진실로 진실로 네게 이르노니 젊어서는 네가 스스로 띠 띠고 원하는 곳으로 다녔거니와 늙어서는 네 팔을 벌리리니 남이 네게 띠 띠우고 원치 아니하는 곳으로 데려가리라" 하셨다. 이 말씀은 베드로가 어떠한 죽음으로 하나님께 영광 돌릴 것을 가리키시는 것이다. 주님이 한 제자를 얼마나 철저하게 양육하고 보살피시는지를 볼 때 참 감동이 된다. 이 말씀을 하시고 베드로에게 "너는 나를 따르라" 하시니 베드로가 돌이켜 예수의 사랑하시는 그 제자를 보고 "주여, 이 사람은 어떻게 되겠습니까?" 하고 물었다. 예수께서 말씀하시기를, "내가 올 때까지 그를 머물게 하고자 할지라도 네게 무슨 상관이냐 너는 나를 따르라" 하셨다. 주님을 따를 수 있다는 것은 어떠한 축복인지! 이 말씀이 형제들에게 나가서 그 제자는 죽지 않겠다 하였으나 예수의 말씀은 그 제자(요한)가 죽지 않는다는 것이 아니라 다른 사람은 상관 말고 너는 나를 따르라고 하신 것이다. 요한은 마지막 구절에서 이 일을 증거하고 기록한 제자가 이 사람이라고 하면서 우리는 그의 증거가 참인 줄 안다고 했다.

사도행전

주요 내용

예루살렘 다락방에서 백이십 문도가 성령을 받은 것을 시작으로 해서 제자들이 오순절 성령의 권능을 받은 후 목숨 걸고 예루살렘과 유다와 사마리아와 땅 끝까지(제1부-제 6부) 복음을 전파함으로 예수 그리스도의 증인이 되는 이야기이다(행 1:8). 1장부터 12장까지는 주로 베드로를 중심으로 한 예루살렘 사도들의 사역이 펼쳐지고, 13장부터 28장까지는 이방 세계를 향한 사도 바울의 사역 여정의 내용이 기술되어 있다.

사도행전은 바울의 동역자였던 의사 누가가 A.D. 67-68년경 사도 바울의 2차 로마 감옥 투옥 시에 로마에서 바울과 함께 거하면서 기록한 것으로 본다(딤후 4:11). 칼빈은 사도행전을 '일종의 광대한 보물'이라 칭했고, 로이드 존스는 '성령의 영역에서 가장 강력한 강장제'라고 말했다.

◊ 제1부 **성령 강림과 교회의 탄생(1-2장)**

▸ 승천하신 그리스도

누가는 복음서를 기록할 때 한 사람 데오빌로에게 썼으며, 사도행전을 쓸 때도 동일 인물에게 썼다. 1장 1-3절은 누가복음과 사도행전의 기록 간격을 설명한다. 예수께서는 죽고 부활하신 후 사십 일 동안 지상에 계시면서 때로 나타났다가 사라지곤 하셨다. 그것은 그분이 육신으로 계실 때와는 분명 다른 그 무엇을 나타낸다. 예수께서는 부활하신 후 사십 일 간을 이 땅에 계시면서 친히 그분의 사심을 나타내시고 하나님 왕국의 일을 말씀하셨으며, 사도들에게는 예루살렘을 떠나지 말고 아버지의 약속하신 것을 기다리라 하시며 예루살렘과 유다와 사마리아와 땅 끝까지 이르러 그분의 증인이 되라 하셨다(1:8) 이 말씀을 마치고서 제자들이 보는 데서 주 예수님은 하늘로 올리우셨다.

제자들은 그 감람원이라는 산에서 주 예수님이 승천하시는 것을 보고서 예루살렘에 돌아와 그들이 유하는 다락에서 함께 모였다. 거기 베드로, 요한, 야고보, 안드레, 빌립, 도마, 바돌로매, 마태, 알패오의 아들 야고보, 셀롯인 시몬, 야고보의 형제 유다 등이 있었고, 여자들과 예수의 모친 마리아와 예수의 아우들도 함께하여 모두가 한 마음으로 온전히 기도에 힘썼다. 그 모인 무리는 일백이십 명이나 되었는데, 베드로가 그 형제들 가운데 일어서서 시편을 인용하면서 예수를 판 가룟 유다의 거처로 황폐케 하라는 말씀과 그의 직분을 타인이 취하게 해달라는 말씀을 따라 요한의 세례로부터 함께 다니던 사람들 가운데 한 사람을 뽑아 열 두 제자의 수를 채우기로 한다(시 69:25, 109:8). 그들이 제비를 뽑아 맛디아를 얻으니 그가 열 한 사도의 수에 가입했다.

▸ 오순절 성령 강림

예수께서 십자가에 못 박히신 날이 유월절이고, 그로부터 오십 일째 되는 날이 오순절(the day of Penticost)이다. 오순절 날이 되어 그들이 다 같이 한 곳에 모였는데 홀연히 하늘로부터 급하고 강한 바람 같은 소리가 있어 저희 앉은 온 집에 가득하며 불의 혀같이 갈라지는 것이 저희에게 보여 각 사람 위에 임하였고 저희가 다 성령의 충만함을 받아 성령이 말하게 하심을 따라 다른 방언으로 말하기 시작했다. 그때가 명절이므로 천하각국으로부터 경건한 유대인들이 예루살렘에 와서 머물고 있었는데, 이 소리가 나니 큰 무리가 모여 각각 자기의 방언으로 제자들이 말하는 것을 듣고 소동하며 다 놀라고 기이히 여기면서 "이 말하는 사람이 다 갈릴리 사람이 아니냐? 우리가 우리 각 사람의 난 곳 방언으로 듣게 되는 것이 어떻게 된 일이냐?" 했다. 당시 유대인들은 여러 나라, 여러 지방에 흩어져 살고 있어서 그들이 사는 각각의 지방 언어를 사용하는 사람들이 많았는데, 배움이 없는 시골 갈릴리 사람들이 이곳저곳의 언어로 말하니까 다 놀란 것이다. 이것이 소위 방언이다. 또 어떤이들은 조롱하면서 저들이 새 술에 취했다고 했다.

▸ 베드로의 오순절 설교

베드로가 열 한 사도와 같이 서서 소리를 높여 외쳤다. "유대인들과 예루살렘에 사는 모든 사람들아 이 일을 너희로 알게 할 것이니 내 말에 귀를 기울이라…이 사람들이 취한 것이 아니라 이는 곧 선지자 요엘로 말씀하신 것이니 일렀으되 하나님이 가라사대 말세에 내가 내 영으로 모든 육체에게 부어주리니 너희의 자녀들은 예언할 것이요 너희의 젊은이들은 환상을 보고 너희의 늙은이들은 꿈을 꾸리라 그 때에 내가 내 영으로 내 남종과 여종들에게 부어주리니 저희가 예언할 것이요…누구든지 주의 이름을 부르는 자는 구원을 얻으리라".

베드로는 이처럼 오순절 성령강림의 현상을 설명함에 이어서 그리스도에 대하여 말한다. "하나님께서 나사렛 예수로 큰 권능과 기사와 표적을 너희 가운데서 베푸사 너희 앞에서 그를 증거하셨다 그가 하나님의 정하신 뜻과 미리 아신 대로 내어준 바 되었거늘 너희가 법 없는 자들의 손을 빌어 못 박아 죽였으나 하나님께서 살리셨으니 이는 그가 사망에게 매여 있을 수 없음이라". 또 시편 16편 8-11절을 인용하여 그리스도의 부활을 증거한다. "이는 내 영혼을 음부에 버리지 아니하시며 주의 거룩한 자로 썩음을 당치 않게 하실 것임이로다 주께서 생명의 길로 내게 보이셨으니…" "이 예수를 하나님이 살리신지라 우리가 다 이 일에 증인이로다 하나님이 오른손으로 예수를 높이시매 그가 약속하신 성령을 아버지께 받아서 너희 보고 듣는 이것을 부어주셨느니라…그런즉 이스라엘 온 집이 정녕 알지니 너희가 십자가에 못 박은 이 예수를 하나님이 주와 그리스도가 되게 하셨느니라".

당시 많은 이들이 이 말씀을 듣고 마음에 찔려 당혹스런 심정으로 베드로와 다른 사도들에게 물었다. "형제들아, 우리가 어찌할꼬?" 베드로가 말했다. "너희가 회개하여 각각 예수 그리스도의 이름으로 세례를 받고 죄 사함을 얻으라 그러면 성령을 선물로 받을 것이다." 또 여러 말로 증거하며 권하기를, "너희가 이 패역한 세대에서 구원을 받으라" 했다. 그날에 제자의 수가 삼천여 명이나 더해졌다. 그들이 사도의 가르침을 받아 서로 교제하며 떡을 떼며 기도하기를 전혀 힘썼다.

◊ 제 2 부 **예루살렘에서 복음이 전파되다(3-7장)**

▸ 나면서 앉은뱅이 된 자가 일어나다

'제 구시 기도 시간'이란 우리나라 시간으로 오후 3시쯤에 그들이 성전에서 기도회를 가진 것을 말한다. 베드로와 요한은 기도회에 가려고 성전 안으로 들어가려던 참이었는데, 나면서 앉은뱅이 된 자를 사람들이 메고 왔다. 그들은 날마다 그를 성전 미문에 두어 성전에 들어가는 사람들에게 구걸하게 했다. 그가 베드로와 요한이 성전에 들어가려는 것을 보고 구걸하니 베드로가 요한으로 더불어 그를 주목하며 말하기를, "우리를 보라!" 하니 그 앉은뱅이는 무엇을 얻을까 하여 바라보았다. 이에 베드로가 "은과 금은 내게 없거니와 내게 있는 것으로 네게 주노니 곧 나사렛 예수의 이름으로 걸으라!" 하고 오른손을 잡아 일으키니 발과 발목이 곧 힘을 얻고 뛰어 서서 걸으며 그들과 함께 성전으로 들어가면서 걷기도 하며 뛰기도 하며 하나님을 찬미하였다. 그러자 모든 백성이 그 걷는 것과 하나님을 찬미하는 것을 보고 원래 그가 누구인줄 알기에 심히 기이히 여기며 놀랐다.

나은 사람(앉은뱅이였던 자)이 베드로와 요한을 붙잡으니 모든 백성이 크게 놀라며 달려가 솔로몬 행각이라는 곳에 모였다. 베드로가 이것을 보고 백성에게 말하기를, "이스라엘 사람들아 이 일을 왜 기이히 여기느냐 우리 개인의 권능과 경건으로 이 사람을 걷게 한 것처럼 왜 우리를 주목하느냐 아브라함과 이삭과 야곱의 하나님 곧 우리 조상의 하나님이 그 종 예수를 영화롭게 하셨느니라 너희가 저를 넘겨주고 빌라도가 놓아주기로 결안한 것을 너희가 그 앞에서 부인하였으니 너희가 거룩하고 의로운 자를 부인하고 도리어 살인한 자를 놓아주기를 구하여 생명의 주(헬, 아르케고스, 창시자)를 죽였도다 그러나 하나님이 죽은 자 가운데서 살리셨으니 우리가 이 일에 증인이로다 그 이름을 믿으므로 그 이름이 너희 보고 아는 이 사람을 성하게 하였나니 예수로 말미암아 난 믿음이 너희 모든 사람 앞에서 이같이 완전히 낫게 하였느니라"(3:12-16)고 했다.

베드로는 계속해서, "형제들아 너희가 알지 못하여서 그리하였으며 너희 관원들도 그리 한 줄 아노라 그러나 하나님이 모든 선지자의 입을 의탁하사 자기의 그리스도의 해 받으실 일을 미리 알게 하신 것을 이와 같이 이루셨느니라 그러므로 너희가 회개하고 돌이켜 너희 죄 없이 함을 받으라 이같이 하면 유쾌하게 되는 날이 주 앞으로부터 이를 것이요"라고 했다. 사도들은 기회가 있는대로 그들이 보고 들은 바 예수 그리스도를 증거했다.

▸ 박해가 시작되다

4장이다. 성전 문에서 앉은뱅이를 치료한 후, 베드로의 한편의 설교를 통해 또 다시 오천 명의 믿는 자들이 생겨난 것을 기록한다. 이때부터 사도들의 전도 사역에 대한 반대와 박해가 시작된다. 다음 날 관원과 장로들과 서기관들이 예루살렘에 모였고 예수를 죽이는 데 앞장섰던 대제사장 가야바와 안나스와 요한과 알렉산더 및 대제사장 문중이 다 모였다. 그리고 사도들을 가운데 세우고 예수께 질문했던 것과 동일한 질문을 하였다. "너희가 무슨 권세와 누구의 이름으로 이 일을 행하였느냐?"

이때 베드로가 성령이 충만하여 말하기를, "백성의 관원과 장로들아 만일 병인에게 행한 착한 일에 대하여 이 사람이 어떻게 구원을 얻었느냐고 묻는다면 너희가 십자가에 못 박고 하나님이 죽은 자 가운데서 다시 살리신 나사렛 예수 그리스도의 이름으로 이 사람이 건강하게 되어 너희 앞에 섰느니라…다른 이로서는 구원을 얻을 수 없나니 천하 인간에 구원을 얻을 만한 다른 이름을 우리에게 주신 일이 없음이니라"(4:12) 하였다. 그들은 베드로와 요한을 본래 학식이 없는 범인으로 여겼는데 기탄

없이 말하는 것을 보고 이상히 여기며 또 병 나은 사람이 그들과 함께 섰는 것을 보고 힐난할 말이 없자 명하여 공회에서 나가라 하고 사도들을 불러 다시는 예수의 이름으로 아무 사람에게도 말하지 말고 가르치지도 말라고 하였다. 이에 베드로와 요한이 대답하기를, "하나님 앞에서 너희 말 듣는 것이 하나님 말씀 듣는 것보다 옳은가 판단하라 우리는 보고 들은 것을 말하지 아니할 수 없다"고 했다.

사도들이 풀려나서 그 동류에게 가서 제사장들과 장로들의 말을 다 고하니 모든 제자들이 듣고 일심으로 하나님께 소리를 높여 말했다. "대주재여 천지와 바다와 그 가운데 만유를 지으신 이시요 또 주의 종 우리 조상 다윗의 입을 의탁하사 성령으로 말씀하시기를 '어찌하여 열방이 분노하며 족속들이 허사를 경영하였는고 세상의 군왕들이 나서며 관원들이 함께 모여 주와 그 그리스도를 대적하도다' 하신 이로소이다…주여 이제도 저희의 위협함을 하감하옵시고 또 종들로 하여금 담대히 하나님의 말씀을 전하게 하여 주옵시며 손을 내밀어 병을 낫게 하옵시고 표적과 기사가 거룩한 종 예수의 이름으로 이루어지게 하옵소서".

기도를 마치자 모인 곳이 진동하더니 무리가 다 성령이 충만하여 담대히 하나님의 말씀을 전하였다. 그리고 믿는 무리가 한 마음 한 뜻이 되어 모든 물건을 서로 통용하고 제 재물을 조금이라도 제 것이라 하는 이가 하나도 없었다. 여기에 구브로 사람 바나바가 나오는데 그가 자기 밭을 팔아서 사도들의 발 앞에 두었다.

▸ 아나니아와 삽비라의 죽음

5장은 아나니아와 삽비라의 이야기이다. 아나니아와 삽비라도 많은 이들의 헌신하는 분위기에 휩쓸려 밭을 팔았는데, 판값을 다 바치자니 아까운 생각이 들어 얼마를 감추었다. 베드로는 심령 안에서 그들의 행실을 이미 알고 있었다. 그는 아나니아를 꾸짖으며 "어찌하여 사단이 네 마음에 가득하여 네가 성령을 속이고 땅 값 얼마를 감추었느냐…사람에게 거짓말한 것이 아니요 하나님께로다" 하니 아나니아가 이 말을 듣고 엎드러져 혼이 떠났다. 조금 후에 아내도 똑같이 거짓말을 하고 베드로의 발 앞에 엎드러져 혼이 떠나니 젊은 사람들이 들어와 그녀를 메어다가 남편 곁에 장사했다. 온 교회와 이 말을 듣는 사람들이 다 크게 두려워했다.

▸ 사도들에 의해 표적과 기사가 행해지다

사도들의 손으로 민간에 행하는 표적과 기사가 많으니 믿는 사람이 다 마음을 같이 하여 성전 안 솔로몬 행각에서 모이기 시작했다. 믿고 주께로 나오는 자가 더 많으니 남녀의 큰 무리였다. 사람들은 병든 사람을 메고 거리에 나가 침대나 요 위에 뉘이고 베드로가 지나갈 때 그림자라도 덮이기를 바랐다. 예루살렘에서 가까운 마을의 수많은 사람들도 병든 사람, 더러운 귀신에게 괴롭힘받는 사람들을 데리고 와서 다 나음을 얻었다.

▸ 사도들이 대제사장과 사두개인 당파에게 능욕을 당하다

대제사장과 사두개인의 당파가 다 마음에 시기가 가득하여 일어나서 사도들을 잡아다가 옥에 가두었으나 주의 사자가 밤에 옥문을 열고 끌어내면서 말하기를, "가서 성전에 서서 이 생명의 말씀을 다 백성에게 말하라" 했다. 그들이 새벽에 성전에 들어가서 가르치는데, 대제사장 일행이 공회와 이스라엘 원로들을 모아놓고 이들을 옥에서 잡아오라 하였다. 그들이 가서 보니 옥문이 잠겼는데 그 안에 사람이 없는 것이었다. 어떤 자가 와서 고하기를 옥에 가두었던 사람들이 성전에 서서 백성을 가르치고 있다고 했다.

성전 맡은 자가 관속들과 같이 가서 사도들을 끌어다가 공회 앞에 세우니 대제사장이 말했다. "우리가 이 이름(예수의 이름)으로 사람을 가르치지 말라고 엄금하였으되 너희가 너희 교를 예루살렘에 가득하게 하니 이 사람의 피를 우리에게 돌리려 함이로다". 베드로와 사도들이 대답하기를, "사람보다 하나님을 순종하는 것이 마땅하니라 너희가 나무에 달아 죽인 예수를 우리 조상의 하나님이 살리시고 이스라엘로 회개케 하사 죄 사함을 얻게 하시려고 그를 오른손으로 높이사 임금과 구주를 삼으셨느니라 우리는 이 일에 증인이요 하나님이 자기를 순종하는 사람들에게 주신 성령도 그러하니라"고 했다.

그들이 듣고 크게 노하여 사도들을 없이 하려고 할 때 바리새인 중 교법사 가말리엘이 사도들을 잠시 나가 있으라 하고서 그들을 조심시키는 말을 했다. 사도들은 주의 이름을 위하여 능욕받는 일에 합당한 자로 여기심을 기뻐하면서 공회 앞을 떠났다. 그들은 날마다 성전에 있든지 집에 있든지 예수를 그리스도라 가르치기와 전도하기를 쉬지 않았다.

▸ 일곱 집사를 세우다

6장이다. 오순절의 놀라운 부흥의 역사 속에서도 마귀는 틈을 노리고 있었다. 첫째가 5장의 아나니아와 삽비라 사건이고, 둘째는 과부들을 구제하는 데 있어서 헬라파 유대인들이 히브리파 유대인들에게 봉사의 형평성을 문제 삼고 원망을 한 것이다. 사도들은 집사들을 임명하여 실무적인 봉사의 일을 맡기고 자신들은 기도와 말씀에 전무할 것이라 했다. 온 무리가 이 말을 기뻐하여 믿음과 성령이 충만한 스데반, 빌립 등 일곱을 택하여 사도들 앞에 세우니 사도들이 기도하고 그들에게 안수했다. 하나님의 말씀이 점점 왕성하여 예루살렘에 있는 제자의 수가 심히 많아지고 허다한 제사장 무리도 이 도에 복종하였다.

▸ 스데반의 순교

스데반은 집사로 안수받았는데 은혜와 권능이 충만하여 큰 기사와 표적을 민간에 행하고 설교자로 나타났다. 여러 곳에서 온 유대인들이 그들의 회당에서 스데반으로 더불어 변론하였는데 스데반이 지혜와 성령으로 말하는 것을 그들이 당하지 못하자 사람들을 시켜 이 사람이 모세와 및 하나님을 모독하는 것을 우리가 들었노라고 하게 했다. 공회에서 사람들이 거짓 증인을 세우고 이 사람이 성전과 율법을 거스려 말하며 나사렛 예수가 이곳(성전)을 헐고 또 모세가 우리에게 전해준 규례를 고치겠다고 하는 말을 들었다고 모략했다. 공회 중에 앉은 사람들이 다 스데반을 주목하여 보니 그 얼굴이 천사의 얼굴과 같더라고 했다.

대제사장이 6장 후반부에 서술된 거짓 증거들을 듣고 나서 스데반에게 이 모든 말들이 사실이냐고 물었다. 이 때에 스데반은 7장에 기록된 한 편의 긴 설교를 남긴다. 스데반은 아브라함이 하란에 있기 전 메소포타미아에 있을 때에 영광의 하나님이 그에게 나타나신 것부터 말하기 시작한다. "네 고향과 친척을 떠나 내가 네게 보일 땅으로 가라!" 아브라함은 하나님의 부르심을 받아 갈대아 우르(메소포타미아)를 떠났고 약속의 땅 가나안으로 들어가게 되었다.

그들은 요셉 때에 애굽에 내려갔다가 출애굽하여 광야에서 40년 생활했다. 광야에서 그 조상들에게 증거의 장막이 있었으니 이것은 모세에게 말씀하신 이가 명하신바 그 식대로 만들게 하신 것이었다. 그 장막이 다윗 때까지 이르렀던 것이다. 다윗이 하나님 앞에서 은혜를 받아 야곱의 집을 위하여 하나님의 처소를 준비케 해달라 간구했고, 그 아들 솔로몬이 하나님을 위해 집을 건축하게 되었다. 스데반은 성경을 통해서 성전의 건축까지 언급한다.

그러나 지극히 높으신 이는 손으로 지은 곳에 계시지 않으시니 이는 선지자로 말한바 "주께서 가라사대 하늘은 나의 보좌요 땅은 나의 발등상이니 너희가 나를 위하여 무슨 집을 짓겠으며 나의 안식할 처소가 어디뇨 이 모든 것이 다 내 손으로 지은 것이 아니냐" 함과 같다고 했다. 당시 스데반은 모세와 성전을 모독했다고 공격을 당하고 있었다. 그러나 스데반의 말은 무엇인가? "너희는 너희 조상 모세를 높인다 하지만 실상은 그가 전해준 율법을 지키지 않고 있다!"고 외친 것이다. 그러자 그들의 마음이 찔려 저를 향하여 이를 가니 스데반이 성령이 충만하여 하늘을 우러러 주목하여 하나님의 영광과 예수께서 하나님 우편에 서신 것을 보고 말하기를, "보라, 하늘이 열리고 인자가 하나님 우편에 서신 것을 보노라!" 하니 그들이 큰 소리를 지르며 귀를 막고 그에게 일심으로 달려들어 성 밖에 내치고 돌로 치니 증인들이 옷을 벗어 사울이라는 청년의 발 앞에 두었다(이 사람이 후의 바울 사도이다). 그들이 돌로 스데반을 칠 때 그가 부르짖어 말하기를, "주 예수여, 내 영혼을 받으시옵소서!" 하고 무릎을 꿇고 크게 주님을 부르면서 "주여, 이 죄를 저들에게 돌리지 마옵소서!" 하고 잠들었다. 스데반은 사도행전에서 오순절 이후 첫 번째 순교자이다.

◊ 제 3 부 **사마리아로 복음이 확장되다(8장)**

▸ 사마리아로 복음이 확장되다

8장 시작에 사울(후의 바울)이란 이름이 등장한다. "사울이 그(스데반)의 죽임당함을 마땅히 여기더라". 스데반의 순교 후에 예루살렘 교회에 큰 핍박이 일어나서 사도들 외에는 다 유대와 사마리아로 흩어졌다. 주 예수님은 이미 승천하시기 전 유대와 사마리아와 땅 끝까지 이르러 그분의 증인이 되라고 하셨으나 순종치 못하고 있다가 핍박이 나서야 흩어져 복음을 전하게 되었다. 당시 사울이란 청년은 혈기 충만하여 교회를 잔멸하려고 각 집에 들어가 믿는 남녀를 끌어다가 옥에 넘겼다.

예루살렘 교회에 일어난 큰 핍박으로 흩어진 사람들이 두루 다니며 복음의 말씀을 전했다. 일곱 집사 중 스데반이 7장에서 설교자로 나타났다면, 빌립은 8장에서 전도자로 나타난다. 빌립이 사마리아 성에 내려가 그리스도를 백성에게 전파하니 사람들은 그의 말을 들을 뿐 아니라 표적도 봄으로 일심으로 그의 말하는 것을 따랐다. 많은 사람에게 붙었던 더러운 귀신들이 나가고 중풍병자와 앉은뱅이도 나으니 사마리아 성에 큰 기쁨이 있었다. 그 성에 시므온이라는 사람이 있어 전부터 마술을 행하여 사마리아 사람들을 놀라게 하며 자칭 큰 자라고 하니 사람들은 그를 크신 하나님의 능력이라고 칭송했다. 그 시므온도 빌립의 전도를 듣고 침례를 받은 후에 전심으로 빌립을 따라 다니며 그 나타나는 표적과 큰 능력을 보고 놀랐다. 한 편 예루살렘의 사도들은 사마리아도 하나님의 말씀을 받았다는 것을 듣고 베드로와 요한을 보냈다. 그들이 내려가서 저희를 위해 성령 받기를 기도하고 안수하니 저희도 성령을 받았다.

25절부터는 빌립이 에디오피아 사람에게 복음을 전한 이야기가 있다. 주의 사자가 빌립더러 말씀하기를, "일어나서 남으로 향하여 예루살렘에서 가사로 내려가는 길까지 가라" 하셨다. 그 길은 광야인데 거기서 에디오피아 여왕 간다게의 국고를 맡은 내시를 만나게 된다. 그 내시는 병거에서 이사야 선지자의 글을 읽고 있었는데, 성령이 빌립에게 "이 병거로 가까이 나아가라" 하셨다. 빌립이 달려가서 그 내시가 선지자 이사야의 글 읽는 것을 듣고서 물었다. "읽는 것을 깨닫느뇨?" 그는 빌립을 청하여 병거에 올라 같이 앉으라 하고서 그가 읽던 성경 구절을 보여주었다. 그가 읽던 구절은 마침 이사야 53장이었다. "저가 사지로 끌려가는 어린양과 같이 끌리었고 털 깎는 자 앞에 있는 어린 양의 잠잠함과 같이 그 입을 열지 아니하였도다…그 생명이 땅에서 빼앗김이로다". 내시는 선지자가 말한 이가 누구를 가리키느냐고 물었다. 빌립은 이 글에서 시작하여 예수를 가르쳐 복음을 전했고 길 가다가 물 있는 곳에 이르니 내시가 말했다. "보라 물이 있으니 내가 세례를 받음에 무슨 거리낌이 있느뇨?" 이에 병거를 멈추고 둘이 함께 물에 내려가 빌립이 그에게 세례를 주었다. 빌립은 후에 아소도에 나타나 여러 성을 지나다니며 복음을 전하고 가이사랴에 이르렀다.

◊ 제 4 부 **이방 세계로 복음이 확장되기 위한 준비**

A. 사울의 회심

9장에서 우리는 하나님께서 이방을 향한 전도를 위해 귀한 그릇을 예비하고 계심을 본다. 이 때만 해도 사울은 여전히 위협과 살기가 등등하여 대제사장에게 가서 다메섹 여러 회당에 갈 공문을 요청했는데, 이는 그리스도의 도를 좇는 사람들을 보면 남녀를 무론하고 예루살렘에 잡아오려 함이었다. 사울이 다메섹에 가까이 왔을 때 홀연히 하늘로서 빛이 그를 둘러 비추었다. 사울이 땅에 엎드러져 들으니 하늘에서 소리가 났다. 승천하신 예수의 음성이었다. "사울아, 사울아, 네가 왜 나를 핍박하느냐?" "주여, 누구십니까?" 하니, "나는 네가 핍박하는 예수라 네가 일어나 성으로 들어가라 행할 것을 네게 이를 자가 있느니라" 하셨다. 사울은 땅에서 일어나 눈은 떴으나 아무것도 보지 못하고 사람들의 손에 이끌려 다메섹으로 들어가서 사흘 동안을 보지 못하고 식음을 전폐했다.

그리고서 주님은 아나니아라 하는 제자를 불러 말씀하신다. "일어나 직가(Strait

Road)라는 거리로 가서 유다 집에서 기도하는 사울이라 하는 자를 찾고 그에게 안수하여 눈을 뜨게 하라". 아나니아의 안수를 통해서 사울의 눈에서 비늘 같은 것이 벗겨지고 다시 보게 되었으며 일어나 침례를 받고 음식을 먹으니 강건하여졌다.

사울은 다메섹 도상에서 예수를 만나고 눈을 뜬 후에 다메섹에 있는 제자들과 함께 며칠 있으면서 즉시로 회당에 다니며 예수의 하나님 아들이심을 전파했다. 그러자 듣는 사람들이 다 놀라면서 "이 사람이 예루살렘에서 이 이름 부르는 사람을 잔해하던 사람이 아니냐 여기 온 것도 저희를 결박하여 대제사장에게 끌어가고자 함이 아니냐" 했다. 사울은 힘을 더 얻어 예수를 그리스도라 증명하여 다메섹에 사는 유대인들을 굴복시켰다.

▸ 사울이 피신하다

여러 날이 지나니 사울이 변한 것이 사실로 드러났고 그러자 유대인들은 사울을 잡아 죽이려고 공모했다. 저희가 사울을 죽이려고 밤낮으로 성문까지 지키니 제자들이 밤에 광주리에 사울을 담아 성에서 달아내렸다. 그 때 유대인들은 아레다 왕의 권력까지 이용해서 사울을 잡으려고 했다(고후 11:32-33).

사울이 예루살렘에 가서 제자들을 사귀고자 했으나 다 두려워하여 그의 제자 됨을 믿지 않았다. 그러므로 바나바가 사울을 데리고 사도들에게 가서 그가 길에서 어떻게 주를 본 것과 그에게 말씀하신 일과 다메섹에서 그가 어떻게 예수의 이름으로 담대히 말했는가를 고했다. 사울이 예루살렘에서 제자들과 함께 있으면서 주 예수의 이름으로 담대히 말하고 헬라파 유대인들로 더불어 변론하니 그들이 사울을 죽이려고 힘썼다. 형제들이 이를 알고 그를 가이사랴로 데리고 와서 자기 고향 다소로 보냈다.

▸ 베드로의 행적

때에 베드로는 사방으로 두루 행하다가 룻다에 사는 성도들에게 내려갔는데, 거기 중풍병으로 8년이나 고생하는 애니아라는 사람을 낫게 하여 룻다와 사론에 사는 많은 사람들이 이 사건을 보고 주께로 돌아갔다. 또 욥바에 다비다(도르가)라는 여제자가 있어 선행과 구제하는 일이 수없이 많았는데 병들어 죽자 씻어 다락에 뉘여놓았다. 이에 제자들이 베드로가 룻다에 있는 것을 알고 모셔와서 그를 살아나게 했다. 그녀는 눈을 떠 베드로를 보고 일어나 앉았다. 이로 인해 온 욥바 사람들이 많이 주님을 믿었다. 베드로가 욥바에 여러 날 있는 동안 가죽 장인(匠人) 시몬의 집에서 유했다.

B. 베드로를 통해 이방의 문을 열다-안디옥 교회의 설립(10-11장)

사도행전은 12장까지 주로 베드로의 활동이 기록되어 있다. 그리고 13장부터는 바울에게로 넘어간다. 10장은 고넬료라는 이탈리아 군대 백부장이 그의 일가와 가까운 친구들을 모아놓고 욥바에 머물던 베드로를 초청하여 말씀을 듣고 성령의 세례를 받은 이야기이다. 이는 모두 하늘의 운행하심이었다. 베드로는 유대인의 관념이 있어서 주저하였으나 하나님은 하늘로서 내려온 보자기 환상을 보여주시면서 의심하지 말고 가라고 하셨다. 그가 순종하여 고넬료 집에 가서 복음을 전할 때 성령이 그들에게 임하셨다.

다음은 베드로의 이방인을 향한 첫 설교이다. "내가 참으로 하나님은 사람의 외모를 취하지 아니하시고 각 나라 중 하나님을 경외하고 의를 행하는 자들을 받으시는 줄을 깨달았도다 만유의 주 되신 예수 그리스도로 말미암아 화평의 복음을 전하사 이스라엘 자손들에게 보내신 말씀 곧 요한이 그 세례를 반포한 후에 갈릴리에서 시작되어 온 유대에 두루 전파된 그것을 너희도 알거니와…그를 저희가 나무에 달아 죽였으나 하나님이 사흘 만에 다시 살리사 나타내시되 모든 사람이 아니라 오직 미리 택하신 증인 곧 죽은 자 가운데서 일어나신 후 모시고 음식을 먹은 우리에게 하신 것이라 우리를 명하사 백성에게 전도하되 하나님이 산 자와 죽은 자의 재판장으로 정하신 자가 이 사람인 것을 증거하게 하셨고 저를 믿는 자마다 그 이름을 힘입어 죄 사함을 받는다 하였느니라". 베드로가 이 말을 할 때에 성령이 말씀 듣는 모든 사람에게 내려오시니 베드로와 함께 온 할례받은 자들이 이방인들에게도 성령 부어주심을 인하여 놀랐다. 이는 그들이 오순절의 유대인들처럼 방언을 말하며 하나님 높임을 들었기 때문이었다. 이 때 베드로가 말하기를, "이 사람들이 우리와 같이 성령을 받았으니 누가 능히 물로 세례 줌을 금하리요" 하고 예수 그리스도의 이름으로 세례를 베풀도록 하였다.

▸ 안디옥에도 복음이 전파되다

11장이다. 유대에 있는 사도들과 형제들이 이방인들(가이사랴의 고넬료 집)도 하나님의 말씀을 받았다는 것을 들었다. 베드로가 예루살렘에 올라갔을 때에 유대인인 할례자들이 언짢게 말했다. 당시 유대인들은 이방인들과 접촉하는 것을 부정하게 생각하였다. "네가 무할례자의 집에 들어가 함께 먹었다". 그러자 베드로는 유대인들 앞에서 그 일의 자초지종을 자세히 설명했고, 욥바에서 가이사랴에 함께 간 형제들이 이 일에 증인이 되었다. 15절부터는 베드로의 긴 설명의 결론이다. "내가 말을 시작할 때에 성령이 저희에게 임하시기를 처음 우리에게 하신 것과 같이 하는지라 내가 주의 말씀에 요한은 물로 세례 주었으나 너희는 성령으로 세례받으리라 하신 것이 생각났노라 그런즉 하나님이 우리가 주 예수 그리스도를 믿을 때에 주신 것과 같은 선물을 저희에게도 주셨으니 내가 누구관대 하나님을 능히 막겠느냐 하더라". 그들은 이 말을 듣고 잠잠하여 하나님께 영광을 돌리면서 "그러면 하나님께서 이방인에게도 생명 얻는 회개를 주셨도다"고 말했다. 즉 고넬료 집에서 있었던 성령의 임하심은 오순절 때에 있었던 성령의 임하심과 동일한 성령 침례였던 것이다. 이로써 베드로는 사도행전 2장에서 유대인을 위해, 10장에서는 이방인을 위해 천국 열쇠들(keys)을 사용한 장본인이 되었으며, 이는 주 예수께서 그에 대해 말씀하신 것과 일치한다(마 16:19).

스데반의 일로 일어난 환난을 인하여 흩어진 믿는 이들이 베니게와 구브로와 안디옥에 이르러 말씀을 유대인들에게만 전하는데, 그 중에 구브로와 구레네 몇 사람이 안디옥에 이르러 헬라인에게도 주 예수를 전파하니 주의 손이 그들과 함께하시므로 허다한 사람들이 믿고 주님께 돌아왔다. 이것은 무엇인가? 마치 어떤 사람이 닫혔던 문을 열자 밖에 섰던 사람들이 우루루 문 안으로 들어오는 것과 같다. 베드로가 고넬료 집에서 이방인을 위한 천국 문을 열자(10장) 주님은 때를 같이 해서 스데반의 순교로 일어난 환난을 인하여 흩어진 자들을 통해서 이방인들에게 주 예수를 전파하게 하심으로 베드로를 통해 열린 천국 문 안으로 수다한 이방인 신자들이 들어오게 하셨다.

예루살렘 교회는 이 사람들의 소문을 듣고 다정다감하고 잘 섬기는 바나바를 안디옥에 보냈다. 바나바는 사울을 찾으러 다소에 가서 만나니 그를 안디옥에 데리고 와서 둘이 일 년 간 함께 큰 무리를 가르쳤고, 제자들이 안디옥에서 비로소 그리스도인이라 불리웠다. 그 때에 선지자들이 예루살렘에서 안디옥에 왔는데, 그 중에 아가보라는 사람이 일어나 성령으로 말하기를, "천하가 크게 흉년이 들리라" 했는데, 글라우디오 황제 때에 그대로 되었다. 제자들이 각각 그 힘대로 유대에 사는 형제들에게 부조를 보내기로 작정하고 이를 실행하여 바나바와 사울을 통해 예루살렘 장로들에게 보냈다.

C. 야고보의 순교와 베드로의 출옥, 헤롯의 죽음(12장)

12장이다. "그 때에 헤롯 왕이 손을 들어 교회 중 몇 사람을 해하려 하여 요한의 형제 야고보를 칼로 죽이니". 주 예수께서 예언하신 대로('과연 내 잔을 마시려니와') 야고보는 사도들 중 첫 번째 순교자가 되었다. 헤롯은 야고보의 죽음을 유대인들이 기뻐하는 것을 보고 베드로도 잡아서 옥에 가두어 군사 넷씩인 네 패에 맡겨 지키게 하고 유월절 후에 끌어내어 죽이고자 했다. 베드로는 옥에 갇혔고 교회는 그를 위해 간절히 기도했다. 베드로는 성도들의 기도와 하나님의 도우심으로 감옥에서 나왔다.

헤롯이 영광을 하나님께 돌리지 않고 자기를 신처럼 높인 고로 하나님의 사자가 곧 치니 충이 먹어 죽었다. 하나님의 말씀은 흥왕하여 더해갔다. 바나바와 사울은 예루살렘 부조의 일을 마치고 마가라 하는 요한을 데리고 안디옥으로 돌아왔다. 이 장은 베드로의 사역의 승리와 교회의 기도의 승리를 말해준다.

◊ 제 5 부 땅 복음이 땅 끝까지 전파되다(13-21장)

A. 바울의 제 1 차 전도 여행(13-14장)

▸ 안디옥에서의 새로운 출발

13장부터 본격적으로 사도 바울의 사역이 개시되고 있다. 12장까지에서 베드로의 사역이 별처럼 반짝이며, 13장부터는 새로운 별이 뜨는데 곧 바울의 사역이다. 바울의 원래 이름은 사울이며, 안디옥 교회는 바나바와 사울이 섬기면서 점점 섬기는 자들이 늘어났다. 다양한 출신의 선지자와 교사들이 함께 주를 섬겨 금식할 때에 성령께서 그분이 불러 시키실 일을 위해 바나바와 사울을 따로 세우라 하셨다. 주님의 일은 언제든지 주님께서 부르시고 세우신 사람들에 의해 수행된다. 그들 다섯 명의 선자자와 교사들은 금식하며 기도하고 두 사람에게 안수하여 보냈다.

두 사람이 성령의 보내심을 받아(사도란 보내심을 받은 자라는 뜻이다) 실루기아에 내려가 거기서 배 타고 구브로라는 섬으로 가서 살라미에 이르러 하나님의 말씀을 유대인의 회당에서 전할 때 마가라 하는 요한을 수종자(helper)로 두었다. 그 섬 가운데로 지나서 바보(Paphos)라는 곳에 이르러 유대인 거짓 선지자 박수를 만나니 그가 그 섬의 총독 서기오 바울과 함께 있었는데, 서기오 바울은 지혜 있는 사람이어서 바나바와 사울을 불러 하나님의 말씀을 듣고자 하나 이 박수 엘루마가 방해하여 총독으로 믿지 못하게 애쓰는 것이었다. 그 때 바울이라 하는 사울이(이 때 이름이 바뀜) 성령이 충만하여 그를 주목하고 "모든 궤계와 악행이 가득한 자요 마귀의 자식이요 모든 의의 원수여 주의 바른 길을 굽게 하기를 그치지 아니하겠느냐 보라 이제 주의 손이 네 위에 있으니 네가 소경이 되어 얼마 동안 해를 보지 못하리라" 하니 즉시 안개와 어두움이 그를 덮어 인도할 사람을 두루 구했다. 이에 총독이 그렇게 된 것을 보고 예수를 믿으며 그 가르침을 기이히 여겼다.

바울과 그 동행하는 자들이 바보에서 배를 타고 밤빌리아에 있는 버가에 이르니 마가라 하는 요한은 그들에게서 떠나 예루살렘으로 돌아갔다. 그들은 버가로부터 지나 비시디아 안디옥에 이르러 안식일에 회당에 들어가 앉았다. 율법과 선지자의 글을 읽은 후에 회당장들이 사람을 보내어 바울과 바나바에게 만일 백성을 권할 말이 있거든 하라고 했다. 그때 바울이 일어나 손짓하며 긴 복음을 전하였다. 내용은 출애굽부터 다윗으로, 다윗의 씨로부터 구주가 나셨다고 말한다. 그리스도의 죽음과 부활을 증거하고 특히 부활을 성경의 말씀을 근거로 증거하였으며 그 이름(예수 그리스도)을 힘입어 죄사함을 받을 수 있음을 증거했다(13:38-39). 들은 사람들은 다음 안식일에도 전해달라고 하면서 돌아갔다.

그 다음 안식일에는 온 성이 거의 다 하나님의 말씀을 듣고자 하여 모이니 유대인들이 그 무리를 보고 시기가 가득하여 바울의 말한 것을 변박하고 비방하니 바울과 바나바가 담대히 말하기를, "하나님의 말씀을 마땅히 먼저 너희에게 전할 것이로되 너희가 버리고 영생 얻음에 합당치 않은 자로 자처하기로 우리가 이방인에게로 향하노라" 하고서 이사야의 글을 인용하여 "내가 너를 이방의 빛을 삼아 너로 땅 끝까지 구원하게 하리라" 하셨다 하니 이방인들이 기뻐하면서 하나님의 말씀을 찬송하고 영생을 주시기로 작정된 자는 다 믿었다. 주의 말씀이 그 지방에 두루 퍼졌는데, 유대인들이 경건한 귀부인들과 성내 유력자들을 선동하여 바울과 바나바를 그 지경에서 쫓아내니 두 사람이 저희를 향하여 발에 티끌을 떨어버리고 이고니온으로 갔다.

▸ 이고니온과 루스드라와 더베에서

14장에서는 이고니온에서 두 사도가 함께 유대인의 회당에 들어가 말하니 유대와 헬라의 허다한 무리가 믿었다. 순종치 않는 유대인들이 이방인들의 마음을 선동하여 형제들에게 악감을 품게 하였지만 두 사도는 굴하지 않고 오래 거기 있으면서 주를 힘입어 담대히 말하니 주께서 저희 손으로 표적과 기적를 행하게 하여 주사 자기 은혜의 말씀을 증거하게 하셨다. 그 성내 무리가 나뉘어 두 사도를 좇는 자도 있고 반대하는 유대인을 좇는 자도 있었다. 이방인과 유대인과 그 관원들이 두 사도를 능욕하며 돌로 치려고 달려드니 그들이 알고 도망하여 이고니온을 떠나 루가오니아의 두 성 루스드라와 더베와 그 근방으로 가서 복음을 전했다.

루스드라에 나면서 앉은뱅이 되어 걸어본 적이 없는 자가 있는데, 앉아서 바울이 말하는 것을 듣고 있었다. 바울이 그를 주목하여 구원받을 만한 믿음이 그에게 있는 것을 보고 큰 소리로 말했다. "네 발로 바로 일어서라!" 그러자 그 사람이 뛰어 걸었다. 무리가 바울의 하는 것을 보고 놀라서 루가오니아 방언으로 소리를 지르며 신들이 사람의 형상으로 우리 가운데 강림하셨다고 하여 바나바는 '제우스'라 하고 바울은 말하는 자이므로 '헤르메스'라 하였다. 그들이 바울과 바나바를 신격화하여 제사지내려 하는 것을 바울이 옷을 찢으며 만류하고 천지와 바다와 그 가운데 만유를 지으신 살아계신 하나님께 돌아오라고 말했다.

유대인들이 안디옥과 이고니온에서 와서 무리를 유인하여 돌로 바울을 쳐서 죽은 줄로 알고 성 밖에 끌어 내쳤다. 제자들이 둘러섰을 때에 바울이 그 자리에서 일어나 성에 들어갔다가 이튿날 바나바와 함께 더베로 가서 복음을 그 성에서 전하여 많은 사람을 제자로 삼고 루스드라와 이고니온과 안디옥으로 돌아가서 제자들의 마음을 굳게 하여 이 믿음에 거하라 권하고 또 우리가 하나님 나라에 들어가려면 많은 환난을 겪어야 할 것이라 하고 루스드라, 이고니온, 더베 등 각 교회들에서 장로들을 택하여 세우고 금식 기도하며 그들을 믿은바 주께 부탁하였다.

▸ 제 1 차 예루살렘 공의회

15장에서는 처음으로 예루살렘에서 공의회가 열렸다. 교회가 시작된 예루살렘의 분위기는 이방에 세워진 교회들과 사뭇 분위기가 달랐는데, 그것은 예루살렘의 유대교적인 배경, 그 중에도 할례 문제 때문이었다. 유대인들은 고넬료 집에서 성령의 부어지심 이후로 이방인들이 예수 믿는 것까지는 허용하되 다만 개종하려면 할례를 받아야 한다는 논조를 견지하고 있었다. 그것은 결국 바나바와 바울이 섬기는 안디옥에도 영향을 주었고 그로 인해 적지 않은 변론이 일어났다. 언뜻 생각해보아도 이방에 열렬히 복음을 전하러 다니는 바울과 바나바는 쉽게 그런 전통적 관습에서 벗어날 수 있었을 것이다. 결국 이방의 교회들은 이 문제를 위해 바울과 바나바와 몇 사람을 예루살렘에 있는 사도와 장로들에게 보내기로 작정하였다.

그들이 교회의 전송을 받고 베니게와 사마리아로 다녀가며 이방인들이 주께 돌아온 일을 말하여 형제들을 다 크게 기쁘게 했다. 그들이 예루살렘에 이르러 사도와 장로들에게 영접을 받고 하나님이 자기들과 함께 계셔 행하신 모든 일을 말했다. 바리새파 중에 믿는 어떤 사람들은 이방인에게 할례 주고 모세의 율법을 지키라 명하는 것이 마땅하다고 했다.

사도와 장로들이 이 일을 의논하러 모여 많은 변론이 있은 후에 먼저 베드로가 일어나 말하고 바나바와 바울이 이방인 가운데 행하신 하나님의 표적을 간증했으며 야고보가 의장처럼 결론을 내렸다. 야고보는 아모스 9장 11-12절을 인용하면서 이방인들이 주님께 돌아오는 일을 말해주었다.

▸ **사도와 장로들이 안디옥 등지의 이방인 형제들에게 편지를 보내다**

이에 예루살렘의 공의회를 마친 후 사도와 장로와 온 교회가 그 중에서 사람을 택하여 바울과 바나바와 함께 안디옥으로 보낼 것을 가결하니 곧 형제 중에 인도자인 유다와 실라였다. 그 편에 편지를 부쳐 말하기를, "사도와 장로 된 형제들은 안디옥과 수리아와 길리기아에 있는 이방인 형제들에게 문안하노라 우리가 들으니 어떤 사람들이 우리의 시킨 것도 없이 나가서 말로 여러분을 괴롭게 하고 마음을 혹하게 한다 하기로 사람을 택하여(유다와 실라) 우리 주 예수 그리스도의 이름을 위하여 생명을 아끼지 아니하는 자인 우리의 사랑하는 바나바와 바울과 함께 너희에게 보내기를 일치 가결하였노라…성령과 우리는 이 요긴한 것들 외에는 아무 짐도 너희에게 지우지 않는 것이 가한 줄 알았노니 우상의 제물과 피와 목매어 죽인 것과 음행을 멀리할지니라 이에 스스로 삼가면 잘 되리라 평안함을 원하노라"고 했다. 그들이 작별하고 안디옥에 내려가 무리를 모은 후에 편지를 전하니 읽고 그 위로한 말을 기뻐했다. 유다와 실라도 선지자여서 여러 말로 이방 형제들을 권면하여 믿음을 굳게 했다. 그리고 얼마간 머물다가 평안히 가라는 전송을 형제들에게 받고 예루살렘으로 돌아갔다. 바울과 바나바는 안디옥에서 유하며 여러 다른 사람들과 함께 주의 말씀을 가르치며 전파하였다.

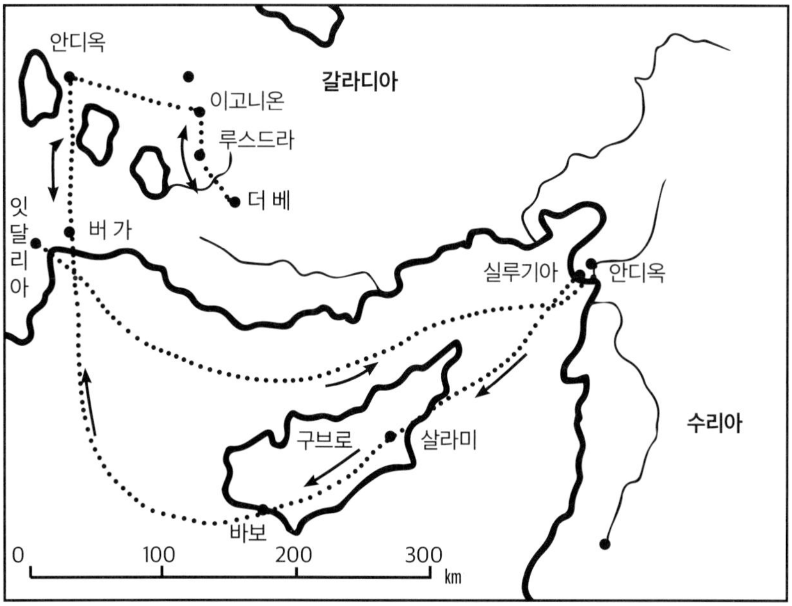

❖ **1차 전도 여행**

B. 바울의 제 2 차 전도여행(15:36-18:22)

수일 후에 바울이 바나바에게 주의 말씀을 전파한 각 성으로 다시 가서 형제들이 어떠한가 방문하자 하니 바나바는 마가를 데리고 가려 하나 바울은 밤빌리아에서 자기들을 떠나 함께 일하러 가지 않은 자를 데리고 가는 것이 옳지 않다 하여 서로 심히 다투어 피차 갈라서니 바나바는 마가를 데리고 배 타고 구브로로 가고, 바울은 실라를 택한 후에 형제들에게 주의 은혜에 부탁함을 받고 수리아와 길리기아 지방을 다니며 교회들을 굳게 하였다.

▸ 바울이 루스드라에서 디모데를 데리고 떠나다

16장이다. 바울이 더베와 루스드라 도에 이르니 거기 디모데라 하는 제자가 있어 모친은 유대인이요 부친은 헬라인이었다. 디모데는 루스드라와 이고니온에 있는 형제들에게 칭찬받는 형제였다. 바울이 그를 데리고 떠나고자 할 때에 그 지경에 있는 유대인을 인하여 그를 데려다 할례를 행하였다. 우리는 바울의 융통성에 대하여 깊은 생각을 하게 된다. 바울 일행이 여러 성으로 다녀가며 사도와 장로들의 규례를 저희에게 주어 지키게 하니 여러 교회가 믿음이 더 굳어지고 수가 날마다 더하여 갔다.

▸ 바울이 환상 중에 마게도냐 사람이 부르는 것을 보다

성령이 아시아에서 말씀을 전하지 못하게 하시므로 바울 일행은 브루기아와 갈라디아 땅으로 다녀가 무시아 앞에 이르러 비두니아로 가고자 애쓰는데 예수의 영이 허락지 않으셨다. 그러므로 무시아를 지나 드로아로 내려갔는데 밤에 환상이 바울에게 보이니 마게도냐 사람 하나가 서서 그에게 청하여 말하기를, "마게도냐로 건너와서 우리를 도우라!" 하였다. 여기서 우리는 하나님의 인도를 따라 사역하는 사람의 본을 보게 된다. 바울은 그 환상을 본 후 형제들과 교제했을 것이며, 하나님께서 마게도냐 사람들에게 복음을 전하라고 부르신 줄로 인정하고 드로아를 떠나 사모드라게로 직행하여 이튿날 네압볼리로 가고 거기서 빌립보라는 마케도냐 첫 성으로 들어가게 된다. ('바울이 이 환상을 본 후에 우리가'라는 표현을 통해 16장 10절 시점에 사도행전 저자 누가가 합류했을 것으로 본다.)

그 환상에 나타나서 도와달라고 한 마게도냐 사람은 과연 어디에 있다는 말인가! 그들은 사람을 찾으러 나서야 했다. 이들은 안식일에 기도처가 있는가 하여 문 밖 강가에 나가 거기 앉아서 모인 여자들에게 말했다. 그 중 두아디라 성의 자주 장사로서 하나님을 공경하는 루디아라 하는 한 여자가 들었는데, 주께서 그 마음을 열어 바울의 말을 잘 듣게 하심으로 그와 그 집이 다 세례를 받으며 사도들 일행에게 그 집에 들어와 유하도록 강권했다. 빌립보의 첫 신자가 생긴 것이다.

▸ 바울과 실라가 갇히다

바울 일행이 기도하는 곳에 가다가 점치는 귀신들린 여자 하나를 만났는데, 점으로 그 주인들을 크게 이롭게 하는 자였다. 바울과 우리를 좇아와서 소리 지르며 "이 사람들은 지극히 높은 하나님의 종으로 구원의 길을 너희에게 전하는 자라!" 하였다. 귀신의 말 자체는 틀린 것이 없다. 여러 날을 이렇게 하니 바울이 심히 괴로워하여 돌이켜 그 귀신에게 말하기를, "내가 네게 명하노니 그에게서 나오라!" 하니 귀신이 즉시 그에게서 나왔다. 종의 주인들은 자기 이익의 소망이 끊어지니 바울과 실라를 잡아가지고 관원들에게 끌어갔다가 상관들 앞에 데리고 가서 "이 사람들이 유대인인데 우리 성을 심히 요란케 하여 로마 사람인 우리가 받지도 못하고 행치도 못할 풍속을 전한다"고 했다. 무리가 일제히 일어나 송사하니 상관들이 옷을 찢어 벗기고 매로 치라 하여 바울과 실라를 많이 친 후에 옥에 가두고 간수에게 든든히 지키라고 명했다.

간수가 상관의 명을 받아 바울과 실라를 깊은 옥에 가두고 그 발을 착고에 채웠는데, 밤중쯤 되어 바울과 실라가 기도하고 하나님을 찬미하니 죄수들이 들었다. 그 때 홀연히 큰 지진이 나고 옥 터가 움직이고 문이 곧 다 열리며 모든 사람의 매인 것이 다 벗어졌다. 그 일로 놀라서 자결하려 했던 간수와 그 가정이 구원을 받고 세례를 받았으며 자기 집으로 사도들을 모시고 가서 음식을 차려주고 온 집이 하나님을 믿었다. 루디아 가정과 간수의 가정이 구원받은 이것이 빌립보 교회의 시작이다. 다음날 상관들이 아전을 보내어 간수들에게 바울의 일행을 풀어주라고 명했다. 바울과 실라는 옥에서 나가 루디아의 집에 들어가서 형제들을 만나보고 위로하고 떠났다. 빌립보의 복음 전파는 고난 중에 이루어졌으나 주님의 역사는 현저했다.

▸ 데살로니가에서 삼 주 동안 전도하다

17장에는 바울 일행이 빌립보를 떠나서 암비볼리와 아볼로니아로 다녀가 데살로니가에 이르러 거기 유대인 회당에 들어가서 세 주에 걸쳐 성경을 강론한 것이 나온다. 데살로니가 교회는 이렇게 삼 주(세 안식일)에 걸쳐 바울 일행이 유대인 회당에 가서 복음(그리스도의 죽음과 부활을 증명함)을 전파한 후에 생겨난 교회이다. 경건한 헬라인 큰 무리와 적지 않은 귀부인들도 믿고 바울과 실라를 좇으나 유대인들은 시기로 가득하여 저자거리의 괴악한 사람들을 데려다가 소동을 일으키게 하여 야손의 집에 들어가 바울 일행을 끌어내려고 찾았으나 발견치 못하니 야손을 불러다 각서를 쓰게 하고 풀어주었다.

▸ 바울이 베뢰아에서 전도하다

밤에 형제들이 바울과 실라를 베뢰아로 보내니 그들이 유대인의 회당에 들어갔다. 베뢰아 사람들은 데살로니가 사람들보다 신사적이어서 간절한 마음으로 말씀을 받고 이것이 그러한가 하여 날마다 성경을 상고했다. 그 중에 믿는 사람이 많고 또 헬라의 귀부인과 남자들이 적지 않은데, 데살로니가에 있는 유대인들이 바울이 하나님의 말씀을 베뢰아에서도 전하는 것을 알고 무리를 보내어 소동을 일으키니 형제들이 곧 바울을 보내어 바다까지 가게 했으나 실라와 디모데는 아직 베뢰아에 머물러 있었다. 바울을 인도하는 사람들이 그를 아테네에 데려다 주니 바울이 실라와 디모데를 자기에게 속히 오도록 명했다.

▸ 바울이 아테네에서 전도하다

바울이 아테네에서 형제들을 기다리다가 온 도시에 우상이 가득한 것을 보고 마음이 분하여 회당에서는 유대인과 경건한 사람들과 변론하고 또 시장에서는 날마다 만나는 사람들과 변론하였다. 어떤 에피큐러스와 스토익 철학자들도 바울과 논쟁했는데, 혹자는 이 말장이가 무슨 말을 하려는가 하고 혹자는 예수와 몸의 부활을 전하는 것을 무슨 이방신을 전하는 것으로 알았다. 그들은 바울을 붙들고 아레오바고로 가면서 네가 말하는 새 교가 무엇인지 말해보라고 했는데, 모든 아테네 사람들과 거기 체류하는 외국인들은 가장 새로 되는 것을 말하고 듣는 데에 대부분의 시간을 보냈다.

바울이 아레오바고 가운데 서서 말하기 시작했다. "아테네 사람들이여, 여러분을 보니 범사에 종교성이 많습니다. 내가 두루 다니며 여러분이 위하는 것들을 보다가 '알지 못하는 신에게(to an unknown God)'라고 새긴 단도 보았으니 그런즉 여러분이 알지 못하고 위하는 그것을 내가 여러분에게 알게 하겠습니다. 우주와 그 가운데 있는 만유를 지으신 신께서는 천지의 주재시니 손으로 지은 전에 계시지 아니하시고 또 무엇이 부족한 것처럼 사람의 손으로 섬김을 받으시는 것이 아니니 이는 만민에게 생명과 호흡과 만유를 친히 주시는 분이기 때문입니다. 인류의 모든 족속을 한 혈통으로 만드사 온 땅에 거하게 하시고 저희의 연대와 거주의 경계를 한하셨으니 이는 하나님을 혹 더듬어 찾아 발견케 하려 하심이며 그는 우리 각 사람에게서 멀리 떠나 계시지 않습니다. 우리는 그를 힘입어 살며 기동하며 있습니다. …알지 못하던 시대에는 하나님이 허물치 아니하셨거니와 이제는 어디든지 사람을 다 명하사 회개하라 하셨으니 이는 정하신 사람(예수 그리스도)으로 하여금 천하를 공의로 심판할 날을 작정하시고 이에 저를 죽은 자 가운데서 다시 살리신 것으로 모든 사람에게 믿을만한 증거를 주신 것입니다."

그들이 죽은 자의 부활을 듣고 혹은 냉소하고 혹은 이 일에 대하여 다시 듣겠다 하였으나 바울이 그들 가운데서 떠나니 그 중 몇 사람이 바울을 가까이하여 믿게 되었는데, 아레오바고 관원 디오누시오와 다마리라고 하는 여자와 또 다른 사람들도 있었다. 우상과 철학의 도시 아테네에 여러 믿는 자들이 생겨난 것이다.

▸ 바울이 고린도에서 전도하다

18장은 고린도에서 전도한 이야기이다. 바울은 아테네를 떠나 고린도에 와서 아굴라라는 본도(Pontus)에서 난 유대인을 만났다. 당시 글라우디오 황제가 유대인들을 다 로마에서 축출하는 바람에 본도 지방 출신인 아굴라와 브리스가는 이탈리아에서 고린도로 왔다. 바울이 그들에게 가니 업이 같으므로(same trade) 함께 거하면서 일을 했는데 그 업은 장막을 만드는 것이었다. 바울은 평일에는 일을 하고 안식일이면 회당에 가서 강론하며 유대인과 헬라인을 권면하였는데, 마침 실라와 디모데가 마케도냐에서 오니 바울이 더욱 말씀에 붙잡혀 유대인들에게 예수는 그리스도라 밝히 증거하였다. 유대인들이 대적하며 훼방하자 바울이 옷을 떨면서 "너희 피가 너희 머리로 돌아갈 것이요 나는 깨끗하니라 이 후에는 이방인에게로 가리라" 하고 거기서 옮겨 하나님을 공경하는 사람 디도 유스도의 집에 들어갔는데 그 집이 바로 회당 옆이었다. 회당장 그리스보가 온 집으로 더불어 주 예수를 믿었고(고전 1:14), 많은 고린도인들도 믿고 세례(침례)를 받았다. 밤에 주께서 환상 가운데 바울에게 말씀하시기를, "두려워하지 말며 잠잠하지 말고 말하라 내가 너와 함께 있으매 아무 사람도 너를 대적하여 해롭게 할 자가 없을 것이니 이는 이 성중에 내 백성이 많음이니라" 하셨다. 바울은 고린도에 일년 육개월을 유하며 그들 가운데서 하나님의 말씀을 가르쳤다.

갈리오가 아가야 총독 되었을 때에 유대인들이 일제히 일어나 바울을 대적하여 재판자리로 끌고 와서 말하기를, "이 자가 율법을 어기어 하나님을 공경하라고 사람들을 권한다" 하니 바울이 입을 열려고 하자 갈리오 총독이 유대인들에게 '무슨 부정한 일이나 괴악한 행동을 한 게 아니고 그저 너희 언어와 명칭과 법에 관한 것이면 너희 스스로 처리하라. 나는 이런 일에 관여하고 싶지 않다.' 하고서 재판정에서 유대인들을 쫓아냈다. 유대인들이 회당장 소스데네를 잡아 재판자리 앞에서 때리는데 갈리오가 이 일을 상관하지 않았다.

바울이 여러 날 더 고린도에 머물다가 형제들을 작별하고 배 타고 수리아로 떠나니 브리스가와 아굴라도 함께하였다. 바울이 일찍 서원이 있으므로 겐그레아에서 머리를 깎았다. 에베소에 와서 바울은 일행을 거기 머물러 두고 자기는 회당에 들어가서 유대인들과 변론하니 그곳 사람들이 더 오래 머물기를 청했으나 허락지 않고 작별하면서 만일 하나님의 뜻이면 너희에게 돌아오리라 하고 배를 타고 에베소를 떠나 가이사랴에 상륙하여 교회의 안부를 물은 후에 안디옥으로 갔다. 이것이 바울의 2차 전도 여행의 마침이다.

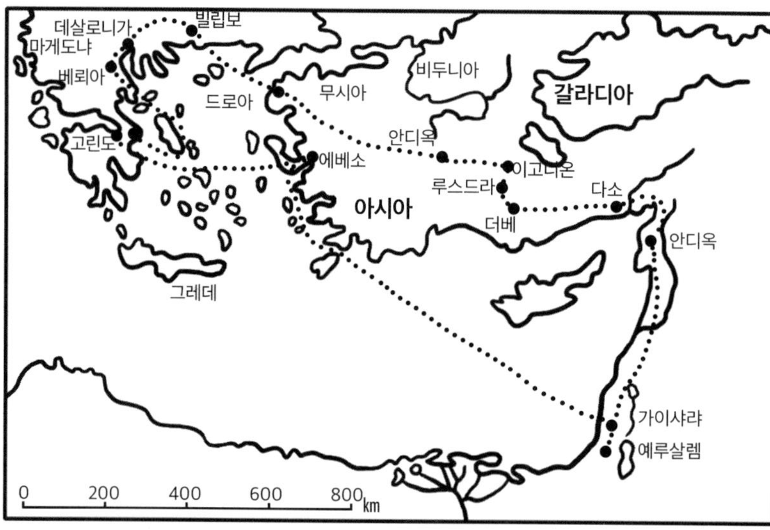

❖ **2차 전도 여행**

C. 바울의 제 3 차 전도 여행(18:23-21:26)

18장 23절부터는 3차 전도 여행의 시작인데, 갈라디아 땅과 브루기아 땅을 차례로 다니면서 제자들의 믿음을 굳게 하였다. 바울은 에베소에서 아볼로라는 제자를 만나게 된다. 아볼로는 학문이 많고 성경에 능한 자이며 일찍 주의 도를 배워 예수에 관한 것을 자세히 말하며 가르치지만 요한의 세례만 알 뿐이었다. 그가 회당에서 담대히 말하기 시작하니 브리스길라와 아굴라가 듣고 데려다가 하나님의 도를 더 자세히 풀어 말해주었다. 아볼로가 아가야로 건너가고자 하니 바울과 함께한 형제들이 그를 장려하며 제자들에게 편지하여 아볼로를 영접하라 하였더니 그가 가서 은혜로 말미암아 믿은 자들에게 많은 유익을 주었다. 이는 그가 성경으로써 예수는 그리스도라 증거하고 공중 앞에서 유력하게 유대인의 말을 이겼기 때문이다.

▸ **에베소에서**

19장은 바울이 에베소에서 몇몇 제자들을 만나 주 예수의 이름으로 세례를 주고 안수하므로 성령이 임하는 것으로 시작한다. 그들은 요한의 세례만 알고 성령을 알지 못했다. 18장 후반에서 19장 전반까지는 진리의 과도기를 다룬다. 아볼로가 그러했고 여기 에베소의 열두 명 정도의 사람들이 그러했다. 그들은 좀 더 전진된 하나님의 역사를 받아들이고 성령의 세례(침례)를 받아야 했다. 바울이 그들에게 안수하니 성령이 임하시므로 그들이 방언도 하고 예언도 하였다. 바울이 회당에 들어가 석 달 동안을 담대하게 하나님 나라에 대하여 강론하며 권면하되 어떤 사람들은 마음이 굳어 순종치 않고 무리 앞에서 이 도를 비방했다. 그러므로 바울은 그들을 떠나 제자들을 따로 세우고 두란노 서원에서 날마다 강론했다. 이것이 에베소에서의 사역이다. 이같이 두 해 동안을 하니 아시아에 사는 자는 유대인이나 헬라인이나 다 주의 말씀을 들었다. 이때쯤 바울은 고린도의 상황을 듣고 고린도전서를 썼다.

하나님께서 바울의 손으로 특별한 능력을 행하게 하시니 심지어 사람들이 바울의 몸에서 손수건이나 앞치마 등을 가져다가 병든 사람에게 놓으면 그 병이 떠나고 악귀도 나갔다. 그러자 돌아다니며 마술하는 어떤 유대인들도 따라서 망령되게 주 예수의 이름을 부르며 악귀 들린 자에게 "내가 바울의 전파하는 예수를 빙자하여 너희를 명하노라" 하였다. 유대의 한 제사장 스게와의 일곱 아들도 이 일을 행하자 악귀가 대답하기를, "예수도 내가 알고 바울도 내가 알거니와 너희는 누구냐" 하며 악귀 들린 사람이 그 두 사람에게 뛰어올라 억제하여 이기니 그들이 상하여 벗은 몸으로 그 집에서 도망하였다. 에베소에 거하는 유대인과 헬라인들이 다 이 일을 알고 두려워하며 주 예수의 이름을 높이고 믿은 사람들이 와서 죄를 자복하여 행한 일을 고하며, 또 마술을 행하던 많은 사람이 그 책을 모아가지고 와서 모든 사람 앞에서 불사르니 그 책 값이 은 오만이나 되었다. 이와 같이 주의 말씀이 힘이 있어 흥왕하여 세력을 얻었다.

21절부터는 바울이 예루살렘에 가고자 하는 것이 나온다. 그는 마케도냐와 아가야를 다녀서 예루살렘에 가기를 의도했으며 로마도 가보고자 했다. 그 때쯤에 이 도(道)로 인하여 에베소에 적지 않은 소동이 있었는데, 그것은 데메드리오라는 은장색이 아데미(다이애나)의 은 신전들을 만들어 돈벌이를 하였는데 그가 직공들과 이러한 영업하는 자들을 모아 말하기를, 바울의 전파하는 말이 '사람의 손으로 만든 것들은 신이 아니라' 하니 자신들의 영업만 천하여질 뿐 아니라 큰 여신 아데미의 전각도 경홀히 여겨지고 여신의 위엄도 떨어질까 한다고 말하니 그들이 이 말을 듣고 분이 가득하여 "크다 에베소 사람의 아데미여!" 하니(두 시간 동안 소리를 질렀다), 온 성이 요란하여 바울과 같이 다니는 마케도냐 사람 가이오와 아리스다고를 잡아가지고 일제히 연극장으로 달려 들어갔다. 바울이 백성 가운데로 들어가려 하니 아시아 관원 중에 친구된 어떤이들이 바울에게 통지하여 연극장에 들어가지 말라고 권했다. 市 공무원이 나와서 흥분한 무리들을 안돈시키고 모임을 흩어지게 하였다.

▸ 드로아에서

20장이다. “소요가 그치매 바울이 제자들을 불러 권한 후에 작별하고 떠나 마게도냐로 가니라”(1절). ‘소요’란 19장의 에베소 연극장 사건을 말한다. 20장 후반부를 보면 알겠지만 당시 바울은 에베소에 삼 년 가량 있었기 때문에 거기서 할 일을 거의 다 했고, 그 큰 소요가 일어났을 때 이제는 떠날 때가 되었다는 어떤 지시로 받아들인 것 같다. 그는 마게도냐로 가서 그 지경으로 다녀가며 여러 말로 제자들에게 권하고 헬라(그리스)에 이르러 거기 석 달을 있다가(이때쯤 바울은 로마서를 썼다) 배 타고 수리아로 가려했는데 그때 유대인들이 자기를 해하려고 공모하므로 마게도냐로 다녀 돌아가기를 작정했다. 아시아까지 함께 가는 자는 베뢰아 사람 소바더, 데살로니가 사람 아리스다고와 세군도, 더베 사람 가이오와 및 디모데, 아시아 사람 두기고와 드로비모였다. 그들은 먼저 가서 드로아에서 바울 일행을 기다렸고 거기서 만나 함께 일주일을 머물렀다.

안식 후 첫날 드로아에서 떡을 떼려 하여 모였는데 바울이 이튿날 떠나고자 하여 말씀을 강론하는 것이 밤중까지 계속되었다. 그들이 모인 윗다락에서 유두고라 하는 청년이 창문턱에 걸터 앉았다가 깊이 졸더니 바울의 강론이 길어지자 졸음을 이기지 못해 삼층 누각에서 떨어졌는데 일으켜 보니 죽은 것이었다. 바울이 내려가서 그 위에 엎드려 그 몸을 안고서 생명이 그에게 있으니 떠들지 말라 했다. 그리고서 올라가 떡을 떼어 먹고 오래 동안 곧 날이 새기까지 이야기하고 떠났다. 그 청년이 바울의 돌봄으로 다시 살아나 사람들은 적지 않게 위로를 받았다.

13-16절은 바울 일행이 드로아에서 밀레도까지 항해한 기록이다. 그런데 여기서 바울 사도는 일행을 배를 태워 앗소로 보내고 자기는 드로아에서 앗소까지 34km를 걸어서 갔다. 왜 혼자서 걸어서 가려고 했을까? 드로아에서 바울 사도는 전날 거의 잠을 자지 못했다. 그는 아마도 앞으로 남은 일정(특히 예루살렘을 거쳐 로마로 향하는)을 위해 많은 기도를 하고, 결심도 하며 조용하게 혼자 시간을 갖고자 했을 것이다. 그들 일행은 드로아에서 앗소, 미둘레네, 기오, 사모를 거쳐 밀레도에 이르렀다. 바울의 마음속에는 동족 유대인들을 위해 예루살렘에 가려는 강한 뜻이 있었다. 그는

오순절 안에 예루살렘에 도착하기 위해(그때가 가장 유대인들이 예루살렘에 많이 모인다), 에베소를 들르지 않고 사람을 보내어 에베소 장로들을 밀레도에 오도록 청했다.

17-38절은 바울이 에베소 장로들에게 한 고별설교이다. 바울은 에베소 장로들에게 그가 아시아에 온 첫날부터 지금까지 그들 가운데서 모든 겸손과 눈물로, 유대인의 간계와 시험을 참으며 주님을 섬겼다고 말한다. 또 그는 유익한 것은 무엇이든지 공중 앞에서나 각 집에서나 꺼림이 없이 전하여 가르치고 유대인이든 헬라인이든 그들에게 하나님께 대한 회개와 우리 주 예수 그리스도께 대한 믿음을 증거했다고 말한다. 그러면서 그의 예루살렘에 가려는 강한 뜻을 말해준다. "보라 이제 나는 심령에 매임을 받아 예루살렘으로 가는데 저기서 무슨 일을 만날는지 알지 못하노라 오직 성령이 각 성에서 내게 증거하여 결박과 환난이 나를 기다린다 하시나 나의 달려갈 길과 주 예수께 받은 사명 곧 하나님의 은혜의 복음 증거하는 일을 마치려 함에는 나의 생명을 조금도 귀한 것으로 여기지 아니하노라". 그는 그 일을 위해 목숨을 걸었다.

바울은 또한 그가 떠난 후에 흉악한 이리가 에베소 교회에 들어와 그 양떼를 아끼지 않고 또한 그들 중에서도 제자들을 끌어 자기를 좇게 하려고 어그러진 말을 하는 사람들이 일어날 것이니 깨어 있어 그가 삼 년이나 밤낮 쉬지 않고 눈물로 각 사람을 훈계하던 것을 기억하라고 한다. 장로들은 자기를 위하여 또는 온 양떼를 위하여 삼가라고 하면서 성령이 양떼들 가운데 그들을 감독자로 삼고 하나님이 자기 피로 사신 교회를 치게 하셨다고 말한다. 그는 교회를 주와 그 은혜의 말씀께 부탁하면서 그 말씀이 너희를 능히 든든히 세우사 거룩케 하심을 입은 모든 자 가운데 기업이 있게 하실 것이라고 했다. 또한 바울은 그가 아무의 은이나 금이나 의복을 탐하지 않았고 자기 손으로 자신과 동행들의 쓰는 것을 감당했다고 말했다. 범사에 내 자신이 본을 보였으니 너희도 수고하여 약한 사람들을 돕고 주 예수께서 친히 하신 말씀, "주는 것이 받는 것보다 복이 있다" 하심을 기억하라고 했다.

▸ 바울 일행이 예루살렘으로 가다

21장이다. "우리가 저희를 작별하고". 사도 바울은 20장 마지막 부분에 밀레도에서 에베소 장로들을 청하여 고별설교를 한 뒤에 그들과 작별하고 배를 타고서 바로 고스로 갔다. 그리고 이튿날 로도에 이르러 거기서부터 바다라로 가서 베니게로 건너가는 배를 만나서 타고 가다가 구브로를 왼편에 두고 수리아로 가서 두로에서 상륙했다. 두로에서 제자들을 찾아 거기서 일 주일을 머물렀는데, 그 제자들이 성령의 감동으로 바울더러 예루살렘에 들어가지 말라고 했다. 여러 날이 지나서 바울 일행이 떠날 때 그들이 처자와 함께 성문 밖까지 전송했으며 바닷가에서 무릎을 꿇고 기도했다.

두로에서 배로 돌레마이에 이르러 형제들에게 안부를 묻고 그들과 함께 하루를 있다가 이튿날 떠나 가이사랴에 이르러 일곱 집사 중 하나인 빌립의 집에 들어가서 유했다. 거기 여러 날 있었는데 선지자 아가보라 하는 이가(행 11:28 참조) 유대로부터 내려와 바울의 띠를 가져다가 자기 수족을 잡아매고 말하기를 예루살렘에 가면 유대인들이 이 띠 임자를 이같이 결박해서 이방인의 손에 넘겨줄 것이라고 했다.

"우리가 그 말을 듣고". '우리'란 바울을 제외한 일행을 말한다(20:4 참조). "그곳 사람들로 더불어 바울에게 예루살렘으로 올라가지 말라 권하니". '그곳 사람들'은 아가보와 빌립과 그의 예언하는 네 딸들일 것이다. 그들은 함께 바울에게 예루살렘으로 올라가지 말라고 권했다. 그러나 바울은 "너희가 어찌하여 울어 내 마음을 상하게 하느냐 나는 주 예수의 이름을 위하여 결박받을 뿐 아니라 예루살렘에서 죽을 것도 각오하였노라"고 했다. 바울이 권면을 받아들이지 않으므로 그들은 "주의 뜻대로 이루어지이다" 하고 권하기를 그쳤다.

여러 날 후에 행장을 준비하여 예루살렘으로 올라갈 때 가이사랴의 몇 제자와 함께 한 오랜 제자 구브로 사람 나손을 데리고 갔는데, 이는 예루살렘에서 바울 일행이 그의 집에 유하려 함이었다.

▸ 바울이 야고보를 방문하다

예루살렘에 이르니 형제들이 바울 일행을 기꺼이 영접했다. 그 이튿날 바울은 일행과 함께 야고보를 만나러 들어갔는데 장로들도 다 있었다. 바울은 문안하고 하나님께서 자기의 봉사로 말미암아 이방 가운데서 하신 일을 낱낱이 고했다. 야고보와 장로들이 듣고 하나님께 영광을 돌리며 바울에게 말했다. "그대도 보는 바에 유대인 중에 믿는 자 수만 명이 있으니 다 율법에 열심 있는 자라 네가 이방에 있는 모든 유대인을 가르치되 모세를 배반하고 아들들에게 할례를 하지 말고 또 규모를 지키지 말라 한다 함을 저희가 들었도다 그러면 어찌할꼬 저희가 필연 그대의 온 것을 들으리니 우리의 말하는 이대로 하라 서원한 네 사람이 우리에게 있으니 저희를 데리고 함께 결례를 행하고 저희를 위하여 비용을 내어 머리를 깎게 하라 그러면 모든 사람이 그대에게 대하여 들은 것이 헛된 것이고 그대도 율법을 지켜 행하는 줄로 알 것이리".

이때 바울은 야고보에게 가서 연보를 전달했다(행 24:17). 바울은 율법 관념이 강한 유대인 신자들을 위해 나실인 서원을 행하라는 야고보의 제의를 받아들였고, 이튿날 저희와 함께 결례를 행하고 성전에 들어가서 각 사람을 위하여 제사드릴 때까지의 결례의식의 만기된 것을 고하였다.

"그 이레가 거의 차매"(27절). 바울은 '율법 있는 자들'을 위하여 칠 일 동안 율법을 지키는 일을 한 것이다(고전 9:20).

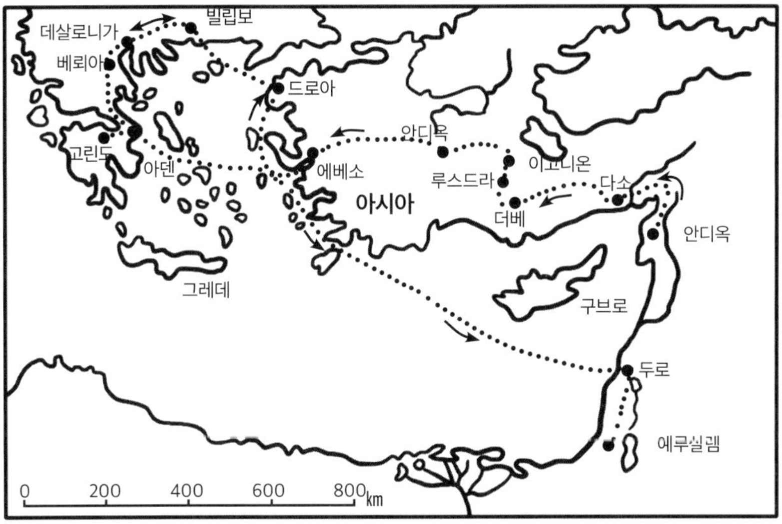

❖ 3차 전도 여행

◊ 제 6 부 **죄수가 된 바울의 전도(21:27-28장)**

A. 예루살렘에서

"아시아로부터 온 유대인들이 성전에서 바울을 보고 모든 무리를 충동하여 그를 붙들고"(21:27). 이때는 오순절이었기에 예루살렘 성전에는 많은 나라로부터 온 유대인들이 모여 있었다. 그 때 큰 소요가 일어나 백성이 바울을 죽이려 할 때에 천부장이 급히 군사들과 백부장들을 거느리고 달려와 상황을 진정시키고 바울을 결박했다. 바울이 층대에 이를 때에 무리의 포행을 인해 군사들에게 들려 가는데 영문으로 들어가려 할 때에 바울이 천부장에게 '내가 당신에게 말할 수 있느냐'고 물었다. 바울은 천부장과 헬라어로 대화를 하고 천부장에게 허락을 얻어 층대에 서서 백성에게 손짓하여 조용하게 한 후에 히브리 방언으로 말하기 시작했다. 바울은 성전에서 율법을 잘 지켜 유대인들의 마음을 누그러뜨린 다음에 그들에게 진리를 전할 기회를 얻으려고 했는데 그만 체포된 것이다. 그는 군사들에게 포박되고 죄수의 신분이 되어버렸다. 아가보라는 선지자의 말대로 유대인들이 바울을 잡아 이방인에게 넘겨준 것이다. 그럼에도 그는 층대 위에 서서 말할 것을 허락받아 유대인들에게 자신의 간증을 하기 시작했다. 이것이 22장의 내용이다.

▸ 바울의 간증

22장에서 바울은 유대인들 앞에서 자신의 간증을 하기 시작했다. "나는 유대인으로 길리기아 다소에서 났고 이 성에서 자라 가말리엘의 문하에서 우리 조상들의 율법의 엄한 교훈을 받았고". 가말리엘은 유대인으로서 당시 뛰어난 학자였다. 바울은 자기가 유대교에 매우 열심이 있었고 예수 믿는 사람들을 죽이기까지 하고 남녀를 결박하여 옥에 넘기기도 하였으니 대제사장과 모든 장로들이 그의 증인이라고 했다. 그 날도 다메섹 형제들에게 가는 공문을 받아 가지고 거기 있는 자들도 결박하여 예루살렘으로 끌어다가 형벌받게 하려고 가는데, 다메섹에 가까왔을 때에 정오 쯤 되어 홀연히 하늘로서 큰 빛이 자신을 둘러 비추니 그가 땅에 엎드러졌는데 하늘로서 "사울아, 사울아, 네가 왜 나를 핍박하느냐?" 하는 소리가 들려 "주여, 뉘시이니까?" 하니 "나는 네가 핍박하는 예수라" 하더라고 했다. 이어서 바울은 아나니아의 이야기를 하면서 그가 "우리 조상의 하나님이 너를 택하여 그 뜻을 알게 하시며 저 의인을 보게 하시고 그 입에서 나오는 음성을 듣게 하셨으니 네가 그를 위하여 모든 사람 앞에서 너의 보고 들은 것에 증인이 되리라" 했다고 말했다.

후에 바울은 자기가 예루살렘에 돌아와서 성전에서 기도할 때에 비몽사몽간에 주께서 그에게 말씀하시기를, "속히 예루살렘에서 나가라 저희는 네가 내게 대하여 증거하는 말을 듣지 아니하리라" 하시니, 바울이 "주여 내가 주 믿는 사람들을 가두고 또 각 회당에서 때리고 또 주의 증인 스데반의 피를 흘릴 적에 내가 곁에 서서 찬성하고 그 죽이는 사람들의 옷을 지킨 줄 저희도 아나이다" 하자, 주께서 "떠나가라 내가 너를 멀리 이방인에게 보내리라" 하셨다 하니 여기까지 듣던 유대인들은 '이러한 놈은 세상에서 없이하자 살려둘 자가 아니라' 하고 떠들며 옷을 벗어 던지고 티끌을 공중에 날리니 천부장이 바울을 영문 안으로 데려가라 명하고 저들이 무슨 일로 그를 대하여 떠드는지 알고자 하여 부하들에게 바울을 따로 데려다가 채찍질하며 신문하라고 했다. 가죽줄로 바울을 매니 바울이 곁에 섰는 백부장더러 '너희가 로마 사람 된 자를 죄도 정치 아니하고 채찍질할 수 있느냐' 했다. 백부장이 듣고 가서 천부장에게 전하니 그가 바울을 결박한 것조차 두려워하며 바울에게 '네가 로마 사람이냐?' 물었다. 그러면서 '나는 돈을 많이 들여 로마 시민권을 얻었다' 하자 바울은 '나는 나면서부터로라'고 했다. 다음 날 천부장은 바울의 결박을 풀고 공회를 모으고 데리고 내려가 그들 앞에 세웠다. 바울은 다시 한번 공회 앞에 증거할 기회를 얻었다.

▸ 바울이 공회 앞에서 해명함과 가이사랴로 이송됨

23장에서, 바울이 공회를 주목하여 말하기를 "여러분 형제들아 오늘날까지 내가 범사에 양심을 따라 하나님을 섬겼노라" 하자, 대제사장 아나니아가 바울 곁에 섰는 사람들에게 그 입을 치라 명했다. 바울이 "회칠한 담이여 하나님이 너를 치시리로다 네가 나를 율법대로 판단한다고 앉아서 율법을 어기고 나를 치라 하느냐" 하니 곁에 선 사람들이 "하나님의 대제사장을 네가 욕하느냐"고 했다. 바울은 곧 "나는 그가 대제사장인줄 알지 못하였노라 기록하였으되 너의 백성의 관원을 비방치 말라 하였느니라"고 했다. 바울이 그 한 부분은 사두개인이요 한 부분은 바리새인인줄 알고 공회에서 외쳐 말하기를, "여러분 형제들아 나는 바리새인이요 또 바리새인의 아들이라 죽은 자의 소망 곧 부활을 인하여 내가 심문을 받노라" 하자 바리새인과 사두개인 사이에 다툼이 생겨 무리가 나뉘었다. 큰 분쟁이 생기니 천부장이 바울을 무리 가운데 빼앗아 데리고 영문 안으로 들어가게 했다.

그 날 밤 주께서 바울 곁에 서서 "담대하라 네가 예루살렘에서 나를 증거한 것같이 로마에서도 증거하여야 하리라" 하셨다. 그가 비록 예루살렘에서 짧은 기회를 얻어 증거를 하였지만 목숨을 걸고 예루살렘에 들어간 것 자체가 주님을 증거한 것이요, 로마에 가는 것 자체가 주님을 증거하는 것이다. 증거는 말에만 있지 않다. 어느 기회든 진실한 것을 말하면 된다. 짧아도 좋고 부족해도 좋다. 용기와 충성으로 주님을 위해 하는 말이 곧 주님을 증거하는 것이다.

날이 새니 유대인들이 당을 지어 바울을 죽이기 전에는 먹지도 않고 마시지도 않겠다고 맹세했는데 이같이 동맹한 자가 40여 명이었다. 그들이 대제사장과 장로들에게 가서 '우리가 바울을 죽이기 전에는 아무 것도 먹지 않기로 맹세하였으니 당신들은 그의 사실을 더 자세하게 알아볼 양으로 천부장에게 청하여 바울을 공회로 데려오게 하면 중도에 매복하였다가 그를 죽이겠다'고 했다. 바울의 조카가 그들이 매복한 것을 알고 영문 안으로 들어가서 바울을 만나 그 말을 전하니 바울이 한 백부장을 청하여 이 청년을 천부장에게 인도해달라고 부탁했다. 바울의 조카는 천부장에게 인도되어 말하기를, 내일 유대인들이 바울을 공회로 데려오라고 당신에게 요청할 것인데 실상 그들은 중도에 매복하였다가 바울을 죽이려는 것이라고 했다. 천부장은 청년에게 이 일을 자기에게 고했다고 아무에게도 이르지 말라 하고 백부장 둘을 불러 밤 제 삼시에 가이사랴까지 바울을 호송할 보병 이백 명, 마병 칠십 명, 창군 이백 명을 준비하라 하고 또 바울을 태워 총독 벨릭스에게 무사히 보내기 위해 짐승을 준비하라 명한다. 그리고 천부장 루시아는 총독에게 쓴 편지를 함께 보냈는데, 그 내용인즉 이러하다. "이 사람이 유대인들에게 잡혀죽게 된 것을 내가 로마 사람인줄 들어 알고 군사를 거느리고 가서 구하여다가 유대인들이 무슨 일로 그를 송사하는지 저희 공회로 데리고 내려갔더니 송사하는 것이 저희 율법 문제에 관한 것뿐이요 한 가지도 죽이거나 결박할 사건이 없음을 발견하였나이다 그러나 이 사람을 해하려는 간계가 있다고 누가 내게 알게 하기로 곧 당신께로 보내며 또 송사하는 사람들도 당신 앞에서 그를 대하여 말하라 하였나이다".

보병이 명을 받은 대로 밤에 바울을 데리고 안디바드리에 이르러 이튿날 마병으로 바울을 호송하게 하고 영문으로 돌아갔다. 그들이 가이사랴에 들어가서 편지를 총독에게 전하고 바울을 그 앞에 세우니 총독이 천부장의 편지를 읽고 바울더러 어느 영지 사람이냐 물어 그가 길리기아 사람인 줄 알고 "너를 송사하는 사람들이 오면 내가 네 말을 들으리라" 하고 헤롯 궁에 그를 수감해두었다.

B. 가이사랴에서(24-26장)

▸ 총독 벨릭스 앞에서 더둘로 변사가 바울을 고소하다

24장은 바울이 가이사랴에 도착하고서 닷새 후에 대제사장 아나니아가 몇 장로들과 변사 더둘로와 함께 가이사랴에 와서 바울을 고소하는 것이 나온다. 바울을 부르니 더둘로라는 변사가 벨릭스 총독 앞에서 한참 그를 추켜세우는 말을 하고서(3-4절) 바울에 대하여, "우리가 보니 이 사람은 염병이라 천하에 퍼진 유대인을 다 소요케 하는 자요 나사렛 이단의 괴수라 저가 성전을 더럽게 하려 하므로 우리가 잡았사오니 당신이 친히 심문하시면 우리의 송사하는 이 모든 일을 아실 수 있나이다" 하니 유대인들도 동조하며 그의 말이 옳다고 주장하였다.

▸ 바울이 변명하다

총독이 바울에게 머리로 표시하여 말하라 하니 바울이 대답하기를, "당신이 여러 해 전부터 이 민족의 재판장 된 것을 내가 알고 내 사건에 대하여 기쁘게 변명하나이다 내가 예루살렘에 예배하러 올라간 지 열 이틀밖에 안 되었고 저희는 내가 성전에서 아무와 변론하는 것이나 회당과 또는 성중에서 무리를 소동케 하는 것을 보지 못하였으니 이제 나를 송사하는 모든 일에 대하여 저희가 능히 당신 앞에 내세울 것이 없나이다 그러나 이것을 당신께 고백하리이다 나는 저희가 이단이라 하는 도를 좇아 조상의 하나님을 섬기고 율법과 및 선지자들의 글에 기록된 것을 다 믿으며 저희의 기다리는바 하나님께 향한 소망을 나도 가졌으니 곧 의인과 악인의 부활이 있으리라 함이라 이것을 인하여 나도 하나님과 사람을 대하여 항상 양심에 거리낌이 없기를 힘쓰노라 여러 해 만에 내가 내 민족을 구제할 것과(사실상 바울 일행은 이방 믿는이들의 구제 연보를 가지고 예루살렘에 왔다) 제물을 가지고 와서(성전에서의 결례 의식을 위한 제물) 드리는 중에 내가 결례를 행하였고 모임도 없고 소동도 없이 성전에 있는 것을 저희가 보았나이다" 하고 "오직 내가 저희 가운데 서서 외치기를 내가 죽은 자의 부활에 대하여 오늘 너희 앞에 심문을 받는다고 한 이 한 소리가 있을 따름이니이다" 라고 했다.

벨릭스 총독이 이 도에 관한 것을 더 자세히 아는 고로 재판을 연기하여 말하기를, "천부장 루시아가 내려오거든 너희 일을 처결하리라" 하고서 백부장에게 명하여 바울을 지키되 자유를 주며 친구 중 아무나 수종 드는 것을 금하지 말라고 하였다.

수일 후에 벨릭스가 그 아내 유대 여자 드루실라와 함께 와서 바울을 불러 그리스도 예수 믿는 도를 듣는데 바울이 '의와 절제와 장차 오는 심판'을 강론하니 벨릭스가 두려워하여 대답하기를, "지금은 가라 내가 기회가 있으면 너를 부르리라" 하고 또 바울에게서 돈을 받을까 하여 더 자주 불러 같이 이야기하였다. 바울은 가이사랴에 구류되어 있었는데, 벨릭스가 유대인의 환심을 사기 위해 그가 잘못이 없는 것을 알고도 2년 동안 그대로 가두어 두었다. 그 후 보르기오 베스도라는 새로운 총독이 부임하여 벨릭스의 소임을 대신하게 되었는데, 학자들은 바울이 가이사랴에 수감되어 있던 2년 동안에 동족을 위한 위대한 서신 히브리서를 썼을 거라고 추정하는데, 근거가 좀 약하다.

▸ 베스도의 재판

25장이다. 베스도가 총독으로 부임한 지 삼 일 후에 가이사랴에서 예루살렘에 올라가니 대제사장들과 유대인 중 높은 사람들이 바울을 고소했다. 당시 유대인들의 유일한 일은 바울을 없애고자 하는 것이었다. 그들은 베스도의 호의로 바울을 예루살렘으로 보내기를 청했는데, 그것은 길에 매복하였다가 바울을 죽이고자 함이었다. 베스도는 바울이 현재 가이사랴에 구류되어 있음을 말해주고 자신이 머지않아 그리로 갈 것이니 그들 중 유력자들이 자기와 함께 내려가서 그 사람에게 옳지 않은 일이 있거든 송사하라고 했다. 베스도는 그들 가운데서 팔 일 혹 십 일을 지낸 후 가이사랴로 내려가서 이튿날 재판 자리에 앉고 바울을 데려오라 명했다. 그 때 예루살렘에서 내려온 유대인들이 둘러서서 여러 가지 중대 사건으로 바울을 송사하였으나 능히 증명하지 못했다. 바울이 말하기를, "유대인의 율법이나 성전이나 가이사에게 내가 도무지 죄를 범하지 않았다" 하니 베스도 역시 정치인이어서 유대인의 마음을 얻고자 하여 바울에게 물었다. "네가 예루살렘에 올라가서 이 사건에 대하여 심문을 받으려느냐?" 바울이 말하기를, "내가 가이사의 재판 자리에 섰으니 마땅히 거기(로마)서 심문을 받을 것이라 당신도 잘 아시는 바에 내가 유대인들에게 불의를 행한 것이 없나이다 내가 불의를 범하였거나 사특한 죄를 범하였으면 죽기를 사양치 아니할 것이나 만일 이 사람들의 나를 송사하는 것이 다 사실이 아니면 누구든지 나를 그들에게 내어줄 수 없삽나이다 내가 가이사에게 호소하노라" 했다. 베스도가 배석자들과 상의하고 말하기를, "네가 가이사(황제)에게 호소하였으니 가이사에게 갈 것이라" 하였다.

수일 후에 아그립바 왕과 버니게가 베스도에게 문안하러 가이사랴에 내려와서 여러 날을 있었는데, 베스도가 바울의 일을 왕에게 말하기를, "벨릭스가 한 사람을 구류하여 두었는데 내가 예루살렘에 있을 때 유대인의 대제사장들과 장로들이 그를 고소하여 정죄하기를 청하기에 피고가 원고들 앞에서 고소 사건에 대하여 변명할 기회가 있기 전에 내어주는 것이 로마 사람의 법이 아니라고 했습니다. 그러므로 그들이 나와 함께 여기 오므로 내가 지체하지 아니하고 이튿날 재판 자리에 앉아 명하여 그 사람을 데려왔으나 원고들이 서서 나의 짐작하던 것 같은 악행의 사건은 하나도 제출하지 않고 오직 자기들의 종교와 또는 예수라 하는 이의 죽은 것을 살았다고 바울이 주장하는 그 일에 관한 문제로 송사하는 것뿐이었습니다. 내가 이 일을 어떻게 사실할는지 의심이 있어서 바울에게 예루살렘에 올라가서 이 일에 심문을 받으려느냐 하니 바울이 황제의 판결을 받도록 자기를 지켜 주기를 호소하므로 내가 그를 가이사에게 보내기까지 지켜두라 명하였습니다." 아그립바가 베스도더러 "나도 이 사람의 말을 들어보겠습니다." 하자 베스도는 "내일 들으시게 될 것입니다." 했다.

다음 날 아그립바와 버니게가 높은 사람들과 함께 신문소에 와서 바울을 데려오라 하니 바울이 왔다. 베스도는 아그립바 왕과 여러 사람들에게 "이 사람은 유대의 많은 사람들이 살려두어서는 안 될 사람이라고 외쳤는데 내가 살피건데 죽일 죄를 범한 일이 없습니다. 그러나 저가 황제에게 호소한 고로 그곳으로 보내기로 작정하였습니다. 그에 대하여 황제에게 확실한 사실을 아뢸 것이 없으므로 아그립바 왕 앞에 세우니 심문하여 혹 황제에게 상소할 재료가 있으면 좋겠습니다." 하면서 그 죄목을 붙이지 않고 죄수를 보내는 것이 무리한 일인 줄로 안다고 했다.

▸ **아그립바 왕 앞에서 바울이 간증하다**

26장은 아그립바 왕 앞에서 바울이 간증한 내용이다. 바울은 이러한 기회를 너무 소중히 여기면서 자신의 간증을 한다.

"아그립바 왕이여 유대인이 송사하는 모든 일에 있어서 당신 앞에서 변명하게 된 것을 참으로 다행히 여기옵나이다…당신들은 하나님이 죽은 사람을 다시 살리심을 어찌하여 못 믿을 것으로 여기나이까 나도 나사렛 예수의 이름을 대적하여 범사를 행하여야 될 줄 스스로 생각하고 예루살렘에서 이런 일을 행하여 대제사장들에게서 권세를 얻어 가지고 많은 성도를 가두며 또 죽일 때에 내가 가편투표를 하였고 또 모든 회당에서 여러 번 형벌하여 강제로 모독하는 말을 하게 하고 저희를 대하여 심히 격분하여 외국 성까지도 가서 핍박하였고 그 일로 대제사장들의 권세와 위임을 받고 다메섹으로 갔나이다

왕이여! 때가 정오나 되어 길에서 보니 하늘로서 해보다 더 밝은 빛이 나와 내 동행들을 둘러 비추는지라 우리가 다 땅에 엎드러지매 내가 소리를 들으니 히브리 방언으로 이르되 '사울아 사울아 네가 어찌하여 나를 핍박하느냐 가시채를 뒷발질하기가 네게 고생이니라' 내가 대답하되 '주여 뉘시니이까' 주께서 가라사대 '나는 네가 핍박하는 예수라 네 발로 서라 내가 네게 나타난 것은 곧 네가 나를 본 일과 장차 내가 네게 나타날 일에 너로 사역자와 증거자를 삼으려 함이니 이스라엘과 이방인들에게서 내가 너를 구원하여 저희에게 보내어 그 눈을 뜨게 하여 어두움에서 빛으로, 사단의 권세에서 하나님께로 돌아가게 하고 죄 사함과 나를 믿어 거룩케 된 무리 가운데서 기업을 얻게 하리라' 하더이다

아그립바 왕이여! 그러므로 하늘에서 보이신 것을 내가 거스르지 아니하고 먼저 다메섹에와 또 예루살렘에 있는 사람과 유대 온 땅과 이방인에게까지 회개하고 하나님께로 돌아가서 회개에 합당한 일을 행하라 선전하므로 유대인들이 성전에서 나를 잡아 죽이고자 하였으나 하나님의 도우심을 받아 내가 오늘날까지 서서 높고 낮은 사람 앞에서 증거하는 것은 선지자들과 모세가 반드시 되리라고 말한 것밖에 없으니 곧 그리스도가 고난을 받으실 것과 죽은 자 가운데서 먼저 살아나사 이스라엘과 이방인들에게 빛을 선전하시리라 함이니이다".

바울이 기회를 잡아 자기의 간증과 더불어 복음을 전하니 베스도 총독이 크게 소리하여 말하기를, "바울아 네가 미쳤도다 네 많은 학문이 너를 미치게 한다" 하니 바울이 말하기를, "베스도 각하여 내가 미친 것이 아니요 참되고 정신 차린 말을 하나이다 왕께서는 이 일을 아시기로 내가 왕께 담대히 말하노니 이 일에 하나라도 아시지 못

함이 없는 줄 믿나이다 이 일은 한 편 구석에서 행한 것이 아니로소이다 아그립바 왕이여 선지자를 믿으시나이까 믿으시는 줄 아나이다". 바울의 어조는 매우 간절하고 절실했다. 그러자 아그립바가 말했다. "네가 적은 말로 나를 권하여 그리스도인이 되게 하려 하는도다". 바울이 말하기를, "나의 말이 적으나 많으나 당신뿐 아니라 오늘 내 말을 듣는 모든 사람도 다 이렇게 결박한 것 외에는 나와 같이 되기를 하나님께 원하노이다". 왕과 총독과 버니게와 그 함께 앉아 있은 사람들이 다 일어나서 물러가 서로 말하기를, "이 사람은 사형이나 결박을 당할 만한 행사가 없다" 하면서 아그립바가 베스도에게 "이 사람이 만일 가이사에게 호소하지 아니하였더면 놓을 수 있을 뻔하였다"고 하였다.

C. 로마에서(27-28장)

▸ 바울이 로마로 이송되다

27장부터는 바울이 황제에게 호소하였으므로 죄수의 몸이 되어 당시의 수도 로마로 이송되는 장면이 나온다. 바울 혼자가 아니라 누가도 있고 데살로니가 사람 아리스다고도 동행하였다. 그들은 그 험한 풍랑으로 고생하는 위험한 여정에서 사도와 함께하는 자들이 되었다. 다른 죄수 몇 사람도 거기 있었는데 아구사도 부대의 율리오라는 백부장이 모든 죄수의 인솔 장교였다. 아시아 해변 각처로 가려 하는 아드라뭇데노 배에 승선하니 다음날 시돈에 배가 도착하였고 백부장 율리오가 바울을 친절히 하여 친구들에게 가서 대접받도록 허락했다. 또 거기서 떠나가다가 바람의 거스림을 피하여 구브로 해안을 의지하고 행선하여 길리기아와 밤빌리아 바다를 건너 루기아의 무라 성에 이르러 거기서 백부장이 이탈리아로 가려는 알렉산드리아 배를 만나 바울 일행을 그 배에 오르게 했다. 배가 더디 가므로 여러 날 만에 간신히 니도 맞은 편에 이르러 살모네 앞을 지나 그레데 해안을 의지하고 행선하여 미항(美港)이라는 곳에 이르렀는데 라새아 성에서 가까웠다.

여러 날이 걸려 행선하기가 위태해지자 바울이 그들을 권하여 이번 행선이 하물과 배만 아니라 우리 생명에도 타격과 많은 손해가 있을 것이라 하나 백부장이 바울의 말보다 선장과 선주의 말을 더 믿었다. 그 항구가 과동하기에 불편하므로 될 수 있으면 뵈닉스에 가서 과동하자 하는 자가 더 많았다. 그들이 바울의 말을 신뢰하지 않은 것이다. 게다가 배가 출발하는데 남풍이 순하게 부니 닻을 감아 그레데 해변을 가까이 하고 행선했다. 그러나 얼마 안 되어 유라굴로라는 광풍이 일어나 배가 밀려 바람을 맞추어 갈 수 없어 가는 대로 쫓겨 가다가 가우다라는 작은 섬 아래로 지나 간신히 거루를 잡아 끌어올려 줄을 가지고 선체를 둘러 감고…풍랑으로 심히 애쓰다가 이튿날 사공들이 짐을 바다에 풀어버리고 사흘째 되는 날에 배의 기구를 그들 손으로 내어버렸다. 여러 날 동안 해와 별이 보이지 않고 큰 풍랑이 가라앉지 않고 그대로 있으니 구원의 여망이 다 없어졌다.

여러 사람들이 오랫동안 먹지 못하였을 때 바울이 말했다. "여러분이여 내 말을 듣고 그레데에서 떠나지 아니하여 이 타격과 손상을 면하였더면 좋을 뻔하였느니라 내가 너희를 권하노니 이제는 안심하라 너희 중 생명에는 아무 손상이 없겠고 오직 이 배뿐이리라 나의 속한바 나의 섬기는 하나님의 사자가 어제 밤에 내 곁에 서서 말하되 '바울아 두려워 말라 네가 가이사 앞에 서야 하겠고 하나님께서 너와 함께 행선하는 자를 다 네게 주셨다' 하였으니 여러분이여 안심하라 나는 내게 말씀하신 대로 그대로 되리라고 하나님을 믿노라 그러나 우리가 한 섬에 걸리리라 하더라".

14일째 되는 날 밤에 배가 점점 육지에 가까이오게 되었다. 날이 새어 가니 바울이 사람들에게 음식을 먹으라고 권하면서 '너희가 기다리고 기다리며 먹지 못하고 주린지가 오늘까지 열 나흘인즉 음식을 먹으라' 하고서 빵을 가져다가 모든 사람 앞에서 하나님께 감사하고 떼어 먹기를 시작하니 그들도 다 안심하고 받아먹었다. 그 배에 있는 수는 전부 276명이었다. 그 배의 모든 사람들은 바울을 통해 힘을 얻고 다 살 수 있게 된 것이다. 곧 어디인지 알지 못하는 항만이 보이고 헤엄을 쳐서 죄수들이 도망할 수 있으므로 군사들은 백부장에게 죄수를 다 죽여버리자 하였으나 백부장이 바울을 살리려고 저희의 뜻을 거절하고 순차적으로 헤엄치는 사람부터 뛰어내리게 하고 나머지는 널조각이나 배 물건에 의지해서 육지에 오르게 하였다. 풍랑이 이는 배 안에서 바울은 죄수가 아니라 그리스도의 전사와 같고 위엄 있는 장군과 같았다.

▸ 멜리데 섬에 오르다

28장이다. 그들이 도착한 곳은 멜리데라는 섬이었다. 그 섬의 토인들이 특별한 동정을 베풀어서 비가 오고 날이 차거우니 불을 피워 그들 모두를 영접해주었다. 바울이 한뭇 나무를 거두어 불에 넣으니 뜨거움을 인해 독사가 나와 바울의 손을 물고 있었다. 토인들은 뱀이 바울 손에 달린 것을 보고 서로 말했다. '이 사람은 살인한 자다. 바다에서는 구원을 얻었으나 공의가 살지 못하게 하는 것이다.' 그런데 바울이 독사를 불에 떨어버리니 조금도 상하지 않은 것이었다. 그가 붓든지 혹 갑자기 엎드려져 죽을 줄로 여겨 기다렸으나 아무 이상이 없자 돌려 생각하여 말하기를 '신이라' 하였다. 그 섬에 보블리오라는 가장 높은 사람이 그 근처의 자신의 토지에 이들을 영접하여 사흘이나 친절히 유숙하게 했는데, 보블리오의 부친이 열병과 이질에 걸려 누워 있었다. 바울이 들어가서 기도하고 안수하여 낫게 하니 섬 가운데 다른 병든 사람들이 많이 와서 고침을 받고 후한 예로 일행을 대접하였다. 그리고서 떠날 때에는 이들의 쓸 것을 배에 올려주었다.

▸ 바울이 로마에 이르다

석 달 후에 그 섬에서 겨울을 지낸 알렉산드리아 배(디오스구로)를 타고 떠나서 수라구사에 대고 사흘을 있다가 레기온에 이르러 하루를 지난 후 남풍이 일어나므로 이튿날 보디올(뽀쭈올리)에 이르러 거기서 형제를 만나 저희의 청함을 받아 칠 일을 함께 유하다가 로마로 갔다.

로마의 형제들이 압비오 시장과 삼관(Three Inn)까지 맞으러 나오니 바울이 그들을 보고 하나님께 감사하고 담대한 마음을 얻었다. 그들이 로마에 들어가니 바울은 자기를 지키는 한 군사와 함께 따로 있게 허락했다. 사흘 후에 바울이 유대인 중 높은 자들을 청하여 모인 후에 말하기를, "여러분 형제들아 내가 이스라엘 백성이나 우리 조상의 규모를 배척한 일이 없는데 예루살렘에서 로마인의 손에 죄수로 내어준 바 되었으니 로마인은 나를 심문하여 죽일 죄목이 없으므로 놓으려 하였으나 유대인들이 반대하기로 내가 마지못하여 가이사에게 호소함이요 내 민족을 송사하려는 것이 아니로라 이러하므로 너희를 보고 함께 이야기하려고 청하였노니 이스라엘의 소망을 인하여 내가 이 쇠사슬에 매인 바 되었노라". 그러자 그 유대인 지도자들이 말하기를, "우리가 유대에서 네게 대한 편지도 받은 일이 없고 또 형제 중 누가 와서 네게 대하여 좋지 못한 것을 고하든지 이야기한 일도 없느니라 이에 우리가 너희 사상이 어떠한가 듣고자 하노니 이 파에 대하여는 어디서든지 반대를 받는줄 우리가 앎이라" 하였다.

그들이 일자를 정하고 그의 우거하는 집에 많이 오니 바울이 아침부터 저녁까지 강론하여 하나님 나라를 증거하고 모세의 율법과 선지자의 말을 가지고 예수의 일로 권했다. 그 말을 듣고 믿는 사람도 있고 믿지 않는 사람도 있어 서로 맞지 않아 흩어질 때에 바울이 이사야의 말을 인용하여 말했다. "이 백성에게 가서 말하기를 너희가 듣기는 들어도 도무지 깨닫지 못하며 보기는 보아도 도무지 알지 못하는도다 이 백성들의 마음이 완악하여져서 그 귀로는 둔하게 듣고 그 눈을 감았으니 이는 눈으로 보고 귀로 듣고 마음으로 깨달아 돌아와 나의 고침을 받을까 함이라 하였으니 하나님이 이 구원을 이방인에게 보내신 줄 알라 저희는 또한 들으리라" 하였다. 바울이 로마에 머무는 온

이태(2년)를 자기 셋집에 유하며 자기에게 오는 사람을 다 영접하고 담대히 하나님 왕국을 전파하며 주 예수 그리스도에 대한 것을 가르치되 금하는 사람이 없었다.

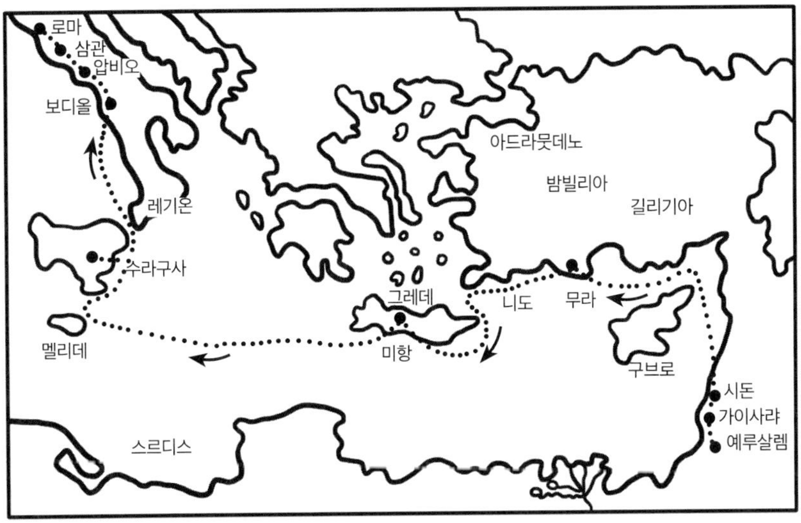

❖ 로마에 이르는 행로

로마서

주요 내용 로마서는 복음의 내용을 가장 체계적으로 기술한 서신이다. 복음은 다른 것이 아니라 예수 그리스도 자신이며(롬1:1-4), 그분의 죽음과 부활, 성령을 보내심(8, 12장)이 복음 교의의 중심을 이루고 있다.

◊ 제 1 부 **서문(1:1-27)**

▸ 서론

로마서는 사도 바울이 사도행전 19장에 에베소를 떠나 마케도냐를 거쳐 고린도에 머물 때(행 19:21, 20:1-3, 롬 15장 후반부, 16:1 참조) 쓴 것이다(A.D. 60년경). 로마서를 기록한 목적은 로마를 방문하기 전에 편지를 통해 로마의 성도들(바울 당시에는 로마가 가장 큰 도시였다)에게 복음의 내용을 철저하게 가르쳐서 그들의 믿음을 공고히하려는 것이었다. 그는 이 서신에서 믿음으로 의롭다 함을 받는 칭의의 문제와 성화의 문제를 그 어떤 책보다도 체계적으로 분명하게 다루었다. 또 그는 후에 로마 성도들에게 가서 직접 신령한 은사를 나눠주어 견고하게 하기를 원했고 그들과 자신의 믿음을 인하여 서로 안위를 얻기를 바랐다(1:11-15, 15:30-32), 마지막으로는 기근에 처한 예루살렘 성도들을 위하여 재정적으로 협력하도록 격려했다(15:22-24, 28-29).

1. 복음이란 무엇인가(1:1-17)

복음은 하나님의 아들 예수 그리스도 자신이며, 그는 육신으로는 다윗의 혈통에서 나셨고 성결의 영으로는 죽은 가운데서 부활하여 하나님의 아들로 인정되셨다. 바울 사도는 이 복음을 위해 사도가 되었다고 말한다. 바울은 그의 온 일생을 이 복음을 위해 살았다(행 20:24, 빌 1장 참조). 복음에는 하나님의 의가 나타나며 그 의는 믿음으로만 얻을 수 있다. 바울은 1장부터 믿음을 강조하는데, 복음에는 하나님의 의가 나타나서 믿음으로 믿음에 이르게 하며, 오직 의인은 믿음으로 산다(합 2:4). 믿음으로 시작해서 믿음으로 마치는 것이 신약이다. 바울은 복음이 모든 믿는 자에게 구원을 주시는 하나님의 능력이므로 복음을 부끄러워하지 않았다.

2. 하나님을 알 만한 것이 사람 속에 있다(1:18-23)

하나님께서는 사람들이 하나님을 알 수 있게 해주셨는데, 첫째는 그분이 만드신 만물을 통해 그분의 보이지 않는 것들 곧 그 영원한 능력과 신성을 나타내신 것이고, 둘째는 속에 하나님을 알 만한 역량을 주신 것이다. 그러나 사람들은 하나님을 알되 하나님께 영광 돌리지 않고 감사치도 않았다.

◊ 제 2 부 **모든 사람은 다 죄인이다(1:24-3:20)**

1. 하나님을 떠난 사람은 다 죄인이다(1:24-32)

하나님을 알면서도 하나님으로 영화롭게도 아니하며 감사치도 아니하고 오히려 그 생각이 허망하여지며 미련한 마음이 어두워진 자들에 대하여 하나님께서는 그들을 마음의 정욕대로 더러움에 내어버려두신다고 했다. 사람이 하나님을 모르면 인생의 바닥에 떨어지게 되는데, 가장 쉽게 범하는 죄악이 음행이다(26-27절). 그 중에도 동성애는 가장 버림받은 죄인들의 표시이다. 사람이 마음에 하나님 두기를 싫어하면 하나님도 그를 상실한 마음대로 버려두셔서 모든 불의와 추악, 탐욕과 악의가 가득하게 되며, 악독, 시기, 분쟁, 비방, 교만, 거역, 무정함에 떨어지게 된다. 어떤 사람이 믿는다고 하면서 이런 각종 죄악들로 가득하다면 그는 하나님께 버림받은 자가 아닌지 두려워해야 한다. 바울은 이것이 하나님을 모르는 죄악된 인생의 현주소라고 말한다. 로마서 1장은 하나님을 모르는 자들과 알더라도 하나님을 영화롭게 하지 않고 감사드리지도 않는 자들의 상태를 말해준다. 이런 자들에 대한 하나님의 판결은 사형이다.

2. 스스로 의롭다 하는 사람들(2:1-16)

2장은 자기만 못하게 보이는 남을 판단한다고 해서 자신이 의로운 것은 아니며, 결국 남을 판단하는 그것으로 스스로를 정죄하게 되는데, 이는 자기가 판단하고도 같은 일을 행하기 때문이다. 그래서 내내 같은 심판을 받게 된다(2:2, 3). 불의를 행하는 자들은 대개 자기의 악행에 동의하는 자들을 찾게 되는데, 그것을 당 짓는 일이라고 한다. 그러나 당을 지어서 의견을 규합하여 여럿이서 남을 비평하고 판단한다고 해서 그것이 정당화되는 것은 아니며 결국 하나님의 법대로 진노의 심판을 받게 된다(2:8). 유대인이든 헬라인이든 선을 행하지 않고 악을 행하는 각 사람은 환난과 곤고로 심판을 받게 된다(2:9). 율법을 가지고 있고 율법을 알고 있다고 해서 하나님 앞에 조금이라도 유리한 위치에 있는 것이 아니다. 하나님은 사람들의 은밀한 것을 그 날에 다 심판하실 것이다.

3. 율법을 가지고 있다고 자긍하며 스스로 의롭다 하는 자들(2:17-3:8)

당시 유대인들은 성경을 가지고 있기에 그 율법을 의지하고 하나님을 자랑하며 율법의 교훈을 받아 하나님의 뜻을 알고 지극히 선한 것을 좋게 여기며 율법에 있는 지식과 진리의 규모를 가진 자로 자처했다. 그리고 스스로를 소경의 길을 인도하는 자요 어두움에 있는 자의 빛이라고 믿었다. 그러나 다른 사람을 가르치는 그것으로 자신은 가르치지 않았다. 도적질하지 말라고 가르치면서 자기는 도적질하고, 간음하지 말라고 가르치면서 자기는 간음을 행하고, 우상을 가증히 여기는 그가 우상의 전각에서 물건을 도적질한 것이다. 그들은 율법을 자랑하면서 그들이 자랑하는 바로 그 율법을 범하여 하나님을 욕되게 한다(23-24절). 자신들이 표방하고 자랑하는 그것을 가장 훼손하는 일을 하는 것이 타락한 인간의 육체이다.

사실 할례란 육체를 베어버리는 것을 의미하는데, 할례를 자랑하는 자들이 율법을 행하지 않으면 할례를 받지 않은 자들보다 나을 게 없다고 하면서 도리어 무할례자가 율법의 제도를 지키면 그 무할례를 할례와 같이 여길 것이라고 한다. 또한 무할례자가 율법을 온전히 지키면 의문과 할례를 가지고 율법을 범하는 자를 판단치 않겠느냐고 한다. 표면적 유대인이 유대인이 아니요 표면적 육신의 할례가 할례가 아니라 오직 이면적 유대인이 유대인이며 할례는 마음에 할 것이니 영에 있고 의문(儀文)에 있지 않으며, 그 칭찬이 사람에게서가 아니라 하나님에게서 온다고 말한다. 사람의 칭찬은 의미가 없다는 말씀이다. 하나님은 사람의 은밀한 것을 다 아신다.

4. 유대인이나 헬라인이나 사람은 다 죄인이다(3:9-20)

3장에서 바울은 궤변론자들을 향해 말하고 있다. 그들은 인간의 불의가 하나님의 의를 드러나게 하면 인간에게도 공이 있는 것인데 왜 심판을 하시느냐고 말한다. 어쨌든 성경은 이 세상에 의인이 하나도 없다고 선언한다. "의인은 없나니 하나도 없으며 깨닫는 자도 없고 하나님을 찾는 자도 없고 다 치우쳐 한가지로 무익하게 되고 선을 행하는 자는 없나니 하나도 없도다…저희 눈앞에 하나님을 두려워함이 없느니라". 이것이 모든 사람에 대한 하나님의 말씀의 진단이다. 그 누구도 이 말씀을 피해 갈 수 없다.

결국 율법의 역할은 모든 사람의 입을 막고 온 세상으로 하나님의 심판 아래 있게 하려는 것이다. 율법의 행위로는 하나님 앞에 의롭다 하심을 얻을 육체가 없으며 율법으로는 죄를 깨달을 뿐이다.

◊ 제 3 부 **칭의(Justification): 3:21-5:11**

1. 정의(3:21-31)

복음은 '율법 외에 나타난 하나님의 의'인데, 결국 구약의 율법과 선지자들도 이것을 증거했다. '하나님의 의'란 율법의 의, 인간 스스로의 의와 대조되는 말이다(롬 10:1-3). 사람은 율법을 지켜서 의에 이를 수 없다. 하나님은 의로우신 분이고 죄인을 구원하시는 일에서 그분의 의가 나타났다는 말씀이다(롬 1:17, "복음에는 하나님의 의가 나타나서"). 하나님께서는 우리를 사랑하심으로 독생자를 보내셨지만 그 아들 예수 그리스도께서 십자가에서 하나님의 심판을 받으신 것은 모두 그분의 의의 나타남이다. 즉 우리를 구원하시되 의롭게 구원하시기 위함이다. 우리의 죄는 이미 그리스도 안에서 심판되었고 우리는 하나님의 의로우심으로 인해 다시는 심판에 이르지 않는다. 이것이 하나님의 의이다. 율법의 행위로는 하나님 앞에 의롭다 하심을 얻을 육체가 없으나 예수 그리스도를 믿음으로 말미암아 우리는 하나님의 의를 얻은 것이다. 그 의의 선물을 넘치게 받는 자들은 생명 안에서 왕 노릇하게 된다.

23-24절은, "모든 사람이 죄를 범하였으매 하나님의 영광에 이르지 못하더니 그리스도 예수 안에 있는 구속으로 말미암아 하나님의 은혜로 값없이 의롭다 하심을 얻은 자 되었느니라"고 한다. 따라서 사람이 의롭게 되는 것은 우리의 행위와 전혀 무관하다(27-28절).

하나님께서는 이 예수를 그의 피로 인하여 믿음으로 말미암는 화목제물로 세우셨는데, 이는 하나님께서 길이 참으시는 중에 전에 지은 죄를 간과하심으로 자기의 의로우심을 나타내려 하심이니 곧 이때에 자기의 의로우심을 나타내사 자기도 의로우시며 또한 예수 믿는 자를 의롭다 하려 하심이다.

하나님은 유대인의 하나님만이 아니라 이방인의 하나님도 되시며, 할례자도 무할례자도 믿음으로 의롭다 하실 분은 하나님 한 분이시다. 그리고 이 믿음은 율법을 폐하지 않고 도리어 굳게 세운다.

2. 칭의의 예(4:1-25)

4장에 와서 바울은 구약의 아브라함과 다윗을 예로 들어 의롭다 하심을 얻은 것(칭의)에 대해 더 설명한다. 뭔가 일을 한 사람은 그 삯을 은혜로 여기지 않고 마땅히 받을 임금으로 여기겠지만, 아무 한 것이 없어도 경건치 않은 자를 의롭다 하시는 이를 믿는 자에게는 그의 믿음을 의로 여기시는데, 이는 하나님께서 사람의 행위가 아닌 믿음을 의로 여기시기 때문이다.

일한 것이 없이 하나님께 의로 여기심을 받는 사람의 행복에 대하여 바울은 다윗이 말한 것을 인용한다. "그 불법을 사하심을 받고 그 죄를 가리우심을 받는 자는 복이 있고 주께서 그 죄를 인정치 아니하실 사람은 복이 있도다"(시 32:1, 3). 또 바울은 아브라함이 믿음으로 의롭다 함을 받은 것은 할례시가 아닌 무할례시에 된 일이며, 그것은 무할례자로서 믿는 모든 자의 조상이 되게 하기 위함이라고 말한다. 또한 아브라함의 씨가 세상의 후사가 되리라고 하신 언약은 율법으로 말미암은 것이 아니요 오직 믿음의 의로 말미암은 것이다(이는 갈라디아서도 동일하게 말하고 있다-3:18, 29, 4:7, 롬 4:16 비교).

17절부터는 아브라함의 믿음에 대하여 상세하게 설명하고 있다. 그가 믿은 하나님은 어떤 분인가? 죽은 자를 살리시며 없는 것을 있는 것같이 부르시는 분이다. 그가 바랄 수 없는 중에 바라고 믿었으니 이는 '네 후손이 이같으리라' 하신 말씀대로 많은 민족의 조상이 되게 하려 하심을 인함이었다. 그가 백세나 되어 자기 몸의 죽은 것 같음과 그의 아내 사라의 태의 죽은 것 같음을 알고도 믿음이 약해지지 않고 하나님의 약속을 굳게 믿어 하나님께 영광을 돌리며 약속하신 그것을 능히 이루실 줄을 확신하였다. 그러므로 이것을 그에게 의로 여기신 것이다(22절).

오늘날 우리에게 주신 하나님의 복음의 말씀이 있다. 예수 우리 주를 죽은 자 가운데서 살리신 이를 믿는 것이다. 왜 그리스도께서 죽으셨는가? 우리의 죄를 위해서다. 왜 죽은 자 가운데서 살아나셨는가? 우리의 의롭다 함을 위한 것이다. 이 사실을 믿는 자들은 누구든지 아브라함처럼 의롭다 함을 받는다(23절).

3. 칭의의 결과(5:1-11)

그러므로 우리가 믿음으로 의롭다 하심을 얻었으니 우리 주 예수 그리스도로 말미암아 하나님으로 더불어 화평을 누리자고 한다. 늘 하나님을 두려워하는 가운데 지내온 우리에게는 그런 삶이 익숙지 않을 것이다. 그러나 우리는 믿음으로 서 있는 이 은혜에 들어왔으니 마땅히 하나님의 영광을 바라고 즐거워해야 한다. 우리는 심지어 환난 중에도 즐거워하는데, 이는 환난은 인내를, 인내는 연단을, 연단은 소망을 이루는 줄 알기 때문이다. 그 소망은 우리 같은 죄인들이 의롭게 될 뿐 아니라 성화되어 하나님의 영광에 이르는 것이며, 그것은 우리에게 주신 성령으로 말미암는다. 11절까지는 우리가 즐거워하는 이유에 대하여 계속 말한다. 그것은 우리가 아직 죄인 되었을 때에 그 아들 그리스도께서 우리를 위해 죽으심으로 하나님께서 우리에 대한 자기의 사랑을 확증하셨기 때문이고, 이제 우리가 그 피를 인하여 의롭다 하심을 얻었으므로 더욱 그로 말미암아 진노하심에서 구원을 얻을 것인데, 곧 우리가 원수 되었을 때에 그 아들의 죽으심으로 말미암아 하나님으로 더불어 화목되었으니 화목된 자로서는 더욱 그의 생명을 인하여 구원을 얻을 것이기 때문이다. 이와 같이 7-11절은 우리 죄인들을 위해 그리스도께서 죽으심으로 하나님의 사랑을 확증하심, 그리스도의 피로 인해 우리가 의롭다 함을 얻음, 또한 그로 말미암아 진노하심에서 구원을 얻음이 모두 이미 이루어진 사실임을 말해준다. 따라서 우리는 믿음으로 이 모든 것을 얻는다(1, 2절). 더 나아가 하나님은 우리로 의롭다 함을 얻고 그분과 화목케 되도록 구원하신 것만이 아니라 더욱 그분의 생명으로 그 아들의 형상을 이루도록 구원하신 것이다. 즉 이 구절들부터는 성화(sanctification)를 말하는데, 우리의 성화의 과정은 기쁨과 즐거움이어야 한다(5:1-3).

◊ 제 4 부 **성화(Sanctification) (5:12-8:13)**

1. 한 사람 아담으로 말미암아 죄가 세상에 들어옴 vs 한 사람 예수 그리스도로 말미암아 의와 은혜의 선물이 옴(5:12-21)

5장 12절부터는 죄의 근원을 말하는데, 뭐든지 치료를 하려면 근원을 밝혀내야 한다. 죄들(sins)을 용서받는 문제는 예수의 피로 되었지만(3장), 생활 가운데서 죄(Sin)에서 벗어나는 성화의 문제를 말하려면 죄의 뿌리를 들춰내야 한다. 죄는 한 사람 아담으로 말미암아 세상에 들어왔고 그로 말미암아 사망이 왔다. 아담 한 사람으로 말미암아 인류 가운데 죄가 들어와 왕 노릇 하게 되었고 그 결과 사망이 임한 것이다. 그럼 생명 안에서 왕 노릇 하는 것, 즉 성화는 누구로부터 오는가? 바로 그리스도이다. 12절부터 21절까지는 바로 이것을 말한다. 우리가 죄인 되었던 것이나 의인이 되는 것이 다 우리로 말미암은 것이 아니라는 것이다. 15절은 "한 사람의 범죄를 인하여 많은 사람이 죽었은즉"이라고 한다. 17절은 "한 사람의 범죄를 인하여 사망이 그

한 사람으로 말미암아 왕 노릇 하였은즉 (동일한 원칙으로) 더욱 은혜와 의의 선물을 넘치게 받는 자들이 한 분 예수 그리스도로 말미암아 생명 안에서 왕 노릇 하리로다" 라고 말한다. 생명 안에서 왕 노릇 하는 자들은 바로 은혜와 의의 선물을 넘치게 받는 자들이요 새 언약의 복음을 받은 자들이다. 죄는 사망과 관계 있고 의는 생명과 관계 있다. 죄는 아담으로부터 출생을 통해 자동적으로 물려받았고, 은혜와 의는 믿음으로 얻은 예수 그리스도의 선물이다(17절).

많은 사람이 정죄에 이른 것도 한 범죄로 말미암은 것이요 많은 사람이 의롭다 함을 받아 생명에 이른 것도 의의 한 행동으로 말미암은 것이라고 단언한다(18절). 19절은 "한 사람의 순종치 아니함으로 많은 사람이 죄인으로 조성된 것같이(many were consitituted sinners) 한 사람의 순종하심으로 많은 사람이 의인으로 조성된다(many will be constituted righteous)"고 말한다. 여기의 의인이 된다는 말은 온전히 의인으로 조성된다는 말이니 다만 죄 사함을 받아 의롭다 하심을 얻는 것과는 다르다. 이는 성질상 온전히 의인이 되는 것을 말한다. 이 구절들에서 '더욱(much more)'이라는 말은 매우 중요하다(15, 16, 17절). 아담보다 그리스도가 더욱 위대하시기 때문이다. 아담 한 사람 때문에 죄와 사망이 우리 안에서 왕 노릇 할 수 있었다면, 더욱 그리스도 한 분으로 말미암아 우리는 은혜와 의의 선물을 넘치게 받을 수 있고 생명 안에서 왕 노릇 할 수 있다는 것이다. 또 아담 한 사람으로 말미암아 죄인으로 조성될 수 있었다면, 우리는 더욱 한 분 예수 그리스도로 말미암아 의인으로 조성될 수 있다.

2. 그리스도의 죽으심과 부활에 연합됨(6:1-11)

3장과 4장에서 믿음으로 의롭다 함을 얻음(칭의)에 대해 말하고서 5장부터는 성화의 문제를 제기한다. 의롭다 함을 받는 문제는 하나님 앞에서 심판받고 영원한 멸망에 떨어지는 것을 면하는 죄들(sins)에서의 구원(salvation)의 문제이지만, 성화의 문제는 우리가 죄를 짓지 않고 의롭고 거룩한 삶을 사는바 죄(sin)에서의 구출(deliverance)의 문제이다. 5장 말미에서 바울은 죄가 더한 곳에 은혜가 더욱 넘쳤다고 한다. 그리스도께서 우리에게 주신 은혜는 아담이 물려준 죄악보다 훨씬 크다는 말씀이다. 그러니 혹 많은 죄를 범했다 해도 주님의 은혜는 더욱 넘친다고 한 것이다.

6장에서 바울은 이어서 그럼 은혜를 더하게 하려고 죄에 거하겠느냐고 하면서 그럴 수 없다고 한다. 여기서 바울은 십자가의 진리를 가져온다. "죄에 대하여 죽은 우리가 어찌 그 가운데 더 살리요". 예수의 죽음과 부활은 우리의 칭의(justification)를 위한 것일 뿐 아니라(롬 4:24-25) 더욱 성화(sanctification)를 위한 것이다. 우리가 침례를 받는 것은 그리스도의 죽음과 연합한 것을 의미한다. 침례는 장사를 뜻하기 때문이다(6:4). 죽지 않은 사람은 장사 지낼 수 없다. 우리가 믿은 후 침례를 받는 것은 그리스도의 죽음에 연합한 사실을 선포하는 것이다. 이는 우리가 눈으로 보는 사물보다 더욱더 사실인데, 이는 그것이 그리스도께서 이루신 것이요 변치 않는 하나님의 말씀이기 때문이다(벧전 1:23-25). 더욱이 침례는 죽음만을 의미하지 않고 그리스도의 부활에 연합하여 다시 사는 것까지 포함한다. "그리스도를 죽은 자 가운데서 살리심과 같이 우리로 또한 새 생명 가운데서 행하게 하려 함이니라"(4절).

6절에서는 "우리 옛 사람이 예수와 함께 십자가에 못 박힌 것은 죄의 몸이 멸하여 우리가 다시는 죄에게 종 노릇 하지 아니하려 함이니"라고 한다. 이 구절을 통해서 우리가 죄의 권세에서 벗어나는 문제는 우리의 노력에 있지 않고 순전히 예수의 십자가의 죽음에 근거함을 볼 수 있다. 그분의 십자가의 죽음은 우리 옛 사람을 죽음에 이르게 하였고, 죄의 몸을 실직하게 만들었으며(6절), 우리를 죄의 종 노릇에서 온전히 해방되게 히였다(7절).

그리스도의 죽으심이 영 단번의 일이요 우리 또한 그리스도의 죽으심에 연합하여 죽었으므로 죄에 대하여는 죽은 자로 여겨야 하고, 그분의 부활이 영단번의 일이요 우리도 그리스도의 부활에 연합하여 다시 살아난 것이니 그리스도 예수 안에서 하나님을 대하여는 자신을 산 자로 여겨야 한다(9-11절).

3. 복음 진리에 입각한 생활(6:12-23)

12절부터는 십자가와 부활의 사실에 입각하여 우리가 어떻게 매일의 삶을 살아갈 것인지를 말해준다. 우리는 우리의 지체를 불의의 병기로 죄에게 드려서는 안 되고 죽은 자 가운데서 다시 산 자같이 하나님께 드리며, 우리의 지체를 의의 병기로 하나님께 드리는 삶을 살아야 마땅하다고 말한다. 이것이 바로 믿음으로 사는 삶이다. 믿음이란 보이지 않으나 실제이신 하나님의 말씀을 실제화하는 것이다(히 11:1-3). 이것은 곧 헌신이다. 헌신은 우리 옛 사람을 드리는 것이 아니라 우리 안에 사시는 그리스도께서 우리를 다스리시도록 자신을 내어드리는 것을 말한다. 하나님께서 우리를 은혜의 자리에 두셨으니 죄의 세력은 더 이상 우리를 주관할 수 없다(5:2, 6:14). 율법 아래 있으면 죄를 지을 수밖에 없다. 그러나 우리가 은혜 아래 있으니 죄가 우리를 주관하지 못하는 것이다. 그리스도의 은혜는 우리를 죄에서 벗어나 하늘 길을 걷게 한다.

16절부터는 죄의 종이 된 결과와 의의 종이 된 결과를 비교하여 말해준다. 우리가 죄의 종이었다가 의의 종이 된 것은 복음 진리를 듣고 순종한 결과이니 우리의 지체를 부정과 불법에 드리지 말고 의에게 종으로 드리라고 말한다. 너희가 죄에게서 해방되고 하나님께 종이 되어 거룩함에 이르는 열매를 맺었으니 그 결과는 영생이라고 한다. 사망은 죄의 삯(wages)으로 주어지는 것이요, 영생은 그리스도 예수 안에서 거저 주시는 하나님의 선물(free gift)이다. 의롭다 함을 얻는 데서 성화로, 영생으로 이르는 모든 과정이 다 주 예수 그리스도의 은혜요 하나님의 선물이다. 하나님께 감사하고 찬미한다.

4. 육체 안에 거하는 죄, 율법의 기능(7:1-25)

로마서 6장은 우리가 죄에 대하여 죽은 것을 말하지만, 7장은 우리가 율법을 향하여 죽은 것을 말한다(갈 2:19). 바울은 우리가 율법에서 벗어났음을 말해주고 있다. 죄에 대하여 죽은 것만 알고 율법을 향해 죽은 것을 모르면 우리는 온전히 죄에서 벗어날 수 없다. 죄가 기회를 틈타서 계명을 가지고 우리를 속이기 때문이다(8-10절). 여기서의 남편은 한 면으로 율법이요 또 한면으로는 옛 사람이다. 율법과 옛 사람은 하나로 동역하는 존재이기 때문이다. 바울이 말하기를, 어떤 아내가 매사에 까다롭고 힘들게 하는 남편과 살다가 그 남편이 죽은 후에는 그에게서 자유하게 되듯이, 율법이라는 까다로운 남편이 있을지라도 우리 옛사람이 그리스도의 몸으로 말미암아 죽임을 당하였기에 율법-남편에게서 해방되었다고 말한다. 천지가 없어져도 율법은 일점일획이라도 없어지지 않기 때문에 그리스도께서는 우리를 그 율법 남편에게서 벗어나게 하려고 그분의 몸으로 말미암아 율법에 대하여 죽임을 당하게 하심으로 그 법에서 해방되게 하신 것이다. 우리가 육신에 있을 때에는 율법으로 말미암은 죄의 정욕이 우리 지체 중에 역사하여 우리로 사망을 위하여 열매를 맺게 했는데 이제는 우리가 얽매였던 것에 대하여 죽었으므로 율법에서 벗어났으니 영의 새로운 것으로 섬길 것이요 의문의 묵은 것으로 아니 할 것이다.

5절과 6절은 매우 중요하다. 5절은 복음을 모르고 율법 아래 있던 우리의 삶을 말하고-"우리가 육신에 있을 때에는 율법으로 말미암는 죄의 정욕이 우리 지체 중에 역사하여 우리로 사망을 위하여 열매를 맺게 하였더니", 6절은, "이제는 우리가 얽매였던 것에 대하여 죽었으므로 율법에서 벗어났으니 이러므로 우리가 영의 새로운 것으로 섬길 것이요 의문의 묵은 것으로 아니할지니라"고 한다. 복음을 깨달은 후의 성화의 삶을 말하는 것이다.

7절부터는 율법의 용도에 대하여 설명한다. 그러면 율법은 왜 필요한가? 율법은 과연 나쁜 것인가? 바울은 그렇지 않다고 말한다. 율법은 사실 선하고 영적이고 거룩한 것이며 원래는 생명에 이르게 할 목적으로 주어진 것이다(10절). 문제는 율법이 무엇인지 모르고 율법을 지켜보려 하다가 죄만 거듭 짓게 된 것이다(9-15절). 바울은 선을 행하려 하고 율법을 잘 지켜보려고 할수록 더욱 참담한 실패뿐이었다고 고백한다(16-20절).

수많은 실패 끝에 바울은 죄가 우리 육신 속에 거하는 하나의 법(法)이라는 것을 깨달았다고 고백한다(21절). 천지가 없어지기 전에는 율법의 일점일획이라도 반드시 없어지지 않고 다 이루어지는 것처럼, 우리 속에 거하는 죄도 우리가 율법을 지켜보려고 애를 쓰면 쓸수록 우리 속에서 더욱 활력 있게 역사하여 우리를 여지없이 실패하게 만드는 일정한 법칙을 가지고 있다는 것을 안 것이다. 그래서 바울은 우리 자신이 육신으로는 도저히 죄를 이길 수 없고 죄의 법을 섬길 수밖에 없다고 고백한 것이다(25절). 그러면서 우리를 죄의 법 아래로 사로잡아가서 늘상 죄를 짓게 만드는 이 상태에서 누군가가 우리를 구출해주지 않으면 죄에서 해방된 삶을 살기란 불가능하다는 것을 알고 "오호라, 나는 곤고한 사람일 뿐이라!"고 탄식한 것이다(24절). 따라서 바울은 마음으로는 하나님의 법을 사모하지만 육신으로는 죄의 법을 섬길 수밖에 없다고 고백한다(25절).

5. 내주하는 생명의 성령의 법이 죄와 사망의 법에서 우리를 해방하다(8:1-16)

우리 마음의 법은 하나님의 법을 섬기기 원해도 우리 육신 속에 있는 죄의 법이 더 강해서 선을 행하기 원하는 나를 사로잡아 늘 죄를 범하게 한다(7:22-23). 그러니 우리의 노력은 아무 소용이 없다. 그러므로 7장 마지막에는 죄를 짓지 않으려는 모든 노력과 율법을 지켜보려는 모든 시도를 내려놓는 탄식이 있다. 이것이 결국 8장의 승리를 가져다준다. 승리는 죄를 이겨보려는 모든 시도와 노력을 내려놓는 자들의 것이다.

"그러므로 이제 그리스도 예수 안에 있는 자에게는 결코 정죄함이 없나니". 왜 정죄함이 없는가? 생명의 성령의 법이 죄와 사망의 법에서 우리를 해방하기 때문이다. 더 이상 죄를 지을 일이 없으니 정죄를 당할 필요도 없다. 우리가 믿을 때 하나님께서 주신 성령, 새 생명도 우리 속에서 하나의 법이 되었다. 바울은 죄도 우리 안에서 하나의 법이고 성령도 법이라고 한다. 죄는 법으로 우리 속에서 작용하는데 성령은 다만 능력으로 그 때 그 때 역사하신다면 죄를 이기기란 불가능할 것이다. 법은 법으로 해결해야 한다. 사과가 나무에서 아래로 떨어지는 것은 만유인력의 법칙 때문이다. 그것을 지속적으로 우리의 손으로 들고 있기란 어렵다.

우리 속에서 죄가 발동하려고 할 때마다 성령의 능력을 발동시키기 위해 기도하고 힘쓰고 애써서 이기려 한다면 백이면 백 다 패할 것이다. 그러나 하나님께 감사드린다. 그분을 믿을 때 주신 성령은 법으로 우리 안에 계셔서 죄와 사망의 법이 역사하려고 하면 자동적으로 우리를 죄와 사망의 법에서 해방시키고 자유케 한다. 따라서 복음은 죄 사함만이 아니라 죄에서 해방되는 것도 포함한다.

로마서 8장 1-2절을 읽어보자. "그러므로 이제 그리스도 예수 안에 있는 자에게는 결코 정죄함이 없나니 이는 그리스도 예수 안에 있는 생명의 성령의 법이 죄와 사망의 법에서 너를 해방하였음이라". 이 말씀에 의하면 성령은 이미 우리를 죄의 법에서 해방하셨다.

그러면 정상적인 신자들의 생활은 어떠해야 하는가? 영의 인도를 따르는 것이다. 구원받은 성도들일지라도 영을 좇아 살 수도 있고 육신을 좇아 살 수도 있다. 우리는 육신을 따라 살아서는 안 되고 우리 안에 거하시는 하나님의 영의 인도를 따라 살아야 한다. 그러기 위해서는 먼저 우리의 생각이 영의 생각이 되어야 한다. 영의 사람이 되려면 우리의 생각이 중요하다. 영을 좇아 살려면 우리의 생각을 육신에 두지 말고 영에 두며 영의 일을 생각해야 한다. 육신의 생각은 사망이요 영의 생각은 생명과 평안이다. 육신의 생각은 그것이 아무리 좋아 보여도 하나님의 법에 굴복치 않으며 그 자체가 하나님과 원수가 된다. 우리는 육신에 거하는 자들이 되어서는 안 되며 하나님의 영이 우리 속에 거하시게 해야 한다.

그리스도께서 우리 안에 거하시면 몸은 죄로 인하여 죽은 것이나 영은 의를 인하여 생명이다. 예수를 죽은 자 가운데 살리신 이의 영이 우리 안에 거하시면 우리 안에 거하시는 그의 영으로 말미암아 우리의 죽을 몸에도 생명을 주신다. 우리 그리스도인들은 우리가 믿었어도 아직 우리의 몸에 죄가 거하고 있으므로 여전히 죄의 몸이요 사망의 몸이라는 것을 알 필요가 있다. 따라서 생각을 육신에 두는가 영에 두는가가 우리 삶의 관건이 되는 것이다. 생명의 성령의 역사는 우리의 생각을 생명이 되게 할 뿐 아니라 우리의 죽을 몸에도 생명을 주신다. 그러므로 우리는 육신에게 빚진 자처럼 육신대로 살아서는 안 되며, 영으로써 몸의 행실을 죽이면 살게 된다(12-13절). 이것은 장래 왕국에서의 상급도 포함하는 개념이다. 실제적으로 하나님의 영의 인도를 받아 사는 자들이 하나님의 자녀들이다(14절). 또한 우리는 무서워하는 종의 영을 받지 않고 아들의 영을 받았으므로 담대하게 하나님을 '아바, 아버지!'라고 부른다.

◊ 제 5 부 **영화(Glorification): 8:17-27**

1. 영광스런 하나님의 후사들(8:17-27)

8장 후반에서 바울은 하나님의 후사(하나님의 상속자)가 되는 문제를 이야기한다. 하나님의 아들들로서 생활하기 위해서는 영의 인도를 따르면 되지만 하나님의 영광스러운 후사가 되려면 고난도 함께 받아야 한다(막 10:30, 행 14:22, 딤후 2:9-13). 피조물들도 하나님의 영광을 상속받을 하나님의 아들들이 나타나기를 기다리고 있으며, 바울은 이 영광의 소망을 보이는 것들보다 더욱 바라며 사모했다(24절). 또한 우리 안의 성령도 우리의 연약함을 도우셔서 우리가 어떻게 간구해야 할 바를 알지 못하지만 오직 성령께서 말할 수 없는 탄식으로 우리를 위해 친히 간구하신다(8:26).

2. 맏아들의 형상을 본받는 후사들(8:28-30)

마음을 감찰하시는 이(하나님)가 우리 안에 계시는 성령의 생각을 아시는데(8:26-27), 이는 성령이 하나님의 뜻대로 성도를 위해 간구하시기 때문이다. 이 구절들에서 우리는 하나님께서 뜻이 있으셔서 우리를 부르신 것과 그분이 우리를 미리 아셨다는 황송한 말씀을 대하게 된다. 그러니 하나님을 사랑하는 자 곧 그 뜻대로 부르심을 입은 자들에게는 당연히 모든 것이 합력하여 선을 이룬다. 이는 성령의 간구에 대한 응답이라고 볼 수 있다.

3. 하나님의 사랑에서 끊어질 수 없는 후사들(8:31-39)

또 어떤 고난과 핍박과 어려움이 있어도 하나님께서는 가장 좋은 것을 주시는 분이며 그 누구도, 그 어떤 것도 우리를 그리스도 예수 안에 있는 하나님의 사랑에서 끊을 수 없다. 자기 아들을 아끼지 아니하고 우리 모든 사람을 위하여 내어주신 이가 어찌 아들과 함께 모든 것을 우리에게 은사로 주시지 않겠는가! 주 예수님은 죽으실 뿐 아니라 다시 살아나셨고 지금 하나님 우편에서 우리를 위해 간구하신다(34절). 여기에 택하신 자들을 위한 내적인 성령의 간구가 있고 하늘 보좌 우편의 아들의 간구가 있다. 이 모든 것이 하나님의 사랑이요 사랑의 보살핌이다. 따라서 환난, 핍박, 곤고, 기근, 적신, 위험, 칼도 우리를 그리스도 안에 있는 하나님의 사랑에서 끊을 수 없다. 성경에서 우리 그리스도인의 삶은 매일 주를 위하여 죽임을 당케 되며 도살할 양같이 여김을 받는 것임이 예고되어 있다(36절, 시 44:22). 그러나 이 모든 일에 우리를 사랑하시는 이로 말미암아 넉넉히 이긴다(8:37).

◊ 제 6 부 이스라엘에 대한 하나님의 섭리: 9:1-11:36

1. 동족 이스라엘의 구원에 대한 바울의 간절함

바울은 9장부터 동족 유대인에게로 향한다. 그는 이방에 복음을 전하는 사도로 위임받았지만 동족에 대한 사랑이 그 마음속에서 떠나지 않았으며 동족이 구원받기를 간절히 원했다.

2. 하나님의 선택에 따른 언약의 백성

그러면서 바울은 구약에서 하나님이 이스라엘을 선택하시고 그들과 언약을 세우신 것을 말한다. 조상들이 그들의 것이요 육신으로 하면 그리스도가 그들에게서 나셨다. 그럼에도 언약의 백성은 육신에 따라서가 아니라 전적으로 선택에 의해 이루어진다고 말한다. 아브라함의 씨가 다 그 자녀가 아니라 오직 이삭으로부터 난 자라야 그의 씨로 여겨진다. 또 쌍둥이 형제인 야곱과 에서가 아직 어머니 복중에 있을 때 하나님은 야곱을 사랑하고 에서는 미워하셨다. 그분의 경륜은 택하심에 있지 사람의 원함이나 달음질에 있지 않다고 하신다. 그분은 자신이 불쌍히 여길 자를 불쌍히 여기고 긍휼히 여길 자를 긍휼히 여기신다.

누구든지 이 일에 대하여 하나님께 왜 그렇게 하시느냐고 따질 수 없다. 그것은 하나님의 대권이다. 토기장이가 진흙 한 덩이로 하나는 귀히 쓸 그릇을, 하나는 천히 쓸 그릇을 만드는 권이 있는 것과 같다. 하나님께서는 영광 받기로 예비하신 긍휼의 그릇을 따로 선택하셨으며, 그러한 자들은 이방인 가운데에도 있음이 예언되어 있다. 호세아는 "내가 내 백성 아닌 자를 내 백성이라, 사랑치 아니한 자를 사랑한 자라 부르리라 너희는 내 백성이 아니라 한 그곳에서 저희가 살아 계신 하나님의 아들이라 부름을 얻으리라" 했고, 이사야는 유대인들이 믿음에 의지하지 않고 행위에 의지하다가 부딪힐 돌에 부딪혔다고 했다. "보라 내가 부딪히는 돌과 거치는 반석을 시온에 두노니 저를 믿는 자는 부끄러움을 당하지 아니하리라"(시 118:22, 사 28:16, 벧전 2:6).

3. 믿음의 말씀이 구원을 가져옴

10장에서도 바울은 계속해서 이스라엘의 구원을 위해 하나님께 간구한다. 이스라엘 백성의 문제는 무엇인가? 그들이 성경을 안다고 자부하지만 실상은 눈먼 자들이라는 것이다. 그들은 하나님의 의를 모르고 자신의 의를 세우려고 힘써 하나님의 의를 복종치 않았다. 1장과 3장에 이어 이곳에서도 하나님의 의를 말한다. 이 의(義)는 사람에게서 난 의가 아니라 하나님의 의이며, 믿음으로 말미암는 의이며, 모든 것을 다 이루신 그리스도의 말씀을 믿는 것이기에 우리가 할 것은 아무 것도 없다. 우리의 속죄양이 되시도록 그리스도를 모셔오기 위해 하늘에 올라갈 것도 없고, 우리의 의롭다 함을 위해 다시 살아나시도록 음부에 내려갈 것도 없다. 그리스도께서는 그분의 성육신과 죽으심과 부활로 구원의 역사를 다 이루셨고 이제 주의 말씀은 우리의 마음과 입에 가까이 있다.

4. 마음으로 믿고 입으로 시인함

그러므로 우리는 입으로 예수를 주로 시인하며 하나님께서 그리스도를 죽은 자 가운데서 다시 살리신 것을 마음에 믿으면 구원을 얻게 된다. 사람이 마음으로 믿어 의에 이르고 입으로 시인하여 구원에 이른다. 말씀이 이미 우리의 입과 마음에까지 왔으니 우리 편에서는 아무 것도 할 것이 없고 다만 마음으로 믿고 입으로 시인하면 족하다. 오늘 이 시대에는 유대인이나 헬라인이나 아무 차별이 없다. 누구든지 주의 이름을 부르는 자는 구원을 얻는다. 믿음은 들음에서 나며 들음은 그리스도의 말씀으로 말미암는다. "그 소리가 온 땅에 퍼졌고 그 말씀이 땅 끝까지 이르렀도다". 그러나 지금 이스라엘은 복종치 않는 상태에 떨어졌다. 따라서 하나님은 택한 백성을 시기 나게 하려고 구하지도 않고 찾지도 않던 이방인들에게 나타나셨다고 말씀하신다. 또 이스라엘을 대하여는 말씀하시기를, "순종치 아니하고 거스려 말하는 백성에게 내가 종일 내 손을 벌렸노라"고 하셨다.

5. 이스라엘의 남은 자들

11장은 이어서 말한다. 그렇다면 하나님께서 이스라엘 백성을 버리셨는가? 바울은 그럴 수 없다고 하면서 자신도 이스라엘 사람이요 아브라함의 씨에서 난 자요 베냐민 지파라고 말한다. 엘리야가 하나님께 이스라엘을 송사하기를 "그들이 주의 선지자들을 죽이고 나만 남았는데 내 목숨도 찾고 있다"고 하자 하나님께서는 "내가 나를 위하여 바알에게 무릎을 꿇지 아니한 사람 칠천을 남겨 두었다"고 하셨다. 그러므로 이와 같이 이제도 은혜로 택하심을 따라 남은 자가 있다는 말씀이다(5절). 구원의 역사는 은혜로 된 것이니 행위로 말미암지 않음을 다시금 강조한다(6절).

바울은 이방인인 로마 성도들에게, 자신이 이방인의 사도가 된 것을 매우 영광스럽게 여기는데 이는 이방인을 위한 복음 사역이 결과적으로 유대인을 위한 것이 될 것이기 때문이라고 한다. 수많은 이방인들이 믿고 주 예수께 돌아올 때 유대인들은 시기가 나게 되며, 결국 이방인의 충만한 수가 찰 때 하나님은 다시 이스라엘 백성에게로 돌아오신다고 했다. 그 때 온 이스라엘이 구원을 얻게 된다는 것이다(25-27절).

그러면서 이방인 믿는이들에게 유대인을 향해 자긍하지 말라고 한다. 유대인의 가지 얼마가 꺾이다 보니 이방인들이 접붙임을 받았으니 유대인을 향해서 높은 마음을 품지 말라는 것이다. 어쨌든 복음의 뿌리는 유대인이며 그들은 원래 좋은 감람나무이기 때문에 본성을 거스려 구원을 받은 이방인들보다 장래 훨씬 잘 접붙임을 받게 될 것이라고 한다.

6. 하나님의 부르심과 택하심에는 후회하심이 없다

바울은 하나님의 부르심과 택하심에는 후회하심이 없다고 하면서 유대인에게 소망을 준다. 지금은 그들이 순종치 않고 예수를 믿지 않지만 언젠가 긍휼을 입을 것이라고 한다. 그것은 이방인들이 과거에 믿지 않고 불순종하다가 현재 긍휼을 입은 원칙과 같다는 것이다. 하나님께서 모든 사람을 순종치 아니하는 가운데 가두어 두심은 모든 사람에게 긍휼을 베풀기 위함이라고 한다.

7. 하나님의 지혜와 지식의 부요함에 대한 송영

바울은 유대인과 이방인을 구원하시는 하나님의 경륜을 말하면서 하나님의 마음은 헤아릴 수 없다고 한다. "깊도다 하나님의 지혜와 지식의 부요함이여 그의 판단은 측량치 못할 것이며 그의 길은 찾지 못할 것이로다 누가 주의 마음을 알았느뇨 누가 그의 모사가 되었느뇨 누가 주께 먼저 드려서 갚으심을 받겠느뇨 이는 만물이 주에게서 나오고 주로 말미암고 주에게로 돌아감이라 영광이 그에게 세세에 있으리로다 아멘".

◊ 제 7 부 **새 생명을 얻은 자들의 삶(12:1-16:27)**

1. 교회 생활(12:1-21)

1장부터 3장에 걸쳐 언급된 죄인들은 6장의 십자가와 8장의 성령을 거쳐 12장의 그리스도의 몸으로 완성된다. 사실 성령이 없으면 그리스도의 몸은 있을 수 없다(고전 12:13). 그리스도의 몸인 교회는, 6장에서 옛 사람이 그리스도와 함께 십자가에 못 박히고, 7장에서 그리스도의 몸으로 말미암아 율법에 대하여 죽임을 당함으로 그 법에서 벗어나며, 8장에서는 생명의 성령의 법으로 죄와 사망의 법에서 해방되어 성령을 따르는 많은 지체들로 이루어진다.

그러므로 12장은 성령을 받은 새 생명의 사람들에게, 자신의 몸을 하나님이 기뻐하시는 거룩한 산 제사로 드려 생각이 새롭게 됨으로 변화를 받아 하나님의 선하시고 기뻐하시고 온전하신 뜻이 무엇인지 분별하도록 하라고 하며, 또한 마땅히 생각할 그 이상의 생각을 품지 말고 오직 하나님께서 각 지체에게 나눠주신 믿음의 분량대로 지혜롭게 생각하라고 권한다. 많은 사람의 각각 다른 은사가 더해져서 한 몸을 이루려면 서로 간에 높은 데 마음을 두어서는 안 된다. 우리가 한 몸에 많은 지체를 가졌으나 모든 지체가 같은 직분을 가진 것이 아니니 이와 같이 우리 많은 사람이 그리스도 안에서 한 몸이 되어 서로 지체가 되었다고 말한다. 더욱이 우리에게 주신 은혜대로 받은 은사가 각각 다르니 혹 예언이면 믿음의 분수대로, 혹 섬기는 일이면 섬기는 일로, 혹 가르치는 자면 가르치는 일로, 혹 권면하는 자면 권면하는 일로, 구제하는 자는 성실함으로, 다스리는 자는 부지런함으로, 긍휼을 베푸는 자는 즐거움으로 할 것이라고 했다.

또한 모든 성도들이 은사는 각각 다르지만 동일하게 힘써야 할 것이 있는데, 곧 형제를 사랑하여 우애하며 서로 존경하기를 먼저 하고, 소망 중에 즐거워하며, 환난 중에 참으며, 기도에 항상 힘쓰며, 성도들의 쓸 것을 공급하고, 손 대접하기를 힘쓰는 것이다.

믿는이들은 핍박을 당하더라도 저주하지 말고 축복하며(이는 주님의 명령이다), 즐거워하는 자들로 함께 즐거워하고 우는 자들로 함께 울며, 서로 마음을 같이하여 높은 데 마음을 두지 말고 도리어 낮은 데 처하며 스스로 지혜 있는 체 하지 말고 아무에게도 악을 악으로 갚지 않으며 모든 사람 앞에서 선한 일을 도모하고 할 수 있거든 모든 사람으로 더불어 평화해야 한다. 또한 친히 원수를 갚지 말고 진노하심에 맡기라고 한다. 또 악에게 지지 말고 선으로 악을 이기라고 한다.

2. 세상 권세에 대한 그리스도인의 태도(13:1-7)

12장이 그리스도인으로서 마땅히 가져야 할 교회 생활을 말한다면, 13장은 그리스도인들이 세상에서 어떻게 생활해야 하는지를 말해준다. 사도는 믿는이들에게 세상의 권세에 복종하라고 말한다. 모든 권세는 하나님께로부터 난 것이고 그 권세를 거스르는 자들은 하나님의 명을 거스르는 것이니 심판을 받게 되리라고 말한다. 또한 국세든 지방세든 세금을 잘 내라고 한다(6, 7절).

3. 사랑을 실천해야 한다(13:8-10)

그리스도인들은 사랑의 빚 외에는 사람들에게 돈을 꾸거나 빚을 지지 말아야 한다. 사랑은 모든 율법의 완성이며, 간음하지 말라, 살인하지 말라, 도적질하지 말라, 거짓 증거 하지 말라, 네 이웃의 집(아내, 남종, 여종, 물건 등)을 탐내지 말라는 계명들은 본질적으로 '네 이웃을 네 몸과 같이 사랑하라'는 한 계명 속에 다 들어 있다. 진실로 이웃을 사랑한다면 간음하지 않을 것이고, 도적질하지 않을 것이고, 더욱 살인은 결코 행할 수 없을 것이다. 사랑은 이웃에게 악을 행치 않는다.

4. 밤이 깊고 낮이 가까웠으니 어두움의 일을 벗고 빛의 갑옷을 입자(13:11-14)

바울은 지금 자다가 깰 때가 되었으며 밤이 깊고 낮이 가까웠다고 말한다. 당시 사도들은 주님의 재림이 임박했다고 믿었다. 그러니 지금은 어떻게 생각하고 생활해야 하겠는가! "낮에와 같이 단정히 행하고 방탕과 술 취하지 말고 음란과 호색하지 말며 쟁투와 시기하지 말고 오직 예수 그리스도로 옷 입고 정욕을 위하여 육신의 일을 도모하지 말라". 초기 교부 어거스틴은 바로 이 구절을 읽고서 회심했다고 한다.

5. 믿음이 연약한 자를 받고 화평의 일과 덕 세우는 일을 힘쓰라(14:1-15:13)

예로부터 지금까지 그리스도인이 자기의 성경 지식과 영적 체험 등으로 자기와 같지 않은 사람을 비판하고 받아들이지 못하는 것은 흔한 일이다. 그것은 좁아진 것이지 원래 그리스도인의 정신이 아니다. 로마서 14장은 바로 이러한 것을 지적하고 가르치는데, 많은 사람들이 이 말씀의 중요성을 간과한다.

14장 1절은 "믿음이 연약한 자를 너희가 받되 그의 의심하는 바를 비판하지 말라"고 한다. 비판하지 말고(not judge) 받으라는(but accept) 것이다. 간단히 말해서, 그리스도인은 자기와 좀 다르더라도 넓게 받아야 한다는 것이다. 고기를 먹는 것이 우상의 제물을 먹는 문제와 연관되다 보니 어떤 사람들은 고기를 먹지 않고 채소만 먹었다. 자연히 모든 것을 먹는 사람들은 믿음이 강한 사람들일 테고 채소만 먹는 사람들은 믿음에 있어서 약한 사람들이다. 이런 경우 믿음이 강하여 모든 것을 먹는 자들은 채소만 먹는 자들을 업신여기게 되고, 고기를 먹지 않는 자들은 먹는 자들을 판단할 수가 있다. 그러나 여기서 바울은 누구든지 살아도 주를 위해서 살고 죽어도 주를 위해서 죽는 것이라면, 주님을 위해 전적인 마음을 가진 자라면 다른 사람을 업신여기거나 판단하지 말고 받으라고 말한다. 형제를 업신여기거나 판단하는 사람은 심판대에서 큰 낭패를 보게 될 것이다(10-13절).

"그러므로 너희의 선한 것이 비방을 받지 않게 하라". 자신에게는 고기 먹는 것이 선한 것일지라도 달리 생각하는 형제들에게는 걸림이 될 수 있고 비방거리가 될 수 있다는 것이다. 하나님의 나라는 먹는 것과 마시는 것이 아니요 오직 성령 안에서 의와 평강과 희락이다.

이렇게 성도들을 걸려 넘어지게 하지 않고 범사에 성령 안에서 의와 평강과 희락으로 그리스도를 섬기는 자는 하나님께 기뻐하심을 받으며 사람에게도 칭찬을 받는다. 이러므로 우리는 화평의 일과 서로 덕을 세워주는 일을 힘써야지 자기의 아는 지식으로 형제를 걸려 넘어지게 하거나 망하게 하는 일을 해서는 안 된다. 바울은 고기나 포도주를 마시지 아니하여 연약한 형제로 거리끼게 하는 일을 아니함이 아름답다고 말한다.

믿음이 약한 사람이 의심하면서 먹는 것은 스스로 정죄에 빠지는 것인데, 이렇게 믿음으로 좇아 행하지 않는 모든 것이 죄다. 죄란 악을 행하는 것만이 아니라 믿음으로 하지 않는 모든 것이 죄이다. 스스로 해서는 안 될 일이라고 생각되면 하지 말아야 한다. 그래서 바울은 네게 있는 믿음을 스스로 가지고 있으라 하고 자기의 옳다 하는 바로 자기를 책하지 않는 자는 복이 있다고 말한다.

14장과 15장의 주제는 성도들이 서로 다르더라도 업신여기거나 비평하지 말고 주 안에서 받으라는 것인데, 서로를 받으려면 주 예수님처럼 남을 위해 살아야 한다. 주님은 한 번도 자신을 위해 사신 적이 없다. 주님은 다 받으신 분이다. 이방인인 우리를 받으심으로 하나님께 영광을 돌리셨고, 친히 할례를 받으심으로 할례자들을 수용하셨다. 그럼으로써 주님은 모든 열방이 이스라엘과 함께 즐거워하며 찬양하게 하신 것이다.

6. 복음의 완성

15장 13절부터는 이 서신의 마무리로 들어간다. 바울은 성도들이 스스로 선함이 가득하고 모든 지식이 차서 서로 권면하기를 바라고, 하나님께서 그에게 주신 은혜를 인해 담대하게 자신에 맡기신 사역을 말한다. 그것은 이방인을 위하여 그리스도 예수의 일꾼이 되어 하나님의 복음의 제사장 직무를 수행하는 것이다. 더욱이 그는 이방인을 제물로 드리는 그것이 성령 안에서 거룩하게 되어 받으심직하게 되기를 바랐다. 그러면서 그는 그리스도 예수 안에서 하나님의 일에 대하여 자랑하는 것이 있는데, 그것은 그리스도께서 이방인들을 순종케 하기 위해 그로 말미암아 말과 일이며 표적과 기사의 능력이며 성령의 능력으로 역사하신 것이다.

이러한 표적과 기사의 능력이며 성령의 능력으로 그는 예루살렘에서 일루리곤까지 그리스도의 복음을 편만하게 전했고, 이미 그리스도의 이름을 부르는 곳에는 복음을 전하지 않기를 힘썼는데, 이는 남의 터 위에 건축하지 않으려 함이었다고 한다. 이는 "주의 소식을 받지 못한 자들이 볼 것이요 듣지 못한 자들이 깨달으리라" 함과 같다.

22절부터는 바울이 계획했던 여정에 대해 말한다. 그는 로마로 가서 그곳의 성도들을 보고자 했지만 여러 번 길이 막혔다고 하면서, 이제는 그가 머물고 있는 지방에 일할 곳이 없고 또 여러 해 전부터 언제든지 스페인으로 갈 때에 로마 성도들을 보고 먼저 그들과 교제하여 약간의 만족을 얻은 후에 그들이 그리로 보내주기를 바란다고 했다. 그는 결국 사도행전 28장에서 죄수의 몸으로 로마에 갔다.

그러나 지금은 예루살렘의 가난한 성도들을 구제하는 헌금을 전달하기 위해 가는데, 이는 마게도냐와 아가야 사람들이 그들을 위해 기쁘게 얼마를 드렸기 때문이라고 한다(행 21장 참조). 그러면서 바울은 그들이 기뻐서 이 일을 했는데 사실을 말하자면 그들은 예루살렘 성도들에게 빚진 자들이며, 이방인들이 예루살렘 성도들의 신령한 것을 나눠 가졌으면 육신의 것으로 그들을 섬기는 것이 마땅하다고 했다.

그는 로마의 믿는이들에게 갈 때에 그리스도의 충만한 축복으로 나아가게 될 것을 확신한다. 하나님의 종의 방문은 성도들에게 축복이 된다. 바울은 로마의 성도들에게 이 모든 일을 위해 기도해달라고 한다. "형제들아 내가 우리 주 예수 그리스도로 말미암고 성령의 사랑으로 말미암아 너희를 권하노니 너희 기도에 나와 힘을 같이하여 나를 위해 하나님께 빌어 나로 유대에 순종치 아니하는 자들에게서 구원을 받게 하고 또 예루살렘에 대한 나의 섬기는 일을 성도들이 받음직하게 하고 나로 하나님의 뜻을 좇아 기쁨으로 너희에게 나아가 너희와 함께 편히 쉬게 하라". 그는 한 가지 한 가지 매우 섬세하게 언급하며 기도를 요청한다. 우리는 주를 위한 일과 성도를 섬기는 일에 그 모든 일을 놓고 하나하나 기도하지 않을 수 없다.

7. 교회에 대한 사랑의 문안과 송영

16장은 전체가 문안이다. 영적인 것은 현실과 동떨어진 어떤 무감각하고 무정한 돌이나 무쇠 같은 것이 아니다. 바울은 먼저 겐그레아 교회의 일꾼인 뵈뵈 자매를 그들에게 천거한다. 로마의 성도들이 뵈뵈 자매를 주 안에서 합당한 예절로 영접하고 무엇이든지 그에게 필요한 것을 보살펴주기를 바라면서, 그 자매는 여러 사람과 바울의 보호자가 되었다고 말한다. 당시의 교회는 하나였다. 바울 사도는 사도행전에 의하면 로마에 간 적이 없는데도 그들을 매우 사랑하고 보고 싶어했다.

당시 고린도에서 만난 브리스가와 아굴라가 지금은 로마에 있으며 그들의 집에서 교회가 모였다. 바울은 그들에게 문안하라고 하면서 그들은 바울 사도를 위하여 자기 목이라도 내어놓은 자들이라고 하였다. 그리고 이방인의 모든 교회들도 그들에게 감사한다고 하였다. 이어서 바울은 20여 명의 성도들에게 문안하는데, 한 사람 한 사람 이름을 불러가며 그들의 장점과 수고를 일일이 이야기한다. 또한 로마 이곳저곳의 모임에도 안부를 전하는데 당시 로마 교회는 이곳저곳에 작은 모임들이 있었던 것 같다(3, 14, 15절). 이 구절들을 통해서 하나님의 자녀들은 서로 사랑하고 관심해야 함을 알 수 있다.

17절부터는 교회를 지키라는 사도의 권면이다. 하나님의 종들은 적극적으로 진리를 가르칠 뿐 아니라 교회가 악한 교리나 악한 사람들에게서 보호받도록 지켜야 한다. 그 중 첫째가 사도들의 교훈을 거스르는 자들이다. "이같은 자들은 우리 주 그리스도를 섬기지 아니하고 다만 자기의 배만 섬기나니 공교하고 아첨하는 말로 순진한 자늘의 마음을 비혹하느니라". 교회에서 가장 핵심이 되는 것이 복음 진리이다. 왜 사람들이 복음에 순종치 않는가? 바울 사도는 그들이 자신의 배를 위하기 때문이라고 단정적으로 말한다. 자신의 배를 위하는 사람들은 복음을 순종치 않고 오히려 대적한다. 그들은 십자가를 모르고 자신들의 철학과 지식을 자랑하면서 복음 진리를 대적하는 것이다(골 2장 참조).

마지막으로 21-24절은 바울과 함께 있는 사람들(디모데, 누기오, 야손, 소시바더, 가이오 등)의 문안인사이다. 25-27절은 바울 사도의 복음에 대한 송영이다. "나의 복음과 예수 그리스도를 전파함은 영세 전부터 감취었다가 이제는 나타내신바 되었으며 영원하신 하나님의 명을 좇아 선지자들의 글로 말미암아 모든 민족으로 믿어 순종케 하시려고 알게 하신바 그 비밀의 계시를 좇아 된 것이니 이 복음으로 너희를 능히 견고케 하실 지혜로우신 하나님께 예수 그리스도로 말미암아 영광이 세세무궁토록 있을지어다 아멘".

고린도전서

주요 내용

교회의 여러 가지 문제를 처리하는 데 있어서 바울 사도는 그리스도와 그분의 십자가에 못박히심을 중심으로 가르친다. 교회를 온전하게 세우는 데 있어서 매우 균형 있고 온전한 진리의 가르침이 고린도 전서 전체에 가득하다. 교회를 잘 섬길 수 있는가를 배우려면 바울의 서신들을 잘 읽어야 하되, 특히 고린도 전후서를 잘 읽어야 한다.

고린도 전서는 사도 바울이 다메섹에서 주 예수님을 만나고서 25년 쯤 후에 쓴 서신이다. 안디옥에서 이방 세계에 교회를 세우도록 보내심을 받은 지 14년 만일 것이다. A.D. 59년경으로서, 사도행전 19장에 사도 바울이 에베소에 삼 년 정도 머물면서 두란노 서원에서 아시아 사람들을 가르친 것이 나오는데, 그 마지막 시기에 기록한 것이다. 이 시기에 바울 사도는 예루살렘에 들어가려고 큰 결심을 하고 있었으며 매우 힘든 상황에 있었음에도 고린도 성도들은 바울의 마음을 매우 괴롭게 하는 일을 했다. 고린도 교회는 바울에 의해 세워졌는데 그 가운데서 많은 문제들이 생겨났다. 바울은 큰 근심과 고통스런 마음으로 이 서신을 썼다(고후 2장).

◊ 제1부 **교회 가운데 분쟁을 처리하다(1-4장)**

1. 문안 인사와 하나님께 대한 감사

바울은 고린도 교회에 편지를 쓸 때 이름이 별로 알려지지 않은 소스데네라는 형제와 함께 썼다. 고린도 교회는 성령의 은사들에 부족함이 없었고 모든 구변과 모든 지식이 풍족했으며 주 예수의 다시 오심을 기다리는 교회였다. 바울은 그들에게 주신 하나님의 은혜를 인하여 항상 하나님께 감사를 드렸으며, 주께서 그들을 우리 주 예수 그리스도의 날에 책망할 것이 없는 자로 끝까지 견고케 하실 것이라고 했다. 또한 그들을 불러 그의 아들 예수 그리스도 우리 주로 더불어 교제케 하시는 하나님은 미쁘시다고 했다. 하나님이 우리를 성도로 부르심은 그 아들과 교제케 하기 위한 것이다.

2. 고린도 교회에 분쟁이 있음을 책망하다

10절부터는 그들 가운데 분쟁이 있음을 말하면서 "다 같은 말을 하고 너희 가운데 분쟁이 없이 같은 마음과 같은 뜻으로 온전히 합하라"고 권한다. 그들은 각각 "나는 바울에게, 나는 아볼로에게, 나는 게바에게, 나는 그리스도에게 속한 자라" 하면서 나뉘어졌다. 어떤 사람은 '나는 사람에게 속하지 않고 그리스도께 속한 자라' 한 것이다. 그러나 어떤 이유에서든 자신을 다른 사람과 분리시키는 것은 책망을 피할 수 없다. 바울 사도는 그들의 이러한 분쟁에 대해 그리스도께서 어찌 나뉘었느냐고 책망한다. 그리스도께서 나누어진 분이 아니라면 교회는 나누어질 수 없다. 교회는 그리스도의 몸이기 때문이다. 고린도 교회 가운데에는 음행, 송사 등 여러 죄악이 있었지만 바울은 그 모든 죄악의 뿌리를 분쟁에다 두고 처리하기 시작했다. 많은 육체의 죄악들이 있지만 분열보다 나쁜 것은 없다.

3. 하나님의 능력과 지혜이신 그리스도

왜 교회에서 분쟁이 일어나는가? 사람에게서 나오는 것이 분열이며, 바울은 그것이 인간의 지혜와 총명에서 비롯된다고 했다(19절). 그리고 하나님의 복음과 십자가 만이 그런 것들을 무효화시킨다. 십자가는 인간의 육체를 끝내고 죽음에 넣는다(갈 5:24).

2장 1-5절은 사도 바울이 말씀을 전할 때에 설득력 있는 말과 지혜의 아름다운 것으로 하지 않았으며 자신은 그리스도와 그의 십자가 외에는 아무 것도 알지 않기로 작정했다고 말한다. 분쟁의 원인이 육체의 지혜라면 그 해법은 십자가여야 한다. 세상의 지혜, 관원의 지혜는 결국 영광의 주를 십자가에 못 박았다고 말한다. 우리는 세상의 영을 받지 아니하고 하나님께로부터 온 영을 받았다. 육에 속한 사람은 성령의 일을 이해하지 못하고 분별하지 못한다.

4. 그들 가운데 시기와 분쟁이 있는 것은 아직 어린 아이 상태에 있기 때문이다

3장 말씀이다. 바울은 고린도 교회 분쟁의 근본 원인이 그들이 영적으로 어린아이 상태에 있기 때문이라고 보았다. 그들 가운데 아직도 시기와 분쟁이 있다는 것은 그들이 영적으로 어리다는 것을 나타낸다. 그들은 바울과 아볼로 등 주의 종들을 판단하면서 그들을 근거로 분쟁하고 나누는 일을 했는데, 바울이나 아볼로나 게바나 다 교회를 위해 주께서 주신 사역자들일 뿐이니 사람을 자랑하지 말라고 한다. 사람을 지나치게 자랑하는 일은 결국 하나님의 나라 가운데 분열을 가져온다.

5. 오직 자라나게 하시는 하나님뿐이다

주의 종들은 다 주께서 각각 주신 대로 교회를 섬기는 자들이며, 교회는 그리스도의 것이요 그리스도는 하나님의 것이다. 바울이 말한 순서를 보면 하나님께는 교회가 사역자들보다 귀하다. 심지어 바울은 심고 아볼로는 물을 주지만 자라나게 하시는 이는 하나님이시기에 자기들은 아무 것도 아니라고 말한다(7절). 성도들은 주님이 사용하시는 종들을 따라 나뉘지 말아야 한다.

6. 교회의 터는 오직 그리스도이시다

교회의 터(foundation)는 오직 그리스도이시고, 바울 사도 자신은 지혜로운 주 건축자(wise master builder)처럼 터를 닦았으니 누구든지 그 위에 건축하려면 오직 금과 은과 보석으로 건축해야 한다고 말한다. 그러므로 교회를 섬기는 사람들은 조심해야 한다. 왜냐하면 인간의 육체에 속한 것들인 나무와 풀과 짚으로 건축하면 그 날 주님이 오셔서 각 종들의 일한 공력을 불로 시험하실 때 다 타버릴 것이고, 오직 하나님께 속한 것들인 금과 은과 보석으로 건축한 것들만이 불의 시험을 통과하여 남기 때문이다. 주님이 다시 오실 때는 각 사람의 일생 주를 위해 수고한 공력이 불로 시험을 받게 되고, 불을 통과해도 금과 은과 보석처럼 남아 있다면 상을 받고, 나무와 풀과 짚처럼 다 태워지면 구원을 받되 불 가운데서 받는 해를 당한다.

7. 그리스도의 일꾼이요 하나님의 비밀을 맡은 자

4장 말씀이다. 바울은 자기를 그리스도의 일꾼이요 하나님의 비밀을 맡은 자라고 하면서 이렇게 말씀을 맡은 자들을 위해 구할 것은 충성이라고 한다. 성도들은 그들이 그리스도의 일꾼들로서 충성을 다하도록 기도할 뿐이다. 고린도 성도들은 주의 종을 위해 간구하는 대신 비판을 일삼았다. 그러나 바울 사도는 그러한 비판을 받는 것이 자기에게는 작은 일이며 '나도 나를 판단치 않는다'고 했다. 그런 일로 자신을 자책할 만한 일을 깨닫지 못하나 그렇다고 해서 그로 인해 의롭다 함을 얻지 못하며 오직 자기를 판단하실 이는 주님이시라고 단언했다. 주님이 오실 때 비로소 각 사람의 감취었던 마음이 하나님 앞에 드러나며 칭찬을 받게 될 것이라고 한다.

8. 바울과 아볼로가 고린도 교회를 위해 하나로 일한 본

바울은 그와 아볼로가 고린도 교회를 위해 하나로 일한 본을 보였다고 말한다. 즉 자신과 아볼로는 그들을 위해 심고 물을 주면서 하나로 일했는데 왜 우리를 인해 서로 대적하면서 교만한 마음을 먹느냐는 것이다. 또 바울은 고린도의 분파주의자들에게 무엇이든 다 자신과 아볼로에게서 배우고 받았으면서 어찌 받지 않은 것처럼 스스로 자랑하느냐고 했다. 고린도 성도들은 바울과 아볼로에게서 배웠으면서 그들을 제쳐놓고 스스로 왕 노릇했다. "너희가 이미 배부르며 이미 부요하며 우리 없이 왕 노릇 하였도다".

9. 바울은 고린도 교회에게 아비와 같은 존재이다

바울은 이어서 사도인 자신들이 어떤 사람들인지를 일깨워준다. "내가 생각건대 하나님이 사도인 우리를 죽이기로 작정한 자같이 미말(last of all)에 두셨으매 우리는 세계 곧 천사와 사람에게 구경거리(spectacle)가 되었노라 우리는 그리스도의 연고로 미련하되 너희는 그리스도 안에서 지혜롭고 우리는 약하되 너희는 강하고 너희는 존귀하되 우리는 비천하여 바로 이 시간까지 우리가 주리고 목마르며 헐벗고 매맞으며 정처가 없고 또 수고하여 친히 손으로 일을 하며 후욕을 당한즉 축복하고 핍박을 당한즉 참고 비방을 당한즉 권면하니 우리가 지금까지 세상의 더러운 것과 만물의 찌끼같이 되었도다". 오늘날 머리로 아는 지식으로 신자들을 가르치려는 사람들(선생)은 많으나 아비로서 복음으로 사람들을 낳고 기르는 사람들(아비)은 많지 않다. 바울은 그런 아비와 같은 사람이었다.

10. "나를 본받는 자 되라"

바울은 고린도 성도들에게 자신을 본받으라고 하면서 그의 믿음의 아들 디모데를 고린도에 보냈다. 바울은 교만하여 빗나간 성도들을 돌이키기 위해 이렇게 저렇게 최선을 다했다. 바울은 어떤 이들이 그가 고린도에 가지 않을 줄 알고 교만하여졌으나 주님이 허락하시면 반드시 가서 그들의 말이 아니라 능력을 알아보겠다고 하면서 하나님의 나라는 말에 있지 않고 능력에 있다고 하였다. "너희가 무엇을 원하느냐 매를 가지고 나아가랴 사랑과 온유한 마음으로 나아가랴?"

◊ 제 2 부 교회에서 음행하는 자를 처리하다(5장)

1. 고린도 교회가 음행하는 자를 물리치지 않음을 책망하다

교회 성도들이 이방인들보다 더 악할 수 있는가? 유감스럽게도 답은 그렇다는 것이다. 그것은 구약의 이스라엘과 유다도 그러했다. 어떤 신학자가 말하기를, 고단백질 음식이 썩으면 그 냄새가 훨씬 고약하다고 했다. 어떤 사람이 아비의 아내를 취하였다는 것은 계모와 간음을 범했다는 것인데, 바울 사도는 이런 일은 이방인 가운데도 없는 일이라고 했다. 더욱이 그가 그런 죄를 짓고도 회개하지 않은 것이다. 바울은 고린도 교회가 그런 자를 물리치지 않고 처리하지 않은 것을 책망했다. 그들은 그런 죄악이 교회 가운데 있는데도 처리하지 않고 도리어 교만한 상태에 있었던 것이다.

2. 적은 누룩이 온 덩이를 부풀게 한다

바울은 적은 누룩이 온 덩이를 부풀게 하는 것을 알지 못하느냐고 하면서 원래 교회는 누룩 없는 떡이며(무교병, unleavened bread), 주 예수께서 우리를 구속하신 것은 새 덩어리(new lump, "우리의 유월절 양 그리스도께서 희생이 되셨느니라"-7절), 곧 순전하고 누룩 없는 떡이 되게 하신 것이라고 한다. 이것이 진정한 유월절을 지키는 것이며, 오늘날 우리의 교회 생활은 구약으로 말하면 유월절, 무교절 등의 절기를 지키는 생활이다. 그러므로 무교절을 지키는 교회는 응당 그런 괴악하고 악독한 누룩을 내어버려야 한다. 사도 바울은 교회 중에서 음행하고 후욕하고 술 취하고 토색하는 자는 사귀지도 말고 그런 자들과는 함께 먹지도 말며 이런 악한 사람은 교회 중에서 내어쫓으라고 강하게 말했다.

◊ 제 3 부 **형제들 간에 소송하는 것을 책망하다(6장)**

1. 성도들 간의 일을 세상 법정에 송사하지 말라

오늘날 소위 교회라고 하는 단체 안에 법적 소송의 일이 비일비재하다. 그런 일이 초대 교회 때에도 있었다. 이런 일에 대한 사도 바울의 가르침을 보자. 첫째로 바울은 세상 법관들을 불의한 자들이라고 했다. 이것은 세상 법관들이 어떤 불의를 행하는 자들이라는 말이 아니라 그들의 하나님 앞에서의 위치와 생명이 그렇다는 것이다. 즉 그들은 하나님 앞에서 의롭다 하심을 받지 못하고 의의 생명을 얻지 못한 자들이다. 또한 바울은 세상 법관들을 교회에서 경히 여김을 받는 자들이라고 표현했다(4절). 그러면서 사도는 "성도가 세상을 판단할 것을 너희가 알지 못하느냐 세상도 너희에게 판단을 받겠거든 지극히 작은 일 판단하기를 감당치 못하겠느냐 우리가 천사를 판단할 것을 너희가 알지 못하느냐"라고 한다.

장래 성도들은 왕권을 가지고 오시는 그리스도와 함께 만국을 다스리게 된다. 그리고 그리스도와 함께 불의한 천사를 심판하게 된다. 그러므로 성도들이 그들 가운데 벌어진 사건을 가지고 세상 법정에 가는 것 자체가 불의요 완연한 허물이다(7, 8절).

사도 바울은 차라리 불의를 당하는 것이 낫지 않느냐고 한다.

2. 성령 안에서 씻음과 거룩함과 의롭다 하심을 얻음

불의한 자들은 하나님 나라를 유업으로 얻지 못한다. 즉 음란하는 자, 우상 숭배하는 자, 간음하는 자, 탐색하는 자, 남색하는 자, 도적, 탐람하는 자, 술 취하는 자, 후욕하는 자, 토색하는 자들은 하나님의 왕국을 유업으로 받지 못한다. 고린도 성도들 가운데도 그런 자들이 있었지만 이제 주 예수 그리스도의 이름과 우리 하나님의 성령 안에서 씻음과 거룩함과 의롭다 하심을 얻었다고 말한다. 참 은혜로운 말씀이다.

3. 너희 몸으로 하나님께 영광을 돌리라

다음은 음식과 성에 대한 것이다. 세상 사람들은 대부분 이 두 가지를 위해 산다. 그러나 성도들은 먹고 마시는 것과 성이 합법적일지라도 그것들에 조종과 통제받는 삶을 살아서는 안 된다. 우리 몸으로 주님을 위할 때 주님은 우리 몸을 위하신다. 이것은 몸의 문제이다. 하나님은 우리의 몸으로 하나님께 영광을 돌리라고 하신다. 만일 사람이 배나 음란을 위해 산다면 주님은 그런 사람의 몸을 위하지 않으신다는 뜻이 된다. 하나님께서 주 예수님을 다시 살리셨고 또한 그분의 권능으로 우리(그 몸으로 주님을 위하는 자)를 다시 살리실 것이다(14절).

"너희 몸이 그리스도의 지체인 줄을 알지 못하느냐 내가 그리스도의 지체를 가지고 창기의 지체를 만들겠느냐 결코 그럴 수 없느니라 창기와 합하는 자는 저와 한 몸인 줄을 알지 못하느냐…주와 합하는 자는 한 영이니라"(15-17절). 하나님은 우리의 영혼만이 아니라 몸을 그분의 피 값으로 사셨다고 하시며, 우리의 몸이 하나님께로부터 받은 성령의 전이라고 했다(19-20절). 따라서 음행의 죄는 다른 죄보다 더 심각한데, 다른 죄는 몸 밖에 있지만 음행의 죄는 그분의 성전인 몸 자체에 짓는 죄이기 때문이다.

◊ 제 4 부 혼인에 관하여(7장)

1. 혼인에 관한 바울의 권고

7장은 그리스도인의 결혼관이다. 바울은 그리스도인의 결혼에 대하여 대원칙을 말하는데, 근본적으로 남자는 여자를 가까이 하지 않는 것이 좋다고 말한다(1절). 그리스도인 남편과 아내의 성에 대하여는 기도할 틈을 얻기 위하여 합의상 얼마 동안은 분방할 수 있으나 사탄이 시험하지 못하도록 다시 합하라고 한다. 어떤 사람이 독신으로 주님을 섬기기 원한다면 바울은 그것을 찬성한다. 자기가 그런 사람이라고 한다. 그러나 절제하지 못하는 사람은 결혼해야 한다. 그렇지 않으면 시험을 이기지 못하고 죄를 짓게 되기 때문이다(9절).

그리고 일단 결혼한 후에는 이혼이나 별거를 하지 말라고 한다. 여자는 남편을 떠나서는 안 되고(서로 잠시 떨어지더라도 다시 합해야 한다), 남편도 아내를 버려서는 안 된다. 그러나 믿지 않는 배우자가 신앙을 인하여 헤어지고 싶어 한다면 가게 하되 모든 것은 다툼으로 하지 말고 최대한 화평 가운데서 해야 하며(15절), 신자 쪽에서 먼저 배우자를 버리려고 해서는 안 된다(12, 13절). 성도들은 배우자와 함께 가정생활을 하면서 최선을 다하여 믿지 않는 상대방이 구원받을 수 있게 해야 할 것이다(16절).

2. 혼인을 하든 안 하든 삶의 대원칙은 전심전력하여 주님을 위하는 데 있다

7장 마지막 부분은 처녀가 마음을 정하여 온전히 주님을 섬기기로 한 경우이다. 이에 대하여 바울은 주께 받은 계명이 없지만 자기의 의견을 고한다고 하면서(25절), 임박한 환난을 인하여 사람이 그냥 지내는 것이 좋다고 말한다. 그러므로 아내에게서 놓인 남편은 다시 아내를 구하지 말고 남편에게서 놓인 아내는 다시 남편을 구하지 말라고 한다. 그렇지만 장가를 가든 시집을 가든 죄 짓는 것은 아니라고 하면서 다만 결혼을 하면 육신에 고난이 있다고 말한다(28절). 또 남편이 죽은 여자의 경우 다시 시집을 갈 수 없는 것은 아니지만 주 안에서만 하라고 했다(39절). 그러면서도 바울은 여전히 자기처럼 그냥 지내는 것이 좋다고 권한다(40절).

사도 바울은 결혼 생활 자체에 너무 매이는 것을 염려했다. 그래서 바울은 아내 있는 자들은 없는 자같이, 우는 자들은 울지 않는 자같이, 기쁜 자들은 기쁘지 않은 자같이, 매매하는 자들은 없는 자같이, 세상 물건을 쓰는 자들은 다 쓰지 못하는 자같이 하라고 하면서 이 세상 형적은 지나가기 때문이라고 한다.

처녀가 시집가지 않고 그냥 지내는 것에 대하여 바울은 따로 하나님으로부터 받은 계명이 없으나 자기 의견을 고한다고 하면서 '나도 또한 하나님의 영을 받은 줄로 생각하노라'고 하였는데, 이는 주를 위한 사람의 충성된 의견이 때로 하나님의 말씀이 될 수 있음을 보여준다(바울이라는 사람의 의견이 성경 말씀이 되었다). 이는 그의 생각이 하나님의 생각과 일치되는 경지에 이르렀기 때문이다.

바울이 이렇게 말하는 데에는 대원리가 있다. 어떻게 하면 성도들이 육신에 매이지 않고 분요함 없이 전심전력해서 복음을 전하고 주님을 기쁘시게 섬길 수 있는지에 모든 삶의 초점을 맞추는 것이다(32-34절).

◊ 제 5 부 우상의 제물 먹는 문제에 대하여(8-10장)

1. 지식은 교만하게 하며 사랑은 덕을 세운다

당시 고린도 교회 중에는 그리스도인으로서 우상의 제물을 먹을 수 있지 않느냐는 질문이 있었다. 그 중에 특히 지식 있는 사람들이 질문한 것 같다. 9절의 '너희 자유함이'라든가 10절의 '지식 있는 네가'라고 말한 것을 볼 때 그러하다. 영적 지식이 있어서 양심이 자유로운 사람들은 먹을 수 있다고 주장했을 것이며, 양심이 약하여 우상의 제물 먹는 것은 죄를 짓는 일이고 우상 숭배에 참여하는 것이라는 관념을 가지고 있는 자들은 먹으면 안 된다고 했을 것이다. 그 중에 지식이 있어서 먹어도 된다는 사람들은 자신들의 지식을 내세우며 지랑하기까지 했던 것 같다.

그 때 바울의 가르침은 어떠했는가? 이것이 8장의 내용이다. "우리가 다 지식이 있는 줄을 아나 지식은 교만하게 하며". 인간은 나름대로 다 지식이 있지만 그 지식을 자랑하지 말라고 한다. 지식은 사람을 교만하게 하며(따라서 사람들에게 유익을 주지 못한다) 사랑은 덕을 세운다. 그러므로 무엇을 아는 줄로 생각하는 사람은 아직 마땅히 알 것을 알지 못하는 사람이다.

2. 너희 강함이 약한 자들에게 거치는 것이 되지 않게 하라

사도 바울은 우상의 제물 먹는 일에 대하여, 우상은 세상에 아무 것도 아니며 또한 하나님은 한 분밖에 없으시고, 한 하나님 곧 아버지가 계시니 만물이 그에게서 났고 우리도 그를 위하며 또한 한 주 예수 그리스도께서 계시니 만물이 그로 말미암고 우리도 그로 말미암았다고 한다.

그러나 이러한 지식은 사람마다 가질 수 있는 게 아니어서 혹자는 우상에 대하여 의미를 부여하고 어떤 음식은 우상의 제물로 알고 먹음으로 양심이 약하여지고 더러워진다고 하였다. 바울은 지식이 있다 하면서 한 형제의 양심을 약해지고 더러워지게 하는 것은 그리스도께서 위하여 죽으신 형제를 멸망에 이르게 하는 것이니 곧 그리스도께 죄를 짓는 것이라고 하였다. 우리가 아무리 지식이 있고 믿음이 있어서 행한다 해도 음식으로는 형제를 하나님 앞에 세울 수 없고, 도리어 실족하게 하는 일이라면 하지 말아야 한다. 그것은 그를 위해 죽으신 그리스도께 죄를 짓는 일이기 때문이다.

3. 모든 것을 복음을 위하여 하라

겉으로 볼 때 9장은 사도직의 변명과 복음 전파의 내용을 담고 있지만, 바울은 8장의 우상의 제물 먹는 문제가 마음에서 완전히 내려놓아지지 않아 그 이야기를 계속 전개하고 있다. 바울은 그가 다른 주의 일꾼들처럼 일하지 않고 사역할 권리가 있지만 손으로 일을 하면서 섬긴 것은 그리스도의 복음에 아무 장애가 없게 하려 함이라고 한다. 바울의 자랑과 상은 복음을 전할 때 값없이 전하고 복음으로 인하여 그에게 있는 권리를 다 사용하지 않은 것이다. 바울이 이렇게 자신의 합법적인 권리를 포기한 것은 무엇을 위해서인가? 어찌하든 다른 사람을 구원하기 위해서이며 더욱더 복음을 전하기 위해서이다. 이것이 바울의 생활의 원칙이었다. 그는 모든 사람에게 자유하였으나 스스로 모든 사람에게 종이 된 것은 더 많은 사람을 얻고자 함이라고 한다. 율법 아래 있는 자에게나 율법 없는 자에게나 여러 사람에 대해 여러 모양이 된 것은 아무쪼록 몇몇 사람들을 구원코자 함이라는 것이다. "내가 복음을 위하여 모든 것을 행함은 복음에 참예하고자 함이라".

4. "이기기를 다투는 자마다 모든 일에 절제하나니"

우리는 복음의 경주장에서 달음질을 하되 향방 없이 달려서는 안 되고 싸우기를 허공을 치는 것같이 해서는 안 된다. 썩지 않을 면류관을 얻고자 하는 자는 모든 일에 절제해야 한다. "너희도 얻도록 이와 같이 달음질하라". 상을 얻는 것은 곧 썩지 않을 면류관(왕관)을 얻는 것이다. 그리스도인이 상을 얻고 면류관을 얻으려면 경주장에서 향방 있게 달리고 자기 절제가 있어야 한다는 것이 9장의 중점이다.

5. 우상 숭배를 경고하다

9장에서 자신의 간증으로 운동장에서 달리는 본을 제시한 바울은 10장에서 이스라엘 백성의 사례를 들어 그리스도인의 노정이 얼마나 엄중한 것인지를 말해준다. 이스라엘 백성들은 모세의 인도 아래서 함께 홍해를 건너 소망을 품고 광야에 이르렀지만, 그 노정에서 우상 숭배, 간음, 주님을 시험함, 원망 등을 하다가 다수가 광야에서 쓰러져 멸망했다. 바울은 그 중에서 특별히 우상숭배를 언급하며 8장부터 말한 우상의 제물 먹는 문제를 결론짓고자 한다.

바울은 어떤 사람들이 지식이 있다고 하면서 형제들에게 거리낌이 되든 말든 우상의 제물을 먹고 마신다면, 그것이 결국 우상숭배에 참여하는 것이라고 단정했다. 우상숭배란 탐심이고 자기를 위한 것이다. 바울은 모든 것이 가할지라도 그것이 남의 덕을 세우지 못하고 오히려 해를 준다면 주님을 노여워하시게 하는 것이라고 했다. 이방인의 우상 숭배는 결국 귀신의 상에 참여하는 것이며 주님을 노여워하시게 하는 것이다.

6. 무엇을 하든지 하나님의 영광을 위하여 하라

그러면서도 25절부터는 상황에 따라 어떻게 행할 것인지를 섬세하게 말해준다. 당시 시장에 나온 많은 고기들이 우상의 제물로 드려진 후에 내다파는 것이었는데, 먹고 싶으면 묻지 말고 그냥 사서 먹으라고 했다. 그러나 누가 그것이 우상의 제물이라고 말하면 그것을 알게 한 사람과 그의 양심을 위해 먹지 말라고 한다. 사도 바울은 우리 그리스도인은 먹든지 마시든지 무엇을 하든지 다 하나님의 영광을 위하여 해야 한다고 하면서 먹고 마시는 것 자체에 의미를 많이 두지 말라고 한다.

"유대인에게나 헬라인에게나 하나님의 교회에나 거치는 자가 되지 말고 나와 같이 모든 일에 모든 사람을 기쁘게 하여 나의 유익을 구치 아니하고 많은 사람의 유익을 구하여 저희로 구원을 얻게 하라". 이렇게 그리스도인의 삶의 원칙은 다른 사람들의 유익을 위해 사는 것이다. 8장에서 시작된 우상의 제물 먹는 문제는 결국 믿는이가 남의 유익을 위해 살아야 한다는 말씀으로 결론을 맺는다.

◊ 제 6 부 **하나님의 행정과 질서(11-14장)**

1. 하나님이 세우신 질서

고린도 전서 1장부터 10장까지와 11장부터 16장까지의 논조에는 좀 차이가 있다. 10장까지는 성도들과 교회 내의 육체와 죄악을 처리하는 것에 중점이 있다면, 11장부터는 교회 문제를 다루긴 하지만 거기에는 보다 내적 진리에 대한 것과 하나님의 나라인 교회를 질서 있게 하려는 의지가 들어 있다.

이 면에서 바울은 자신을 본으로 제시했다. 그는 하나님이 세우신 질서에 순종하는 자였으며, 남자의 머리는 그리스도요, 여자의 머리는 남자요, 그리스도의 머리는 하나님이시라고 말한다. 이것이 하나님께서 우주 가운데 세우신 행정의 질서이다.

2. 여자가 집회에서 기도나 예언을 하려거든 머리에 수건을 쓰고 하라

그러므로 여자는 공 집회에서 머리에 뭔가를 쓰고 기도나 예언을 해야 하는데, 그것은 여자가 남자의 권위 아래 있다는 표시이다. 10절에서는 여자가 머리에 쓰는 것은 타락한 천사들이 하나님의 권위에 거역한 것을 찬성하지 않는다는 표시로 남자의 권위 아래 있음을 나타내는 것이라고 한다. 따라서 여자의 머리를 수건으로 가리는 것은 권위를 거스르는 타락한 천사인 마귀를 부끄럽게 하는 것이다.

그러면서도 바울은 여성을 비하하지 않는다. 주 안에는 남자 없이 여자만 있지 않고 여자 없이 남자만 있지 않으며 여자가 남자에게서 난 것같이 남자도 여자에게서 났고 모든 것이 하나님께로서 났다고 말한다. 그래서 여자는 머리를 길게 하는 것이 본성에 맞고 사실 여자가 머리를 밀고 다니는 것은 스스로에게 부끄러움이 된다. "만일 여자가 긴 머리가 있으면 자기에게 영광이 되나니 긴 머리는 쓰는 것을 대신하여 주신 연고니라"(15절).

3. 성만찬을 대하는 그리스도인의 태도

바울이 이렇게 말하는 것에는 이유가 있다. 그것은 고린도 교회에서 성도들 간에 분쟁이 있었기 때문이다. 바울은 교회 안의 편당과 분쟁을 해결하는 일을 말하기에 앞서 하나님의 행정과 질서의 문제를 바탕으로 깔아놓는다(11장 전반). 분쟁과 편당의 원인은 결국 하나님께서 교회 중에 세우신 질서가 깨진 데 있다. 교회의 가장 중요한 모임은 주의 만찬(성찬) 예배이다.

당시 고린도 교회는 성찬을 갖기 전에 애찬을 나누었는데 부자들과 가난한 성도들 간에 문제가 있었다. 그 때 바울은 그런 고린도 교회를 책망했다. "너희가 먹고 마실 집이 없느냐 너희가 하나님의 교회를 업신여기고 빈궁한 자들을 부끄럽게 하느냐"(22절). 바울은 이런 일로 그들을 칭찬하지 않는다고 하면서 먹으러 모일 때에 서로 기다리든지 배가 고프면 차라리 집에서 먹으라고 하였다(34절).

23절부터는 주의 만찬(성찬)의 본질을 말해준다. 주께서 잡히시던 밤에 떡을 가지고 축사하시며 "이것은 너희를 위하는 내 몸이니 이것을 행하여 나를 기념하라" 하셨고 또 식후에 잔을 가지시고 "이 잔은 내 피로 세운 새 언약이니 이것을 행하여 마실 때마다 나를 기념하라" 하셨다. 주님의 몸이라고 할 때 그 몸(교회)은 머리이신 그리스도의 권위 아래 있는 존재이다. 그리스도를 머리삼지 않은 몸은 존재의 의미가 없다. 바울은 주의 떡이나 잔을 합당하지 않게 먹고 마시는 자는 자기의 죄를 먹고 마시는 것이라고 한다.

4. 주님의 몸을 분변하지 못함으로 받는 징계

그리스도를 머리삼은 교회 안에서, 자신의 목숨을 주셔서 우리로 영원한 생명을 얻게 하신 주님을 기억하는 예배에서, 자신의 피를 흘리심으로 우리의 모든 죄를 사해주신 그 잔을 마시며 그분을 기억하는 자리에서 어찌 우리가 가난한 형제들을 멸시하며 가슴 아프게 할 수 있는가! 그렇게 주님의 몸을 분변하지 못하고 먹고 마신 자들은 주님의 엄한 징계를 받았다는 것을 일깨워준다. "너희 중에 약한 자와 병든 자가 많고 잠자는 자(죽은 자)도 적지 아니하니"(30절). 오늘날도 사람들이 하나님의 교회를 업신여기고, 하나님이 세우신 질서를 어지럽히고, 주님의 성찬을 함부로 대하다가 하나님의 심판을 받아 병들고 죽는 경우가 있다(32절의 '판단'은 '심판'이다).

5. 그리스도의 몸 안에 있는 다양한 은사들

12장부터는 교회 중의 은사들에 대한 것이다. 먼저 알 것은 성령을 받은 사람들은 다 은사가 있다는 것이다. 예수를 믿었는데 성령을 받지 않은 사람이 없고 성령을 받았는데 은사가 없는 사람이 없다(1-4절). 12장에서 말하고자 하는 것은, 그리스도의 몸은 하나인데 많은 지체가 있고(우리 사람의 몸처럼) 다양한 은사들이 존재한다는 것이다. 한 성령으로 침례를 받아 한 몸이 된 것이다. 몸 안에는 여러 다양한 은사와 직분이 있다. 그러므로 은사가 나와 다르다고 해서 쓸모없는 것이 아니다. 또 자기에게 뛰어난 은사가 있다고 해서 그것을 지나치게 자랑해서는 안 된다. 하나님께서는 몸의 지체들 가운데 어떤 지체는 너무 우월하고 어떤 지체는 못난 것이 아니라 골고루 고르게 되기를 기뻐하신다. 따라서 부족한 지체에게는 존귀를 더해주시고, 이미 아름다운 지체는 더 요구할 것이 없다고 하였다(24절).

6. 몸 가운데 분쟁이 없이 서로 같이함

하나님께서는 몸 가운데 분쟁이 없기를 바라신다(25절). 귀한 은사를 가졌다고 우쭐대서는 안 되며 오히려 몸의 더 약하게 보이는 지체가 도리어 요긴하다고 말한다(22절). 지체들이 서로 자기의 잘난 것이나 유용성만을 자랑한다면 어찌 몸이 이루어지겠는가! 성도들은 다 서로 지체 된 것을 알고 서로 돌아보아야 한다. 몸이란 한 지체가 고통을 받으면 모든 지체가 함께 고통을 받고 한 지체가 영광을 얻으면 모든 지체도 함께 즐거워한다(26절). 하나로 연결되었기 때문이다.

7. 교회 가운데 세워진 사역의 질서

또 다시 사도는 하나님께서 교회 가운데 세우신 질서를 알아야 한다고 강조한다. 11장은 여자와 남자 간의 질서를 말해주지만, 12장은 교회 가운데 세워진 사역의 질서를 말한다. 첫째는 사도요, 둘째는 선지자요, 셋째는 교사요, 다음은 능력이요, 그 다음은 병 고치는 은사와 서로 돕는 것과 다스리는 것과 각종 방언을 하는 것이라고 했다. 그러면서 바울은 다 사도겠느냐 다 선지자겠느냐 다 능력을 행하겠느냐 다 병 고치는 자겠느냐고 한다. 바울이 '첫째는, 둘째는, 셋째는, 다음은, 그 다음은…' 한 것은 질서를 나타낸다.

8. 사랑이 가장 좋은 길이다

12장을 마치면서 바울 사도는 더 큰 은사를 사모하라고 했다. 바울은 성도들이 은사를 받았지만 더 큰 은사를 얻을 수 있음을 말해준다. 더 큰 은사를 사모하라는 말은 사모하고 구하면 얻을 수 있다는 말이다. 그리고 13장에서 사랑을 말한다.

고린도 교회는 은사가 풍성한 교회였다(1:7). 그러나 좀 어지러움이 있었는데, 그것은 14장을 통해 알 수 있다. 그들은 제멋대로 자신들의 은사를 사용하고 발휘했던 것이다. 그럴 때 성도들이 유익을 얻지 못한다. 그래서 이 장에서 가장 중요하고 큰 은사는 사랑이라고 말하는 것이다. 사랑은 은사이기도 하고, 은사를 실행하는 길이기도 하다(12:31, 14:1). 사랑 없이도 교만한 영으로 예언, 방언, 구제, 능력을 행함 등을 다 할 수 있다(13:1-3). 이 구절들에서 예언하는 은사가 있어서 모든 비밀과 지식을 알고 또 산을 옮길만한 능력이 있다고 해도, 자신의 소유를 다 주고 몸을 불사르게 내어준다 해도 사랑이 없을 수 있다는 말씀이 놀랍다.

아무리 뛰어난 은사나 능력을 가졌어도 사랑이 없으면 그 은사가 아무 것도 아니다(소리 나는 구리나 울리는 꽹과리와 같다-1절). 바울은 예언도, 방언도 그치지만 사랑은 영원하다고 말했다. 심지어 믿음과 소망도 귀한 것이지만 그 중에 사랑이 제일이라고 한다. 우리 그리스도인이 다른 것은 없어도 꼭 가져야 할 미덕은 사랑이다. 사랑이 없으면 아무 것도 아니다(2절).

9. 예언은 가장 탁월한 은사이다

14장에는 교회 집회에서 은사를 발휘할 때 어떻게 할 것인지에 대한 권면이다. 고린도 교회는 당시 모일 때에 회중 가운데서 예언도 하고 방언도 하고 가르치기도 하고 계시의 말씀도 했다. 그런데 남에 대한 배려나 사랑이 없이 서로 나서다 보니 집회가 어지러워졌다. 특히 방언하는 사람들이 방언을 좀 남용한 것 같다. 14장은 시작부터 방언하는 것을 좀 제한하는 말을 하고 있다(2-23절). 사실 바울은 방언을 금하지는 않았지만 방언보다는 하나님의 말씀을 말해내는 예언을 하도록 격려한다(3, 4,

22, 31-32, 39절). 신약에서의 예언이란 무엇인가? 물론 예언이란 장래 일을 말하는 것이기도 하지만, 꼭 장래 일을 말해주는 것만이 예언은 아니다.

10. 예언의 본질

오늘날 소위 예언을 한다고 하는 많은 사람들이 성경적인 예언(prophesy)을 하지 않는 것을 본다. 우선 예언을 하려면 선지자의 은사, 즉 예언의 은사가 있어야 하는데, 그들을 선지자(prophet)라고 한다. 신약의 교회에도 선지자가 없는 것이 아니다(행 13:1, 고전 12:29, 32).

성경적인 예언이란 첫째로 성경의 말씀에 입각한 것이어야 한다. 진리를 근거로 하지 않은 소위 예언이란 엄청난 속임수일 수 있다. 둘째로, 진리에 근거하여 예언함으로 사람들 속에 있는 잘못된 사상과 생각들을 바로잡기도 하고 책망하기도 하고(24절) 올바른 길로 가도록 권면하기도 한다(24, 31절).

11. 모든 것을 적당하게 하고 질서대로 하라

14장의 중점은 그런 은사들을 질서 있게 행함으로 집회가 어지럽지 않도록 하는 것에 강조점이 있다(28-40절). 그리고 여자가 회중 가운데서 말하는 것에 제한을 두고 있다(34-38절). 11장부터 바울이 교회의 행정과 질서의 문제를 제기했다고 말한 바 있는데, 14장에서도 그의 이 부담은 계속된다. 바울은 집회에서 통역 없이 방언하는 것을 제한시키고, 여자들에게 교회에서 말하는 것은 부끄러운 것이니 오직 복종하고 잠잠하라고 하면서, 모든 은사받은 성도들이 교회에서 예언이든 가르치는 말씀이든 계시든 찬미든 은사를 발휘하는 것은 좋지만 질서대로 하라고 했다. 은사를 발휘하되 13장은 사랑으로 하라는 말씀이며 14장은 질서대로 하라는 말씀이다. 마지막 구절이 그것을 확실하게 한다. "모든 것을 적당하게 하고 질서대로 하라!"(40절).

◊ 제 7 부 **부활에 관한 문제**

1. 그리스도의 부활의 사실성

당시 바울 사도는 고린도에 부활을 부정하는 말들이 있음을 듣고 엄청 마음이 괴로웠을 것이다(12절). 그리스도의 부활을 부정하고 신자들의 몸의 부활을 부정하면 기독교 신앙과 교회는 무너진다. 사도행전을 읽어보면 바울의 복음전파의 핵심은 부활이다. 이것을 무너뜨리면 바울의 복음을 완전히 무너뜨리는 것이다. 이런 상황으로 인해 바울은 다시금 복음을 증거할 필요가 있었다. 복음은 그리스도께서 우리 죄를 위해 죽으시고 사흘 만에 다시 살아나신 것이다(1-3절). 바울은 열두 제자를 비롯하여 당시 생존해 있던 수백 명의 부활의 증인들을 내세우며 그리스도의 부활의 사실성을 증거했다(6절). 그리고 자신이 사도 된 것도 다메섹 도상에서 그에게 부활하신 그리스도께서 나타나셨기 때문이라고 한다. "나의 나 된 것은 하나님의 은혜로 된 것이니". 부활이 없으면 지금의 나 바울도 없다는 뜻이다(10절).

바울은 '그리스도의 부활이 없다면'이라는 가정 하에 많은 논리를 폈다(13-19절). 그리스도의 부활이 없다면 우리의 전파하는 것도 헛것이요 또 너희의 믿음도 헛것이며 우리는 하나님의 거짓 증인으로 발견될 것인데, 이는 우리가 하나님이 그리스도를 다시 살리셨다고 증거하였기 때문이며(15절), 만일 그리스도 안에서 우리의 바라는 것이 이생뿐이면 모든 사람 가운데 우리가 더욱 불쌍한 자일 것이라고 한다(19절).

2. 부활의 순서

20절부터는 부활의 비밀을 밝히는 내용이다. 아담 안에서 출생한 우리는 모두 사망 안에 있었지만, 믿을 때 그리스도 안으로 옮겨져 생명 안에 있게 되었다(요 5:24, 고전 1:22). 바울은 부활의 소망이 있으므로 때마다 위험을 무릅쓰고 날마다 죽는다고 고백했다(30-31절). 아담 안에서 모든 사람이 죽은 것같이 부활하신 그리스도 안에서 모든 사람이 생명을 얻을 것인데, 먼저는 첫 열매인 그리스도요, 다음에는 그리스도 강림하실 때에 그에게 붙은 자요, 그 후에는 나중이니 곧 그리스도께서 모든 정사와 모든 권세와 능력을 멸하시고 나라를 아버지 하나님께 바칠 때이다. 이것이 3단계의 부활로 말미암은 하나님의 역사와 경륜이다. 첫째 예수의 부활, 다음은 이기는 자들의 첫째 부활, 셋째는 추수의 부활이다. 이로써 새 하늘 새 땅이 임하게 된다. 그리고 마지막에는 사망도 불못에 던져지게 된다(계 20:14). 성경만이 사망이 불못에 던져져 없어질 것을 밝히 말한다. 우주 가운데 마귀에 의해 들어온 사망을 먼저는 이천년 전에 첫 열매이신 그리스도께서 부활로 말미암아 이기셨다.

3. 부활의 몸

또 부활에 대하여 의문을 품는 어떤 자들이 부활하면 어떤 몸으로 오느냐고 물었다. 이에 대하여 바울은 비밀을 열어 자세히 알려준다. 바울은 이 부활에 대하여 식물 곧 밀의 알갱이를 예로 들어 설명한다. 알갱이는 땅 속에 들어가 썩어 없어지지만 거기서 새로운 밀이 산출된다. 식물이 이렇게 비밀스런 부활이 있다면 어찌 사람의 몸의 부활이 없겠는가! 부활의 몸은 지금의 몸과 같이 약하고 천한 몸이 아니며, 해와 달과 별의 영광이 각각 다른 것처럼 부활의 몸도 각각 다르다고 하였다. 현재의 욕된 몸으로 심고 영광스러운 몸으로 다시 살며 약한 몸으로 심고 강한 몸으로 다시 산다고 하였다. 육의 몸이 있으면 영의 몸도 있으며, 육신의 몸은 이 세상에 사는 동안 필요한 몸이지만, 하나님의 나라, 천국에서 영원히 살 몸은 신령한 몸, 하늘에 속한 몸, 하늘에 속한 형상이어야 한다(43–49절).

4. 부활로 인해 주 안에서의 수고가 결코 헛되지 않음

마지막으로, 바울은 주님이 다시 오실 때에 만일 우리가 이 세상에 살아남아 있다면 순식간에 다 변화할 것이라고 말한다. 말하자면 죽어 무덤에 들어가지 않고 그냥 변화된 몸을 얻은 사람들도 있다는 것이다(51–52절). 물론 죽은 자들은 썩지 않을 몸으로 다시 살아나게 된다. 또한 부활의 능력은 오늘 이 시대에도 역사하여 사망을 이기게 한다(56절). “우리 주 예수 그리스도로 말미암아 우리에게 이김을 주시는 하나님께 감사하노니”(57절). 15장은 “그러므로 (부활의 소망을 가진) 내 사랑하는 형제들아 견고하며 흔들리지 말며 항상 주의 일에 더욱 힘쓰는 자들이 되라”고 하면서 마친다. 부활의 다음 세상이 있기에 주 안에서 성도들의 수고는 결코 헛되지 않다(58절).

◊ 제 8 부 **연보 문제 및 권면과 문안인사**

1. 성도를 위한 연보에 대하여

16장에서 바울은 고린도 교회에게, 당시 유대에 있는 교회에 흉년이 들어 궁핍하게 된 성도들을 위해 연보할 것을 장려한다. 그것은 갈라디아 교회들에게도 권한 바 있다고 했다. 주일마다 하는 연보를 모아 두었다가 한 무리의 사역자들이 그 연보를 예루살렘에 전달하겠다고 하는데, 바울은 자신도 함께 가는 것이 합당하다면 예루살렘에 가겠다고 했고 이것이 사도행전 21장의 내용에 해당한다. 결국 그는 한 무리 형제들과 이방 교회들이 드린 연보를 가지고 예루살렘을 방문했다.

2. 바울이 디모데를 고린도에 보내다

바울은 지금 자기는 고린도에 가지 못하지만 에베소에서 함께 있던 디모데를 보낸다. 이 이야기는 4장에서도 이미 언급한 바 있다(17절). 그는 디모데를 보내면서 고린도 교회에게 "너희는 조심하여 저로 두려움이 없이 너희 가운데 있게 하라 이는 저도 나와 같이 주의 일을 힘쓰는 자임이니라 그러므로 누구든지 저를 멸시하지 말고 평안히 보내어 내게 오게 하라 나는 저가 형제들과 함께 오기를 기다리노라"고 했다. 젊은 동역자에 대한 바울의 세심한 돌봄이 느껴진다.

3. 바울이 아볼로에게 고린도에 가볼 것을 권하다

바울은 또한 아볼로에게 고린도에 가보라고 권하였다(12절). 당시 고린도에 아볼로를 내세워 분열을 조장하는 무리가 있었지만 바울은 그것을 개의치 않고 아볼로를 고린도에 다시 가보도록 권했다.

4. 권면의 말

16장의 두 구절은 고린도 성도들을 격려하는 말씀이다. "깨어 믿음에 굳게 서서 남자답게 강건하여라 너희 모든 일을 사랑으로 행하라"(13-14절). 신자들은 약해서는 안 된다. 남자답게 강건하고 담대해야 한다. 주 안에서는 자매도 '사내아이'여야 한다(계 12장 참조). 또한 모든 일을 사랑으로 행하여야 한다. 또 고린도의 몇몇 형제들을 천거하면서 그들에게 복종하기를 권한다. 그들이 성도들을 섬기기로 작정한 것을 알기 때문이다. 스데바나의 집을 특별히 언급하고, 고린도의 소식을 가지고 에베소에 있는 바울에게 온 몇 형제들의 이름을 열거한다. 스데바나, 브드나도, 아가이고이다. 이들이 때에 맞게 와서 사도 바울의 필요를 채웠던 것 같다.

5. 마지막 문안인사

19절부터는 마지막 문안인사이다. 에베소를 비롯한 아시아의 교회들과 아굴라와 브리스가와 그 집에 있는 교회가 주 안에서 고린도 성도들에게 간절히 문안한다고 하였다. 에베소의 모든 형제들도 바울 편에 고린도 성도들에게 문안했다. 그는 이 편지를 쓸 때 처음부터 끝까지 온전히 그리스도의 사랑에 감동되어 있었다. "누구든지 주를 사랑하지 않으면 저주를 받을지어다 주께서 임하시느니라(마라나타)!" "주 예수 그리스도의 은혜가 너희와 함께하고 나의 사랑이 그리스도 예수의 안에서 너희 무리와 함께 할지어다". 사도의 사랑은 교회에 너무 필요한 요소이다(살전 3장 참조).

고린도후서

주요 내용 회개한 교회에 대한 바울 사도의 다정한 위로와 격려

고린도 후서는 사도 바울의 자서전이라 할 수 있는 책이다. 에베소에서 3년 정도 머물다가 끝 무렵에 고린도 전서를 쓴 바울이 에베소를 떠나 마게도냐에 왔을 때 다시 고린도 교회에게 쓴 편지이다. 바울은 고린도 전서에서 마게도냐를 지나는 길에 고린도를 방문할 의향을 밝혔다(16:5). 그러나 하나님의 섭리로 그는 고린도에 가지 못했다(고후 1:15-17, 23). 고린도 후서는 바울이 고린도 전서를 쓰고서 일 년 쯤 후 마게도냐에서 디도를 만난 다음 쓰여진 것이다(행 20:1, 고후 2:13). 그 후 바울은 다시 고린도에 왔고, 그곳에서 3개월을 머물렀으며, 그 때 로마서를 썼다(행 20:2-3).

◊ 제 1 부 **위로와 변명 그리고 신약 사역의 영광(1장-5:10)**

1. 자비의 아버지시요 모든 위로의 하나님

고린도 후서는 바울이 고린도 교회를 위로하기 위해 쓴 편지이다. 그는 하나님을 예수 그리스도의 하나님, 자비의 아버지, 위로의 하나님이라고 불렀다. 바울은 여기서 고린도 교회를 위로하기 원했다. 지난 번 고린도 전서를 쓸 때 바울은 그들을 향해 회초리를 든 아버지와 같이 엄하게 책망하는 글을 썼다(고전 4장, 고후 2장 참조). 그리고 그들은 회개했다(고후 7장 참조). 디도를 통해 그들이 회개했다는 말을 듣고서 바울은 고린도 성도들을 위로할 마음이 가득하여 이 편지를 쓴 것이다. 바울은 자신이 환난 중에 하나님께 받은 위로로써 교회를 위로하고 있다. 여기서 우리는 사역자가 자신이 체험한 것이 없으면 성도들을 위로할 자산이 없다는 것을 깨닫게 된다. 그는 자기 마음에 사형 선고를 받은 것 같은 환난을 당했는데, 이는 우리로 자기를 의뢰하지 말고 오직 죽은 자를 다시 살리시는 하나님만 의뢰하게 하심이라고 한다. 아시아에서 당한 환난이란 에베소에서의 연극장 사건일 수 있다(행 19장 참조).

2. 성도들에게 기도를 요청하다

그러면서도 바울은 "너희도 우리를 위하여 간구함으로 도우라 이는 우리가 많은 사람의 기도로 얻은 은사를 인하여 많은 사람도 우리를 위하여 감사하게 하려 함이라 우리가 세상에서 특별히 너희에게 대하여 하나님의 거룩함과 진실함으로써 하되 육체의 지혜로 하지 않고 하나님의 은혜로 행함은 우리 양심의 증거하는 바니 이것이 우리의 자랑이라"고 한다.

3. 하나님의 약속은 얼마든지 그리스도 안에서 '예'가 됨

그는 우리 주 예수의 날에 성도들과 사도들이 서로의 자랑이 되기를 원했다. 이러한 확신으로 바울은 그들로 두 번 은혜를 얻게 하기 위해 먼저 고린도에 갔다가 마게도냐를 거쳐서 다시 고린도에 갈 계획을 세웠었는데, 일정을 바꾸어 이번에는 고린도에 가지 않았다. 그 일로 고린도 성도들 몇몇이 바울은 왜 온다고 하고서 오지 않았느냐며 그가 변덕스러운 것이 아니냐고 했다. 그러자 바울은 그렇게 여정을 바꾼 것은 임의로 변덕을 부린 것이 아니고 다만 하나님께 '예' 한 것이라고 말해주었다. 하나님의 약속은 얼마든지 그리스도 안에서 '예'가 되고 그로 말미암아 성도들은 '아멘'하여 하나님께 영광을 돌린다. 또한 그가 고린도에 가지 않은 것은 그들을 아끼려 함이었다고 말한다(23절). "우리가 너희 믿음을 주관하려는 것이 아니요 오직 너희 기쁨을 돕는 자가 되려 함이니 이는 너희가 믿음에 섰음이라"(24절).

4. 교회를 향한 사도 바울의 넘치는 사랑

2장에서 사도 바울은 왜 그가 고린도에 가지 않았는가를 적극적으로 해명한다. 그것은 그가 근심으로 고린도 성도들에게 나아가지 않기 위함이었다. 성도들을 지나치게 염려하여 주님께서 하실 일을 사역자들이 하게 되면 성도들의 믿음을 주관하는 것이 될 수 있기 때문이다(1:24).

5. 죄를 범한 한 형제를 깊이 관심하다

바울이 이번에 고린도 교회에 가지 않은 것은 오로지 근심하는 마음으로 그들을 대하고 싶지 않아서였다. 바울은 중한 죄를 범한 형제를 많이 생각하면서(고전 5장) 그가 이미 많은 사람에게서 책망과 벌을 받은 것으로 족하니 차라리 그를 용서하고 위로하라고 한다. 그렇지 않으면 그가 너무 많은 근심에 잠길까 두렵다고 하면서 그에게 사랑을 나타내라고 권한다. 그러나 그를 용서하는 데 있어서 사도는 교회가 앞장

서기를 바라고 있다. "너희가 무슨 일이든지 뉘게 용서하면 나도 그리하고…"(2:10). 사역자들은 교회의 주인이 아니며 모든 사람의 종이다.

6. 우리는 하나님 앞에서 그리스도의 향기이다

당시 바울은 그리스도의 복음을 위해 드로아에 왔는데 주 안에서 문이 열렸으나 디도를 만나지 못하므로 심령이 편치 못하여 그들과 작별하고 마게도냐로 갔다(행 20:1). 거기서 그는 동역자 디도를 만나 고린도 교회가 회개했다는 좋은 소식을 듣고서 너무 기뻤다. 그러면서 바울은 "항상 우리를 그리스도 안에서 이기게 하시고 우리로 말미암아 각처에서 그리스도를 아는 냄새를 나타내시는 하나님께 감사하노라"고 한다. 또한 그들은 구원 얻는 자들에게나 망하는 자들에게나 하나님 앞에서 '그리스도의 향기'라고 말한다. 여기서 우리는 바울이라는 사람이 온전히 그리고 전적으로 그리스도만을 위해 사는 것을 본다. 말씀의 사역자들은 그들의 입의 말이나 행동 이전에 그 사람 자체에서 풍기는 인품의 향기가 있어야 한다. 사도 바울은 복음이란 바로 그 향기라고 말한다. 수넴 여인은 엘리사와 대화를 해본 적이 없었지만 다만 선지자가 지나다니는 것을 보고 그가 하나님의 사람인 것을 알았다(왕하 4:9).

하나님의 말씀을 전하는 자들은 많은 이들처럼 행상하듯 하지 말고(not peddling), 순전함으로 전하되 하나님께 받은 것같이 하나님 앞에서와 그리스도 안에서 말해야 한다.

7. 새 언약의 일꾼들

바울은 사역이란 사람이 어떤 일을 하는 것이 아니라 그 사람 자신에게서 풍기는 냄새라고 했다. 신약의 사역자란 그 사람 자신이 온전히 예수 그리스도로 점유된 사람이요 어디를 가든지 그리스도를 아는 냄새를 나타내는 사람이다.

3장 말씀이다. 당시 초대 교회에서는 어떤 신자가 다른 지방의 교회에 갈 때 장로들이 천거서를 써서 보내곤 했는데, 이에 대해 바울은 자신이 사역한 성도 자체가 천거서라고 말한다. "너희가 우리의 편지라 우리 마음에 썼고 뭇사람이 알고 읽는 바라". 그들 자신이 그리스도의 편지로서 사도의 마음에 쓰여 있고 뭇 사람이 알고 읽을 수 있다는 것이다. 구약은 밖의 돌비에 쓰여진 것이지만 신약은 내면의 육의 심비에 쓰여진다. 이런 사역은 사람이 할 수 있는 것이 아니며 오직 하나님의 영으로만 가능하다. 바울은 자신들이 이런 귀한 신약 사역의 일꾼이 되도록 하나님께서 자기들을 능하게 하셨다고 말하며, 이는 지식(의문)의 사역이 아닌 영의 사역이요 사람을 정죄하여 죽이는 사역이 아닌 은혜를 공급하여 사람을 살리는 사역이라고 말한다.

8. 주의 영이 계신 곳에는 자유함이 있느니라

구약에서 모세의 율법의 사역도 영광이 있었지만 그 영광은 잠시 있다가 없어질 것이기에 모세는 그것을 주목하지 못하게 하려고 수건으로 얼굴을 가렸다. 그러나 영의 사역은 그 영광이 영원하며 더욱 영광 가운데 남아 있을 것이다. 오늘 우리가 모세의 얼굴을 가렸던 율법의 수건을 벗은 얼굴로 주의 영광을 바라볼 때 우리도 영광에서 영광으로 변화되며, 이는 온전히 주의 영으로 말미암는다(고후 3:18). 신약의 사역을 받는 자들은 주의 영광을 바라보는 것이 중요하다.

요한복음 14장에서, 예수께서 아버지께 구하여 또 다른 보혜사를 그들에게 주시면 "세상은 다시 나를 보지 못할 터이로되 너희는 나를 보리니 이는 내가 살았고 너희도 살겠음이라"(19절) 하셨다. 신약의 계시에 의하면 오순절에 강림하신 성령이나 다시 오실 영광의 주님이나 다른 분으로 말한 것 같지 않다. 요엘 선지자의 예언은 분명히 주의 날에 있을 일(종말에 이루어질 일들)을 예언한 것이다(욜 2:28-32). 베드로와 열한 사도들은 요엘의 말세의 예언을 오순절 성령 강림에 적용하였다. 오늘 신자들은 초림하신 주님, 재림하실 주님, 우리 안에 성령으로 내주하시는 주님을 각각 다른 분으로 여기지 말고, 본질상 같은 분이시니 똑같이 귀하게 여겨 순종하며 동행해야 한다(빌 1:21, 갈 2:20, 골 1:27). 바울 사도는 고린도 후서 3장 17절에서 "지금 주는 영이시니"(now the Lord is the Spirit)라고 하였다.

오순절 이후 주님이 성령으로 오신 이래(고후 3:17) 우리는 순간순간 그분의 영광을 바라볼 수 있으며(요 14:19, 16:16), 그럴 때 그분의 형상으로 변화될 수 있다. 그럼에도 바울 사도가 말하는 것은 고린도 신자들에게 당시 그분을 보지 못하게 가리는 것이 있으니 바로 율법의 관념이라는 수건이다. 그러나 언제든지 주께로 돌이키면 그 수건이 벗어진다고 했다. 그렇게 해서 우리는 한 단계의 영광에서 또 다른 단계의 영광으로 변화되는데(고후 4:17 참조), 그 모든 것이 주의 영으로 말미암는다고 하였다(고후 3:18下). 고린도 후서 3장에서 사도 바울은 새 언약의 영의 직분(ministry of the Spirit)이 얼마나 탁월한지를 강조한다.

9. 이 복음은 그리스도의 영광의 광채가 우리 마음에 비취는 것이다

4장에서 사도 바울은 이 귀한 사역을 받았기에 긍휼하심을 입은 대로 낙심하지 않는다고 말한다. 구약의 율법 사역 아래서는 숨은 부끄러움의 일을 버릴 수 없었다. 사람 내면을 깨끗케 할 수 없으므로 따라서 위선을 피할 수 없었다. 그러나 새 언약의 사역자는 교활하게 행하지 않을 수 있으며, 따라서 담대하게 하나님의 진리를 각 사람의 양심에 증거할 수 있다. 복음은 그리스도의 영광의 복음의 광채가 우리 마음에 비취는 것이다. 복음은 그리스도의 향기요(2장), 그리스도의 편지요(3장), 그리스도의 영광의 광채이다(4장).

그럼에도 바울은 자신을 전파하는 것이 아니라 그리스도 예수의 주 되신 것과 예수를 위하여 그들이 성도들의 종 된 것을 전파한다고 했다(5절). 복음 전파자들은 예수를 높여야 하고 성도들에게는 섬기는 종이 되어야 한다(5절上). 자기를 사람들 위에 높이는 자는 복음의 종이 아니다.

10. 우리가 이 질그릇에 보배를 가졌으니

첫째날 빛이 비췸으로 시작된 옛 창조에 비할 때 복음은 새 창조를 만들어낸다(6절). 어두운 데서 빛이 비취리라 하시던 그 하나님께서 그리스도의 얼굴에 있는 하나님의 영광 아는 빛을 우리 마음에 비취심으로 우리는 새로운 피조물이 되었다(고후 5:17). 이렇게 예수를 믿은 자들은 연약한 질그릇 안에 보배를 가진 자들이다. 이 보배는 우리 안에서 능력이 심히 크신 하나님이시다. 그러므로 사방으로 우겨쌈을 당해도 싸이지 않고, 답답한 일을 만나도 낙심하지 않고, 핍박을 받아도 버린 바 되지 않고, 거꾸러뜨림을 당하여도 망하지 않는다. 부활의 능력, 그 크신 하나님의 능력이 우리 안에 있기 때문이다. 이런 생명 능력은 사망 가운데서 빛을 발한다.

11. 겉사람은 후패하나 우리의 속은 날로 새롭도다

그러므로 우리가 낙심하지 않는 것은 겉 사람은 후패하나 우리의 속은 날마다 새롭기 때문이다. 우리가 이 세상에 살 동안 잠시 받는 환난의 경한 것이 영원한 영광의 중한 것을 우리에게 이루어지게 한다.

12. 하늘로부터의 처소로 덧입기를 사모하다

5장은 사도 바울의 가르침이나 권면보다는 자신의 내면의 심리를 말해주고 있다(1-10절). '이렇게 수고하다가 죽는다면…겉사람은 후패해가고 있는데…' 하는 탄식이 없는 것은 아니다. 그러나 만일 땅에 있는 우리의 장막집이 무너지면 하나님께서 지으신 집, 곧 손으로 지은 것이 아닌 하늘에 있는 영원한 집이 우리에게 있는 줄 안다고 말한다. 하늘로부터의 처소, 곧 우리가 거할 영원한 집은 부활의 몸인 동시에 요한복음 14절 1-3절처럼 하늘의 영원한 집으로서 처소의 개념이 들어있다. 바울이 이 땅에 거하는 동안 탄식하며 간절히 사모하고 원하는 것은 죽음을 보지 않고 하늘로 들림받는 것, 곧 휴거이다. 하늘로부터의 처소로 덧입는다는 것은 죽음을 거치지 않은 채 부활의 몸을 입고 공중으로 들어올려져 주님을 만나는 것이다(살전 4:17). 그렇지만 또 한편 사도 바울은 이 세상에 거하든지 떠나든지 늘 주님을 기쁘시게 하기 위해 힘을 다한다고 하였다. 이는 언젠가 그리스도의 심판대 앞에서 신자들이 선악 간에 행한 일들을 따라 상을 받든지 징계를 받을 것이기 때문이다(5:10).

신약성경에서 신자들의 소망에 대하여 하늘에 거할 영원한 처소를 말하고 있으나 그보다는 그리스도의 재림과 동시에 성도들의 받을 심판과 상을 더욱 강조한다 (빌 3:20-21, 딛 2:11-13, 고전 1:7, 4:5, 살전 1:9-10, 2:19. 3:13, 4:15-17, 5:23, 히 10:36-37, 딤후 4:6-8, 약 5:7, 요일 3:2-3, 행 17:30-31).

바울은 5장 10절에 자신을 포함한 그리스도인이 그리스도의 심판대에서 심판을 받는다고 하였다. 이것은 계시록 20장의 크고 흰 보좌의 심판과 다르다. 성경은 분명히 2회 심판을 말한다. 신자들의 변화와 부활이 불신자들보다 먼저 이루어지며 그 다음 악도들의 부활이다. 차례대로 이루어진다는 것이 성경의 계시이다(요 5:28-29, 고전 15:22-24, 51-52, 살전 4:14-18). 즉 불신자들 곧 악도들이 계시록 20장 후반의 백보좌 심판대에서 심판받기 전 먼저 신자들의 심판이 있다. 신약의 말씀에 의하면 그리스도는 먼저 그분의 집 사람들을 심판하신다(벧전 4:17). 요한계시록 14장의 추수에 대하여도 순차적인 것임을 볼 수 있다. 하나님은 그분의 성도들을 별도로 먼저 취급하시는 것이 신약 성경에 분명히 드러난다(마 24:31, 살전 4:14-17). 고린도 전서 6장에는 성도들이 장래 세상을 심판한다고 되어 있다(2, 3절). 그러려면 성도들이 세상보다 먼저 심판을 받아야 된다(고전 10:32 참조). 이것은 주 예수님께서도 제자들에게 말씀하신 바가 있다(마 19:28, 눅 22:30).

사도 바울은 그리스도의 심판대에서 우리 각 사람이 우리의 몸으로 선악 간에 행한 모든 것에 따라 심판을 받는다고 분명하게 말했다(each one may be recompensed for his deed in the body according to what he has done, whether good or bad). 어떤 신학자는 우리 신자들이 생사문제보다 선악문제를 더 엄중하게 여겨야 한다고 말했다. 법정적 죄(judicial sins)의 문제는 주 예수의 피로 씻어졌고 용서받았으나 신자들이 주님 앞에 생활하는 가운데 선을 행하지 아니하고 악을 행하는 경우는 주님으로부터 심각한 질책과 심판을 받으니 두려워해야 한다. 다음 구절들은 모두 성경에서 불신자들이 아닌 교회와 성도들에게 악을 피하고 선을 추구하라고 권한 말씀이니 주의해야 마땅하다(고후 13:7, 롬 16:19, 살전 5:15, 21-22, 눅 6:45-46, 롬 12:9, 17, 21, 13:10, 히 5:14, 10:28-29, 10:22, 약 1:21, 벧전 2:16, 3:9, 17, 요삼 1:11).

◊ 제 2 부 **화해의 사역(5:11-7:16)**

1. 그리스도의 사랑이 우리를 강권하시는도다

바울 사도가 미친 듯이 섬긴 것은 그리스도의 사랑에 강권(밀어댐)되어서이다(14절). 그의 안에서 밀어대는 주님의 사랑이 그의 사역의 동력의 근원이다. 그 사랑은 무엇인가? 그리스도 한 분이 모든 사람을 대신하여 죽으신 것인데, 이는 우리 산 자들로 하여금 다시는 그들 자신을 위해 살지 않고 오직 그들을 대신하여 죽었다가 다시 사신 자를 위하여 실게 하려 함이다.

2. 누구든지 그리스도 안에 있으면 새로운 피조물이라

그러므로 우리가 이제부터는 아무 사람도 육체대로 알아서는 안 된다. 복음의 광채가 비췸으로 새로운 피조물이 되었기 때문이다. "비록 우리가 그리스도도 육체대로 알았으나 이제부터는 이같이 알지 아니하노라 그런즉 누구든지 그리스도 안에 있으면 새로운 피조물이라 이전 것은 지나갔으니 보라 새 것이 되었도다".

3. 너희는 하나님과 화해하라

18절부터는 화해하게 하는 직책을 말한다. 현재 바울의 눈에 보이는 고린도 성도들의 문제는 십자가에 근거한 믿음의 시야가 없다는 것이다. 바울은 그리스도 안에 있는 사람은 누구든지 새로운 피조물이며 모든 것이 하나님께로부터 났고, 하나님께서 그리스도로 말미암아 우리를 자기와 화목케 하시고 또 우리에게 화목하게 하는 직책을 주셨다고 한다. 그들에게 지난 날 여러 문제가 있었던 것은 하나님과의 화해가 결여되었기 때문이라고 지적한다. "너희는 하나님과 화해하라!" 이전 것은 지나가고 다 새롭게 되었으며, 죄인이요 하나님의 원수였던 우리가 의롭게 되고 하나님과 화목케 되었다. 고린도인들은 하나님께서 이루신 이 모든 사실들을 믿음의 눈으로 보아야 했다.

4. 복음을 전하는 직책이 훼방받지 않게 하려고 애쓰다

6장에서 바울은 모든 것은 하나님께서 그리스도로 말미암아 다 이루셨고 우리를 의롭다 하셨으며 하나님과 화해케 하셨으니 이 시대에 사람들은 다 주님의 구원을 은혜로 받을 수 있다고 말한다. 지금은 은혜 받을 만한 때요 구원의 날이다(사 49:8). 그러므로 바울은 이 복음을 전하는 자로서 이 직책이 훼방받지 않게 하려고 아무에게도 거리끼지 않게 하고 오직 모든 일에 하나님의 일꾼으로 자천했으며, 환난과 궁핍이 있어도, 수고롭고 자지 못하고 먹지 못해도 깨끗함과 지식과 오래 참음과 자비함과 성령의 감화와 거짓 없는 사랑과 진리의 말씀과 하나님의 능력 안에서 의의 병기로 쓰임받았다고 말한다. 또한 자신은 징계를 받는 자 같지만 죽임을 당하지 않고, 근심하는 자 같지만 항상 기뻐하며, 가난한 자 같으나 많은 사람을 부요하게 하고, 아무것도 없는 자 같으나 모든 것을 가진 자라고 하였다.

5. 내가 자녀에게 말하듯 하노니 너희도 보답하는 양으로 마음을 넓히라

바울은 스스로 마음을 닫은 고린도인들에게 말한다. "너희를 향하여 우리의 입이 열리고 우리의 마음이 넓었으니…내가 자녀에게 말하듯 하노니 너희도 보답하는 양으로 마음을 넓히라". 어린 성도들의 특징은 마음이 좁은 것이다. 사역자로서 마음이 좁아져 오해하고 비평하는 사람들에 대하여 입이 열리고 마음이 넓기란 쉽지 않다.

6. 우리는 살아 계신 하나님의 성전이라

바울은 그들이 좁아진 원인이 세상과 섞여 온전히 하나님께 분별되지 않은 데 있다고 말해준다. 의와 불법이 어떻게 함께할 수 있는가? 신자와 불신자가 어떻게 멍에를 같이할 수 있는가? 그러므로 '너희는 그들 중에서 나와서 따로 있고 부정한 것을 만져서는 안 된다'고 말한다. 이것은 레위기에서 많이 강조하는 바이다. 그래야 '하나님께서 너희 아버지가 되고 너희는 그분의 자녀가 된다'고 했다. 그분은 전능하신 하나님이다. 전능하신 하나님 아버지의 돌보심을 받으려면 거룩하게 분별되지 않으면 안 된다. 그래야 하나님께서 그분의 자녀로 영접해 주신다.

7. 고린도 교회가 회개했다는 소식을 듣고 바울이 기뻐하다

7장에 와서 바울은 그들에게 깨끗함과 거룩함을 강조하며, 마케도냐에서 디도를 만나 고린도 교회의 소식을 듣고 얼마나 기뻐하고 있는지를 말한다(고후 2:13). 모든 환난 가운데 있을지라도 그가 기쁨이 가득한 것은 디도를 만나 고린도 성도들이 잘 회개하였다는 소식을 들었기 때문이다. 바울은 디도가 옴으로써 하나님께서 그러한 상태에 있는 자신을 위로하셨다고 말한다(6-7절).

또한 그는 디도가 와서 좋은 것만이 아니라 그가 고린도 성도들에게서 받은 위로로 바울을 위로하고 그들이 바울을 사모하고 또 자신들의 죄에 대하여 애통해하며 바울을 대하여 열심이 있다는 것을 전해줌으로 더욱 기뻐했다. 그래서 바울은 고린도 전서를 강하게 쓴 것을 후회도 해보았지만 지금 후회하지 않는 것은 그 편지가 잠시만 그들을 근심하게 했기 때문이라고 한다. 자신이 지금 기뻐하는 것은 그들을 근심케 한 것 때문이 아니라 근심으로 인하여 회개하게 되었기 때문이라고 하며, 결국 그들은 하나님의 뜻대로 근심하게 된 것이니 자신들에게서 아무 해도 받지 않은 것이라고 하였다.

8. 하나님의 뜻대로 하는 근심은 구원에 이르는 회개를 이룬다

세상 근심은 사망을 이루지만 하나님의 뜻대로 하는 근심은 구원에 이르는 회개를 이룬다. 12절에서는 바울의 천상의 말을 듣는다. 바울이 첫 번째 편지에서 범죄한 형제를 그냥 둔 고린도 교회에게 강한 책망의 말을 썼지만, 결국 그 편지는 불의 행한 자를 위한 것도 아니고 불의 당한 자를 위한 것도 아니며, 오직 우리를 위한 너희의 간절함이 하나님 앞에 나타나게 하려 함이라고 하였다.

게다가 고린도를 다녀온 디도가 기뻐하는 것을 본 바울은 그것으로 인하여 기뻐했고, 디도의 마음이 고린도 교회를 인하여 안심하게 된 것을 보고 더욱 기뻐하였다. 또 바울은 디도에게 고린도 교회를 늘 자랑하였는데 그 자랑이 헛되지 않게 된 것을 기뻐했고, 고린도인들이 디도가 갔을 때 두렵고 떨림으로 영접하여 순종한 것을 감사하며, 그로 인해 그들을 향한 디도의 심정이 더욱 깊어진 것과 바울 자신이 그들을 인하여 범사에 담대한 것을 기뻐하였다.

◊ 제 3 부 **예루살렘 성도들을 위한 연보(8-9장)**

1. 마게도냐 교회들에게 주신 은혜-힘에 지나도록 자원하여 드림

일 년 전부터 고린도 교회는 유대의 가난한 성도들을 위해 연보를 시작했다. 그러나 그간 교회에 분쟁과 음행과 소송 등 많은 일이 일어났고, 바울 사도는 이를 해결하려고 서신을 쓰는 등 마음을 다했다. 그리고 이제 다시 그들에게 일 년 전에 시작한 연보를 성취하도록 격려하고 있다(고후 8:6, 10-12). 먼저는 마케도냐 교회들이 극심한 궁핍 가운데서 풍성한 연보를 했다는 것과, 그들이 자원해서 사도에게 연보하겠다고 간절히 요청했다는 것과, 물질을 드리기 전에 먼저 자신을 주님께 드리고 하나님의 뜻을 좇아 연보를 했음을 말한다. 여기서 바울은 연보를 '은혜'로 바꾸어 썼다. 은혜가 있어야 단 마음으로 드릴 수 있다.

2. 주 예수 그리스도의 은혜-부요하신 분으로서 우리를 위해 가난하게 되심

바울은 연보를 하도록 권할 때 명령으로 하지 않고 다른 이들(마게도냐 성도들)의 간절함으로 그들을 격려했다. 바울은 고린도인들에게 말과 지식과 믿음 등에 있어서만 풍성하지 말고 연보에도 풍성하기를 구했다. 바울은 주 예수님의 은혜를 말하면서 부요하신 자로서 우리를 부요케 하기 위해 가난하게 되셨다고 말한다. 또 연보는 마음의 문제라고 말하면서 누구는 평안하게 하고 누구는 어렵게 하려는 것이 아니라 평균케 하려는 것이라고 말한다.

3. 거액의 연보로 인해 사역자들이 훼방받지 않도록 조심하다

바울은 다시 여러 교회에서 택함을 입은 한 형제와 더불어 디도를 고린도에 보낼 것을 말하고 있다. "너희를 위하여 같은 간절함을 디도의 마음에도 주시는 하나님께 감사하노니 저가 권함을 받고 더욱 간절함으로 자원하여 너희에게 나아갔고 또 저와 함께 한 형제를 보내었으니…이것을 조심함은 우리가 맡은 이 거액의 연보로 인하여 아무도 우리를 훼방하지 못하게 하려 함이니". 이렇게 하는 것은 모두 거액의 연보를 거두고 전달하는 일에서 사역자들이 훼방받을 거리를 만들지 않기 위함이라고 한다.

4. 가난한 성도를 섬기는 연보

9장에서 바울은 연보가 성도를 섬기는 것이라고 말한다. 8장에는 마게도냐 교회를 들어 고린도 교회를 격려하는 것이 있고, 9장에서는 바울이 일 년 전에 마게도냐 교회들을 격려할 때 고린도 교회가 연보를 약정하는 데 얼마나 열심이었는지를 말했다고 한다. 그리고서 고린도 교회는 한동안 하나님과 사도 바울에 대해 화목케 되어야 할 일들이 생겼다. 이제 그 모든 일이 해결되자 그는 몇 형제를 보내서 일 년 전에 약정한 연보를 성취하도록 촉구한다. 바울은 곧 고린도에 갈 것인데 앞서 몇 형제를 보낸 것은 미리 연보를 준비하도록 하기 위함이며, 바울이 갈 때 마게도냐 형제들도 함께 갈 것인데(현재 사도는 마게도냐에 있다) 만일 연보가 준비되지 않았다면 그가 고린도 교회에 대하여 그들에게 자랑한 것이 부끄럽게 되지 않겠느냐고 말한다. 참으로 세심한 주님의 종이다.

5. 심는 자에게 씨와 먹을 양식을 주시는 하나님

그러면서 연보는 인색함으로나 억지로 하지 말고 즐거운 마음으로 드리라고 격려한다. 적게 심는 자는 적게 거두고 많이 심는 자는 많이 거둔다. 그리스도인이 주님께 드리는 것은 심는 것이다. 성도들이 재물을 흩어 가난한 자들에게 주는 것은 의요 착한 일이다. 하나님은 심는 자를 축복하신다. 심는 자에게는 하나님께서 먹을 양식을 주시고 또 심을 것도 주셔서 의의 열매가 풍성하게 하신다.

6. 연보하는 것은 봉사의 직무이다

바울은 이 연보의 일을 봉사의 직무라고 하면서 고린도 성도들이 모든 일에 부요하여 너그럽게 연보를 하는 것은 그들(유대인들)로 하여금 우리로 말미암아 하나님께 감사하게 한다고 했다(11-12절). 연보는 다만 가난한 성도들의 부족함을 채우는 것만이 아니다. 이 직무는 신앙의 증거가 되어 이방인들이 복음을 진실히 믿고 복종하는 것과 성도를 섬기는 것에 대하여 많은 이들이 하나님께 영광을 돌릴 것이라고 한다.

◊ 제 4 부 **바울에 대한 공격 및 그의 사도직에 대한 변호(10장-13:10)**

1. 거짓 사도들이 고린도 교회에 와서 바울을 폄하하는 말을 하다

고린도 교회에서 가장 큰 문제는 거짓 사도들이 와서 바울을 폄하하는 말을 하는 것이었다. 그들은 어쩌면 유명한 자들이었을 수도 있고 말이 유창했을 수도 있다. 바울은 10장부터 그 문제를 완전히 해결하고자 한다. 바울은 멀리 떨어져 있었고 유감스러운 면이 있었겠지만 이 일을 대함에 있어서 그리스도의 온유함과 관용으로 했다(1-2절).

2. 하나님 앞에서 모든 이론과 대적하는 지식을 파하는 강력

그는 비록 육체에 있어 행하나 육체대로 싸우지 않고 하나님 앞에서 견고한 진을 파하는 강력으로 싸운다고 했다. 육체는 결코 모든 이론이나 하나님 아는 것을 대적하여 높아진 것을 쳐서 파하지 못한다. 혈기로는 아무 것도 이길 수 없다. 육체를 십자가에 못 박고 우리안에 내주하는 진리와 생명만이 능력이 있다.

3. 바울의 외모를 보고 판단하는 거짓 사도들

바울은 말하기를, “우리는 여러분의 복종이 온전케 될 때 모든 복종치 않는 것을 벌하려고 예비하는 중에 있다"고 한다. 이 땅에 온전히 주님께 복종하는 무리가 있을 때 복종치 않는 자들을 벌할 길이 있게 되며 참으로 그리스도의 왕국이 임하게 될 것이다. 주님이 바울에게 주신 권세는 고린도 성도들을 파(破)하려고 하신 것이 아니요 세우려고 하신 것이라고 했다.

4. 자랑하는 자는 주 안에서만 자랑하라

바울은 분량 밖의 자랑을 하지 않고 오직 하나님께서 나눠 주신 분량의 한계를 따라 자랑하겠다고 하면서 그리스도의 복음으로 그들에게 이른 것이라고 한다. "자랑하는 자는 주 안에서 자랑할지니라 옳다 인정함을 받는 자는 자기를 칭찬하는 자가 아니요 오직 주께서 칭찬하시는 자니라"(17절).

5. 바울이 솔직한 말로 자신의 사도직을 변호하다

11장으로 가면서 자신의 사도직에 대한 바울의 변호는 더욱 솔직해진다. 그것은 자신의 어리석은 것을 용납하라는 말에서 느낄 수 있다(1절). 그는 하나님의 열심(시기)으로 교회를 위해 열심을 낸다고 하면서(2절) 자신이 성도들을 정결한 처녀로 한 남편이신 그리스도께 드리려고 중매한다고 말한다. 뱀이 그 간계로 이와를 미혹케 한 것같이 그들의 마음이 그리스도를 향하는 진실함과 깨끗함에서 떠나 부패할까 두렵다고 했다.

하나님을 섬기는 사람이 교회와 성도들 앞에서 스스로에 대해 자랑하는 말을 한다는 것은 쉽지 않은 일이다. 그러기에 바울은 자신의 어리석음을 용납하라고 한 것이다(16절). 바울은 자신이 말에는 좀 서툴지라도 지식에는 그렇지 않다고 하면서 그가 지극히 큰 사도들보다 조금도 부족하지 않다고 했다.

6. 고린도 교회에게 물질적으로 누를 끼치지 않으려 함

7절부터는 물질에 관한 문제를 언급한다. 그는 교회에게서 대가를 받지 않고 복음을 전했다. 오히려 고린도 교회를 섬길 때에는 다른 교회에게서 물질적 도움을 받았다. 특히 마게도냐의 빌립보 교회가 협력했을 것이다(9절). 바울은 고린도 교회에는 조금이라도 누를 끼치지 않기를 바랐는데, 고린도 사람들은 바울에 대하여 물질 문제로 오해하고 냉혹하게 비평했던 것 같다(고후 12:16-17).

7. 사단이 자신을 광명의 천사로 가장함

그럼에도 바울은 그들에 대한 사랑을 접지 않았으며 오히려 기회를 찾는 자들의 기회를 끊어버리겠다고 했다. 그리고 그 거짓 사도들에 대하여 직선적으로 말하기를, 그들은 거짓 사도요, 궤휼의 역군이요, 자신들을 그리스도의 사도로 가장하는 자들이라고 했다. 이것은 이상한 일이 아닌데, 사단이 자기를 광명의 천사로 가장하니 사단의 일꾼들이 자신들을 의의 일꾼으로 가장하는 것 또한 큰 일이 아니라는 것이다. 하나님의 말씀을 전파하며 자신을 사역자로 칭하는 자들을 사단의 일꾼이라고 단정하는 것은 그리 쉬운 일이 아니다.

8. 바울의 참된 자랑

다시금 바울은 자기를 어리석은 자로 여기지 말라고 하면서 만일 그렇더라도 조금은 자랑하게 어리석은 자로 받으라고 한다. 그가 말하는 것은 주를 따라 하는 말이 아니요 그냥 어리석은 자와 같이 기탄없이 자랑하는 것이라고 한다. 그들은 지혜로운 자로서 거짓된 자들이 와서 그들을 종 삼고 잡아먹고 사로잡고 자고하다 하거나 뺨을 치는데도 용납했다. 바울 사도는 그들이 담대하게 자랑하면 자기도 자랑하겠다고 하면서 자신은 실상 육신적으로 부족할 것 없는 히브리인 출신이며 더욱이 그의 지금까지의 수고는 그 누구도 필적할 수 없는 것이라고 했다. 그는 복음을 전하면서 갇히기도 많이 하고 매도 수없이 맞고 여러 번 죽을 고비를 넘겼다고 간증했다. 24-27절은 바울이 복음 전도 여행 가운데 당한 고난을 열거한다. 세 번 태장으로 맞고, 한 번 돌로 맞고, 세 번 파선하는데 일 주야를 깊음에서 지낸 것 등이다. 그러나 그 모든 어려움은 교회를 위한 염려에 비하면 아무 것도 아니라고 말한다. 그들이 약하면 자신도 약하고 그들이 실족하면 그는 애타한다. "내가 부득불 자랑할진대 나의 약한 것을 자랑하리라".

9. 주께서 바울에게 보여주신 환상과 계시를 말하다

12장에서 바울은 부득불 자랑한다면서 주의 환상과 계시를 말한다. "내가 그리스도 안에 있는 한 사람을 아노니 십 사 년 전에 그가 셋째 하늘에 이끌려간 자라…그가 낙원으로 이끌려가서 말할 수 없는 말을 들었으니…내가 이런 사람을 위하여 자랑하겠으나 나를 위하여는 나의 약한 것들 외에 자랑치 아니하리라".

바울 사도는 하나님의 보좌가 있는 셋째 하늘과 낙원을 가보았다고 간증했다. 그는 그가 본 사실을 14년이 지난 후에야 성도들의 유익을 위하여 부득불 말한다고 하였다. 우리는 우리 눈으로 직접 보지 않았어도 진실한 사도인 바울의 말을 듣고 그 삼층천과 낙원의 실재(實在)를 믿을 수 있다. 그는 그 보이지 않는 영광의 실제를 본 고로 보이는 세상을 분토로 여기고 참음으로 기다리며 그것을 간절한 소망으로 삼았다(롬 8:25). 그러나 바울 사도는 그가 본 놀라운 환상에 대하여 고린도 신자들에게 반드시 알게 하려고 말한 것은 아니다(고후 12:1). 그것은 오늘날 천국과 지옥을 다녀왔다고 자랑하는 사람들과 매우 다르다. 셋째 하늘과 낙원이 동일한 곳이라는 견해도 있고 다른 곳이라는 해석도 있다. 낙원에 가서는 말하도록 허락되지 않은 말을 들었는데 사람이 가히 표현하지 못할 말이라고 했다. 그리고 그는 이 모든 말이 다 참이라고 부언하였다.

10. 그의 몸에 있는 가시-"내 은혜가 네게 족하도다"

그러나 그가 여러 계시를 받은 것이 너무 커서 자고하지 않게 하시려고 그의 몸에 사단의 사자를 두셨다고 말한다. 그것은 육신의 질병일 가능성이 있는데, 그에게서 가시가 떠나게 해 달라고 세 번 주께 간구했으나 하나님께서는 "내 은혜가 네게 족하도다 이는 내 능력이 약한 데서 온전하여짐이라" 하셨다. 그래서 바울은 도리어 크게 기뻐하면서 자신의 여러 약한 것들을 자랑하고자 했는데, 이는 그리스도의 능력으로 그에게 머물게 하려 함이었다. 바울은 고린도 성도들을 위해서는 셋째 하늘을 본 계시를 말했으나, 사람들이 자기를 지나치게 생각할까 두려워 차라리 자신의 약함을 자랑했다.

11. 고린도 교회를 염려하다

바울은 그렇게 자랑을 하고서 자기가 어리석은 자가 되었으나 그들이 억지로 시킨 것이니 자기는 칭찬을 받아야 마땅하다고 했다. 그는 자신으로서는 아무 것도 아니지만 지극히 큰 사도들보다 조금도 부족하지 않다고 했다. 지극히 큰 사도들이란 거짓 사도들만 가리키는 것이 아닐 수 있다.

12. 바울이 말하는 사도의 표

그러면서 바울은 사도의 표를 말한다. 사도의 표는 과연 무엇일까? 그는 놀랍게도 첫째가 모든 참음, 인내라고 한다. 그리고 그들 가운데서 표적과 기사와 능력을 행한 것이다. 그는 "내가 너희 영혼을 위하여 크게 기뻐함으로 재물을 허비하고 또 내 자신까지 허비하리니 너희를 더욱 사랑할수록 나는 덜 사랑을 받겠느냐?" 하면서 그들을 일깨운다. 재물을 허비하고 자신까지 허비하면서 그들을 섬긴 이런 말은 하나님의 종의 진정성을 나타낸다.

13. 금전 문제로 바울을 의심하는 고린도인들

고린도인들 중에는 바울이 동역자들을 시켜서 돈을 취해갔다고 말하는 사람들이 있었던 것 같다. 실지로 바울은 일 년 전 쯤 디도를 고린도에 보내서 연보를 하도록 독려한 적이 있다. 바울이 말했다. "내가 보낸 자 중에 누가 너희의 이를 취하더냐? 내가 디도를 권하고 함께 한 형제를 보냈는데 디도가 너희의 이를 취하더냐? 우리가 동일한 성령으로 행하지 아니하더냐 동일한 보조로 하지 아니하더냐?" 이것은 자신을 변명하는 것이 아니며 이 모든 것은 그들의 덕을 세우기 위함이라고 한다.

14. 바울은 그가 원하는 교회의 상태를 보지 못할까 두려워함

그러면서도 바울은 그의 내면의 두려움을 표시한다. 내가 곧 갈 텐데 여러분을 나의 원하는 것과 같이(그들의 어린 아이같이 순전하고 기뻐하는 얼굴) 보지 못할까 두려워하고 내 하나님이 나를 여러분 앞에서 낮추실까 두려워하고 전에 죄를 지은 여러 사람이 그들의 행한 더러움과 음란함과 호색함을 회개치 않음을 인해 근심할까 두려워한다고 했다.

15. 주님이 사도에게 주신 권세는 그들을 세우기 위한 것임

바울은 서신을 마치는 13장에서도 말씀의 강도의 끈을 조금도 느슨하게 풀어두지 않는 것을 본다. "세번째 갈 터인데 두세 증인의 입으로 말마다 확정하리라…전에 죄 지은 자와 남은 모든 사람에게 말하노니 내가 다시 가면 용서하지 아니하리라". 그는 한 면으로 용서하고 위로하기 위해 서신을 쓰지만 죄에 대하여는 끝까지 단호한 태도를 취한다. 그가 떠나 있을 때 이렇게 다소 강하게 편지를 쓰는 이유는 대면할 때에 엄하지 않게 하려는 것인데, 이는 주님이 그에게 주신 권세는 그들을 파하려는 것이 아니라 세우려 하여 주신 권세이기 때문이다(10절).

16. 부활 능력 안에 있는 사도 바울의 사역

"그리스도께서 약하심으로 십자가에 못 박히셨으나 하나님의 능력으로 살으셨으니 우리도 저의 안에서 약하나 너희를 향하여 하나님의 능력으로 저와 함께 살리라"(4절). "너희가 믿음에 있는가 너희 자신을 시험하고 너희 자신을 확증하라 예수 그리스도께서 너희 안에 계신 줄을 너희가 스스로 알지 못하느냐 그렇지 않으면 너희가 버리운 자니라"(5절). 그는 이어서 '우리가 버리운 자 되지 않은 것을 여러분이 알기 바라며, 하나님께서 여러분으로 악을 조금도 행하지 않게 하시기를 구한다. 이는 우리가 옳은 자임을 나타내고자 함이 아니라 우리는 버리운 자 같을지라도 여러분으로 선을 행하게 하고자 함이다. 우리는 진리를 거스려 아무 것도 할 수 없고 오직 진리를 위할 뿐이다. 우리가 약할 때에 여러분의 강한 것을 기뻐하고 또한 여러분의 온전케 됨을 구한다.'고 말한다.

◊ 제 5 부 **문안과 축복**

고린도 후서도 다른 서신같이 문안으로 마친다. "형제들아 기뻐하라 온전케 되며 위로를 받으며 마음을 같이하며 평안할지어다 또 사랑과 평강의 하나님이 너희와 함께 계시리라 거룩하게 입맞춤으로 서로 문안하라"(11절). 또한 모든 성도가 너희에게 문안한다고 하면서 "주 예수 그리스도의 은혜와 하나님의 사랑과 성령의 교통하심이 너희 무리와 함께 있을지어다"라는 축복의 기도로 끝맺는다.

갈라디아서

주요 내용 로마서가 믿음으로 의롭다 함을 다룬 것이라면, 갈라디아서는 의롭다 함을 받은 신자들이 행위에 떨어지지 않고 계속 믿음을 유지하여 성령의 인도함을 받아 영생의 소망을 향하여 지속적으로 나아갈 수 있도록 도와준다

갈라디아서는 사도 바울의 서신 중에서 가장 먼저 쓴 것으로 추정된다. 기록 연대는 A.D. 54년경이며 바울이 사도행전 18장에서 일 년 반 정도 고린도에 머물렀던 때이다. 사도행전 16장에 바울이 브루기아와 갈라디아 땅을 지나가는 것이 나온다(6절). 그 때 바울이 갈라디아 지역에 복음을 전하여 교회들이 세워졌는데, 그 뒤에 유대교 교사들이 바울이 세운 그곳 교회들에 와서 할례와 율법과 유대교적인 것을 복음에 섞어서 전하는 바람에 갈라디아 성도들이 미혹되어 심지어 바울에 대하여도 얼굴이 변하고 의심이 생기기 시작했다. 그러므로 사도 바울은 교회를 지키고 복음 진리를 수호하기 위해서 한 편의 서신을 썼는데 그것이 바로 갈라디아서이다.

◊ 제1부 **바울의 복음과 사도직 변명(1-2장)**

1. 바울이 사도 된 것은 사람에게서 난 것이 아니다

먼저 바울은 그가 사도 된 것이 사람들에게서 난 것도 아니고 사람으로 말미암은 것도 아니며 오직 예수 그리스도와 및 죽은 자 가운데서 그리스도를 살리신 하나님 아버지로 말미암았다고 말한다.

"그리스도께서 하나님 곧 우리 아버지의 뜻을 따라 이 악한 세대에서 우리를 건지시려고 우리 죄를 위하여 자기 몸을 드리셨으니"(4절). 모든 거짓되고 미혹케 하는 가르침의 특징은 그리스도의 십자가를 묘한 방식으로 멀리하게 만드는 것이다. 당시 갈라디아에 온 유대교 교사들, 거짓 교사들은 할례와 율법을 전했다.

2. 그리스도의 은혜의 복음 외에 다른 복음은 없다

그리스도의 은혜의 복음 외에 다른 복음은 없다. 하나님께서는 그리스도의 은혜로

우리를 부르셨다. 바울은 "다른 복음은 없나니 우리나 혹 하늘로부터 온 천사라도 우리가 너희에게 전한 복음 외에 다른 복음을 전하면 저주를 받을지어다"라고 강하게 말한다.

3. 그가 전한 은혜의 복음은 오직 예수 그리스도의 계시로 말미암은 것이다

바울은 또한 자신이 사람에게서 난 종이 아니고 사람에 의해 세워진 종도 아니므로 하나님의 유익과 그분의 기뻐하심을 구할 뿐 사람들에게 좋게 하거나 사람의 기쁨을 구하지 않는다고 했다. 바울은 만일 자기가 그런 사람이라면 그리스도의 종이 아니라고 했다(10절). 바울은 자기가 전한 복음이 사람에게서 배운 것이 아니라 하나님의 계시로 말미암았다고 했다.

4. 바울이 사도 된 내력

바울은 원래 자기도 그런 전통적인 종교 생활을 열심히 한 사람이었다고 간증한다(13-14절). 유대교라는 조직 안에서 대부분의 사람들이 인정하는 종교생활에 푹 젖어 있었던 것이다. "그러나 내 어머니의 태로부터 나를 택정하시고 은혜로 나를 부르신 이가 그 아들을 이방에 전하기 위해 그를 내 속에 나타내시기를 기뻐하실 때에"(16절). 바울은 하나님의 택한 그릇이며, 자기 안에 그리스도를 계시하셨다고 말한다. 바울이 안 그리스도는 외적인 것이 아니라 내면적인 것이었다(to reveal His son in me).

1장 16-24절은 바울 자신의 간증이다. 바울은 자신이 받은 계시대로 내면의 주님을 따르고 행하기 위해 혈육과 의논하지 않고, 당시 기독교의 중심지인 예루살렘에 가서 먼저 사도 된 자들을 만나보려고 애쓰지도 않고 인간적인 이런 저런 시도를 하지도 않았다고 간증한다.

5. 복음 진리를 수호하다

2장에서도 바울은 자신이 복음 진리를 따라 살고 그 진리를 수호하기 위해 어떻게 생활했는가를 간증한다. 바울 사도의 가르침 속에는 늘 자신의 간증이 들어 있다. 자신이 믿은 진리를 순종하는 삶을 살지 않고서는 아무 소용이 없다. 십사 년 후에 바울이 바나바와 함께 디도를 데리고 예루살렘에 올라갔을 때 율법주의와 할례자들의 압력 아래서도 헬라인 디도를 억지로 할례 받게 하지 않았다고 말한다. 그것은 매우 어려운 일이었을 것이다. 그러나 바울이 그런 종교적인 영향력에 복종치 않은 것은 거짓 형제들 때문이라고 하면서 그들은 믿는 이들이 그리스도 안에서 가진 자유를 엿보아 그들을 유대교 조직의 종으로 삼으려 했다고 말한다. 바울이 일시라도 그런 자들에게 복종치 않은 것은 복음의 진리로 그들 가운데 항상 있게 하려 함이었다(5절).

6. 예루살렘의 사도들이 바울과 바나바에게 교제의 악수를 하다

갈라디아의 어린 성도들은 당시 유명하다는 사람들의 영향력에 끌렸다. 바울은 당시 예루살렘에 있던 주님의 열두 제자 중 수제자인 베드로나 예수님의 육신의 형제인 야고보 등을 언급하면서(사실 바울은 이름이 없었고 그가 다메섹 도상에서 주님을 만나고 주님의 말씀의 사역자로 세우심을 받았다는 것을 아는 사람이 거의 없었다), 유명하다는 이들 중에 자기에게 뭔가를 더해 준 사람이 없다고 말했다. 다만 베드로에게 역사하셔서 그를 할례자들의 사도로 삼으신 주님이 바울 자신에게도 역사하셔서 이방세계에 사도로 삼으셨으며, 야고보와 요한도 그에게 주신 은혜를 알기 때문에 자기와 바나바에게 교제의 악수를 했다고 말한다. 이처럼 사도 바울은 자기에 대하여 스스로 소개해야만 했다.

7. 베드로가 바울에게 책망을 받다

베드로가 바울과 바나바가 사역하던 안디옥에 온 적이 있었는데, 안디옥에서 이방인 형제들과 함께 식사를 하다가 야고보에게서 어떤 사람들이 온다고 하니까 할례자들을 두려워하여 황급히 자리를 떠나 그들과 함께 먹지 않은 것처럼 하였다. 그러자 거기 남은 유대인들도 그와 같이 외식하므로 바나바도 그들의 외식에 흔들렸다. 그러므로 바울은 모든 사람 앞에서 베드로를 책망했다. '당신이 유대인으로서 복음을 깨닫고 이방인과 구별 없이 살아왔는데, 왜 갑자기 유대인 행세를 하여 사람들을 혼란스럽게 하는가!'

이어서 바울은 말했다. '당신이나 나나 원래 유대인이고 이방 죄인이 아닌 것은 맞다. 그러나 우리가 유대인으로서 율법을 지켜 의롭다 함을 받은 것이 아니지 않은가! 유대인이라고 해서 예수를 믿지 않고도 의롭다 함을 받는 특권이 있는가? 지금은 유대인이나 이방인이나 오직 그리스도 예수를 믿음으로 의롭게 되는 시대가 아닌가?' 이것이 베드로를 면책하고서 이어 바울이 한 말이다. "내가 만일 헐었던 것(십자가는 유대인과 이방인을 하나 되게 하고 율법으로 말미암아 원수 되고 중간에 막히었던 담을 헐었음)을 다시 세우면(베드로의 그 행위는 다시 율법을 세우는 것이라 여김) 내가 나를 범법한 자로 만드는 것이라".

8. 바울이 전하는 복음의 중심에는 십자가가 있다

바울의 복음의 중심에는 십자가, 곧 그리스도의 십자가의 의미가 있다. 그리스도께서는 십자가에서 우리의 죄만 용서하신 것이 아니라 우리의 옛 사람도 끝내셨다(롬 6:6-7). 그리고 율법에 종노릇 하는 데서도 자유케 하셨다. 어떻게 해서인가? 죽음으로써이다(롬 7:4). "내가 율법으로 말미암아 율법을 향하여 죽었나니". 율법은 옛 사람에게는 효력이 있었지만 죽은 사람에게는 효력이 없다. 율법을 지켜야 할 옛 사람이 이미 죽었기 때문이다. 여기서 바울은 우리 모두가 잘 아는 구절을 이야기한다. "내가 그리스도와 함께 십자가에 못 박혔나니 그런즉 이제는 내가 산 것이 아니요 오직 내 안에 그리스도께서 사신 것이라 이제 내가 육체 가운데 사는 것은 나를 사랑하사 나를 위하여 자기 몸을 버리신 하나님의 아들을 믿는 믿음 안에서 사는 것이라"(2:20). 지금 내가 육체 가운데 살지만 전처럼 육체대로 사는 것이 아니라 오직 그리스도를 믿는 믿음으로 산다고 하였다. 그리스도와 함께 죽었으니 더 이상 내가 사는 것이 아니라 그리스도께서 내 안에서 사신다고 고백한다. 우리는 그리스도와 함께 죽었고, 우리 안에 사시는 분이 그리스도시니 유대인이나 이방인의 옛 사람의 차별은 의미가 없게 되었다.

◊ 제 2 부 **복음과 율법의 차이(3-4장)**

1. 복음에는 십자가가 밝히 나타나야 한다

3장에서 바울은 다시 십자가를 강조하며 말한다. "그리스도의 십자가가 너희 눈앞에 밝히 보이거늘 누가 너희를 꾀더냐". 복음에는 다른 것이 아니라 십자가가 밝히 나타나야 한다. 높고 깊은 것을 가르친다 하며 그리스도의 보혈과 십자가를 멀어지게 하고 희미해지게 하는 어떤 가르침도 다 악한 가르침이다.

2. 다만 듣고 믿음으로 성령을 받는다

우리가 성령을 받은 것은 율법을 행함으로써가 아니라 듣고 믿음으로써이다. 2장은 우리가 의롭다 함을 받은 것이 믿음으로라 말하고, 3장은 우리가 성령을 받은 것이 듣고 믿음으로라고 말한다. 심지어 성도들 가운데서 능력을 행하시는 이의 일도 율법의 행위가 아닌 듣고 믿음으로이다.

3. 믿음으로 의롭다 함을 얻다

그러면서 바울은 아브라함의 믿음을 말했다. "아브라함이 하나님을 믿으매 이것을 그에게 의로 정하셨다 함과 같으니라". 이미 구약에서도 아브라함이 의롭다 함을 받은 것은 믿음으로 된 것이라고 했으며 또 아브라함의 복이 미치는 것도 믿음으로 말미암은 것이라고 했다. 만일 성도들이 다시 율법 아래로 간다면 의롭다 함을 받지 못할 뿐 아니라 자기 스스로를 저주 아래 놓는 것이 된다(갈 3:10-13). 바울은 여기서 '여러분은 아브라함처럼 믿어서 축복의 노선에 있었는데 왜 다시 율법 아래로 들어가 저주의 노선에 있으려 하느냐'고 한다. 예수 그리스도께서는 우리를 율법의 저주에서 속량하셨을 뿐 아니라 아브라함의 복(성령의 약속)을 믿음으로 받게 하셨다(14절).

4. 율법은 우리를 그리스도께 인도하는 몽학선생이다

갈라디아서 3장 15절부터 3장 마지막 절까지는 로마서 3, 4, 7장에 해당한다. 아브라함에게 주신 언약과 후에 더해진 율법의 진정한 의미를 말해주고 있다. 첫째로 하나님께서 아브라함에게 주신 언약은 은혜의 언약인데, 율법이 더해졌다고 해서 은혜가 폐하여질 수 없다. 사람도 한 번 언약하면 지키는데 하나님께서 한 번 언약하신 것을 폐하시겠는가?

19절은 율법이 주어진 배경과 의미를 다시 한 번 말해준다. "그런즉 율법은 무엇이냐 범법함을 인하여 더한 것이라". 또 로마서 3장에서처럼 율법은 모든 사람을 죄 아래 가두기 위해 주어졌다고 말한다(22절). 하나님의 약속의 유업은 오직 믿음으로만 받을 수 있다는 것을 확증하는 것이다. 율법은 우리를 그리스도께 인도하는 몽학선생이고, 몽학 선생은 우리를 그리스도께 인도하고 임무를 마친다.

믿음이 온 후로는 우리가 더 이상 몽학선생인 율법 아래 있지 않다. 우리가 믿음으로 그리스도 예수 안에서 하나가 되고, 그리스도 예수로 옷 입고, 아브라함의 자손이 되고, 약속의 자손이 된다. 무엇을 하는 것이 아니라 오직 기록된 말씀, 하나님의 언약의 말씀, 그리스도께서 이루신 사실을 마음으로 믿어 은혜를 얻는다.

5. 하나님께서 그 아들의 영을 우리 마음 가운데 보내시다

4장에서는 종과 아들에 대해 말한다. 3장에서는 율법 아래 있으면 저주 아래 있는 것이라고 하였는데, 4장에 와서는 율법 아래 있는 것은 아들이 아닌 종의 처지에 있게 되는 것이라고 말한다. 아브라함에게 두 아들이 있는데, 하나는 계집종에게서 난 이스마엘이고, 다른 하나는 자유하는 여자에게서 난 이삭이다. 사도 바울은 갈라디아서를 쓸 때 구약의 그림을 가지고 신약의 계시를 이끌어낸다.

유업을 이을 자라도 어렸을 때는 종과 다름이 없다고 하면서 바울 자신도 지난 날 유대교에 있었을 때 세상 초등학문 아래서 종노릇 하였다고 말한다. 그런데 때가 찰 때 하나님께서 그 아들을 보내사 율법 아래 나게 하심으로 율법 아래 있는 자들을 속량하신 것이다. "너희가 아들인 고로 하나님이 그 아들의 영을 우리 마음 가운데 보내사 아바 아버지라 부르게 하셨느니라 그러므로 네가 이 후로는 종이 아니요 아들이니 아들이면 하나님으로 말미암아 유업을 이을 자니라"(6-7절).

6. 갈라디아 교회들에 대한 바울의 염려와 간청

전에는 그들이 하나님을 알지 못하여서 본질상 하나님 아닌 것들에 종노릇을 했는데, 이제는 복음을 통하여 그들이 하나님을 알고 또 하나님께서도 그들을 아시는데 어찌하여 다시 약하고 천한 초등학문으로 돌아가서 그것들에 종노릇 하려 하느냐고 말한다. 바울은 참담한 심정으로 "내가 너희를 위하여 수고한 것이 헛될까 두려워하노라" 하면서 "내가 너희와 같이 되었은즉 너희도 나와 같이 되기를 구하노라"고 간청한다.

7. 바울이 갈라디아 성도들을 위해 다시 해산하는 수고를 하다

13-20절에서 바울은 갈라디아 성도들이 미혹되어 다른 복음을 좇은 결과 바울에게서도 멀어졌다고 말한다. 당시에 갈라디아 성도들의 마음을 얻으려고 열심 내는 자들이 있었는데, 바울은 그들이 열심 내는 것이 좋은 뜻이 아니라 갈라디아 성도들을 바울에게서 떼어내어 자기들을 따르게 하려는 것이라고 했다. 바울은 갈라디아 성도들에게, "나의 자녀들아 너희 속에 그리스도의 형상이 이루기까지 다시 해산하는 수고를 하노니"라고 했는데, 그들은 바울에 의해 태어난 자녀와 같으며 바울은 그들 속에 그리스도의 형상이 이루기까지 다시 해산하는 수고를 한다는 것이다.

8. 새 언약은 위에 있는 예루살렘이요 자유하는 여자이며 우리의 어머니이다

21절부터 바울은 율법 아래 있고자 하는 자들을 향하여 말한다. 아브라함의 두 아들은 두 비유로서 두 언약인데, 하나는 시내 산으로부터 종을 낳은 것을 말하며(시내 산에서 율법을 받은 결과 하나님과 이스라엘 백성 간에는 주종 관계가 이루어짐), 따라서 현재 예루살렘은 다 율법 아래서 종 노릇 하고 있다는 뜻이다.

그러나 새 언약은 위에 있는 예루살렘이요 자유하는 여자로서 그가 우리의 어머니이다. 비유적으로 우리의 어머니는 사라, 즉 위에 있는 예루살렘이다. 이사야 54장 1

절은 장차 홀로 사는 자의 자녀들(이방인)이 더 많을 것을 예언했다. 갈라디아는 이방 지역이지만 많은 약속의 자녀들이 나오게 될 것을 의미한다. 당시 하갈(종)의 아들 이스마엘이 자유하는 여자의 아들인 이삭이 어렸을 때 핍박했듯이 지금도 그런 일이 있으나 성경은 결국 계집 종과 그 아들을 쫓아내라고 명한다.

계집종과 그 아들은 유업을 이을 자가 아니다. 우리는 종이 아니라 자유하는 여자의 아들로서 약속을 유업으로 이을 자이다. 그러므로 그 신분을 잃지 않도록 어리석게 율법 아래로 돌아가지 말라고 가르친다.

◊ 제 3 부 **복음을 수호함과 순종의 생활(5-6장)**

1. 그리스도께서 우리로 자유케 하려고 자유를 주셨으니

당시 유대교의 거짓 교사들은 갈라디아에 와서 사람들을 할례받게 함으로써 율법 아래로 사로잡아가려고 애쓰고 있었다. 바울은 십자가의 죽으심을 통하여 "그리스도께서 우리로 자유케 하려고 자유를 주셨으니 그러므로 굳세게 서서 다시는 종의 멍에를 메지 말라"고 했다. 할례를 받는 등 율법을 지키는 데로 떨어지면 결국 그리스도에게서 끊어지고 은혜에서 떨어지게 된다는 것이다. 바울은 그런 육체의 외적 표시인 할례나 무할례가 아무 의미가 없지만 오직 사랑으로 역사하는 믿음뿐이며, 그들을 요동케 하는 자들은 반드시 심판을 받으리라고 했다. 또 바울은 지금까지 자기가 유대교와 타협하면서 할례를 전했다면 핍박을 면했을 것이라고 한다.

2. 오직 사랑으로 서로 종노릇하라

13-14절에서는, "너희가 자유를 위하여 부르심을 입었으나 그러나 그 자유로 육체의 기회를 삼지 말고 오직 사랑으로 서로 종 노릇 하라 온 율법은 네 이웃 사랑하기를 네 몸같이 하라 하신 한 말씀에 이루었나니"라고 한다.

또한 사도는 성령을 좇아 생활하라고 가르친다. 육체의 소욕이 있고 성령의 소욕이 있는데, 이 둘은 서로 대적하여 우리의 원하는 것을 하지 못하게 한다. 우리가 만일 성령의 인도하시는 바가 되면 율법 아래 있지 않을 것이다.

3. 육체의 일과 성령의 열매

육체의 일은 현저해서 누구나 알 수 있다. 음행, 더러운 것, 호색 등은 볼 것 없이 육체로부터 나온 것이다. 우상 숭배, 술수, 원수 맺는 것, 분쟁, 시기, 분 냄, 당 짓는 것, 분리하는 것, 이단, 투기, 술 취하는 것, 방탕함 등도 마찬가지이다.

그러나 성령의 열매는 거룩하고 선하고 아름답다. 사랑, 기쁨, 화평, 오래 참음, 자비, 선함, 충성, 온유, 절제 등이 성령의 열매이다. 이로써 우리는 스스로 육체로 사는지 성령으로 사는지를 점검해볼 수 있을 것이다.

4. 성령으로 살면 성령으로 행할지니

바울은 그리스도 예수의 사람들은 육체와 함께 그 정과 욕심을 십자가에 못 박았다고 말하며, 만일 우리가 성령으로 살면 또한 성령으로 행할 것이니 헛된 영광을 위해 서로 격동하고 투기하지 말라고 한다. 이와 같이 갈라디아서 5장은 로마서 8장처럼 성령을 좇아 살고 행하는 것을 강조하고 있다.

5. 너희가 서로 짐을 지라

6장이다. "형제들아 사람이 만일 무슨 범죄한 일이 드러나거든". 범죄한 형제가 있을 경우를 두고 한 말인데, 이때 영적으로 성숙한 믿는이는 온유한 심령으로 그런 사람을 바로잡아야 하며 자신을 돌아보아 자기도 시험을 받지 않도록 조심하라고 한다. 남의 잘못을 바로잡아주지 않고 그 짐을 짊어지지 않은 채 자기가 뭐가 된 줄로 생각하면 스스로 속이는 것이라고 한다. 바울은 사람이 각각 자신의 일을 살피면 자랑할 것이 자기에게만 있고 남에게는 있지 않을 것이라고 했는데, 이는 성도가 스스로 자신의 양심 속에서 주님을 잘 따르고 순종했다는 자랑을 가져야 한다는 뜻이다. 5절에서는 각 사람이 자기의 짐을 지라고 했는데, 각 사람이 스스로 져야 할 짐 속에는 남을 위해 수고하는 것까지 포함될 것이다.

6. 성령을 위하여 심는 자는 성령으로부터 영생을 거두리라

가르침을 받는 자는 말씀을 가르치는 자와 모든 좋은 것을 함께하라고 말한다. 말씀을 잘 가르치는 사람은 이 세상에서 가장 귀한 것을 전달해주는 사람이니 모든 좋은 것을 함께 나누는 것이 마땅하다는 말이다(6절). 또한 누가 알아주든 말든 주님 앞에서 선을 행하고 성령을 위하여 심어야 한다. "스스로 속이지 말라 하나님은 만홀히 여김을 받지 아니하시나니 사람이 무엇으로 심든지 그대로 거두리라".

7. 기회 있는 대로 모든 이에게 착한 일을 하라

가장 착한 일은 가난한 자를 구제하는 일이다. 가난한 믿음의 가정들에게 도움을 주는 것은 우리가 무엇보다 우선시해야 할 선한 일이다.

8. 할례와 그리스도의 십자가

마지막으로, 바울 사도는 할례 문제를 재론한다. 사실 갈라디아서는 유대교도들이 할례라는 강력한 행위와 제도를 가지고 갈라디아 성도들을 미혹하여 율법 아래로 사로잡아가려 한 배경에서 쓰여진 것이다. (사실 할례는 율법이 수여되기 이전인 아브라함 때부터 행해진 것이므로 율법과 관계된 실행이 아닐 수 있다. 그럼에도 할례는 당시 유대교에 의해 율법을 들여오는 수단이 되었다. 오늘날도 성경적으로 보이고 또 주님을 위한 것 같은 실행들을 교회 안에 들여와서 율법의 사슬 삼아 성도들을 옥죄고 묶는 것은 매우 흔한 일이다.)

바울은 당시 유대교도들이 왜 할례를 주장하고 사람들에게 할례를 받도록 했는가를 말한다. 그것은 종교적으로 어려운 분위기 속에서 자기들이 살아남기 위한 것이었다. 할례를 받은 사람들이 율법은 지키지 않고 다른 이들에게 억지로 할례를 받게 하려는 것은 단지 할례당이라는 명패를 얻어 육체를 자랑하려는 것이었다. 그러나 바울은 주 예수 그리스도의 십자가 외에는 결코 자랑할 것이 없다고 말한다(12-14절).

9. 맺는 말과 축복

바울은 다시금 말한다. "할례나 무할례가 아무 것도 아니로되 오직 새로 지으심을 받은 자뿐이니라". 고린도 후서와 갈라디아서처럼 새 창조를 많이 강조한 책이 없다. "이후로는 누구든지 나를 괴롭게 말라 내 몸에 예수의 흔적을 가졌노라". 그는 오로지 예수 그리스도의 십자가만 전하고 자랑하면서 많은 고난과 핍박을 받았다. 교회가 바르게 세워지려면 이처럼 십자가 복음이 분명해야 한다. "형제들아, 우리 주 예수 그리스도의 은혜가 너희 심령에 있을지어다". 아멘.

에베소서

주요 내용 에베소서는 그리스도의 몸인 교회에 대한 하나님의 높으신 뜻을 계시하는 책이다. 그리스도의 십자가는 우리의 죄 문제를 해결할 뿐 아니라 유대인과 이방인의 간격(원수 된 것, 의문에 속한 계명의 율법)을 허물고 그리스도 안에서 한 몸을 이룬 것이다(2장). 교회는 그리스도의 몸이요, 신부요 전사이다(1, 3, 4, 5, 6장).

고린도 전서나 빌립보서 같은 책은 당시 그 교회 안에 발생한 문제들을 처리하기 위해 쓴 것인데 반해, 에베소서는 에베소 성도들의 상황과 문제를 다루는 내용이 없고 그들에게 교회에 대한 하나님의 뜻을 보여주며 그리스도의 몸인 교회의 이상을 성도들에게 보여주는 것에 그 중점이 있으며, 이 책은 A.D. 64년경 로마의 감옥에서 쓴 것이다(엡 3:1, 4:1, 6:20, 행 28:30).

◊ 제 1 부 **계시편(1-3장)**

1. 하늘에 속한 신령한 복

에베소서는 바울의 옥중 서신 가운데 하나로서 교회의 이상(vision)을 보여주는 책이다. 교회란 무엇인가? 교회는 창세 전에 그리스도 안에서 하늘에 속한 영적인 복을 받은 무리이다. 그러면 무엇이 복인가?

2. 성부의 선택과 예정

영적인 복의 첫째는 성부 하나님의 선택하심이다. 성경에서 하나님의 선택보다 귀한 것은 없다. 야곱을 생각해보자(롬 9장). 하나님의 선택하심을 받았다는 자체가 우리에게는 가장 큰 보장이요 축복이다. 그 목적은 우리로 하여금 그분 앞에 거룩하고 흠이 없는 그분의 아들들이 되게 하기 위한 것이다. 거듭난 성도들은 창세 전에 이미 그리스도 안에서 하나님의 선택하심과 예정하심을 받은 자임을 의미한다. 그것은 하나님의 사랑만이 아니라 그분의 기뻐하시는 뜻이다. 그분은 우리를 그리스도 안에서 선택하셨기에 사랑하지 않으실 수 없다. 하나님은 에서를 미워하고 야곱을 사랑하셨다. 그를 선택하셨기 때문이다. 그리스도는 영원 전부터 하나님의 사랑하시는 아들이다. 아버지께서 아들을 사랑하신 만큼 우리도 그렇게 사랑하신다. 우리는 그리스도 안에서 선택함을 받았기 때문이다.

3. 성자의 구속

7절은 시간 안에서 이루신 하나님의 가장 위대한 일을 말한다. 그것은 그리스도 안에서 하나님의 은혜의 풍성함을 따라 죄인이 되고 잃어버린 바 된 우리를 그분의 피로 구속하시고 죄 용서함을 주신 일이다. 이 또한 그리스도 안에서 이루어진 일이다. 그 구속은 택하신 백성에게만 미치는 것이 아니라 하늘에 있는 것이나 땅에 있는 것이 모두 그리스도 안에서 통일되는 것, 즉 그리스도의 머리 되심 아래 혼돈 없이 만유가 조화를 이루어 하나님과 화목케 되는 것을 포함한다. 이것이 전체 구속의 범위요 하나님의 온전한 경륜이다.

4. 성령의 인치심과 보증

이러한 구원의 복음 곧 진리의 말씀을 듣고 믿은 사람들은 약속의 성령의 인치심을 받는다. 이 성령의 인치심은 우리가 장래 얻을 하늘의 기업의 보증이 된다. 기업의 보증이란 우리가 최고급 아파트를 당첨받아 그 입주권을 얻은 것과 같다. 또한 이 성령의 인치심은 하나님의 소유권을 말하는 것이요(도장을 찍었다는 뜻), 그 날 영원히 누릴 광대하고 풍성하신 그리스도를 미리 맛보는 것과 같다. 즉 그 성령의 누림과 본질이 같다는 말이다. 이러한 삼위일체 하나님의 각각의 역사는 우리로 그분에 대한 찬양이 되게 한다(6, 12, 14절). 하나님은 찬양받기에 합당하신 분이며, 그분의 모든 위대한 은혜의 역사는 세세토록 그분의 은혜를 받은 우리로 하여금 그분의 영광의 풍성을 찬양하게 한다.

5. 사도의 감사와 기도

15절부터는 에베소 교회로 돌아온다. 그들에게 있는 믿음과 모든 성도들을 향한 사랑을 듣고 사도는 매우 기뻐하고 감사함으로 기도한다. 믿음은 물론 하나님과 그리스도에 대한 것이다. 교회는 이 두 가지가 있어야 한다. 하나님께 대한 믿음, 성도들에 대한 사랑이다. 바울의 기도는 주 예수 그리스도의 하나님 영광의 아버지께서 지혜와 계시의 영을 주셔서 하나님을 알게 하시고 마음눈을 밝게 하셔서 그의 부르심의 소망이 무엇인지, 성도 안에서 그 기업의 풍성이 어떠한지, 믿는 우리에게 베푸신 능력이 얼마나 큰 것인지 알게 하시기를 원했다. 성도들은 마음눈이 밝아져서 하나님께서 교회에게 주신 능력이 얼마나 큰 것인지를 알아야 한다. 그 능력은 그리스도 안에서 역사하신 부활 능력으로서 죽은 자 가운데서 다시 살리신 능력이다. 또한 하늘 보좌에 오르신 승천하신 능력이요, 만물을 발 아래 정복하게 하신 정복의 능력이다. 오늘 교회는 그리스도의 몸으로서 부활 승천하시고 보좌에 앉으신 그리스도가 그 머리이시다. 교회는 만물을 충만케 하시는 분 곧 그리스도의 충만이다(23절). 따라서 교회는 세상의 권세나 물질 아래 굴복해서는 안 된다.

6. 구원론-허물과 죄로 죽은 우리를 살리시다

1장에서 교회는 창세 전에 선택된 자들로 이루어졌다고 말한다. 2장은 그들이 죄와 허물로 죽어 있었고 하나님의 크신 긍휼과 사랑으로 그리스도와 함께 살리심을 받았다고 말한다. 1장은 우리의 창세 전의 상태를 말하지만, 2장은 시간 안에서 우리의 상태, 곧 죄와 허물로 죽어 있었던 상태를 말한다. 죄와 허물로 죽어 있을 때 우리는 이 세상 풍속을 좇고, 불순종의 아들들 가운데 역사하는 공중의 권세 잡은 자를 따랐다. 그때 우리는 우리 육체의 욕심을 따라 지내며 육체와 마음의 원하는 것을 하여 본질상 진노의 자녀였다. 우리는 늘 하나님의 진노 아래 있었으며 결과는 영원한 멸망이었다.

4절은 우리의 구원의 근원이 하나님의 크신 사랑과 긍휼임을 말한다. 그리고 5절은 구원의 내용이다. "허물로 죽은 우리를 그리스도와 함께 살리셨고(너희가 은혜로 구원을 얻은 것이라)". 우리는 그리스도와 함께 살리심을 받았다. 우리가 얻은 구원은 행위나 노력이 아닌 그저 하나님의 은혜로 된 것이다. '은혜로 얻은 구원'이 얼마나 중요했으면 바울이 괄호를 쳐서 강조했겠는가!

6절은 더욱 풍성한 구원의 내용을 말한다. 우리가 단지 살아난 것만이 아니라(새 생명을 얻음) 함께 일으키심을 받아(그리스도와 함께 부활함) 함께 하늘에 앉히신 바 되었다는 것이다(함께 승천함).

7. 구원의 목적과 결과

7절과 10절은 우리 구원의 목적과 결과를 말하면서 오는 여러 세대에 그분의 은혜의 지극히 풍성함을 나타내려 함이라고 한다. 하나님께서 우리를 구원하신 것이 순전히 은혜임을 아는 것은 매우 중요하다. 구원을 받은 우리는 그분의 걸작품(we are His masterpiece)으로서 그리스도 예수 안에서 선한 일을 위하여 지으심을 받았다. 우리는 그 은혜를 인하여 믿음으로 말미암아 구원을 얻었으며, 따라서 구원은 우리에게서 난 것이 아니라 하나님의 선물이다(8절). 구원이 우리의 행위에서 난 것이 아니므로 누구든지 자랑할 수 없다(9절).

8. 교회론-그리스도는 우리의 화평이시다(2:11-3:21)

11절부터는 다시 에베소 성도들에게로 돌아온다. 이방인이었던 그들은 무할례당이라 불리는 자들이었고 약속의 언약과는 관계가 없었으며 세상에서 소망이 없고 하나님도 없는 불쌍한 자들이었다. 그러나 이제 전에 멀리 있던 이방인인 그들이 그리스도 예수 안에서 그리스도의 피로 가까워졌다. 그리스도의 피는 죄를 용서할 뿐 아니라 서로 멀리 있던 자들을 가까워지게 한다. 또한 그리스도는 우리의 화평이시다. 둘로 하나를 만드사 중간에 막힌 담을 허시고, 원수 된 것 곧 의문의 율법을 자기 육체로 폐하셨으며, 유대인과 이방인으로 그분 안에서 한 새 사람을 지어 화평하게 하셨다. 교회는 피로 가까워진 자들이요, 화평케 된 자들이요, 중간에 간격이 없어진 자들이다.

또 십자가는 이 둘을 한 몸이 되게 해서 하나님과 화목하게 하셨고 원수 된 것을 십자가로 소멸하셨다. 또 성령은 오셔서 먼 데 있는 이방인들에게 평안을 전하시고 가까이 있는 유대인들에게도 평안을 전하셔서 이 둘이 한 성령 안에서 아버지께 나아감을 얻게 하셨다. 그러므로 이방인이었던 에베소 사람들이 이제는 더 이상 외인도 아니고 손도 아니고 오직 성도들과 동일한 시민이요 하나님의 권속이다. 모두가 하나님의 한 가족이 된 것이다. 교회란 그리스도의 화평케 하시는 역사로 태어난 존재이며 따라서 교회는 성도들 간에 사랑과 화평이 있다.

9. 그리스도 예수께서 친히 모퉁이돌이 되시다

교회의 터는 오직 그리스도이시며, 사도와 선지자들은 그리스도께서 터가 되시도록 그 터를 닦는 일을 하는 사람들이다(고전 3:10-11). 따라서 이 땅에 교회가 세워지기 위해서는 반드시 하나님이 세우신 사도와 선지자들이 필요하다. 사도와 선지자들은 구약과 신약, 성경을 기록한 사도들과 선지자들을 말한다. 그들의 진리가 교회의 기초임을 잊지 말라. 그리스도는 친히 모퉁이의 머리돌이 되셨다. 모퉁이돌이란 두 벽을 연결하는 돌, 즉 유대인과 이방인을 연결하는 분이시라는 뜻이다. 그리스도 안에서 우리는 건물마다 서로 연결하여 주 안에서 성전이 되어 가고 있다. 이것이 오늘 교회의 역사이다. 연결되고 건축되어가는 성분이 없다면 교회라 말할 수 없다(겔 37장 참조). 우리 개개인이 주님을 모시는 성전이지만 또한 단체적으로 우리는 성도들과 함께 성전으로 지어져 가고 있다(고전 3:16). 우리는 하나님의 거하시는 처소가 되기 위해 예수 안에서 함께 지어져 간다.

10. 하나님의 은혜의 경륜을 맡은 바울의 사역

3장에서 바울은 자신에게 위임하신 귀한 사역을 설명하고 격려와 기도를 기록했다. 먼저 그는 그의 사역을 '하나님의 은혜의 경륜'이라고 말했다. 이 말은 율법의 경륜과 대조를 이루는 말이다. 5절에서 그는 "이제 그의 거룩한 사도들과 선지자들에게 성령으로 나타내신 것같이 다른 세대에서는 사람의 아들들에게 알게 하지 아니하셨으니"라고 말한다. 이는 특히 1장과 2장의 그리스도의 몸에 대한 계시로서 이방인들이 복음으로 말미암아 그리스도 예수 안에서 함께 후사가 되고 함께 지체가 되고 함께 약속에 참예하는 자가 되는 것을 말한다. 이러한 계시는 바울 시대에 이르러서야 분명히 알려지게 되었다는 것이다. 바울은 당시까지 드러나지 않았던 새로운 계시를 얻게 된 것이다. 그러나 그는 자신 혼자만 그 계시를 얻었다고 하지 않았다. "그의 거룩한 사도들과 선지자들에게 성령으로 나타내신 것같이"라고 한다. 성경의 가장 높은 계시는 그리스도의 몸에 관한 것이다. 복음은 죄인이 심판과 멸망에서 구원을 받을 뿐 아니라 그리스도 안에서 함께 후사가 되고 함께 지체가 되고 함께 약속에 참여하는 자가 되게까지 한다(6절).

11. 영원부터 하나님 속에 감춰었던 비밀의 경륜을 드러내려 하심

바울은 그가 이 복음을 위하여 하나님의 능력이 역사하시는 대로 그분의 은혜의 선물을 따라 일꾼이 되었다고 말한다. 자신으로 말하면 모든 성도 중에 지극히 자보다 더 작은 자이지만 그에게 이 은혜를 주신 것은 측량할 수 없는 그리스도의 풍성을 이방인에게 전하게 하시려는 것이며, 영원부터 만물을 창조하신 하나님 속에 감춰었던 비밀의 경륜이 어떠한 것을 드러내게 하려 하심이라고 한다. 바울은 이러한 놀라운 계시를 얻었다. 이것은 이제 교회를 통하여 하늘에서 정사와 권세들에게 하나님의 각종 지혜를 알게 하시려는 것인데, 이는 영원부터 우리 주 그리스도 예수 안에서 예정하신 뜻대로 하신 것이다. 사실 하나님께서 교회를 일으키실 때, 무슨 일이 일어나고 있는지 하늘의 천사들이나 주관들이나 정사들은 다 알지 못했다. 그 누구도 상상하지 못했던 것이 바로 교회의 출현이었다.

12. 그리스도를 믿음으로 담대하고 당당하게 하나님께 나아가라

그러므로 교회로 부르심을 입은 자들인 우리는 그리스도 예수 안에서 그를 믿음으로 담대하고 당당하게 하나님께 나아가야 한다. 하나님은 교회를 지극히 사랑하시고 원하시기 때문이다. 교회는 하나님 보시기에 귀하고 귀한 존재이다. 문 밖에서 서성

대지 말라! 아버지께서는 여러분이 담대하고 당당하게 나아오기를 바라신다. 바울은 에베소 성도들에게 교회를 위해 당하는 그의 여러 환난(현재 감옥에 갇혀있다)에 대하여 낙심하지 말라고 격려하면서 그것이 도리어 그들의 영광이라고 말한다. 교회가 얼마나 귀한 존재인가를 강조하는 말이다.

13. 모든 성도와 함께 지식에 넘치는 그리스도의 사랑을 알도록

사도가 구하는 것은 오직 하나님의 영광의 풍성을 따라 그의 성령으로 말미암아 성도들의 속사람이 능력으로 강건하게 되는 것이며, 믿음으로 말미암아 그리스도께서 성도들 마음에 거하시는 것이며, 그들이 사랑 가운데서 뿌리가 박히고 터가 굳어져서 모든 성도들과 함께 지식에 넘치는 그리스도의 사랑을 알아 그 넓이와 길이와 높이와 깊이가 어떠함을 깨달아 하나님의 모든 충만하신 것으로 충만케 되는 것이었다. 그 풍성하신 그리스도는 모든 성도들과 함께가 아니고서는 결코 다 알거나 체험할 수 없다. 하나님은 그분의 모든 충만하심이 교회에 있기를 원하신다.

◊ 제 2 부 **생활편(4-6장)**

1. 부르심에 합당한 행함-성령의 하나 되게 하신 것을 힘써 지킴

4장부터는 신자들이 그리스도의 몸으로 부르심을 받아 어떻게 행해야 하는지를 말해준다. 먼저는 객관적인 진리요 다음은 실제적인 행함이다. 바울은 계시만 말하는 것이 아니라 그 계시를 얻은 자들의 합당한 생활도 말해준다. 이것은 그의 서신마다 동일하다.

에베소서 1, 2장은 그리스도의 몸이 어떠한 것인가를 말해주고, 4장은 그 몸의 생활을 어떻게 할 것인가를 말해준다. "그러므로 주 안에서 갇힌 내가 너희를 권하노니 너희가 부르심을 부름에 합당하게 행하여". 그 몸에 합당한 행함은 첫째로 하나를 지키는 것이다. 부부가 결혼을 해서 한 몸을 이뤘다 할 때 가장 중요한 것이 이혼하지 않고 하나 되어 잘 사는 것과 같다. 그러기 위해서는 모든 겸손과 온유로, 오래 참음으로 사랑 가운데서 서로 용납하며 평안의 매는 줄로 성령의 하나 되게 하신 것을 힘써 지켜야 한다.

"몸이 하나이요 성령이 하나이니". 사도 바울은 몸이 하나라는 것을 재차 강조했다. 교회의 특징은 곧 하나 됨이다. 성부, 성자, 성령의 삼위일체 하나님께서 하나이듯이 몸인 교회도 하나이다. 믿음, 소망, 침례도 하나이다. 결국 승천하신 그리스도께서 교회에 사도와 선지자와 복음 전하는 자와 목자와 교사의 은사를 주신 것은 그들의 은사를 발휘하여 모든 성도들을 섬김으로 그리스도의 한 몸을 건축하게 하려 하심이라고 말한다. 바울은 그가 그리스도의 몸인 교회를 위한 사역자가 되었다고 말하며, 그의 사역 또한 그 몸을 건축하는 사역이라고 말한다. 복음의 계시를 얻은 성도들은 반드시 몸(교회)을 건축하는 생활을 해야 한다.

2. 그리스도의 장성한 분량이 충만한 데까지 이르도록

우리는 13절부터 놀라운 말씀을 대하게 되는데, 이는 그리스도의 몸인 교회가 어느 정도까지 성장하는가를 말해준다. 사도 바울은 성도들이 하나님의 아들을 믿는 것과 아는 것에서 하나가 되어 온전한 사람을 이루어 그리스도의 장성한 분량이 충만한 데까지 이르는 것을 말한다. 그 성숙의 목표는 바로 그리스도의 장성한 분량의 충만함에 이르는 것이다. 그러나 기억하라. 이 몸은 동서고금의 모든 하나님의 자녀들을 포함하는 교회이다. 여기에는 바울과 베드로와 야고보 등 모든 사도들과 성도들의 수고와 충성이 포함되어 있다. 그러려면 오늘날도 각 지체들이 마디(사역자들)의 공급을 받아 그 분량대로 역사하여 그 몸을 자라게 하며 사랑 안에서 스스로 세워야 한다.

3. 옛 사람을 벗고 새 사람을 입으라

4장 17절부터는 그리스도의 몸의 지체들인 성도들이 일상생활에서 어떻게 처신하는가를 기술한다. 첫째로는 이방인이 그 마음의 허망한 것으로 행함같이 행하지 말라고 한다. 그들은 이해력이 어두워지고 마음이 굳어져서 그들 속에 있는 무지함으로 하나님의 생명에서 떠나 있다. 이방인들은 죄악에 대하여 별 감각이 없다. 그 감각은 어디에서 오는가? 하나님의 생명이다(18절). 믿는이들은 그 속에 하나님의 생명이 있으므로 거룩한 감각이 있다. 그러나 여기서 사도는 그리스도인이라도 총명이 어두워지고 마음이 굳어지면 감각 없는 자가 될 수 있고 자신을 방탕에 방임하게 될 수 있고 모든 더러운 것을 탐욕으로 행할 수 있다고 한다.

"오직 너희는 그리스도를 이같이 배우지 아니하였느니라 진리가 예수 안에 있는 것같이 너희가 과연 그에게서 듣고 또한 그 안에서 가르침을 받았을진대"(20-21절). 진리는 예수 안에 있다. 예수를 떠나서는 진리가 없다. 우리는 다만 외적인 가르침으로 그리스도를 배우는 것이 아니라 우리 안에 계시는 그리스도에게서 배운다(3:17). 우리가 만일 그리스도에게서 배운다면, 그분에게서 듣고 그분에게서 가르침을 받는다면, 옛 사람을 벗어버리고 심령으로 새롭게 되어 하나님을 따라 의와 진리의 거룩함으로 지으심을 받은 새 사람을 입을 것이다. 새 사람의 요소(의와 진리와 거룩함)는 하나님이시다. 중요한 것은 우리의 생각의 영 안에서 날마다 새롭게 되는 것이다(23절, 고후 4:16).

4. 그리스도인의 새 생활의 본

"그런즉 거짓을 버리고 각각 그 이웃으로 더불어 참된 것(진리)을 말하라 이는 우리가 서로 지체가 됨이니라 분을 내어도 죄를 짓지 말며 해가 지도록 분을 품지 말고 마귀로 틈을 타지 못하게 하라 도적질하는 자는 다시 도적질하지 말고 돌이켜 빈궁한 자에게 구제할 것이 있기 위해 제 손으로 수고하여 선한 일을 하라". 도적질하지 말라는 말씀은 구약의 십계명과 같다. 그러나 새 언약에는 하나님께서 예비하신 공급(그리스도의 생명)이 있어서 도적질하지 않을 뿐 아니라 돌이켜 빈궁한 자에게 구제할 것이 있기 위해 손수 수고하여 선한 일을 할 수 있다. 또 이웃으로 더불어 참된 것을 말해야 함은 서로 지체가 되었기 때문이며, 해가 지도록 분을 품지 말라는 것은 우리에게 있는 그리스도의 은혜가 어떤 분한 마음도 제할 수 있기 때문이다.

또한 더러운 말은 입 밖에도 내지 말고 오직 덕을 세우는 데 소용되는 대로 선한 말을 하여 듣는 자들에게 은혜를 끼치게 하라고 한다. 하나님의 성령을 근심하게 하지 말아야 할 것은 그 안에서 우리가 구속의 날까지 인치심을 받았기 때문이다. 성령의 인치심과 구속의 날은 관계가 있다. 더러운 말이나 악한 말은 성령을 근심케 할 수 있고 구속의 날에 문제가 있을 수 있다는 뜻이다.

"너희는 모든 악독과 노함과 분냄과 떠드는 것과 훼방하는 것을 모든 악의와 함께 버리고 서로 인자하게 하며 불쌍히 여기며 서로 용서하기를 하나님이 그리스도 안에서 너희를 용서하심과 같이 하라"(31-32절). 우리는 버려야 할 것을 버리고 서로 불쌍히 여길 수 있고 용서할 수 있고 사람들을 인자하게 대할 수 있음을 주님께 감사한다.

5. 하나님을 본 받는 자가 되라

사도 바울은 5장에서 보다 근원적인 곳을 향한다. "그러므로 사랑을 입은 자녀같이 너희는 하나님을 본받는 자가 되고 그리스도께서 너희를 사랑하신 것같이 너희도 사랑 가운데서 행하라 너희가 전에는 어두움이더니 이제는 주 안에서 빛이라 빛의 자녀들처럼 행하라". 첫째는 사랑이요 둘째는 빛이다. 이것이 1절부터 14절까지의 말씀이다. 은혜의 근원은 하나님의 사랑이요 진리의 근원은 빛이다. 우리의 삶은 결국 사랑이신 하나님을 본받는 것이어야 한다. 그리스도께서 우리를 사랑하신 그 사랑으로 우리가 다른 사람들을 사랑해야 한다는 것이다. 음행이나 탐욕은 사랑이 없는 행위이다. 이렇게 음행과 온갖 더러움과 탐욕을 행하는 사람들은 그리스도와 하나님의 나라에서 기업을 얻지 못하며, 하나님의 진노가 그런 자들에게 임한다. 이는 심히 두려운 일이다.

사랑은 결국 빛이다. 우리는 주 예수를 믿음으로 어두움에서 빛으로 옮겨졌다. 빛 가운데 생활한다는 증거는 무엇일까? 사랑 가운데 행하는 것이다. 사랑이 없다는 것은 그가 어둠 가운데 행한다는 뜻이다. 빛은 모든 착함과 의로움과 진실함이다. 착하지 않고 의롭지 않고 진실하지 않다면 그는 빛 가운데 사는 것이 아니다. 사람에 대한 사랑이 없다면 그는 말할 것도 없이 어두움에 있는 사람이다(요일 2:9-10). 우리는 범사에 주님께 기쁘시게 할 것이 무엇인지 시험하면서 생활해야 한다. 어두움의 일이란 은밀히 행하는 일들이며 말하기가 부끄러운 일들이다. 그러나 그런 일들은 책망을 받을 때 빛으로 나타나게 된다. "나타나지는 것마다 빛이니라".

그러므로 우리는 어떻게 행할 것인지를 자세히 주의하여 지혜 있는 자같이 함으로 세월을 아껴야 하며 주님을 기쁘시게 할 기회를 붙잡아야 한다. 술 취하지 말고 성령으로 충만해야 하며 시와 찬미와 신령한 노래들로 서로 화답하며 마음으로 주께 노래하며 범사에 우리 주 예수 그리스도의 이름으로 항상 아버지 하나님께 감사해야 한다.

6. 아내들과 남편들에게 주는 교훈-그리스도와 교회의 관계를 나타냄

그리스도인의 삶은 가정에서부터이다. 아내는 교회가 그리스도께 하듯 남편에게 복종해야 하며 남편은 아내를 사랑하되 그리스도께서 교회를 사랑하시고 자신을 주심같이 해야 한다. 결국 교회의 운명은 무엇인가? 티나 주름 잡힌 것이 없이 거룩하고 흠이 없게 되어 그리스도 앞에 영광스러운 교회로 세워지는 것이다. 신부가 단장되어 신랑에게 인도되는 것과 같다. 이것이 우주 가운데서 이루어져 가고 있는 비밀 중의 비밀이다. 어떻게 교회가 깨끗케 될 수 있는가? 말씀의 물로 씻어져서이다. 신부의 단장을 위해 말씀이 중요하다. 그리스도와 교회는 큰 비밀이며 온전한 하나의 실체이다. 사람이 자기 육체를 미워하지 않고 오직 양육하여 보호하는 것처럼 그리스도께서는 더욱더 교회를 보호하고 양육하신다. 우리가 그 몸의 지체가 되었다는 것은 얼마나 감사한 일인지! 지금도 우리는 그분의 보호와 양육을 받고 있다. 이와 같이 남편들도 자기 아내 사랑하기를 제 몸같이 해야 하는데, 자기 아내를 사랑하는 자는 자기를 사랑하는 것이기 때문이다. 남편과 아내가 한 몸 된 것이 비밀이듯 그리스도와 교회가 한 몸이 된 것은 더욱더 큰 비밀이다.

7. 자녀들과 부모들에게 주는 교훈

6장 1절부터 4절까지는 부모와 자녀에 대한 말씀이다. "자녀들아 너희 부모를 주 안에서 순종하라 이것이 옳으니라 네 아버지와 어머니를 공경하라 이것이 약속 있는 첫 계명이니 이는 네가 잘 되고 땅에서 장수하리라 또 아비들아 너희 자녀를 노엽게 하지 말고 오직 주의 교양과 훈계로 양육하라".

자녀들에게 부모를 주 안에서 공경하고 순종하라고 가르친다. 그래야 잘 되고 땅에서 장수할 것이라 하시는데, 이것이 약속 있는 첫 계명이다. 또 아비들도 자녀들을 노엽게 하지 말고 오직 주의 교양과 훈계로 양육해야 한다.

8. 종들과 상전들에게 주는 교훈

5절부터 9절까지는 상전과 종들에게 주시는 말씀이다. 종들은 두려워하고 떨며 성실한 마음으로 육체의 상전에게 순종하기를 그리스도께 하듯 하라고 한다. 보는 데서만 눈가림으로 할 것이 아니라 성실한 마음으로 순종하되 그리스도의 종들처럼 마음으로 하나님의 뜻을 행하라고 한다. "이는 각 사람이 무슨 선을 행하든지 종이나 자유하는 자나 주에게 그대로 받을 줄을 앎이니라". 우리의 행함에 대한 보상은 사람이 아닌 주님에게서 받는다. 그러므로 상전들도 종들에게 공갈을 그치라고 한다. 이는 종이든 상전이든 그들의 진짜 상전은 하늘에 계시고 그분은 사람을 외모로 취하지 않으시기 때문이다.

9. 영적 전쟁

마지막으로, 교회의 영적 전쟁을 말한다. 교회는 그리스도의 신부일 뿐 아니라 그리스도의 전사이다(계 19:7-15). 하나님은 사람을 창조하실 때부터 대적을 염두에 두시고 사람으로 하여금 이 땅을(땅에 기는 것, 즉 뱀을 포함하여) 정복하고 다스리게 하고자 하셨다. 그러므로 교회는 주 안에서와 그 힘의 능력으로 강건케 되어야 한다. 이는 대적 마귀가 있기 때문이며 마귀의 궤계를 능히 대적하기 위해서는 하나님의 전신갑주를 입어야 한다. 이 전신갑주는 구약에 이미 언급된 바 있다(사 59:17). 이 갑주는 원래 그리스도께서 우리를 구원하기 위해 원수와 싸우시려고 입으신 것이다. 따라서 하나님의 전신갑주이다. 그분은 이 갑주를 입으시고 구속을 위한 싸움을 싸워 이기셨다. 오늘 교회는 단체적으로 이 전신갑주를 입어야 한다. 성도들은 개별적이 아니라 단체적으로 신부가 되며, 개별적인 전사가 아니라 단체적인 군대이다. 기도든 싸움이든 교회가 한 마음으로 힘써야 길이 있다(마 18:18-20, 빌 1:29-30).

우리의 씨름은 혈과 육에 속한 것이 아니다. 우리의 대적은 보이는 세계의 존재들이 아니다. 그러므로 혈과 육을 사용하면 백전백패하게 되어 있다. 우리의 씨름은 정사와 권세와 이 어두움의 세상 주관자들과 하늘에 있는 악의 영들에게 대한 것이다. 그러니 이 세력은 보이는 물질세계의 육신적인 힘으로 대항할 수 없다. 영적 능력으로만이 싸울 수 있으며 따라서 하나님의 전신갑주를 입어야 한다. 대적이 이런 존재이기에 바울은 다시금 "하나님의 전신갑주를 취하라"고 강조한다(13절). 주님은 아직 오시지 않았고 공중 권세 잡은 자들과 악한 영들은 날뛰고 있기 때문이다.

오늘 교회는 악한 자들을 대적하기 위해 진리의 허리띠를 띠고 의의 흉배를 붙여야 한다. 평안의 복음의 예비한 것으로 신을 신어야 한다. 진리, 의, 복음은 다 주님 자신이다. 이 모든 것 위에 믿음의 방패를 가져야 하며 이로써 마귀의 불화살을 막아내야 한다. 구원과 소망의 투구를 써야 하며 성령의 검 곧 하나님의 말씀을 가져야 한다. 말씀이 없다면 공격해 나갈 힘이 없다. 그리스도와 성령, 진리의 말씀이 우리가 싸움에 임하기 위해 가져야 할 갑주요 무기들이다. 이 악한 날들에 하나님의 전신갑주를 입지 않으면 이 모든 영적 전쟁을 치른 후에 서지 못한다. 영적 전쟁에서 선다는 것은 매우 중요하다. 쓰러진 것은 이미 패한 것을 의미한다. 서 있기 위해서는 길고 긴 싸움을 견디는 인내가 필요하다. 에베소서는 먼저 앉고(2:6), 다음에 행하며(4:1), 최종적으로 서는 것을 말한다(6:13-14).

10. 모든 기도와 간구로 하라

마지막으로, 바울은 교회에게 기도를 강조한다. 이 영적 싸움을 싸우기 위해서도, 심지어 전신갑주를 입기 위해서도, 말씀의 검을 갖기 위해서도 기도는 필수적이다. 모든 기도와 간구로 하되 무시로 성령 안에서 기도하고 이를 위해 깨어 구하기를 항상 힘쓰며 여러 성도를 위하여 구하고 또 사도인 자신을 위해서 기도해달라고 한다. 사도 자신을 위해 부탁하는 기도의 내용은 무엇인가? 그에게 말씀을 주시어 그로 하여금 입을 벌려 복음의 비밀을 담대히 전하게 해달라는 것이다. 그는 참으로 겸손하고 주님을 의지하는 사역자이다.

그는 자신이 이 일을 위해 쇠사슬에 매였고 죄수로 수감되어 있다고 말한다. 그는 수감되어 있지만 말씀 전하는 일을 포기하지 않고 성도들에게 이 일을 위해 기도해달라고 거듭 부탁한다. 디모데후서 4장에 그는 곧 순교할 것이지만 동역자 디모데에게 때를 얻든지 못 얻든지 말씀을 전파하라고 명한다. 마지막으로, 에베소 성도들에게 바울 자신의 사정을 알게 하기 위해 동역자 두기고를 보내겠다고 하면서 그를 사랑받는 형제요 진실한 일꾼이라고 소개한다. 그리고 '우리 사정을 알게 하고 또 너희 마음을 위로하기 위해 저를 특별히 너희에게 보냈다'고 썼다.

11. 마지막 문안 인사

바울 사도의 에베소 교회에 대한 사랑은 지극하다. 그는 에베소에서 가장 오랜 시간 사역했고 예루살렘이 들어가기전 에베소 장로들과 눈물로 헤어진 바 있다(행 20장). 따라서 마지막 문안 인사도 매우 감명 깊고 특별하다. "아버지 하나님과 주 예수 그리스도에게로부터 평안과 믿음을 겸한 사랑이 형제들에게 있을지어다 주 예수 그리스도를 변함없이 사랑하는 모든 자에게 은혜가 있을지어다". 아멘.

빌립보서

주요 내용 온 성도가 한 마음이 되어 복음을 위해 삶(1장), 그리스도의 겸손을 본받음으로 구원을 이루어가는 삶(2장), 뒤의 것을 잃어버리고 부르신 부름의 상급 얻으려고 달려감(3장), 항상 기뻐하며 염려없도록 늘 기도하며, 무엇이든지 옳고 사랑스럽고 참된 것을 생각함(4장).

사복음서가 공관복음과 요한복음으로 분류되는 것처럼 옥중서신도 에베소서, 골로새서, 빌레몬서, 이 세 서신은 같은 시기에 기록되었고 빌립보서는 그 후에 기록되었다. 빌립보서는 고린도 후서처럼 교리가 많지 않고 주로 바울의 체험이 담긴 그의 자서전적인 책이다. 바울은 성도들의 믿음의 진보를 위해 자신의 심정과 체험을 말해주고, 그리스도의 비우심과 낮아지심을 말하면서 성도들에게 그리스도 예수의 마음을 품으라고 권했다. 또한 복음을 위하여 사도 바울 자신과 한 마음으로 전진하도록 도왔으며, 특히 그들의 물질적 협력에 감사하며 쓴 서신이다.

◊ 제1부 **감사(1:1-11)**

1. 빌립보 성도들을 인해 하나님께 감사드리다

빌립보 교회는 사도행전 16장에서 사도 바울이 마게도냐 첫 성에 이르러 만난 자주장사 루디아의 가정과 그가 감옥에 갇혔을 때 회개하고 믿은 간수의 가정이 기초가 되어 세워진 교회이다. 그 후에 성도들이 더해지고 감독들과 집사들이 세워지면서 바울 사도의 복음 사역에 적극 협력하는 건강하고 아름다운 교회가 되었다. 그들은 바울에게 복음을 받은 첫날부터 사도의 복음 사역에 적극 협력했으며 바울은 그로 인하여 늘 기쁨과 감사함이 있었다(4절).

2. 빌립보 교회가 사도 바울의 복음 사역에 참여하다

이때 바울은 로마의 감옥에 갇혀 있었는데, 감옥에서 이 편지를 썼다. 사도 바울은 복음을 전할 뿐 아니라 복음을 변명하고 확정하는 일을 했다. 사도는 빌립보 교회가 그의 매임과 복음을 변명함과 확정하는 일에 그와 함께 은혜에 참예했다고 말한다. 이에 바울은 예수 그리스도의 심장으로 그들을 사모한다고 했고, 그들을 위해 기도하면서 그들의 사랑이 지식과 총명으로 점점 더 풍성해지기를 구했다. 그들은 마땅히 지극히 선한 것을 분별하고 또 진실하여 허물없이 그리스도의 날까지 이르며 예수 그리스도로 말미암아 의의 열매가 가득하여 하나님의 영광과 찬송이 되어야 했다(9-11절).

◊ 제 2 부 **바울의 심정을 표현함(1:12-30)**

1. 무슨 방도로 하든지 복음이 전파되는 것을 기뻐하다

바울은 그가 감옥에 갇힌 것이 복음에 장애가 아니라 진보가 되었음을 말하고 있다. 사도의 마음에는 늘 복음이 있다. 복음의 마음이 없는 자는 하나님의 종이라 할 수 없다(롬 1:1). 그는 자기가 감옥에 갇히다 보니 형제 중 다수가 더욱 담대하게 하나님의 말씀을 말했는데, 어떤 이들은 바울의 매임에 괴로움을 더하게 할 줄로 생각하여 순전치 못하게 다툼으로 그리스도를 전파하고, 어떤 이들은 바울이 복음을 변명하기 위해 세우심을 받은 줄 알고 사랑으로 그리스도를 전파했다. 바울은 외모로 하나 참으로 하나 무슨 방도로 하든지 그리스도가 전파되니 그로 인해 자신은 매우 기뻐한다고 말하였다.

2. 이는 내게 사는 것이 그리스도니

바울은 이러한 환경에서 성도들의 간구와 예수 그리스도의 성령의 도우심으로 자신이 구원에 이르게 될 것을 알았다. 그리고 그의 간절한 기대와 소망은 다만 감옥에서 풀려나는 것이 아니라 그런 상황에서 오직 전과 같이 이제도 담대하여 그리스도가 자신의 몸에서 존귀케 되는 것이었다. 이는 그에게 사시는 분이 그리스도이시기 때문에 죽는 것도 유익하다고 했다.

그는 자신이 지금 삶과 죽음, 두 사이에 끼었다고 하면서, 떠나서 그리스도와 함께 있고 싶은 욕망이 더욱 좋지만(이 구절을 볼때 신자들은 육신을 벗어나게 되면 즉시 주님과 함께 있게 됨을 알 수 있다), 그럼에도 그가 육신에 거하는 것이 교회를 위하여는 더욱 유익할 것이라고 했다. 그것은 교회에게 아직 바울이 필요하기 때문이다. 빌립보 교회는 믿음에서 더 진보해야 하고 그들의 자랑이 사도로 인하여 더욱 풍성해져야 했다(26절).

3. 그리스도 복음에 합당하게 생활하라

그는 빌립보 교회에게 당부한다. "오직 너희는 그리스도 복음에 합당하게 생활하라 이는 내가 너희를 가보나 떠나 있으나 너희가 일심으로 서서 한 뜻으로 복음의 신앙을 위하여 협력하는 것과 아무 일에든지 대적하는 자를 인하여 두려워하지 아니하는 이 일을 듣고자 함이라". 사도 바울은 늘 이런 반대와 핍박, 공격과 비방을 당하면서 복음을 전했다. 그리스도를 위하여 우리에게 은혜를 주신 것은 우리로 하여금 믿을 뿐 아니라 고난도 받게 하려 함이라고 격려한다. 은혜가 있으면 모든 고난과 환경을 이긴다.

◊ 제 3 부 **권면과 경고(2:1-4:9)**

1. 마음을 같이하고 한 마음을 품으라

2장 전반부에서 바울은 빌립보 성도들에게 마음을 같이 하며 한 마음을 품을 것을 권한다. 복음을 위해서는 교회가 절대적으로 한 마음과 한 뜻이 되어야 한다. "마음을 같이 하여 같은 사랑을 가지고 뜻을 합하며 한 마음을 품어 아무 일에든지 다툼이나 허영으로 하지 말고 오직 겸손한 마음으로 각각 자기보다 남을 낫게 여기고". 마음을 같이하여 같은 사랑을 갖기 위해서는 서로 주 안에서 권면도 필요하고, 사랑의 위로도 필요하며, 성령의 교통과 긍휼히 여김과 자비 등의 미덕이 필요하다. 또 겸손한 마음으로 남을 나보다 낫게 여기고 모든 일을 다툼이나 허영으로 하지 말아야 한다. 그래야 한 마음을 가질 수 있다.

2. 그리스도 예수를 본받으라

한 마음과 한 뜻이 되기 위해서 가장 중요한 것은 겸손이다(엡 4:2). 여기서 바울은 성도들에게 그리스도 예수의 마음을 품으라고 한다. 그것은 바로 겸손의 마음이다(마 11:29, "나는 마음이 온유하고 겸손하니"). 예수는 본래 하나님의 본체시나 하나님과 동등 됨을 취할 것으로 여기지 않으시고 오히려 자기를 비워 종의 형체를 가지시고 피조물인 사람들과 같이 되셨고 사람의 모양으로 나타나셨으며 자기를 낮추시고 죽기까지 복종하셨으니 곧 십자가에 죽으신 것이다. 죽기까지 낮아지신 이것이 그분의 겸손이다. 누가 죽음 앞에서도 기꺼이 순복할 수 있겠는가! 그분은 가장 높으신 분, 창조주 하나님의 본체이시지만 가장 낮은 음부에까지 낮아지셨다. 우리는 성도들과 함께할 때 늘 이러한 마음을 가져야 한다.

3. 너희 안에서 행하시는 이는 하나님이시니

사도 바울은 이러한 그리스도인의 생활이 구원을 이루는 생활이라고 말한다. 구원은 이미 받았지만 또 우리의 생활 가운데서 이루어가는 것이 있다. 사도는 항상 복종하여 두렵고 떨림으로 구원을 이루라고 했다. 어떤 일을 원망과 시비로 하는 것은 구원을 이루는 삶이 아니다. "너희 안에서 행하시는 이는 하나님이시니" 오늘날 하나님께서는 그분의 기뻐하시는 뜻을 우리로 소원을 두고 행하게 하신다.

4. 하나님의 흠 없는 자녀로서 빛들로 나타남

성도들은 흠이 없고 순전하게 되어야 하며 하나님의 자녀로서 빛들로 나타나야 한다. 그래야 생명의 말씀을 밝히게 되고 사도의 수고와 달음질도 헛되지 않게 된다. 그러면 그리스도께서 다시 오실 때 피차 자랑할 것이 있게 된다(고후 1:14).

5. 디모데와 에바브로디도

바울은 빌립보 교회의 사정을 알고 그들을 인하여 안위를 받기 위해 디모데와 에바브라디도를 빌립보에 보냈다. 에바브라디도는 원래 빌립보 교회가 바울에게 보낸 형제이다. 바울에게 빌립보 성도들의 연보를 전달하기 위해서였다(4:18). 바울은 이제 그를 다시 빌립보에 보내면서 에바브로디도는 자신과 함께 수고하고 함께 군사 된 자라고 소개했으며, 디모데는 아들이 아비에게 하듯 바울에게 복종하는 자요 복음을 위하여 함께 수고하는 자라고 소개하였다.

그런데 에바브로디도가 하필 바울에게 왔을 때 큰 병이 들어 빌립보 교회나 바울이나 그로 인하여 매우 근심하였다. 그런데 주님이 그를 치료해주시자 바울은 속히 그를 빌립보에 보내어 그들의 근심을 제하고 기뻐하게 하고자 하였다. 바울은 에바브로디도가 죽기에 이르러도 자기 목숨을 돌아보지 않고 사도의 사역을 섬기는 그들의 일에 부족함을 채우려 했다고 말한다.

6. 참 할례당

3장이다. 당시 어느 곳이든지 복음이 전파되어 교회가 세워지면 유대인들, 율법주의자들, 할례당이 와서 훼방하는 일을 했는데 빌립보 교회도 예외가 아니었다. 바울은 그들을 악을 행하는 자들이요 개들(dogs)이라고 불렀다. 육체의 할례란 아무런 의미가 없다고 했는데, 갈라디아서에도 동일한 말씀이 있다(갈 5:1-6, 6:11-16). 육체로 말하면 바울 자신도 자랑할 것이 많다고 하면서(4-6절) 과거에 그가 유대교에 속했을 때 열심으로는 교회를 핍박하고 율법의 의로는 흠이 없었다고 말한다.

7. 그리스도를 아는 지식이 가장 탁월하다

그러나 무엇이든지 전에 유익하던 것들을 그리스도를 위하여 해로 여기는 것은 그리스도 예수를 아는 지식이 가장 고상하기 때문이라고 하였다. 그는 그리스도 한 분을 위하여 모든 것을 잃어버리고 배설물로 여기는 것은 오직 그리스도를 얻고 그분 안에서 발견되려 함이며, 그가 가진 의는 율법에서 난 것이 아니요 오직 그리스도를 믿음으로 말미암은 것이니 곧 믿음으로 하나님께로서 난 의라고 했다.

8. 그리스도와 그 부활의 권능과 그 고난에 참예함을 알려 하여 그분의 죽으심을 본받음

그는 진실로 그리스도와 그분의 부활의 능력과 그 고난에 참예함을 알려 하여 그분의 죽으심을 본받아 어찌하든지 죽은 자 가운데서 부활에 이르고자 했다. 주님은 우리가 그분이 이 땅에 계실 때 겪으신 모든 것에 참여하기를 원하신다. 우리는 그분의 친구요 신부이기 때문이다. 우리가 그분을 모르고 어떻게 그분의 진실한 친구가 되며 배필이 되겠는가! 바울은 그리스도께서 걸어가신 길을 그대로 걷고 따르기 원했다. 그분의 십자가의 고난은 대체 어떤 것이었을까? 그 무지한 자들 앞에서 비방과 채찍질을 당하실 때, 욕을 먹으며 고통을 당하실 때, 하나님과 사람에게 버림을 당하실 때 그분의 마음은 어떠셨을까? 바울은 그 모든 것을 알고자 했다. 그뿐 아니라 그분의 부활의 능력도 알기 원했는데, 모든 육신적인 한계를 초월하여, 연약하고 힘들고 죽을 형편에서 능력으로 초월하는 부활의 경지를 맛보기 위해서였다. 오늘 교회는 그리스도의 이 모든 것을 경험할 수 있어야 한다.

9. 푯대를 향하여 좇아가다

여기서 바울은 그가 이미 얻었다 함도 아니고 온전히 이루었다 함도 아니며(그러나 딤후 4장에서는 그의 경주를 다 마쳤다고 고백했다) 다만 그리스도 예수께 잡힌 바 된 그것을 잡으려고 좇아간다고 했다. 그는 아직 그가 잡은 줄로 여기지 않고 오직 한 일 즉 뒤에 있는 것은 잊어버리고 앞에 있는 것을 잡으려고 푯대를 향하여 그리스도 예수 안에서 하나님이 위에서 부르신 부름의 상을 위하여 좇아간다고 했다. 우리 앞에는 주님의 심판대가 있으며 그날 잘 달린 자들에게는 상을 주실 것이다. 바울은 형제들에게 함께 자기를 본받으라고 말하고 심지어 그렇게 자기들을 본으로 삼아 그대로 행하는 자들을 보이라고 간청한다(17절).

10. 우리의 시민권은 하늘에 있는지라

사도 바울은 눈물의 사역자이다. 그는 빌립보 교회에 편지를 쓰면서 울었다(18절). 그는 고린도 교회에 쓸 때도 애통과 많은 눈물이 있었다고 말한다(고후 2:4). 또 그는 에베소 장로들에게 에베소에 삼 년 가량 있으면서 겸손과 눈물로 섬겼다고 말한 바 있다(행 20:19). 눈물이 없다는 것은 그만큼 애정이 없고 마음이 없다는 뜻이다. "내가 여러 번 너희에게 말하였거니와 이제도 눈물을 흘리며 말하노니 여러 사람이 그리스도 십자가의 원수로 행하느니라 저희의 마침은 멸망이요 저희의 신은 배요 그 영광은 저희의 부끄러움에 있고 땅의 일을 생각하는 자라". 바울은 우리의 시민권이 하늘에 있고 거기로서 구원하는 자 곧 주 예수 그리스도를 기다린다고 말한다. 그리스도의 재림 시에는 만물이 그분께 복종케 될 것이다. 만물을 그분께 복종케 하는 능력은 크고도 무한하신 하나님의 능력이다. 바울 사도는 믿는 우리에게 이미 이 큰 능력을 주셨다고 말한다(엡 1:19-22). 그리스도께서 재림하실 때, 그분은 만물을 자기에게 복종케 하실 수 있는 자의 역사로 우리의 낮고 천한 몸을 자기 영광의 몸의 형체와 같이 변케 하실 것이다. 이것이 곧 로마서 8장에서 말한 몸의 구속이요 영화롭게 됨이다(롬 8:23, 30).

11. 사도의 권면

4장이다. 교회에 대한 사도 바울의 사랑은 그의 글에 잘 나타나 있다. 이 모든 말씀은 성경이니 그리스도께서 자기 피로 사신 교회를 사랑하시는 것과 똑같은 것이다. "나의 사랑하고 사모하는 형제들, 나의 기쁨이요 면류관인 사랑하는 자들아!"

바울은 마지막 장에서 직접 두 자매의 이름을 거명하며 주 안에서 한 마음을 품으라고 권면한다. 유오디아와 순두게이다. 그들은 복음에서 바울과 동역하던 자매들이었는데, 열심은 있었지만 뭔가 부족함이 있었다. 그럼에도 바울은 그들의 이름이 생명책에 있다고 격려하면서 나와 멍에를 같이 한 자가 있다면(즉 바울과 같은 마음을 갖고 교회를 위해 힘쓰는 자가 있다면), 그 부녀들을 도와주라고 말한다.

12. 주 안에서 항상 기뻐하라

바울 사도는 마지막 결론을 맺으면서 기뻐하라고 한다. 이것은 고린도 교회에도, 데살로니가 교회에도 동일하게 한 말이다(고후 13:11, 살전 5:16). 사역자의 마음은 교회와 성도들이 기뻐하는 것이다. 사역자는 성도들의 믿음을 주관하는 자가 아니요 기쁨을 돕는 자이다(고후 1:24). 사도는 "너희 관용을 모든 사람에게 알게 하라 주께서 가까우시니라" 하고 또 아무 것도 염려하지 말고 오직 모든 일에 기도와 간구로 너희 구할 것을 감사함으로 하나님께 아뢰라고 하면서 그리하면 모든 지각에 뛰어난 하나님의 평강이 그리스도 예수 안에서 너희 마음과 생각을 지키실 것이라고 한다. 이것은 우리 마음과 생각을 하나님의 평강이 보초 서듯 지켜주시겠다는 말씀이다(원문의 뜻).

13. 무엇에든지 가장 좋은 것을 생각하라

바울은 성도들에게 무엇에든지 참되고 무엇에든지 경건하며 무엇에든지 옳으며 무엇에든지 정결하며 무엇에든지 사랑할 만하며 무엇에든지 칭찬할 만하며 무슨 덕이 있든지 무슨 기림이 있든지 이것들을 생각하라고 권한다. 간단히 말해서 성도들은 좋은 생각을 해야 한다. 또 바울은 담대하게 "너희는 내게 배우고 받고 듣고 본 바를 행하라 그리하면 평강의 하나님이 너희와 함께 계시리라"고 했다.

◊ 제 4 부 **선물에 대한 감사와 문안(4:10-23)**

1. 사도 바울에 대한 빌립보 교회의 관심이 다시 싹이 나다

바울 사도는 이 편지를 쓸 때 매우 기뻤다. 그들은 과거 바울에게 쓸 것을 보내왔는데, 한 동안 보내는 것을 잊어버렸다. 그러다 보니 바울은 매우 어려운 시간을 지냈고, 그는 이 시기를 겨울에 비유했다. 그런데 이제 빌립보 교회가 바울을 생각하던 것이 다시 싹이 났다고 표현한다.

2. 어떠한 형편에든지 자족하기를 배우다

그 결과 바울은 궁핍에도 처해 보고 풍부에도 처해 보았다. 그리고 어떤 형편에도 적응할 만큼 주님에게서 일체의 비결을 배웠다고 고백한다. 그는 그에게 능력 주시는 자 안에서 모든 것을 할 수 있다고 말한다. "그러나 너희가 내 괴로움에 함께 참예하였으니 잘하였도다" 하면서 그들이 알듯이 복음의 시초에 그가 마게도냐를 떠날 때에 주고받는 사도의 일에 참예한 교회가 빌립보 교회 외에는 아무도 없었다고 한다. 데살로니가에 있을 때에도 그들이 한두 번 그의 쓸 것을 보내온 적이 있다. 바울 사도는 그들에게 선물을 구하는 것이 아니라(그는 아무리 어려워도 교회에게 손을 내밀지 않았다) 다만 그들에게 유익하도록 과실이 번성하기를 구한다고 했다.

3. 하나님께서 받으실 만한 향기로운 제물

또 그는 "내게는 모든 것이 있고 또 풍부한지라 에바브로디도 편에 너희의 준 것을 받으므로 내가 풍족하니 이는 받으실 만한 향기로운 제물이요 하나님을 기쁘시게 한 것이라"고 한다. 그러면서 빌립보 교회를 축복하는 말을 했다. "나의 하나님이 그리스도 예수 안에서 영광 가운데 그 풍성한 대로 너희 모든 쓸 것을 채우시리라."

4. 마지막 문안 인사

마지막 문안 인사에서 눈에 띄는 것은 '가이사 집 사람들 몇'이라는 말이다. 당시 바울은 로마 황제의 시위대 감옥에 갇혀 있었을 텐데, 그 안에서도 바울은 그리스도가 그에게서 존귀케 되는 방식으로 처신하고 복음에 대한 간절함이 있었기에 황제 경호부대 사람들 몇이 주님께로 인도되었던 것이다. 이는 그리스도의 복음의 아름다운 승리이다!

골로새서

주요 내용 | 에베소서가 그리스도의 몸인 교회를 다루었다면 골로새서는 머리이신 그리스도를 말한다. 그리스도는 보이지 아니하시는 하나님의 형상이요(1장), 우리는 그분 안에서 완전하여졌다(2장), 우리는 그리스도와 함께 죽었고 그리스도와 함께 하나님 안에 감취어 있으니 위엣 것을 생각하고(3장), 깨어 기도하며 세월을 아껴야 한다(4장).

골로새서는 A.D. 64년경에 기록되었다. 에베소서와 빌레몬서가 기록될 때와 같은 시점이다(골 4:9, 몬10-12). 저자는 바울이며 그는 디모데와 함께 이 서신을 골로새에 보냈다. 수신자는 물론 골로새 성도들이다. 골로새 교회도 당시의 다른 교회들과 마찬가지로 여러 율법주의자들의 영향이 침투되어 있었고, 게다가 철학, 금욕주의, 천사숭배 등 다른 많은 교훈들도 들어와 있었다. 그래서 사도 바울은 골로새 교회가 악한 가르침들을 분별하고 복음, 즉 신약의 계시에 입각하여 세워질 수 있도록 이 한 편의 서신을 썼다.

◊ 제 1 부 **감사와 기도(1:1-12)**

1. 골로새 성도들의 믿음과 사랑과 소망으로 인해 하나님께 감사드리다

"하나님의 뜻으로 말미암아 그리스도 예수의 사도된 바울과 형제 디모데는" 골로새 교회에 편지를 쓸 때 바울은 디모데와 함께했다. 이것이 바울의 겸손이다. 골로새 교회를 위해 기도할 때마다 바울은 늘 하나님 곧 우리 주 예수 그리스도의 아버지께 감사드렸다. 이는 그리스도 예수 안에 있는 그들의 믿음과 모든 성도들에 대한 사랑을 들음이요 그들을 위해 하늘에 쌓아둔 소망을 인한 것인데, 곧 그들이 전에 복음 진리의 말씀을 들은 것이다. 믿음으로 복음을 받은 자들은 사랑과 소망을 갖게 된다(살후 1장 참조).

또한 이 복음이 이르면 열매를 맺고 자랄 뿐 아니라 퍼져 나가 이곳저곳에서 동일한 역사가 있게 된다. 골로새 교회는 바울과 동역하는 에바브라에게서 배웠는데, 에바브라는 골로새 성도들로 하여금 바울에게 주신 하나님의 계시와 가르침을 잘 배우게 함으로 그들로 성령 안에서 바울에 대한 사모함과 사랑을 갖게 하였다.

2. 골로새 성도들을 위한 바울의 기도

바울은 그들을 얼굴로 알지 못했지만(2:1), 동역자 에바브라에게서 그들에 대한 소식을 듣고 그 날부터 기도하기 시작했다. "너희로 하여금 모든 신령한 지혜와 총명에 하나님의 뜻을 아는 것으로 채우게 하시고 주께 합당히 행하여 범사에 기쁘시게 하고 모든 선한 일에 열매를 맺게 하시며 그 영광의 힘을 좇아 모든 능력으로 능하게 하시며 모든 견딤과 오래 참음에 이르게 하시고 우리로 하여금 빛 가운데서 성도의 기업의 부분을 얻기에 합당하게 하신 아버지께 감사하게 하시기를 구하노라"(9-12절). 성도의 기업의 부분(the part of the lot of the saints, 여기서 기업 즉 'lot'는 제비를 뽑아 정하다의 뜻이 있다)이란 구약의 여호수아 시대에 이스라엘 백성이 제비를 뽑아 가나안 땅을 기업으로 얻은 것으로 예표된다.

◊ 제 2 부 **계시편(1:13-2:23)**

1. 머리이신 그리스도

에베소서가 몸인 교회를 말한다면, 골로새서의 중점은 머리이신 그리스도이다. 하나님께서 우리를 흑암의 권세에서 건져내사 그의 사랑의 아들의 왕국으로 옮기셨으며, 그 아들 안에서 우리가 구속 곧 죄 사함을 얻었다. 이 아들은 보이지 아니하시는 하나님의 형상이요 모든 창조물보다 먼저 나신 자이다. 만물이 그에게 창조되되 하늘과 땅에서 보이는 것들, 보이지 않는 것들, 만물이 다 그로 말미암아 창조되었다.

그는 또한 만물보다 먼저 계시고, 만물이 그 안에 함께 서 있다. 성경에서는 만물이 없었던 때가 있다고 말한다(그가 만물보다 먼저 계시고). 곧 태초이다(요 1:1). 그 때 말씀이신 그리스도께서 계셨고, 모든 만물은 그리스도로 말미암아 지어졌고 다 그분 안에 있고 그분 안에서 존재한다. 보이는 것이나 보이지 않는 것이나 다 그리스도께서 창조하신 것들이다. 성경만이 보이지 않는 세계에도 피조물이 있다는 것을 말해준다.

그분이 곧 몸인 교회의 머리이시다. 그가 근본이요 죽은 자들 가운데서 먼저 나신 자이다. 그러기에 그분은 부활의 첫 열매로서 만물의 으뜸이시며(하나님은 부활과 새 창조로 그분의 뜻을 이루신다), 아버지께서는 신성의 모든 충만으로 예수 안에 거하게 하시고 그분의 십자가의 피로 화평을 이루사 땅에 있는 것들이나 하늘에 있는 것들을 그로 말미암아 자기와 화목케 되기를 기뻐하셨다.

2. 그리스도의 십자가의 피로 화평을 이루시다

전에 악한 행실로 하나님을 멀리 떠나 원수 되었던 우리를 그의 육체의 죽음으로 말미암아 화목하게 하시어 거룩하고 흠 없고 책망할 것이 없는 자로 그 앞에 세우고자 하셨다. 그러므로 성도들은 믿음에 거하고 터 위에 굳게 서서 복음의 소망에서 흔들리지 말아야 한다. 이 복음은 천하 만민에게 전파된 것이요 바울은 이 복음의 일꾼이 되었다고 말한다.

3. 그리스도의 남은 고난을 그의 몸 된 교회를 위해 자기 육체에 채우다

복음의 일꾼이 된 바울은 이제 성도들을 위하여 받는 괴로움을 기뻐하고 그리스도의 남은 고난을 그의 몸 된 교회를 위하여 자기의 육체에 채운다고 했다. 그리스도의 구속의 고난은 그분 홀로 감당하셨으나, 그분의 교회를 세우기 위해 받는 고난은 주님을 섬기는 자들에 몫으로 남겨두신 것이 있다.

바울은 그가 교회 일꾼 된 것은 하나님이 교회를 위하여 그에게 주신 경륜(청지기 직분)을 따라 하나님의 말씀을 완성하는 것이라고 했다. 많은 선지자와 사도들이 기록해 온 성경의 계시, 하나님의 말씀을 완전케 하는 것이다(25절). 이 비밀은 만세와 만대로부터 옴으로 감춰었던 것인데 이제는 그의 성도들에게 나타났고, 하나님께서는 그들로 하여금 이 비밀의 영광이 이방인 가운데 어떻게 풍성한 것을 알게 하려 하셨다.

4. 이 비밀은 너희 안에 계신 그리스도시니

이 비밀은 무엇인가? 바로 '너희 안에 계신 그리스도'시다. 우리 안에 계신 분이 그리스도시라는 것을 바울처럼 분명하게 말한 사도가 없다. 이것은 보통 말이 아니다. 우리 안에 사시는 분이 그리스도요 바로 영광의 소망이시다. 바울 사도는 우리의 궁극적인 영광의 소망이 외적인 것이 아니라 내적인 것, 곧 우리 안에 계시는 그리스도라고 말했다. 모든 지혜로 그분을 전하고 가르쳐야 각 사람이 그리스도 안에서 완전한 자로 세워진다(1장 28절 한 절에서 바울은 각 사람이라는 말을 세 번이나 사용했다). 바울은 한 사람이 얼마나 중요한지를 안 사람이다(고전 8장, 롬 14장, 몬 참조). 이를 위해 바울은 힘을 다하여 수고한다고 했다.

5. 그리스도 안에 지혜와 지식의 모든 보화가 감춰어 있음

2장이다. 바울은 육신의 얼굴을 보지 못하는 자들을 위해서도 매우 수고했다. 그렇게 보면 바울 사도는 우리와도 매우 긴밀한 관계가 있는 사역자이다. 시대적인 주님의 말씀의 사역자로 부르심을 받은 자라면, 얼굴로 알지 못하는 성도들을 위해서도 기도하고 그들을 위해 애쓰고 수고하는 것이 마땅하다. 그래야 그들도 그러한 주의 종의 수고를 알고 마음에 위안을 받아 사랑 안에 연합할 수 있고 사도가 전하는 하나님의 비밀이신 그리스도를 깨달을 수 있다. 즉 바울은 초대교회 당시만이 아니라 오늘 우리를 위한 사도이기도 하다. 그리스도 안에는 지혜와 지식의 모든 보화가 감춰어 있다. 바울은 성도들이 어찌하든 그리스도 한 분께 초점을 맞추고 그분을 믿는 믿음이 굳게 되기를 바랐다.

6. 그리스도 안에서 행하라

"그러므로 너희가 그리스도 예수를 주로 받았으니 그 안에서 행하되 그 안에 뿌리를 박으며 세움을 입어 교훈을 받은 대로 믿음에 굳게 서서 감사함을 넘치게 하라". 그리스도 한 분이 우리의 모든 것이다.

당시 어떤 사람들은 철학과 헛된 속임수로 성도들을 노략하고 있었다. 성도들을 미혹하는 사탄의 전략은 그리스도 외에 다른 것을 주의하게 만드는 것이다. 인생을 그리스도 자신 외에 다른 것에 바치게 만드는 것이다. 노략질하는 사람도 나쁘지만 당하는 사람도 자신의 인생을 너무 값싸게 팔아버리는 것이니 문제가 없는 것이 아니다.

7. 그리스도 안에서 손으로 하지 않은 할례를 받다

그리스도는 누구신가? 우리는 누구와 연합하였는가? 그리스도는 신성의 모든 충만이 육체로 거하신 분이다. 우리는 그분 안에서 손으로 하지 않은 할례를 받았고, 그것은 바로 우리 육적인 몸을 벗어버린 그리스도의 할례이다(갈 5:24). 모든 해답은 그리스도에게 있다. 우리 육체의 문제는 이미 그리스도의 할례로 끝나고 해결되었다. 2장 10-15절은 에베소서 2장 4-6절과 같은 말씀이다. 우리는 이미 그리스도 안에서 충만(완전)하여졌고(모든 충만이 거하시는 분 안에 있으니), 그 안에서 손으로 하지 않은 할례를 받은 자들이다. 우리는 하나님의 역사를 믿음으로 그리스도와 함께 일으켜지고 새롭게 되었다. 그리스도께서는 범죄와 무할례로 죽었던 우리를 살리시고 모든 죄를 사하시고 의문의 증서를 도말하시고 정사와 권세를 벗어버려 밝히 드러내시고 십자가로 승리하셨다. 이는 다 이루어졌다는 말이다. 그러나 당시 유대교도들은 아직 완성되지 않았으니 더 할 것이 있다고 말했다. 절기나 월삭 등을 지켜야 한다고 했다. 바울은 이런 것들은 장래 일의 그림자이나 몸(실체)은 그리스도의 것이라고 했다. 당시 헛되이 과장하는 자들이 있었다. 그들은 인위적으로 겸손한 체하며 천사를 숭배하였다. 그들은 감히 사람이 하나님을 직접 접할 수 없고 천사의 중재를 받아야 한다고 했다. 굉장히 겸손한 것 같지만, 사실은 교활한 말로 그리스도를 제쳐놓게 하는 것이다. 그럴 때 성도들은 상을 빼앗기게 된다. 그리스도인은 상을 받을 수 있는 위치에 있다가 그것을 빼앗길 수 있다. 그러므로 성도들은 다른 것을 붙잡지 말고 끝까지 머리이신 그리스도를 붙들어야 한다. 그래야 온 몸이 마디와 힘줄로 공급함을 얻고 연합하여 하나님이 증가하심으로 성장하게 된다(2:19). 그리스도의 몸의 성장이란 결국 교회 안에 인위적인 것이 감소되고 오직 모든 지체들이 머리이신 그리스도를 붙잡음으로 하나님이 증가하시는 것이다.

8. 세상의 초등학문에 대해 그리스도와 함께 죽은 자들

우리는 세상의 초등학문에서 그리스도와 함께 죽었기 때문에 세상에 사는 사람들과 다르다. 초등학문이란 율법을 말한다. 율법은 이스라엘 백성들의 유아시절에 교육하던 자료들에 불과하다. 붙잡지 말고 맛보지 말고 만지지 말라는 등의 말씀이다. 우리는 그것들을 지키며 세상에 사는 것 처럼 사는 사람들이 아니다. 이런 것들을 지키는 자들은 결국 사람의 명과 가르침을 좇는 것이며 결국은 부패에 돌아간다. 이런 종류의 금욕주의 실행은 육체를 괴롭게 할 뿐 육체로 사는 것을 금하는 데에는 조금도 효과가 없다.

바울의 강조점은 무엇인가? 그리스도인은 이미 그리스도 안에서 손으로 하지 않은 할례를 받았으니 이미 육적 몸을 벗은 것이며 그리스도와 함께 살아났다는 것이다. 그러므로 이제 다시 율법으로 돌아가서 그 초등학문을 지키는 것은 의미가 없고 율법주의나 금욕주의나 철학이나 다 속임수라는 말이다.

◊ 제 3 부 **생활편(3:1-4:6)**

1. 위엣 것을 생각하고 땅엣 것을 생각지 말라

3장이다. 우리는 그리스도 안에서 그분과 함께 죽고 함께 다시 살리심을 받은 자들이다(롬 6장, 엡 2장, 골 2장 참조). 여기서 중요한 것은 우리의 생각이다. 위엣 것을 생각하고 땅엣 것을 생각지 말라고 한다. 이는 우리가 죽었고 우리 생명이 그리스도와 함께 하나님 안에 감춰었기 때문이다. 실상 우리의 생명은 그리스도 자신이며(골 3:4) 그리스도께서 나타나실 그 때에 우리도 그와 함께 영광 중에 나타날 것이다. 이것이 우리의 참된 신분이다.

2. 땅에 있는 지체를 죽이라

그러므로 우리는 땅에 있는 지체를 죽여야 하는데, 곧 음란과 부정과 사욕과 악한 정욕과 탐심과 우상숭배 등이다. 재물을 섬기는 것도 탐심과 우상숭배이다. 믿는다고 하면서도 이런 일에 참여하는 자들에 대하여는 하나님의 진노가 임하게 된다. 우리가 믿음이 없을 때에는 그 가운데 살고 행하였지만 이제는 이 모든 것을 벗어버려야 한다. 곧 분과 악의와 훼방과 우리 입의 부끄러운 말이다. 또한 서로 거짓말을 말고 옛 사람과 그 행위를 벗어버리라고 한다.

3. 새 사람 안에서 그리스도는 모든 사람이시며 모든 사람 안에 계신다

우리는 새 사람을 입었으며 우리를 창조하신 자의 형상을 좇아 지식에까지 새롭게 하심을 받는 자이다. 새 사람 안에는 유대인이나 헬라인이나 할례당이나 무할례당이나 야인이나 스구디아인이나 종이나 자유인이 분별이 있을 수 없으니 오직 그리스도는 모든 것(all)이시며 모든 것 안에 계신다.

4. 새 사람의 생활

3장 12절부터는 더 나아가 우리가 옷 입어야 할 새 사람의 생활을 가르친다. "이러므로 너희는 하나님의 택하신 거룩하고 사랑하신 자처럼 긍휼과 자비와 겸손과 온유와 오래 참음을 옷 입고 누가 뉘게 혐의가 있거든 서로 용납하여 피차 용서하되 주께서 너희를 용서하신 것같이 너희도 그리하고 이 모든 것 위에 사랑을 더하라 이는 온전하게 매는 띠니라".

바울은 이 미덕들을 옷을 입는 것으로 말하며 옷을 입은 후에는 띠를 띨 것을 권면한다. 이 띠는 바로 사랑이다. 또 그리스도의 평강이 너희 마음을 주장하게 하라고 하면서 평강을 위하여 너희가 한 몸으로 부르심을 받았다고 말한다. 평강과 교회 생활은 관계가 깊다(엡 2장). 그러려면 빌립보서 4장의 말씀처럼 늘 모든 염려를 주께 맡기는 기도를 해야 한다. 그럴 때 지각에 뛰어난 하나님의 평강이 우리의 마음과 생각을 지켜주시게 된다. 그리고 이 평강은 한 몸의 생활을 위한 것이다. 평강이 없으면 하나를 지킬 수 없다(엡 4:3). 또한 늘 감사가 가득해야 한다. 평강과 감사가 바로 몸의 하나를 지키는 비결이다.

5. 그리스도의 말씀이 너희 속에 풍성히 거하게 하라

또한 그리스도인의 생활, 새 사람의 생활을 잘 하기 위해서는 그리스도의 말씀이 우리 속에 풍성히 거하게 해야 한다. 말씀이 풍성히 거하게 하기 위해서는 매일 말씀을 읽을 뿐 아니라 피차 가르치고 권면하는 것이 필요하다. 또 시와 찬미와 신령한 노래를 부르고 감사함으로 하나님을 찬양해야 한다. 또 무엇을 하든지 말에나 일에나 다 주 예수의 이름으로 하고 그를 힘입어 하나님 아버지께 감사해야 한다.

6. 그리스도인의 가정생활과 사회생활

사도 바울은 아내와 남편, 부모와 자녀, 종과 상전들에게는 늘 동일한 말로 가르치고 권면한다(엡 5장 참조). 아내는 남편에게 복종하고 남편은 아내를 사랑하며, 자녀들은 부모에게 순종하고 부모는 자녀를 격노케 하지 말아야 하는데 자칫하면 자녀가 낙심할 수 있기 때문이다. 종들은 육신의 상전에게 순종하되 사람을 기쁘게 하는 자와 같이 눈가림만 하지 말고 오직 주를 두려워하여 성실한 마음으로 해야 한다. 또 무슨 일을 하든지 마음을 다하여 주께 하듯 하고 사람에게 하듯 하지 말라고 한다. 우리는 주 그리스도를 섬기며 유업의 상을 주님께 받는다. 불의를 행하는 자들은 불의의 보응을 받을 것인데 주님은 외모로 사람을 취하지 않으시기 때문이다. 이 구절의 유업의 상이나 불의의 보응은 다 그리스도인에게 해당되는 말씀이다.

골로새서 3장에는 종에 대한 권면이 매우 자세하고 실제적으로 기록되었다. 그리고 상전들을 위해서는 4장에 한 구절만 썼다. "상전들아 의와 공평을 종들에게 베풀지니 너희에게도 하늘에 상전이 계심을 알지어다". 한 구절이지만 상전들이 그렇게 행하기가 쉽지 않은 말씀이다. 혈육이 있는 사람이 어떻게 종들에게 늘 의와 공평을 베풀 수 있는가? 이렇게 종들에게 의와 공평을 행할 수 있으려면 그 상전은 늘 말씀으로 피차 가르치고 권면하는 가운데 새롭게 된 새 사람이어야 한다.

7. 권면의 말씀-기도에 감사함으로 항상 깨어 있으며 세월을 아끼라

다음은 기도에 대한 말씀인데, 기도를 항상 힘쓰고 기도에 감사함으로 항상 깨어 있으라고 한다. 주님은 늘 우리에게 은혜를 베푸시기 때문에 감사할 것이 많다. 그리고 복음을 전하는 주의 종들을 위해 전도할 문을 열어주셔서 그리스도의 비밀을 말하게 하시기를 구하라고 했다. 그러면 마땅히 할 말로써 그리스도의 비밀을 나타내리라는 것이다. 바울은 기도 없이는 되는 일이 없다고 생각하는 것 같다.

또한 외인을 향하여서는 지혜로 행하여 세월을 아끼라고 한다. 외인들과는 너무 많은 시간을 소비하지 말라는 것이다. 그리고 너희의 말은 항상 은혜 가운데서 소금으로 맛을 내는 것같이 하라고 한다. 그러면 각 사람에게 마땅히 대답할 것을 알게 되리라는 것이다.

◊ 제 4 부 **결론(4:7-18)**

1. 동역자들의 안부를 전하다

바울은 두기고를 골로새에 보내면서 그가 바울의 사정을 다 그들에게 알게 하여 그들의 마음을 위로할 것이라고 했다. 사도는 성도들의 마음을 위로하는 자이다. 그들을 위로하기 위해 편지만 아니라 두기고와 함께 오네시모를 보냈다. 오네시모는 원래 골로새 사람으로서 빌레몬 집의 노예였던 것 같다. 이는 바울 사도가 빌립보 사람 에바브라 디두를 디모데와 함께 빌립보 교회에 보내는 것과 흡사하다(빌 2:19-25).

다음은 문안 인사이다. 아리스다고와 마가, 유스도라는 예수, 에바브라가 그들에게 문안했다. 에바브라는 골로새 교회를 섬긴 사람인데 지금은 옥에 갇힌 바울과 함께 있다. 그리고 아리스다고는 아예 사도와 함께 갇혀 있었다. 마가는 바나바의 조카이며 사도행전 15장에서 헤어진 후 어느 시점에 다시 바울의 사역에 합류한 듯하다.

에바브라에 대하여는 그리스도 예수의 종이라는 최고의 명칭을 붙여주었다. 바울은 그가 골로새 교회를 위해 늘 애써 기도한다고 하면서 그의 기도 내용까지 알려주었다. 그는 동역자의 기도 내용을 자세히 듣고 기억했다. "그들이 하나님의 모든 뜻 가운데서 완전하고 확신 있게 서게 하소서." 또한 그는 에바브라가 골로새뿐 아니라 인근 라오디게아나 히에라볼리에 있는 성도들을 위해서도 많이 기도하고 수고한다는 것을 증거했다.

바울은 자기 혼자만 사람들의 존경을 독차지하지 않고 그의 동역자들도 그들이 섬기는 교회에서 존귀히 여김을 받도록 배려했다. 바울과 줄곧 함께했던 의원 누가도 골로새에 안부를 전하고 데마도 그들에게 안부를 전했다. 또 라오디게아 교회에게도, 눔바의 집의 교회에게도 문안했다. 바울은 이 편지를 읽은 후에 라오디게아인의 교회에서도 읽게 하고 라오디게아로서 오는 편지를 너희도 읽으라고 한다. 빌레몬의 아들인 아킵보에게는 주 안에서 받은 직분을 조심하여 잘 이루도록 권하라고 한다. "나 바울은 친필로 문안하노니 나의 매인 것을 생각하라 은혜가 너희에게 있을지어다"(신실한 주의 종의 투옥은 성도들의 은혜가 되었다.) 하면서 서신을 마친다.

데살로니가전서

주요 내용

교회와 사도와의 사랑의 관계, 사도들이 그들에게 어떤 복음을 전했는가? 사도들은 그들을 위해 어떠한 사람이 되었는가? 사도들은 얼마나 그들에게 가고자 하며 보고싶어 했는가! 하나님이 그들을 부르심은 거룩케 함을 위한 것이다. 형제를 많이 사랑하라(4장). 항상 기뻐하고 쉬지 말고 기도하며 범사에 감사하라(5장).

데살로니가는 사도행전 16장에서 바울 일행이 빌립보에 도착한 후 루디아 가정과 간수의 가정을 얻어 교회의 기초를 세운 후 떠나 도착한 곳이다. 거기서 바울은 삼 주 동안 안식일마다 성경을 풀어 강론했는데, 그때 믿는이들이 생겨났다. 그런 후에 핍박이 나서 사도 바울은 그곳을 떠나 베뢰아로 갔다(행 17장). 베뢰아에서도 유대인의 회당에 들어가 말씀을 강론했는데, 그곳 사람들은 간절한 마음으로 말씀을 받고 날마다 성경을 상고했다. 그런데 데살로니가에 있는 유대인들이 베뢰아까지 와서 무리를 움직여 소동케 하니 아덴으로 갔고 거기 우상이 가득한 것을 보고 천지의 주재이시며 살아 계신 하나님을 전했으며, 그런 다음 아덴을 떠나 도착한 곳이 고린도이고(행 18장) 거기서 쓴 서신이 바로 데살로니가 전후서이다(A.D. 54년경). 갈라디아서와 거의 같은 시기에 쓰여진 것으로 본다. 짧은 기간에 세워진 교회이기에 그들은 주 안에서 어렸고 사도는 유대교도들에게 핍박받는 그들을 주 안에 견고히 세우기 위해 편지를 써서 목양하고 있다. 따라서 데살로니가서에는 아비가 자녀들에게 주는 애정어린 돌봄과 교훈이 담겨 있다.

◊ 제1부 **교회의 믿음의 역사 및 그들을 격려함(1-3장)**

1. 믿음의 역사와 사랑의 수고와 소망의 인내

사도들(바울과 실루아노와 디모데)은 데살로니가 교회를 위해 항상 하나님께 감사하고 기도할 때에 그들을 말했다. 바울은 데살로니가 성도들을 위해 기도할 때 그들의 믿음의 역사, 사랑의 수고, 주 예수 그리스도에 대한 소망의 인내를 하나님 앞에서 쉬지 않고 기억했다고 말한다.

2. 데살로니가 성도들이 모든 믿는 자들의 본이 되다

"하나님의 사랑하심을 받은 형제들아 너희를 택하심을 아노라". 바울은 데살로니가 교회가 하나님의 사랑하심을 받은 자들로서 하나님께서 택하신 자들임을 강조한다. 그것은 야곱을 생각할 때 그러하다(롬 9장 참조). 결국 성경은 복음을 말하는 책이며, 복음은 말로만 아니라 능력과 성령과 큰 확신으로 이르게 된다. 복음은 먼저 전하는 자를 변화시키고(5절), 다음은 듣는 자들을 변화시킨다(6절). 그들은 큰 환난 가운데서 성령의 기쁨으로 말씀을 받아 사도들과 주님을 본받은 자들이 되었으며, 그럼으로써 마게도냐와 아가야 모든 믿는 자들에게 본이 되었다.

3. 그들의 하나님을 향하는 믿음의 소문이 각처로 퍼져 나가다

또 주님의 말씀은 데살로니가 성도들에게로부터 마게도냐와 아가야에만 들릴 뿐 아니라 그들의 하나님을 향하는 믿음의 소문이 각처로 퍼져 나갔다. 이것이 복음의 특징이다. 복음은 먼저 전하는 사람을 변화시키고 다음은 듣는 사람들을 변화시키고 거기서 더 멀리 퍼져 나간다.

데살로니가 성도들에게서 퍼져나간 복음을 들은 사람들이 스스로 바울에게 고했다. 사도들이 어떻게 데살로니가에 들어간 것과 데살로니가 신자들이 어떻게 우상을 버리고 하나님께로 돌아와서 사시고 참되신 하나님을 섬기며 또 죽은 자들 가운데서 다시 살리신 그의 아들이 하늘로부터 강림하심을 기다린다는 것이다. 데살로니가 교회는 세워진 지 오래 되지 않았지만 그리스도의 다시 오심을 기다렸다.

4. 바울의 데살로니가 사역

데살로니가 교회는 바울 일행이 그곳에 삼 주간 머물면서 복음을 전하여 생겨난 교회이다. 말하자면 얼마 안 된 교회이다. 그러므로 그들에게 쓴 바울의 편지는 내용이 쉽고 자상하다. 사도행전 16장에서 바울은 빌립보에서 당한 고난과 능욕을 데살로니가 성도들에게 말해준다. 거기서 바울 사도는 실라와 함께 옥에 갇혔고 많이 맞았다. "우리가 먼저 빌립보에서 고난과 능욕을 당하였으나 우리 하나님을 힘입어 많은 싸움 중에 하나님의 복음을 너희에게 말하였노라". 그 후 바울 일행은 베뢰아로 왔는데 데살로니가의 유대인들이 거기까지 좇아와서 이들을 핍박했다.

그런 상황에서 바울은 그들에게 자신들을 적극 변명했다. "우리의 권면은 간사함이나 부정에서 난 것도 아니요 궤계에 있는 것도 아니라 오직 하나님의 옳게 여기심을 입어 복음 전할 부탁을 받았으니 우리가 이와 같이 말함은 사람을 기쁘게 하려 함이 아니요 오직 우리 마음을 감찰하시는 하나님을 기쁘시게 하려 함이라 너희도 알거니와 우리가 아무 때에도 아첨의 말이나 탐심의 탈을 쓰지 아니한 것을 하나님이 증거하시느니라 우리가 그리스도의 사도로 능히 존중할 터이나 그러나 너희에게든지 다른 이에게든지 사람에게는 영광을 구치 아니하고 오직 우리가 너희 가운데서 유순한 자 되어 유모가 자기 자녀를 기름과 같이 하였으니 우리가 이같이 너희를 사모하여 하나님의 복음으로만 아니라 우리 목숨까지 너희에게 주기를 즐겨함은 너희가 우리의 사랑하는 자 됨이니라". 이것이 생명을 전하는 사역자들과 복음을 받은 교회의 정상적인 관계이다. 부모와 사랑하는 자녀의 관계와 같다(고전 4:14, 15).

5. 밤과 낮으로 일하면서 그들에게 복음을 전하다

바울 사도는 그들에게 어떤 가르침이나 교리를 말한 것이 아니라 어떻게 그들 가운데 들어가 수고했는가를 간증하고 있다. "형제들아 우리의 수고와 애쓴 것을 너희가 기억하리니 너희 아무에게도 누를 끼치지 않으려고 밤과 낮으로 일하면서 너희에게 하나님의 복음을 전파하였노라".

6. 아비가 자녀에게 하듯 권면하고 위로하고 경계하다

바울은 자신들이 데살로니가에서 복음을 전할 때 어떻게 거룩하고 옳고 흠 없이 행하였는가에 대하여 여러분도 증인이고 하나님도 그러하시다고 하였다. 복음은 말로만 전하는 것이 아니고 교회를 세우는 것도 그렇다. 옳고 흠없이 행하는 행함이 필요한 것이다. 또한 바울은 아비가 자녀에게 하듯 권면하고 위로하고 경계하였다고 하면서 그 목적은 여러분에게 본을 보여 복음으로 부르신 하나님께 합당히 행하게 하려 함이라고 했다.

7. 그들이 사도의 전하는 말을 하나님의 말씀으로 받다

바울이 그들에게 하나님의 말씀을 전할 때 그들은 들은 바 하나님의 말씀을 사람의 말로 받지 않고 하나님의 말씀으로 받았으며 그러므로 그 말씀이 믿는 자들 속에서 역사하였다(13절). 바울은 이로 인해 쉬지 않고 하나님께 감사한다고 표현했다. 성도들이 하나님의 말씀을 들을 때 사람의 말로 받는다면 그들의 삶이 결코 바뀌지 않는다.

8. 유대교의 핍박이 데살로니가에도 이르다

14절부터는 이 서신에서 말하려고 하는 본론이다. "형제들아 너희가 그리스도 예수 안에서 유대에 있는 하나님의 교회들을 본받은 자 되었으니 저희가 유대인들에게 고난을 받음과 같이 너희도 너희 나라 사람들에게 동일한 것을 받았느니라". 유대교 사람들의 핍박은 유대에 있는 교회들부터 시작되었다. 지금 데살로니가 교회는 유대의 교회들을 본받아 동일한 고난을 거기 있는 유대인들로부터 당하고 있다.

9. 바울이 데살로니가 교회를 다시 방문하고자 하다

바울은 데살로니가 교회를 잠시 몸으로는 떠나 있지만 마음은 아니라고 하면서 다시 그들의 얼굴 보기를 열정으로 힘쓴다고 했다. 우리는 많은 곳에 복음을 전하여 교회들을 세운 사도가 세워진 지 얼마 안 되는 한 어린 교회 성도들을 대하는 자세가 얼마나 다정다감하고 진지한지 깊은 감명을 받게 된다. 그 사이에(그들을 떠난 지 일 년이 안 되었을 것이다) 그들에게 한두 번 가고자 했으나 사단이 막았다고 하면서 "우리의 소망이나 기쁨이나 자랑의 면류관이 무엇이냐 그의 강림하실 때 우리 주 예수 앞에 너희가 아니냐 너희는 우리의 영광이요 기쁨이니라"고 한다. 사도의 마음에 교회는 모든 것이다.

10. 바울이 데살로니가 성도들의 믿음을 인해 기쁨과 위로를 얻다

3장이다. 바울 일행은 사도행전 17장에서 데살로니가와 베뢰아를 거쳐 아덴에 이르렀는데, 그 때 바울은 디모데를 데살로니가에 보내면서 '우리만 아덴에 머물기를 좋게 여겼다'고 한다. 그 목적은 그들을 굳게 하고 그들의 믿음에 대하여 위로함으로 이 여러 환난 중에서 성도들로 요동치 않게 하려는 것이었다. 그러므로 바울은 참다못하여 디모데를 보내어 그들의 믿음이 여전한지 알고자 했다. 혹 시험하는 자가 그들을 시험하여 사도들의 수고를 헛되게 할까 염려스러웠던 것이다.

그런데 바울은 이제 "지금은 디모데가 와서 여러분의 믿음과 사랑의 기쁜 소식을 전해주고 또 여러분이 항상 우리를 잘 생각하여 우리가 간절히 여러분을 보고 싶어하는 것처럼 여러분도 우리를 보고 싶어 한다 하니 우리가 모든 궁핍과 환난 가운데서 여러분의 믿음으로 말미암아 여러분에게 위로를 받았다."고 말한다.

"그러므로 너희가 주 안에 굳게 선즉 우리가 이제는 살리라 우리가 우리 하나님 앞에서 너희를 인하여 모든 기쁨으로 기뻐하니 너희를 위하여 능히 어떠한 감사함으로 하나님께 보답할꼬". 바울은 주야로 감사하고 심히 간구하면서 속히 가서 그들의 얼굴을 보고 그들의 믿음의 부족한 것을 도와주고자 했다.

11. 데살로니가 성도들을 위한 바울의 기도

11-13절은 데살로니가 성도들을 위한 기도 내용이다. "하나님과 우리 주 예수는 우리 길을 너희에게로 직행하게 하옵시며 또 주께서 우리가 너희를 사랑하는 것처럼 너희도 피차간과 모든 사람에 대한 사랑이 더욱 많아 넘치게 하사 너희 마음을 굳게 하시고 우리 주 예수께서 그의 모든 성도와 함께 강림하실 때에 하나님 우리 아버지 앞에서 거룩함에 흠이 없게 하시기를 원하노라". 이런 기도는 얼마나 감동적인지! 데살로니가 전서에서는 주님의 재림을 여러 번 언급한다(1:10, 2:19, 3:13, 4:14-17, 5:1-8).

◊ 제 2 부 **가르침과 권면(4-5장)**

1. 하나님의 뜻은 성도들의 거룩함이다

사도들이 주 예수님의 권위로 그들에게 명한 가르침의 중요한 것은 성도들의 거룩함이다. 하나님의 뜻은 성도들의 거룩함이며, 거룩함에서 가장 중요한 것은 음란을 버리는 것이다. 성도는 하나님을 모르는 이방인들처럼 색욕을 좇지 말아야 한다. 거룩함과 존귀함으로 자기의 아내 취할 줄을 알아야 하고, 이 일에 분수를 넘어서 형제를 해하지 말아야 한다. 형제를 해한다는 말은 형제의 아내와 불륜을 저지르는 것을 가리키는 듯하다. 하나님께서는 이 모든 일에서 원수를 갚는 분이시다. 하나님께서 우리를 부르신 것은 부정케 하심이 아니요 거룩케 하심인데, 이를 저버리고 음란과 부정을 저지르는 자들은 성령을 주신 하나님을 저버린 것이므로 하나님께 원수 갚음(신원)을 당하게 된다. 이것은 매우 두려운 일이다.

2. 형제 사랑을 더욱 많이 하라

형제 사랑에 대하여는, 데살로니가 성도들이 하나님의 가르치심을 받아 서로 사랑하며 또 온 마게도냐 모든 형제들을 사랑하는데, 더 많이 하라고 권한다. 신약 성도들에게 가장 큰 계명이 사랑이다. 데살로니가 성도들은 지금도 서로 사랑하지만 사랑은 한이 없으니 더 많이 하라고 권한다.

3. 자기 손으로 일하기를 힘쓰라

또한 성도들은 남을 의지하여 공으로 밥을 먹으려고 해서는 안 되며 조용히 자기 손으로 일을 해야 한다. 예로부터 지금까지 교회에서 문제를 일으키는 사람들은 일하지 않는 사람들이고, 여기저기 다니며 말만 하는 사람들이다. 우리가 자기 손으로 힘써 일하는 것은 단정히 살며 아무 궁핍함이 없게 하려는 것이다.

4. 주의 강림과 죽은 자의 부활

또 바울은 그들이 가족이나 가까운 사람 중 세상을 떠난 자에 대하여 소망 없는 다른 이들과 같이 슬퍼하지 않도록 예수 안에서 자는 자들이 어떻게 될 것인지를 알려주고자 한다. "우리가 예수의 죽었다가 다시 사심을 믿을진대 이와 같이 예수 안에서 자는 자들도 하나님이 저와 함께 데리고 오시리라". 주 예수께서는 호령과 천사장의 소리와 하나님의 나팔로 친히 하늘로부터 강림하실 것인데, 그리스도 안에서 죽은 자들이 먼저 일어나고 그 후에 우리 살아남은 자도 저희와 함께 구름 속으로 끌어올려 공중에서 주를 영접하게 하실 것이니 그리하여 우리가 항상 주와 함께 있을 것이다. 그러므로 이 여러 말로 서로 위로하라고 한다.

5. 주의 날이 도적같이 이르리니 깨어 있으라

데살로니가서에는 주의 재림에 관한 구절들이 많다. "형제들아 때와 시기에 관하여는 너희에게 쓸 것이 없음은 주의 날이 밤에 도적같이 이를 줄을 너희 자신이 자세히 앎이라". 사도는 이미 데살로니가 성도들에게 주의 재림시의 일들을 자세히 알려주었다. 잠들지 않고 늘 깨어 있는 자들에게는 그 날이 도적같이 임하지 못한다고 말하면서 복음을 모르고 세상에 취해 사는 사람들이 평안하다, 안전하다 할 그 때에 멸망이 홀연히 그들에게 임할 것이라고 했다.

"형제들아 너희는 어두움에 있지 아니하매 그 날이 도적같이 너희에게 임하지 못하리니 너희는 다 빛의 아들이요 낮의 아들이라". 그러므로 성도들에게 깨어 근신하라고 하면서 취하는 자들은 밤에 취하는데 우리는 낮에 속하였으니 근신하여 믿음과 사랑의 흉배를 붙이고 구원의 소망의 투구를 쓰자고 한다.

하나님께서 우리를 세우신 것은 오직 우리 주 예수 그리스도로 말미암아 구원을 얻게 하신 것이다. 예수께서는 우리를 위하여 죽으사 우리로 하여금 깨든지 자든지 자기와 함께 살게 하려 하셨다. 그러니 피차 권면하고 피차 덕을 세우기를 지금 그들이 하고 있는 것처럼 하라고 권한다.

6. 주 안에서 다스리는 자들을 귀히 여기라

교회 안에는 성도들을 위해 수고하고 주 안에서 다스리는 자들이 있다. 성도들은 마땅히 그들이 누군지 알아야 하고, 그들의 봉사를 인하여 사랑 안에서 그들을 가장 귀히 여기며 성도들끼리 화목해야 한다. 또한 교회 안에는 규모 없는 자들, 즉 질서를 지키지 않는 자들이 있는데, 그들을 잘 권고하며 마음이 약한 자들을 위로하고 힘이 없는 자들을 붙들어주며 모든 사람을 대하여 오래 참아야 하고, 삼가 누구에게든지 악으로 악을 갚지 말고 피차 대하든지 모든 사람을 대하든지 항상 선을 좇으라고 한다.

7. 권면의 말과 인사

"항상 기뻐하라 쉬지 말고 기도하라 범사에 감사하라 이는 그리스도 예수 안에서 너희를 향하신 하나님의 뜻이니라 성령을 소멸치 말며 예언의 말씀을 멸시치 말고 범사에 헤아려 선한 것을 취하고 악은 모든 모양이라도 버리라". "평강의 하나님이 친히 너희로 온전히 거룩하게 하시고 또 너희 온 영과 혼과 몸이 우리 주 예수 그리스도 강림하실 때에 흠 없게 보전되기를 원하노라".

"너희를 부르신 하나님은 신실하시니 그가 또한 이루시리라". 이 모든 것을 이루실 분은 우리를 부르신 하나님이시며 그분은 우리를 온전히 거룩하고 흠이 없게 하실 것이다.

바울은 아직 어린 교회일지라도 사도들을 위해 기도해달라고 부탁한다(25절). 거룩하게 입맞춤으로 모든 형제에게 문안하라 하고, 주님을 의지하여 명한다고 하면서 이 편지를 모든 형제에게 읽어 듣게 하라고 한다. 편지의 내용 한 마디 한 마디가 가볍게 하는 말이 없다. 마지막으로, "우리 주 예수 그리스도의 은혜가 너희에게 있을지어다"라는 말로 끝맺는다.

데살로니가후서

주요 내용 고난받는 성도들에 대한 격려(1장), 주의 재림에 대한 합당한 기다림(2장), 규모없이 행하지 말라(3장)

데살로니가 후서를 쓴 때는 데살로니가 전서를 쓰고서 얼마 안 되서일 것이며(A.D. 54년경), 사도행전 18장에서 고린도에 머물 때이다. 사도 바울은 거기서 갈라디아서, 데살로니가 전후서를 썼다.

◊ 제 1 부 **서론(1장)**

1. 하나님 나라에 합당한 자로 여기심을 얻도록 고난받다

데살로니가 전후서는 세워진 지 얼마 안 되는 어린 교회에게 쓴, 마치 초신자 양육 공과와 같은 서신이다. 그러므로 사도의 다정다감한 사랑과 위로의 영이 가득하다. 실루아노와 디모데는 사도 바울이 데살로니가에 복음을 전할 때 시작부터 함께했던 사람들이다(행 17:15). 사도는 그들의 믿음이 더욱 자라고 서로 사랑함이 풍성함을 인하여, 많은 핍박과 환난 가운데 인내와 믿음이 가득함을 인하여 늘 하나님께 감사했으며 하나님의 여러 교회에서 그들의 이런 상황을 자랑했다.

바울은 그들이 고난받고 있음을 의식하면서 그것이 하나님의 공의라고 위로한다. 그들로 하여금 하나님의 왕국에 합당한 자로 여기심을 얻도록 그 왕국을 위해 고난을 받는 것이라고 한다. 고난을 받는 것은 하나님 왕국의 사람이 되기 위해, 그 왕국에 들어가기 위해 필수적인 것이다(행 14:22). 따라서 바울은 그들이 환난을 받는 것이 하나님의 공의로운 심판의 표라고 말한다. 환난을 받게 하는 자들에게는 환난으로 갚으시고 환난을 받는 성도들에게는 안식으로 갚으시는 것이 하나님의 공의이다.

2. 공의로 심판하시는 하나님

언젠가 주 예수께서 능력의 천사들과 함께 하늘로부터 불꽃 중에 나타나실 것인데

(이 불은 물질적인 세계의 불이 아닐 것이며 그 나팔도 세상 사람들이 부는 나팔이 아닐 것이다), 하나님을 모르고 함부로 주님의 신실한 자녀들을 핍박하고 고난받게 하는 자들과 복음을 순종치 않는 자들에게 형벌을 주실 것이며 그들은 주의 얼굴과 그 힘의 영광을 떠나 영원한 멸망의 형벌을 받게 될 것이다. 그러나 주 예수께서 강림하실 때 그분의 성도들은 매우 기이히 여기면서 그분께 영광을 돌릴 것이다. 바울은 성도들이 이렇게 하는 것이 사도들의 증거를 믿었기 때문이라고 한다.

3. 그들을 위해 항상 기도하는 사도들

그러므로 사도들은 항상 그들을 위하여 기도한다. "하나님께서 너희를 그 부르심에 합당한 자로 여기시고 모든 선을 기뻐하며 믿음의 역사를 능력으로 이루게 하시고 우리 하나님과 주 예수 그리스도의 은혜대로 우리 주 예수의 이름이 너희 가운데서 영광을 얻으시고 너희도 그 안에서 영광을 얻게 하려 함이니라". 갓 믿은 사람들이 그들의 믿음 때문에 환난을 받으니 바울은 그들이 흔들리지 않도록 여러 말로 굳게 하고 있다. 또한 주 예수의 다시 오심을 재차 강조하면서 그분이 오실 때 모든 것을 공의롭게 심판하실 것을 말해주면서 격려한다.

◊ 제 2 부 **재림에 대한 가르침(2장)**

1. 주의 날이 이르렀다고 쉽게 동심하지 말라

데살로니가 교회에는 몇 가지 문제가 있었다. 첫째는 유대인의 핍박과 그들이 사도 바울에 대해 하는 비방 중상이고, 둘째는 주의 재림에 대한 잘못된 교훈이며, 셋째는 일하지 않고 놀고먹으려는 사람들, 규모 없이 행하고 교회의 질서에 따르지 않는 사람들이 있는 것이었다.

2장은 주로 주님의 재림에 대하여, 영으로나 말로나 혹 사도에게서 받은 편지로나 주의 날이 이르렀다고 쉽게 동심하거나 두려워하는 것이었다. 주님의 재림에 대해 늘 깨어 기다리는 태도는 반드시 필요한 것이지만, 금방이라도 난리가 날 것처럼 호들갑을 떠는 경보 발령은 거의가 거짓이고 성도들을 미혹케 하는 일이며, 배후에 뭔가 숨은 의도를 가진 자들의 속임수이다. 바울은 그러한 말을 들을 때나 혹 사도들에게서 무슨 편지를 받았다며 미혹하려 해도 두려워하거나 동심하지 말라고 한다. 반드시 먼저 배도하는 일이 있어야 하고 '불법의 사람' 곧 멸망의 아들(적그리스도)이 나타나기 전에는 주 예수님의 재림이 이르지 않는다고 하였다. 그 자는 나타나서 스스로 성전에 앉아 자기를 보여 하나님이라고 하면서 사람들의 숭배를 받으려 하고 참 하나님을 대적한다.

바울은 그들과 함께 있을 때 이미 이런 일들이 일어날 것을 상세하게 말해주었다. 불법의 비밀이 지금 이미 활동하고 있으나 억제하는 자가 있어서 그것을 막고 있는데 그 막는 것이 옮겨질 때에 불법한 자가 나타날 것이며 주 예수께서는 그 입의 기운으로 저를 죽이시고 강림하여 나타나심으로 그 자를 폐하실 것이다. 악한 자는 사단의 역사를 따라 모든 능력과 표적과 거짓 기적과 불의의 모든 속임으로 멸망하는 자들에게 임할 것인데, 이는 그들이 진리의 사랑을 받지 아니하여 구원을 얻지 못하기 때문이다. 그러므로 하나님께서 유혹을 저희 가운데 역사하게 하사 거짓 것을 믿게 하심은 진리를 좋아하지 않고 불의를 좋아하는 모든 자로 심판을 받게 하려 하시는 것이다.

2. 하나님께 대한 감사와 가르침

바울은 데살로니가 성도들을 인하여 감사가 많았다. 그것은 하나님께서 처음부터 그들을 택하셔서 성령의 거룩케 하심과 진리를 믿음으로 구원을 얻게 하셨기 때문이다. 이를 위하여 사도들의 복음으로 그들을 부르시어 그리스도의 영광을 얻게 하려 하셨다. 사도는 교회가 굳게 서서 말로나 편지로 가르친 사도들의 유전을 지킬 것을 권하며, 영원한 위로와 좋은 소망을 주신 하나님께서 성도들의 마음을 위로하시고 모든 선한 일과 말에 굳게 하시기를 원한다.

◊ 제 3 부 기도와 질서에 대한 가르침(3장)

1. 서로에 대한 기도

마지막으로, 바울은 사역자들을 위해 기도해달라고 부탁한다. 그것은 주의 말씀이 그들 가운데서 달음질한 것처럼 많은 곳에서도 달음질하여 영광스럽게 되고, 또 사도들을 무리하고 악한 사람들 가운데서 건져달라는 것이다. 복음을 전하다 보면 무리하고 악한 사람들을 만나게 된다. 믿음은 모든 사람의 것이 아니라고 말한다. 믿는다고 하면서 실상은 신실한 성도들을 핍박하고 비방하고 훼방하는 자들이 있기 때문이다.

또한 주님은 신실하시기에 그들을 굳게 하시고 악한 자에게서 지켜주실 것이다. 사도는 데살로니가 성도들이 사도들의 명한 것을 행하고 또 행할 줄을 주 안에서 확신

하며, 주께서 그들의 마음을 인도하여 하나님의 사랑과 그리스도의 인내에 들어가게 하시기를 기도했다. 환난이 견디기 힘들고 어려워도 끝까지 변치 않고 하나님을 사랑하라는 권면이다.

2. 규모 없이 행하는 자들을 경계하라

데살로니가에서 문제를 일으키는 자들은 주로 질서와 규범을 깨뜨리는 자들이었다. 그들은 일하기는 싫어하고 먹기만 좋아했다. 바울은 양식을 값없이 먹지 않으려고 데살로니가에 있을 때 주야로 일을 하면서 사역했다. 아무에게도 누를 끼치지 않으려 한 것이다. 그는 하나님의 복음의 일꾼으로서 일하지 않을 권리가 있지만 그들에게 본을 끼치기 위해서 그렇게 열심히 일을 해가면서 복음을 전한 것이다. 그들 가운데 어떤 사람들은 일은 안 하고 오히려 일만 만들며 교회의 질서 안에 머물지 않고 교회를 어지럽게 했다. 바울은 그들에게 일하기 싫으면 먹지도 말라 하고, 그리스도 안에서 권하건대 조용히 일해서 자기 양식을 먹으라고 하였다.

또 형제들에게 선을 행하다가 낙심치 말라 하고, 어떤 사람이 이 편지에서 한 사도의 말을 순종치 않거든 그 사람을 지목하여 사귀지 말고 그로 하여금 부끄럽게 하되 원수와 같이 생각지는 말고 형제같이 권하라고 한다.

3. 축복

"평강의 주께서 친히 때마다 일마다 너희에게 평강을 주시기를 원하노라 주는 너희 모든 사람과 함께하실지어다". 하나님은 평강의 주이시다. 주님이 너희 모든 사람과 함께하기를 바란다고 하면서 특별히 서신 마무리에 서명하듯이 "나 바울은 친필로 문안한다"고 했다. 당시 사도 바울의 서신이라 하면서 많은 가짜 서신들이 오갔을 것이라고 추측해볼 수 있다(살후 2:2).

"우리 주 예수 그리스도의 은혜가 너희 무리에게 있을지어다." 바울은 은혜를 간구하는 말로 편지를 끝맺는다.

디모데전서

주요 내용

다른 가르침을 가르치지 말게 하라(1장), 남자들은 기도하며 여자들은 순복하라(2장), 교회에 합당한 감독과 집사들을 세우라, 교회는 하나님의 집으로서 경건의 비밀이며, 진리의 기둥과 터이다(3장), 귀신의 가르침을 피하고, 사역자 자신이 여러모로 진보해야 한다(4장), 각 연령층의 사람들을 어떻게 섬길 것인가, 또한 장로들을 어떻게 대할 것인가?(5장) 부자들을 명하여 마음을 높이지 못하게 하라, 돈을 사랑하지 말고 영생을 취하며, 믿음의 선한 싸움을 싸우라(6장)

디모데 전서는 사도 바울이 사도행전 28장에서 로마의 감옥에 있다가 석방된 후 젊은 동역자 디모데에게 보낸 서신이다. 디모데를 자신이 오래 수고하고 사역한 도시 에베소에 머물도록 조치하고서 자신은 마게도냐로 가면서 쓴 서신이다. 기록 연대는 A.D. 65년경으로 추산된다. 디모데가 에베소에서 섬기면서 어떤 부분들을 유의하면서 사역해야 할 것인지에 대한 가르침과 권면을 주고 있다. 젊은 사역자들은 연장한 사역자의 도움과 인도 하에 섬기는 것을 배워야 함을 일깨워준다.

◊ 제1부 **교회를 위하여는 첫째로 건강한 가르침이 필요하다(1장)**

1. 다른 교훈을 경계하게 하라

바울은 그의 동역자 디모데로 하여금 에베소에 머물며 어떤 사람들을 명하여 다른 교훈을 가르치지 말게 하라고 했다. 교회가 세워지는 데 있어서 가장 중요한 것은 어떤 제도나 행사나 일이 아니라 가르침이다. 바울 사도는 교회가 진리를 그 기둥과 터로 하여 세워지는 것이라고 하였다(3:15-16). 건전한 진리가 없으면 교회가 세워질 길이 없다.

2. 바른 교훈과 다른 교훈의 구별

그러면 다른 교훈은 무엇이며(3절) 바른 교훈은 무엇인가(10절)? 우선 바울은 신화와 끝없는 족보 이야기(성경의 신기한 지식적인 이야기들)를 관심하지 말게 하라고 한다. 이런 것은 배워도 배워도 아무런 효과가 없고 헛된 말을 만들어낼 뿐이다. 바울 사도가 경계한 것은 사역자의 마음과 양심이다. 청결한 마음과 선한 양심에서 믿음이 나오며 믿음에서 사랑이 나오는데, 이것이 바로 하나님의 경륜을 이루는 길이다. 복음을 거스르는 식의 율법도 다른 교훈이다(갈 1:6-10, 3:10-12, 4:21-5:4). 율법은 복음을 복종치 않는 자들에게 필요하다. 자신이 무엇이 잘못되었는지를 알아야 하기 때문이다. 결국 율법의 용도는 바른 교훈(복음)을 거스르는 자들을 위한 것이라는 말이다.

3. 넘치도록 풍성한 주의 은혜

바울 사도는 자신이 바른 교훈, 즉 영광의 복음을 맡은 자가 된 것을 인해 주님께 감사한다. 교회는 바른 교훈인 진리, 즉 영광의 복음으로 세워지는 것이지 율법의 지식으로 세워지는 것이 아니다(엡 1:13). 결국 바울이 디모데로 하여금 성도들을 교육시키게 하려는 목적은 교회를 바르게 세우려는 것이다. 복음이 분명해야 교회가 바르게 세워진다.

바울은 죄인이었던 자기를 긍휼히 여기시고 능하게 하신 하나님께 감사하고 있다. 복음이란 그리스도 예수께서 죄인을 구원하시려고 세상에 임하셨다는 것이다(15절). 바울은 자신이 전에는 교회의 훼방자요 핍박자요 포행자였으나 도리어 긍휼을 입은 것은 믿지 않을 때에 알지 못하고 행했기 때문이며(내가 죄인 중에 괴수니라), 주의 은혜가 그리스도 예수 안에 있는 믿음과 사랑과 함께 넘치도록 풍성했다고 말한다. 죄인이었으나 긍휼과 은혜를 입어 믿음과 사랑을 갖게 된 자들이 하나님의 경륜을 이루며 교회가 된다.

4. 하나님께 대한 찬미

여기서 바울은 다시 한 번 하나님을 찬미한다. "만세의 왕 곧 썩지 아니하고 보이지 아니하고 홀로 하나이신 하나님께 존귀와 영광이 세세토록 있어지이다 아멘". 바울은 디모데에게 전에 지도한 예언을 따라 선한 싸움을 싸우라고 명한다. 따라서 신약의 예언은 꼭 장래 일을 말하는 것만이 아니다. 그리스도 안의 모든 복음 진리 내용이 참된 예언이다. 바울 사도는 다시 한 번 디모데에게 믿음과 착한 양심을 가지라고 하면서 어떤 이들이 이 양심을 버렸고 믿음에 관하여는 파선했다고 말한다. 바울의 사역을 극도로 훼방하는 후메네오와 빌레도(이들이 착한 양심을 버린 자들이다)를 사단에게 내어주었다고 하면서 이는 그들이 징계를 받아 더 이상 훼방하지 못하게 하려 함이라고 말한다.

◊ 제 2 부 **교회를 위하여 기도하는 남자와 순복하는 여자가 필요하다(2장)**

1. 모든 사람을 위해 기도하라

다음으로, 사역자로서 해야 할 일은 기도이다. 첫째는 말씀이고 다음은 기도이다. 모든 사람을 위하여 간구와 기도와 도고와 감사를 하라고 한다. 도고(intercession)는 중보기도를 말한다. 무엇을 위해 기도하는가? 모든 사람을 위해서 하되 왕들과 높은 지위에 있는 자들을 위해 기도해야 한다. 그것은 모든 경건과 단정한 중에 고요하고 평안한 생활을 하려 함이다. 이것이 구주 하나님 앞에 선하고 받으실 만한 것이다. 또 그래야만 많은 사람에게 복음을 전해서 구원받고 진리를 아는 데 이르게 할 수 있다.

우리가 전하는 복음은 무엇인가? 하나님은 한 분이시고 하나님과 사람 사이에 중보도 한 분이시니 곧 사람이신 그리스도 예수시라는 것이다. 그분이 모든 사람을 위해 자기를 속전(ransom)으로 주셨으니 기약이 이르면 증거하실 것이다. 바울은 이를 위해 전파하는 사와 사도로 세우심을 받았으며 이방인의 교사가 되었다고 말한다.

2. 남자들과 여자들에 대한 권면

8절부터는 남자들과 여자들에 대하여 권면하는 말씀이다. 교회의 남자들과 여자들의 특징은 어떠해야 하는가? 남자들은 분노와 다툼이 없이 거룩한 손을 들어 기도하라고 했다. 그리고 여자들은 아담한 옷을 입고 염치와 정절로 자기를 단장하며 머리 모양을 내거나 금이나 진주 등의 장신구나 값진 옷으로 치장하지 말고 오직 선행으로 단장하라고 하면서 이것이 하나님을 공경한다 하는 자들에게 마땅한 것이라 했다. 또한 여자는 일절 순종함으로 조용히 배울 것이며, 여자가 가르치는 것과 남자를 주관하는 것을 하나님께서 허락지 않으시니 오직 조용하라고 했다(고전 14:34, 35 참조). 그것은 창조의 순서에서 남자가 먼저 지음을 받고 여자가 그 후며, 에덴 동산에서도 여자가 꾀임을 받아 죄에 빠지게 되었기 때문이다. 그러나 여자들이 정절로써 믿음과 사랑과 거룩함에 거하면 그 해산함(순종과 고난의 뜻)으로 구원을 얻을 것이라고 했다.

◊ 제 3 부 **감독(장로)과 집사의 자격**

1. 감독(장로)의 자격

말씀과 기도에 더하여 건강한 교회가 세워지기 위해서는 좋은 감독들(장로들)과 집사들이 필요하다. 먼저, 감독은 무엇을 하는 사람인가? 교회를 양육하고 치리하는 자이다. 초대 교회들에서 각 교회의 장로보다 더 막중한 책임을 가진 직분이 없다. 그러기에 감독의 자격은 철저하게 검증되어야 한다. 비난할 것이 없는 자여야 하고 두세 번 장가가지 않은 자여야 한다. 또 존경받을만하고 나그네를 잘 대접하고 가르치기를 잘하는 자여야 한다. 사도가 없는 상황에서 교회의 모든 가르침은 감독들에게 맡겨지기 때문이다. 사람을 구타하거나 사람들과 쉽게 다투는 사람, 돈을 좋아하는 사람은 감독이 되어서는 안 된다. 또 자기 집을 잘 다스려서 자녀들로 모든 단정함으로 복종케 하는 자라야 한다. 또 새로 입교한 자도 안 되는데 교만하여져서 마귀를 정죄하는 그 정죄에 빠질까 함이다. 또한 외인들에게서도 선한 증거를 얻은 자라야 한다.

2. 집사의 자격

다음은 집사들의 자격인데, 집사는 섬기고 돕는 자로서 그 자격이 장로와 일반으로 엄격하다. 일구이언을 하지 말아야 하고, 더러운 이를 탐하지 말아야 하며, 깨끗한 양심에 믿음의 비밀을 가진 자라야 한다. 집사를 세울 때는 먼저 시험하는 단계를 거쳐서 책망할 것이 없으면 집사의 직분을 하게 하라고 한다. 집사는 여자도 있다(감독은 여자가 없다). 단정하고 참소하지 않는 여자라야 한다. 12절에서 집사들이 한 아내의 남편이어야 한다고 하는 것으로 보아 11절의 여자가 집사의 아내라고 해석하는 학자들도 있다. 집사의 직분을 잘 한 자들은 그리스도 안에서 아름다운 지위와 담력을 얻을 수 있다고 했다.

3. 경건의 비밀

사도 바울은 디모데를 보내고서 자신도 속히 그에게 가려고 한다. 그러나 이 편지를 쓰는 목적은 바울이 혹 지체하더라도 디모데로 하여금 하나님의 집(교회)에서 어떻게 행해야 할 것을 알게 하려는 것이다. 이 집은 살아계신 하나님의 교회요 진리의 기둥과 터이다. 교회 가운데 육신을 통해 나타나시는 하나님이 없으면 경건의 비밀인 교회가 될 수 없다.

1. 미혹케 하는 영과 귀신의 가르침

"그러나 성령이 밝히 말씀하시기를 후일에 어떤 사람들이 믿음에서 떠나 미혹케 하는 영과 귀신의 가르침을 좇으리라 하셨으니". 어떤 사람들이 믿음에서 떠나 변절할 수 있음을 경고한다. 사람이 구원받았다고 하지만 믿음에서 떠나 미혹될 수 있고 귀신의 가르침을 좇을 수 있다는 것이다. 그들은 양심이 화인 맞아서 하나님의 말씀을 가르친다고 하지만 위선적이며 거짓말을 한다. 심지어 교회 안에도 귀신의 가르침이 들어올 수 있는데, 혼인을 금하고 식물을 폐하라는 것 등이다. 성경에서 보면 귀신들도 아예 엉뚱한 말만 하는 것이 아니다(행 16:16-18).

2. 경건의 연습은 범사에 유익하다

이런 교훈으로 형제를 깨우치면 그리스도 예수의 선한 일꾼이 되어 믿음의 말씀과 그가 좇은 선한 교훈으로 양육을 받을 것이라고 한다. 오늘 우리는 신약의 진리가 믿음의 말씀이라는 것을 알아야 한다. 그야말로 십자가를 중심으로 하는 믿음의 말씀이 아니면 신약의 복음 진리가 아니다. 또한 망령되고 허탄한 신화를 버리고 오직 경건에 이르기를 연습하라고 하면서(1:4-6 참조), 육체의 연습은 약간의 유익이 있으나 경건의 연습은 범사에 유익하며 금생과 내생에 약속이 있다고 하면서 바울은 찬미를 발한다. "미쁘다 이 말이여 모든 사람들이 받을 만하도다!" 사역자들의 수고는 결국 우리의 소망이신 구주 예수 그리스도의 재림과 관련이 있다. 그 날을 위해 우리가 수고하고 진력하는 것이다.

3. 그리스도 예수의 선한 일꾼으로 믿는 자에게 본이 되라

바울은 또한 디모데에게 누구든지 네 연소함을 업신여기지 못하게 하고 오직 말과 행실과 사랑과 믿음과 정절에 대하여 믿는 자에게 본이 되어 그가 갈 때까지 읽는 것과 권하는 것과 가르치는 것에 착념하라고 한다. 사람들을 말씀으로 가르치는 일을 계속할 때 그 자신과 듣는 자들을 구원할 것이다. 사역자 자신이 양육을 받은 말씀이어야 다른 사람들을 양육할 수 있다는 뜻이 있고, 또 전하고 가르칠 때 듣는 사람만이 아니라 가르치는 사람 자신도 구원을 받을 수 있다는 말씀이다(6, 16절).

◊ 제 5 부 **각양의 교회 사람들을 어떻게 대할 것인가(5장)**

1. 사역자로서 성도들을 어떻게 대해야 하는가

4장은 주로 사역자 자신이 어떻게 행해야 하는가를 말해주고, 5장은 교회에서 여러 계층의 사람들을 어떻게 대하고 가르치며 어떻게 교회를 인도할 것인가를 가르친다. 나이든 남자에게는 아비에게 하듯 해야 하고, 나이든 여자에게는 어미에게 하듯 해야 하며, 젊은 남자에게는 형제에게 하듯 하고, 젊은 여자에게는 일절 깨끗함으로 자매에게 하듯 해야 한다. 그리고 참 과부는 경대하라고 했다. 어떤 과부에게 자녀나 손자녀가 있다면 그들로 먼저 자기 집에서 효를 행하여 부모에게 보답하기를 배우게 하라고 하면서 이것이 하나님 앞에 받으실 만한 것이라고 했다.

2. 과부들에 대한 가르침

참 과부로서 외로운 자는 하나님께 소망을 두어 주야로 항상 간구와 기도를 하지만, 그 중에는 그렇지 않은 자도 있는데 일락을 좋아하는 자는 살았으나 죽었다고 한다. 디모데는 그들에게 이것을 명하여 그들로 책망받을 것이 없도록 해야 했다.

또한 교회 사람들 가운데 자기 친족 특히 자기 가족을 돌아보지 않은 자는 믿음을 배반한 자이며 불신자보다 더 악한 자라고 했다. 여기서 과부로 명부에 올릴 자의 연령을 언급하고 또 젊었을 때부터 선한 행실의 증거가 있는 자라야 한다고 말한다. 그러나 젊은 과부는 거절하라고 강하게 말한다. 그들은 처음 믿음을 저버리고 정욕으로 그리스도를 배반할 때에 시집가려고 하며, 또 게으름을 익혀 집집에 돌아다니고 게으를 뿐 아니라 망령된 폄론을 하며 일을 만들며 마땅히 아니할 말을 한다.

3. 장로들에 대한 가르침

다음은 장로들에 관한 가르침이다. 잘 다스리는 장로들을 배나 존경할 자로 알되 말씀과 가르침에 수고하는 이들을 더욱 존경하라고 했다. 여기의 존경이란 물질적인 공급을 포함한다.

장로에 대한 송사는 디모데 같은 동역자나 사도들에게 제출했는데, 두세 증인이 없으면 장로에 대한 송사를 받지 말라고 한다. 사역자들은 범죄한 장로를 나머지 장로들 앞에서 꾸짖어 그들로 두려워하게 하고 사안에 따라서는 모든 성도들 앞에서 꾸짖으라고 했다. 어떤 사람을 직분자로 세울 때 선행이든 죄든 시간이 지나면 다 드러나게 되니 경솔히 안수하지 말라고 한다.

◊ 제 6 부 **사도의 결론적인 지도(6장)**

1. 말씀과 경건에 관한 교훈

6장에서는 경건에 관한 가르침, 바르고 건강한 가르침이 무엇인가를 말해준다. 여기서 바울 사도는 특별히 믿는 자들 중 노예들에게 말한다. 그들은 상전들을 마땅히 공경할 자로 알아서 잘 섬겨야 하며, 그래야 하나님의 이름과 교훈이 훼방을 받지 않는다고 하였다. 예수를 믿는 것은 세상적인 신분을 바꾸는 것이 아니다. 이 세상에 사는 동안 자신이 부르심받은 그 위치에서 하나님의 말씀을 빛나게 하는 것이다.

바른 가르침은 실생활에서 그 말씀에 순종하여 살게 한다. 그러나 다른 가르침은 실생활 가운데 효력이 하나도 없는 공허한 이론이고 지식일 뿐 그리스도 예수의 말씀이 아니다(딛 2장 참조).

당시 에베소에는 다른 교훈이 퍼지고 있었는데, 그것은 예수 그리스도의 말씀과 경건에 관한 교훈이 아니었다. 그것은 사람을 교만하게 할 뿐 성도들로 하여금 참된 진리를 알지 못하게 한다(고전 8:1-2). 그로 인해 변론과 언쟁이 생겨나고 투기와 분쟁과 훼방이 있게 된다. 또 마음이 부패하여지고 진리를 잃어버리고 경건을 이익의 재료로 생각하는 사람들의 다툼이 일어나게 된다.

사도는 주님을 섬기는 사람들의 경제관을 말한다. 우리가 세상에 아무 것도 가지고 온 것이 없으니 또한 아무 것도 가지고 가지 못할 것이라 하면서 먹을 것과 입을 것이 있은즉 족한 줄로 알라고 가르친다. 어떤 사역자가 돈을 사랑하고 부하려 하는 마음이 있다면 그는 이미 많이 타락한 자이다. 그런 자는 시험과 올무와 여러 가지 해로운 정욕에 떨어지게 되며 침륜과 멸망에 빠지게 된다. 돈을 사랑하는 것이 일만 악의 뿌리가 되니 이것을 사모하는 자들이 미혹을 받아 믿음에서 떠나 많은 근심으로 자기를 찔렀다고 한다. 구원받았다고 해서 일생의 모든 것이 보장되지 않음을 본다(4:1, 5:8, 12 참조).

2. 믿음의 선한 싸움을 싸우라

바울은 디모데에게 "오직 너 하나님의 사람아 이것들을 피하고 의와 경건과 믿음과 사랑과 인내와 온유를 좇으며 믿음의 선한 싸움을 싸우라 영생을 취하라 이를 위하여 네가 부르심을 입었고 많은 증인 앞에서 선한 증거를 증거하였도다"라고 한다.

"만물을 살게 하시는 하나님 앞과 본디오 빌라도를 향하여 선한 증거로 증거하신 그리스도 예수 앞에서 내가 너를 명하노니 우리 주 예수 그리스도 나타나실 때까지

점도 없고 책망 받을 것도 없이 이 명령을 지키라". 바울은 우리 주 예수 그리스도께서 나타나실 것을 두고 이 명령을 지키라고 말한다. 주님이 나타나실 때 책망을 받을 수도 있음을 암시하는 내용이다(고전 1:8).

3. 이 세대에 부한 자들에 대한 경계

마지막으로, 이 세대에 부한 자들을 명하여 마음을 높이지 말고 정함이 없는 재물에 소망을 두지 말고 오직 우리에게 모든 것을 후히 주사 누리게 하시는 하나님께 두며, 선한 일을 행하고 선한 사업에 부하고 나눠주기를 좋아하며 동정하는 자가 되게 하라고 하면서, 이것이 장래에 자기를 위하여 좋은 터를 쌓아 참된 생명을 취하는 것이라고 한다.

4. 거짓되게 가르치는 지식과 망령되고 허한 말과 변론을 피하라

그리고 서신을 마치면서 한 번 더 에베소의 위험을 일깨워준다. 거짓되게 가르치는 망령되고 헛된 말들과 변론들(이론과 지식주의를 경계하라는 뜻이다)을 피하라고 하면서 이것을 좇는 사람들이 있어 믿음에서 벗어났다고 말한다. 신약에서 가장 강조하는 단어가 믿음이고, 디모데 전서는 믿음을 지키는 것이 가장 중요함을 일깨워주는 서신이다. 믿음에서 벗어나면 사랑이 사라진다. 이로부터 2-30년 후 A.D. 90년경 사도 요한 시대에 에베소 교회는 처음 사랑을 잃어버리고 말았다(계 2장). 시작도 중요하고 마침도 중요하다. 성도들은 끝까지 경주를 잘해야 한다. 이 경주는 믿음의 경주이다.

디모데후서

주요 내용 그리스도의 군사로서 충성된 자가 되어 고난을 받으며 전도인의 일을 하라!

바울의 서신 중에 가장 나중에 쓰여진 서신으로서 A.D. 67년경에 쓰여졌다. 그때는 바울이 사도행전 28장에서 풀려났다가 당시 로마에서 발생한 대 화재(火災)의 책임을 교회 지도자들에게 돌림으로써 다시 수감되었던 때이다. 그는 순교를 목전에 두고 있음을 알았으며, 그 상황에서 그의 아들과 같은 동역자 디모데에게 서신을 보냈는데 그것이 바로 디모데 후서이다.

◊ 제1부 동역자에 대한 깊은 사랑과 격려(1장)

1. 믿음의 아들 디모데를 격려하다

디모데 후서는 디모데에 대한 바울의 깊은 사랑이 묻어나는 서신이다. "나의 밤낮 간구하는 가운데 쉬지 않고 너를 생각하여 청결한 양심으로 조상적부터 섬겨오는 하나님께 감사하고 네 눈물을 생각하여 너 보기를 원함은 네 속에 거짓이 없는 믿음을 생각함이라 내가 나의 안수함으로 네 속에 있는 하나님의 은사를 다시 불일듯하게 하기 위하여 너로 생각하게 하노니 하나님이 우리에게 주신 영은 두려워하는 영이 아니요 오직 능력과 사랑과 근신의 영이니 주를 위하여 갇힌 자 된 나를 부끄러워 말고". 이 모든 구절이 다 친근한 표현이며 디모데를 격려하고 강화하는 말이다. 바울 사도는 정말 주를 위하여 갇힌 자가 되었다.

2, 복음의 내용

9절부터는 복음의 내용을 말한다. 하나님이 우리를 구원하사 거룩하신 부르심으로 우리를 부르신 것은 우리의 행위대로가 아니라 오직 하나님 자신의 뜻과 영원한 때 전부터 그리스도 예수 안에서 우리에게 주신 은혜대로 하신 것이다. 구원은 행위가 아니라 은혜에 의한 것이며 또한 우리가 은혜받은 것은 영원한 때 전부터이다. 하나님은 영원한 때 전부터 우리를 아셨다. 우리들이 비록 시간 안에 태어났지만 영원한 때 전부터의 존재라는 것이 놀랍다. 이제 우리 구주 그리스도 예수께서 나타나심으로 말미암아 나타났는데, 그는 사망을 폐하시고 썩지 않을 것을 드러내셨다.

3. 복음을 위해 반포자와 사도와 교사로 세우심을 입은 바울

이 복음을 위해 바울은 그가 반포자와 사도와 교사로 세우심을 입었다고 한다. 그는 복음을 전하면서 고난을 당했지만 부끄러워하지 않았다. 그러므로 바울은 디모데에게 믿음과 사랑으로 자신에게 들은 건강한 말씀의 표준(standard, or outline)을 지키라고 한다. 그 표준은 바로 사도 바울이 전한 복음의 말씀의 노선이요 줄기이다. 성경을 가지고 사역한다고 해서 다 같은 것이 아니다. 성경의 사도들과 같은 영과 같은 보조로 행해야 한다(고후 12:18). 디모데는 그 안에 거하시는 성령으로 말미암아 그가 부탁받은 아름다운 것, 곧 복음의 노선을 잘 지켜야 했다.

4. 아시아의 모든 사람이 바울에게서 돌아서다

바울은 아시아의 모든 사람이 그를 버렸다고 하면서 그 중에 부겔로와 허모게네가 있다고 말한다. 복음과 함께 끝까지 고난받을 자는 많지 않음을 알아야 한다. 그런데 끝까지 함께하는 자도 있었으니 곧 오네시보로 같은 사람이다. 오네시보로는 바울을 자주 유쾌하게 하고 그가 사슬에 매인 것을 부끄러워 아니하여 로마에 갇혀 있을 때에 바울을 부지런히 찾아 만났다. 바울은 그의 집에 긍휼을 베풀어달라고 두 번씩이나 기도했으며, 그가 에베소에서도 바울을 얼마큼 섬겼는지를 디모데도 잘 알 것이라 했다.

◊ 제 2 부 **젊은 동역자에 대한 격려(2장)**

1. 그리스도 예수 안에 있는 은혜 속에서 강하라

"내 아들아 그러므로 네가 그리스도 예수 안에 있는 은혜 속에서 강하고"(1절). 사역자는 약해서는 사역을 할 수 없다. 그리스도 예수 안에 있는 은혜 속에서 강해야 한다. 또한 바울에게 들은 바를 충성된 자들에게 부탁하여 그들도 또 다른 사람들을 가르칠 수 있게 해야 한다.

2. 그리스도 예수의 좋은 군사로 나와 함께 고난을 받으라

그는 그리스도 예수의 좋은 군사로 바울과 함께 고난을 받아야 하는데, 군사라면 자기생활에 얽매여서는 안 되고 모집하신 분을 기쁘시게 하는 삶을 살아야 한다. 또 경기하는 자로서 법대로 경기하여 면류관을 얻어야 하고, 수고하는 농부처럼 꾸준히 수고해야 한다.

3. 내 말하는 것을 생각하라

"내 말하는 것을 생각하라 주께서 범사에 네게 총명을 주시리라". 사도 바울에게서 배운 것을 생각하고 전하다 보면 범사에 이해력이 더 생기게 될 것이다. 계시는 계시를 낳는다. 다시 말하거니와 초대에 주님께서 사도권을 주시어 세우신 사도들의 말씀(정경)을 중시하여 배워서 가르치는 것이 안전하고 지혜를 얻는 길이다. 또 우리는 죽은 자 가운데서 다시 살으신 예수를 늘 기억해야 한다. 복음을 위해 바울 자신은 옥에 갇혀 있지만 하나님의 말씀은 매이지 않는다고 했다. 그가 택하신 자들을 위하여 모든 것을 참는 것은 그들도 그리스도 예수 안에 있는 구원을 영원한 영광과 함께 얻게 하려 함이라고 했다. 바울 사도는 지금 로마의 감옥에 갇혀 고난과 참음을 경험하고 있다. 죽음을 목전에 두고 있으나 영원한 영광을 바라고 있다.

여기서 바울은 다시 한 번 하나님을 찬미한다. "미쁘다 이 말이여, 우리가 주와 함께 죽었으면 또한 함께 살 것이요 참으면 또한 함께 왕노릇할 것이요…주는 일향 미쁘시니 자기를 부인하실 수 없으시리라". 그는 신실하신 하나님을 신뢰하며 그분과 함께 죽으면 함께 살 것을 믿었고, 참으면 그날 함께 다스릴 것을 믿었다(단 7장 참고). 우리 인간은 신실함이 없을지라도 그분은 언제나 신실하시니 그 말씀대로 이루실 것이라고 한다.

4. 부끄러울 것 없는 일꾼

또 바울은 디모데에게 신자들이 말다툼을 하지 않도록 명하라고 한다. 이는 유익이 하나도 없고 오히려 듣는 자들을 망하게 하기 때문이다. 사역자는 진리의 말씀을 옳게 분변해야 하며 부끄러울 것이 없는 일꾼으로 인정된 자로 자신을 하나님 앞에 드리기를 힘써야 한다. 또 망령되고 헛된 말을 버리라고 한다. 즉 세속적인 잡담 같은 것이다. 그런 자들의 말은 점점 더 경건치 않음으로 나아가게 하며 악성 종양처럼 퍼져나갈 것이다. 그들 중에 후메내오와 빌레도가 있다. 그들은 자기들의 논리로 성경을 부정하고 부활의 진리를 변질시켜 부활이 이미 지나갔다고 하므로 성도들의 믿음을 무너뜨렸다.

5. 하나님의 견고한 터는 이미 섰으니

그러나 바울은 선포한다. "하나님의 견고한 터는 섰으니 인침이 있어 일렀으되 주께서 자기 백성을 아신다 하며 또 주의 이름을 부르는 자마다 불의에서 떠날지어다 하였느니라". 하나님의 견고한 터는 이미 섰으므로 그런 악한 말 하는 자들이 있다 해서 결코 그 터는 무너질 수 없다. 주께서는 이미 그분의 백성을 인치셨고 따라서 그분의 백성이 누군지를 아시며 주의 이름을 부르는 자마다 불의에서 떠나라고 하신다. 큰 집에는 금과 은의 그릇이 있고 나무와 질그릇도 있다. 귀히 쓰는 그릇도 있고 천히 쓰는 그릇도 있다. 귀히 쓰는 그릇이 되려면 자기를 이런 것들에서 깨끗케 해야 한다. 천박한 것과 부정한 것에서 자신을 분별해야 깨끗해진다. 깨끗함이 없이는 주님의 신부가 될 수 없다. 깨끗하게 되면 귀히 쓰는 그릇이 되어 거룩하고 주인의 쓰심에 합당하며 모든 선한 일을 위해 예비함이 될 것이다. 바울은 디모데에게 청년의 정욕을 피하고 주님을 깨끗한 마음으로 부르는 자들과 함께 의와 믿음과 사랑과 화평을 좇으라고 한다.

6. 거역하는 자를 온유함으로 징계하라

바울 사도는 다시 강조하여 말하기를, 어리석고 무식한 변론을 버리라고 한다. 그렇게 할 때 다툼이 일어나기 때문이다. 마땅히 주의 종은 다투지 않고 모든 사람을 대하여 온유하고 가르치기를 잘 하며 참아야 한다. 사역자는 가르치는 것이 중요하고 다툼이 없어야 한다는 것을 강조한다. 또 거역하는 자들은 온유함으로 징계해야 한다. 이는 하나님이 혹 그런 자들에게도 회개함을 주셔서 진리를 알게 하실까 함이며 그들로 깨어 마귀의 올무에서 벗어나 하나님께 사로잡혀 그분의 뜻을 좇게 하실까 함이라고 한다.

◊ 제 3 부 **말세를 어떻게 대처할 것인가(3장)**

1. 말세에 고통하는 때가 이르리니

"네가 이것을 알라 말세에 고통하는 때가 이르리니". 마지막 때에 사람들은 자기를 사랑하며 돈을 사랑하며 자긍하며 교만하며 훼방하며 부모를 거역하며 감사치 아니하며 거룩하지 아니하며 무정하며 원통함을 풀지 아니하며 참소하며 절제하지 못하며 사나우며 선한 것을 좋아 아니하며 배반하여 팔며 조급하며 자고하며 쾌락을 사랑하기를 하나님 사랑하는 것보다 더하며 경건의 모양은 있으나 경건의 능력은 부인한다고 했다. 말세는 인간의 타락의 본성이 극도로 나타나는 때이다. 바울은 디모데에게 그런 자들에게서 돌아서라고 한다.

그런 자들 중에는 남의 집에 가만히 들어가 어리석은 여자를 유인하는 자들이 있으니 그 여자는 죄를 중히 지고 여러 가지 욕심에 끌려 항상 배우지만 결코 진리의 지식에 이를 수 없다고 한다.

2. 바울의 본을 받으라

바울은 디모데에게 '나의 교훈과 행실과 의향과 믿음과 오래 참음과 사랑과 인내와 핍박과 고난'을 말한다. 교훈은 가르침을 말하고 행실은 밖에 나타난 행동들, 의향은 내적인 의도 혹은 목적을 말한다. 디모데는 바울이 안디옥과 이고니온과 루스드라에서 당한 일과 핍박받은 것을 보고 알았다. 바울은 거기서 돌에 맞아 죽을 뻔했으나 주께서 이 모든 것 가운데서 그를 건지셨다. 바울은 예수 그리스도 안에서 경건하게 살고자 하는 자는 누구든지 핍박을 받게 된다고 말한다. "그러나 너는 배우고 확신한 일에 거하라 네가 뉘게서 배운 것을 알며". 바울은 디모데에게 이런 흐름에 떠내려가지 않도록 주의를 주고 있다. 디모데는 그가 누구에게서 배웠는지를 알며 그 배운바 말씀 안에 거해야 했다.

3. 성경을 잘 읽으라

주의 일꾼들은 부지런히 성경을 잘 읽어야 한다. 디모데가 어려서부터 알아온 성경은 그로 하여금 그리스도 예수 안에 있는 믿음으로 말미암아 구원에 이르는 지혜를 갖게 한다. 모든 성경은 하나님의 영감(원문, 호흡)으로 된 것으로 교훈과 책망과 바르게 함과 의로 교육하기에 유익하니 이는 하나님의 사람을 온전케 하며 모든 선한 일을 행하기에 온전케 하려는 것이다. 성경을 깊이 읽다 보면 하나님의 호흡을 느끼게 된다. 사람의 말은 제아무리 깊고 높고 탁월한 해석과 진귀한 영적 체험을 섞은 것이라도 어디까지나 성경 자체가 아니므로 우리는 반드시 성경 자체를 중시해야 한다.

◊ 제 4 부 떠날 기약이 가까운 바울의 유언

1. 말씀을 전파하라

말씀을 사역하는 자들은 주님의 다시 오실 것과 심판대 앞에 설 것과 그분의 왕국에 참여할 것을 깊이 생각하며 무엇보다 말씀을 전파해야 한다. "너는 말씀을 전파하라 때를 얻든지 못 얻든지 항상 힘쓰라 범사에 오래 참음과 가르침으로 경책하며 경계하며 권하라". 경책, 경계, 권면 등은 다 강한 말씀이다. 때가 이를 것인데 그때는 사람이 바른 교훈, 즉 건강한 가르침을 받지 않으며 귀를 즐겁게 해줄 자기 사욕을 부추기는 말을 좋아하고 그 귀를 진리에서 돌이켜 허탄한 이야기들에 귀를 기울일 것이다. "그러나 너는 모든 일에 근신하여 고난을 받으며 전도인의 일을 하며 네 직무를 다하라".

2. 나의 달려갈 길을 마치고 믿음을 지켰으니

이제 바울은 유언과 같은 말을 하고 있다. "관제(전제, 기본 제물인 양이나 소의 제물에 붓는 포도주)와 같이 벌써 내가 부음(pouring)이 되고 나의 떠날 기약이 가까웠도다 내가 선한 싸움을 싸우고 나의 달려갈 길을 마치고 믿음을 지켰으니 이제 후로는 나를 위하여 의의 면류관이 예비되었으므로 주 곧 의로우신 재판장이 그 날에 내게 주실 것이니 내게만 아니라 주의 나타나심을 사모하는 모든 자에게니라". 바울은 주님이 나타나실 때 면류관을 받을 것을 확신하고 있다.

그의 달음질과 싸움은 복음과 많이 관련되어 있다(행 20:24, 고전 9:26). 그 날 주님의 상과 면류관을 받고자 한다면 건강한 하나님의 말씀의 수호와 가르침과 복음 전파를 소홀히해서는 안 된다(딤후 4:1-5). 또한 면류관을 받기 위해서는 주의 나타나심을 사모하라고 했는데, 이것은 주님도 매우 강조하신 바이다(마 25장의 열 처녀의 비유, 눅 12:35-38, "그 주인이 혼인집에서 돌아와 문을 두드리면 곧 열어주려고 하는 사람과 같이 되라").

디모데에게 속히 그에게로 오라고 하면서 몇 가지 가슴 아픈 말을 하고 있다. 먼저는 동역자였던 데마가 이 세상을 사랑하여 바울을 버리고 데살로니가로 갔고, 그레스게는 갈라디아로, 디도는 달마디아로 갔고 누가만 바울과 함께 있다는 것이다. 그들이 왜 가야만 했는지는 잘 모르지만 많은 사람이 떠난 후에 바울의 심정이 외롭다는 것을 느낄 수 있다. 이때는 사도 바울이 2차로 로마 감옥에 투옥되었을 때인 A.D. 67년경이다. 바울은 그의 말과 같이 관제로 부어지려는 시점에, 즉 순교하기 바로 전에 사랑하는 믿음의 아들 디모데에게 유언을 하고 있다.

3. 개인적인 부탁

"네가 올 때에 가보의 집에 둔 겉옷을 가지고 오고 또 책은 특별히 가죽종이에 쓴 것을 가져오라". 가죽종이에 쓴 책은 분명 성경일 것이다. 바울은 나이가 들었고 지금까지 성경을 많이 읽었을 텐데 여전히 말씀을 사랑하여 죽음에 이르러도 읽고자 한 것을 본다.

4. 동역자들의 근황과 안부

바울은 구리장색 알렉산더가 그에게 해를 많이 입혔다고 하면서 주님이 그의 행한 대로 갚으실 것이라 한다. 그러면서 디모데에게도 그를 주의하라고 한다. 그가 사도의 말을 심하게 대적했기 때문이다. 문맥을 볼 때 구리장색 알렉산더는 그리스도인이었던 것 같다. 디모데도 그를 이미 알고 있었던 것 같고, 바울 사도의 전파하는 진리를 고의로 대적한 듯하다. 그러니 성경 지식도 꽤 있었을 것이다. 바울 사도는 그가 행한 대로 하나님께서 갚으실 것이라고 했는데, 그것은 적극적인 보상이 아니다.

지금 바울 곁에는 처음 복음을 변명할 때에 함께했던 자들이 하나도 없고 다 그를 버렸으나 바울은 그들에게 허물을 돌리지 않기를 바란다고 했다. 바울이 아무 것도 없고 죽음의 상황에 처하게 되지 처음에 함께 하던 사람들이 다 떠난 것 같다.

"주께서 내 곁에 서서 나를 강건케 하심은 나로 말미암아 전도의 말씀이 온전히 전파되어 이방인으로 듣게 하려 하심이니 내가 사자의 입에서 건지웠느니라"(행 27:23 참조). 그가 사자의 입에서 건지웠다는 것은 어쩌면 사형 집행 직전에 구출된 것을 말할 수도 있다. "주께서 나를 모든 악한 일에서 건져내시고 또 그의 천국에 들어가도록 구원하시리니 그에게 영광이 세세 무궁토록 있을지어다 아멘". 마지막으로, 그를 모든 악한 일에서 건져내시고 또 천국에 들어가도록 구원하실 하나님께 찬미를 드린다.

또한 브리스가와 아굴라, 오네시보로 집 등 신실한 동역자들에게 문안하며, 또한 그와 함께 있던 동역자들의 근황도 알려준다. "에라스도는 고린도에 머물렀고 드로비모는 병듦으로 밀레도에 두었노니". 바울은 비록 감옥에 있어도 여전히 함께하는 형제들이 있다. 으블로, 부데, 리노, 글라우디아와 또 모든 형제들이다.

5. 끝 인사

사도는 마지막 인사에서 여전히 은혜를 말한다. "나는 주께서 네 심령에 함께 계시기를 바라노니 은혜가 너희와 함께 있을지어다". 여기서 '너희'는 복수이다. 이 편지는 디모데 개인에게 보낸 것이지만 사실 사도는 많은 사람들이 읽기를 바랐다.

디도서

주요 내용 신실하고 합당한 사람들을 감독들로 세우고 교회의 질서를 세우라!(1장) 건강한 가르침을 가르치라(2장). 정권을 잡은 자들에게 복종하라(3장)

사도행전 28장에서 바울이 로마 감옥에서 일단 풀려나 동서를 다니며 교회를 견고케 하고 디모데를 에베소에, 디도를 그레데에 보낸 후에 교회들을 잘 돌보도록 지도하는 편지를 쓴 것이 디모데 전서와 디도서이다. 디도서는 바울이 로마의 1차 수감에서 풀려나 그레데를 거쳐 니고볼리에 왔을 때(A.D. 65년경) 동역자 디도에게 보낸 서신이다.

◊ 제1부 **교회 질서를 바로잡도록 장로들을 세우라(1장)**

1. 문안 인사

"하나님의 종이요 예수 그리스도의 사도인 바울 곧 나의 사도 된 것은 하나님의 택하신 자들의 믿음과 경건함에 속한 진리의 지식과 영생의 소망을 인함이라". 바울은 그의 사도직이 택하신 자들의 믿음, 경건함에 속한 진리의 지식, 영생의 소망을 인함이라고 한다. 이 영생은 하나님께서 영원한 때 전부터 약속하신 것이며 자기 때에 자기의 말씀을 전도로 나타내신 것인데, 전도는 우리 구주 하나님의 명대로 바울 자신에게 맡기신 것이라고 했다. 오늘 우리는 영원한 때 전에 약속하신 영생을, 바울 사도에게 맡기신 복음을 통해서 얻을 수 있다.

2. 교회 질서를 위하여 각 성에 장로들을 세우게 하다

사도 바울은 같은 믿음을 따라 된 그의 참 아들 디도에게 편지하고 있다. 과거의 바울과 디도와 오늘 우리는 동일한 믿음을 갖고 있음에 감사한다. 그를 그레데에 떨어뜨려 둔 이유는 부족한 일을 바로잡고 각 성에 장로들을 세우게 하려는 것이었다. 당시 그곳의 교회들에 어지러움이 있었으며, 따라서 질서를 바로잡는 일이 필요했다.

교회의 질서를 위해서는 장로가 세워져야 한다. 사도인 바울이라고 하더라도 교회를 온전케 하는 일을 혼자서 다 하지 않고 동역자들과 함께 나누어 하는 것은 매우 본이 된다. 5절의 장로나 7절의 감독은 같은 직분을 가리키는데, 교회의 감독(장로)의 자격은 매우 모범적이어야 한다는 것이다.

3. 장로의 자격

장로는 책망할 것이 없고, 한 아내의 남편이며, 방탕하다 하는 비방이나 불순종하는 자녀가 없는 자라야 한다. 디모데 전서 3장에서 말한 내용과 유사하지만 여기서 좀 특별하게 강조한 것이 있다면 제 고집대로 하지 않으며 급히 분내지 않은 자라야 한다는 것이다. 장로 될 사람은 공히 술에 중독되지 않으며 구타하지 않으며 더러운 이를 탐하지 않으며 오직 나그네를 대접하며 선을 좋아하며 미쁜 말씀의 가르침을 그대로 지키는 자여야 한다. 그렇지 않으면 그레데의 복종치 않고 헛된 말 하는 자들을 다스릴 수 없을 것이나.

4. 그레데의 복종치 않는 자들

당시 그레데에 헛된 말을 하고 복종치 않는 자들이 있었는데 특별히 할례당 가운데 심하였다고 한다. 종교적으로 열심 있다는 자들이 문제가 되는 것은 흔히 있는 일이다. 그들은 더러운 이를 취하려고 이집 저집 돌아다니며 마땅치 않은 것들을 가르쳤다. 바울은 그레데의 어떤 선지자가 한 말을 인용하여 "그레데 인들은 항상 거짓말장이며 악한 짐승이며 배만 위하는 게으름장이라"는 말이 참되다고 하였다. 바울은 디도에게 그런 자들을 엄히 꾸짖으라고 하였다. 그런 자들은 입으로는 하나님을 시인하지만 행위로는 부인하는 이중적인 사람들이었다.

사람 앞에서 하나님을 시인하는 문제는 매우 심각하고 엄중한 문제이다. 어떤 그리스도인은 사람들의 안목과 위신 때문에, 또는 핍박이 두려워 하나님을 부인하는 식으로 행동한다. 이것은 주님이 나타나실 때에 심판대 앞에서 심각한 문제를 야기한다. 바울 사도는 그의 동역자들에게 순수한 마음과 깨끗한 양심으로 하나님을 섬길 것을 매우 강조하였다. 깨끗한 자에게는 모든 것이 깨끗하나 더럽고 믿지 않는 자들에게는 아무 것도 깨끗한 것이 없고 오직 저희 마음과 양심이 더럽다고 했다(딛 1:15). 바울 사도는 사람 자체가 깨끗해야 함을 강조한다.

◊ 제 2 부 **건강한 가르침을 가르치라(2장)**

1. 건강한 가르침이란 무엇인가

바울은 디도에게 "오직 너는 바른 교훈(건강한 교훈)에 합한 것을 말하여"라고 권고한다. 무엇이 바른 교훈, 건강한 가르침인가? 바울 사도가 말하는 건강한 가르침이란 어떤 말씀이 성경에 문자적으로 부합하느냐보다 사람들의 삶이 경건하게 되도록 이끌어주는 가르침이고 삶에서 하나님의 교훈을 빛나게 하는 가르침이다(딤전 6:1-6, 딛 1:1).

디도서 2장 말씀은 바로 이것을 말해주고 있다. 늙은 남자들은 어떠해야 하며 늙은 여자들은 어떠해야 하는지, 종과 상전은 어떠해야 하는지를 말해주는 이것이 바른 가르침이요 건강한 가르침이다. 늙은 남자들은 절제하며 경건하며 근신하며 믿음과 사랑과 인내함에 온전케 하라고 한다. 또 늙은 여자들은 행실이 거룩하며 참소하지 말며 많은 술의 종이 되지 말며 선한 것을 가르치는 자들이 되게 하라고 한다. 또한 그들은 젊은 여자들을 가르치되 그 남편과 자녀를 사랑하고 근신하고 순전하며 집안일을 하며 선하며 자기 남편에게 복종하게 하라고 한다. 이는 하나님의 말씀이 훼방을 받지 않게 하려 함이라는 것이다.

또한 젊은 남자들을 권면하여 근신하게 하며 디도부터 스스로 선한 일의 본을 보여 이 교훈의 부패치 아니함과 경건함과 순수함과 책망할 것이 없는 바른 말을 하게 하라고 한다. 그러므로 건강한 가르침이란 자신만 옳고 바른 것이 아니라 많은 사람들에게 비난받지 않도록 하는 것이다. 종들에게는 범사에 자기 상전들에게 순종하여 기쁘게 하고 거스려 말하지 말며 돈을 떼어먹지 말고 오직 선한 충성을 다하게 하라고 한다. 이 모두가 바른 가르침의 본질이다.

2. 깨끗하라, 모든 권위로 책망하라

여기서 바울은 다시 복음을 말한다. 즉 건강한 말씀은 복음이다. 이는 모든 사람에게 구원을 주시는 하나님의 은혜이며(은혜는 누구든지 원하는 자에게 거저 주시는 것이다), 이 은혜는 우리를 양육하셔서 경건치 않은 것과 세상 정욕을 버리고 근신함과 의로움과 경건함으로 이 세상에 살고 복스러운 소망과 우리의 크신 하나님 구주 예수 그리스도의 영광이 나타나심을 기다리게 하셨다고 말한다. 예수 그리스도께서 우리를 대신하여 자신을 주신 것은 모든 불법에서 우리를 구속하시고 우리를 깨끗하게 하여 선한 일에 열심하는 그분의 친 백성이 되게 하려 함이라고 한다. 디도서는 질서의 문제와 깨끗하게 되는 문제를 많이 다룬다. 좋은 그리스도인이 되려면 두가지가 중요하다. 권위와 질서를 지키고 부정한 것을 떠나서 깨끗한 양심과 마음을 갖는 것이다. 건강한 교훈은 다른 것이 아니라 우리의 일상의 삶을 다루는 말씀이다. 15절은 매우 중요한 구절이다. 바울은 디도에게 너는 이것을 말하고 권면하며 모든 권위로 책망하여 누구에게든지 업신여김을 받지 말라고 한다.

◊ 제 3 부 **세상에서의 합당한 삶 및 이단에 대하여(3장)**

1. 정사와 권세 잡은 자들에게

"너는 저희로 하여금 정사와 권세 잡은 자들에게 복종하며 순종하며 모든 선한 일 행하기를 예비하게 하며". 로마서 13장에서처럼 성도들은 권세 잡은 자들에게 복종해야 함을 말한다. 또 모든 선한 일 행하기를 예비하게 하며 아무도 훼방하지 말고 다투지 말며 관용하며 범사에 온유함을 모든 사람에게 나타낼 것을 기억하게 하라고 한다.

2. 성령을 풍성하게 부어주셨다

우리도 전에는 어리석은 자요, 순종치 아니한 자요, 속은 자요, 각색 정욕과 행락에 종노릇한 자요, 악독과 투기로 지낸 자요, 가증스러운 자요, 피차 미워한 자였으나 우리 구주 하나님의 자비(친절하심)와 사람 사랑하심을 나타내실 때에 우리를 구원하시되 우리의 행한바 의로운 행위로 말미암지 않고 오직 그분의 긍휼하심을 좇아 중생의 씻음과 성령의 새롭게 하심으로 우리를 구원하셨다고 말한다. '중생(거듭남)의 씻음'이란 새로운 용어인데, 회복, 복원의 의미가 있다. 우리의 죄로 얼룩진 부정함을 다 씻어서 타락 이전의 깨끗한 상태로 되돌린다는 뜻이다. 우리가 구원받았다면 우리는 타락 이전으로 복원된 자들이다. 또한 성령을 우리 구주 예수 그리스도로 말미암아 우리에게 풍성히 부어주셔서 우리로 그 은혜를 힘입어 의롭다 하심을 얻어 영생의 소망을 따라 후사(상속자)가 되게 하시려는 것이다. 바울은 디도에게 이 모든 것을 굳세게 말하여 하나님을 믿는 자들로 하여금 조심하여 선한 일을 힘쓰게 하라고 한다. 이렇게 할 때 사람들에게 아름답고 유익하다는 것이다.

바울은 다시 한 번 어리석은 변론과 족보 이야기와 분쟁과 율법에 대한 다툼을 피하라고 한다. 또 이단에 속한 사람들은 한두 번 훈계한 후에 멀리하라고 한다. 이러한 사람은 부패하여서 스스로 정죄한 자로서 죄를 짓는다.

3. 마지막 부탁과 인사

또 우리 사람들도 열매 없는 자가 되지 않도록 필요한 것을 예비하는 좋은 일에 힘쓰기를 배우게 하라고 한다. 열매가 있는 사람이 되려면 선한 일에 힘쓰기를 배워야 한다. 그리스도인의 삶은 부지런히 힘쓰는 것이 있어야 하고 늘 예비하는 것이 있어서 뭔가 남는 결과(열매)가 있는 삶이어야 한다(마 25장 달란트 비유, 요 15장 포도나무 비유 참조). 공허한 이론적인 삶과 대비를 이룬다.

"은혜가 너희 무리에게 있을지어다". 바울은 디모데 후서와 마찬가지로 디도 개인만 아니라 당시 그레데의 많은 사람과 세대를 거치고 거쳐 오늘날 우리까지도 이 편지를 함께 읽기를 원했다.

빌레몬서

주요 내용 노예였던 구원받은 형제를 주 안에서 소중히 여기는 바울 사도의 섬세한 관심과 사랑

바울이 감옥에서 복음으로 낳은 한 형제를 위해 부탁하는 내용이다. 기록 연대는 바울의 1차 로마 투옥 때인 주후 64년으로 추정된다.

▸ 인사

수신자는 빌레몬이며, 그는 골로새 교회의 장로격인 사람이다. 바울은 빌레몬 개인에게 편지를 쓸 때도 디모데와 함께 썼다. 주의 일을 하는 사람들은 어떤 일이든지 함께하기를 배워야 한다.

▸ 빌레몬의 믿음과 사랑

"내가 항상 내 하나님께 감사하고 기도할 때에 너를 말함은 주 예수와 및 모든 성도에 대한 네 사랑과 믿음이 있음을 들음이니". 바울은 빌레몬을 위해서 기도했다. 그는 여러 교회들을 돌보며 섬기고 있었지만 또 이렇게 한 형제를 위해서 기도한다. 바울은 빌레몬에 대한 소식을 들었고 그것을 기도 안에서 기억했다(4-7절). "네 믿음의 교제가 우리 가운데 있는 선을 알게 하고 그리스도께 미치도록 역사하느니라". '믿음의 교제'도 되새겨 볼만한 귀한 말씀이다. 신약 성경에서 오늘 우리가 평소에 쓰는 것보다 많이 사용된 단어가 믿음이다(롬 1:8, 12, 4:20, 15:1, 갈 3:23, 벧전 1:9, 딤전 1:2, 등). 당시 사도들과 성도들 간에는 귀한 믿음의 교제가 있었다(요일 1장).

▸ 감옥에서 복음으로 낳은 아들 오네시모를 받아주기를 부탁하다

바울의 이 편지의 중점은 감옥에 있을 때 복음으로 낳은 아들 오네시모를 받아달라고 빌레몬에게 부탁하는 것이다. 그는 원래 빌레몬의 노예였는데 아마도 돈을 훔쳐 도망가다 잡혀 감옥에 갇히게 되었으며, 거기서 바울을 만나 구원을 받고 주 안의 형제가 된 것이다. 이제 바울은 그를 자신의 곁에 두기 위해 빌레몬의 동의를 구하고 있다. 그 동의를 얻는 과정에서 바울은 편지와 함께 오네시모를 빌레몬에게 보낸다.

바울은 이 편지에서 노예였던 형제 오네시모에 대하여 '저는 나의 심장이라', '저가 전에는 무익하였으나 이제는 나와 네게 유익하므로', '이후로는 종(노예)과 같이 아니하고 종에서 뛰어나 곧 사랑받는 형제로 둘 자라'고 한다. 그가 만일 빌레몬에게 불의를 행하였거나 빚을 진 것이 있으면 바울 자신에게로 회계하라고 한다. 바울은 그 노예였던 형제를 '노예에서 뛰어나 사랑받는 형제'라고 칭하였다.

바울은 그리스도 안에서 담력을 가지고 빌레몬에게 마땅한 일로 명할 수 있으나 사랑을 인하여 간구한다고 하면서 "그를 내게 머물러 두어 내 복음을 위하여 갇힌 중에서 네 대신 나를 섬기게 하고자 한다"고 말한다. 오네시모가 과거를 깨끗이 정리하고 주 안에서 새로운 출발을 하도록 돕고 있다. 우리는 빌레몬서에서 사도 바울이 구원을 받은 형제에 대한 믿음이 얼마나 큰가에 대하여 깊은 인상을 받을 수 있다. 오늘 우리와 다른 점이 이것이다. 우리는 어떤 사람이 구원을 받았다고 하지만 도둑질하던 사람이 하루아침에 변하여 위대한 하나님의 사도의 돕는 자가 될 수 있다는 사실에 놀라움을 금할 수 없다.

'다만 네 승낙 없이는 내가 아무 것도 하기를 원치 아니하고', '네게 저를 돌려보내노니', '저가 잠시 떠나게 된 것은 이를 인하여 저를 영원히 두게 함이니', '그러므로 저를 영접하기를 내게 하듯 하고', '그가 만일 네게 불의를 하였거나(금전을 훔치고 달아났을 수 있다), 네게 진 것이 있거든 이것을 내게로 회계하라'고 한다. 그러면서 "나 바울이 친필로 쓰노니 내가 갚으려니와 너는 이 외에 네 자신으로 내게 빚진 것을 내가 말하지 아니하노라"고 했다.

또 "나는 네가 순종할 것을 확신하므로 네게 썼노니 네가 나의 말보다 더 행할 줄을 아노라"고 한다. 바울은 빌레몬에게 자신을 위해 처소를 예비하라고 하고 그들의 기도로 바울이 그들에게 나아가게 하여 주기를 바랐다. 하나님의 종이 작은 한 형제의 일을 얼마나 섬세하게 다루는가를 보여주는 매우 귀한 말씀이다.

▸ 끝 인사

끝으로, 그리스도 예수 안에서 바울과 함께 갇힌 에바브라와 동역자 마가, 아리스다고, 데마, 누가가 문안한다고 했다. 한 형제에게 쓴 편지이지만 여러 이름을 동원해서 안부를 전한다. 그리스도 안의 한 사람(빌레몬이든, 오네시모든)을 소중하게 여기는 사상은 바울의 서신 여기저기에서 발견된다. "우리 주 예수 그리스도의 은혜가 너희 심령과 함께 있을지어다". 아멘.

히브리서

주요 내용 히브리 성도들에게 형식과 외형만 남은 유대교에 흔들리지 않도록, 예수 그리스도의 우월하심을 아론, 모세, 구약의 제물 등과 하나하나 비교하면서 과연 무엇이 참되며 귀한지를 스스로 판단하도록 제시한다.

히브리서는 탁월한 성경 지식을 가진 사도가 성경에 능통한 유대인들을 향해서 쓴 것임에 틀림없다. 그만큼 이 책은 대단히 출중한 계시를 담고 있다. 어떻게 사람이 그런 계시를 보며 그런 글을 쓸 수 있는가! 그래서 히브리서를 쓴 저자는 밝히지 않았는데, 죤 칼빈을 비롯한 많은 이들이 바울이라고 보고 있다. 히브리서의 수신인은 히브리인으로서 '강을 건넌 자'라는 뜻이며, 창세기 14장 13절에서 아브라함에게 처음 사용되었다.

◊ 제1부 그리스도의 우월하심(1-5장)

히브리서는 비교의 책이다. 히브리서 기자는 당시 옛 경륜에 떨어져 있으며 형식과 전통에 젖은 유대교 사상에 흔들리는 유대인 신자들을 향해서 유대교 신앙의 중점들을 새 언약의 중심인 그리스도와 비교해줌으로써 더 나은 언약인 그리스도 신앙을 견고하게 붙잡고 전진하도록 도와주었다. 이러한 객관적이고 성경 진리를 통한 비교를 통한 선택을 하게 함은 신자들 모두에게 매우 아름답고 향기로운 인상을 준다. 유대인들은 당시 천사숭배, 조상들, 모세, 아론, 여러 가지 제사 예법 등을 가지고 있었고 그것들을 자랑스러워했다. 그런 상황에서 저자(author)는 만유의 후사이시며 창조의 근원이시며 하나님의 영광의 광채이시며 그 본체의 형상이신 그리스도와 유대교의 여러 것들을 비교함으로써 그리스도의 우월하심(superiority)을 증명하여 그들의 믿음을 오직 모든 것의 실제이시며 만유의 으뜸이신 그리스도께 두려 했다.

1. 선지자들 대(對) 하나님의 아들이신 예수 그리스도

첫째는 말씀에 관한 것이다. "옛적에 선지자들로 여러 부분과 여러 모양으로 우리 조상들에게 말씀하신 하나님이 이 모든 날 마지막에 아들로 말씀하셨으니". 과거에는 선지자들로 여러 부분과 여러 모양으로 말씀하셨지만(다 모아서 보아야 완전하며, 따라서 선지자들을 통해 하신 말씀은 부분적이라는 말이다), 이 모든 날 마지막에는(예수께서 오신 때로부터) 아들로 말씀하셨다는 것이다(이 말씀은 완결된 것이요 온전한 것이다). 이 아들은 누구인가? 선지자들에 비할 분이 아니시다. 그분은 말씀 자체요(요 1:1), 하나님은 그 아들을 만유의 상속자로 세우셨고 그로 말미암아 모든 세계를 지으셨다.

창조를 말씀하실 때 그리스도와 관련해서는 '그리스도께서 창조하셨다'고 하지 않고 '그리스도로 말미암아 창조되었다'고 말한다(요 1:3, 골 1:16). 여기서 삼위일체의 구별(distinction)을 보게 되는데, 사실상 그분이 바로 창조자이시다. 하나님께서는 모든 만물을 그분의 말씀으로 지으셨으며 그 말씀이 바로 그리스도 곧 성자(聖子) 하나님이시다.

3절은 그 말씀이신 그리스도가 하나님의 영광의 광채요 본체의 형상이시며 또한 그가 능력의 말씀으로 만물을 붙드시며 우리의 죄를 정결케 하는 일을 하시고 부활 승천하여 높은 곳에 계신 위엄의 우편에 앉으셨다고 말한다. 모든 만물은 그분의 능력의 말씀이 붙들고 있으며, 우리의 죄는 그분의 십자가의 피로 정결케 되었다.

2. 천사보다 우월하신 예수 그리스도

4절부터는 아들 그리스도와 천사를 비교한다. 당시 유대인들은 그들에게 천사들이 있음을 자랑하고 이를 대단하게 여겨 숭배하기까지 했다. 그러나 히브리서 기자는 그리스도가 천사들보다 뛰어나심은 첫째로 그분이 아들이시라는 이름을 얻었기 때문이라고 한다. 하나님께서 어느 때에 천사 중 누구에게 "네가 내 아들이라 오늘날 내가 너를 낳았다" 하셨으며, "나는 그에게 아버지가 되고 그는 내게 아들이 되리라" 하셨느냐고 한다.

또 "맏아들을 이끌어 세상에 다시 들어오게 하실 때에 하나님의 모든 천사가 그에게 경배할지어다" 말씀하시며, 천사들에 관하여는 하나님께서 그들을 바람으로, 불꽃으로 삼으셨다고 했지만, 아들에 관하여는 "하나님이여, 주의 보좌가 영영하며 주의 나라의 홀은 공평한 홀이니이다"라고 했고(8절, 시 45:6 참조), "네가 의를 사랑하고 불법을 미워하였으니 그러므로 하나님 곧 너의 하나님이 즐거움의 기름을 네게 부어 네 동류들보다 승하게 하셨다"고 했다(9절, 시 45:7 참조).

8절의 하나님과 9절의 하나님은 용법이 다르다. 8절은 성자 하나님, 9절은 성부 하나님을 말한다. 성부도 하나님이요 성자도 하나님이시다. 성부도 완전하고 성자도 완전하다. 그러나 두 하나님이나 두 완전이 아니라 한 하나님, 한 완전이 있을 뿐이다. 1, 2장은 아들이 천사보다 뛰어난 분이시라는 것을 증거한다.

그러면서 2장 5절에서 다시 한 번 천사숭배로 돌아가지 않도록 주의를 환기시킨다. 하나님께서 장차 오는 세상(왕국)을 천사들에게 복종케 하신 것이 아니라고 하면서 시편 8편의 말씀을 인용한다. "사람이 무엇이관대 주께서 저를 생각하시며 인자가 무엇이관대 주께서 저를 권고하시나이까 저를 잠간 동안 천사보다 못하게 하시며 영광과 존귀로 관 씌우시며 만물을 그 발 아래 복종케 하셨느니라". 여기서 사람은 주 예수를 말한다. 하나님은 그 아들을 잠간 동안 천사보다 조금 못하게 하셨지만 결국은 그분에게 영광과 존귀로 관 씌우시고 만물을 그 발 아래 복종케 하신다. 예수께서 천사보다 조금 못하게 되신 것, 즉 혈육을 입고 세상에 오신 것은 죽음의 고난을 받으심으로 많은 아들을 이끌어 영광에 들어가게 하시려는 것이었다. 그렇게 하여 거룩하게 하시는 자(예수)와 거룩하게 함을 입은 자(성도)들이 다 하나에서 나서 형제들이 된 것이다.

예수께서 모든 일에 형제들과 같이 되심은 하나님의 일에 자비하고 충성된 대제사장이 되어 백성의 죄를 구속하려 하심이다. 하나님의 자녀들은 구원의 대장 예수로 말미암아 결국 하나님의 영광에 들어가게 되며, 이 세상에 사는 동안 예수께서 붙들어 주시는 것을 체험하게 된다는 말씀이다.

3. 모세보다 우월하신 그리스도

"그러므로 함께 하늘의 부르심을 입은 거룩한 형제들아 우리의 믿는 도리의 사도시며 대제사장이신 예수를 깊이 생각하라". 히브리서 기자는 다시금 예수 한 분에게 집중할 것을 권한다. 그분은 우리의 사도시며 대제사장이시다. 1장과 2장에서 천사와 비교하는 것을 마치고, 3장에서는 예수를 모세와 아론과 비교하기 시작한다. 다시 말하지만, 히브리서는 비교의 책이다. 예수는 천사보다 뛰어나시고 모세나 아론보다 뛰어나시다.

▸ 하나님의 집 맡은 아들로 충성하신 예수 그리스도

"저가 자기를 세우신 이에게 충성하시기를 모세가 하나님의 온 집에서 한 것과 같으니". 확실히 모세는 충성스럽게 하나님의 집을 섬겼다. 그러나 예수는 누구인가? 그분은 창조주로서 만물을 지으신 분이다(4절). 모세는 하나님의 온 집에서 사환으로 충성하였고 예수 그리스도는 하나님의 집 맡은 아들로 충성하셨다.

4. 아론보다 우월하신 예수 그리스도

모세를 언급한 후 점차 아론보다 뛰어나신 예수에게로 향한다. "그러므로 우리에게 큰 대제사장이 있으니 승천하신 자 곧 하나님 아들 예수시라". 아론이 대제사장이라면 그리스도는 더욱 뛰어난 대제사장이신데, 첫째는 아론은 죽었지만 그리스도는 하늘로 승천하신 분이기 때문이며, 둘째는 그리스도께서 모든 일에 우리와 한결같이 시험을 받으시되 죄는 없으신 분으로서 우리의 연약함을 능히 체휼하시기 때문이다. 그러한 분이 지금 은혜의 보좌에 계시니 우리는 긍휼하심을 입고 때를 따라 돕는 은혜를 얻기 위해 은혜의 보좌 앞에 담대히 나아갈 수 있다.

아론이 제사장 된 것이 스스로 된 것이 아니듯 그리스도께서 대제사장 되심도 스스로 영광을 취하신 것이 아니다. 히브리서 기자는 하나님께서 그리스도를 대제사장 삼으시려고 부활 안에서 다시 낳으셨다고 말한다. "너는 내 아들이라 내가 오늘날 너를 낳았다"(시 2:7) 하셨고, "네가 영원히 멜기세덱의 반차를 좇는 제사장이라"(시 110:4) 하셨다. 시편의 이 구절들은 분명 메시아에 관한 말씀이다. 이는 그리스도의 대제사장 되심이 그분의 죽으심만 의미한 것이 아니라 부활 승천하신 후 하나님 앞의 지위를 말하는 것이다.

여기서 히브리서 기자는 그리스도의 대제사장 직무에 대하여 그분의 기도를 예로 들었다. 히브리서 5장 7-8절은 겟세마네의 기도, 또는 요한복음 17장의 기도일 것이다. 이는 분명 인류의 속죄를 위해 십자가에서 제물이 되시기 전에 하신 예수의 대제사장적인 기도임에 분명하다. "그는 육체에 계실 때에 자기를 죽음에서 능히 구원하실 이에게 심한 통곡과 눈물로 간구와 소원을 올렸고 그의 경외하심을 인하여 들으심을 얻었느니라". 그분이 아들이시라도 받으신 고난으로 순종함을 배워서 온전하게 되셨으므로 자기를 순종하는 모든 자에게 영원한 구원의 근원이 되셨고, 하나님께서는 그를 멜기세덱의 반차를 좇은 대제사장이라 칭하심을 얻게 하셨다. 히브리서 기자가 이것을 언급하지 않았다면 시편 110편의 멜기세덱의 반차를 좇은 대제사장이 그리스도를 말한다는 것을 알기 어려웠을 것이다.

◊ 제 2 부 **대제사장으로서 그리스도의 우월한 자격(6-7장)**

▸ 멜기세덱의 반차를 따른 대제사장

예수의 대제사장 직분의 우월성에 대하여 그분이 멜기세덱의 반차를 따라 된 분임을 말하려다 보니, 5장 후반부와 6장에서는 믿는이가 젖만 먹어서는 안 되며 단단한 식물을 먹어야 한다고 말한다. 그러므로 장성한 자가 되어 그리스도의 도의 초보를 버리고 완전한 데로 나아가야 한다는 것이다. 믿는이들의 이해력의 증가와 성숙해야 할 필요성을 말한다.

6장에서 그리스도의 도의 초보에 대하여 말하는데, 이는 죽은 행실을 회개함과 하나님께 대한 신앙과 세례와 안수와 죽은 자의 부활과 심판에 관한 교훈이다. 사도는 거듭난 신자들(비췸을 얻은 적이 있고 하늘의 은사를 맛보고 성령에 참예한 바 되고 내세의 능력을 맛본 자들)이 타락할 때(원문의 뜻은 미끄러져 넘어짐), 앞에서 말한 항목들을 다시 반복할 필요가 없다는 말이다. 한 번 터를 닦은 자들은 설사 넘어졌다고 해도 다시 초보로 돌아가서 새롭게 시작할 필요가 없다. 그렇다면 주 예수께서 다시 십자가에 못 박히셔야 하느냐고 반문한다. 그것은 주님을 현저히 욕보이는 일이라고 한다. 주님은 한 번 십자가에서 죽으심으로 완전하게 이루셨다. 따라서 이렇게 초보로 돌아가는 일은 신자가 진보하는 네 진혀 도움이 되지 않는다. 신자들로 영적 성장을 이루지 못하게 하는 한 가지는 자꾸만 도의 초보로 돌아가는 것이다. 가령 중학교를 졸업했으면 고등학교로 진학해야 하는데 다시 중학교 1학년으로 돌아가고 다시 돌아가고 하면 절대 성장하지 못하며, 그렇게 되면 자주 내리는 비를 흡수하여 채소같이 먹을 수 있는 소산을 내는 것이 아니라 가시와 엉겅퀴처럼 유익하지 않은 산물을 내게 되니 그 결과 버림을 당하고(고전 9:27), 저주함에 가까우며(저주는 아님), 그 마지막은 불사름이 된다고 하였다(요 15:6).

그런 다음 7장에서 멜기세덱에 대하여 설명하기 시작한다. 먼저 기자는 구약에서 한두 번밖에 언급되지 않은 멜기세덱이라는 신비스런 인물의 이름을 해석한다. 멜기세덱이라는 이름 자체가 예수의 대제사장 직분을 예표하는 인물로서 아주 적합하다. 그는 전쟁에서 이기고 돌아오는 아브라함을 만나 복을 빈 자이다. 그의 이름은 의의 왕이요(체테크) 살렘의 왕이라는 의미인데, 살렘은 평강을 뜻한다. 그는 아비도 없고 어미도 없고 족보도 없고 시작한 날도 없고 생명의 끝도 없어 하나님 아들과 방불하여 항상 제사장으로 있다. 7장 3절까지는 멜기세덱이 그리스도와 방불함을 말한 후에, 4절부터는 아론보다 뛰어난 그의 제사장 직분을 설명한다. 첫째는 멜기세덱이 아론보다 큰 자라는 것을 설명하는데, 그것은 아론이 아브라함 허리에 있을 때 이미 멜기세덱에게 십일조를 바쳤으며 멜기세덱이 아론의 조상인 아브라함에게 복을 빌어주었으니 멜기세덱이 아론보다 큰 인물이라는 말이다.

또 레위 계통의 제사장 직분을 통해 온전함을 얻을 수 있었다면 어찌 아론의 반차를 좇지 않고 멜기세덱의 반차를 좇는 별다른 한 제사장을 세울 필요가 있느냐고 한다. 아론은 모세의 육체에 상관된 율법에 따라 제사장이 되었지만, 예수는 오직 무궁한 생명의 능력을 좇아 제사장이 되셔서 믿는 우리에게 생명 능력을 충분히 공급하셔서 늘 죄를 이기고 사망과 어두움을 이기게 하는 제사장 직분을 행하신다. 히브리서 기자는 계속해서, 이전 계명은 연약하며 무익하므로 폐하고(율법은 아무 것도 온전케 못한다) 이에 더 좋은 소망이 생기니 이것으로 우리가 하나님께 가까이 간다고 말한다. 예수는 이전 시내 산의 언약보다 훨씬 더 좋은 언약의 보증(guarantee)이 되셨다(22절).

예수 그리스도는 영원히 계시므로 직분이 갈리지 않는다. 그분은 항상 살아서 우리를 위해 간구하시니 그분을 힘입어 하나님께 나아가는 자마다 능히 구원해주실 수 있다. 결론적으로 율법은 약점을 가진 사람들을 제사장으로 세웠지만, 율법 후에 하신 맹세의 말씀은 영원히 온전케 되신 아들을 제사장으로 세우셨다. 그분은 거룩하고 악이 없고 더러움이 없으며 죄인에게서 멀리 떠나 계시고 하늘보다 높이 되신 분이며, 사람들의 죄를 위해서 날마다 제사를 드릴 필요 없이 단번에 자신을 드려서 이루셨다. 신약의 성도들은 이러한 놀랍고 영광스러운 하늘에 속한 대제사장을 모시고 있으니 기뻐하고 감사하자!

◊ 제 3 부 **대제사장으로서 그리스도의 우월한 직분(8-10장)**

1. 새 언약의 대제사장이신 그리스도

8장 역시 예수 그리스도의 대제사장직의 우월성에 대한 계속이다. 아론의 제사장 직분은 이 땅에서 수행되는 것이었지만 예수 그리스도의 제사장 직분은 하늘에서 수행된다. 신약의 성도들은 사실상 하늘에 속한 자들이다(빌 3:20, 골 3:1-3). 그러므로 그들을 섬기는 대제사장이 땅에 속한 존재여서는 안 된다. 따라서 우리는 7장 26절의 "이러한 대제사장은 우리에게 합당하니 하늘보다 높이 되신 자라"는 구절을 이해할 수 있다. 8장에 와서 히브리서 기자의 강조점은 이러한 대제사장이 우리에게 있다는 것이다(1절). 그분은 하늘에서 위엄의 보좌 우편에 앉으셨으며, 아론의 제사장 체계처럼 땅에서 사람이 한 것이 아닌 하나님께서 하늘에 베푸신(pitched) 참 성소와 참 장막에서 섬기는 분이라고 한다.

2. 옛 언약보다 훨씬 더 좋은 언약의 중보자

8장 6절은 '그러나 이제(but now)'라고 하면서 '더 좋은(better)'이라는 말을 세 번이나 사용한다. 예수 그리스도는 더 아름다운 대제사장 직분을 얻으셨으며, 지금의 언약은 구약의 시내 산에서 세우신 언약보다 더 좋은 언약이며, 그리스도는 더 좋은 언약의 중보자(mediator)이시다. 8장 7절부터 13절까지는, 시내 산에서 이스라엘과 세우신 언약이 옛 언약(Old Covenant, 구약)이라면 주 예수께서 잡히시던 날 밤 제자들에게 떡과 잔을 주시면서 세우신 언약은 새 언약(New Covenant, 신약)인데, 이 새 언약이 얼마나 귀한 것인지를 구약 성경을 인용하여 설명한다.

3. 새 언약의 우월한 내용

첫 언약이 흠이 없다면 왜 둘째 것을 세우셨겠느냐고 한다(8절). 즉 첫 언약은 흠이 있으므로 첫 것을 포기하고 새로운 언약을 세우신다는 말씀이다. "볼지어다 날이 이르리니 내가 이스라엘 집과 유다 집으로 새 언약을 세우리라 또 주께서 가라사대 내가 저희 열조들의 손을 잡고 애굽 땅에서 인도하여 내던 날에 저희와 세운 언약과 같지 아니하도다 저희는 내 언약 안에 머물러 있지 아니하므로 내가 저희를 돌아보지 아니하였노라 또 주께서 가라사대 그 날 후에 내가 이스라엘 집으로 세울 언약이 이것이니 내 법을 저희 생각에 두고 저희 마음에 이것을 기록하리라 나는 저희에게 하나님이 되고 저희는 내게 백성이 되리라 또 각각 자기 나라 사람과 각각 자기 형제를 가르쳐 이르기를 주를 알라 하지 아니할 것은 저희가 작은 자로부터 큰 자까지 다 나를 앎이니라 내가 저희 불의를 긍휼히 여기고 저희 죄를 다시 기억하지 아니하리라". 즉 새로 세우시는 언약은 모세 시대에 돌비에 법을 기록한 것과 달리 아예 우리 마음속에 그 법을 새겨주신다는 말씀이다.

그리고 가장 은혜로운 언약의 말씀은 "내가 저희 죄를 다시 기억하지 않겠다"는 것이다. 구약에서는 자주 속죄제를 드려야 했지만, 이제 예수 그리스도께서 단번에 자신을 제물로 드리심으로 우리는 영원히 구속함을 입고 완전한 용서를 받았다. 놀라운 은혜를 주신 하나님께 감사하고 찬미하자.

4. 새 언약의 제물의 완전성

히브리서에서 가장 중심적인 내용을 담고 있는 장이 9장과 10장이다. 8장이 새 언약의 내용을 말하는 것이라면, 9장은 성막에 대한 좀 더 자세한 설명과 제물에 관련된 것이다.

9장 1-10절은 첫 장막이 세워져 있을 때의 모든 것은 장래 참된 제사가 나타날 때까지의 그림자라는 것을 강조한다. 그리고 실제는 그리스도이시며 그분이 장래 좋은 일의 대제사장으로 오셔서 손으로 짓지 아니한 크고 온전한 장막으로 말미암아 구약의 예표적인 염소와 송아지로 드리는 제사가 아니라 오직 자기 피로 영 단번에 영원한 속죄를 이루셨다고 말한다. 그리고 그분의 십자가의 죽으심은 단번이지만 영원한 효능이 있다고 말한다(14절). 그리스도의 피로 씻음을 받은 신자들은 양심이 죽은 행실에서 깨끗케 되어 살아계신 하나님을 섬길 수 있게 된다.

또한 새 언약은 유언과 같은 성격이 있는데, 피가 흘려져서 새 언약이 세워졌다는 것은 바로 예수께서 죽으신 것을 의미하며 유언은 그 사람이 죽은 후에야 효력이 있다. 아론이 뿌린 짐승의 피는 당시에 모형적으로 효력이 있을지라도 예수의 피는 영원한 효능이 있는 피이다. 그러므로 예수의 피의 언약을 믿는 자들은 그의 새 언약의 축복을 온전히 다 받게 된다(8:15-17).

10장에는 매우 놀라운 말씀이 있다. 율법의 제사로는 사람들을 온전케 할 수 없다는 말씀이다. 8장에는 우리의 불의와 죄악을 다시는 기억지 않겠다고 하시는 새 언약의 말씀이 있다. 9장에서는 염소와 송아지의 피가 아닌 하나님의 아들 예수의 피로 우리의 죄가 영 단번에 속해졌다고 말한다. 10장에서는 율법의 해마다 늘 드리는바 같은 제사로는 하나님께 나아오는 자들을 언제든지 온전케 할 수 없다고 말한다. 이는 그것이 장차 오는 일의 좋은 일의 그림자요 참 형상이 아니기 때문이다.

그러나 그림자가 아닌 실제요 참 형상인 그리스도의 피는 우리 섬기는 자들의 양심을 단번에 정결케 하여 다시는 죄를 깨닫는 일이 없으므로 속죄제를 드리는 일을 그칠 수 있다고 말한다(10:1-3). 황소와 염소의 피는 죄를 능히 없이 하지 못하지만 주 예수님의 피는 죄를 완전히 없이 하신다(9:26, 10:4). 이 말씀은 너무나 좋고 감사하다. 다만 씻는 것이 아니라, 다만 용서하는 것이 아니라, 아예 없이하시는 것이다(take away, or put away). 양심의 가책과 정죄조차 받지 않도록, 죄를 깨닫는 일조차 없도록 해주셨다니 이 어떠한 은혜인가(롬 8:1)!

이 모든 것에 대하여 히브리서 기자는 다시 구약을 인용하여 증명했다. 이것 또한 놀라움을 금할 수 없다. 어떻게 다윗의 시편 40편을 인용하여 구약의 제사와 예물은 소용이 없고 오직 하나님께서 영원한 한 제물로 아들의 몸을 예비하셨다는 것을 증명한다는 말인가! 하나님께서 다윗의 귀를 열어 말씀하시기를, "제사와 예물을 기뻐 아니하시며 번제와 속죄제를 요구치 아니하신다" 하셨으며, "그 때에 내가 말하기를 내가 왔나이다 나를 가리켜 기록한 것이 두루마리 책에 있나이다"라고 했다. 히브리서 기자는 이 구절을 그리스도께 적용하여 말한다. "그러므로 세상에 임하실 때에 가라사대 하나님이 제사와 예물을 원치 아니하시고 오직 나를 위하여 한 몸을 예비하셨도다 전체로 번제함과 속죄제는 기뻐하지 아니하시나니 이에 내가 말하기를 하나님이여 보시옵소서 두루마리 책에 나를 가리켜 기록한 것과 같이 하나님의 뜻을 행하러 왔나이다".

히브리서 기자는 다윗의 시편 구절들을 해석하면서 첫 번째 것(제물들)을 폐하고 두 번째 것을 세우신 것을 말하고, 그 다음 예수 그리스도의 몸을 단번에 드리심으로 우리가 거룩함을 얻었다고 말한다(10절). 10장 19절부터는 18절까지의 말씀을 전제로 하여 우리에게 권면한다. 우리가 이제는 예수의 피를 의지하여 성소에 들어갈 담력을 얻었는데, 그 길은 우리를 위하여 휘장 가운데로 열어놓으신 새롭고 산 길이라고 말한다. 9장에서 첫 장막이 서있을 동안에는 아직 성소에 들어가는 길이 열리지 않았다고 말한다(8절). 주 예수님은 십자가에서 그분의 몸을 찢으심으로 우리가 하나님께 나아갈 길을 여셨다(마 27:51).

히브리서 기자는 이 부분을 쓰면서 주 예수께서 십자가에서 돌아가실 때 성소의 휘장이 위에서부터 아래로 찢어진 것을 상기했을 것이며, 그것은 우리를 위해 열어놓으신 새롭고 산 길을 통하여 지성소에 계신 하나님께 나아가라는 것이라고 한다. 또 약속하신 하나님은 신실하신 분이니 소망을 굳게 잡고 서로를 사랑으로 섬기며 돌아보라고 한다. "모이기를 폐하는 어떤 자들의 습관과 같이 하지 말고 오직 권하여 그 날이 가까움을 볼수록 더욱 그리하자". 모임과 서로 돌아봄은 성도들이 함께 지성소에 나아가도록 돕는다.

5. 뒤로 물러가는 자에게는 무서운 심판이 기다리고 있다

당시 어떤 히브리 믿는 이들은 새 언약의 길을 가다가 유대교도들에게 비방과 환난을 당하고 재산도 빼앗겼다(32-34절 참조). 처음 빛을 받은 후에는 고난의 큰 싸움에서 참았다. 그런데 세월이 지나도 고난이 지속되자 인내가 고갈되어 쉬운 길로 돌아서는 사람들이 생겨났다. 그들은 신약의 교회 모임은 소홀히하고 예전에 드렸던 제사로 돌아갔는데, 거기에는 사람도 많고 세력도 있어서 고난과 어려움이 사라졌다.

이렇게 히브리 신자들이 핍박을 경감하기 위하여 그리스도 신앙을 버리고 다른 구원의 길(짐승의 피)을 찾는다면 더 이상 다른 구주가 없다는 말씀이다. 이것이 바로 하나님의 아들을 밟고 자기를 거룩하게 하신 언약의 피를 부정한 것으로 여기는 것이며, 또한 은혜의 성령을 욕되게 하는 행위이다.

그런 자들의 받을 형벌이 얼마나 중하겠는가! 원수 갚는 것이 내게 있으니 내가 갚으리라' 하신다. 주님께서 그분의 백성을 심판하신다는 것을 우리가 아는데, 살아계신 하나님의 손에 빠져들어가는 것이 얼마나 무서운 일인가(10:38-39)!

히브리서 2장의 경고는 하나님의 아들의 큰 구원의 말씀을 중히 여기지 않고 소홀히한 것에 대한 경고이며, 6장은 그리스도의 도의 초보에 계속 머무르기 때문에 성숙하지 못하는 것에 대한 경고이다. 그리고 여기 10장의 경고는 배교에 대한 것이다. 오직 속죄하는 제물은 그리스도밖에 없다. 짐승이나 다른 것으로 그리스도의 유일한 제물되심을 대치한다면 그것은 바로 배교(apostasy)이다. 하나님의 어린 양이신 예수 그리스도는 단번에 우리를 위한 속죄제물이 되셨다(7:27, 9:12-28, 10:10-14).

6. 담대함이 큰 상을 얻는 길이다

전날에 너희가 빛을 받은 후에 고난의 큰 싸움에서 참은 것을 생각하라고 한다. 그때 비방과 환난을 당함으로 사람들에게 구경거리가 되고 또는 그런 형편에 있는 자들과 사귀는 자가 되었었다. "너희가 갇힌 자를 동정하고 너희 산업을 빼앗기는 것도 기쁘게 당한 것은 더 낫고 영구한 산업이 있는 줄 알기 때문이다. 그러므로 이제 와서 너희 담대함을 버리지 말라! 이것이 큰 상을 얻는 길이다. 너희에게 인내가 필요함은 너희가 하나님의 뜻을 행한 후에 약속을 받기 위함이다. 히브리서 기자는 이 길이 만만치 않음을 말하며 끝까지 경주를 잘해야 함을 강조한다. 잠시 잠간 후면 오실 이가 오신다. 주님은 지체하지 않으실 것이다. '오직 나의 의인은 믿음으로 살 것이라' 하셨다. 또 '뒤로 물러가면 내 마음이 저를 기뻐하지 않을 것이라' 하셨다. 우리는 뒤로 물러가 침륜에 빠질 자가 아니요 우리 영혼을 구원함에 이르는 믿음을 가진 자들이다."

◊ 제 4 부 믿음의 선진들의 본(11-12장)

1. 믿음의 정의와 믿음의 증인들

11장에서 사도는 믿음을 정의하고 믿음의 길을 간 사람들의 본을 제시하면서 믿음의 길을 잘 가도록 격려한다. 믿음의 길을 잘 가야 상도 받을 수 있고 약속을 얻을 수 있다. 1절에서는 우선 믿음이 무엇인지를 정의한다. 당시 유대교의 제사나 모든 활동들은 보이는 것에 근거했을 것이다. 성전 제단의 불은 계속 타오르고, 제물들은 제단에 드려지고 태워지고, 제사장들은 예복을 입고 왔다갔다한다. 뭔가 대단한 일들이 벌어지는 것 같다. 그런데 신약의 교회 사람들은 무엇을 하는가? 모든 게 하늘에 속하고 영적인 영역의 것들이니 추상적인 것 같고 손에 잡히는 것이 없는 것 같다.

사도는 믿음은 바라는 것들의 실상이요 보지 못하는 것들의 증거라고 하면서 믿음으로 우리는 보지 못하는 세계의 것들이 참된 것임을 안다고 했다. 또 믿음이 없이는 하나님을 기쁘시게 못하며 믿음이 없는 자들은 상을 얻지 못한다고 했다. 하나님은 믿음이 있는 자들을 기뻐하시고 믿음으로 자기를 찾는 자들에게 상 주시는 분이다. 그리고 아벨로부터 에녹, 노아, 아브라함, 이삭, 야곱, 모세 같은 믿음의 선진들이 어떻게 믿음의 길을 갔는가를 말해준다.

노아는 보지 못하는 일에 경고를 받아 경외함으로 방주를 지어 그 집을 구원했으며, 아브라함은 부르심을 받고 장래 기업의 땅으로 나아갈 때 갈 바를 알지 못하고 나아갔다. 사라는 나이 들어 단산하였지만 믿음으로 잉태하는 힘을 얻었다. 모세는 그리스도를 위하여 바로의 공주의 아들로서의 애굽의 지위와 부귀를 다 버리고 하나님의 백성과 함께 고난받는 길을 택하였는데, 이는 상 주시는 이를 바라봄이라고 했다. 이것은 다 믿음의 행위들이다. 오늘 우리가 믿음의 길을 간다는 것은 보이지 않지만 주님이 기뻐하시는 길을 순종하면서 끝까지 인내로 경주하는 것이다.

35절부터는 증인들이 믿음의 길을 가기 위해 어떠한 고난을 당했는가를 말한다. 채찍질을 당하고, 돌로 침을 당하고, 톱으로 켜는 죽임을 당하고, 칼에 죽임을 당하고, 양과 염소의 가죽을 입고 유리방황하며 궁핍과 환난과 학대를 받았다고 말한다. 그러나 그들은 더 좋은 부활을 얻고자 하여 악형을 받되 구차히 면하지 않았다. 이런 자들은 세상이 감당치 못한다고 하였다. 세상은 이런 사람들을 결코 이해할 수도, 감당할 수도 없다. 이들은 광야와 산중과 암혈과 토굴에 유리하기도 했다. 이들이 다 믿음의 길을 가고 약속을 받기 위해 처절한 믿음의 싸움을 싸운 사람들이라고 말한다. 우리 하나님은 바로 이런 자들의 하나님이시다(16절). 그리고 이러한 자들을 위하여 한 성을 예비하셨다(16절).

2. 믿음의 주요 온전케 하시는 분인 예수를 바라보자

12장은 11장의 많은 믿음의 선진들을 바라보며 모든 얽매이기 쉬운 죄와 무거운 것들을 내려놓고 인내로 경주하며 믿음의 주요 또 온전케 하시는 분인 예수를 바라보자고 한다. 예수께서는 그 앞에 있는 즐거움을 위하여 십자가를 참으시고 부끄러움을 개의치 않으시더니 하나님 보좌 우편에 앉으셨다. 그러므로 그분을 생각하는 것이 어려움을 견딜 수 있는 비결이다(3절).

5절부터는 예수를 믿고서 성도들에게 닥쳐오는 많은 환난을 사도는 징계라고 표현한다. 육신의 부모라도 그 아들의 유익을 위해 징계하는데, 하물며 하나님 아버지께서 그 사랑하시는 아들들을 징계하지 않으시겠느냐고 한다. “내 아들아 주의 징계하심을 경히 여기지 말며 그에게 꾸지람을 받을 때에 낙심하지 말라 주께서 그 사랑하시는 자를 징계하시고 그의 받으시는 아들마다 채찍질하심이니라”. 사생자는 징계하지 않지만 참 아들은 징계하신다고 했다. 당시 히브리 성도들은 극심한 고난을 당하고 있었다. 히브리서 기자는 그럴 때 죄인들의 거역과 공격을 당하신 예수를 생각해보라고 말한다. 사실 징계를 받는 자들은 아들 대우를 받고 있는 것이며, 징계가 없는 자들은 사생자와 같이 여기는 것일 수 있다. 징계란 바로 참아야 하는 모든 것들이다(12:7). 징계가 당시에는 즐거워 보이지 않고 슬퍼 보이나 후에 그로 말미암아 연달한 자에게는 의의 평강의 열매를 맺는다고 했다. 징계받음을 통하여 우리는 유익을 얻고 배워서 뒤에 오는 사람들을 위해 곧은 길을 만들어줄 수 있다(12-13절).

3. 거룩함을 좇으라

또한 사도는 모든 사람으로 더불어 화평함과 거룩함을 좇으라고 하면서 이것이 없이는 주를 보지 못한다고 말한다. 또 마음속에 깊이 박힌 쓴 뿌리를 제하라고 한다. 음행하는 자와 한 그릇 식물을 인하여 장자의 명분을 판 에서와 같이 망령된 자가 있을까 두려워하라고 하면서 “저가 그 후에 축복을 기업으로 받으려고 눈물을 흘리며 구하되 버린 바가 되어 회개할 기회를 얻지 못하였느니라”(16-17절)고 한다. 한 번의 죄와 실수를 작은 일로 생각하지 말라는 말씀이다. 다시는 기회가 없을 수도 있다.

4. 시내 산과 시온 산을 대비함

12장에는 네 번째 경고가 들어 있는데, 12장 전반부를 경고로 본다면, 이 부분은 다섯 번째 경고이다. 히브리서는 비교의 책이면서 동시에 경고가 가득한 책이다. 이 경고의 내용은 신약의 성도들이 이른 곳이 얼마나 영광스러운 곳인가를 다시 한 번 생각해보라는 것이다. 구약에서 율법의 언약을 받았던 때의 분위기는 불붙는 산과 흑운과 흑암과 폭풍과 나팔소리와 말하는 소리였는데, 그 소리를 듣는 자들은 견딜 수 없을 정도로 무서워했다. 모세조차도 심히 두렵고 떨린다고 했다. 그러나 새 언약을 받은 우리가 이른 곳은 시온 산과 살아계신 하나님의 도성인 하늘의 예루살렘과 천만 천사와 하늘에 기록한 장자들의 총회와 교회와 만민의 심판자이신 하나님과 및 온전케 된 의인의 영들과 새 언약의 중보이신 예수와 및 아벨의 피보다 더 낫게 말하는 뿌린 피이다.

5. 진동치 못할 왕국

사도는 히브리 믿는이들에게 하나님을 거역하지 말라고 경고한다. 믿음의 길이 어렵다고 뒤로 다시 돌아가는 것은 하나님을 거역하는 것이다. 땅에서 경고하신 분을 거역한 자들을 심판하신 하나님이 하늘로 좇아 경고하신 분을 거역한다면 그 심판이 얼마나 크고 무서울 것인지를 생각해보라고 말한다. 이런 경고의 말씀은 2장 초반에도 있다. "그러므로 우리가 진동치 못할 나라를 받았은즉 은혜를 받자 이로 말미암아 경건함과 두려움으로 하나님을 기쁘시게 섬길지니 우리 하나님은 소멸하는 불이심이니라".

◊ 제 5 부 **결론적인 교훈(13장)**

1. 실제적인 권면의 말씀

마지막 장은 실제적인 권면의 말씀이다. 오늘날 사역자들이 교리와 지식을 전할 뿐 실제적인 권면을 하지 않는 경우를 본다. 그것은 성경과 다르다. 성경은 책마다 같은 구조를 가지고 있는데, 첫 부분은 대개 진리와 계시에 대한 가르침이고, 그 다음 부분은 그 가르침을 적용하고 실생활에서 실천하는 것이다.

먼저 형제 사랑을 말하는데, 형제 사랑은 신약에서 가장 중요한 계명이다. 그 다음은 손 대접을 힘쓰라고 한다. 또 혼인을 귀히 여기고 침소를 더럽히지 않게 하라고 하면서 음행하는 자들과 간음하는 자들을 하나님께서 심판하신다고 말한다. 그리고 돈을 사랑치 말고 있는 바를 족한 줄로 알라고 한다. 주님은 우리를 버리지 않으시고 우리를 떠나지 않으시니 그러므로 우리는 담대하게 말할 수 있다. "주는 나를 돕는 자시니 내가 무서워 아니하겠노라".

하나님의 말씀을 가르치며 인도하던 자들을 생각하며 그들의 행실의 종말을 주의하여 보고 그들의 믿음을 본받으라고 한다. 믿음은 본받을 수 있다. 예수 그리스도는 어제나 오늘이나 영원토록 동일하시니 그 때 역사하신 분이나 지금이나 같으시다는 말이다. 또 여러 가지 다른 교훈에 끌리지 말라고 하면서 마음은 은혜로써 굳게 함이 아름답고 식물로써 할 것이 아니라고 한다. 오늘날도 사람들이 잘 대우해준다고 해서 건전한 믿음을 버리고 이단 종교에 끌리는 경우가 많다.

2. 예수의 능욕을 지고 영문 밖으로 나아가자

우리는 이 땅에 영구한 도성이 없고 장차 올 것을 찾는 나그네들이다. 그러한 자들로서 그분의 제자들인 우리는 예루살렘 성문 밖에서 수치와 고난을 받으신 예수의 능욕을 지고 영문(camp) 밖으로 그분께 나아가자고 한다. 영문 안에는 누가 있었는가? 당시 최대의 종교인 유대교가 있었다. 오늘날도 신실한 믿는이들은 영문 안에 있는 자들이 아니라 영문 밖으로 나아가는 자들 가운데 존재한다. 당시의 유대인들은 그 영문 안에서 대단한 자부심을 가지고 주님과 진리를 거역하고 있었다. 우리는 어렵더라도 거기서 나와 능욕을 지고 그분께 나아가야 한다.

또한 예수로 말미암아 항상 찬미의 제사를 하나님께 드려야 한다. 히브리서 기자는 찬미도 하나의 제사라고 말한다. 당시 히브리 신자들은 고난 가운데 있었다. 그럴 때 하나님께 드리는 그들의 찬미는 희생의 향기가 있는 찬미였다. 그런 속에서의 찬미는 진정 예수의 이름을 증거하는 입술의 열매가 된다. 복음의 열매도 있지만 입술의 열매도 있다. 그것은 고난이나 희생을 감수하며 드리는 찬미이다. "오직 선을 행함과 서로 나눠주기를 잊지 말라 이같은 제사는 하나님이 기뻐하시느니라". 또 하나의 제사가 있으니 곧 선을 행하는 것과 서로 나눠주는 것이다. 이러한 제사를 하나님은 기뻐하신다.

3. 인도하는 자들에게 복종하라

마지막으로, 성도들은 그들을 인도하는 자들에게 순종하고 복종해야 한다. 그들은 성도들의 영혼을 위하여 깨어 있기를 자기가 회계할 자인 것처럼 한다. 이러한 자들로 하여금 즐거움으로 이것을 하게 하고 근심으로 하게 말라고 한다. 그들을 근심하게 하면 성도들에게 유익이 없다.

마지막 부분에 올 때 이 편지가 바울이 쓴 것임을 느끼게 하는 구절들이 많다. "우리를 위해 기도하라 우리가 모든 일을 선하게 행하려 함으로 우리에게 선한 양심이 있는 줄 확신하노니", "내가 더 속히 너희에게 돌아가기를 위하여 너희 기도함을 더욱 원하노라". 바울 사도는 선한 양심을 매우 중히 여긴 사도이다. 또한 그는 성도들에게 나아가기를 늘 사모했으며, 이를 위해 기도를 부탁했던 사람이다(살전 5:25, 살후 3:1).

4. 축복과 끝 인사

축복의 말이 있은 후에(20-21절) 다시 "형제들아 내가 너희를 권하노니 권면의 말을 용납하라 내가 간단히 너희에게 썼느니라"고 한다. 이런 말투도 로마서의 말씀과 매우 흡사하다(롬 15:15). 디모데에 대한 말도 그러하다. "우리 형제 디모데가 놓인 것을 너희가 알라 그가 속히 오면 내가 저와 함께 가서 너희를 보리라". 이 서신을 쓴 시점이 사도행전 28장의 로마 1차 투옥 후로 유추되는 것은 디모데가 투옥되었다가 풀려났다는 사실이다. 바울 외에 그 누가 디모데에 관하여 이렇게 관심어린 친근한 안부를 전할 수 있겠는가! 히브리서의 저자는 바울 외에 상상할 수 있는 인물이 없다. “은혜가 너희 모든 사람에게 있을지어다.”

야고보서

주요 내용 그리스도인의 온전한 인격을 함양하라. 인내, 지혜, 참다운 경건, 말뿐인 헛된 믿음을 조심하고 실제 행위를 수반하는 참 믿음을 가지라(1, 2장). 많은 선생이 되지 말고 말을 적게 하라. 주의 강림을 기다리며 기도하라.

야고보 사도는 A.D. 50년경에 예루살렘에서 야고보서를 썼다. 서신서들 중 가장 먼저 쓰여진 것으로 사료된다. 야고보서에는 교회의 타락의 모습이 없고, 구약적인 요소들이 많이 눈에 띄기 때문이다. 또 아직은 바울의 신약의 사역이 온전히 빛을 발하기 전의 말씀이기에 그리스도의 몸인 교회에 대한 언급이 없다. 그러나 기묘하게도 바울 사도의 믿음으로 의롭게 됨에 대한 보완으로서 매우 유용한 말씀이 들어 있다.

◊ 제1부 그리스도인의 기본적 영성을 갖추라(1장)

1. 믿음의 시련과 인내

야고보서의 저자는 예수님의 육신의 동생 야고보이다. 그와 베드로와 요한은 주로 유대인을 위한 사역을 했다(갈 2:9). "하나님과 주 예수 그리스도의 종 야고보는 흩어져 있는 열두 지파에게 문안하노라"(1절). 그는 형제들에게 여러 가지 시험을 만나거든 온전히 기쁘게 여기라고 한다. 이는 그들의 믿음의 시련이 인내를 만들어내기 때문이며, 인내를 온전히 이루어야 온전하고 구비하여 조금도 부족함이 없게 된다고 했다. 인내라는 미덕은 신약에서 매우 강조된다.

2. 지혜를 구하라

인내를 말하는 구절에서 지혜를 말한다. 인내와 지혜는 관계가 있다. 왜 인내하지 못하는가? 지혜가 없기 때문이다. 그러니 지혜가 부족한 사람은 후히 주시고 꾸짖지 아니하시는 하나님께 구하라고 하면서, 그리하면 주실 것이니 오직 믿음으로 구하고 조금도 의심하지 말라고 했다. "의심하는 자는 바람에 밀려 요동하는 바다 물결 같으니 이런 사람은 무엇이든지 주께 얻기를 생각하지 말라 두 마음을 품어 모든 일에 정함이 없는 자로다".

3. 낮은 형제, 높은 형제

낮은 형제는 자기의 높음을 자랑하고 부한 형제는 자기의 낮아짐을 자랑하라고 한다. 이는 인생의 모든 영화가 풀의 꽃과 같이 지나가기 때문이다. 또 시련을 참는 자는 복이 있다. 이에 옳다 인정함을 받은 후에 주께서 자기를 사랑하는 자들에게 약속하신 생명의 면류관을 얻을 것이기 때문이다. 야고보나 바울이나 인내와 참는 것을 많이 강조한다.

4. 하나님께서는 아무도 유혹하지 않으심

또 사람이 유혹을 당할 때에 하나님께 시험을 받는다 하지 말라고 한다(12절). 하나님은 악에게 유혹을 당하지 않으시고 아무도 유혹하지 않으신다. 각 사람이 유혹을 당하는 것은 자기 욕심에 끌려 미혹되는 것이다. 욕심이 잉태한즉 죄를 낳고 죄가 장성한즉 사망을 낳는다. 욕심이 문제라는 말이다. "내 사랑하는 자들아 속지 말라".

5. 진리의 말씀으로 우리를 낳으심

하나님은 위로부터 각양 좋은 은사와 온전한 선물을 주시는 분이다. 그분은 변함이 없고 회전하는 그림자도 없으시다. 그분이 그 피조물 중에 우리를 첫 열매가 되게 하시려고 자기의 뜻을 좇아 진리의 말씀으로 우리를 낳으셨다. 우리는 만물 중 첫 열매가 되기 위해 거듭난 것이다. 이 구절은 매우 신약적이고 복음적이다.

6. 말씀을 듣고 행하는 자가 되라

"내 사랑하는 형제들아 듣기는 속히 하고 말하기는 더디 하며 성내기도 더디 하라". 사람의 성내는 것이 하나님의 의를 이루지 못한다. 야고보도 베드로와 같이 혼의 구원을 언급하며 구원을 위해서는 모든 더러운 것과 넘치는 악을 내어버리고 마음에 심긴 도를 온유함으로 받으라고 한다. 또한 도를 행하는 자가 되고 듣기만 하여 자신을 속이는 자가 되지 말라고 한다. 도를 듣기만 하고 행하지 않는 자는 거울을 들여다보고 돌아서서 자기의 얼굴을 잊어버리는 자와 같다는 것이다. 자유하게 하는 온전한 율법(신약의 진리)을 들여다보고 있는 자는 듣고 잊어버리는 자가 아니요 실행하는 자이며, 그럴 때 복을 받을 것이라고 한다. 행동이 없는 경건은 경건이 아니다.

7. 참된 경건은 고아와 과부를 환난 중에서 돌아보는 것이다

누구든지 스스로 경건하다 생각하며 자기 혀를 재갈 먹이지 않고 자기 마음을 속이면 그의 경건은 헛것이다. 경건의 나타남은 첫째가 입의 말이다. 다음은 불쌍한 사람을 도와주는 것이다. 하나님 아버지 앞에서 정결하고 더러움이 없는 경건은 고아와 과부를 그 환난 중에 돌아보고 또 자기를 지켜 세속에 물들지 않는 것이다.

◊ 제 2 부 **사람을 외모로 대하지 말고, 온전하고 살아 있는 믿음을 가지라(2장)**

2장에서는 사람을 외모로 취하지 말라고 가르친다. 가난하고 비천한 사람과 부한 사람들을 차별을 두고 대하지 말라는 말씀이다. 부자들은 그 거룩하고 아름다운 이름을 훼방하였고, 사람들을 압제하여 법정에 끌고 간다. 또 야고보는 긍휼을 베풀라고 권하면서 긍휼은 심판을 이기고 자랑한다고 한다.

14절부터는 믿음과 행함의 문제를 말한다. 이는 야고보서의 가장 강력한 주제이다. 행함이 없는 믿음은 사람을 구원하지 못한다고 말한다. 형제나 자매가 헐벗고 먹을 게 없는데 평안히 가라, 더웁게 하라, 배부르게 하라 하면서 그 몸에 쓸 것을 주지 않으면 무슨 이익이 있겠는가! 행동 없이 말만 하는 믿음이 무슨 소용이 있는가! 귀신도 하나님이 한 분인 것은 믿고 떨기까지 한다. 또 아브라함이 아들 이삭을 제단에 드린 것을 말하면서 그가 행위로 의롭다 함을 받았다고 한다. 라합도 마찬가지이다. 기생 라합이 정탐꾼을 접대하여 다른 길로 가게 할 때에 행함으로 의롭다 함을 받은 것이다. 즉 그들의 행함은 그들 속에 가지고 있는 믿음을 확증했다.

◊ 제 3 부 **경건에 대한 실제적인 가르침(3장)**

1. 말을 삼가라

3장은 혀에 대한 것이다. 야고보 사도는 사람이 온전한 인격을 지니려면 혀를 잘 다스려야 한다고 말한다. 말에 온전해야 온전한 사람이며, 사람들을 가르치는 선생이 되면 더 엄격한 심판을 받게 되니 많이 선생이 되지 말라고 한다. 우리가 말(馬)을 순종케 하려고 그 입에 재갈 먹여 온 몸을 제어하며, 배가 그렇게 크고 광풍에 밀려가지만 지극히 작은 키로 사공의 뜻대로 운전한다. 이와 같이 사람의 혀도 작은 지체이지만 온 몸을 더럽히고 생의 바퀴를 불사르는데 그 사르는 것이 지옥불에서 온다고 했다. 작은 불이 많은 나무더미를 태우는 것과 같다. 여러 종류의 짐승과 새와 벌레와 해물(海物-바다 생물)은 다 길들므로 사람이 길들일 수 있지만 혀는 능히 길들일 사람이 없으니 쉬지 아니하는 악이요 죽이는 독이 가득한 것이다. 사람의 혀처럼 길들이기 어려운 것이 없다는 뜻이다.

이것으로 주 아버지를 찬송하고 또 이것으로 하나님의 형상대로 지음받은 사람을 저주하니 한 입으로 찬송과 저주가 나온다. 이것은 마땅치 않은 것이다. 어찌 샘이 한 구멍으로 단물과 쓴물을 낼 수 있겠는가! 무화과나무가 감람 열매를 맺을 수 없고 포도나무가 무화과를 맺을 수 없듯이 짠물이 단물을 내지 못한다. 이 말씀을 읽을 때 우리는 진실로 이해하기가 쉽지 않음을 느낀다. 하나의 샘은 근본적으로 한 종류의 물밖에 내지 못한다는 뜻이고, 나무는 그 나무의 열매를 맺는다는 뜻이니, 여기서 우리는 사람에 대한 하나님의 선택하심과 예정하심이 있음을 느낄 수 있다. 어떤 사람이 이렇게 쓴 물을 내는 자라면 근본적으로 생명이 잘못된 사람이니 믿음을 점검하고 회개하여 새 사람이 되어야 한다. 한 입으로 쓴물과 단물을 내는 것은 정상이 아니라는 말씀이다.

2. 위로부터 오는 지혜를 구하라

무엇이 참 지혜와 총명인가? 선행을 통해 지혜의 온유함으로 그 행함을 보이는 것이다. 위로부터 난 지혜는 성결하고 화평하고 관용하고 양순하며 긍휼과 선한 열매가 가득하고 편벽과 거짓이 없으며, 화평케 하는 자들은 화평으로 심어 의의 열매를 거둔다. 이 구절의 말씀은 화평케 하는 자들이 따로 있다고 말하는 것 같다. 우리는 새 언약을 받은 자들로서(겔 36:26) 단물을 내는 샘이어야 하고, 좋은 열매를 맺는 나무여야 하며, 화평케 하는 사람이어야 한다. 이것이 천국 백성으로 부르심받은 자들이다(마 5장 참조).

그러나 마음속에 독한 시기와 이기적인 욕망이 있으면 교만하지 말고 진리를 거스려 거짓말을 하지 말아야 한다. 이런 지혜는 위로부터 온 것이 아니요 세상적이요 마귀적인 것이다. 시기와 이기적인 욕망이 있는 곳에는 요란함과 모든 악한 일이 있게 된다. 이런 독한 시기와 이기적인 욕망의 사람들은 마귀에게 속한 사람이지 하나님의 자녀가 아니다(요일 3:10).

◊ 제 4 부 **교회 생활 가운데서의 가르침(4장)**

1. 싸우고 다투지 말라

사도들은 그리스도인의 성품이 겸손와 온유, 인자와 자비로움, 용서와 사랑, 조용함 등이라고 말한다. 싸움과 다툼은 지체 중에서 싸우는 정욕으로 좇아 나온 것이다(4:1). 싸우고 다투는 것을 좋아하는 성품은 그리스도인의 특징이 결코 아니다. 그리스도인은 그렇게 싸워서 얻으려고 할 것이 아니라 모든 것을 기도로 구해야 한다고 가르친다. 오늘날도 그리스도인들 가운데 싸워서 얻으려는 자들이 많다. "너희가 욕심을 내어도 얻지 못하고 살인하며 시기하여도 능히 취하지 못하나니 너희가 다투고 싸우는도다"(2절). 또 기도를 해도 얻지 못하는 자들이 있는데, 그것은 정욕으로 쓰려고 잘못 구하기 때문이라고 했다.

2. 세상과 짝하지 말라

3절의 간음하는 여자들이란 꼭 여자들만 가리키는 것이 아니고 모든 그리스도인에게 해당하는 말이다. 여기서 간음한다는 것은 세상을 사랑하는 것을 가리킨다. "세상과 벗 된 것이 하나님과 원수임을 알지 못하느냐". 사도 요한은 세상이란 육신의 정욕과 안목의 정욕과 이생의 자랑이라고 정의한다(요일 2:16). 지위를 추구하고 성공과 부를 추구하는 것 등은 다 세상을 추구하는 것이다. 하나님께서 우리 속에 거하게 하신 성령이 시기하기까지 우리를 사모하시는데, 이는 하나님만 사랑하지 않고 은밀하게 세상을 추구하고 사랑하는 것에 대해 질투하신다는 것이다.

3. 겸손한 자에게 은혜를 주시는 하나님

그러나 하나님은 더욱 큰 은혜를 주시는데, 큰 은혜를 얻으려면 겸손해야 한다(6절). 하나님은 교만한 자를 물리치시고 겸손한 자에게 은혜를 주신다고 했다. 그러므로 우리는 하나님께 순복하고 마귀를 대적해야 한다. 하나님을 가까이해야 하나님도 우리를 가까이하신다. 손을 깨끗이하고 두 마음을 품지 말고 마음을 성결케 하라고 한다. 또 슬퍼하며 애통하며 울라고 하며 웃음을 애통으로, 즐거움을 근심으로 바꾸라고 한다. 주님 앞에서 자신을 낮추면 주님이 높이실 것이다.

4. 서로 비방하지 말라

형제들은 서로 비방하지 말라고 한다. 형제를 비방하는 자나 형제를 판단하는 자는 곧 율법을 비방하고 율법을 판단하는 것이라 했다. 우리는 율법의 준행자일 뿐 입법자나 재판자가 아니다. 사람이 무엇을 잘못했는가를 판단하는 것이 율법의 기능이고, 그 입법자는 하나님이신데, 사람이 형제를 판단하는 것은 율법의 준행자가 아닌 율법을 세우신 하나님의 위치에 서는 것이다. 그것이 곧 교만한 자의 자리에 서는 것이고 교만한 자는 하나님의 대적이 되어 하나님의 물리침을 당하게 된다(6절).

5. 허탄한 생각을 하지 말라

어떤 도시에 가서 일 년을 유하며 장사를 하여 돈을 벌겠다고 하는 자들에게 말한다. 그렇게 뭔가를 도모할 필요가 없다는 말이다. 내일 일을 너희가 모르며 너희 생명은 잠간 보이다 없어지는 안개와 같다. 그러니 그저 '주의 뜻이면 우리가 살기도 하고 이것저것을 하리라' 할 뿐 뭘 그리 미래를 위해 기획하고 달려가느냐는 것이다. "이제 너희가 허탄한 자랑을 자랑하니 이러한 자랑은 다 악한 것이라". 잠간 보이다가 없어지는 안개 같은 인생이 뭔가를 하겠다고 큰소리치며 자랑하는 것 자체가 허탄한 것이다. 사람이 선을 행할 줄 알고도 행치 아니하면 죄다(17절).

◊ 제 5 부 **몇 가지 중요한 권면(5장)**

1. 부한 자들에 대한 경고

2장에서 부자에 대해 언급한 바 있는데, 5장에서는 다시 한 번 부한 자들에게 경고한다. "들으라 부한 자들아 너희에게 임할 고생을 인하여 울고 통곡하라 너희 재물은 썩었고 너희 옷은 좀먹었으며 너희 금과 은은 녹이 슬었으니 너희가 말세에 재물을 쌓았도다". 부한 자들은 그들 밭에서 추수한 품꾼의 삯을 주지 않으면서 그들의 부를 축적했다는 뜻이다. 그 삯이 소리 지르고 추수한 자의 우는 소리가 만군의 주의 귀에 들렸다고 한다.

또 "너희가 땅에서 사치하고 연락하여 도살의 날에 너희 마음을 살지게 하였도다"라고 한다. 도살의 날은 심판의 날이며 그 날 마음이 살진 부유한 자들은 도살당하듯 심판을 받게 된다는 뜻이다. 누가복음 16장의 부자와 나사로의 비유를 읽어보면 참고가 된다. 주님은 그러한 부유한 자들에 의해 정죄당하시고 죽임을 당하셨지만 그분은 대항하지 않으셨다고 한다.

2. 주님의 재림을 기다리되 길이 참고 마음을 굳게 하라

주님의 재림을 기다리는 자들에게 이처럼 귀한 말씀이 있으랴! 야고보 사도는 농부가 땅에서 나는 귀한 열매를 바라고 이른 비와 늦은 비를 기다리듯이 길이 참고 마음을 굳게 하여 주의 강림을 기다리라고 가르친다. 그리고 신자들은 불평이나 원망을 하지 말라고 하면서 심판자가 문 밖에 서 계신다고 말한다. 불평과 원망을 하는 자들은 심판을 면치 못한다. 진정으로 주님을 기다리는 자들은 불평하지 않고 오래 참는다. 우리 인간 세상에서 원망스럽고 불평스러운 일은 매일매일 도처에서 발생한다. 그러나 심판자가 가까이 계신다. 이스라엘 백성들을 보라! 원망하다가 많은 사람들이 멸망했다(고전 10:10). 주님의 다시 오심을 간절히 사모한다면 다른 것을 생각하며 원망하고 불평할 일이 아니라 예수의 다시 오심을 기다려야 한다. 그러기에 인내가 필요하다. 이 시대에 우리가 지키는 진리는 모두 인내의 말씀임을 기억하라! 한 말씀도 인내함 없이 지킬 수 있는 말씀이 없다(눅 8:15, 계 3:10). 성도들이 말씀을 받으면 반드시 말씀을 인하여 핍박과 환난이 일어난다(마 13:21). 그러기에 성도가 성장하기 위해서는 인내가 필수적이다. 오늘 우리가 어렵고 힘들어하는 모든 일은 주님이 오셔야 해결된다. 무엇을 바라고 기다리는가! 야고보 사도는 주의 강림하심을 기다려야 한다고 말하며, 다시 오시는 그분은 가장 자비하시고 긍휼히 여기시는 분이라고 한다. 인내하는 자들이 복되다고 하며 선지자들과 욥의 인내를 통해 길이 참아 주님을 만나는 큰 은혜 얻기를 배우라고 한다.

3. 의인의 간구는 역사하는 힘이 많다

고난당하는 자는 기도하고, 즐거운 자는 찬송하고, 병든 자가 있으면 교회의 장로들을 청할 것이요 그들은 주의 이름으로 기름을 바르며 병든 자를 위해 기도해야 할 것이다. 믿음의 기도는 병든 자를 구원할 것이니 주께서 그를 일으키실 것이며 혹 죄를 범했을지라도 용서를 받을 것이라고 한다. "너희 죄를 서로 고하며 병 낫기를 위해 기도하라 의인의 간구는 역사하는 힘이 많으니라"고 하면서 엘리야를 예로 든다. 이 구절에서 죄와 병은 관계가 있음을 본다. 어떤 죄일까? 특히 교회 가운데 권위와 질서를 무너뜨린 죄일 것이다. 그러니 교회를 치리하는 장로가 필요하며 기름 바르는 것이 필요하며 죄의 자백이 필요한 것이다. 엘리야는 우리와 성정이 같은 사람이지만 그가 비 오지 않기를 간절히 기도한즉 3년 6개월 동안 비가 오지 않았고 다시 기도한즉 하늘이 비를 주고 땅이 열매를 내었다고 말한다. 의인들의 진실한 믿음의 기도는 능력이 크다.

베드로전서

주요 내용 하나님의 심판 아래서 고난받는 성도들의 합당한 생활

베드로 전서는 A.D. 64년경에 쓰여졌을 것이며 쓴 곳은 바벨론일 것이다. 서신의 수신자들은 여기저기 흩어진 유대인들(디아스포라) 가운데 하나님 아버지의 미리 아심을 따라 성령의 거룩케 하심으로 순종함과 예수 그리스도의 피 뿌림을 받기 위해 택하심을 받은 자들이다.

◊ 제1부 고난 속에 있는 성도들에게 성결한 삶과 형제 사랑을 권하다(1-2:10)

1. 그리스도의 부활하심으로 얻은 산 소망

그들이 거듭난 것은 예수 그리스도의 죽은 자 가운데서 부활하심으로 말미암은 것이며, 그들은 썩지 않고 더럽지 않고 쇠하지 않는, 하늘에 간직된 기업을 이을 산 소망을 가진 자들이다. 그리고 그들은 말세에 나타내기로 예비된 구원을 얻기 위해 믿음으로 하나님 능력에 의해 보호받은 자들이다. 그러므로 그들은 지금 흩어져 시험과 환난을 당하면서 잠간 근심하지 않을 수 없었지만 오히려 크게 기뻐한다고 했다. 당시 디아스포라 유대인들은 고난을 많이 당하고 있었다. 베드로 전서에서 16회나 고난이라는 단어가 사용되는 것으로도 알 수 있다. 베드로는 그들의 고난이 믿음의 시련이며 불로 연단하여도 없어질 금보다 더욱 귀하여 예수 그리스도께서 나타나실 때에 칭찬과 영광과 존귀를 얻게 하려는 것이라고 한다.

베드로는 예수를 직접 보고 따른 자였지만 지금 이 편지의 수신인들은 예수를 보지 못한 자들인데도 사랑하며 믿고 말할 수 없는 영광스러운 즐거움으로 기뻐하니 믿음의 결국인 혼의 구원을 받음이라고 한다.

2. 너희를 부르신 자처럼 모든 행실에 거룩한 자가 되라

그러므로 마음의 허리를 동이고 근신하여 예수 그리스도께서 나타나실 때 그들에게 가져올 은혜를 온전히 바라라고 말한다. 구원만 받으면 다 되었다고 생각하고 그렇게 가르치는 그리스도인 단체가 있는데, 그렇다면 베드로가 그리스도의 재림을 예비하기 위하여 '마음의 허리를 동이라', '근신하라'는 말을 쓸 필요가 없었을 것이다. 그는 신자들에게 순종하는 자식처럼 이전 알지 못할 때에 좇던 너희 사욕을 본 삼지 말고 오직 너희를 부르신 자처럼 너희도 모든 행실에 거룩한 자가 되라고 한다. 또 사람을 외모로 보지 않으시고 각 사람의 행위대로 판단하시는 분을 너희가 아버지라 부른즉 너희의 나그네로 있을 때를 두려움으로 지내라고 한다. 주님은 다시 오실 때 각 사람의 행위대로 심판하신다(1:17).

"너희가 조상의 유전한 망령된 행실에서 구속된 것은 은이나 금같이 없어질 것으로 한 것이 아니요 오직 흠 없고 점 없는 어린 양의 보배로운 피로 한 것이니라 그는 창세 전부터 알리신 바 된 자이나 이 말세에 너희를 위하여 나타내신 바 되셨으니 너희는 저를 죽은 자 가운데서 다시 살리시고 영광을 주신 하나님을 그리스도로 말미암아 믿는 자니 너희 믿음과 소망이 하나님께 있게 하셨느니라"(18-20절).

3. 형제를 사랑하라

베드로는 형제 사랑에 대하여 말한다. 형제 사랑은 신약의 가장 중요한 계명이다. "너희가 진리를 순종함으로 형제를 사랑하기에 이르렀으니 마음으로 뜨겁게 사랑하라". 그저 조직이나 단체, 명예를 우선시하고 진리를 순종하지 않는 자들은 형제를 사랑할 수 없다. 신자들이 진리를 순종함으로 영혼을 깨끗케 하여 거짓 없이 형제를 사랑할 수 있는 것은 썩지 않을 씨인 살아 있고 항상 있는 말씀으로 거듭났기 때문이다. 즉 하나님의 생명이 그들 안에 있기에 가능한 것이다.

"너희가 거듭난 것이 썩어질 씨로 된 것이 아니라 썩지 않을 씨로 된 것이니 하나님의 살아 있고 항상 있는 말씀으로 되었느니라 모든 육체는 풀과 같고 그 모든 영광이 풀의 꽃과 같으니 풀은 마르고 꽃은 떨어지되 오직 주의 말씀은 세세토록 있도다 하였으니 너희에게 전한 복음이 곧 이 말씀이니라". 사도들이 전한 복음이 바로 세세토록 있는 하나님의 말씀이다.

4. 산 돌로서 영적인 집으로 건축됨과 거룩한 제사장이 됨

고난과 시험의 때에 가장 필요한 것이 하나님의 살아 있고 항상 있는 말씀이다. 이 말씀이 있기에 우리는 거듭날 수 있으며 고난을 통과할 수 있으며 서로 사랑할 수 있으며 자라나서 하나님의 집으로 건축될 수 있다. 거듭난 성도들은 갓난아이처럼 순전하고 신령한 말씀의 젖을 먹음으로 자라게 된다(2:2). 말씀의 젖을 잘 먹으려면 마음속의 모든 악독과 궤휼과 외식과 시기와 입술의 비방하는 말을 버려야 한다. 주의 인자하심을 맛본 사람들은 인자하신 주의 말씀을 사모하는 마음으로 먹어야 한다. 또한 사람에게는 버린 바 되었으나 하나님께는 택하심을 입은 거룩한 산 돌이신 예수께 나아와 우리도 산 돌들로서 영적인 집으로 건축되어야 하며 영적인 제사를 드릴 거룩한 제사장들이 되어야 한다. 그분의 집으로 건축되고 제사장이 되려면 그분의 거룩한 말씀의 젖을 먹고 자라야 한다.

예수는 하나님의 집의 건축을 위한 모퉁잇돌이시며 믿는 우리 모두에게 보배이시다. 그렇지만 그를 믿지 않는 자들에게는 부딪혀 걸려 넘어지는 돌과 거치는 반석이 되셨다. 오늘 우리는 왕 같은 제사장들이요 택하신 족속이요 거룩한 나라요 그분의 소유 된 백성이다. 특별한 자만 제사장이 되는 것이 아니라 신약 시대에는 구원받은 모든 사람이 다 제사장이다. 이는 우리를 어두운 데서 불러내어 기이한 빛에 들어가게 하신 분의 아름다운 덕을 선전하게 하려 함인데, 곧 복음 전하는 일을 말한다. 우리가 전에는 백성이 아니었는데 지금은 하나님의 백성이요 전에는 긍휼을 얻지 못하였으나 이제는 긍휼을 얻은 자이다. 믿기 전과 믿은 후의 분명한 신분적인 차이가 있으며 생활에서도 현저한 구별을 가져야 한다는 뜻이다.

◊ 제 2 부 **성도의 사회적 생활을 위한 가르침(2:11-3:16)**

1. 선한 행실로 하나님께 영광을 돌리며 인간에 세운 모든 제도에 주를 위해 순복함

성도들은 이 땅에서 나그네와 행인 같은 존재이다. 이 세상은 잠시 머무는 곳이지 영구한 집이 아니다. 그러니 세상에 사는 동안 영혼을 거스려 싸우는 육체의 정욕을 제어하라고 한다. 또한 이방인 중에서 행실을 선하게 가져 악행한다고 비방하는 자들로 하여금 성도의 선한 행실을 보고 권고하시는 날에 하나님께 영광을 돌리게 하라고 한다. 권고하시는 날은 심판의 날, 모든 일의 진상이 드러나는 날, 주의 재림의 날을 가리킨다.

고난받는 성도들이 사회와 국가에 대하여는 어떤 태도로 살아야 하는가? 주님은 그분의 자녀들에게 인간에 세운 모든 제도를 주를 위해 순복하되 위에 있는 왕이나 그의 방백에게 그렇게 하라고 말한다. 우리가 자유한 자들이나 그 자유로 악을 가리우는데 쓰지 말고, 하나님의 종과 같이 하며 뭇사람을 공경하며 형제를 사랑하며 하나님을 두려워하며 왕을 공경하라고 한다. 이것은 로마서 13장의 바울의 말과 동일하다.

2. 일터에서 종들의 생활은 순복이어야 한다

일터에서 성도들의 생활은 어떠해야 하는가? 종들은 범사에 두려워함으로 상전에게 순복하되 선하고 관용하는 자들에게만 아니라 까다로운 자들에게도 그리하라고 한다. 애매히 고난을 받아도 하나님을 생각함으로 슬픔을 참으면 아름다우며, 선을 행함으로 고난을 받고 참으면 이는 하나님 앞에 아름다운 것이라고 한다. '아름다움'은 은혜로 번역할 수도 있다. 애매하게, 곧 공정하지 않게(unjustly) 대우를 받더라도 참으면 은혜가 있으며, 성도들은 이를 위하여 부르심을 입었다고 한다. "그리스도께서도 너희를 위하여 고난을 받으사 너희에게 본을 끼쳐 그 자취를 따라오게 하려 하셨느니라".

3. 그리스도의 고난을 본받음

주 예수는 죄를 범치 않으시고 그 입에 궤사도 없으시며 욕을 받으시되 대신 욕하지 아니하시고, 아무 연고 없이 고난을 당하시되 위협하지 아니하시고 오직 공의로 심판하시는 분에게 부탁하시며, 친히 나무에 달려 그 몸으로 우리의 죄를 담당하셨으니 이는 우리로 죄에 대하여 죽고 의에 대하여 살게 하려 하심이다. 주 예수께서 고난을 받으심으로 우리는 구원을 받았으며, 그분이 채찍에 맞으심으로 우리는 나음을 입었다. "너희가 전에는 양과 같이 길을 잃었더니 이제는 너희 영혼의 목자와 감독 되신 이에게 돌아왔느니라"(2:25). (겔 34:23, 슥 13:7 참조).

4. 부부에게 주는 권면의 말씀

3장에서 베드로는 사도 바울과 같이 아내들과 남편들에게 권면한다. 아내에게는 자기 남편에게 순복하라고 하는데 이는 혹 도를 순종치 않는 자라도 아내의 말이 아닌 행위를 보고 구원을 얻게 하려 함이라고 한다. 남편은 아내의 어떤 것을 보는가? 아내의 두려워하며 정결한 행위이다. 아내들은 머리를 꾸미고 금을 차고 아름다운 옷을 입는 외모로 단장하지 말고 오직 마음에 숨은 사람을 온유하고 안정한 심령의 썩지 아니할 것으로 하라고 한다. 즉 내주하시는 성령으로 말미암아 내면을 아름답게 단장하라는 말이다. 이것이 하나님 앞에 값진 것이다. 이에 대해 사라가 아브라함을 주라 부르며 복종한 것을 본으로 말하고 있다.

남편에게는 지식을 따라 자기 아내와 동거하고 아내는 더 연약한 그릇이요 생명의 은혜를 유업으로 함께 받을 자로 알아 귀히 여기라고 한다. 그래야 하나님께 드리는 기도가 막히지 않게 된다.

5. 복을 유업으로 받는 생활

"너희가 다 마음을 같이 하여 동정하며 형제를 사랑하며 불쌍히 여기며 겸손하며 악을 악으로, 욕을 욕으로 갚지 말고 도리어 복을 빌라 이를 위하여 너희가 부르심을 입었으니 이는 복을 유업으로 받게 하려 하심이라"(9절). "그러므로 생명을 사랑하고 좋은 날 보기를 원하는 자는 혀를 금하여 악한 말을 그치며 궤휼을 말하지 말고 악에서 떠나 선을 행하고 화평을 구하여 이를 좇으라 주의 눈은 의인을 향하시고 그의 귀는 저의 간구에 기울이시되 주의 낯은 악행하는 자들을 향하시느니라". 그분의 눈과 귀와 얼굴이 보이는 듯하다.

◊ 제 3 부 **고난 속에 있는 성도들을 격려함(3:17-4:19)**

1. 고난으로 갑옷을 삼으라

"또 너희가 열심으로 선을 행하면 누가 너희를 해하리요 그러나 의를 위하여 고난을 받으면 복 있는 자니…너희 마음에 그리스도를 주로 삼아 거룩하게 하고 너희 속에 있는 소망에 관한 이유를 묻는 자에게는 대답할 것을 항상 예비하되 온유와 두려움으로 하고". 또한 선한 양심을 가지라고 하면서 선을 행함으로 고난받는 것이 하나님의 뜻이라고 한다. 베드로는 흩어져 고난당하고 있는 유대인 신자들에게 힘을 주기 위해 최선을 다하고 있다.

베드로 서신의 주된 강조점은 고난받는 성도들을 격려하고 위로하는 것이다. 그리스도께서 육체의 고난을 받으셨으니 너희도 같은 마음으로 갑옷을 삼으라고 한다. 육체의 고난은 사람으로 죄를 그치게 하고 육체의 정욕을 좇지 않고 하나님의 뜻을 좇아 살게 한다. 고난이 없이 안락한 삶을 살다 보면 음란, 정욕, 술 취함, 방탕, 연회, 우상 숭배 등이 들어오게 되는데, 이런 식으로 이방인의 뜻을 좇아 행한 것이 지나간 때가 족하다고 말한다. 육체의 고난은 이런 것들을 끝낸다.

2. 고난을 대하는 태도: 사랑하고 접대하며 받은 은사대로 기꺼이 섬김

베드로는 세상의 끝이 이르렀음을 강조한다. "만물의 마지막이 가까웠으니 그러므로 너희는 정신을 차리고 근신하여 기도하라 무엇보다도 열심으로 서로 사랑할지니 사랑은 허다한 죄를 덮느니라". 또 각각 자신만의 특별한 은사를 받았으니 하나님의 다양한 은혜를 받은 선한 청지기들처럼 그것으로 서로를 섬기라고 한다.

만일 누가 말하려면 하나님의 말씀을 하는 것같이 하고, 봉사하려면 하나님의 공급하시는 힘으로 하는 것같이 하라고 한다. 이는 예수 그리스도로 말미암아 하나님께서 영광을 얻으시게 하려 함이다. 오직 그분께만 영광과 권능이 세세에 무궁토록 있으리라!

3. 고난의 축복

베드로는 성도들에게 닥쳐오는 불 시험을 이상한 것으로 여기지 말고 다만 그리스도의 고난에 참여하는 것으로 즐거워하라고 한다. 이는 그리스도께서 그 영광을 나타내실 때에 우리로 즐거워하고 기뻐하게 하려 함이다. 그리스도의 이름으로 욕을 받으면 복 있는 자인데 영광의 영, 곧 하나님의 영이 그 위에 계시기 때문이다. 살인이나 도적질이나 악행이나 남의 일을 상관함으로는 고난받지 말아야 하지만, 그리스도의 이름으로 고난을 받으면 부끄러워 말고 하나님께 영광을 돌리라고 한다.

하나님의 집에서 심판을 시작할 때가 되었다. 하나님께서는 지금 집안 식구들을 먼저 심판하고 계시며(이것이 성도들이 받는 고난의 의미이다), 그 다음은 복음을 순종치 않는 자들에게로 향하실 것이다. 하나님의 뜻대로 고난받는 자들은 선을 행하면서 그의 영혼을 신실하신 조물주께 맡기라고 한다.

◊ 제 4 부 **결론적인 권면과 문안(5장)**

1. 장로들에 대한 권면: 양 무리의 본이 되라

장로들에게 권하는 말씀이다. 베드로 자신도 함께 장로 된 자로서 그리스도의 고난의 증인이요 나타날 영광에 함께 참예할 자라고 한다. 너희 중에 있는 양 무리를 치되 부득이함으로 하지 말고 하나님의 뜻을 좇아 자원함으로 하며, 또 사기에게 맡겨진 자들에게 주장하는 자세를 하지 말고 양 무리의 본이 되라고 한다. 그러면 목자장이 나타나실 때에 시들지 아니하는 영광의 면류관을 얻을 것이다.

2. 젊은 자들에 대한 권면: 겸손으로 허리를 동이라

젊은 자들은 이와 같이 장로들에게 순복하고 다 서로 겸손으로 허리를 동여야 한다. 하나님께서는 교만한 자를 대적하시고 겸손한 자들에게는 은혜를 주신다. 성도들이 하나님의 능하신 손 아래서 겸손하면 때가 될 때 그를 높이실 것이다. 사람이 자신을 낮추지 못하는 이유는 하나님의 능하신 손을 믿지 못하고 될 수 있는 대로 기회를 잡아 빨리 다른 사람보다 높아지려 하기 때문이다. 그러므로 사도 베드로는 모든 염려를 주께 맡겨버리라고 한다. 그분이 모든 사정을 돌보실 것이기 때문이다.

대적 마귀가 삼킬 자를 찾으려고 우는 사자처럼 두루 다니므로 근신하고 깨어 있어야 하며 믿음에 굳게 서서 저를 대적해야 한다. 마귀는 근신하지 않고 깨어 있지 않은 사람, 교만한 자를 찾아 부패하고 패망하게 만든다.

"모든 은혜의 하나님 곧 그리스도 안에서 너희를 부르사 자기의 영원한 영광에 들어가게 하신 이가 잠간 고난을 받은 너희를 친히 온전케 하시며 굳게 하시며 강하게 하시며 터를 견고케 하시리라 권력이 세세무궁토록 그에게 있을지어다 아멘".

베드로는 이 편지를 써서 실루아노를 통해 성도들에게 전달한 것 같다. 실루아노는 실라이고 마가는 바나바의 조카인데 베드로는 그를 '내 아들 마가'라고 했다. 그들은 베드로에게도 바울에게도 동역자들이었다.

베드로후서

주요 내용	하나님을 더욱 알아가라, 거짓 교사들과 선지자들, 이단을 조심하라, 거룩한 행실과 경건함으로 의가 거하는 새 하늘과 새 땅의 그 날이 오기를 간절히 기다리라

베드로후서는 바울이 순교한 후에 쓰여졌을 것이다. 쓴 곳은 베드로가 순교하기 직전일 것이므로 로마일 것이다. 베드로의 이 마지막 유언적인 서신, 베드로 후서가 쓰여진 것은 예루살렘이 로마의 타이터스 장군에 의해 파괴된 A.D. 70년 이전, 바울이 순교한 후 A.D. 69년 이후일 것이다.

◊ 제1부 믿음의 진보를 위해 힘쓰라(1장)

1. 부르심과 택하심을 굳게 하라

디모데 후서가 사도 바울의 마지막 유언 같은 서신이라면, 베드로는 비록 두 편의 서신을 썼지만 베드로 후서가 그러한 감동을 전달한다. 수신자는 그리스도의 종이요 사도인 베드로와 동일하게 보배로운 믿음을 가진 자들이다. 하나님께서는 그분의 신성한 능력으로 생명과 경건에 속한 모든 것을 우리 믿는이들에게 주셨는데, 이는 자기의 영광과 덕으로써 우리를 부르신 자를 앎으로 말미암음이다. 이로써 그 보배롭고 지극히 큰 약속을 우리에게 주사 이 약속으로 말미암아 우리로 정욕을 인하여 세상에서 썩어질 것을 피하여 신의 성품에 참여하게 하셨다. 베드로와 요한은 하나님과 주 예수를 아는 것을 매우 중시하였다.

그러므로 더욱 힘써서 믿음에 덕을, 덕에 지식을, 지식에 절제를, 절제에 경건을, 경건에 형제 우애를, 형제 우애에 사랑을 공급하라고 한다. 여기서 공급하라는 것은 부족함이 없이 채워야 한다는 뜻이다. 이런 것이 우리에게 흡족하게 있기 위해 우리는 주 예수를 알기에 게으르지 않고 열매 없는 자가 되지 않도록 해야 한다. 우리가 이렇게 하여 더욱 힘써 우리의 부르심과 택하심을 굳게 하면 언제든지 실족지 않을 것이다. 그렇게 하면 우리 주 예수 그리스도의 영원한 왕국에 들어감을 넉넉히 우리에게 주실 것이다.

2. 주 예수 그리스도의 위엄을 친히 본 자

베드로는 당시 성도들이 '현재 너희에게 있는 진리'에 서 있다고 했다. '현재 너희에게 있는 진리'란 당시 사도들이 그들에게 전했던 계시의 말씀을 가리킨다. 베드로가 이 서신을 쓴 것은 그들이 이것을 알고 그 진리에 섰지만 그것을 다시 기억나게 하려 함이다. 그는 자신이 아직 장막에 있을 동안 그들을 일깨워 생각하게 함이 옳은 줄로 여긴다고 했다. 주 예수께서 그에게 지시하신 것같이 이제 베드로도 이 장막을 벗어날 날이 임박하였다고 말한다. 그는 자신이 떠난 후에라도 필요할 때는 이런 진리들을 생각나게 하려고 이 서신을 쓴 것이다.

베드로는 당시 주 예수 그리스도의 능력과 강림하심(**파루시아, 재림을 뜻함**)을 그들에게 알게 한 것이 공교히 만든 이야기가 아니라고 하면서 "우리는 그의 크신 위엄을 친히 본 자라"고 했다. 변화산 위에서의 일을 가리킨다. 지극히 큰 영광 중에서 "이는 내 사랑하는 아들이요 내 기뻐하는 자라" 하실 때에 그분이 하나님 아버지로부터 존귀와 영광을 받으셨다고 말한다.

3. 더 확실한 예언의 말씀

그뿐 아니라 우리에게 더 확실한 예언이 있어서 어두운 데 비취는 등불과 같으니 샛별이 마음에 떠오르기까지 이것을 주의하는 것이 가하다고 하였다. 그러나 무엇보다 먼저 알아야 할 것은 성경의 예언은 사사로이 풀 것이 아니니 예언은 언제든지 사람의 뜻으로 낸 것이 아니요 오직 성령의 감동하심을 입은 사람들이 하나님께 받아 말한 것이기 때문이다. 그리스도의 강림과 그의 왕국에 대하여는 베드로처럼 주 예수님의 영광을 산에서 직접 본 자들의 증거가 있고, 또 더욱 확실한 예언의 말씀(성경)이 있다.

◊ 제 2 부 **거짓 교사들에 대한 경고(2장)**

1. 거짓 선지자와 거짓 선생들에 대한 심판

베드로 전서가 고난에 처한 성도들을 위로하고 격려하기 위해 씌여진 것이라면, 후서는 이단적인 교훈에 대처하기 위한 것이다. 거짓 선지자와 거짓 선생들은 멸망케 할 이단을 가만히 끌어들여 사신 주를 부인하고(이단은 그들의 교주를 마치 우리를 피로 사신 구주 예수와 동급이거나 그 이상으로 높여 그를 따르게 한다) 임박한 멸망을 스스로 취하는 자들이다. 이들은 호색하는 자들이며 탐심으로 지은 말을 가지고 사람들을 이(利)로 삼으니 저희에 대한 심판은 지체하지 않고 저희 멸망은 자지 않는다.

하나님께서 그들을 어떻게 심판을 하시는가를 자세히 말해준다. 거짓 선지자와 이단 교주들에 대한 심판의 엄중함을 말한다. 어느정도 심판하시는가? 첫째는 범죄한 천사를 지옥에 던져 어두운 구덩이에 두신 것이며, 둘째는 오직 의를 전파하는 노아와 그 가족을 건지시고, 옛 세상을 용서하지 않으시고 경건치 아니한 세상에 홍수를 내려 멸하신 것이다. 셋째는 소돔과 고모라에 대한 형벌과 그 멸망이다. 그렇지만 무법한 자들의 음란한 행실을 보고 들음으로 심령이 상한 롯은 구하셨다. 주께서 경건한 자는 형벌에서 건지시고 불의한 자는 형벌 아래 두신다.

2. 주관하는 이를 멸시하는 자들에 대한 형벌

결국 이단이란 주권자이신 하나님을 멸시하는 가르침이다. 하나님은 이런 자들을 엄중하게 심판하신다. 주님은 주관하는 이를 멸시하는 자들에게 특별히 형벌하신다. 이들은 담대하고 고집하여 떨지 않고 영광 있는 자를 훼방하는데, 더 큰 힘과 능력을 가진 천사들이라도 주님 앞에서 그들 위에 세워진 천사장(타락한 천사장)을 거스려 훼방하는 송사를 하지 않았다. 이단 교주들 즉 권위를 멸시하는 자들은 본래 잡혀 죽기 위해 난 이성 없는 짐승 같아서 그 알지 못하는 것을 훼방하고 그런 것들이 멸망하듯 멸망을 당하게 된다. 그들은 불의한 대가로 불의를 당하며 낮에 연회를 베풀고 즐기는 자들이다. 그들은 음탕하게 연회를 하며 음심이 가득한 눈으로 범죄하기를 쉬지 않는다. 이런 자들은 물 없는 샘이요 광풍에 밀려가는 안개이다. 그들을 위해서는 캄캄한 어두움이 예비되었다.

그들이 구주 예수 그리스도를 앎으로 더러움을 피한 후에 다시 그 좋지 않은데(이단적 그룹) 얽매이고 지면 나중 형편이 처음보다도 더 심하게 된다. 의의 도를 안 후에 거룩한 명령을 저버리는 것은 차라리 알지 못하는 것만 못하다. 그것은 마치 개가 토한 것으로 다시 돌아가는 것과 돼지가 씻었다가 더러운 구덩이에 다시 눕는 것과 같다고 하면서, 믿은 후에 다시 죄악으로 돌아가는 것, 이단에 빠져 믿음을 저버리는 것의 위험이 얼마나 큰지를 경고한다. 이단을 조심해야 한다는 말씀이다.

◊ 제 3 부 **그릇된 종말관에 대하여(3장)**

1. 주님이 재림하신다는 약속

베드로는 둘째 편지(베드로 후서)를 보내는 목적을 다시 말한다. 사도는 성도들의 진실한 마음을 일깨워 거룩한 선지자들과 사도들의 명하신 것을 기억하게 하려는 것이다. 베드로는 하나님의 아들 주 예수를 3년이나 직접 따른 제자이면서도 이전의 구약 선지자들의 예언과 명령을 매우 존중함을 본다. 말세에 기롱하는 자들이 와서 자기들의 정욕을 좇아 행하며 성도들을 조롱하여 말하기를, 주님이 재림하신다는 약속이 어디 있느냐, 조상들이 잔 후로부터 만물이 처음 창조할 때와 같이 그냥 있다 하는데, 그렇게 말하는 것은 하늘이 옛적부터 있는 것과 땅이 물에서 나와 물로 성립한 것도 하나님의 말씀으로 된 것을 일부러 잊으려 함이라고 한다(창 1:1-2). 그때 세상은 물의 넘침으로 멸망하였지만 하늘과 땅은 동일한 말씀으로 불살라지기 위해 간수한 바 되어 경건치 않은 사람들의 심판과 멸망의 날까지 보존하여 두신 것이라 했다.

2. 하나님의 날이 임하기를 바라고 간절히 사모하라

성도들은 그때도 이미 주의 약속이 더디다고 생각했지만, 베드로는 주께는 하루가 천 년 같고 천 년이 하루 같은 이 한 가지를 잊지 말라고 한다. 영원하신 하나님은 시간 속에 사는 우리와 시간 개념이 다르시다. 그러므로 주님을 오랫동안 기다리는 우리에게 주님을 기다리다가 체념하지 말 것을 말해준다. 주님이 속히 오실 것임을 믿어야 하며, 그 기다리는 가운데 부지런히 복음을 전하여 멸망하는 죄인들을 하나라도 더 구원하기를 힘써야 한다.

주님이 아직 오시지 않는 것은 우리를 대하여 오래 참으사 아무도 멸망치 않고 다 회개하기를 원하시기 때문이다. 그러나 주의 날은 도적같이 올 것인데 그날에는 하늘이 큰 소리를 내면서 떠나가고 체질(물질을 구성하는 최소단위)이 뜨거운 불에 풀어지며 땅과 그 가운데 있는 모든 일이 드러날 것이다. 여기서 사도 베드로는 이 모든 것이 이렇게 풀어질 것인데 여러분은 어떠한 사람이 되어야 마땅하냐고 하면서 거룩한 행실과 경건함으로 하나님의 날이 임하기를 바라고 간절히 사모하라고 한다. 그 날에는 하늘이 불에 타서 풀어지고 체질이 뜨거운 불에 녹아지겠지만 우리는 그분이 약속하신바 의가 거하는 새 하늘과 새 땅을 바라본다.

3. 구주 예수 그리스도의 은혜와 그를 아는 지식에서 자라가라

성도들은 이것을 바라보므로 주 앞에서 점도 없고 흠도 없이 평강 가운데 나타나도록 힘써야 한다. 또 우리 주의 오래 참으심이 구원이 될 줄 여기라 한다. 베드로는 후배 사도인 바울의 글을 천거한다. 사랑하는 형제 바울도 그 받은 지혜대로 너희에게 이같이 쓴 바 있고 이런 일에 관하여 말했는데, 그의 글은 알기 어려운 것이 더러 있으니 억지로 풀지 말라고 한다. 베드로는 다시 한 번 '사랑하는 자들아' 하고 부르면서 거짓 교사들이나 이단 교사들, 그릇된 말세관을 주장하는 자들 곧 무법한 자들의 미혹에 걸려들어 너희 굳센 데서 떨어질까 조심하라고 한다.

"오직 우리 주 곧 구주 예수 그리스도의 은혜와 저를 아는 지식에서 자라가라 영광이 이제와 영원한 날까지 저에게 있을지어다". 영적 성장은 그분의 은혜와 그분 자신을 아는 것에서 자라는 것이다. 베드로는 '구주'라는 칭호를 많이 쓴다. "우리 주 곧 구주 예수 그리스도"-그가 부르는 예수 그리스도의 이름은 특별한 감동을 준다. 베드로는 그분의 산 위에서의 영광과 죽으심과 부활과 승천을 목격한 자이다. "영광이 이제와 영원한 날까지 저에게 있을지어다".

요한일서

주요 내용 생명의 교제, 빛 가운데 있는 자는 형제를 사랑한다, 기름부음 안에 거하라, 하나님을 아는 자는 우리의 말을 듣는다, 말과 입으로만 말고 행함과 진실함으로 사랑하라, 사랑하는 자가 하나님께로 난 자이며 하나님을 아는 자이다. 예수께서 그리스도이심을 믿는 자가 세상을 이긴다.

교회사와 학자들의 연구에 따르면, 요한 서신이 신약 성경에서 가장 늦게 씌어진 성경이다. 요한은 밧모섬에서 계시록을 썼고, 밧모섬에서 풀려나 에베소에서 사역을 한 것으로 알려져 있다. 이 서신이 씌어진 것은 A.D. 90-95년일 것이며, 쓴 곳은 에베소로 알려져 있다. 사도 요한은 사도들 중에 가장 늦게까지 살아남아서 당시 교회를 어지럽게 하는 이단인 영지주의를 대항하여 요한 서신을 썼으며, 또한 매우 섬세하고도 강력한 필체로 이단을 대항하는 귀한 세 서신을 남겼다.

◊ 제1부 삼위일체 하나님과 사도와 성도의 교제(1:1-2:17)

1. 태초부터 있는 생명의 말씀이 나타나심

"태초부터 있는 생명의 말씀에 관하여는"(1절). 여기 태초란 이 우주가 존재하기 전을 말하는데, 수천 년 전에 기록된 책인 성경만이 이 우주가 시작된 때가 있음을 말해 주며 창조자가 있음을 선포한다(창 1:1). 성경에서는 창조 이전을 태초라 한다(창 1:1, 요 1:1 등).

2. 영원한 생명의 교제: 아버지와 그 아들 예수 그리스도와 함께하는

사도 요한은 주 예수를 '태초부터 있는 생명의 말씀'이라 칭한다. 그는 그분(예수 그리스도)에게서 들었고, 눈으로 보았고, 주목하고 손으로 만졌다고 한다. 그는 예수를 보고서 말씀을 보았다고 했다. 요한복음에서는 예수를 '말씀이 육신이 되신 분'이라고 했으며(요 1:14), 또한 그 말씀 안에 생명이 있다고 했다. 요한같이 섬세한 사람이 아니고는 예수를 말씀이 육신 되신 분으로, 생명으로 볼 수 없었을 것이다. 그는 예수를 영원한 생명이라고 말하며 이 생명이 우리에게 나타내신 바 되었다고 했다. 그분은 우주가 존재하기 전부터 영원 세계에, 보이지 않는 세계에 계시는 영원한 분이신데 시간과 우주와 물질세계에 나타나셨으며, 아버지와 함께 계시다가 우리에게 나타나신 분이다(1:2). 사도들이 이 예수로부터 보고 들은 바를 전하니(사도들이 전파하는 복음) 이 복음 전파가 전하는 자와 듣는 자 간의 교제(코이노니아)를 만들어내었다. 이 교제는 아버지와 그 아들 예수 그리스도와 함께하는 것이므로, 믿는 자들은 놀랍게도 삼위일체 하나님의 교제에 참여하게 되며(3절, 고전 1:9), 그 결과 기쁨이 충만하게 된다(4절).

3. 빛이신 하나님과의 교제: 우리가 우리 죄를 자백하면

사도들이 전한 복음은 예수 그리스도가 빛이시라는 것이다(요 1:1-9, 8:12, 요일 1:5). 따라서 그 거룩한 교제에 참예하는 자들은 자연히 빛 가운데 있게 된다. 당시 영지주의라는 지식적인 이단이 있었는데, 그들은 두뇌로 아는 것이 전부인 것처럼 했다. 그들은 두뇌로 아는 것으로 살아계신 하나님과의 교제를 대치했다. 따라서 그들은 자신들이 아는 지식을 근거로 하나님과 교제가 있다고 생각하면서 어둠 속에 행하였다. 그들은 적당히 죄를 지으면서도 빛이 없으니 죄를 인지하지 못했다. 요한은 그런 자들에 대해 거짓말을 하고 진리를 행치 않는다고 했다. 하나님께서 빛 가운데 계신 것같이 우리도 빛 가운데 행하면 우리의 죄가 낱낱이 다 드러나 자백하게 되고 예수의 피는 이 모든 죄에서 우리를 깨끗케 하신다. 영지주의 이단자들은 머리로 신앙생활을 하므로 살아 계신 하나님과 교제가 없으니 참 빛을 얻지 못한다. 따라서 여전히 어두움 속에 행하며 죄를 지으면서도 느낌이 없고 자백하지 않는다. 그들은 스스로 죄가 없다고 하는 자들이고 죄를 보지 못하는 자들이니 그들 안에 진리가 거하지 않는다(6절).

자신들의 죄를 보고 자백하는 자들은 생명이 있는 자들로서 하나님과의 생명의 교제 가운데서 빛을 얻기에 내면의 죄악을 깨닫고 자백하며, 그럴 때 아들 예수의 피는 그 모든 죄를 사하고 모든 불의를 깨끗케 하신다(7-9절).

4. 대언자이신 아들 그리스도와의 교제

요한이 이 글을 쓴 목적은 주로 성도들이 주님과의 생명의 교제 안에 끊임없이 머물면서 죄를 범치 않게 하려 함이라고 한다(요 13, 15장 참조). 죄를 범치 않게 하는 길은 성도들을 하나님과의 교통 안으로, 생명의 빛 가운데로 이끄는 것이며, 그럴 때 자백이 있게 된다(요일 1장). 2장 1절에서는 성도가 혹 죄를 범하면 아버지 앞에 우리에게 대언자가 있으니 곧 의로우신 예수 그리스도시라고 한다. 그분은 우리 죄를 위한 화목제물이시며 지금은 아버지 앞에서 우리의 대언자(Gr. parakletos, advocate)로서, 우리가 혹 죄를 범하면 아버지 앞에서 중재해주신다. 그리스도께서는 우리가 범죄할 때 비로소 대언하시는 것이 아니라 하늘에 오르신 후 새 언약의 중보와 우리의 대언자가 되시어 끊임없이 우리를 위해 간구하고 계신다(히 8:6, 롬 8:34).

5. 형제 교제의 실제: 서로 사랑

다음은 성도가 주님의 계명을 지키는 문제이다. 1장에서 거짓(이단)에 대한 검증 시약이 빛이라면, 2장에서 검증 시약은 사랑이다. 하나님을 안다고 하면서 계명(사랑의 실천)을 지키지 않는 자는 거짓말하는 자요 진리가 그 속에 있지 않다. 그 말씀을 지키는 자라야 하나님의 사랑이 그들 속에서 온전케 되며, 이로써 그들이 그분 안에 거하는 것을 안다. 하나님 안에 거한다고 하는 자는 그분이 행하시는 대로 그도 행하는 것이 마땅하며, 그것은 바로 형제를 사랑하는 것이다.

2장 9절은 1장과 2장을 연결한다. 빛 가운데 있다고 하면서 형제를 미워하는 자는 지금까지 어둠 가운데 있는 자이다. 빛이라는 검증 시약보다도 사랑이라는 검증 시약이 거짓을 더 잘 드러낸다. 빛과 어두움은 다소 추상적일 수 있지만 사랑과 미움은 추상적일 수 없다. 참된 사랑은 말과 혀로만 하는 것이 아니고 행함과 진실함으로 하기 때문이다(3:18). 사람이 사랑을 잃으면 눈이 멀게 되고 어두움 속에서 갈 길을 잃게 된다.

6. 세상을 사랑하면 하나님과 사랑의 교제가 끊어진다

자녀들은 자기 죄가 사함받은 것을 아는 자들이고, 아비들은 태초부터 계신 이를 아는 자들이다. 즉 자녀들은 주님께서 우리를 위해 해주신 것을 알고, 아비들은 그분 자신을 안다. 청년들은 하나님의 말씀이 그들 속에 거하여 흉악한 자를 이긴다. 성도들은 이 세상이나 세상에 있는 것들을 사랑하지 말아야 한다. 세상의 모든 것은 아버지로부터 온 것이 아니다. 세상을 사랑하는 자들 속에는 아버지의 사랑이 거하지 않으며, 따라서 형제를 사랑할 수 없다. 이 세상도 그 정욕도 지나가되 하나님의 뜻을 행하는 이는 영원히 거한다. 세상은 적그리스도와 관련이 있다.

◊ 제 2 부 **이단에 대한 경계(2:18-3:12)**

1. 기름부음을 통해 모든 것을 알 수 있다

요한 사도는 특히 아들 예수 그리스도를 내적으로 잘 알지 못하는 아이들에게 적그리스도를 분별하도록 주의시킨다(2:18). 말씀의 문맥을 보면 아이들만이 아니라 청년들도 기름부음의 가르침을 주의해야 한다. 많은 어린 그리스도인들이 태초부터 계신 이를 알지 못하고 내적인 성령의 기름부음을 알지 못하므로 이단을 분별해내지 못한다. 그들(거짓 그리스도인들)이 우리와 함께하다가 우리에게서 나간 것은 우리에게 속하지 않음을 나타내는 것이라 했다. 그러므로 어린 성도들은 함께하던 어떤 사람들이 그들에게서 나가는 것을 보고 동요하지 말아야 한다. 진실한 성도들은 거룩하신 분으로부터 기름부음을 받았기에 모든 것을 안다(2:20, 27). 참으로 모든 것을 아는 자들이 있고, 거짓으로 안다고 주장하는 자들이 있다. "내가 너희에게 쓴 것은 너희가 진리를 알지 못함이 아니라 너희가 앎을 인함이요 또 모든 거짓은 진리에서 나지 않음을 인함이라"(2:21).

2. 하나님의 자녀의 특징: 깨끗함, 의를 행함, 형제를 사랑함

3장 1절은 감탄과 감사로 시작한다. "보라, 아버지께서 어떠한 사랑을 우리에게 주사 우리로 하나님의 자녀라 일컬음을 얻게 하셨는고!" 그러므로 세상이 우리를 알지 못하는 것은 아버지 하나님을 알지 못하기 때문이다. 우리가 지금은 하나님의 자녀이며 장래 어떻게 될 것은 아직 나타나지 않았지만 그리스도께서 나타내심이 되면 우리가 그분과 같게 될 것이다. 그러므로 주를 향하여 이 소망을 가진 자마다 그분의 깨끗하심과 같이 자기를 깨끗하게 해야 한다.

주 안에 거하는 자마다 범죄하지 않으며, 범죄하는 자는 그분을 보지 못하였고 알지도 못한다고 말한다. 죄를 짓는 자는 마귀에게 속하며 마귀는 처음부터 범죄했다. 하나님의 아들이 나타나신 것은 마귀의 일을 멸하기 위해서다. 하나님께로서 난 자마다 죄를 범하지 않는데, 이는 하나님의 씨가 그 속에 거하기 때문이라고 말한다(3:9). 이로써 하나님의 자녀들과 마귀의 자녀들이 밝히 나타나게 된다. 의를 행하지 않는 자나 형제를 사랑하지 않는 자는 하나님께 속하지 않았다. 결국 신자의 주된 범죄는 무엇인가? 형제를 미워하는 것이다.

◊ 제 3 부 **사랑에 대한 가르침(3:13-4장)**

1. 처음부터 들은 소식: 서로 사랑하라

서로 사랑하라는 것은 우리가 처음부터 들은 소식이요 계명이다. 사실 율법도 본질상 서로 사랑하라는 것이기에 우리가 처음부터 들은 말씀이라고 하는 것이다(롬 13:8-10). 우리는 형제를 사랑함으로 사망에서 옮겨 생명으로 들어간 줄을 아는데, 형제를 미워하는 자는 살인한 자며 살인한 자 속에는 영생이 거하지 않는다. 한 형제를 미워하는 것도 영생이 없음을 증명하기에 충분하다. 형제를 미워하는 것이 작은 문제가 아니라는 말씀이다. 주 예수님은 우리를 위해 목숨을 버리셨고(사랑으로 인하여), 우리는 이로써 사랑을 알며 우리도 형제를 위해 목숨을 버리는 것이 마땅하다. 우리가 실행하는 형제 사랑은 그 본질이 목숨을 버리신 그리스도의 사랑이다(3:16).

2. 말과 혀로만 사랑하지 말고 행함과 진실함으로 하자

누가 이 세상 재물을 가지고서도 궁핍한 형제를 도와주려는 마음을 막는다면 하나님의 사랑이 어찌 그 속에 거하겠느냐고 한다. 그러므로 말과 혀로만 사랑하지 말고 오직 행함과 진실함으로 하라고 권한다. 참 사랑을 강조한다. 이렇게 형제를 사랑함으로써 우리가 진리에 속한 줄을 알고 또 우리 마음이 주 앞에서 견고하게 된다(3:18, 19). 형제를 미워하면 거리낌이 있고 마음속에 책망이 있게 되는데, 우리 마음에 자책할 것이 없어야 담대함을 얻고 하나님께 구하는 것을 받게 된다(기도 응답). 형제 사랑의 계명을 지키는 자들이 곧 주님 안에 거하고 주님이 그들 안에 거하시는 자들이다. 우리는 우리에게 주신 성령으로 주님이 우리 안에 거하시는 것을 안다(24절).

3. 영을 분별함-하나님의 영과 적그리스도의 영

4장은 많은 거짓 선지자가 세상에 나왔다고 말하면서 믿는이들은 영이라고 다 믿지 말고 그것이 하나님께 속하였는지 시험하라고 한다. 지식도 많고 말도 유창하나 다른 영이 있는 자들이 있으니 조심해야 한다. 생명과 사랑이 없이 지식으로 사람들을 미혹하는 영, 다른 영이 있을 수 있다(고후 11:4). 요한 사도는 이것이 바로 세상이라고 했다(2:13-17).

하나님의 자녀들이 영향력 있는 종교 조직이나 세상 세력이나 큰 기적을 보고 위축될 수 있으므로 "너희 속에 계신 이가 세상에 있는 이보다 크시다"고 말해준다(4절). 적그리스도의 영을 가진 자의 말을 듣는 사람들은 세상에 속하였기에 세상에 속한 말을 듣는 것이다. "우리는 하나님께 속하였으니 하나님을 아는 자는 우리의 말을 듣고 하나님께 속하지 아니한 자들은 우리의 말을 듣지 아니하나니 진리의 영과 미혹의 영을 이로써 아느니라".

4. 하나님은 사랑이시라

"사랑하는 자들아 우리가 서로 사랑하자 사랑은 하나님께 속한 것이니 사랑하는 자마다 하나님께로 나서 하나님을 알고". 사랑하는 자마다 하나님을 아는 자들이다. 하나님의 사랑은 독생자를 세상에 보내시어 우리를 살리려 하신 데서 나타났다(요 3:16). 하나님은 사랑이시니 사랑하는 자가 하나님을 안다고 하였다. 성경은 지식의 이야기가 아니라 사랑의 이야기이다. 어느 때나 하나님을 본 사람이 없지만 우리가 서로 사랑하면 하나님이 우리 안에 거하시며 그분의 사랑이 우리 안에서 온전히 이루어진다.

누구든지 예수를 하나님의 아들이라고 시인하면 하나님이 그의 안에 거하시고 그도 하나님 안에 거한다. 하나님이 우리를 사랑하시는 그 사랑을 알고 믿었으니 하나님은 사랑이시다. 사랑 안에 거하는 자는 하나님 안에 거하고 하나님도 그 안에 거하신다. 이로써 사랑이 우리 안에 온전히 이룬 것은 심판날에 담대함을 가지게 하려 함이다. 요한 서신만이 우리가 심판날에 담대할 수 있는 비결을 가르친다. 사랑 안에만이 두려움이 없고 온전한 사랑이 두려움을 내어쫓는다. 두려움이 있다는 것은 형벌이 있다는 말이다. 신자들 속에 사랑이 없다면 이는 매우 심각한 일이다. 두려워하는 자들은 사랑 안에서 온전히 이루지 못한 자들이다. 하나님을 사랑한다고 하면서 형제를 미워하는 자는 거짓말하는 자니 보는바 형제를 사랑치 못하는 자는 보지 못하는바 하나님을 사랑할 수 없다! 하나님께로부터 출생함이 바로 형제 사랑의 근원이다.

5. 참 사랑은 적그리스도를 분별하는 데에 가장 강력한 진단 시약이다

겉으로 보기에 2장 후반의 적그리스도를 분별하는 말씀과 형제 사랑의 가르침이 다른 것 같아도 사실은 같은 말씀이다. 형제 사랑이 참 그리스도인과 거짓 신앙인 영지주의자를 분별하는 길이다. 사랑도 말로만 하는 것은 소용이 없고 행함과 진실함으로 해야 한다. 당시 적그리스도인 영지주의자들은 지식과 이론으로 신앙 생활을 하면서 예수께서 육체로 오신 것을 부인했으며, 그러면서도 자신들이 빛 가운데 있다고 주장했는데 그들은 실상 거짓 그리스도인들이다.

◊ 제 4 부 **결론적 가르침과 권면(5장)**

1. 참 믿음만이 세상을 이긴다

요한 일서에서 요한은 적그리스도와 세상을 같은 종류로 본다. 결국 성경에서 이단은 다른 것이 아니라 세상이요 세상에 속한 것이다(요일 2:15, 4:3-5, 5:4). 요한 일서 5장에서는, 예수께서 그리스도이심을 믿는 자마다 하나님께로서 난 자이며, 하나님 아버지를 사랑하는 자는 그분에게서 난 자를 사랑한다고 말한다. 다 하나에서 났기 때문이다(히 2:11). 하나님을 사랑한다는 것은 곧 우리가 그분의 형제 사랑의 계명을 지키는 것인데, 그의 계명들은 무거운 것이 아니다. 한 아버지에게서 난 내 형제를 사랑하는 것이기 때문이다. 또한 하나님께로서 난 자마다 세상을 이기며, 세상을 이기는 것은 곧 우리의 믿음이다. 예수께서 하나님의 아들이심을 믿는 자가 아니면 결코 세상을 이길 자가 없다.

예수 그리스도는 물과 피로 임하신 자이며, 증거하는 이는 성령이시요 성령은 진리이다. 또 증거하는 이가 셋인데 곧 물과 피와 성령이시라고 한다. 물은 요단강에서 받으신 침례의 물을 말하며, 피는 물론 십자가에서 흘리신 피를 말한다. 이것 역시 영지주의자들의 가현설(假現說)을 반대하는 것이다. 예수 그리스도는 육체로 오셨기에 침례를 받으신 것이며 육체를 가지셨기에 피를 흘리신 것이다. 물과 피의 증거 외에 성령의 증거는 우리 내면의 증거이다. 하나님의 아들을 믿는 자는 그 안에 증거가 있다. 증거는 하나님께서 우리에게 영생을 주신 것이며 이 생명이 그의 아들 안에 있는 것이다(11절). 아들이 있는 자에게는 생명이 있고 하나님의 아들이 없는 자에게는 생명이 없다(12절). 요한이 이 글을 쓴 것은 하나님의 아들을 믿는 자에게 영생이 있다는 것을 알게 하려 함이라고 했다(13절).

2. 생명에서 떠난 형제를 위해 기도하라

생명을 얻은 자들(하나님의 자녀들)은 담대함을 가지고 서로를 위해 기도해야 한다. 기도의 응답이 이루어질 것이기 때문이다. 범죄한 형제들의 생명의 교통의 회복을 위해 기도해야 한다. 범죄하면 생명에서 떠나게 된다. 성도들이 주님의 뜻대로 구하면 응답을 얻는다. 죄 중에는 매우 심각한 죄가 있다. 특히 악한 가르침에 연루되는 죄는 심각하다. 죄와 질병은 관계가 있으니 성도가 병에 걸리면 어떤 죄를 지었든지 회개하며 주님께 나아가야 한다(약 5:14). 그리고 성도들은 철저히 죄를 처리할 때 용서받을 수 있고 치료함을 받을 수 있다(마 9:5-6, 요 5:14). 어떤 죄는 사망에 이르는 죄이므로 성도들은 죄를 두려워해야 한다(15-17절).

3. 우상에서 멀리하라

하나님께로서 난 자마다 범죄하지 않는다. 하나님께로서 나신 자가 저를 지키시므로 악한 자가 저를 만지지 못한다. 여기서 '하나님께로서 나신 자'는 그리스도를 가리키며 더 주관적으로는 우리 안에 계신 그리스도의 생명을 가리킨다(엡 3:17, 골 3:4). 보좌에 계신 주님과 우리 안에 생명 되신 분은 나눌 수 없다. 성경 말씀은 우리 안에 계신 그리스도에 대한 신뢰가 매우 크다(4:4). 우리는 이 귀한 말씀을 믿어야 한다. 또 우리는 하나님께 속하였고 온 세상은 악한 자 안에 처했으며, 하나님의 아들이 이르러 우리에게 지각을 주사 참된 자, 곧 참 하나님이요 영생이신 예수 그리스도를 알게 하셨다. 하나님의 자녀들은 자신을 지켜 우상에서 멀리해야 한다. 세상 세력이든 지식이든 참 하나님이 아닌 모든 것이 우상이다.

요한이서

주요 내용 진리 안에서 행하라

기록 연대는 요한 일서를 쓴 이후일 것이며, 쓴 곳은 에베소로 추정된다. 교회사에 따르면, 요한은 이 글을 쓸 때 에베소의 장로였다. 이 서신의 시작에서 요한은 자신을 장로라고 칭한다.

1. 택하심을 입은 부녀와 그의 자녀에게

앞에서 읽은 요한 일서는 서신이지만 사실상 철저한 논리로 이루어진 논문(thesis)이라 할 수 있다. 여기 요한 이서는 사도 요한이 한 가정에 쓴 편지인데, 실제로는 요한 일서의 요약(abstract)이다. 주로 영지주의 이단으로부터 한 가정을 지키기 위해 쓴 것이며, 여기서 강조하는 단어는 '진리'이다. 이 진리는 우리가 아는 것이요(1절), 우리 안에 거하여 영원히 우리와 함께하는 것이다(2절). 사도는 "너의 자녀 중에 우리가 아버지께 받은 계명대로 진리 안에서 행하는 자를 내가 보니 심히 기쁘다"고 했다(4절). 우리가 하나님 아버지로부터 받은 것은 다른 것이 아니라 진리이다.

2. 진리 안에서 행함은 곧 계명을 지키는 것이요 서로 사랑하는 것이다

"부녀여, 내가 이제 네게 구하노니 서로 사랑하자". 진리를 말하고 또 사랑을 말한다. '서로 사랑하자'고 쓴 것은 새삼스레 새 계명같이 쓴 것이 아니요 처음부터 우리가 가진 계명이라고 했다. 사실 율법의 본질은 사랑이므로 율법의 계명을 지키는 것과 새 계명을 지키는 것은 동일하다는 의미이다. 진리와 사랑은 매우 긴밀히 연결되어 있다.

3. 미혹하는 자들을 경계하라: 건전한 그리스도의 교훈 안에 거하라

미혹하는 자가 많이 세상에 나왔는데, 이는 예수 그리스도께서 육체로 오신 것을 부인하는 자이니 이것이 미혹하는 자요 적그리스도라고 했다. 사도는 "너희는 우리의 일한 것을 잃지 말고 온전한 상을 얻으라"고 한다. 이단에 미혹되면 우리의 일한 것을 잃을 수 있다. 지내쳐 그리스도의 교훈 안에 거하지 아니하는 자마다 하나님을 모시지 못하되 교훈 안에 거하는 자들이 아버지와 아들을 모신다고 하였다. 그리스도의 교훈에서 '지내쳐 가르치는 자들(anyone goes to far)'은 건전한 성도들을 치우친 가르침으로 미혹하는 자들이다.

4. 아무나 받지 말라

누구든지 '이 교훈'을 가지지 않고 다른 것을 가지고 너희에게 나아가는 자들은 집에 들이지도 말고 인사도 하지 말라고 한다. 그에게 인사하는 자는 그 악한 일에 참여하는 자라고 했다. 요한 이서의 중점은 진리 곧 교훈에 있으며(9, 10절), 따라서 신자들은 말씀을 가르치는 교사라고 해서 가리지 않고 받아서는 안 됨을 강조한다. 사도들의 교훈(진리)을 지키는 것은 마땅히 모든 성도들이 중요시해야 할 바이다(행 2:42 참조).

요한삼서

주요 내용 형제 사랑의 실천

요한 이서를 쓴 이후에 씌어진 것으로서, 기록한 장소는 역시 에베소이다. 사도 요한의 마지막 글로 추정된다.

1. 네 영혼이 잘됨같이 범사에 잘되고 강건하기를 간구하노라

요한 이서는 한 부녀에게 쓴 것이고, 삼서는 한 형제에게 쓴 것이다. 그 형제의 이름은 가이오이고 그는 고린도 교회의 식주인으로서(롬 16:23) 성도들을 섬기는 자였다. 또 그는 바울에 의해 세례를 받은 자이며(고전 1:14), 사도 요한은 그의 영혼이 잘되는 것처럼 범사에 잘되고 강건하기를 간구했다. 사도 요한은 형제들이 와서 가이오가 진리 안에서 행한다고 전해주니 심히 기쁘다고 하였다. 그는 성도들이 진리 안에서 행한다는 것을 듣는 것보다 더 큰 기쁨이 없다고 말했다. 요한이 말하는 진리는 그 실제가 사랑이다. 이 서신에서 요한은 한 형제를 깊이 사랑하고 있음을 나타낸다.

2. 복음을 위해 나그네 된 자들을 접대하는 가이오

사도 요한은 그(가이오)가 나그네 된 형제들을 잘 접대한다고 들었는데, 그것이 진리 안에서 행하는 것이라고 했다. 그 나그네 된 형제들은 요한 사도와 함께하는 주의 말씀의 동역자들로서 이방인들에게 아무 것도 받지 않고 복음을 전하는 형제들이었던 것 같다(마 10:5 참조). 로마서에서도 언급한 바 있는 가이오는 원래도 교회 식주인으로 알려져 있는데, 지금 나이 많은 요한은 여전히 그런 아름다운 소식이 들려오자 듣고 매우 기뻐했다(4절). 그는 나그네 된 형제를 접대하는 그의 이러한 섬김이 사도들과 진리를 위해 함께 수고하는 것이라고 했다. 오늘날도 신자들의 수고는 마땅히 진리를 위한 것이어야 한다(고후 13:8). 그들이 교회 앞에서 가이오의 사랑을 증거했다고 하면서 그 전도자들을 하나님께 합당하게 전송하기를 바란다고 덧붙였다(6절). 진리와 사랑의 증거는 결국 형제를 어떻게 대하는가에서 나타난다.

3. 으뜸 되기를 좋아하는 디오드레베의 악행

요한 삼서를 쓰게 된 동기는 9절에서부터 보여진다. 요한은 에베소에서 간단한 편지를 써서 몇몇 형제들을 고린도 지역에 보냈던 것 같다. 그 때 가이오는 형제들을 잘 접대했는데, 디오드레베는 악한 말로 요한을 포함한 주의 종들을 불공정하게 비방하고(unjustly accusing), 또 그것으로 부족하여 요한이 그들 지방(고린도)에 보낸 주의 일꾼들을 접대하기는커녕 접대를 금지하고 도리어 접대하는 자들을 교회에서 내어쫓았다. 요한은 그가 주님의 진리를 위한 사람이 아니라 교회 중에서 으뜸이 되기 위해 그런 악한 일을 한다고 했다(9, 10절). 요한은 가이오에게 말했다. "사랑하는 자여, 악한 것을 본받지 말고 선한 것을 본받으라 선을 행하는 자는 하나님께 속하고 악을 행하는 자는 하나님을 뵈옵지 못하였느니라". 소위 주의 일을 하는 자들의 행동을 보고 선과 악을 분변하는 것은 장성한 자의 일이다(히 5:14 참조).

4. 뭇 사람에게도, 진리에게도 선한 증거를 받은 데메드리오

"데메드리오는 뭇 사람에게도, 진리에게도 증거를 받았으매 우리도 증거하노니 너는 우리의 증거가 참된 줄을 아느니라". 진리 앞에서 좋은 증거를 받은 사람이 좋은 성도이다. 주 안에서 선한 일꾼이 누구며 악한 일꾼이 누군지를 확실하게 분별해주는 말씀이다. 주의 일꾼이나 신자나 과연 그의 관심사가 어디에 있느냐이다. 진리를 위하는가, 자신의 지위를 위하는가? 요한은 이 서신에서, 교회 가운데 스스로 으뜸 되기를 좋아하고 하나님의 종을 폄론하며 형제를 합당하게 영접하지 않고 사랑하지 않는 자는 진리에서 떠난 자요 악한 자라고 결론 짓는다(요일 3:10 참조).

◊ 요한 서신 정리

요한복음은 어떻게 해야 죄인들(죽은 자들)이 생명을 얻는가를 말해주며, 요한 일서는 생명을 얻은 후 그 생명으로 참되게 지속적으로 사는 길을 말해준다. 그 비결은 첫째로 삼위일체 하나님과의 생명의 교통을 지속적으로 갖는 것이다(요 13, 15장 참조). 생명이 있으면 교통이 있게 된다. 전력이 있으면 전류가 흐르는 것과 같다. 그 교통은 사도들이 전해준 복음 진리로 말미암은 삼위 하나님과의 교통이다(1, 3절). 그 거룩한 생명의 교통을 막는 것이 있으니 그것이 바로 죄를 범하는 것이다. 성도가 죄를 범하는 것은 큰 문제이지만, 이보다 더 어려운 문제는 바로 거짓말하는 것이다.

신자가 죄를 범했을 때, 그것을 죄라고 시인하는 자들에게는 해결할 길이 있다(1:9, 2:1-2). 그러나 요한 일서에서 가장 문제가 되는 것은 죄를 범하고서도 자신들이 빛 가운데 있다 하고 하나님과 교제 가운데 있다 하는 거짓말하는 자들이다(1:6, 2:4). 이들은 하나님과 사귐이 있다고 하면서 여전히 어두움 가운데 행하는 자들이다.

요한 일서는 이처럼 거짓말하는 자들, 적그리스도의 사람들을 분별해주는 서신이다. 무엇으로 그들을 분별할 수 있는가? 바로 사랑이다. 진정 빛 가운데 있고 생명의 교통 가운데 있다면 형제를 사랑한다는 말씀이다. 하나님과 우리는 생명의 교제로 하나로 연결되어 있기 때문에 빛과 사랑 안에 거할 수밖에 없기 때문이다(2:6, 4:11). 형제를 미워한다면 이는 진리가 그들 속에 없는 것이고 진리를 행하지 않는 것이다. 요한 일서 4장은 다른 영을 가진 사람이 있다는 것을 말한다. 우리는 믿는다 하고 빛 가운데 있다 하고 주님을 사랑한다 하지만 다른 영을 가진 사람들이 있다는 것을 알아야 한다. 이것이 바로 적그리스도의 영이다. 그러한 자들은 우리의 말(사도들의 말)을 듣지 않으며 형제를 사랑하지 않는다고 했다(4:5-8).

그러면서 또 한면으로 요한은 하나님의 자녀들을 강화시키는 가르침을 주고 있다. 누가 하나님과 진리에 속한 자들인가? 형제를 사랑하는 자들이다. 그들 속에는 기름부음이 있어서 참된 가르침을 주므로 적그리스도와 악한 자들을 분별할 수 있다. 물론 아직 어린 신자들에게는 잘 분별하도록 상세한 가르침을 주고 있다(요일 2:20, 27). 따라서 사도는 두 가지 면을 고려하면서 이 서신을 쓴 것이다. 하나는 거짓된 자들, 적그리스도를 진리로 드러내는 것이며, 다른 하나는 참된 주의 자녀들을 양육하며 강화하는 것이다. 그들의 믿음은 능히 세상을 이기며, 그들 속에 계신 이(주님)는 세상에 있는 이(마귀)보다 크시다. 하나님께로서 난 자들이 범죄치 못하는 것은 하나님께로서 나신 자(그들의 생명이신 그리스도)가 저희를 지키기 때문이다(3:9, 5:18). 그들 속의 지각은 악한 자들을 분별할 수 있을 뿐 아니라 그들로 참된 자를 알게 하며 또한 그들이 참된 자이신 그의 아들 예수 그리스도 안에 있다는 것을 알게 한다. 그분은 곧 참 하나님이시요 영생이시다(5:18-20).

요한 이서는 그리스도의 바른 교훈이 아닌 다른 가르침, 곧 그리스도께서 육체로 오신 것을 부인하는 적그리스도의 교훈을 가지고 오는 자들에 대하여 함부로 인사하거나 집에 들이지 말라고 한다. 그들과 연합하면 악한 일에 참여하는 것이라고 하였다(9-11절). 요한 삼서는 참으로 진리를 행하지 않는 자, 악한 일을 행하는 자, 하나님의 얼굴을 뵙지 못하는 자가 과연 누구인가를 말해준다. 그것은 바로 그들이 주의 종인 사도들과 형제를 어떻게 대하는가에서 나타난다고 하였다. 악한 자들은 사도들을 폄론하고 주의 이름을 위해, 진리를 위해 나그네 된 자들을 접대하지 않는 자들이며, 오로지 교회 가운데서 으뜸 되기를 원하는 자들이다. 선한 자들, 아버지와 아들을 모시는 자들, 하나님께 속한 자들은 주신 계명대로 서로 사랑하는 자들이다(5-11절).

유다서

주요 내용 그리스도를 부인하는 이단에게 임할 무서운 심판

유다서가 쓰여진 것은 A.D. 69년경이며 베드로 후서가 쓰여질 무렵이다. 이는 유다서의 내용이 베드로 후서 2장의 상황과 비슷하기 때문이다. 쓰여진 장소는 예루살렘이나 유다의 어느 곳으로 추정된다.

1. 인사

유다서를 기록한 유다는 주 예수님의 육신의 동생이다. 그는 동명이인의 다른 유다와 구분하기 위해 야고보서를 쓴 야고보의 형제임을 밝힌다. 예수의 육신의 동생 가운데 둘이나 성경의 저자가 나왔다. 수신자는 특정한 사람이 아니라 다수의 하나님의 자녀들-하나님 아버지 안에서 사랑을 얻고 예수 그리스도를 위하여 지키심을 입은 자들-이다. 문안 인사에 긍휼과 평강과 사랑이라는 단어를 사용한다. "긍휼과 평강과 사랑이 너희에게 더욱 많을지어다".

2. 가만히 들어온 거짓 형제들에게 임할 엄중한 심판

우리가 얻은 구원은 '일반으로 얻은 구원(공통적인 구원)'이요 단번에 주신 것으로서 이 믿음의 도는 참으로 귀한 것이다(3절). 그런데 이 구원을 참되게 받지 못한 거짓 형제들이 가만히 들어와서 하나님의 은혜를 색욕거리로 바꾸고 홀로 한 분이신 주재, 곧 우리 주 예수 그리스도를 부인했다. 사도 유다는 이 믿음의 도를 위하여 힘써 싸우도록 권하여야 할 필요를 느껴 이 서신을 쓰게 되었다(3-4절).

그는 야고보와 마찬가지로 육신의 형인 예수를 '하나님 주 예수 그리스도(약 1:1)', '홀로 하나이신 주재(유 4절)'라고 칭했다. 주 예수를 멸시하며 부인하는 자들은 알지 못하는 것을 훼방하는 자들이며, 가인의 길을 가는 자들이며, 삯을 위하여 발람의 길을 가는 자들이다. 또 헛된 꿈을 꾸는 자들이요, 권위를 업신여기는 자들이며, 영광을 훼방하는 자며, 자기 몸만 기르는 목자며, 원망하며 불만을 토하며 정욕대로 행하는

자들이다. 그 입으로는 스스로를 자랑하는 말을 하며, 이(利)를 위해 아첨하는 자들이다(16절).

유다서는 이단에 대한 심판이 얼마나 심각한 것인지를 말해준다. 이 심판에 대한 말씀은 베드로 후서 2장에서 예언한바 거짓 선지자, 이단들에 대한 심판과 유사하다. 이단은 예수 그리스도를 낮추고, 피조물에 불과한 인간 교주를 높여 하나님의 위치에 놓는 일을 한다. 이런 자들에 대한 심판은 심히 엄중하다. 첫째는 출애굽 때 그들을 핍박한 바로의 군대의 멸망, 곧 하나님의 백성의 길을 막는 자들에 대한 심판이다. 다음은 자기 지위를 지키지 아니하고 자기 처소를 떠난 천사들에 대한 심판이다. 그들은 큰 날의 심판까지 영원한 결박으로 흑암에 가두어 두었다(사 14장, 겔 28장 참조). 소돔과 고모라와 이웃 도시들도 저희들과 같이 간음을 행하며 다른 색(동성애)을 따라가다가 영원한 불의 형벌을 받았다고 말한다. 그들은 이성 없는 짐승같이 본능으로 아는 그것으로 멸망한다. 그들은 기회가 생기는 대로 원망하며 불만을 토한다. 육적 본능으로 사는 사람들은 그런 말을 달콤하게 듣는다. 그러면서도 그런 자들은 성도들의 애찬에 참예하여 함께 먹으며 당을 짓고 정욕대로 행하며 육에 속한 일을 하니 성령은 전혀 없는 자들이다(19절).

천사장 미가엘은 전에 자기의 상관이었던 타락한 천사장(마귀)과 모세의 시체를 놓고 변론할 때 감히 훼방하는 판결을 쓰지 못하고 다만 "주께서 너를 꾸짖으시기를 원하노라"고 하였다. 그런데 이 거짓 형제들은 함부로 영광과 권위를 훼방하였으니, 그들은 자신의 수치의 거품을 뿜는 바다의 거친 물결이요 영원히 캄캄한 흑암에 돌아갈 유리하는 별들이다. 아담의 7세손 에녹이 사람들에 대하여 예언하기를, "보라 주께서 그 수만의 거룩한 자와 함께 임하셨나니 이는 뭇사람을 심판하사 모든 경건치 않은 자의 경건치 않게 행한 모든 경건치 않은 일과 또 경건치 않은 죄인의 주께 거스려 한 모든 강퍅한 말을 인하여 저희를 정죄하려 하심이라"(외경의 에녹서에 나온 내용 참고)고 했다.

3. 경계와 권면의 말씀

그는 우리 주 예수 그리스도의 사도들이 너희에게 한 말을 기억하라고 하면서 "마지막 때에 자기의 경건치 않은 정욕대로 행하며 기롱하는 자들이 있으리라"고 했다. 이들은 당을 짓는 자며 육에 속한 자며 성령은 없는 자이다.

"사랑하는 자들아 너희는 너희의 지극히 거룩한 믿음 위에 자기를 건축하며 성령으로 기도하며 하나님의 사랑 안에서 자기를 지키며 영생에 이르도록 우리 주 예수 그리스도의 긍휼을 기다리라". 또 어떤 의심하는 자들이 있다면 불에서 끌어내어 구원하며, 또 어떤 자를 그 육체로 더럽힌 옷이라도 싫어하여 두려움으로 긍휼히 여기라고 한다. 아직도 의심하며 뭐가 뭔지 모르고 헤매는 영혼들을 구출하라는 말이다.

4. 송영

송영으로 마친다. "능히 너희를 보호하사 걸려 넘어짐이 없게 하시고 너희로 그 영광 앞에 흠이 없이 즐거움으로 서게 하실 자 곧 우리 구주 홀로 하나이신 하나님께 주 예수 그리스도로 말미암아 영광과 위엄과 권력과 권세가 만고 전부터 이제와 세세에 있을지어다 아멘". 예수님의 육신의 동생 유다는 예수께 대하여 최고의 영광을 돌리는 송영을 올렸다. 예수는 위엄과 권력과 권세가 영원하신 영광스러운 하나님이시다.

요한계시록

주요 내용	계시록의 중점은 그리스도의 재림이요 세상 열국에 대한 심판이다. 만물을 창조하시며 모든 것을 시작하신 분이 그분의 뜻을 완전히 이루신다. 그분이 알파와 오메가시다. 세상의 종말이 온전히 예언되어 있다. 세상 열국은 그리스도의 재림의 시점에 다 멸망한다. 믿지 않는 자, 우상숭배자, 모든 거짓말 하는 자들, 적그리스도와 마귀, 심지어 사망과 음부도 다 불못에 들어간다. 일곱 인, 일곱 나팔, 일곱 대접이 차례로 있게 되고, 이 모든 심판을 통해 바벨론을 포함한 세상이 완전히 끝나게 되며 새 하늘 새 땅이 도래하고 어린 양의 신부인 새 예루살렘이 완성되어 하늘로부터 내려오며, 하나님은 그분의 구속하신 백성들 가운데 영원히 거하신다. 새 예루살렘은 성삼위 하나님과 그분의 택한 백성들의 영원한 거처이다.

요한계시록은 사도 요한이 밧모섬에 유배되었을 때 A. D. 90년 즈음 쓰여진 것이다.

◊ 제 1 부 **영광스런 그리스도의 이상(1장)**

1. 요한이 하나님께서 자기에게 보이신 것을 증거한 책

요한계시록은 예수 그리스도의 계시인데, 이는 하나님께서 그에게 주셔서 반드시 속히 될 일을 그 종들에게 보이시려고 그 천사를 요한에게 보내어 지시하신 것들이다. 요한은 하나님의 말씀과 예수 그리스도의 증거 곧 자기의 본 것을 다 증거하였다. 요한계시록에서는 거의 모든 말씀이 환상 가운데서 본바 장차 일어날 일들을 상징으로 예언해주신 것들이다. 이 예언의 말씀을 읽는 자와 듣는 자들과 그 가운데 기록한 것을 지키는 자들은 복이 있는데, 이는 때가 가깝기 때문이다. 이 계시록의 수신자는 아시아의 일곱 교회들이지만 사실 모든 교회와 성도들이 다 읽고 알아야 할 말씀이다.

2. 삼위일체 하나님에 대한 송영 및 다시 오실 그리스도

요한은 삼위일체 하나님에 대한 송영으로 계시록을 시작하는데, 성부, 성자, 성령의 순서를 주의하지 않고 서술한다. "이제도 계시고 전에도 계시고 장차 오실 이(성부 하나님)와 그 보좌 앞의 일곱 영과(성령 하나님) 충성된 증인으로 죽은 자 가운데서 먼저 나시고, 땅의 임금들의 머리가 되시고, 우리를 사랑하사 그의 피로 우리 죄에서 우리를 해방하시고 그 아버지 하나님을 위하여 우리를 왕국과 제사장으로 삼으신 그에게(성자 하나님)"라고 한다. 그리고 여기서 가장 위대한 예언을 하는데, 이는 예수 그리스도께서 다시 오신다는 것이다. "볼지어다 구름을 타고 오시리라 각인의 눈이 그를 보겠고 땅에 있는 모든 족속이 그를 인하여 애곡하리니 그러하리라 아멘".

3. 하나님의 말씀과 예수의 증거를 인해 밧모 섬에 유배된 요한

8절의 주 하나님은 성부를 가리키는지 성자를 가리키는지 모르지만, 사실 예수가 바로 우리의 주시요 전능한 하나님이시다. "주 하나님이 가라사대 나는 알파와 오메가라 이제도 있고 전에도 있었고 장차 올 자요 전능한 자라". 요한은 우리의 형제로서 예수의 환난과 왕국과 참음에 동참하는 자로서 하나님의 말씀과 예수의 증거를 인하여 밧모라 하는 섬에 있었다. 당시 로마 황제 도미티안에 의해 거기 유배되어 있었던 것이다.

4. 일곱 금 촛대 사이를 거니시는 인자이신 예수 그리스도의 모습

주의 날에 요한은 성령에 감동하여 나팔 소리 같은 큰 음성을 들었고 일곱 금촛대를 보았는데 촛대들 사이에 인자 같은 분이 계셨다. 요한이 밧모섬에서 환상 가운데 본 예수의 모습은 이 땅에 계시던 때의 모습과 너무 다르다. 여기서 그분은 일곱 금 촛대 사이를 다니시는데 발에 끌리는 제사장 복을 입으시고 가슴에 금띠를 띠고, 그 머리와 털의 희기가 흰 양털 같고 눈 같았다(히 8:1-2, 부활 승천하신 그분은 자신의 교회를 돌보는 하늘의 대제사장이시다. 히브리서는 다만 그 진리를 말하나 계시록에서는 그 모습을 보이신다). 그분의 눈은 불꽃 같고, 발은 풀무에 단련한 빛난 주석 같고, 그의 음성은 많은 물소리와 같으며, 그 오른손에 일곱별이 있고, 그 입에서 날선 검이 나오며, 그 얼굴은 해가 힘 있게 비추는 것 같았다. 계시록에서 예수 그리스도의 모습은 승천하신 대제사장으로서 그분의 교회들을 돌보시고 사랑하시는 분으로(2, 3장), 또한 장래 속히 일어날 일(주로 심판의 일들)을 집행하실 심판주로(그 눈이 불꽃 같으며 그 발이 풀무에 단련한 빛난 주석 같고 입에서 좌우에 날선 검이 나오는 분으로) 나타나셨다(4장 이후).

5. 그분의 오른손에 있는 일곱 별과 일곱 금 촛대

요한이 그 발 앞에 엎드러져 죽은 자같이 되니 주 예수께서 그에게 오른손을 얹고 말씀하셨다. "두려워 말라 나는 처음이요 나중이니 곧 산 자라 내가 전에 죽었었노라 볼지어다 이제 내가 세세토록 살아 있어 사망과 음부의 열쇠를 가졌노니 그러므로 네 본 것과 이제 있는 일과 장차 될 일을 기록하라 네 본 것은 내 오른손에 일곱 별의 비밀과 일곱 금 촛대라 일곱 별은 일곱 교회의 사자요 일곱 금촛대는 일곱 교회이니라".

◊ 제 2 부 **일곱 교회에 주시는 말씀(2-3장)**

1. 에베소 교회

부활하신 주님께서 관심하시는 것은 금 촛대(교회)이고, 그분은 오른손에 교회의 사자들인 일곱 별을 붙잡고 계신다. 그분은 에베소 교회의 행위와 수고와 인내를 잘 아신다. 악한 자를 용납지 아니한 것과 자칭 사도라 하되 아닌 자들을 용납지 않은 것도 아신다. 이렇게 에베소 교회는 좋은 점들이 있었음에도 책망을 받았다. 그들의 처음 사랑을 잃어버렸기 때문이다. 주님은 그들이 회개하지 않으면 촛대를 자리에서 옮기겠다고 하신다. 그러면서도 주님은 한 가지를 칭찬하시는데, "오직 네게 이것이 있으니 네가 니골라당의 행위를 미워하는도다 나도 이것을 미워하노라" 하신다. 니골라당이란 일반 백성들 위에 군림하는 무리를 뜻한다.

"귀 있는 자는 성령이 교회들에게 하시는 말씀을 들을지어다". 하나님은 처음 사랑을 잃은 교회를 향해 그들 가운데 이기는 자를 부르신다. 교회의 모든 사람이 다 이기는 자가 될 수 없다는 뜻이기도 하다. "이기는 그에게는 내가 하나님의 낙원에 있는 생명나무의 과실을 주어 먹게 하리라". 사도 시대 이후의 교회가 주님에 대한 사랑이 점점 식어간 것을 예언한 것이기도 하다.

2. 서머나 교회

서머나 교회에게는 주님이 자신을 죽었다가 다시 살아나신 분이라고 말씀하신다. 그들의 환난과 궁핍을 아시며 자칭 유대인이라는 자들의 훼방도 아시는데 그들은 사실상 '사단의 회'라고 하셨다(계 3:9). 서머나 교회는 고난 중에 있는 교회이다. 주님은 그러한 교회에게 죽도록 충성하라고 하시며, 그리하면 생명의 면류관을 받으리라고 하신다. "이기는 자는 둘째 사망의 해를 받지 아니하리라". 그리스도인들도 둘째 사망의 해를 받을 수 있음을 암시한다. 로마의 박해 아래서 고난받는 교회를 예표한다.

3. 버가모 교회

버가모 교회에게는 주님이 자신을 좌우에 날선 검을 가진 분으로 말씀하신다. 그 교회는 사단의 보좌가 있는 곳에 있다고 하시면서, 그들이 주님의 이름을 굳게 잡아서 주님의 충성된 증인 안디바가 그들 가운데서, 곧 사단이 거하는 곳에서 죽임을 당할 때에도 주님을 믿는 믿음을 저버리지 않았다고 칭찬하신다.

그러나 두어 가지 책망할 것이 있다고 하시면서 그들 가운데 발람의 교훈을 지키는 자들이 있다고 하신다. 발람은 삯군의 대표이다. 그뿐 아니라 버가모 교회에는 니골라당의 가르침을 지키는 자들이 있었다. 주님은 "그러므로 회개하라!"고 하신다. 그렇지 않으면 주님이 그들에게 속히 오셔서 그 입의 검으로 그들과 싸우겠다고 하신다. 주님이 재림하셔서 구원받은 모든 사람들에게 잘해주실 것이라는 생각은 잘못된 것임을 증명한다.

이러한 교회 가운데 이기는 자에게 주님은 말씀하신다. "이기는 그에게는 내가 감추었던 만나를 주고 또 흰 돌을 줄 터인데 그 돌 위에 새 이름을 기록한 것이 있나니 받는 자밖에는 그 이름을 알 사람이 없느니라". 분명 모든 그리스도인이 아닌 이기는 자들에게는 주님의 특별한 보상이 있다. 버가모 교회가 로마가 콘스탄틴 황제 이후 기독교를 국교로 삼아 세상과 연합한 상태를 예표한다.

4. 두아디라 교회

두아디라 교회에게는 그 눈이 불꽃 같고 발이 빛난 주석 같은 하나님의 아들이 말씀하신다. 그들은 사업, 사랑, 믿음, 섬김, 인내 등 많은 부분이 좋았고 나중 행위가 처음 것보다 더 많다고 하셨다. 그러나 그들이 자칭 선지자라 하는 여자 이세벨을 용납한 것을 책망하셨다.

두아디라 교회에게 주님이 회개할 기회를 주셨지만 그 음행을 회개하려 하지 않았다. 주님은 그를 침상에 던지실 것이고, 그와 더불어 간음하는 자들도 회개하지 않으면 큰 환난 가운데 던질 것이라 하신다. 여기서의 간음은 영적인 간음을 가리키며 혼합된 신앙을 말하는 것이다. 주님은 사실상 이러한 원칙으로 우상과 하나님을 음행하듯 섬기는 사람들을 심판하신다는 뜻이다.

"이기는 자와 내 일을 지키는 그에게 만국을 다스리는 권세를 주리니 그가 철장을 가지고 저희를 다스려 질그릇 깨뜨리는 것과 같이 하리라 나도 내 아버지께 받은 것이 그러하니라 내가 또 그에게 새벽별을 주리라". 두아디라의 이기는 자에 대한 보상이다. 6세기경부터 구약의 바알 신앙처럼 악한 가르침과 우상이 많아진 기독교의 부패한 모습을 예언한다. 주님은 이 교회에 대하여 강력한 심판자의 모습으로 나타나신다.

5. 사데 교회

"하나님의 일곱 영과 일곱 별을 가진 이가 가라사대 내가 네 행위를 아노니 네가 살았다 하는 이름은 가졌으나 죽은 자로다". 주님은 사데 교회에게 책망부터 하신다. 네가 살았다 하는 이름은 가졌으나 죽은 자이며 조금 생기가 있는 것까지도 죽어가고 있으니 일깨워 남은바 죽게 된 것을 굳게 하라고 하신다. 또 내 하나님 앞에 네 행위의 온전한 것을 찾지 못하였으니 그들이 과연 어떻게 받았고 어떻게 들었는지를 생각하고 지키어 회개하라고 하신다.

주님은 "사데에 그 옷을 더럽히지 않은 자 몇 명이 네게 있어 흰옷을 입고 나와 함께 다니리니 그들은 합당한 자인 연고라" 하신다. 이기는 자는 흰옷을 입을 것이요 그 이름을 생명책에서 반드시 흐리지 아니하고 그 이름을 아버지 앞과 천사들 앞에서 시인하리라고 하신다. 흰옷이란 하나님의 인정하심을 받았다는 의미이다. 이들은 사데 교회의 이기는 자들로서 매사에 아버지의 뜻대로 행한 자들일 것이며(마 7:21-23), 주의 이름을 사람들 앞에서 시인하는 방식으로 산 사람들일 것이다(마 10:32-33). 16세기 경부터 개혁된 교회의 모습을 예언한 것이다.

6. 빌라델비아 교회

빌라델비아 교회는 그 이름 자체가 '형제 사랑'이다. 이들부터는 주 예수님의 모습이 부활 승천하신 후의 1장의 모습이 아니라 원래로 돌아가는데, 곧 거룩하고 진실하사 다윗의 열쇠를 가지신 분이라고 한다. 이 교회는 하나님께서 원래 교회에 대해 가지신 뜻에 부합하는, 표준에 이른 교회라는 뜻이다.

그들이 적은 능력을 가지고도 주의 말씀을 지키며 주의 이름을 배반하지 않으므로 그들 앞에 열린 문을 두셨으니 아무도 닫을 사람이 없다고 하신다. 또 그들이 주님의 인내의 말씀을 지켰은즉 장차 온 세상에 임할 시험의 때를 면하게 해주겠다고 하신다. 이러한 교회는 대환난 무렵까지 지상에 있게 될 교회임을 암시한다.

빌라델비아 교회의 이기는 자에게 주시는 보상은 가장 큰 칭찬이요 가장 귀한 것이다. 주님께서 매우 기뻐하시는 교회임을 알 수 있다. 주님이 기뻐하시는 교회는 능력이 크지 않아도 주의 이름을 배반치 않고 순전한 주의 말씀을 지키는 형제 사랑의 교회임을 알 수 있다. 마지막 때 주님이 다시 오시는 때를 기점으로 주님의 말씀을 지키고 서로 사랑하는 순수한 신앙의 작은 무리들이 여기저기서 일어날 것을 예언한다(마 24:14, 눅 12:32).

7. 라오디게아 교회

라오디게아 교회에게 주님은 아멘이시며, 충성되고 참된 증인이시며, 하나님의 창조의 근본이신 분이라고 한다. 라오디게아 교회에 나타나신 주님은 더욱 근원으로 돌아가신 모습이다. 주님은 그들이 차지도 않고 뜨겁지도 않은 미지근한 상태라고 책망하시며 주님의 입에서 토하여 내치리라고 하신다. 그들은 스스로 부자이고 부요하여 부족한 것이 전혀 없다고 생각하지만, 주님은 그들이 자신의 곤고한 것, 가련한 것, 가난한 것, 눈먼 것, 벌거벗은 것을 알지 못한다고 하시며, 그들에게 불로 연단된 금을 사서 부요하게 하고, 흰옷을 사서 입어 벌거벗은 수치를 보이지 않게 하고, 안약을 사서 눈에 발라 보게 하라고 하신다.

그런 교회에게 주님은 여전히 "회개하라!" 하시고, 문 밖에 서서 두드리시며 "누구든지 내 음성을 듣고 문을 열면 내가 그에게로 들어가 그로 더불어 먹고 그는 나로 더불어 먹으리라" 하신다. 또한 라오디게아 교회의 이기는 자에게는 주님의 보좌에 함께 앉게 하여 주기를 그분이 이기고 아버지 보좌에 함께 앉은 것과 같이 할 것이라 하신다. 빌라델비아 교회가 눈물과 뜨거운 헌신과 고난과 수고를 잃고 지식과 교리에 떨어지면 라오디게아로 가게 될 것이다. 라오디게아의 미지근한 상태도 주님의 재림을 생각나게 한다. 두아디라, 사데, 빌라델비아, 라오디게아는 주님 오실 때까지 존재하는 교회의 모습들이다. 이 교회들에게 보내는 편지는 우리가 어떤 상태로 주님을 맞이하게 될 것인가를 경고하고 있다.

◊ 제 3 부 **하늘 보좌의 이상(4:1-5:14)**

1. 하늘의 광경

4장에서 요한은 하늘에 열린 문이 있는 것을 보았고 처음에 그에게 말하던 나팔소리 같은 음성이 "이리로 올라오라 이 후에 마땅히 될 일을 내가 네게 보이리라" 하시는 것을 들었다. 우리는 여기서 하늘에 올라가서 하늘의 광경을 본 사람이 있음을 알게 된다. 그가 곧 성령 안에 있었는데(2절) 하늘에 보좌를 베풀었고 그 보좌에 앉으신 이가 있었다. 그 앉으신 이의 모양이 벽옥과 홍보석 같고 또 녹보석 같은 무지개가 보좌에 둘려 있었다. 그리고 보좌에 둘려 이십사 보좌들이 있고 그 위에 이십사 장로들이 흰 옷을 입고 머리에 금 면류관을 쓰고 앉아 있었다.

2. 보좌 앞의 일곱 영과 네 생물

보좌로부터 번개와 음성과 뇌성이 나고 보좌 앞에 일곱 등불을 켠 것이 있는데 이는 곧 하나님의 일곱 영이다. 보좌 앞에 수정과 같은 유리 바다가 있고 보좌 주위에 네 생물이 있는데 앞뒤에 눈이 가득했다. 모든 것을 볼 수 있는 존재이다. 하늘에 속한 영적인 세계에 이미 이 세상의 가장 귀한 것들이 다 존재한다. 피조물에게 있어서 눈(시력)은 가장 귀한 것 중 하나인데, 하늘에 있는 네 생물에게 눈이 가득하다는 것은 참으로 기이한 일이다.

여기의 이십사 장로들은 인간 장로들이 아니고 천사 장로들일 가능성이 큰데, 그것은 뒤에 나오는 찬송의 내용으로 유추해볼 수 있다. 그리고 4장의 시점은 창조 이후는 분명하나 아직 성도들의 휴거 이전이라고 보아야 한다. 하늘에 각종 보석이 있고, 등불이 있고, 번개 뇌성 등이 있는데, 이것은 물질세계에 있는 것들이 아니다. 하늘에 이미 지상의 모든 것의 참 원형이 있다고 보아야 한다.

요한이 본 네 생물의 모습은 첫째는 사자 같고, 둘째는 송아지 같고, 셋째는 얼굴이 사람 같고, 넷째는 독수리 같은데, 그 네 생물은 각각 여섯 날개가 있고 그 안과 주위에 눈이 가득하였다. 이는 에스겔 선지자가 본 하늘 보좌의 모습과 흡사하고 이사야 선지자가 본 것과도 유사한 점들이 있다(겔 1장, 사 6장 참조).

3. 네 생물의 찬양과 이십사 장로들의 찬양을 비교함

그리고 그들이 밤낮 쉬지 않고 말하기를, "거룩하다 거룩하다 거룩하다 주 하나님 곧 전능하신 이시여 전에도 계셨고 이제도 계시고 장차 오실 자라" 하고 그 네 생물이 영광과 존귀와 감사를 보좌에 앉으사 세세토록 사시는 이에게 돌릴 때에(9절) 이십사 장로들이 보좌에 앉으신 이 앞에 엎드려 세세토록 사시는 이에게 자기의 면류관을 보좌 앞에 던지며 "우리 주 하나님이여 영광과 존귀와 능력을 받으시는 것이 합당하오니 주께서 만물을 지으셨고 만물이 주의 뜻대로 있었고 또 지으심을 받았나이다" 하였다.

이십사 장로들은 인간이 피조되기 이전 천사들 가운데 장로들로 볼 수 있으며, 네 생물은 하나님의 또 다른 방면의 종들로서 주로 심판을 담당한다(6장 이후 참조). 네 생물의 찬양에는 감사가 포함되어 있어서 그리스도의 십자가의 구속의 효과를 얻은 존재들로 보여진다(십자가의 피는 땅엣 것들뿐 아니라 하늘에 있는 것들도 구속하여 하나님과 화목케 했다고 한다-골 1:20). 그 비밀은 우리가 다 알 수 없다. 반면에 이십사 장로들의 찬양은 다만 하나님의 창조에 집중되어 있으며 그분의 거룩하심과 영광과 존귀와 능력만을 칭송할 뿐 거기에 감사가 없다. 그러나 네 생물의 찬양에는 그들의 회복과 구속에 대한 감사가 있다.

4. 보좌에 앉으신 이의 오른손에 있는 책

5장에서 요한은 하늘 보좌에서 일어나는 광경을 더욱더 보았다. 이는 그리스도의 승천 직후의 광경이다. 보좌에 앉으신 이(성부 하나님)의 오른손에 책이 있는데, 그 책이 일곱 인으로 봉하여져 있었다. 요한이 보니 힘 있는 천사가 큰 음성으로 외쳤다. "누가 책을 펴며 그 인을 떼기에 합당하냐?" 그 책은 세상에서 장래 일어날 일과 심판에 관한 모든 계획을 기록한 것이라고 보여진다. 계시록은 심판의 책이다. 요한은 인봉된 책을 펴거나 보거나 하기에 합당한 자가 보이지 않기로 크게 울었다.

5. 이 책과 일곱 인을 떼실 어린 양

그 때 장로 중의 하나가 "울지 말라 유다 지파의 사자 다윗의 뿌리가 이기었으니 이 책과 일곱 인을 떼시리라"고 했다. 또 보니 보좌와 네 생물과 장로들 사이에 어린 양이 섰는데 일곱 뿔과 일곱 눈이 있으니 이 눈은 온 땅에 보내심을 받은 일곱 영이다. 이 어린양이 곧 십자가에서 죽으신 예수이다. 어린 양이 나와서 보좌에 앉으신 이의 오른손에서 책을 취하셨다. 어린 양 예수는 인자 되심을 인하여 심판의 권세를 가지신 분이며(요 5:27), 왕 중의 왕으로서 세상의 모든 움직임을 관할하는 분이시다. 그것이 인봉된 책을 취하신 것의 의미이다. 어린 양이 보좌에 앉으신 이의 오른손에서 책을 취하셨다는 것은 모든 심판의 계획이 다 아버지 하나님께로부터 나온 것이라는 뜻이다. 하늘에도 분명 아들과 아버지의 구별이 존재함을 볼 수 있다.

6. 승천하신 예수께서 세상에 대한 심판과 통치권을 가지심

승천하신 예수의 손에 책이 넘겨졌다는 사실은 우주 가운데서 대단히 큰 일이다. 예수께서 그 책을 취하심은 세상에 대한 모든 심판과 통치권이 아들의 손으로 넘겨지는 위엄의 순간이다. 그러므로 네 생물과 이십사 장로들이 어린 양 앞에 엎드려 경배했다. 이로써 우리는 어린 양이 경배받으실 하나님이심을 본다. 이들이 각각 거문고와 향이 가득한 금 대접을 가졌으니 이 향은 성도의 기도들이다. 이로써 심판은 아버지의 계획과 성도의 기도들의 총합이라고 보아야 한다. 한 사람 한 사람 성도들의 기도가 더해져 아버지의 심판이 결정된다. 그리고 아버지의 심판을 포함한 모든 계획은 거룩하고 의로우시므로 찬양을 받기에 합당하다(계 16:5).

7. 새 노래로 어린 양을 찬미함

따라서 그들은 새 노래를 노래하면서 "책을 가지시고 인봉을 떼시기에 합당하도다 일찍 죽임을 당하시고 각 족속과 방언과 백성 가운데 사람들을 피로 사서 하나님께 드리시고 저희로 왕국과 제사장으로 삼으셨으니 그들이 땅에서 왕 노릇 하리로다"라고 한다. 심판의 결과는 성도들이 온 땅을 다스리며 하나님을 섬기는 제사장 나라가 되는 것이다(단 7장 참조).

또 요한이 보고 들으니 보좌와 생물들과 장로들을 둘러싼 천천만만의 천사들이 큰 음성으로 "죽임을 당하신 어린양이 능력과 부와 지혜와 힘과 능력과 영광과 찬송을 받으시기에 합당하시도다" 하고 하늘과 땅 위의 모든 만물들이 보좌에 계신 이와 어린양에게 "찬송과 존귀와 능력을 세세토록 돌릴지어다" 하니 네 생물은 '아멘' 하고 장로들은 엎드려 경배하였다. 하나님의 어린양 그리스도의 죽음은 하늘에서도 영원히 찬양받으실 역사이다. 그러나 구속받은 성도들이 보좌를 둘러싸기 전까지는 그분에 대한 찬양이 아직 부족하다!

◊ 제 4 부 **일곱 인(6:1-8:5)**

1. 첫째 인: 흰 말과 그 탄 자(복음)

6장부터는 어린 양께서 인을 하나씩 떼시는 것이 나온다. 네 생물 중 하나가 우레 소리같이 말한다. "오라!" 요한이 보니 맨 첫 번째 인을 뗀 후 흰 말이 달려 나오는데, 그 탄 자가 활을 가졌고 면류관을 받고 나가서 이기고 또 이기려고 했다. 이는 복음을 가리킨다고 보는 것이 가장 타당하다. 화살이 없다는 것은 이미 화살을 쏘았다는 뜻이고 대적(사탄)의 심장을 뚫었다는 것이며, 이 복음은 영광의 복음(면류관을 받음)이고 또 구원을 주시는 하나님의 능력이 있기에 승리하고 또 승리한다(딤전 1:11, 마 28:18-20, 요 17:2).

2. 둘째 인: 붉은 말과 그 탄 자(전쟁)

둘째 인을 떼실 때에 요한이 들으니 둘째 생물이 말하기를 "오라!" 하니 붉은 다른 말이 나왔다. 그 탄 자가 허락을 받아 땅에서 화평을 제하고 서로 죽이게 하고 또 큰 칼을 받았다고 한다. 즉 붉은 말은 전쟁이다. 주 예수께서 승천하시어 아버지로부터 인봉된 책을 받아 펴시면서 복음을 위한 말이 달리기 시작하는 동시에 붉은 말이 따라 달리며 땅의 화평을 없애고 서로 죽이는 일을 하는데, 이것이 곧 전쟁이다.

3. 셋째 인: 검은 말과 그 탄 자(기근)

셋째 인은 검은색 말인데 그 탄 자가 손에 저울을 가졌다. 네 생물 사이에서 나오는 음성이 "한 데나리온에 밀 한 되요 한 데나리온에 보리 석 되로다 포도주와 감람유는 해치 말라"고 했다. 이것은 지독한 흉년으로 말미암은 기근이다. 한 데나리온은 당시 하루 품삯인데 그것으로 밀 한 되밖에 살 수 없다면 일반 백성들이 먹고 살기가 힘들다는 뜻이다.

4. 넷째 인: 청황색 말과 그 탄 자(사망)

넷째 인은 청황색 말인데 그 탄 자의 이름은 사망이다. 그런데 음부가 그 뒤를 따르고 저희가 땅 사분지 일을 검과 흉년과 사망과 땅의 짐승으로 죽이더라고 했다. 땅의 짐승이란 마지막 시대에 수많은 사람을 살상하는 적그리스도를 의미한다고 말하는 학자도 있고, 사람을 물어 죽이는 사나운 짐승을 말하는 것 같기도 하다. 네 마리의 말은 다 심판이다. 둘째, 셋째, 넷째 말에 대해서는 성경이 그 의미를 말하나 첫째 말에 대해서는 분명한 설명이 없는데 이는 복음을 가리키기 때문이다. 복음은 매우 적극적인 것이지만 또한 심판을 포함하고 있다(요 9:39).

5. 다섯째 인: 순교자들의 부르짖음

다섯째 인을 떼신 후에 보니 하나님의 말씀과 그들의 가진 증거를 인하여 죽임을 당한 영혼들, 즉 순교자들이 제단 아래서 큰 소리로 부르짖고 있었다. 그 기도는 주로 땅에 거하는 자들을 심판하여 그들의 피의 원수를 갚아달라는 것이었다. 그러자 대주재이신 하나님께서는 그들에게 흰 두루마기를 주시며 죽임당할 순교자들의 수가 차기까지 기다리라고 하셨다.

6. 여섯째 인: 천체의 변동

여섯째 인을 떼시니 큰 지진이 나고 해가 검은 털로 만든 상복같이 검어지고 달이 피같이 되며 대풍에 과일들이 떨어지듯이 별들이 떨어지며 하늘이 종이축이 말리듯이 떠나가고 산과 섬들이 제 자리에서 옮겨지는 것이 보였다. 이런 천재지변이 마지막 시대에 일어난다는 것이다. 때에 땅의 왕족들과 장군들, 부자들, 강한 자들과 심지어 종과 자유자들이 굴과 바위틈에 숨어 산과 바위에게 보좌에 앉으신 분과 어린 양의 진노에서 우리를 가려 달라고 외친다. 하나님과 어린 양이 진노하시는 날 상상할 수 없는 천체의 변동이 있게 된다. 이 여섯째 인의 어마어마한 천체 변동은 다섯째 인의 순교자들의 기도에 대한 응답으로써 심판의 전주곡으로 볼 수 있다.

7. 여섯째 인과 일곱째 인 사이의 삽입부

7장은 6장의 일곱 인 중 여섯 인을 뗀 것과 8장의 일곱째 인을 떼는 것 사이의 삽입부이다. 6장에는 다섯째 인의 순교자들의 기도가 있고, 그 응답으로 대대적인 심판(일곱째 인-일곱 나팔로 구성된)이 임하기 전에 그분의 택한 백성 중 남은 자들에 대한 보호와 긍휼히 여기심(인을 치심으로 구원하심)을 기록한다.

8. 이스라엘 열두 지파에서 인치심을 받은 십사만 사천 명

네 천사가 땅 네 모퉁이에 서서 땅 사방의 바람을 붙잡아 땅에나 바다에나 각종 나무에 불지 못하게 하고 있다. 이것은 하나님의 심판이 먼저는 산천초목과 땅과 바다에 임할 것임을 암시한다. 하나님의 진노가 사람에게 직접 임하기 전에 그 주위 환경에 임한다. 대대적인 심판에 앞서 다른 천사가 살아계신 하나님의 인을 가지고 해 돋는 데로부터 올라와서 땅과 바다를 해롭게 할 권세를 얻은 네 천사를 향하여 큰 소리로 외쳤다. "우리가 하나님의 종들의 이마에 인치기까지 땅이나 바다나 나무나 해하지 말라!" 요한이 그 때 인 맞은 자의 수를 들으니 십사만 사천이었다. 유다, 르우벤, 갓, 아셀, 납달리, 므낫세, 시므온, 레위, 잇사갈, 스불론, 요셉, 베냐민, 열두 지파에서 각각 일만 이천씩 도합 십사만 사천이다. 이들은 다윗의 왕국에서 그리스도와 함께 다스릴 이스라엘 백성이 될 것이다.

9. 큰 환난에서 나온 무리의 찬양

그런데 9절부터 매우 기이한 일이 발생한다. 이들은 분명 유대인이 아니다. 각 나라와 족속과 백성과 방언에서 아무라도 셀 수 없는 큰 무리가 흰 옷을 입고 손에 종려 가지를 들고 보좌 앞과 어린 양 앞에 서서 외쳤다고 했는데, 이들은 분명 이방인 가운데서 휴거된 자들이다. 즉 여섯째 인과 일곱째 인(일곱 나팔) 사이에 휴거가 있게 될 것임을 암시한다. 여기서 우리는 하늘의 광경 가운데서 휴거된 자들을 본다. 그런데 이들은 어떤 사람들인가? 승리자들이다. 첫째로 그들은 흰 옷을 입었고(희다는 것은 하나님 앞에 인정되고 의롭게 되었다는 증거이다), 손에 종려나무 가지를 들었다(이는 승리의 상징이다). 또한 그들은 보좌와 어린 양 앞에 서 있다. 이것은 누가복음 21장 36

절과 맥을 같이 한다. 모든 그리스도인이 그 날 온 지구상에 임하는 환난을 피하고 인자 앞에 설 수 있는 것이 아니라, 오직 항상 기도하며 깨어 있는 자들이 환난을 피하고 인자 앞에 설 것이다(눅 21:36, 계 12:5 참조). 그들은 분명하게 하나님과 구원자이신 어린양을 찬양한다. "구원하심이 보좌에 계신 하나님과 어린양에게 있도다!"

10. 모든 천사의 화답하는 찬양

그 때(구속받고 승리한 성도들의 찬양 후에) 모든 천사가 보좌와 장로들과 네 생물의 주위에 섰다가 보좌 앞에 엎드려 얼굴을 대고 하나님께 경배하며 찬미한다. "아멘 찬송과 영광과 지혜와 감사와 존귀와 능력과 힘이 우리 하나님께 세세토록 있을지로다". 이 질문을 볼 때 이기는 성도들의 휴거 후 찬송의 주체가 천사들이나 네 생물이 아니고 보좌나 장로들도 아니며 구원받은 성도들임을 본다(엡 1장). 그들의 찬양에 따라 나머지는 화답하고 있다. 4, 5장의 장로들이 천사 장로라는 말에 쉽게 동의하지 못하는 사람들은 이 구절들(7:9-11)을 유심히 묵상하면 왜 그들을 천사 장로라고 하는지 이해할 것이다. 그들은 이제 막 휴거된 하늘의 새로운 찬양자들을 보고 천사들과 네 생물과 보좌와 더불어 '아멘!' 하며 하나님께 엄청난 화답의 찬양을 드리고 있다.

다음 구절들은 더욱더 우리의 이해를 돕는다. 장로들 중 하나가 요한에게 묻는다. "이 흰 옷입은 자들이 누구며 또 어디서 왔느뇨?" 여기서 우리는 장로 중 하나가 그 흰옷을 입은 무리 중에 있는 사람이 아니라는 것을 알게 된다. 요한이 "내 주여 당신이 알리이다" 하니 그 장로가 말했다. "이는 큰 환난에서 나오는 자들인데 어린 양의 피에 그 옷을 씻어 희게 하였느니라 그러므로 그들이 하나님의 보좌 앞에 있고 그의 성전에서 밤낮 하나님을 섬기매 보좌에 앉으신 이가 그들 위에 장막을 치시리니 저희가 다시 주리지도 아니하며 목마르지도 아니하고 해나 아무 뜨거운 기운에 상하지 아니할지니 이는 보좌에 계신 어린 양이 저희의 목자가 되사 생명수 샘으로 인도하시고 하나님께서 저희 눈에서 모든 눈물을 씻어주실 것임이라".

이들에 대하여 한 마디로 정의하기는 어렵다. 두 유형의 사람들이 다 포함되어 있다고 보는데, 하나는 12장의 사내아이이고 또 하나는 21장 이후의 영세의 성도들이다. 따라서 첫째로 이들은 이기는 자들이요, 둘째로는 구원받은 모든 믿는이들이다. 천 년 동안 왕 노릇 할 이기는 자들은 결국 천 년 후에 모든 구원받은 성도들과 함께 한 목자이신 어린 양 아래 있게 될 것이다. 7장 전반은 지상에서 인(印)침을 받아 보호받을 유대인들을 말하고, 후반은 하늘 보좌로 휴거된 전체의 교회를 말한다.

11. 일곱째 인의 내용: 일곱 나팔

계시록은 주로 심판을 다루고 있다. 6장은 그리스도의 승천 이후 이천 년 동안의 심판의 내용이며, 일곱 째 인(일곱 나팔로 구성됨)은 주로 마지막 시대에 있을 심판인 대환난을 포함한다. 즉 이천 년 동안의 역사는 여섯 인(인은 공개된 것이 아니다) 안에 포함되어 있고, 일곱째 인의 내용인 일곱 나팔은 마지막 시대에 펼쳐질 것인데 이는 나팔이기에 뭔가 심판이 공개되기 시작한다. 인은 감추어진 것이고, 나팔은 공개적으로 알리는 것이기 때문이다.

8장 1-4절은 일곱째 인을 떼기 전 뭔가 큰 일이 일어나기에 앞서 잠시 폭풍 전야 같은 긴장감 있는 고요가 있음을 알린다. 그러다 하나님 앞에 시위한 일곱 천사가 일곱 나팔을 받았으며, 또 다른 천사(신약의 은혜 시대가 마감되므로 그리스도께서 구약의 여호와의 사자로 표현되신 것이다)가 와서 제단 곁에 서서 금향로를 가지고 많은 향을 받았는데, 이는 모든 성도의 기도들과 합하여 보좌 앞 금단에 드리고자 함이다. 향연이 성도의 기도와 함께 그 천사의 손으로부터 하나님 앞으로 올라가는데(4절) 천사가 향로를 가지고 단 위의 불을 담아다가 땅에 쏟으니 뇌성, 음성, 번개, 지진이 났다. 여기서 우리가 볼 수 있는 것은 하나님의 심판을 포함하여 모든 일의 집행이 그리스도를 통하여 이루어진다는 것이다. 또한 마지막 때의 심판을 위해서는 성도들의 기도가 필수적임을 알 수 있다. 이제 바로 본격적인 심판이 시작된다.

◊ 제 5 부 **일곱 나팔(8:5-11:19)**

1. 첫째 나팔: 땅의 삼분지 일에 대한 심판

첫째 천사가 나팔을 부니 피 섞인 우박과 불이 나서 땅에 쏟아지매 땅의 삼분의 일이 타서 사위고 수목의 삼분의 일도 타서 사위고 푸른 풀도 타서 사위었다.

2. 둘째 나팔: 바다의 삼분지 일에 대한 심판

둘째 천사가 나팔을 부니 불붙는 큰 산과 같은 것이 바다에 던지우매 바다의 삼분의 일이 피가 되고 바다 가운데 생명 가진 피조물들의 삼분의 일이 죽고 배들의 삼분의 일이 깨어졌다.

3. 셋째 나팔: 큰 별이 하늘에서 떨어져 강들의 삼분의 일과 여러 물샘에 떨어짐

셋째 천사가 나팔을 부니 큰 별이 하늘에서 떨어져 강들의 삼분의 일과 여러 물샘에 떨어졌다. 그 별 이름은 쑥이며 물들의 삼분의 일이 쓰게 되니 그로 인해 많은 사람들이 죽었다.

4. 넷째 나팔: 해, 달, 별들의 삼분의 일이 침을 받음

넷째 천사가 나팔을 부니 해 삼분의 일과 달 삼분의 일과 별들 삼분의 일이 침을 받아 어두워져서 낮 삼분의 일이 어두워지고 밤 삼분의 일도 그렇게 되었다. 이 넷째 나팔까지도 모든 심판은 인간에 대하여 간접적이었다.

이제 사람에 대한 본격적인 심판은 다섯째 나팔부터이다. 이때 공중에 날아가는 독수리가 큰 소리로 "땅에 거하는 자들에게 화, 화, 화가 있으리라 이 후에 불 세 나팔로 인함이라"고 했다(계 8:13). 다섯째 나팔부터 일곱째 나팔이 시대 말에 임할 대환난을 구성한다.

5. 다섯째 나팔: 무저갱에서 적그리스도가 나옴

9장의 다섯째 천사의 나팔부터는 지상에 임할 대환난이다. 대환난은 적그리스도의 출현부터 시작되는데, 적그리스도는 무저갱에서 나온다. 누가 무저갱에서 적그리스도를 끌어올리는가? 그것은 바로 하늘에서 땅에 떨어진 별(겔 28:14-18 참조), 즉 사탄 마귀이다. 그자가 받은 열쇠로 무저갱을 여니 거기서 황충이 나오는데 전갈과 같은 권세를 받았다. 다섯째 천사가 그자에게 땅의 풀이나 푸른 것이나 각종 수목은 해하지 말고 오직 이마에 하나님의 인 맞지 아니한 사람들만 해하라고 했다. 그러나 죽이지는 못하게 하시고 다섯 달 동안 괴롭게만 하게 하시는데 그 괴롭게 함이 전갈이 사람을 쏠 때에 괴롭게 함과 같더라고 했다. 그 날에는 사람들이 죽기를 구해도 죽음이 그들을 피한다고 하였다. 이로 보건대 장차 온 땅에 임할 대환난은 유대인부터 시작되는 것 같다(인 맞지 않은 유대인들, 7장 참조).

황충들의 모양은 기이하여 전쟁을 위해 예비한 말들 같고 그 머리에 금 같은 면류관 비슷한 것을 썼으며 그 얼굴은 사람의 얼굴 같고 또 여자의 머리털 같은 머리털이 있으며 그 이는 사자의 이 같고 철흉갑 같은 흉갑을 입고 그 날개들의 소리는 병거와 말들이 전장으로 달려 들어가는 소리 같고 또 전갈과 같은 꼬리와 쏘는 살이 있어서 다섯 달 동안 사람을 해하는 권세가 있었다. 그들 가운데 왕이 있는데 무저갱의 사자요 히브리 음으로 아바돈, 헬라어로 아볼루온(파괴자라는 뜻)이다. 그 자가 바로 적그리스도이다.

6. 여섯째 나팔: 동방에서 오는 마병대

여섯째 천사가 나팔을 불었다. 다섯째까지는 아직 사람을 죽이지는 못하게 하고 괴롭게만 하였지만 여섯째부터는 살육이 시작된다. 하나님의 금단에서 소리가 나서 유브라데에 결박된 네 천사를 풀어주라고 하니 그들이 놓였는데 그들은 그 년 월 일 시에 사람 삼분지 일을 죽이기로 예비한 자들이다. 여기서 유브라데에 결박된 네 천사는 에스겔 38장의 로스와 메섹, 두발과 마곡일 가능성이 있으며, 이 지명들은 러시아와 러시아 인근 국가의 도시일 가능성이 있다.

마병대가 있는데 그들의 수가 이억이었다. 그 마병대의 모습은 다섯째와 달리 말도 있고 탄 자들도 있다. 그 탄 자들은 불빛과 자주빛과 유황빛 흉갑이 있고 말들의 머리는 사자 같고 그 입에서 불과 유황이 나왔다. 그 입에서 나오는 불과 연기와 유황으로 인하여 사람 삼분지 일이 죽임을 당했다. 넷째 인까지 사분지 일의 사람들이 죽은 것은 이천 년 이상에 걸친 전쟁과 기근 등으로 인한 것이다. 그러나 대환난은 일 년, 일 개월, 하루, 한 시간이니, 13개월 남짓한 시간에 지상의 인구 삼분의 일이 죽는다. 사람들을 무수히 죽이는 것은 탄 자들이 아니라 말들이다. 그 말들의 입과 꼬리에 힘이 있는데, 꼬리는 마치 뱀 같아서 그것으로 사람들을 해치고 죽인다.

이 재앙으로 죽지 않은 사람들이 있는데, 그들은 그런 상황을 보고도 회개하지 않고 오히려 귀신에게, 우상에게 절하고, 그들의 살인과 복술(오늘날도 소위 예언한다고 하면서 무당 노릇을 하는 자들의 일은 이 복술에 해당한다)과 음행과 도적질을 회개하지 않았다. 다섯째 나팔의 전갈이 괴롭게 할 때 회개하면 좋을 텐데, 인구 삼분의 일이 죽는 참혹한 전쟁을 겪어도 사람들은 우상에서 돌아서지 않는다. 여기서 그 마병대의 복장은 모두가 현대의 경량 핵무기를 장착한 것처럼 보인다.

7. 힘센 천사와 작은 책

여섯째 나팔과 일곱째 나팔 사이에 10장이 삽입된다. 일곱째 나팔은 인류를 향한 마지막 나팔이고 그 나팔이 울림과 동시에 그리스도께서 재림하신다. 그리스도의 재림은 여섯째 나팔 이후부터 시작된다고 말하고 있다. 신약 성경에 주님의 재림에 관한 단어가 몇 있는데, 그 중 가장 많이 쓰이는 단어가 파루시아이다. 파루시아는 임재라는 뜻이며, 주님의 재림(파루시아)은 한 순간이 아니라 주님이 보좌로부터 지상에 나타나시는 때까지의 일련의 기간을 가리킨다.

10장 1절의 구름을 입고 그 머리 위에 무지개가 있으며 얼굴이 해 같고 그 발은 불기둥 같은 힘센 다른 천사는 다름 아닌 그리스도시다(그리스도 외에는 이러한 천사가 있을 수 없다). 구름을 입었으니 지상 재림하는 시점은 아니다. 주님은 구름을 타고 오시기 때문이다. 그분은 이 시점에서 구름을 입고 계신다. 그분은 여섯째 나팔 이후, 즉 환난의 중간 시점부터 재림하실 준비를 하시는 것으로 보인다. 그리스도의 지상 재림은 환난 후이다(계 19장 후반 참조). 그분이 손에 작은 책을 들고 오른발은 **바다**를, 왼발은 땅을 밟고 사자의 부르짖는 것같이 큰 소리로 외치니 외칠 때 일곱 우레가 그 소리를 발했다. 힘센 천사라는 호칭 때문에 그리스도로 보기 어려워하는 사람들이 혹 있으나 구약에서는 많은 곳에서 그리스도를 천사(사자)로 표현한 것을 볼 수 있다(Angel of Jehovah, 출 3:2 등). 일곱 우레가 발할 때 요한이 그 내용을 기록하려고 하다가 들으니 하늘에서 소리가 나기를 일곱 우레가 말한 것을 인봉하고 기록하지 말라고 하였다.

하늘과 땅을 밟았다는 것은 그분이 그것들의 소유주임을 말한다. 그 밟고 서 있는 천사가 하늘을 향하여 오른손을 들고 하나님 아버지 곧 세세토록 살아계신 자 곧 하늘과 그 가운데 모든 것, 땅과 그 가운데 모든 것, 바다와 그 가운데 모든 것을 지으신 분에게 맹세하기를, 지체하지 아니하리니 일곱째 천사가 나팔을 불게 될 때에 하나님의 비밀이 선지자들에게 전하신 복음과 같이 이루리라고 했다.

하나님의 모든 뜻이 이루어지는 마지막 나팔을 불기 전, 그리스도께서는 재림을 목전에 두고 그분의 지상 재림에 대하여 성부 하나님께 보고와 선서를 하시는 듯하다. 하늘에서 말씀하시던 음성이 또 요한에게 말하기를, "하늘과 땅을 밟고 서 있는 천사의 손에 펴놓인 책을 가지라" 하기로 요한이 천사에게 나아가 작은 책을 달라 하니 천사가 말하기를, "갖다 먹어버리라 네 배에는 쓰나 네 입에는 꿀같이 달리라" 하여 갖다 먹으니 그대로 되었다. 그 천사가 말하기를 "네가 많은 백성과 나라와 방언과 임금에게 다시 예언하여야 하리라" 했다. 지금까지 예언한 것에 이어 요한이 예언한 작은 책의 내용은 주로 일곱 나팔의 내용으로서 그분의 재림을 포함한 12장에서 22장까지의 남은 모든 예언의 내용들이다. 하나님의 말씀이기에 입에는 달지만, 그 내용이 주로 세상에 대한 심판이기에 배에서는 쓰게 된다.

8. 두 증인

11장은 본격적으로 대환난에 대하여 다루기 시작한다. 대환난은 인류의 마지막 환난이다. 그 이후에 그리스도께서 강림하시며, 그때 세상 나라는 주와 그리스도의 나라가 된다(15절). 먼저 주님은 요한에게 하나님의 성전과 제단과 그 안에서 경배하는 자들을 척량하라고 하신다. 그러나 성전 밖 마당은 척량하지 말라고 하신다. 이것을 이방인들에게 주셨으니 그들이 마흔 두 달 동안 짓밟으리라고 하신다. 이 마흔 두 달이 대환난의 기간이다. 이 기간에 가장 극심한 고통과 환난에 놓여지는 것이 예루살렘이고 유대인들이다. 유대인은 온 세상의 중심이다. 이는 9장의 다섯째 나팔의 상황에 연결된다.

성전에서 경배하는 자들은 틀림없이 대환난 전에 휴거된 충성된 이기는 자들로서 온 세상에 미치는 환난에서 보호받은 자들일 것이다(눅 21:36, 계 3:10). 즉 대환난 이전에 충성되고 깨어 있는 자들은 먼저 하늘 성전으로 휴거됨을 말해준다. 따라서 여기의 성전은 하늘의 성전이며, 성전 마당은 지상의 예루살렘을 의미한다. 하나님은 반드시 그분의 것(하늘에 있는 것들일지라도)을 척량하여 소유하신다(계 21:15).

그때 두 증인이 나타나는데 그들은 대환난 동안 예언하도록 세워진 자들이다. 그들은 굵은 베옷을 입고 일천 이백 육십 일을 예언할 것이다. 그들은 하나님 앞에 서 있는 두 감람나무와 두 촛대이다. 감람나무와 촛대는 스가랴서에도 나온다(슥 4:3, 14 참조). 구약에서도 두 감람나무는 가장 어려울 때 하나님께 쓰임받은 종들이었다. 만일 누구든지 그들을 해하려 하면 그들의 입에서 불이 나와 원수를 소멸할 것이다. 이들은 권세를 가지고 하늘을 닫아 그 예언하는 날 동안 비 오지 못하게 하고, 물을 변하여 피가 되게 하고, 아무 때든지 원하는 대로 여러 재앙으로 땅을 칠 것이다.

그러나 증거를 마칠 때에 무저갱에서 나온 짐승(적그리스도)이 두 증인을 죽이게 되는데, 그들의 시체가 큰 성 길에 있게 되니 그 성은 영적으로는 소돔이고 애굽이라고도 하니 주님이 십자가에 못 박히신 곳이다. 따라서 그곳은 예루살렘이며 마지막 때에 예루살렘이 극히 타락할 것임을 암시한다. 그곳은 애굽처럼 세상적이 되고, 소돔처럼 음란한 곳이 된다. 그 두 증인의 일은 구약의 엘리야 선지자의 일과 같고 모세의 일과 같다. 대환난 기간에 그들의 영을 가진 선지자들이 다시 한 번 나타나 마지막으로 예언을 하여 사람들로 하여금 잘못을 깨우치며 회개를 하도록 촉구한다.

여러 백성들과 족속들과 방언과 나라 중에서 사람들이 그 시체를 사흘 반 동안을 목도하며 무덤에 장사하지 못하게 할 것이다. 이 두 선지자가 땅에 거하는 자들을 괴롭게 한 고로 땅에 거하는 자들이 저희 죽음을 즐거워하고 기뻐하여 서로 예물을 보낼 것이다.

그런데 삼 일 반 후에 하나님께로부터 생기가 그들 속에 들어가니 그들이 두 발로 일어서게 되고, 많은 사람이 두려워하게 된다. 하늘로부터 큰 음성이 있어 "이리로 올라오라" 하는 것을 듣고 그들이 구름을 타고 하늘로 올라가니 그 원수들도 구경했다. 바로 그 시에 큰 지진이 나며 성 십분지 일이 무너지고 지진에 죽은 자들이 칠천 명이었다. 그 남은 자들이 두려워하여 영광을 하늘의 하나님께 돌리게 된다. 둘째 화는 지나갔으나 셋째 화가 속히 이른다고 하면서 일곱째 천사가 나팔을 분다. 여섯째와 일곱째 나팔 사이에 있게 될 일들이다. 즉 그리스도의 선서(10장)와 두 증인(11장, 두 감람나무, 두 촛대)의 출현이다.

9. 일곱째 나팔: 세상 나라가 우리 주와 그 그리스도의 나라가 되다

15절에서 일곱째 천사가 나팔을 부니 그때 하늘에서 큰 음성이 나는데, "세상 나라가 우리 주와 그 그리스도의 나라가 되어 그가 세세토록 왕 노릇 하시리로다" 하니 하나님 앞에 자기 보좌에 앉은 이십사 장로들이 엎드려 얼굴을 대고 하나님께 경배하여 말하기를, "감사하옵나니 전에도 계시고 이제도 계신 주 하나님 곧 전능하신 이여 친히 권능을 잡으시고 왕 노릇 하시도다 이방들이 분노하매 주의 진노가 임하여 죽은 자를 심판하시며 종 선지자들과 성도들과 또 무론대소하고 주의 이름을 경외하는 자들에게 상 주시며 또 땅을 망하게 하는 자들을 멸망시키실 때로소이다"라고 한다. 일곱 째 나팔 때 그리스도는 선지자들, 신실한 성도들, 하나님을 경외하는 자들에게 상을 주시며, 반대로 땅을 망하게 하는 일을 한 거짓 선지자들, 바벨론적인 신앙자들은 멸망을 당하게 된다.

이것이 일곱째 나팔의 내용이며, 나머지 22장까지의 제목과도 같다. 주의 진노(여섯 대접)와 심판, 그리고 상급을 말한다. 이곳에서도 확인할 수 있는 것은 성도들 모두가 상을 받는 것은 아니라는 것이다(19장의 혼인 잔치와 신부의 모습 참조). 오직 하나님을 경외하는 자들만이 상을 받는다. 이에 하늘의 하나님의 성전이 열리고 성전 안의 언약궤가 보이며 번개, 음성, 뇌성, 지진, 큰 우박이 있었다. 11장은 하늘의 성전과 지상의 상황이 함께 펼쳐진다(1-2절, 하나님의 성전과 제단, 성전 밖 마당).

◊ 제 6 부 **사내아이 및 사탄적 삼위일체(12:1-13:18)**

1. 여자: 하나님의 백성 전체

계시록은 6장부터 11장까지가 대략적인 전체 내용이고(주님의 손에 있던 작은 책의 내용 5:7, -일곱 인), 12장부터 22장까지는 세부적이고 중요한 사항들을 하나하나 자세히 말하고 있다(요한이 10장에서 힘센 다른 천사-그리스도-로부터 받아 먹은 작은 책의 내용). 하늘에 큰 이적(헬, 세메이온, 표적을 의미함)이 보였는데, 이는 하나의 표적과 상징으로서 하나님께서 우주 가운데서 행하시는 가장 큰 일을 보이신 것이다. 여기에 한 여자가 나온다. 해를 입었고 발 아래는 달이 있고 그 머리에 열두 별의 면류관을 썼다. 그녀는 말할 것 없이 교회를 뜻한다. 물론 이 교회는 구약의 이스라엘(열두 별은 이스라엘 열두 지파를 뜻한다)과 신약의 교회를 다 포함한다. 해는 주 예수님의 신약 시대를 말하고 달은 모세의 구약 시대를 말한다(요 1:17). 그럼 이 여인이 하는 일은 무엇인가? 주로 고통하며 해산하는 것이다. "아이를 배어 해산하게 되매 아파서 애써 부르짖더라". 여기에는 교회의 모든 고난이 포함된다(롬 8:35-39). 구약으로부터 사도들을 포함한 신약의 교회는 사내 아이 하나를 출산하기 위해 고난을 당하고 있다.

2. 붉은 용: 사탄

또 다른 이적은 큰 붉은 용이다. 이는 의심할 것 없이 하나님의 대적 마귀이다. 9절에 분명히 그 신분을 밝혔다(옛뱀, 마귀, 사단, 온 천하를 꾀는 자). 그 자는 머리가 일곱이요 일곱 면류관을 썼다. 그 자도 분명 장군임에는 틀림없고 수많은 부하들을 거느린 자이다. 그러나 그 자는 일곱 머리이니 다중 인격자이다. 그 머릿속에 일곱 뱀의 착상들이 들어 있으니 그러하다. 오늘날 성도들은 어린아이처럼 단순해야지 그 속에 뱀이 우글거리듯 복잡해서는 안 된다. 그 용의 하는 일의 방법이 다양하고 복잡하지만 그 목적은 단일하다. 그것은 여자 앞에 있다가 그녀가 해산하면 그 아이를 삼키고자 하는 것이다. 오늘날 교회의 일은 한 가지, 고난을 통과하면서 하나님의 이기는 자들을 산출하는 것이다(딤후 2:1-13, 계 2-3장 참조). 그리고 마귀의 하는 일은 충성된 성도들을 넘어뜨리고 핍박하는 것이다. 그러나 결국 이들의 발 아래서 마귀는 상하게 된다(롬 16:20).

3. 사내아이: 이기는 자들

여자가 아들을 낳으니 이는 장차 철장으로 만국을 다스릴 남자이며 하나님 앞과 그 보좌 앞으로 올려갔다(계 3:26, 7:9, 눅 21:36). 용이 그를 삼키지 못한 것이다. 그 여자가 광야로 도망하니 거기서 일천이백육십 일 동안 그를 양육하기 위하여 하나님께서 예비하신 곳이 있었다. 이 여자는 일반적인 성도들로 이루어진 교회를 가리킨다.

4. 하늘에서의 전쟁: 미가엘과 용이 싸우다

이기는 자들(사내아이)이 휴거된 후 하늘에서 전쟁이 벌어졌다. 이기는 자들은 그자의 모든 궤계를 알고 엄위한 권위로 명령을 내릴 것이며, 미가엘과 그의 사자들이 싸움의 전사들이 되어 용으로 더불어 싸울 것이다. 용과 그의 사자들도 싸우지만 이기지 못하여 더 이상 하늘에서 있을 곳이 없게 된다. 큰 용이 내어쫓기니 이자는 옛 뱀 곧 마귀라고도 하고 사탄이라고도 하는 천하를 꾀는 자이다. 이자가 땅으로 내어쫓기니 그의 추종자들도 그와 함께 내어쫓겼다. 어디든지 이기는 성도들이 있을 때 마귀는 쫓겨난다. 이것은 주 예수님과 사도들이 사역할 때 있었던 광경이며(눅 10:17-18), 그들이 장차 하늘로 휴거될 때 하늘에서 있게 될 상황이다. 하나님의 사람 창조의 목적은 그분의 대적을 처리하는 것임이 드러나고 있다. 이때는 아직 그리스도의 강림 이전이며 대환난이 시작되려는 시점으로 보인다.

5. 승리의 큰 음성

그자가 내어쫓기니 하늘에 큰 음성이 있어 말하기를, "이제 우리 하나님의 구원과 능력과 왕국과 또 그의 그리스도의 권세가 이루었으니 우리 형제들을 참소하던 자 곧 우리 하나님 앞에서 밤낮 참소하던 자가 쫓겨났고 또 여러 형제가 어린 양의 피와 자기의 증거하는 말을 인하여 저를 이기었으니 그들은 죽기까지 자기 생명을 아끼지 아니하였도다"라고 한다. 이때 하나님의 권세는 하늘 보좌뿐 아니라 공중에까지 완전하게 이루어진다. 그리고 1260일이 지나면 지상에도 완전히 그리스도의 권세가 이루어지게 된다(마 6:10, 계 11:15). 그들의 승리는 어린 양의 피와 자기들의 증거하는 말을 인함이다.

6. 하늘에서 내어쫓긴 용이 여자를 핍박하다

12절은 마귀의 권세가 쫓겨난 하늘과 그 가운데 거하는 자들은 즐거워하라고 한다. 그러나 땅과 바다는 화가 있는데, 이는 마귀가 자기의 때가 얼마 남지 않은 줄 알므로 크게 분내어 그들에게 내려갔기 때문이다. 용은 자기가 땅으로 내어쫓긴 것을 보고 사내아이를 낳은 여자를 핍박하였다. 그러므로 여기서 여자가 낳은 사내아이는 하늘로 올라가고, 대다수의 성도들인 여자는 땅에 남아 있음을 분명히 확인할 수 있으며, 여자는 독수리의 날개를 받아 광야 자기 곳으로 날아가서 거기서 그 뱀의 낯을 피하여 한 때와 두 때와 반 때(삼 년 반)를 양육받게 된다. 하나님께서는 마지막 날에 유대인과 교회를 다 보호하실 것이다. 이것은 구약의 선지서의 예언과 일치한다.

7. 바다에서 나온 한 짐승

13장에 나오는 짐승의 이야기는 인류의 종말기인 대환난 시에 가장 크게 활약할 자, 바로 적그리스도에 관한 이야기이다. 성경에는 그자에 대한 말이 여러 곳에 있다(다니엘서에 매우 자세히 묘사되어 있으며, 주 예수님도 그에 대하여 예언하신 바 있다-마 24:15). 그는 마귀처럼 머리가 일곱이고 뿔이 열이다. 열 뿔에 열 면류관이 있으며, 그 머리들에는 각각 참람된 이름들이 있다. 마귀와 다른 점은 마귀는 일곱 머리에 각각 면류관이 씌워져 있고, 짐승은 열 뿔에 각각 면류관이 씌워져 있다. 그것은 마귀는 주로 교활한 두뇌 작용으로 면류관을 썼고, 짐승은 주로 공격과 파괴로 면류관을 쓴 것을 시사한다(9:11, 그의 이름이 파괴자 아볼루온이다).

그 짐승은 표범과 비슷하고, 발은 곰의 발 같고, 그 입은 사자의 입 같은데, 용이 자기의 능력과 보좌와 큰 권세를 그에게 주었다. 표범은 헬라 왕을 상징하는데, 이 때문에 학자들은 적그리스도가 헬라계일 가능성이 있다고 보기도 한다(물론 이외에도 다니엘서에 적그리스도가 헬라를 상징하는 수염소의 네 뿔 중 한 뿔에서 자라 나온 작은 뿔이라고 한 것이 있다-단 8:9). 발이 곰 같다고 했는데, 곰은 메데-바사 왕을 가리킨다. 그리고 사자는 바벨론을 가리킨다(단 7:4). 즉 장차 나타날 적그리스도는 이방 왕국의 악한 세력의 총체라는 것을 뜻한다. 마귀와 적그리스도는 하나이다. 그래서 혹자는 마귀와 적그리스도와 거짓 선지자(11절부터 나오는)를 사탄적인 삼위일체라고 한다. 12장 마지막에 용이 하늘에서 땅으로 쫓겨나 바다 모래 위에 섰는데, 13장 1절은 짐승이 바다에서 나온다고 한다. 적그리스도의 출현은 용이 바다에서 그자를 끌어냄과 관계가 있다(계 9:1-2).

3절은 일곱 머리 중에 하나가 상하여 죽게 된 것 같다가 상처가 나으매 온 땅이 기이히 여겨 짐승을 따랐다고 한다. 일곱 머리 중의 하나라 함은 적그리스도가 신성 로마 제국의 황제로서 나타날 것임을 암시한다. 그래서 성경 연구가들은 유럽연합국을 주시한다(계 17:12). 이미 하나님을 모독하고 참담한 말을 했던 로마의 황제들은 네로를 포함하여 일곱 명이 있었다. 그들 가운데 다섯은 망하였고 하나는 있고 다른 이는 아직 이르지 않았다고 하면서 이 짐승은 여덟째이며 또한 일곱에 속한 자라고 한다. 매우 비밀스러운 이야기이며 17장에서 이에 대해 좀 더 보겠다(계 17:10-13).

머리 중의 하나가 상하여 죽게 되었다가 상처가 나았다는 것은 적그리스도가 그리스도의 죽음과 부활을 모방한 마귀의 교활한 작품이라는 것을 알 수 있다. 용은 그 짐승에게 자기의 권세를 주었으며, 많은 이들은 용과 짐승에게 경배하면서 누가 능히 이들과 싸워 이기겠느냐며 그들을 찬양했다. 짐승은 또한 마흔두 달 간의 대환난 동안 일할 권세를 받고 큰 말과 참람한 말을 하게 된다. 짐승이 입을 벌려 하나님을 훼방하되 그분의 이름과 하늘에 거하는 자들을 훼방하였다. 실상 마귀는 휴거된 성도들에 의해 쫓겨남을 당하였기에 적대감이 크다. 또한 권세를 받아 지상의 남은 성도들과 싸워 이기게 되고 족속과 방언과 나라를 다스리는 권세를 받으니(이 때 천상과 지상에 성도들이 있다는 증거이다) 죽임을 당한 어린양의 생명책에 창세로부터 녹명되지 못하고 이 땅에 사는 자들은 짐승에게 경배할 것이다. 주님은 이런 말씀을 귀담아 들어 알게 되기를 원하셨다(9, 17, 18절).

8. 땅에서 올라온 또 다른 짐승

또 다른 짐승 하나가 땅에서 올라오니 새끼 양같이 두 뿔이 있고 용처럼 말하더라고 한다. 저가 먼저 나온 짐승의 모든 권세를 그 앞에서 행하고 땅에 거하는 자들로 하여금 처음 짐승(적그리스도)에게 경배하게 하니 곧 죽게 되었던 상처가 나은 자이다(이 셋은 연합하여 서로를 위해 일한다). 또 다른 이 짐승은 땅에서 올라왔다고 했는데 이는 이스라엘에서 나온 것을 의미하며(그래서 어떤 학자는 가룟 유다일 것이라고 한다), 짐승은 바다에서 나왔는데 이는 이방 열국 중에서 나온 것을 가리킨다.

땅에서 올라온 이 짐승(거짓 선지자)은 새끼 양같이 두 뿔이 있고 용처럼 말한다. 그는 짐승에게서 얻은 모든 권세를 행하고 땅에 거하는 자들로 짐승에게 경배하게 한다. 큰 이적을 행하되 사람들 앞에서 불이 하늘로부터 땅에 내려오게 하고 짐승 앞에서 받은 이적을 행하여 땅에 거하는 자들을 미혹하면서 칼에 상하였다가 살아난 짐승을 위하여 우상을 만들라고 하였다. 또한 권세를 받아 그 짐승의 우상에게 생기를 주어 그 짐승의 우상으로 말하게 하고 그 우상에게 경배하지 아니하는 자는 다 죽이게 했다. 그는 모든 자들 곧 작은 자나 큰 자나 부자나 곤궁한 자나 자유한 자나 종들로 그 오른손에나 이마에 표를 받게 하고 누구든지 이 표를 가진 자 외에는 매매를 하지 못하게 했다. 그 표는 곧 그 짐승의 이름이나 그 이름의 수이다. 그 수는 사람의 수이니 666인데, 지혜 있는 사람은 그 수를 알 것이라고 했다.

그자는 분명 장래 재건될 신성 로마의 황제일 것이며, 그에게 네로의 영이 들어갈 것이라고 해석하는 것이 일반적이다. '캐사르 네로'가 히브리어 숫자로 666이고, 여덟 번째이며 동시에 일곱에 속한 자라고 하기 때문이다. 일곱은 줄리어스 시저, 티베리우스, 칼리쿨라, 클라디우스, 네로, 베스파시안, 도미티안이며, 줄리어스 시저를 빼고 타이터스를 넣기도 한다.

◊ 제 7 부 **첫 열매와 추수와 포도의 수확(14장)**

1. 시온산에 섰는 어린 양과 십사만 사천

14장에서 어린 양과 함께 시온산에 서 있는 무리는 14만 4천으로 7장의 인 맞은 사람들의 숫자와 같다. 그래서 어떤 학자들은 그 사람들이 바로 이들이라고 해석하기도 하는데, 그것은 잘못된 해석이다. 7장 전반부의 인 맞은 자들은 이스라엘 열두 지파이고 이들은 신약의 성도들이다. 이들은 오히려 7장 후반의 흰옷을 입고 종려가지를 들고 서 있는 셀 수 없는 무리일 가능성이 있고, 12장의 사내아이와 같은 부류일 수도 있다. 7장 후반이나 12장의 사내아이가 교회 역사 전반에 걸쳐 휴거된 무리라면, 14장의 무리는 대환난과 주 예수님 재림 시점에 살아 있는 사람들 중에서 휴거된 무리일 수 있다. 그것은 그들을 땅에서 구속함을 받았으며, 처음 익은 열매라고 표현했기 때문이다(출 19:23 참조).

그들의 이마에는 어린양의 이름과 그 아버지의 이름이 써 있다. 그들의 찬양은 매우 아름다워서 많은 물소리와도 같고, 대단히 웅장해서 큰 뇌성과도 같으며, 또 섬세하여 거문고 타는 자들의 거문고(하프) 소리 같았다. 그들이 서 있는 시온산은 예루살렘의 시온이 아닌데 거기에 보좌와 네 생물과 장로들이 있기 때문이다(3절). 그들이 새 노래를 부르니 '땅에서 구속함을 얻은' 십사만 사천 인 밖에는 그 노래를 배울 자가 없다고 한다. 그 시온은 분명 하늘이다. 찬송은 부르는 자들의 영적 체험의 수준과 관련되기 때문이다.

이들은 여자로 더불어 더럽히지 않고 정절을 지킨 자들이다. 즉 신앙에서 절대 정절을 지킨 자들로서 두 마음을 품어 세상과 간음을 범한 자들이 아니며(약 4:8), 어린 양이 어디로 인도하든지 따른 자들이며, 그 입에 거짓말이 없고 흠이 없는 자들로서 완전히 하나님과 어린양에게 속한 자들이다. 오늘날 자신을 더럽히지 않고 정절을 지키며, 그 입에 거짓말이 없고 흠이 없으며, 어린 양이 어디로 인도하든지 따르는 자들은 매우 소수이다. 그럼에도 온 세상의 그리스도인을 고려한다면 십사만 사천이라는 수는 결코 적지 않다. 그들을 첫 열매라고 하는 것은 먼저 익은 곡식이라는 말이다. 본 장의 후반부인 14절부터는 대다수의 추수가 있는데, 이 추수 전에 먼저 익은 첫 열매는 성전에 들여져서 아버지의 기쁨이 된다. 7장 후반의 휴거자들은 전체 그리스도인일 수 있으며, 12장의 휴거자들은 전체 이기는 자들일 가능성이 있고, 14장의 휴거자들은 주님 재림시에 들림받는 자들일 것이다.

2. 첫째 천사가 전하는 영원한 복음

첫 열매의 휴거 후에 영원한 복음의 전파가 있고, 다음 바벨론의 멸망이 있고, 그 후에 대환난의 종결이 있고, 그런 다음 완전한 추수가 있게 된다. 이 때 이미 은혜의 복음 시대는 마쳐지고 영원한 복음을 전하는데, 그 전하는 자가 사람이 아니라 천사들이다. 천사들은 공중을 날면서 큰 음성으로 모든 민족에게 영원한 복음을 전하는데, 그 내용은 "하나님을 두려워하고 그분께 영광을 돌리라 하늘과 땅과 바다와 물들의 근원을 지으신 이(창조주)를 경배하라"는 것이다. 죄 사함과 구속의 은혜의 복음 시대는 끝났기 때문이며, 이때 천사가 전하는 복음을 받은 사람들이 천년왕국의 백성이 될 것이라고 보는 학자들이 있다. (마 25:31-46 참조, 인자의 재림 시에 그분은 영광의 보좌에 앉으시어 당시 살아 있는 사람들을 다 모으시고 양과 염소로 분별하여 양들에게는 '창세로부터 너희를 위하여 예비한 왕국을 상속하라'고 하신다. 양들은 복음을 받아들이고 거듭나서 성령을 좇아 산 사람들이 아니라 다만 대환난 시에 영원한 복음을 순종하여 유대인과 주의 자녀들이 어려움에 처했을 때 선한 마음으로 도와준 자들이다. 그들은 주님이 '너희는 나에게 선한 일을 했다'고 하실 때 언제 자기들이 그렇게 했느냐고 했고, 주님은 작은 형제에게 한 것이 곧 내게 한 것이라고 하셨다. 이렇게 보는 학자들은 이들이 대환난 시에 고난받는 유대인이나 신약의 성도들을 도와준 것이 곧 창조주 하나님을 경외한 것이요 영원한 복음을 순종한 것이며, 그래서 양으로 분류된 것이라고 해석한다.)

3. 둘째 천사가 전하는 바벨론의 멸망

한 천사는 공중에 날아가면서 영원한 복음을 전하고, 또 다른 천사 곧 둘째 천사는 그 뒤를 따르며 바벨론의 멸망을 외친다. "무너졌도다 무너졌도다 큰 성 바벨론이여 모든 나라를 그 음행으로 인하여 진노의 포도주로 먹이던 자로다". 이 후로 바벨론의 멸망에 대하여는 몇 차례 더 나온다.

4. 셋째 천사가 전하는 심판: 짐승과 그 우상에게 경배하는 자들에 대하여

또 다른 천사 곧 셋째 천사가 그 뒤를 따르며 큰 음성으로 "누구든지 짐승(적그리스도)과 그의 우상에게 경배하고 이마에나 손에 표를 받으면 그도 하나님의 진노의 포도주를 마시리니 거룩한 천사들 앞과 어린 양 앞에서 불과 유황으로 고난을 받으리니 그 고난의 연기가 세세토록 올라가리로다 짐승과 그의 우상에게 경배하고 그 이름의 표를 받는 자는 누구든지 밤낮 쉼을 얻지 못하리라"고 했다. 이런 말씀을 지키고 승리하는 자들은 인내하는 자들이다. "성도들의 인내가 여기 있으니 저희는 하나님의 계명과 예수 믿음을 지키는 자니라". 여기의 계명을 지키는 자들은 유대인일 것이고 예수 믿음을 지키는 자들은 신약의 성도들이다. 이것이 바로 대환난 때 세 천사들의 사역이다.

5. 대환난 시의 순교자들

그 때 하늘에서 음성이 나서 기록하라고 한다. "이후로 주 안에서 죽은 자들은 복이 있도다" 하니 성령께서 "그러하다 저희 수고를 그치고 쉬리니 저희의 행한 일이 따름이니라" 말씀하셨다. 이 부분의 말씀을 종합하면 대환난 시에는 너무 고통스럽고 힘드니 별 다른 길이 없고 인내하며 믿음을 지키는 것이 길인데, 죽음 곧 그렇게 신앙을 지키다가 죽는 것이 복이 있다고 하신다. 즉 계시록 6장의 다섯째 인의 부족한 순교자의 수는 이처럼 대환난 시에 많이 채워진다. 여기서 성령께서는 순교자들에게 용기와 믿음을 주고 있다.

6. 마지막 수확

그리고는 온전한 추수가 나온다. 흰 구름이 있고 구름 위에 사람의 아들과 같은 이가 앉았는데, 그분은 다름 아닌 예수 그리스도시다. 그분의 머리에 금 면류관이 있고, 그 손에 예리한 낫이 들려져 있다. 다른 천사가 성전으로부터 나와 구름 위에 앉으신 이를 향하여 큰 음성으로 외친다. "네 낫을 휘둘러 거두라! 거둘 때가 이르러 땅에 곡식이 익었음이라!" 그 천사의 음성은 성부의 명령을 전달하는 것이리라. 구름 위에 앉으신 이가 땅에 낫을 휘두르니 곡식이 거두어졌다. 대환난의 햇볕은 뜨거워서 곡식이 빨리 익게 된다. 가장 좋은 것은 대환난을 거치지 않고 속히 익어서 첫열매로 거두어지는 것이며, 다음으로 복된 것은 죽어서 마지막 순교자들의 대열에 합하는 것이며, 순교하지 않더라도 힘을 다해 인내와 믿음으로 환난을 견뎌 익은 곡식이 되는 것이다. 그러나 이들은 모두 대환난을 거쳐서 익은 곡식이 된다. 14장에는 첫 열매, 대환난, 순교에의 부르심, 추수가 이어져 나온다.

7. 모든 민족에 대한 심판

또 다른 천사가 나오는데 또한 예리한 낫을 가졌다. 이는 포도송이를 거두기 위한 것인데 그 포도가 익었기 때문이라고 한다. 이 포도를 거두는 일은 곡식을 거두는 추수와 다르다. 이 포도를 거두는 일은 복음을 순종하지 않은 모든 민족에 대한 심판이다. 이들은 하나님의 진노의 포도주 틀에 던져지는데, 성 밖에서 그 틀이 밟히니 그

틀에서 피가 나와 말굴레까지 닿았고 일천 육백 스다디온까지 퍼졌다고 했다. 포도가 익었다는 것은 포도알이 물이 많아져 탱탱해진 것이고, 반면 곡식이 익는다는 것은 곡식 낱알의 물기가 마른 것이다. 포도는 익을 때 그 속에 물기가 더 많아지는데, 그 물은 이 세상의 물로서 세상 쾌락과 정욕에 대한 누림이다. 그런 것으로 가득 찰 때 포도주 틀에 던져지며 그 틀에서 피가 넘쳐나게 된다. 이것이 19장 후반의 아마겟돈에서 일어날 일이다(13-21절). 여기서 일천 육백 스다디온은 므깃도에서 보스라까지의 거리이다(약 300km). 계시록 16장 16절에는 아마겟돈 전쟁이 므깃도에서 시작될 것이라는 암시가 있다(사 63:1, 34:1-8, 슥 14:4-5 참조).

◊ 제 8 부 **일곱 대접(15-16장)**

1. 하늘의 광경

15장과 16장은 인류의 마지막 재앙인 하나님의 진노의 일곱 대접의 내용이며, 이로써 대환난이 마쳐진다. "하나님의 진노가 이것으로 마치리라"(1절). 요한은 불이 섞인 유리 바다를 보았고, 짐승과 그의 우상과 그 이름의 수를 이기고 벗어난 사람들이 유리 바닷가에 서서 하나님의 거문고를 가지고 모세의 노래, 어린양의 노래를 부르는 것을 보았다(2절). 이들을 우리는 후기의 이기는 자들이라고 부른다. 우리는 2장과 3장에서 교회 가운데 이기는 자들을 부르시는 주님의 음성을 들었고, 12장과 14장에서 각각 하늘로 휴거된 무리, 즉 사내아이와 시온산에 있는 첫열매를 보았다. 그러나 하나님은 인류의 마지막 대환난 시에도 이기는 자들을 얻으신다. 대환난 시에 적그리스도는 그의 우상을 성전에 세우고 사람들에게 경배를 요구할 것이다. 그리고 매매를 위하여 모든 사람에게 짐승의 이름의 수(666표)를 이마에나 오른손에 받게 할 것이다. 그것은 사람들이 다 그에게 속했음을 증명하게 하려는 것이다. 그러나 한 무리의 성도들은 그것을 이겼는데, 그들은 거의 다 짐승에 의해 죽임을 당하고 목베임을 당한 순교자들이다(예수의 증거와 하나님의 말씀을 인하여 목베임을 받은 영혼들, 우상에게 경배하지 아니하고 이마와 손에 표를 받지 아니한 자들이 살아서 그리스도와 더불어 천 년 동안 왕 노릇 하니, 계 20:4). 그들은 죽음의 강을 건너 적그리스도의 손에서 벗어났다. 그리고 유리 바다 위에 섰다. 물론 이 바다는 하늘에 있는 것이다.

오늘 우리가 주님을 위해 세상의 유혹을 피하는 것은 불이 섞인 유리 바다를 건너는 것과 같다. 그리고 그들은 모세의 노래, 곧 어린 양의 찬미를 드린다. 마치 세상의 임금 바로의 손에서 벗어난 이스라엘 백성들 같다. "주 하나님 곧 전능하신 이여 하시는 일이 크고 기이하도다 만국의 왕이시여 주의 길이 의롭고 참되시도다 주여 누가 주의 이름을 두려워하지 아니하며 영화롭게 하지 아니하오리까 오직 주만 거룩하시니이다 주의 의로우신 일이 나타났으니 만국이 와서 주께 경배하리이다"(3-4절). 그들은 적그리스도의 위협과 핍박을 순교로 이기고 벗어나 하늘 유리바다(불이 섞인 곳, 이것은 그들이 혹독한 심판을 거친 것을 뜻한다) 위에 서 있다. 그들은 이스라엘 백성들이 홍해를 건넌 것처럼 불이 섞인 바다를 건넌 것이다. 그리고 유리 바다 가에 서서 찬양을 부른다(어떤 사본들은 '유리 바다 위에 서서'로 되어 있다). 그들로 하여금 이기게 하시고 죽음으로 짐승에게서 벗어나게 하신 것은 순전히 하나님께서 하신 일이요 기이하신 역사임을 찬양하는 것이다.

"또 이 일 후에 내가 보니 하늘에 증거 장막의 성전이 열리며 일곱 재앙을 가진 일곱 천사가 성전으로부터 나와 맑고 빛난 세마포를 입고 가슴에 금띠를 띠고 네 생물 중에 하나가 세세에 계신 하나님의 진노를 가득히 담은 금 대접 일곱을 그 일곱 천사에게 주니 하나님의 영광과 능력을 인하여 성전에 연기가 가득 차게 되매 일곱 재앙이 마치기까지는 성전에 능히 들어갈 자가 없더라"(15:5-8). 지금 하늘에서 심판과 재앙의 그릇에 하나님의 진노가 채워지고 있으며 차오르고 있다. 그리고 그 하나님의 진노는 조금도 가감 없이 그대로 이 세상에 쏟아부어질 것이며 그 심판은 절대적으로 의로우시다(15:4).

2. 진노의 일곱 대접(16장)

15장에서는 증거장막에서 일곱 천사에게 일곱 개의 진노의 대접이 주어지는 것을 보았다. 16장에는 하나님의 진노의 일곱 대접을 쏟아붓는 것이 나온다. 일곱 대접은 일곱 나팔에 포함된 내용으로서 하나님의 진노의 마침이다.

1) 첫 번째 대접

첫째가 대접을 쏟으니 악하고 독한 헌데가 짐승의 표를 받은 사람들과 그 우상에게 경배하는 자들에게 났다. 이로써 우리는 짐승에게 굴복하여 목숨을 부지하고 어떻게든 살고자 한 자들이 임시는 고통을 면했지만, 결국 하나님의 무서운 진노를 당하게 된다는 것을 볼 수 있다.

2) 두 번째 대접

둘째가 대접을 바다에 쏟으니 바다가 죽은 자의 피같이 되어 바다 가운데 모든 생물들이 죽었다.

3) 세 번째 대접

셋째가 그 대접을 물 근원에 쏟으니 피가 되었다. 수많은 그리스도인들이 핍박자들에 의해 피를 흘렸고 이제 사람들은 그 피를 마셔야 한다. 그때 물을 차지한 천사가 찬미한다. "전에도 계셨고 지금도 계신 거룩하신 이여 이렇게 심판하심이 의로우시도다". 이 시점에 주님은 이미 보좌를 떠나셨기에 '장차 오실 이'가 없다. "저희가 성도들과 선지자들의 피를 흘렸으므로 저희로 피를 마시게 한 것이 합당하니이다". 제단이 화답한다. "그러하다 주 하나님 곧 전능하신 이시여 심판하시는 것이 참되시고 의로우시도다".

4) 네 번째 대접

넷째가 그 대접을 해에 쏟으니 해가 권세를 받아 불로 사람들을 태웠다. 넷째 나팔에는 다만 해가 어두워졌는데 네번째 대접에는 해가 사람들을 태운다. 그 때 사람들이 크게 태워지지만 이 재앙을 내리는 하나님의 이름을 훼방하며 영광을 주께 돌리지 아니하고 회개치도 않았다. 둘째, 셋째, 넷째의 나팔과 대접은 약간의 연결점이 있다.

5) 다섯 번째 대접

다섯째가 그 대접을 짐승의 보좌에 쏟으니 그 나라가 어두워지고 사람들이 아파서 혀를 깨물고 아픈 것과 종기로 인하여 하늘의 하나님을 훼방하고 회개하지 않았다. 다섯째 대접부터는 적그리스도에게 고통이 가해진다.

6) 여섯 번째 대접

여섯째가 그 대접을 큰 강 유브라데에 쏟으매 강물이 말라서 동방에서 오는 왕들의 길이 예비되었다. 인류 최후의 전쟁이 예비되고 있는 것이다. 마지막 시대에 동방의 군대가 일어나는데, 한 편은 신성 로마제국으로서 유럽 여러 나라의 연합군대일 것이고, 동방의 군대는 중국, 러시아, 일본 등으로 이루어질 것이다. 다니엘서에는 동북의 군대가 건너온다는 소문이 예언되어 있다(단 11:44).

그때 개구리 같은 세 더러운 영이 용의 입과 짐승의 입과 거짓 선지자의 입에서 나와 천하 임금들에게 가서 하나님의 날, 전능하신 분의 큰 날에 있을 전쟁을 위해 군대를 모은다. 이것이 바로 인류의 마지막 전쟁인 아마겟돈 전쟁이다. 하나님을 대항하는 이 최후의 접전을 위해 사탄적인 삼위일체가 총동원된다.

15절에서는 바로 이런 절체절명의 순간에 주님은 그분의 재림을 예고하시며 깨어 있으라고 마지막 경고를 하신다. "보라 내가 도적같이 오리니 누구든지 깨어 자기 옷을 지켜 벌거벗고 다니지 않게 하며 자기의 부끄러움을 보이지 아니하는 자가 복이 있도다". 이 전쟁 직전에 그리스도는 지상 재림을 하시고, 세 더러운 영은 마지막 전쟁의 장소인 아마겟돈으로 왕들을 모은다. 여기서 적그리스도는 그리스도에 의해 철저히 궤멸된다.

7) 일곱 번째 대접

일곱째가 대접을 공기 중에 쏟으니 큰 음성이 성전에서 보좌로부터 나서 말하기를 '되었다!' 하니 번개와 음성들과 뇌성이 있고 또 큰 지진이 있는데 어찌나 큰지 사람이 땅에 있어옴으로부터 이같이 큰 지진이 없었다. 큰 성이 세 갈래로 갈라지고 만국의 성들도 무너지니 큰 성 바벨론이 하나님 앞에 기억하신 바 되어 그의 맹렬한 진노의 포도주 잔을 받으니 각 섬도 산악도 간 데 없었다. 바벨론이 이때 하나님의 심판을 받는다. 바벨론 멸망에 대한 상세한 서술은 다음 장인 17, 18장에 또 나온다. 또 중수가 한 달란트(30-40kg) 되는 큰 우박이 하늘로부터 사람들에게 내리니 그 박재로 인하여 재앙이 심히 큰 고로 사람들이 하나님을 훼방하였다. 마지막 심판의 종결은 우박으로 한다는 것이 성경의 예언이다(사 28:2, 겔 38:22). 마지막까지 하나님은 사람들이 회개하기 원하시나 사람들은 회개하지 않고 완악해져 끝까지 하나님을 훼방한다.

◊ 제 9 부 **바벨론의 멸망(17-19장)**

1. 큰 음녀에게 내릴 심판

바벨론의 멸망에 대하여는 그 시점이 14장에 이미 나와 있고 16장의 일곱째 대접에 포함된다. 이는 시간적으로 첫 열매의 휴거 후이며, 아마겟돈 전쟁 이전이며, 대환난의 중기 쯤이 될 것이다. 그때는 공중에 날아가는 천사가 영원한 복음을 전하는 시점이며 이미 은혜의 시대는 막을 내린 때이다(계 14:8). 또한 16장 17절부터 일곱째 대접을 공기 가운데 쏟을 때 큰 지진이 나서 큰 성(예루살렘을 의미함)이 세 갈래로 갈라지고 큰 성 바벨론도 그의 맹렬한 진노의 포도주 잔을 받았다고 말한다. 바벨론의 멸망에 대한 자세한 이야기는 17, 18장에 있다. 이는 계시록 16장 12-16절의 여섯 번째 대접이 쏟아진 후에 벌어질 아마겟돈 전쟁에 대한 설명이 19장 11-21절에 있는 것과 같다. 이러한 모든 심판과 재앙의 서곡은 6장 12절 이하의 여섯째 인의 상황 때에 있었던 것이다.

일곱 대접을 가진 일곱 천사 중 하나가 요한에게 많은 물 위에 앉은 큰 음녀의 받을 심판을 보여주겠다고 한다. 일곱 천사는 하나님의 진노를 가득 담은 일곱 대접을 쏟아붓는 데 사용하신 천사들로서(15:7, 16:1) 그 중 한 천사가 큰 음녀에 대해 땅의 임금들이 그로 더불어 음행을 하고 땅에 거하는 많은 사람들도 그로 인하여 음행의 포도주에 취했다고 말한다. 이는 악한 종교의 미혹하는 이단적인 역사를 가리킨다. 그 천사가 요한을 데리고 광야로 갔는데, 요한이 보니 여자가 붉은 빛 짐승을 탔는데 그 짐승의 몸에 참람된 이름들이 가득하고 일곱 머리와 열 뿔이 있었다. 이것은 요한의 때로부터 수백 년 후에 일어날 변질된 이단적 교회의 상황을 말해준다. 그 여자는 자주 빛 옷과 붉은 빛 옷을 입고 금과 보석과 진주로 꾸미고 손에 금잔을 가졌는데, 거기에 가증한 물건과 그의 음행의 더러운 것들이 가득했다. 거기에 거룩한 것들이 전혀 없는 것은 아니지만 다만 겉에 도금을 했을 뿐이며 그 안에는 악하고 가증한 것들이 가득하다. 그리고 그 이마에는 '비밀', '큰 바벨론', '땅의 음녀들과 가증한 것들의 어미'라는 이름이 기록되어 있었다.

또 요한이 보니 그 여자는 성도들의 피에 취하였고 예수의 증인들의 피에 취하였다. 요한이 보고 크게 기이히 여기니 천사가 왜 기이히 여기느냐고 하면서 "내가 여자와 그 탄바 일곱 머리와 열 뿔 가진 짐승의 비밀을 네게 이르리라"고 했다. 왜 하나님을 믿는다고 하는 여자(교회를 상징)가 성도들의 피에 취하였는가? 그 여자(음녀)는 이미 붉은 빛 짐승을 타고 있으며 세상 많은 왕들과 사람들에게 음행의 포도주를 주어 마시게 하였다. 그리고 순수한 신자들을 많이 죽였다. 이것은 과연 누구란 말인가!

2. 큰 음녀가 탄 짐승

그 짐승은 전에 있었다가 현재는 없으나 장차 무저갱으로부터 올라와 멸망으로 들어갈 자니 생명책에 기록되지 못한 자들은 이전에 있었다가 현재는 없으나 장래 나올 짐승을 보고 기이히 여길 것이라고 한다. 이는 바로 적그리스도를 묘사하는 것이다. 지혜 있는 뜻이 여기 있으니, 일곱 머리는 여자가 앉은 일곱 산이요 일곱 왕인데 다섯은 망하였고 하나는 있고 다른 이는 아직 이르지 않았으나 이르면 잠간 계속될 것이다. 전에 있었다가 지금 없어진 짐승은 여덟째 왕이니 일곱 중에 속한 자이며 저가 멸망으로 들어갈 것이다. 열 뿔이 있는데 그들은 열 왕이며 나라를 얻지 못했으나 다만 짐승으로 더불어 임금처럼 일시 동안 권세를 받는데 그들이 한 뜻을 가지고 그들의 능력과 권세를 적그리스도인 짐승에게 줄 것이다. 여기서 짐승은 한 개인을 말한다. 천사가 자세히 설명을 해주어도 이해하기가 쉽지 않다. 현재 없다가 장래 나올 짐승이 과연 누구인가? 일곱 머리와 일곱 산은 무엇인가? 사실 로마는 일곱 산 위에 건설된 나라이며, 일곱 왕은 하나님을 모독했던 악한 황제들이다. 그리고 여덟째 왕은 일곱에 속한 자라고 한다. 여기서 많은 학자들이 장래 나타날 짐승, 곧 적그리스도에 대해 네로의 영혼이 무저갱에서 돌아와 여덟째 왕과 결합한 것으로 보고 있다. 장차 열 나라의 권세를 적그리스도에게 주어 한 뜻을 가진 정부가 생겨날 것이다. 그 통치자가 적그리스도이며 그는 장래 멸망으로 들어갈 자이다.

3. 어린 양과 부르심받고 선택된 자들이 적그리스도의 군대를 이김

적그리스도의 군대는 어린 양으로 더불어 싸울 것인데, 어린 양은 만왕의 왕이요 만주의 주이시므로 그들을 이기실 것이요 또 그와 함께 있는 자들, 곧 부르심을 받고 빼내심을 받은 진실한 자들은 이길 것이다. 모든 그리스도인이 다 이기는 것은 아니다. 부르심받은 자들 중 택하심(빼내심)을 받은 자들이 이기는 자들이다(마 22:14 참조). 또 천사가 말하기를, "네가 본바 음녀의 앉은 많은 물은 백성과 무리와 열국과 방언이니라 네가 본바 이 열 뿔과 짐승이 음녀를 미워하여 망하게 하고 벌거벗게 하고 그 살을 먹고 불로 아주 사르리라"고 한다. 그 여자는 땅의 임금들을 다스리는 큰 성이라고 하는데 과연 어떤 기독교 단체가 땅의 임금들을 다스리는 권세를 가진 적이 있는가 생각해볼 일이다.

여기서 누가 누구를 이기는지를 사슬처럼 설명한다. 음녀는 짐승에게 벌거벗김을 당하고 불로 사름을 당하며, 짐승은 어린 양의 군대로 더불어 싸우다가 완전히 망한다. 결국 초기에는 음녀가 짐승(적그리스도)을 타고 있었지만 나중에는 음녀가 짐승(적그리스도의 로마 권세)에게 멸망을 당하게 되며, 적그리스도 군대는 어린양과 그의 이기는 자들에 의해 멸망을 당한다.

4. 그리스도의 재림과 바벨론의 멸망

18장 1절에서 그리스도의 재림이 다시 한 번 언급된다. 다른 천사가 하늘에서 내려오는 것을 보니 그의 영광으로 땅이 환하여지더라고 했다. 이로써 우리는 그리스도의 재림이 종교적인 바벨론의 멸망과 물질적인 바벨론의 멸망의 중간에 이루어질 것이라고 본다. 즉 짐승에 의해 종교적 바벨론(세상 왕들을 다스리는 이단적인 종교 대조직, 17장의 음녀)이 철저히 멸망하게 되면 그리스도께서 지상으로 재림하신다. 이는 그리스도의 혼인잔치 전에 음녀(거짓 신부)가 멸망을 당한다는 뜻이다. 10장부터는 그 재림의 모습이 드러난다. 그리고 14장 14절에 주님은 추수하시는 분의 모습으로 나타나신다. 그리고 18장 본장에서 큰 권세를 가지신 분, 그분의 영광이 땅에까지 환하게 비취게 된다. 다 영광스러운 모습이시다.

종교적 바벨론인 음녀가 멸망하자 그분이 친히 힘센 음성으로 외치신다. "무너졌도다 무너졌도다 큰 성 바벨론이여 귀신의 처소와 각종 더러운 영의 모이는 곳과 각종 더럽고 가증한 새의 모이는 곳이 되었도다 그 음행의 진노의 포도주로 인하여 만국이 무너졌으며 또 땅의 왕들이 그로 더불어 음행하였으며 땅의 상고들도 그 사치의 세력을 인하여 치부하였도다"(18:2). 주님께서 얼마나 음녀를 미워하시는가를 볼 수 있다.

5. 바벨론의 죄악에 보응하시는 하나님

4절부터는 하늘로서 다른 음성이 들려온다. "내 백성아 거기서 나와 그의 죄에 참여하지 말고 그의 받을 재앙들을 받지 말라 그 죄는 하늘에 사무쳤고 하나님은 그의 불의한 일을 기억하신지라 그가 준 그대로 그에게 주고 그의 행위대로 갑절을 갚아주고 그의 섞은 잔에도 갑절이나 섞어 그에게 주라 그가 어떻게 자기를 영화롭게 하였으며 사치하게 하였든지 그만큼 고난과 애통으로 갚아주라 그가 마음에 이르기를 나는 여황이요 과부가 아니라 결단코 애통을 당하지 아니하리라 하니 그러므로 하루 동안에 그 재앙들이 이르리니 사망과 애통과 흉년이라 그가 또한 불에 살라지리니 그를 심판하신 주 하나님은 강하신 자이심이니라"(4-8절).

우리는 여기서 종교적인 바벨론과 물질적인 바벨론의 구분이 분명하지 않음을 볼 수 있다. 즉 바벨론적인 종교는 세속적인 곳이요 마귀적인 곳이요 불의와 가증한 것이 섞여 있는 곳이며, 영적 음행과 더러운 것이 가득한 곳이다. 하나님은 무엇을 심판하시는가? 더러운 것, 가증한 것, 섞여 있는 것이다. 그가 심판을 받자 그와 함께 음행하던 왕들이 그 불붙는 연기를 보며 울고 가슴을 치며 그 고난을 무서워하여 멀리 서서 애통해했다. 또 장사꾼들이 그를 위하여 울고 애통하는 것은 다시 그 상품을 사는 자가 없기 때문이었다.

6. 장사꾼들의 상품 목록

그들의 상품 목록들에는 금과 은과 보석과 사치품들과 향품들과 식료품들과 사람의 영혼들까지 포함된다(12-13절). 크고 사치스럽고 풍요로운 물질적 바벨론은 일시에 망하며(8, 10, 19절), 그 일 후에 하늘에는 허다한 무리의 찬송이 있다(19:1-5).

7. 바벨론에 대한 철저한 심판

이에 한 힘센 천사가 큰 맷돌 하나를 바다에 던지면서 큰 성 바벨론이 이같이 떨어져 다시 보이지 않게 되리라고 한다. 음악소리, 나팔소리가 들리지 않고 세공업자도 없어지고 등불 빛도 없게 되고 신랑과 신부의 음성도 없게 된다고 하였다. 그들이 멸망한 것은 주로 장사 때문이다. 장사를 하되 거의 술수적으로 해서 왕들이 돈을 벌었다고 한다. 물질적인 바벨론이 주로 상업으로 이루어진 것을 보는 것은 매우 중요하다. 17장이 주로 종교적 바벨론(음녀)에 대한 심판을 말한 것이라면, 18장은 정치적인 바벨론(로마시)의 멸망을 말하는데, 하나님께서 로마시를 멸망시키는 이유 중에는 종교적 바벨론의 죄악과 연루된 것이 있다. 따라서 두 바벨론은 혼합되어 있는 것이다(17:2 참조).

8. 어린 양의 혼인 잔치

19장 1절의 '이 일 후에'란 '바벨론의 멸망 후'를 가리킨다. 바벨론이 멸망하는 것은 하나님께 큰 일이다. 이것은 하나님께서 지상에서 하시는 일 중에 가장 중요한 일이다. 그러기에 하늘에서 큰 찬양이 울려퍼지는 것이다. "할렐루야 구원과 영광과 능력이 우리 하나님께 있도다". 신약에는 '할렐루야'라는 찬양이 거의 없는데, 유일하게 바벨론이 멸망할 때 하늘에서 "할렐루야!"가 울려 퍼진다. 하나님은 그분의 성도들이 흘린 피를 결코 간과하지 않으신다. 그리고 음행으로 땅을 더럽게 한 음녀의 행위를 묵과하지 않으신다. 여기의 음행은 주로 종교적인 음행을 말한다. 이에 대한 심판이 바로 찬양의 내용이다(2절).

그리고 두 번째로 "할렐루야!" 하더니 연기가 세세토록 올라가더라고 했다. 그때 이십사 장로와 네 생물이 엎드려 보좌에 앉으신 하나님께 경배하며 "아멘, 할렐루야!" 하자 보좌에서 음성이 나서 말하기를, "하나님의 종들 곧 그를 경외하는 너희들아 큰 자, 작은 자 다 우리 하나님께 찬송하라!" 했다. 또 들으니 허다한 무리의 음성도 같고 많은 물소리도 같고 큰 뇌성과도 같은 소리로 "할렐루야, 주 우리 하나님 곧 전능하신 이가 통치하시도다 우리가 즐거워하고 크게 기뻐하여 그에게 영광을 돌리세 어린 양의 혼인 기약이 이르렀고 그 아내가 예비하였으니 그에게 허락하사 빛나고 깨끗한 세마포를 입게 하셨은즉 이 세마포는 성도들의 옳은 행실이로다" 하였다.

9. 계시록 4장의 하늘의 광경과 19장의 하늘의 광경의 차이

19장의 하늘의 광경은 이전의 4장의 광경과는 매우 다르다. 4장은 하늘 보좌 주위에 오직 이십사 장로들과 네 생물이 있었다. 거기에 그들(이십사 장로와 네 생물)의 찬양이 있었으며 그 내용은 주로 그분의 위대하신 창조에 관한 것이었다(4:8-11).

그러나 19장에 올 때 허다한 구속받은 무리가 바벨론의 멸망을 보고 찬양하며 이십사 장로와 네 생물은 그 찬양에 화답한다. 그러므로 하나님의 역사는 창조로 시작하여 구속으로 완성되며 그분의 창조하신 사람을 통하여 원수를 멸하시는 것으로 끝난다. 이렇게 하여 하나님께서는 원하시는 역사를 성취하신다(21-22장). 하나님께서는 사람을 창조하여 그분의 대적 사탄을 멸하시려는 목적을 결국 성취하시는데, 그 목적의 중심에는 사람이 있다. 그것이 바로 혼인잔치요 우주적인 결혼식이다. 그 신랑은 어린양이며 신부는 교회이다. 그러나 이때의 신부인 교회는 거듭난 신자들 전체가 아닐 것이다. 왜냐하면 그들이 빛나고 깨끗한 세마포를 입었으며 그 세마포는 피로 구속받은 것만이 아니라 성도들의 옳은 행실이라고 하였기 때문이다(8절). 우리는 지상의 모든 신자들이 옳은 행실을 지니다가 그대로 생을 마치는 것이 아니라는 것을 안다.

10. 혼인 잔치에 청함을 받은 자

그러므로 9절에서 천사는 요한에게, "기록하라 어린양의 혼인잔치에 청함을 받은 자들이 복이 있도다" 하였으며, 또 "이것은 하나님의 참되신 말씀이라" 하였다. 이것은 깨어 의를 행하고 죄를 짓지 말며 불의에 동참하지 않아야 이 큰 복을 받을 수 있음을 암시한다. 구원만 받으면 누구나 세마포를 입고 혼인잔치에 참여할 수 있다면, 사도가 왜 불의에서 떠나 거룩하고 깨끗하게 자신을 분별하라고 하며(딤후 2:19-22), 죄를 짓지 말고 깨어 의를 행하라고 강조했겠는가(고전 15:34)! 따라서 이 구절에도 혼인잔치에 청함을 받은 자들이 복이 있다고 한 것이다. 그러므로 여기의 허다한 무리는 구원받은 모든 신자들이 아닐 수 있다는 것을 기억해야 한다. 세상에 사는 동안 음행 곧 세상과 마귀의 권세와 짝하던 신자들은 바벨론의 멸망을 보고 그렇게 큰 찬양을 발하지 못할 것이다.

11. 합당한 예언은 예수를 증거하는 것임

그때 요한이 말하는 천사에게 엎드려 경배하려 하니 "나는 너와 및 예수의 증거를 받은 네 형제들과 같이 된 종이니 오직 하나님께 경배하라 예수의 증거는 대언의 영이라" 하였다. 이 말씀은 뒤에서부터 읽으면 좋을 것 같다. 즉 대언의 영은 예수의 증거이다. 즉 합당한 예언은 예수를 증거하는 것이라는 뜻이다. 어떤 사람이 소위 예언을 하는데 예수를 증거하는 것이 아니라면 합당하지 않은 것이다.

12. 아마겟돈 전쟁: 그리스도의 지상 재림

11절부터는 아마겟돈 전쟁이다. 18장 1절의 때에 그리스도께서는 하늘에서 내려오시는데 그 영광으로 땅이 환하여지더라고 한다. 이때 그리스도께서 지상으로 재림을 하신다. 19장 전반부의 혼인잔치는 그 위치가 하늘인 반면(1, 5절), 11절부터는 지상에서의 전쟁을 다루고 있다. 백마를 타신 분, 그 이름이 충신과 진실이신 분(Faithful and True), 공의로 심판하며 싸우시는 분은 그리스도시다. 그분의 눈은 불꽃같고 머리에 많은 면류관이 있고 피 뿌린 옷을 입었는데, 그 이름은 하나님의 말씀이시다. 이 분이 그리스도가 아니라면 누구란 말인가! 지상에 오신 그리스도시다. 하늘의 군대가 희고 깨끗한 세마포를 입고 백마를 타고 그분을 따랐다. 이 무리는 누구인가? 방금 전 하늘에서 혼인잔치에 참여한 신부일 것이다. 그 옷이 혼인잔치의 예복과 흡사하다. 그들은 이기는 자들일 것이며, 하늘에서 신부로서 혼인잔치를 누리다가 주님과 함께 지상으로 내려와 전쟁을 하게 된다. 교회는 그리스도의 신부이자 그분의 군대이다(엡 5, 6장 참조).

그분의 입에서 예리한 검이 나오며 그것으로 만국을 치고 저희를 철장으로 다스리시며(계 2:27, 12:5) 또 하나님 곧 전능하신 분의 맹렬한 진노의 포도주 틀을 밟으신다. 그의 옷과 다리에 이름을 쓴 것이 있는데 '만왕의 왕이요 만주의 주'라 하였다. 이 분이 그리스도가 아니면 누구란 말인가! 주님의 지상 재림은 이렇게 이루어진다. 이것이 바로 아마겟돈 전쟁의 광경이다(계 14:19-20). 이때 수많은 살육이 있고 피가 흘려진다. 한 천사가 새들에게 왕들의 고기, 장군들의 고기, 장사들의 고기, 말과 그 탄 자들의 고기, 자유자나 종들이나 크고 작은 모든 자의 고기를 먹으라 하였다.

이때 적그리스도(짐승)와 땅의 왕들의 군대들이 그리스도와 그를 따르는 자들을 대항하여 전쟁을 일으키다가 짐승이 잡히고, 짐승의 표를 받고 그 우상에게 경배하던 자들을 미혹하던 거짓 선지자도 함께 잡히어 그 둘이 산 채로 유황으로 타는 못에 던져지고, 그 나머지 군대들은 말 타신 분인 그리스도의 입에서 나오는 검으로 죽으니 모든 새가 그 고기로 배불리더라고 한다. 이것은 마태복음 24장 28절의 "주검이 있는 곳에는 독수리들이 모일지니라"는 말씀과 일치한다.

◊ 제 10 부 **천년왕국과 그 이후 새 하늘 새 땅**

1. 마귀가 천 년 동안 무저갱에 갇힘

19장 마지막 부분에 짐승(적그리스도)과 거짓 선지자가 불못에 던져지고, 20장에는 마귀가 불과 유황 못에 던져지는 것이 나온다(10절). 20장 1-3절은 한 천사가 무저갱의 열쇠와 큰 사슬을 그 손에 가지고 하늘로서 내려와서 용을 잡으니 곧 옛뱀이요 마귀요 사탄인데, 그자를 잡아 일천 년 동안 결박하여 무저갱에 던져 잠그고 그 위에 인봉하여 천 년이 차도록 다시는 만국을 미혹하지 못하게 한다. 무저갱(abyss)과 불못(lake of fire)은 다르다. 무저갱은 임시 죄인을 가두어두는 경찰서 유치장과 같다면, 불못은 영원한 철창 감옥이다. 일단 마귀는 일천 년 동안 무저갱에 갇히고 그 위에 인봉을 하여 천 년 동안은 만국을 미혹하지 못할 것이다. 그러다가 천 년 후에 잠시 옥에서 놓여 땅의 사방 백성 곧 곡과 마곡을 미혹하고 모아 싸움을 붙일 것인데, 그들이 성도들의 진과 사랑하시는 성을 포위할 때 하늘에서 불이 내려와 그들을 소멸하고 마귀는 불과 유황 못에 던져질 것이다.

2. 승리한 성도들이 그리스도와 더불어 천 년 동안 왕 노릇 함

또 요한이 보좌들을 보게 되었는데 거기 앉은 자들이 있어 심판하는 권세를 받았다. 이때는 그리스도와 성도들이 나라를 얻어서 다스리는 시기이다(단 7:18, 고전 6:3 참조). 이것을 천년왕국(Millenium Kingdom)이라 하는데, 이때 그리스도와 더불어 왕 노릇 하는 자들은 계시록 2, 3장의 이기는 자들일 것이며, 12장의 사내아이일 것이며, 14장의 첫 열매와 역대의 순교자들 곧 예수의 증거와 하나님의 말씀을 인하여 목 베임을 받은 영혼들일 것이며, 대환난 때 짐승과 그의 우상에게 경배하지 아니하고 그 손이나 이마에 그 표를 받지도 아니한 자들일 것이다. 그들이 살아서 그리스도로 더불어 천 년 동안 왕 노릇 한다. 즉 거기서 왕 노릇 하는 자들은 모든 구원받은 그리스도인들이 아니라는 것이다. 그러므로 5절에 괄호를 하고 (그 나머지 죽은 자들은 그 천 년이 차기까지 살지 못하더라)는 말씀이 추가되어 있으며, 이는 첫째 부활이라고 하였다.

그리스도의 재림 직후에 일천년 동안 성도들이 땅에서 왕 노릇한다는 사상은 본 20

장 4-6절만이 아니라 다니엘 7장 18, 22절, 누가복음 19장 12-19절, 디모데후서 2장 11, 12절, 4장 1절(여기서 나라는 왕국이다), 8절(여기서 면류관은 왕관이다), 계시록 2장 26, 27절, 3장 21절, 5장 9, 10절(이 구절들에서 피로 사서 하나님께 드린 자들이 땅에서 왕 노릇한다고 말한다)에도 있다. 바울 사도는 고린도 전서 6장 2절에 성도가 세상을 판단(여기서 판단은 심판이다)한다고 말한다. 우리가 오늘 말하는 전천년설을 세대주의(dispensationalism)의 것과 동일시 할 것은 없다.

20장 6절의 '첫째 부활에 참예하는 자들은 복이 있고'라고 하였는데 이 복은 세 가지로서 '둘째 사망에서 면제되는 것과 하나님과 그리스도의 제사장이 되는 것이며, 천년동안 그리스도로 더불어 왕 노릇하는 것이다. 왕국 시대에는 아직 충성된 자들이 하나님의 제사장이 되어 사람들을 하나님께로 인도하는 섬김이 있을 것이다(사 61:6, 슥 8:20-23, 마 25:23). 대신에 새 예루살렘 시대에는 모든 성도가 다 하나님을 섬기게 된다(계 22:3-4).

제 천년왕국설에 대하여는 대분(大分)할 때 전천년설, 무천년설, 후천년설이 있다. 주로 뵈트너(L. Boettner)에 의해 주장된 후천년설은 진리 해석에 있어서 약점이 많은 학설이다. 무천년주의는 계시록 20장의 천년기간을 신약 시대(복음시대)로 보는데, 럿거스(Rutgers)는 이 학설의 기원을 어거스틴(Augustine)에게 돌린다. 무천년설은 그리스도의 재림 직전에 세상이 극도로 부패하며 적그리스도가 나타난다는 점은 전천년설과 일치하나 그리스도의 재림 후 천년왕국이 임한다는 사실은 반대한다. 무천년주의자들은 성경 말씀을 근거로 하여, 그리스도의 십자가의 역사로 말미암아 사탄이 성도 참소나 그 악한 역사의 권세를 잃었다고 주장하나(그럼에도 불구하고 우리가 알아야 할 것은 불법자 마귀는 여전히 성도를 속이고 참소하며 할 수만 있으면 택한 자들을 넘어뜨리기 위해 하나님을 대적하는 일을 계속하고 있다) 신약성경에서 성도들은 여전히 마귀를 대적해야 하고, 그 악한 권세를 대항하여 하나님의 전신갑주를 입고 영전전쟁을 하여 그를 궤멸시켜야 한다(약 4:7, 엡 6:11, 롬 16:20, 요일 5:19). 현재 사탄이 힘을 잃고 성도들을 넘어지게 하는 일을 하지 못한다고 하여 신자들이 마귀의 궤계를 경계하지 않게 하거나 조심하지 않음으로 큰 해를 입는 것은 매우 조심해야 할 점이다. 우리가 주의해야 할 점은 전천년설이 초대교회의 정설임은 물론(이상근 요한계시록 주석 p 240, 1998), 한국 교회도 초기 선교사들로부터 전천년설을 긍정적으로 소개를 받았고, 근대의 몇몇 신뢰할만한 주석가들도 이 학설을 지지하였다. (ibid. p 241, '현재도 장로교 신앙의 주류적 입장이 되어 있는 것은 다행한 일로 본다' 박윤선 요한계시록 p 334. 1992 '그리스도의 재림 때에 죽은 신자들이 부활하고, 또 그 때에 살아 있는 자들이 변화하여 공중에 올라가 그리스도를 영접하고, 내려와서 땅에서 그리스도와 함께 천년동안 왕노릇한다는 것이다. 이 해석이 가장 유력한 것으로 믿어진다' '그러나 이상근 박사는 천년을 문자 그대로 취해야 한다고 했고 ibid. p 241, 박윤선 박사는 그 기간의 신축성을 용인하였다. ibid. p 334, 336').

이상근 박사의 종말론 견해에 따르면 현세의 종국에 대환난의 시기가 있고(계 6-18장), 그 후에 그리스도께서 재림하셔서 짐승의 휘하 군대를 멸하시고(19장), 성도와 더불어 천년을 통치하신다. 이 때 사탄은 천 년간 결박을 당하고, 주를 위한 순교자들은 보좌에서 주님과 같이 천년동안 통치하게 된다고 말한다. 그러면서 그(李)는 이러한 성경적인 종말론이 반대를 받기보다는 소외되고 있다고 하였는데, 이는 현대의 사조(思潮)가 미래보다 현재, 관심보다 실제, 이상보다 현실에 기울어져 있기 때문이라고 부언했다(ibid. p 239).

3. 천 년 후에 부활하게 될 나머지 죽은 자들에 대하여

여기서 "그 나머지 죽은 자들은 천년이 차기까지 살지 못하더라" 하였는데, 그들은 과연 누구일까? 이들은 물론 심판받고 불못으로 들어갈 불신자들을 가리킬 것이다. 그들은 천 년 이후에 부활하여 백보좌 심판대로 나아간다. 그러나 여기에 신자들은 포함되는가? 우리는 이에 대하여 정확하게 판단하기 어렵다. 분명한 것은 4절의 '그리스도와 더불어 왕노릇하는 자들'이 5절의 '첫째 부활에 참예한 자들'이라는 것이다. 6절의 '첫째 부활에 참예하는 자들은 둘째 사망이 그들을 다스릴 권세가 없다'고 하였는데, 첫째 부활은 가장 뛰어난 부활, 가장 좋은 부활을 의미한다(빌 3:11, 원문 참조). 신자들이라 하더라도 이기는 자들이 되지 못하면 왕국시대에 영생을 누리지 못한다는 것은 신약에 계시되어 있으며(막 10:30), 혼인 잔치에 참여하지 못하며(마 22:13-14, 25:10-13, 계 19:9), 둘째 사망의 해를 받을 수도 있으며(계 2:11), 생명책에서 흐려질 수도 있다고 했으니(계 3:5), 이 정도만 분명하게 말할 수 있을 뿐, 우리는 여기서 천 년이 차기까지 살지 못하는 자들이 과연 불신자들 이외에 어떤 이들을 포함하는 개념인지, 다른 무엇을 뜻하는 것인지를 확정하기는 어렵다.

다만 여기서 우리는 신약의 말씀을 통해 교회의 책임을 생각해볼 수 있다. 세상의 끝과 천년 왕국은 자연히 오지 않는다. 계시록 6장의 일곱 인 중 네 인은 네 필의 말이다. 첫째 말은 백마인데, 백마는 그리스도의 복음을 말한다. 그리스도의 승천 후 복음의 말이 달리고 그 뒤를 바로 따르는 말들이 전쟁과 사망과 기근이다. 마태복음 24장 14절에 의하면 세상 끝이 오려면 먼저 천국복음이 모든 민족에게 증거되어야 한다고 말한다. 세상의 끝이 오고 왕국이 임하기 위해서는 왕국을 위해 기도하는 자들이 필요하고(마 6:10), 천국복음을 증거하는 자들이 필요하다(마 24:14, '천국복음이 모든 민족에게 증거되기 위하여…온 세상에 전파되리니 그제야 끝이 오리라'). 은혜의 복음이 죄인을 위한 것이라면, 천국복음은 마귀를 내쫓기 위한 것이다. 교회는 음부의 권세를 멸하기 위한 존재임을 잊지 말아야 한다(마 16:18, 롬 16:20, 엡 6:10-12). 예수 그리스도의 공생애 사역은 귀신을 쫓아내며 사단의 일을 멸하는 것이었다(요일 3:8). 그리스도의 연장으로서 그분의 몸인 교회는 이 땅에서 주님이 오시기까지 그분의 일을 지속하여야 하고, 인간의 육체를 처리하고 대적 사탄을 이기신 그분의 십자가의 승리를 계속 증거해야 한다(고전 11:23-26). 귀신이 쫓겨나고 마귀의 세력이 궤멸되는 곳에 왕국이 임한다(마 12:28). 구약 학개 선지자의 글은 짧지만 매우 귀중한 예언이다. 학개는 비록 작고 초라하지만 주의 성전을 재건하는 일이 만국이 진동하며, 만국의 보배가 임하는 일과 연결되어 있음을 말해준다(학 2:3, 6,7). 오늘 세상과 마귀와 죄악을 이기고 그리스도의 십자가의 승리를 증거하는 무리가 일어날 때 세상의 끝(대환난)이 임하고 그리스도의 왕국이 임할 것이다(고후 10:4-6).

4. 마귀가 불과 유황 못에 던져짐

천 년이 찼을 때 사단이 그 옥에서 잠깐 놓여 곡과 마곡의 전쟁을 일으킨다. 사단은 기회만 있으면 문제를 일으키는 하나님의 대적자요 원수이다. 그자는 무저갱에서 천 년 동안 이를 갈고 있다가 잠깐 놓이자 마지막으로 힘을 다해 하나님을 대적한다. 즉 땅의 사방 백성들을 미혹하여 성도들의 진과 사랑하시는 성을 둘러싸고 공격을 감행할 것인데, 그 수가 바다의 모래 같을 것이다. 그때 하늘에서 불이 내려와 저희를 소멸하고 또 저희를 미혹한 대적자 마귀는 영원히 불과 유황으로 타는 못에 던져지는데(사탄에 대한 최종 집행이 여기서 이루어진다), 거기에는 짐승과 거짓 선지자도 있어서 세세토록 밤낮 괴로움을 받을 것이다. 불못은 원래가 마귀와 그를 따르는 자들을 위해 예비된 곳이다(마 25:41).

5. 크고 흰 보좌에서의 심판

또 그가 크고 흰 보좌와 그 위에 앉으신 자를 보니 땅과 하늘이 그 앞에서 피하여 간 데 없었다. 그리고 죽은 자들이 큰 자든 작은 자든 다 그 앞에 섰는데, 책들이 펴 있고 또 다른 책이 펴졌으니 곧 생명책이었다. 죽은 자들이 자기 행위를 따라 책들에 기록된 대로 심판을 받으니 바다가 그 가운데서 죽은 자들을 내어주고 사망과 음부도 죽은 자들을 내어주니 각 사람이 자기의 행위대로 심판을 받았다. 여기서 '바다가 그 가운데서 죽은 자들을 내어주고'라는 말은 바다에 빠져 죽은 자들을 내어주었다는 의미가 아니다. 사람이 바다에 빠져 죽었다고 해서 그들의 영혼이 바다에 있는 게 아니기 때문이다. 이들은 아담 이전의 생물들로서 영이 있는 존재들이었다고 보는 학자들이 있다.

각 사람이 자기의 행위대로 심판을 받고 사망과 음부도 불못에 던지우니 이것이 둘째 사망 곧 불못이다. 누구든지 생명책에 기록되지 못한 자는 불못에 던져졌다(15절). 20장까지에서 하나님은 불신자와 죄인들, 우주 가운데 모든 악한 것들, 더러운 것들, 죄악들, 심지어 음부와 사망까지도 깨끗하게 청소하고 처리하신다.

6. 새 하늘과 새 땅

21장과 22장은 온 성경의 결론이다. 요한이 새 하늘과 새 땅을 보니 처음 하늘과 처음 땅이 없어졌고 바다도 더 이상 있지 않았다. 베드로도 옛 하늘과 옛 땅은 사라지게 된다고 말했고(벧후 3:7-13), 계시록 20장 11절에서 이미 땅과 하늘이 그 앞에서 피하여 간 데 없더라고 했다. 우리가 보는 오늘 이 땅과 하늘은 언젠가 다 사라진다.

또 그가 보니 거룩한 성 새 예루살렘이 하나님께로부터 하늘에서 내려오는데 그 예비한 것이 신부가 남편을 위해 단장한 것 같더라고 한다. 20장까지에서 심판을 통한 우주적 청소와 정리가 다 끝나니 하늘이며 땅이며 옛 창조물은 다 사라지고 새 하늘과 새 땅과 새 예루살렘만이 존재하게 된다. 우리는 바로 그 새 땅과 새 성의 주인이 될 사람들로 택함을 받았다.

그럼 하나님께서 옛 창조를 통해 하신 일은 무엇인가? 만물과 그 가운데 사람을 새롭게 하시어 그리스도의 신부를 얻으신 것이다. 그분과 함께할 친 백성을 얻으신 것이다. 보좌에서 소리가 나기를, "보라 하나님의 장막이 사람들과 함께 있으매 하나님이 저희와 함께 거하시리니 저희는 하나님의 백성이 되고 하나님은 친히 저희와 함께 계셔서 모든 눈물을 그 눈에서 씻기시매 다시 사망이 없고 애통하는 것이나 곡하는 것이나 아픈 것이 다시 있지 아니하리니 처음 것들이 다 지나갔음이러라"고 한다. 성경이 말하고 있다. 곧 사망과 눈물과 애통이 없는 세상이 온다.

보좌에 앉으신 분이 "보라 내가 만물을 새롭게 하노라" 하시고 또 "이 말은 신실하고 참되니 기록하라" 하셨다. 또 말씀하시기를, "이루었도다 나는 알파와 오메가요 처음과 나중이라 내가 생명수 샘물로 목마른 자에게 값없이 주리니 이기는 자는 이것들을 유업으로 얻으리라 나는 저의 하나님이 되고 그는 내 아들이 되리라 그러나 두려워하는 자들과 믿지 아니하는 자들과 흉악한 자들과 살인자들과 행음자들과 술객들과 우상숭배자들과 모든 거짓말하는 자들은 불과 유황으로 타는 못에 참예하리니 이것이 둘째 사망이라" 하셨다. 불못에 던져지는 광경을 보여주시는 마지막 순간까지도 주님은 그분이 복음의 주님이심을 알게 한다. "생명수 샘물로 목마른 자에게 값없이 주리니". 생명수 샘물을 목마른 자에게 값없이 줄 것이라 하신다. 빨리 주 예수를 믿어 영원한 생수를 마시라 하신다. 그러나 그 목적은 어디까지나 그리스도의 신부를 얻으시는 것이다.

7. 왕국과 새 예루살렘의 차이

주님의 재림과 더불어 이 땅 위에 왕국이 세워진다. 이것은 그리스도께서 그분의 성도들과 함께 다스리는 왕국이다. 오늘날 어떤 이들은 교회가 천년왕국이라고 한다. 교회가 왕국의 영적 실제와 본질을 갖고 있어야 함은 맞으나 여전히 내세의 왕국은 존재한다. 계시록 20장 말씀에 의하면, 천년왕국 시대에는 사단이 무저갱에 갇힌다(계 20:1-3). 오늘날이 천년왕국이라면 사단의 권세가 활동하지 못해야 맞다. 과연 오늘날 교회 안에 사단의 역사가 없는가? 이 세상을 지금 누가 지배하는가? 성경에는 사단이 이 세상 임금이라고 했다(눅 4:7-8, 요일 5:19). 오늘날 교회의 책임은 세상의 권세 잡은 자 마귀를 대항하여 싸우는 것이다(롬 16:20, 엡 6:10-13). 따라서 현재의 교회 생활이 천년왕국 자체라고 하는 것은 성경 진리에 어긋난다.

이 시대에 우리는 천국의 영적 실제를 갖고, 내세의 천년왕국은 주님의 재림과 더불어 시작된다. 천년왕국 시대에는 주 예수께서 공의로 다스리신다. 구약의 많은 예언의 말씀이 다시 오셔서 다스리시는 그리스도는 공의의 왕이요 다윗의 자손이시라고 한다. 천년왕국의 시대와 새 하늘 새 땅 새 예루살렘의 시대는 분명히 다르다(계 21:1). 첫째로 천년왕국은 천 년이라는 시간적인 개념이 있다. 그러나 새 하늘 새 땅은 영세요 영원(eternity)이다. 왕국 시대는 공의가 강물처럼 흐르는 시대이며, 따라서 그분의 이름은 유다 지파의 사자요 다윗의 뿌리이시며, 또한 공의의 왕이시다. 그러나 21장과 22장의 새 하늘 새 땅 새 예루살렘, 즉 영세에는 그리스도의 이름이 자주 어린양으로 쓰인다(21:9, 어린 양의 아내, 21:22, 어린 양이 그 성전이심이라, 21:23, 어린 양이 그 등이 되심이라, 22:3, 수정같이 맑은 생명수의 강이…어린양의 보좌로부터 나서, 22:3, 하나님과 어린 양의 보좌가 그 가운데 있으리니).

천년왕국에서는 사람들의 일하는 성분이 많다(계 20:4-6). 마태복음 25장에 의하면 오늘 작은 일에 충성한 자들이 그 날에 큰 일을 하게 된다. 그 때는 성도들이 왕이신 그리스도와 더불어 만국을 다스리며 이생에서보다 더 큰 능력으로 주의 일을 하게 될 것이다(히 6:5, 내세의 능력을 맛보고, 눅 19:17, 네가 지극히 작은 것에 충성하였으니 열 고을 권세를 차지하라, 계 2:26, 만국을 다스리는 권세를 주리니 그가 철장을 가지고 저희를 다스려 질그릇 깨뜨리는 것과 같이 하리라 등). 그러나 새 예루살렘에 갈 때 그분의 보좌는 철장을 가지고 다스리는 보좌가 아니라 생명수를 흘러보냄으로 통치하는 은혜의 보좌이다. 구원의 은혜를 받은 모든 자들은 그 성에 들어갈 권세를 받으며, 그 성의 영광을 누리며 생명수를 값없이 마시게 된다(계 21:6-7, 22: 1-2, 14).

21장 4절에 의하면, 새 하늘 새 땅의 새 예루살렘에 이를 때 비로소 눈물과 애통이 없으며 곡하는 것이나 애통하는 것이 없다고 한다. 그러나 천년왕국 시대에는 아직 사망과 음부가 존재한다. 분명 왕국 시대가 현 시대보다는 모든 것이 새롭게 회복된 좋은 시대이나 여전히 낳고 죽는 일이 있고 아픈 것도 있고 우는 일도 있다(사 65:20). 그러나 천년왕국이 마쳐질 때 사탄과 사망과 음부도 완전히 불못에 들어가니 곡하는 것이나 눈물, 애통, 아픈 것이 전혀 없고 이때에야 처음 것들이 다 사라지게 된다(계 20:14). 이것이 바로 영세의 새 예루살렘이다. 왕국시대는 아직 철장으로 맞아야 할 존재들, 부서져야 할 존재들이 있음이 분명하다. 그렇지 않으면 철장이 왜 필요하며, 질그릇 부수는 것같이 하실 필요가 왜 있겠는가(계 2:27)! 분명 19장, 20장의 천년왕국과 21장, 22장의 새 하늘 새 땅의 새 예루살렘은 다르다.

〔 전천년설 도본 〕

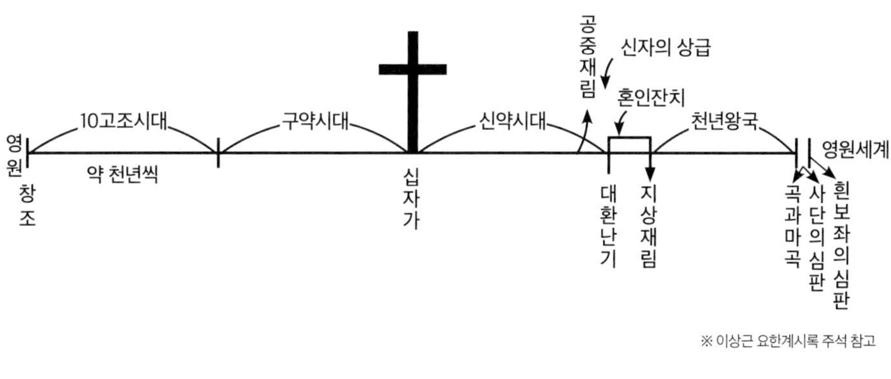

※ 이상근 요한계시록 주석 참고

요한계시록 22:14, "그 두루마기를 빠는 자들은 복이 있으니 이는 저희가 생명나무에 나아가며 문들을 통하여 성에 들어갈 권세를 얻으려 함이라". 어린양의 혼인잔치에 참여하고 천년왕국에 들어가기 위해서는 의로운 행실인 빛나고 깨끗한 세마포가 필요하지만, 여기 영세의 새 예루살렘 성에 들어가는 권세는 오직 어린 양의 보혈에 두루마기를 빠는 것뿐이다. 왕국은 공의의 왕이 철장으로 다스리시는 것이 있지만,

새 예루살렘은 어린양께서 여전히 보혈의 샘을 열고 누구든지 두루마기를 빨아 정결케 할 수 있다고 하신다.

8. 시간과 영원의 관점에서

그리스도께서 재림하심으로 세워질 왕국의 기간이 천 년으로 기록되어 있지만 매우 비밀스럽다(계 20:1-6). 그 왕국의 다스리는 자들은 부활한 자들일 것이다. 주님은 그 때 열 두 제자들이 보좌에 앉아 이스라엘 열두 지파를 다스린다고 하셨다(마 19:28, '세상이 새롭게 되어 인자가 자기의 영광의 보좌에 앉을 때'). 또한 교회의 이기는 자들도 다스린다(계 2:25, 26, '내가 올 때까지 굳게 잡으라', '그리고 이기는 자…만국을 다스리는 권세를 주리니'). 대환난 중 목베임을 받은 사람들도 왕 노릇을 한다(계 20:4-5). 그러나 그 때 징책을 당하는 자들도 있을 것이며, 그 징책을 받는 기간(마 5:26, 18:34)과 징계의 경중은 각각 다를 것이다(마 11:20-22). 이것은 성경에 근거한 것이다. 이사야서에 의하면 그 때에는 낳고 죽는 일이 있다(사 65:20, 계 20:9). 계시록 20장 9절에 의하면 천년왕국 끝에 곡과 마곡의 전쟁이 있고, 바다의 모래 같은 곡과 마곡의 군사들이 하늘에서 내려온 불에 소멸당한다. 적어도 우리는 곡과 마곡의 전쟁에서 왕국시대에 완전하지 않은 상태의 사람들이 있다는 것을 알 수 있는데, 이처럼 잠시 놓여진 사탄의 사주를 받아 전쟁을 일으키는 군대와 그 세력이 존재하기 때문이다.

그러나 왕국 시대에 성도들의 진과 하나님의 사랑하시는 도시는 따로 있다. 따라서 왕국에는 부활한 자들이 있고, 육신을 가진 사람들도 존재할 것이다. 이것은 부활하신 주 예수께서 육신 안에 있던 제자들과 함께하시는 광경을 보아도 알 수 있다(요 21:4-22, 눅 24:36-43, 행 1:3). 부활한 자들과 육신으로 사는 자들의 공존이 가능하다는 이야기이다. 그리고 마태복음 16-17장에 의하면 주님이 내세의 왕권을 가지고 오는 것을 보는 자들도 있다고 했는데(마 16:28, '여기 섰는 사람 중에 죽기 전에 인자가 왕권을 가지고 오는 것을 볼 자들도 있느니라'), 바로 다음 장에서 예수께서 세 제자를 데리고 높은 산으로 올라가 보여주신 이상 가운데는 완전히 영광 가운데 변화되신 모습의 주 예수님과 모세와 엘리야가 있고, 아직은 육신적인 베드로와 야고보와 요한이 있었는데, 베드로는 그 영광스런 광경을 보고 다소 엉뚱한 말도 하였다. 그것은 장래 임할 왕국의 광경(축소판)으로 볼 수 있다(마 16:27-17:9). 그 때 잠시 주 예수님은 영광 가운데 왕권을 가지고 오시는 모습을 제자들에게 보이신 것이다. 그러나 새 하늘 새 땅에는 모든 사람이 다 부활하고 새롭게 되었다. 옛 창조에 속한 것은 아무 것도 거기에 들어올 수 없다(계 21:1-5, 17, 27). 천사의 척량이란 새 하늘과 새 땅의 모든 것이 다 새롭게 되고 부활한 것임을 말해준다(마 22:30, '부활 때에는…천사들과 같으니라', 계 21:5, '내가 만물을 새롭게 하노라').

여기서 우리는 시간의 요소에 대하여 잠시 생각해보자. 실상 구약의 욥기나 시편에서 다시 오신 주님의 모습을 종종 보게 된다. 신약 계시록 1장에서도 그러하다. 그리스도께서는 분명 이 땅에 다시 오실 것이지만, 또한 심판자와 왕국의 왕이신 그분의 모습을 여러 선지자들과 사도들에게도 보여주셨다. 그 오랜 성도 욥과 여러 선지자들이 고난 속에 고대하며 기다린 것은 무엇인가? 결국 그리스도의 나타나심이었다(약 5:7-11). 욥이 세 친구와 다른 점이 있었는데, 그것은 욥의 친구들은 욥의 죄인 됨을 확신시켜 회개케 하고자 하는 것이 목표였으나 욥은 고통 가운데서 그의 눈을 자주 구속자이신 주님 자신께로 향하였다(욥 16:19-22, 23:3-9, 26:9-14, 28:23-28, 30:20). 또한 고통스런 육신을 인하여 짐진 것같이 탄식하며 부활의 몸을 입을 것을 소망하였다(욥 19:26-27, 고후 6:1-10 참조). 그것이 바로 욥이 그의 세 친구들보다 귀한 점이며, 그의 그러한 간절한 찾음과 기다림이 영광스러운 주님의 나타나심을 얻게 한 것이다(욥 38-42장).

다른 한 면에서 그리스도의 십자가와 성령 강림 등이 시간적으로는 순서가 있지만 실상 우리의 누림과 적용에는 영원성이 있다. 우리가 이 시대에 육신을 갖고 살고 있으나 내세의 능력을 맛볼 수 있으며, 또한 새 하늘 새 땅의 새 예루살렘도 누릴 수 있다. 이 모든 것이 시간적으로는 아직 도래하지 않은 장래의 일이지만 하나님께는 다 이루어진 사실들이며 영원한 것들이다. 요한은 이미 새 예루살렘이 하늘에서 내려오는 것을 보았다(계 21:10). 이미 이루어진 것을 보여주신 것이다. 이처럼 우리는 이 시대에 이미 시간을 초월한 영원한 생명을 누리고 있다. 즉 우리는 영원과 시간의 충돌 속에 살고 있는 것이다. 주님의 역사로 볼 때는 분명 구약으로부터 신약까지 그리스도의 초림과 재림 등 순서가 있고 시간의 요소가 있다(요 6:49-56, 11:23-26. 고전 15:23-26, 계 1:1, 8, 19). 그러나 우리는 영원하신 성령의 체험을 통해서 시간의 제한을 받지 않고 장래의 일들도 미리 맛보며 누릴 수 있다. 이것이 오늘 교회의 특권이다(엡 1:13-14, 18-19, 23, 골 3:3, 히 6:4-5, 9:14, 12:22-24). 주님께서 시간을 사용하여 시간 속에 역사하시는 분이니 시간적 요소를 무시해서도 안 되지만, 우리의 믿음과 영적 체험은 과거의 십자가와 장래의 부활 등 시간을 초월할 수 있는 것 또한 사실이다. 새 하늘 새 땅의 새 예루살렘은 왕국시대보다 전진했고 모든 것이 완성되었다. 그럼에도 새 예루살렘에 시간의 개념이 전혀 없다고 말할 수 없다. 그 성에도 여전히 생명수 강이 흐르고 있으며 열두 가지 실과가 달마다 맺힌다(계 22:2).

오늘 이 시대는 우리가 영원한 생명을 누리나 우리의 감각으로 주님 만날 날을 기다리는 소망으로 인하여 시간의 요소가 더 우세하다고 말할 수 있으며, 왕국 시대는 소망이 이루어졌으니 지금의 카이로스와는 다르다고 말할 수 있다. 즉 새 예루살렘에는 크로노스의 요소보다 영원(헬, aion, 영 eternity)의 요소가 더 우세하다고 말할 수 있다. 그것은 시간이란 우리가 감각하는 것에 더 의미가 주어지기 때문이다. 우리 인생의 연수가 70-80이라고 할 때, 마지막을 향하여 가는 삶의 노정 가운데 기쁘고 슬프고 힘들고 고통스런 모든 순간들이 세월로 느껴지는 것이다. 어떤 시간들은 매우 의미 있게 느껴지나 어떤 시간들은 별 의미 없이 지나가는 듯하다. 헬라어로 시간은 크로노스(Chronos)와 카이로스(Kairos)로 구별되어 있다. 크로노스는 단순히 흘러가는 시간을 말하고, 카이로스는 어떤 의미 있는 모멘트나 기회(opportunity)가 되는 때를 말한다. 시간이란 우리 자신의 느낌에 따라 다르다고 볼 수 있다. 즐거운 시간은 빨리 지나가지만 감옥이나 군대 말년의 경우에는 시간이 너무 더디게 간다. 즉 크로노스는 항상 같은 속도로 흘러가나 사람과 상황에 따라 카이로스의 형태로 변하는 것이다. 오늘 육신을 입은 우리의 시간적 감각과 부활의 몸을 입고 왕 노릇하는 왕국 시대의 시간적 감각은 매우 다를 것이다(고전 13:7-13). 그렇지만 왕국도 여전히 그 목표가 있다. 아직 왕국은 완전한 결론에 이르지 않은 시대이다. 따라서 우리가 비록 부활의 몸을 입었어도 카이로스적 시간 개념이 있을 것이다. 어쩌면 왕국에서 징계를 받는 자들의 시간과 왕 노릇 하는 자들의 시간은 다르게 느껴질 것이며, 그 자체가 징계이고 상일 것이다. 그러나 새 하늘과 새 땅의 영세에 이를 때에는 더 이상 이루어야 할 것이 없다. 이미 다 이루어졌으며 온전한 만족과 기쁨과 평강이 있을 뿐이므로 이 세상에 있을 때와 같은 카이로스적 시간 개념은 느끼지 못할 것이다. 따라서 새 하늘 새 땅에 시간이 존재한다 하더라도 시간으로 인한 속박이나 압력은 더 이상 우리에게 영향을 미치지 못하며, 우리는 그러한 상태를 영원이라 부른다. 그러므로 주 예수께서 선포하셨다. "보좌에 앉으신 이가 가라사대 보라 내가 만물을 새롭게 하노라…또 내게 말씀하시되 이루었도다 나는 알파와 오메가요 처음과 나중이라!"(계 21:5-6).

9. 어린 양의 아내-새 예루살렘

일곱 대접을 가지고 마지막 일곱 재앙을 담았던 일곱 천사 중 하나가 "이리 오라 내가 신부 곧 어린양의 아내를 보이리라" 하고 성령으로 요한을 데리고 크고 높은 산으로 올라가서 하나님께로부터 하늘에서 내려오는 거룩한 성 예루살렘을 보이니 하나님의 영광이 있으며 그 성의 빛이 지극히 귀한 보석 같고 벽옥과 수정같이 맑더라고 했다. 어린 양의 신부의 모습이 도대체 어떠한가를 보여주시는데, 바벨론과는 완전 반대이다. 새 예루살렘은 깨끗하고 밝고 맑은 반면, 바벨론은 음흉하고 가증하며 속에 무엇이 들었는지 알 수가 없다. 속과 겉이 완전히 투명한 새 예루살렘 같은 성도가 되자.

10. 크고 높은 성곽

크고 높은 성곽(벽)이 있고 열두 문이 있는데, 문에 열두 천사가 있고 그 문들 위에 이스라엘 열두 지파의 이름이 있으며, 동편에 세 문, 북편에 세 문, 남편에 세 문, 서편에 세 문이다. 그 성에 성곽은 열두 기초석이 있고 그 위에 어린 양의 열두 사도의 열두 이름이 있다. 그 천사(일곱 천사 중 하나)가 그 성과 그 문들과 성곽을 척량하려고 금 갈대를 가졌는데, 그 성은 네모가 반듯하여 장광이 같았다. 그 갈대로 그 성을 척량하니 일만 이천 스타디온씩으로 장과 광과 고가 같았다. 그 성곽은 일백사십사 규빗으로 사람의 척량 곧 천사의 척량이다. 그 성곽은 벽옥으로 쌓였고 그 성은 정금인데 맑은 유리 같았다. 기초가 있는 성이고(히 11:10, "이는 그가 하나님이 계획하시고 지으실 터가 있는 성을 바랐음이라"), 성곽이 매우 높아서 아무나 들어갈 수가 없다. 또 천사 문지기가 바라보고 있으니 자격이 없는 자는 들어가지 못한다.

11. 성곽의 기초석: 각색 보석들

그 성의 성곽의 기초석은 각색 보석으로 꾸몄는데, 첫째는 벽옥, 둘째는 남보석, 셋째는 옥수, 넷째는 녹보석, 다섯째는 홍마노, 여섯째는 홍보석, 일곱째는 황옥, 여덟째는 녹옥, 아홉째는 담황옥, 열째는 비취옥, 열한째는 청옥, 열둘째는 자정이다. 성도들마다, 주의 종들마다 다양한 아름다움을 지니고 있다.

12. 그 성 안에서 주 하나님 곧 전능하신 이와 및 어린 양이 성전이심

그 열두 문은 열두 진주인데 문마다 한 진주로 되어 있고, 성의 길은 맑은 유리 같은 정금이었다. 성 안에 성전을 보지 못했는데 이는 주 하나님 곧 전능하신 이와 및 어린 양이 그 성전이시기 때문이다. 그 성은 해나 달의 비췸이 쓸데없으니 이는 하나님의 영광이 비취고(실제의 빛) 어린 양이 그 등이 되시기 때문이다.

만국이 그 빛 가운데로 다니며 땅의 왕들이 자기의 영광을 가지고 그리로 들어온다. 성문들을 낮에 도무지 닫지 않으니 거기는 밤이 없기 때문이다. 사람들이 만국의 영광과 존귀를 가지고 그리로 들어오겠지만, 무엇이든지 더러운 것이나 가증한 것이나 거짓말하는 자는 그리로 들어오지 못하며, 오직 어린 양의 생명책에 기록된 자들만 그 안에 들어올 것이다. 그 아름다운 곳에 사는 자들이 누구인가? 오직 하나님의 복음을 믿어 구원받고 영생을 얻은 자들이다. 무엇이나 속되고 가증한 일(혐오스럽고 얄밉게 구는 것)을 행하는 자들, 거짓말하는 자들은 결코 그리로 들어오지 못한다. 그 성은 아름다운 성이요 오직 어린 양의 생명책에 기록된 자들만이 그곳에 있다.

13. 새 예루살렘의 내부 모습

"저가 수정같이 맑은 생명수의 강을 내게 보이니". 요한이 새 예루살렘에 대하여 더 본 것을 기록하고 있다. 21장까지는 성의 외부를 보고, 이제 22장에 와서는 성의 내부를 보고 있다. 생명수의 강물은 하나님과 어린양의 보좌로부터 나서 길 가운데로 흐르는데, 강 좌우에 생명나무가 있고 달마다 열두 가지 실과를 맺히며 그 나무 잎사귀들은 만국을 소성하기 위해 있다.

다시는 저주가 없고 하나님과 그 어린 양의 보좌(His throne)가 그 가운데 있으니 그의 종들이 그분을 섬기며 그 얼굴을 보고 그분의 이름(His name)이 그들 이마에 있다. 여기서 두 분이 아닌 한 분 하나님을 섬기는 것을 본다(serve Him). 다시 밤이 없고 등불과 햇빛이 쓸 데 없으니 이는 주 하나님이 저희에게 비취시기 때문이다. 그들이 세세토록 왕 노릇 할 것이다.

14. 끝까지 부르시는 주 예수님의 복음의 음성

6절부터는 다시 모든 것을 보여주는 천사와 요한은 밧모 섬의 원래 시점으로 돌아간다. 그 천사가 요한에게 말하기를, "이 말은 신실하고 참된지라 주 곧 선지자들의 영의 하나님이 그의 종들에게 반드시 속히 될 일을 보이시려고 그의 천사를 보내셨도다"라고 한다. "보라 내가 속히 오리니 이 책의 예언의 말씀을 지키는 자가 복이 있으리라"(7절). 이것은 계시록 1장 초두에 하신 말씀과 같다(계 1:1-3). 이 계시록의 말씀을 잘 알지 못하면 어떻게 이 예언의 말씀을 지킬 수 있겠는가!

요한은 이 계시록을 쓰고 나서 자신의 간증을 간단하게 서술한다. "이것들을 보고 들은 자는 나 요한이니 내가 듣고 볼 때에 이 일을 내게 보이던 천사의 발 앞에 경배하려고 엎드렸더니(이것은 요한이 두 번째로 한 실수이다-19:10) 저가 내게 말하기를 나는 너와 네 형제 선지자들과 또 이 책의 말을 지키는 자들과 함께 된 종이니 그리하지 말고 오직 하나님께 경배하라 하더라".

또 요한에게 말하기를, "이 책의 예언의 말씀을 인봉하지 말라 때가 가까우니라 불의를 하는 자는 그대로 불의를 하고 더러운 자는 그대로 더럽고 의로운 자는 그대로

의를 행하고 거룩한 자는 그대로 거룩되게 하라 보라 내가 속히 오리니 내가 줄 상이 내게 있어 각 사람에게 그의 일한 대로 갚아주리라 나는 알파와 오메가요 처음과 나중이요 시작과 끝이라 그 두루마기를 빠는 자들은 복이 있으니 이는 그들이 생명나무에 나아가며 문들을 통하여 성에 들어갈 권세를 얻으려 함이로다"(10-14절). 주 예수의 보혈이 아니면 우리의 두루마기를 어떻게 빨겠는가? 보혈의 씻음이 우리를 영원하고 거룩한 성 새 예루살렘으로 인도함을 보는 것은 너무 귀하다. "개들과 술객들과 행음자들과 살인자들과 우상 숭배자들과 및 거짓말을 좋아하며 지어내는 자마다 성 밖에 있으리라"(15절). 믿는다는 사람들 가운데 거짓말하는 자들이 있다면 조심하라. 이들은 실상 보혈의 씻음을 받지 못한 자들이다. 이들은 명목상으로는 신자이지만 거듭나지 못하였으므로 거룩한 성에 참여하지 못하게 된다.

"나 예수는 교회들을 위하여 내 사자를 보내어 이것들을 너희에게 증거하게 하였노라 나는 다윗의 뿌리요 자손이니 광명한 새벽별이라"(16절). '나 예수는'-너무나 친근한 표현이나. 예수는 교회를 위하여 사자들을 보내시어 교회에게 이 모든 것을 증거하게 하신다. 이 모든 말씀은 천사를 통하여 주님이 직접 하신 말씀이다.

16절까지는 주님이 교회들에게 하신 말씀이고, 17절은 응답이다. "성령과 신부가 말씀하시기를 오라 하시는도다". 성령과 함께하는 신부의 응답이니 곧 교회의 응답이다. 그 응답은 "오라!" 곧 복음으로의 초대이다. 이 모든 말씀, 그리스도의 재림과 심판에 대한 계시의 황송한 말씀을 들은 교회는 사람들을 향해 "오라(Come)!"고 외친다. 듣는 자도 오고 목마른 자도 오고 원하는 자는 누구든지 값없이 생명수를 받으라고 외쳐야 한다. 세상 마지막에 일어날 일에 대한 주님의 엄중한 예언의 말씀을 들은 교회는 복음의 영으로 모든 사람들을 향하여 "오라!" 외치지 않을 수 없다.

15. 아멘 주 예수여 오시옵소서

요한은 이 기록을 마치면서 독자들에게 엄중한 경계의 말을 한다. "이 예언의 말씀을 듣는 각인에게 증거하노니 누구든지 이 책에 기록된 말씀 외에 더하면 이 책에 기록된 재앙들을 더할 것이요 제하여 버리면 생명나무와 거룩한 성에 참예함을 제하여 버리리라". 임의로 이 말씀에 사람의 생각을 추가하지 말라. 이 귀한 주의 말씀을 소홀히하지 말고 제하지 말라. 성경의 일부라도 무시하고 제하는 자들은 이 거룩한 성에 참예함에서 제하여질 것이다.

끝으로, 이것들을 증거하신 이가 말씀하시기를, "진실로 내가 속히 오리라!" 하시니, 요한이 대답한다. "아멘, 주 예수여, 오시옵소서!" 주 예수의 재림으로 모든 성경의 비밀이 마쳐진다. 그분이 속히 오시기를 기다리자. "주 예수의 은혜가 모든 자들에게 있을지어다 아멘".